・＊は太陽文字…結文字。
・前後…

16*	ط	ṭāʾ ター…				طـ
17*	ظ	ẓāʾ ザー…				ظـ
18	ع	ʿain アイン	ʿ	ـع	ـعـ	عـ
19	غ	ghain ガイン	gh	ـغ	ـغـ	غـ
20	ف	fāʾ ファー	f	ـف	ـفـ	فـ
21	ق	qāf カーフ	q	ـق	ـقـ	قـ
22	ك	kāf カーフ	k	ـك	ـكـ	كـ
23*	ل	lām ラーム	l	ـل	ـلـ	لـ
24	م	mīm ミーム	m	ـم	ـمـ	مـ
25*	ن	nūn ヌーン	n	ـن	ـنـ	نـ
26	ه	hāʾ ハー	h	ـه	ـهـ	هـ
27	و	wāw ワーウ	w	ـو	ـو	و
28	ي	yāʾ ヤー	y	ـي	ـيـ	يـ
29	ء	hamza ハムザ	ʾ	ء	ء	なし
				ـأ/ـؤ/ـئ	ـأ/ـؤ/ـئـ	أ, إ
30	ة	tāʾ marbūṭa ター マルブータ	t	ـة	なし	なし
31	ى	ʾalif maqṣūra アリフ マクスーラ	—	ـى	なし	なし

デイリー日本語・アラビア語・英語辞典

長沢栄治［監修］
平寛多朗 茂木明石
三省堂編修所［編］

Daily
Japanese-Arabic-
English Dictionary

三省堂

[監修] 長沢　栄治

[編者] 平　寛多朗／茂木　明石

[執筆協力]
ヌルハーン・ターハーエルナディ・デャーブ
(نورهان طه النادى دياب)
小村　明子

[編集協力] 加納　真理佳

[音声吹き込み] ミリアム・アーザル(ميريم عازر)

[組版] 三省堂データ編集室
[音声収録] Aquädukt Studio

[装画] 内山　洋見
[装丁] 三省堂デザイン室

まえがき

近年，日本アニメのブームがわき起こったり，和食が世界遺産に登録されたりと，日本の文化・芸術が世界的に注目を集めています。それに伴い，海外からの観光客や日本での留学・就労をもとめる外国人が増えています。

2002年より刊行を開始した「デイリー３か国語辞典」シリーズは，ハンディかつシンプルで使いやすいとのご好評をいただき，増刷を重ねてまいりました。このたび，世界における有力言語の一つ，アラビア語に焦点を当てた『デイリー日本語・アラビア語・英語辞典』を刊行いたします。アラビア語を使用する国は多岐にわたり，日本との政治・経済的結びつきも非常に強まっています。広くアジア，アフリカに多くの話者人口を擁するアラビア語圏は，海外旅行先，企業の進出先としてますます重要性を増しています。旅先でのコミュニケーションや初歩の学習に本書をどうぞご活用下さい。

本書の構成は次の通りです。詳しくは「この辞書の使い方」をごらんください。

◇日本語・アラビア語・英語辞典…

日本語に対応するアラビア語がひと目でわかります。分野別単語集と合わせ約１万１千項目収録しました。見出しの日本語には「ふりがな」に加え「ローマ字」も示し，語義が複数にわたるものなどには（　）で中見出しを設けました。アラビア語にはローマ字転写とカナ発音，英語にはカナ発音を示しました。

◇会話…

４つの状況別に，ごく基本的な表現を正則語（フスハー）でまとめました。アラビア語と英語の音声を，無料ウェブサービスで聴くことができます。

◇分野別単語集…

「職業」「病院」など，分野別に関連する基本的な単語をまとめました。アラビア語の音声を，無料ウェブサービスで聴くことができます。

本書の編集は，日本語と英語の選定および英語のカナ発音は原則としてシリーズ共通のものとしたうえで，アラビア語部分の監修を東京大学名誉教授の長沢栄治先生にお願いいたしました。また，実際の作業にあたっては，編者として，学術振興会特別研究員および東京外国語大学非常勤講師の平寛多朗先生と，上智大学アジア文化研究所客員所員の茂木明石先生に多大なご尽力をいただきました。この場を借りて篤く御礼申し上げます。

2020年　夏

三省堂編修所

この辞書の使い方

【日本語・アラビア語・英語辞典】

○日本語見出し

・日常よく使われる日本語を五十音順に配列した
・長音「ー」は直前の母音に置き換えて配列した
　例：**アーモンド** → ああもんど　　**チーム** → ちいむ
・見出し上部にふりがなを付け，常用漢字以外の漢字も用いた
・見出し下部にローマ字を付けた（ローマ字の詳細は，p. 950 を参照）
　例：**上映する** → joueisuru　　**長所** → chousho
・語義が複数あるものなどには（　）で中見出しを設けた
・熟語・派生語見出しについては見出しを～で省略した

○アラビア語

・見出しの日本語に対応するアラビア語の代表的な語句を示した（左から右に読む。行替えの場合は，上の行→下の行の順）
・アラビア語には，ローマ字転写とカナ発音を付けた（詳しくは，前後見返しの表と p. v～viii を参照）
・アラビア語のアクセントはカナ発音を太字で示した
・見出しの日本語に対して，アラビア語の品詞が必ずしも一致しない場合がある（名詞の形容詞的用法など）
・アラビア語には，以下の記号を表示した

男	男性名詞	集	集合名詞	〔二段〕	二段変化
女	女性名詞	㊛	女性形	〔完〕	完了形
男女	両性名詞	㊗	複数形		
複	複数名詞	㊡	双数形		

○英語

・見出しの日本語に対応する英語の代表的な語句を示した
・原則的にアメリカ英語とし，イギリス英語には British の略記号 Ⓑ を付けた
・冠詞・複数形などの詳細な表記は原則的に割愛した
・英語にはシンプルなカナ発音を付け，アクセントは太字で示した

【会話】

・「あいさつ」「食事」「買い物」「トラブル・緊急事態」の４つの場面別に，ごく基本的な会話表現をまとめた
・日本語・アラビア語・英語の順に配列した
・アラビア語のカナ発音は日本語・アラビア語・英語辞典に準じた

【分野別単語集】

・分野別によく使われる語句をまとめた
・日本語・アラビア語・英語の順に配列し，英語は㊖で示した
・アラビア語のカナ発音は日本語・アラビア語・英語辞典に準じた

アラビア語の文字と発音について

アラビア語の文字　アラビア語は右から左に読み書きされ，英語の筆記体のように単語ごとにつなげて書かれる。大文字と小文字の区別はない。アルファベットはアリフからヤーの28文字と，29～31の文字に準じた表記に用いる記号（ハムザ，ター・マルブータ，アリフ・マクスーラ）がある。字形には独立形と連結形（頭字形・中字形・尾字形）があり，通常は連結形で書かれる（例外的表記として，ラーム（ل）にアリフ（ا）が続くと لا（lā）になる）。

アリフ，ダール，ザール，ラー，ザーイ，ワーウの6文字は尾字形しか用いず，次に来る左隣りの文字とはつながらない非連結文字である。また，これらの6文字が単語の最初に来る場合，独立形と同じ形で書かれる。

ハムザは単独で用いられる場合は，語尾と語中に独立形で書かれる。語頭においてはアリフを台にした形でのみ用いられ，語中および語尾においてはアリフ，ワーウ，アリフ・マクスーラを台にして用いられる。

そのほか，アルファベット28文字には太陽文字と月文字がある。太陽文字は，その文字で始まる名詞が定冠詞 al（اَلْ）に接続したときに同化して重子音になり，月文字はそのような場合に重子音にはならない文字である。

なお，アラビア文字の書体にはさまざまな種類があるが，一般的に用いられているのは，本書でも使用したナスヒー書体（نَسْخِيّ）である。

アラビア語の発音　アラビア語のアルファベットはアリフ以外は子音であり，文字の名称の最初の音を表す。

これらの子音文字に母音記号や各種の補助記号をつけてさまざまな音を表す（ただし，新聞や書籍などでは，通常，それらの記号は付されない）。

その多くは英語のアルファベットの発音と共通するが（ث thāʾ [θ]，ج jīm [ʤ]，ذ dhāl [ð]，ش shīn [ʃ]，ف fāʾ [f]，ل lām [l]など），一部，以下のように特殊な発音をするものがある。

ح ḥāʾ [ħ]　喉を若干狭めて，疲れた時のため息のような感じでハーと発音する。

خ khāʾ [x]　舌の後ろの方を軟口蓋に近づけてかすれた感じでハーと発音する。

ص ṣād [sˤ]　舌先を上歯茎につけ舌の中央にくぼみを作り，舌の後部を押し上げ重々しくサードと発音する。

ض ḍād [dˤ]　サードの要領でダードと発音する。

ط ṭāʾ [tˤ]　サードの要領でターと発音する。

ظ ẓāʾ [zˤ]　サードの要領でザーと発音する。

ع ʿain [ʕ]　うめき音。舌の付け根を咽頭に近づけて息の通路を狭めてアインと発音する。

غ ghain [ɣ]　うがいの時のガラガラという音を思い浮かべて喉の奥から強めにガインと発音する。

アルファベット転写（ローマ字転写）については，基本的に米国議会図書館（LC）方式に拠った。

なお，本書では，アラビア文字の転写については表字主義を採用しているが，カナ発音については実際の発音に近い表記を採用している。そのため，転写とカナ発音が微妙に異なる場合もある。また，カナ発音は精密な音を表すものではないので，学習には実際の音声と対照して利用することが望ましい。

アラビア語の特徴について

概　説　アラビア語は，言語の系統としては，アフロ・アジア語族（セム・ハム語族）のセム語系に属する。古代メソポタミアで用いられ，現在は死語となったアッカド語，現在も使われているエチオピアの公用語であるアムハラ語，シリアとイラクの一部で使われているアラム語，イスラエルの公用語であるヘブライ語などもセム語系の言語である。

アラビア語は7世紀以降，イスラムの成立・発展とともに中東から東は中国・東南アジア・インド，西は北アフリカ・サハラ以南のアフリカ・東ヨーロッパに広まった。近年では，グローバル化の進展とともに，ヨーロッパ，アメリカを含め全世界にイスラムが広がっていて，アラビア語話者数は2億人程度と推定される。また，全世界のムスリム総数は10億人を超えると推定される。

アラビア語は大きく二つに分けられる。フスハーとアーンミーヤである。フスハーは正則語と呼ばれ，ニュースや書き言葉として使用される。「アラビア語」と言えば通常，フスハーのことを指す。アーンミーヤは方言を意味し，日常会話で使用される。アラビア語の方言は多岐にわたり，エジプト方言・シリア方言・イエメン方言・モロッコ方言など地域による口語が確立している。

本書は，基本的にはフスハーの単語を集めたものであるが，もともとはアラビア語の語彙に存在しなかった外来語も一部収録した。

以下では，アラビア語に特徴的と思われる点を挙げる。

単語の構成と音節・アクセント　アラビア語の単語は原則的に3つの子音が基礎となって意味を表す（3語根）。アクセントは，長母音を含む語では長母音の上に置かれる。一つの単語に長母音が二つある場合は二番目の長母音に置かれる。二音節の単語の場合は，最初の音節に置かれる。三音節の単語で第二音節が閉音節でなければ最初の音節に置かれる。なお，アクセントについては地域によって若干異なる場合があり，上記の説明はおおよその原則である。

語順と人称代名詞　アラビア語の語順は動詞を含まない文章では「主語＋補語」であるが，動詞を含む文章では「動詞＋主語＋目的語」あるいは「主語＋動詞＋目的語」となり，日本語とは大きく異なっている。動詞や前置詞に人称代名詞が接続する際，人称代名詞は便宜的に三人称男性単数を使用している。ローマ字転写およびカナ発音では，この人称代名詞の前にハイフンを置き，-hu（-フ），-hi（-ヒ）とした。-hā（-ハー），-ka（-カ），-ki（-キ），-nī（-ニー），-nā（-ナー）とすれば，それぞれ「彼女に」，「あなた（男）に」，「あなた（女）に」，「私に」，「私たちに」の意味になる。

性・数・格変化　アラビア語の名詞には男性名詞（男），女性名詞（女），両性名詞（男女）がある。女性名詞には慣習上女性とされるものの他に，男性名詞の語尾にター・マルブータ（ة）がついて女性形になるものがある。また，集合名詞（集）は，語尾にةをつけた可数名詞を適宜カンマの後に併記した。

名詞・形容詞には単数，双数，複数の活用形がある。本書では，不規則変化の双数形は㊀で，不規則変化の複数形は㊋で示した。ただし，名詞の場合は，元々の複数名詞も不規則な複数形も複で示した。

名詞・形容詞の格は主格「…は」，属格「…の」，対格「…を，…に」の三つがあり，それぞれ語尾に（-an）（-in）（-un）がつく。アラビア語の名詞・形容詞の多くは，この三段変化である。本書では，複合名詞や後ろの定冠詞と融音化する場合などには語尾に母音記号をつけているが，原則としてそれ以外には格を示す母音をつけていない。

アラビア語には主格と属格が同じだったり属格と対格が同じだったりして，二つの語尾しか持たない二段変化をする名詞・形容詞があり，本書では，それらを〔二段〕で示した。

また，アラビア語には一部，語尾が変化しない無変化の名詞･形容詞もある。

動詞とその活用について　動詞については，三人称男性単数で代表させ，未完了形と完了形（〔完〕）を示した。動詞は未完了の場合，語頭に来る文字（ya）が人称を示している。

たとえば，本書では「書く」という動詞の完了形は，kataba（كَتَبَ），その未完了形はyaktubu（يَكْتُبُ）と示されているが，これはそれぞれ「彼は書いた」，「彼は書く」という意味である。未完了形の語頭の「ya」が「彼」を表す人称である。

1）完了形　各人称は下記の赤字で示した語尾の変化で示される。

三人称単数　彼女は書いた：katabat（كَتَبَتْ）
二人称単数　あなた(男)は書いた：katabta（كَتَبْتَ），あなた(女)は書いた：katabti（كَتَبْتِ）
一人称単数[1]　私(男・女)は書いた：katabtu（كَتَبْتُ）
三人称双数　彼ら(男)二人は書いた：katabā（كَتَبَا），彼女たち二人は書いた：katabatā（كَتَبَتَا）
二人称双数[2]　あなたたち二人（男・女）は書いた：katabtumā（كَتَبْتُمَا）
三人称複数[3]　彼ら(男)は書いた：katabū（كَتَبُوا），彼ら(女)は書いた：katabna（كَتَبْنَ）
二人称複数　あなたたち(男)は書いた：katabtum（كَتَبْتُمْ），あなたたち(女)は書いた：katabtunna（كَتَبْتُنَّ）

一人称複数[4]　私たち(男・女)は書いた：katabnā (كَتَبْنَا)

注1）一人称については男女の区別はない。

注2）二人称双数については男女の区別はない。

注3）三人称複数女性形が使われるのは，対象がすべて女性の場合に限られる。複数の女性の中に一人でも男性が含まれていれば，男性形で書かれる。二人称複数も同様である。

注4）アラビア語には一人称双数形はなく，複数形で表記される。

たとえば，「私は勉強した」を表すには，本書の「勉強する」に掲載されている三人称単数形の darasa（دَرَسَ）をまず確認する。しかし，darasa はあくまで「彼は勉強した」という意味なので，下記の一人称単数の語尾（tu）を darasa につければ「私は勉強した」となる。具体的には，単に tu をつけるのではなく，まず darasa の語尾の a を取ったうえで tu をつけ，darastu（دَرَسْتُ）と変えて「私は勉強した」という意味が得られる。動詞は変われども赤字で示した語尾変化は変わることはない。

また，完了形の語頭の母音が u となっていた場合，その動詞が受動態であることを示している。

2）未完了形　　未完了形については，語頭と語尾が変化する。三人称男性単数以外の「書く」という動詞の未完了形は以下のとおりである。

三人称単数　彼女は書く：taktubu（تَكْتُبُ）

二人称単数　あなた(男)は書く：taktubu（تَكْتُبُ），あなた(女)は書く：taktubīna（تَكْتُبِينَ）

一人称単数　私は書く：ʾaktubu（أَكْتُبُ）

三人称双数　彼ら二人(男)は書く：yaktubāni（يَكْتُبَانِ），彼女たち二人は書く：taktubāni（تَكْتُبَانِ）

二人称双数　あなたたち二人(男・女)は書く：taktubāni（تَكْتُبَانِ）

三人称複数　彼らは書く：yaktubūna（يَكْتُبُونَ），彼女たちは書く：yaktubna（يَكْتُبْنَ）

二人称複数　あなたたち(男)は書く：taktubūna（تَكْتُبُونَ），あなたたち(女)は書く：taktubna（تَكْتُبْنَ）

一人称複数　あなたたち(男・女)は書く：naktubu（نَكْتُبُ）

たとえば，「私は勉強する」を表すには，本書の「勉強する」から「彼は学ぶ」を意味する yadrusu（يَدْرُسُ）を確認し，下記の例を参考に，語頭と語尾を変える。一人称単数の赤字部分をそのまま yadrusu に当てはめればよい。すなわち，語頭の ya を ʾa に変えて ʾadrusu（أَدْرُسُ）とすれば「私は勉強する」の意味になる。赤字で示した語頭・語尾変化はどの動詞についても同じであり，人称に気をつけて語頭・語尾を変化させればよい。

動詞には，上記 I 型の他に II 型から X 型の動詞派生形があるが，完了形・未完了形ともに語頭・語尾の変化は基本的には同じである。

日	アラビア	英

あ, ア

日	アラビア	英
あーてぃすてぃっくすいみんぐ **アーティスティックスイミング** aatisutikkusuimingu	سِبَاحَة مُتَزَامِنَة 女 sibāḥat mutazāminat スィバーハ ムタザーミナ	artistic swimming アーティスティク スウィミング
あーもんど **アーモンド** aamondo	لَوْز 集, لَوْزَة 女 lauz, lauzat ラウズ, ラウザ	almond アーモンド
あい **愛** ai	حُبّ 男 ḥubb フッブ	love ラヴ
あいかぎ **合い鍵** aikagi	مِفْتَاحُ ٱحْتِيَاطِي 男 miftāḥu iḥtiyāṭīy ミフターフ フティヤーティー	duplicate key デュープリケト キー
あいかわらず **相変わらず** aikawarazu	كَٱلْعَادَةِ ka-al-ʿādati カール アーダ	as usual アズ ユージュアル
あいきょうのある **愛嬌のある** (魅力的な) aikyounoaru	جَذَّاب jadhdhāb ジャッザーブ	charming チャーミング
(愛らしい)	جَمِيل jamīl ジャミール	lovely ラブリ
あいこくしん **愛国心** aikokushin	وَطَنِيَّة 女 waṭanīyat ワタニーヤ	patriotism ペイトリオティズム
あいこん **アイコン** aikon	أَيْقُونَة 女 ʿaiqūnat アイクーナ	icon アイカン
あいさつ **挨拶** aisatsu	تَحِيَّة 女 taḥīyat タヒーヤ	greeting グリーティング
〜する	يُحَيِّي, [完] حَيَّا yuḥaiyī, ḥaiyā ユハイイー, ハイヤー	greet, salute グリート, サルート

日	アラビア	英
あいしゃどー **アイシャドー** aishadoo	ظِلُّ ٱلْعَيْنِ 男 ẓillu al-ʿaini ズィッルル アイン	eye shadow アイ シャドウ
あいしょう **愛称** aishou	لَقَب 男, 複 أَلْقَاب laqab, ʾalqāb ラカブ, アルカーブ	nickname ニクネイム
あいじょう **愛情** aijou	عَاطِفَة 女, 男 عَوَاطِفُ〔二段〕 ʿāṭifat, ʿawāṭifu アーティファ, アワーティフ	love, affection ラヴ, アフェクション
あいず **合図** aizu	إِشَارَة 女 ʾishārat イシャーラ	signal, sign スィグナル, サイン
あいすくりーむ **アイスクリーム** aisukuriimu	مُثَلَّجَات 複 ; آيسْ كُرِيم 女 muthallajāt, ʾāisu kurīm ムサッラジャート, アーイス クリーム	ice cream アイス クリーム
あいすこーひー **アイスコーヒー** aisukoohii	قَهْوَة مُثَلَّجَة 女 qahwat muthallajat カフワ ムサッラジャ	iced coffee アイスト コーフィ
あいすてぃー **アイスティー** aisutii	شَاي مُثَلَّجَة 男 shāy muthallajat シャーイ ムサッラジャ	iced tea アイスト ティー
あいすほっけー **アイスホッケー** aisuhokkee	هُوكِي ٱلْجَلِيدِ 女 hūkī al-jalīdi フーキル ジャリード	ice hockey アイス ハキ
あいすらんど **アイスランド** aisurando	آيسْلَنْدَا 女 ʾāislandā アーイスランダー	Iceland アイスランド
あいする **愛する** aisuru	يُحِبُّ, 〔完〕 أَحَبَّ yuḥibbu, ʾaḥabba ユヒッブ, アハッバ	love ラヴ
あいそがつきる **愛想が尽きる** aisogatsukiru	يَسْأَمُ مِنْ, 〔完〕 سَئِمَ مِنْ yasʾamu min, saʾima min ヤスアム ミン, サイマ ミン	(get) fed up with (ゲト) フェド アプ ウィズ
あいそのよい **愛想のよい** aisonoyoi	اِجْتِمَاعِيّ ijtimāʿīy イジュティマーイー	sociable ソウシャブル

日	アラビア	英
あいた 空いた (時間) aita	فَارِغ fārigh ファーリグ	empty, vacant エンプティ, ヴェイカント
あいだ 間 aida	فَتْرَة 女 fatrat ファトラ	time, interval タイム, インタヴァル
(距離)	مَسَافَة 女 masāfat マサーファ	distance ディスタンス
(空間)	فَرَاغ 男 ; فَضَاء 男 farāgh, faḍāʾ ファラーグ, ファダーウ	space スペイス
あいて 相手 (敵) aite	خَصْم 男, 複 خُصُوم khaṣm, khuṣūm ハスム, フスーム	opponent オポウネント
あいでぃあ アイディア aidia	فِكْرَة 女, 複 فِكَر fikrat, fikar フィクラ, フィカル	idea アイディーア
あいてぃー IT aitii	تِكْنُولُوجِيَا ٱلْمَعْلُومَاتِ 女 tiknūlūjiyā al-maʿlūmāti ティクヌールージヤル マアルーマート	information technology インフォメイション テクナロヂ
あいている 開いている aiteiru	مَفْتُوح maftūḥ マフトゥーフ	open オウプン
あいている 空いている aiteiru	شَاغِر shāghir シャーギル	vacant ヴェイカント
(自由だ)	حُرّ ḥurr フッル	free フリー
あいどる アイドル (歌手) aidoru	مُغَنٍّ 男〔二段〕 mughannin ムガンニン	singer スィンガ

日	アラビア	英
（アイドルグループ）	فِرْقَة غِنَائِيَّة 女 firqat ghināʾīyat フィルカ ギナーイーヤ	idol group アイドル グループ
あいま **合間** aima	فَتْرَة فَاصِلَة 女 fatrat fāṣilat ファトラ ファースィラ	interval インタヴァル
あいまいな **曖昧な** aimaina	غَامِض ghāmiḍ ガーミド	vague, ambiguous ヴェイグ，アンビギュアス
あいるらんど **アイルランド** airurando	أَيِرْلَنْدَا 女 ʾayirlandā アイルランダー	Ireland アイアランド
あいろん **アイロン** airon	مِكْوَاة 女, 複 مَكَاوٍ 〔二段〕 mikwāt, makāwin ミクワー，マカーウィン	iron アイアン
あう **会う** au	يَلْتَقِي, 〔完〕 اِلْتَقَى yaltaqī, iltaqā ヤルタキー，イルタカー	see, meet スィー，ミート
（約束して）	يُقَابِلُ, 〔完〕 قَابَلَ yuqābilu, qābala ユカービル，カーバラ	meet ミート
あう **合う** au （一致する）	يُنَاسِبُ, 〔完〕 نَاسَبَ yunāsibu, nāsaba ユナースィブ，ナーサバ	suit, fit スート，フィト
（正確に）	مَضْبُوط maḍbūṭ マドブート	(be) correct (ビ) コレクト
あうとぷっと **アウトプット** autoputto	اِنْتَاج 男 intāj インタージュ	output アウトプト
あうとらいん **アウトライン** autorain	اِخْتِصَار 男 ikhtiṣār イフティサール	outline アウトライン
あえる **和える** aeru	يُقَلِّبُ, 〔完〕 قَلَّبَ yuqallibu, qallaba ユカッリブ，カッラバ	dress with ドレス ウィズ

日	アラビア	英
あお **青** ao	**زُرْقَة** 女 zurqat ズルカ	blue ブルー
あおい **青い** aoi	**أَزْرَقُ**〔二段〕; **زَرْقَاءُ** 女〔二段〕 ʾazraqu, zarqāʾu アズラク, ザルカーウ	blue ブルー
(顔色などが)	**شَاحِب**, 複 **شَوَاحِبُ**〔二段〕 shāḥib, shawāḥib シャーヒブ, シャワーヒブ	pale ペイル
あおぐ **扇ぐ** aogu	**يُرَوِّحُ**, 〔完〕 **رَوَّحَ** yurauwiḥu, rauwaḥa ユラウウィフ, ラウワハ	fan ファン
あおじろい **青白い** aojiroi	**شَاحِب**, 複 **شَوَاحِبُ**〔二段〕 shāḥib, shawāḥib シャーヒブ, シャワーヒブ	pale, wan ペイル, ワン
あか **赤** aka	**حُمْرَة** 女 ḥumrat フムラ	red レド
あかい **赤い** akai	**أَحْمَرُ**〔二段〕; **حُمْرَاءُ** 女〔二段〕 ʾaḥmaru, ḥumrāʾu アフマル, フムラーウ	red レド
あかくなる **赤くなる** akakunaru	**يَحْمَرُّ**, 〔完〕 **اِحْمَرَّ** yaḥmarru, iḥmarra ヤフマッル, イフマッラ	turn red ターン レド
あかじ **赤字** akaji	**عَجْز** 男 ʿajz アジュズ	deficit デフィスィト
あかちゃん **赤ちゃん** akachan	**طِفْل** 男, 複 **أَطْفَال** ṭifl, ʾaṭfāl ティフル, アトファール	baby ベイビ
あかみ **赤身** (肉の) akami	**لَحْم أَحْمَر** 男 laḥm ʾaḥmar ラフム アフマル	lean リーン
あかり **明かり** akari	**نُور** 男, 複 **أَنْوَار** nūr, ʾanwār ヌール, アンワール	light, lamp ライト, ランプ

日	アラビア	英
あがる **上がる** (上に行く) agaru	**يَطْلَعُ**, 〔完〕 **طَلَعَ** yaṭlaʿu, ṭalaʿa ヤトラウ, タラア	go up, rise ゴウ アプ, ライズ
(増加する)	**يَزْدَادُ**, 〔完〕 **اِزْدَادَ** yazdādu, izdāda ヤズダードゥ, イズダーダ	increase, rise インクリース, ライズ
(興奮する・緊張する)	**مُتَوَتِّر** mutawattir ムタワッティル	(get) nervous (ゲト) ナーヴァス
あかるい **明るい** akarui	**مُضِيء** muḍīʾ ムディーウ	bright ブライト
(性格が)	**مَرِح** mariḥ マリフ	cheerful チアフル
あかわいん **赤ワイン** akawain	**نَبِيذ أَحْمَر** 男 nabīdh ʾaḥmar ナビーズ アフマル	red wine レド ワイン
あき **空き** (透き間) aki	**فَجْوَة** 女 fajwat ファジュワ	opening, gap オウプニング, ギャプ
(余地)	**مِسَاحَة فَارِغَة** 女 misāḥat fārighat ミサーハ ファーリガ	room, space ルーム, スペイス
(時間の)	**مُتَّسَع مِنَ ٱلْوَقْتِ** 男 muttasaʿ min al-waqti ムッタサウ ミナル ワクト	enough time イナフ タイム
あき **秋** aki	**خَرِيف** 男 kharīf ハリーフ	fall, Ⓑautumn フォール, オータム
あきかん **空き缶** akikan	**عُلْبَة فَارِغَة** 女, 複 **عُلَب فَارِغَة** ʿulbat fārighat, ʿulab fārighat ウルバ ファーリガ, ウラブ ファーリガ	empty can エンプティ キャン

日	アラビア	英
あきち **空き地** akichi	أَرْض خَالِيَة [女], [複] أَرَاض خَالِيَة ʾarḍ khālīyat, ʾarāḍ khālīyat アルド ハーリーヤ, アラード ハーリーヤ	vacant land ヴェイカント ランド
あきびん **空きびん** akibin	زُجَاجَة فَارِغَة [女] zujājat fārighat ズジャージャ ファーリガ	empty bottle エンプティ バトル
あきべや **空き部屋** akibeya	غُرْفَة فَارِغَة [女], [複] غُرَف فَارِغَة ghurfat fārighat, ghuraf fārighat グルファ ファーリガ, グラフ ファーリガ	vacant room ヴェイカント ルーム
あきらかな **明らかな** akirakana	وَاضِح wāḍiḥ ワーディフ	clear, evident クリア, エヴィデント
あきらかに **明らかに** akirakani	بِوُضُوح bi-wuḍūḥin ビ-ウドゥーフ	clearly クリアリ
あきらめる **諦める** akirameru	يَتْرُكُ, [完] تَرَكَ yatruku, taraka ヤトルク, タラカ	give up, abandon ギヴ アプ, アバンドン
あきる **飽きる** akiru	يَتْعَبُ مِنْ, [完] تَعِبَ مِنْ yatʿabu min, taʿiba min ヤトアブ ミン, タイバ ミン	(get) tired of (ゲト) タイアド オヴ
あきれすけん **アキレス腱** akiresuken	وَتَر أَخِيل [男] watar ʾakhīl ワタル アヒール	Achilles' tendon アキリーズ テンドン
あきれる **呆れる** akireru	يَشْعَرُ بِخَيْبَةِ أَمَلٍ, [完] شَعَرَ بِخَيْبَةِ أَمَلٍ yashʿaru bi-khaibati ʾamalin, shaʿara bi-khaibati ʾamalin ヤシュアル ビ-ハイバ アマル, シャアラ ビ-ハイバ アマル	(be) bewildered by (ビ) ビウィルダド バイ
あく **悪** aku	شَرّ [男] sharr シャッル	evil, vice イーヴィル, ヴァイス

日	アラビア	英
あく **開く** aku	يَنْفَتِحُ, 〔完〕 اِنْفَتَحَ yanfatiḥu, infataḥa ヤンファティフ，インファタハ	open オウプン
あく **空く** aku	يَفْرُغُ, 〔完〕 فَرَغَ yafrughu, faragha ヤフルグ，ファラガ	(become) vacant (ビカム) ヴェイカント
あくい **悪意** akui	خُبْث 男 khubth フブス	malice マリス
あくじ **悪事** akuji	جَرِيمَة 女, 複 جَرَائِمُ 〔二段〕 jarīmat, jarāʾimu ジャリーマ，ジャラーイム	evil deed イーヴィル ディード
あくしつな **悪質な** akushitsuna	شَرِير sharīr シャリール	vicious, vile ヴィシャス，ヴァイル
あくしゅ **握手** akushu	مُصَافَحَة 女 muṣāfaḥat ムサーファハ	handshake ハンドシェイク
あくせいの **悪性の** akuseino	خَبِيث, 複 خُبَثَاءُ 〔二段〕 khabīth, khubathāʾu ハビース，フバサーウ	malignant マリグナント
あくせさりー **アクセサリー** akusesarii	زِينَة 女 ; اِكْسِسْوَار 女, اِكْسِسْوَارَات 複 zīnat, iksiswār, ʾiksiswārāt ズィーナ，イクスィスワール，イクスィスワーラート	accessories アクセソリズ
あくせんと **アクセント** akusento	نَبْرَة 女 nabrat ナブラ	accent アクセント
あくび **あくび** akubi	تَثَاؤُب 男 tathāʾub タサーウブ	yawn ヨーン
あくま **悪魔** akuma	شَيْطَان 男, 複 شَيَاطِين 〔二段〕 shaiṭān, shayāṭīn シャイターン，シャヤーティーン	devil デヴィル

日	アラビア	英
あくむ **悪夢** akumu	كَابُوس 男, 複 كَوَابِيس 〔二段〕 kābūs, kawābīs カーブース, カワービース	nightmare ナイトメア
あくめい **悪名** akumei	سُمْعَة سَيِّئَة 女 sumʿat saiyiʾat スムア サイイア	bad reputation バド レピュテイション
あくようする **悪用する** akuyousuru	يُسِيءُ ٱلِاسْتِعْمَالَ لِ, أَسَاءَ ٱلِاسْتِعْمَالَ لِ 〔完〕 yusīʾu al-istiʿmāla li, ʾasāʾa al-istiʿmāla li ユスィーウ リスティウマール リ, アサーア リスティウマール リ	abuse, misuse アビューズ, ミスユーズ
あくりょく **握力** akuryoku	قَبْضَةُ ٱلْيَدِ ٱلْقَوِيَّة 女 qabḍatu al-yadi al-qawīyat カブダトゥル ヤディル カウィーヤ	grip strength グリップ ストレングス
あけがた **明け方** akegata	فَجْر 男 fajr ファジュル	daybreak デイブレイク
あける **開ける** akeru	يَفْتَحُ, 〔完〕 فَتَحَ yaftaḥu, fataḥa ヤフタフ, ファタハ	open オウプン
あける **空ける** akeru	يُفْرِغُ, 〔完〕 أَفْرَغَ yufrighu, ʾafragha ユフリグ, アフラガ	empty エンプティ
あげる **上げる** ageru	يَرْفَعُ, 〔完〕 رَفَعَ yarfaʿu, rafaʿa ヤルファウ, ラファア	raise, lift レイズ, リフト
(与える)	يُعْطِي, 〔完〕 أَعْطَى yuʿṭī, ʾaʿṭā ユウティー, アアター	give, offer ギヴ, オーファ
あげる **揚げる** ageru	يَقْلِي, 〔完〕 قَلَى yaqlī, qalā ヤクリー, カラー	deep-fry ディープフライ
あご **顎** ago	فَكّ 男, 複 فُكُوك fakk, fukūk ファック, フクーク	jaw, chin ヂョー, チン

日	アラビア	英
あこがれ **憧れ** akogare	**اِشْتِيَاق** 男 ishtiyāq イシュティヤーク	yearning ヤーニング
あさ **朝** asa	**صَبَاح** 男 ṣabāḥ サバーフ	morning モーニング
あさ **麻** asa	**قُنَّب** 男 qunnab クンナブ	hemp ヘンプ
（布）	**كَتَّان** 男 kattān カッターン	linen リネン
あさって **あさって** asatte	**بَعْدَ غَدٍ** baʿda ghadin バアダ ガド	day after tomorrow デイ アフタ トモーロウ
あざむく **欺く** azamuku	**يَخْدَعُ**, 〔完〕**خَدَعَ** yakhdaʿu, khadaʿa ヤフダウ, ハダア	cheat チート
あざらし **海豹** azarashi	**عَجْلُ ٱلْبَحْرِ** 集 ʿajlu al-baḥri アジュルル バフル	seal スィール
あざわらう **あざ笑う** azawarau	**يَسْخَرُ**, 〔完〕**سَخِرَ** yaskharu, sakhira ヤスハル, サヒラ	ridicule リディキュール
あし **足**（人の足首から先） ashi	**قَدَم** 女, 複 **أَقْدَام** qadam, ʾaqdām カダム, アクダーム	foot フト
～**首**	**كَاحِل** 男, 複 **كَوَاحِلُ** 〔二段〕 kāḥil, kawāḥilu カーヒル, カワーヒル	ankle アンクル
あし **脚** ashi	**رِجْل** 女, 複 **أَرْجُل** rijl, ʾarjul リジュル, アルジュル	leg レグ
あじ **味** aji	**مَذَاق** 男 madhāq マザーク	taste テイスト

日	アラビア	英
(風味)	نَكْهَة 女 nakhat ナクハ	flavor, Ⓑflavour フレイヴァ，フレイヴァ
あじあ **アジア** ajia	آسِيَا 女 ʾāsiyā アースィヤー	Asia エイジャ
〜の	آسِيَوِيّ ʾāsiyawīy アースィヤウィー	Asian エイジャン
あした **明日** ashita	غَد 男 ghad ガド	tomorrow トモーロウ
〜に	غَدًا ghadan ガダン	tomorrow トモーロウ
あじつけする **味付けする** ajitsukesuru	يُكْسِبُ طَعَامًا, 〔完〕 أَكْسَبَ طَعَامًا yuksibu ṭaʿāman, ʾaksaba ṭaʿāman ユクスィブ タアーム，アクサバ タアーム	season with スィーズン ウィズ
あじわう **味わう** ajiwau	يَذُوقُ, 〔完〕 ذَاقَ yadhūqu, dhāqa ヤズーク，ザーカ	taste, relish テイスト，レリシュ
あずける **預ける** azukeru	يُودِعُ, 〔完〕 أَوْدَعَ yūdiʿu, ʾaudaʿa ユーディウ，アウダア	leave, deposit リーヴ，ディパズィト
あすぱらがす **アスパラガス** asuparagasu	هِلْيَوْن 男 hilyaun ヒルヤウン	asparagus アスパラガス
あすぴりん **アスピリン** asupirin	أَسْبِرِين 男 ʾasbirīn アスビリーン	aspirin アスピリン
あせ **汗** ase	عَرَق 男 ʿaraq アラク	sweat スウェト

日	アラビア	英
あせも **あせも** asemo	طَفْحُ ٱلْعَرَقِ 男 ṭafḥu al-ʿaraq タフフル アラク	heat rash ヒート ラシュ
あせる **焦る** aseru	يَرْتَبِكُ, 〔完〕اِرْتَبَكَ yartabiku, irtabaka ヤルタビク, イルタバカ	(be) impatient (ビ) インペイシェント
(焦っている)	مُرْتَبِك murtabik ムルタビク	impatient インペイシェント
あそこ **あそこ** asoko	هُنَاكَ hunāka フナーカ	over there オウヴァ ゼア
あそぶ **遊ぶ** asobu	يَلْعَبُ, 〔完〕لَعِبَ yalʿabu, laʿiba ヤルアブ, ライバ	play プレイ
あたい **価** atai (価値)	قِيمَة 女, 複 قِيَم qīmat, qiyam キーマ, キヤム	value, worth ヴァリュ, ワース
(値段)	سِعْر 男, 複 أَسْعَار ; ثَمَن 男, 複 أَثْمَان siʿr, ʾasʿār, thaman, ʾathmān スィウル, アスアール, サマン, アスマーン	price, cost プライス, コスト
あたえる **与える** ataeru	يُعْطِي, 〔完〕أَعْطَى yuʿṭī, ʾaʿṭā ユウティー, アアター	give, present ギヴ, プリゼント
(被害を)	يُسَبِّبُ, 〔完〕سَبَّبَ yusabbibu, sabbaba ユサッビブ, サッババ	cause, inflict コーズ, インフリクト
あたたかい **暖かい** atatakai	دَافِئ dāfiʾ ダーフィウ	warm ウォーム
あだな **あだ名** adana	لَقَب 男, 複 أَلْقَاب laqab, ʾalqāb ラカブ, アルカーブ	nickname ニクネイム

日	アラビア	英
あたま **頭** atama	**رَأْس** 男, 複 **رُؤُوس** ra'ṣ, ru'ūs ラアス, ルウース	head ヘド
(頭脳)	**دِمَاغ** 男, 複 **أَدْمِغَة** dimāgh, 'admighat ディマーグ, アドミガ	brains, intellect ブレインズ, インテレクト
あたらしい **新しい** atarashii	**جَدِيد**, 複 **جُدُد** jadīd, judud ジャディード, ジュドゥド	new ニュー
(最新の)	**حَدِيث** ḥadīth ハディース	recent リースント
(新鮮な)	**طَازِج** ṭāzij ターズィジュ	fresh フレシュ
あたり **辺り** atari	**حَوْلَ** ḥaula ハウラ	vicinity ヴィスィニティ
あたりまえの **当たり前の** atarimaeno	**عَادِيّ** ʿādīy アーディー	common, ordinary カモン, オーディネリ
(当然の)	**طَبِيعِي** ṭabīʿīy タビーイー	natural ナチュラル
あちこち **あちこち** achikochi	**أَكْثَرَ مِنْ مَكَانٍ** akthara min makānin アクサラ ミン マカーン	here and there ヒア アンド ゼア
あちら **あちら** achira	**هُنَاكَ** hunāka フナーカ	(over) there (オウヴァ) ゼア
あつい **熱[暑]い** (水などが) atsui	**سَاخِن** sākhin サーヒン	hot ハト
(気温などが)	**حَارّ** ḥārr ハーッル	hot ハト

日	アラビア	英
あつい **厚い** atsui	**سَمِيك** samīk サミーク	thick スィク
あつかい **扱い** atsukai	**مُعَامَلَة** 女 muʿāmalat ムアーマラ	treatment, handling トリートメント，ハンドリング
あっかする **悪化する** akkasuru	**يَسُوءُ,** 〔完〕 **سَاءَ** yasūʾu, sāʾa ヤスーウ，サーア	grow worse グロウ ワース
あつくるしい **暑苦しい** atsukurushii	**حَرَارَة خَانِقَة** 女 ḥarārat khāniqat ハラーラ ハーニカ	sultry, stuffy サルトリ，スタフィ
あつさ **厚さ** atsusa	**سُمْك** 男 sumk スムク	thickness スィクネス
あっぱくする **圧迫する** appakusuru	**يَضْغَطُ,** 〔完〕 **ضَغَطَ** yaḍghaṭu, ḍaghaṭa ヤドガトゥ，ダガタ	oppress, press オプレス，プレス
あつまり **集まり** (会合) atsumari	**اِجْتِمَاع** 男 ijtimāʿ イジュティマーウ	gathering, meeting ギャザリング，ミーティング
(多数集まったもの)	**تَجَمُّع** 男, 複 **تَجَمُّعَات** tajammuʿ, tajammuʿāt タジャンムウ，タジャンムアート	crowd, gathering クラウド，ギャザリング
あつまる **集まる** (会合する) atsumaru	**يَجْتَمِعُ,** 〔完〕 **اِجْتَمَعَ** yajtamiʿu, ijtamaʿa ヤジュタミウ，イジュタマア	meet, assemble ミート，アセンブル
(群がる)	**يَتَجَمَّعُ,** 〔完〕 **تَجَمَّعَ** yatajammaʿu, tajammaʿa ヤタジャンマウ，タジャンマア	gather ギャザ
あつめる **集める** atsumeru	**يَجْمَعُ,** 〔完〕 **جَمَعَ** yajmaʿu, jamaʿa ヤジュマウ，ジャマア	gather, collect ギャザ，コレクト

日	アラビア	英
あつりょく **圧力** atsuryoku	ضَغْط 男, 複 ضُغُوط ḍaghṭ, ḍughūṭ ダグト, ドゥグート	pressure プレシャ
あてさき **宛て先** atesaki	عُنْوَان 男, 複 عَنَاوِين 〔二段〕 ʿunwān, ʿanāwīn ウンワーン, アナーウィーン	address アドレス
あてな **宛て名** atena	اَلْمُرْسَل إِلَيْهِ 男 ; اَلْمُرْسَلَة إِلَيْهَا 女 al-mursal ʾilai-hi, al-mursalat ʾilai-hā アル ムルサル イライ-ヒ, アル ムルサラ イライ-ハー	addressee アドレスィー
あてはまる **当てはまる** atehamaru	يَنْطَبِقُ, 〔完〕 اِنْطَبَقَ yanṭabiqu, inṭabaqa ヤンタビク, インタバカ	apply to, (be) true of アプライ トゥ, (ビ) トルー オヴ
あてる **充てる** ateru	يُخَصِّصُ, 〔完〕 خَصَّصَ yukhaṣṣiṣu, khaṣṣaṣa ユハッスィス, ハッササ	assign, allot アサイン, アラト
あと **跡** ato	أَثَر 男, 複 آثَار ʾathar, ʾāthār アサル, アーサール	mark, trace マーク, トレイス
あどけない **あどけない** adokenai	بَرِيء, 複 أَبْرِيَاءُ 〔二段〕 barīʾ, ʾabriyāʾu バリーウ, アブリヤーウ	innocent イノセント
あとつぎ **跡継ぎ** atotsugi	خَلَف 男, 複 أَخْلَاف khalaf, ʾakhlāf ハラフ, アフラーフ	successor サクセサ
あとで **後で** atode	بَعْدَ baʿda バアダ	later, after レイタ, アフタ
あどばいす **アドバイス** adobaisu	نَصِيحَة 女, 複 نَصَائِحُ 〔二段〕 naṣīḥat, naṣāʾiḥu ナスィーハ, ナサーイフ	advice アドヴァイス
あどれす **アドレス** adoresu	عُنْوَان 男, 複 عَنَاوِينُ 〔二段〕 ʿunwān, ʿanāwīnu ウンワーン, アナーウィーン	address アドレス

日	アラビア	英
あな **穴** ana	**ثَقْب** 男, 複 **ثُقُوب** thaqb, thuqūb サクブ, スクーブ	hole, opening ホウル, オウプニング
あなうんさー **アナウンサー** anaunsaa	**مُذِيع** 男 mudhīʿ ムズィーウ	announcer アナウンサ
あなうんす **アナウンス** anaunsu	**إِعْلَان** 男, 複 **إِعْلَانَات** ʾiʿlān, ʾiʿlānāt イウラーン, イウラナート	announcement アナウンスメント
あなた **あなた** anata	**أَنْتَ** 男 ; **أَنْتِ** 女 ʾanta, ʾanti アンタ, アンティ	you ユー
あなどる **侮る** anadoru	**يَسْتَخِفُّ**, 完 **اِسْتَخَفَّ** yastakhiffu, istakhaffa ヤスタヒッフ, イスタハッファ	underestimate, make light of アンダレスティメイト, メイク ライト オヴ
あに **兄** ani	**أَخ كَبِير** 男, 複 **إِخْوَة كِبَار** ʾakh kabīr, ʾikhwat kibār アフ カビール, イフワ キバール	(older) brother (オウルダ) ブラザ
あにめ **アニメ** anime	**رُسُوم مُتَحَرِّكَة** 複 rasūm mutaḥarrikat ラスーム ムタハッリカ	animation アニメイション
あね **姉** ane	**أُخْت كَبِيرَة** 女, 複 **أَخَوَات كَبِيرَات** ʾukht kabīrat, ʾakhawāt kabīrāt ウフト カビーラ, アハワート カビーラート	(older) sister (オウルダ) スィスタ
あの **あの** ano	**ذٰلِكَ ; تِلْكَ** dhālika, tilka ザーリカ, ティルカ	that ザト
あのころ **あの頃** anokoro	**فِي هٰذِهِ ٱلْأَيَّامِ** fī hādhihi al-ʾaiyāmi フィー ハーズィヒル アイヤーム	in those days イン ゾウズ デイズ
あぱーと **アパート** apaato	**شَقَّة** 女, 複 **شِقَق** shaqqat, shiqaq シャッカ, シカク	apartment, Ⓑflat アパートメント, フラト

日	アラビア	英
あばく **暴く** abaku	يَكْشِفُ, 完 كَشَفَ yakshifu, kashafa ヤクシフ, カシャファ	disclose ディスクロウズ
あばれる **暴れる** abareru	يَهِيجُ, 完 هَاجَ yahīju, hāja ヤヒージュ, ハージャ	behave violently ビヘイヴ ヴァイオレントリ
あひる **家鴨** ahiru	بَطّ 集, بَطَّة 女 baṭṭ, baṭṭat バット, バッタ	(domestic) duck (ドメスティク) ダク
あふがにすたん **アフガニスタン** afuganisutan	أَفْغَانِسْتَان 女 ʾafghānistān アフガーニスターン	Afghanistan アフギャニスタン
あふたーさーびす **アフターサービス** afutaasaabisu	خِدْمَةُ ٱلْعُمَلَاءِ 女 khidmatu al-ʿumalāʾi ヒドマトゥル ウマラーウ	after-sales service アフタセイルズ サーヴィス
あぶない **危ない** abunai	خَطِير khaṭīr ハティール	dangerous, risky デインヂャラス, リスキ
あぶら **脂** abura	شَحْم 集, شَحْمَة 女 shaḥm, shaḥmat シャフム, シャフマ	grease, fat グリース, ファト
あぶら **油** abura	زَيْت 男, 複 زُيُوت zait, zuyūt ザイト, ズユート	oil オイル
あぶらえ **油絵** aburae	رَسْم زَيْتِيّ 男 rasm zaitīy ラスム ザイティー	oil painting オイル ペインティング
あぶらっこい **油っこい** aburakkoi	دَسِم dasim ダシム	oily オイリ
あふりか **アフリカ** afurika	إِفْرِيقِيَا 女 ʾifrīqiyā イフリーキヤー	Africa アフリカ
～の	إِفْرِيقِيّ ʾifrīqīy イフリーキー	African アフリカン

日	アラビア	英
あぼかど **アボカド** abokado	**أَفُوكَادُو** 女 ʾafūkādū アフーカードゥー	avocado アヴォカードウ
あまい **甘い** amai	**حُلْو** ḥulw フルウ	sweet スウィート
（物事に対して）	**مُتَفَائِل** mutafāʾil ムタファーイル	indulgent インダルヂェント
あまくちの **甘口の** amakuchino	**حُلْو** ḥulw フルウ	sweet スウィート
あまちゅあ **アマチュア** amachua	**هَاوٍ** 男〔二段〕, 複 **هُوَاة** hāwin, huwāt ハーウィン, フワー	amateur アマチャ
あまやかす **甘やかす** amayakasu	**يُدَلِّلُ**, 〔完〕 **دَلَّلَ** yudallilu, dallala ユダッリル, ダッララ	spoil スポイル
あまる **余る** amaru	**بَقِيَّة** 女, 複 **بَقَايَا** baqīyat, baqāyā バキーヤ, バカーヤー	remain リメイン
あみ **網** ami	**شَبَكَة** 女 shabakat シャバカ	net ネト
あみのさん **アミノ酸** aminosan	**حَمْض أَمِينِيّ** 男 ḥamḍ ʾamīnīy ハムド アミーニー	amino acid アミーノウ アスィド
あみもの **編物** amimono	**حِيَاكَة** 女 ḥiyākat ヒヤーカ	knitting ニティング
あむ **編む** amu	**يَحُوكُ**, 〔完〕 **حَاكَ** yaḥūku, ḥāka ヤフーク, ハーカ	knit ニト
あめ **飴** ame	**حَلْوَى ٱلسُّكَّرِ** 男 ḥalwā al-sukkari ハルワッ スッカリ	candy, Ⓑsweets キャンディ, スウィーツ

日	アラビア	英
あめ **雨** ame	**مَطَر** 男, 複 **أَمْطَار** maṭar, ʾamṭār マタル, アムタール	rain レイン
あめりか **アメリカ** amerika	**أَمْرِيكَا** 女 ʾamrīkā アムリーカー	America アメリカ
～合衆国	**اَلْوِلَايَاتُ ٱلْمُتَّحِدَةُ ٱلْأَمْرِيكِيَّةُ** 複 al-wilāyātu al-muttaḥidatu al-ʾamrīkīyatu アル ウィラーヤートゥル ムッタヒダトゥル アムリーキーヤ	United States (of America) ユナイテド ステイツ（オヴ アメリカ）
～人	**أَمْرِيكِيّ** 男 ʾamrīkīy アムリーキー	American アメリカン
～の	**أَمْرِيكِيّ** ʾamrīkīy アムリーキー	American アメリカン
あやしい **怪しい** ayashii	**مَشْبُوه** mashbūh マシュブーフ	doubtful, suspicious ダウトフル, サスピシャス
あやまち **過ち** ayamachi	**غَلَط** 男, 複 **أَغْلَاط** ghalaṭ, ʾaghlāṭ ガラト, アグラート	fault, error フォルト, エラ
あやまり **誤り** ayamari	**خَطَأ** 男, 複 **أَخْطَاء** khaṭaʾ, ʾakhṭāʾ ハタウ, アフターウ	mistake, error ミステイク, エラ
あやまる **誤る** ayamaru	**يُخْطِئُ**, 完 **أَخْطَأَ** yukhṭiʾu, ʾakhṭaʾa ユフティウ, アフタア	mistake, fail in ミステイク, フェイル イン
あやまる **謝る** ayamaru	**يَعْتَذِرُ**, 完 **اِعْتَذَرَ** yaʿtadhiru, iʿtadhara ヤアタズィル, イウタザラ	apologize to アパロヂャイズ トゥ
あゆみ **歩み** ayumi	**مَشْي** 男 mashy マシュイ	walking, step ウォーキング, ステプ

あ

日	アラビア	英
あゆむ **歩む** ayumu	يَمْشِي, 〔完〕مَشَى yamshī, mashā ヤムシー, マシャー	walk ウォーク
あらう **洗う** arau	يَغْسِلُ, 〔完〕غَسَلَ yaghsilu, ghasala ヤグスィル, ガサラ	wash, cleanse ワシュ, クレンズ
あらかじめ **あらかじめ** arakajime	مُسَبَّقًا musabbaqan ムサッバカン	in advance, beforehand イン アドヴァンス, ビフォーハンド
あらし **嵐** arashi	عَاصِفَة 女, 複 عَوَاصِفُ〔二段〕 ʿāṣifat, ʿawāṣifu アースィファ, アワースィフ	storm, tempest ストーム, テンペスト
あらそい **争い** (口論) arasoi	شِجَار 男 shijār シジャール	dispute ディスピュート
あらそう **争う** (けんかする) arasou	يُقَاتِلُ, 〔完〕قَاتَلَ yuqātilu, qātala ユカーティル, カータラ	fight, quarrel ファイト, クウォレル
(口論する)	يُشَاجِرُ, 〔完〕شَاجَرَ yushājiru, shājara ユシャージル, シャージャラ	dispute with ディスピュート ウィズ
あらたまる **改まる** (新しくなる) aratamaru	يَتَجَدَّدُ, 〔完〕تَجَدَّدَ yatajaddadu, tajaddada ヤタジャッダドゥ, タジャッダダ	(be) renewed (ビ) リニュード
(変わる)	يَتَغَيَّرُ, 〔完〕تَغَيَّرَ yataghaiyaru, taghaiyara ヤタガイヤル, タガイヤラ	change チェインヂ
(改善される)	يَتَحَسَّنُ, 〔完〕تَحَسَّنَ yataḥassanu, taḥassana ヤタハッサヌ, タハッサナ	reform, improve リフォーム, インプルーヴ
あらためる **改める** (新しくする) aratameru	يُجَدِّدُ, 〔完〕جَدَّدَ yujaddidu, jaddada ユジャッディドゥ, ジャッダダ	renew, revise リニュー, リヴァイズ

日	アラビア	英
(正す)	يُصَحِّحُ, 〔完〕صَحَّحَ yuṣaḥḥiḥu, ṣaḥḥaḥa ユサッヒフ, サッハハ	change チェインヂ
あらびあ **アラビア** arabia	شِبْهُ ٱلْجَزِيرَةِ ٱلْعَرَبِيَّةِ 男 shibhu al-jazīrati al-ʿarabīyati シブフル ジャズィーラティル アラビーヤ	Arabia アレイビア
～語	اَللُّغَةُ ٱلْعَرَبِيَّةُ 女 al-lughatu al-ʿarabīyatu アッ ルガトゥル アラビーヤ	Arabic アラビク
～数字	أَرْقَام عَرَبِيَّة 複 ʾarqām ʿarabīyat アルカーム アラビーヤ	Arabic numerals アラビク ヌメラルズ
あらぶしゅちょうこくれんぽう **アラブ首長国連邦** arabushuchoukokurenpou	اَلْإِمَارَاتُ ٱلْعَرَبِيَّةُ ٱلْمُتَّحِدَةُ 複 al-ʾimārātu al-ʿarabīyatu al-muttaḥidatu アル イマーラートゥル アラビーヤトゥル ムッタヒダ	UAE, United Arab Emirates ユーエイイー, ユナイテド アラブ イミレツ
あらぶの **アラブの** arabuno	عَرَبِيّ ʿarabīy アラビー	Arabian アレイビアン
あらゆる **あらゆる** arayuru	كُلّ 男 kull クッル	all, every オール, エヴリ
あらわれる **現れる** arawareru	يَظْهَرُ, 〔完〕ظَهَرَ yaẓharu, ẓahara ヤズハル, ザハラ	come out, appear カム アウト, アピア
あり **蟻** ari	نَمْل 集, نَمْلَة 女, 複 نِمَال naml, namlat, nimāl ナムル, ナムラ, ニマール	ant アント
ありうる **有り得る** ariuru	مُحْتَمَل muḥtamal ムフタマル	possible パスィブル
ありえない **有り得ない** arienai	مُسْتَحِيل mustaḥīl ムスタヒール	impossible インパスィブル

日	アラビア	英
ありふれた **ありふれた** arifureta	عَادِيّ ʿādīy アーディー	common, ordinary カモン, オーディネリ
あるいは **あるいは** aruiwa	أَمْ ; أَوْ ʾau, ʾam アウ, アム	(either) or (イーザ) オー
あるかり **アルカリ** arukari	قِلْو 男 ; اَلْقَلِيّ 男 qilw, al-qalīy キルウ, アル カリー	alkali アルカライ
(アルカリの)	قِلْوِيّ qilwīy キルウィー	alkali アルカライ
あるく **歩く** aruku	يَمْشِي, 〔完〕 مَشَى yamshī, mashā ヤムシー, マシャー	walk, go on foot ウォーク, ゴウ オン フト
あるこーる **アルコール** arukooru	كُحُول 男 kuḥūl クフール	alcohol アルコホール
あるじぇりあ **アルジェリア** arujeria	اَلْجَزَائِر 女 al-jazāʾir アル ジャザーイル	Algeria アルヂアリア
あるぜんちん **アルゼンチン** aruzenchin	اَلْأَرْجِنْتِين 女 al-ʾarjintīn アル アルジンティーン	Argentina アーヂェンティーナ
あるつはいまーびょう **アルツハイマー病** arutsuhaimaabyou	مَرَضُ أَلْزُهَايْمَر 男 maraḍu ʾalzuhāimar マラドゥ アルズハーイマル	Alzheimer's disease アールツハイマズ ディズィーズ
あるばいと **アルバイト** arubaito	عَمَل مُؤَقَّت 男 ; عَمَل بِدَوَامٍ جُزْئِيّ 男 ʿamal muʾaqqat, ʿamal bi-dawāmin juzʾīyin アマル ムアッカト, アマル ビーダワーム ジュズイー	part-time job パートタイム ヂャブ
あるばむ **アルバム** arubamu	أَلْبُوم 男 ʾalbūm アルブーム	album アルバム

日	アラビア	英
あるみにうむ **アルミニウム** aruminiumu	**أَلُمِنْيُوم** 男 ʾaluminyūm アルミン**ユー**ム	aluminum アル**ー**ミナム
あれ **あれ** are	**تِلْكَ ; ذٰلِكَ** dhālika, tilka **ザ**ーリカ, **ティ**ルカ	that, it **ザ**ト, **イ**ト
あれから **あれから** arekara	**مُنْذُ ذٰلِكَ ; مُنْذُ ذٰلِكَ ٱلْحِينِ ٱلْوَقْتِ** mundhu dhālika al-ḥīni, mundhu dhālika al-waqti ムンズ **ザ**ーリカル **ヒ**ーン, ムンズ **ザ**ーリカル **ワ**クト	since then スィンス **ゼ**ン
あれらの **あれらの** (2つ) arerano	**تَانِكَ ; ذَانِكَ** dhānika, tānika **ザ**ーニカ, **タ**ーニカ	those **ゾ**ウズ
(3つ以上)	**أُولٰئِكَ** ʾūlāʾika ウー**ラ**ーイカ	those **ゾ**ウズ
あれるぎー **アレルギー** arerugii	**حَسَّاسِيَّة** 女 ḥassāsīyat ハッサー**スィ**ーヤ	allergy **ア**ラヂ
あれんじする **アレンジする** arenjisuru	**نَسَّقَ** 〔完〕 **يُنَسِّقُ,** yunassiqu, nassaqa ユナッスィク, **ナ**ッサカ	arrange ア**レ**インヂ
あわ **泡** awa	**فُقَّاعَة** 女, 複 **فَقَاقِيعُ** 〔二段〕 fuqqāʿat, faqāqīʿu フッ**カ**ーア, ファカー**キ**ーウ	bubble, foam **バ**ブル, **フォ**ウム
あわてる **慌てる** (急ぐ) awateru	**اِسْتَعْجَلَ** 〔完〕 **يَسْتَعْجِلُ,** yastaʿjilu, istaʿjala **ヤ**スタアジル, **イ**スタアジャラ	(be) hurried, (be) rushed (ビ) **ハ**ーリド, (ビ) **ラ**シュト
(動転する)	**تَحَيَّرَ** 〔完〕 **يَتَحَيَّرُ,** yataḥaiyaru, taḥaiyara ヤタ**ハ**イヤル, タ**ハ**イヤラ	(be) upset (ビ) アプ**セ**ト
あわれな **哀れな** awarena	**مِسْكِين** miskīn ミス**キ**ーン	sad, poor **サ**ド, **プ**ア

日	アラビア	英
あわれむ **哀れむ** awaremu	يُشْفِقُ عَلَى, 〔完〕أَشْفَقَ عَلَى yushfiqu ʿalā, ʾashfaqa ʿalā ユシュフィク アラー, アシュファカ アラー	pity, feel pity for ピティ, フィール ピティ フォ
あん **案** (計画) an	خُطَّة 女, 複 خُطَط khuṭṭat, khuṭaṭ フッタ, フタト	plan プラン
(提案)	اِقْتِرَاح 男 iqtirāḥ イクティラーフ	suggestion サグチェスチョン
あんいな **安易な** an-ina	سَهْل sahl サフル	easy イーズィ
あんきする **暗記する** ankisuru	يَحْفَظُ, 〔完〕حَفِظَ yaḥfaẓu, ḥafiẓa ヤフファズ, ハフィザ	memorize, learn by heart メモライズ, ラーン バイ ハート
あんけーと **アンケート** ankeeto	اِسْتِطْلَاع 男, 複 اِسْتِطْلَاعَات istiṭlāʿ, istiṭlāʿāt イスティトラーウ, イスティトラーアート	questionnaire クウェスチョネア
あんごう **暗号** angou	شِفْر 男 shifr シフル	cipher, code サイファ, コウド
あんさつ **暗殺** ansatsu	اِغْتِيَال 男, 複 اِغْتِيَالَات ightiyāl, ightiyālāt イグティヤール, イグティヤーラート	assassination アサスィネイション
あんざん **暗算** anzan	حِسَاب ذِهْنِيّ 男 ḥisāb dhihnīy ヒサーブ ズィフニー	mental arithmetic メンタル アリスメティク
あんしょうばんごう **暗証番号** anshoubangou	رَقْمُ ٱلتَّعْرِيفِ ٱلشَّخْصِيِّ 男 raqmu al-taʿrīfi al-shakhṣīyi ラクムッ タアリーフィッ シャフスィー	code number コウド ナンバ
あんず **杏** anzu	مِشْمِش 集, مِشْمِشَة 女 mishmish, mishmishat ミシュミシュ, ミシュミシャ	apricot アプリカト

日	アラビア	英
あんぜん **安全** anzen	أَمْن 男 ʾamn アムン	security スィキュアリティ
〜な	آمِن ʾāmin アーミン	safe, secure セイフ, スィキュア
あんてい **安定** antei	اِسْتِقْرار 男 istiqrār イスティクラール	stability, balance スタビリティ, バランス
あんてな **アンテナ** antena	هَوائِيّ 男, 複 هَوائِيّات hawāʾīy, hawāʾīyāt ハワーイー, ハワーイーヤート	antenna, aerial アンテナ, エアリアル
あんばらんす **アンバランス** anbaransu	عَدَمُ ٱلتَّوازُنِ 男 ʿadamu al-tawāzuni アダムッ タワーズン	imbalance インバランス
あんぺあ **アンペア** anpea	أَمْبِير 男, 複 أَمابِيرُ [二段] ʾambīr, ʾamābīru アムビール, アマービール	ampere アンピア
あんもくの **暗黙の** anmokuno	ضِمْنِيّ ḍimnīy ディムニー	tacit タスィト
あんもにあ **アンモニア** anmonia	أُمُونِيّا 男 umūnīyā ウムーニーヤー	ammonia アモウニャ

い, イ

日	アラビア	英
い **胃** i	مَعِدَة 女, 複 مِعَد maʿidat, miʿad マイダ, ミアド	stomach スタマク
いい **いい** ii	جَيِّد jaiyid ジャイイド	good, fine, nice グド, ファイン, ナイス
いいえ **いいえ** iie	لَا lā ラー	no ノウ

日	アラビア	英
いいかげんな **いい加減な** (無計画な) iikagenna	**عَشْوَائِيّ** ʿashwāʾīy アシュワーイー	haphazard ハプハザド
(無責任な)	**مُسْتَهْتِر** mustahtir ムスタフティル	irresponsible イリスパンスィブル
いいつたえ **言い伝え** iitsutae	**مَأْثُور** 女, 複 **مَأْثُورَات** maʾthūr, maʾthūrāt マウスール, マウスールラート	tradition, legend トラディション, レヂェンド
いいわけ **言い訳** iiwake	**عُذْر** 男, 複 **أَعْذَار** ʿudhr, ʾaʿdhār ウズル, アアザール	excuse, pretext イクスキュース, プリーテクスト
いいん **委員** iin	**عُضْوُ ٱللَّجْنَةِ** 男, 複 **أَعْضَاءُ ٱللَّجْنَةِ** ʿuḍwu al-lajnati, ʾaʿḍāʾu al-lajnati ウドウッ ラジュナ, アアダーウッ ラジュナ	member of a committee メンバ オヴ ア コミティ
〜会	**لَجْنَة** 女, 複 **لِجَان** lajnat, lijān ラジュナ, リジャーン	committee コミティ
いう **言う** iu	**يَقُولُ**, 〔完〕**قَالَ** yaqūlu, qāla ヤクール, カーラ	say, tell セイ, テル
(称する)	**يُسَمَّى**, 〔完〕**سَمَّى** yusammā, sammā ユサンマー, サンマー	call, name コール, ネイム
いえ **家** (住居) ie	**بَيْت** 男, 複 **بُيُوت** ; **مَنْزِل** 男, 複 **مَنَازِلُ** 〔二段〕 bait, buyūt, manzil, manāzilu バイト, ブユート, マンズィル, マナーズィル	house ハウス
(私の自宅)	**بَيْتِي** 男 ; **مَنْزِلِي** 男 baitī, manzilī バイティー, マンズィリー	home ホウム

日	アラビア	英
(家族)	عَائِلَة 男, 複 عَوَائِلُ [二段] ʿāʾilat, ʿawāʾilu アーイラ, アワーイル	family ファミリ
いえでする **家出する** iedesuru	يَهْرُبُ مِنَ ٱلْبَيْتِ, [完] هَرَبَ مِنَ ٱلْبَيْتِ yahraubu min al-bait, haraba min al-bait ヤフルブ ミナル バイト, ハラバ ミナル バイト	run away from home ラン アウェイ フラム ホウム
いえめん **イエメン** iemen	اَلْيَمَن 男 al-yaman アル ヤマン	Yeman イェメン
いおう **硫黄** iou	كِبْرِيت 男 kibrīt キブリート	sulfur サルファ
いおん **イオン** ion	أَيُون 男 ʾayūn アユーン	ion アイオン
いか **以下** (そこからあと) ika	مَا يَلِي mā yalī マー ヤリー	following フォロウイング
(それより少ない)	أَقَلّ مِنْ ʾaqall min アカッル ミン	less than, under レス ザン, アンダ
いか **烏賊** ika	حَبَّار 男 ḥabbār ハッバール	squid, cuttlefish スクウィード, カトルフィシュ
いがい **以外** igai	غَيْر ; إِلَّا ghair, ʾillā ガイル, イッラー	except, excepting イクセプト, イクセプティング
いがいな **意外な** igaina	غَيْر مُتَوَقَّع ghair mutawaqqaʿin ガイル ムタワッカウ	unexpected アニクスペクテド
いかいよう **胃潰瘍** ikaiyou	قَرْحَة هَضْمِيَّة 女 qarḥat haḍmīyat カルハ ハドミーヤ	gastric ulcer, stomach ulcer ギャストリク アルサ, スタマク アルサ

日	アラビア	英
いかがわしい いかがわしい (疑わしい) ikagawashii	مَشْكُوك فِيهِ mashkūk fī-hi マシュクーク フィーヒ	doubtful ダウトフル
(わいせつな)	فَاحِش fāḥish ファーヒシュ	indecent インディーセント
いがく 医学 igaku	عِلْمُ ٱلطِّبِّ 男 ʿilmu al-ṭibbi イルムッ ティッブ	medical science メディカル サイエンス
いかり 怒り ikari	غَضَب 男 ghaḍab ガダブ	anger, rage アンガ, レイヂ
いき 息 iki	نَفَس 男, 複 أَنْفَاس nafas, ʾanfās ナファス, アンファース	breath ブレス
いぎ 意義 igi	أَهَمِّيَّة 女 ʾahammīyat アハンミーヤ	significance スィグニフィカンス
いぎ 異議 igi	اِعْتِرَاض 男, 複 اِعْتِرَاضَات iʿtirāḍ, iʿtirāḍāt イウティラード, イウティラーダート	objection オブヂェクション
いきいきした 生き生きした ikiikishita	حَيّ ḥaiy ハイイ	lively, fresh ライヴリ, フレシュ
いきおい 勢い ikioi	طَاقَة 女 ṭāqat ターカ	momentum モウメンタム
いきかた 生き方 ikikata	نَمَطُ ٱلْحَيَاةِ 男, 複 أَنْمَاطُ ٱلْحَيَاةِ namaṭu al-ḥayāti, ʾanmāṭu al-ḥayāti ナマトゥル ハヤート, アンマートゥル ハヤート	lifestyle ライフスタイル
いきている 生きている ikiteiru	حَيّ ; عَلَى قَيْدِ ٱلْحَيَاةِ ḥaiy, ʿalā qaidi al-ḥayāti ハイイ, アラー カイディル ハヤート	alive, living アライヴ, リヴィング

日	アラビア	英
いきどまり **行き止まり** ikidomari	طَرِيق مَسْدُود 男 ṭarīq masdūd タリーク マスドゥード	dead end デド エンド
いきなり **いきなり** ikinari	فَجْأَةً fajʾatan ファジュアタン	suddenly, abruptly サドンリ，アブラプトリ
いきぬき **息抜き** ikinuki	اِسْتِرَاحَة 女 istirāḥat イスティラーハ	rest, breather レスト，ブリーザ
いきのこる **生き残る** ikinokoru	يَنْجُو, 完 نَجَا yanjū, najā ヤンジュー，ナジャー	survive サヴァイヴ
いきもの **生き物** ikimono	كَائِن حَيّ 男 kāʾin ḥaiy カーイン ハイイ	living thing リヴィング スィング
いぎりす **イギリス** igirisu	إِنْجِلْتِرَا 女 ; بَرِيطَانِيَا 女 ʾinjiltirā, barīṭāniyā インジルティラー，バリーターニヤー	England, Great Britain イングランド，グレイト ブリトン
～人	إِنْجِلِيزِيّ 男 ; بَرِيطَانِيّ 男 ʾinjilīzīy, barīṭānīy インジリーズィー，バリーターニー	English (person) イングリッシュ (パースン)
いきる **生きる** ikiru	يَعِيشُ, 完 عَاشَ yaʿīshu, ʿāsha ヤイーシュ，アーシャ	live, (be) alive リヴ，(ビ) アライヴ
いく **行く** iku	يَذْهَبُ, 完 ذَهَبَ yadhhabu, dhahaba ヤズハブ，ザハバ	go ゴウ
(去る)	يُغَادِرُ, 完 غَادَرَ yughādiru, ghādara ユガーディル，ガーダラ	leave リーヴ
いくつ **いくつ** ikutsu	كَمْ kam カム	how many ハウ メニ

日	アラビア	英
(あなたの年齢が)	كَمْ عُمْرُكَ؟ ; كَمْ عُمْرُكِ؟ kam ʿumru-ka, kam ʿumru-ki カム ウムルーカ, カム ウムルーキ	how old ハウ オウルド
いくつか いくつか ikutsuka	بَعْض baʿḍ バアド	some, several サム, セヴラル
いけ 池 ike	بِرْكَة 女, 複 بِرَك birkat, birak ビルカ, ビラク	pond, pool パンド, プール
いけない いけない (悪い) ikenai	سَيِّء saiyiʾ サイイウ	bad, naughty バド, ノーティ
(してはならない)	لَا يَجِبُ أَنْ lā yajibu ʾan ラー ヤジブ アン	must not do マスト ナト
いけん 意見 (考え) iken	رَأْي 男, 複 آرَاء raʾy, ʾārāʾ ラアイ, アーラーウ	opinion, idea オピニョン, アイディーア
(忠告)	نَصِيحَة 女, 複 نَصَائِحُ [二段] naṣīḥat, naṣāʾiḥu ナスィーハ, ナサーイフ	advice アドヴァイス
いげん 威厳 igen	كَرَامَة 女 karāmat カラーマ	dignity ディグニティ
いご 以後 (今後) igo	مِنَ ٱلْآنَ فَصَاعِدًا min al-ʾāna faṣāʿidan ミナル アーナ ファサーイダン	from now on フラム ナウ オン
(その後)	بَعْدَ baʿda バアダ	after, since アフタ, スィンス
いこう 意向 ikou	نِيَّة 女 nīyat ニーヤ	intention インテンション
いこうする 移行する ikousuru	يَنْتَقِلُ, [完] اِنْتَقَلَ yantaqilu, intaqala ヤンタキル, インタカラ	move, shift ムーヴ, シフト

日	アラビア	英
いざかや 居酒屋 izakaya	حَانَة 女 ḥānat ハーナ	pub パブ
いさましい 勇ましい isamashii	شُجَاع, 複 شُجْعَان shujā', shuj'ān シュジャーウ，シュジュアーン	brave, courageous ブレイヴ，カレイヂャス
いさん 遺産（親などからの） isan	وِرْث 男 wirth ウィルス	inheritance, legacy インヘリタンス，レガスィ
（文化や歴史などの）	تُرَاث 男 turāth トゥラース	inheritance, heritage インヘリタンス，ヘリティヂ
いし 意志 ishi	إِرَادَة 男 ʾirādat イラーダ	will, volition ウィル，ヴォウリション
いし 意思 ishi	نِيَّة 女 nīyat ニーヤ	intention インテンション
いし 石 ishi	حَجَر 男, 複 أَحْجَار ḥajar, ʾaḥjār ハジャル，アフジャール	stone ストウン
いしき 意識 ishiki	وَعْي 男 wa'y ワアイ	consciousness カンシャスネス
いじめる いじめる ijimeru	يَتَنَمَّرُ, 〔完〕 تَنَمَّرَ yatanammaru, tanammara ヤタナンマル，タナンマラ	bully, torment ブリ，トーメント
いしゃ 医者 isha	طَبِيب 男, 複 أَطِبَّاءُ 〔二段〕 ṭabīb, ʾaṭibbāʾu タビーブ，アティッバーウ	doctor ダクタ
いしゃりょう 慰謝料 isharyou	تَعْوِيضَات 複 ta'wīḍāt タアウィーダート	compensation カンペンセイション
いじゅう 移住（他国からの） ijuu	نُزُوح 男 nuzūḥ ヌズーフ	immigration イミグレイション

日	アラビア	英
(他国への)	نُزُوح 男; هِجْرَة 女 nuzūḥ, hijrat ヌズーフ, ヒジュラ	emigration エミグレイション
いしゅく **萎縮** ishuku	ضُمُور 男 ḍumūr ドゥムール	atrophy アトロフィ
いしょ **遺書** (自殺の) isho	رِسَالَةُ ٱنْتِحَارٍ 女 risālatu intiḥārin リサーラトゥ ンティハール	will, testament ウィル, テスタメント
いしょう **衣装** ishou	زِيّ 男, 複 أَزْيَاء ziy, ʾazyāʾ ズィーイ, アズヤーウ	clothes, costume クロウズ, カステューム
いじょう **以上** ijou	أَكْبَر مِنْ ʾakbar min アクバル ミン	more than, over モーザン, オウヴァ
いじょうな **異常な** ijouna	غَيْر عَادِيٍّ ghair ʿādīyin ガイル アーディー	abnormal アブノーマル
いしょく **移植** (生体の) ishoku	زِرَاعَة 女 zirāʿat ズィラーア	transplant トランスプラント
いじわるな **意地悪な** ijiwaruna	مُضَايِق muḍāyiq ムダーイク	ill-natured, nasty イルネイチャド, ナスティ
いじん **偉人** ijin	شَخْص عَظِيم 男 shakhṣ ʿaẓīm シャフス アズィーム	great person グレイト パーソン
いす **椅子** isu	كُرْسِيّ 男, 複 كَرَاسِيّ kursīy, karāsīy クルスィー, カラースィー	chair, stool チェア, ストゥール
いすらえる **イスラエル** isuraeru	إِسْرَائِيل 女 ʾisrāʾīl イスラーイール	Israel イズリエル
いすらむきょう **イスラム教** isuramukyou	اَلْإِسْلَام 男 al-ʾislām アル イスラーム	Islam イスラーム

日	アラビア	英
～徒	مُسْلِم 男 muslim ムスリム	Muslim マズリム
いずれ いずれ (そのうち) izure	يَوْمًا مَا yauman mā ヤウマン マー	someday サムデイ
いせい 異性 isei	اَلْجِنْسُ الْآخَرُ 男 al-jinsu al-ʾākharu アル ジンスル アーハル	opposite sex アポズィット セクス
いせき 遺跡 iseki	آثَار 複 ʾāthār アーサール	ruins ルーインズ
いぜん 以前 izen	مِنْ قَبْلُ min qablu ミン カブル	ago, before アゴウ, ビフォー
いぜんとして 依然として izentoshite	لَا يَزَالُ lā yazālu ラー ヤザール	still スティル
いそがしい 忙しい isogashii	مَشْغُول mashghūl マシュグール	(be) busy (ビ) ビズィ
いそぐ 急ぐ isogu	يُسْرِعُ, 〔完〕أَسْرَعَ yusriʿu, ʾasraʿa ユスリウ, アスラア	hurry, hasten ハーリ, ヘイスン
いそんする 依存する isonsuru	يَعْتَمِدُ, 〔完〕اِعْتَمَدَ yaʿtamidu, iʿtamada ヤアタミドゥ, イウタマダ	depend on ディペンド オン
いた 板 (木などの) ita	لَوْحَة خَشَبِيَّة 女 lauḥat khashabīyat ラウハ ハシャビーヤ	board ボード
(金属の)	لَوْحَة مَعْدِنِيَّة 女 lauḥat maʿdinīyat ラウハ マアディニーヤ	plate プレイト
いたい 遺体 itai	جُثَّة 女, 複 جُثَث juththat, juthath ジュッサ, ジュサス	dead body デド バディ

日	アラビア	英
いたい **痛い** itai	مُؤْلِم muʾlim ムウリム	painful ペインフル
いだいな **偉大な** idaina	عَظِيم 男, 複 عُظَمَاءُ 〔二段〕 ʿaẓīm, ʿuẓamāʾu アズィーム, ウザマーウ	great, grand グレイト, グランド
いだく **抱く** idaku	يُعَانِقُ, 〔完〕 عَانَقَ yuʿāniqu, ʿānaqa ユアーニク, アーナカ	embrace インブレイス
いたくする **委託する** itakusuru	يَوْكِلُ, 〔完〕 أَوْكَلَ yaukilu, ʾaukala ヤウキル, アウカラ	entrust, consign イントラスト, コンサイン
いただく **頂く** (もらう) itadaku	يَسْتَلِمُ, 〔完〕 اِسْتَلَمَ yastalimu, istalama ヤスタリム, イスタラマ	receive リスィーヴ
いたみ **痛み** itami	أَلَم 男, 複 آلَام ʾalam, ʾālām アラム, アーラーム	pain, ache ペイン, エイク
いたむ **痛む** itamu	مُتَأَلِّم mutaʾallim ムタアッリム	ache, hurt エイク, ハート
いためる **炒める** itameru	يُحَمِّرُ, 〔完〕 حَمَّرَ yuḥammiru, ḥammara ユハンミル, ハンマラ	fry フライ
いたりあ **イタリア** itaria	إِيطَالِيَا 女 ʾīṭāliyā イーターリヤー	Italy イタリ
～語	اَللُّغَةُ ٱلْإِيطَالِيَّةُ 男 al-lughatu al-ʾīṭālīyatu アッ ルガトゥル イーターリーヤ	Italian イタリャン
いたる **至る** itaru	يَتَوَصَّلُ, 〔完〕 تَوَصَّلَ yatawaṣṣalu, tawaṣṣala ヤタワッサル, タワッサラ	arrive at アライヴ アト
いたるところに **至る所に** itarutokoroni	فِي كُلِّ مَكَانٍ fī kulli makānin フィー クッリ マカーン	everywhere エヴリ(ホ)ウェア

日	アラビア	英
いち **一** ichi	**وَاحِد** 男 **; وَاحِدَة** 女 wāḥid, wāḥidat ワーヒド, ワーヒダ	one ワン
いち **位置** ichi	**مَوْقِع** 男, 複 **مَوَاقِعُ** 〔二段〕 mauqiʿ, mawāqiʿu マウキウ, マワーキウ	position ポズィション
いち **市** ichi	**سُوق** 男女, 複 **أَسْوَاق** ; **بَازَار** 男, 複 **بَازَارَات** sūq, ʾaswāq, bāzār, bāzārāt スーク, アスワーク, バーザール, バーザーラート	fair, market フェア, マーケト
いちおく **一億** ichioku	**مِائَةُ مِلْيُونٍ** 男女 miʾatu milyūnin ミア ミルユーン	one hundred million ワン ハンドレド ミリョン
いちがつ **一月** ichigatsu	**يَنَايِر** 男 yanāyir ヤナーイル	january チャニュエリ
いちご **苺** ichigo	**فَرَاوُلَة** 女 farāwulat ファラーウラ	strawberry ストローベリ
いちじく **無花果** ichijiku	**تِين** 集, **تِينَة** 女 tīn, tīnat ティーン, ティーナ	fig フィグ
いちど **一度** ichido	**مَرَّةً وَاحِدَةً** marratan wāḥidatan マッラ ワーヒダ	once, one time ワンス, ワン タイム
いちどう **一同** ichidou	**كُلّ** 男 kull クッル	all, everyone オール, エヴリワン
いちどに **一度に** ichidoni	**فِي نَفْسِ ٱلْوَقْتِ** fī nafsi al-waqti フィー ナフスィル ワクト	at the same time アト ザ セイム タイム
いちにち **一日** ichinichi	**يَوْم** 男 yaum ヤウム	(a) day, one day (ア)デイ, ワン デイ

日	アラビア	英
～おきに	كُلَّ يَوْمَيْنِ kulla yaumaini クッル ヤウマイニ	every other day エヴリ アザ デイ
いちにちじゅう 一日中 ichinichijuu	طَوَالَ ٱلنَّهَارِ ṭawāla al-nahāri タワーラン ナハール	all day (long) オール デイ（ローング）
いちねん 一年 ichinen	سَنَة 女, 複 سَنَوَات ; عَام 男, 複 أَعْوَام sanat, sanawāt, ʿām, ʾaʿwām サナ，サナワート，アーム，アアワーム	(a) year, one year （ア）イア，ワン イア
いちねんじゅう 一年中 ichinenjuu	طُولَ ٱلسَّنَةِ ; طُولَ ٱلْعَامِ ṭūla al-sanati, ṭūla al-ʿāmi トゥーラッ サナ，トゥーラル アーム	all (the) year オール（ザ）イア
いちば 市場 ichiba	سُوق 男女, 複 أَسْوَاق ; بَازَار 男, 複 بَازَارَات sūq, ʾaswāq, bāzār, bāzārāt スーク，アスワーク，バーザール，バーザーラート	market マーケト
いちばん 一番 ichiban	اَلْأَوَّل 男 ; اَلْأُولَى 女 al-ʾauwal, al-ʾūlā アル アウワル，アル ウーラー	first, No.1 ファースト，ナンバ ワン
（最も）	اَلْأَكْثَر al-ʾakthar アル アクサル	most, best モウスト，ベスト
いちぶ 一部 （一部分） ichibu	جُزْء 男, 複 أَجْزَاء juzʾ, ʾajzāʾ ジュズウ，アジュザーウ	(a) part （ア）パート
いちまん 一万 ichiman	عَشَرَةَ آلَافٍ 男女 ʿasharat ʾālāfin アシャラ アーラーフ	ten thousand テン サウザンド
いちょう 公孫樹 ichou	جُنْكَة 女 junkat ジュンカ	ginkgo ギンコウ
いつ いつ itsu	مَتَى matā マター	when （ホ）ウェン

日	アラビア	英
いつう **胃痛** itsuu	**وَجَعُ ; أَلَمُ ٱلْمَعِدَةِ**男 **ٱلْمَعِدَةِ**男 ʾalamu al-maʿidati, wajaʿu al-maʿidati **ア**ラムル **マ**イダ, **ワ**ジャウル **マ**イダ	stomachache ス**タ**マケイク
いっか **一家** ikka	**عَائِلَة**男, 複 **عَوَائِلُ**〔二段〕 ʿāʾilat, ʿawāʾilu **ア**ーイラ, ア**ワ**ーイル	family **ファ**ミリ
いつか **いつか** itsuka	**يَوْمًا مَا** yauman mā **ヤ**ウマン マー	some time **サ**ム **タ**イム
いっさんかたんそ **一酸化炭素** issankatanso	**أُحَادِي أُكْسِيدِ ٱلْكَرْبُونِ**男; **أَوَّلُ أُكْسِيدِ ٱلْكَرْبُونِ**男 uḥādī uksīdi al-karbūni, ʾauwalu uksīdi al-karbūni ウ**ハ**ーディー ウク**スィ**ーディル カル**ブ**ーン, **ア**ウワル ウク**スィ**ーディル カル**ブ**ーン	carbon monoxide **カ**ーボン モ**ナ**クサイド
いっしき **一式** isshiki	**طَقْم**男, 複 **طُقُوم** ṭaqm, ṭuqūm **タ**クム, トゥ**ク**ーム	complete set コンプ**リ**ート **セ**ト
いっしゅ **一種** isshu	**نَوْع مِنْ**男 nauʿ min **ナ**ウウ ミン	a kind, a sort ア **カ**インド, ア **ソ**ート
いっしゅん **一瞬** isshun	**لَحْظَةً** laḥẓatan **ラ**フザタン	(a) moment (ア) **モ**ウメント
いっしょに **一緒に** isshoni	**مَعًا** maʿan **マ**アン	together, with ト**ゲ**ザ, **ウィ**ズ
いっせいに **一斉に** isseini	**فِي وَقْتٍ وَاحِدٍ** fī waqtin wāḥidin フィー **ワ**クト **ワ**ーヒド	all at once **オ**ール アト **ワ**ンス
いっそう **一層** issou	**أَكْثَرَ** ʾakthara **ア**クサル	much more **マ**チ **モ**ー

日	アラビア	英
いったいとなって **一体となって** ittaitonatte	**كَوَاحِدٍ** ka-wāḥidin カーワーヒド	together, as one トゲザ, アズ **ワ**ン
いっちょくせんに **一直線に** icchokusenni	**عَلَى طُولٍ** ʿalā ṭūlin アラー **トゥ**ール	in a straight line イン ア ストレイト **ラ**イン
いっついの **一対の** ittsuino	**زَوْجِيّ** zaujīy **ザ**ウジー	a pair of ア **ペ**ア オヴ
いっていの **一定の** itteino	**ثَابِت** thābit **サ**ービト	fixed **フィ**クスト
いつでも **いつでも** itsudemo	**دَائِمًا** dāʾiman **ダ**ーイマン	always **オ**ールウェイズ
いっとう **一等** （賞） ittou	**اَلْجَائِزَةُ ٱلْأُولَى** 女 al-jāʾizatu al-ʾūlā アル **ジャ**ーイザトゥル **ウ**ーラー	first prize **ファ**ースト プ**ラ**イズ
（一番良い等級）	**اَلدَّرَجَةُ ٱلْأُولَى** 女 al-darajatu al-ʾūlā アッ **ダ**ラジャトゥル **ウ**ーラー	first class **ファ**ースト ク**ラ**ス
いっぱい **一杯** （満杯） ippai	**اِمْتِلَاء** 男 imtilāʾ イムティ**ラ**ーウ	full of **フ**ル オヴ
～の	**مُمْتَلِئ** mumtaliʾ **ム**ムタリウ	full **フ**ル
いっぱん **一般** ippan	**عُمُوم** 男 ʿumūm ウ**ム**ーム	generality ヂェネ**ラ**リティ
～的な	**عَامّ** ʿāmm **ア**ーンム	general, common **ヂェ**ネラル, **カ**モン
～に	**عَامَّةً** ʿāmmatan **ア**ーンマタン	generally **ヂェ**ネラリ

日	アラビア	英
いつまでも いつまでも itsumademo	إِلَى ٱلْأَبَدِ ʼilā al-ʼabadi イラル **ア**バド	forever フォ**レ**ヴァ
いつも いつも itsumo	دَائِمًا dāʼiman **ダ**ーイマン	always **オ**ールウェイズ
いてざ 射手座 iteza	اَلرَّامِي 男 al-rāmī アッ **ラ**ーミー	Archer, Sagittarius **ア**ーチャ, サヂ**テ**アリアス
いてん 移転 iten	اِنْتِقَال 男 intiqāl インティ**カ**ール	relocation リーロウ**ケ**イション
いでん 遺伝 iden	وِرَاثَة 男 wirāthat ウィ**ラ**ーサ	heredity ヒ**レ**ディティ
～子	مُوَرِّثَة 女; جِين 女, 複 جِينَات muwarrithat, jīn, jīnāt ム**ワ**ッリサ, **ジ**ーン, ジー**ナ**ート	gene **ヂ**ーン
～子組み換え	إِعَادَةُ ٱلتَّرْكِيبِ ٱلْجِينِي 女 ʼiʻādatu al-tarkībi al-jīnīyi イ**ア**ーダトゥル タル**キ**ービル **ジ**ーニー	gene recombination **ヂ**ーン リーカンビ**ネ**イション
いと 糸 ito	خَيْط 男, 複 خُيُوط khaiṭ, khuyūṭ **ハ**イト, フ**ユ**ート	thread, yarn ス**レ**ド, **ヤ**ーン
いど 井戸 ido	بِئْر 男, 複 آبَار biʼr, ʼābār **ビ**ウル, アー**バ**ール	well **ウェ**ル
いどう 移動 idou	اِنْتِقَال 男 intiqāl インティ**カ**ール	movement **ム**ーヴメント
～する	يَنْتَقِلُ, 完 اِنْتَقَلَ yantaqilu, intaqala **ヤ**ンタキル, **イ**ンタカラ	move **ム**ーヴ

日	アラビア	英
いとこ **従兄弟・従姉妹** (父方の) itoko	اِبْنُ ٱلْعَمِّ 男 ; اِبْنَةُ ٱلْعَمِّ 女 ibnu al-ʿammi, ibnatu al-ʿammi イブヌル アンム, イブナトゥル アンム	cousin カズン
(母方の)	اِبْنُ ٱلْخَالِ 男 ; اِبْنَةُ ٱلْخَالِ 女 ibnu al-khāli, ibnatu al-ʿkhāli イブヌル ハール, イブナトゥル ハール	cousin カズン
いとなむ **営む** itonamu	يُدِيرُ, 〔完〕 أَدَارَ yudīru, ʾadāra ユディール, アダーラ	conduct, carry on コンダクト, キャリ オン
いどむ **挑む** idomu	يَتَحَدَّى, 〔完〕 تَحَدَّى yataḥaddā, taḥaddā ヤタハッダー, タハッダー	challenge チャレンヂ
いなか **田舎** inaka	رِيف 男, 複 أَرْيَاف rīf, ʾaryāf リーフ, アルヤーフ	countryside カントリサイド
いなずま **稲妻** inazuma	بَرْق 男, 複 بُرُوق barq, burūq バルク, ブルーク	lightning ライトニング
いにんする **委任する** ininsuru	يُوَكِّلُ, 〔完〕 وَكَّلَ yuwakkilu, wakkala ユワッキル, ワッカラ	entrust, leave イントラスト, リーヴ
いぬ **犬** inu	كَلْب 男, 複 كِلَاب kalb, kilāb カルブ, キラーブ	dog ドーグ
いのち **命** inochi	حَيَاة 女, 複 حَيَوَات ḥayāt, ḥayawāt ハヤー, ハヤワート	life ライフ
いのり **祈り** inori	دُعَاء 男, 複 أَدْعِيَة duʿāʾ, ʾadʿiyat ドゥアーウ, アドイヤ	prayer プレア
いのる **祈る** inoru	يُصَلِّي, 〔完〕 صَلَّى yuṣallī, ṣallā ユサッリー, サッラー	pray to プレイ トゥ

日	アラビア	英
(望む)	أَمَلَ ,يَأْمُلُ 〔完〕 ya'mulu, 'amala ヤアムル, アマラ	wish ウィシュ
いはん 違反 ihan	مُخَالَفَة 女 mukhālafat ムハーラファ	violation ヴァイオレイション
いびき いびき ibiki	شَخِير 男 shakhīr シャヒール	snore スノー
いびつな 歪な ibitsuna	مُشَوَّه 男 mushauwah ムシャウワフ	distorted ディストーテド
いほうの 違法の ihouno	غَيْر قَانُونِيٍّ ;غَيْر شَرْعِيٍّ ghair sharʿīyin, ghair qānūnīyin ガイル シャルイー, ガイル カーヌーニー	illegal イリーガル
いま 今 ima	اَلْآنَ al-'āna アル アーン	now ナウ
いみ 意味 imi	مَعْنًى 男, 複 مَعَانٍ 〔二段〕 maʿnan, maʿānin マアナン, マアーニン	meaning, sense ミーニング, センス
～する	عَنَى ,يَعْنِي 〔完〕 yaʿnī, ʿanā ヤアニー, アナー	mean, signify ミーン, スィグニファイ
いみん 移民 (他国への) imin	مُهَاجِر 男 muhājir ムハージル	emigrant エミグラント
いめーじ イメージ imeeji	صُورَة 女, 複 صُوَر ṣūrat, ṣuwar スーラ, スワル	image イミヂ
いもうと 妹 imouto	أُخْت صَغِيرَة 女, 複 أَخَوَات صَغِيرَات 'ukht ṣaghīrat, 'akhawāt ṣaghīrāt ウフト サギーラ, アハワート サギーラート	(younger) sister (ヤンガ) スィスタ

日	アラビア	英
いやいや いやいや iyaiya	كَرْهًا karhan カルハン	reluctantly, unwillingly リラクタントリ，アンウィリングリ
いやがらせ 嫌がらせ iyagarase	مُضَايَقَة 女 muḍāyaqat ムダーヤカ	harassment, abuse ハラスメント，アビュース
いやくきん 違約金 iyakukin	غَرَامَة مَالِيَّة 女 gharāmat mālīyat ガラーマ マーリーヤ	penalty ペナルティ
いやす 癒す iyasu	شَفَى 〔完〕, يَشْفِي yashfī, shafā ヤシュフィー，シャファー	heal, cure ヒール，キュア
いやな 嫌な iyana	كَرِيه karīh カリーフ	unpleasant アンプレズント
いやほん イヤホン iyahon	سَمَّاعَة 女 sammā'at サンマーア	earphone イアフォウン
いやりんぐ イヤリング iyaringu	قُرْط 男, 複 أَقْرَاط qurṭ, 'aqrāṭ クルト，アクラート	earring イアリング
いよいよ いよいよ（とうとう） iyoiyo	أَخِيرًا 'akhīran アヒーラン	at last アト ラスト
（ますます）	أَكْثَرَ فَأَكْثَرَ 'akthara fa-'akthara アクサラ ファ-アクサラ	more and more モー アンド モー
いらい 以来 irai	مُنْذُ mundhu ムンズ	since, after that スィンス，アフタ ザト
いらい 依頼 irai	طَلَب 男, 複 طَلَبَات ṭalab, ṭalabāt タラブ，タラバート	request リクウェスト

日	アラビア	英
～する	طَلَبَ [完] يَطْلُبُ, yaṭlubu, ṭalab ヤトルブ，タラブ	ask, request アスク，リクウェスト
いらいらする いらいらする （神経質な） irairasuru	عَصَبِيّ ʿaṣabīy アサビー	(be) irritated (ビ) イリテイテド
いらく イラク iraku	اَلْعِرَاق 男 al-ʿirāq アル イラーク	Iraq イラーク
いらすと イラスト irasuto	رَسْم تَوْضِيحِيّ 男 rasm tauḍīḥīy ラスム タウディーヒー	illustration イラストレイション
いらすとれーたー イラストレーター irasutoreetaa	رَسَّام تَوْضِيحِيّ 男 rassām tauḍīḥīy ラッサーム タウディーヒー	illustrator イラストレイタ
いらん イラン iran	إِيرَان 男 īrān イーラーン	Iran イラン
いりぐち 入り口 iriguchi	مَدْخَل 男, 複 مَدَاخِلُ〔二段〕 madkhal, madākhilu マドハル，マダーヒル	entrance エントランス
いりょう 医療 iryou	عِلَاج طِبِّيّ 男 ʿilāj ṭibbīy イラージュ ティッビー	medical treatment メディカル トリートメント
いる 居る iru	وُجِدَ [完] يُوجَدُ, yūjadu, wujida ユージャドゥ，ウジダ	be, there is, there are ビー，ゼア イズ，ゼア アー
いる 要る iru	اِحْتَاجَ [完] يَحْتَاجُ, yaḥtāju, iḥtāja ヤフタージュ，イフタージャ	need, want ニード，ワント
いるか 海豚 iruka	دُلْفِين 男, 複 دَلَافِينُ〔二段〕 dulfīn, dalāfīnu ドルフィーン，ダラーフィーン	dolphin ダルフィン
いれいの 異例の ireino	غَيْر مَسْبُوقٍ ghair masbūqin ガイル マスブーク	exceptional イクセプショナル

い

日	アラビア	英
いれかえる **入れ替える** irekaeru	**اِسْتَبْدَلَ** 〔完〕 **،يَسْتَبْدِلُ** yastabdilu, istabdala **ヤ**スタブディル, **イ**スタブダラ	replace リプ**レ**イス
いれずみ **入れ墨** irezumi	**وُشُوم** 複 **،وَشْم** 男 washm, wushūm **ワ**シュム, ウ**シュ**ーム	tattoo タ**トゥ**ー
いれば **入れ歯** ireba	**طَقْمُ ٱلْأَسْنَانِ** 男 ṭaqmu al-ʾasnāni **タ**クムル アス**ナ**ーン	false teeth **フォ**ールス **ティ**ース
いれもの **入れ物** iremono	**أَوْعِيَة** 複 **،وِعَاء** 男 wiʿāʾ, ʾauʿiyat ウィ**ア**ーウ, **ア**ウイヤ	receptacle リ**セ**プタクル
いれる **入れる** (中に) ireru	**وَضَعَ** 〔完〕 **،يَضَعُ** yaḍaʿu, waḍaʿa **ヤ**ダウ, **ワ**ダア	put in **プ**ト イン
(人を)	**أَدْخَلَ** 〔完〕 **،يُدْخِلُ** yudkhilu, ʾadkhala **ユ**ドヒル, **ア**ドハラ	let into, admit into **レ**ト イントゥ, アド**ミ**ト イントゥ
(受け入れる)	**قَبِلَ** 〔完〕 **،يَقْبَلُ** yaqbalu, qabila **ヤ**クバル, **カ**ビラ	accept, take アク**セ**プト, **テ**イク
いろ **色** iro	**أَلْوَان** 複 **،لَوْن** 男 laun, ʾalwān **ラ**ウン, アル**ワ**ーン	color, Ⓑcolour **カ**ラ, **カ**ラ
いろいろな **色々な** iroirona	**مُخْتَلِف** 男 mukhtalif **ム**フタリフ	various **ヴェ**アリアス
いろけのある **色気のある** irokenoaru	**مُثِير** 男 muthīr ム**スィ**ール	sex appeal **セ**クス アピール
いろん **異論** iron	**اِعْتِرَاضَات** 複 **،اِعْتِرَاض** 男 iʿtirāḍ, iʿtirāḍāt イウティ**ラ**ード, イウティラー**ダ**ート	objection オブ**ジェ**クション
いわ **岩** iwa	**صَخْرَة** 女 ṣakhrat **サ**フラ	rock **ラ**ク

日	アラビア	英
いわう **祝う** iwau	**يَحْتَفِلُ,** [完] **اِحْتَفَلَ** yaḥtafilu, iḥtafala **ヤ**フタフィル，**イ**フタファラ	celebrate **セ**レブレイト
いわし **鰯** iwashi	**سَرْدِين** 集 sardīn サル**ディ**ーン	sardine サー**ディ**ーン
いわゆる **いわゆる** iwayuru	**مَا يُسَمَّى** mā yusammā マー ユ**サ**ンマー	so-called **ソ**ウ**コ**ールド
いんかん **印鑑** inkan	**خَتْم** 男**,** 複 **أَخْتَام** khatm, ʾakhtām **ハ**トム，アフ**タ**ーム	stamp, seal ス**タ**ンプ，**ス**ィール
いんきな **陰気な** inkina	**كَئِيب** kaʾīb カ**イ**ーブ	gloomy グ**ル**ーミ
いんく **インク** inku	**حِبْر** 男 ḥibr **ヒ**ブル	ink **イ**ンク
いんけんな **陰険な** inkenna	**مَاكِر** mākir **マ**ーキル	crafty, insidious ク**ラ**フティ，イン**ス**ィディアス
いんこ **インコ** inko	**كَنَارِي** 男 kanārī カ**ナ**ーリー	parakeet **パ**ラキート
いんさつ **印刷** insatsu	**طَبْع** 男**,** 複 **أَطْبَاع** ṭabʿ, ʾaṭbāʿ **タ**ブウ，アト**バ**ーウ	printing プ**リ**ンティング
～する	**يَطْبَعُ,** [完] **طَبَعَ** yaṭbaʿu, ṭabaʿa **ヤ**トバウ，**タ**バア	print プ**リ**ント
いんし **印紙** inshi	**دَمْغَة** 女 **;** **طَابِعُ رُسُومٍ** 男 damghat, ṭābiʿu rusūmin ダムガ，**タ**ービウ ル**ス**ーム	revenue stamp **レ**ヴェニュー ス**タ**ンプ
いんしゅりん **インシュリン** inshurin	**إِنْسُولِين** 男 ʾinsūlīn インス**ー**リ**ー**ン	insulin **イ**ンシュリン

日	アラビア	英
いんしょう **印象** inshou	**اِنْطِبَاع** 男, 複 **اِنْطِبَاعَات** inṭibāʿ, inṭibāʿāt インティバーウ, インティバーアート	impression インプレション
いんすたんとの **インスタントの** insutantono	**فَوْرِيّ** faurīy ファウリー	instant インスタント
〜コーヒー	**قَهْوَة فَوْرِيَّة** 女 qahwat faurīyat カフワ ファウリーヤ	instant coffee インスタント コーフィ
いんすとーる **インストール** insutooru	**تَثْبِيت** 男 tathbīt タスビート	install インストール
〜する	**يُثَبِّتُ**, 〔完〕 **ثَبَّتَ** yuthabbitu, thabbata ユサッビトゥ, サッバタ	install インストール
いんすとらくたー **インストラクター** insutorakutaa	**مُدَرِّب** 男 mudarrib ムダッリブ	instructor インストラクタ
いんすぴれーしょん **インスピレーション** insupireeshon	**وَحْي** 男 ; **إِلْهَام** 男, 複 **إِلْهَامَات** waḥy, ʾilhām, ʾilhāmāt ワフイ, イルハーム, イルハーマート	inspiration インスピレイション
いんたーねっと **インターネット** intaanetto	**اَلشَّبَكَة** 女 ; **إِنْتَرْنِت** 男 al-shabakat, ʾintarnit アッ シャバカ, インタルニト	Internet インタネト
いんたい **引退** intai	**تَقَاعُد** 男 taqāʿud タカーウド	retirement リタイアメント
〜する	**يَتَقَاعَدُ**, 〔完〕 **تَقَاعَدَ** yataqāʿadu, taqāʿada ヤタカーアドゥ, タカーアダ	retire リタイア
いんたびゅー **インタビュー** intabyuu	**مُقَابَلَة** 女 muqābalat ムカーバラ	interview インタヴュー

日	アラビア	英
いんち **インチ** inchi	**إِنْشَات** 複 **,إِنْش ;بُوصَة** 女 būṣta, ʾinsh, ʾinshāt ブーサ，インシュ，インシャート	inch インチ
いんてりあ **インテリア** interia	**تَصْمِيم دَاخِلِيّ** 男 taṣmīm dākhilīy タスミーム ダーヒリー	interior design インティアリア ディザイン
～デコレーション	**هَنْدَسَة دِيكُور** 女 handasat dīkūr ハンダサ ディークール	interior decoration インティアリア デコレイション
いんど **インド** indo	**اَلْهِنْد** 女 al-hind アル ヒンド	India インディア
～の	**هِنْدِيّ** hindīy ヒンディー	Indian インディアン
いんとねーしょん **イントネーション** intoneeshon	**تَنْغِيم** 男 tanghīm タンギーム	intonation イントネイション
いんどねしあ **インドネシア** indoneshia	**إِنْدُونِيسِيَا** 女 ʾindūnīsiyā インドゥーニースィヤー	Indonesia インドニージャ
いんぷっと **インプット** inputto	**إِدْخَال** 男 ʾidkhāl イドハール	input インプト
いんふるえんざ **インフルエンザ** infuruenza	**إِنْفُلُوَنْزَا** 女 ʾinfuluwanzā インフルワンザー	influenza インフルエンザ
いんふれ **インフレ** infure	**تَضَخُّم** 男 taḍakhkhum タダッフム	inflation インフレイション
いんぼう **陰謀** inbou	**مُؤَامَرَة** 女 muʾāmarat ムアーマラ	plot, intrigue プラト，イントリーグ
いんよう **引用** in-you	**اِقْتِبَاس** 男 iqtibās イクティバース	citation サイテイション

日	アラビア	英
～する	يَقْتَبِسُ, 〔完〕 اِقْتَبَسَ yaqtabisu, iqtabasa ヤクタビス, イクタバサ	quote, cite クウォウト, サイト
いんりょく 引力 inryoku	جَاذِبِيَّة 女 jādhibīyat ジャーズィビーヤ	attraction, gravitation アトラクション, グラヴィテイション

う, ウ

日	アラビア	英
うぃすきー ウイスキー uisukii	وِيسْكِي 男 wīskī ウィースキー	whiskey, Ⓑwhisky (ホ)ウィスキ, ウィスキ
うぃるす ウイルス uirusu	فِيرُوس 男, 複 فِيرُوسَات fīrūs, fīrūsāt フィールース, フィールーサート	virus ヴァイアラス
新型コロナ～	فِيرُوس كُورُونَا ٱلْمُسْتَجِدّ 男 fīrūs kūrūnā al-mustajidd フィールース クールーナル ムスタジッド	new coronavirus ニュー コロウナヴァイアラス
うーる ウール uuru	صُوف 男, 複 أَصْوَاف ṣūf, ʼaṣwāf スーフ, アスワーフ	wool ウル
うえ 上 (表面) ue	سَطْح 男, 複 سُطُوح saṭḥ, suṭūḥ サトフ, ストゥーフ	surface サーフェス
～に	عَلَى ʻalā アラー	on オン
うえいたー ウエイター ueitaa	نَادِل 男, 複 نُدُل ; جَرْسُون 男, 複 جَرْسُونَات nādil, nudul, jarsūn, jarsūnāt ナーディル, ヌドゥル, ジャルスーン, ジャルスーナート	waiter ウェイタ
うえいとれす ウエイトレス ueitoresu	نَادِلَة 女 ; جَرْسُونَة 女 nādilat, jarsūnat ナーディラ, ジャルスーナ	waitress ウェイトレス

日	アラビア	英
うえすと **ウエスト** uesuto	**خَصْر** 男, 複 **خُصُور** khaṣr, khuṣūr ハスル, フスール	waist ウェイスト
うぇぶさいと **ウェブサイト** webusaito	**مَوْقِعُ إِنْتَرْنِت** 男 mauqiʿu ʾintarnit マウキウ インタルニト	website ウェブサイト
うえる **植える** ueru	**يَغْرِسُ,** 〔完〕 **غَرَسَ** yaghrisu, gharasa ヤグリス, ガラサ	plant プラント
うえる **飢える** ueru	**يَجُوعُ,** 〔完〕 **جَاعَ** yajūʿu, jāʿa ヤジューウ, ジャーア	go hungry, starve ゴウ ハングリ, スターヴ
うぉーみんぐあっぷ **ウォーミングアップ** woominguappu	**إِحْمَاء** 男 ʾiḥmāʾ イフマーウ	warm-up ウォームアップ
うおざ **魚座** uoza	**اَلْحُوت** 男 al-ḥūt アル フート	Fishes, Pisces フィシェズ, パイスィーズ
うがい **うがい** ugai	**غَرْغَرَة** 女 ghargharat ガルガラ	gargling ガーグリング
うかがう **伺う** (尋ねる) ukagau	**يَسْأَلُ,** 〔完〕 **سَأَلَ** yasʾalu, saʾala ヤスアル, サアラ	ask アスク
(訪問する)	**يَزُورُ,** 〔完〕 **زَارَ** yazūru, zāra ヤズール, ザーラ	visit ヴィズィト
うかつな **迂闊な** ukatsuna	**غَيْر مُبَالٍ** ghair mubālin ガイル ムバーリン	careless ケアレス
うかぶ **浮かぶ** (水面に) ukabu	**يَعُومُ,** 〔完〕 **عَامَ** yaʿūmu, ʿāma ヤウーム, アーマ	float フロウト
うかる **受かる** ukaru	**يَنْجَحُ,** 〔完〕 **نَجَحَ** yanjaḥu, najaḥa ヤンジャフ, ナジャハ	pass パス

日	アラビア	英
うき **浮き** uki	**عَوَّامَة** 女 ʿauwāmat アウワーマ	float フロウト
うきぶくろ **浮き袋** ukibukuro	**عَوَّامَةُ بَحْرٍ** 女 ʿauwāmatu baḥrin アウワーマ バフル	swimming ring スウィミング リング
(救命用の)	**طَوْقُ ٱلنَّجَاةِ** 男 ṭauq al-najāti タウクン ナジャート	life buoy ライフ ブーイ
うく **浮く** (水面に) uku	**يَطْفُو،** 〔完〕 **طَفَا** yaṭfū, ṭafā ヤトフー, タファー	float フロウト
(余る)	**يَتَبَقَّى،** 〔完〕 **تَبَقَّى** yatabaqqā, tabaqqā ヤタバッカー, タバッカー	(be) left, (be) not spent (ビ) レフト, (ビ) ナト スペント
うけいれる **受け入れる** ukeireru	**يَقْبَلُ،** 〔完〕 **قَبِلَ** yaqbalu, qabila ヤクバル, カビラ	receive, accept リスィーヴ, アクセプト
うけつぐ **受け継ぐ** (後を継ぐ) uketsugu	**يَخْلُفُ،** 〔完〕 **خَلَفَ** yakhlufu, khalafa ヤフルフ, ハラファ	succeed to サクスィード トゥ
(相続する)	**يَرِثُ،** 〔完〕 **وَرِثَ** yarithu, waritha ヤリス, ワリサ	inherit インヘリト
うけつけ **受付** (受付所) uketsuke	**مَكْتَبُ ٱلِاسْتِقْبَالِ** 男 maktabu al-istiqubāli マクタブ リスティクバール	information office, reception インフォメイション オーフィス, リセプション
(受領)	**قَبُول** 男 qabūl カブール	receipt, acceptance リスィート, アクセプタンス
うけとる **受け取る** uketoru	**يَسْتَلِمُ،** 〔完〕 **اِسْتَلَمَ** yastalimu, istalama ヤスタリム, イスタラマ	receive, get リスィーヴ, ゲト

日	アラビア	英
うける **受ける** (物などを) ukeru	**يَسْتَلِمُ**, 〔完〕**اِسْتَلَمَ** yastalimu, istalama ヤスタリム, イスタラマ	receive, get リスィーヴ, ゲト
(損害などを)	**يُصَابُ**, 〔完〕**أُصِيبَ** yuṣābu, uṣība ユサーブ, ウスィーバ	suffer サファ
(試験を)	**يَتَقَدَّمُ لِ**, 〔完〕**تَقَدَّمَ لِ** yataqaddamu li, taqaddama li ヤタカッダム リ, タカッダマ リ	take テイク
うさぎ **兎** usagi	**أَرْنَب** 男, 複 **أَرَانِبُ**〔二段〕 ʾarnab, ʾarānibu アルナブ, アラーニブ	rabbit ラビト
うし **牛** ushi	**بَقَر** 集, 複 **أَبْقَار** baqar, ʾabqār バカル, アブカール	cattle キャトル
(子牛)	**عِجْل** 男, 複 **عُجُول** ʿijl, ʿujūl イジュル, ウジュール	calf キャフ
(雄牛)	**ثَوْر** 男, 複 **ثِيرَان** thaur, thīrān サウル, スィーラーン	bull, ox ブル, アクス
(雌牛)	**بَقَرَة** 集 女 baqarat バカラ	cow カウ
うしなう **失う** ushinau	**يَفْقِدُ**, 〔完〕**فَقَدَ** yafqadu, faqada ヤフカドゥ, ファカダ	lose, miss ルーズ, ミス
うしろ **後ろ** ushiro	**خَلْف** 男; **وَرَاء** 男 khalf, warāʾ ハルフ, ワラーウ	back, behind バク, ビハインド
うず **渦** uzu	**دُوَّامَة** 女 duwwāmat ドゥッワーマ	whirlpool (ホ)ワールプール
うすい **薄い** (厚みが) usui	**رَقِيق**, 複 **رِقَاق** raqīq, riqāq ラキーク, リカーク	thin スィン

日	アラビア	英
(色が)	فَاتِح fātiḥ ファーティフ	pale ペイル
(濃度が)	خَفِيف khafīf ハフィーフ	weak ウィーク
うすぐらい **薄暗い** usugurai	أَضْوَاء خَافِتَة 男 ʾaḍwāʾ khāfitat アドワーウ ハーフィタ	dim, dark, gloomy ディム, ダーク, グルーミ
うずまき **渦巻き** uzumaki	دُوَّامَة 女 duwwāmat ドゥッワーマ	whirlpool (ホ)ワールプール
うすめる **薄める** usumeru	يُخَفِّفُ, 〔完〕خَفَّفَ yukhaffafa, khaffafa ユハッファファ, ハッファファ	thin, dilute スィン, ダイリュート
うそ **嘘** uso	كَذِب 男 kadhib カジブ	lie ライ
〜つき	كَذَّاب 男 kadhdhāb カッザーブ	liar ライア
うた **歌** uta	أُغْنِيَة 男, 複 أَغَانٍ〔二段〕 ughniyat, ʾaghānin ウグニヤ, アガーニン	song ソーング
うたう **歌う** utau	يُغَنِّي, 〔完〕غَنَّى yughannī, ghannā ユガンニー, ガンナー	sing スィング
うたがい **疑い** (疑念) utagai	شَكّ 男, 複 شُكُوك shakk, shukūk シャック, シュクーク	doubt ダウト
(不信)	اِشْتِبَاه 男 ishtibāh イシュティバーフ	distrust ディストラスト
(容疑・嫌疑)	تُهْمَة 女, 複 تُهَم tuhmat, tuham トゥフマ, トゥハム	suspicion サスピション

日	アラビア	英
うたがう **疑う**　（疑念を抱く） utagau	**يَشُكُّ**, 〔完〕 **شَكَّ** yashukku, shakka ヤ**シュ**ック，**シャ**ッカ	doubt **ダ**ウト
（嫌疑をかける）	**يَشْتَبِهُ**, 〔完〕 **اِشْتَبَهَ** yashtabihu, ishtabaha **ヤ**シュタビフ，**イ**シュタバハ	suspect サス**ペ**クト
（不信に思う）	**يَتَّهِمُ**, 〔完〕 **اِتَّهَمَ** yattahimu, ittahama **ヤ**ッタヒム，**イ**ッタハマ	distrust ディスト**ラ**スト
うたがわしい **疑わしい** utagawashii	**مَشْكُوك فِيهِ** mashkūk fī-hi マシュ**ク**ーク フィーヒ	doubtful **ダ**ウトフル
（不審な）	**مَشْبُوه** mashbūh マシュ**ブ**ーフ	suspicious サス**ピ**シャス
うち **家**　（家屋） uchi	**بَيْت** 男, 複 **بُيُوت** ; **مَنْزِل** 男, 複 **مَنَازِلُ** 〔二段〕 bait, buyūt, manzil, manāzilu **バ**イト，ブ**ユ**ート，**マ**ンズィル，マ**ナ**ーズィル	house **ハ**ウス
（家庭）	**عَائِلَة** 男, 複 **عَوَائِلُ** 〔二段〕 ʿāʾilat, ʿawāʾil **ア**ーイラ，ア**ワ**ーイル	family, household **ファ**ミリ，**ハ**ウスホウルド
うち **内** uchi	**دَاخِل** 男 dākhil **ダ**ーヒル	inside, interior イン**サ**イド，イン**ティ**アリア
うちあける **打ち明ける** uchiakeru	**يَعْتَرِفُ**, 〔完〕 **اِعْتَرَفَ** yaʿtarifu, iʿtarafa **ヤ**アタリフ，**イ**ウタラファ	confess, confide コン**フェ**ス，コン**ファ**イド
うちがわ **内側** uchigawa	**دَاخِل** 男 dākhil **ダ**ーヒル	inside イン**サ**イド
うちきな **内気な** uchikina	**خَجُول** khajūl ハ**ジュ**ール	shy, timid **シャ**イ，**ティ**ミド

日	アラビア	英
うちゅう 宇宙 uchuu	فَضَاء 男 faḍāʾ ファダーウ	universe ユーニヴァース
〜飛行士	رَائِدُ ٱلْفَضَاءِ 男, 複 رُوَّادُ ٱلْفَضَاءِ rāʾidu al-faḍāʾi, rūwādu al-faḍāʾi ラーイドゥル ファダーウ, ルーワードゥル ファダーウ	astronaut アストロノート
うつ 打つ utsu	يَضْرِبُ, 〔完〕ضَرَبَ yaḍribu, ḍaraba ヤドリブ, ダラバ	strike, hit ストライク, ヒト
うつ 撃つ utsu	يُطْلِقُ, 〔完〕أَطْلَقَ yuṭliqu, ʾaṭlaqa ユトリク, アトラカ	fire, shoot ファイア, シュート
うっかりして うっかりして ukkarishite	بِإِهْمَالٍ bi-ʾihmālin ビ-イフマール	carelessly ケアレスリ
うつくしい 美しい utsukushii	جَمِيل jamīl ジャミール	beautiful ビューティフル
うつす 写す utsusu	يَنْسَخُ, 〔完〕نَسَخَ yansakhu, nasakha ヤンサフ, ナサハ	copy カピ
(写真を)	يُصَوِّرُ, 〔完〕صَوَّرَ yuṣauwiru, ṣauwara ユサウウィル, サウワラ	take a photo テイク ア フォウトウ
うつす 移す utsusu	يَنْقُلُ, 〔完〕نَقَلَ yanqulu, naqala ヤンクル, ナカラ	move, transfer ムーヴ, トランスファ
(病気を)	يَنْقُلُ عَدْوَى, 〔完〕نَقَلَ عَدْوَى يُعْدِي ; عَدْوَى, 〔完〕أَعْدَى yanqulu ʿadwā, naqala ʿadwā, yuʿdī, ʾaʿdā ヤンクル アドワー, ナカラ アドワー, ユウディー, アアダー	give, infect ギヴ, インフェクト

日	アラビア	英
うったえる **訴える**　（裁判に） uttaeru	**يُقِيمُ دَعْوَى, 〔完〕أَقَامَ دَعْوَى** yuqīmu daʿwā, ʾaqāma daʿwā ユキーム ダアワー，アカーマ ダアワー	sue スュー
うっとうしい **うっとうしい** uttoushii	**مُزْعِج** muzʿij ムズイジュ	bothersome バザサム
うつる **移る** utsuru	**يَنْتَقِلُ, 〔完〕اِنْتَقَلَ** yantaqilu, intaqala ヤンタキル，インタカラ	move ムーヴ
（病気が）	**يَلْتَقِطُ, 〔完〕اِلْتَقَطَ** yaltaqiṭu, iltaqaṭa ヤルタキトゥ，イルタカタ	catch キャチ
うつわ **器** utsuwa	**إِنَاء 男, 複 أَوَانٍ〔二段〕** ʾināʾ, ʾawānin イナーウ，アワーニン	vessel, container ヴェスル，コンテイナ
うで **腕** ude	**ذِرَاع 女, 複 أَذْرُع** dhirāʿ, ʾadhruʿ ズィラーウ，アズルウ	arm アーム
（技能）	**مَهَارَة 女** mahārat マハーラ	ability, skill アビリティ，スキル
～時計	**سَاعَةُ يَدٍ 女** sāʿatu yadin サーア ヤド	wristwatch リストワチ
うなる **唸る**　（動物が） unaru	**يَنْبَحُ, 〔完〕نَبَحَ** yanbaḥu, nabaḥa ヤンバフ，ナバハ	growl グラウル
うに **海胆** uni	**قُنْفُذُ ٱلْبَحْرِ 男** qunfudhu al-baḥri クンフズル バフル	sea urchin スィー アーチン
うは **右派** uha	**اَلتَّيَارُ ٱلْيَمِينِيُّ 男** al-taiyāru al-yamīnīyu アッ ティヤールル ヤミーニー	right wing ライト ウィング

日	アラビア	英
うばう **奪う** (取り上げる・盗む) ubau	**خَطِفَ, يَخْطَفُ** [完] yakhṭafu, khaṭifa **ヤ**フタフ, **ハ**ティファ	take away, rob **テ**イク ア**ウェ**イ, **ラ**ブ
(剥奪する)	**حَرَمَ, يَحْرِمُ** [完] yaḥrimu, ḥarama **ヤ**フリム, **ハ**ラマ	deprive ディプ**ラ**イヴ
うばぐるま **乳母車** (椅子形の) ubaguruma	**عَرَبَةُ ٱلْأَطْفَالِ** 女 ʿarabatu al-ʾaṭfāli **ア**ラバトゥル アト**ファ**ール	stroller, Ⓑpush-chair スト**ロ**ウラ, **プ**シュチェア
うま **馬** uma	**خَيْل** 集, 複 **خُيُول** khail, khuyūl **ハ**イル, フ**ユ**ール	horse **ホ**ース
(雌馬)	**فَرَس** 女, 複 **أَفْرَاس** faras, ʾafrās **ファ**ラス, アフ**ラ**ース	horse **ホ**ース
(子馬)	**مُهْر** 男, 複 **أَمْهَار** muhr, ʾamhār **ム**フル, アム**ハ**ール	foal, colt **フォ**ウル, **コ**ウルト
うまい **うまい** (おいしい) umai	**لَذِيذ** ladhīdh ラ**ズィ**ーズ	good, delicious **グ**ド, ディ**リ**シャス
(上手だ)	**مَاهِر,** 複 **مَهَرَة** māhir, maharat **マ**ーヒル, **マ**ハラ	good, skillful **グ**ド, ス**キ**ルフル
うまる **埋まる** umaru	**مَدْفُون** madfūn マド**フ**ーン	(be) buried (ビ) **ベ**リド
うまれる **生[産]まれる** umareru	**وُلِدَ, يُولَدُ** [完] yūladu, wulida **ユ**ーラドゥ, **ウ**リダ	(be) born (ビ) **ボ**ーン
(生じる)	**حَدَثَ, يَحْدُثُ** [完] yaḥduthu, ḥadatha **ヤ**フドゥス, **ハ**ダサ	come into existence **カ**ム イントゥ イグ**ズィ**ステンス

日	アラビア	英
うみ **海** umi	**بِحَار** 複, **بَحْر** 男 baḥr, biḥār バフル, ビハール	sea スィー
うみだす **生み出す** umidasu	**نَتَجَ** 〔完〕, **يَنْتِجُ** yantiju, nataja ヤンティジュ, ナタジャ	produce プロデュース
うみべ **海辺** umibe	**شَوَاطِئُ** 〔二段〕 複, **شَاطِئ** 男 shāṭiʾ, shawāṭiʾu シャーティウ, シャワーティウ	beach ビーチ
うむ **生[産]む** umu	**وَلَدَ** 〔完〕, **يَلِدُ** yalidu, walada ヤリドゥ, ワラダ	bear ベア
(生み出す)	**نَتَجَ** 〔完〕, **يَنْتِجُ** yantiju, nataja ヤンティジュ, ナタジャ	produce プロデュース
うめく **うめく** umeku	**أَنَّ** 〔完〕, **يَئِنُّ** yaʾinnu, ʾanna ヤインヌ, アンナ	groan, moan グロウン, モウン
うめる **埋める** umeru	**دَفَنَ** 〔完〕, **يَدْفِنُ** yadfinu, dafana ヤドフィヌ, ダファナ	bury ベリ
(損失などを)	**عَوَّضَ** 〔完〕, **يُعَوِّضُ** yuʿauwiḍu, ʿauwaḍa ユアウウィドゥ, アウワダ	cover カヴァ
(満たす)	**مَلَأَ** 〔完〕, **يَمْلَأُ** yamlaʾu, malaʾa ヤムラウ, マラア	fill フィル
うやまう **敬う** uyamau	**اِحْتَرَمَ** 〔完〕, **يَحْتَرِمُ** yaḥtarimu, iḥtarama ヤフタリム, イフタラマ	respect, honor, Ⓑhonour リスペクト, アナ, アナ
うら **裏** (表面や正面に対する) ura	**خَلْف** 男 khalf ハルフ	back バク
(反対側)	**عَكْس** 男 ʿaks アクス	reverse リヴァース

日	アラビア	英
うらがえす **裏返す** uragaesu	يَعْكِسُ, 〔完〕 عَكَسَ ; يُقَلِّبُ, 〔完〕 قَلَّبَ yaʿkisu, ʿakasa, yuqallibu, qallaba **ヤ**アキス, **ア**カサ, ユ**カ**ッリブ, **カ**ッラバ	turn over **タ**ーン **オ**ウヴァ
うらぎる **裏切る** uragiru	يَخُونُ, 〔完〕 خَانَ yakhūnu, khāna ヤ**フ**ーヌ, **ハ**ーナ	betray ビト**レ**イ
うらぐち **裏口** uraguchi	بَاب خَلْفِيّ 男 bāb khalfīy **バ**ーブ **ハ**ルフィー	back door **バ**ク **ド**ー
うらづける **裏付ける** urazukeru	يُثْبِتُ, 〔完〕 أَثْبَتَ yuthbitu, ʾathbata **ユ**スビトゥ, **ア**スバタ	prove, confirm プ**ル**ーヴ, コン**ファ**ーム
うらどおり **裏通り** uradoori	شَارِع خَلْفِيّ 男 shāriʿ khalfīy **シャ**ーリウ **ハ**ルフィー	back street **バ**ク スト**リ**ート
うらない **占い** uranai	كِهَانَة 女 kihānat キ**ハ**ーナ	fortune-telling **フォ**ーチュンテリング
うらなう **占う** uranau	يَتَكَهَّنُ, 〔完〕 تَكَهَّنَ yatakahhanu, takahhana ヤタ**カ**ッハヌ, タ**カ**ッハナ	tell a person's fortune テル **フォ**ーチュン
うらにうむ **ウラニウム** uraniumu	يُورَانِيُوم 男 yūrāniyūm ユーラニ**ユ**ーム	uranium ユア**レ**イニアム
うらむ **恨む** uramu	يَحْقَدُ, 〔完〕 حَقِدَ yaḥqadu, ḥaqida **ヤ**フカドゥ, **ハ**キダ	bear a grudge **ベ**ア ア グ**ラ**チ
うらやむ **羨む** urayamu	يَغِيرُ, 〔完〕 غَارَ yaghīru, ghāra ヤ**ギ**ール, **ガ**ーラ	envy **エ**ンヴィ
うらん **ウラン** uran	يُورَانِيُوم 男 yūrāniyūm ユーラニ**ユ**ーム	uranium ユア**レ**イニアム

日	アラビア	英
うりあげ **売り上げ** uriage	**مَبِيعَات** 複 mabīʿāt マビーアート	amount sold アマウント ソウルド
うる **売る** uru	**يَبِيعُ, بَاعَ** 〔完〕 yabīʿu, bāʿa ヤビーウ，バーア	sell セル
うるうどし **閏年** uruudoshi	**سَنَة كَبِيسَة** 女 sanat kabīsat サナ カビーサ	leap year リープ イア
うるおい **潤い** uruoi	**رُطُوبَة** 女 ruṭūbat ルトゥーバ	moisture モイスチャ
うるおう **潤う** uruou	**يَتَرَطَّبُ, تَرَطَّبَ** 〔完〕 yataraṭṭabu, taraṭṭaba ヤタラッタブ，タラッタバ	(be) moistured, (be) moistened (ビ) モイスチャド，(ビ) モイスンド
うるぐあい **ウルグアイ** uruguai	**أُورُوغُوَاي** 女 ūrūghuwāy ウールーグワーイ	Uruguay ユアラグワイ
うるさい **うるさい** urusai	**مُزْعِج** 男, 複 **مُزْعِجَات** muzʿij, muzʿijāt ムズイジュ，ムズイジャート	noisy ノイズィ
(しつこい)	**مُزْعِج** 男, 複 **مُزْعِجَات** muzʿij, muzʿijāt ムズイジュ，ムズアイジャート	pesky, persistent ペスキ，パスィステント
うれしい **嬉しい** ureshii	**مَسْرُور** masrūr マスルール	happy, delightful ハピ，ディライトフル
うわき **浮気** uwaki	**زِنًى** 男 zinan ズィナン	(love) affair (ラヴ) アフェア
うわぎ **上着** uwagi	**سُتْرَة** 女 ; **جَاكِت** 男, 複 **جَاكِتَات** sutrat, jākit, jākitāt ストラ，ジャーキト，ジャーキタート	jacket, coat チャケト，コウト

日	アラビア	英
うわさ **噂** uwasa	شَائِعَة 女 shāʾiʿat シャーイア	rumor, Ⓑrumour ルーマ, ルーマ
うわべ **上辺** uwabe (表面)	سَطْح 男, 複 سُطُوح saṭḥ, suṭūḥ サトフ, ストゥーフ	surface サーフェス
(外面)	خَارِج 男 khārij ハーリジュ	outside アウトサイド
(外観)	مَظْهَر 男, 複 مَظَاهِرُ 〔二段〕 maẓhar, maẓāhiru マズハル, マザーヒル	appearance アピアランス
うわまわる **上回る** uwamawaru	يَتَجَاوَزُ, 〔完〕 تَجَاوَزَ yatajāwazu, tajāwaza ヤタジャーワズ, タジャーワザ	exceed イクスィード
うん **運** un (運命)	قَدَر 男 qadar カダル	fate, destiny フェイト, デスティニ
(幸運)	حَظّ 男 ḥaẓẓ ハッズ	fortune, luck フォーチュン, ラク
うんえい **運営** un-ei	إِدَارَة 女 ʾidārat イダーラ	management マニヂメント
うんが **運河** unga	قَنَاة 女, 複 قَنَوَات qanāt, qanawāt カナー, カナワート	canal カナル
うんざりする **うんざりする** unzarisuru	يَسْأَمُ, 〔完〕 سَئِمَ yasʾamu, saʾima ヤスアム, サイマ	(be) sick of (ビ) スィク オヴ
うんせい **運勢** unsei	حَظّ 男 ḥaẓẓ ハッズ	fortune フォーチュン
うんそう **運送** unsou	نَقْل 男 naql ナクル	transportation トランスポーテイション

日	アラビア	英
うんちん **運賃** unchin	أُجْرَة 女 ujrat ウジュラ	fare フェア
うんてん **運転** unten	سَوْق 男 sauq サウク	driving ドライヴィング
～手	سَائِق 男 sāʾiq サーイク	driver ドライヴァ
～する	يَسُوقُ, 完 سَاقَ yasūqu, sāqa ヤスーク，サーカ	operate アペレイト
～免許証	رُخْصَةُ ٱلسَّيَّارَةِ 女 rukhṣatu al-saiyārat ルフサトゥッ サイヤーラ	driver's license ドライヴァズ ライセンス
うんどう **運動** undou	رِيَاضَة 女 riyāḍat リヤーダ	exercise エクササイズ
（行動）	حَرَكَة 女 ḥarakat ハラカ	campaign キャンペイン
～する	يُمَارِسُ ٱلرِّيَاضَةَ, 完 مَارَسَ ٱلرِّيَاضَةَ yumārisu al-riyāḍata, mārasa al-riyāḍata ユマーリスッ リヤーダ，マーラサッ リヤーダ	exercise エクササイズ
うんめい **運命** unmei	قَدَر 男 ; مَصِير 男 qadar, maṣīr カダル，マスィール	fate, destiny フェイト，デスティニ
うんゆ **運輸** un-yu	نَقْل 男 naql ナクル	transportation トランスポーテイション
うんよく **運よく** un-yoku	لِحُسْنِ ٱلْحَظِّ li-ḥusni al-ḥaẓẓi リーフスニル ハッズ	fortunately フォーチュネトリ

日	アラビア	英
え **絵** （絵画） e	**صُورَة** [女], [複] **صُوَر** ṣūrat, ṣuwar スーラ, スワル	picture ピクチャ
（彩色画）	**لَوْحَة فَنِّيَّة** [女] lauḥat fannīyat ラウハ ファンニーヤ	painting ペインティング
（線描）	**رَسْم** [男], [複] **رُسُوم** rasm, rusūm ラスム, ルスーム	drawing ドローウィング
え **柄** e	**مِقْبَض** [男], [複] **مَقَابِضُ** [二段] maqbiḍ, maqābiḍu マクビド, マカービドゥ	handle ハンドル
えあこん **エアコン** eakon	**مُكَيِّف** [男] mukaiyif ムカイイフ	air conditioner エア コンディショナ
えいえんの **永遠の** eienno	**خَالِد** khālid ハーリド	eternal イターナル
えいが **映画** eiga	**فِيلْم** [男], [複] **أَفْلَام** ; **سِينَمَا** [女], [複] **سِينَمَات** fīlm, ʾaflām, sīnamā, sīnamāt フィールム, アフラーム, スィーナマー, スィーナマート	movie, film ムーヴィ, フィルム
～館	**سِينَمَا** [男] sīnamā スィーナマー	(movie) theater, Ⓑcinema （ムーヴィ）スィアタ, スィネマ
えいきゅうに **永久に** eikyuuni	**خَالِدًا** khālidan ハーリダン	permanently パーマネントリ
えいきょう **影響** eikyou	**تَأَثُّر** [男], [複] **تَأَثُّرَات** taʾaththur, taʾaththurāt タアッスル, タアッスラート	influence インフルエンス

日	アラビア	英
えいご **英語** eigo	**اَللُّغَةُ ٱلْإِنْجِلِيزِيَّةُ** 女 al-lughatu al-ʾinjilīzīyatu アッ**ル**ガトゥル インジリー**ズィ**ーヤ	English **イ**ングリシュ
えいこう **栄光** eikou	**مَجْد** 男, 複 **أَمْجَاد** majd, ʾamjād **マ**ジュド, アム**ジャ**ード	glory グ**ロ**ーリ
えいこく **英国** eikoku	**بَرِيطَانِيَا** 女 barīṭāniyā バリー**タ**ーニヤー	England, Great Britain **イ**ングランド, グ**レ**イト ブ**リ**トン
えいじゅうする **永住する** eijuusuru	**يَسْتَوْطِنُ**, 〔完〕 **اِسْتَوْطَنَ** yastauṭinu, istauṭana ヤス**タ**ウティヌ, イス**タ**ウタナ	reside permanently リ**ザ**イド **パ**ーマネントリ
えいず **エイズ** eizu	**اَلْإِيدَز** 男 al-ʾīdaz アル **エ**ーズ	AIDS **エ**イヅ
えいせい **衛星** eisei	**قَمَر** 男, 複 **أَقْمَار** qamar, ʾaqmār **カ**マル, アク**マ**ール	satellite **サ**テライト
えいせいてきな **衛生的な** eiseitekina	**صِحِّيّ** ṣiḥḥīy **スィ**ッヒー	hygienic, sanitary ハイ**ヂ**ーニク, **サ**ニテリ
えいぞう **映像** eizou	**صُورَة** 女, 複 **صُوَر** ṣūrat, ṣuwar **ス**ーラ, **ス**ワル	image **イ**ミヂ
えいゆう **英雄** eiyuu	**بَطَل** 男, 複 **أَبْطَال** baṭal, ʾabṭāl **バ**タル, アブ**タ**ール	hero, heroine **ヒ**アロウ, **ヘ**ロウイン
えいよ **栄誉** eiyo	**شَرَف** 男 sharaf **シャ**ラフ	honor, Ⓑhonour **ア**ナ, **ア**ナ
えいよう **栄養** eiyou	**تَغْذِيَة** 女 taghdhiyat **タ**グズィヤ	nutrition ニュート**リ**ション

日	アラビア	英
えーかー **エーカー** eekaa	أَكْر ʼakr アクル	acre エイカ
えーじぇんと **エージェント** eejento	وَكِيل 男, 複 وُكَلَاءُ [二段] wakīl, wukalāʼ ワキール，ウカラーウ	agent エイヂェント
えがお **笑顔** egao	اِبْتِسَامَة 女 ibtisāmat イブティサーマ	smiling face スマイリング フェイス
えがく **描く** egaku	رَسَمَ [完] ,يَرْسُمُ yarsumu, rasama ヤルスム，ラサマ	draw, paint ドロー，ペイント
えき **駅** eki	مَحَطَّة 女 maḥaṭṭat マハッタ	station ステイション
えきすとら **エキストラ** ekisutora	مُمَثِّل صَامِت 男 mumaththil ṣāmit ムマッシル サーミト	extra エクストラ
えきたい **液体** ekitai	سَائِل 男, 複 سَوَائِلُ [二段] sāʼil, sawāʼilu サーイル，サワーイル	liquid, fluid リクウィド，フルーイド
えくぼ **えくぼ** ekubo	غَمَّازَة 女 ghammāzat ガンマーザ	dimple ディンプル
えごいすと **エゴイスト** egoisuto	أَنَانِيّ 男 ʼanānīy アナーニー	egoist イーゴウイスト
えごいずむ **エゴイズム** egoizumu	أَنَانِيَّة 女 ʼanānīyat アナーニーヤ	egoism イーゴウイズム
えこのみーくらす **エコノミークラス** ekonomiikurasu	اَلدَّرَجَةُ ٱلِاقْتِصَادِيَّةُ 女 al-darajatu al-iqtiṣādīyatu アッダラジャトゥ リクティサーディーヤ	economy class イカノミ クラス
えこのみすと **エコノミスト** ekonomisuto	اِقْتِصَادِيّ 男 iqtiṣādīy イクティサーディー	economist イカノミスト

日	アラビア	英
えさ **餌** (飼料) esa	عَلُوفَة 女, 複 عُلُف ʿalūfat, ʿuluf アルーファ, ウルフ	feed フィード
(釣りなどの)	طُعْمَة 女, 複 طُعَم ṭuʿmat, ṭuʿam トゥウマ, トゥアム	bait ベイト
えじき **餌食** ejiki	فَرِيسَة 女, 複 فَرَائِسُ [二段] farīsat, farāʾisu ファリーサ, ファラーイス	prey, victim プレイ, ヴィクティム
えじぷと **エジプト** ejiputo	مِصْر 女 miṣr ミスル	Egypt イーヂプト
えしゃくする **会釈する** (お辞儀) eshakusuru	يَنْحَنِي, [完] اِنْحَنَى yanḥanī, inḥanā ヤンハニー, インハナー	bow バウ
えすえふ **SF** esuefu	خَيَال عِلْمِي 女 khayāl ʿilmīy ハヤール イルミー	science fiction サイエンス フィクション
えすかるご **エスカルゴ** esukarugo	حَلَزُون 集 ḥalzūn ハルズーン	escargot エスカーゴウ
えすかれーたー **エスカレーター** esukareetaa	دَرَج مُتَحَرِّك 男 daraj mutaḥarrik ダラジュ ムタハッリク	escalator, Ⓑmoving staircase エスカレイタ, ムーヴィング ステアケイス
えだ **枝** eda	غُصْن 男, 複 أَغْصَان ghuṣn, ʾaghṣān グスン, アグサーン	branch, bough ブランチ, バウ
えちおぴあ **エチオピア** echiopia	أَثْيُوبِيَا 女 ʾathyūbiyā アスユービヤー	Ethiopia イースィオウピア
えっせい **エッセイ** essei	مَقَالَة 女 maqālat マカーラ	essay エセイ

日	アラビア	英
えつらんする **閲覧する** (読む) etsuransuru	**يُطَالِعُ,** [完] **طَالَعَ** yuṭāliʿu, ṭālaʿa ユターリウ, ターラア	read リード
えなめる **エナメル** enameru	**مِينَا** 男 mīnā ミーナー	enamel イナメル
えねるぎー **エネルギー** enerugii	**طَاقَة** 女 ṭāqat ターカ	energy エナヂ
えのぐ **絵の具** enogu	**طِلَاء** 男 ; **لَوْن** 男 ṭilāʾ, laun ティラーウ, ラウン	paints, colors, Ⓑcolours ペインツ, カラズ, カラズ
えび **海老** ebi	**جَمْبَرِيّ** 男 jambarīy ジャムバリー	shrimp, prawn シュリンプ, プローン
(ロブスター)	**جَرَادُ ٱلْبَحْرِ** 男 jarādu al-baḥri ジャラードゥル バフル	lobster ラブスタ
えぴそーど **エピソード** episoodo	**حِكَايَة** 女 ḥikāyat ヒカーヤ	episode エピソウド
えぴろーぐ **エピローグ** epiroogu	**خَاتِمَة** 女 khātimat ハーティマ	epilogue エピローグ
えぷろん **エプロン** epuron	**مِئْزَر** 男, 複 **مَآزِر** [二段] miʾzar, maʾāzir ミウザル, マアーズィル	apron エイプロン
えめらるど **エメラルド** emerarudo	**زُمُرُّد** 男 zumurrud ズムッルド	emerald エメラルド
えらい **偉い** erai	**عَظِيم,** 複 **عُظَمَاءُ** [二段] ʿaẓīm, ʿuẓamāʾu アズィーム, ウザマーウ	great グレイト
えらぶ **選ぶ** erabu	**يَخْتَارُ,** [完] **اِخْتَارَ** yakhtāru, ikhtāra ヤフタール, イフターラ	choose, select チューズ, セレクト

日	アラビア	英
(選出する)	اِنْتَخَبَ ,يَنْتَخِبُ [完] yantakhibu, intakhaba ヤンタヒブ, インタハバ	elect イレクト
えり **襟** eri	يَاقَة 女 yāqat ヤーカ	collar カラ
えりーと **エリート** eriito	نُخْبَة 女, 複 نُخَب nukhbat, nukhab ヌフバ, ヌハブ	elite エイリート
える **得る** eru	يَحْصِلُ عَلَى, [完] حَصَلَ عَلَى yaḥṣilu ʿalā, ḥaṣala ʿalā ヤフスィル アラー, ハサラ アラー	get, obtain ゲト, オブテイン
えれがんとな **エレガントな** eregantona	أَنِيق ʾanīq アニーク	elegant エリガント
えれべーたー **エレベーター** erebeetaa	مِصْعَد 男, 複 مَصَاعِدُ [二段] ; أَسَانْسِير 男 miṣʿad, maṣāʿidu, ʾasānsīr ミスアド, マサーイド, アサーンスィール	elevator, Ⓑlift エレヴェイタ, リフト
えん **円** (図形の) en	دَائِرَة 女, 複 دَوَائِرُ [二段] dāʾirat, dawāʾiru ダーイラ, ダワーイル	circle サークル
(通貨の)	يِنّ 男 yinn イエン	yen イエン
えんかい **宴会** enkai	حَفْلَة 女, 複 حَفْلَات ḥaflat, ḥaflāt ハフラ, ハフラート	banquet バンクウェト
えんかくの **遠隔の** enkakuno	عَنْ بُعْدٍ ʿan buʿdin アン ブアド	remote, distant リモウト, ディスタント
えんがん **沿岸** engan	سَاحِل 男, 複 سَوَاحِل [二段] sāḥil, sawāḥil サーヒル, サワーヒル	coast コウスト

日	アラビア	英
えんき **延期** enki	تَأْجِيل 男 taʾjīl タアジール	postponement ポウストポウンメント
〜する	أَجَّلَ ,〔完〕 يُؤَجِّلُ yuʾajjilu, ʾajjala ユアッジル, アッジャラ	postpone ポウストポウン
えんぎ **演技** (芝居) engi	تَمْثِيل 男, 複 تَمَاثِيل〔二段〕 tamthīl, tamāthīl タムスィール, タマースィール	acting アクティング
〜する	مَثَّلَ ,〔完〕 يُمَثِّلُ yumaththilu, maththala ユマッスィル, マッサラ	act アクト
えんきょくな **婉曲な** enkyokuna	غَيْر مُبَاشِرٍ ; بِٱلْكِنَايَةِ bi-al-kināyati, ghair mubāshirin ビール キナーヤ, ガイル ムバーシル	euphemistic ユーフェミスティク
えんきんほう **遠近法** enkinhou	مَنْظُور 男 manẓūr マンズール	perspective パスペクティヴ
えんげい **園芸** engei	بَسْتَنَة 女 bastanat バスタナ	gardening ガードニング
えんげき **演劇** engeki	مَسْرَحِيَّة 女 masraḥīyat マスラヒーヤ	theater, drama, Ⓑtheatre スィアタ, ドラーマ, スィアタ
えんこ **縁故** enko	صِلَة 女 ṣilat スィラ	relation リレイション
えんし **遠視** enshi	طُولُ ٱلنَّظَرِ 男 ṭūl al-naẓari トゥールン ナザル	farsightedness ファーサイテドネス
えんじにあ **エンジニア** enjinia	مُهَنْدِس 男 muhandis ムハンディス	engineer エンヂニア

日	アラビア	英
えんしゅう **円周** enshuu	مُحِيطُ ٱلدَّائِرَةِ 男 muḥīṭu al-dāʾirati ム**ヒ**ートゥッ **ダ**ーイラ	circumference サ**カ**ムファレンス
えんしゅつ **演出** enshutsu	إِخْرَاج 男 ʾikhrāj イフ**ラ**ージュ	direction ディ**レ**クション
〜家	مُخْرِج 男 mukhrij **ム**フリジュ	director ディ**レ**クタ
〜する	يُخْرِجُ, 〔完〕 أَخْرَجَ yukhriju, ʾakhraja **ユ**フリジュ，**ア**フラジャ	direct ディ**レ**クト
えんじょ **援助** enjo	مُسَاعَدَة 女 musāʿadat ム**サ**ーアダ	help, assistance **ヘ**ルプ，ア**スィ**スタンス
〜する	يُسَاعِدُ, 〔完〕 سَاعَدَ yusāʿidu, sāʿada ユ**サ**ーイドゥ，**サ**ーアダ	help, assist **ヘ**ルプ，ア**スィ**スト
えんしょう **炎症** enshou	اِلْتِهَاب 男 iltihāb イルティ**ハ**ーブ	inflammation インフラ**メ**イション
えんじる **演じる** enjiru	يُمَثِّلُ, 〔完〕 مَثَّلَ yumaththilu, maththala ユ**マ**ッスィル，**マ**ッサラ	perform, play パ**フォ**ーム，プ**レ**イ
えんじん **エンジン** enjin	مُحَرِّك 男 muḥarrik ム**ハ**ッリク	engine **エ**ンヂン
えんしんりょく **遠心力** enshinryoku	قُوَّةُ ٱلطَّرْدِ ٱلْمَرْكَزِيِّ 女 qūwatu al-ṭardi al-markazīyi **ク**ーワトゥッ **タ**ルディル **マ**ルカズィー	centrifugal force セントリフュガル **フォ**ース
えんすい **円錐** ensui	مَخْرُوط 男 makhrūṭ マフ**ル**ート	cone **コ**ウン
えんすと **エンスト** ensuto	تَوَقُّفُ ٱلْمُحَرِّكِ 男 tawaqqufu al-muḥarriki タ**ワ**ックフル ム**ハ**ッリク	engine stall **エ**ンヂン ス**ト**ール

日	アラビア	英
えんぜつ **演説** enzetsu	**خِطَاب** 男, 複 **خِطَابَات** khiṭāb, khiṭābāt ヒターブ, ヒターバート	speech スピーチ
えんそ **塩素** enso	**كُلُور** 男 kulūr クルール	chlorine クローリーン
えんそう **演奏** ensou	**عَزْف** 男 ʿazf アズフ	musical performance ミューズィカル パフォーマンス
～する	**يَعْزِفُ**, 完 **عَزَفَ** yaʿzifu, ʿazafa ヤアズィフ, アザファ	play, perform プレイ, パフォーム
えんそく **遠足** ensoku	**نُزْهَة** 女 nuzhat ヌズハ	excursion, field trip イクスカージョン, フィールド トリプ
えんだか **円高** endaka	**اِرْتِفَاعُ ٱلْيِنِّ** 男 irtifāʿu al-yinni イルティファーウル イェン	strong yen rate ストローング イェン レイト
えんちゅう **円柱** enchuu	**عَمُود** 男, 複 **أَعْمِدَة** ʿamūd, ʾaʿmidat アムード, アアミダ	column カラム
えんちょう **延長** enchou	**تَمْدِيد** 男, 複 **تَمْدِيدَات** tamdīd, tamdīdāt タムディード, タムディーダート	extension イクステンション
～する	**يَمُدُّ**, 完 **مَدَّ** yamuddu, madda ヤムッドゥ, マッダ	prolong, extend プロローング, イクステンド
～戦	**وَقْت إِضَافِي** 男 waqt ʾiḍāfiy ワクト イダーフィー	overtime, Ⓑextra time オウヴァタイム, エクストラタイム
えんどうまめ **えんどう豆** endoumame	**بَازِلَّاء** 複 bāzillāʾ バーズィッラーウ	(green) pea (グリーン) ピー

日		アラビア	英
えんとつ **煙突** entotsu		مَدْخَنَة 女, 複 مَدَاخِنُ [二段] madkhanat, madākhinu マドハナ, マダーヒン	chimney チムニ
えんぴつ **鉛筆** enpitsu		قَلَمُ رَصَاصٍ 男 qalam raṣāṣin カラム ラサース	pencil ペンスル
えんぶん **塩分** enbun		مُلُوحَة 女 mulūḥat ムルーハ	salt (content) ソールト (カンテント)
えんやす **円安** en-yasu		اِنْخِفَاضُ ٱلْيِنِّ 男 inkhifāḍu al-yinni インヒファードゥル イエン	weak yen rate ウィーク イエン レイト
えんりょ **遠慮** enryo	(ためらい)	تَرَدُّد 男 taraddud タラッドゥド	hesitation ヘズィテイション
	(謙虚さ)	تَوَاضُع 男 tawāḍuʿ タワードゥウ	modesty マデスティ

お, オ

日		アラビア	英
お **尾** o		ذَيْل 男, 複 ذُيُول dhail, dhuyūl ザイル, ズユール	tail テイル
おい **甥** oi	(兄弟の子)	اِبْنُ ٱلْأَخِ 男, 複 أَبْنَاءُ ٱلْأَخِ ibnu al-ʾakhi, ʾabnāʾu al-ʾakhi イブヌル アフ, アブナーウル アフ	nephew ネフュー
	(姉妹の子)	اِبْنُ ٱلْأُخْتِ 男, 複 أَبْنَاءُ ٱلْأُخْتِ ibnu al-ʾukhti, ʾabnāʾu al-ʾukhti イブヌル ウフト, アブナーウル ウフト	nephew ネフュー
おいかける **追いかける** oikakeru		يُطَارِدُ, [完] طَارَدَ yuṭāridu, ṭārada ユターリドゥ, ターラダ	run after, chase ラン アフタ, チェイス

日	アラビア	英
おいこしきんし **追い越し禁止** oikoshikinshi	**مَمْنُوعُ ٱلتَّجَاوُزِ** 男 mamnūʿ al-tajāwuzi マムヌーウッ タジャーウズィ	no passing ノウ パスィング
おいこす **追い越す** oikosu	**تَجَاوَزَ** 〔完〕 **,يَتَجَاوَزُ** tatajāwazu, tajāwaza タタジャーワズ，タジャーワザ	overtake オウヴァテイク
おいしい **美味しい** oishii	**لَذِيذ** ladhīdh ラズィーズ	nice, delicious ナイス，ディリシャス
おいだす **追い出す** oidasu	**أَخْرَجَ** 〔完〕 **,يُخْرِجُ** yukhriju, ʾakhraja ユフリジュ，アフラジャ	drive out ドライヴ アウト
おいつく **追いつく** oitsuku	**لَحِقَ** 〔完〕 **,يَلْحَقُ** yalḥaqu, laḥiqa ヤルハク，ラヒカ	catch up キャチ アプ
おいはらう **追い払う** oiharau	**أَبْعَدَ** 〔完〕 **,يُبْعِدُ** yubʿidu, ʾabʿada ユブイドゥ，アブアダ	drive away, chase off ドライヴ アウェイ，チェイス オーフ
おいる **オイル** oiru	**زُيُوت** 複 **,زَيْت** 男 zait, zuyūt ザイト，ズユート	oil オイル
おう **追う** ou	**طَارَدَ** 〔完〕 **,يُطَارِدُ** yuṭāridu, ṭārada ユターリドゥ，ターラダ	run after, chase ラン アフタ，チェイス
（流行を）	**تَابَعَ** 〔完〕 **,يُتَابِعُ** yutābiʿu, tābaʿa ユタービウ，ターバア	follow ファロウ
おう **負う** （背負う） ou	**حَمَلَ** 〔完〕 **,يَحْمِلُ** yaḥmilu, ḥamala ヤフミル，ハマラ	bear on one's back ベア オン バク
（責任・義務を）	**تَحَمَّلَ** 〔完〕 **,يَتَحَمَّلُ** yataḥammalu, taḥammala ヤタハンマル，タハンマラ	take upon oneself テイク アポン

日	アラビア	英
おう **王** ou	**مَلِك** 男, 複 **مُلُوك** malik, mulūk マリク, ムルーク	king キング
おうえん **応援** (声援) ouen	**تَشْجِيع** 男 tashjīʿ タシュジーウ	cheering, rooting チアリング, ルーティング
～する	**شَجَّعَ** 〔完〕, **يُشَجِّعُ** yushajjiʿu, shajjaʿa ユシャッジウ, シャッジャア	cheer, root for チア, ルート フォ
おうかくまく **横隔膜** oukakumaku	**حِجَاب حَاجِز** 男 ḥijāb ḥājiz ヒジャーブ ハージズ	diaphragm ダイアフラム
おうかん **王冠** oukan	**تَاج** 男, 複 **تِيجَان** tāj, tījān タージュ, ティージャーン	crown クラウン
おうきゅうてあて **応急手当** oukyuuteate	**اَلْإِسْعَافَاتُ اَلْأَوَّلِيَّةُ** 複 al-ʾisʿāfātu al-ʾauwalīyatu アル イスアーファートゥル アウワリーヤ	first aid ファースト エイド
おうこく **王国** oukoku	**مَمْلَكَة** 女, 複 **مَمَالِكُ** 〔二段〕 mamlakat, mamāliku マムラカ, ママーリク	kingdom キングダム
おうじ **王子** ouji	**أَمِير** 男, 複 **أُمَرَاءُ** 〔二段〕 ʾamīr, umarāʾu アミール, ウマラーウ	prince プリンス
おうしざ **牡牛座** oushiza	**اَلثَّوْر** 男 al-thaur アッ サウル	Bull, Taurus ブル, トーラス
おうじて **応じて** oujite	**وَفْقًا لِ** wafqan li ワフカン リ	according to アコーディング トゥ
おうしゅうする **押収する** oushuusuru	**صَادَرَ** 〔完〕, **يُصَادِرُ** yuṣādiru, ṣādara ユサーディル, サーダラ	seize スィーズ
おうじょ **王女** oujo	**أَمِيرَة** 女 ʾamīrat アミーラ	princess プリンセス

日	アラビア	英
おうじる **応じる** （応える） oujiru	**اِسْتَجَابَ ,يَسْتَجِيبُ** 〔完〕 yastajību, istajāba ヤスタジーブ，イスタジャーバ	answer, reply to アンサ，リプライ トゥ
（受け入れる）	**قَبِلَ ,يَقْبَلُ** 〔完〕 yaqbalu, qabila ヤクバル，カビラ	comply with, accept コンプライ ウィズ，アクセプト
おうせつしつ **応接室** ousetsushitsu	**غُرْفَةُ ٱلِاسْتِقْبَالِ** 女 ghurfatu al-istiqbāli グルファトゥ リスティクバール	reception room リセプション ルーム
おうだん **横断** oudan	**عَبْر** 男 ʿabr アブル	crossing クロースィング
～する	**عَبَرَ ,يَعْبُرُ** 〔完〕 yaʿburu, ʿabara ヤアブル，アバラ	cross クロース
～歩道	**مَعْبَرُ مُشَاةٍ** 男 maʿbaru mushātin マアバル ムシャーティン	crosswalk, Ⓑpedestrian crossing クロースウォーク，ペデストリアン クロースィング
おうとう **応答** outou	**رُدُود** 複 **,رَدّ** 男 radd, rudūd ラッド，ルドゥード	reply リプライ
おうねつびょう **黄熱病** ounetsubyou	**حُمَّى صَفْرَاء** 女 ḥummā ṣafrāʾ フンマー サフラーウ	yellow fever イェロウ フィーヴァ
おうひ **王妃** ouhi	**مَلِكَة** 女 malikat マリカ	queen クウィーン
おうふく **往復** oufuku	**ذَهَاب وَإِيَاب** 男 dhahāb wa-ʾiyāb ザハーブ ワーイヤーブ	round trip, to and from ラウンド トリプ，トゥー アンド フラム
～する	**ذَهَبَ وَعَادَ ,يَذْهَبُ وَيَعُودُ** 〔完〕 yadhhabu wa-yaʿūdu, dhahaba wa-ʿāda ヤズハブ ワーヤウードゥ，ザハバ ワーアーダ	go to and back ゴウ トゥ アンド バク

日	アラビア	英
おうぼ **応募** oubo	تَقْدِيم لِ 男 taqdīm li タク**ディ**ーム リ	application アプリ**ケ**イション
〜する	يَتَقَدَّمُ بِطَلَبٍ, 〔完〕تَقَدَّمَ بِطَلَبٍ yataqaddimu bi-ṭalabin, taqaddama bi-ṭalabin ヤタ**カ**ッディム ビー**タ**ラブ，タ**カ**ッダマ ビー**タ**ラブ	apply, enter アプ**ラ**イ，**エ**ンタ
おうぼうな **横暴な** oubouna	اِسْتِبْدَادِيّ istibdādīy イスティブ**ダ**ーディー	tyrannical, oppressive ティ**ラ**ニカル，オプ**レ**スィヴ
おうむ **鸚鵡** oumu	بَبْغَاءُ 女〔二段〕, 複 بَبْغَاوَات babghāʾu, babghāwāt バブ**ガ**ーウ，バブガー**ワ**ート	parrot **パ**ロト
おうよう **応用** ouyou	تَطْبِيق 男, 複 تَطْبِيقَات taṭbīq, taṭbīqāt タト**ビ**ーク，タトビー**カ**ート	application, use アプリ**ケ**イション，**ユ**ース
〜する	يُطَبِّقُ, 〔完〕طَبَّقَ yuṭabbiqu, ṭabbaqa ユ**タ**ッビク，**タ**ッバカ	apply アプ**ラ**イ
おうりょう **横領** ouryou	اِخْتِلَاس 男, 複 اِخْتِلَاسَات ikhtilās, ikhtilāsāt イフティ**ラ**ース，イフティラー**サ**ート	embezzlement イン**ベ**ズルメント
おえる **終える** oeru	يَنْتَهِي مِنْ, 〔完〕اِنْتَهَى مِنْ yantahī min, intahā min **ヤ**ンタヒー ミン，**イ**ンタハー ミン	finish, complete **フィ**ニシュ，コンプ**リ**ート
おおあめ **大雨** ooame	مَطَر غَزِير 男, 複 أَمْطَار غَزِيرَة maṭar ghazīr, ʾamṭār ghazīrat **マ**タル ガ**ズィ**ール，アム**タ**ール ガ**ズィ**ーラ	heavy rain **ヘ**ヴィ **レ**イン
おおい **多い** ooi	كَثِير kathīr カ**スィ**ール	much **マ**チ

日	アラビア	英
(回数が)	مُتَكَرِّر mutakarrir ムタカッリル	frequent フリークウェント
(数が)	كَثِير kathīr カスィール	many メニ
おおい **覆い** ooi	غِطَاء 男, 複 أَغْطِيَة ghiṭāʾ, ʾaghṭiyat ギターウ, アグティヤ	cover カヴァ
おおう **覆う** (かぶせる) oou	يُغَطِّي, 〔完〕 غَطَّى yughaṭṭī, ghaṭṭā ユガッティー, ガッター	cover カヴァ
(隠す)	يُخْفِي, 〔完〕 أَخْفَى yukhfī, ʾakhfā ユフフィー, アフファー	disguise ディスガイズ
おおかみ **狼** ookami	ذِئْب 男, 複 ذِئَاب dhiʾb, dhiʾāb ズィウブ, ズィアーブ	wolf ウルフ
おおきい **大きい** ookii	كَبِير kabīr カビール	big, large ビグ, ラーヂ
おおきくする **大きくする** ookikusuru	يُكَبِّرُ, 〔完〕 كَبَّرَ yukabbiru, kabbara ユカッビル, カッバラ	enlarge インラーヂ
おおきくなる **大きくなる** ookikunaru	يَكْبُرُ, 〔完〕 كَبُرَ yakburu, kabura ヤクブル, カブラ	(get) bigger, (get) larger (ゲト) ビガ, (ゲト) ラーヂャ
おおきさ **大きさ** ookisa	حَجْم 男, 複 أَحْجَام ḥajm, ʾaḥjām ハジュム, アフジャーム	size サイズ
おおきな **大きな** ookina	كَبِير kabīr カビール	big, large ビグ, ラーヂ
(巨大な・莫大な)	ضَخْم, 複 ضِخَام ḍakhm, ḍikhām ダフム, ディハーム	huge, enormous ヒューヂ, イノーマス

日	アラビア	英
おーくしょん **オークション** ookushon	**مَزَاد** 男, 複 **مَزَادَات** mazād, mazādāt マザード, マザーダート	auction オークション
おおぐまざ **大熊座** oogumaza	**اَلدُّبُّ ٱلْأَكْبَرُ** 男 al-dubbu al-ʾakbaru アッドゥッブル アクバル	Great Bear グレイト ベア
おおげさな **大袈裟な** oogesana	**مُبَالِغ فِيهِ** mubāligh fī-hi ムバーリグ フィー-ヒ	exaggerated イグザヂェレイテド
おーけすとら **オーケストラ** ookesutora	**أُورْكِسْتْرَا** 男 ūrkistrā ウールキストラー	orchestra オーケストラ
おおごえ **大声** oogoe	**اَلصَّوْتُ ٱلْعَالِي** 男 al-ṣautu al-ʿālī アッ サウトゥル アーリー	loud voice ラウド ヴォイス
おーすとらりあ **オーストラリア** oosutoraria	**أُسْتُرَالِيَا** 女 usturāliyā ウストゥラーリヤー	Australia オーストレイリャ
おーすとりあ **オーストリア** oosutoria	**اَلنَّمْسَا** 女 al-namsā アン ナムサー	Austria オーストリア
おおぜいの **大勢の** oozeino	**عَدَد كَبِير مِنْ** 男 ʿadad kabīr min アダド カビール ミン	(a) large number of (ア) ラーヂ ナンバ オヴ
おーそどっくすな **オーソドックスな** oosodokkusuna	**عَادِيّ** ʿādīy アーディー	orthodox オーソダクス
おーでぃおの **オーディオの** oodiono	**صَوْتِيّ** ṣautīy サウティー	audio オーディオウ
おーでころん **オーデコロン** oodekoron	**كُولُونِيَا** 男 kūlūniyā クールーニヤー	eau de cologne オウ デ コロウン
おおどおり **大通り** oodoori	**شَارِع رَئِيسِيّ** 男 shāriʿ raʾīsīy シャーリウ ライースィー	main road メイン ロウド

日	アラビア	英
おーとばい **オートバイ** ootobai	**دَرَّاجَة نَارِيَّة** 女 darrājat nārīyat ダッラージャ ナーリーヤ	motorcycle モウタサイクル
おーどぶる **オードブル** oodoburu	**مُقَبِّلَات** 複 muqabbilāt ムカッビラート	hors d'oeuvre オー ダーヴル
おーとまちっくの **オートマチックの** ootomachikkuno	**تِلْقَائِيّ** tilqā'īy ティルカーイー	automatic オートマティク
おーなー **オーナー** oonaa	**صَاحِب** 男, 複 **أَصْحَاب** ṣāḥib, 'aṣḥāb サーヒブ, アスハーブ	owner オウナ
おーばー **オーバー** oobaa	**مِعْطَف** 男, 複 **مَعَاطِف** [二段] miʿṭaf, maʿāṭif ミウタフ, マアーティフ	overcoat オウヴァコウト
おーびー **OB** （卒業生） oobii	**خِرِّيج** 男 khirrīj ヒッリージュ	graduate グラヂュエト
おーぷにんぐ **オープニング** oopuningu	**اِفْتِتَاح** 男 iftitāḥ イフティターフ	opening オウプニング
おーぶん **オーブン** oobun	**فُرْن** 男, 複 **أَفْرَان** furn, 'afrān フルン, アフラーン	oven アヴン
おおもじ **大文字** oomoji	**حَرْف كَبِير** 男 ḥarf kabīr ハルフ カビール	capital letter キャピトル レタ
おおや **大家** （アパートの） ooya	**صَاحِبُ ٱلشَّقَّةِ** 男 ṣāḥibu al-shaqqati サーヒブッ シャッカ	owner オウナ
おおやけの **公の** （公共の） ooyakeno	**عَامّ** ʿāmm アーンム	public パブリク
（公式の）	**رَسْمِيّ** rasmīy ラスミー	official オフィシャル

日	アラビア	英
おかあさん **お母さん** okaasan	**أُمّ** 女, 複 **أُمَّهات** umm, ummahāt ウンム，ウンマハート	mother マザ
おかしい **おかしい** (こっけいな) okashii	**مُضْحِك** muḍḥik ムドヒク	funny ファニ
(楽しい)	**مُسَلٍّ** [二段]; **مُسَلِّيَة** 女 musallin, musalliya ムサッリン，ムサッリヤ	amusing アミューズィング
(奇妙な)	**غَرِيب**, 複 **غُرَباءُ** [二段] gharīb, ghurabāʾ ガリーブ，グラバーウ	strange ストレインヂ
おかす **犯す** (罪などを) okasu	**يَرْتَكِبُ**, [完] **اِرْتَكَبَ** yartakibu, irtakaba ヤルタキブ，イルタカバ	commit コミト
(法律などを)	**يُخالِفُ**, [完] **خالَفَ** yukhālifu, khālafa ユハーリフ，ハーラファ	violate ヴァイオレイト
(婦女を)	**يَغْتَصِبُ**, [完] **اِغْتَصَبَ** yaghtaṣibu, ightaṣaba ヤグタスィブ，イグタサバ	rape レイプ
おかす **侵す** okasu	**يَنْتَهِكُ**, [完] **اِنْتَهَكَ** yantahiku, intahaka ヤンタヒク，インタハカ	violate, infringe on ヴァイオレイト，インフリンヂ オン
おかす **冒す** okasu	**يُخاطِرُ**, [完] **خاطَرَ** yukhāṭiru, khāṭara ユハーティル，ハータラ	run ラン
おかず **おかず** okazu	**طَبَق جانِبِيّ** 男 ṭabaq jānibīy タバク ジャーニビー	side dish, garnish サイド ディシュ，ガーニシュ
おかね **お金** okane	**مال** 男, 複 **أَمْوال**; 複 **نُقُود** māl, ʾamwāl, nuqūd マール，アムワール，ヌクード	money マニ
おがわ **小川** ogawa	**جَدْوَل** 男, 複 **جَداوِلُ** [二段] jadwal, jadāwilu ジャドワル，ジャダーウィル	brook, stream ブルク，ストリーム

日	アラビア	英
おき **沖** oki	**عَرْضُ ٱلْبَحْرِ** 男 ʿarḍu al-baḥri アルドゥル バフル	offing オーフィング
おきあがる **起き上がる** okiagaru	**يَنْهَضُ,** 〔完〕**نَهَضَ** yanhaḍu, nahaḍa ヤンハドゥ，ナハダ	get up ゲトアプ
おきしだんと **オキシダント** okishidanto	**مُؤَكْسِد** 男 muʾaksid ムアクスィド	oxidant アクシダント
おぎなう **補う** oginau	**يُعَوِّضُ عَنْ,** 〔完〕**عَوَّضَ عَنْ** yuʿauwiḍu ʿan, ʿauwaḍa ʿan ユアウウィドゥ アン，アウワダ アン	make up for メイク アプ フォ
おきにいり **お気に入り** okiniiri	**مُفَضَّل** 男 mufaḍḍal ムファッダル	favorite, Ⓑfavourite フェイヴァリト，フェイヴァリト
おきる **起きる** okiru	**يَنْهَضُ,** 〔完〕**نَهَضَ ; يَقُومُ,** 〔完〕**قَامَ** yanhaḍu, nahaḍa, yaqūmu, qāma ヤンハドゥ，ナハダ，ヤクーム，カーマ	get up, rise ゲトアプ，ライズ
（目を覚ます）	**يَسْتَيْقِظُ,** 〔完〕**اِسْتَيْقَظَ** yastaiqiẓu, istaiqaẓa ヤスタイキズ，イスタイカザ	wake up ウェイク アプ
（発生する）	**يَحْدُثُ,** 〔完〕**حَدَثَ ; يَقَعُ,** 〔完〕**وَقَعَ** yaḥduthu, ḥadatha, yaqaʿu, waqaʿa ヤフドゥス，ハダサ，ヤカウ，ワカア	happen, occur ハプン，オカー
おきわすれる **置き忘れる** okiwasureru	**يَنْسَى,** 〔完〕**نَسِيَ ; يَفْقِدُ,** 〔完〕**فَقَدَ** yansā, nasiya, yafqidu, faqada ヤンサー，ナスィヤ，ヤフキドゥ，ファカダ	forget, leave フォゲト，リーヴ
おく **奥** oku	**عُمْق** 男 ʿumq ウムク	innermost, far back イナモウスト，ファー バク

日	アラビア	英
おく **億** oku	**مِائَةُ مِلْيُونٍ** miʾatu milyūnin ミア ミルユーン	one hundred million ワン ハンドレド ミリョン
おく **置く** oku	**يَضَعُ**, [完] **وَضَعَ** yaḍaʿu, waḍaʿa ヤダウ, ワダア	put, place プト, プレイス
おくがいの **屋外の** okugaino	**فِي ٱلْهَوَاءِ ٱلطَّلِقِ** fī al-hawāʾi al-ṭaliqi フィル ハワーイッ タリク	outdoor アウトドー
おくさん **奥さん** okusan	**زَوْجَة** 女 zaujat ザウジャ	Mrs, wife ミスィズ, ワイフ
おくじょう **屋上** okujou	**سَطْح** 男 saṭḥ サトフ	roof ルーフ
おくそく **憶測** okusoku	**حَدْس** 男 ḥads ハドス	supposition サポジション
おくないの **屋内の** okunaino	**دَاخِلِيّ** dākhilīy ダーヒリー	indoor インドー
おくびょうな **臆病な** okubyouna	**جَبَان**, 複 **جُبَنَاءُ** [二段] jabān, jubanāʾ ジャバーン, ジュバナーウ	cowardly, timid カウアドリ, ティミド
おくふかい **奥深い** okufukai	**عَمِيق** ʿamīq アミーク	deep, profound ディープ, プロファウンド
おくゆき **奥行き** okuyuki	**عُمْق** 男 ʿumq ウムク	depth デプス
おくりじょう **送り状** okurijou	**فَاتُورَة** 女, 複 **فَوَاتِيرُ** [二段] fātūrat, fawātīr ファートゥーラ, ファワーティール	invoice インヴォイス
おくりぬし **送り主** okurinushi	**مُرْسِل** 男 mursil ムルスィル	sender センダ

日	アラビア	英
おくりもの **贈り物** okurimono	**هَدِيَّة** 女, 複 **هَدَايَا** hadīyat, hadāyā ハディーヤ, ハダーヤー	present, gift プレズント, ギフト
おくる **送る** okuru	**يُرْسِلُ**, 〔完〕**أَرْسَلَ** yursilu, ʾarsala ユルスィル, アルサラ	send センド
(見送る)	**يُوَدِّعُ**, 〔完〕**وَدَّعَ** yuwaddiʿu, waddaʿa ユワッディウ, ワッダア	see off スィー オーフ
おくる **贈る** okuru	**يُهْدِي**, 〔完〕**أَهْدَى** yuhdī, ʾahdā ユフディー, アフダー	present プリゼント
(賞などを)	**يَمْنَحُ**, 〔完〕**مَنَحَ** yamnaḥu, manaḥa ヤムナフ, マナハ	award アウォード
おくれる **遅れる** okureru	**يَتَأَخَّرُ**, 〔完〕**تَأَخَّرَ** yataʾakhkharu, taʾakhkhara ヤタアッハル, タアッハラ	(be) late for (ビ) レイト フォ
おくれる **後れる** (時代などに) okureru	**مُتَأَخِّر** mutaʾakhkhir ムタアッヒル	(be) behind (ビ) ビハインド
おこす **起こす** okosu	**يُقِيمُ**, 〔完〕**أَقَامَ** yuqīmu, ʾaqāma ユキーム, アカーマ	raise, set up レイズ, セト アプ
(目覚めさせる)	**يُوقِظُ**, 〔完〕**أَيْقَظَ** yūqiẓu, ʾaiqaẓa ユーキズ, アイカザ	wake up ウェイク アプ
(引き起こす)	**يُحْدِثُ**, 〔完〕**أَحْدَثَ** yuḥdithu, ʾaḥdatha ユフディス, アフダサ	cause コーズ
おこたる **怠る** okotaru	**يُهْمِلُ**, 〔完〕**أَهْمَلَ** yuhmilu, ʾahmala ユフミル, アフマラ	neglect ニグレクト

日	アラビア	英
おこない **行い** okonai	**فِعْل** 男, **أَفْعَال** 複 ; **عَمَل** 男, **أَعْمَال** 複 fiʿl, ʾafʿāl, ʿamal, ʾaʿmāl フィウル, アフアール, アマル, アアマール	act, action アクト, アクション
(品行)	**سُلُوك** 男 sulūk スルーク	conduct カンダクト
おこなう **行う** okonau	**يَفْعَلُ**, 〔完〕**فَعَلَ** ; **يَعْمَلُ**, 〔完〕**عَمِلَ** yafʿalu, faʿala, yaʿmalu, ʿamila ヤフアル, ファアラ, ヤアマル, アミラ	do, act ドゥー, アクト
(挙行する)	**يُقِيمُ**, 〔完〕**أَقَامَ** yuqīmu, ʾaqāma ユキーム, アカーマ	hold, celebrate ホウルド, セレブレイト
(実施する)	**يُجْرِي**, 〔完〕**أَجْرَى** yujrī, ʾajrā ユジュリー, アジュラー	put in practice プト イン プラクティス
おこる **起こる** okoru	**يَحْدُثُ**, 〔完〕**حَدَثَ** ; **يَقَعُ**, 〔完〕**وَقَعَ** yaḥduthu, ḥadatha, yaqaʿu, waqaʿa ヤフドゥス, ハダサ, ヤカウ, ワカア	happen, occur ハプン, オカー
(勃発する)	**يَنْشَبُ**, 〔完〕**نَشِبَ** yaḥshabu, nashiba ヤンシャブ, ナシバ	break out ブレイク アウト
おこる **怒る** okoru	**يَغْضَبُ**, 〔完〕**غَضِبَ** yaghḍabu, ghaḍiba ヤグダブ, ガディバ	(get) angry (ゲト) アングリ
おごる **奢る** ogoru	**عَلَى حِسَابٍ** ʿalā ḥisābin アラー ヒサーブ	treat トリート
おごる **驕る** ogoru	**يُغَطْرِسُ**, 〔完〕**غَطْرَسَ** yughaṭrisu, ghaṭrasa ユガトリス, ガトラサ	(be) haughty (ビ) ホーティ

日	アラビア	英
おさえる **抑える**（制圧する） osaeru	**يَضْغَطُ**, [完] **ضَغَطَ** yaḍghaṭu, ḍaghaṭa ヤドガトゥ, ダガタ	suppress サプレス
（阻止する）	**يَمْنَعُ**, [完] **مَنَعَ** yamnaʿu, manaʿa ヤムナウ, マナア	check, inhibit チェク, インヒビト
（抑制する・制御する）	**يُسَيْطِرُ**, [完] **سَيْطَرَ** yusaiṭiru, saiṭara ユサイティル, サイタラ	control コントロウル
おさない **幼い** osanai	**صَغِيرُ ٱلسِّنِّ** ṣaghiru al-sinni サギールッ スィンニ	infant, juvenile インファント, デューヴェナイル
おさまる **治まる**（鎮まる） osamaru	**يَهْدَؤُ**, [完] **هَدَأَ** yahdaʾu, hadaʾa ヤフダウ, ハダア	calm down, subside カーム ダウン, サブサイド
（元に戻る）	**يَسْتَعِيدُ**, [完] **اِسْتَعَادَ** yastaʿīdu, istaʿāda ヤスタイードゥ, イスタアーダ	(be) restored to (ビ) リストード トゥ
おさめる **治める**（鎮圧する） osameru	**يَقْمَعُ**, [完] **قَمَعَ** yaqmaʿu, qamaʿa ヤクマウ, カマア	suppress サプレス
（統治する）	**يَحْكُمُ**, [完] **حَكَمَ** yaḥkumu, ḥakama ヤフクム, ハカマ	rule, govern ルール, ガヴァン
おじ **伯[叔]父**（父方の） oji	**عَمّ** [男], [複] **أَعْمَام** ʿamm, ʾaʿmām アンム, アアマーム	uncle アンクル
（母方の）	**خَال** [男], [複] **أَخْوَال** khāl, ʾakhwāl ハール, アフワール	uncle アンクル
おじいさん **おじいさん**（祖父） ojiisan	**جَدّ** [男], [複] **أَجْدَاد** jadd, ʾajdād ジャッド, アジュダード	grandfather グランドファーザ
（老人）	**عَجُوز** [男], [複] **عَجَائِز** [二段] ʿajūz, ʿajāʾiz アジューズ, アジャーイズ	old man オウルド マン

日	アラビア	英
おしえる **教える** oshieru	يُعَلِّمُ, [完] عَلَّمَ ; يُدَرِّسُ, [完] دَرَّسَ yuʿallimu, ʿallama, yudarrisu, darrasa ユアッリム, アッラマ, ユダッリス, ダッラサ	teach, instruct ティーチ, インストラクト
(告げる)	يَقُولُ, [完] قَالَ yaqūlu, qāla ヤクール, カーラ	tell テル
(知らせる)	يُخْبِرُ, [完] أَخْبَرَ yukhbiru, ʾakhbara ユフビル, アフバラ	inform インフォーム
おじぎ **お辞儀** ojigi	اِنْحِنَاءَة [女] inḥināʾat インヒナーア	bow バウ
おしつける **押しつける** (強制する) oshitsukeru	يَفْرِضُ عَلَى, [完] فَرَضَ عَلَى yafriḍu ʿalā, faraḍa ʿalā ヤフリドゥ アラー, ファラダ アラー	force フォース
おしべ **雄しべ** oshibe	سُدَاة [女], [複] أَسْدِيَة sudāt, ʾasdiyat スダー, アスディヤ	stamen ステイメン
おしむ **惜しむ** (残念に思う) oshimu	يَأْسَفُ, [完] أَسِفَ yaʾsafu, ʾasifa ヤアサフ, アスィファ	regret リグレト
(出し惜しむ)	يَبْخَلُ, [完] بَخِلَ yabkhalu, bakhila ヤブハル, バヒラ	spare スペア
おしゃべりな **お喋りな** oshaberina	كَثِيرُ ٱلْكَلَامِ kathīru al-kilāmi カスィールル カラーム	talkative トーカティヴ
おしゃれな **お洒落な** osharena	أَنِيق ʾanīq アニーク	stylish スタイリシュ

日		アラビア	英
おじょうさん **お嬢さん** ojousan		**بِنْت** 女, **بَنَات** 複 ; **آنِسَة** 女 bint, banāt, ʾānisat ビント, バナート, アーニサ	young lady ヤング レイディ
おしょく **汚職** oshoku		**فَسَاد** 男 fasād ファサード	corruption コラプション
おす **押す** osu	(向こうへ)	**يَدْفَعُ**, 〔完〕 **دَفَعَ** yadfaʿu, dafaʿa ヤドファウ, ダファア	push プシュ
	(ボタンなどを)	**يَضْغَطُ**, 〔完〕 **ضَغَطَ** yaḍghaṭu, ḍaghaṭa ヤドガトゥ, ダガタ	press プレス
おす **雄** osu		**ذَكَر** 男 dhakar ザカル	male メイル
おせじ **お世辞** oseji		**تَمَلُّق** 男 tamalluq タマッルク	compliment, flattery カンプリメント, フラタリ
おせん **汚染** osen		**تَلَوُّث** 男 talauwuth タラウウス	pollution ポルーション
おそい **遅い** osoi	(時刻が)	**مُتَأَخِّر** mutaʾakhkhir ムタアッヒル	late レイト
	(遅れている)	**مُتَأَخِّر** mutaʾakhkhir ムタアッヒル	late レイト
	(速度が)	**بَطِيء**, **بِطَاء** 複 baṭīʾ, biṭāʾ バティーウ, ビターウ	slow スロウ
おそう **襲う** osou		**يُهَاجِمُ**, 〔完〕 **هَاجَمَ** yuhājimu, hājama ユハージム, ハージャマ	attack アタク
	(天災などが)	**يُصِيبُ**, 〔完〕 **أَصَابَ** yuṣību, ʾaṣāba ユスィーブ, アサーバ	hit, strike ヒト, ストライク

日	アラビア	英
おそらく **恐らく** osoraku	رُبَّمَا rubbamā ルッバマー	perhaps パハプス
おそれ **おそれ**　（懸念） osore	خَشْيَة 女 khashyat ハシュヤ	apprehension アプリヘンション
（恐怖）	خَوْف 男 khauf ハウフ	fear フィア
おそれる **恐れる** osoreru	يَخُوفُ, 〔完〕خَافَ ; يَخْشَى, 〔完〕خَشِيَ yakhūfu, khāfa, yakhshā, khashiya ヤフーフ，ハーファ，ヤフシャー，ハシヤ	fear, (be) afraid of フィア，（ビ）アフレイド オヴ
おそろしい **恐ろしい** osoroshii	مُرْعِب murʿib ムルイブ	fearful, awful フィアフル，オーフル
おそわる **教わる** osowaru	يَتَعَلَّمُ, 〔完〕تَعَلَّمَ yataʿallamu, taʿallama ヤタアッラム，タアッラマ	learn ラーン
おぞん **オゾン** ozon	أُوزُون 男 ūzūn ウーズーン	ozone オウゾウン
おたがいに **お互いに** otagaini	بَعْضُهُمْ بَعْضًا baʿḍu-hum baʿḍan バアドゥ-フム バアダン	each other イーチ アザ
おたふくかぜ **おたふく風邪** otafukukaze	نُكَاف 男 nukāf ヌカーフ	mumps マンプス
おだやかな **穏やかな**　（平穏な） odayakana	هَادِئ hādiʾ ハーディウ	calm, tranquil カーム，トランクウィル
（温厚な）	لَطِيف laṭīf ラティーフ	gentle, kind チェントル，カインド

日	アラビア	英
おちいる **陥る** ochiiru	وَقَعَ فِي ,[完] يَقَعُ فِي yaqaʿu fī, waqaʿa fī **ヤ**カウ フィー, **ワ**カア フィー	fall into **フォ**ール イントゥ
おちつく **落ち着く** ochitsuku	هَدَأَ ,[完] يَهْدَؤُ yahdaʾu, hadaʾa **ヤ**フダウ, **ハ**ダア	(become) calm, calm down (ビカム) **カ**ーム, **カ**ーム **ダ**ウン
(定住する)	اِسْتَقَرَّ ,[完] يَسْتَقِرُّ yastaqirru, istaqarra ヤスタ**キ**ッル, イスタ**カ**ッラ	settle down **セ**トル **ダ**ウン
おちる **落ちる** ochiru	سَقَطَ ,[完] يَسْقُطُ yasquṭu, saqaṭa **ヤ**スクトゥ, **サ**カタ	fall, drop **フォ**ール, ド**ラ**プ
(汚れ・しみが)	زَالَ ,[完] يَزُولُ yazūlu, zāla ヤ**ズ**ール, **ザ**ーラ	come off **カ**ム **オ**ーフ
(試験に)	رَسَبَ ,[完] يَرْسُبُ yarsubu, rasaba **ヤ**ルスブ, **ラ**サバ	fail **フェ**イル
おっと **夫** otto	أَزْوَاج 複 ,男 زَوْج zauj, ʾazwāj **ザ**ウジュ, アズ**ワ**ージュ	husband **ハ**ズバンド
おつり **お釣り** otsuri	اَلْبَاقِي 男 al-bāqī アル **バ**ーキー	change **チェ**インヂ
おでこ **おでこ** odeko	جَبْهَة 女 jabhat **ジャ**ブハ	forehead **フォ**ーレド
おと **音** oto	أَصْوَات 複 ,男 صَوْت ṣaut, ʾaṣwāt **サ**ウト, アス**ワ**ート	sound **サ**ウンド
おとうさん **お父さん** otousan	آبَاء 複 ,男 أَب ʾab, ʾābāʾ **ア**ブ, アー**バ**ーウ	father **ファ**ーザ

日	アラビア	英
おとうと **弟** otouto	إِخْوَة صِغَار 複, أَخ صَغِير 男 ʾakh ṣaghīr, ʾikhwat ṣighār アフ サギール, イフワ スィガール	(younger) brother (ヤンガ) ブラザ
おどかす **脅かす** odokasu	هَدَّدَ 完, يُهَدِّدُ yuhaddidu, haddada ユハッディドゥ, ハッダダ	threaten, menace スレトン, メナス
おとこ **男** otoko	رِجَال 複, رَجُل 男 rajul, rijāl ラジュル, リジャール	man, male マン, メイル
おとこのこ **男の子** otokonoko	أَوْلَاد 複, وَلَد 男 walad, ʾaulād ワラド, アウラード	boy ボイ
おどし **脅し** odoshi	تَهْدِيدَات 複, تَهْدِيد 男 tahdīd, tahdīdāt タフディード, タフディーダート	threat, menace スレト, メナス
おとしだま **お年玉** otoshidama	هَدِيَّةُ رَأْسِ ٱلسَّنَةِ 女 hadītu raʾsi al-sanati ハディーヤトゥ ラアスィッ サナ	New Year's gift ニュー イアズ ギフト
おとす **落とす** (意図せずに) otosu	فَقَدَ 完, يَفْقِدُ yafqidu, faqada ヤフキドゥ, ファカダ	drop ドラプ
(意図的に)	أَسْقَطَ 完, يُسْقِطُ yusqiṭu, ʾasqaṭa ユスキトゥ, アスカタ	drop, let fall ドラプ, レト フォール
(汚れを)	أَزَالَ 完, يُزِيلُ yuzīlu, ʾazāla ユズィール, アザーラ	remove リムーヴ
(信用・人気を)	فَقَدَ 完, يَفْقِدُ yafqidu, faqada ヤフキドゥ, ファカダ	lose ルーズ
おどす **脅す** odosu	هَدَّدَ 完, يُهَدِّدُ yuhaddidu, haddada ユハッディドゥ, ハッダダ	threaten, menace スレトン, メナス
おとずれる **訪れる** otozureru	زَارَ 完, يَزُورُ yazūru, zāra ヤズール, ザーラ	visit ヴィズィト

日	アラビア	英
おととい 一昨日 ototoi	أَوَّلَ أَمْسِ 'auwala 'amsi アウワラ アムス	day before yesterday デイ ビフォー イエスタディ
おととし 一昨年 ototoshi	قَبْلَ سَنَتَيْنِ qabla sanataini カブラ サナタイニ	year before last イア ビフォー ラスト
おとな 大人 otona	اَلْكِبَار 男 al-kibār アル キバール	adult, grown-up アダルト，グロウナプ
おとなしい おとなしい otonashii	هَادِئ hādi' ハーディウ	quiet, docile クワイエト，ダスィル
おとめざ 乙女座 otomeza	اَلْعَذْرَاء 女 al 'adhrā' アル アズラーウ	Virgin, Virgo ヴァーヂン，ヴァーゴウ
おどり 踊り odori	رَقْص 男 raqṣ ラクス	dance ダンス
おとる 劣る otoru	قَلَّ [完] ,يَقِلُّ yaqillu, qalla ヤキッル，カッラ	(be) inferior to (ビ) インフィアリア トゥ
おどる 踊る odoru	رَقَصَ [完] ,يَرْقُصُ yarquṣu, raqaṣa ヤルクス，ラカサ	dance ダンス
おとろえる 衰える (人気が) otoroeru	قَلَّ [完] ,يَقِلُّ yaqillu, qalla ヤキッル，カッラ	decline ディクライン
(人などが)	ضَعُفَ [完] ,يَضْعُفُ yaḍ'ufu, ḍa'ufa ヤドアフ，ダウファ	(become) weak (ビカム) ウィーク
おどろかす 驚かす odorokasu	أَدْهَشَ [完] ,يُدْهِشُ yudhishu, 'adhasha ユドヒシュ，アドハシャ	surprise, astonish サプライズ，アスタニシュ
おどろき 驚き odoroki	دَهْشَة 女 dahshat ダフシャ	surprise サプライズ

日	アラビア	英
おどろく **驚く** odoroku	**يَدْهَشُ,** 〔完〕**دَهِشَ** yadhashu, dahisha ヤドハシュ, ダヒシャ	(be) surprised (ビ) サプライズド
おなか **お腹** onaka	**بَطْن** 男 baṭn バトン	stomach スタマク
おなじ **同じ** (同一) onaji	**نَفْس** nafs ナフス	same セイム
(等しい)	**مُسَاوٍ** 〔二段〕 musāwin ムサーウィン	equal, equivalent イークワル, イクウィヴァレント
(同様)	**مُمَاثِل** mumāthil ムマースィル	similar スィミラ
(共通)	**مُشْتَرَك** mushtarak ムシュタラク	common カモン
おの **斧** ono	**فَأْس** 男, 複 **فُؤُوس** faʾs, fuʾūs ファアス, フウース	ax, hatchet, Ⓑaxe アクス, ハチト, アクス
おのおの **各々** onoono	**كُلّ** kull クッル	each イーチ
おば **伯[叔]母** (父方の) oba	**عَمَّة** 女 ʿammat アンマ	aunt アント
(母方の)	**خَالَة** 女 khālat ハーラ	aunt アント
おばあさん **おばあさん** (祖母) obaasan	**جَدَّة** 女 jaddat ジャッダ	grandmother グランドマザ
(老女)	**عَجُوزَة** 女 ʿajūzat アジューザ	old woman オウルド ウマン

日	アラビア	英
おぱーる **オパール** opaaru	أُوبَال 男 ūbāl ウーバール	opal オウパル
おばけ **お化け** obake	شَبَح 男, 複 أَشْبَاح shabaḥ, ʾashbāḥ シャバフ, アシュバーフ	ghost ゴウスト
おびえる **怯える** obieru	يَخَافُ, 〔完〕 خَافَ yakhāfu, khāfa ヤハーフ, ハーファ	(be) frightened at (ビ) フライトンド アト
おひつじざ **牡羊座** ohitsujiza	اَلْحَمَل 男 al-ḥamal アル ハマル	Ram, Aries ラム, エアリーズ
おぺら **オペラ** opera	أُوبِرَا 女 ūbirā ウービラー	opera アパラ
おぼえている **覚えている** oboeteiru	يَتَذَكَّرُ, 〔完〕 تَذَكَّرَ yatadhakkaru, tadhakkara ヤタザッカル, タザッカラ	remember リメンバ
おぼえる **覚える** oboeru	يَحْفَظُ, 〔完〕 حَفِظَ yaḥfaẓu, ḥafiẓa ヤフファズ, ハフィザ	memorize メモライズ
(習得する)	يَتَعَلَّمُ, 〔完〕 تَعَلَّمَ yataʿallamu, taʿallama ヤタアッラム, タアッラマ	learn ラーン
おぼれる **溺れる** oboreru	يَغْرَقُ, 〔完〕 غَرِقَ yaghraqu, ghariqa ヤグラク, ガリカ	(be) drowned (ビ) ドラウンド
おまーん **オマーン** omaan	سَلْطَنَةُ عُمَانَ 女 salṭanatu ʿumāna サルタナトゥ オマーン	Oman オウマーン
おまけ **おまけ** (景品・割り増し) omake	هَدِيَّة مَجَّانِيَّة 女 hadīyat majjānīyat ハディーヤ マッジャーニーヤ	premium プリーミアム
(付け足しの)	إِضَافِيّ 男 ʾiḍāfīy イダーフィー	bonus, extra ボウナス, エクストラ

日	アラビア	英
〜する　(割引)	خَصَمَ ,يَخْصِمُ 完 yakhṣimu, khaṣama ヤフスィム, ハサマ	discount ディスカウント
おまもり **お守り** omamori	تَمِيمَة 男, 複 تَمَائِمُ 二段 tamīmat, tamāʾimu タミーマ, タマーイム	charm, talisman チャーム, タリスマン
おまわりさん **お巡りさん** omawarisan	شُرْطَة 男, 複 شُرَط shurṭat, shuraṭ シュルタ, シュラト	police officer, cop, policeman ポリース オーフィサ, カプ, ポリースマン
おむつ **おむつ** omutsu	اَلْحَفَاضَة 女 al-ḥafāḍat アル ハファーダ	diaper, Ⓑnappy ダイアパ, ナピ
おもい **重い** omoi	ثَقِيل, 複 ثُقَلَاءُ 二段 thaqīl, thuqalaʾu サキール, スカラーウ	heavy ヘヴィ
(役割や責任が)	مُهِمّ muhimm ムヒンム	important, grave インポータント, グレイヴ
(病が)	خَطِير khaṭīr ハティール	serious スィアリアス
おもいがけない **思いがけない** omoigakenai	غَيْر مُتَوَقَّعٍ ghair mutawaqqaʿin ガイル ムタワッカウ	unexpected アニクスペクテド
おもいだす **思い出す** omoidasu	تَذَكَّرَ ,يَتَذَكَّرُ 完 yatadhakkaru, tadhakkara ヤタザッカル, タザッカラ	remember, recall リメンバ, リコール
おもいつく **思いつく** omoitsuku	خَطَرَ ,يَخْطِرُ 完 yakhṭiru, khaṭara ヤフティル, ハタラ	think of スィンク オヴ
おもいで **思い出** omoide	ذِكْرَى 女, 複 ذِكْرَيَات dhikrā, dhikrayāt ズィクラー, ズィクラヤート	memories メモリズ

日	アラビア	英
おもう 思う omou	يَعْتَقِدُ, 〔完〕اِعْتَقَدَ ; يَظُنُّ, 〔完〕ظَنَّ yaʿtaqidu, iʿtaqada, yaẓunnu, ẓanna ヤアタキドゥ, イウタカダ, ヤズンヌ, ザンナ	think スィンク
(見なす)	يَعْتَبِرُ, 〔完〕اِعْتَبَرَ yaʿtabinru, iʿtabara ヤアタビル, イウタバラ	consider as コンスィダ アズ
(推測する)	يَعْتَقِدُ, 〔完〕اِعْتَقَدَ yaʿtaqidu, iʿtaqada ヤアタキドゥ, イウタカダ	suppose サポウズ
おもさ 重さ omosa	وَزْن 男, 複 أَوْزَان wazn, ʾauzān ワズン, アウザーン	weight ウェイト
おもしろい 面白い omoshiroi	مُمْتِع mumtiʿ ムムティウ	interesting インタレスティング
(奇抜だ)	غَرِيب gharīb ガリーブ	odd, novel アド, ナヴェル
おもちゃ 玩具 omocha	لُعْبَة 女, 複 لُعَب luʿbat, luʿab ルウバ, ルアブ	toy トイ
おもて 表 (前面) omote	وَجْه 男 wajh ワジュフ	front, face フラント, フェイス
(表面・正面)	وَجْه 男 ; جَبْهَة 女 wajh, jabhat ワジュフ, ジャブハ	face フェイス
(戸外)	خَارِج 男 khārij ハーリジュ	outdoors アウトドーズ
おもな 主な omona	رَئِيسِيّ raʾīsīy ライースィー	main, principal メイン, プリンスィパル

日	アラビア	英
おもに **主に** omoni	**بِشَكْلٍ رَئِيسِيٍّ** bi-shaklin ra'īsīyin ビ-**シャ**クル ラ**イー**スィー	mainly, mostly **メ**インリ, **モ**ウストリ
おもんじる **重んじる** omonjiru	**يُقَدِّرُ,** 〔完〕**قَدَّرَ** yuqaddiru, qaddara ユ**カ**ッディル, **カ**ッダラ	place importance upon プ**レ**イス イン**ポ**ータンス アポン
(尊重する)	**يَحْتَرِمُ,** 〔完〕**اِحْتَرَمَ** yaḥtarimu, iḥtarama **ヤ**フタリム, **イ**フタラマ	value **ヴァ**リュ
おや **親** oya	**وَالِدَانِ** 男 wālidāni ワーリ**ダ**ーニ	parent **ペ**アレント
(両親)	**وَالِدَانِ** 男 wālidāni ワーリ**ダ**ーニ	parents **ペ**アレンツ
おやゆび **親指** oyayubi	**إِبْهَام** 女 'ibhām イブ**ハ**ーム	thumb **サ**ム
(足の)	**إِبْهَام** 女 'ibhām イブ**ハ**ーム	big toe **ビ**グ **ト**ウ
およぐ **泳ぐ** oyogu	**يَسْبَحُ,** 〔完〕**سَبَحَ** yasbaḥu, sabaḥa **ヤ**スバフ, **サ**バハ	swim ス**ウィ**ム
およそ **およそ** oyoso	**حَوَالَيْ ; تَقْرِيبًا** ḥawālai, taqrīban ハ**ワ**ーライ, タク**リ**ーバン	about, nearly ア**バ**ウト, **ニ**アリ
およぶ **及ぶ** oyobu (地理的に)	**يَمْتَدُّ,** 〔完〕**اِمْتَدَّ ; يَصِلُ,** 〔完〕**وَصَلَ** yamtaddu, imtadda, yaṣilu, waṣala ヤム**タ**ッドゥ, イム**タ**ッダ, **ヤ**スィル, **ワ**サラ	reach, amount to **リ**ーチ, ア**マ**ウント トゥ
(数量的に)	**يَبْلُغُ,** 〔完〕**بَلَغَ** yablughu, balagha **ヤ**ブルグ, **バ**ラガ	amount to ア**マ**ウント トゥ

お

日	アラビア	英
おらんだ **オランダ** oranda	هُولَنْدَا 女 hūlandā フーランダー	Netherlands ネザランヅ
おりーぶ **オリーブ** oriibu	زَيْتُون 集, زَيْتُونَة 女 zaitūn, zaitūnat ザイトゥーン, ザイトゥーナ	olive アリヴ
～油	زَيْتُ ٱلزَّيْتُونِ 男 zaitu al-zaitūni ザイトゥ ザイトゥーン	olive oil アリヴ オイル
おりおんざ **オリオン座** orionza	اَلْجَبَّار 男 al-jabbār アル ジャッバール	Orion オライオン
おりじなるの **オリジナルの** orijinaruno	أَصْلِيّ ʾaṣlīy アスリー	original オリヂナル
おりたたむ **折り畳む** oritatamu	يَطْوِي, 〔完〕طَوَى yaṭwī, ṭawā ヤトウィー, タワー	fold up フォウルド アプ
おりもの **織物** orimono	نَسِيج 男, 複 أَنْسَاج nasīj, ʾansāj ナスィージュ, アンサージュ	textile, fabrics テクスタイル, ファブリクス
おりる **下りる** oriru	يَنْزِلُ, 〔完〕نَزَلَ yanzilu, nazala ヤンズィル, ナザラ	come down カム ダウン
おりる **降りる** oriru	يَهْبُطُ, 〔完〕هَبَطَ yahbuṭu, habaṭa ヤフブトゥ, ハバタ	get off, get out of ゲト オーフ, ゲト アウト オヴ
おりんぴっく **オリンピック** orinpikku	اَلْأَلْعَابُ ٱلْأُولِمْبِيَّة 女 al-ʾalʿāb al-ʾūlimbīyat アル アルアーブル ウーリムビーヤ	Olympic Games オリンピク ゲイムズ
おる **折る** oru	يَثْنِي, 〔完〕ثَنَى yathnī, thanā ヤスニー, サナー	bend ベンド
(切り離す)	يَكْسِرُ, 〔完〕كَسَرَ yaksiru, kasara ヤクスィル, カサラ	break, snap ブレイク, スナプ

日	アラビア	英
おる **織る** oru	**يَنْسُجُ, ‏[完] نَسَجَ** yansuju, nasaja ヤンスジュ, ナサジャ	weave ウィーヴ
おるがん **オルガン** orugan	**أُرْغُن** 男 urghun ウルグン	organ オーガン
おれがの **オレガノ** oregano	**أُورِيجَانُو** 男 ūrījānū ウーリージャーヌー	oregano オレーガノウ
おれる **折れる** oreru	**يَنْكَسِرُ, ‏[完] اِنْكَسَرَ** yankasiru, inkasara ヤンカスィル, インカサラ	break, snap ブレイク, スナプ
(譲歩する)	**يَتَنَازَلُ, ‏[完] تَنَازَلَ** yatanāzalu, tanāzala ヤタナーザル, タナーザラ	give in ギヴ イン
おれんじ **オレンジ** orenji	**بُرْتُقَال** 集, **بُرْتُقَالَة** 女 burtuqāl, burtuqālat ブルトゥカール, ブルトゥカーラ	orange オリンヂ
おろかな **愚かな** orokana	**أَحْمَقُ** [二段], 複 **حُمُق ; غَبِيّ,** 複 **أَغْبِيَاءُ** [二段] ʾaḥmaq, ḥumuq, ghabīy, ʾaghbiyāʾu アフマク, フムク, ガビー, アグビヤーウ	foolish, silly フーリシュ, スィリ
おろし **卸** oroshi	**جُمْلَة** 女 jumlat ジュムラ	wholesale ホウルセイル
～値	**سِعْرُ ٱلْجُمْلَةِ** 男 siʿru al-jumlati スィウルル ジュムラ	wholesale price ホウルセイル プライス
おろす **下ろす** orosu	**يُنَزِّلُ, ‏[完] نَزَّلَ ; يُنْزِلُ,** [完] **أَنْزَلَ** yunazzilu, nazzala, yunzilu, ʾanzala ユナッズィル, ナッザラ, ユンズィル, アンザラ	take down テイク ダウン

日	アラビア	英
おろす 降ろす orosu	يُنزِلُ, 〔完〕نَزَّلَ ; يُنْزِلُ, 〔完〕أَنْزَلَ yunazzilu, nazzala, yunzilu, ʾanzala ユナッズィル, ナッザラ, ユンズィル, アンザラ	drop off ドラプ オーフ
(積み荷を)	يُنزِلُ, 〔完〕نَزَّلَ ; يُنْزِلُ, 〔完〕أَنْزَلَ yunazzilu, nazzala, yunzilu, ʾanzala ユナッズィル, ナッザラ, ユンズィル, アンザラ	unload アンロウド
おわり 終わり owari	نِهَايَة 女 ; اِنْتِهَاء 男 nihāyat, intihāʾ ニハーヤ, インティハーウ	end, close エンド, クロウズ
おわる 終わる owaru	يَنْتَهِي, 〔完〕اِنْتَهَى yantahī, intahā ヤンタヒー, インタハー	end, close エンド, クロウズ
(完成する)	يُكَمِّلُ, 〔完〕كَمَّلَ ; يُكْمِلُ, 〔完〕أَكْمَلَ yukammilu, kammala, yukmilu, ʾakmala ユカンミル, カンマラ, ユクミル, アクマラ	finish フィニシュ
(完結する)	يُكَمِّلُ, 〔完〕كَمَّلَ ; يُكْمِلُ, 〔完〕أَكْمَلَ yukammilu, kammala, yukmilu, ʾakmala ユカンミル, カンマラ, ユクミル, アクマラ	conclude コンクルード
おん 恩 on	فَضْل 男 faḍl ファドル	obligation, debt of gratitude アブリゲイション, デト オヴ グラティテュード
おんかい 音階 onkai	سُلَّم مُوسِيقِيّ 男 sullam mūsīqīy スッラム ムースィーキー	scale スケイル

日	アラビア	英
おんがく **音楽** ongaku	**مُوسِيقِيّ** 男 mūsīqīy ムースィーキー	music ミューズィク
おんきゅう **恩給** onkyuu	**مَعَاش** 男, 複 **مَعَاشَات** maʿāsh, maʿāshāt マアーシュ, マアーシャート	pension パーンスィアン
おんけい **恩恵** onkei	**فَضْل** 男 ; **فَائِدَة** 女, 複 **فَوَائِدُ** [二段] faḍl, fāʾidat, fawāʾidu ファドル, ファーイダ, ファワーイド	favor, benefit, Ⓑfavour フェイヴァ, ベニフィト, フェイヴァ
おんこうな **温厚な** onkouna	**لَطِيف** 男, 複 **لُطَفَاءُ** [二段] laṭīf, luṭafāʾu ラティーフ, ルタファーウ	gentle チェントル
おんしつ **温室** onshitsu	**دَفِيئَة** 女 dafīʾat ダフィーア	greenhouse グリーンハウス
～効果	**تَأْثِيرُ ٱلْبَيْتِ ٱلزُّجَاجِيّ** 男 taʾthīru al-baiti al-zujājīy タアスィールル バイティル ズジャージー	greenhouse effect グリーンハウス イフェクト
おんす **オンス** onsu	**أُونْصَة** 女 ʾūnṣat ウーンサ	ounce アウンス
おんすい **温水** onsui	**مَاء سَاخِن** 男 māʾ sākhin マーウ サーヒン	hot water ハト ウォータ
おんせい **音声** onsei	**صَوْت** 男, 複 **أَصْوَات** ṣaut, ʾaṣwāt サウト, アスワート	voice ヴォイス
おんせつ **音節** onsetsu	**مَقْطَع لَفْظِيّ** 男 maqṭaʿ lafẓīy マクタウ ラフズィー	syllable スィラブル
おんせん **温泉** onsen	**عَيْن سَاخِنَة** 女 ʿain sākhinat アイン サーヒナ	hot spring, spa ハト スプリング, スパー

お

日	アラビア	英
おんたい 温帯 ontai	مُنَاخ مُعْتَدِل 男 munākh muʿtadil ムナーフ ムウタディル	temperate zone テンパレト ゾウン
おんだんな 温暖な ondanna	دَافِئ dāfiʾ ダーフィウ	warm, mild ウォーム, マイルド
おんど 温度 ondo	دَرَجَةُ ٱلْحَرَارَةِ 女 darajatu al-ḥarārati ダラジャトゥル ハラーラ	temperature テンパラチャ
～計	مِقْيَاسُ ٱلْحَرَارَةِ 男 miqyāsu al-ḥarārati ミクヤースル ハラーラ	thermometer サマメタ
おんな 女 onna	اِمْرَأَة 女, 複 نِسَاء imraʾat, nisāʾ イムラア, ニサーウ	woman ウマン
おんなのこ 女の子 onnanoko	بِنْت 女, 複 بَنَات bint, banāt ビント, バナート	girl, daughter ガール, ドータ
おんぷ 音符 onpu	دَرَجَة مُوسِيقِيَّة 女 darajat mūsīqīya ダラジャ ムースィーキーヤ	note ノウト
おんらいんの オンラインの onrainno	عَبْرُ ٱلْإِنْتَرْنِت 男; أُونْ لَائِن 男 ʿabru al-ʾintarnit, ūn lāʾin アブルル インタルニト, ウーン ラーイン	online アンライン

か, カ

日	アラビア	英
か **科**　(学校・病院の) ka	قِسْم 男, 複 أَقْسَام qism, ʾaqsām **キ**スム, アク**サ**ーム	department ディ**パ**ートメント
(学習上の)	دَرْس 女, 複 دُرُوس dars, durūs **ダ**ルス, ドゥ**ル**ース	course **コ**ース
か **課**　(教科書などの) ka	دَرْس 女, 複 دُرُوس dars, durūs **ダ**ルス, ドゥ**ル**ース	lesson **レ**スン
(組織の区分の)	قِسْم 男, 複 أَقْسَام qism, ʾaqsām **キ**スム, アク**サ**ーム	section, division **セ**クション, ディ**ヴィ**ジョン
か **蚊** ka	نَامُوس 集; بَعُوض 集, بَعُوضَة 女 nāmūs, baʿūḍ, baʿūḍat ナー**ム**ース, バ**ウ**ード, バ**ウ**ーダ	mosquito モス**キ**ートウ
が **蛾** ga	عُثَّة 女; فَرَاش 集, فَرَاشَة 女 ʿuththat, farāsh, farāshat **ウ**ッサ, ファ**ラ**ーシュ, ファ**ラ**ーシャ	moth **モ**ース
かーそる **カーソル** kaasoru	مُؤَشِّر 男 muʾashshir ム**ア**ッシル	cursor **カ**ーサ
かーてん **カーテン** kaaten	سِتَار 男, 複 سُتُر, سِتَارَة 女, 複 سَتَائِرُ [二段] sitār, sutur, sitārat, satāʾiru スィ**タ**ール, **ス**トゥル, スィ**タ**ーラ, サ**タ**ーイル	curtain **カ**ートン
かーど **カード** kaado	بِطَاقَة 女 biṭāqat ビ**タ**ーカ	card **カ**ード
がーどまん **ガードマン** gaadoman	حَارِس 男, 複 حَرَسَة ḥāris, ḥarasat **ハ**ーリス, **ハ**ラサ	guard **ガ**ード

日	アラビア	英
かーとりっじ **カートリッジ** kaatorijji	**خَرْطُوشَة** 女, 複 **خَرَاطِيش** 〔二段〕 kharṭūshat, kharāṭīshu ハルトゥーシャ, ハラーティーシュ	cartridge カートリヂ
がーな **ガーナ** gaana	**غَانَا** 女 ghānā ガーナー	Ghana ガーナ
かーねーしょん **カーネーション** kaaneeshon	**قَرَنْفُل** 男 qaranful カランフル	carnation カーネイション
かーぶ **カーブ** kaabu	**مُنْعَطَف** 男 munʿaṭaf ムンアタフ	curve, turn カーヴ, ターン
かーぺっと **カーペット** kaapetto	**سَجَّادَة** 女 sajjādat サッジャーダ	carpet カーペト
がーるふれんど **ガールフレンド** gaarufurendo	**حَبِيبَة** 女 ḥabībat ハビーバ	girlfriend ガールフレンド
かい **回** （競技・ゲームの） kai	**جَوْلَة** 女 jaulat ジャウラ	round, inning ラウンド, イニング
（回数）	**مَرَّة** 女, 複 **مِرَار** marrat, mirār マッラ, ミラール	time タイム
かい **会** （集まり） kai	**اِجْتِمَاع** 男 ijtimāʿ イジュティマーウ	meeting, party ミーティング, パーティ
（団体）	**جَمْعِيَّة** 女 jamʿīyat ジャムイーヤ	society ソサイエティ
かい **貝** kai	**صَدَف** 男, 複 **أَصْدَاف** ṣadaf, ʾaṣdāf サダフ, アスダーフ	shellfish シェルフィシュ

日	アラビア	英
がい **害** gai	**ضَرَر** [男], [複] **أَضْرَار** ḍarar, ʾaḍrār ダラル, アドラール	harm, damage ハーム, ダミヂ
かいいん **会員** kaiin	**عُضْو** [男], [複] **أَوْضَاء** ʿuḍw, ʾauḍāʾ ウドウ, アウダーウ	member, membership メンバ, メンバシプ
かいおうせい **海王星** kaiousei	**نِبْتُون** [男] nibtūn ニブトゥーン	Neptune ネプテューン
がいか **外貨** gaika	**عُمْلَة أَجْنَبِيَّة** [女] ʿumlat ʾajnabīyat ウムラ アジュナビーヤ	foreign money フォーリン マニ
かいがい **海外** kaigai	**اَلْخَارِج** [男] al-khārij アル ハーリジュ	foreign countries フォーリン カントリズ
かいかく **改革** kaikaku	**إِصْلَاح** [男] ʾiṣlāḥ イスラーフ	reform, innovation リフォーム, イノヴェイション
～する	**يُصْلِحُ**, 〔完〕 **أَصْلَحَ** yuṣliḥu, ʾaṣlaḥa ユスリフ, アスラハ	reform, innovate リフォーム, イノヴェイト
かいかつな **快活な** kaikatsuna	**مَرِح**, [複] **مَرْحَى** mariḥ, marḥā マリフ, マルハー	cheerful チアフル
かいがら **貝殻** kaigara	**صَدَف** [集], [複] **أَصْدَاف** ṣadaf, ʾaṣdāf サダフ, アスダーフ	shell シェル
かいがん **海岸** kaigan	**شَاطِئ** [男], [複] **شَوَاطِئُ** 〔二段〕 shāṭiʾ, shawāṭiʾu シャーティウ, シャワーティウ	coast, seashore コウスト, スィーショー
がいかん **外観** gaikan	**مَظْهَر** [男], [複] **مَظَاهِرُ** 〔二段〕 maẓhar, maẓāhiru マズハル, マザーヒル	appearance アピアランス

日	アラビア	英
かいぎ **会議** kaigi	**مُؤْتَمَر** 男, 複 **مُؤْتَمَرَات**; **اِجْتِمَاع** 男 muʾtamar, muʾtamarāt, ijtimāʿ ムウタマル, ムウタマラート, イジュティマーウ	meeting, conference ミーティング, カンファレンス
かいきゅう **階級** kaikyuu	**طَبَقَة** 女 ṭabaqat タバカ	class, rank クラス, ランク
かいきょう **海峡** kaikyou	**مَضِيق** 男, 複 **مَضَائِقُ** 〔二段〕 maḍīq, maḍāʾiqu マディーク, マダーイク	strait, channel ストレイト, チャネル
かいぐん **海軍** kaigun	**قُوَّات بَحْرِيَّة** 複 qūwāt baḥrīyat クッワート バフリーヤ	navy ネイヴィ
かいけい **会計** (勘定) kaikei	**حِسَاب** 男 ḥisāb ヒサーブ	check, Ⓑbill, cheque チェク, ビル, チェク
(経済状況)	**مُحَاسَبَة** 女 muḥāsabat ムハーサバ	accounting, finance アカウンティング, フィナンス
～士	**مُحَاسِب** 男 muḥāsib ムハースィブ	accountant アカウンタント
かいけつ **解決** kaiketsu	**حَلّ** 男, 複 **حُلُول** ḥall, ḥulūl ハッル, フルール	solution, settlement ソルーション, セトルメント
～する	**يَحُلُّ**, 〔完〕 **حَلَّ** yaḥullu, ḥalla ヤフッル, ハッラ	solve, resolve サルヴ, リザルヴ
かいけん **会見** kaiken	**مُقَابَلَة** 女 muqābalat ムカーバラ	interview インタヴュー
がいけん **外見** gaiken	**مَظْهَر** 男, 複 **مَظَاهِرُ** 〔二段〕 maẓhar, maẓāhiru マズハル, マザーヒル	appearance アピアランス

日	アラビア	英
かいげんれい **戒厳令** kaigenrei	اَلْحُكْمُ ٱلْعُرْفِيُّ 男 al-ḥukmu al-ʿurfīyu アル **フ**クムル **ウ**ルフィー	martial law マーシャル **ロ**ー
かいご **介護** kaigo	رِعَايَة 女 riʿāyat リ**ア**ーヤ	care **ケ**ア
かいごう **会合** kaigou	اِجْتِمَاع 男 ijtimāʿ イジュティ**マ**ーウ	meeting, gathering **ミ**ーティング，**ギャ**ザリング
がいこう **外交** gaikou	دِبْلُومَاسِيَّة 女 diblūmāsīyat ディブルーマー**スィ**ーヤ	diplomacy ディプ**ロ**ウマスィ
～官	دِبْلُومَاسِيّ 男 diblūmāsīy ディブルー**マ**ースィー	diplomat **ディ**プロマト
がいこく **外国** gaikoku	اَلْخَارِج 男 al-khārij アル **ハ**ーリジュ	foreign country **フォ**ーリン **カ**ントリ
～人	أَجْنَبِيّ 男, 複 أَجَانِبُ〔二段〕 ʾajnabīy, ʾajānibu アジュ**ナ**ビー，アジ**ャ**ーニブ	foreigner **フォ**ーリナ
～の	خَارِجِي khārijīy **ハ**ーリジー	foreign **フォ**ーリン
がいこつ **骸骨** gaikotsu	هَيْكَل عَظْمِيّ 男 haikal ʿaẓmīy **ハ**イカル **ア**ズミー	skeleton ス**ケ**ルトン
かいさいする **開催する** kaisaisuru	يَعْقِدُ, 〔完〕عَقَدَ yaʿqidu, ʿaqada **ヤ**アキドゥ，**ア**カダ	hold, open **ホ**ウルド，**オ**ウプン
かいさつぐち **改札口** kaisatsuguchi	بَوَّابَةُ ٱلتَّذَاكِرِ 男 bauwābatu al-tadhākiri バッ**ワ**ーバトゥッ タ**ザ**ーキル	ticket gate **ティ**ケト **ゲ**イト
かいさん **解散** （議会や組織の） kaisan	حَلّ 男, 複 حُلُول ḥall, ḥulūl **ハ**ッル，フ**ル**ール	dissolution ディソ**ル**ーション

か

日	アラビア	英
がいさん **概算** gaisan	**تَقْرِيب** 男 taqrīb タクリーブ	rough estimate ラフ エスティメト
かいさんぶつ **海産物** kaisanbutsu	**مُنْتَجَات بَحْرِيَّة** 複 muntajāt baḥrīyat ムンタジャート バフリーヤ	marine products マリーン プラダクツ
かいし **開始** kaishi	**بَدْء** 男, **بَدَاءَة** 女 badʾ, badāʾat バドウ, バダーア	start, beginning スタート, ビギニング
～**する**	**بَدَأَ بِ** 〔完〕, **يَبْدَأُ بِ** yabdaʾu bi, badaʾa bi ヤブダウ ビ, バダア ビ	begin, start ビギン, スタート
かいしめる **買い占める** kaishimeru	**اِحْتَكَرَ** 〔完〕, **يَحْتَكِرُ** yaḥtakiru, iḥtakara ヤフタキル, イフタカラ	buy up, corner バイ アプ, コーナ
かいしゃ **会社** kaisha	**شَرِكَة** 男 sharikat シャリカ	company, firm カンパニ, ファーム
～**員**	**مُوَظَّف** 男 muwaẓẓaf ムワッザフ	office worker, employee オーフィス ワーカ, インプロイイー
かいしゃく **解釈** kaishaku	**تَفْسِير** 男, 複 **تَفَاسِيرُ** 〔二段〕 tafsīr, tafāsīru タフスィール, タファースィール	interpretation インタープリテイション
～**する**	**فَسَّرَ** 〔完〕, **يُفَسِّرُ** yufassiru, fassara ユファッスィル, ファッサラ	interpret インタープリト
かいしゅう **回収** kaishuu	**جَمْع** 男 jamʿ ジャムウ	recovery, collection リカヴァリ, コレクション
かいしゅう **改宗** kaishuu	**تَحْوِيل** 男 taḥwīl タフウィール	conversion コンヴァージョン

日	アラビア	英
がいしゅつする **外出する** gaishutsusuru	**خَرَجَ** 〔完〕, **يَخْرُجُ** yakhruju, kharaja ヤフルジュ，ハラジャ	go out ゴウ アウト
かいじょう **会場** kaijou	**مَكَان** 男 makān マカーン	site, venue サイト，ヴェニュー
かいじょうの **海上の** kaijouno	**بَحْرِي** baḥrīy バフリー	marine マリーン
がいしょくする **外食する** gaishokusuru	**يَتَنَاوَلُ ٱلطَّعَامَ بِٱلْخَارِجِ,** **تَنَاوَلَ ٱلطَّعَامَ بِٱلْخَارِجِ** 〔完〕 yatanāwalu al-ṭaʿāma bi-al-khāriji, tanāwala al-ṭaʿāma bi-al-khāriji ヤタナーワルッ タアーマ ビール ハーリジ，タナーワラッ タアーマ ビール ハーリジ	eat out イート アウト
かいじょする **解除する** kaijosuru	**أَلْغَى** 〔完〕, **يُلْغِي** yulghī, ʾalghā ユルギー，アルガー	cancel キャンセル
かいすい **海水** kaisui	**مِيَاهُ ٱلْبَحْرِ** 男 miyāhu al-baḥri ミヤーフル バフル	seawater スィーウォータ
〜浴	**سِبَاحَة فِي ٱلْبَحْرِ** 女 sibāḥat fī al-baḥri スィバーハ フィル バフル	sea bathing スィー ベイズィング
かいすうけん **回数券** kaisuuken	**دَفْتَرُ تَذَاكِرِ** 男 daftaru tadhākirin ダフタル タザーキル	book of tickets, commutation tickets ブク オヴ ティケツ，カミュテイション ティケツ
がいする **害する** （気分を） gaisuru	**اِسْتَاءَ مِنْ** 〔完〕, **يَسْتَاءُ مِنْ** yastāʾu min, istāʾa min ヤスターウ ミン，イスターア ミン	injure インヂャ
かいせい **快晴** kaisei	**صَحْو** 男 ; **سَمَاء صَافِيَة** 女 ṣaḥw, samāʾ ṣāfiyat サフウ，サマーウ サーフィヤ	fine weather ファイン ウェザ

日	アラビア	英
かいせいする **改正する** kaiseisuru	**يُعَدِّلُ**, 〔完〕**عَدَّلَ ; يُصْلِحُ**, 〔完〕**أَصْلَحَ** yuʿaddilu, ʿaddala, yuṣliḥu, ʾaṣlaḥa ユアッディル, アッダラ, ユスリフ, アスラハ	revise, amend リヴァイズ, アメンド
かいせつ **解説** kaisetsu	**شَرْح** 男 sharḥ シャルフ	explanation エクスプラネイション
〜する	**يَشْرَحُ**, 〔完〕**شَرَحَ** yashraḥu, sharaḥa ヤシュラフ, シャラハ	explain, comment イクスプレイン, カメント
かいぜん **改善する** kaizen	**يُحَسِّنُ**, 〔完〕**حَسَّنَ** yuḥassinu, ḥassana ユハッスィヌ, ハッサナ	improve インプルーヴ
かいそう **海草・海藻** kaisou	**عُشْبُ ٱلْبَحْرِ** 集 ʿushbu al-baḥri ウシュブル バフル	seaweed スィーウィード
かいぞう **改造** kaizou	**إِصْلَاح** 男 ʾiṣlāḥ イスラーフ	reconstruction リーコンストラクション
かいぞく **海賊** kaizoku	**قُرْصَان** 男, 複 **قَرَاصِنُ**〔二段〕 qurṣān, qarāṣinu クルサーン, カラースィン	pirate パイアレト
かいたくする **開拓する** kaitakusuru	**يُطَوِّرُ**, 〔完〕**طَوَّرَ** yuṭauwiru, ṭauwara ユタッウィル, タッワラ	open up, develop オウプン アプ, ディヴェロプ
かいだん **会談**（交渉・協議） kaidan	**مُفَاوَضَة** 女 mufāwaḍat ムファーワダ	talks トークス
（会合）	**اِجْتِمَاع** 男 ijtimāʿ イジュティマーウ	talk, conference トーク, カンファレンス

日	アラビア	英
かいだん **階段** kaidan	سُلَّم 男, 複 سَلَالِمُ [二段]; دَرَج 男, 複 أَدْرَاج sullam, salālimu, daraj, ʾadrāj **ス**ッラム, サ**ラー**リム, **ダ**ラジュ, アド**ラー**ジュ	stairs **ス**テアズ
かいちく **改築** kaichiku	إِعَادَةُ ٱلْبِنَاءِ 男 ʾiʿādatu al-bināʾi イ**ア**ーダトゥル ビ**ナ**ーウ	rebuilding リー**ビ**ルディング
がいちゅう **害虫** gaichuu	حَشَرَة ضَارَّة 男 ḥasharat ḍārrat **ハ**シャラ **ダ**ーッラ	harmful insect, vermin **ハ**ームフル **イ**ンセクト, **ヴァ**ーミン
かいちょう **会長** kaichou	رَئِيس 男, 複 رُؤَسَاءُ [二段] raʾīs, ruʾasāʾu ラ**イ**ース, ルア**サ**ーウ	president, CEO, chairman プ**レ**ズィデント, **スィ**ー**イ**ー**オ**ウ, **チェ**アマン
かいつうする **開通する** kaitsuusuru	يَبْدَؤُ ٱلتَّسْيِيرُ, [完] بَدَأَ ٱلتَّسْيِيرُ yabdaʾu al-tasyīru, badaʾa al-tasyīru **ヤ**ブダウッ タス**イ**ール, **バ**ダアッ タス**イ**ール	(be) opened to traffic (ビ) **オ**ウプンド トゥ ト**ラ**フィク
かいて **買い手** kaite	مُشْتَرٍ 男 mushtarin **ム**シュタリン	buyer **バ**イア
かいてい **海底** kaitei	قَاعُ ٱلْبَحْرِ 男 qāʿu al-baḥri **カ**ーウル **バ**フル	bottom of the sea **バ**トム オヴ ザ **スィ**ー
かいていする **改定する** kaiteisuru	يُعَدِّلُ, [完] عَدَّلَ yuʿaddilu, ʿaddala ユ**ア**ッディル, **ア**ッダラ	revise リ**ヴァ**イズ
かいてきな **快適な** kaitekina	مُرِيح murīḥ ム**リ**ーフ	agreeable, comfortable アグ**リ**ーアブル, **カ**ンフォタブル
かいてん **回転** kaiten	دَوَرَان 男 dawarān ダワ**ラ**ーン	turning, rotation **タ**ーニング, ロウ**テ**イション

か

日	アラビア	英
～する	يَدُورُ, 〔完〕دَارَ yadūru, dāra ヤドゥール，ダーラ	turn, rotate ターン，ロウテイト
がいど ガイド gaido	مُرْشِد 男 murshid ムルシド	guide ガイド
～ブック	دَلِيل سِيَاحِيّ 男 dalīl siyāḥīy ダリール スィヤーヒー	guidebook ガイドブク
～ライン	دَلِيل 男, 複 أَدِلَّة dalīl, ʾadillat ダリール，アディッラ	guidelines ガイドラインズ
かいとう 解答 kaitou	إِجَابَة 女 ʾijābat イジャーバ	answer, solution アンサ，ソルーション
～する	يُجِيبُ, 〔完〕أَجَابَ yujību, ʾajāba ユジーブ，アジャーバ	answer, solve アンサ，サルヴ
かいとう 回答 (返答)	رَدّ 男, 複 رُدُود radd, rudūd ラッド，ルドゥード	reply リプライ
～する (返答)	يَرُدُّ عَلَى, 〔完〕رَدَّ عَلَى yaruddu ʿalā, radda ʿalā ヤルッドゥ アラー，ラッダ アラー	reply to リプライ トゥ
かいにゅう 介入 kainyuu	تَدَخُّل 男 tadakhkhul タダッフル	intervention インタヴェンション
～する	يَتَدَخَّلُ فِي, 〔完〕تَدَخَّلَ فِي yatadakhkhalu fī, tadakhkhala fī ヤタダッハル フィー，タダッハラ フィー	intervene インタヴィーン
がいねん 概念 gainen	مَفْهُوم 男 mafhūm マフフーム	notion, concept ノウション，カンセプト

日	アラビア	英
かいはつ **開発**（新製品などの） kaihatsu	تَطْوِير 男 taṭwīr タト**ウィ**ール	development ディ**ヴェ**ロプメント
〜する	طَوَّرَ ,يُطَوِّرُ 〔完〕 yuṭauwiru, ṭauwara ユ**タ**ウウィル，**タ**ウワラ	develop, exploit ディ**ヴェ**ロプ，イクスプ**ロ**イト
かいばつ **海抜** kaibatsu	سَطْحُ ٱلْبَحْرِ 男 saṭḥu al-baḥri **サ**トフル **バ**フル	above the sea アバヴ ザ **スィ**ー
かいひ **会費** kaihi	رُسُومُ ٱلْعُضْوِيَّةِ 男 rusūmu al-ʿuḍwīyati ル**ス**ームル ウド**ウィ**ーヤ	fee, membership fee **フィ**ー，**メ**ンバシプ **フィ**ー
がいぶ **外部** gaibu	خَارِج 男 khārij **ハ**ーリジュ	outer section, outer part **ア**ウタ **セ**クション，**ア**ウタ **パ**ート
かいふくする **回復する**（健康が） kaifukusuru	تَعَافَى ,يَتَعَافَى 〔完〕 yataʿāfā, taʿāfā ヤタ**ア**ーファー，タ**ア**ーファー	recover, restore リ**カ**ヴァ，リス**ト**ー
かいぼう **解剖** kaibou	تَشْرِيح 男 tashrīḥ タシュ**リ**ーフ	dissection ディ**セ**クション
かいほう **解放する** kaihou	حَرَّرَ ;يُطْلِقُ ,يُحَرِّرُ 〔完〕, أَطْلَقَ 〔完〕 yuḥarriru, ḥarrara, yuṭliqu, ʾaṭlaqa ユ**ハ**ッリル，**ハ**ッララ，**ユ**トリク，**ア**トラカ	release, liberate リ**リ**ース，**リ**バレイト
かいほうする **開放する** kaihousuru	فَتَحَ ,يَفْتَحُ 〔完〕 yaftaḥu, fataḥa **ヤ**フタフ，**ファ**タハ	keep open **キ**ープ **オ**ウプン
がいむ **外務** gaimu	شُؤُون خَارِجِيَّة 女 shuʾūn khārijīyat シュ**ウ**ーン ハーリ**ジ**ーヤ	foreign affairs **フォ**ーリン ア**フェ**アズ
かいもの **買い物** kaimono	شِرَاء ;تَسَوُّق 男 男 tasauwuq, shirāʾ タ**サ**ウウク，シ**ラ**ーウ	shopping **シャ**ピング

日	アラビア	英
かいやく **解約** kaiyaku	إِلْغَاء 男 ʾilghāʾ イルガーウ	cancellation キャンセレイション
かいりつ **戒律**（宗教的義務） kairitsu	فَرِيضَة 女 ; فَرْض 男 farīḍat, farḍ ファリーダ，ファルド	commandment コマンドメント
がいりゃく **概略** gairyaku	مُلَخَّص 男 mulakhkhaṣ ムラッハス	outline, summary アウトライン，サマリ
かいりゅう **海流** kairyuu	تَيَّار بَحْرِيّ 男 taiyār baḥrīy タイヤール バフリー	sea current スィー カーレント
かいりょう **改良** kairyou	إِصْلَاح 男 ; تَحْسِين 男 ʾiṣlāḥ, taḥsīn イスラーフ，タフスィーン	improvement インプルーヴメント
かいろ **回路** kairo	دَائِرَة 女, 複 دَوَائِرُ 〔二段〕 dāʾirat, dawāʾiru ダーイラ，ダワーイル	(electronic) circuit (イレクトラニク) サーキト
かいわ **会話** kaiwa	حِوَار 男 ; مُحَادَثَة 女 ḥiwār, muḥādathat ヒワール，ムハーダサ	conversation カンヴァセイション
かいん **下院** kain	مَجْلِسُ ٱلنُّوَّابِ 男 majlisu al-nuwwābi マジュリスン ヌッワーブ	House of Representatives ハウス オヴ レプリゼンタティヴズ
かう **飼う** kau	يُرَبِّي, 〔完〕 رَبَّى yurabbī, rabbā ユラッビー，ラッバー	keep, raise キープ，レイズ
かう **買う** kau	يَشْتَرِي, 〔完〕 اِشْتَرَى yashtarī, ishtarā ヤシュタリー，イシュタラー	buy, purchase バイ，パーチェス
かえす **返す** kaesu	يُعِيدُ إِلَى, 〔完〕 أَعَادَ إِلَى yuʿīdu ʾilā, ʾaʿāda ʾilā ユイードゥ イラー，アアーダ イラー	return, send back リターン，センド バク

日	アラビア	英
かえり **帰り** kaeri	رُجُوع إِلَى 男 rujūʿ ʾilā ルジューウ イラー	way home ウェイ ホウム
かえる **蛙** kaeru	ضَفْدَع 男, 複 ضَفَادِعُ 〔二段〕 ḍafdaʿ, ḍafādiʿu ダフダウ, ダファーディウ	frog フローグ
かえる **替[換]える** (お金を) kaeru	يُحَوِّلُ, 〔完〕 حَوَّلَ ; يُصَرِّفُ, 〔完〕 صَرَّفَ ; يُغَيِّرُ, 〔完〕 غَيَّرَ yuḥauwilu, ḥauwala, yuṣarrifu, ṣarrafa, yughaiyiru, ghaiyara ユハウウィル, ハウワラ, ユサッリフ, サッラファ, ユガイイル, ガイヤラ	exchange for イクスチェインヂ フォ
かえる **帰る** kaeru	يَعُودُ, 〔完〕 عَادَ ; يَرْجِعُ, 〔完〕 رَجَعَ yaʿūdu, ʿāda, yarjiʿu, rajaʿa ヤウードゥ, アーダ, ヤルジウ, ラジャア	come home, go home カム ホウム, ゴウ ホウム
(去る)	يُغَادِرُ, 〔完〕 غَادَرَ ; يَرْحَلُ, 〔完〕 رَحَلَ yughādiru, ghādara, yarḥalu, raḥala ユガーディル, ガーダラ, ヤルハル, ラハラ	leave リーヴ
かえる **変える** kaeru	يُغَيِّرُ, 〔完〕 غَيَّرَ yughaiyiru, ghaiyara ユガイイル, ガイヤラ	change チェインヂ
かえる **返る** kaeru	يُعَادُ إِلَى, 〔完〕 أُعِيدَ إِلَى yuʿādu ʾilā, ʾuʿīda ʾilā ユアードゥ イラー, ウイーダ イラー	return, come back リターン, カム バク
かお **顔** kao	وَجْه 男, 複 وُجُوه wajh, wujūh ワジュフ, ウジューフ	face, look フェイス, ルク
かおり **香り** kaori	رَائِحَة 女, 複 رَوَائِحُ 〔二段〕 rāʾiḥat, rawāʾiḥu ラーイハ, ラワーイフ	smell, fragrance スメル, フレイグランス

日	アラビア	英
がか **画家** gaka	رَسَّام 男 rassām ラッサーム	painter ペインタ
かかえる **抱える** kakaeru	يَحْمِلُ, 〔完〕 حَمَلَ yaḥmilu, ḥamala ヤフミル, ハマラ	hold in one's arms ホウルド イン アームズ
かかく **価格** kakaku	سِعْر 男, 複 أَسْعَار siʿr, ʾasʿār スィウル, アスアール	price, value プライス, ヴァリュ
かがく **化学** kagaku	كِيمِيَاء 女 kīmiyāʾ キーミヤーウ	chemistry ケミストリ
かがく **科学** kagaku	عُلُوم 複 ʿulūm ウルーム	science サイエンス
～者	عَالِم 男, عُلَمَاءُ 複〔二段〕 ʿālim, ʿulamāʾu アーリム, ウラマー	scientist サイエンティスト
かかげる **掲げる** kakageru	يَرْفَعُ, 〔完〕 رَفَعَ yarfaʿu, rafaʿa ヤルファウ, ラファア	hoist, hold up ホイスト, ホウルド アプ
かかと **踵** kakato	كَعْب 男, 複 كُعُوب kaʿb, kuʿūb カアブ, クウーブ	heel ヒール
かがみ **鏡** kagami	مِرْآة 女, 複 مَرَايَا mirʾāt, marāyā ミルアー, マラーヤー	mirror, glass ミラ, グラス
かがむ **かがむ** kagamu	يَنْحَنِي, 〔完〕 اِنْحَنَى yanḥanī, inḥanā ヤンハニー, インハナー	stoop ストゥープ
かがやかしい **輝かしい** kagayakashii	بَاهِر bāhir バーヒル	brilliant ブリリアント
かがやき **輝き** kagayaki	لُمْعَة 女, 複 لُمَع lumʿat, lumaʿ ルムア, ルマウ	brilliance ブリリャンス

日	アラビア	英
かがやく **輝く** kagayaku	يَلْمَعُ, [完] لَمَعَ yalmaʿu, lamaʿa **ヤ**ルマウ, **ラ**マア	shine, glitter **シャ**イン, **グリ**タ
かかる **掛かる** (物が) kakaru	يَتَعَلَّقُ بِ, [完] تَعَلَّقَ بِ yataʿallaqu bi, taʿallaqa bi ヤタ**ア**ッラク ビ, タ**ア**ッラカ ビ	hang from **ハ**ング フラム
(金が)	يَتَكَلَّفُ, [完] تَكَلَّفَ yatakallafu, takallafa ヤタ**カ**ッラフ, タ**カ**ッラファ	cost **コ**スト
(時間が)	يَسْتَغْرِقُ, [完] اِسْتَغْرَقَ yastaghriqu, istaghraqa ヤス**タ**グリク, イス**タ**グラカ	take **テ**イク
かかわる **かかわる** kakawaru	يَتَعَلَّقُ بِ, [完] تَعَلَّقَ بِ yataʿallaqu bi, taʿallaqa bi ヤタ**ア**ッラク ビ, タ**ア**ッラカ ビ	(be) concerned in (ビ) コン**サ**ーンド イン
(参加する)	يُشَارِكُ فِي, [完] شَارَكَ فِي yushāriku fī, shāraka fī ユ**シャ**ーリク フィー, **シャ**ーラカ フィー	take part in **テ**イク **パ**ート イン
かき **牡蠣** kaki	مَحَار [集], مَحَارَة [女] maḥār, maḥārat マ**ハ**ール, マ**ハ**ーラ	oyster **オ**イスタ
かぎ **鍵** kagi	مِفْتَاح [男], [複] مَفَاتِيحُ [二段] miftāḥ, mafātīḥu ミフ**タ**ーフ, マファー**ティ**ーフ	key **キ**ー
かきかえる **書き換える** (書き直す) kakikaeru	يُعِيدُ كِتَابَةً, [完] أَعَادَ كِتَابَةً yuʿīdu kitābatan, ʾaʿāda kitābatan ユ**イ**ードゥ キ**タ**ーバ, ア**ア**ーダ キ**タ**ーバ	rewrite リー**ラ**イト
かきとめる **書き留める** kakitomeru	يُسَجِّلُ, [完] سَجَّلَ yusajjilu, sajjala ユ**サ**ッジル, **サ**ッジャラ	write down **ラ**イト **ダ**ウン
かきとり **書き取り** kakitori	إِمْلَاء [男] ʾimlāʾ イム**ラ**ーウ	dictation ディク**テ**イション

か

日	アラビア	英
かきとる **書き取る** kakitoru	يُمْلِي, 〔完〕أَمْلَى yumlī, ʾamlā ユムリー, アムラー	write down, jot down ライト ダウン, チャト ダウン
かきなおす **書き直す** kakinaosu	يُعِيدُ ٱلْكِتَابَةَ, 〔完〕أَعَادَ ٱلْكِتَابَةَ yuʿīdu al-kitābata, ʾaʿāda al-kitābata ユイードゥル キターバ, アアーダル キターバ	rewrite リーライト
かきまぜる **掻き混ぜる** kakimazeru	يُخَلِّطُ, 〔完〕خَلَّطَ yukhalliṭu, khallaṭa ユハッリトゥ, ハッラタ	mix up ミクス アプ
かきまわす **掻き回す** kakimawasu	يُقَلِّبُ, 〔完〕قَلَّبَ yuqallibu, qallaba ユカッリブ, カッラバ	stir スター
かきゅう **下級** kakyuu	دَرَجَة مُنْخَفِضَة 女 darajat munkhafiḍat ダラジャ ムンハフィダ	lower class ロウア クラス
かぎょう **家業** kagyou	مِهْنَةُ ٱلْأُسْرَةِ 男 mihnatu al-ʾusrati ミフナトゥル ウスラ	family business ファミリ ビズネス
かぎる **限る** (限定する) kagiru	يَقْتَصِرُ عَلَى, 〔完〕اِقْتَصَرَ عَلَى yaqtaṣiru ʿalā, iqtaṣara ʿalā ヤクタスィル アラー, イクタサラ アラー	limit, restrict リミト, リストリクト
かく **核** (本質) kaku	جَوْهَر 男 jauhar ジャウハル	core コー
(原子核)	نَوَاةُ ٱلذَّرَّةِ 男 nawātu al-dharrati ナワートゥッ ザッラ	nucleus ニュークリアス
かく **書く** kaku	يَكْتُبُ, 〔完〕كَتَبَ yaktubu, kataba ヤクトゥブ, カタバ	write ライト

日	アラビア	英
かく **掻く** (引っ掻く) kaku	**خَدَشَ, يَخْدِشُ** 〔完〕 yakhdishu, khadasha ヤフディシュ, ハダシャ	scratch スクラチ
かぐ **家具** kagu	**أَثَاث** 男 ʾathāth アサース	furniture ファーニチャ
かぐ **嗅ぐ** kagu	**شَمَّ, يَشُمُّ** 〔完〕 yashummu, shamma ヤシュンム, シャンマ	smell, sniff スメル, スニフ
がく **額** (絵画の) gaku	**إِطَار** 男, 複 **أُطُر** ʾiṭār, ʾuṭur イタール, ウトゥル	frame フレイム
(金額)	**مَبْلَغ** 男 mablagh マブラグ	amount アマウント
がくい **学位** gakui	**دِبْلُومَة** 女 diblūmat ディブルーマ	(university) degree (ユーニヴァースィティ) ディグリー
かくうの **架空の** kakuuno	**خَيَالِيّ** khayālīy ハヤーリー	imaginary イマヂネリ
かくげん **格言** kakugen	**مَثَل** 男, 複 **أَمْثَال** mathal, ʾamthāl マサル, アムサール	maxim マクスィム
かくご **覚悟** kakugo	**عَزْم** 男 ʿazm アズム	preparedness プリペアドネス
～する	**اِسْتَعَدَّ, يَسْتَعِدُّ** yastaʿiddu, istaʿadda ヤスタイッドゥ, イスタアッダ	(be) prepared for (ビ) プリペアド フォ
かくじつな **確実な** kakujitsuna	**مُؤَكَّد** muʾakkad ムアッカド	sure, certain シュア, サートン
がくしゃ **学者** gakusha	**عَالِم** 男, 複 **عُلَمَاءُ** 〔二段〕 ʿālim, ʿulamāʾu アーリム, ウラマー	scholar スカラ

日	アラビア	英
がくしゅう 学習 gakushuu	دِرَاسَة 女 dirāsat ディラーサ	learning ラーニング
〜する	دَرَسَ 〔完〕, يَدْرُسُ yadrusu, darasa ヤドルス, ダラサ	study, learn スタディ, ラーン
がくじゅつの 学術の gakujutsuno	أَكَادِيمِيّ ʾakādīmīy アカーディーミー	learning, science ラーニング, サイエンス
かくしん 確信 kakushin	تَأَكُّد 男 taʾakkud タアックド	conviction コンヴィクション
〜している	مُتَأَكِّد mutaʾakkid ムタアッキド	(be) convinced of (ビ) コンヴィンスト オヴ
〜する	تَأَكَّدَ 〔完〕, يَتَأَكَّدُ yataʾakkadu, taʾakkada ヤタアッカドゥ, タアッカダ	(be) convinced of (ビ) コンヴィンスト オヴ
かくす 隠す kakusu	أَخْفَى 〔完〕, يُخْفِي yukhfī, ʾakhfā ユフフィー, アフファー	hide, conceal ハイド, コンスィール
がくせい 学生 gakusei	طُلَّاب 複, طَالِب 男 ṭālib, ṭullāb ターリブ, トゥッラーブ	student ステューデント
〜証	بِطَاقَةُ ٱلطَّالِبِ biṭāqatu al-ṭālibi ビターカトゥッ ターリブ	student ID card ステューデント アイディーカード
かくせいざい 覚醒剤 kakuseizai	مُخَدِّرَات 複, مُخَدِّر 男 mukhaddir, mukhaddirāt ムハッディル, ムハッディラート	stimulant スティミュラント
かくだいする 拡大する (写真などを) kakudaisuru	كَبَّرَ 〔完〕, يُكَبِّرُ yukabbiru, kabbara ユカッビル, カッバラ	magnify, enlarge マグニファイ, インラーヂ
かくちょう 拡張 kakuchou	تَوْسِيع 男 tausīʿ タウスィーウ	extension イクステンション

日	アラビア	英
～する	وَسَّعَ، يُوَسِّعُ 〔完〕 yuwassiʿu, wassaʿa ユワッスィウ，ワッサア	extend イクステンド
がくちょう 学長 gakuchou	رَئِيسُ ٱلْجَامِعَةِ 男 raʾīsu al-jāmiʿati ライースル ジャーミア	president プレズィデント
かくていする 確定する kakuteisuru	تَقَرَّرَ، يَتَقَرَّرُ 〔完〕 yataqarraru, taqarrara ヤタカッラル，タカッララ	decide ディサイド
かくど 角度 kakudo	زَاوِيَة 女, زَوَايَا 複 zāwiyat, zawāyā ザーウィヤ，ザワーヤー	angle アングル
かくとう 格闘 (戦い) kakutou	صِرَاع 男 ṣirāʿ スィラーウ	fight ファイト
かくとくする 獲得する kakutokusuru	حَصَلَ عَلَى، يَحْصُلُ عَلَى 〔完〕 yaḥṣulu ʿalā, ḥaṣala ʿalā ヤフスル アラー，ハサラ アラー	acquire, obtain アクワイア，オブテイン
かくにんする 確認する kakuninsuru	تَأَكَّدَ مِنْ، يَتَأَكَّدُ مِنْ 〔完〕 yataʾakkadu min, taʾakkada min ヤタアッカドゥ ミン，タアッカダ ミン	confirm コンファーム
がくねん 学年 gakunen	سَنَة دِرَاسِيَّة 男 sanat dirāsīyat サナ ディラースィーヤ	school year スクール イア
がくひ 学費 gakuhi	مَصْرُوفَات دِرَاسِيَّة 複 maṣrūfāt dirāsīyat マスルーファート ディラースィーヤ	tuition, school expenses テューイション，スクール イクスペンセズ
がくふ 楽譜 (総譜) gakufu	نُوتَة مُوسِيقِيَّة 女 nūtat mūsīqīyat ヌータ ムースィーキーヤ	score スコー
がくぶ 学部 gakubu	كُلِّيَّة 女 kullīyat クッリーヤ	faculty, department ファカルティ，ディパートメント

日	アラビア	英
かくめい **革命** kakumei	ثَوْرَة 女 thaurat サウラ	revolution レヴォルーション
がくもん **学問** gakumon	عِلْم 男, 複 عُلُوم ʿilm, ʿulūm イルム, ウルーム	learning, study ラーニング, スタディ
かくりつする **確立する** kakuritsusuru	يُأَسِّسُ, 〔完〕 أَسَّسَ yuʾassisu, ʾassasa ユアッスィス, アッササ	establish イスタブリシュ
がくりょく **学力** gakuryoku	قُدْرَة دِرَاسِيَّة 女 qudrat dirāsīyat クドラ ディラースィーヤ	academic ability アカデミク アビリティ
かくれる **隠れる** kakureru	يَخْتَفِي, 〔完〕 اِخْتَفَى yakhtafī, ikhtafā ヤフタフィー, イフタファー	hide oneself ハイド
かけ **賭け** kake	قِمَار 男 qimār キマール	gambling ギャンブリング
かげ **陰** kage	ظِلّ 男, 複 ظِلَال ẓill, ẓilāl ズィッル, ズィラール	shade シェイド
かげ **影** kage	ظِلّ 男, 複 ظِلَال ẓill, ẓilāl ズィッル, ズィラール	shadow, silhouette シャドウ, スィルエト
がけ **崖** gake	جُرْف 男, 複 جُرُوف jurf, jurūf ジュルフ, ジュルーフ	cliff クリフ
かけい **家計** kakei	مِيزَانِيَّةُ ٱلْمَنْزِلِ 女 mīzānīyatu al-manzili ミーザーニーヤトゥル マンズィル	household budget ハウスホウルド バヂェト
かけざん **掛け算** kakezan	ضَرْب 男 ḍarb ダルブ	multiplication マルティプリケイション
かけつする **可決する** kaketsusuru	يُوَافِقُ عَلَى, 〔完〕 وَافَقَ عَلَى yuwāfiqu ʿalā, wāfaqa ʿalā ユワーフィク アラー, ワーファカ アラー	approve アプルーヴ

日	アラビア	英
かけぶとん **掛け布団** kakebuton	لِحَاف 男, 複 لُحُف liḥāf, luḥuf リ**ハ**ーフ, **ル**フフ	quilt, comforter ク**ウィ**ルト, **カ**ンフォタ
かけら **かけら** kakera	قِطْعَة 女, 複 قِطَع qiṭʿat, qiṭaʿ **キ**トア, **キ**タウ	fragment フ**ラ**グメント
かける **掛ける** kakeru	يُعَلِّقُ عَلَى, 〔完〕 عَلَّقَ عَلَى yuʿalliqu ʿalā, ʿallaqa ʿalā ユ**ア**ッリク アラー, **ア**ッラカ アラー	hang, suspend **ハ**ング, サス**ペ**ンド
(時間を)	يَقْضِي وَقْتًا, 〔完〕 قَضَى وَقْتًا yaqḍī waqtan, qaḍā waqtan **ヤ**クディー **ワ**クタン, **カ**ダー **ワ**クタン	spend ス**ペ**ンド
(お金を)	يُنْفِقُ عَلَى, 〔完〕 أَنْفَقَ عَلَى yunfiqu ʿalā, ʾanfaqa ʿalā **ユ**ンフィク アラー, **ア**ンファカ アラー	spend ス**ペ**ンド
(電話を)	يَتَّصِلُ بِ, 〔完〕 اِتَّصَلَ بِ; يُتَلْفِنُ, 〔完〕 تَلْفَنَ yattaṣilu bi, ittaṣala bi, yutalfinu, talfana **ヤ**ッタスィル ビ, **イ**ッタサラ ビ, ユ**タ**ルフィヌ, **タ**ルファナ	call **コ**ール
(ラジオなどを)	يُشَغِّلُ, 〔完〕 شَغَّلَ yushaghghilu, shaghghala ユ**シャ**ッギル, **シャ**ッガラ	turn on **タ**ーン **オ**ン
(掛け算する)	يَضْرِبُ فِي, 〔完〕 ضَرَبَ فِي yaḍribu fī, ḍaraba fī **ヤ**ドリブ フィー, **ダ**ラバ フィー	multiply **マ**ルティプライ
かける **駆ける** kakeru	يَرْكُضُ, 〔完〕 رَكَضَ yarkuḍu, rakaḍa **ヤ**ルクドゥ, **ラ**カダ	run **ラ**ン
かける **欠ける** (一部が取れる) kakeru	يَنْقُصُ, 〔完〕 نَقَصَ yanquṣu, naqaṣa **ヤ**ンクス, **ナ**カサ	break off ブ**レ**イク **オ**ーフ
(不足している)	يَنْقُصُ, 〔完〕 نَقَصَ yanquṣu, naqaṣa **ヤ**ンクス, **ナ**カサ	lack **ラ**ク

日	アラビア	英
かける **賭ける** kakeru	**قَامَرَ ,يُقَامِرُ** 〔完〕 yuqāmiru, qāmara ユ**カ**ーミル，**カ**ーマラ	bet on **ベ**ト **オ**ン
かげる **陰る** kageru	**ظَلَّلَ ,يُظَلِّلُ** 〔完〕 yuẓallilu, ẓallala ユ**ザ**ッリル，**ザ**ッララ	darken **ダ**ークン
かこ **過去** kako	**مَاضٍ** 男〔二段〕 māḍin **マ**ーディン	past **パ**スト
かご **籠**　（鳥などの） kago	**قَفَص** 男〔二段〕 qafaṣ **カ**ファス	basket, cage **バ**スケト，**ケ**イヂ
（バスケット）	**سَلَّة** 女，複 **سِلَال** sallat, silāl **サ**ッラ，スィ**ラ**ール	basket **バ**スケト
かこう **加工** kakou	**تَصْنِيع** 男 taṣnīʿ タス**ニ**ーウ	processing プ**ラ**セスィング
～する	**صَنَّعَ ,يُصَنِّعُ** 〔完〕 yuṣanniʿu, ṣannaʿa ユサンニウ，**サ**ンナア	process プ**ラ**セス
～食品	**أَطْعَمَة مُصَنَّعَة** 複 ʾaṭʿamat muṣannaʿat **ア**トアマ ム**サ**ンナア	processed food プ**ラ**セスト **フ**ード
かごうする **化合する** kagousuru	**اِتَّحَدَ بِ ,يَتَّحِدُ بِ** 〔完〕 yattaḥidu bi, ittaḥada bi **ヤ**ッタヒドゥ ビ，**イ**ッタハダ ビ	combine コン**バ**イン
かこむ **囲む** kakomu	**أَحَاطَ ,يُحِيطُ** 〔完〕 yuḥīṭu, ʾaḥāṭa ユ**ヒ**ートゥ，ア**ハ**ータ	surround, enclose サ**ラ**ウンド，インク**ロ**ウズ
かさ **傘** kasa	**مِظَلَّة** 女；**شَمْسِيَّة** 女 miẓallat, shamsīyat ミ**ザ**ッラ，シャム**スィ**ーヤ	umbrella アンブ**レ**ラ
かさい **火災** kasai	**حَرِيق** 女，複 **حَرَائِقُ**〔二段〕 ḥarīq, ḥarāʾiqu ハリーク，ハ**ラ**ーイク	fire **ファ**イア

日	アラビア	英
～報知機	جَرَسُ ٱلْإِنْذَارِ بِٱلْحَرِيقِ 男 jarasu al-ʾindhāri bi-al-ḥarīqi ジャラスル インザーリ ビ-ル ハリーク	fire alarm ファイア アラーム
～保険	تَأْمِين ضِدَّ ٱلْحَرِيقِ 男 taʾmīn ḍidda al-ḥarīqi タアミーン ディッダル ハリーク	fire insurance ファイア インシュアランス
かさなる 重なる kasanaru	يَتَكَوَّمُ, 〔完〕 تَكَوَّمَ yatakauwamu, takauwama ヤタカッワム, タカッワマ	(be) piled up, overlap (ビ) パイルド アプ, オウヴァラプ
かさねる 重ねる （上に置く） kasaneru	يُكَوِّمُ, 〔完〕 كَوَّمَ yukauwimu, kauwama ユカッウィム, カッワマ	pile up パイル アプ
かざり 飾り kazari	زِينَة 女 zīnat ズィーナ	decoration, ornament デコレイション, オーナメント
かざる 飾る （装飾する） kazaru	يُزَيِّنُ, 〔完〕 زَيَّنَ yuzaiyinu, zaiyana ユザイイヌ, ザイヤナ	decorate, adorn デコレイト, アドーン
かざん 火山 kazan	بُرْكَان 男, 複 بَرَاكِينُ 〔二段〕 burkān, barākīnu ブルカーン, バラーキーヌ	volcano ヴァルケイノウ
かし 歌詞 kashi	كَلِمَاتُ ٱلْأُغْنِيَةِ 複 kalimātu al-ʾughniyati カリマートゥル ウグニヤ	words, lyrics ワーヅ, リリクス
かし 菓子 kashi	حَلْوَى 女 ; حَلْوَيَات 複 ḥalwā, ḥalwayāt ハルワー, ハルワヤート	sweets, confectionery スウィーツ, コンフェクショネリ
かし 貸し kashi	قَرْض 男, 複 قُرُوض qarḍ, qurūḍ カルド, クルード	loan ロウン
かじ 家事 kaji	أَعْمَال مَنْزِلِيَّة 複 ʾaʿmāl manzilīyat アアマール マンズィリーヤ	housework ハウスワーク

日	アラビア	英
かじ **火事** kaji	**حَرِيق** 男, 複 **حَرَائِق**〔二段〕 ḥarīq, ḥarāʾiqu ハリーク, ハラーイク	fire ファイア
かしこい **賢い** kashikoi	**ذَكِيّ**, 複 **أَذْكِيَاءُ**〔二段〕 dhakīy, ʾadhkiyāʾu ザキー, アズキヤーウ	wise, clever ワイズ, クレヴァ
かしだし **貸し出し** kashidashi	**إِعَارَة** 女 ʾiʿārat イアーラ	lending レンディング
かしつけ **貸し付け** kashitsuke	**قَرْض** 男, 複 **قُرُوض** qarḍ, qurūḍ カルド, クルード	loan, credit ロウン, クレディト
かじの **カジノ** kajino	**كَازِينُو** 男 kāzīnū カーズィーヌー	casino カスィーノウ
かしみや **カシミヤ** kashimiya	**كَشْمِير** 男 kashmīr カシュミール	cashmere キャジュミア
かしや **貸家** kashiya	**بَيْت لِلْإِيجَارِ** 男 bait li-al-ʾījāri バイト リル イージャール	house for rent ハウス フォ レント
かしゅ **歌手** kashu	**مُغَنٍّ** 男 mughannin ムガンニン	singer スィンガ
かしょくしょう **過食症** kashokushou	**شَرَه مَرَضِيّ** 男 sharah maraḍīy シャラフ マラディー	bulimia ビュリーミア
かす **貸す** (お金を) kasu	**يُقْرِضُ**, 〔完〕 **أَقْرَضَ** yuqriḍu, ʾaqraḍa ユクリドゥ, アクラダ	lend レンド
(物を)	**يُعِيرُ**, 〔完〕 **أَعَارَ** yuʿīru, ʾaʿāra ユイール, アアーラ	lend レンド
かす **滓** kasu	**رَوَاسِبُ** 複〔二段〕 rawāsibu ラワースィブ	dregs ドレグズ

日	アラビア	英
かず **数** kazu	أَرْقَام 複, رَقْم 男 raqm, ʾarqām ラクム, アルカーム	number, figure ナンバ, フィギャ
がす **ガス** gasu	غَاز 男 ghāz ガーズ	gas ギャス
かぜ **風** kaze	رِيَاح 複, رِيح 女 rīḥ, riyāḥ リーフ, リヤーフ	wind, breeze ウィンド, ブリーズ
かぜ **風邪** kaze	زُكَام 男 ; بَرْد 男 bard, zukām バルド, ズカーム	cold, flu コウルド, フルー
かせい **火星** kasei	اَلْمِرِّيخ 男 al-mirrīkh アル ミッリーフ	Mars マーズ
かぜい **課税** kazei	فَرْضُ ٱلضَّرِيبَةِ 女 farḍu al-ḍarībati ファルドゥッ ダリーバ	taxation タクセイション
かせき **化石** kaseki	مُتَحَجِّرَات 男 mutaḥajjirāt ムタハッジラート	fossil ファスィル
かせぐ **稼ぐ** kasegu	كَسَبَ 〔完〕, يَكْسِبُ yaksibu, kasaba ヤクスィブ, カサバ	earn アーン
かせつ **仮説** kasetsu	فَرْضِيَّة 女 farḍīyat ファルディーヤ	hypothesis ハイパセスィス
がぞう **画像** gazou	صُوَر 複, صُورَة 女 ṣūrat, ṣuwar スーラ, スワル	picture, image ピクチャ, イミヂ
かぞえる **数える** kazoeru	عَدَّ 〔完〕, يَعُدُّ yaʿuddu, ʿadda ヤウッドゥ, アッダ	count, calculate カウント, キャルキュレイト
かぞく **家族** kazoku	عَوَائِلُ〔二段〕 複, عَائِلَة 女 ʿāʾilat, ʿawāʾilu アーイラ, アワーイル	family ファミリ

日	アラビア	英
がそりん **ガソリン** gasorin	بِنْزِين 男 binzīn ビンズィーン	gasoline, gas, Ⓑpetrol ギャソリーン, ギャス, ペトロル
～スタンド	مَحَطَّةُ بِنْزِينٍ 男 maḥaṭṭatu binzīnin マハッタトゥ ビンズィーン	gas station, filling station ギャス ステイション, フィリング ステイション
かた **型** (鋳型) kata	قَالِب 男, 複 قَوَالِبُ [二段] qālib, qawālibu カーリブ, カワーリブ	mold, cast モウルド, キャスト
(様式)	طِرَاز 男, 複 طِرَازَات ṭirāz, ṭirāzāt ティラーズ, ティラーザート	style, mode, type スタイル, モウド, タイプ
かた **形** (形式・形状) kata	شَكْل 男, 複 أَشْكَال shakl, ʾashkāl シャクル, アシュカール	form, shape フォーム, シェイプ
かた **肩** kata	كَتِف 男, 複 أَكْتَاف katif, ʾaktāf カティフ, アクターフ	shoulder ショウルダ
かたーる **カタール** kataaru	قَطَرُ 女 qaṭaru カタル	Qatar カータール
かたい **固[堅・硬]い** katai	صُلْب ; قَاسٍ ṣulb, qāsin スルブ, カースィン	hard, solid ハード, サリド
(態度・状態が)	قَوِيّ qawīy カウィー	strong, firm ストロング, ファーム
かだい **課題** (主題) kadai	مَوْضُوع 男, 複 مَوَاضِيعُ [二段] mauḍūʿ, mawāḍīʿu マウドゥーウ, マワーディーウ	subject, theme サブヂェクト, スィーム
かたき **敵** kataki	عَدُوّ 男 ʿadūw アドゥーウ	enemy, opponent エネミ, オポウネント

日	アラビア	英
かたち **形** katachi	**شَكْل** 男, 複 **أَشْكَال** shakl, ʾashkāl シャクル, アシュカール	shape, form シェイプ, フォーム
かたづく **片づく** (整理される) katazuku	**يَتَنَظَّمُ,** 完 **تَنَظَّمَ** yatanaẓẓamu, tanaẓẓama ヤタナッザム, タナッザマ	(be) put in order (ビ) プト イン オーダ
かたづける **片づける** katazukeru	**يُنَظِّمُ,** 完 **نَظَّمَ** yunaẓẓimu, naẓẓama ユナッズィム, ナッザマ	put in order プト イン オーダ
(決着する)	**يَنْتَهِي,** 完 **اِنْتَهَى** yantahī, intahā ヤンタヒー, インタハー	settle セトル
かたな **刀** katana	**سَيْف** 男, 複 **سُيُوف** saif, suyūf サイフ, スユーフ	sword ソード
かたまり **塊** katamari	**كُتْلَة** 女, 複 **كُتَل** kutlat, kutal クトラ, クタル	lump, mass ランプ, マス
かたまる **固まる** (凝固する) katamaru	**يَتَجَمَّدُ,** 完 **تَجَمَّدَ** yatajammadu, tajammada ヤタジャンマドゥ, タジャンマダ	congeal, coagulate コンヂール, コウアギュレイト
(固くなる)	**يَجْمُدُ,** 完 **جَمَدَ** yajmudu, jamada ヤジュムドゥ, ジャマダ	harden ハードン
かたむく **傾く** katamuku	**يَمِيلُ إِلَى,** 完 **مَالَ إِلَى** yamīlu ʾilā, māla ʾilā ヤミール イラー, マーラ イラー	lean, incline リーン, インクライン
かたむける **傾ける** katamukeru	**يَحْنِي,** 完 **حَنَى** yaḥnī, ḥanā ヤフニー, ハナー	tilt, bend ティルト, ベンド
かためる **固める** (凝固させる) katameru	**يُجَمِّدُ,** 完 **جَمَّدَ** yujammidu, jammada ユジャンミドゥ, ジャンマダ	make congeal メイク コンヂール
(固くする)	**يُجَمِّدُ,** 完 **جَمَّدَ** yujammidu, jammada ユジャンミドゥ, ジャンマダ	harden ハードン

日	アラビア	英
かたる **語る** kataru	**يُكَلِّمُ**, [完] **كَلَّمَ** yukallimu, kallama ユカッリム, カッラマ	talk, speak トーク, スピーク
かたろぐ **カタログ** katarogu	**كَتَالُوج** 男, 複 **كَتَالُوجَات** katālūj, katālūjāt カタールージュ, カタールージャート	catalog, Ⓑcatalogue キャタローグ, キャタログ
(目録)	**فِهْرِس** 男, 複 **فَهَارِسُ** [二段] fihris, fahārisu フィフリス, ファハーリス	catalog, Ⓑcatalogue キャタローグ, キャタログ
かち **価値** kachi	**قِيمَة** 女, 複 **قِيَم** qīmat, qiyam キーマ, キヤム	value, worth ヴァリュ, ワース
かち **勝ち** kachi	**فَوْز** 男 ; **اِنْتِصَار** 男 fauz, intiṣār ファウズ, インティサール	victory, win ヴィクトリ, ウィン
かちく **家畜** kachiku	**مَاشِيَة** 女, 複 **مَوَاشٍ** [二段] māshiyat, mawāshin マーシヤ, マワーシン	livestock ライヴスタク
かつ **勝つ** katsu	**يَنْتَصِرُ**, [完] **اِنْتَصَرَ** ; **يَفُوزُ بِ**, [完] **فَازَ بِ** yantaṣiru, intaṣara, yafūzu bi, fāza bi ヤンタスィル, インタサラ, ヤフーズ ビ, ファーザ ビ	win ウィン
がっか **学科** (大学の) gakka	**قِسْم** 男, 複 **أَقْسَام** qism, ʾaqsām キスム, アクサーム	department ディパートメント
がっか **学課** gakka	**دَرْس** 男, 複 **دُرُوس** dars, durūs ダルス, ドゥルース	lesson レスン
かっき **活気** kakki	**نَشَاط** 男 nashāṭ ナシャート	liveliness, animation ライヴリネス, アニメイション
がっき **学期** gakki	**فَتْرَة دِرَاسِيَّة** 男 fatrat dirāsīyat ファトラ ディラースィーヤ	term, semester ターム, セメスタ

日	アラビア	英
がっき **楽器** gakki	آلَة مُوسِيقِيَّة 男 ʾālat mūsīqīyat アーラ ムースィーキーヤ	musical instrument ミューズィカル インストルメント
がっきゅう **学級** gakkyuu	فَصْل 男, 複 فُصُول faṣl, fuṣūl ファスル, フスール	(school) class (スクール) クラス
かつぐ **担ぐ** katsugu	يَحْمِلُ عَلَى ٱلْكَتِفِ, 完 حَمَلَ عَلَى ٱلْكَتِفِ yaḥmilu ʿalā al-katifi, ḥamala ʿalā al-katifi ヤフミル アラル カティフ, ハマラ アラル カティフ	shoulder ショウルダ
(だます)	يَخْدَعُ, 完 خَدَعَ yakhdaʿu, khadaʿa ヤフダウ, ハダア	deceive ディスィーヴ
かっこう **格好** kakkou	شَكْل 男, 複 أَشْكَال shakl, ʾashkāl シャクル, アシュカール	shape, form シェイプ, フォーム
かっこう **郭公** kakkou	وَقْوَاقُ 男 waqwāqu ワクワーク	cuckoo クク―
がっこう **学校** gakkou	مَدْرَسَة 女, 複 مَدَارِسُ 〔二段〕 madrasat, madārisu マドラサ, マダーリス	school スクール
がっしょう **合唱** gasshou	كُورَس 男 kūras クーラス	chorus コーラス
かっしょくの **褐色の** kasshokuno	أَسْمَرُ 〔二段〕; سَمْرَاءُ 女〔二段〕 ʾasmaru, samrāʾu アスマル, サムラーウ	brown ブラウン
かっそうろ **滑走路** kassouro	مَدْرَجُ ٱلْمَطَارِ 男 madraju al-maṭāri マドラジュル マタール	runway ランウェイ
かつて **かつて** (過去に) katsute	فِي ٱلْمَاضِي fī al-māḍī フィル マーディー	once, before ワンス, ビフォー

日	アラビア	英
かってな **勝手な** kattena	أَنَانِي ʾanānī アナーニー	selfish セルフィシュ
かってに **勝手に** katteni	بِدُونِ إِذْنٍ bidūni ʾidhnin ビドゥーニ イズニン	arbitrarily アービトレリリ
かつどう **活動** katsudou	نَشَاط 男, 複 نَشَاطَات nashāṭ, nashāṭāt ナシャート，ナシャータート	activity アクティヴィティ
かっぱつな **活発な** kappatsuna	نَشِيط, 複 نِشَاط nashīṭ, nishāṭ ナシート，ニシャート	active, lively アクティヴ，ライヴリ
かっぷ **カップ** kappu	فِنْجَان 男, 複 فَنَاجِينُ〔二段〕 finjān, fanājīnu フィンジャーン，ファナージーン	cup カプ
がっぺいする **合併する** gappeisuru	يَنْدَمِجُ, 〔完〕 اِنْدَمَجَ yandamiju, indamaja ヤンダミジュ，インダマジャ	merge マーヂ
かつやくする **活躍する** katsuyakusuru	يَنْشَطُ, 〔完〕 نَشِطَ yanshaṭu, nashiṭa ヤンシャトゥ，ナシタ	(be) active in (ビ) アクティヴ イン
かてい **家庭** katei	أُسْرَة 女 ; عَائِلَة 女 ʾusrat, ʿāʾilat ウスラ，アーイラ	home, family ホウム，ファミリ
かど **角** kado	رُكْن 男, 複 أَرْكَان rukn, ʾarkān ルクン，アルカーン	corner, turn コーナ，ターン
かとりっく **カトリック** katorikku	كَاثُولِيكِيَّة 女 kāthūlīkīyat カースーリーキーヤ	Catholicism カサリスィズム
かなしい **悲しい** kanashii	حَزِين, 複 حُزَنَاءُ〔二段〕 ḥazīn, ḥuzanāʾu ハズィーン，フザナーウ	sad, sorrowful サド，サロウフル
かなしみ **悲しみ** kanashimi	حُزْن 男, 複 أَحْزَان ḥuzn, ʾaḥzān フズン，アフザーン	sorrow, sadness サロウ，サドネス

日	アラビア	英
かなだ **カナダ** kanada	كَنَدَا 女 kanadā カナダー	Canada キャナダ
かなづち **金槌** kanazuchi	مِطْرَقَة 女, 複 مَطَارِقُ [二段] miṭraqat, maṭāriqu ミトラカ，マターリク	hammer ハマ
かならず **必ず** (間違いなく) kanarazu	بِٱلتَّأْكِيدِ bi-al-taʾkīdi ビッ タアキーディ	without fail ウィザウト フェイル
(常に)	دَائِمًا dāʾiman ダーイマン	always オールウェイズ
かなりあ **カナリア** kanaria	كَنَارِي 男 kanārī カナーリー	canary カネアリ
かに **蟹** kani	كَابُورِيَا 女；سَرَطَان 男 kābūriyā, saraṭān カーブーリヤー，サラターン	crab クラブ
～座	اَلسَّرَطَان 男 al-saraṭān アッ サラターン	Crab, Cancer クラブ，キャンサ
かにゅうする **加入する** kanyuusuru	يَنْضَمُّ إِلَى, 〔完〕 اِنْضَمَّ إِلَى yanḍammu ʾilā, inḍamma ʾilā ヤンダンム イラー，インダンマ イラー	join, enter ヂョイン，エンタ
かね **金** kane	نُقُود 複 nuqūd ヌクード	gold ゴウルド
かね **鐘** kane	جَرَس 男, 複 أَجْرَاس jaras, ʾajrās ジャラス，アジュラース	bell ベル
かねもち **金持ち** kanemochi	رَجُلُ كَثِيرُ ٱلْمَالِ 男 rajlu kathīru al-māli ラジュル カスィールル マール	rich person リチ パースン
～の	غَنِيّ ghanīy ガニー	rich リチ

か

日	アラビア	英
かのうせい **可能性** kanousei	**إِمْكَانِيَّة** 女 ʾimkānīyat イムカーニーヤ	possibility パスィビリティ
かのうな **可能な** kanouna	**مُمْكِن** mumkin ムムキン	possible パスィブル
かのじょ **彼女** kanojo	**هِيَ** hiya ヒヤ	she シー
かばー **カバー** kabaa	**غِطَاء** 男, 複 **أَغْطِيَة** ghiṭāʾ, ʾaghṭiyat ギターウ, アグティヤ	cover カヴァ
～する	**يُغَطِّي**, 〔完〕**غَطَّى** yughaṭṭī, ghaṭṭā ユガッティー, ガッター	cover カヴァ
かばう **かばう** kabau	**يَحْمِي**, 〔完〕**حَمَى** yaḥmī, ḥamā ヤフミー, ハマー	protect プロテクト
かばん **鞄** kaban	**حَقِيبَة** 女, 複 **حَقَائِبُ**〔二段〕 ḥaqībat, ḥaqāʾibu ハキーバ, ハカーイブ	bag バグ
かはんすう **過半数** kahansuu	**أَغْلَبِيَّة** 女 ʾaghlabīyat アグラビーヤ	majority マヂョーリティ
かびん **花瓶** kabin	**زَهْرِيَّة** 女 zahrīyat ザフリーヤ	vase ヴェイス
かぶ **蕪** kabu	**لِفْت** 男 lift リフト	turnip ターニプ
かふぇ **カフェ** kafe	**مَقْهًى** 男, 複 **مَقَاهٍ** maqhan, maqāhin マクハー, マカーヒン	café, coffeehouse キャフェイ, コーフィハウス
かふぇいん **カフェイン** kafein	**كَافِئِين** 男 kāfiʾīn カーフィイーン	caffeine キャフィーン

日	アラビア	英
かふぇおれ **カフェオレ** kafeore	**قَهْوَة بِٱللَّبَنِ** 女 **; قَهْوَة بِٱلْحَلِيبِ** 女 qahwat bi-al-labani, qahwat bi-al-ḥalībi カフワ ビーッ ラバン, カフワ ビール ハリーブ	café au lait キャフェイ オウ レイ
かぶしきがいしゃ **株式会社** kabushikigaisha	**شَرِكَةُ ٱلْمُسَاهَمَةِ** 女 sharikatu al-musāhamati シャリカトゥル ムサーハマ	joint-stock corporation チョイントスタク コーポレイション
かぶせる **被せる** （覆う） kabuseru	**يُغَطِّي,** 〔完〕 **غَطَّى** yughaṭṭī, ghaṭṭā ユガッティー, ガッター	cover with カヴァ ウィズ
かぷせる **カプセル** kapuseru	**كَبْسُولَة** 女 kabsūlat カブスーラ	capsule キャプスル
かぶぬし **株主** kabunushi	**مُسَاهِم** 男 musāhim ムサーヒム	stockholder スタクホウルダ
かふん **花粉** kafun	**حُبُوبُ ٱللَّقَاحِ** 複 ḥubūbu al-laqāḥi フブーブッ ラカーヒ	pollen パルン
～症	**حَسَّاسِيَّةُ حُبُوبِ ٱللَّقَاحِ** 女 ḥassāsīyatu ḥubūbi al-laqāḥi ハッサースィーヤトゥ フブービッ ラカーフ	hay fever ヘイ フィーヴァ
かべ **壁** kabe	**جِدَار** 男, 複 **جُدْرَان ; حَائِط** 男, 複 **حِيطَان** jidār, judrān, ḥāʾiṭ, ḥīṭān ジダール, ジュドラーン, ハーイト, ヒーターン	wall, partition ウォール, パーティション
～紙	**وَرَقُ ٱلْجُدْرَانِ** 男 waraqu al-judrāni ワラクル ジュドラーニ	wallpaper ウォールペイパ
かぼちゃ **南瓜** kabocha	**قَرْعُ ٱلْعَسَلِ** 男 qarʿu al-ʿasali カルウル アサル	pumpkin パンプキン

日	アラビア	英
かまう **構う**　（気にかける） kamau	**اِعْتَنَى بِ, يَعْتَنِي بِ** 〔完〕 yaʿtanī bi, iʿtanā bi ヤアタニー ビ, イウタナー ビ	care about, mind ケア アバウト, マインド
（世話する）	**اِعْتَنَى بِ, يَعْتَنِي بِ** 〔完〕 yaʿtanī bi, iʿtanā bi ヤアタニー ビ, イウタナー ビ	care for ケア フォ
がまんする **我慢する** gamansuru	**صَبَرَ, يَصْبِرُ** 〔完〕 yaṣbiru, ṣabara ヤスビル, サバラ	(be) patient (ビ) ペイシェント
かみ **紙** kami	**وَرَق** 集, **وَرَقَة** 女, 複 **أَوْرَاق** waraq, waraqat, ʾaurāq ワラク, ワラカ, アウラーク	paper ペイパ
かみ **神** kami	**إِلٰه** 男, 複 **آلِهَة** ʾilāh, ʾālihat イラーフ, アーリハ	god ガド
（唯一神、アッラー）	**أَلله** 男 ʾallāh アッラーフ	Allah アラ
かみ **髪** kami	**شَعْر** 集, **شَعْرَة** 女, 複 **شُعُور** shaʿr, shaʿrat, shuʿūr シャアル, シャアラ, シュウール	hair ヘア
かみそり **かみそり** kamisori	**مُوسَى** 女, 複 **مَوَاسٍ**〔二段〕 mūsā, mawāsin ムーサー, マワースィン	razor レイザ
かみなり **雷** kaminari	**رَعْد** 男, 複 **رُعُود** raʿd, ruʿūd ラアド, ルウード	thunder サンダ
かみん **仮眠** kamin	**قَيْلُولَة** 女 qailūlat カイルーラ	doze ドウズ
かむ **噛む** kamu	**مَضَغَ, يَمْضَغُ** 〔完〕 yamḍaghu, maḍagha ヤムダグ, マダガ	bite, chew バイト, チュー
がむ **ガム** gamu	**عِلْكَة** 女 ʿilkat イルカ	chewing gum チューイング ガム

日	アラビア	英
かめ **亀** kame	**سُلَحْفَاة** 女, 複 **سَلَاحِفُ** 〔二段〕 sulaḥfāt, salāḥifu スラフファー, サラーヒフ	tortoise, turtle トータス, タートル
かめいする **加盟する** kameisuru	**يَنْضَمُّ إِلَى**, 〔完〕 **اِنْضَمَّ إِلَى** yanḍammu ʾilā, inḍamma ʾilā ヤンダンム イラー, インダンマ イラー	(be) affiliated (ビ) アフィリエイテド
かめら **カメラ** kamera	**كَامِيرَا** 女 kāmīrā カーミーラー	camera キャメラ
～マン (映画・テレビの)	**مُصَوِّر** 男 muṣauwir ムサッウィル	cameraman キャメラマン
(写真家)	**مُصَوِّر** 男 muṣauwir ムサッウィル	photographer フォタグラファ
かめん **仮面** kamen	**قِنَاع** 男, 複 **أَقْنِعَة** qināʿ, ʾaqniʿat キナーウ, アクニア	mask マスク
がめん **画面** gamen	**شَاشَة** 女 shāshat シャーシャ	screen, display スクリーン, ディスプレイ
かもく **科目** kamoku	**مَادَّة** 女, 複 **مَوَادُّ** 〔二段〕 māddat, mawāddu マーッダ, マワーッドゥ	subject サブヂェクト
かもつ **貨物** kamotsu	**شَحْن** 男 shaḥn シャフン	freight, goods フレイト, グヅ
かもめ **鴎** kamome	**نَوْرَس** 男 nauras ナウラス	seagull スィーガル
かやく **火薬** kayaku	**بَارُود** 男 bārūd バールード	gunpowder ガンパウダ
かよう **通う** (頻繁に) kayou	**يَتَرَدَّدُ**, 〔完〕 **تَرَدَّدَ** yataraddadu, taraddada ヤタラッダドゥ, タラッダダ	visit frequently ヴィズィト フリークウェントリ

日	アラビア	英
かようび **火曜日** kayoubi	**يَوْمُ ٱلثَّلَاثَاءِ** 男 yaumu al-thalāthā'i ヤウムッ サラーサーウ	Tuesday テューズデイ
から **殻** (貝の) kara	**صَدَف** 集, 複 **أَصْدَاف** ṣadaf, 'aṣdāf サダフ, アスダーフ	shell シェル
からー **カラー** karaa	**لَوْن** 男, 複 **أَلْوَان** laun, 'alwān ラウン, アルワーン	color, Ⓑcolour カラ, カラ
～フィルム	**فِيلْم مُلَوَّن** 男 fīlm mulauwan フィールム ムラッワン	color film カラ フィルム
からい **辛い** karai	**حَارّ** ḥārr ハーッル	hot, spicy ハト, スパイスィ
(塩辛い)	**مَالِح** māliḥ マーリフ	salty ソールティ
からかう **からかう** karakau	**يَسْخَرُ**, (完) **سَخِرَ** yaskharu, sakhira ヤスハル, サヒラ	make fun of メイク ファン オヴ
からす **カラス** karasu	**غُرَاب** 男, 複 **غِرْبَان** ghurāb, ghirbān グラーブ, ギルバーン	crow クロウ
がらす **ガラス** garasu	**زُجَاج** 男 zujāj ズジャーズ	glass グラス
からだ **体** karada	**جِسْم** 男, 複 **أَجْسَام** jism, 'ajsām ジスム, アジュサーム	body バディ
からふるな **カラフルな** karafuruna	**مُلَوَّن** mulawwan ムラッワン	colorful カラフル
かり **借り** kari	**دَيْن** 男, 複 **دُيُون** dain, duyūn ダイン, ドゥユーン	debt, loan デト, ロウン

日	アラビア	英
かりいれ **借り入れ** kariire	**اِسْتِعَارَة** 女 istiʿārat イスティアーラ	borrowing バロウイング
かりうむ **カリウム** kariumu	**بُوتَاسِيُوم** 男 būtāsiyūm ブータースィユーム	potassium ポタスィアム
かりきゅらむ **カリキュラム** karikyuramu	**مَنْهَج** 男, 複 **مَنَاهِجُ** 〔二段〕; **بَرْنَامَج** 男, 複 **بَرَامِجُ** 〔二段〕 manhaj, manāhiju, barnāmaj, barāmiju マンハジュ, マナーヒジュ, バルナーマジュ, バラーミジュ	curriculum カリキュラム
かりる **借りる** kariru	**يَسْتَعِيرُ**, 完 **إِسْتَعَارَ** yastaʿīru, ʾistaʿāra ヤスタイール, イスタアーラ	borrow, rent バロウ, レント
かる **刈る** (作物を) karu	**يَحْصُدُ**, 完 **حَصَدَ** yaḥṣudu, ḥaṣada ヤフスドゥ, ハサダ	reap, harvest リープ, ハーヴェスト
(髪を)	**يَقْطَعُ**, 完 **قَطَعَ** yaqṭaʿu, qaṭaʿa ヤクタウ, カタア	cut, trim カト, トリム
かるい **軽い** karui	**خَفِيف**, 複 **خِفَاف** khafīf, khifāf ハフィーフ, ヒファーフ	light, slight ライト, スライト
(気楽な)	**سَهْل** sahl サフル	easy イーズィ
かるしうむ **カルシウム** karushiumu	**كَلْسِيُوم** 男 kalsiyūm カルスィユーム	calcium キャルスィアム
かるて **カルテ** karute	**سِجِلّ طِبِّيّ** 男 sijill ṭibbīy スィジッル ティッビー	(medical) chart (メディカル) チャート
かれ **彼** kare	**هُوَ** huwa フワ	he ヒー

日	アラビア	英
かれー **カレー** karee	**كَارِي** 男 kārī カーリー	curry カーリ
かれら **彼ら** karera	**هُمْ** hum フム	they ゼイ
かれる **枯れる** kareru	**يَذْبُلُ**, 完 **ذَبَلَ** yadhbulu, dhabala ヤズブル，ザバラ	wither, die ウィザ，ダイ
かれんだー **カレンダー** karendaa	**تَقْوِيم** 男 taqwīm タクウィーム	calendar キャレンダ
がろう **画廊** garou	**مَعْرِض فَنِّيّ** 男 maʿriḍ fannīy マアリド ファンニー	art gallery アート ギャラリ
かろうじて **辛うじて** karoujite	**بِٱلْكَادِ** bi-al-kādi ビールカード	barely ベアリ
かろりー **カロリー** karorii	**كَالُورِي** 男; **حُرَيْرَة** 女 kālūrī, ḥurairat カールーリー，フライラ	calorie キャロリ
かわ **川** kawa	**نَهْر** 男, 複 **أَنْهَار** nahr, ʾanhār ナフル，アンハール	river リヴァ
かわ **皮** (果皮) kawa	**قِشْر** 女 qishr キシュル	peel ピール
(樹皮)	**لِحَاء** 男 liḥāʾ リハーウ	bark バーク
(皮膚)	**بَشَرَة** 女 basharat バシャラ	skin スキン
かわ **革** kawa	**جِلْد** 男, 複 **جُلُود** jild, julūd ジルド，ジュルード	hide, leather, fur ハイド，レザ，ファー

日	アラビア	英
がわ **側** gawa	جَانِب 男 jānib ジャーニブ	side サイド
かわいい **可愛い** kawaii	جَمِيل jamīl ジャミール	cute キュート
かわいそうな **可哀相な** kawaisouna	مِسْكِين، 複 مَسَاكِينُ [二段] miskīn, masākīnu ミスキーン，マサーキーン	poor, pitiable プア，ピティアブル
かわかす **乾かす** kawakasu	يُجَفِّفُ، [完] جَفَّفَ yujaffifu, jaffafa ユジャッフィフ，ジャッファファ	dry ドライ
かわく **乾く** kawaku	يَجِفُّ، [完] جَفَّ yajiffu, jaffa ヤジッフ，ジャッファ	dry (up) ドライ（アプ）
かわく **渇く** （喉が） kawaku	يَعْطَشُ، [完] عَطِشَ yaʿṭashu, ʿaṭisha ヤアタシュ，アティシャ	(become) thirsty （ビカム）サースティ
かわせ **為替** kawase	حَوَالَة بَرِيدِيَّة 女 ḥawālat barīdīyat ハワーラ バリーディーヤ	money order マニ オーダ
～レート	سِعْرُ صَرْفٍ 男 siʿru ṣarfin スィウル サルフィン	exchange rate イクスチェインヂ レイト
かわりに **代わりに** kawarini	بَدَلًا مِنْ badalan min バダラン ミン	instead of, for インステド オヴ，フォー
かわる **代わる** kawaru	يَحُلُّ مَحَلَّهُ، [完] حَلَّ مَحَلَّهُ yaḥullu maḥalla-hu, ḥalla maḥalla-hu ヤフッル マハッラ-フ，ハッラ マハッラ-フ	replace リプレイス
かわる **変わる** kawaru	يَتَغَيَّرُ، [完] تَغَيَّرَ yataghaiyaru, taghaiyara ヤタガイヤル，タガイヤラ	change, turn into チェインヂ，ターン イントゥ

日	アラビア	英
かん 缶 kan	عُلْبَة 女, 複 عُلَب ʿulbat, ʿulab ウルバ, ウラブ	can, tin キャン, ティン
がん 癌 gan	سَرَطَان 男 saraṭān サラターン	cancer キャンサ
かんえん 肝炎 kan-en	اِلْتِهَابُ ٱلْكِبْدِ 男 iltihābu al-kibdi イルティハーブル キブド	hepatitis ヘパタイティス
がんか 眼科 ganka	طِبُّ ٱلْعُيُونِ 男 ṭibbu al-ʿuyūni ティッブル ウユーン	ophthalmology アフサルマロヂ
かんがえ 考え kangae	فِكْرَة 女, 複 فِكَر fikrat, fikar フィクラ, フィカル	thought, thinking ソート, スィンキング
(アイディア)	فِكْرَة 女, 複 فِكَر fikrat, fikar フィクラ, フィカル	idea アイディーア
(意見)	رَأْي 男, 複 آرَاء raʾay, ʾārāʾ ラアイ, アーラーウ	opinion オピニョン
かんがえる 考える kangaeru	يَتَفَكَّرُ فِي, 〔完〕 تَفَكَّرَ فِي yatafakkaru fī, tafakkara fī ヤタファッカル フィー, タファッカラ フィー	think スィンク
かんかく 感覚 kankaku	حِسّ 男 ḥiss ヒッス	sense, feeling センス, フィーリング
かんきゃく 観客 kankyaku	جُمْهُور 男 ; مُشَاهِد 男 jumhūr, mushāhid ジュムフール, ムシャーヒド	spectator スペクテイタ
かんきょう 環境 kankyou	بِيئَة 女 bīʾat ビーア	environment インヴァイアロンメント
かんきり 缶切り kankiri	فَتَّاحَةُ ٱلْعُلَبِ 女 fattāḥatu al-ʿulabi ファッターハトゥル ウラビ	can opener キャン オウプナ

日	アラビア	英
かんきん **監禁** kankin	**حَبْس** 男 ḥabs ハブス	confinement コンファインメント
がんきん **元金** gankin	**رَأْسُمَال** 男, 複 **رَسَامِيلُ** 〔二段〕 raʾsumāl, rasāmīlu ラアスマール, ラサーミール	principal, capital プリンスィパル, キャピタル
かんけい **関係** kankei	**عَلَاقَة بِ** 女 ʿalāqat bi アラーカ ビ	relation, relationship リレイション, リレイションシプ
～する	**تَعَلَّقَ بِ** 〔完〕, **يَتَعَلَّقُ بِ** yataʿallaqu bi, taʿallaqa bi ヤタアッラク ビ, タアッラカ ビ	(be) related to (ビ) リレイテド トゥ
かんげいする **歓迎する** kangeisuru	**رَحَّبَ بِ** 〔完〕, **يُرَحِّبُ بِ** yuraḥḥibu bi, raḥḥaba bi ユラッヒブ ビ, ラッハバ ビ	welcome ウェルカム
かんけつする **完結する** kanketsusuru	**اِكْتَمَلَ** 〔完〕, **يَكْتَمِلُ** yaktamilu, iktamala ヤクタミル, イクタマラ	finish フィニシュ
かんけつな **簡潔な** kanketsuna	**مُخْتَصَر** mukhtaṣar ムフタサル	brief, concise ブリーフ, コンサイス
かんご **看護** kango	**تَمْرِيض** 男 tamrīḍ タムリード	nursing ナースィング
～師	**مُمَرِّض** 男 mumarriḍ ムマッリド	nurse ナース
～する	**مَرَّضَ** 〔完〕, **يُمَرِّضُ** yumarriḍu, marraḍa ユマッリドゥ, マッラダ	nurse ナース
かんこう **観光** kankou	**سِيَاحَة** 女 siyāḥat スィヤーハ	sightseeing サイトスィーイング

日	アラビア	英
～客	سَائِح 男, 複 سُيَّاح sāʾiḥ, suyyāḥ サーイフ, スッヤーフ	tourist トゥアリスト
かんこうちょう 官公庁 kankouchou	مَكْتَب حُكُومِيّ 男 maktab ḥukūmīy マクタブ フクーミー	government offices ガヴァンメント オーフィセズ
かんこうへん 肝硬変 kankouhen	تَلَيُّفُ ٱلْكِبْدِ 男 talaiyufu al-kibdi タライユフル キブド	cirrhosis スィロウスィス
かんこく 韓国 kankoku	كُورِيَا ٱلْجَنُوبِيَّة 女 kūriyā al-janūbīyat クーリヤル ジャヌービーヤ	South Korea サウス コリーア
～語	اَللُّغَة ٱلْكُورِيَّة 女 al-lughat al-kūriyāt アッ ルガトゥル クーリーヤ	Korean コリーアン
かんさ 監査 kansa	تَدْقِيق 男 ; تَفْتِيش 男 tadqīq, taftīsh タドキーク, タフティーシュ	inspection インスペクション
かんさつ 観察 kansatsu	مُلَاحَظَة 女 mulāḥaẓat ムラーハザ	observation アブザヴェイション
～する	يُلَاحِظُ, ［完］ لَاحَظَ yulāḥiẓu, lāḥaẓa ユラーヒズ, ラーハザ	observe オブザーヴ
かんし 冠詞 kanshi	أَدَاةُ ٱلتَّعْرِيفِ 女 ʾadātu al-taʿrīfi アダートゥッ タアリーフ	article アーティクル
かんし 監視 kanshi	مُرَاقَبَة 女 murāqabat ムラーカバ	surveillance サヴェイランス
かんじ 感じ kanji	شُعُور 男 shuʿūr シュウール	feeling フィーリング

日	アラビア	英
かんしゃ **感謝** kansha	شُكْر 男, 複 شُكُور shukr, shukūr **シュ**クル, シュ**ク**ール	thanks, appreciation **サ**ンクス, アプリーシ**エ**イション
～する	يَشْكُرُ, 〔完〕شَكَرَ yashkuru, shakara **ヤ**シュクル, **シャ**カラ	thank **サ**ンク
かんじゃ **患者** kanja	مَرِيض 男, 複 مَرْضَى marīḍ, marḍā マ**リ**ード, **マ**ルダー	patient, case **ペ**イシェント, **ケ**イス
かんしゅう **観衆** kanshuu	جُمْهُور 男 ; مُشَاهِد 男 jumhūr, mushāhid ジュム**フ**ール, ム**シャ**ーヒド	spectators, audience ス**ペ**クテイタズ, **オ**ーディエンス
かんじゅせい **感受性** kanjusei	حِسّ 男 ḥiss **ヒ**ッス	sensibility センスィ**ビ**リティ
がんしょ **願書** gansho	طَلَب 男 ṭalab **タ**ラブ	application form アプリ**ケ**イション **フォ**ーム
かんじょう **感情** kanjou	شُعُور 男 shuʿūr シュ**ウ**ール	feeling, emotion **フィ**ーリング, イ**モ**ウション
かんじょう **勘定** (計算) kanjou	حِسَاب 男 ḥisāb ヒ**サ**ーブ	calculation キャルキュ**レ**イション
かんしょうする **干渉する** kanshousuru	يَتَدَخَّلُ فِي, 〔完〕تَدَخَّلَ فِي yatadakhkhalu fī, tadakhkhala fī ヤタ**ダ**ッハル フィー, タ**ダ**ッハラ フィー	interfere インタ**フィ**ア
かんしょうする **鑑賞する** (見る) kanshousuru	يُشَاهِدُ, 〔完〕شَاهَدَ yushāhidu, shāhada ユ**シャ**ーヒドゥ, **シャ**ーハダ	appreciate アプ**リ**ーシエイト
かんじる **感じる** kanjiru	يَشْعُرُ بِ, 〔完〕شَعَرَ بِ yashʿaru bi, shaʿara bi **ヤ**シュアル ビ, **シャ**アラ ビ	feel **フィ**ール

日	アラビア	英
かんしん **関心** kanshin	**اِهْتِمَام** 男 ihtimām イフティマーム	concern, interest コンサーン, インタレスト
かんしんする **感心する** （感嘆している） kanshinsuru	**مُعْجَبٌ بِ** muʿjaba bi ムウジャバ ビ	admire アドマイア
かんしんな **感心な**（素晴らしい） kanshinna	**رَائِع** rāʾiʿ ラーイウ	admirable アドミラブル
かんじんな **肝心な** kanjinna	**مُهِمّ** muhimm ムヒンム	important, essential インポータント, イセンシャル
かんすう **関数** kansuu	**دَالَّة** 女 dāllat ダーッラ	function ファンクション
かんせい **完成** kansei	**اِكْتِمَال** 男 iktimāl イクティマール	completion コンプリーション
〜する	**يَكْتَمِلُ,** 〔完〕**اِكْتَمَلَ** yaktamilu, iktamala ヤクタミル, イクタマラ	complete, accomplish コンプリート, アカンプリシュ
かんせい **歓声** kansei	**هُتَاف** 男 hutāf フターフ	shout of joy シャウト オヴ ヂョイ
かんぜい **関税** kanzei	**رُسُوم جُمْرُكِيَّة** 男 rusūm jumrukīyat ルスーム ジュムルキーヤ	customs, duty カスタムズ, デューティ
かんせつ **関節** kansetsu	**مَفْصِل** 男, 複 **مَفَاصِلُ**〔二段〕 mafṣil, mafāṣilu マフスィル, マファースィル	joint チョイント
かんせつの **間接の** kansetsuno	**غَيْر مُبَاشِر** ghair mubāshir ガイル ムバーシル	indirect インディレクト

日	アラビア	英
かんせん **感染** kansen	**عَدْوَى** 男 ʿadwā アドワー	infection, contagion インフェクション，コンテイギョン
〜者	**شَخْص مُصَاب** shakhṣ muṣāb シャフス ムサーブ	infected person インフェクティド パースン
〜する	**يُصِيبُهُ ٱلْمَرَضُ**, 〔完〕**أَصَابَهُ ٱلْمَرَضُ** yuṣību-hu al-maraḍu, ʾaṣāba-hu al-maraḍu ユスィーブ-フル マラドゥ，アサーバ-フル マラドゥ	infect, be infected インフェクト，ビ インフェクティド
かんせんどうろ **幹線道路** kansendouro	**طَرِيق رَئِيسِيّ** 男; **أُوتُوسْتْرَاد** 男 ṭarīq raʾīsīy, ūtūsturād タリーク ライースィー，ウートゥーストゥラード	highway ハイウェイ
かんぜんな **完全な** kanzenna	**كَامِل**, 複 **كَمَلَة** kāmil, kamalat カーミル，カマラ	perfect パーフェクト
かんそう **感想** kansou	**رَأْي** 男, 複 **آرَاء** raʾy, ʾārāʾ ラアイ，アーラーウ	thoughts, impressions ソーツ，インプレションズ
かんぞう **肝臓** kanzou	**كَبِد** 男, 複 **أَكْبَاد** kabid, ʾakbād カビド，アクバード	liver リヴァ
かんそうき **乾燥機** kansouki	**مُجَفِّف** 男 mujaffif ムジャッフィフ	dryer ドライア
かんそうする **乾燥する** (乾燥させる) kansousuru	**يُجَفِّفُ**, 〔完〕**جَفَّفَ** yujaffifu, jaffafa ユジャッフィフ，ジャッファファ	dry ドライ
かんそく **観測** kansoku	**رَصْد** 男 raṣd ラスド	observation アブザヴェイション

日	アラビア	英
～する	رَصَدَ 〔完〕, يَرْصُدُ yarṣudu, raṣada ヤルスドゥ，ラサダ	observe オブザーヴ
かんそな **簡素な** kansona	بَسِيط basīṭ バスィート	simple スィンプル
かんだいな **寛大な** kandaina	سَخِيّ ; كَرِيم, كُرَمَاءُ 複〔二段〕 sakhīy, karīm, kuramāʾu サヒー，カリーム，クラマーウ	generous チェネラス
がんたん **元旦** gantan	عِيدُ رَأْسِ ٱلسَّنَةِ 男 ʿīdu raʾsi al-sanati イードゥ ラアスィッ サナ	New Year's Day ニュー イアズ デイ
かんたんする **感嘆する** kantansuru	تَعَجَّبَ مِنْ 〔完〕, يَتَعَجَّبُ مِنْ yataʿajjabu min, taʿajjaba min ヤタアッジャブ ミン，タアッジャバ ミン	admire アドマイア
かんたんな **簡単な** kantanna	سَهْل ; بَسِيط, بُسَطَاءُ 複〔二段〕 sahl, basīṭ, busaṭāʾu サフル，バスィート，ブサターウ	simple, easy スィンプル，イーズィ
かんちがい **勘違い** kanchigai	سُوءُ ٱلْفَهْمِ 男 suwaʾu al-fahmi スワウル ファフム	mistake ミステイク
～する	أَسَاءَ ٱلْفَهْمَ 〔完〕, يُسِيءُ ٱلْفَهْمَ yusīʾu al-fahma, ʾasāʾa al-fahma ユスィーウル ファフム，アサーアル ファフム	mistake ミステイク
かんちょう **官庁** kanchou	مَكْتَب حُكُومِيّ 男 maktab ḥukūmīy マクタブ フクーミー	government offices ガヴァンメント オーフィセズ
かんちょう **干潮** kanchou	جَزْر 男 jazr ジャズル	low tide ロウ タイド

日	アラビア	英
かんづめ **缶詰** kanzume	عُلْبَة 女 ʿulbat ウルバ	canned food, Ⓑtinned food キャンド フード, ティンド フード
イワシの～	عُلْبَةُ ٱلسَّرْدِينِ 女 ʿulbatu al-sardīni ウルバトゥッ サルディーン	can of sardines キャン オヴ サーディンズ
かんてん **観点** kanten	وُجْهَةُ ٱلنَّظَرِ 男 wujhatu al-naẓari ウジュハトゥン ナザル	viewpoint ヴューポイント
かんでんち **乾電池** kandenchi	بَطَّارِيَّة 女 baṭṭārīyat バッターリーヤ	dry cell, battery ドライ セル, バタリ
かんどう **感動** kandou	إِعْجَاب 男; تَأَثُّر 男 ʾiʿjāb, taʾaththur イウジャーブ, タアッスル	impression, emotion インプレション, イモウション
～する	يَتَأَثَّرُ, 〔完〕تَأَثَّرَ yataʾaththaru, taʾaththara ヤタアッサル, タアッサラ	(be) moved by (ビ) ムーヴド バイ
人を～させる	يُعْجِبُهُ, 〔完〕أَعْجَبَهُ yuʿjibu-hu, ʾaʿjaba-hu ユウジブ-フ, アアジャバ-フ	move, impress ムーヴ, インプレス
～的な	مُؤَثِّر muʾaththir ムアッスィル	impressive インプレスィヴ
かんとうし **間投詞** kantoushi	حَرْفُ ٱلنِّدَاءِ 男 ḥarfu al-nidāʾi ハルフン ニダーウ	interjection インタヂェクション
かんとく **監督** (スポーツの) kantoku	مُدَرِّب 男 mudarrib ムダッリブ	manager マニヂャ
(映画の)	مُخْرِج 男 mukhriju ムフリジュ	director ディレクタ

日	アラビア	英
(取り締まること)	إِشْرَاف 男 ʾishrāf イシュラーフ	supervision スーパヴィジャン
〜する	يُشْرِفُ, 〔完〕 أَشْرَفَ yushrifu, ʾashrafa ユシュリフ, アシュラファ	supervise スーパヴァイズ
かんな 鉋 kanna	مِسْحَج 男, 複 مَسَاحِجُ 〔二段〕 misḥaj, masāḥiju ミスハジュ, マサーヒジュ	plane プレイン
かんにんぐ カンニング kanningu	غِشّ 男 ghishsh ギッシュ	cheating チーティング
かんねん 観念 kannen	فِكْرَة 女, 複 فِكَر fikrat, fikar フィクラ, フィカル	idea, conception アイディーア, コンセプション
かんぱ 寒波 kanpa	مَوْجَةُ بَرْدٍ 女 maujatu bardin マウジャトゥ バルディン	cold wave コウルド ウェイヴ
かんぱい 乾杯 (かけ声) kanpai	فِي صِحَّتِكَ fī ṣiḥḥati-ka フィー スィッハティ-カ	toast トウスト
かんばつ 干ばつ kanbatsu	جَفَاف 男 jafāf ジャファーフ	drought ドラウト
がんばる 頑張る ganbaru	يَبْذِلُ جَهْدَهُ, 〔完〕 بَذَلَ جَهْدَهُ yabdhilu jahdahu, badhala jahdahu ヤブズィル ジャフダフ, バザラ ジャフダフ	work hard ワーク ハード
かんばん 看板 kanban	لَافِتَة 女 ; لَوْحَةُ ٱلْإِعْلَانِ 女 lāfitat, lauḥatu al-ʾiʿlāni ラーフィタ, ラウハトゥル イウラーン	billboard, signboard ビルボード, サインボード
かんびょうする 看病する kanbyousuru	يُمَرِّضُ, 〔完〕 مَرَّضَ yumarriḍu, marraḍa ユマッリドゥ, マッラダ	nurse, look after ナース, ルク アフタ

日	アラビア	英
かんぶ **幹部** kanbu	مَسْؤُولُ رَفِيعُ ٱلْمُسْتَوَى (男) ; مَسؤول تَنْفِيذِيّ (男) masʾūlu rafīʿu al-mustawā, masʾūl tanfīzīy マスウール ラフィーウル ムスタワー, マスウール タンフィーズィー	leader, management リーダ, マニヂメント
かんぺきな **完璧な** kanpekina	كَامِل , (複) كَمَلَة kāmil, kamalat カーミル, カマラ	flawless, perfect フローレス, パーフェクト
がんぼう **願望** ganbou	رَغْبَة فِي (男), (複) رِغَاب فِي raghbat fī, righāb fī ラグバ フィー, リガーブ フィー	wish, desire ウィシュ, ディザイア
かんぼじあ **カンボジア** kanbojia	كَمْبُودِيَا (女) kambūdiyā カムブーディヤー	Cambodia キャンボウディア
かんゆうする **勧誘する** kan-yuusuru	يَدْعُو إِلَى, (完) دَعَا إِلَى yadʿū ʾilā, daʿā ʾilā ヤドウー イラー, ダアー イラー	solicit, canvass ソリスィト, キャンヴァス
かんようく **慣用句** kan-youku	اَلْعِبَارَاتُ ٱلِاصْطِلَاحِيَّة (複) al-ʿibārātu al-iṣṭilāḥīyat アル イバーラートゥル リスティラーヒーヤ	idiom イディオム
かんような **寛容な** kan-youna	سَخِيّ ; كَرِيم , (複) كُرَمَاءُ (二段) sakhīy, karīm, kuramāʾu サヒー, カリーム, クラマーウ	tolerant, generous タララント, ヂェネラス
かんよする **関与する** kan-yosuru	يَشْتَرِكُ فِي, (完) اِشْتَرَكَ فِي yashtariku fī, ishtaraka fī ヤシュタリク フィー, イシュタラカ フィー	participate パーティスィペイト
かんりする **管理する** kanrisuru (運営する)	يُدِيرُ, (完) أَدَارَ yudīru, ʾadāra ユディール, アダーラ	manage マニヂ
(統制する)	يُدِيرُ, (完) أَدَارَ yudīru, ʾadāra ユディール, アダーラ	control コントロウル
(保管する)	يَحْتَفِظُ بِ, (完) اِحْتَفَظَ بِ yaḥtafiẓu bi, iḥtafaẓa bi ヤフタフィズ ビ, イフタファザ ビ	take charge of テイク チャーヂ オヴ

日	アラビア	英
かんりゅう **寒流** kanryuu	**اَلتَّيَّارُ ٱلْبَحْرِيُّ ٱلْبَارِدُ** 男 al-taiyāru al-baḥrīyu al-bāridu アッタイヤールル バフリーユル バーリド	cold current コウルド カーレント
かんりょう **完了** kanryou	**إِتْمَام** 男 ; **اِكْتِمَال** 男 iktimāl, ʾitmām イクティマール, イトマーム	completion コンプリーション
(文法上の)	**اَلْفِعْلُ ٱلْمَاضِي** 男 al-fiʿlu al-māḍī アル フィウルル マーディー	perfect form パーフェクト フォーム
～する	**يَكْتَمِلُ**, 〔完〕**اِكْتَمَلَ** ; **يَتِمُّ**, 〔完〕**تَمَّ** yaktamilu, iktamala, yatimmu, tamma ヤクタミル, イクタマラ, ヤティンム, タンマ	finish, complete フィニシュ, コンプリート
かんりょうしゅぎ **官僚主義** kanryoushugi	**بِيرُوقْرَاطِيَّة** 女 bīrūqrāṭīyat ビールークラーティーヤ	bureaucratism ビュアロクラティズム
かんれい **慣例** kanrei	**عَادَة** 女 ʿādat アーダ	custom, convention カスタム, コンヴェンション
かんれん **関連** kanren	**عَلَاقَة بِ** 女 ʿalāqat bi アラーカ ビ	relation, connection リレイション, コネクション
～する	**يَتَعَلَّقُ بِ**, 〔完〕**تَعَلَّقَ بِ** yataʿallaqu bi, taʿallaqa bi ヤタアッラク ビ, タアッラカ ビ	(be) related to (ビ) リレイテド トゥ
かんわする **緩和する** kanwasuru	**يُخَفِّفُ**, 〔完〕**خَفَّفَ** yukhaffifu, khaffafa ユハッフィフ, ハッファファ	ease, relieve イーズ, リリーヴ

き, キ

日	アラビア	英
き 木 ki	شَجَر 集, شَجَرَة 女, أَشْجَار 複 shajar, shajarat, ʾashjār シャジャル，シャジャラ，アシュジャール	tree トリー
(木材)	خَشَب 男, 複 أَخْشَاب khashab, ʾakhshāb ハシャブ，アフシャーブ	wood ウド
きあつ 気圧 kiatsu	اَلضَّغْطُ ٱلْجَوِّيُّ 男 al-ḍaghṭu al-jauwīyu アッ ダグトゥル ジャウウィー	atmospheric pressure アトモスフェリク プレシャ
きー キー kii	مِفْتَاح 男, 複 مَفَاتِيحُ [二段] miftāḥ, mafātīḥu ミフタ－フ，マファーティーフ	key キー
きーぼーど キーボード kiiboodo	كِي بُورْد 男 ; لَوْحَةُ ٱلْمَفَاتِيحِ 女 kī būrd, lauḥatu al-mafātīḥi キー ブールド，ラウハトゥル マファーティーヒ	keyboard キーボード
きーほるだー キーホルダー kiihorudaa	حَمَّالَةُ مَفَاتِيحٍ 女 ḥammālatu mafātīḥin ハンマーラトゥ マファーティーフ	key ring キー リング
きいろ 黄色 kiiro	أَصْفَرُ [二段], 複 صُفْر ʾaṣfaru, ṣufr アスファル，スフル	yellow イエロウ
ぎいん 議員 giin	عُضْوُ ٱلْمَجْلِسِ 男 ʿuḍwu al-majlisi ウドゥウル マジュリス	member of an assembly メンバ オヴ アン アセンブリ
きえる 消える (消滅する) kieru	يَخْتَفِي, [完] اِخْتَفَى yakhtafī, ikhtafā ヤフタフィー，イフタファー	vanish, disappear ヴァニシュ，ディサピア
(火や明かりが)	يَنْطَفِئُ, [完] اِنْطَفَأَ yanṭafiʾu, inṭafaʾa ヤンタフィウ，インタファア	go out ゴウ アウト

日	アラビア	英
ぎえんきん **義援金** gienkin	**هِبَة مَالِيَّة** 女 hibat mālīyat ヒバ マーリーヤ	donation, contribution ドウネイション，カントリビューション
きおく **記憶** kioku	**ذَاكِرَة** 女 dhākirat ザーキラ	memory メモリ
～する	**يَتَذَكَّرُ, تَذَكَّرَ** 〔完〕 yatadhakkaru, tadhakkara ヤタザッカル，タザッカラ	memorize, remember メモライズ，リメンバ
きおん **気温** kion	**دَرَجَةُ ٱلْحَرَارَةِ** 男 darajatu al-ḥarārati ダラジャトゥル ハラーラ	temperature テンパラチャ
きか **幾何** kika	**هَنْدَسَة رِيَاضِيَّة** 女 handasat riyāḍīyat ハンダサ リヤーディーヤ	geometry ヂーアメトリ
きかい **機会** kikai	**فُرْصَة** 女, 複 **فُرَص** furṣat, furaṣ フルサ，フラス	opportunity, chance アポテューニティ，チャンス
きかい **機械** kikai	**آلَة** 女 ʾālat アーラ	machine, apparatus マシーン，アパラタス
～工学	**اَلْهَنْدَسَةُ ٱلْمِيكَانِيكِيَّةُ** 女 al-handasatu al-mīkānīkīyatu アル ハンダサトゥル ミーカーニーキーヤ	mechanical engineering ミキャニカル エンヂニアリング
ぎかい **議会** gikai	**بَرْلَمَان** 男 barlamān バルラマーン	Congress, ⒷParliament カングレス，パーラメント
きがえ **着替え** kigae	**تَغْيِيرُ ٱلْمَلَابِسِ** 男 taghyīru al-malābisi タグイールル マラービス	change of clothes チェインヂ オヴ クロウズ
きかく **企画** kikaku	**تَخْطِيط** 男 takhṭīṭ タフティート	plan, project プラン，プラヂェクト

日	アラビア	英
～する	يُخَطِّطُ, [完] خَطَّطَ yukhaṭṭiṭu, khaṭṭaṭa ユハッティトゥ, ハッタタ	make a plan メイク ア プラン
きかざる **着飾る** kikazaru	يَرْتَدِي مَلَابِسَ فَاخِرَةً, [完] اِرْتَدَى مَلَابِسَ فَاخِرَةً yartadī malābisa fākhiratan, irtadā malābisa fākhiratan ヤルタディー マラービサ ファーヒラタン, イルタダー マラービサ ファーヒラタン	dress up ドレス アプ
きがつく **気が付く** (わかる) kigatsuku	يَتَنَبَّهُ إِلَى, [完] تَنَبَّهَ إِلَى yatanabbahu ʾilā, tanabbaha ʾilā ヤタナッバフ イラー, タナッバハ イラー	notice, become aware ノウティス, ビカム アウェア
(意識が戻る)	يَرْجِعُ إِلَى وَعْيِهِ, [完] رَجَعَ إِلَى وَعْيِهِ yarjiʿu ʾilā waʿyi-hi, rajaʿa ʾilā waʿyi-hi ヤルジウ イラー ワアイ-ヒ, ラジャア イラー ワアイ-ヒ	come to oneself, regain consciousness カム トゥ, リゲイン カンシャスネス
きかん **期間** kikan	فَتْرَة [女]; مُدَّة [女], [複] مُدَد fatrat, muddat, mudad ファトラ, ムッダ, ムダド	period, term ピアリオド, ターム
きかん **機関** (機械・装置) kikan	مُحَرِّك [男] muḥarrik ムハッリク	engine, machine エンヂン, マシーン
(組織・機構)	مُؤَسَّسَة [女]; هَيْئَة [女] muʾassasat, haiʾat ムアッササ, ハイア	organ, institution オーガン, インスティテューション
きかんし **気管支** kikanshi	شُعَب هَوَائِيَّة [複] shuʿab hawāʾīyat シュアブ ハワーイーヤ	bronchus ブランカス
～炎	اِلْتِهَابُ ٱلشُّعَبِ ٱلْهَوَائِيَّةِ [男] iltihābu al-shuʿabi al-hawāʾīyati イルティハーブッ シュアビル ハワーイーヤ	bronchitis ブランカイティス

日	アラビア	英
きかんしゃ **機関車** kikansha	قَاطِرَة 女 qāṭirat カーティラ	locomotive ロウコモウティヴ
きかんじゅう **機関銃** kikanjuu	رَشَّاش 男 rashshāsh ラッシャーシュ	machine gun マシーン ガン
きき **危機** kiki	أَزْمَة 女 ʾazmat アズマ	crisis クライスィス
ききめ **効き目** kikime	تَأْثِير 男 ; فَعَّالِيَّة 女 taʾthīr, faʿālīyat タアスィール，ファアーリーヤ	effect, efficacy イフェクト，エフィカスィ
ききゅう **気球** kikyuu	بَالُون طَائِر 男 ; مُنْطَاد 男, 複 مَنَاطِيدُ〔二段〕 bālūn ṭāʾir, munṭād, manāṭīdu バールーン ターイル，ムンタード，マナーティードゥ	balloon バルーン
きぎょう **企業** kigyou	شَرِكَة 女 sharikat シャリカ	enterprise エンタプライズ
ぎきょく **戯曲** gikyoku	مَسْرَحِيَّة 女 masraḥīyat マスラヒーヤ	drama, play ドラーマ，プレイ
ききん **飢饉** kikin	مَجَاعَة 女 majāʿat マジャーア	famine ファミン
ききんぞく **貴金属** kikinzoku	مَعَادِن نَفِيسَة 複 maʿādin nafīsat マアーディン ナフィーサ	precious metals プレシャス メトルズ
きく **効く** kiku	يُفِيدُ فِي, 〔完〕أَفَادَ فِي yufīdu fī, ʾafāda fī ユフィードゥ フィー，アファーダ フィー	have an effect on ハヴ アン イフェクト オン
きく **聞く** kiku	يَسْمَعُ, 〔完〕سَمِعَ yasmaʿu, samiʿa ヤスマウ，サミア	hear ヒア

日	アラビア	英
(尋ねる)	يَسْأَلُ, 〔完〕سَأَلَ yasʾalu, saʾala ヤスアル，サアラ	ask, inquire アスク，インクワイア
きく **聴く** kiku	يَسْمَعُ, 〔完〕سَمِعَ yasmaʿu, samiʿa ヤスマウ，サミア	listen to リスン トゥ
きくばり **気配り** kikubari	اِكْتِرَاث 男 iktirāth イクティラース	care, consideration ケア，コンスィダレイション
きげき **喜劇** kigeki	كُومِيدِيَا 女 kūmīdiyā クーミーディヤー	comedy カメディ
きけん **危険** kiken	خَطَر 男, 複 أَخْطَار khaṭar, ʾakhṭār ハタル，アフタール	danger, risk デインヂャ，リスク
〜な	خَطِير khaṭīr ハティール	dangerous, risky デインヂャラス，リスキ
きげん **期限** kigen	مَوْعِد نِهَائِيّ 男; فَتْرَة مُحَدَّدَة 女 mauʿid nihāʾīy, fatrat muḥaddadat マウイド ニハーイー，ファトラ ムハッダダ	term, deadline ターム，デドライン
きげん **機嫌** kigen	مِزَاج 男 mizāj ミザージュ	humor, mood, Ⓑhumour ヒューマ，ムード，ヒューマ
きげん **紀元** kigen	اَلْمِيلَاد 男 al-mīlād アル ミーラード	era, A.D. イアラ，エイディー
〜前	قَبْلَ اَلْمِيلَادِ qabla al-mīlādi カブラル ミーラード	B.C. ビースィー
きげん **起源** kigen	أَصْل 男, 複 أُصُول ʾaṣl, ʾuṣūl アスル，ウスール	origin オーリヂン

日	アラビア	英
きこう **気候** kikou	**مُنَاخ** 男 munākh ムナーフ	climate, weather クライメト，ウェザ
きごう **記号** kigou	**رَمْز** 男, 複 **رُمُوز** ramz, rumūz ラムズ，ルムーズ	mark, sign マーク，サイン
きこえる **聞こえる** kikoeru	**يَسْمَعُ**, 〔完〕 **سَمِعَ** yasmaʿu, samiʿa ヤスマウ，サミア	hear ヒア
きこく **帰国** kikoku	**عَوْدَة إِلَى ٱلْوَطَنِ** 男 ʿaudat ʾilā al-waṭani アウダ イラル ワタン	homecoming ホウムカミング
～する	**يَعُودُ إِلَى ٱلْوَطَنِ**, 〔完〕 **عَادَ إِلَى ٱلْوَطَنِ** yaʿūdu ʾilā al-waṭani, ʿāda ʾilā al-waṭani ヤウードゥ イラル ワタン，アーダ イラル ワタン	return home リターン ホウム
きこんの **既婚の** kikonno	**مُتَزَوِّج** mutazauwij ムタザッウィジュ	married マリド
ぎざぎざの **ぎざぎざの** gizagizano	**مُتَعَرِّج** mutaʿarrij ムタアッリジュ	serrated サレイテド
きざし **兆し** kizashi	**تَبَاشِيرُ** 複〔二段〕 tabāshīru タバーシール	sign, indication サイン，インディケイション
きざむ **刻む** kizamu	**يَقْطَعُ**, 〔完〕 **قَطَعَ** yaqṭaʿu, qaṭaʿa ヤクタウ，カタア	cut カト
（肉や野菜を）	**يُقَطِّعُ**, 〔完〕 **قَطَّعَ** yuqaṭṭiʿ, qaṭṭaʿa ユカッティウ，カッタア	grind, mince グラインド，ミンス

日	アラビア	英
きし **岸** kishi	**شَاطِئ** 男, 複 **شَوَاطِئُ** 〔二段〕; **ضِفَّة** 女 shāṭiʾ, shawāṭiʾu, ḍiffat シャーティウ, シャワーティウ, ディッファ	bank, shore バンク, ショー
きじ **雉** kiji	**تَدْرُج** 男 tadruj タドルジュ	pheasant フェザント
きじ **記事** kiji	**مَقَالَة** 女 maqālat マカーラ	article アーティクル
ぎし **技師** gishi	**مُهَنْدِس** 男 muhandis ムハンディス	engineer エンヂニア
ぎしき **儀式** gishiki	**طُقُوس** 複 ṭuqūs トゥクース	ceremony, rites セレモウニ, ライツ
きじつ **期日** kijitsu	**مَوْعِد نِهَائِيّ** 男 mauʿid nihāʾīy マウイド ニハーイー	date, time limit デイト, タイム リミト
きしゃ **汽車** kisha	**قِطَار** 男, 複 **قُطُر** qiṭār, quṭur キタール, クトゥル	train トレイン
きしゅ **騎手** kishu	**رَاكِب** 男, 複 **رُكَّاب** rākib, rukkāb ラーキブ, ルッカーブ	rider, jockey ライダ, ヂャキ
きじゅつ **記述** kijutsu	**وَصْف** 男, 複 **أَوْصَاف** waṣf, ʾauṣāf ワスフ, アウサーフ	description ディスクリプション
～する	**يَصِفُ**, 〔完〕 **وَصَفَ** yaṣifu, waṣafa ヤスィフ, ワサファ	describe ディスクライブ
ぎじゅつ **技術** gijutsu	**تَقْنِيَّة** 女 taqnīyat タクニーヤ	technique, technology テクニーク, テクナロヂ

日	アラビア	英
きじゅん **基準** kijun	**مِعْيَار** 男, 複 **مَعَايِيرُ** 〔二段〕 miʿyār, maʿāyīru ミウ**ヤ**ール, マアー**イ**ール	standard, basis ス**タ**ンダド, **ベ**イスィス
きしょう **気象** kishou	**أَحْوَال جَوِّيَّة** 複 ; **أَرْصَاد جَوِّيَّة** 複 ʾaḥwāl jawwīyat, ʾarṣād jawwīyat アフ**ワ**ール ジャウ**ウィ**ーヤ, アル**サ**ード ジャウ**ウィ**ーヤ	weather, meteorology **ウェ**ザ, ミーティア**ラ**ロヂ
きす **キス** kisu	**قُبْلَة** 女, 複 **قُبَل** qublat, qubal **ク**ブラ, **ク**バル	kiss **キ**ス
きず **傷** kizu	**جُرْح** 男, 複 **جِرَاح** jurḥ, jirāḥ **ジュ**ルフ, ジ**ラ**ーフ	wound, injury **ウ**ーンド, **イ**ンヂャリ
(品物の)	**خَدْش** 男 khadsh **ハ**ドシュ	flaw フ**ロ**ー
きすう **奇数** kisuu	**عَدَد فَرْدِيّ** 男 ʿadad fardīy **ア**ダド ファル**ディ**ー	odd number **ア**ド **ナ**ンバ
きずく **築く** kizuku	**يَبْنِي**, 〔完〕 **بَنَى** yabnī, banā **ヤ**ブニー, **バ**ナー	build, construct **ビ**ルド, コンスト**ラ**クト
きずつく **傷付く** kizutsuku	**يُجْرَحُ**, 〔完〕 **جُرِحَ** yujraḥu, juriḥa **ユ**ジュラフ, **ジュ**リハ	(be) wounded (ビ) **ウ**ーンデド
きずつける **傷付ける** kizutsukeru	**يَجْرَحُ**, 〔完〕 **جَرَحَ** yajraḥu, jaraḥa **ヤ**ジュラフ, **ジャ**ラハ	wound, injure **ウ**ーンド, **イ**ンヂャ
きずな **絆** kizuna	**تَرَابُط** 男 tarābuṭ タ**ラ**ーブト	bond, tie **バ**ンド, **タ**イ
ぎせい **犠牲** gisei	**ضَحِيَّة** 女, 複 **ضَحَايَا** ḍaḥīyat, ḍaḥāyā ダ**ヒ**ーヤ, ダ**ハ**ーヤー	sacrifice **サ**クリファイス

日	アラビア	英
～者	ضَحِيَّة 女, 複 ضَحَايَا ḍaḥīyat, ḍaḥāyā ダヒーヤ, ダハーヤー	victim ヴィクティム
きせいちゅう **寄生虫** kiseichuu	طُفَيْلِيَّات 複 ṭufailīyāt トゥファイリーヤート	parasite パラサイト
きせいの **既成の** kiseino	جَاهِز jāhiz ジャーヒズ	accomplished アカンプリシュト
きせき **奇跡** kiseki	مُعْجِزَة 女 muʿjizat ムウジザ	miracle ミラクル
～的な	مُعْجِزِيّ muʿjizīy ムウジズィー	miraculous ミラキュラス
きせつ **季節** kisetsu	مَوْسِم 男, 複 مَوَاسِمُ〔二段〕; فَصْل 男, 複 فُصُول mausim, mawāsimu, faṣl, fuṣūl マウスィム, マワースィム, ファスル, フスール	season スィーズン
きぜつする **気絶する** kizetsusuru	يَفْقِدُ ٱلْوَعْيَ, 〔完〕 فَقَدَ ٱلْوَعْيَ yafqidu al-waʿya, faqada al-waʿya ヤフキドゥル ワアヤ, ファカダル ワアヤ	faint, swoon フェイント, スウーン
きせる **着せる** kiseru	يُلْبِسُ, 〔完〕 أَلْبَسَ yulbisu, ʾalbasa ユルビス, アルバサ	dress ドレス
ぎぜん **偽善** gizen	نِفَاق 男 nifāq ニファーク	hypocrisy ヒパクリスィ
～的な	نِفَاقِيّ nifāqīy ニファーキー	hypocritical ヒポクリティカル

き

日	アラビア	英
きそ **基礎** kiso	أُسُس 男, 複 أَسَاس ʾasās, ʾusus アサース, ウスス	base, foundation ベイス, ファウンデイション
～的な	أَسَاسِيّ ʾasāsīy アサースィー	fundamental, basic ファンダメントル, ベイスィク
きそ **起訴** kiso	رَفْع دَعْوَى قَضَائِيَّة 男 rafʿ daʿwā qaḍāʾīyat ラフウ ダアワー カダーイーヤ	prosecution プラスィキューション
～する	يَرْفَعُ دَعْوَى قَضَائِيَّةً, رَفَعَ دَعْوَى قَضَائِيَّةً 完 yarfaʿu daʿwā qaḍāʾīyatan, rafʿa daʿwā qaḍāʾīyatan ヤルファウ ダアワー カダーイーヤタン, ラファア ダアワー カダーイーヤタン	prosecute プラスィキュート
きそう **競う** kisou	يُنَافِسُ, 完 نَافَسَ yunāfisu, nāfasa ユナーフィス, ナーファサ	compete コンピート
きぞう **寄贈** kizou	إِهْدَاء 男 ʾihdāʾ イフダーウ	donation ドウネイション
ぎぞうする **偽造する** gizousuru	يُزَيِّفُ, 完 زَيَّفَ yuzaiyifu, zaiyafa ユザイイフ, ザイヤファ	forge フォーヂ
きそく **規則** kisoku	نِظَام 男, 複 نُظُم niẓām, nuẓum ニザーム, ヌズム	rule, regulations ルール, レギュレイションズ
～的な	نِظَامِيّ niẓāmīy ニザーミー	regular, orderly レギュラ, オーダリ
きぞく **貴族** kizoku	نَبِيل 男, 複 نُبَلَاءُ 二段 nabīl, nubalāʾu ナビール, ヌバラーウ	noble, aristocrat ノウブル, アリストクラト
きた **北** kita	شَمَال 男 shamāl シャマール	north ノース

日	アラビア	英
～側	جَانِب شَمَالِيّ jānib shamālīy ジャーニブ シャマーリー	north side ノース サイド
ぎたー **ギター** gitaa	غِيتَار 男 ghītār ギータール	guitar ギター
きたい **期待** kitai	تَوَقُّع 男 tawaqquʿ タワックウ	expectation エクスペクテイション
～する	يَتَوَقَّعُ, 〔完〕تَوَقَّعَ yatawaqqaʿu, tawaqqaʿa ヤタワッカウ, タワッカア	expect イクスペクト
きたい **気体** kitai	غَاز 男 ghāz ガーズ	gas, vapor ギャス, ヴェイパ
ぎだい **議題** gidai	مَوْضُوع 男 mauḍūʿ マウドゥーウ	agenda アヂェンダ
きたえる **鍛える** kitaeru	يُقَوِّي, 〔完〕قَوَّى yuqawwī, qawwā ユカッウィー, カッワー	train (oneself) トレイン
きたくする **帰宅する** kitakusuru	يَعُودُ إِلَى ٱلْبَيْتِ, 〔完〕عَادَ إِلَى ٱلْبَيْتِ yaʿūdu ʾilā al-baiti, ʿāda ʾilā al-baiti ヤウードゥ イラル バイト, アーダ イラル バイト	return home, get home リターン ホウム, ゲト ホウム
きたちょうせん **北朝鮮** kitachousen	كُورِيَا ٱلشَّمَالِيَّة 女 kūriyā al-shamālīyat クーリヤッ シャマーリーヤ	North Korea ノース コリーア
きたない **汚い** kitanai	وَسِخ wasikh ワスィフ	dirty, soiled ダーティ, ソイルド
きたはんきゅう **北半球** kitahankyuu	نِصْفُ ٱلْكُرَةِ ٱلشَّمَالِيِّ 男 niṣfu al-kurati al-shamālīyi ニスフル クラティッ シャマーリー	Northern Hemisphere ノーザン ヘミスフィア

日	アラビア	英
きち **基地** kichi	قَاعِدَة 女, 複 قَوَاعِدُ〔二段〕 qāʿidat, qawāʿidu カーイダ, カワーイドゥ	base ベイス
きちょう **機長** kichou	كَابْتَن طَائِرَةٍ 男 kābtan ṭāʾiratin カーブタン ターイラ	captain キャプテン
ぎちょう **議長** gichou	رَئِيسُ ٱلْمَجْلِسِ 男 raʾīsu al-majlisi ライースル マジュリス	chairperson チェアパースン
きちょうな **貴重な** kichouna	ثَمِين, 複 ثِمَان thamīn, thimān サミーン, スィマーン	precious, valuable プレシャス, ヴァリュアブル
きちょうひん **貴重品** kichouhin	أَشْيَاء ثَمِينَة 複 ʾashyāʾ thamīnat アシュヤーウ サミーナ	valuables ヴァリュアブルズ
きちんと **きちんと** (整っている) kichinto	مُرَتَّب murattab ムラッタブ	exactly, accurately イグザクトリ, アキュレトリ
きつい **きつい** (窮屈な) kitsui	ضَيِّق ḍaiyiq ダイイク	tight タイト
(厳しい・激しい)	قَاسٍ, 複 قُسَاة qāsin, qusāt カースィン, クサー	strong, hard ストロング, ハード
きつえん **喫煙** kitsuen	تَدْخِين 男 tadkhīn タドヒーン	smoking スモウキング
きづかう **気遣う** (心配する) kizukau	يَقْلَقُ عَلَى, 〔完〕 قَلِقَ عَلَى yaqlaqu ʿalā, qaliqa ʿalā ヤクラク アラー, カリカ アラー	mind, worry マインド, ワーリ
きっかけ **きっかけ** (機会) kikkake	فُرْصَة 女, 複 فُرَص furṣat, furaṣ フルサ, フラス	chance, opportunity チャンス, アパテューニティ
きづく **気付く** kizuku	يُلَاحِظُ, 〔完〕 لَاحَظَ yulāḥiẓu, lāḥaẓa ユラーヒズ, ラーハザ	notice ノウティス

日	アラビア	英
きっさてん **喫茶店** kissaten	مَقْهًى 男, 複 مَقَاهٍ maqhan, maqāhin マクハン, マカーヒン	coffee shop, tea-room コーフィ シャプ, ティールーム
きっちん **キッチン** kicchin	مَطْبَخ 男 maṭbakh マトバフ	kitchen キチン
きって **切手** kitte	طَابِعُ ٱلْبَرِيدِ 男 ṭābiʿu al-barīdi タービウル バリーディ	(postage) stamp, Ⓑ(postal) stamp (ポウスティヂ) スタンプ, (ポウストル) スタンプ
きっと **きっと** (間違いなく) kitto	بِٱلتَّأْكِيدِ bi-al-taʾkīdi ビッ タアキーディ	surely, certainly シュアリ, サートンリ
(明らかに)	قَطْعًا 複 qaṭʿan カトアン	surely, certainly シュアリ, サートンリ
きつね **狐** kitsune	ثَعْلَب 男, 複 ثَعَالِبُ 〔二段〕 thaʿlab, thaʿālibu サアラブ, サアーリブ	fox ファクス
きっぷ **切符** kippu	تَذْكِرَة 女, 複 تَذَاكِرُ 〔二段〕 tadhkirat, tadhākiru タズキラ, タザーキル	ticket ティケト
きどう **軌道** kidou	مَدَار 男 madār マダール	orbit オービト
きにいる **気に入る** (気に入らせる) kiniiru	يُعْجِبُهُ, 〔完〕 أَعْجَبَهُ yuʿjibu-hu, ʾaʿjaba-hu ユウジブーフ, アアジャバーフ	(be) pleased with (ビ) プリーズド ウィズ
きにする **気にする** kinisuru	يَهُمُّ بِ, 〔完〕 هَمَّ بِ yahummu bi, hamma bi ヤフンム ビ, ハンマ ビ	worry about ワーリ アバウト
きにゅうする **記入する** (欄に) kinyuusuru	يَمْلَأُ, 〔完〕 مَلَأَ yamlaʾu, malaʾa ヤムラウ, マラア	fill out, write in フィル アウト, ライト イン

日	アラビア	英
きぬ 絹 kinu	حَرِير 男, 複 حَرَائِرُ〔二段〕 ḥarīr, ḥarāʾiru ハリール, ハラーイル	silk スィルク
きねん 記念 kinen	تَذْكَار 男 tadhkār タズカール	commemoration コメモレイション
〜碑	نُصْب تَذْكَارِيّ 男 nuṣb tadhkārīy ヌスブ タズカーリー	monument マニュメント
〜日	يَوْمُ ٱلذِّكْرَى 男 yaumu al-dhikrā ヤウムッ ズィクラー	memorial day, anniversary メモーリアル デイ, アニヴァーサリ
きのう 昨日 kinou	أَمْسِ ʾamsi アムスィ	yesterday イエスタディ
きのこ 茸 kinoko	فُطْر 集 fuṭr フトル	mushroom マシュルーム
きのどくな 気の毒な kinodokuna	مِسْكِين, 複 مَسَاكِينُ〔二段〕 miskīn, masākīnu ミスキーン, マサーキーン	pitiable, poor ピティアブル, プア
きばつな 奇抜な (新しい) kibatsuna	مُبْدِع mubdiʿ ムブディウ	novel, original ナヴェル, オリヂナル
きばん 基盤 kiban	قَاعِدَة 女, 複 قَوَاعِدُ〔二段〕; أَسَاس 男 qāʿidat, qawāʿidu, ʾasās カーイダ, カワーイドゥ, アサース	base, foundation ベイス, ファウンデイション
きびしい 厳しい kibishii	قَاسٍ, 複 قُسَاة qāsin, qusāt カースィン, クサー	severe, strict スィヴィア, ストリクト
(厳格な)	صَارِم ṣārim サーリム	severe, strict スィヴィア, ストリクト

日	アラビア	英
きひん **気品** kihin	**أَنَاقَة** 女 ʾanāqat アナーカ	grace, dignity グレイス，ディグニティ
きふ **寄付** kifu	**تَبَرُّع** 男 tabarruʿ タバッルウ	donation ドウネイション
〜する	**يَتَبَرَّعُ بِ،** 〔完〕**تَبَرَّعَ بِ** yatabarraʿu bi, tabarraʿa bi ヤタバッラウ ビ，タバッラア ビ	donate, contribute ドウネイト，コントリビュート
きぶん **気分** kibun	**مِزَاج** 男，複 **أَمْزِجَة** mizāj, ʾamzijat ミザージュ，アムズィジャ	mood, feeling ムード，フィーリング
きぼ **規模** kibo	**حَجْم** 男，複 **أَحْجَام** ḥajm, ʾaḥjām ハジュム，アフジャーム	scale, size スケイル，サイズ
きぼう **希望** （将来に対する期待） kibou	**أَمَل** 男，複 **آمَال** ʾamal, ʾāmāl アマル，アーマール	hope ホウプ
（願望）	**أُمْنِيَّة** 女，複 **أَمَانٍ** 〔二段〕 ʾumnīyat, ʾamānin ウムニーヤ，アマーニン	wish ウィシュ
〜する （期待する）	**يَرْجُو،** 〔完〕**رَجَا** yarjū, rajā ヤルジュー，ラジャー	hope ホウプ
（願う）	**يَتَمَنَّى،** 〔完〕**تَمَنَّى** yatamannā, tamannā ヤタマンナー，タマンナー	wish ウィシュ
きほん **基本** kihon	**أَسَاس** 男，複 **أُسُس** ʾasās, ʾusus アサース，ウスス	basis, standard ベイスィス，スタンダド
〜的な	**أَسَاسِيّ** ʾasāsīy アサースィー	basic, fundamental ベイスィク，ファンダメントル
きまえのよい **気前のよい** kimaenoyoi	**كَرِيم،** 複 **كُرَمَاءُ** 〔二段〕 karīm, kuramāʾu カリーム，クラマーウ	generous ヂェネラス

日	アラビア	英
きまり **決まり** kimari	**نِظَام** 男, 複 **نُظُم** niẓām, nuẓum ニザーム, ヌズム	rule, regulation ルール, レギュレイション
きまる **決まる** kimaru	**يَتَقَرَّرُ**, 〔完〕**تَقَرَّرَ** yataqarraru, taqarrara ヤタカッラル, タカッララ	(be) decided (ビ) ディサイデド
きみつ **機密** kimitsu	**سِرّ** 男, 複 **أَسْرَار** sirr, ʾasrār スィッル, アスラール	secrecy, secret スィークレスィ, スィークレト
きみょうな **奇妙な** kimyouna	**غَرِيب**, 複 **غُرَبَاءُ**〔二段〕 gharīb, ghurabāʾu ガリーブ, グラバーウ	strange ストレインヂ
ぎむ **義務** gimu	**وَاجِب** 男, 複 **وَجَائِبُ**〔二段〕 wājib, wajāʾibu ワージブ, ワジャーイブ	duty, obligation デューティ, アブリゲイション
〜教育	**تَعْلِيم إِجْبَارِيّ** 男 taʿlīm ʾijbārīy タアリーム イジュバーリー	compulsory education コンパルソリ エヂュケイション
きむずかしい **気難しい** kimuzukashii	**صَعْبُ ٱلْإِرْضَاءِ** ṣaʿbu al-ʾirḍāʾi サアブル イルダーウ	hard to please ハード トゥ プリーズ
ぎめい **偽名** gimei	**اِسْم مُسْتَعَار** 男 ism mustaʿār イスム ムスタアール	pseudonym スューダニム
きめる **決める** kimeru	**يُكَرِّرُ**, 複 **كَرَّرَ** yukarriru, karrara ユカッリル, カッララ	fix, decide on フィクス, ディサイド オン
きもち **気持ち** kimochi	**شُعُور** 男 shuʿūr シュウール	feeling フィーリング
ぎもん **疑問** (質問) gimon	**سُؤَال** 男 suʾāl スアール	question, doubt クウェスチョン, ダウト

日	アラビア	英
(疑念)	شَكّ 男 shakk シャック	question, doubt クウェスチョン，ダウト
きゃく **客** kyaku (顧客)	زَبُون 男, 複 زَبَائِنُ 〔二段〕 zabūn, zabāʾinu ザブーン，ザバーイン	customer カスタマ
(招待客)	ضَيْف 男, 複 ضُيُوف ḍaif, ḍuyūf ダイフ，ドゥユーフ	guest ゲスト
きやく **規約** kiyaku	اِتِّفَاقِيَّة 女 ittifāqīyat イッティファーキーヤ	agreement, contract アグリーメント，カントラクト
ぎゃく **逆** gyaku	عَكْس 男 ʿaks アクス	(the) contrary (ザ) カントレリ
～の	مُعَاكِس muʿākis ムアーキス	reverse, contrary リヴァース，カントレリ
ぎゃくさつ **虐殺** gyakusatsu	مَذْبَحَة 女 madhbaḥat マズバハ	massacre マサカ
きゃくせん **客船** kyakusen	سَفِينَةُ رُكَّابٍ 女 safīnatu rukkābin サフィーナトゥ ルッカーブ	passenger boat パセンヂャ ボウト
ぎゃくたい **虐待** gyakutai	إِسَاءَةُ ٱلْمُعَامَلَةِ 女 ʾisāʾatu al-muʿāmalati イサーアトゥル ムアーマラ	abuse アビュース
ぎゃくてんする **逆転する** gyakutensuru	يَنْقَلِبُ, 〔完〕 اِنْقَلَبَ yanqalibu, inqalaba ヤンカリブ，インカラバ	(be) reversed (ビ) リヴァースト
きゃくほん **脚本** kyakuhon	سِينَارِيُو 男, 複 سِينَارِيُوهَات sīnāriyū, sīnāriyūhāt スィーナーリユー，スィーナーリユーハート	play, drama, scenario プレイ，ドラーマ，スィネアリオウ

日	アラビア	英
きゃっかんてきな **客観的な** kyakkantekina	**مَوْضُوعِيّ** mauḍūʿīy マウドゥーイー	objective オブチェクティヴ
きゃっしゅかーど **キャッシュカード** kyasshukaado	**بِطَاقَة مَصْرِفِيَّة** 男 biṭāqat maṣrifīyat ビターカ マスリフィーヤ	bank card バンク カード
きゃばれー **キャバレー** kyabaree	**مَلْهًى لَيلِيّ** 男 malhan layilīy マルハン ライリー	cabaret キャバレイ
きゃべつ **キャベツ** kyabetsu	**كُرُنْب** 男 kurunb クルンブ	cabbage キャビヂ
きゃんせるする **キャンセルする** kyanserusuru	**يُلْغِي**, 〔完〕 **أَلْغَى** yulghī, ʾalghā ユルギー, アルガー	cancel キャンセル
きゃんぷ **キャンプ** kyanpu	**مُخَيَّم** 男 mukhaiyam ムハイヤム	camp キャンプ
きゃんぺーん **キャンペーン** kyanpeen	**حَمْلَة** 女 ḥamlat ハムラ	campaign キャンペイン
きゅう **九** kyuu	**تِسْعَة** 男 ; **تِسْع** 女 tisʿat, tisʿ ティスア, ティスウ	nine ナイン
きゅう **級** (階級) kyuu	**دَرَجَة** 女 darajat ダラジャ	class, rank クラス, ランク
(学年・学級)	**فَصْل** 男, 複 **فُصُول** faṣl, fuṣūl ファスル, フスール	class, grade クラス, グレイド
きゅうえん **救援** kyuuen	**إِنْقَاذ** 男 ; **إِسْعَاف** 男 ʾinqādh, ʾisʿāf インカーズ, イスアーフ	rescue, relief レスキュー, リリーフ
きゅうか **休暇** kyuuka	**إِجَازَة** 女 ; **عُطْلَة** 女 ʾijāzat, ʿuṭlat イジャーザ, ウトラ	holiday ハリデイ

 日	アラビア	英
きゅうぎ **球技** kyuugi	**لَعْبَةُ كُرَةٍ** 男 laʿbatu kuratin ラウバ クラ	ball game ボール ゲイム
きゅうきゅうしゃ **救急車** kyuukyuusha	**سَيَّارَةُ ٱلْإِسْعَافِ** 男 saiyāratu al-ʾisʿāfi サイヤーラトゥル イスアーフ	ambulance アンビュランス
きゅうぎょう **休業** kyuugyou	**إِغْلَاقُ ٱلْمَحَلِّ** 男 ʾighlāqu al-maḥalli イグラークル マハッル	closure クロウジャ
きゅうけい **休憩** kyuukei	**اِسْتِرَاحَة** 女 istirāḥat イスティラーハ	break ブレイク
～する	**يَسْتَرِيحُ, اِسْتَرَاحَ** 〔完〕 yastarīḥu, istarāḥa ヤスタリーフ, イスタラーハ	take a break テイク ア ブレイク
きゅうげきな **急激な** kyuugekina	**سَرِيع, سِرَاع** 複 sarīʿ, sirāʿ サリーウ, スィラーウ	sudden, abrupt サドン, アブラプト
きゅうこうれっしゃ **急行列車** kyuukouressha	**قِطَار سَرِيع** 男 qiṭār sarīʿ キタール サリーウ	express train エクスプレス トレイン
きゅうさい **救済** kyuusai	**إِنْقَاذ** 男 ʾinqādh インカーズ	relief, aid リリーフ, エイド
きゅうしきの **旧式の** kyuushikino	**قَدِيمُ ٱلطِّرَازِ** qadīmu al-ṭirāzi カディームッ ティラーズ	old-fashioned オウルドファションド
きゅうじつ **休日** kyuujitsu	**إِجَازَة** 女 ; **عُطْلَة** 女 ʾijāzat, ʿuṭlat イジャーザ, ウトラ	holiday, day off ハリデイ, デイ オーフ
きゅうじゅう **九十** kyuujuu	**تِسْعُونَ** 男女〔主格〕; **تِسْعِينَ** 男女〔属格・対格〕 tisʿūna, tisʿīna ティスウーナ, ティスイーナ	ninety ナインティ

日	アラビア	英
きゅうしゅうする **吸収する** kyuushuusuru	**إِمْتَصَّ** 〔完〕, **يَمْتَصُّ** yamtaṣṣu, ʾimtaṣṣa ヤムタッス, イムタッサ	absorb アブソーブ
きゅうじょ **救助** kyuujo	**إِنْقَاذ** 男 ʾinqādh インカーズ	rescue, help レスキュー, ヘルプ
きゅうじん **求人** kyuujin	**عَرْضُ ٱلْعَمَلِ** 男 ʿarḍu al-ʿamali アルドゥル アマル	job offer チャブ オーファ
きゅうしんてきな **急進的な** kyuushintekina	**جِذْرِيّ** jidhrīy ジズリー	radical ラディカル
きゅうすい **給水** kyuusui	**تَزْوِيد بِٱلْمَاءِ** 男 tazwīd bi-al-māʾi タズウィード ビール マーウ	water supply ウォータ サプライ
きゅうせん **休戦** kyuusen	**هُدْنَة** 男 hudnat フドナ	armistice アーミスティス
きゅうそくな **急速な** kyuusokuna	**سَرِيع**, 複 **سِرَاع** sarīʿ, sirāʿ サリーウ, スィラーウ	rapid, prompt ラピド, プランプト
きゅうてい **宮廷** kyuutei	**قَصْر** 男 qaṣr カスル	court コート
きゅうでん **宮殿** kyuuden	**قَصْر** 男, 複 **قُصُور** qaṣr, quṣūr カスル, クスール	palace パレス
ぎゅうにく **牛肉** gyuuniku	**لَحْم بَقَرِي** 男 laḥm baqarīy ラフム バカリー	beef ビーフ
ぎゅうにゅう **牛乳** gyuunyuu	**حَلِيب** 男 ; **لَبَن** 男, 複 **أَلْبَان** ḥalīb, laban, ʾalbān ハリーブ, ラバン, アルバーン	milk ミルク
きゅうびょう **急病** kyuubyou	**مَرَض فُجَائِيّ** 男 maraḍ fujāʾīy マラド フジャーイー	sudden illness サドン イルネス

日	アラビア	英
きゅうめい **救命** kyuumei	**مُنْفَذَة لِلْحَيَاةِ** 女 munfadhat lilḥayāti ムンファザ リルハヤート	lifesaving ライフセイヴィング
～胴衣	**سُتْرَةُ ٱلنَّجَاةِ** 女 sutratu al-najāti ストラトゥン ナジャート	life jacket ライフ ヂャケト
きゅうやくせいしょ **旧約聖書** kyuuyakuseisho	**اَلْعَهْدُ ٱلْقَدِيمُ** 男 al-ʿahdu al-qadīmu アルアフドゥル カディーム	Old Testament オウルド テスタメント
きゅうようする **休養する** kyuuyousuru	**يَسْتَرِيحُ**, [完] **اِسْتَرَاحَ** yastarīḥu, istarāḥa ヤスタリーフ，イスタラーハ	take a rest テイク ア レスト
きゅうり **胡瓜** kyuuri	**خِيَار** 集, **خِيَارَة** 女 khiyār, khiyārat ヒヤール，ヒヤーラ	cucumber キューカンバ
きゅうりょう **給料** kyuuryou	**مُرَتَّب** 男, 複 **مُرَتَّبَات** ; **رَاتِب** 男, 複 **رَوَاتِبُ** [二段] murattab, murattabāt, rātib, rawātibu ムラッタブ，ムラッタバート，ラーティブ，ラワーティブ	pay, salary ペイ，サラリ
きよい **清い** kiyoi	**نَقِيّ**, 複 **نِقَاء** naqīy, niqāʾ ナキー，ニカーウ	clean, pure クリーン，ピュア
きょう **今日** kyou	**اَلْيَوْمَ** al-yauma アル ヤウマ	today トゥデイ
きょうい **驚異** kyoui	**عَجَب** 男, 複 **أَعْجَاب** ʿajab, ʾaʿjāb アジャブ，アウジャーブ	wonder ワンダ
きょういく **教育** kyouiku	**تَعْلِيم** 男 taʿlīm タアリーム	education エヂュケイション
～する	**يُعَلِّمُ**, [完] **عَلَّمَ** yuʿallimu, ʿallama ユアッリム，アッラマ	educate エヂュケイト

日	アラビア	英
きょういん **教員** kyouin	**مُدَرِّس** 男 mudarris ムダッリス	teacher ティーチャ
きょうか **強化** kyouka	**تَقْوِيَة** 女 taqwiyat タクウィヤ	strengthening ストレングスニイング
～する	**يُقَوِّي**, 〔完〕**قَوَّى** yuqauwī, qauwā ユカッウィー, カッワー	strengthen ストレングスン
きょうか **教科** kyouka	**مَادَّة** 男, 複 **مَوَادُّ**〔二段〕 māddat, mawāddu マーッダ, マワーッドゥ	subject サブヂェクト
きょうかい **協会** kyoukai	**جَمْعِيَّة** 女 jamʿīyat ジャムイーヤ	association, society アソウスィエイション, ソサイエティ
きょうかい **教会** kyoukai	**كَنِيسَة** 女, 複 **كَنَائِسُ**〔二段〕 kanīsat, kanāʾisu カニーサ, カナーイス	church チャーチ
きょうかしょ **教科書** kyoukasho	**كِتَاب مَدْرَسِيّ** 男 kitāb madrasīy キターブ マドラスィー	textbook テクストブク
きょうかつ **恐喝** kyoukatsu	**تَهْدِيد** 男 ; **اِبْتِزَاز** 男 tahdīd, ibtizāz タフディード, イブティザーズ	threat, blackmail スレト, ブラクメイル
きょうかん **共感** kyoukan	**تَعَاطُف** 男 taʿāṭuf タアートゥフ	sympathy スィンパスィ
きょうぎ **競技** kyougi	**أَلْعَاب رِيَاضِيَّة** 複 ʾalʿāb riyāḍīyat アルアーブ リヤーディーヤ	competition カンペティション
ぎょうぎ **行儀** gyougi	**سُلُوك** 男 sulūk スルーク	behavior, manners ビヘイヴャ, マナズ
きょうきゅう **供給** kyoukyuu	**تَزْوِيد** 男 tazwīd タズウィード	supply サプライ

き

日	アラビア	英
～する	زَوَّدَ ,يُزَوِّدُ 〔完〕 yuzauwidu, zauwada ユザウウィドゥ，ザウワダ	supply サプライ
きょうぐう 境遇 kyouguu	ظُرُوف 複 ẓurūf ズルーフ	circumstances サーカムスタンセズ
きょうくん 教訓 kyoukun	دَرْس 男, 複 دُرُوس dars, durūs ダルス，ドゥルース	lesson レスン
きょうこう 恐慌 kyoukou	ذُعْر 男 dhuʿr ズウル	panic パニク
きょうこう 教皇 kyoukou	بَابَا 男 bābā バーバー	Pope ポウプ
きょうごうする 競合する kyougousuru	نَافَسَ ,يُنَافِسُ 〔完〕 yunāfisu, nāfasa ユナーフィス，ナーファサ	compete with コンピート ウィズ
きょうこな 強固な kyoukona	مَتِين matīn マティーン	firm, solid ファーム，サリド
きょうさんしゅぎ 共産主義 kyousanshugi	شُيُوعِيَّة 女 shuyūʿīyat シュユーイーヤ	communism カミュニズム
きょうし 教師 kyoushi	مُدَرِّس 男 mudarris ムダッリス	teacher, professor ティーチャ，プロフェサ
きょうしつ 教室 kyoushitsu	فَصْل 男 faṣl ファスル	classroom クラスルーム
きょうじゅ 教授 kyouju	أُسْتَاذ 男, 複 أَسَاتِذَة 〔二段〕 ʾustādh, ʾasātidhat ウスターズ，アサーティザ	professor プロフェサ
きょうせい 強制 kyousei	إِجْبَار 男 ʾijbār イジュバール	compulsion コンパルション

き

日	アラビア	英
〜する	أَجْبَرَ عَلَى 完 ,يُجْبِرُ عَلَى yujbiruʿalā, ʾajbara ʿalā ユジュビル アラー, アジュバラ アラー	compel, force コンペル, フォース
ぎょうせい 行政 gyousei	إِدَارَة 女 ʾidārat イダーラ	administration アドミニストレイション
ぎょうせき 業績 gyouseki	إِنْجَازَات 複 ʾinjāzāt インジャーザート	achievement, results アチーヴメント, リザルツ
きょうそう 競争 kyousou	مُنَافَسَة 女 munāfasat ムナーファサ	competition, contest カンペティション, カンテスト
〜する	نَافَسَ 完 ,يُنَافِسُ yunāfisu, nāfasa ユナーフィス, ナーファサ	compete コンピート
きょうそう 競走 kyousou	مُسَابَقَة 女 musābaqat ムサーバカ	race レイス
きょうそん 共存 kyouson	تَعَايُش 男 taʿāyush タアーユシュ	coexistence コウイグズィステンス
〜する	عَايَشَ 完 ,يُعَايِشُ yuʿāyishu, ʿāyasha ユアーイシュ, アーヤシャ	coexist コウイグズィスト
きょうだい 兄弟 kyoudai	إِخْوَة 複 ,أَخ 男 ʾakh, ʾikhwat アフ, イフワ	siblings スィブリングズ
きょうちょうする 強調する kyouchousuru	أَكَّدَ 完 ,يُؤَكِّدُ yuʾakkidu, ʾakkada ユアッキドゥ, アッカダ	emphasize, stress エンファサイズ, ストレス
きょうつうの 共通の kyoutsuuno	مُشْتَرَك mushtarak ムシュタラク	common カモン
きょうてい 協定 kyoutei	اِتِّفَاقِيَّة 女 ittifāqīyat イッティファーキーヤ	agreement, convention アグリーメント, コンヴェンション

日	アラビア	英
きょうど **郷土** kyoudo	وَطَن 男, 複 أَوْطَان waṭan, ʾauṭān ワタン, アウターン	native district ネイティヴ ディストリクト
きょうどうくみあい **協同組合** kyoudoukumiai	جَمْعِيَّة تَعَاوُنِيَّة 女 jamʿīyat taʿāwunīyat ジャムイーヤ タアーウニーヤ	cooperative コウアペラティヴ
きょうどうの **共同の** (共用の) kyoudouno	عَامّ ʿāmm アームム	common カモン
きょうばい **競売** kyoubai	مَزَاد 女 mazād マザード	auction オークション
きょうはくする **脅迫する** kyouhakusuru	يُهَدِّدُ, 〔完〕 هَدَّدَ yuhaddidu, haddada ユハッディドゥ, ハッダダ	threaten, menace スレトン, メナス
きょうふ **恐怖** kyoufu	خَوْف 女 khauf ハウフ	fear, fright, terror フィア, フライト, テラ
きょうみ **興味** kyoumi	اِهْتِمَام 男 ihtimām イフティマーム	interest インタレスト
きょうゆう **共有** kyouyuu	مُشْتَرَك 男 mushtarak ムシュタラク	joint-ownership チョイントオウナシプ
きょうよう **教養** kyouyou	أَدَب 男, 複 آدَاب ʾadab, ʾādāb アダブ, アーダーブ	culture, education カルチャ, エヂュケイション
きょうりょく **協力** kyouryoku	تَعَاوُن 男 taʿāwun タアーウン	cooperation コウアペレイション
〜する	يَتَعَاوَنُ, 〔完〕 تَعَاوَنَ yataʿāwanu, taʿāwana ヤタアーワヌ, タアーワナ	cooperate with コウアペレイト ウィズ
きょうりょくな **強力な** kyouryokuna	قَوِيّ qawīy カウィー	strong, powerful ストロング, パウアフル

日	アラビア	英
ぎょうれつ **行列** gyouretsu	**صَفّ** 男, 複 **صُفُوف** ṣaff, ṣufūf サッフ, スフーフ	line, Ⓑqueue ライン, キュー
(行進)	**مَوْكِب** 男, 複 **مَوَاكِبُ** [二段] maukib, mawākibu マウキブ, マワーキブ	procession, parade プロセション, パレイド
きょうれつな **強烈な** kyouretsuna	**شَدِيد**, 複 **أَشِدَّاءُ** [二段] shadīd, ʾashiddāʾu シャディード, アシッダーウ	intense インテンス
きょか **許可** kyoka	**إِذْن** 男 ʾidhn イズン	permission パミション
〜する	**يَأْذَنُ بِ**, [完] **أَذِنَ بِ** yaʾdhanu bi, ʾadhina bi ヤアザヌ ビ, アズィナビ	permit パミト
ぎょぎょう **漁業** gyogyou	**صَيْدُ ٱلسَّمَكِ** 男 ṣaidu al-samaki サイドゥッ サマク	fishery フィシャリ
きょく **曲** kyoku	**لَحْن** 男, 複 **أَلْحَان** laḥn, ʾalḥān ラフン, アルハーン	tune, piece テューン, ピース
きょくげん **極限** kyokugen	**غَايَة** 女 ghāyat ガーヤ	limit リミト
きょくたんな **極端な** kyokutanna	**مُتَطَرِّف** mutaṭarrif ムタタッリフ	extreme, excessive イクストリーム, イクセスィヴ
きょくとう **極東** kyokutou	**اَلشَّرْق ٱلْأَقْصَى** 男 al-sharq al-ʾaqṣā アッ シャルクル アクサー	Far East ファー イースト
きょじゃくな **虚弱な** kyojakuna	**ضَعِيف**, 複 **ضُعَفَاءُ** [二段] ḍaʿīf, ḍuʿafāʾu ダイーフ, ドゥアファーウ	weak, delicate ウィーク, デリケト
きょじゅうしゃ **居住者** kyojuusha	**سَاكِن** 男, 複 **سُكَّان** sākin, sukkān サーキン, スッカーン	resident, inhabitant レズィデント, インハビタント

日	アラビア	英
きょしょくしょう **拒食症** kyoshokushou	فِقْدَانُ الشَّهِيَّةِ ٱلْعَصَبِيِّ 男 fiqdānu al-shahīyati al-ʿaṣabīyi フィクダーヌッ シャヒーヤティル アサビー	anorexia アノレクスィア
きょぜつする **拒絶する** kyozetsusuru	رَفَضَ 〔完〕, يَرْفِضُ yarfiḍu, rafaḍa ヤルフィドゥ，ラファダ	refuse, reject リフューズ，リヂェクト
きょだいな **巨大な** kyodaina	ضَخْم ḍakhm ダフム	huge, gigantic ヒューヂ，ヂャイギャンティク
きょてん **拠点** kyoten	قَاعِدَة 女, 複 قَوَاعِدُ 〔二段〕 qāʿidat, qawāʿidu カーイダ，カワーイドゥ	base, stronghold ベイス，ストローングホウルド
きょねん **去年** kyonen	اَلسَّنَةُ ٱلْمَاضِيَةُ 女 al-sanatu al-māḍiyatu アッ サナトゥル マーディヤ	last year ラスト イア
きょひ **拒否** kyohi	رَفْض 男 rafḍ ラフド	denial, rejection ディナイアル，リヂェクション
～する	رَفَضَ 〔完〕, يَرْفِضُ yarfiḍu, rafaḍa ヤルフィドゥ，ラファダ	deny, reject ディナイ，リヂェクト
ぎょみん **漁民** gyomin	صَيَّادُ ٱلسَّمَكِ 男 ṣaiyādu al-samaki サイヤードゥッ サマク	fisherman フィシャマン
ぎょらい **魚雷** gyorai	طُورْبِيد 男 ṭūrbīd トゥールビード	torpedo トーピードウ
きょり **距離** kyori	مَسَافَة 女 masāfat マサーファ	distance ディスタンス
きらいな **嫌いな** kiraina	كَرِيه karīh カリーフ	disliked ディスライクト
きらきらする **きらきらする** kirakirasuru	لَمَّاع lammāʿ ランマーウ	glitter グリタ

日	アラビア	英
きらくな **気楽な** kirakuna	سَهْل sahl サフル	optimistic, easy アプティミスティク, イーズィ
きらめく **きらめく** kirameku	يَلْمَعُ, 〔完〕لَمَعَ yalmaʿu, lamaʿa ヤルマウ, ラマア	glitter, sparkle グリタ, スパークル
きり **錐** kiri	مِثْقَب 男, 複 مَثَاقِبُ〔二段〕 mithqab, mathāqibu ミスカブ, マサーキブ	drill, gimlet ドリル, ギムレト
きり **霧** kiri	ضَبَاب 男 ḍabāb ダバーブ	fog, mist フォーグ, ミスト
ぎり **義理** (義務) giri	وَاجِب 男, 複 وَجَائِبُ〔二段〕 wājib, wajāʾibu ワージブ, ワジャーイブ	duty, obligation デューティ, アブリゲイション
きりかえる **切り替える** kirikaeru	يُغَيِّرُ, 〔完〕غَيَّرَ yughaiyiru, ghaiyara ユガイイル, ガイヤラ	change チェインヂ
ぎりしゃ **ギリシャ** girisha	اَلْيُونَان 女 al-yūnān アル ユーナーン	Greece グリース
～語	اَللُّغَةُ ٱلْيُونَانِيَّةُ 女 al-lughatu al-yūnānīyatu アッ ルガトゥル ユーナーニーヤ	Greek グリーク
きりすと **キリスト** kirisuto	اَلْمَسِيح 男 al-masīḥ アル マスィーフ	Christ クライスト
～教	اَلْمَسِيحِيَّة 女 al-masīḥīyat アル マスィーヒーヤ	Christianity クリスチアニティ
きりつめる **切り詰める** (減らす) kiritsumeru	يُخَفِّضُ, 〔完〕خَفَّضَ yukhaffiḍu, khaffaḍa ユハッフィドゥ, ハッファダ	reduce, cut down リデュース, カト ダウン
きりはなす **切り離す** (切る) kirihanasu	يَقْطَعُ, 〔完〕قَطَعَ yaqṭaʿu, qaṭaʿa ヤクタウ, カタア	cut off, separate カト オーフ, セパレイト

日	アラビア	英
きりゅう **気流** kiryuu	**تَيَّار جَوِّيّ** 男 taiyār jauwīy タイヤール ジャウウィー	air current エア カーレント
きりょく **気力** (活力) kiryoku	**نَشَاط** 男 nashāṭ ナシャート	energy, vigor エナヂ, ヴィガ
きりん **麒麟** kirin	**زَرَافَة** 女, 複 **زَرَافَى** zarāfat, zarāfā ザラーファ, ザラーファー	giraffe ヂラフ
きる **切る** kiru	**يَقْطَعُ**, 〔完〕**قَطَعَ** yaqṭaʿu, qaṭaʿa ヤクタウ, カタア	cut カト
(スイッチを)	**يُطْفِئُ**, 〔完〕**أَطْفَأَ** yuṭfiʾu, ʾaṭfaʾa ユトフィウ, アトファア	turn off ターン オーフ
(電話を)	**يُنْهِي**, 〔完〕**أَنْهَى** yunhī, ʾanhā ユンヒー, アンハー	hang up ハング アプ
きる **着る** kiru	**يَلْبَسُ**, 〔完〕**لَبِسَ** yalbasu, labisa ヤルバス, ラビサ	put on プト オン
きれ **切れ** (個・枚・片) kire	**قِطْعَة** 女, 複 **قِطَع** qiṭʿat, qiṭaʿ キトア, キタウ	piece, cut ピース, カト
きれいな **きれいな** kireina	**جَمِيل** jamīl ジャミール	pretty, beautiful プリティ, ビューティフル
(清潔な)	**نَظِيف** naẓīf ナズィーフ	clean クリーン
きれる **切れる** (物が) kireru	**يَنْقَطِعُ**, 〔完〕**اِنْقَطَعَ** yanqaṭiʿu, inqaṭaʿa ヤンカティウ, インカタア	cut well カト ウェル
きろく **記録** kiroku	**تَسْجِيل** 男 tasjīl タスジール	record レコド

日	アラビア	英
～する	سَجَّلَ〔完〕, يُسَجِّلُ yusajjilu, sajjala ユサッジル，サッジャラ	record リコード
世界～	اَلرَّقْمُ ٱلْقِيَاسِيُّ ٱلْعَالَمِيُّ 男 al-raqmu al-qiyāsīyu al-ʿālamīyu アッ ラクムル キヤースィーユル アーラミー	world record ワールドレコド
きろぐらむ **キログラム** kiroguramu	كِيلُوجُرَام 男 kīlūjurām キールージュラーム	kilogram キログラム
きろめーとる **キロメートル** kiromeetoru	كِيلُومِتْر 男 kīlūmitr キールーミトル	kilometer キラミタ
きろりっとる **キロリットル** kirorittoru	كِيلُولِتْر 男 kīlūlitr キールーリトル	kiloliter キロリータ
ぎろん **議論** giron	مُنَاقَشَة 女 munāqashat ムナーカシャ	argument アーギュメント
ぎわく **疑惑** giwaku	رِيبَة 女, 複 رِيَب ; شَكّ 男, 複 شُكُوك rībat, riyab, shakk, shukūk リーバ，リヤブ，シャック，シュクーク	doubt, suspicion ダウト，サスピション
きわだつ **際立つ** kiwadatsu	مَيَّزَ 複, يُمَيِّزُ yumaiyizu, maiyaza ユマイイズ，マイヤザ	stand out スタンド アウト
きわめて **極めて** kiwamete	لِلْغَايَةِ lilghāyati リルガーヤ	very, extremely ヴェリ，イクストリームリ
きん **金** kin	ذَهَب 男 dhahab ザハブ	gold ゴウルド
～色の	ذَهَبِيّ dhahabīy ザハビー	gold ゴウルド

日	アラビア	英
ぎん **銀** gin	**فِضَّة** 女 fiḍḍat フィッダ	silver スィルヴァ
〜色の	**فِضِّيّ** fiḍḍīy フィッディー	silver スィルヴァ
きんいつの **均一の** (単一の) kin-itsuno	**مُوَحَّد** muwaḥḥad ムワッハド	uniform ユーニフォーム
きんえん **禁煙** kin-en	**مَمْنُوعُ ٱلتَّدْخِينِ** 男 mamnūʿu al-tadkhīni マムヌーウッ タドヒーン	No Smoking. ノウ スモウキング
きんか **金貨** kinka	**عُمْلَة ذَهَبِيَّة** 女 ʿumlat dhahabīyat ウムラ ザハ ビーヤ	gold coin ゴウルド コイン
ぎんか **銀貨** ginka	**عُمْلَة فِضِّيَّة** 女 ʿumlat fiḍḍīyat ウムラ フィッディーヤ	silver coin スィルヴァ コイン
ぎんが **銀河** ginga	**مَجَرَّة** 女 majarrat マジャッラ	Galaxy ギャラクスィ
きんがく **金額** kingaku	**مَبْلَغ** 男, 複 **مَبَالِغُ** 〔二段〕 mablagh, mabālighu マブラグ, マバーリグ	sum, amount of money サム, アマウント オヴ マニ
きんきゅうの **緊急の** kinkyuuno	**عَاجِل ; طَارِئ** ʿājil, ṭāriʾ アージル, ターリウ	urgent アーヂェント
きんこ **金庫** kinko	**خَزْنَة حَدِيدِيَّة** 女 khaznat ḥadīdīyat ハズナ ハディーディーヤ	safe, vault セイフ, ヴォールト
きんこう **均衡** kinkou	**تَوَازُن** 男 tawāzun タワーズン	balance バランス
ぎんこう **銀行** ginkou	**بَنْك** 男, 複 **بُنُوك** bank, bunūk バンク, ブヌーク	bank バンク

日	アラビア	英
きんし **禁止** kinshi	مَنْع 男 manʿ マンウ	prohibition, ban プロウヒビション, バン
～する	مَنَعَ مِنْ 完 ,يَمْنَعُ مِنْ yamnaʿu min, manaʿa min ヤムナウ ミン, マナア ミン	forbid, prohibit フォビド, プロヒビト
きんじょ **近所** kinjo	جِوَار 男 jiwār ジワール	neighborhood, Ⓑneighbourhood ネイバフド, ネイバフド
きんじる **禁じる** kinjiru	مَنَعَ مِنْ 完 ,يَمْنَعُ مِنْ yamnaʿu min, manaʿa min ヤムナウ ミン, マナア ミン	forbid, prohibit フォビド, プロヒビト
きんせい **金星** kinsei	اَلزُّهَرَة 女 al-zuharat アッ ズハラ	Venus ヴィーナス
きんぞく **金属** kinzoku	مَعْدِن 男, 複 مَعَادِنُ 二段 maʿdin, maʿādinu マアディン, マアーディン	metal メトル
きんちょうする **緊張する** kinchousuru	تَوَتَّرَ 完 ,يَتَوَتَّرُ yatawattaru, tawattara ヤタワッタル, タワッタラ	(be) tense (ビ) テンス
きんとう **近東** kintou	اَلشَّرْقُ ٱلْأَدْنَى 男 al-sharqu al-ʾadnā アッ シャルクル アドナー	Near East ニア イースト
きんにく **筋肉** kinniku	عَضَلَة 女 ʿaḍalat アダラ	muscles マスルズ
きんべんな **勤勉な** kinbenna	مُجْتَهِد mujtahid ムジュタヒド	industrious インダストリアス
きんむ **勤務** kinmu	شُغْل 男 ; عَمَل 男 shughl, ʿamal シュグル, アマル	service, duty サーヴィス, デューティ

日	アラビア	英
～する	يَشْتَغِلُ, [完] اِشْتَغَلَ ; يَعْمَلُ, [完] عَمِلَ yashtaghilu, ishtaghala, yaʿmalu, ʿamila ヤシュタギル，イシュタガラ，ヤアマル，アミラ	serve, work サーヴ，ワーク
きんめだる 金メダル kinmedaru	مِيدَالِيَّة ذَهَبِيَّة 女 mīdālīyat dhahabīyat ミーダーリーヤ ザハビーヤ	gold medal ゴウルド メドル
ぎんめだる 銀メダル ginmedaru	مِيدَالِيَّة فِضِّيَّة 女 mīdālīyat fiḍḍīyat ミーダーリーヤ フィッディーヤ	silver medal スィルヴァ メドル
きんゆう 金融 kin-yuu	مَالِيَّة 女 mālīyat マーリーヤ	finance フィナンス
きんようび 金曜日 kin-youbi	يَوْمُ ٱلْجُمْعَةِ 男 yaumu al-jumʿati ヤウムル ジュムア	Friday フライデイ
きんよくてきな 禁欲的な kin-yokutekina	زَاهِد zāhid ザーヒド	ascetic, austere アセティク，オースティア
きんり 金利 kinri	أَسْعَارُ ٱلْفَائِدَةِ 複 ʾasʿāru al-fāʾidati アスアールル ファーイダ	interest rates インタレスト レイツ
きんろう 勤労 kinrou	شُغْل 男 ; عَمَل 男 shughl, ʿamal シュグル，アマル	labor, work, Ⓑlabour レイバ，ワーク，レイバ

く，ク

日	アラビア	英
く 区 ku	حَيّ 男, 複 أَحْيَاء ḥaiy, ʾaḥyāʾ ハイイ，アフヤーウ	ward, district ウォード，ディストリクト
ぐあい 具合 guai	حَال 男, 複 أَحْوَال ḥāl, ʾaḥwāl ハール，アフワール	condition, state カンディション，ステイト

日	アラビア	英
くい **悔い** kui	**تَوْبَة** 女 **; نَدَم** 男 taubat, nadam タウバ，ナダム	regret, remorse リグレト，リモース
くい **杭** kui	**خَازُوق** 男, 複 **خَوَازِيقُ**〔二段〕 khāzūq, khawāzīqu ハーズーク，ハワーズィーク	stake, pile ステイク，パイル
くいき **区域** kuiki	**مِنْطَقَة** 女, 複 **مَنَاطِقُ**〔二段〕 minṭaqat, manāṭiqu ミンタカ，マナーティク	area, zone エアリア，ゾウン
くうぇーと **クウェート** kuweeto	**اَلْكُوَيْت** 男 al-kuwait アル クワイト	Kuwait クウェイト
くうかん **空間** kuukan	**فَضَاء** 男 faḍā' ファダーウ	space, room スペイス，ルーム
くうき **空気** kuuki	**هَوَاء** 男, 複 **أَهْوِيَة** hawā', 'ahwiyat ハワーウ，アフウィヤ	air エア
くうぐん **空軍** kuugun	**قُوَّات جَوِّيَّة** 複 quwwāt jauwīyat クッワート ジャウウィーヤ	air force エア フォース
くうこう **空港** kuukou	**مَطَار** 男 maṭār マタール	airport エアポート
くうしゅう **空襲** kuushuu	**غَارَة جَوِّيَّة** 女 ghārat jauwīyat ガーラ ジャウウィーヤ	air raid エア レイド
くうせき **空席** kuuseki	**مَقْعَد شَاغِر** 男 maqʿad shāghir マクアド シャーギル	vacant seat ヴェイカント スィート
ぐうぜん **偶然** guuzen	**صُدْفَة** 女, 複 **صُدَف** ṣudfat, ṣudaf スドファ，スダフ	chance, accident チャンス，アクスィデント
～に	**بِالصُّدْفَةِ** bi-al-ṣudfati ビーッ スドファ	by chance バイ チャンス

日	アラビア	英
くうそう **空想** kuusou	**خَيَال** 男 khayāl ハヤール	fantasy, daydream ファンタスィ, デイドリーム
～する	**تَخَيَّلَ** 〔完〕, **يَتَخَيَّلُ** yatakhaiyalu, takhaiyala ヤタハイヤル, タハイヤラ	imagine, fantasize イマヂン, ファンタサイズ
ぐうぞう **偶像** guuzou	**صَنَم** 男, 複 **أَصْنَام** ṣanam, ʾaṣnām サナム, アスナーム	idol アイドル
くうはく **空白** kuuhaku	**فَرَاغ** 男 farāgh ファラーグ	blank ブランク
くうふくである **空腹である** kuufukudearu	**جَوْعَان ; جَائِع** jauʿān, jāʾiʿ ジャウアーン, ジャーイウ	(be) hungry (ビ) ハングリ
くーらー **クーラー** kuuraa	**تَكْيِيف** 男 takyīf タクイーフ	air conditioner エア コンディショナ
くかく **区画** kukaku	**مِنْطَقَة** 男, 複 **مَنَاطِقُ** 〔二段〕 minṭaqat, manāṭiqu ミンタカ, マナーティク	division ディヴィジョン
くがつ **九月** kugatsu	**سِبْتَمْبِر** 男 sibtambir スィブタムビル	September セプテンバ
くかん **区間** kukan	**مِنْطَقَة بَيْنَ ... وَ** 男 minṭaqat baina wa ミンタカ バイナ ワ	section セクション
くき **茎** kuki	**سَاق** 女, 複 **سِيقَان** sāq, sīqān サーク, スィーカーン	stalk, stem ストーク, ステム
くぎ **釘** kugi	**مِسْمَار** 男, 複 **مَسَامِيرُ** 〔二段〕 mismār, masāmīru ミスマール, マサーミール	nail ネイル
くぎる **区切る** (分割する) kugiru	**قَسَّمَ** 〔完〕, **يُقَسِّمُ** yuqassimu, qassama ユカッスィム, カッサマ	divide ディヴァイド

日	アラビア	英
くさ **草** kusa	**عُشْب** 集, **عُشْبَة** 女, **أَعْشَاب** 複 ʿushb, ʿushbat, ʾaʿshāb ウシュブ, ウシュバ, アアシャーブ	grass グラス
くさい **臭い** kusai	**كَرِيهُ ٱلرَّائِحَةِ** karīhu al-rāʾiḥati カリーフッ ラーイハ	smelly, stinking スメリ, スティンキング
くさり **鎖** kusari	**سِلْسِلَة** 女, 複 **سَلَاسِلُ** 〔二段〕 silsilat, salāsilu スィルスィラ, サラースィル	chain チェイン
くさる **腐る** kusaru	**يَفْسِدُ**, 〔完〕**فَسَدَ** yafsidu, fasada ヤフスィドゥ, ファサダ	rot, go bad ラト, ゴウ バド
くし **櫛** kushi	**مُشْط** 男, 複 **أَمْشَاط** mushṭ, ʾamshāṭ ムシュト, アムシャート	comb コウム
くじ **くじ** kuji	**يَانَصِيب** 男 yānaṣīb ヤーナスィーブ	lot, lottery ラト, ラタリ
くじける **挫ける** kujikeru	**يَخِيبُ**, 〔完〕**خَابَ** yakhību, khāba ヤヒーブ, ハーバ	(be) discouraged (ビ) ディスカーリヂド
くじゃく **孔雀** kujaku	**طَاوُوس** 男, 複 **طَوَاوِيسُ** 〔二段〕 ṭāwūs, ṭawāwīsu ターウース, タワーウィース	peacock ピーカク
くしゃみ **くしゃみ** kushami	**عَطْسَة** 女 ʿaṭsat アトサ	sneeze スニーズ
～する	**يَعْطِسُ**, 〔完〕**عَطَسَ** yaʿṭisu, ʿaṭasa ヤアティス, アタサ	sneeze スニーズ
くじょう **苦情** kujou	**شَكْوَى** 女, 複 **شَكَاوَى** shakwā, shakāwā シャクワー, シャカーワー	complaint コンプレイント

日	アラビア	英
くじら **鯨** kujira	**حُوت** 男, 複 **حِيتَان** ḥūt, ḥītān フート, ヒーターン	whale (ホ)ウェイル
くしんする **苦心する** kushinsuru	**يَبْذِلُ مَجْهُودًا,** 〔完〕**بَذَلَ مَجْهُودًا** yabdhilu majhūdan, badhala majhūdan ヤブズィル マジュフーダン, バザラ マジュフーダン	take pains テイク ペインズ
くず **屑** kuzu	**مُخَلَّفَات** 複 mukhallafāt ムハッラファート	waste, rubbish ウェイスト, ラビシュ
ぐずぐずする **ぐずぐずする** guzuguzusuru	**يَتَمَهَّلُ,** 〔完〕**تَمَهَّلَ** yatamahhalu, tamahhala ヤタマッハル, タマッハラ	(be) slow, hesitate (ビ) スロウ, ヘズィテイト
くずす **崩す** kuzusu	**يَهْدِمُ,** 〔完〕**هَدَمَ** yahdimu, hadama ヤフディム, ハダマ	pull down, break プル ダウン, ブレイク
くすり **薬** kusuri	**دَوَاء** 男, 複 **أَدْوِيَة** dawāʾ, ʾadwiyat ダワーウ, アドウィヤ	medicine, drug メディスィン, ドラグ
〜屋	**صَيْدَلِيَّة** 女 ṣaidalīyat サイダリーヤ	pharmacy, drugstore ファーマスィ, ドラグストー
くすりゆび **薬指** kusuriyubi	**بِنْصِر** 女, 複 **بَنَاصِرُ**〔二段〕 binṣir, banāṣiru ビンスィル, バナースィル	ring finger リング フィンガ
くずれる **崩れる** kuzureru	**يَنْهَارُ,** 〔完〕**اِنْهَارَ** yanhāru, inhāra ヤンハール, インハーラ	crumble, collapse クランブル, コラプス
くせ **癖** kuse	**عَادَة** 女, 複 **عَوَائِدُ**〔二段〕 ʿādat, ʿawāʾidu アーダ, アワーイドゥ	habit ハビト
ぐたいてきな **具体的な** gutaitekina	**مَلْمُوس** malmūs マルムース	concrete カンクリート

日	アラビア	英
くだく **砕く** kudaku	**يُحَطِّمُ**, 〔完〕**حَطَّمَ** yuḥaṭṭimu, ḥaṭṭama ユハッティム, ハッタマ	break, smash ブレイク, スマシュ
くだける **砕ける** kudakeru	**يَتَحَطَّمُ**, 〔完〕**تَحَطَّمَ** yataḥaṭṭamu, taḥaṭṭama ヤタハッタム, タハッタマ	break, (be) broken ブレイク, (ビ) ブロウクン
くだもの **果物** kudamono	**فَاكِهَة** 女, 複 **فَوَاكِهُ**〔二段〕 fākihat, fawākihu ファーキハ, ファワーキフ	fruit フルート
〜屋	**مَحَلُّ ٱلْفَوَاكِهِ** 男 maḥallu al-fawākihi マハッルル ファワーキフ	fruit store フルート ストー
くだらない **下らない** kudaranai	**سَخِيف**, 複 **سِخَاف** sakhīf, sikhāf サヒーフ, スィハーフ	trifling, trivial トライフリング, トリヴィアル
くだる **下る** kudaru	**يَنْزِلُ**, 〔完〕**نَزَلَ** yanzilu, nazala ヤンズィル, ナザラ	go down, descend ゴウ ダウン, ディセンド
くち **口** kuchi	**فَم** 男, 複 **أَفْوَاه** fam, ʾafwāh ファム, アフワーフ	mouth マウス
くちばし **嘴** kuchibashi	**مِنْقَار** 男, 複 **مَنَاقِيرُ**〔二段〕 minqār, manāqīru ミンカール, マナーキール	beak, bill ビーク, ビル
くちびる **唇** kuchibiru	**شَفَة** 女, 複 **شِفَاه** shafat, shifāh シャファ, シファーフ	lip リプ
くちぶえ **口笛** kuchibue	**صَفِير** 男 ṣafīr サフィール	whistle (ホ)ウィスル
くちべに **口紅** kuchibeni	**رُوج** 男 rūj ルージュ	rouge, lipstick ルージュ, リプスティク
くちょう **口調** kuchou	**لَهْجَة** 女 lahjat ラフジャ	tone トウン

日	アラビア	英
くつ **靴** kutsu	حِذَاء 男, 複 أَحْذِيَة ḥidhāʾ, ʾaḥdhiyat ヒザーウ, アフズィヤ	shoes, boots シューズ, ブーツ
くつう **苦痛** kutsuu	وَجَع 男, 複 أَوْجَاع wajaʿ, ʾaujāʿ ワジャウ, アウジャーウ	pain, agony ペイン, アゴニ
くつした **靴下** kutsushita	جَوْرَب 男, 複 جَوَارِبُ〔二段〕 jaurab, jawāribu ジャウラブ, ジャワーリブ	socks, stockings サクス, スタキングズ
くっしょん **クッション** kusshon	مِخَدَّة 女, 複 مَخَادّ mikhaddat, makhādd ミハッダ, マハーッド	cushion クション
くっつく **くっつく** kuttsuku	يَلْصَقُ, 〔完〕 لَصِقَ yalṣaqu, laṣiqa ヤルサク, ラスィカ	cling to, stick to クリング トゥ, スティク トゥ
くっつける **くっつける** kuttsukeru	يُلْصِقُ بِ, 〔完〕 أَلْصَقَ بِ yulṣiqu bi, ʾalṣaqa bi ユルスィク ビ, アルサカ ビ	join, stick ヂョイン, スティク
くつろぐ **寛ぐ** kutsurogu	يَسْتَرِيحُ, 〔完〕 اِسْتَرَاحَ yastarīḥu, istarāḥa ヤスタリーフ, イスタラーハ	relax, make oneself at home リラクス, メイク アト ホウム
くどく **口説く** (言い寄る) kudoku	يُغَازِلُ, 〔完〕 غَازَلَ yughāzilu, ghāzala ユガーズィル, ガーザラ	chat up チャト アプ
くに **国** kuni	بَلَد 男, 複 بِلَاد balad, bilād バラド, ビラード	country カントリ
(祖国)	وَطَن 男, 複 أَوْطَان waṭan, ʾauṭān ワタン, アウターン	home country, homeland, Ⓑfatherland ホウム カントリ, ホウムランド, ファーザランド
(政治機構としての)	دَوْلَة 女, 複 دُوَل daulat, duwal ダウラ, ドゥワル	state ステイト

日	アラビア	英
くばる **配る** (配達する) kubaru	يُوَزِّعُ, [完] وَزَّعَ yuwazziʿu, wazzaʿa ユ**ワ**ッズィウ, **ワ**ッザア	deliver ディ**リ**ヴァ
(配布する)	يُوَزِّعُ, [完] وَزَّعَ yuwazziʿu, wazzaʿa ユ**ワ**ッズィウ, **ワ**ッザア	distribute ディスト**リ**ビュート
くび **首** kubi	عُنُق [男], [複] أَعْنَاق ʿunuq, ʾaʿnāq **ウ**ヌク, アア**ナ**ーク	neck **ネ**ク
(頭部)	رَأْس [男], [複] رُؤُوس raʾs, ruʾūs **ラ**アス, ル**ウ**ース	head **ヘ**ド
くふう **工夫** kufuu	وَسِيلَة [女], [複] وَسَائِلُ [二段] wasīlat, wasāʾilu ワ**スィ**ーラ, ワ**サ**ーイル	device, idea ディ**ヴァ**イス, アイ**ディ**ーア
くぶん **区分** (分割) kubun	تَقْسِيم [男] taqsīm タク**スィ**ーム	division ディ**ヴィ**ジョン
くべつ **区別** (違い) kubetsu	تَمْيِيز [男] tamyīz タム**イ**ーズ	distinction ディス**ティ**ンクション
(分けること)	تَفْرِيق [男] tafrīq タフ**リ**ーク	distinction ディス**ティ**ンクション
くま **熊** kuma	دُبّ [男], [複] أَدْبَاب dubb, ʾadbāb **ドゥ**ッブ, アド**バ**ーブ	bear **ベ**ア
くみ **組** (グループ) kumi	فِرْقَة [女], [複] فِرَق firqat, firaq **フィ**ルカ, **フィ**ラク	group, team グ**ル**ープ, **ティ**ーム
(学級)	فَصْل [男], [複] فُصُول faṣl, fuṣūl **ファ**スル, フ**ス**ール	class ク**ラ**ス
くみあい **組合** kumiai	جَمْعِيَّة [女] jamʿīyat ジャム**イ**ーヤ	association, union アソウスィ**エ**イション, **ユ**ーニョン

日	アラビア	英
くみたてる **組み立てる** kumitateru	جَمَّعَ ,〔完〕 يُجَمِّعُ yujammiʿu, jammaʿa ユジャンミウ，ジャンマア	put together, assemble プトトゲザ，アセンブル
くむ **汲む** kumu	سَحَبَ ,〔完〕 يَسْحَبُ yasḥabu, saḥaba ヤスハブ，サハバ	draw ドロー
くむ **組む** kumu	شَارَكَ ,〔完〕 يُشَارِكُ yushāriku, shāraka ユシャーリク，シャーラカ	unite with ユーナイト ウィズ
くも **雲** kumo	غَيْم 集, 複 غُيُوم ; سَحَاب 集 ghaim, ghuyūm, saḥāb ガイム，グユーム，サハーブ	cloud クラウド
くも **蜘蛛** kumo	عَنْكَبُوت 男, 複 عَنَاكِبُ 〔二段〕 ʿankabūt, ʿanākibu アンカブート，アナーキブ	spider スパイダ
くもり **曇り** kumori	جَوّ غَائِم 男 jauw ghāʾim ジャウウ ガーイム	cloudy weather クラウディ ウェザ
〜の	غَائِم ghāʾim ガーイム	cloudy クラウディ
くもる **曇る** kumoru	أَصْبَحَ ,〔完〕 يُصْبِحُ غَائِمًا غَائِمًا yuṣbiḥu ghāʾiman, ʾaṣbaḥa ghāʾiman ユスビフ ガーイマン，アスバハ ガーイマン	(become) cloudy (ビカム) クラウディ
くやむ **悔やむ** kuyamu	نَدِمَ ,〔完〕 يَنْدَمُ yandamu, nadima ヤンダム，ナディマ	repent, regret リペント，リグレト
くらい **暗い** kurai	مُظْلِم muẓlim ムズリム	dark ダーク
(気分などが)	كَئِيب kaʾīb カイーブ	gloomy グルーミ

日	アラビア	英
ぐらいだー **グライダー** guraidaa	**طَائِرَة شِرَاعِيَّة** 女 ṭāʾirat shirāʿīyat ターイラ シラーイーヤ	glider グライダ
くらいまっくす **クライマックス** kuraimakkusu	**ذُرْوَة** 女 dhurwat ズルワ	climax クライマクス
ぐらうんど **グラウンド** guraundo	**مَلْعَب** 男, 複 **مَلَاعِبُ** 〔二段〕 malʿab, malāʿibu マルアブ, マラーイブ	ground, field グラウンド, フィールド
くらし **暮らし** kurashi	**مَعِيشَة** 女, 複 **مَعَايِشُ** 〔二段〕 maʿīshat, maʿāyishu マイーシャ, マアーイシュ	life, living ライフ, リヴィング
くらしっく **クラシック** kurashikku	**كِلَاسِكِيّ** 男 kilāsikīy キラースィキー	classic クラスィク
くらす **暮らす** kurasu	**يَعِيشُ,** 〔完〕 **عَاشَ** yaʿīshu, ʿāsha ヤイーシュ, アーシャ	live, make a living リヴ, メイク ア リヴィング
ぐらす **グラス** gurasu	**كَأْس** 女, 複 **كُؤُوس** kaʾs, kuʾūs カアス, クウース	glass グラス
くらぶ **クラブ** （同好会・集会所） kurabu	**نَادٍ** 男, 複 **أَنْدِيَة** nādin, ʾandiyat ナーディン, アンディヤ	club クラブ
ぐらふ **グラフ** gurafu	**رَسْم بَيَانِيّ** 男 rasm bayānīy ラスム バヤーニー	graph グラフ
くらべる **比べる** kuraberu	**يُقَارِنُ,** 〔完〕 **قَارَنَ** yuqārinu, qārana ユカーリヌ, カーラナ	compare コンペア
ぐらむ **グラム** guramu	**غُرَام** 男 ghurām グラーム	gram, Ⓑgramme グラム, グラム
くらやみ **暗闇** kurayami	**ظَلَام** 男 ẓalām ザラーム	darkness, (the) dark ダークネス, (ザ) ダーク

日	アラビア	英
くり 栗 kuri	كَسْتَنَة 女 kastanat カスタナ	chestnut チェスナト
くりーにんぐ クリーニング kuriiningu	تَنْظِيفُ ٱلْمَلَابِسِ 男 tanẓīfu al-malābisi タンズィーフル マラービス	cleaning クリーニング
くりーむ クリーム kuriimu	كُرِيم 男 kurīm クリーム	cream クリーム
くりかえし 繰り返し kurikaeshi	تكْرَار 男 takrār タクラール	repetition, refrain レペティション，リフレイン
くりかえす 繰り返す kurikaesu	يُكَرِّرُ, 〔完〕 كَرَّرَ yukarriru, karrara ユカッリル，カッララ	repeat リピート
くりすちゃん クリスチャン kurisuchan	مَسِيحِيّ 男 masīḥīy マスィーヒー	Christian クリスチャン
くりすます クリスマス kurisumasu	عِيدُ مِيلَادِ ٱلْمَسِيحِ 男 ʿīdu mīlādi al-masīḥi イードゥ ミーラーディル マスィーフ	Christmas クリスマス
〜イブ	لَيْلَةُ عِيدِ ٱلْمِيلَادِ 女 lailatu ʿīdi al-mīladi ライラトゥ イーディル ミーラード	Christmas Eve クリスマス イーヴ
くりっくする クリックする kurikkusuru	يَنْقُرُ عَلَى زِرٍّ, 〔完〕 نَقَرَ عَلَى زِرٍّ yanquru ʿalā zirrin, naqara ʿalā zirrin ヤンクル アラー ズィッル，ナカラ アラー ズィッル	click クリク
くる 来る kuru	يَأْتِي, 〔完〕 أَتَى yaʾtī, ʾatā ヤアティー，アター	come, arrive カム，アライヴ
くるう 狂う kuruu	يُجَنُّ, 〔完〕 جُنَّ yujannu, junna ユジャンヌ，ジュンナ	go insane ゴウ インセイン

日	アラビア	英
ぐるーぷ **グループ** guruupu	**جَمَاعَة** 女 jamāʿat ジャマーア	group グループ
くるしい **苦しい** (苦痛である) kurushii	**مُؤْلِم** muʾulim ムウリム	painful, hard ペインフル，ハード
(困難な)	**صَعْب**, 複 **صِعَاب** ṣaʿb, ṣiʿāb サアブ，スィアーブ	hard, difficult ハード，ディフィカルト
くるしみ **苦しみ** kurushimi	**أَلَم** 男, 複 **آلَام** ʾalam, ʾālām アラム，アーラーム	pain, suffering ペイン，サファリング
くるしむ **苦しむ** kurushimu	**يُعَانِي مِنْ**, 完 **عَانَى مِنْ** yuʿānī min, ʿānā min ユアーニー ミン，アーナー ミン	(be) troubled with, suffer from (ビ) トラブルド ウィズ，サファ フラム
(悩む)	**يُعَانِي مِنْ**, 完 **عَانَى مِنْ** yuʿānī min, ʿānā min ユアーニー ミン，アーナー ミン	suffer from サファ フラム
くるしめる **苦しめる** kurushimeru	**يُعَذِّبُ**, 完 **عَذَّبَ** yuʿadhdhibu, ʿadhdhaba ユアッズイブ，アッザバ	torment トーメント
くるま **車** kuruma	**سَيَّارَة** 女 saiyārat サイヤーラ	car カー
(車輪)	**عَجَلَة** 女 ʿajalat アジャラ	wheel (ホ)ウィール
くるみ **胡桃** kurumi	**جَوْز** 集, **جَوْزَة** 女 jauz, jauzat ジャウズ，ジャウザ	walnut ウォールナト
くるむ **くるむ** kurumu	**يُغَلِّفُ**, 完 **غَلَّفَ** yughallifu, ghallafa ユガッリフ，ガッラファ	wrap up ラプ アプ

日	アラビア	英
くれ **暮れ** kure	**نِهَايَةُ ٱلسَّنَةِ** 女 nihāyatu al-sanati ニハーヤトゥッ サナ	year-end イアレンド
(夕暮れ)	**غَسَق** 男 ghasaq ガサク	nightfall ナイトフォール
くれーむ **クレーム** kureemu	**شَكْوَى** 女, 複 **شَكَاوَى** shakwā, shakāwā シャクワー, シャカーワー	claim, complaint クレイム, コンプレイント
くれじっと **クレジット** (信用) kurejitto	**اِئْتِمَان** 男 iʾtimān イウティマーン	credit クレディト
～カード	**بِطَاقَةُ ٱلْإِئْتِمَانِ** 男 biṭāqatu al-ʾiʾtimāni ビターカトゥル イウティマーン	credit card クレディト カード
くろ **黒** kuro	**سَوَاد** 男 sawād サワード	black ブラク
くろい **黒い** kuroi	**أَسْوَدُ**〔二段〕, 複 **سُود** ; **سَوْدَاءُ** 女〔二段〕 ʾaswadu, sūd, saudāʾu アスワドゥ, スード, サウダーウ	black ブラク
くろうする **苦労する** kurousuru	**يُوَاجِهُ صُعُوبَةً فِي,** **وَاجَهَ صُعُوبَةً فِي**〔完〕 yuwājihu ṣuʿūbatan fī, wājaha ṣuʿūbatan fī ユワージフ スウーバタン フィー, ワージャハ スウーバタン フィー	suffer, work hard サファ, ワーク ハード
くろーる **クロール** kurooru	**سِبَاحَةُ ٱلزَّحْفِ** sibāḥatu al-zaḥfi スィバーハトゥッ ザフフ	crawl クロール
くろの **黒の** kurono	**أَسْوَدُ**〔二段〕, 複 **سُود** ʾaswadu, sūd アスワドゥ, スード	black ブラク

日	アラビア	英
くわえる **加える** kuwaeru	**يُضِيفُ إِلَى, 〔完〕أَضَافَ إِلَى** yuḍīfu ʾilā, ʾaḍāfa ʾilā ユディーフ イラー, アダーファ イラー	add to アド
くわしい **詳しい** kuwashii	**تَفْصِيلِيّ** tafṣīlīy タフスィーリー	detailed ディテイルド
(よく知っている)	**يَعْرِفُ جَيِّدًا, 〔完〕عَرَفَ جَيِّدًا** yaʿrifu jaiyidan, ʿarafa jaiyidan ヤアリフ ジャイイダン, アラファ ジャイイダン	(become) acquainted with (ビカム) アクウェインテド ウィズ
くわだてる **企てる** (企む) kuwadateru	**يَتَآمَرُ, 〔完〕تَآمَرَ** yataʾāmaru, taʾāmara ヤタアーマル, タアーマラ	plan, plot プラン, プラト
くわわる **加わる** kuwawaru	**يَنْضَمُّ إِلَى, 〔完〕اِنْضَمَّ إِلَى** yanḍammu ʾilā, inḍamma ʾilā ヤンダンム イラー, インダンマ イラー	join, enter ヂョイン, エンタ
ぐん **軍** gun	**جَيْش** 男, 複 **جُيُوش** jaish, juyūsh ジャイシュ, ジュユーシュ	army, forces アーミ, フォーセズ
ぐんかん **軍艦** gunkan	**سَفِينَة حَرْبِيَّة** 女 safīnat ḥarbīyat サフィーナ ハルビーヤ	warship ウォーシプ
ぐんしゅう **群衆** gunshuu	**حَشْد مِنَ ٱلنَّاسِ** 男 ḥashd min al-nāsi ハシュド ミナン ナース	crowd クラウド
ぐんじん **軍人** gunjin	**عَسْكَرِيّ** 男 ʿaskarīy アスカリー	soldier, serviceman ソウルヂャ, サーヴィスマン
ぐんたい **軍隊** guntai	**جَيْش** 男, 複 **جُيُوش** jaish, juyūsh ジャイシュ, ジュユーシュ	army, troops アーミ, トループス
ぐんび **軍備** gunbi	**تَسَلُّح** 男 tasalluḥ タサッルフ	armaments アーマメンツ

日	アラビア	英
くんれん **訓練** kunren	تَدْرِيب 男 tadrīb タドリーブ	training トレイニング
～する	يُدَرِّبُ, 〔完〕 دَرَّبَ yudarribu, darraba ユダッリブ, ダッラバ	train, drill トレイン, ドリル

け, ケ

日	アラビア	英
け **毛** ke	شَعْر 集, شَعْرَة 女, 複 أَشْعَار shaʿr, shaʿrat, ʾashʿār シャアル, シャアラ, アシュアール	hair ヘア
(獣毛・毛皮)	فَرْو 集, فَرْوَة 女, 複 فِرَاء farw, farwat, firāʾ ファルウ, ファルワ, フィラーウ	fur ファー
(羊毛)	صُوف 男, 複 أَصْوَاف ṣūf, ʾaṣwāf スーフ, アスワーフ	wool ウル
けい **刑** kei	عُقُوبَة 女 ʿuqūbat ウクーバ	penalty, sentence ペナルティ, センテンス
げい **芸** gei	فَنّ 男, 複 فُنُون fann, funūn ファンン, フヌーン	art, accomplishments アート, アカンプリシュメンツ
けいえい **経営** keiei	إِدَارَة 女 ʾidārat イダーラ	management マニヂメント
～者	مُدِير 男 mudīr ムディール	manager マニヂャ
～する	يُدِيرُ, 〔完〕 أَدَارَ yudīru, ʾadāra ユディール, アダーラ	manage, run マニヂ, ラン

日	アラビア	英
けいか **経過** keika	**تَطَوُّر** 男 taṭawwur タタッウル	progress プラグレス
けいかい **警戒** keikai	**اِحْتِرَاس** 男 iḥtirās イフティラース	caution, precaution コーション，プリコーション
～する	**يَحْتَرِسُ مِنْ**, 〔完〕 **اِحْتَرَسَ مِنْ** yaḥtarisu min, iḥtarasa min ヤフタリス ミン，イフタラサ ミン	guard against ガード アゲンスト
けいかいな **軽快な** keikaina	**خَفِيف**, 複 **خِفَاف** khafīf, khifāf ハフィーフ，ヒファーフ	light, nimble ライト，ニンブル
けいかく **計画** keikaku	**خُطَّة** 女, 複 **خُطَط**; **مَشْرُوع** 男, 複 **مَشَارِيعُ**〔二段〕 khuṭṭat, khuṭaṭ, mashrūʿ, mashārīʿu フッタ，フタト，マシュルーウ，マシャーリーウ	plan, project プラン，プラヂェクト
～する	**يُخَطِّطُ**, 〔完〕 **خَطَّطَ** yukhaṭṭiṭu, khaṭṭaṭa ユハッティトゥ，ハッタタ	plan, project プラン，プロヂェクト
けいかん **警官** keikan	**شُرْطِي** 男 shurṭīy シュルティー	police officer ポリース オーフィサ
けいけん **経験** keiken	**تَجْرِبَة** 女, 複 **تَجَارِبُ**〔二段〕 tajribat, tajāribu タジュリバ，タジャーリブ	experience イクスピアリアンス
～する	**يَخْبُرُ**, 〔完〕 **خَبَرَ** yakhburu, khabara ヤフブル，ハバラ	experience イクスピアリアンス
けいこ **稽古** （リハーサル） keiko	**تَمْرِين** 男, 複 **تَمَارِينُ**〔二段〕 tamrīn, tamārīnu タムリーン，タマーリーン	rehearsal リハーサル

日	アラビア	英
(練習・訓練)	تَمْرِين 男 tamrīn タムリーン	practice, exercise プラクティス, エクササイズ
けいこう 傾向 keikou	مَيْل 男, 複 مُيُول mail, muyūl マイル, ムユール	tendency テンデンスィ
けいこく 警告 keikoku	تَحْذِير 男 taḥdhīr タフズィール	warning, caution ウォーニング, コーション
～する	يُحَذِّرُ, 〔完〕 حَذَّرَ yuḥadhdhiru, ḥadhdhara ユハッズィル, ハッザラ	warn ウォーン
けいざい 経済 keizai	اِقْتِصَاد 男 iqtiṣād イクティサード	economy, finance イカノミ, フィナンス
～学	عِلْمُ ٱلِاقْتِصَادِ 男 ʿilmu al-iqtiṣādi イルム リクティサード	economics イーコナミクス
～的な	اِقْتِصَادِيّ iqtiṣādīy イクティサーディー	economical イーコナミカル
けいさつ 警察 keisatsu	شُرْطَة 女 shurṭat シュルタ	police ポリース
～官	شُرْطِيّ 男 shurṭīy シュルティー	police officer ポリース オーフィサ
～署	قِسْمُ ٱلشُّرْطَةِ 男 qismu al-shurṭati キスムッ シュルタ	police station ポリース ステイション
けいさん 計算 keisan	حِسَاب 男 ḥisāb ヒサーブ	calculation キャルキュレイション
～機	آلَةُ حَاسِبَةٍ 女 ʾālatu ḥāsibatin アーラトゥ ハースィバ	calculator キャルキュレイタ

日	アラビア	英
〜する	يَحْسُبُ، 〔完〕حَسَبَ yaḥsubu, ḥasaba ヤフスブ，ハサバ	calculate, count キャルキュレイト，カウント
けいじ 刑事 keiji	مُحَقِّق 男 ; مُفَتِّش 男 muḥaqqiq, mufattish ムハッキク，ムファッティシュ	detective ディテクティヴ
けいじ 掲示 keiji	إِعْلَان 男 ʾiʿlān イウラーン	notice, bulletin ノウティス，ブレティン
けいしき 形式 keishiki	شَكْل 男，複 أَشْكَال shakl, ʾashkāl シャクル，アシュカール	form, formality フォーム，フォーマリティ
〜的な	شَكْلِيّ shaklīy シャクリー	formal フォーマル
げいじゅつ 芸術 geijutsu	فَنّ 男，複 فُنُون fann, funūn ファンン，フヌーン	art アート
〜家	فَنَّان 男 fannān ファンナーン	artist アーティスト
けいしょうする 継承する keishousuru	يَخْلُفُ، 〔完〕خَلَفَ yakhlufu, khalafa ヤフルフ，ハラファ	succeed to サクスィード トゥ
けいず 系図 keizu	شَجَرَةُ ٱلْأَنْسَابِ 女 shajaratu al-ʾansābi シャジャラトゥル アンサーブ	genealogy ヂーニアロヂ
けいせい 形成 keisei	تَشْكِيل 男 tashkīl タシュキール	formation フォーメイション
けいぞくする 継続する keizokusuru	يَسْتَمِرُّ، 〔完〕اِسْتَمَرَّ yastamirru, istamarra ヤスタミッル，イスタマッラ	continue コンティニュー
けいそつな 軽率な keisotsuna	مُهْمِل muhmil ムフミル	careless, rash ケアレス，ラシュ

日	アラビア	英
けいたい **形態** keitai	أَشْكَال 複, شَكْل 男 shakl, ʼashkāl シャクル, アシュカール	form, shape フォーム, シェイプ
けいたいでんわ **携帯電話** keitaidenwa	مُوبَايْل 男 mūbāyl ムーバーイル	cellphone, Ⓑmobile phone セルフォウン, モウバイル フォウン
けいと **毛糸** keito	خَيْط صُوفِيّ 男 khaiṭ ṣūfīy ハイト スーフィー	(woolen) yarn (ウルン) ヤーン
けいば **競馬** keiba	سِبَاقُ ٱلْخَيْلِ 男 sibāqu al-khaili スィバークル ハイル	horse racing ホース レイスィング
～場	مَيْدَانُ سِبَاقِ ٱلْخَيْلِ 男 maidānu sibāqi al-khaili マイダーヌ スィバーキル ハイル	race track レイス トラク
けいはくな **軽薄な** keihakuna	طَائِش ṭāʼish ターイシュ	frivolous フリヴォラス
けいばつ **刑罰** keibatsu	عُقُوبَة 女 ʻuqūbat ウクーバ	punishment パニシュメント
けいひ **経費** keihi	نَفَقَة 女 nafaqat ナファカ	expenses イクスペンセズ
けいび **警備** keibi	حِرَاسَة 女 ḥirāsat ヒラーサ	defense, guard ディフェンス, ガード
～する	حَرَسَ 〔完〕, يَحْرُسُ yaḥrusu, ḥarasa ヤフルス, ハラサ	defend, guard ディフェンド, ガード
けいひん **景品** keihin	جَوَائِزُ 〔二段〕 複, جَائِزَة 女 jāʼizat, jawāʼizu ジャーイザ, ジャワーイズ	premium プリーミアム

日	アラビア	英
けいべつする **軽蔑する** keibetsusuru	**اِحْتَقَرَ ,يَحْتَقِرُ** 〔完〕 yaḥtaqiru, iḥtaqara ヤフタキル, イフタカラ	despise, scorn ディスパイズ, スコーン
けいほう **警報** keihou	**إِنْذار** 男 ʾindhār インザール	warning, alarm ウォーニング, アラーム
けいむしょ **刑務所** keimusho	**سِجْن** 男, 複 **سُجُون** sijn, sujūn スィジュン, スジューン	prison プリズン
けいやく **契約** keiyaku	**عَقْد** 男, 複 **عُقُود** ʿaqd, ʿuqūd アクド, ウクード	contract カントラクト
〜する	**تَعاقَدَ ,يَتَعاقَدُ** 〔完〕 yataʿāqadu, taʿāqada ヤタアーカドゥ, タアーカダ	contract, sign a contract (with) コントラクト, サイン ア カントラクト (ウィズ)
けいゆ **経由** keiyu	**عَنْ طَرِيقِ** ʿan ṭarīqi アン タリーキ	by way of, via バイ ウェイ オヴ, ヴァイア
けいようし **形容詞** keiyoushi	**صِفَة** 女 ṣifat スィファ	adjective アヂェクティヴ
けいりゃく **計略** keiryaku	**حِيلَة** 女 ḥīlat ヒーラ	stratagem ストラタヂャム
けいりょう **計量** keiryou	**قِياس** 男, 複 **أَقْيِسَة** qiyās, ʾaqyisat キヤース, アクイサ	measurement メジャメント
けーき **ケーキ** keeki	**كَعْك** 集, **كَعْكَة** 女 kaʿk, kaʿkat カアク, カアカ	cake ケイク
けーす **ケース** (箱) keesu	**صُنْدُوق** 男, 複 **صَنادِيقُ** 〔二段〕 ṣundūq, ṣanādīqu スンドゥーク, サナーディーク	case ケイス

日	アラビア	英
げーと **ゲート** geeto	**أَبْوَاب** 複, **بَاب** 男 bāb, ʼabwāb バーブ, アブワーブ	gate ゲイト
げーむ **ゲーム** geemu	**لُعْبَة** 女 luʻbat ルウバ	game ゲイム
(試合)	**مُبَارَاة** 女 mubārāt ムバーラー	game ゲイム
けが **怪我** kega	**جِرَاح** 複, **جُرْح** 男 jurḥ, jirāḥ ジュルフ, ジラーフ	wound, injury ウーンド, インヂャリ
～する	**أُصِيبَ** 完, **يُصَابُ بِجُرُوحٍ** **بِجُرُوحٍ** yuṣābu bi-jurūḥin, uṣība bi-jurūḥin ユサーブ ビ-ジュルーフ, ウスィーバ ビ-ジュルーフ	(get) hurt (ゲト) ハート
～人	**جَرْحَى** 複, **جَرِيح** 男 jarīḥ, jarḥā ジャリーフ, ジャルハー	injured person インヂャド パースン
げか **外科** geka	**قِسْمُ ٱلْجِرَاحَةِ** 男 qismu al-jirāḥati キスムル ジラーハ	surgery サーヂャリ
～医	**جَرَّاح** 男 jarrāḥ ジャッラーフ	surgeon サーヂョン
けがす **汚す** (よごす) kegasu	**وَسَّخَ** 完, **يُوَسِّخُ** yuwassikhu, wassakha ユワッスィフ, ワッサハ	dirty ダーティ
(名誉を傷つける)	**لَوَّثَ** 完, **يُلَوِّثُ** yulawwithu, lawwatha ユラッウィス, ラッワサ	disgrace ディスグレイス
けがれ **汚れ** (宗教的・道徳的不浄) kegare	**نَجَاسَة** 女 najāsat ナジャーサ	impurity インピュアリティ

日	アラビア	英
(不名誉)	عَيْب 男 ; تَدْنِيس 男 ʿaib, tadnīs アイブ, タドニース	disgrace ディスグレイス
けがわ 毛皮 kegawa	فَرْو 男, 複 فِرَاء farw, firāʾ ファルウ, フィラーウ	fur ファー
げき 劇 geki	مَسْرَحِيَّة 女 masraḥīyat マスラヒーヤ	play プレイ
げきじょう 劇場 gekijou	مَسْرَح 男, 複 مَسَارِحُ〔二段〕 masraḥ, masāriḥu マスラフ, マサーリフ	theater, Ⓑtheatre スィアタ, スィアタ
げきだん 劇団 gekidan	فِرْقَةُ ٱلْمَسْرَحِ 女 firqatu al-masraḥi フィルカトゥル マスラフ	theatrical company スィアトリカル カンパニ
げきれいする 激励する gekireisuru	يُشَجِّعُ, 〔完〕 شَجَّعَ yushajjiʿu, shajjaʿa ユシャッジウ, シャッジャア	encourage インカーリヂ
けさ 今朝 kesa	هٰذَا ٱلصَّبَاحُ 男 hādhā al-ṣabāḥu ハーザッ サバーフ	this morning ズィス モーニング
げざい 下剤 gezai	مُلَيِّن 男 mulaiyin ムライイン	laxative, purgative ラクサティヴ, パーガティヴ
げし 夏至 geshi	اِنْقِلَاب صَيْفِيّ 男 inqilāb ṣaifīy インキラーブ サイフィー	summer solstice サマ サルスティス
けしき 景色 keshiki	مَنْظَر 男, 複 مَنَاظِرُ〔二段〕 manẓar, manāẓiru マンザル, マナーズィル	scenery, view スィーナリ, ヴュー
けしごむ 消しゴム keshigomu	مِمْحَاة 女 mimḥāt ミムハー	eraser, Ⓑrubber イレイサ, ラバ
げしゃする 下車する geshasuru	يَنْزِلُ, 〔完〕 نَزَلَ yanzilu, nazala ヤンズィル, ナザラ	get off ゲトオーフ

日	アラビア	英
げじゅん **下旬** gejun	أَوَاخِرُ ٱلشَّهْرِ 男 ʾawākhiru al-shahri アワーヒルッ シャフル	end of the month エンド オヴ ザ マンス
けす **消す** (文字などを) kesu	يَمْحُو, 〔完〕 مَحَا yamḥū, maḥā ヤムフー, マハー	erase イレイス
(明かりや火を)	يُطْفِئُ, 〔完〕 أَطْفَأَ yuṭfiʾu, ʾaṭfaʾa ユトフィウ, アトファア	put out プト アウト
けずる **削る** (削減する) kezuru	يُخَفِّضُ, 〔完〕 خَفَّضَ yukhaffiḍu, khaffaḍa ユハッフィドゥ, ハッファダ	curtail カーテイル
(削除する)	يَحْذِفُ, 〔完〕 حَذَفَ yaḥdhifu, ḥadhafa ヤフズィフ, ハザファ	delete ディリート
けちな **けちな** kechina	بَخِيل, 複 بُخَلَاءُ〔二段〕 bakhīl, bukhalāʾu バヒール, ブハラーウ	stingy スティンヂ
けつあつ **血圧** ketsuatsu	ضَغْطُ ٱلدَّمِ 男 ḍaghṭu al-dami ダグトゥッ ダム	blood pressure ブラド プレシャ
けつい **決意** ketsui	عَزْم 男 ʿazm アズム	resolution レゾルーション
～する	يَعْزِمُ, 〔完〕 عَزَمَ yaʿzimu, ʿazama ヤアズィム, アザマ	make up one's mind メイク アプ マインド
けつえき **血液** ketsueki	دَم 男, 複 دِمَاء dam, dimāʾ ダム, ディマーウ	blood ブラド
けつえん **血縁** ketsuen	رَابِطَةُ ٱلدَّمِ 女 rābiṭatu al-dami ラービタトゥッ ダミ	blood relation ブラド リレイション
けっか **結果** kekka	نَتِيجَة 女, 複 نَتَائِجُ〔二段〕 natījat, natāʾiju ナティージャ, ナターイジュ	result リザルト

日	アラビア	英
けっかく 結核 kekkaku	سُلّ 男 sull スッル	tuberculosis テュバーキュロウスィス
けっかん 欠陥 kekkan	عَيْب 男, 複 عُيُوب ʿaib, ʿuyūb アイブ, ウユーブ	defect, fault ディフェクト, フォールト
けっかん 血管 kekkan	أَوْعِيَة دَمَوِيَّة 複 ʾauʿiyat damawīyat アウイヤ ダマウィーヤ	blood vessel ブラド ヴェスル
げっかんし 月刊誌 gekkanshi	مَجَلَّة شَهْرِيَّة 女 majallat shahrīyat マジャッラ シャフリーヤ	monthly (magazine) マンスリ (マガズィーン)
げっきゅう 月給 gekkyuu	رَاتِب شَهْرِيّ 男 rātib shahrīy ラーティブ シャフリー	(monthly) salary (マンスリ) サラリ
けっきょく 結局 kekkyoku	فِي ٱلنِّهَايَةِ ; أَخِيرًا fī al-nihāyati, ʾakhīran フィン ニハーヤ, アヒーラン	after all, in the end アフタ オール, イン ズィ エンド
けっきん 欠勤 kekkin	غِيَاب عَنِ ٱلْعَمَلِ 男 ghiyāb ʿan al-ʿamali ギヤーブ アニル アマル	absence アブセンス
けつごう 結合 ketsugou	اِتِّحَاد 男 ittiḥād イッティハード	union, combination ユーニョン, カンビネイション
〜する	يَتَّحِدُ, 完 اِتَّحَدَ yattaḥidu, ittaḥada ヤッタヒドゥ, イッタハダ	unite, combine ユーナイト, コンバイン
けっこん 結婚 kekkon	زَوَاج 男 zawāj ザワージュ	marriage マリヂ
〜式	حَفْلُ ٱلزِّفَافِ 男 ḥaflu al-zifāfi ハフルッ ズィファーフ	wedding ウェディング

日	アラビア	英
～する	تَزَوَّجَ مِنْ ,يَتَزَوَّجُ مِنْ [完] yatazauwaju min, tazauwaja min ヤタザッワジュ ミン，タザッワジャ ミン	(get) married (ゲト) マリド
けっして **決して** kesshite	أَبَدًا ʾabadan アバダン	never ネヴァ
げっしゃ **月謝** gessha	رُسُوم شَهْرِيَّة 複 rusūm shahrīyat ルスーム シャフリーヤ	monthly fee マンスリ フィー
げっしゅう **月収** gesshuu	دَخْل شَهْرِيّ 男 dakhl shahrīy ダフル シャフリー	monthly income マンスリ インカム
けっしょう **決勝** kesshou	مُبَارَاة نِهَائِيَّة 女 mubārāt nihāʾīyat ムバーラー ニハーイーヤ	final ファイナル
けっしょう **結晶**　(結晶体) kesshou	بَلُّور 男 ballūr バッルール	crystal クリスタル
げっしょく **月食** gesshoku	خُسُوفُ ٱلْقَمَرِ 男 khusūfu al-qamari フスーフル カマル	eclipse of the moon イクリプス オヴ ザ ムーン
けっしん **決心** kesshin	عَزْم 男 ʿazm アズム	determination ディターミネイション
～する	عَزَمَ عَلَى ,يَعْزِمُ عَلَى [完] yaʿzimu ʿalā, ʿazama ʿalā ヤアズィム アラー，アザマ アラー	make up one's mind メイク アプ マインド
けっせき **欠席** kesseki	غِيَاب 男 ghiyāb ギヤーブ	absence アブセンス
～する	غَابَ عَنْ ,يَغِيبُ عَنْ [完] yaghību ʿan, ghāba ʿan ヤギーブ アン，ガーバ アン	(be) absent from (ビ) アブセント フラム

日	アラビア	英
けつだん **決断** ketsudan	**قَرَار** 男 qarār カラール	decision ディスィジョン
〜する	**يُقَرِّرُ, 完 قَرَّرَ** yuqarriru, qarrara ユカッリル, カッララ	decide ディサイド
けってい **決定** kettei	**قَرَار** 男 qarār カラール	decision ディスィジョン
〜する	**يُقَرِّرُ, 完 قَرَّرَ** yuqarriru, qarrara ユカッリル, カッララ	decide ディサイド
けってん **欠点** ketten	**عَيْب** 男, 複 **عُيُوب** ʿaib, ʿuyūb アイブ, ウユーブ	fault, weak point フォールト, ウィーク ポイント
けっとう **血統** kettou	**نَسَب** 男, 複 **أَنْسَاب** nasab, ʾansāb ナサブ, アンサーブ	blood, lineage ブラド, リニイヂ
けっぱく **潔白** keppaku	**بَرَاءَة** 女 barāʾat バラーア	innocence イノセンス
げっぷ **げっぷ** geppu	**تَجَشُّؤ** 男 tajashshuʾ タジャッシュウ	burp バープ
けつぼう **欠乏** ketsubou	**نَقْص** 男 naqṣ ナクス	lack, shortage ラク, ショーティヂ
〜する	**يَنْقُصُهُ, 完 نَقَصَهُ** yanquṣu-hu, naqaṣa-hu ヤンクス-フ, ナカサ-フ	lack ラク
けつまつ **結末** ketsumatsu	**نِهَايَة** 女 nihāyat ニハーヤ	end, result エンド, リザルト
げつまつ **月末** getsumatsu	**نِهَايَةُ ٱلشَّهْرِ** 女 nihāyatu al-shahri ニハーヤトゥッ シャフル	end of the month エンド オヴ ザ マンス

日	アラビア	英
げつようび **月曜日** getsuyoubi	يَوْمُ ٱلْإِثْنَيْنِ 男 yaumu al-ʾithnaini ヤウムル イスナイン	Monday マンデイ
けつろん **結論** ketsuron	اِسْتِنْتَاج 男 istintāj イスティンタージュ	conclusion コンクルージョン
けなす **けなす** kenasu	يَسُبُّ, 〔完〕 سَبَّ yasubbu, sabba ヤスッブ, サッバ	speak ill of スピーク イル オヴ
けにあ **ケニア** kenia	كِينِيَا 女 kīniyā キーニヤー	Kenya ケニャ
けびょう **仮病** kebyou	تَمَارُض 男 tamāruḍ タマールド	feigned illness フェインド イルネス
げひんな **下品な** gehinna	بَذِيء badhīʾ バズィーウ	vulgar, coarse ヴァルガ, コース
けむし **毛虫** kemushi	يَسْرُوع 男, 複 يَسَارِيعُ 〔二段〕 yasrūʿ, yasārīʿu ヤスルーウ, ヤサーリーウ	caterpillar キャタピラ
けむり **煙** kemuri	دُخَان 男, 複 أَدْخِنَة dukhān, ʾadkhinat ドゥハーン, アドヒナ	smoke スモウク
げり **下痢** geri	إِسْهَال 男 ʾishāl イスハール	diarrhea ダイアリア
ける **蹴る** keru	يَرْكُلُ, 〔完〕 رَكَلَ yarkulu, rakala ヤルクル, ラカラ	kick キク
けわしい **険しい** kewashii	شَدِيدُ ٱلْإِنْحِدَارِ shadīdu al-ʾinḥidāri シャディードゥ リンヒダール	steep スティープ
けん **券** ken	تَذْكِرَة 女, 複 تَذَاكِرُ 〔二段〕 tadhkirat, tadhākiru タズキラ, タザーキル	ticket, coupon ティケト, クーパン

日	アラビア	英
けん **県** (日本の) ken	مُحَافَظَة 女 muḥāfaẓat ムハーファザ	prefecture プリーフェクチャ
げん **弦** (楽器の) gen	وَتَر 男, 複 أَوْتَار watar, ʾautār ワタル, アウタール	string ストリング
けんい **権威** ken-i	سُلْطَة 女 sulṭat スルタ	authority, prestige アソーリティ, プレスティージ
げんいん **原因** gen-in	سَبَب 男, 複 أَسْبَاب sabab, ʾasbāb サバブ, アスバーブ	cause, origin コーズ, オーリヂン
けんえき **検疫** ken-eki	حَجْر صِحِّيّ 男 ḥajr ṣiḥḥīy ハジュル スィッヒー	quarantine クウォランティーン
けんえつ **検閲** ken-etsu	رَقَابَة 女 raqābat ラカーバ	inspection, censorship インスペクション, センサシプ
けんか **喧嘩** (殴り合い) kenka	شِجَار 男 shijār シジャール	fight ファイト
(口論)	تَشَاجُر 男 tashājur タシャージュル	quarrel, dispute クウォレル, ディスピュート
～する	يَتَشَاجَرُ, 完 تَشَاجَرَ yatashājaru, tashājara ヤタシャージャル, タシャージャラ	quarrel with クウォレル ウィズ
げんか **原価** genka	تَكْلِفَةُ ٱلشِّرَاءِ 女 taklifatu al-shirāʾi タクリファトゥッ シラーウ	cost price コースト プライス
けんかい **見解** kenkai	رَأْي 男, 複 آرَاء raʾy, ʾārāʾ ラアイ, アーラーウ	opinion, view オピニョン, ヴュー

日	アラビア	英
げんかい **限界** genkai	**اَلْحَدُّ ٱلْأَقْصَى** 男 al-ḥaddu al-ʾaqṣā アル**ハ**ッドゥル **ア**クサー	limit, bounds **リ**ミト, **バ**ウンヅ
けんがくする **見学する** kengakusuru	**شَاهَدَ** 完, **يُشَاهِدُ** yushāhidu, shāhada ユ**シャ**ーヒドゥ, **シャ**ーハダ	inspect, visit インス**ペ**クト, **ヴィ**ズィト
げんかん **玄関** genkan	**بَاب** 男, 複 **أَبْوَاب** ; **مَدْخَل** 男, 複 **مَدَاخِلُ** 二段 bāb, ʾabwāb, madkhal, madākhilu **バ**ーブ, アブ**ワ**ーブ, **マ**ドハル, マ**ダ**ーヒル	entrance **エ**ントランス
げんきな **元気な** genkina	**نَشِيط**, 複 **نِشَاط** nashīṭ, nishāṭ ナ**シ**ート, ニ**シャ**ート	spirited, lively ス**ピ**リテド, **ラ**イヴリ
けんきゅう **研究** kenkyuu	**بَحْث** 男, 複 **أَبْحَاث** baḥth, ʾabḥāth **バ**フス, アブ**ハ**ース	study, research ス**タ**ディ, リ**サ**ーチ
〜者	**بَاحِث** 男 bāḥith **バ**ーヒス	student, scholar **ステュ**ーデント, ス**カ**ラ
〜所	**مَعْهَدُ بُحُوثٍ** 男 maʿhadu buḥūthin **マ**アハドゥ ブ**フ**ースィン	laboratory **ラ**ボラトーリ
〜する	**بَحَثَ فِي** 完, **يَبْحَثُ فِي** yabḥathu fī, baḥatha fī **ヤ**ブハス フィー, **バ**ハサ フィー	research, study リ**サ**ーチ, ス**タ**ディ
けんきょな **謙虚な** kenkyona	**مُتَوَاضِع** mutawāḍiʿ ムタ**ワ**ーディウ	modest **マ**デスト
げんきん **現金** genkin	**نَقْد** 男, 複 **نُقُود** naqd, nuqūd **ナ**クド, ヌ**ク**ード	cash **キャ**シュ
けんげん **権限** kengen	**سُلْطَة** 女 sulṭat **ス**ルタ	competence **カ**ンピテンス

日	アラビア	英
げんご **言語** gengo	لُغَة 女 lughat ルガ	language ラングウィチ
～学	عِلْمُ ٱللُّغَةِ 男 ʿilmu al-lughati イルムッ ルガ	linguistics リングウィスティクス
けんこう **健康** kenkou	صِحَّة 女 ṣiḥḥat スィッハ	health ヘルス
～な	صِحِّيّ ṣiḥḥīy スィッヒー	healthy, sound ヘルスィ, サウンド
げんこう **原稿** (下書き) genkou	مُسَوَّدَة 女 musawwadat ムサッワダ	manuscript, draft マニュスクリプト, ドラフト
げんこく **原告** genkoku	مُدَّعٍ 男 muddaʿin ムッダイン	plaintiff プレインティフ
けんさ **検査** kensa	فَحْص 男 faḥṣ ファフス	inspection インスペクション
～する	يَفْحَصُ, 〔完〕فَحَصَ yafḥaṣu, faḥaṣa ヤフハス, ファハサ	inspect, examine インスペクト, イグザミン
げんざいの **現在の** genzaino	حَالِيّ ; حَاضِر ḥālīy, ḥāḍir ハーリー, ハーディル	present プレズント
げんざいりょう **原材料** genzairyou	مَوَادُّ خَام 複 mawāddu khām マワーッドゥ ハーム	raw material ロー マティアリアル
(食べ物の)	مُكَوِّنَات 複 mukawwināt ムカッウィナート	raw material ロー マティアリアル
けんさく **検索** kensaku	بَحْث 男, 複 بُحُوث baḥth, buḥūth バフス, ブフース	search, retrieval サーチ, リトリーヴァル

日	アラビア	英
～する	يَبْحَثُ, 複 بَحَثَ yabḥathu, baḥatha ヤブハス, バハサ	search, retrieve サーチ, リトリーヴ
けんじ 検事 kenji	اَلْمُدَّعِي اَلْعَامّ 男 al-mudda'ī al-'āmmi アル ムッダイル アーンム	public prosecutor パブリク プラスィキュータ
げんし 原子 genshi	ذَرَّة 女 dharrat ザッラ	atom アトム
～爆弾	قُنْبُلَة ذَرِّيَّة 女 qunbulat dharrīyat クンブラ ザッリーヤ	atomic bomb アタミク バム
～力	طَاقَة ذَرِّيَّة 女 ṭāqat dharrīyat ターカ ザッリーヤ	nuclear power ニュークリア パウア
げんじつ 現実 genjitsu	وَاقِع 男 wāqi' ワーキウ	reality, actuality リアリティ, アクチュアリティ
～の	وَاقِعِيّ wāqi'īy ワーキイー	real, actual リーアル, アクチュアル
けんじつな 堅実な kenjitsuna	ثَابِت thābit サービト	steady ステディ
げんしの 原始の genshino	بَدَائِيّ badā'īy バダーイー	primitive プリミティヴ
けんしゅう 研修 kenshuu	تَدْرِيب 男 tadrīb タドリーブ	study スタディ
～生	مُتَدَرِّب 男 mutadarrib ムタダッリブ	trainee トレイニー
けんじゅう 拳銃 kenjuu	مُسَدَّس 男 musaddas ムサッダス	handgun, pistol ハンドガン, ピストル

けた

日	アラビア	英
げんしゅくな **厳粛な** genshukuna	**مُهِيب** muhīb ムヒーブ	grave, solemn グレイヴ, サレム
げんしょう **現象** genshou	**ظَاهِرَة** 女, 複 **ظَوَاهِرُ** 〔二段〕 ẓāhirat, ẓawāhiru ザーヒラ, ザワーヒル	phenomenon フィナメノン
げんしょうする **減少する** genshousuru	**يَنْخَفِضُ**, 〔完〕 **اِنْخَفَضَ** yankhafiḍu, inkhafaḍa ヤンハフィドゥ, インハファダ	decrease, decline ディークリース, ディクライン
けんせつ **建設** kensetsu	**إِنْشَاء** 男 ; **بِنَاء** 男 ʾinshāʾ, bināʾ インシャーウ, ビナーウ	construction コンストラクション
～する	**يَبْنِي**, 〔完〕 **بَنَى** yabnī, banā ヤブニー, バナー	construct コンストラクト
けんぜんな **健全な** kenzenna	**سَلِيم** salīm サリーム	sound サウンド
げんそ **元素** genso	**عُنْصُر** 男, 複 **عَنَاصِرُ** 〔二段〕 ʿunṣur, ʿanāṣiru ウンスル, アナースィル	element エレメント
げんそう **幻想** gensou	**خَيَال** 男, 複 **أَخْيِلَة** khayāl, ʾakhyilat ハヤール, アフイラ	illusion, vision イルージョン, ヴィジョン
げんそく **原則** gensoku	**مَبْدَأ** 男, 複 **مَبَادِئُ** 〔二段〕 mabdaʾ, mabādiʾu マブダウ, マバーディウ	principle プリンスィプル
けんそん **謙遜** kenson	**تَوَاضُع** 男 tawāḍuʿ タワードゥ	modesty, humility マデスティ, ヒューミリティ
～する	**يَتَوَاضَعُ**, 〔完〕 **تَوَاضَعَ** yatawāḍaʿu, tawāḍaʿa ヤタワーダウ, タワーダア	(be) modest (ビ) マデスト
げんだいの **現代の** gendaino	**عَصْرِيّ** ʿaṣrīy アスリー	modern マダン

日	アラビア	英
げんち **現地** genchi	**اَلْمَكَان** 男 al-makān アル マ**カー**ン	spot スパト
けんちく **建築** （建物） kenchiku	**بِنَاء** 男 bināʾ ビ**ナー**ウ	building **ビ**ルディング
（建築術）	**هَنْدَسَةُ اَلْعِمَارَةِ** 女 handasatu al-ʿimārati **ハ**ンダサトゥル イ**マー**ラ	architecture **アー**キテクチャ
～家	**مُهَنْدِس مِعْمَارِيّ** 男 muhandis miʿmārīy ム**ハ**ンディス ミア**マー**リー	architect **アー**キテクト
けんちょな **顕著な** kenchona	**بَارِز** bāriz **バー**リズ	remarkable リ**マー**カブル
げんど **限度** gendo	**حَدّ** 男, 複 **حُدُود** ḥadd, ḥudūd **ハ**ッド，フ**ドゥー**ド	limit **リ**ミト
けんとう **検討** kentou	**دِرَاسَة** 女 dirāsat ディ**ラー**サ	examination, discussion イグザミ**ネ**イション，ディス**カ**ション
～する	**يَدْرُسُ**, 〔完〕 **دَرَسَ** yadrusu, darasa **ヤ**ドルス，**ダ**ラサ	examine イグ**ザ**ミン
けんびきょう **顕微鏡** kenbikyou	**مِجْهَر** 男, 複 **مَجَاهِر** 〔二段〕 mijhar, majāhir **ミ**ジュハル，マ**ジャー**ヒル	microscope **マ**イクロスコウプ
けんぶつ **見物** kenbutsu	**مُشَاهَدَة** 女 mushāhadat ム**シャー**ハダ	sightseeing **サ**イトスィーイング
～する	**يُشَاهِدُ**, 〔完〕 **شَاهَدَ** yushāhidu, shāhada ユ**シャー**ヒドゥ，**シャー**ハダ	see, visit **スィー**，**ヴィ**ズィト

日	アラビア	英
げんぶん **原文** genbun	**نَصّ أَصْلِيّ** 男 naṣṣ ʾaṣlīy ナッス アスリー	original text オリヂナル テクスト
けんぽう **憲法** kenpou	**دُسْتُور** 男, 複 **دَسَاتِيرُ**〔二段〕 dustūr, dasātīru ドゥストゥール, ダサーティール	constitution カンスティテューション
げんぽん **原本** genpon	**كِتَاب أَصْلِيّ** 男 kitāb ʾaṣlīy キターブ アスリー	original オリヂナル
げんみつな **厳密な** genmitsuna	**دَقِيق** daqīq ダキーク	strict, close ストリクト, クロウス
けんめいな **賢明な** kenmeina	**ذَكِيّ** dhakīy ザキー	wise, prudent ワイズ, プルーデント
けんやくする **倹約する** ken-yakusuru	**يَقْتَصِدُ**, 〔完〕 **اِقْتَصَدَ** yaqtaṣidu, iqtaṣada ヤクタスィドゥ, イクタサダ	economize イカノマイズ
げんゆ **原油** gen-yu	**نَفْط خَام** 男 nafṭ khām ナフト ハーム	crude oil クルード オイル
けんり **権利** kenri	**حَقّ** 男, 複 **حُقُوق** ḥaqq, ḥuqūq ハック, フクーク	right ライト
げんり **原理** genri	**مَبْدَأ** 男 mabdaʾ マブダウ	principle, theory プリンスィプル, スィオリ
げんりょう **原料** genryou	**مَوَادّ خَامّ** 複 mawādd khāmm マワーッド ハーンム	raw materials ロー マティアリアルズ
けんりょく **権力** kenryoku	**سُلْطَة** 女, 複 **سُلَط** sulṭat, sulaṭ スルタ, スラト	power, authority パウア, オソーリティ

日	アラビア	英

こ, コ

日	アラビア	英
こ 子 ko	طِفْل 男, 複 أَطْفَال ṭifl, ʾaṭfāl ティフル, アトファール	child, infant チャイルド, インファント
ご 五 go	خَمْسَة 男 ; خَمْس 女 khamsat, khams ハムサ, ハムス	five ファイブ
ご 語 go	كَلِمَة 女 kalimat カリマ	word, term ワード, ターム
こい 濃い (色が) koi	غَامِقٌ ghāmiqu ガーミク	dark, deep ダーク, ディープ
(コーヒーなどが)	ثَقِيل thaqīl サキール	strong ストローング
(密度が)	كَثِيف kathīf カスィーフ	dense デンス
こい 恋 koi	حُبّ 男 ḥubb フッブ	love ラヴ
～する	يُحِبُّ, 〔完〕 أَحَبَّ yuḥibbu, ʾaḥabba ユヒッブ, アハッバ	fall in love (with) フォール イン ラヴ (ウィズ)
ごい 語彙 goi	كَلِمَات 複 kalimāt カリマート	vocabulary ヴォウキャビュレリ
こいしい 恋しい koishii	مُشْتَاق mushtāq ムシュターク	miss, long for ミス, ローング フォ
こいぬ 子犬 koinu	كَلْب صَغِير 男 ; جَرْو 男 kalb ṣaghīr, jarw カルブ サギール, ジャルウ	puppy パピ

日	アラビア	英
こいびと **恋人** koibito	**حَبِيب** 男, 複 **أَحِبَّاءُ** [二段]; **عَاشِق** 男 ḥabīb, ʾaḥibbāʾu, ʿāshiq ハビーブ, アヒッバーウ, アーシク	sweetheart, lover スウィートハート, ラヴァ
こいん **コイン** koin	**عُمْلَة مَعْدِنِيَّة** 女 ʿumlat maʿdinīyat ウムラ マアディニーヤ	coin コイン
こうい **好意** (善意) koui	**حُسْنُ نِيَّةٍ** 男 ḥusnu nīyatin フスヌ ニーヤ	goodwill グドウィル
こうい **行為** koui	**عَمَل** 男, 複 **أَعْمَال** ʿamal, ʾaʿmāl アマル, アアマール	act, action, deed アクト, アクション, ディード
ごうい **合意** goui	**مُوَافَقَة** 女 muwāfaqat ムワーファカ	agreement アグリーメント
こういしつ **更衣室** kouishitsu	**غُرْفَةُ تَغْيِيرِ ٱلْمَلَابِسِ** 女 ghurfatu taghyīri al-malābisi グルファトゥ タグイーリル マラービス	changing room チェインヂング ルーム
こういしょう **後遺症** kouishou	**عَقَابِيل** 複 [二段] ʿaqābīl アカービール	aftereffect アフタリフェクト
ごうう **豪雨** gouu	**أَمْطَار غَزِيرَة** 複 ʾamṭār ghazīrat アムタール ガズィーラ	heavy rain ヘヴィ レイン
こううん **幸運** kouun	**حَظّ** 男, 複 **حُظُوظ** ḥaẓẓ, ḥuẓūẓ ハッズ, フズーズ	fortune, luck フォーチュン, ラク
こうえい **光栄** kouei	**شَرَف** 男 sharaf シャラフ	honor, glory, Ⓑhonour アナ, グローリ, アナ
こうえん **公園** kouen	**حَدِيقَة** 女, 複 **حَدَائِقُ** [二段] ḥadīqat, ḥadāʾiqu ハディーカ, ハダーイク	park パーク

日	アラビア	英
こうえん **講演** kouen	مُحَاضَرَة 女 muḥāḍarat ムハーダラ	lecture レクチャ
～する	أَلْقَى 完, يُلْقِي مُحَاضَرَةً مُحَاضَرَةً yulqī muḥāḍaratan, ʾalqā muḥāḍaratan ユルキー ムハーダラ, アルカー ムハーダラ	lecture on レクチャ オン
こうか **効果** kouka	تَأْثِير 男 taʾthīr タアスィール	effect, efficacy イフェクト, エフィカスィ
こうかい **後悔** koukai	نَدَم 男, 複 نَدَامَة nadam, nadāmat ナダム, ナダーマ	regret, remorse リグレト, リモース
～する	نَدِمَ عَلَى 完, يَنْدَمُ عَلَى yandamu ʿalā, nadima ʿalā ヤンダム アラー, ナディマ アラー	regret リグレト
こうかい **航海** koukai	مِلَاحَة 女 milāḥat ミラーハ	navigation ナヴィゲイション
こうがい **公害** kougai	تَلَوُّث 男 talawwuth タラッウス	pollution ポリューション
こうがい **郊外** kougai	ضَاحِيَة 女, 複 ضَوَاحٍ ḍāḥiyat, ḍawāḥin ダーヒヤ, ダワーヒン	suburbs サバーブス
こうかいする **公開する** koukaisuru	فَتَحَ 完, يُفْتَحُ لِلْجُمْهُورِ لِلْجُمْهُورِ yuftaḥu li-al-jumhūri, fataḥa li-al-jumhūri ユフタフ リールジュムフール, ファタハ リールジュムフール	open to the public オウプン トゥ ザ パブリク
ごうかく **合格** goukaku	نَجَاح 男 najāḥ ナジャーフ	pass, success パス, サクセス

日	アラビア	英
～する	نَجَحَ فِي 〔完〕 ,يَنْجَحُ فِي yanjaḥu fī, najaḥa fī ヤンジャフ フィー, ナジャハ フィー	pass パス
こうかな **高価な** koukana	ثَمِين ; غَالٍ thamīn, ghālin サミーン, ガーリン	expensive, costly イクスペンスィヴ, コストリ
ごうかな **豪華な** goukana	فَاخِر fākhir ファーヒル	gorgeous, deluxe ゴーヂャス, デルクス
こうかん **交換** koukan	اِسْتِبْدَال 男 istibdāl イスティブダール	exchange イクスチェインヂ
～する （取り換える）	اِسْتَبْدَلَ 〔完〕 ,يَسْتَبْدِلُ yastabdilu, istabdala ヤスタブディル, イスタブダラ	change チェインヂ
（互いにやり取りする）	تَبَادَلَ 〔完〕 ,يَتَبَادَلُ yatabādalu, tabādala ヤタバーダル, タバーダラ	exchange イクスチェインヂ
こうき **後期**　（2 学期制の） kouki	فَصْل دِرَاسِيّ ثَانِي 男 faṣl dirāsīy thānī ファスル ディラースィー サーニー	second semester セカンド セメスタ
こうぎ **抗議** kougi	اِحْتِجَاج عَلَى 男 iḥtijāj ʿalā イフティジャージュ アラー	protest プロテスト
～する	اِحْتَجَّ عَلَى 〔完〕 ,يَحْتَجُّ عَلَى yaḥtajju ʿalā, iḥtajja ʿalā ヤフタッジュ アラー, イフタッジャ アラー	protest against プロテスト アゲンスト
こうぎ **講義** kougi	مُحَاضَرَة 女 muḥāḍarat ムハーダラ	lecture レクチャ
～する	حَاضَرَ 〔完〕 ,يُحَاضِرُ yuḥāḍiru, ḥāḍara ユハーディル, ハーダラ	lecture レクチャ

日	アラビア	英
こうきあつ **高気圧** koukiatsu	اَلضَّغْطُ ٱلْجَوِّيُّ ٱلْمُرْتَفِعُ 男 al-ḍaghṭu al-jauwīyu al-murtafiʿu アッ**ダ**グトゥル **ジャ**ウウィーユル **ム**ルタフィウ	high atmospheric pressure **ハ**イ アトモス**フェ**リク プ**レ**シャ
こうきしん **好奇心** koukishin	فُضُول 男 fuḍūl フ**ドゥ**ール	curiosity キュアリ**ア**スィティ
こうきな **高貴な** koukina	نَبِيل، ⓚ نُبَلَاءُ [二段] nabīl, nubalāʾu ナ**ビ**ール，ヌバ**ラ**ーウ	noble **ノ**ウブル
こうきゅうな **高級な** koukyuuna	فَاخِر ; رَاقٍ [二段] fākhir, rāqin **ファ**ーヒル，**ラ**ーキン	high-end, luxury ハイ**エ**ンド，**ラ**クシャリ
こうきょ **皇居** koukyo	قَصْرُ ٱلْإِمْبَرَاطُورِ 男 qaṣru al-ʾimbarāṭūri **カ**スルル イムバラー**トゥ**ール	Imperial Palace インピ**ア**リアル **パ**レス
こうぎょう **工業** kougyou	صِنَاعَة 女, 複 صَنَائِعُ [二段] ṣināʿat, ṣanāʾiʿu スィ**ナ**ーア，サ**ナ**ーイウ	industry **イ**ンダストリ
～地帯	مِنْطَقَة صِنَاعِيَّة 女 minṭaqat ṣināʿīyat **ミ**ンタカ スィナー**イ**ーヤ	industrial area イン**ダ**ストリアル **エ**アリア
こうぎょう **鉱業** kougyou	تَعْدِين 男 taʿdīn タア**ディ**ーン	mining **マ**イニング
こうきょうの **公共の** koukyouno	عَامّ ʿāmm **ア**ーンム	public, common **パ**ブリク，**カ**モン
こうぐ **工具** kougu	آلَة 女 ʾālat **ア**ーラ	tool, implement **トゥ**ール，**イ**ンプレメント
こうくうがいしゃ **航空会社** koukuugaisha	شَرِكَةُ ٱلطَّيَرَانِ 女 sharikatu al-ṭayarāni **シャ**リカトゥッ タヤ**ラ**ーン	airline **エ**アライン

日	アラビア	英
こうくうき **航空機** koukuuki	**طَائِرَة** 女 ṭāʾirat ターイラ	aircraft エアクラフト
こうくうけん **航空券** koukuuken	**تَذْكِرَةُ ٱلطَّائِرَةِ** 女 tadhkiratu al-ṭāʾirati タズキラトゥッ ターイラ	airline ticket エアライン ティケト
こうくうびん **航空便** koukuubin	**اَلْبَرِيدُ ٱلْجَوِّيُّ** 男 al-barīdu al-jauwīyu アル バリードゥル ジャウウィー	airmail エアメイル
こうけい **光景** koukei	**مَنْظَر** 男, 複 **مَنَاظِرُ** [二段] manẓar, manāẓiru マンザル，マナーズィル	spectacle, scene スペクタクル，スィーン
こうげい **工芸** kougei	**صِنَاعَات يَدَوِيَّة** 複 ṣināʿāt yadawīyat スィナーアート ヤダウィーヤ	craft クラフト
ごうけい **合計** goukei	**مَجْمُوع** 男 majmūʿ マジュムーウ	sum, total サム，トウトル
～する	**يَجْمَعُ**, 複 **جَمَعَ** yajmaʿu, jamaʿa ヤジュマウ，ジャマア	total, sum up トウトル，サム アプ
こうけいしゃ **後継者** koukeisha	**خَلَف** 男, 複 **أَخْلَاف** khalaf, ʾakhlāf ハラフ，アフラーフ	successor サクセサ
こうげき **攻撃** kougeki	**هُجُوم** 男 hujūm フジューム	attack, assault アタク，アソールト
～する	**يَهْجُمُ عَلَى**, [完] **هَجَمَ عَلَى** yahjumu ʿalā, hajama ʿalā ヤフジュム アラー，ハジャマ アラー	attack, charge アタク，チャーヂ
こうけつあつ **高血圧** kouketsuatsu	**اِرْتِفَاعُ ضَغْطِ ٱلدَّمِ** 男 irtifāʿu ḍaghṭi al-dami イルティファーウ ダグティッ ダム	high blood pressure ハイ ブラド プレシャ
こうげん **高原** kougen	**هَضْبَة** 男, 複 **هِضَاب** haḍbat, hiḍāb ハドバ，ヒダーブ	plateau プラトウ

日	アラビア	英
こうけんする **貢献する** koukensuru	**سَاهَمَ فِي**〔完〕**يُسَاهِمُ فِي,** yusāhimu fī, sāhama fī ユサーヒム フィー，サーハマ フィー	contribute to コントリビュト トゥ
こうこう **高校** koukou	**مَدْرَسَة ثَانَوِيَّة**女 madrasat thānawīyat マドラサ サーナウィーヤ	high school ハイ スクール
～生	**طَالِب فِي ٱلْمَدْرَسَةِ ٱلثَّانَوِيَّةِ**男 ṭālib fī al-madrasati al-thānawīyati ターリブ フィル マドラサティッ サーナウィーヤティ	high school student ハイ スクール ステューデント
こうごう **皇后** kougou	**إِمْبِرَاطُورَة**女 imbirāṭūrat イムビラートゥーラ	empress エンプレス
こうこがく **考古学** koukogaku	**عِلْمُ ٱلْآثَارِ**男 ʿilmu al-ʾāthāri イルムル アーサール	archaeology アーキアロヂ
こうこく **広告** koukoku	**إِعْلَان**男 ʾiʿlān イウラーン	advertisement アドヴァタイズメント
こうさ **交差** kousa	**تَقَاطُع**男 taqāṭuʿ タカートゥ	crossing クロースィング
～する	**تَقَاطَعَ**〔完〕**يَتَقَاطَعُ,** yataqāṭaʿu, taqāṭaʿa ヤタカータウ，タカータア	cross, intersect クロース，インタセクト
こうざ **口座** kouza	**حِسَاب**男 ḥisāb ヒサーブ	account アカウント
こうさい **交際** kousai	**مُصَاحَبَة**女 muṣāḥabat ムサーハバ	company, association カンパニ，アソウスィエイション
～する（二人が）	**صَاحَبَ**〔完〕**يُصَاحِبُ,** yuṣāḥibu, ṣāḥaba ユサーヒブ，サーハバ	associate with アソウシエイト ウィズ

日	アラビア	英
こうざん **鉱山** kouzan	مَنْجَم 男, 複 مَنَاجِمُ [二段] manjam, manājimu マンジャム, マナージム	mine マイン
こうさんする **降参する** kousansuru	يَسْتَسْلِمُ, 完 اِسْتَسْلَمَ yastaslimu, istaslama ヤスタスリム, イスタスラマ	surrender to サレンダ トゥ
こうし **講師** koushi	مُحَاضِر 男 muḥāḍir ムハーディル	lecturer レクチャラ
こうじ **工事** kouji	إِنْشَاء 男 ʾinshāʾ インシャーウ	work, construction ワーク, コンストラクション
こうしきの **公式の** koushikino	رَسْمِيّ rasmīy ラスミー	official, formal オフィシャル, フォーマル
こうじつ **口実** koujitsu	حُجَّة 女, 複 حُجَج ḥujjat, ḥujaj フッジャ, フジャジュ	pretext, excuse プリーテクスト, イクスキュース
こうしゃ **後者** kousha	اَلْأَخِير 男 al-ʾakhīr アル アヒール	latter ラタ
こうしゃ **校舎** kousha	مَبْنَى ٱلْمَدْرَسَةِ 男 mabnā al-madrasati マブナル マドラサ	schoolhouse スクールハウス
こうしゅう **講習** koushuu	دَوْرَة دِرَاسِيَّة 女 daurat dirāsīyat ダウラ ディラースィーヤ	course コース
こうしゅうの **公衆の** koushuuno	عُمُومِيّ ʿumūmīy ウムーミー	public パブリク
こうしょう **交渉** koushou	مُفَاوَضَة 女 mufāwaḍat ムファーワダ	negotiations ニゴウシエイションズ
〜する	يُفَاوِضُ, 完 فَاوَضَ yufāwiḍu, fāwaḍa ユファーウィドゥ, ファーワダ	negotiate with ニゴウシエイト ウィズ

日	アラビア	英
こうじょう 工場 koujou	مَصْنَع 男, 複 مَصَانِعُ 〔二段〕 maṣnaʿ, maṣāniʿu マスナウ, マサーニウ	factory, plant ファクトリ, プラント
こうしょうな 高尚な koushouna	نَبِيل, 複 نِبَال nabīl, nibāl ナビール, ニバール	noble, refined ノウブル, リファインド
ごうじょうな 強情な goujouna	عَنِيد, 複 عُنُد ʿanīd, ʿunud アニード, ウヌド	obstinate アブスティネト
こうしょうにん 公証人 koushounin	كَاتِبُ عَدْلٍ 男 kātibu ʿadlin カーティブ アドル	notary ノウタリ
こうしょきょうふしょう 高所恐怖症 koushokyoufushou	رُهَابُ ٱلْمُرْتَفِعَاتِ 男 ruhābu al-murtafiʿāti ルハーブル ムルタフィアート	acrophobia, fear of heights アクロフォウビア, フィア オヴ ハイツ
こうしん 行進 koushin	مَوْكِب 男 maukib マウキブ	march, parade マーチ, パレイド
〜する	سَارَ 〔完〕, يَسِيرُ فِي ٱلْمَوْكِبِ فِي ٱلْمَوْكِبِ yasīru fī al-maukibi, sāra fī al-maukibi ヤスィール フィル マウキブ, サーラ フィル マウキブ	march マーチ
こうしんりょう 香辛料 koushinryou	تَوَابِلُ 複 〔二段〕; بَهَار 男 tawābilu, bahār タワービル, バハール	spices スパイセズ
こうすい 香水 kousui	عِطْر 男, 複 عُطُور ʿiṭr, ʿuṭūr イトル, ウトゥール	perfume パーフューム
こうずい 洪水 kouzui	سَيْل 男; فَيَضَان 男 sail, fayaḍān サイル, ファヤダーン	flood, inundation フラド, イナンデイション
こうせい 恒星 kousei	نَجْم ثَابِت 男 najm thābit ナジュム サービト	fixed star フィクスト スター

日	アラビア	英
こうせい **構成** kousei	تَكْوِين 男 takwīn タクウィーン	composition カンポズィション
～される	يَتَكَوَّنُ, 〔完〕 تَكَوَّنَ yatakawwanu, takawwana ヤタカッワヌ, タカッワナ	be composed of ビ コンポウズド オヴ
こうせいな **公正な** kouseina	عَادِل ʿādil アーディル	just, fair チャスト, フェア
こうせいぶっしつ **抗生物質** kouseibusshitsu	مَضَادّ حَيَوِيّ 男 maḍādd ḥayawīy マダーッド ハヤウィー	antibiotic アンティバイアティク
こうせん **光線** kousen	شُعَاع 集, 複 أَشِعَّة shuʿāʿ, ʾashiʿʿat シュアーウ, アシッア	ray, beam レイ, ビーム
こうぜんと **公然と** kouzento	عَلَنًا ʿalanan アラナン	openly, publicly オウプンリ, パブリクリ
こうそ **控訴** kouso	اِسْتِئْنَاف 男 istiʾnāf イスティウナーフ	appeal アピール
こうそう **構想** kousou	خُطَّة 女 khuṭṭat フッタ	plan, conception プラン, コンセプション
こうぞう **構造** kouzou	بُنْيَة 女 ; هَيْكَل 男 bunyat, haikal ブンヤ, ハイカル	structure ストラクチャ
こうそく **高速** kousoku	سُرْعَة عَالِيَة 女 surʿat ʿālīyat スルア アーリーヤ	high speed ハイ スピード
～道路	طَرِيق سَرِيع 男 ṭarīq sarīʿ タリーク サリーウ	expressway, freeway, Ⓑmotorway イクスプレスウェイ, フリーウェイ, モウタウェイ

日	アラビア	英
こうたいし **皇太子** koutaishi	**وَلِيُّ ٱلْعَهْدِ** 男 walīyu al-ʿahdi ワリーユル アフド	Crown Prince クラウン プリンス
こうたいする **交替[代]する** koutaisuru	**تَنَاوَبَ** 〔完〕 **يَتَنَاوَبُ**, yatanāwabu, tanāwaba ヤタナーワブ，タナーワバ	take turns テイク ターンズ
こうだいな **広大な** koudaina	**وَاسِع** wāsiʿ ワースィウ	vast, immense ヴァスト，イメンス
こうたく **光沢** koutaku	**لَمْع** 男 lamʿ ラムウ	luster, gloss ラスタ，グロス
こうちゃ **紅茶** koucha	**شَاي** 男 shāy シャーイ	(black) tea (ブラク) ティー
こうちょう **校長** kouchou	**رَئِيسُ ٱلْمَدْرَسَةِ** 男 raʾīsu al-madrasati ライースル マドラサ	principal, Ⓑheadmaster プリンスィパル，ヘドマスタ
こうつう **交通** (往来) koutsuu	**مُرُور** 男 murūr ムルール	traffic トラフィク
こうてい **皇帝** koutei	**أَبَاطِرَة** 複 ,**إِمْبَرَاطُور** 男 ʾimbarāṭūr, ʾabāṭirat イムバラートゥール，アバーティラ	emperor エンペラ
こうていする **肯定する** kouteisuru	**قَبِلَ** 〔完〕 **يَقْبَلُ**, yaqbalu, qabila ヤクバル，カビラ	affirm アファーム
こうてきな **公的な** koutekina	**رَسْمِي** rasmīy ラスミー	official, public オフィシャル，パブリク
こうてつ **鋼鉄** koutetsu	**فُولَاذ** 男 fūlādh フーラーズ	steel スティール
こうど **高度** koudo	**اِرْتِفَاع** 男 irtifāʿ イルティファーウ	altitude アルティテュード

こ

日	アラビア	英
こうとう 高騰 koutou	ارْتِفَاع مُفَاجِئ 男 irtifāʿ mufājiʾ イルティファーウ ムファージウ	sudden rise サドン ライズ
こうどう 行動 koudou	عَمَل 男 ʿamal アマル	action, conduct アクション, カンダクト
〜する	يَعْمَلُ, 〔完〕 عَمِلَ yaʿmalu, ʿamila ヤアマル, アミラ	act アクト
こうどう 講堂 koudou	قَاعَةُ ٱلْمُحَاضَرَاتِ 女 qāʿatu al-muḥāḍarāti カーアトゥル ムハーダラート	hall, auditorium ホール, オーディトーリアム
ごうとう 強盗 goutou	لِصّ 男, 複 لُصُوص ; سَارِق 男 liṣṣ, luṣūṣ, sāriq リッス, ルスース, サーリク	robber, burglar ラバ, バーグラ
ごうどう 合同 goudou	اِشْتِرَاك 男 ishtirāk イシュティラーク	union ユーニョン
こうとうな 高等な koutouna	عَالٍ ʿālin アーリン	advanced, high-grade アドヴァンスト, ハイグレイド
こうとうがっこう 高等学校 koutougakkou	مَدْرَسَة ثَانَوِيَّة 女 madrasat thānawīyat マドラサ サーナウィーヤ	high school ハイ スクール
こうとうさいばんしょ 高等裁判所 koutousaibansho	مَحْكَمَةُ ٱلِاسْتِئْنَافِ 女 maḥkamatu al-istiʾnāfi マフカマトゥ リスティウナーフ	high court ハイ コート
こうとうの 口頭の koutouno	شَفَهِي shafahīy シャファヒー	oral, verbal オーラル, ヴァーバル
こうないえん 口内炎 kounaien	تَقَرُّحَاتُ ٱلْفَمِ 複 taqarruḥātu al-fami タカッルハートゥル ファム	mouth ulcer, stomatitis マウス アルサ, ストウマタイティス

日	アラビア	英
こうにゅうする 購入する kounyuusuru	يَشْتَرِي, 〔完〕اِشْتَرَى yashtarī, ishtarā ヤシュタリー, イシュタラー	purchase, buy パーチェス, バイ
こうにん 後任 kounin	خَلَف 男, 複 أَخْلَاف khalaf, ʾakhlāf ハラフ, アフラーフ	successor サクセサ
こうはん 後半 kouhan	اَلنِّصْفُ ٱلثَّانِي 男 al-niṣfu al-thānī アン ニスフッ サーニー	latter half ラタ ハフ
(試合の)	اَلشُّوطُ ٱلثَّانِي 男 al-shūṭu al-thānī アッシュートゥッ サーニー	second half セカンド ハフ
こうふく 幸福 koufuku	سَعَادَة 女 saʿādat サアーダ	happiness ハピネス
～な	سَعِيد, 複 سُعَدَاءُ〔二段〕 saʿīd, suʿadāʾu サイード, スアダーウ	happy ハピ
こうぶつ 好物 koubutsu	طَعَام مُفَضَّل 男 ṭaʿām mufaḍḍal タアーム ムファッダル	favorite food フェイヴァリト フード
こうぶつ 鉱物 koubutsu	مَعْدِن 男, 複 مَعَادِن〔二段〕 maʿdin, maʿādin マアディン, マアーディン	mineral ミネラル
こうふん 興奮 koufun	إِثَارَة 女 ʾithārat イサーラ	excitement イクサイトメント
～する (熱狂している)	مُتَحَمِّس mutaḥammis ムタハンミス	(be) excited (ビ) イクサイテド
こうぶんしょ 公文書 koubunsho	أَوْرَاق رَسْمِيَّة 複 ʾaurāq rasmīyat アウラーク ラスミーヤ	official document オフィシャル ダキュメント
こうへいな 公平な kouheina	عَادِل ʿādil アーディル	fair, impartial フェア, インパーシャル

日	アラビア	英
こうほ **候補** kouho	**مُرَشَّح** 男 murashshaḥ ムラッシャフ	candidate キャンディデイト
～者	**مُرَشَّح** 男 murashshaḥ ムラッシャフ	candidate キャンディデイト
こうほう **広報** kouhou	**إِعْلَان** 男 ʾiʿlān イウラーン	public information パブリク インフォメイション
ごうほうてきな **合法的な** gouhoutekina	**شَرْعِيّ** sharʿīy シャルイー	legal リーガル
ごうまんな **傲慢な** goumanna	**مُتَكَبِّر ; مَغْرُور** mutakabbir, maghrūr ムタカッビル, マグルール	haughty ホーティ
こうみょうな **巧妙な** koumyouna	**مَاهِر،** 複 **مَهَرَة** māhir, maharat マーヒル, マハラ	skillful, dexterous スキルフル, デクストラス
こうむ **公務** koumu	**عَمَل رَسْمِي** 男 ʿamal rasmīy アマル ラスミー	official duties オフィシャル デューティズ
～員	**مُوَظَّف حُكُومِيّ** 男 muwaẓẓaf ḥukūmīy ムワッザフ フクーミー	public official パブリク オフィシャル
こうむる **被る** koumuru	**يُصَابُ,** 〔完〕 **أُصِيبَ** yuṣābu, uṣība ユサーブ, ウスィーバ	receive, incur リスィーヴ, インカー
ごうもん **拷問** goumon	**تَعْذِيب** 男 taʿdhīb タアズィーブ	torture トーチャ
こうや **荒野** kouya	**بَرِّيَّة** 女, 複 **بَرَارِي** barrīyat, barārī バッリーヤ, バラーリー	wilds ワイルヅ
こうり **小売り** kouri	**بَيْع بِٱلتَّجْزِئَةِ** 男 baiʿ bi-al-tajziʾati バイウ ビーッ タジュズィア	retail リーテイル

日	アラビア	英
～する	بَاعَ ‎[完]‎ ,يَبِيعُ بِٱلتَّجزِئَةِ بِٱلتَّجْزِئَةِ yabīʿu bi-al-tajziʾati, bāʿa bi-al-tajziʾati ヤビーウ ビーッ **タ**ジュズィア, **バ**ーア ビーッ **タ**ジュズィア	retail **リ**ーテイル
ごうりか **合理化** gourika	تَرْشِيد ‎男 tarshīd タル**シ**ード	rationalization ラショナリ**ゼ**イション
こうりつ **効率** kouritsu	فَعَّالِيَّة ‎女 faʿʿālīyat ファッアー**リ**ーヤ	efficiency イ**フィ**シェンスィ
～的な	فَعَّال faʿʿāl ファッ**ア**ール	efficient イ**フィ**シェント
ごうりてきな **合理的な** gouritekina	مَعْقُول ; عَقْلَانِيّ ʿaqlānīy, maʿqūl アク**ラ**ーニー, マア**ク**ール	rational **ラ**ショナル
こうりゅう **交流** kouryuu	تَبَادُل ‎男 tabādul タ**バ**ードゥル	exchange イクス**チェ**インヂ
(電流の)	تَيَّار مُتَنَاوِب ‎男 taiyār mutanāwib タイ**ヤ**ール ムタ**ナ**ーウィブ	alternating current **オ**ールタネイティング **カ**ーレント
文化～	تَبَادُل ثَقَافِيّ ‎男 tabādul thaqāfīy タ**バ**ードゥル サ**カ**ーフィー	cultural exchange **カ**ルチャラル イクス**チェ**インヂ
ごうりゅう **合流** gouryuu	اِلْتِقَاء ‎男 iltiqāʾ イルティ**カ**ーウ	confluence **カ**ンフルーエンス
～点	نُقْطَةُ ٱلِٱلْتِقَاءِ ‎女 nuqṭatu al-iltiqāʾi **ヌ**クタトゥ リルティ**カ**ーウ	point of confluence, meeting point **ポ**イント オヴ **カ**ンフルーエンス, **ミ**ーティング **ポ**イント
こうりょする **考慮する** kouryosuru	اِعْتَبَرَ ‎[完]‎ ,يَعْتَبِرُ yaʿtabiru, iʿtabara **ヤ**アタビル, **イ**ウタバラ	consider コン**スィ**ダ

こ

日	アラビア	英
こうれいの **高齢の** koureino	**كَبِيرُ ٱلسِّنِّ** kabīru al-sinni カ**ビ**ールッ **ス**ィンヌ	advanced age アド**ヴァ**ンスト **エ**イヂ
こえ **声** koe	**صَوْت** 男, 複 **أَصْوَات** ṣaut, ʾaṣwāt **サ**ウト, アス**ワ**ート	voice **ヴォ**イス
こえる **越える** koeru	**يَعْبُرُ**, 〔完〕**عَبَرَ** yaʿburu, ʿabara **ヤ**アブル, **ア**バラ	go over, cross **ゴ**ウ **オ**ウヴァ, ク**ロ**ース
こえる **超える** koeru	**يُجَاوِزُ**, 〔完〕**جَاوَزَ** yujāwizu, jāwaza ユ**ジャ**ーウィズ, **ジャ**ーワザ	exceed, pass イク**ス**ィード, **パ**ス
ごーぐる **ゴーグル** googuru	**نَظَّارَة وَاقِيَة** 女 naẓẓārat wāqiyat ナッ**ザ**ーラ **ワ**ーキヤ	goggles **ガ**グルズ
こーち **コーチ** koochi	**مُدَرِّب** 男 mudarrib ム**ダ**ッリブ	coach, trainer **コ**ウチ, ト**レ**イナ
こーと **コート** (球技の) kooto	**مَلْعَب** 男 malʿab **マ**ルアブ	court **コ**ート
(洋服の)	**مِعْطَف** 男, 複 **مَعَاطِفُ**〔二段〕 miʿṭaf, maʿāṭifu **ミ**ウタフ, マ**ア**ーティフ	coat **コ**ウト
こーなー **コーナー** koonaa	**زَاوِيَة** 女, 複 **زَوَايَا** zāwiyat, zawāyā **ザ**ーウィヤ, ザ**ワ**ーヤー	corner **コ**ーナ
こーひー **コーヒー** koohii	**قَهْوَة** 女, 複 **قَهَاوَى** qahwat, qahāwā **カ**フワ, カ**ハ**ーワー	coffee **コ**ーフィ
こーら **コーラ** koora	**كُولَا** 男 kūlā **ク**ーラー	Coke, cola **コ**ウク, **コ**ウラ
こおり **氷** koori	**ثَلْج** 男 thalj **サ**ルジュ	ice **ア**イス

日	アラビア	英
こおる 凍る kooru	تَجَمَّدَ 〔完〕, يَتَجَمَّدُ yatajammadu, tajammada ヤタジャンマドゥ, タジャンマダ	freeze フリーズ
ごーる ゴール　(得点) gooru	هَدَف 男, 複 أَهْدَاف hadaf, ʾahdāf ハダフ, アフダーフ	goal ゴウル
(点を入れる場所)	مَرْمًى 男 marman マルマン	goal ゴウル
～キーパー	حَارِسُ ٱلْمَرْمَى 男 ḥārisu al-marmā ハーリスル マルマー	goalkeeper ゴウルキーパ
ごかい 誤解 gokai	سُوءُ ٱلْفَهْمِ 男 sūʾu al-fahmi スーウル ファフム	misunderstanding ミスアンダスタンディング
～する	أَسَاءَ 〔完〕, يُسِيئُ ٱلْفَهْمَ ٱلْفَهْمَ yusīʾu al-fahma, ʾasāʾa al-fahma ユスィーウル ファフム, アサーアル ファフム	misunderstand ミスアンダスタンド
こかいん コカイン kokain	كُوكَايِين 男 kūkāyīn クーカーイーン	cocaine コウケイン
ごがく 語学 gogaku	تَعَلُّمُ ٱللُّغَةِ 男 taʿallamu al-lughati タアッラムッ ルガ	language study ラングウィヂ スタディ
ごかくけい 五角形 gokakukei	اَلْمُخَمَّس 男 al-mukhammas アル ムハンマス	pentagon ペンタガン
こがす 焦がす kogasu	حَرَقَ 〔完〕, يَحْرِقُ yaḥriqu, ḥaraqa ヤフリク, ハラカ	burn, scorch バーン, スコーチ
焦げた	مَحْرُوق maḥrūq マフルーク	scorched スコーチト

日	アラビア	英
こがたの 小型の kogatano	صَغِيرُ ٱلْحَجْمِ ṣaghīru al-ḥajmi サギールル ハジュム	small, compact スモール，コンパクト
ごがつ 五月 gogatsu	مَايُو 男 māyū マーユー	May メイ
ごかん 五感 gokan	اَلْحَوَاسُّ ٱلْخَمْسِ 複 al-ḥawāssu al-khamsi アル ハワーッスル ハムス	(the) five senses (ザ) ファイヴ センセズ
こぎって 小切手 kogitte	شِيك 男 shīk シーク	check, Ⓑcheque チェク，チェク
ごきぶり ゴキブリ gokiburi	صُرْصُور 男, 複 صَرَاصِيرُ 〔二段〕 ṣurṣūr, ṣarāṣīru スルスール，サラースィール	cockroach カクロウチ
こきゃく 顧客 kokyaku	زَبُون 男, 複 زَبَائِنُ 〔二段〕 zabūn, zabāʾinu ザブーン，ザバーイン	customer, client カスタマ，クライエント
こきゅう 呼吸 kokyuu	تَنَفُّس 男 tanaffus タナッフス	respiration レスピレイション
〜する	يَتَنَفَّسُ, 〔完〕 تَنَفَّسَ yatanaffasu, tanaffasa ヤタナッファス，タナッファサ	breathe ブリーズ
こきょう 故郷 kokyou	وَطَن 男, 複 أَوْطَان waṭan, ʾauṭān ワタン，アウターン	home town, home ホウム タウン，ホウム
こぐ 漕ぐ kogu	يَجْدِفُ, 〔完〕 جَدَفَ yajdifu, jadafa ヤジュディフ，ジャダファ	row ラウ
ごく 語句 goku	كَلِمَات وَعِبَارَات kalimāt wa-ʿibārāt カリマート ワーイバーラート	words and phrases ワーヅ アンド フレイゼズ

日	アラビア	英
こくえいの **国営の** kokueino	**حُكُومِيّ** ḥukūmīy フクーミー	state-run, Ⓑgovernment-run ステイトラン, ガヴァメントラン
こくおう **国王** kokuou	**مَلِك** 男, 複 **مُلُوك** malik, mulūk マリク, ムルーク	king, monarch キング, マナク
こくがいに **国外に** kokugaini	**إِلَى ٱلْخَارِجِ** ʾilā al-khāriji イラル ハーリジ	abroad アブロード
こくさいけっこん **国際結婚** (男性が女性と) kokusaikekkon	**زَوَاج مِنْ أَجْنَبِيَّةٍ** 男 zawāj min ʾajnabīyatin ザワージュ ミン アジュナビーヤ	international marriage インタナショナル マリヂ
(女性が男性と)	**زَوَاج مِنْ أَجْنَبِيٍّ** 男 zawāj min ʾajnabīyin ザワージュ ミン アジュナビー	international marriage インタナショナル マリヂ
こくさいせん **国際線** kokusaisen	**رِحْلَات دَوْلِيَّة** 複 riḥlāt daulīyat リフラート ダウリーヤ	international airline インタナショナル エアライン
こくさいてきな **国際的な** kokusaitekina	**دُوَلِيّ** duwalīy ドゥワリー	international インタナショナル
こくさいほう **国際法** kokusaihou	**قَانُون دَوْلِيّ** 男 qānūn daulīy カーヌーン ダウリー	international law インタナショナル ロー
こくさんの **国産の** kokusanno	**مِنْ إِنْتَاجٍ مَحَلِّيٍّ** min ʾintājin maḥallīyin ミン インタージ マハッリー	domestically produced ドメスティカリ プロデュースト
こくせき **国籍** kokuseki	**جِنْسِيَّة** 女 jinsīyat ジンスィーヤ	nationality ナショナリティ
こくそする **告訴する** kokusosuru	**يَدَّعِي**, 〔完〕 **اِدَّعَى** yaddaʿī, iddaʿā ヤッダイー, イッダアー	accuse アキューズ

日	アラビア	英
こくちする **告知する** kokuchisuru	**أَعْلَمَ بِ** ,[完] **يُعْلِمُ بِ** yuʿlimu bi, ʾaʿlama bi ユウリム ビ, アアラマ ビ	notify ノウティファイ
こくないせん **国内線** kokunaisen	**رِحْلَات دَاخِلِيَّة** 複 riḥlāt dākhilīyat リフラート ダーヒリーヤ	domestic ドメスティク
こくないの **国内の** kokunaino	**وَطَنِيّ** waṭanīy ワタニー	domestic ドメスティク
こくはくする **告白する** (罪などを) kokuhakusuru	**اِعْتَرَفَ** ,[完] **يَعْتَرِفُ** yaʿtarifu, iʿtarafa ヤアタリフ, イウタラファ	confess コンフェス
こくはつする **告発する** kokuhatsusuru	**اِتَّهَمَ** ,[完] **يَتَّهِمُ** yattahimu, ittahama ヤッタヒム, イッタハマ	accuse アキューズ
こくふくする **克服する** kokufukusuru	**تَغَلَّبَ عَلَى** ,[完] **يَتَغَلَّبُ عَلَى** yataghallabu ʿalā, taghallaba ʿalā ヤタガッラブ アラー, タガッラバ アラー	conquer, overcome カンカ, オウヴァカム
こくぼう **国防** kokubou	**دِفَاع وَطَنِيّ** 男 difāʿ waṭanīy ディファーウ ワタニー	national defense ナショナル ディフェンス
こくみん **国民** kokumin	**شُعُوب** 複 ,**شَعْب** 男 shaʿb, shuʿūb シャアブ, シュウーブ	nation, people ネイション, ピープル
～の	**قَوْمِيّ ; شَعْبِيّ** qaumīy, shaʿbī カウミー, シャアビー	national ナショナル
こくもつ **穀物** kokumotsu	**حُبُوب** 複 ḥubūb フブーブ	grain, corn グレイン, コーン
こくゆうの **国有の** kokuyuuno	**حُكُومِيّ** ḥukūmīy フクーミー	national ナショナル

日	アラビア	英
こくりつの **国立の** kokuritsuno	وَطَنِيّ ; قَوْمِيّ qaumīy, waṭanīy カウミー，ワタニー	national, state ナショナル，ステイト
こくれん **国連** kokuren	اَلْأُمَمُ ٱلْمُتَّحِدَةُ 男 al-ʾumamu al-muttaḥidatu アル ウマムル ムッタヒダ	UN, United Nations ユーエン，ユーナイテド ネイションズ
こけ **苔** koke	طُحْلُب 男, 複 طَحَالِبُ〔二段〕 ṭuḥlub, ṭaḥālibu トゥフルブ，タハーリブ	moss モス
ここ **ここ** koko	هُنَا hunā フナー	here, this place ヒア，ズィス プレイス
ごご **午後** gogo	بَعْدَ ٱلظُّهْرِ baʿda al-ẓuhri バアダッ ズフリ	afternoon アフタヌーン
ここあ **ココア** kokoa	كَاكَاوْ 男 kākāw カーカーウ	cocoa コウコウ
ここちよい **心地よい** kokochiyoi	مُرِيح murīḥ ムリーフ	comfortable カンフォタブル
ここなつ **ココナツ** kokonatsu	جَوْزُ ٱلْهِنْدِ 男 jauzu al-hindi ジャウズル ヒンド	coconut コウコナト
こころ **心** (意向) kokoro	نِيَّة 女, 複 نَوَايَا nīyat, nawāyā ニーヤ，ナワーヤー	intention, will インテンション，ウィル
(心情)	قَلْب 男, 複 قُلُوب qalb, qulūb カルブ，クルーブ	mind, heart マインド，ハート
(精神)	نَفْس 女, 複 نُفُوس nafs, nufūs ナフス，ヌフース	spirit スピリト

日	アラビア	英
こころみる **試みる** kokoromiru	يُحَاوِلُ, 〔完〕حَاوَلَ yuḥāwilu, ḥāwala ユ**ハ**ーウィル，**ハ**ーワラ	try, attempt ト**ラ**イ，アテンプト
こころよい **快い** kokoroyoi	مُرِيح murīḥ ム**リ**ーフ	pleasant, agreeable プ**レ**ザント，アグ**リ**ーアブル
こさめ **小雨** kosame	مَطَر خَفِيف 男 maṭar khafīf **マ**タル ハ**フィ**ーフ	light rain **ラ**イト **レ**イン
こし **腰** koshi	خَصْر 男, 複 خُصُور khaṣr, khuṣūr **ハ**スル，フ**ス**ール	waist **ウェ**イスト
こじ **孤児** koji	يَتِيم 男, 複 أَيْتَام yatīm, ʾaitām ヤ**ティ**ーム，アイ**タ**ーム	orphan **オ**ーファン
こしかける **腰掛ける** koshikakeru	يَقْعُدُ, 〔完〕قَعَدَ yaqʿudu, qaʿada **ヤ**クウドゥ，**カ**アダ	sit, sit down **スィ**ト，**スィ**ト **ダ**ウン
こしつ **個室** koshitsu	غُرْفَة خَاصَّة 女 ghurfat khāṣṣat **グ**ルファ **ハ**ーッサ	private room プ**ラ**イヴェト **ル**ーム
こしつする **固執する** koshitsusuru	يُصِرُّ عَلَى, 〔完〕أَصَرَّ عَلَى yuṣirru ʿalā, ʾaṣarra ʿalā ユ**スィ**ッル アラー，ア**サ**ッラ アラー	persist パ**スィ**スト
ごじゅう **五十** gojuu	خَمْسُونَ 男女〔主格〕, خَمْسِينَ 男女〔属格・対格〕 khamsūna, khamsīna ハム**ス**ーナ，ハム**スィ**ーナ	fifty **フィ**フティ
こしょう **胡椒** koshou	فِلْفِل أَسْوَد 男 filfil ʾaswad **フィ**ルフィル **ア**スワド	pepper **ペ**パ
こしょうする **故障する** koshousuru	يَتَعَطَّلُ, 〔完〕تَعَطَّلَ yataʿaṭṭalu, taʿaṭṭala ヤタ**ア**ッタル，タ**ア**ッタラ	break down ブ**レ**イク **ダ**ウン

日	アラビア	英
こじん **個人** kojin	**فَرْد** 男, 複 **أَفْرَاد** fard, ʾafrād ファルド, アフラード	individual インディヴィヂュアル
～主義	**فَرْدِيَّة** 女 fardīyat ファルディーヤ	individualism インディヴィヂュアリズム
～的な	**شَخْصِيّ** shakhṣīy シャフスィー	individual, personal インディヴィヂュアル, パーソナル
こす **越[超]す** kosu	**يَتَجَاوَزُ**, 〔完〕 **تَجَاوَزَ** yatajāwazu, tajāwaza ヤタジャーワズ, タジャーワザ	exceed, pass イクスィード, パス
こすと **コスト** kosuto	**تَكْلِيف** 男, 複 **تَكَالِيفُ** 〔二段〕 taklīf, takālīfu タクリーフ, タカーリーフ	cost コースト
こする **擦る** kosuru	**يَفْرُكُ**, 〔完〕 **فَرَكَ** yafruku, faraka ヤフルク, ファラカ	rub ラブ
こせい **個性** kosei	**شَخْصِيَّة** 女 shakhṣīyat シャフスィーヤ	individuality, characteristics インディヴィヂュアリティ, キャラクタリスティク
～的な	**مُتَمَيِّز** mutamaiyiz ムタマイイズ	unique, distinctive ユーニーク, ディスティンクティヴ
こせき **戸籍** koseki	**دَفْتَر عَائِلِيّ** 男 daftar ʿāʾilīy ダフタル アーイリー	family register ファミリ レヂスタ
こぜに **小銭** kozeni	**فَكَّة** 女 fakkat ファッカ	change, coins チェインヂ, コインズ
ごぜん **午前** gozen	**قَبْلَ ٱلظُّهْرِ** qabla al-ẓuhri カブラッ ズフル	morning モーニング
～中	**قَبْلَ ٱلظُّهْرِ** qabla al-ẓuhri カブラッ ズフル	during the morning デュアリング ザ モーニング

日	アラビア	英
こたい **固体** kotai	**صُلْب** 男 ṣulb スルブ	solid サリド
こだい **古代** kodai	**عُصُور قَدِيمَة** 複 ʿuṣūr qadīmat ウスール カディーマ	antiquity アンティクウィティ
～の	**قَدِيم** qadīm カディーム	ancient エインシェント
こたえ **答え** (解答) kotae	**إِجَابَة** 女 ʾijābat イジャーバ	answer アンサ
(回答・返事)	**إِجَابَة** 女 ʾijābat イジャーバ	answer, reply アンサ, リプライ
こたえる **応える** (応じる) kotaeru	**يَسْتَجِيبُ، اِسْتَجَابَ** 完 yastajību, istajāba ヤスタジーブ, イスタジャーバ	respond to, meet リスパンド トゥ, ミート
(反応する)	**يَسْتَجِيبُ، اِسْتَجَابَ** 完 yastajību, istajāba ヤスタジーブ, イスタジャーバ	respond リスパンド
こたえる **答える** kotaeru	**يُجِيبُ عَلَى، أَجَابَ عَلَى** 完 yujību ʿalā, ʾajāba ʿalā ユジーブ アラー, アジャーバ アラー	answer, reply アンサ, リプライ
こちょう **誇張** kochou	**مُبَالَغَة** 女 mubālaghat ムバーラガ	exaggeration イグザヂャレイション
～する	**يُبَالِغُ فِي، بَالَغَ فِي** 完 yubālighu fī, bālagha fī ユバーリグ フィー, バーラガ フィー	exaggerate イグザヂャレイト
こっか **国家** kokka	**دَوْلَة** 女, 複 **دُوَل** daulat, duwal ダウラ, ドゥワル	state ステイト

日	アラビア	英
こっか **国歌** kokka	نَشِيد ; نَشِيد قَوْمِيّ 男 وَطَنِيّ 男 nashīd qaumīy, nashīd waṭanīy ナシード カウミー, ナシード ワタニー	national anthem ナショナル アンセム
こっかい **国会** kokkai	بَرْلَمَان 男 barlamān バルラマーン	Parliament, Diet パーラメント, ダイエット
こづかい **小遣い** kozukai	مَصْرُوفُ ٱلْجَيْبِ 男 maṣrūfu al-jaibi マスルーフル ジャイブ	pocket money パケト マニ
こっかく **骨格** kokkaku	هَيْكَل 男, 複 هَيَاكِلُ〔二段〕 haikal, hayākilu ハイカル, ハヤーキル	frame, build フレイム, ビルド
こっき **国旗** kokki	عَلَمُ ٱلدَّوْلَةِ 男 ʿalamu al-daulati アラムッ ダウラ	national flag ナショナル フラグ
こっきょう **国境** kokkyou	حَدّ 男, 複 حُدُود ḥadd, ḥudūd ハッド, フドゥード	frontier フランティア
こっく **コック** kokku	طَبَّاخ 男 ṭabbākh タッバーフ	cook クク
こっこう **国交** kokkou	عَلَاقَات دِيبْلُومَاسِيَّة 複 ʿalāqāt dīblūmāsīyat アラーカートゥ ディブルマースィーヤ	diplomatic relations ディプロマティク リレイションズ
こつずい **骨髄** kotsuzui	نُخَاعُ ٱلْعَظْمِ 男 nukhāʿu al-ʿaẓmi ヌハーウル アズム	bone marrow ボウン マロウ
こっせつ **骨折** kossetsu	كَسْرُ ٱلْعِظَامِ 男 kasru al-ʿiẓāmi カスルル イザーム	fracture フラクチャ
こっそり **こっそり** kossori	سِرًّا sirran スィッラン	quietly, in secret クワイエトリ, イン スィークレト

日	アラビア	英
こづつみ **小包** kozutsumi	**طَرْد** 男, 複 **طُرُود** ṭard, ṭurūd タルド, トゥルード	parcel パースル
こっぷ **コップ** koppu	**كُوب** 男, 複 **أَكْوَاب** kūb, ʾakwāb クーブ, アクワーブ	glass グラス
こていする **固定する** koteisuru	**يُثَبِّتُ**, 〔完〕**ثَبَّتَ** yuthabbitu, thabbata ユサッビトゥ, サッバタ	fix フィクス
こてん **古典** koten	**كِلَاسِيك** 男 kilāsīk キラースィーク	classic クラスィク
～的な	**كِلَاسِيكِيّ** kilāsīkīy キラースィーキー	classic クラスィク
こと **事** koto	**شَيْء** 男, 複 **أَشْيَاء** shaiʾ, ʾashyāʾ シャイウ, アシュヤーウ	matter, thing, affair マタ, スィング, アフェア
こどく **孤独** kodoku	**وَحْدَة** 男 waḥdat ワフダ	solitude サリテュード
～な	**وَحِيد** waḥīd ワヒード	solitary サリテリ
ことし **今年** kotoshi	**هٰذَا ٱلْعَام** 男 hādhā al-ʿām ハーザル アーム	this year ズィス イア
ことづけ **言付け** kotozuke	**رِسَالَة** 女, 複 **رَسَائِلُ**〔二段〕 risālat, rasāʾilu リサーラ, ラサーイル	message メスィヂ
ことなる **異なる** kotonaru	**يَخْتَلِفُ عَنْ**, 〔完〕**إِخْتَلَفَ عَنْ** yakhtalifu ʿan, ʾikhtalafa ʿan ヤフタリフ アン, イフタラファ アン	differ from ディファ フラム

日	アラビア	英
ことば 言葉 kotoba	كَلِمَة 女 kalimat カリマ	speech スピーチ
(言語)	لُغَة 女 lughat ルガ	language ラングウィヂ
(単語)	كَلِمَة 女 kalimat カリマ	word ワード
こども 子供 kodomo	طِفْل 男, 複 أَطْفَال ṭifl, ʾaṭfāl ティフル, アトファール	child チャイルド
ことわざ ことわざ kotowaza	مَثَل 男, 複 أَمْثَال mathal, ʾamthāl マサル, アムサール	proverb プラヴァブ
ことわる 断る kotowaru	يَرْفِضُ, 〔完〕 رَفَضَ yarfiḍu, rafaḍa ヤルフィドゥ, ラファダ	refuse レフューズ
こな 粉 kona	مَسْحُوق 男, 複 مَسَاحِيقُ 〔二段〕 masḥūq, masāḥīqu マスフーク, マサーヒーク	powder パウダ
(穀類の)	طَحِين 男 ṭaḥīn タヒーン	flour フラウア
こね コネ kone	وَاسِطَة 女 wāsiṭat ワースィタ	connections コネクションズ
こねこ 子猫 koneko	قِطّ صَغِير 男 ; هُرَيْرَة 女 qiṭṭ ṣaghīr, hurairat キット サギール, フライラ	kitten キトン
こねる こねる koneru	يَعْجِنُ, 〔完〕 عَجَنَ yaʿjinu, ʿajana ヤアジヌ, アジャナ	knead ニード

日	アラビア	英
この **この** kono	**هٰذَا ; هٰذِهِ** hādhā, hādhihi ハーザー, ハーズィヒ	this ズィス
このあいだ **この間** konoaida	**مُنْذُ عِدَّةِ أَيَّامٍ** mundhu ʿiddati ʾaiyāmin ムンズ イッダティ アイヤーム	(the) other day (ズィ) アザ デイ
このごろ **このごろ** konogoro	**مُؤَخَّرًا ; فِي هٰذِهِ ٱلْأَيَّامِ** fī hādhihi al-ʾaiyāmi, muʾakhkharan フィーハーズィヒル アイヤーム, ムアッハラン	now, these days ナウ, ズィーズ デイズ
このみ **好み** konomi	**ذَوْق** 男, 複 **أَذْوَاق** dhauq, ʾadhwāq ザウク, アズワーク	preference, taste プレファランス, テイスト
こはく **琥珀** kohaku	**كَهْرَمَان** 男 kahramān カフラマーン	amber アンバ
こばむ **拒む** kobamu	**يَرْفِضُ**, 〔完〕 **رَفَضَ** yarfiḍu, rafaḍa ヤルフィドゥ, ラファダ	refuse レフューズ
こはん **湖畔** kohan	**شَاطِئُ ٱلْبُحَيْرَةِ** 男 shāṭiʾu al-buḥairati シャーティウル ブハイラ	lakeside レイクサイド
ごはん **御飯** gohan	**وَجْبَة** 女 wajbat ワジュバ	meal ミール
(米飯)	**أَرُزّ مَسْلُوق** 男 ʾaruzz maslūq アルッズ マスルーク	rice ライス
こぴー **コピー** kopii	**نُسْخَة** 女 nuskhat ヌスハ	photocopy, copy フォウトカピ, カピ
～機	**آلَةُ ٱلنَّسْخِ** 男 ʾālatu al-naskhi アーラトゥン ナスフ	copier カピア

日	アラビア	英
～する	يَنْسَخُ, 〔完〕 نَسَخَ yansakhu, nasakha ヤンサフ, ナサハ	copy カピ
こひつじ **子羊** kohitsuji	حَمَل 男, 複 حُمْلَان ḥamal, ḥumlān ハマル, フムラーン	lamb ラム
こぶ **こぶ** kobu	نُتُوء 男 nutūʾ ヌトゥーウ	lump, bump ランプ, バンプ
(ラクダの)	سَنَام 男, 複 أَسْنِمَة sanām, ʾasnimat サナーム, アスニマ	hump ハンプ
こぶし **拳** kobushi	قَبْضَةُ ٱلْيَدِ 女 qabḍatu al-yadi カブダトゥル ヤド	fist フィスト
こぼす **こぼす** kobosu	يَسْكُبُ, 〔完〕 سَكَبَ yaskubu, sakaba ヤスクブ, サカバ	spill スピル
こぼれる **こぼれる** koboreru	يَنْسَكِبُ, 〔完〕 اِنْسَكَبَ yansakibu, insakaba ヤンサキブ, インサカバ	fall, drop, spill フォール, ドラプ, スピル
こま **独楽** koma	دَوَّامَة 女 dauwāmat ダウワーマ	top タプ
ごま **胡麻** goma	سِمْسِم 男 simsim スィムスィム	sesame セサミ
こまーしゃる **コマーシャル** komaasharu	إِعْلَان تِجَارِيّ 男 ʾiʿlān tijārīy イウラーン ティジャーリー	commercial コマーシャル
こまかい **細かい** (小さい) komakai	صَغِير, 複 صِغَار ṣaghīr, ṣighār サギール, スィガール	small, fine スモール, ファイン
ごまかす **ごまかす** gomakasu	يَخْدَعُ, 〔完〕 خَدَعَ yakhdaʿu, khadaʿa ヤフダウ, ハダア	cheat, swindle チート, スウィンドル

日	アラビア	英
こまく **鼓膜** komaku	طَبْلَةُ ٱلْأُذْنِ 男 ṭablatu al-ʾudhni タブラトゥル ウズン	eardrum イアドラム
こまらせる **困らせる** komaraseru	حَيَّرَ 〔完〕, يُحَيِّرُ yuḥaiyiru, ḥaiyara ユハイイル, ハイヤラ	embarrass, annoy インバラス, アノイ
こまる **困る** komaru	تَحَيَّرَ فِي 〔完〕, يَتَحَيَّرُ فِي yataḥaiyaru fī, taḥaiyara fī ヤタハイヤル フィー, タハイヤラ フィー	(be) embarrassed (ビ) インバラスト
(悩む)	عَانَى مِنْ 〔完〕, يُعَانِي مِنْ yuʿānī min, ʿānā min ユアーニー ミン, アーナー ミン	have trouble ハヴ トラブル
ごみ **ごみ** gomi	قُمَامَة 女 ; زِبَالَة 女 qumāmat, zibālat クマーマ, ズィバーラ	garbage, trash, Ⓑrubbish ガービヂ, トラシュ, ラビシュ
～箱	صُنْدُوق ٱلْقُمَامَةِ 男 ṣundūqu al-qumāmati スンドゥークル クマーマ	garbage can, trash can, Ⓑdustbin ガービヂ キャン, トラシュ キャン, ダストビン
こみゅにけーしょん **コミュニケーション** komyunikeeshon	اِتِّصَالَات 複 ittiṣālāt イッティサーラート	communication コミューニケイション
こむ **混む** komu	اِزْدَحَمَ 〔完〕, يَزْدَحِمُ yazdaḥimu, izdaḥama ヤズダヒム, イズダハマ	(be) jammed, (be) crowded (ビ) チャムド, (ビ) クラウデド
ごむ **ゴム** gomu	مَطَّاط 男 maṭṭāṭ マッタート	rubber ラバ
こむぎ **小麦** komugi	قَمْح 男 qamḥ カムフ	wheat (ホ)ウィート
～粉	دَقِيق 男 ; طَحِين 男 daqīq, ṭaḥīn ダキーク, タヒーン	flour フラウア

日	アラビア	英
こめ **米** kome	أَرُزّ 男 ʾaruzz アルッズ	rice ライス
こめでぃ **コメディ** komedi	كُومِيدِي 男 kūmīdī クーミーディー	comedy カメディ
こめる **込める** komeru	يَحْشُو, 〔完〕 حَشَا yaḥshū, ḥashā ヤフシュー，ハシャー	charge, load チャーヂ，ロウド
こめんと **コメント** komento	تَعْلِيق 男 taʿlīq タアリーク	comment カメント
こもり **子守** komori	رِعَايَةُ ٱلطِّفْلِ 女 riʿāyatu al-ṭifli リアーヤトゥッ ティフル	babysitter ベイビスィタ
こもん **顧問** komon	مُسْتَشَار 男 mustashār ムスタシャール	adviser, consultant アドヴァイザ，コンサルタント
こや **小屋** koya	كُوخ 男, 複 أَكْوَاخ kūkh, ʾakwākh クーフ，アクワーフ	hut, shed ハト，シェド
ごやく **誤訳** goyaku	تَرْجَمَة خَاطِئَة 女 tarjamat khāṭiʾat タルジャマ ハーティア	mistranslation ミストランスレイション
こゆうの **固有の** koyuuno	خَاصّ khāṣṣ ハーッス	peculiar to ピキューリア トゥ
こゆうめいし **固有名詞** koyuumeishi	اِسْمُ عَلَم 男 ismu ʿalamin イスム アラム	proper noun プラパ ナウン
こゆび **小指** (手の) koyubi	خِنْصِر 男, 複 خَنَاصِرُ 〔二段〕 khinṣir, khanāṣiru ヒンスィル，ハナースィル	little finger リトル フィンガ
こよう **雇用** koyou	تَوْظِيف 男 tauẓīf タウズィーフ	employment インプロイメント

日	アラビア	英
〜する	وَظَّفَ [完] ,يُوَظِّفُ yuwaẓẓifu, waẓẓafa ユワッズィフ, ワッザファ	employ インプロイ
こらえる **こらえる** (耐える) koraeru	تَحَمَّلَ [完] ,يَتَحَمَّلُ yataḥammalu, taḥammala ヤタハンマル, タハンマラ	bear, endure ベア, インデュア
ごらく **娯楽** goraku	تَسَالِيّ 複 ,تَسْلِيَة 女 tasliyat, tasālīy タスリヤ, タサーリー	amusement アミューズメント
こらむ **コラム** koramu	أَعْمِدَة 複 ,عَمُود 男 ʿamūd, ʾaʿmidat アムード, アアミダ	column カラム
こりつする **孤立する** koritsusuru	اِنْعَزَلَ عَنْ [完] ,يَنْعَزِلُ عَنْ yanʿazilu ʿan, inʿazala ʿan ヤンアズィル アン, インアザラ アン	(be) isolated (ビ) アイソレイテド
こるく **コルク** koruku	فَلِّين 男 fallīn ファッリーン	cork コーク
ごるふ **ゴルフ** gorufu	اَلْغُولْف 男 al-ghūlf アルグールフ	golf ガルフ
〜場	مَلْعَبُ ٱلْغُولْفِ 男 malʿabu al-ghūlfi マルアブル グールフ	golf links ガルフ リンクス
これ **これ** kore	هٰذَا ; هٰذِهِ hādhā, hādhihi ハーザー, ハーズィヒ	this ズィス
これから **これから** korekara	مِنَ ٱلْآنَ فَصَاعِدًا min al-ʾāna faṣāʿidan ミナル アーナ ファサーイダン	after this, hereafter アフタ ズィス, ヒアラフタ
これくしょん **コレクション** korekushon	مَجْمُوعَة 女 majmūʿat マジュムーア	collection コレクション
これすてろーる **コレステロール** koresuterooru	كُولِسْتِرُول 男 kūlistirūl クーリスティルール	cholesterol コレスタロウル

日	アラビア	英
これら **コレラ** korera	كُولِيرَا 女 kūlīrā クーリーラー	cholera カレラ
これらの **これらの** korerano	هٰؤُلَاءِ hāʾulāʾi ハーウラーイ	these ズィーズ
ころがる **転がる** (回転する) korogaru	تُدَحْرِجُ, 〔完〕تَدَحْرَجَ tudaḥriju, tadaḥraja トゥダフリジュ, タダフラジャ	roll ロウル
ころす **殺す** korosu	يَقْتُلُ, 〔完〕قَتَلَ yaqtulu, qatala ヤクトゥル, カタラ	kill, murder キル, マーダ
ころぶ **転ぶ** korobu	يَسْقُطُ عَلَى ٱلْأَرْضِ, 〔完〕سَقَطَ عَلَى ٱلْأَرْضِ yasquṭu ʿalā al-ʾarḍi, saqaṭa ʿalā al-ʾarḍi ヤスクトゥ アラル アルディ, サカタ アラル アルディ	tumble down タンブル ダウン
こわい **怖い** kowai	خَائِف, 複 خُوَّف khāʾif, khuwwaf ハーイフ, フッワフ	terrible, fearful テリブル, フィアフル
こわがる **怖がる** kowagaru	يَخَافُ مِنْ, 〔完〕خَافَ مِنْ yakhāfu min, khāfa min ヤハーフ ミン, ハーファ ミン	fear, (be) afraid フィア, (ビ) アフレイド
こわす **壊す** kowasu	يَكْسِرُ, 〔完〕كَسَرَ yaksiru, kasara ヤクスィル, カサラ	break, destroy ブレイク, ディストロイ
こわれる **壊れる** kowareru	يَنْكَسِرُ, 〔完〕اِنْكَسَرَ yankasiru, inkasara ヤンカスィル, インカサラ	break, (be) broken ブレイク, (ビ) ブロウクン
こんき **根気** konki	صَبْر 男 ṣabr サブル	perseverance, patience パースィヴィアランス, ペイシェンス
こんきょ **根拠** konkyo	أَسَاس 男, 複 أُسُس ʾasās, ʾusus アサース, ウスス	ground グラウンド

日	アラビア	英
こんくーる **コンクール** konkuuru	مُسَابَقَة 女 musābaqat ムサーバカ	contest カンテスト
こんくりーと **コンクリート** konkuriito	خَرَسَانَة 女 kharasānat ハラサーナ	concrete カンクリート
こんげつ **今月** kongetsu	هٰذَا ٱلشَّهْر 男 hādhā al-shahr ハーザッ シャフル	this month ズィス マンス
こんご **今後** kongo	مِنَ ٱلْآنَ فَصَاعِدًا min al-ʾāna faṣāʿidan ミナル アーナ ファサーイダン	from now on フラム ナウ オン
こんごうする **混合する** kongousuru	يَمْزُجُ, 〔完〕 مَزَجَ yamzuju, mazaja ヤムズジュ, マザジャ	mix, blend ミクス, ブレンド
こんご **コンゴ** kongo	اَلْكُونْغُو 女 al-kūnghū アル クーングー	Congo カンゴウ
こんさーと **コンサート** konsaato	حَفْلَة مُوسِيقِيَّة 女 ḥaflat mūsīqīyat ハフラ ムースィーキーヤ	concert カンサト
こんざつする **混雑する** konzatsusuru	يَزْحَمُ, 〔完〕 زَحَمَ yazḥamu, zaḥama ヤズハム, ザハマ	(be) congested with (ビ) コンチェステド ウィズ
こんさるたんと **コンサルタント** konsarutanto	مُسْتَشَار 男 mustashār ムスタシャール	consultant コンサルタント
こんしゅう **今週** konshuu	هٰذَا ٱلْأُسْبُوع 男 hādhā al-ʾusbūʿ ハーザル ウスブーウ	this week ズィス ウィーク
こんぜつする **根絶する** konzetsusuru	يَسْتَأْصِلُ, 〔完〕 اِسْتَأْصَلَ yastaʾṣilu, istaʾṣala ヤスタアスィル, イスタアサラ	eradicate イラディケイト
こんせんさす **コンセンサス** konsensasu	إِجْمَاع 男 ʾijmāʿ イジュマーウ	consensus コンセンサス

日	アラビア	英
こんせんと **コンセント** konsento	مِقْبَس 男 miqbas ミクバス	outlet, socket アウトレト, サケト
こんたくとれんず **コンタクトレンズ** kontakutorenzu	عَدَسَات لَاصِقَة 複 'adasāt lāṣiqat アダサート ラースィカ	contact lenses カンタクト レンゼズ
こんちゅう **昆虫** konchuu	حَشَرَة 女 ḥasharat ハシャラ	insect インセクト
こんでぃしょん **コンディション** kondishon	حَالَة 女 ḥālat ハーラ	condition コンディション
こんてすと **コンテスト** kontesuto	مُسَابَقَة 女 musābaqat ムサーバカ	contest コンテスト
こんでんさー **コンデンサー** kondensaa	مُكَثِّف 男 mukaththif ムカッスィフ	condenser コンデンサ
こんど **今度** (今回) kondo	فِي هٰذِهِ ٱلْمَرَّةِ fī hādhihi al-marrati フィーハーズィヒル マッラ	this time ズィス タイム
(次回)	فِي ٱلْمَرَّةِ ٱلْقَادِمَةِ fī al-marrati al-qādimati フィル マッラティル カーディマ	next time ネクスト タイム
こんどうする **混同する** kondousuru	يُخَلِّطُ بَيْنَ, 完 خَلَّطَ بَيْنَ yukhalliṭu baina, khallaṭa baina ユハッリトゥ バイナ, ハッラタ バイナ	confuse コンフューズ
こんとろーる **コントロール** kontorooru	تَحَكُّم 男 taḥakkum タハックム	control コントロウル
～する	يَتَحَكَّمُ فِي, 完 تَحَكَّمَ فِي yataḥakkamu fī, taḥakkama fī ヤタハッカム フィー, タハッカマ フィー	control コントロウル

日	アラビア	英
こんな こんな konna	هٰكَذَا hākadhā ハーカザー	such サチ
こんなん 困難 konnan	صُعُوبَة 女 ṣuʿūbat スウーバ	difficulty ディフィカルティ
〜な	صَعْب، 複 صِعَاب ṣaʿb, ṣiʿāb サアブ，スィアーブ	difficult, hard ディフィカルト，ハード
こんにち 今日 konnichi	اَلْيَوْمَ 男 al-yauma アル ヤウマ	today トゥデイ
こんばん 今晩 konban	هٰذَا ٱلْمَسَاء 男 hādhā al-masāʾ ハーザル マサーウ	this evening ズィス イーヴニング
こんぴゅーたー コンピューター konpyuutaa	كُومْبِيُوتَر 男 kūmbiyūtar クームビユータル	computer コンピュータ
こんぷれっくす コンプレックス konpurekkusu	مُرَكَّبُ نَقْصٍ 男 murakkabu naqṣin ムラッカブ ナクス	complex カンプレクス
こんぽう 梱包 konpou	حَزْم 男 ḥazm ハズム	packing パキング
〜する	يَحْزِمُ، 〔完〕 حَزَمَ yaḥzimu, ḥazama ヤフズィム，ハザマ	pack up パク アプ
こんぽん 根本 konpon	أَسَاس 男 ʾasās アサース	foundation ファウンデイション
こんま コンマ konma	فَاصِلَة 女، 複 فَوَاصِلُ 〔二段〕 fāṣilat, fawāṣilu ファースィラ，ファワースィル	comma カマ
こんや 今夜 kon-ya	هٰذِهِ ٱللَّيْلَة 女 hādhihi al-lailat ハーズィヒッ ライラ	tonight トゥナイト

日	アラビア	英
こんやく **婚約** kon-yaku	**خِطْبَة** 女 khiṭbat ヒトバ	engagement インゲイヂメント
～者	**خَطِيب** 男； **خَطِيبَة** 女 khaṭīb, khaṭībat ハティーブ，ハティーバ	fiancé, fiancée フィーアーンセイ，フィーアーンセイ
～する	**خَطَبَ** 〔完〕, **يَخْطُبُ** yakhṭubu, khaṭaba ヤフトゥブ，ハタバ	(be) engaged to (ビ) インゲイヂド トゥ
こんらん **混乱** （無秩序） konran	**اِضْطِرَاب** 男 iḍṭirāb イドティラーブ	chaos ケイアス
こんわく **困惑** konwaku	**حَيْرَة** 女 ḥairat ハイラ	embarrassment インバラスメント

さ, サ

日	アラビア	英
さ **差** sa	فَرْق 男, 複 فُرُوق farq, furūq ファルク, フルーク	difference ディファレンス
さーかす **サーカス** saakasu	سِيرْك 男 sīrk スィールク	circus サーカス
さーちえんじん **サーチエンジン** saachienjin	مُحَرِّكُ ٱلْبَحْثِ 男 muḥarriku al-baḥthi ムハッリクル バフス	search engine サーチ エンヂン
さーばー **サーバー** saabaa	سِيرْفَرْ 男 ; اَلْخَادِمِ 男 sīrfar, al-khādim スィールファル, アル ハーディム	server サーヴァ
さーびす **サービス** saabisu	خِدْمَة 女 khidmat ヒドマ	service サーヴィス
～料	رَسْمُ ٱلْخِدْمَةِ 男 rasmu al-khidmati ラスムル ヒドマ	service charge サーヴィス チャーヂ
さーふぁー **サーファー** saafaa	رَاكِبُ ٱلْأَمْوَاجِ 男 rākibu al-ʾamwāji ラーキブル アムワージュ	surfer サーファ
さーふぃん **サーフィン** saafin	رُكُوبُ ٱلْأَمْوَاجِ 男 rukūbu al-ʾamwāji ルクーブル アムワージュ	surfing サーフィング
さーもん **サーモン** saamon	سَلْمُون 男 salmūn サルムーン	salmon サモン
さいあくの **最悪の** saiakuno	أَسْوَأُ ʾaswaʾu アスワウ	worst ワースト
さいがい **災害** saigai	كَارِثَة 女, 複 كَوَارِثُ〔二段〕 kārithat, kawārithu カーリサ, カワーリス	calamity, disaster カラミティ, ディザスタ

日	アラビア	英
さいかいする **再開する** saikaisuru	يَسْتَأْنِفُ, 〔完〕 اِسْتَأْنَفَ yastaʾnifu, istaʾnafa ヤス**タ**アニフ, イス**タ**アナファ	reopen リー**オ**ウプン
さいきん **最近** saikin	مُؤَخَّرًا muʾakhkharan ム**ア**ッハラン	recently **リ**ーセントリ
さいきん **細菌** saikin	بَكْتِيرِيَا 女 baktīriyā バク**ティ**ーリヤー	bacteria, germs バク**ティ**アリア, **チャ**ームズ
さいくつする **採掘する** saikutsusuru	يَسْتَخْرِجُ, 〔完〕 اِسْتَخْرَجَ yastakhriju, istakhraja ヤス**タ**フリジュ, イス**タ**フラジャ	mine **マ**イン
さいくりんぐ **サイクリング** saikuringu	رُكُوبُ ٱلدَّرَاجَةِ 男 rukūbu al-darājati ル**ク**ーブッ ダ**ラ**ージャ	cycling **サ**イクリング
さいくる **サイクル** saikuru	دَوْرَة 女 daurat **ダ**ウラ	cycle **サ**イクル
さいけつ **採決** saiketsu	تَصْوِيت 男 taṣwīt タス**ウィ**ート	vote **ヴォ**ウト
さいけん **債券** saiken	سَنَد 男, 複 سَنَدَات sanad, sanadāt **サ**ナド, サナ**ダ**ート	bond **バ**ンド
ざいげん **財源** zaigen	مَوَارِد مَالِيَّة 女 mawārid mālīyat マ**ワ**ーリド マー**リ**ーヤ	funds **ファ**ンヅ
さいけんとうする **再検討する** saikentousuru	يُعِيدُ ٱلنَّظَرَ فِي, 〔完〕 أَعَادَ ٱلنَّظَرَ فِي yuʿīdu al-naẓara fī, ʾaʿāda al-naẓara fī ユ**イ**ードゥン **ナ**ザラ フィー, ア**ア**ーダン **ナ**ザラ フィー	reexamine リーイグ**ザ**ミン
さいご **最後** saigo	آخِر 男 ; نِهَايَة 女 ʾākhir, nihāyat **ア**ーヒル, ニ**ハ**ーヤ	last, end **ラ**スト, **エ**ンド

日	アラビア	英
～の	آخِر 男; نِهايَة 女 ʾākhir, nihāyat アーヒル, ニハーヤ	last, final ラスト, ファイナル
ざいこ 在庫 zaiko	مَخْزُون 男, 複 مَخْزُونات makhzūn, makhzūnāt マフズーン, マフズーナート	stocks スタクス
さいこうの 最高の saikouno	اَلْأَفْضَل al-ʾafḍal アル アフダル	best ベスト
さいころ さいころ saikoro	نَرْد 男 nard ナルド	dice ダイス
ざいさん 財産 zaisan	مُمْتَلَكات 複 mumtalakāt ムムタラカート	estate, fortune イステイト, フォーチュン
さいじつ 祭日 saijitsu	عِيد 男, 複 أَعْياد ʿīd, ʾaʿyād イード, アアヤード	festival day フェスティヴァル デイ
ざいしつ 材質 zaishitsu	مادَّة 女, 複 مَوادُّ〔二段〕 māddat, mawāddu マーッダ, マワーッド	quality of materials クワリティ オヴ マティアリアルズ
さいしゅうする 採集する saishuusuru	يَجْمَعُ〔完〕 جَمَعَ yajmaʿu, jamaʿa ヤジュマウ, ジャマア	collect, gather コレクト, ギャザ
さいしゅうの 最終の saishuuno	آخِر; أَخِير 女 ʾākhir, ʾakhīr アーヒル, アヒール	last ラスト
さいしゅつ 歳出 saishutsu	إِنْفاق حُكُومِيّ 男 ʾinfāq ḥukūmīy インファーク フクーミー	annual expenditure アニュアル イクスペンディチャ
さいしょ 最初 saisho	أَوَّل 男; بِدايَة 女 ʾauwal, bidāyat アッワル, ビダーヤ	beginning ビギニング

日	アラビア	英
～の	أَوَّل 男 ; أُولَى 女 ʾauwal, ʾūlā アッワル，ウーラー	first, initial ファースト，イニシャル
さいしょうげん 最小限 saishougen	اَلْحَدُّ ٱلْأَدْنَى al-ḥaddu al-ʾadnā アル ハッドゥル アドナー	minimum ミニマム
さいじょうの 最上の saijouno	اَلْأَفْضَل al-ʾafḍal アル アフダル	best ベスト
さいしょくしゅぎしゃ 菜食主義者 saishokushugisha	نَبَاتِيّ 男 nabātīy ナバーティー	vegetarian ヴェヂテアリアン
さいしんの 最新の saishinno	أَحْدَث ʾaḥdath アフダス	latest, up-to-date レイテスト，アプトゥデイト
さいず サイズ (服の) saizu	مَقَاس 男, 複 مَقَاسَات maqās, maqāsāt マカース，マカーサート	size サイズ
(大きさ)	حَجْم 男, 複 أَحْجَام ḥajm, ʾaḥjām ハジュム，アフジャーム	size サイズ
ざいせい 財政 zaisei	مَالِيَّة 女 mālīyat マーリーヤ	finances フィナンセズ
さいせいき 最盛期 saiseiki	ذُرْوَةُ ٱلْمَجْدِ 女 dhurwatu al-majdi ズルワトゥル マジュド	prime プライム
さいせいする 再生する (録音したものを) saiseisuru	شَغَّلَ 〔完〕, يُشَغِّلُ yushaghghilu, shaghghala ユシャッギル，シャッガラ	play back プレイ バク
さいぜんせん 最前線 saizensen	جَبْهَة 女 jabhat ジャブハ	cutting edge, forefront カティング エヂ，フォーフラント

さ

日	アラビア	英
さいだいげん **最大限** saidaigen	**اَلْحَدُّ اَلْأَقْصَى** 男 al-ḥaddu al-ʾaqṣā アル **ハ**ッドゥル **ア**クサー	maximum **マ**クスィマム
さいだいの **最大の** saidaino	**اَلْأَكْبَر** al-ʾakbar アル **ア**クバル	maximum **マ**クスィマム
さいたく **採択** saitaku	**اِتِّخَاذ** 男 ittikhādh イッティ**ハ**ーズ	adoption, choice ア**ダ**プション, **チョ**イス
ざいだん **財団** zaidan	**مُؤَسَّسَة** 女 muʾassasat ム**ア**ッササ	foundation ファウン**デ**イション
さいていの **最低の** saiteino	**اَلْأَدْنَى** al-ʾadnā アル **ア**ドナー	minimum **ミ**ニマム
さいてきな **最適な** saitekina	**أَنْسَب** ʾansab **ア**ンサブ	most suitable **モ**ウスト **ス**ータブル
さいと **サイト** saito	**مَوْقِع** 男 mauqiʿ **マ**ウキウ	site **サ**イト
さいど **サイド** saido	**جَانِب** 男, 複 **جَوَانِبُ**〔二段〕 jānib, jawānibu **ジャ**ーニブ, ジャ**ワ**ーニブ	side **サ**イド
さいなん **災難** sainan	**كَارِثَة** 女, 複 **كَوَارِثُ**〔二段〕 kārithat, kawārithu **カ**ーリサ, カ**ワ**ーリス	misfortune, calamity ミス**フォ**ーチュン, カ**ラ**ミティ
さいのう **才能** sainou	**مَوْهِبَة** 女, 複 **مَوَاهِبُ**〔二段〕 mauhibat, mawāhibu **マ**ウヒバ, マ**ワ**ーヒブ	talent, ability **タ**レント, ア**ビ**リティ
さいばい **栽培** saibai	**زِرَاعَة** 女 zirāʿat ズィ**ラ**ーア	cultivation, culture カルティ**ヴェ**イション, **カ**ルチャ

日	アラビア	英
～する	يَزْرَعُ, 〔完〕زَرَعَ yazraʿu, zaraʿa ヤズラウ, ザラア	cultivate, grow カルティヴェイト, グロウ
さいはつする 再発する saihatsusuru	يَنْتَكِسُ, 〔完〕اِنْتَكَسَ yantakisu, intakasa ヤンタキス, インタカサ	relapse リラプス
さいばん 裁判 saiban	مُحَاكَمَة 女 muḥākamat ムハーカマ	justice, trial ヂャスティス, トライアル
～官	قَاضٍ 男〔二段〕 qāḍin カーディン	judge ヂャヂ
～所	مَحْكَمَة 女, 複 مَحَاكِمُ〔二段〕 maḥkamat, maḥākimu マフカマ, マハーキム	court of justice コート オヴ ヂャスティス
さいふ 財布 saifu	مَحْفَظَة 女 maḥfaẓat マフファザ	purse, wallet パース, ワレト
さいほう 裁縫 saihou	خِيَاطَة 女 khiyāṭat ヒヤータ	needlework ニードルワーク
さいぼう 細胞 saibou	خَلِيَّة 女, 複 خَلَايَا khalīyat, khalāyā ハリーヤ, ハラーヤー	cell セル
さいみんじゅつ 催眠術 saiminjutsu	تَنْوِيم مَغْنَاطِيسِيّ 男 tanwīm maghnāṭīsīy タンウィーム マグナーティースィー	hypnotism ヒプノティズム
さいむ 債務 saimu	دَيْن 男, 複 دُيُون dain, duyūn ダイン, ドゥユーン	debt デト
ざいむ 財務 zaimu	اَلشُّؤُونُ ٱلْمَالِيَّةُ 複 al-shuʾūnu al-māliyatu アッ シュウーヌル マーリーヤ	financial affairs フィナンシャル アフェアズ

日	アラビア	英
ざいもく **材木** zaimoku	**خَشَب** 集, **خَشَبَة** 女, **أَخْشَاب** 複 khashab, khashabat, ʾakhshāb ハシャブ, ハシャバ, アフシャーブ	wood, lumber ウド, ランバ
さいようする **採用する** saiyousuru　(案を)	**يَتَّخِذُ**, [完] **اِتَّخَذَ** yattakhidhu, ittakhadha ヤッタヒズ, イッタハザ	adopt アダプト
(従業員を)	**يُوَظِّفُ**, [完] **وَظَّفَ** yuwaẓẓifu, waẓẓafa ユワッズィフ, ワッザファ	employ インプロイ
さいりょう **裁量** sairyou	**حُرِّيَّةُ ٱلتَّصَرُّفِ** 女 ḥurrīyatu al-taṣarrufi フッリーヤトゥッ タサッルフ	judgment ヂャヂメント
さいりよう **再利用** sairiyou	**إِعَادَةُ ٱلِاسْتِخْدَامِ** 女; **إِعَادَةُ تَدْوِيرِ ٱلنُّفَايَاتِ** 女 ʾiʿādatu al-istikhdāmi, ʾiʿādatu tadwīri al-nufāyāti イアーダトゥ リスティフダーム, イアーダトゥ タドウィーリン ヌファーヤート	recycling リーサイクリング
ざいりょう **材料** zairyou	**مَوَادُّ** 複 [二段] mawāddu マワーッドゥ	materials マティアリアルズ
さいりょうの **最良の** sairyouno	**اَلْأَفْضَل** al-ʾafḍal アル アフダル	best ベスト
さいれん **サイレン** sairen	**صَفَّارَةُ ٱلْإِنْذَارِ** 女 ṣaffāratu al-ʾindhāri サッファーラトゥル インザール	siren サイアレン
さいわい **幸い** saiwai	**سَعَادَة** 女 saʿādat サアーダ	happiness ハピネス
～な	**سَعِيد**, 複 **سُعَدَاءُ** [二段] saʿīd, suʿadāʾu サイード, スアダーウ	happy, fortunate ハピ, フォーチュネト

日	アラビア	英
さいん **サイン** sain	**تَوْقِيع** 男, 複 **تَوْقِيعَات** tauqīʿ, tauqīʿāt タウキーウ, タウキーアート	signature スィグナチャ
さうじあらびあ **サウジアラビア** saujiarabia	**اَلسَّعُودِيَّة** 女 al-saʿūdīyat アッ サウーディーヤ	Saudi Arabia サウディ アレイビア
さうな **サウナ** sauna	**سَاوْنَا** 女 sāwnā サーウナー	sauna サウナ
さえぎる **遮る** saegiru	**يُقَاطِعُ**, 〔完〕**قَاطَعَ** yuqāṭiʿu, qāṭaʿa ユカーティウ, カータア	interrupt, obstruct インタラプト, オブストラクト
さか **坂** saka	**مُنْحَدَر** 男, 複 **مُنْحَدَرَات** munḥadar, munḥadarāt ムンハダル, ムンハダラート	slope, hill スロウプ, ヒル
さかい **境** sakai	**حَدّ** 男, 複 **حُدُود** ḥadd, ḥudūd ハッド, フドゥード	boundary, border バウンダリ, ボーダ
さかえる **栄える** sakaeru	**يَزْدَهِرُ**, 〔完〕**اِزْدَهَرَ** yazdahiru, izdahara ヤズダヒル, イズダハラ	prosper プラスパ
さがす **探[捜]す** sagasu	**يَبْحَثُ عَنْ**, 〔完〕**بَحَثَ عَنْ** yabḥathu ʿan, baḥatha ʿan ヤブハス アン, バハサ アン	seek for, look for スィーク フォ, ルク フォ
(辞書などで)	**يَبْحَثُ عَنْ**, 〔完〕**بَحَثَ عَنْ** yabḥathu ʿan, baḥatha ʿan ヤブハス アン, バハサ アン	look up ルク アプ
さかずき **杯** sakazuki	**كَأْس** 女, 複 **كُؤُوس** kaʾs, kuʾūs カアス, クウース	cup, glass カプ, グラス
さかな **魚** sakana	**سَمَك** 集, **سَمَكَة** 女, 複 **أَسْمَاك** samak, samakat, ʾasmāk サマク, サマカ, アスマーク	fish フィシュ

日	アラビア	英
～屋	سَمَّاك 男 ; مَحَلُّ ٱلسَّمَكِ 男 sammāk, maḥallu al-samaki サンマーク，マハッルッ サマク	fish shop フィシュ シャプ
さかのぼる さかのぼる (戻る) sakanoboru	يَرْجِعُ, 〔完〕رَجَعَ yarjiʿu, rajaʿa ヤルジウ，ラジャア	go back ゴウ バク
さかや 酒屋 sakaya	مَحَلُّ ٱلْخُمُورِ 男 maḥallu al-khumūri マハッルル フムール	liquor store, Ⓑoff-licence リカ ストー，オーフライセンス
さからう 逆らう sakarau	يُعَارِضُ, 〔完〕عَارَضَ yuʿāriḍu, ʿāraḍa ユアーリド，アーラダ	oppose, go against オポウズ，ゴウ アゲンスト
さかり 盛り (全盛期) sakari	ذُرْوَةُ ٱلْمَجْدِ 女 dhurwatu al-majdi ズルワトゥル マジュド	prime プライム
(頂点)	أَوْج 男 ʾauj アウジュ	height ハイト
さがる 下がる (下へ動く) sagaru	يَنْخَفِضُ, 〔完〕اِنْخَفَضَ yankhafiḍu, inkhafaḍa ヤンハフィドゥ，インハファダ	fall, drop フォール，ドラプ
(垂れ下がる)	يَتَدَلَّى, 〔完〕تَدَلَّى yatadallā, tadallā ヤタダッラー，タダッラー	hang down ハング ダウン
さかんな 盛んな (活発な) sakanna	نَشِيط nashīṭ ナシート	active アクティヴ
(繁栄している)	مُزْدَهِر muzdahir ムズダヒル	prosperous プラスペラス
さき 先 (先端) saki	طَرَف 男, 複 أَطْرَاف ṭaraf, ʾaṭrāf タラフ，アトラーフ	point, tip ポイント，ティプ

日	アラビア	英
(未来)	مُسْتَقْبَل 男 mustaqbal ムスタクバル	future フューチャ
さぎ **詐欺** sagi	غِشّ 男 ; اِحْتِيَال 男 ghishsh, iḥtiyāl ギッシュ，イフティヤール	fraud フロード
〜師	غَشَّاش 男 ; مُحْتَال 男 ghashshāsh, muḥtāl ガッシャーシュ，ムフタール	swindler スウィンドラ
さきおととい **一昨々日** sakiototoi	قَبْلَ ثَلَاثَةِ أَيَّامٍ qabla thalāthati ʾaiyāmin カブラ サラーサティ アイヤーム	three days ago スリー デイズ アゴウ
さきそふぉん **サキソフォン** sakisofon	سَاكْسُفُون 女 sāksufūn サークスフーン	saxophone サクソフォウン
さきものとりひき **先物取引** sakimonotorihiki	اَلْعُقُودُ ٱلْآجِلَةُ 複 al-ʿuqūdu al-ʾājilatu アル ウクードゥル アージラ	futures trading フューチャズ トレイディング
さぎょう **作業** sagyou	عَمَل 男, 複 أَعْمَال ʿamal, ʾaʿmāl アマル，アアマール	work, operations ワーク，アペレイションズ
〜する	يَعْمَلُ, 〔完〕عَمِلَ yaʿmalu, ʿamila ヤアマル，アミラ	work, operate ワーク，アペレイト
さく **柵** saku	سِيَاج 男, 複 سِيَاجَات siyāj, siyājāt スィヤージュ，スィヤージャート	fence フェンス
さく **咲く** saku	يُزْهِرُ, 〔完〕أَزْهَرَ yuzhiru, ʾazhara ユズヒル，アズハラ	bloom, come out ブルーム，カム アウト
さく **裂く** saku	يَمْزِقُ, 〔完〕مَزَقَ yamziqu, mazaqa ヤムズィク，マザカ	rend, tear レンド，テア
(仲を)	يَقْطَعُ, 〔完〕قَطَعَ yaqṭaʿu, qaṭaʿa ヤクタウ，カタア	sever セヴァ

日	アラビア	英
さくいん **索引** sakuin	فَهَارِسُ ⟦複⟧ ,⟦男⟧ فِهْرِس〔二段〕 fihris, fahārisu フィフリス，ファハーリス	index インデクス
さくげん **削減** sakugen	تَخْفِيض ⟦男⟧ takhfīḍ タフフィード	reduction, cut リダクション，カト
さくじつ **昨日** sakujitsu	أَمْسِ ʾamsi アムスィ	yesterday イエスタディ
さくしゃ **作者** sakusha	مُؤَلِّف ⟦男⟧ muʾallif ムアッリフ	writer, author ライタ，オーサ
さくしゅする **搾取する** sakushusuru	اِسْتَغَلَّ 〔完〕 ,يَسْتَغِلُّ yastaghillu, istaghalla ヤスタギッル，イスタガッラ	squeeze スクウィーズ
さくじょする **削除する** sakujosuru	حَذَفَ 〔完〕 ,يَحْذِفُ yaḥdhifu, ḥadhafa ヤフズィフ，ハザファ	delete ディリート
さくせいする **作成する** sakuseisuru	وَضَعَ 〔完〕 ,يَضَعُ yaḍaʿu, waḍaʿa ヤダウ，ワダア	draw up, make out ドロー アプ，メイク アウト
さくせん **作戦** sakusen	إِسْتِرَاتِيجِيَّة ⟦女⟧ ʾistrātījiyat イストラーティージーヤ	operations アペレイションズ
さくねん **昨年** sakunen	اَلسَّنَةُ ٱلْمَاضِيَةُ ⟦女⟧ al-sanatu al-māḍiyatu アッサナトゥル マーディヤ	last year ラスト イア
さくひん **作品** sakuhin	أَعْمَال ⟦複⟧ ,⟦男⟧ عَمَل ʿamal, ʾaʿmāl アマル，アアマール	work, piece ワーク，ピース
さくぶん **作文** sakubun	إِنْشَاء ⟦男⟧ ʾinshāʾ インシャーウ	essay エセイ
さくもつ **作物** sakumotsu	مَحَاصِيلُ ⟦複⟧ ,⟦男⟧ مَحْصُول〔二段〕 maḥṣūl, maḥāṣīlu マフスール，マハースィール	crops クラプス

日	アラビア	英
さくや **昨夜** sakuya	لَيْلَةَ أَمْسِ lailata ʾamsi ライラタ アムスィ	last night ラスト ナイト
さくら **桜** sakura	أَزْهَارُ ٱلْكَرَزِ 複 ʾazhāru al-karazi アズハールル カラズ	cherry blossoms チェリ ブラソムズ
（木）	شَجَرَةُ ٱلْكَرَزِ 女 shajaratu al-karazi シャジャラトゥル カラズ	cherry tree チェリ トリー
さくらんぼ **桜桃** sakuranbo	كَرَز 集, كَرَزَة 女 karaz, karazat カラズ，カラザ	cherry チェリ
さくりゃく **策略** sakuryaku	حِيلَة 女, 複 حِيَل ḥīlat, ḥiyal ヒーラ，ヒヤル	plan, plot プラン，プラト
さぐる **探る**　（手探りで） saguru	يُفَتِّشُ, 〔完〕 فَتَّشَ yufattishu, fattasha ユファッティシュ，ファッタシャ	feel for フィール フォ
（物や場所などを）	يَبْحَثُ, 〔完〕 بَحَثَ yabḥathu, baḥatha ヤブハス，バハサ	search, look for サーチ，ルク フォ
（動向を）	يَجُسُّ, 〔完〕 جَسَّ yajussu, jassa ヤジュッス，ジャッサ	spy スパイ
ざくろ **石榴** zakuro	رُمَّان 集, رُمَّانَة 女 rummān, rummānat ルンマーン，ルンマーナ	pomegranate パムグラネト
さけ **鮭** sake	سَلْمُون 男 salmūn サルムーン	salmon サモン
さけ **酒** sake	خَمْر 男, 複 خُمُور khamr, khumūr ハムル，フムール	alcohol アルコホール
さけぶ **叫ぶ** sakebu	يَصْرُخُ, 〔完〕 صَرَخَ yaṣrukhu, ṣarakha ヤスルフ，サラハ	shout, cry シャウト，クライ

さ

日	アラビア	英
さける **避ける** sakeru	**يَتَفادَى, 〔完〕تَفادَى** yatafādā, tafādā ヤタファーダー，タファーダー	avoid アヴォイド
さける **裂ける** sakeru	**يَنْشَقُّ, 〔完〕اِنْشَقَّ** yanshaqqu, inshaqqa ヤンシャック，インシャッカ	split スプリト
さげる **下げる** sageru	**يُخَفِّضُ, 〔完〕خَفَّضَ** yukhaffiḍu, khaffaḍa ユハッフィドゥ，ハッファダ	lower, drop ロウア，ドラプ
さこつ **鎖骨** sakotsu	**تَرْقُوَة** 男, 複 **تَراقٍ** 〔二段〕 tarquwat, tarāqin タルクワ，タラーキン	collarbone, clavicle カラボウン，クラヴィクル
ささいな **些細な** sasaina	**تافِه** tāfih ターフィフ	trifling, trivial トライフリング，トリヴィアル
ささえる **支える** sasaeru	**يَدْعَمُ, 〔完〕دَعَمَ** yadʿamu, daʿama ヤドアム，ダアマ	support, maintain サポート，メインテイン
ささげる **捧げる** sasageru	**يُكَرِّسُ نَفْسَهُ لِ, 〔完〕كَرَّسَ نَفْسَهُ لِ** yukarrisu nafsa-hu li, karrasa nafsa-hu li ユカッリス ナフサ-フ リ，カッラサ ナフサ-フ リ	devote oneself to ディヴォウト トゥ
ささやく **ささやく** sasayaku	**يَهْمِسُ, 〔完〕هَمَسَ** yahmisu, hamasa ヤフミス，ハマサ	whisper (ホ)ウィスパ
ささる **刺さる** sasaru	**يَشُكُّ, 〔完〕شَكَّ** yashukku, shakka ヤシュック，シャッカ	stick スティク
さしこむ **差し込む**（プラグを） sashikomu	**يُدْخِلُ, 〔完〕أَدْخَلَ** yudkhilu, ʾadkhala ユドヒル，アドハラ	plug in プラグ イン
（光が）	**يَدْخُلُ, 〔完〕دَخَلَ** yadkhulu, dakhala ヤドフル，ダハラ	shine in シャイン イン

日	アラビア	英
(挿入する)	أَدْخَلَ 完 ,يُدْخِلُ yudkhilu, ʾadkhala ユドヒル, アドハラ	insert インサート
さしだしにん **差出人** sashidashinin	مُرْسِل 男 mursil ムルスィル	sender, remitter センダ, リミタ
さしひく **差し引く** sashihiku	خَصَمَ 完 ,يَخْصِمُ yakhṣimu, khaṣama ヤフスィム, ハサマ	deduct from ディダクト フラム
さしょう **査証** sashou	تَأْشِيرَة 女 taʾshīrat タアシーラ	visa ヴィーザ
ざしょうする **座礁する** zashousuru	جَنَحَ 完 ,يَجْنَحُ yajnaḥu, janaḥa ヤジュナフ, ジャナハ	go aground ゴウ アグラウンド
さす **さす** (光が) sasu	دَخَلَ 完 ,يَدْخُلُ yadkhulu, dakhala ヤドフル, ダハラ	shine シャイン
(水を)	صَبَّ 完 ,يَصُبُّ yaṣubbu, ṣabba ヤスッブ, サッバ	pour ポー
さす **刺す** (蚊や蜂が) sasu	لَسَعَ 完 ,يَلْسَعُ yalsaʿu, lasaʿa ヤルサウ, ラサア	bite, sting バイト, スティング
(尖ったもので)	طَعَنَ 完 ,يَطْعُنُ yaṭʿunu, ṭaʿana ヤトウヌ, タアナ	pierce, stab ピアス, スタブ
さす **差す** sasu	أَدْخَلَ 完 ,يُدْخِلُ yudkhilu, ʾadkhala ユドヒル, アドハラ	insert インサート
(傘を)	فَتَحَ 完 ,يَفْتَحُ yaftaḥu, fataḥa ヤフタフ, ファタハ	put up an umbrella プト アプ アン アンブレラ
さす **指す** sasu	أَشَارَ إِلَى 完 ,يُشِيرُ إِلَى yushīru ʾilā, ʾashāra ʾilā ユシール イラー, アシャーラ イラー	point to ポイント トゥ

さ

日	アラビア	英
(指名する)	يُرَشِّحُ, 〔完〕رَشَّحَ yurashshiḥu, rashshaḥa ユラッシフ, ラッシャハ	nominate, name ナミネイト, ネイム
さする **擦る** sasuru	يَدْلُكُ, 〔完〕دَلَكَ yadluku, dalaka ヤドルク, ダラカ	rub ラブ
ざせき **座席** zaseki	مَقْعَد 男, 複 مَقَاعِدُ 〔二段〕 maqʿad, maqāʿidu マクアド, マカーイドゥ	seat スィート
させる **させる** (してもらう) saseru	يَدَعُ, 〔完〕وَدَعَ yadaʿu, wadaʿa ヤダウ, ワダア	have a person do ハヴ
(やらせておく)	يَتْرُكُ, 〔完〕تَرَكَ yatruku, taraka ヤトルク, タラカ	let a person do レト
(やらせる)	يَجْعَلُ, 〔完〕جَعَلَ yajʿalu, jaʿala ヤジュアル, ジャアラ	make a person do メイク
さそい **誘い** (招待) sasoi	دَعْوَة 女 daʿwat ダアワ	invitation インヴィテイション
(誘惑)	إِغْرَاء 男 ʾighrāʾ イグラーウ	temptation テンプテイション
さそう **誘う** (招く) sasou	يَدْعُو, 〔完〕دَعَا yadʿū, daʿā ヤドウー, ダアー	invite インヴァイト
(誘惑する)	يُغْرِي, 〔完〕أَغْرَى yughrī, ʾaghrā ユグリー, アグラー	tempt テンプト
さそり **蠍** sasori	عَقْرَب 男, 複 عَقَارِبُ 〔二段〕 ʿaqrab, ʿaqāribu アクラブ, アカーリブ	scorpion スコーピアン
～座	اَلْعَقْرَب 男 al-ʿaqrab アル アクラブ	Scorpion, Scorpio スコーピアン, スコーピオウ

日	アラビア	英
さだめる **定める** sadameru	**حَدَّدَ**〔完〕 **,يُحَدِّدُ** yuḥaddidu, ḥaddada ユハッディドゥ，ハッダダ	decide on, fix ディサイド オン，フィクス
さつ **冊**　(巻) satsu	**مُجَلَّدَات** 複 **,مُجَلَّد** 男 mujallad, mujalladāt ムジャッラド，ムジャッラダート	volume, copy ヴァリュム，カピ
さつ **札** satsu	**وَرَقَة** 女 waraqat ワラカ	label, tag レイベル，タグ
〜入れ	**مَحْفَظَة** 女 maḥfaẓat マフファザ	wallet ワレト
さつえい **撮影**　(写真の) satsuei	**تَصْوِير** 男 taṣwīr タスウィール	photographing フォウトグラフィング
(映画の)	**تَصْوِير** 男 taṣwīr タスウィール	filming, shooting フィルミング，シューティング
〜する　(写真を)	**صَوَّرَ**〔完〕 **,يُصَوِّرُ** yuṣauwiru, ṣauwara ユサウウィル，サウワラ	photograph フォウトグラフ
(映画を)	**صَوَّرَ**〔完〕 **,يُصَوِّرُ** yuṣauwiru, ṣauwara ユサウウィル，サウワラ	film, shoot フィルム，シュート
ざつおん **雑音** zatsuon	**ضَجِيج** 男 ḍajīj ダジージュ	noise ノイズ
さっか **作家** sakka	**كُتَّاب** 複 **,كَاتِب** 男 kātib, kuttāb カーティブ，クッターブ	writer, author ライタ，オーサ
さっかー **サッカー** sakkaa	**كُرَةُ ٱلْقَدَمِ** 女 kuratu al-qadami クラトゥル カダム	soccer, Ⓑfootball サカ，フトボール
さっかく **錯覚** sakkaku	**خِدَاع بَصَرِيّ** 男 khidāʿ baṣarīy ヒダーウ バサリー	illusion イルージョン

さ

日	アラビア	英
さっき **さっき** sakki	**مُنْذُ قَلِيلٍ** mundhu qalīlin ムンズ カリール	a while ago ア ホワイル アゴウ
さっきょく **作曲** sakkyoku	**تَلْحِين** 男, 複 **تَلَاحِينُ** [二段] talḥīn, talāḥīnu タルヒーン, タラーヒーン	composition カンポズィション
～する	**يُلَحِّنُ**, [完] **لَحَّنَ** yulaḥḥinu, laḥḥana ユラッヒヌ, ラッハナ	compose コンポウズ
さっきん **殺菌** sakkin	**تَعْقِيم** 男 taʿqīm タアキーム	sterilization ステリリゼイション
ざっし **雑誌** zasshi	**مَجَلَّة** 女 majallat マジャッラ	magazine マガズィーン
ざっしゅ **雑種** zasshu	**تَهْجِين** 男 tahjīn タフジーン	crossbreed, hybrid クロースブリード, ハイブリド
さつじん **殺人** satsujin	**قَتْل** 男 qatl カトル	homicide, murder ハミサイド, マーダ
～犯	**قَاتِل** 男 qātil カーティル	murderer, killer マーダラ, キラ
さっする **察する** sassuru	**يُخَمِّنُ**, [完] **خَمَّنَ** yukhamminu, khammana ユハンミヌ, ハンマナ	guess, imagine ゲス, イマヂン
さっそく **早速** sassoku	**فَوْرًا** fauran ファウラン	immediately イミーディエトリ
ざつだん **雑談** zatsudan	**دَرْدَشَة** 女 dardashat ダルダシャ	gossip, chat ガスィプ, チャト
さっちゅうざい **殺虫剤** sacchuuzai	**مُبِيدَات حَشَرِيَّة** mubīdāt ḥasharīyat ムビーダート ハシャリーヤ	insecticide インセクティサイド

日	アラビア	英
さっとうする **殺到する** sattousuru	**اِنْدَفَعَ, يَنْدَفِعُ** 〔完〕 yandafiʿu, indafaʿa ヤンダフィウ, インダファア	rush ラシュ
さつまいも **さつま芋** satsumaimo	**بَطَاطَا حُلْوَة** 女 baṭāṭā ḥulwat バターター フルワ	sweet potato スウィート ポテイトウ
さてい **査定** satei	**تَقْيِيم** 男 taqyīm タクイーム	assessment アセスメント
さとう **砂糖** satou	**سُكَّر** 男, 複 **سَكَاكِرُ** 〔二段〕 sukkar, sakākiru スッカル, サカーキル	sugar シュガ
さとる **悟る** satoru	**أَدْرَكَ, يُدْرِكُ** 〔完〕 yudriku, ʾadraka ユドリク, アドラカ	realize, notice リーアライズ, ノウティス
さは **左派** saha	**يَسَارِيَّة** 女 yasārīyat ヤサーリーヤ	left wing レフト ウィング
さば **鯖** saba	**إِسْقُمْرِيّ** 男 ʾisqumrīy イスクムリー	mackerel マクレル
さばく **砂漠** sabaku	**صَحْرَاءُ** 女〔二段〕, 複 **صَحَارَى** ṣaḥrāʾu, ṣaḥārā サフラーウ, サハーラー	desert デザト
さび **錆** sabi	**صَدَأ** 男 ṣadaʾ サダウ	rust ラスト
さびしい **寂しい** sabishii	**مُوحِش** mūḥish ムーヒシュ	lonely, desolate ロウンリ, デソレト
さびる **錆びる** sabiru	**صَدِئَ, يَصْدَأُ** 〔完〕 yaṣdaʾu, ṣadiʾa ヤスダウ, サディア	rust ラスト
さふぁいあ **サファイア** safaia	**يَاقُوت أَزْرَق** yāqūt ʾazraq ヤークート アズラク	sapphire サファイア

日	アラビア	英
さべつ **差別** sabetsu	**تَمْيِيز** 男 tamyīz タム**イ**ーズ	discrimination ディスクリミ**ネ**イション
さほう **作法** sahou	**آدَاب** 複 ʾādāb アー**ダ**ーブ	manners **マ**ナズ
さぽーたー **サポーター** （サッカーなどの） sapootaa	**مُشَجِّع** 男 mushajjiʿ ム**シャ**ッジウ	supporter サ**ポ**ータ
（ウルトラス）	**أُلْتُرَاس** 女 ʾulturās ウルトゥ**ラ**ース	ultras **ア**ルトラズ
さまざまな **様々な** samazamana	**مُخْتَلِف ; مُتَنَوِّع** mutanauwiʿ, mukhtalif ムタ**ナ**ッウィウ，**ム**フタリフ	various, diverse **ヴェ**アリアス，ダイ**ヴァ**ース
さます **冷ます** samasu	**يُبَرِّدُ,** 〔完〕**بَرَّدَ** yubarridu, barrada ユ**バ**ッリドゥ，**バ**ッラダ	cool **ク**ール
さます **覚ます** samasu	**يَسْتَيْقِظُ,** 〔完〕**اِسْتَيْقَظَ** yastaiqiẓu, istaiqaẓa ヤス**タ**イキズ，イス**タ**イカザ	awaken ア**ウェ**イクン
さまたげる **妨げる** samatageru	**يُعِيقُ,** 〔完〕**أَعَاقَ** yuʿīqu, ʾaʿāqa ユ**イ**ーク，ア**ア**ーカ	disturb, interfere with ディス**タ**ーブ，インタ**フィ**アウィズ
さみっと **サミット** samitto	**قِمَّة** 女 qimmat **キ**ンマ	summit **サ**ミト
さむい **寒い** samui	**بَارِد** bārid **バ**ーリド	cold, chilly **コ**ウルド，**チ**リ
さめ **鮫** same	**قِرْش** 男 qirsh **キ**ルシュ	shark **シャ**ーク

日	アラビア	英
さめる **冷める** sameru	**بَرُدَ** ,[完] **يَبْرُدُ** yabrudu, baruda ヤブルドゥ, バルダ	cool down クール ダウン
ざやく **座薬** zayaku	**تَحْمِيلَة** 男, 複 **تَحَامِيلُ** [二段] taḥmīlat, taḥāmīlu タフミーラ, タハーミール	suppository サパズィトーリ
さら **皿** sara	**صَحْن** 男, 複 **صُحُون** ṣaḥn, ṣuḥūn サフン, スフーン	plate, dish プレイト, ディシュ
さらいしゅう **再来週** saraishuu	**اَلْأُسْبُوع بَعْدَ ٱلْقَادِمِ** al-ʾusbūʿ baʿda al-qādimi アル ウスブーウ バアダル カーディム	week after next ウィーク アフタ ネクスト
さらいねん **再来年** sarainen	**سَنَة بَعْدَ ٱلْقَادِمِ** sanat baʿda al-qādimi サナ バアダル カーディム	year after next イヤ アフタ ネクスト
さらう **さらう** sarau	**اِخْتَطَفَ** ,[完] **يَخْتَطِفُ** yakhtaṭifu, ikhtaṭafa ヤフタティフ, イフタタファ	kidnap キドナプ
ざらざらの **ざらざらの** zarazarano	**خَشِن** 男 khashin ハシン	rough, coarse ラフ, コース
さらす **さらす** sarasu	**عَرَّضَ** ,[完] **يُعَرِّضُ** yuʿarriḍu, ʿarraḍa ユアッリドゥ, アッラダ	expose イクスポウズ
さらだ **サラダ** sarada	**سَلَاطَة** 女 salāṭat サラータ	salad サラド
さらに **更に** sarani	**عِلَاوَةً عَلَى ذٰلِكَ;** **بِٱلْإِضَافَةِ إِلَى ذٰلِكَ** ʿilāwatan ʿalā dhālika, bi-al-ʾiḍāfati ʾilā dhālika イラーワタン アラー ザーリカ, ビール イダーファ イラー ザーリカ	still more, further スティル モー, ファーザ
さらりーまん **サラリーマン** sarariiman	**مُوَظَّف** 男 muwaẓẓaf ムワッザフ	office worker オーフィス ワーカ

さ

日	アラビア	英
さる **猿** saru	قِرْد 男, 複 قُرُود qird, qurūd キルド, クルード	monkey, ape マンキ, エイプ
さる **去る** saru	يُغَادِرُ, 〔完〕غَادَرَ yughādiru, ghādara ユガーディル, ガーダラ	quit, leave クウィト, リーヴ
さるもねらきん **サルモネラ菌** sarumonerakin	سَلْمُونِيلَا 女 salmūnīlā サルムーニーラー	salmonella サルモネラ
さわぎ **騒ぎ** sawagi	ضَجَّة 女 ḍajjat ダッジャ	clamor クラマ
（騒動）	ضَجَّة 女 ḍajjat ダッジャ	disturbance ディスターバンス
さわぐ **騒ぐ** sawagu	يُحْدِثُ ضَجَّةً, 〔完〕أَحْدَثَ ضَجَّةً yuḥdithu ḍajjatan, ʾaḥdatha ḍajjatan ユフディス ダッジャ, アフダサ ダッジャ	make noise メイク ノイズ
さわやかな **爽やかな** sawayakana	مُنْعِش munʿish ムンイシュ	refreshing リフレシング
さわる **触る** sawaru	يَلْمُسُ, 〔完〕لَمَسَ yalmusu, lamasa ヤルムス, ラマサ	touch, feel タチ, フィール
さん **三** san	ثَلَاثَة 男; ثَلَاث 女 thalāthat, thalāth サラーサ, サラース	three スリー
さん **酸** san	حَامِض 男, 複 حَوَامِضُ〔二段〕 ḥāmiḍ, ḥawāmiḍu ハーミド, ハワーミド	acid アスィド
ざんがい **残骸** zangai	حُطَام 男 ḥuṭām フターム	remains, wreckage リメインズ, レキヂ

さ

日	アラビア	英
さんかく **三角** sankaku	مُثَلَّث 男, 複 مُثَلَّثَات muthallath, muthallathāt ムサッラス, ムサッラサート	triangle トライアングル
さんかする **参加する** sankasuru	يُشَارِكُ فِي, 〔完〕 شَارَكَ فِي yushāriku fī, shāraka fī ユシャーリク フィー, シャーラカ フィー	participate, join パーティスィペイト, ジョイン
さんがつ **三月** sangatsu	مَارِسُ 男 mārisu マーリス	March マーチ
ざんぎゃくな **残虐な** zangyakuna	وَحْشِيّ waḥshīy ワフシー	atrocious, brutal アトロウシャス, ブルートル
さんぎょう **産業** sangyou	صِنَاعَة 女 ṣināʿat スィナーア	industry インダストリ
ざんぎょう **残業** zangyou	سَاعَاتُ ٱلْعَمَلِ ٱلْإِضَافِيَّةُ 複 sāʿātu al-ʿamali al-ʾiḍāfīyatu サーアートゥル アマリル イダーフィーヤ	overtime work オウヴァタイム ワーク
さんぐらす **サングラス** sangurasu	نَظَّارَة شَمْسِيَّة 女 naẓẓārat shamsīyat ナッザーラ シャムスィーヤ	sunglasses サングラセズ
ざんげ **懺悔** zange	اِعْتِرَاف 男 iʿtirāf イウティラーフ	confession, repentance コンフェション, リペンタンス
さんご **珊瑚** sango	مَرْجَان 男 marjān マルジャーン	coral カラル
～礁	شِعَاب مَرْجَانِيَّة 複 shiʿāb marjānīyat シアーブ マルジャーニーヤ	coral reef カラル リーフ
さんこう **参考** sankou	مَرْجِع 男, 複 مَرَاجِعُ 〔二段〕 marjiʿ, marājiʿu マルジウ, マラージウ	reference レファレンス
ざんこくな **残酷な** zankokuna	قَاسٍ 〔二段〕, 複 قُسَاة ; وَحْشِيّ qāsin, qusāt, waḥshīy カースィン, クサー, ワフシー	cruel, merciless クルエル, マースィレス

日	アラビア	英
さんじゅう 三十 sanjuu	ثَلَاثُونَ 男女〔主格〕, ثَلَاثِينَ 男女〔属格・対格〕 thalāthūna, thalāthīna サラースーナ, サラーシーナ	thirty サーティ
さんしょう 参照 sanshou	مُرَاجَعَة 女 murājaʿat ムラージャア	reference レファレンス
〜する	يُرَاجِعُ, 〔完〕 رَاجَعَ yurājiʿu, rājaʿa ユラージウ, ラージャア	refer to リファートゥ
さんすう 算数 sansuu	رِيَاضِيَّات 複 riyāḍīyāt リヤーディーヤート	arithmetic アリスメティク
さんする 産する sansuru	يُنْتِجُ, 〔完〕 أَنْتَجَ yuntiju, ʾantaja ユンティジュ, アンタジャ	produce プロデュース
さんせい 賛成 sansei	مُوَافَقَة 女 muwāfaqat ムワーファカ	approval アプルーヴァル
〜する	يُوَافِقُ عَلَى, 〔完〕 وَافَقَ عَلَى yuwāfiqu ʿalā, wāfaqa ʿalā ユワーフィク アラー, ワーファカ アラー	approve of アプルーヴ オヴ
さんせい 酸性 sansei	حَمْضِيَّة 女 ḥamḍīyat ハムディーヤ	acidity アスィディティ
〜雨	مَطَر حَمْضِيّ 男 maṭar ḥamḍīy マタル ハムディー	acid rain アスィド レイン
さんそ 酸素 sanso	أُكْسِجِين 男 ʾuksijīn ウクスィジーン	oxygen アクスィヂェン
〜マスク	قِنَاعُ ٱلْأُكْسِجِينِ 男 qināʿu al-ʾuksijīni キナーウル ウクスィジーン	oxygen mask アクスィヂェン マスク

日	アラビア	英
ざんだか **残高** zandaka	رَصِيد 男 raṣīd ラスィード	balance バランス
さんたくろーす **サンタクロース** santakuroosu	بَابَا نُويِلْ 男 bābā nūyil バーバー ヌーイル	Santa Claus, ⒷFather Christmas サンタ クローズ，ファーザ クリスマス
さんだる **サンダル** sandaru	صَنْدَل 男 ; شِبْشِب 男 ṣandal, shibshib サンダル，シブシブ	sandals サンダルズ
さんだんとび **三段跳び** sandantobi	اَلْوَثْبُ ٱلثُّلَاثِيُّ 男 al-wathbu al-thulāthīyu アル ワスブッ スラースィー	triple jump トリプル チャンプ
さんちょう **山頂** sanchou	قِمَّةُ ٱلْجَبَلِ 女 qimmatu al-jabali キンマトゥル ジャバル	summit サミト
ざんねんな **残念な** zannenna	مُؤْسِف muʾsif ムウスィフ	regrettable リグレタブル
さんばい **三倍** sanbai	ثَلَاثَةُ أَضْعَافٍ 男 thalāthatu ʾaḍʿāfin サラーサ アドアーフ	triple トリプル
さんばし **桟橋** sanbashi	رَصِيفُ ٱلْمِينَاءِ 男 raṣīfu al-mīnāʾi ラスィーフル ミーナーウ	pier ピア
さんぱつ **散髪** sanpatsu	قَصُّ ٱلشَّعْرِ ; حِلَاقَةُ ٱلشَّعْرِ ḥilāqatu al-shaʿri, qaṣṣu al-shaʿri ヒラーカトゥッ シャアル，ハッスッ シャアル	haircut ヘアカト
さんびか **賛美歌** sanbika	تَرْتِيل 男 tartīl タルティール	hymn ヒム
さんふじんか **産婦人科** sanfujinka	قِسْمُ ٱلنِّسَائِيَّةِ وَٱلتَّوْلِيدِ 男 qismu al-nisāʾīyati wa-al-taulīdi キスムン ニサーイーヤ ワッ タウリード	obstetrics and gynecology オブステトリクス アンド ガイニカロヂ

日	アラビア	英
さんぶつ **産物** sanbutsu	مُنْتَجَات 複 muntajāt ムンタジャート	product, produce プラダクト, プラデュース
さんぷる **サンプル** sanpuru	عَيِّنَة 女, 複 عَيِّنَات ʿaiyinat, ʿaiyināt アイイナ, アイイナート	sample サンプル
さんぶん **散文** sanbun	نَثْر 男 nathr ナスル	prose プロウズ
さんぽ **散歩** sanpo	تَمَشٍّ 男〔二段〕 tamashshin タマッシン	walk ウォーク
～する	يَتَمَشَّى, 〔完〕 تَمَشَّى yatamashshā, tamashshā ヤタマッシャー, タマッシャー	take a walk テイク ア ウォーク
さんみゃく **山脈** sanmyaku	سِلْسِلَة جَبَلِيَّة 女 silsilat jabalīyat スィルスィラ ジャバリーヤ	mountain range マウンテン レインヂ
さんらんする **散乱する** sanransuru	يَتَنَاثَرُ, 〔完〕 تَنَاثَرَ yatanātharu, tanāthara ヤタナーサル, タナーサラ	(be) dispersed (ビ) ディスパースト
さんらんする **産卵する** sanransuru	يَبِيضُ, 〔完〕 بَاضَ yabīḍu, bāḍa ヤビードゥ, バーダ	lay eggs レイ エグズ
さんれつする **参列する** sanretsusuru	يَحْضُرُ, 〔完〕 حَضَرَ yaḥḍuru, ḥaḍara ヤフドゥル, ハダラ	attend アテンド

し, シ

日	アラビア	英
し **四** shi	أَرْبَعَة 男 ; أَرْبَع 女 ʾarbaʿat, ʾarbaʿ アルバア, アルバウ	four フォー
し **市** shi	مَدِينَة 女, 複 مُدُن madīnat, mudun マディーナ, ムドゥン	city, town スィティ, タウン

日	アラビア	英
し **死** shi	**وَفَيَات** 複 **، وَفَاة** 女 **; مَوْت** 男 maut, wafāt, wafayāt マウト, ワファー, ワファヤート	death デス
し **詩** shi	**أَشْعَار** 複 **، شِعْر** 男 shiʿr, ʾashʿār シウル, アシュアール	poetry, poem ポウイトリ, ポウイム
じ **字** ji	**حُرُوف** 複 **، حَرْف** 男 ḥarf, ḥurūf ハルフ, フルーフ	letter, character レタ, キャラクタ
じ **時** ji	**سَاعَة** 女 sāʿat サーア	time, hour タイム, アウア
じ **痔** ji	**بَوَاسِيرُ** 〔二段〕 複 **، بَاسُور** 男 bāsūr, bawāsīru バースール, バワースィール	hemorrhoids, piles ヘモロイヅ, パイルズ
しあい **試合** shiai	**مُبَارَاة** 女 mubārāt ムバーラー	game, match ゲイム, マチ
しあげる **仕上げる** shiageru	**كَمَّلَ** 〔完〕 **، يُكَمِّلُ** yukammilu, kammala ユカンミル, カンマラ	finish, complete フィニシュ, コンプリート
しあさって **しあさって** shiasatte	**بَعْدَ ثَلَاثَةِ أَيَّام** baʿda thalāthati ʾaiyāmin バアダ サラーサ アイヤーム	two days after tomorrow トゥー デイズ アフタ トモーロウ
しあわせ **幸せ** shiawase	**سَعَادَة** 女 saʿādat サアーダ	happiness ハピネス
～な	**سُعَدَاءُ** 〔二段〕 複 **، سَعِيد** saʿīd, suʿadāʾu サイード, スアダーウ	happy, fortunate ハピ, フォーチュネト
しいく **飼育** shiiku	**تَرْبِيَةُ ٱلْمَوَاشِي** 女 tarbiyatu al-mawāshī タルビヤトゥル マワーシー	breeding ブリーディング

日	アラビア	英
じいしき **自意識** jiishiki	**وَعْي ذَاتِيّ** 男 waʿy dhātīy ワアイ ザーティー	self-consciousness セルフカンシャスネス
しーずん **シーズン** shiizun	**مَوْسِم** 男, 複 **مَوَاسِمُ** [二段] ; **فَصْل** 男, 複 **فُصُول** mausim, mawāsimu, faṣl, fuṣūl マウスィム, マワースィム, ファスル, フスール	season スィーズン
しーつ **シーツ** shiitsu	**مُلَاءَة** 男 mulāʾat ムラーア	sheet, bedsheet シート, ベドシート
しーでぃー **CD** shiidii	**قُرْص مَضْغُوط** 男 ; **سِي دِي** 男 qurṣ maḍghūṭ, sī dī クルス マドグート, スィー ディー	compact disk カンパクト ディスク
しーてぃーすきゃん **CT スキャン** shiitiisukyan	**أَشِعَّة مَقْطَعِيَّة** 女 ʾashiʿʿat maqṭaʿīyat アシッア マクタイーヤ	CT scanning スィーティー スキャニング
じーでぃーぴー **GDP** jiidiipii	**نَاتِج مَحَلِّيّ إِجْمَالِيّ** nātij maḥallīy ʾijmālīy ナーティジュ マハッリー イジュマーリー	gross domestic product グロウス ドメスティク プラダクト
しーと **シート** shiito	**مَقْعَد** 男, 複 **مَقَاعِدُ** [二段] maqʿad, maqāʿidu マクアド, マカーイドゥ	seat スィート
～ベルト	**حِزَامُ ٱلْأَمَانِ** 男 ḥizāmu al-ʾamāni ヒザームル アマーン	seatbelt スィートベルト
しーふーど **シーフード** shiifuudo	**مَأْكُولَات بَحْرِيَّة** 複 maʾkūlāt baḥrīyat マアクーラート バフリーヤ	seafood スィーフード
しいる **強いる** shiiru	**يُجْبِرُ**, [完] **أَجْبَرَ** yujbiru, ʾajbara ユジュビル, アジュバラ	force, compel フォース, コンペル

日	アラビア	英
しいれ **仕入れ** shiire	**شِرَاء** 男 shirāʾ シラーウ	stocking スタキング
しいん **子音** shiin	**حَرْف صَامِت** 男 ḥarf ṣāmit ハルフ サーミト	consonant カンソナント
しーん **シーン** shiin	**مَنْظَر** 男, 複 **مَنَاظِرُ** 〔二段〕 manẓar, manāẓiru マンザル, マナーズィル	scene スィーン
じいん **寺院** jiin	**مَعْبَد بُوذِيّ** 男 maʿbad būdhīy マアバド ブーズィー	Buddhist temple ブディスト テンプル
じーんず **ジーンズ** jiinzu	**جِينْز** 男 jīnz ジーンズ	jeans チーンズ
しぇあ **シェア** (マーケットなどの) shea	**حِصَّة** 女 ḥiṣṣat ヒッサ	share シェア
じえい **自衛** jiei	**اَلدِّفَاع عَنِ ٱلنَّفْسِ** 男 al-difāʿ ʿan al-nafsi アッ ディファーウ アニン ナフス	self-defense セルフディフェンス
しぇーびんぐくりーむ **シェービングクリーム** sheebingukuriimu	**كُرِيمُ ٱلْحِلَاقَةِ** kurīmu al-ḥilāqati クリームル ヒラーカ	shaving cream シェイヴィング クリーム
じぇすちゃー **ジェスチャー** jesuchaa	**إِيمَاءَة** 男 ʾīmāʾat イーマーア	gesture チェスチャ
じぇっとき **ジェット機** jettoki	**طَائِرَة نَفَّاثَة** 女 ṭāʾirat naffāthat ターイラ ナッファーサ	jet plane チェト プレイン
しぇふ **シェフ** shefu	**طَاهٍ** 男〔二段〕, 複 **طُهَاة** ṭāhin, ṭuhāt ターヒン, トゥハー	chef シェフ
しぇるたー **シェルター** sherutaa	**مَلْجَأ** 男, 複 **مَلَاجِئُ** 〔二段〕 maljaʾ, malājiʾu マルジャウ, マラージウ	shelter シェルタ

し

日	アラビア	英
しえん **支援** shien	**مُساعَدة** 女 musāʿadat ムサーアダ	support サポート
しお **塩** shio	**مِلْح** 男, 複 **أَمْلاح** milḥ, ʾamlāḥ ミルフ, アムラーフ	salt ソールト
しお **潮** (満ち引き) shio	**مَدّ وَجَزْر** madd wa jazr マッド ワ ジャズル	tide タイド
〜風	**نَسِيمُ ٱلْبَحْرِ** 男 nasīmu al-baḥri ナスィームル バフル	sea breeze スィー ブリーズ
しおからい **塩辛い** shiokarai	**مَالِح** māliḥ マーリフ	salty ソールティ
しおづけ **塩漬け** shiozuke	**تَمْلِيح** 男 tamlīḥ タムリーフ	salt pickling ソールト ピクリング
しおみず **塩水** shiomizu	**مَاء مَالِح** 男 māʾ māliḥ マーウ マーリフ	saltwater ソールトウォータ
しおり **しおり** shiori	**فَاصِلُ ٱلْكِتَابِ** 男 fāṣilu al-kitābi ファースィルル キターブ	bookmark ブクマーク
しおれる **萎れる** shioreru	**يَذْبُلُ**, [完] **ذَبَلَ** yadhbulu, dhabala ヤズブル, ザバラ	droop, wither ドループ, ウィザ
しか **歯科** shika	**طِبُّ ٱلْأَسْنَانِ** 男 ṭibbu al-ʾasnāni ティッブル アスナーン	dentistry デンティストリ
〜医	**طَبِيبُ ٱلْأَسْنَانِ** 男 ṭabību al-ʾasnāni タビーブル アスナーン	dentist デンティスト
しか **鹿** shika	**أَيِّل** 男, 複 **أَيَائِلُ** [二段] ʾaiyil, ʾayāʾilu アイイル, アヤーイル	deer ディア

日	アラビア	英
しがい **市外** shigai	**ضَاحِيَة** 女, 複 **ضَوَاحٍ**〔二段〕 ḍāḥiyat, ḍawāḥin ダーヒヤ, ダワーヒン	suburbs サバーブズ
しかいしゃ **司会者** shikaisha	**مُقَدِّمُ ٱلْبَرْنَامَجِ** 男 muqaddimu al-barnāmaji ムカッディムル バルナーマジュ	chairperson チェアパースン
しがいせん **紫外線** shigaisen	**اَلْأَشِعَّة فَوْقَ ٱلْبَنَفْسَجِيَّةِ** 女 al-'ashi''at fauqa al-banafsajīyati アル アシッア ファウカル バナフサジーヤ	ultraviolet rays アルトラヴァイオレト レイズ
しかえしする **仕返しする** shikaeshisuru	**يَنْتَقِمُ**, 〔完〕 **اِنْتَقَمَ** yantaqimu, intaqama ヤンタキム, インタカマ	avenge oneself アヴェンヂ
しかく **四角** shikaku	**مُرَبَّع** 男 murabba' ムラッバウ	square スクウェア
しかく **資格** shikaku	**مُؤَهِّل** 男, 複 **مُؤَهِّلَات** mu'ahhil, mu'ahhilāt ムアッヒル, ムアッヒラート	qualification クワリフィケイション
しかし **しかし** shikashi	**لٰكِنْ ; لٰكِنَّ** lākin, lākinna ラーキン, ラーキンナ	but, however バト, ハウエヴァ
じかせいの **自家製の** jikaseino	**مَنْزِلِيُّ ٱلصُّنْعِ** manzilīyu al-ṣun'i マンズィリーッ スンア	homemade ホウムメイド
じがぞう **自画像** jigazou	**بُورْتْرِيه ذَاتِي** 男 būrtrīh dhātīy ブールトリーフ ザーティー	self-portrait セルフポートレト
しがつ **四月** shigatsu	**أَبْرِيلُ** 男 'abrīlu アブリール	April エイプリル
しがみつく **しがみつく** shigamitsuku	**يَتَعَلَّقُ**, 〔完〕 **تَعَلَّقَ** yata'allaqu, ta'allaqa ヤタアッラク, タアッラカ	cling to クリング トゥ

日	アラビア	英
しかも **しかも** shikamo	**عِلَاوَةً عَلَى ذَلِكَ** ʿilāwatan ʿalā dhālika イラーワタン アラー ザーリカ	moreover, besides モーロウヴァ, ビサイヅ
しかる **叱る** shikaru	**يُوَبِّخُ,** 〔完〕**وَبَّخَ** yuwabbikhu, wabbakha ユワッビフ, ワッバハ	scold, reprove スコウルド, リプルーヴ
じかん **時間** jikan	**وَقْت** 女 **; سَاعَة** 女 waqt, sāʿat ワクト, サーア	time, hour タイム, アウア
しがんする **志願する** (願い出る) shigansuru	**يَتَطَوَّعُ,** 〔完〕**تَطَوَّعَ** yataṭauwaʿu, taṭauwaʿa ヤタタッワウ, タタッワア	desire, aspire to ディザイア, アスパイアトゥ
(申し込む)	**يَتَقَدَّمُ بِطَلَبٍ, تَقَدَّمَ بِطَلَبٍ** 〔完〕 yataqaddamu bi-ṭalabi, taqaddama bi-ṭalabi ヤタカッダム ビータラブ, タカッダマ ビータラブ	apply for アプライ フォ
しき **指揮** shiki	**قِيَادَة** 女 qiyādat キヤーダ	command コマンド
〜者	**قَائِدُ ٱلْفِرْقَةِ** 男 qāʾidu al-firqati カーイドゥル フィルカ	conductor コンダクタ
しき **式** (儀式・式典) shiki	**مَرَاسِمُ** 複〔二段〕 marāsimu マラースィム	ceremony セレモウニ
(パーティー)	**حَفْلَة** 女 ḥaflat ハフラ	party パーティ
(形式)	**طِرَاز** 男, 複 **طُرُز** ṭirāz, ṭuruz ティラーズ, トゥルズ	style, form スタイル, フォーム
(数式)	**صِيغَة** 女 ṣīghat シーガ	formula, expression フォーミュラ, イクスプレション

日	アラビア	英
じき **時期** jiki	**فُصُول** 複, **فَصْل** 男; **وَقْت** 男 waqt, faṣl, fuṣūl ワクト, ファスル, フスール	time, season タイム, スィーズン
じき **磁気** jiki	**مَغْنَاطِيسِيَّة** 女 maghnāṭīsīyat マグナーティースィーヤ	magnetism マグネティズム
しきいし **敷石** shikiishi	**حَجَرُ ٱلرَّصْفِ** 男 ḥajaru al-raṣfi ハジャルッ ラスフ	pavement ペイヴメント
しきじょう **式場** (結婚式場) shikijou	**قَاعَةُ ٱلزِّفَافِ** qāʿatu al-zifāfi カーアトゥッ ズィファーフ	ceremonial hall セレモウニアル ホール
じきひつ **直筆** jikihitsu	**بِخَطِّ ٱلْيَدِ** bi-khaṭṭi al-yadi ビ-ハッティル ヤド	autograph オートグラフ
しきべつする **識別する** shikibetsusuru	**مَيَّزَ** 〔完〕, **يُمَيِّزُ** yumaiyizu, maiyaza ユマイイズ, マイヤザ	discern, distinguish ディサーン, ディスティングウィシュ
しきもの **敷物** shikimono	**بِسَاط** 男 bisāṭ ビサート	carpet, rug カーペト, ラグ
しきゅう **子宮** shikyuu	**أَرْحَام** 複, **رَحِم** 女 raḥim, ʾarḥām ラヒム, アルハーム	uterus, womb ユーテラス, ウーム
じきゅうじそく **自給自足** jikyuujisoku	**اِكْتِفَاء ذَاتِيّ** 男 iktifāʾ dhātīy イクティファーウ ザーティー	self-sufficiency セルフサフィシェンスィ
しきょう **司教** shikyou	**أَسَاقِفَة** 複, **أُسْقُف** 男 ʾusquf, ʾasāqifat ウスクフ, アサーキファ	bishop ビショプ
じきょう **自供** jikyou	**اِعْتِرَاف** 男 iʿtirāf イウティラーフ	confession コンフェション

日	アラビア	英
じぎょう **事業** (プロジェクト) jigyou	**مَشْرُوع** 男 mashrūʿ マシュルーウ	enterprise, undertaking エンタプライズ, アンダテイキング
しきん **資金** shikin	**رَأْسَمَال** 男 raʾsmāl ラアスマール	capital, funds キャピトル, ファンヅ
しく **敷く** shiku	**يَفْرُشُ**, 〔完〕 **فَرَشَ** yafrushu, farasha ヤフルシュ, ファラシャ	lay, spread レイ, スプレド
じく **軸** jiku	**مِحْوَر** 男, 複 **مَحَاوِرُ** 〔二段〕 miḥwar, maḥāwiru ミフワル, マハーウィル	axis, shaft アクスィス, シャフト
じぐざぐ **ジグザグ** jiguzagu	**مُتَعَرِّج** 男 mutaʿarrij ムタアッリジュ	zigzag ズィグザグ
しけい **死刑** shikei	**إِعْدَام** 男 ʾiʿdām イウダーム	capital punishment キャピトル パニシュメント
しげき **刺激** shigeki	**إِثَارَة** 女 ʾithārat イサーラ	stimulus, impulse スティミュラス, インパルス
～する	**يُثِيرُ**, 〔完〕 **أَثَارَ** yuthīru, ʾathāra ユスィール, アサーラ	stimulate, excite スティミュレイト, イクサイト
しけん **試験** shiken	**اِمْتِحَان** 男, 複 **اِمْتِحَانَات** imtiḥān, imtiḥānāt イムティハーン, イムティハーナート	examination, test イグザミネイション, テスト
しげん **資源** shigen	**مَوْرِد** 男, 複 **مَوَارِدُ** 〔二段〕 maurid, mawāridu マウリド, マワーリドゥ	resources リーソーセズ
じけん **事件** jiken	**حَادِثَة** 女, 複 **حَوَادِثُ** 〔二段〕 ḥādithat, ḥawādithu ハーディサ, ハワーディス	event, incident, case イヴェント, インスィデント, ケイス

日	アラビア	英
じげん **次元** jigen	**بُعْد** 男, 複 **أَبْعَاد** buʿd, ʾabʿād ブウド, アブアード	dimension ディメンション
じこ **事故** jiko	**حَادِثَة** 女, 複 **حَوَادِثُ**〔二段〕 ḥādithat, ḥawādithu ハーディサ, ハワーディス	accident アクスィデント
じこ **自己** jiko	**ذَات** 女 dhāt ザート	self, ego セルフ, イーゴウ
じこう **時効** jikou	**تَقَادُم** 男 taqādum タカードゥム	prescription プリスクリプション
じこく **時刻** jikoku	**سَاعَة** 女 sāʿat サーア	time, hour タイム, アウア
～表	**جَدْوَلُ ٱلْمَوَاعِيدِ** 男 jadwalu al-mawāʿīdi ジャドワルル マワーイード	timetable タイムテイブル
じごく **地獄** jigoku	**جَهَنَّم** 女 jahannam ジャハンナム	hell, inferno ヘル, インファーノウ
しごと **仕事** shigoto	**شُغْل** 男, 複 **أَشْغَال** shughl, ʾashghāl シュグル, アシュガール	work, business, task ワーク, ビズネス, タスク
しさ **示唆** shisa	**تَلْمِيح** 男, 複 **تَلَامِيحُ**〔二段〕 talmīḥ, talāmīḥu タルミーフ, タラーミーフ	suggestion サグチェスチョン
～する	**يُلَمِّحُ**, 〔完〕 **لَمَّحَ** yulammiḥu, lammaḥa ユランミフ, ランマハ	suggest サグチェスト
じさ **時差** jisa	**فَرْقُ ٱلتَّوْقِيتِ** 男 farqu al-tauqīti ファルクッ タウキート	difference in time ディファレンス イン タイム
～ぼけ	**اِخْتِلَافُ ٱلتَّوْقِيتِ** 男 ikhtilāfu al-tauqīti イフティラーフッ タウキート	jet lag チェト ラグ

日	アラビア	英
しさい 司祭 shisai	قِسِّيس 男 qissīs キッスィース	priest プリースト
しさつ 視察 shisatsu	تَفَقُّد 男 tafaqqud タファックド	inspection インスペクション
～する	يَتَفَقَّدُ, 〔完〕 تَفَقَّدَ yatafaqqadu, tafaqqada ヤタファッカドゥ，タファッカダ	inspect, visit インスペクト，ヴィズィト
じさつする 自殺する jisatsusuru	يَنْتَحِرُ, 〔完〕 اِنْتَحَرَ yantaḥiru, intaḥara ヤンタヒル，インタハラ	commit suicide コミト スーイサイド
しさん 資産 shisan	مِلْكِيَّة 女 milkīyat ミルキーヤ	property, fortune プラパティ，フォーチュン
しじ 指示 shiji	إِشَارَة 女 ʾishārat イシャーラ	indication インディケイション
～する	يُشِيرُ, 〔完〕 أَشَارَ yushīru, ʾashāra ユシール，アシャーラ	indicate インディケイト
しじ 支持 shiji	تَأْيِيد 男 taʾyīd タアイード	support, backing サポート，バキング
～する	يُؤَيِّدُ, 〔完〕 أَيَّدَ yuʾaiyidu, ʾaiyada ユアイイドゥ，アイヤダ	support, back up サポート，バク アプ
じじ 時事 jiji	أَحْدَاث جَارِيَة 複 ʾaḥdāth jārīyat アフダース ジャーリーヤ	current events カーレント イヴェンツ
ししざ 獅子座 shishiza	اَلْأَسَد 男 al-ʾasad アル アサド	Lion, Leo ライオン，レオ
ししつ 資質 shishitsu	مُؤَهِّلَات 複 muʾahhilāt ムアッヒラート	nature, temperament ネイチャ，テンペラメント

日	アラビア	英
じじつ **事実** jijitsu	**حَقِيقَة** 女, 複 **حَقَائِقُ** 〔二段〕 ḥaqīqat, ḥaqāʾiqu ハ**キ**ーカ, ハ**カ**ーイク	fact **ファ**クト
ししゃ **支社** shisha	**فَرْعُ ٱلشَّرِكَةِ** 男 farʿu al-sharikati **ファ**ルウッ **シャ**リカ	branch ブ**ラ**ンチ
ししゃ **死者** shisha	**مَيِّت** 男, 複 **مَوْتَى** maiyit, mautā **マ**イイト, **マ**ウター	dead person, (the) dead **デ**ド **パ**ースン, (ザ) **デ**ド
じしゃく **磁石** jishaku	**مَغْنَاطِيس** 男 maghnāṭīs マグナー**ティ**ース	magnet **マ**グネト
ししゅう **刺繍** shishuu	**تَطْرِيز** 男 taṭrīz タト**リ**ーズ	embroidery インブ**ロ**イダリ
しじゅう **四十** shijuu	**أَرْبَعُونَ** 男女〔主格〕, **أَرْبَعِينَ** 男女〔属格・対格〕 ʾarbaʿūna, ʾarbaʿīna アルバ**ウ**ーナ, アルバ**イ**ーナ	forty **フォ**ーティ
じしゅする **自首する** jishusuru	**يُسَلِّمُ نَفْسَهُ لِلشُّرْطَةِ**, 〔完〕 **سَلَّمَ نَفْسَهُ لِلشُّرْطَةِ** yusallimu nafsa-hu li-alshurṭati, sallama nafsa-hu li-alshurṭati ユ**サ**ッリム **ナ**フサ-フ リッ シュルタ, **サ**ッラマ **ナ**フサ-フ リッ シュルタ	turn oneself in to the police **タ**ーン **イ**ン トゥ ザ ポ**リ**ース
ししゅつ **支出** shishutsu	**مَصَارِيفُ** 複〔二段〕 maṣārīfu マサー**リ**ーフ	expenses, expenditure イクス**ペ**ンセズ, イクス**ペ**ンディチャ
じしゅてきな **自主的な** (自発的な) jishutekina	**طَوْعِيّ** 男 ṭauʿīy **タ**ウイー	voluntary **ヴァ**ランテリ
ししゅんき **思春期** shishunki	**فَتْرَةُ ٱلْمُرَاهَقَةِ** 女 fatratu al-murāhaqati **ファ**トラトゥル ム**ラ**ーハカ	adolescence, puberty アド**レ**センス, **ピュ**ーバティ

日	アラビア	英
ししょ **司書** shisho	**أَمِينُ مَكْتَبَةٍ** 男 ʾamīnu maktabatin アミーン マクタバ	librarian ライブレアリアン
じしょ **辞書** jisho	**قَامُوس** 男, 複 **قَوَامِيسُ** 〔二段〕 qāmūs, qawāmīsu カームース, カワーミース	dictionary ディクショネリ
しじょう **市場** shijou	**سُوق** 女, 複 **أَسْوَاق** sūq, ʾaswāq スーク, アスワーク	market マーケト
じじょう **事情** （状況） jijou	**ظُرُوف** 複 ẓurūf ズルーフ	circumstances サーカムスタンセズ
（理由・背景）	**خَلْفِيَّة** 女 khalfīyat ハルフィーヤ	reasons リーズンズ
じしょくする **辞職する** jishokusuru	**يَسْتَقِيلُ**, 〔完〕 **اِسْتَقَالَ** yastaqīlu, istaqāla ヤスタキール, イスタカーラ	resign リザイン
じじょでん **自叙伝** jijoden	**سِيرَة ذَاتِيَّة** 女 sīrat dhātīyat スィーラ ザーティーヤ	autobiography オートバイアグラフィ
しじん **詩人** shijin	**شَاعِر** 男, 複 **شُعَرَاءُ** 〔二段〕 shāʿir, shuʿarāʾu シャーイル, シュアラーウ	poet, poetess ポウイト, ポウイテス
じしん **自信** jishin	**ثِقَة بِٱلنَّفْسِ** 女 thiqat bi-al-nafsi スィカ ビーン ナフス	confidence カンフィデンス
じしん **自身** jishin	**نَفْس** 男, 複 **أَنْفُس** nafs, ʾanfus ナフス, アンフス	self, oneself セルフ, ワンセルフ
じしん **地震** jishin	**زِلْزَال** 男, 複 **زَلَازِلُ** 〔二段〕 zilzāl, zalāzilu ズィルザール, ザラーズィル	earthquake アースクウェイク
しすう **指数** shisuu	**مُؤَشِّر** 男, 複 **مُؤَشِّرَات** muʾashshir, muʾashshirāt ムアッシル, ムアッシラート	index number インデクス ナンバ

日	アラビア	英
しずかな **静かな** shizukana	هَادِئ hādiʾ ハーディウ	silent, still, calm サイレント, スティル, カーム
しずく **滴** shizuku	قَطْرَة 女 qaṭrat カトラ	drop ドラプ
しずけさ **静けさ** shizukesa	هُدُوء 男 hudūʾ フドゥーウ	silence, stillness サイレンス, スティルネス
しすてむ **システム** shisutemu	نِظَام 男, 複 أَنْظِمَة niẓām, ʾanẓimat ニザーム, アンズィマ	system スィステム
じすべり **地滑り** jisuberi	اِنْهِيَار أَرْضِيّ 男 inhiyār ʾarḍīy インヒヤール アルディー	landslide ランドスライド
しずまる **静まる** shizumaru	يَهْدَأُ, 〔完〕هَدَأَ yahdaʾu, hadaʾa ヤフダウ, ハダア	(become) quiet, calm down (ビカム) クワイエト, カームダウン
しずむ **沈む** shizumu	يَغْرَقُ, 〔完〕غَرِقَ yaghraqu, ghariqa ヤグラク, ガリカ	sink, go down スィンク, ゴウ ダウン
(太陽などが)	يَغْرُبُ, 〔完〕غَرَبَ yaghrubu, gharaba ヤグルブ, ガラバ	set セト
しずめる **鎮める** shizumeru	يُهَدِّئُ, 〔完〕هَدَّأَ yuhaddiʾu, haddaʾa ユハッディウ, ハッダア	quell クウェル
しせい **姿勢** shisei	قَوَام 男 qawām カワーム	posture, pose パスチャ, ポウズ
しせき **史跡** shiseki	مَوْقِع تَارِيخِيّ 男 mauqiʿ tārīkhīy マウキウ ターリーヒー	historic site ヒストリク サイト

日	アラビア	英
しせつ 施設 shisetsu	مُنْشَآت 複 munshaʾāt ムンシャアート	facility, institution ファスィリティ, インスティテューション
しせん 視線 shisen	نَظْرَة 女 naẓrat ナズラ	glance, gaze グランス, ゲイズ
しぜん 自然 shizen	طَبِيعَة 女 ṭabīʿat タビーア	nature ネイチャ
〜科学	عِلْمُ ٱلطَّبِيعَةِ 男 ʿilmu al-ṭabīʿati イルムッ タビーア	natural science ナチュラル サイエンス
〜に	بِشَكْلٍ طَبِيعِيٍّ bi-shaklin ṭabīʿīyin ビ-シャクル タビーイー	naturally ナチュラリ
じぜん 慈善 jizen	خَيْر 男 khair ハイル	charity, benevolence チャリティ, ベネヴォレンス
しそう 思想 shisou	فِكْر 男, أَفْكَار 複 fikr, ʾafkār フィクル, アフカール	thought, idea ソート, アイディーア
じそく 時速 jisoku	اَلسُّرْعَة فِي ٱلسَّاعَةِ 女 al-surʿat fī al-sāʿati アッ スルア フィッ サーア	miles per hour, speed per hour マイルズ パー アウア, スピード パー アウア
じぞくする 持続する jizokusuru	يَسْتَمِرُّ, 〔完〕 اِسْتَمَرَّ yastamirru, istamarra ヤスタミッル, イスタマッラ	continue コンティニュー
しそん 子孫 shison	أَحْفَاد 複 ʾaḥfād アフファード	descendant, posterity ディセンダント, パステリティ
したに 下に shitani	تَحْتَ taḥta タフタ	below, under ビロウ, アンダ

日	アラビア	英
した **舌** shita	أَلْسِنَة 複 ,لِسَان 男 lisān, ʾalsinat リサーン, アルスィナ	tongue タング
じたい **事態** jitai	حَالَة 女 ḥālat ハーラ	situation スィチュエイション
じだい **時代** jidai	عُصُور 複 ,عَصْر 男 ʿaṣr, ʿuṣūr アスル, ウスール	time, period, era タイム, ピアリオド, イアラ
しだいに **次第に** shidaini	تَدْرِيجِيًّا tadrījīyan タドリージーヤン	gradually グラヂュアリ
したう **慕う** shitau	اِحْتَرَمَ 〔完〕 ,يَحْتَرِمُ yaḥtarimu, iḥtarama ヤフタリム, イフタラマ	yearn after, long for ヤーン アフタ, ローング フォ
したがう **従う** (ついて行く) shitagau	اِتَّبَعَ 〔完〕 ,يَتَّبِعُ yattabiʿu, ittabaʿa ヤッタビウ, イッタバア	follow, accompany ファロウ, アカンパニ
(逆らわない)	أَطَاعَ 〔完〕 ,يُطِيعُ yuṭīʿu, ʾaṭāʿa ユティーウ, アターア	obey オベイ
したがき **下書き** shitagaki	مُسَوَّدَة 女 musauwadat ムサッワダ	draft ドラフト
したぎ **下着** shitagi	مَلَابِس دَاخِلِيَّة 男 malābis dākhilīyat マラービス ダーヒリーヤ	underwear アンダウェア
したくする **支度する** shitakusuru	اِسْتَعَدَّ 〔完〕 ,يَسْتَعِدُّ yastaʿiddu, istaʿadda ヤスタイッドゥ, イスタアッダ	prepare for プリペア フォ
したしい **親しい** shitashii	حَمِيم ḥamīm ハミーム	close, familiar クロウス, ファミリア
したたる **滴る** shitataru	تَقَطَّرَ 〔完〕 ,يَتَقَطَّرُ yataqaṭṭaru, taqaṭṭara ヤタカッタル, タカッタラ	drop, drip ドラプ, ドリプ

日	アラビア	英
したびらめ **舌平目** shitabirame	**سَمَك مُوسَى** 男 samak mūsā サマク ムーサー	sole ソウル
じだん **示談** jidan	**تَصَالُح** 男 taṣāluḥ タサールフ	private settlement プライヴェト セトルメント
しち **七** shichi	**سَبْعَة** 男； **سَبْع** 女 sabʿat, sabʿ サブア，サブウ	seven セヴン
じち **自治** jichi	**اَلْحُكْمُ ٱلذَّاتِيُّ** 男 al-ḥukmu al-dhātīyu アル フクムッ ザーティー	autonomy オータノミ
しちがつ **七月** shichigatsu	**يُولِيُو** 男 yūliyū ユーリユー	July デュライ
しちじゅう **七十** shichijuu	**سَبْعُونَ** 男女〔主格〕，**سَبْعِينَ** 男女〔属格・対格〕 sabʿūna, sabʿīna サブウーナ，サブイーナ	seventy セヴンティ
しちめんちょう **七面鳥** shichimenchou	**دِيك رُومِيّ** 男 dīk rūmīy ディーク ルーミー	turkey ターキ
しちゃくする **試着する** shichakusuru	**يُجَرِّبُ ٱلِارْتِدَاءَ**，〔完〕**جَرَّبَ ٱلِارْتِدَاءَ** yujarribu al-irtidāʾa, jarraba al-irtidāʾa ユジャッリブ リルティダーウ，ジャッラバ リルティダーウ	try on トライ オン
しちゅー **シチュー** shichuu	**يَخْنَة** 女 yakhnat ヤフナ	stew ステュー
しちょう **市長** shichou	**عُمْدَةُ ٱلْمَدِينَةِ** 男 ʿumdatu al-madīnati ウムダトゥル マディーナ	mayor メイア

日	アラビア	英
しつ 質 shitsu	جُودَة 女 jūdat ジューダ	quality クワリティ
しつう 歯痛 shitsuu	وَجَعُ ٱلسِّنِّ 男 wajaʿu al-sinni ワジャウッ スィンヌ	toothache トゥーセイク
しつぎょう 失業 shitsugyou	عَطَل 男 ʿaṭal アタル	unemployment アニンプロイメント
〜者	عَاطِل 男 ʿāṭil アーティル	unemployed アニンプロイド
〜する	يَتَعَطَّلُ, 〔完〕 تَعَطَّلَ yataʿaṭṭalu, taʿaṭṭala ヤタアッタル，タアッタラ	lose one's job ルーズ チャブ
じつぎょうか 実業家 jitsugyouka	رَجُلُ ٱلْأَعْمَالِ 男 rajulu al-ʾaʿmāli ラジュルル アアマール	business person ビズネス パースン
じっきょうちゅうけい 実況中継 jikkyouchuukei	بَثّ مُبَاشِر 男 baththmubāshir バッス ムバーシル	live broadcast ライヴ ブロードキャスト
しっけ 湿気 shikke	رُطُوبَة 女 ruṭūbat ルトゥーバ	moisture モイスチャ
しつけ 躾 shitsuke	تَأْدِيب 男 taʾdīb タアディーブ	training, discipline トレイニング，ディスィプリン
じっけん 実験 jikken	تَجْرِبَة 女, 複 تَجَارِب 〔二段〕 tajribat, tajāribu タジュリバ，タジャーリブ	experiment イクスペリメント
じつげんする 実現する jitsugensuru	يُحَقِّقُ, 〔完〕 حَقَّقَ yuḥaqqiqu, ḥaqqaqa ユハッキク，ハッカカ	realize, come true リーアライズ，カム トルー
しつこい しつこい （執念深い） shitsukoi	مُلِحّ muliḥḥ ムリッフ	obstinate, persistent アブスティネト，パスィステント

日	アラビア	英
しっこう 失効 shikkou	اِنْتِهَاء 男 intihāʾ インティハーウ	lapse, expiry ラプス，イクスパイアリ
じっこうする 実行する jikkousuru	نَفَّذَ 〔完〕 يُنَفِّذُ, yunaffidhu, naffadha ユナッフィズ，ナッファザ	carry out, practice キャリ アウト，プラクティス
じっさいに 実際に jissaini	فِعْلًا fiʿlan フィウラン	actually, really アクチュアリ，リーアリ
じっしする 実施する jisshisuru	نَفَّذَ 〔完〕 يُنَفِّذُ, yunaffidhu, naffadha ユナッフィズ，ナッファザ	enforce インフォース
じっしゅう 実習 jisshuu	تَدْرِيبَات 複 ,تَدْرِيب 男 tadrīb, tadrībāt タドリーブ，タドリーバート	practice, training プラクティス，トレイニング
～生	مُتَدَرِّب 男 mutadarrib ムタダッリブ	trainee トレイニー
しっしん 湿疹 shisshin	طَفْح جِلْدِيّ 男 ṭafḥ jildīy タフフ ジルディー	eczema エクセマ
しっしんする 失神する shisshinsuru	فَقَدَ وَعْيَهُ 〔完〕 يَفْقِدُ وَعْيَهُ, yafqidu waʿyahu, faqada waʿyahu ヤフキドゥ ワアヤフ，ファカダ ワアヤフ	faint, swoon フェイント，スウーン
じっせき 実績 jisseki	إِنْجَازَات 複 ʾinjāzāt インジャーザート	results, achievements リザルツ，アチーヴメンツ
しっそうする 失踪する shissousuru	اِخْتَفَى 〔完〕 يَخْتَفِي, yakhtafī, ikhtafā ヤフタフィー，イフタファー	disappear ディサピア
しっそな 質素な shissona	بُسَطَاءُ 複 ,بَسِيط basīṭ, busaṭāʾu バスィート，ブサターウ	plain, simple プレイン，スィンプル

日	アラビア	英
しっと **嫉妬** shitto	**غَيْرَة** 女 ghairat ガイラ	jealousy チェラスィ
～する	**يَغِيرُ,** [完] **غَارَ** yaghīru, ghāra ヤギール，ガーラ	(be) jealous of, envy (ビ) チェラス オヴ，エンヴィ
しつど **湿度** shitsudo	**رُطُوبَة** 女 ruṭūbat ルトゥーバ	humidity ヒューミディティ
しっぱい **失敗** shippai	**فَشَل** 男 fashal ファシャル	failure フェイリュア
～する	**يَفْشَلُ,** [完] **فَشِلَ** yafshalu, fashila ヤフシャル，ファシラ	fail in フェイル イン
しっぷ **湿布** shippu	**كِمَادَة** 女 kimādat キマーダ	compress カンプレス
しっぽ **尻尾** shippo	**ذَيْل** 男, 複 **ذُيُول** dhail, dhuyūl ザイル，ズユール	tail テイル
しつぼうする **失望する** shitsubousuru	**يَخِيبُ أَمَلِي,** [完] **خَابَ أَمَلِي** yakhību ʾamalī, khāba ʾamalī ヤヒーブ アマリー，ハーバ アマリー	(be) disappointed (ビ) ディサポインテド
しつもん **質問** shitsumon	**سُؤَال** 男, 複 **أَسْئِلَة** suʾāl, ʾasʾilat スアール，アスイラ	question クウェスチョン
～する	**يَسْأَلُ,** [完] **سَأَلَ** yasʾalu, saʾala ヤスアル，サアラ	ask a question アースク ア クウェスチョン
じつりょく **実力** jitsuryoku	**قُدْرَة** 女 qudrat クドラ	ability アビリティ

日	アラビア	英
しつれいな **失礼な** shitsureina	**غَيْر مُهَذَّبٍ** ghair muhadhdhabin ガイル ムハッザブ	rude, impolite ルード，インポライト
じつわ **実話** jitsuwa	**قِصَّة وَاقِعِيَّة** 女 qiṣṣat wāqiʿīyat キッサ ワーキイーヤ	true story トルー ストーリ
してい **指定** shitei	**تَعْيِين** 男 taʿyīn タアイーン	designation デズィグネイション
〜する	**عَيَّنَ** 〔完〕 **يُعَيِّنُ,** yuʿaiyinu, ʿaiyana ユアイイヌ，アイヤナ	appoint, designate アポイント，デズィグネイト
〜席	**مَقْعَد مَحْجُوز** 男 maqʿad maḥjūz マクアド マフジューズ	reserved seat リザーヴド スィート
してきする **指摘する** shitekisuru	**أَشَارَ** 〔完〕 **يُشِيرُ,** yushīru, ʾashāra ユシール，アシャーラ	point out, indicate ポイント アウト，インディケイト
してきな **私的な** shitekina	**خُصُوصِيّ** khuṣūṣīy フスースィー	private, personal プライヴェト，パーソナル
してつ **私鉄** shitetsu	**سِكَّةُ ٱلْحَدِيدِ ٱلْخَاصَّة** 女 sikkatu al-ḥadīdi al-khāṣṣati スィッカトゥル ハディーディル ハーッサ	private railroad プライヴェト レイルロウド
してん **支店** shiten	**فَرْع** 男, 複 **فُرُوع** farʿ, furūʿ ファルウ，フルーウ	branch ブランチ
じてん **辞典** jiten	**قَامُوس** 男, 複 **قَوَامِيسُ** 〔二段〕 qāmūs, qawāmīsu カームース，カワーミース	dictionary ディクショネリ
じてんしゃ **自転車** jitensha	**دَرَّاجَة** 女 darrājat ダッラージャ	bicycle バイスィクル
しどう **指導** shidou	**إِرْشَاد** 男, 複 **إِرْشَادَات** ʾirshād, ʾirshādāt イルシャード，イルシャーダート	guidance, direction ガイダンス，ディレクション

日	アラビア	英
～する	أَرْشَدَ 完, يُرْشِدُ yurshidu, ʾarshada ユルシドゥ, アルシャダ	guide, lead, coach ガイド, リード, コウチ
じどう 児童 jidou	أَطْفَال 複, طِفْل 男 ṭifl, ʾaṭfāl ティフル, アトファール	child チャイルド
じどうし 自動詞 jidoushi	فِعْل لَازِم 男 fiʿl lāzim フィウル ラーズィム	intransitive verb イントランスィティヴ ヴァーブ
じどうしゃ 自動車 jidousha	سَيَّارَة 女 saiyārat サイヤーラ	car, automobile カー, オートモビール
～事故	حَادِثُ سَيَّارَةٍ 男 ḥādithu saiyāratin ハーディス サイヤーラ	car accident カー アクスィデント
じどうてきに 自動的に jidoutekini	تِلْقَائِيًّا tilqāʾīyan ティルカーイーヤン	automatically オートマティカリ
じどうどあ 自動ドア jidoudoa	بَاب تِلْقَائِيّ 男, بَاب أُوتُومَاتِيكِي 女 bāb tilqāʾīy, bāb ʾūtūmātīkī バーブ ティルカーイー, バーブ ウートゥーマーティーキー	automatic door オートマティク ドー
しなびる しなびる shinabiru	ذَبُلَ 完, يَذْبُلُ yadhbulu, dhabula ヤズブル, ザブラ	wither ウィザ
しなもの 品物 shinamono	سِلَع 複, سِلْعَة 女 silʿat, silaʿ スィルア, スィラウ	article, goods アーティクル, グヅ
しなやかな しなやかな shinayakana	مَرِن marin マリン	flexible フレクスィブル
しなりお シナリオ shinario	سِينَارِيُو 男 sīnāriyū スィーナーリユー	scenario, script スィネアリオウ, スクリプト

日	アラビア	英
じにんする **辞任する** jininsuru	**يَسْتَقِيلُ,** 〔完〕**اِسْتَقَالَ** yastaqīlu, istaqāla ヤスタ**キ**ール, イスタ**カ**ーラ	resign リ**ザ**イン
しぬ **死ぬ** shinu	**يَمُوتُ,** 〔完〕**مَاتَ** yamūtu, māta ヤ**ム**ートゥ, **マ**ータ	die **ダ**イ
じぬし **地主** jinushi	**صَاحِبُ ٱلْأَرْضِ** 男 ṣāḥibu al-ʾarḍi **サ**ーヒブル **ア**ルド	landowner **ラ**ンドオウナ
しのぐ **しのぐ** (勝る) shinogu	**يَتَفَوَّقُ,** 〔完〕**تَفَوَّقَ** yatafauwaqu, tafauwaqa ヤタ**ファ**ッワク, タ**ファ**ッワカ	exceed, surpass イク**スィ**ード, サー**パ**ス
(耐える)	**يَتَحَمَّلُ,** 〔完〕**تَحَمَّلَ** yataḥammalu, taḥammala ヤタ**ハ**ンマル, タ**ハ**ンマラ	endure, bear イン**デュ**ア, **ベ**ア
しはい **支配** shihai	**سَيْطَرَة** 女 saiṭarat **サ**イタラ	management, control **マ**ニヂメント, コント**ロ**ウル
～する	**يُسَيْطِرُ,** 〔完〕**سَيْطَرَ** yusaiṭiru, saiṭara ユ**サ**イティル, **サ**イタラ	manage, control **マ**ニヂ, コント**ロ**ウル
～人	**مُدِير** 男 mudīr ム**ディ**ール	manager **マ**ニヂャ
しばい **芝居** shibai	**مَسْرَحِيَّة** 女 masraḥīyat マスラ**ヒ**ーヤ	play, drama プ**レ**イ, ド**ラ**ーマ
じはく **自白** jihaku	**اِعْتِرَاف** 男 iʿtirāf イウティ**ラ**ーフ	self confession **セ**ルフ コン**フェ**ション
じばさんぎょう **地場産業** jibasangyou	**صِنَاعَة مَحَلِّيَّة** 女 ṣināʿat maḥallīyat スィ**ナ**ーア マハッ**リ**ーヤ	local industry **ロ**ウカル **イ**ンダストリ
しばしば **しばしば** shibashiba	**تَكْرَارًا** takrāran タク**ラ**ーラン	often **オ**ーフン

日	アラビア	英
じはつてきな **自発的な** jihatsutekina	**تَطَوُّعِيّ** taṭauwuʾīy タタウウイー	spontaneous, voluntary スパンテイニアス, ヴァランテリ
しはつでんしゃ **始発電車** shihatsudensha	**أَوَّلُ قِطَارٍ** 男 ʾauwalu qiṭārin アッワル キタール	first train ファースト トレイン
しばふ **芝生** shibafu	**عُشْب** 集 ʿushb ウシュブ	lawn ローン
しはらい **支払い** shiharai	**دَفْع** 男 dafʿ ダフウ	payment ペイメント
しはらう **支払う** shiharau	**يَدْفَعُ**, 〔完〕 **دَفَعَ** yadfaʿu, dafaʿa ヤドファウ, ダファア	pay ペイ
しばらく **しばらく** （ある程度長く） shibaraku	**فَتْرَةً طَوِيلَةً** fatratan ṭawīlatan ファトラタン タウィーラタン	for a long time フォ ア ローング タイム
（長くない）	**بُرْهَةً;قَلِيلًا** burhatan, qalīlan ブルハタン, カリーラン	for a while フォ ア (ホ)ワイル
しばる **縛る** shibaru	**يُقَيِّدُ**, 〔完〕 **قَيَّدَ** yuqaiyidu, qaiyada ユカイイドゥ, カイヤダ	bind バインド
（結ぶ）	**يَرْبُطُ**, 〔完〕 **رَبَطَ** yarbuṭu, rabaṭa ヤルブトゥ, ラバタ	bind バインド
じばん **地盤**　（地面） jiban	**أَرْض** 女, 複 **أَرَاضٍ**〔二段〕 ʾarḍ, ʾarāḍin アルド, アラーディン	ground グラウンド
（土台・基礎）	**أَسَاس** 男, 複 **أُسُس** ʾasās, ʾusus アサース, ウスス	foundation, base ファウンデイション, ベイス

日	アラビア	英
じびいんこうか **耳鼻咽喉科** jibiinkouka	قِسْمُ ٱلْأَنْفِ وَٱلْأُذْنِ وَٱلْحَنْجَرَةِ 男 qismu al-ʾanfi wa-al-ʾudhni wa-al-ḥanjarati **キ**スムル **ア**ンフ **ワ**ル **ウ**ズン **ワ**ル **ハ**ンジャラ	otorhinolaryngology オウトウライノウラリン**ガ**ロヂ
しひで **私費で** shihide	عَلَى نَفَقَتِهِ ٱلْخَاصَّةِ ʿalā nafaqatihi al-khāṣṣati アラー ナファ**カ**ティヒル **ハ**ーッサ	at one's own expense アト **オ**ウン イクス**ペ**ンス
しひょう **指標** shihyou	مُؤَشِّر 男 muʾashshir ム**ア**ッシル	index **イ**ンデクス
じひょう **辞表** jihyou	اِسْتِقَالَة 女 istiqālat イスティ**カ**ーラ	resignation レズィグ**ネ**イション
じびょう **持病** jibyou	مَرَض مُزْمِن 男 maraḍ muzmin **マ**ラド **ム**ズミン	chronic disease ク**ラ**ニク ディ**ズィ**ーズ
しびれる **痺れる** shibireru	يَتَخَدَّرُ, 完 تَخَدَّرَ yatakhaddaru, takhaddara ヤタ**ハ**ッダル, タ**ハ**ッダラ	(become) numb (ビカム) **ナ**ム
しぶい **渋い** (味が) shibui	مُرّ, 複 أَمْرَار murr, ʾamrār **ム**ッル, アム**ラ**ール	astringent アスト**リ**ンヂェント
じぶち **ジブチ** jibuchi	جِيبُوتِي jībūtī ジー**ブ**ーティー	Djibouti ヂ**ブ**ーティ
しぶとい **しぶとい** shibutoi	عَنِيد, 複 عُنُد ʿanīd, ʿunud ア**ニ**ード, **ウ**ヌド	tenacious, obstinate ティ**ネ**イシャス, **ア**ブスティネト
しぶる **渋る** shiburu	يَتَرَدَّدُ فِي, 完 تَرَدَّدَ فِي yataraddadu fī, taraddada fī ヤタ**ラ**ッダドゥ フィー, タ**ラ**ッダダ フィー	hesitate, show reluctance **ヘ**ズィテイト, **ショ**ウ リ**ラ**クタンス
じぶん **自分** jibun	نَفْس 男 nafs **ナ**フス	self **セ**ルフ

日	アラビア	英
しへい 紙幣 shihei	عُمْلَة وَرَقِيَّة 女 ʿumlat waraqīyat ウムラ ワラキーヤ	bill, note ビル, ノウト
しほう 四方 shihou	اَلْجِهَات اَلْأَرْبَع 複 al-jihāt al-ʾarbaʿ アル ジハートゥル アルバウ	every direction エヴリ ディレクション
しぼう 脂肪 shibou	دُهْن 男 duhn ドゥフン	fat, grease ファト, グリース
しほうけん 司法権 shihouken	اَلسُّلْطَة اَلْقَضَائِيَّة 女 al-sulṭat al-qaḍāʾīyat アッ スルタトゥル カダーイーヤ	jurisdiction ヂュアリスディクション
しぼうする 志望する shibousuru	رَغِبَ فِي 完, يَرْغَبُ فِي yarghabu fī, raghiba fī ヤルガブ フィー, ラギバ フィー	wish, desire ウィシュ, ディザイア
しぼむ しぼむ shibomu	اِنْكَمَشَ 完, يَنْكَمِشُ yankamishu, inkamasha ヤンカミシュ, インカマシャ	wither, fade ウィザ, フェイド
しぼる 搾る shiboru	حَلَبَ 完, يَحْلِبُ yaḥlibu, ḥalaba ヤフリブ, ハラバ	press, wring, squeeze プレス, リング, スクウィーズ
しほん 資本 shihon	رَأْسْمَال 男 raʾsmāl ラアスマール	capital キャピトル
～家	رَأْسْمَالِيّ 男 raʾsmālīy ラアスマーリー	capitalist キャピタリスト
～金	رَأْسْمَال 男 raʾsmāl ラアスマール	capital キャピトル
～主義	رَأْسْمَالِيَّة 女 raʾsmālīyat ラアスマーリーヤ	capitalism キャピタリズム

日	アラビア	英
しま 縞 shima	مُقَلَّم muqallam ムカッラム	stripes ストライプス
しま 島 shima	جَزِيرَة 女, 複 جُزُر jazīrat, juzur ジャズィーラ, ジュズル	island アイランド
しまい 姉妹 shimai	أُخْت 女, 複 أَخَوَات ʾukht, ʾakhawāt ウフト, アハワート	sisters スィスタズ
しまう (戻す) shimau	يُعِيدُ إِلَى مَكَانِهِ, 〔完〕 أَعَادَ إِلَى مَكَانِهِ yuʿīdu ʾilā makāni-hi, ʾaʿāda ʾilā makāni-hi ユイードゥ イラー マカーニ-ヒ, アアーダ イラー マカーニ-ヒ	put away プト アウェイ
じまく 字幕 jimaku	تَرْجَمَةُ ٱلْحِوَارِ 女 tarjamatu al-ḥiwāri タルジャマトゥル ヒワール	subtitles サブタイトルズ
しまる 閉まる shimaru	يَنْغَلِقُ, 〔完〕 اِنْغَلَقَ yanghaliqu, inghalaqa ヤンガリク, インガラカ	shut, (be) closed シャト, (ビ) クロウズド
じまん 自慢 jiman	تَفَاخُر 男 tafākhur タファーフル	boast, vanity ボウスト, ヴァニティ
～する	يَتَفَاخَرُ بِ, 〔完〕 تَفَاخَرَ بِ yatafākharu bi, tafākhara bi ヤタファーハル ビ, タファーハラ ビ	boast of, (be) proud of ボウスト オヴ, (ビ) プラウド オヴ
じみな 地味な jimina	بَسِيط, 複 بُسَطَاءُ 〔二段〕 basīṭ, busaṭāʾu バスィート, ブサターウ	plain, quiet プレイン, クワイアト
しみゅれーしょん シミュレーション shimyureeshon	مُحَاكَاة 女 muḥākāt ムハーカー	simulation スィミュレイション
しみん 市民 shimin	مُوَاطِن 男 muwāṭin ムワーティン	citizen スィティズン

日	アラビア	英
じむ **事務** jimu	أَعْمَال مَكْتَبِيَّة 複 ʾaʿmāl maktabīyat アアマール マクタビーヤ	business, affairs ビズネス，アフェアズ
〜員	عَامِل مَكْتَبِيّ 男 ʿāmil maktabīy アーミル マクタビー	clerk, office worker クラーク，オーフィス ワーカ
〜的な	مَكْتَبِيّ maktabīy マクタビー	businesslike ビズネスライク
しめい **氏名** shimei	اِسْم 男, أَسْمَاء 複 ism, ʾasmāʾ イスム，アスマーウ	name ネイム
しめい **使命** shimei	مُهِمَّة 女 muhimmat ムヒンマ	mission ミション
しめいする **指名する** shimeisuru	يُعَيِّنُ, 〔完〕 عَيَّنَ yuʿaiyinu, ʿaiyana ユアイイヌ，アイヤナ	name, nominate ネイム，ナミネイト
しめきり **締め切り** shimekiri	مَوْعِد نِهَائِيّ 男 mauʿid nihāʾīy マウイド ニハーイー	deadline デドライン
じめじめした **じめじめした** (湿った) jimejimeshita	رَطِيب raṭīb ラティーブ	damp, moist ダンプ，モイスト
しめす **示す**　(指す) shimesu	يَدُلُّ عَلَى, 〔完〕 دَلَّ عَلَى yadullu ʿalā, dalla ʿlā ヤドゥッル アラー，ダッラ アラー	show, indicate ショウ，インディケイト
しめだす **締め出す** (追い出す) shimedasu	يَطْرُدُ, 〔完〕 طَرَدَ yaṭrudu, ṭarada ヤトルドゥ，タラダ	shut out シャト アウト
しめる **絞める** shimeru	يَخْنُقُ, 〔完〕 خَنَقَ yakhnuqu, khanaqa ヤフヌク，ハナカ	strangle ストラングル
しめる **湿る** shimeru	يَتَبَلَّلُ, 〔完〕 تَبَلَّلَ yataballalu, taballala ヤタバッラル，タバッララ	dampen ダンプン

日	アラビア	英
しめる **占める** shimeru	**يَحْتَلُّ, [完] اِحْتَلَّ** yaḥtallu, iḥtalla ヤフタッル, イフタッラ	occupy アキュパイ
しめる **閉める** shimeru	**يُغْلِقُ, [完] أَغْلَقَ** yughliqu, ʾaghlaqa ユグリク, アグラカ	shut, close シャト, クロウズ
じめん **地面** jimen	**أَرْض** 女, 複 **أَرَاضٍ** [二段] ʾarḍ, ʾarāḍin アルド, アラーディン	earth, ground アース, グラウンド
しも **霜** shimo	**صَقِيع** 男 ṣaqīʿ サキーウ	frost フロースト
じもとの **地元の** jimotono	**مَحَلِّيّ** 女 maḥallīy マハッリー	local ロウカル
しもん **指紋** shimon	**بَصْمَةُ ٱلْأَصَابِعِ** 女 baṣmatu al-ʾaṣābiʿi バスマトゥル アサービウ	fingerprint フィンガプリント
しや **視野** shiya	**مَجَالُ ٱلرُّؤْيَةِ** 男 majālu al-ruʾyati マジャールッ ルウヤ	field of vision フィールド オヴ ヴィジョン
じゃーなりすと **ジャーナリスト** jaanarisuto	**صُحُفِيّ** 男 ṣuḥufīy スフフィー	journalist チャーナリスト
じゃーなりずむ **ジャーナリズム** jaanarizumu	**صِحَافَة** 女 ṣiḥāfat スィハーファ	journalism チャーナリズム
しゃーぷぺんしる **シャープペンシル** shaapupenshiru	**قَلَم رَصَاص مِيكَانِيكِي** 男 qalam raṣāṣ mīkānīkī カラム ラサース ミーカーニーキー	mechanical pencil メキャニカル ペンスル
しゃいん **社員** shain	**مُوَظَّف** 男 muwaẓẓaf ムワッザフ	employee, staff インプロイイー, スタフ
しゃかい **社会** shakai	**مُجْتَمَع** 男, 複 **مُجْتَمَعَات** mujtamaʿ, mujtamaʿāt ムジュタマウ, ムジュタマアート	society ソサイエティ

日	アラビア	英
～学	عِلْمُ ٱلِٱجْتِمَاعِ ʿilmu al-ijtimāʿi イルム リジュティマーウ	sociology ソウスィアロヂ
～主義	اِشْتِرَاكِيَّة 女 ishtirākīyat イシュティラーキーヤ	socialism ソウシャリズム
じゃがいも じゃが芋 jagaimo	بَطَاطِس baṭāṭis バターティス	potato ポテイトウ
じゃぐち 蛇口 jaguchi	حَنَفِيَّة 女 ḥanafīyat ハナフィーヤ	faucet, Ⓑtap フォーセト, タプ
じゃくてん 弱点 jakuten	نُقْطَةُ ضُعْفٍ 女 nuqṭatu ḍuʿfin ヌクタ ドゥウフ	weak point ウィーク ポイント
しゃくほうする 釈放する shakuhousuru	أَفْرَجَ 〔完〕, يُفْرِجُ yufriju, ʾafraja ユフリジュ, アフラジャ	set free セト フリー
しゃくや 借家 shakuya	بَيْت لِلْإِيجَارِ 男 bait li-al-ʾījāri バイト リールイージャール	rented house レンテド ハウス
しゃげき 射撃　（発砲） shageki	إِطْلَاقُ نَارٍ 男 ʾiṭlāqu nārin イトラーク ナール	shooting, firing シューティング, ファイアリング
（競技）	رِمَايَة 女 rimāyat リマーヤ	shooting, firing シューティング, ファイアリング
じゃけっと ジャケット jaketto	جَاكِت 男, 複 جَاكِتَات jākit, jākitāt ジャーキト, ジャーキタート	jacket ヂャケト
しゃこ 車庫 shako	كَرَاج 男, 複 كَرَاجَات karāj, karājāt カラージュ, カラージャート	garage ガラージ
しゃざい 謝罪 shazai	اِعْتِذَار 男 iʿtidhār イウティザール	apology アパロヂ

日	アラビア	英
～する	اِعْتَذَرَ ,يَعْتَذِرُ 〔完〕 yaʿtadhiru, iʿtadhara ヤアタズィル，イウタザラ	apologize アパロヂャイズ
しゃじつしゅぎ 写実主義 shajitsushugi	وَاقِعِيَّة 女 wāqiʿīyat ワーキイーヤ	realism リーアリズム
しゃしょう 車掌 shashou	مُحَصِّل 男 muḥaṣṣil ムハッスィル	conductor コンダクタ
しゃしん 写真 shashin	صُورَة 女, 複 صُوَر ṣūrat, ṣuwar スーラ，スワル	photograph フォウトグラフ
～家	مُصَوِّر 男 muṣauwir ムサッウィル	photographer フォタグラファ
じゃず ジャズ jazu	جَاز 男 jāz ジャーズ	jazz ヂャズ
しゃせい 写生 shasei	رَسْم 男 rasm ラスム	sketch スケチ
しゃせつ 社説 shasetsu	اِفْتِتَاحِيَّة 女 iftitāḥīyat イフティターヒーヤ	editorial エディトーリアル
しゃせん 車線 shasen	خَطُّ سَيْرِ ٱلسَّيَّارَاتِ 男 khaṭṭu sairi al-saiyārāti ハットゥ サイリッ サイヤーラート	lane レイン
しゃだんする 遮断する shadansuru	قَطَعَ ,يَقْطَعُ 〔完〕 yaqṭaʿu, qaṭaʿa ヤクタウ，カタア	block, intercept ブラク，インタセプト
しゃちょう 社長 shachou	رَئِيسُ شَرِكَةٍ 男 raʾīsu sharikatin ライース シャリカ	president プレズィデント
しゃつ シャツ　（下着の） shatsu	قَمِيص دَاخِلِيّ 男 qamīṣ dākhilīy カミース ダーヒリー	undershirt, Ⓑvest アンダシャート，ヴェスト

日	アラビア	英
(洋服の)	قُمْصَان 複, قَمِيص 男 qamīṣ, qumṣān カミース, クムサーン	(dress) shirt (ドレス) シャート
しゃっかん **借款** shakkan	قُرُوض 複, قَرْض 男 qarḍ, qurūḍ カルド, クルード	loan ロウン
じゃっき **ジャッキ** jakki	رَافِعَة 女 rāfiʿat ラーフィア	jack チャク
しゃっきん **借金** shakkin	دُيُون 複, دَيْن 男 dain, duyūn ダイン, ドゥユーン	debt, loan デト, ロウン
しゃっくり **しゃっくり** shakkuri	فُوَاق 男 fuwāq フワーク	hiccup ヒカプ
しゃったー **シャッター** (玄関や窓の) shattaa	مَصَارِيعُ 複 (二段), مِصْرَاع 男 miṣrāʿ, maṣārīʿu ミスラーウ, マサーリーウ	shutter シャタ
しゃぶる **しゃぶる** shaburu	مَصَّ (完), يَمَصُّ yamaṣṣu, maṣṣa ヤマッス, マッサ	suck, suckle サク, サクル
しゃべる **シャベル** shaberu	مِجْرَفَة 女 mijrafat ミジュラファ	shovel シャヴル
しゃほん **写本** shahon	مَخْطُوط 男 makhṭūṭ マフトゥート	manuscript マニュスクリプト
じゃま **邪魔** jama	عَائِق 男 ʿāʾiq アーイク	hindrance, obstacle ヒンドランス, アブスタクル
～する	عَاقَ (完), يَعُوقُ yaʿūqu, ʿāqa ヤウーク, アーカ	disturb, hinder ディスターブ, ハインダ
じゃむ **ジャム** jamu	مُرَبًّى 男 murabban ムラッバン	jam チャム

し

日	アラビア	英
しゃめん **斜面** shamen	**مُنْحَدَر** 男 munḥadar ムンハダル	slope スロウプ
じゃり **砂利** jari	**حَصًى** 集, **حَصَاة** 女, 複 **حَصَيَات** ḥaṣan, ḥaṣāt, ḥaṣayāt ハサン, ハサー, ハサヤート	gravel グラヴェル
しゃりょう **車両** sharyou	**عَرَبَة** 女 ʻarabat アラバ	vehicles, cars ヴィークルズ, カーズ
しゃりん **車輪** sharin	**عَجَلَة** 女 ʻajalat アジャラ	wheel (ホ)ウィール
しゃれ **しゃれ** share	**مَزْحَة** 女 mazḥat マズハ	joke, witticism ヂョウク, ウィティスィズム
しゃれい **謝礼** sharei	**مُكَافَأَة** 女 mukāfa'at ムカーファア	remuneration リミューナレイション
しゃわー **シャワー** shawaa	**دُشّ** 男 dushsh ドゥッシュ	shower シャウア
じゃんぱー **ジャンパー** janpaa	**سُتْرَة** 女 sutrat ストラ	windbreaker ウィンドブレイカ
しゃんぱん **シャンパン** shanpan	**شَامْبَانِيَا** 男 shāmbāniyā シャームバーニヤー	champagne シャンペイン
しゃんぷー **シャンプー** shanpuu	**شَامْبُو** 男 shāmbū シャームブー	shampoo シャンプー
じゃんる **ジャンル** janru	**مَجَال** 男, 複 **مَجَالَات** majāl, majālāt マジャール, マジャーラート	genre ジャーンル

日	アラビア	英
しゅう 州 shuu	وِلَايَة 女 wilāyat ウィラーヤ	province, state プラヴィンス, ステイト
しゅう 週 shuu	أُسْبُوع 男, 複 أَسَابِيعُ〔二段〕 ʾusbūʿ, ʾasābīʿu ウスブーウ, アサービーウ	week ウィーク
じゅう 十 juu	عَشَرَة 男 ; عَشْر 女 ʿasharat, ʿashr アシャラ, アシュル	ten テン
じゅう 銃 juu	بُنْدُقِيَّة 女, 複 بَنَادِقُ〔二段〕 bunduqīyat, banādiqu ブンドゥキーヤ, バナーディク	gun ガン
じゆう 自由 jiyuu	حُرِّيَّة 女 ḥurrīyat フッリーヤ	freedom, liberty フリーダム, リバティ
しゅうい 周囲 (円周・外周) shuui	مُحِيط 男 muḥīṭ ムヒート	circumference サーカムフェレンス
(環境・状況)	بِيئَة 女 bīʾat ビーア	surroundings サラウンディングズ
じゅうい 獣医 juui	طَبِيب بَيْطَرِيّ 男 ṭabīb baiṭarīy タビーブ バイタリー	veterinarian ヴェテリネアリアン
じゅういち 十一 juuichi	أَحَدَ عَشَرَ 男 ; إِحْدَى عَشْرَة 女 ʾaḥada ʿashara, ʾiḥdā ʿashrata アハダ アシャラ, イフダー アシュラ	eleven イレヴン
じゅういちがつ 十一月 juuichigatsu	نُوفَمْبَرُ 男 nūfambaru ヌーファムバル	November ノウヴェンバ
しゅうえき 収益 shuueki	رِبْح 男, 複 أَرْبَاح ribḥ, ʾarbāḥ リブフ, アルバーフ	profits, gains プラフィツ, ゲインズ

日	アラビア	英
じゅうおく 十億 juuoku	مِلْيَار, 複 مِلْيَارَات milyār, milyārāt ミルヤール，ミルヤーラート	billion ビリョン
しゅうかい 集会 shuukai	اِجْتِمَاع 男, 複 اِجْتِمَاعَات ijtimāʿ, ijtimāʿāt イジュティマーウ，イジュティマーアート	meeting, gathering ミーティング，ギャザリング
しゅうかく 収穫 shuukaku	مَحْصُول 男, 複 مَحْصُولَات maḥṣūl, maḥṣūlāt マフスール，マフスーラート	crop, harvest クラプ，ハーヴェスト
～する	يَحْصِدُ, 〔完〕 حَصَدَ yaḥṣidu, ḥaṣada ヤフスィドゥ，ハサダ	harvest, reap ハーヴェスト，リープ
しゅうがくりょこう 修学旅行 shuugakuryokou	رِحْلَة مَدْرَسِيَّة 女 riḥlat madrasīyat リフラ マドスィーヤ	school trip スクール トリプ
じゆうがた 自由形 jiyuugata	سِبَاحَة حُرَّة 女 sibāḥat ḥurrat スィバーハ フッラ	freestyle swimming フリースタイル スウィミング
じゅうがつ 十月 juugatsu	أُكْتُوبِرُ 男〔二段〕 ʾuktūbiru ウクトゥービル	October アクトウバ
しゅうかん 習慣 shuukan	عَادَة 女 ʿādat アーダ	habit, custom ハビト，カスタム
しゅうかんし 週刊誌 shuukanshi	مَجَلَّة أُسْبُوعِيَّة 女 majallat ʾusbūʿīyat マジャッラ ウスブーイーヤ	weekly ウィークリ
しゅうき 周期 shuuki	دَوْرَة 女 daurat ダウラ	cycle, period サイクル，ピアリオド
しゅうきゅう 週休 shuukyuu	إِجَازَة أُسْبُوعِيَّة 女 ʾijāzat ʾusbūʿīyat イジャーザ ウスブーイーヤ	weekly holiday ウィークリ ハリデイ
しゅうきゅう 週給 shuukyuu	مُرَتَّب أُسْبُوعِيّ 女 murattab ʾusbūʿīy ムラッタブ ウスブーイー	weekly pay ウィークリ ペイ

日	アラビア	英
じゅうきゅう **十九** juukyuu	تِسْعَةَ عَشَرَ 男 ; تِسْعَ عَشْرَةَ 女 tisʿata ʿashara, tisʿa ʿashrata **ティ**スアタ **ア**シャラ, **ティ**スア **ア**シュラ	nineteen ナイン**ティ**ーン
じゅうきょ **住居** juukyo	مَنْزِل 男, 複 مَنَازِلُ〔二段〕 manzil, manāzilu **マ**ンズィル, マ**ナ**ーズィル	dwelling ド**ウェ**リング
しゅうきょう **宗教** shuukyou	دِين 男, 複 أَدْيَان dīn, ʾadyān **ディ**ーン, アド**ヤ**ーン	religion **リ**リヂョン
じゅうぎょういん **従業員** juugyouin	مُوَظَّف 男 muwaẓẓaf ム**ワ**ッザフ	employee, worker インプ**ロ**イイー, **ワ**ーカ
しゅうげき **襲撃** shuugeki	اِعْتِدَاء 男, 複 اِعْتِدَاءَات iʿtidāʾ, iʿtidāʾāt イウティ**ダ**ーウ, イウティダー**ア**ート	attack, assault ア**タ**ク, ア**ソ**ールト
じゅうご **十五** juugo	خَمْسَةَ عَشَرَ 男 ; خَمْسَ عَشْرَةَ 女 khamsata ʿashara, khamsa ʿashrata **ハ**ムサタ **ア**シャラ, **ハ**ムサ **ア**シュラ	fifteen フィフ**ティ**ーン
じゅうこうぎょう **重工業** juukougyou	صِنَاعَة ثَقِيلَة 女 ṣināʿat thaqīlat スィ**ナ**ーア サ**キ**ーラ	heavy industries **ヘ**ヴィ **イ**ンダストリズ
じゅーさー **ジューサー** juusaa	عَصَّارَة 女 ʿaṣṣārat アッ**サ**ーラ	juicer **チュ**ーサ
しゆうざいさん **私有財産** shiyuuzaisan	مِلْكِيَّة خَاصَّة 女 milakīyat khāṣṣat ミラ**キ**ーヤ **ハ**ーッサ	private property プ**ラ**イヴェト プ**ラ**パティ
じゅうさつする **銃殺する** juusatsusuru	يَقْتُلُهُ بِالرَّصَاصِ, 〔完〕 قَتَلَهُ بِالرَّصَاصِ yaqtalu-hu bi-al-raṣāṣi, qatala-hu bi-al-raṣāṣi **ヤ**クタル-フ ビッ-ラ**サ**ース, **カ**タラ-フ ビッ-ラ**サ**ース	shoot dead, gun down **シュ**ート **デ**ド, **ガ**ン **ダ**ウン

し

し

日	アラビア	英
じゅうさん **十三** juusan	女 ثَلَاثَ عَشْرَةَ ; 男 ثَلَاثَةَ عَشَرَ thalāthata ʿashara, thalātha ʿashrata サラーサタ アシャラ，サラーサ アシュラ	thirteen サーティーン
しゅうし **修士** shuushi	مَاجِسْتِير 男 mājistīr マージスティール	master マスタ
～**課程**	دِرَاسَةُ ٱلْمَاجِسْتِيرِ 女 dirāsatu al-mājistīri ディラーサトゥル マージスティール	master's course マスタズ コース
～**号**	شَهَادَةُ ٱلْمَاجِسْتِيرِ 女 shahādatu al-mājistīri シャハーダトゥル マージスティール	master's degree マスタズ ディグリー
じゅうし **十四** juushi	女 أَرْبَعَ عَشْرَةَ ; 男 أَرْبَعَةَ عَشَرَ ʾarbaʿata ʿashara, ʾarbaʿa ʿashrata アルバアタ アシャラ，アルバア アシュラ	fourteen フォーティーン
じゅうじ **十字** juuji	صَلِيب 男, 複 صُلُب ṣalīb, ṣulub サリーブ，スルブ	cross クロース
～**架**	صَلِيب 男, 複 صُلُب ṣalīb, ṣulub サリーブ，スルブ	cross クロース
しゅうじがく **修辞学** shuujigaku	عِلْمُ ٱلْبَلَاغَةِ 男 ʿilmu al-balāghati イルムル バラーガ	rhetoric レトリク
じゅうしする **重視する** juushisuru	يَهْتَمُّ بِ, 完 اِهْتَمَّ بِ yahtammu bi, ihtamma bi ヤフタンム ビ，イフタンマ ビ	attach importance to アタチ インポータンス トゥ
じゅうしち **十七** juushichi	女 سَبْعَ عَشْرَةَ ; 男 سَبْعَةَ عَشَرَ sabʿata ʿashara, sabʿa ʿashrata サブアタ アシャラ，サブア アシュラ	seventeen セヴンティーン
しゅうしふ **終止符**　(ピリオド) shuushifu	نُقْطَة 女 nuqṭat ヌクタ	period, Ⓑfull stop ピアリオド，フル スタプ

日	アラビア	英
しゅうしゅう 収集 shuushuu	جَمْع 男 jamᶜ ジャムウ	collection コレクション
～する	يَجْمَعُ, 〔完〕جَمَعَ yajmaᶜu, jamaᶜa ヤジュマウ，ジャマア	collect コレクト
しゅうしゅく 収縮 shuushuku	تَقَلُّص 男 taqalluṣ タカッルス	contraction コントラクション
じゅうじゅんな 従順な juujunna	مُطِيع muṭīᶜ ムティーウ	obedient オビーディエント
じゅうしょ 住所 juusho	عُنْوَان 男, 複 عَنَاوِينُ〔二段〕 ᶜunwān, ᶜanāwīnu ウンワーン，アナーウィーン	address アドレス
じゅうしょう 重傷 juushou	إِصَابَة خَطِيرَة 女 ʾiṣābat khaṭīrat イサーバ ハティーラ	serious wound スィアリアス ウーンド
しゅうしょくする 就職する shuushokusuru	يَحْصِلُ عَلَى وَظِيفَة, 〔完〕حَصَلَ عَلَى وَظِيفَة yaḥṣilu ᶜalā waẓīfatin, ḥaṣala ᶜalā waẓīfatin ヤフスィル アラー ワズィーファ，ハサラ アラー ワズィーファ	find employment ファインド インプロイメント
じゅうじろ 十字路 juujiro	تَقَاطُع 男 taqāṭuᶜ タカートゥウ	crossroads クロースロウヅ
じゅうしん 重心 juushin	مَرْكَزُ ٱلثِّقْلِ 男 markazu al-thiqli マルカズッ シクリ	center of gravity センタ オヴ グラヴィティ
しゅうしんけい 終身刑 shuushinkei	سِجْن مُؤَبَّد 男 sijn muʾabbad スィジュン ムアッバド	life imprisonment ライフ インプリズンメント
じゅーす ジュース juusu	عَصِير 男 ᶜaṣīr アスィール	juice チュース

日	アラビア	英
しゅうせい **習性** shuusei	عَادَة 女 ʿādat アーダ	habit ハビト
しゅうせいする **修正する** shuuseisuru	يُعَدِّلُ, 完 عَدَّلَ yuʿaddilu, ʿaddala ユアッディル, アッダラ	amend, revise アメンド, リヴァイズ
じゆうせき **自由席** jiyuuseki	مَقْعَد غَيْرِ مَحْجُوزٍ maqʿad ghairi maḥjūzin マクアド ガイル マフジューズ	nonreserved seat ナンリザーヴド スィート
しゅうせん **終戦** shuusen	اِنْتِهَاءُ ٱلْحَرْبِ 男 intihāʾu al-ḥarbi インティハーウル ハルブ	end of war エンド オヴ ウォー
しゅうぜんする **修繕する** shuuzensuru	يُصْلِحُ, 完 أَصْلَحَ yuṣliḥu, ʾaṣlaḥa ユスリフ, アスラハ	repair, mend リペア, メンド
じゅうたい **渋滞** juutai	زَحْمَة 女 zaḥmat ザフマ	(traffic) jam (トラフィク) チャム
じゅうたい **重体** juutai	حَالَة خَطِيرَة 女 ḥālat khaṭīrat ハーラ ハティーラ	serious condition スィアリアス コンディション
じゅうだい **十代** juudai	مُرَاهِقُون 複 murāhiqūna ムラーヒクーナ	teens ティーンズ
じゅうだいな **重大な** juudaina	خَطِير khaṭīr ハティール	grave, serious グレイヴ, スィアリアス
じゅうたく **住宅** juutaku	مَسْكَن 男, 複 مَسَاكِنُ 二段 maskan, masākinu マスカン, マサーキン	house, housing ハウス, ハウズィング
しゅうだん **集団** shuudan	جَمَاعَة 女 jamāʿat ジャマーア	group, body グループ, バディ
しゅうちしん **羞恥心** shuuchishin	شُعُور بِٱلْعَارِ 男 shuʿūr bi-al-ʿāri シュウール ビール アール	sense of shame センス オヴ シェイム

し

日	アラビア	英
しゅうちゃくえき **終着駅** shuuchakueki	آخِرُ مَحَطَّةٍ 男 ʾākhiru maḥaṭṭatin アーヒル マハッタ	terminus, terminal ターミナス, ターミナル
しゅうちゃくする **執着する** shuuchakusuru	يُصِرُّ عَلَى, 完 أَصَرَّ عَلَى yuṣirru ʿalā, ʾaṣarra ʿalā ユスィッル アラー, アサッラ アラー	(be) fixated on, adhere to (ビ) フィクセイテド オン, アドヒア トゥ
しゅうちゅうする **集中する** shuuchuusuru	يَتَرَكَّزُ, 完 تَرَكَّزَ yatarakkazu, tarakkaza ヤタラッカズ, タラッカザ	concentrate カンセントレイト
しゅうてん **終点** shuuten	نِهَايَةُ ٱلْخَطِّ 女 nihāyatu al-khaṭṭi ニハーヤトゥル ハット	end of a line エンド オヴ ア ライン
しゅうでん **終電** shuuden	آخِرُ قِطَارٍ 男 ʾākhiru qiṭārin アーヒル キタール	last train (of the day) ラスト トレイン (オヴ ザ デイ)
じゅうでんする **充電する** juudensuru	يَشْحَنُ, 完 شَحَنَ yashḥanu, shaḥana ヤシュハヌ, シャハナ	charge チャージ
しゅーと **シュート** shuuto	تَسْدِيدَة 女 tasdīdat タスディーダ	shot シャト
しゅうどういん **修道院** shuudouin	دَيْر 男, 複 أَدْيِرَة dair, ʾadyirat ダイル, アドイラ	monastery, convent マナステリ, カンヴェント
しゅうどうし **修道士** shuudoushi	رَاهِب 男, 複 رُهْبَان rāhib, ruhbān ラーヒブ, ルフバーン	monk マンク
しゅうどうじょ **修道女** shuudoujo	رَاهِبَة 女 rāhibat ラーヒバ	nun, sister ナン, スィスタ
じゆうな **自由な** jiyuuna	حُرّ ḥurr フッル	free, liberal フリー, リベラル

日	アラビア	英
じゅうなんな **柔軟な** juunanna	**مَرِن** marin マリン	flexible, supple フレクスィブル, サプル
じゅうに **十二** juuni	**اِثْنَا عَشَرَ** 男〔主格〕, **اِثْنَيْ عَشَرَ** 男〔属格・対格〕; **اِثْنَتَا عَشْرَةَ** 女〔主格〕, **اِثْنَتَيْ عَشْرَةَ** 女〔属格・対格〕 ithnā ʿashara, ithnai ʿashara, ithnatā ʿashrata, ithnatai ʿashrata イスナー アシャラ, イスナイ アシャラ, イスナター アシュラ, イスナタイ アシュラ	twelve トウェルヴ
じゅうにがつ **十二月** juunigatsu	**دِيسَمْبُر** 男 dīsambur ディーサムブル	December ディセンバ
じゅうにしちょう **十二指腸** juunishichou	**اَلاِثْنَى عَشَر** 男 al-ʾithnā ʿashar アリスナー アシャル	duodenum デューアディーナム
しゅうにゅう **収入** shuunyuu	**دَخْل** 男 dakhl ダフル	income インカム
しゅうにん **就任** shuunin	**تَوَلٍّ** 男〔二段〕 tawallin タワッリン	inauguration イノーギュレイション
しゅうのう **収納** shuunou	**تَخْزِين** 男 takhzīn タフズィーン	storage ストーリヂ
しゅうは **宗派** shuuha	**طَائِفَة** 女 ṭāʾifat ターイファ	sect セクト
しゅうはすう **周波数** shuuhasuu	**تَرَدُّد** 男, 複 **تَرَدُّدَات** taraddud, taraddudāt タラッドゥド, タラッドゥダート	frequency フリークウェンスィ

日	アラビア	英
じゅうはち **十八** juuhachi	ثَمَانِيَةَ عَشَرَ 男 ; ثَمَانِي عَشْرَةَ 女 thamāniyata ʿashara, thamāniya ʿashrata サマーニーヤタ アシャラ，サマーニヤ アシュラ	eighteen エイティーン
じゅうびょう **重病** juubyou	مَرَض خَطِير 男 maraḍ khaṭīr マラド ハティール	serious illness スィアリアス イルネス
しゅうふくする **修復する** shuufukusuru	يُرَمِّمُ ，〔完〕رَمَّمَ yurammimu, rammama ユランミム，ランママ	restore リストー
じゅうぶんな **十分な** juubunna	كَافٍ〔二段〕 kāfin カーフィン	sufficient, enough サフィシェント，イナフ
じゆうぼうえき **自由貿易** jiyuuboueki	تِجَارَة حُرَّة 女 tijārat ḥurrat ティジャーラ フッラ	free trade フリー トレイド
しゅうまつ **週末** shuumatsu	نِهَايَةُ ٱلْأُسْبُوعِ 女 nihāyatu al-ʾusbūʿi ニハーヤトゥル ウスブーウ	weekend ウィーケンド
じゅうまん **十万** juuman	مِئَةُ أَلْفٍ 男女 miʾatu alfin ミア アルフ	one hundred thousand ワン ハンドレト サウザンド
じゅうみん **住民** juumin	سَاكِن 男， 複 سُكَّان sākin, sukkān サーキン，スッカーン	inhabitants, residents インハビタンツ，レズィデンツ
じゅうゆ **重油** juuyu	مَازُوت 男 māzūt マーズート	heavy oil ヘヴィ オイル
じゅうような **重要な** juuyouna	مُهِمّ muhimm ムヒンム	important, principal インポータント，プリンスィパル
しゅうり **修理** shuuri	إِصْلَاح 男 ʾiṣlāḥ イスラーフ	repair, mend リペア，メンド

し

日	アラビア	英
～する	أَصْلَحَ 完, يُصْلِحُ yuṣliḥu, ʾaṣlaḥa ユスリフ，アスラハ	repair, mend リペア，メンド
じゅうりょう 重量 juuryou	ثِقْل 男 thiql スィクル	weight ウェイト
じゅうりょうあげ 重量挙げ juuryouage	رَفْعُ أَثْقَالٍ 男 rafʿu ʾathqālin ラフウ アスカール	weightlifting ウェイトリフティング
しゅうりょうする 終了する shuuryousuru	اِنْتَهَى 完, يَنْتَهِي yantahī, intahā ヤンタヒー，インタハー	finish, end, close フィニシュ，エンド，クロウズ
じゅうりょく 重力 juuryoku	جَاذِبِيَّة 女 jādhibīyat ジャーズィビーヤ	gravity, gravitation グラヴィティ，グラヴィテイション
しゅうろく 収録 shuuroku	تَسْجِيل 男, 複 تَسْجِيلَات tasjīl, tasjīlāt タスジール，タスジーラート	recording リコーディング
じゅうろく 十六 juuroku	سِتَّةَ عَشَرَ 男 ; سِتَّ عَشْرَةَ 女 sittata ʿashara, sitta ʿashrata スィッタタ アシャラ，スィッタ アシュラ	sixteen スィクスティーン
しゅうわい 収賄 shuuwai	تَلَقِّي رِشْوَةٍ 男 talaqqī rishwatin タラッキー リシュワ	bribery, corruption ブライバリ，コラプション
しゅえい 守衛 shuei	حَارِس 男, 複 حُرَّاس ḥāris, ḥurrās ハーリス，フッラース	guard ガード
しゅえん 主演 shuen	بَطَل 男 baṭal バタル	leading role リーディング ロウル
～俳優	مُمَثِّل رَئِيسِيّ 男 mumaththil raʾīsīy ムマッスィル ライースィー	leading actor リーディング アクタ
しゅかん 主観 shukan	اَلذَّاتِيَّة 女 al-dhātīyat アル ザーティーヤ	subjectivity サブヂェクティヴィティ

日	アラビア	英
～的な	شَخْصِيّ 男 shakhṣīy シャフスィー	subjective サブチェクティヴ
しゅぎ 主義 shugi	مَذْهَب 男 madhhab マズハブ	principle, doctrine プリンスィプル，ダクトリン
じゅきょう 儒教 jukyou	كُونْفُوشِيَّة 女 kūnfūshīyat クーンフーシーヤ	Confucianism コンフューシャニズム
じゅぎょう 授業 jugyou	مُحَاضَرَة 女 muḥāḍarat ムハーダラ	class, lesson クラス，レスン
しゅくがかい 祝賀会 shukugakai	حَفْلَة 女 ḥaflat ハフラ	formal celebration フォーマル セレブレイション
じゅくご 熟語 jukugo	تَعْبِير 男, 複 تَعْبِيرَات taʿbīr, taʿbīrāt タアビール，タアビーラート	idiom, phrase イディオム，フレイズ
しゅくじつ 祝日 shukujitsu	عِيد 男 ʿīd イード	public holiday, festival パブリク ハリデイ，フェスティヴァル
しゅくしゃ 宿舎 shukusha	نَزْل 男, 複 نُزُل nazl, nuzul ナズル，ヌズル	lodging ラヂング
しゅくしょうする 縮小する shukushousuru	يُصَغِّرُ, 完 صَغَّرَ yuṣaghghiru, ṣaghghara ユサッギル，サッガラ	reduce, curtail リデュース，カーテイル
じゅくする 熟する jukusuru	يَنْضَجُ, 完 نَضِجَ yanḍaju, naḍija ヤンダジュ，ナディジャ	(become) ripe, mature (ビカム) ライプ，マチュア
しゅくだい 宿題 shukudai	وَاجِب مَنْزِلِيّ 男 wājib manzilīy ワージブ マンズィリー	homework ホウムワーク

日	アラビア	英
しゅくはくする 宿泊する shukuhakusuru	نَزَلَ فِي ,يَنْزِلُ فِي [完] yanzilu fī, nazala fī ヤンズィル フィー, ナザラ フィー	lodge, stay ラヂ, ステイ
じゅくれん 熟練 jukuren	مَهَارَة 女 mahārat マハーラ	skill スキル
～する	أَتْقَنَ ,يُتْقِنُ [完] yutqinu, ʾatqana ユトキヌ, アトカナ	(become) skilled (ビカム) スキルド
しゅげい 手芸 shugei	حِرْفَة يَدَوِيَّة 女 ḥirfat yadawīyat ヒルファ ヤダウィーヤ	handicraft ハンディクラフト
しゅけん 主権 shuken	سِيَادَة 女 siyādat スィヤーダ	sovereignty サヴレンティ
しゅご 主語 (名詞文の) shugo	مُبْتَدَأ 男 mubtadaʾ ムブタダウ	subject サブヂェクト
(動詞文の)	فَاعِل 男 fāʿil ファーイル	subject サブヂェクト
しゅじゅつ 手術 shujutsu	عَمَلِيَّة جِرَاحِيَّة 女 ʿamalīyat jirāḥīyat アマリーヤ ジラーヒーヤ	operation アペレイション
～する	أَجْرَى عَمَلِيَّةً جِرَاحِيَّةً ,يُجْرِي عَمَلِيَّةً جِرَاحِيَّةً [完] yujrī ʿamalīyatan jirāḥīyatan, ʾajrā ʿamalīyatan jirāḥīyatan ユジュリー アマリーヤ ジラーヒーヤ, アジュラー アマリーヤ ジラーヒーヤ	operate, perform surgery アペレイト, パフォーム サーヂャリ
しゅしょう 主将 shushou	قَائِدُ ٱلْفَرِيقِ 男 qāʾidu al-farīqi カーイドゥル ファリーク	captain キャプテン
しゅしょう 首相 shushou	رَئِيسُ ٱلْوُزَرَاءِ 男 raʾīsu al-wuzarāʾi ライースル ウザラーア	prime minister プライム ミニスタ

日	アラビア	英
じゅしょうしゃ **受賞者** jushousha	فَائِز بِجَائِزَةٍ 男 fāʾiz bi-jāʾizatin ファーイズ ビ-ジャーイザ	prize winner プライズ ウィナ
じゅしょうする **受賞する** jushousuru	يَفُوزُ بِجَائِزَةٍ, 〔完〕 فَازَ بِجَائِزَةٍ yafūzu bi-jāʾizatin, fāza bi-jāʾizatin ヤフーズ ビ-ジャーイザ, ファーザ ビ-ジャーイザ	win a prize ウィン ア プライズ
しゅしょく **主食** shushoku	وَجْبَة رَئِيسِيَّة 女 wajbat raʾīsīyat ワジュバ ライースィーヤ	staple food ステイプル フード
しゅじん **主人**（一家のあるじ） shujin	رَبّ 男, 複 أَرْبَاب rabb, ʾarbāb ラッブ, アルバーブ	head of a family ヘド オヴ ア ファミリ
（所有者）	صَاحِب 男, 複 أَصْحَاب ṣāḥib, ʾaṣḥāb サーヒブ, アスハーブ	proprietor プロプライアタ
（夫）	زَوْج 男, 複 أَزْوَاج zauj, ʾazwāj ザウジュ, アズワージュ	husband ハズバンド
しゅじんこう **主人公** shujinkou	بَطَل 男 ; بَطَلَة 女 baṭal, baṭalat バタル, バタラ	protagonist プロウタガニスト
じゅしんする **受信する** jushinsuru	يَتَلَقَّى, 〔完〕 تَلَقَّى yatalaqqā, talaqqā ヤタラッカー, タラッカー	receive リスィーヴ
しゅだい **主題** shudai	مَوْضُوع 男 mauḍūʿ マウドゥーウ	subject, theme サブヂェクト, スィーム
しゅだん **手段** shudan	وَسِيلَة 女, 複 وَسَائِلُ〔二段〕 wasīlat, wasāʾilu ワスィーラ, ワサーイル	means, way ミーンズ, ウェイ
しゅちょう **主張** shuchou	وِجْهَةُ نَظَرِهِ 女 wijhatu naẓari-hi ウィジュハ ナザリ-ヒ	assertion, claim アサーション, クレイム

日	アラビア	英
〜する	يُصِرُّ عَلَى, ［完］ أَصَرَّ عَلَى yuṣirru ʿalā, ʾaṣarra ʿalā ユスィッル アラー，アサッラ アラー	assert, claim アサート，クレイム
しゅっか **出荷** shukka	إِرْسَال 男 ʾirsāl イルサール	shipment, forwarding シプメント，フォーワディング
しゅっきんする **出勤する** shukkinsuru	يَذْهَبُ إِلَى ٱلْعَمَلِ, ［完］ ذَهَبَ إِلَى ٱلْعَمَلِ yadhhabu ʾilā al-ʿamali, dhahaba ʾilā al-ʿamali ヤズハブ イラル アマル，ザハバ イラル アマル	go to work ゴウ トゥ ワーク
しゅっけつ **出血** shukketsu	نَزِيف 男 nazīf ナズィーフ	hemorrhage ヘモリヂ
〜する	يُنْزَفُ, ［完］ نُزِفَ yunzafu, nuzifa ユンザフ，ヌズィファ	bleed ブリード
しゅつげん **出現** shutsugen	ظُهُور 男 ẓuhūr ズフール	appearance アピアランス
〜する	يَظْهَرُ, ［完］ ظَهَرَ yaẓharu, ẓahara ヤズハル，ザハラ	appear アピア
じゅつご **述語**　(名詞文の) jutsugo	خَبَر 男 khabar ハバル	predicate プレディケト
(動詞文の)	فِعْل 男 fiʿl フィウル	predicate プレディケト
しゅっこくする **出国する** shukkokusuru	يَخْرُجُ مِنَ ٱلْبِلَادِ, ［完］ خَرَجَ مِنَ ٱلْبِلَادِ yakhruju min al-bilādi, kharaja min al-bilādi ヤフルジュ ミナル ビラード，ハラジャ ミナル ビラード	leave a country リーヴ ア カントリ

日	アラビア	英
しゅっさん **出産** shussan	وِلَادَة 女 wilādat ウィラーダ	birth, delivery バース，ディリヴァリ
～する	يَلِدُ, 〔完〕وَلَدَ yalidu, walada ヤリドゥ，ワラダ	give birth to ギヴ バース トゥ
しゅっし **出資** shusshi	تَمْوِيل 男, 複 تَمْوِيلَات tamwīl, tamwīlāt タムウィール，タムウィーラート	investment インヴェストメント
しゅっしんち **出身地** shusshinchi	مَسْقَطُ ٱلرَّأْسِ 男 masqaṭu al-ra'si マスカトッ ラアス	home town ホウム タウン
しゅっせいりつ **出生率** shusseiritsu	نِسْبَةُ ٱلْوِلَادَةِ 男 nisbatu al-wilādati ニスバトゥル ウィラーダ	birthrate バースレイト
しゅっせき **出席** shusseki	حُضُور 男 ḥuḍūr フドゥール	attendance, presence アテンダンス，プレズンス
～者	حَاضِر 男 ḥāḍir ハーディル	attendee アテンディー
～する	يَحْضُرُ, 〔完〕حَضَرَ yaḥḍuru, ḥaḍara ヤフドゥル，ハダラ	attend, (be) present at アテンド，(ビ) プレズント アト
しゅっせする **出世する** shussesuru	يَنْجَحُ فِي ٱلْعَمَلِ, 〔完〕نَجَحَ فِي ٱلْعَمَلِ yanjaḥu fī al-ʿamali, najaḥa fī al-ʿamali ヤンジャフ フィル アマル，ナジャハ フィル アマル	make a career メイク ア カリア
しゅっちょう **出張** shucchou	رِحْلَةُ عَمَلٍ 女 riḥlatu ʿamalin リフラ アマル	business trip ビズネス トリプ
しゅっぱつ **出発** shuppatsu	مُغَادَرَة 女 mughādarat ムガーダラ	departure ディパーチャ

日	アラビア	英
～する	يُغَادِرُ, 〔完〕غَادَرَ yughādiru, ghādara ユガーディル, ガーダラ	start, depart スタート, ディパート
しゅっぱん **出版** shuppan	نَشْر 男 nashr ナシュル	publication パブリケイション
～社	دَارُ ٱلنَّشْرِ 男 dāru al-nashri ダールン ナシュル	publishing company パブリシング カンパニ
～する	يَنْشُرُ, 〔完〕نَشَرَ yanshuru, nashara ヤンシュル, ナシャラ	publish, issue パブリシュ, イシュー
～物	مَنْشُورَات 複 manshūrāt マンシューラート	publication パブリケイション
しゅっぴ **出費** shuppi	مَصَارِيفُ 複〔二段〕 maṣārīfu マサーリーフ	expenses イクスペンセズ
しゅと **首都** shuto	عَاصِمَة 女, 複 عَوَاصِمُ〔二段〕 ʿāṣimat, ʾawāṣimu アースィマ, アワースィム	capital city キャピトル スィティ
じゅどうたい **受動態** judoutai	مَبْنِيّ لِلْمَجْهُولِ 男 mabnīy lil-majhūli マブニー リール マジュフール	passive voice パスィヴ ヴォイス
しゅどうの **手動の** shudouno	يَدَوِيّ yadawīy ヤダウィー	hand-operated, manual ハンドアパレイテド, マニュアル
しゅとくする **取得する** shutokusuru	يَكْتَسِبُ, 〔完〕اِكْتَسَبَ yaktasibu, iktasaba ヤクタスィブ, イクタサバ	acquire, obtain アクワイア, オブテイン
じゅなん **受難**　(キリストの) junan	آلَامُ ٱلْمَسِيحِ 複 ʾālāmu al-masīḥi アーラームル マスィーフ	sufferings サファリングズ

日	アラビア	英
じゅにゅうする **授乳する** junyuusuru	**يُرَضِّعُ, 〔完〕رَضَّعَ** yuraḍḍiʿu, raḍḍaʿa ユラッディウ, ラッダア	nurse, feed ナース, フィード
しゅのう **首脳** shunou	**رَئِيس** 女, 複 **رُؤَسَاءُ**〔二段〕 raʾīs, ruʾasāʾu ライース, ルアサーウ	head, leader ヘド, リーダ
しゅのーける **シュノーケル** shunookeru	**سُنُورْكُلْ** 男 sunūrkul スヌールクル	snorkel スノーケル
しゅび **守備** shubi	**دِفَاع** 男 difāʿ ディファーウ	defense, Ⓑdefence ディフェンス, ディフェンス
しゅひん **主賓** shuhin	**ضَيْفُ ٱلشَّرَفِ** 男 ḍaifu al-sharafi ダイフッ シャラフ	guest of honor ゲスト オヴ アナ
しゅふ **主婦** shufu	**رَبَّةُ ٱلْبَيْتِ** 女 rabbatu al-baiti ラッバトゥル バイト	housewife ハウスワイフ
しゅみ **趣味** shumi	**هِوَايَة** 女 hiwāyat ヒワーヤ	taste, hobby テイスト, ハビ
じゅみょう **寿命** jumyou	**عُمْر** 男 ʿumr ウムル	life span ライフ スパン
しゅやく **主役** shuyaku	**دَوْر رَئِيسِيّ** 男 daur raʾīsīy ダウル ライースィー	leading part リーディング パート
しゅよう **腫瘍** shuyou	**وَرَم** 男, 複 **أَوْرَام** waram, ʾaurām ワラム, アウラーム	tumor テューマ
じゅよう **需要** juyou	**طَلَب** 男 ṭalab タラブ	demand ディマンド
しゅような **主要な** shuyouna	**رَئِيسِيّ** raʾīsīy ライースィー	principal, main プリンスィパル, メイン

日	アラビア	英
じゅりつする **樹立する** juritsusuru	يُؤَسِّسُ, 〔完〕 أَسَّسَ yu'assisu, 'assasa ユアッスィス，アッササ	establish イスタブリシュ
しゅりゅうだん **手榴弾** shuryuudan	قُنْبُلَة يَدَوِيَّة 女 qunbulat yadawīyat クンブラ ヤダウィーヤ	hand grenade ハンド グリネイド
しゅりょう **狩猟** shuryou	صَيْد 男 ṣaid サイド	hunting ハンティング
じゅりょうしょう **受領証** juryoushou	إِيصَالُ ٱسْتِلَامٍ 男 īṣālu istilāmin イーサール スティラーム	receipt リスィート
しゅるい **種類** shurui	نَوْع 男, 複 أَنْوَاع nau', 'anwā' ナウウ，アンワーウ	kind, sort カインド，ソート
しゅわ **手話** shuwa	لُغَةُ إِشَارَةٍ 女 lughatu 'ishāratin ルガ イシャーラ	sign language サイン ラングウィヂ
じゅわき **受話器** juwaki	سَمَّاعَة 女 sammā'at サンマーア	receiver リスィーヴァ
じゅん **順**　（番号順） jun	تَسَلْسُل رَقْمِيّ 男 tasalsul raqmīy タサルスル ラクミー	order, turn オーダ，ターン
じゅんい **順位** jun-i	مَرْتَبَة 女, 複 مَرَاتِبُ 〔二段〕 martabat, marātibu マルタバ，マラーティブ	grade, ranking グレイド，ランキング
じゅんえき **純益** jun-eki	رِبْح صَافٍ 男 ribḥ ṣāfin リブフ サーフィン	net profit ネト プラフィト
しゅんかん **瞬間** shunkan	لَحْظَة 男, 複 لَحَظَات laḥẓat, laḥaẓāt ラフザ，ラハザート	moment モウメント
じゅんきょうしゃ **殉教者** junkyousha	شَهِيد 男, 複 شُهَدَاءُ 〔二段〕 shahīd, shuhadā'u シャヒード，シュハダーウ	martyr マータ

日	アラビア	英
じゅんきょうじゅ 准教授 junkyouju	أُسْتَاذ مُشَارِك 男 ʾustādh mushārik ウスターズ ムシャーリク	associate professor アソウシエイト プロフェサ
じゅんきん 純金 junkin	اَلذَّهَبُ ٱلْخَالِصُ 男 al-dhahabu al-khāliṣu アッ ザハブル ハーリス	pure gold ピュア ゴウルド
じゅんけっしょう 準決勝 junkesshou	نِصْف نِهَائِيّ 男 niṣf nihāʾīy ニスフ ニハーイー	semifinals セミファイナルズ
じゅんじゅんけっしょう 準々決勝 junjunkesshou	رُبْع نِهَائِيّ 男 rubʿ nihāʾīy ルブウ ニハーイー	quarterfinals クウォータファイナルズ
じゅんしんな 純真な junshinna	بَرِيء barīʾ バリーウ	naive, innocent ナーイーヴ，イノセント
じゅんすいな 純粋な junsuina	نَقِيّ naqīy ナキー	pure, genuine ピュア，チェニュイン
じゅんのうする 順応する junnousuru	تَكَيَّفَ 〔完〕, يَتَكَيَّفُ yatakaiyafu, takaiyafa ヤタカイヤフ，タカイヤファ	adapt oneself アダプト
じゅんばん 順番 （彼の番） junban	دَوْرُهُ 男 dauru-hu ダウル-フ	order, turn オーダ，ターン
（順序）	تَرْتِيب 男 tartīb タルティーブ	sequence スィークウェンス
（アルファベット順）	اَلتَّرْتِيبُ ٱلْأَبْجَدِيُّ 男 al-tartību al-ʾabjadīyu アッ タルティーブル アブジャディー	alphabetical order アルファベティカル オーダ
じゅんび 準備 junbi	تَحْضِير 男 taḥḍīr タフディール	preparation プレパレイション
〜する	حَضَّرَ 〔完〕, يُحَضِّرُ yuḥaḍḍiru, ḥaḍḍara ユハッディル，ハッダラ	prepare プリペア

日	アラビア	英
しゅんぶん 春分 shunbun	اَلِاعْتِدَالُ الرَّبِيعِيُّ 男 al-iʿtidālu al-rabīʿīyu アル イウティダールッ ラビーイー	spring equinox スプリング イークウィナクス
じゅんれい 巡礼 junrei	حَجّ 男 ḥajj ハッジュ	pilgrimage ピルグリミヂ
〜者	حَاجّ 男, 複 حُجَّاج ḥājj, ḥujjāj ハーッジュ，フッジャージュ	pilgrim ピルグリム
じゅんろ 順路 junro	طَرِيق 男 ṭarīq タリーク	route ルート
しょう 省 shou	وِزَارَة 女 wizārat ウィザーラ	ministry ミニストリ
しょう 章 shou	فَصْل 男, 複 فُصُول faṣl, fuṣūl ファスル，フスール	chapter チャプタ
しょう 賞 shou	جَائِزَة 女, 複 جَوَائِزُ〔二段〕 jāʾizat, jawāʾizu ジャーイザ，ジャワーイズ	prize, award プライズ，アウォード
しよう 使用 shiyou	اِسْتِخْدَام 男, 複 اِسْتِخْدَامَات istikhdām, istikhdāmāt イスティフダーム，イスティフダーマート	use ユース
〜料	رُسُومُ الِاسْتِخْدَامِ 複 rusūmu al-istikhdāmi ルスーム リスティフダーム	fee フィー
じょういん 上院 jouin	مَجْلِسُ الشُّيُوخِ 男 ; مَجْلِسُ الْأَعْيَانِ 男 majlisu al-shuyūkhi, majlisu al-ʾaʿyān マジュリスッ シュユーフ，マジュリスル アウヤーン	upper house, Senate アパ ハウス，セナト

日	アラビア	英
じょうえいする **上映する** joueisuru	يَعْرِضُ, 〔完〕عَرَضَ yaʿriḍu, ʿaraḍa ヤアリドゥ，アラダ	put on, show プト オン，ショウ
しょうえね **省エネ** shouene	حِفْظُ ٱلطَّاقَةِ 男 ḥifẓu al-ṭāqati ヒフズッ ターカ	energy conservation エナヂ コンサヴェイション
じょうえんする **上演する** jouensuru	يَعْرِضُ, 〔完〕عَرَضَ yaʿriḍu, ʿaraḍa ヤアリドゥ，アラダ	perform パフォーム
しょうか **消化** shouka	هَضْم 男 haḍm ハドム	digestion ディヂェスチョン
～する	يَهْضِمُ, 〔完〕هَضَمَ yahḍimu, haḍama ヤフディム，ハダマ	digest ダイヂェスト
しょうか **消火** shouka	إِطْفَاء 男 ʾiṭfāʾ イトファーウ	fire fighting ファイア ファイティング
～器	مِطْفَأَةُ ٱلْحَرِيقِ 女 miṭfaʾatu al-ḥarīqi ミトファアトゥル ハリーク	extinguisher イクスティングウィシャ
しょうが **生姜** shouga	زَنْجَبِيل 男 zanjabīl ザンジャビール	ginger ヂンヂャ
しょうがい **障害** shougai	عَائِق 男 ʿāʾiq アーイク	obstacle アブスタクル
～物競走	سِبَاقُ ٱلْحَوَاجِزِ 男 sibāqu al-ḥawājizi スィバークル ハワージズ	obstacle race アブスタクル レイス
しょうがい **生涯** shougai	حَيَاة 女 ḥayāt ハヤー	lifetime ライフタイム
しょうかいする **紹介する** shoukaisuru	يُقَدِّمُ, 〔完〕قَدَّمَ yuqaddimu, qaddama ユカッディム，カッダマ	introduce イントロデュース

し

日	アラビア	英
しょうがくきん **奨学金** shougakukin	مِنْحَة دِرَاسِيَّة 女 minḥat dirāsīyat ミンハ ディラースィーヤ	scholarship スカラシプ
しょうがくせい **小学生** shougakusei	طَالِب فِي مَدْرَسَةٍ اِبْتِدَائِيَّةٍ 男 ṭālib fī madrasatin ibtidāʾīyatin ターリブ フィー マドラサティニ ブティダーイーヤ	schoolchild スクールチャイルド
しょうがつ **正月** shougatsu	رَأْسُ ٱلسَّنَةِ 男 raʾsu al-sanati ラアスッ サナ	New Year ニュー イア
しょうがっこう **小学校** shougakkou	مَدْرَسَةٌ اِبْتِدَائِيَّةٌ 女 madrasatun ibtidāʾīyatun マドラサトゥニ ブティダーイーヤ	elementary school エレメンタリ スクール
じょうき **蒸気** jouki	بُخَار 男, 複 أَبْخِرَة bukhār, ʾabkhirat ブハール, アブヒラ	vapor, steam ヴェイパ, スティーム
じょうぎ **定規** jougi	مِسْطَرَة 男, 複 مَسَاطِرُ 〔二段〕 misṭarat, masāṭiru ミスタラ, マサーティル	ruler ルーラ
じょうきゃく **乗客** joukyaku	رَاكِب 男, 複 رُكَّاب rākib, rukkāb ラーキブ, ルッカーブ	passenger パセンヂャ
じょうきゅうの **上級の** joukyuuno	أَعْلَى ; عُلْيَا 女 ʾaʿlā, ʿulyā アアラー, ウルヤー	higher, advanced ハイヤ, アドヴァンスト
しょうぎょう **商業** shougyou	تِجَارَة 女 tijārat ティジャーラ	commerce カマス
じょうきょう **状況** joukyou	ظُرُوف 複 ẓurūf ズルーフ	situation スィチュエイション
しょうきょくてきな **消極的な** shoukyokutekina	سَلْبِيّ salbīy サルビー	negative, passive ネガティヴ, パスィヴ

日	アラビア	英
しょうぐん **将軍** shougun	**لِوَاء** 男, 複 **أَلْوِيَة** liwāʾ, ʾalwiyat リ**ワ**ーウ, **ア**ルウィヤ	general **チェ**ネラル
じょうけい **情景** joukei	**مَنْظَر** 男, 複 **مَنَاظِرُ** [二段] manẓar, manāẓiru **マ**ンザル, マ**ナ**ーズィル	spectacle, sight ス**ペ**クタクル, **サ**イト
しょうげき **衝撃** shougeki	**صَدْمَة** 女 ṣadmat **サ**ドマ	shock, impact **シャ**ク, **イ**ンパクト
しょうけん **証券** shouken	**سَنَدَات** 複 sanadāt サナ**ダ**ート	bond, securities **バ**ンド, スィ**キュ**アリティズ
しょうげん **証言** shougen	**شَهَادَة** 女 shahādat シャ**ハ**ーダ	testimony **テ**スティモウニ
～する	**يُشْهِدُ**, [完] **شَهِدَ** yushhidu, shahida **ユ**シュヒドゥ, **シャ**ヒダ	testify **テ**スティファイ
じょうけん **条件** jouken	**شَرْط** 男, 複 **شُرُوط** sharṭ, shurūṭ **シャ**ルト, シュ**ル**ート	condition, terms コン**ディ**ション, **タ**ームズ
しょうこ **証拠** shouko	**دَلِيل** 男, 複 **دَلَائِلُ** [二段] dalīl, dalāʾilu ダ**リ**ール, ダ**ラ**ーイル	proof, evidence プ**ル**ーフ, **エ**ヴィデンス
しょうご **正午** shougo	**ظُهْر** 男 ẓuhr **ズ**フル	noon **ヌ**ーン
じょうこく **上告** joukoku	**اِسْتِئْنَاف** 男 istiʾnāf イスティウ**ナ**ーフ	final appeal, appeal **ファ**イナル ア**ピ**ール, ア**ピ**ール
しょうさい **詳細** shousai	**تَفْصِيل** 男, 複 **تَفَاصِيلُ** [二段] tafṣīl, tafāṣīlu タフ**スィ**ール, タファー**スィ**ール	details **ディ**ーテイルズ
～な	**تَفْصِيلِيّ** tafṣīlīy タフ**スィ**ーリー	detailed ディ**テ**イルド

し

日	アラビア	英
じょうざい **錠剤** jouzai	**قُرْص** 男, **أَقْرَاص** 複 qurṣ, ʾaqrāṣ クルス, アクラース	pill, tablet ピル, タブレット
じょうしき **常識** joushiki (習慣)	**اَلْآدَابُ ٱلِاجْتِمَاعِيَّةُ** 複 al-ʾādābu al-ijtimāʿīyatu アル アーダーブ リジュティマーイーヤ	common sense カモン センス
(感覚)	**حِسّ سَلِيم** 男 ḥiss salīm ヒッス サリーム	common sense カモン センス
(情報)	**مَعْلُومَات عَامَّة** 複 maʿlūmāt ʿāmmat マアルーマート アーンマ	common knowledge カモン ナリヂ
しょうじきな **正直な** shoujikina	**أَمِين** ʾamīn アミーン	honest アネスト
しょうしゃ **商社** shousha	**شَرِكَة تِجَارِيَّة** 女 sharikat tijārīyat シャリカ ティジャーリーヤ	trading company トレイディング カンパニ
じょうしゃけん **乗車券** joushaken	**تَذْكِرَةُ رُكُوبٍ** 女 tadhkiratu rukūbin タズキラ ルクーブ	ticket ティケト
じょうしゃする **乗車する** joushasuru	**يَرْكَبُ**, 〔完〕**رَكِبَ** yarkabu, rakiba ヤルカブ, ラキバ	board, take, get in ボード, テイク, ゲト イン
しょうしゅうする **召集する** (会議などを) shoushuusuru	**يَدْعُو**, 〔完〕**دَعَا** yadʿū, daʿā ヤドウー, ダアー	convene, call コンヴィーン, コール
(兵隊を)	**يَسْتَدْعِي**, 〔完〕**اِسْتَدْعَى** yastadʿī, istadʿā ヤスタドイー, イスタドアー	muster, call out マスタ, コール アウト
じょうじゅん **上旬** joujun	**أَوَائِلُ ٱلشَّهْرِ** 複 ʾawāʾilu al-shahri アワーイルッ シャフル	first ten days of a month ファースト テン デイズ オヴ ア マンス

日	アラビア	英
しょうしょ **証書** shousho	شَهَادَة 女 shahādat シャハーダ	bond, deed バンド, ディード
しょうじょ **少女** shoujo	بِنْت 男, 複 بَنَات bint, banāt ビント, バナート	girl ガール
しょうじょう **症状** shoujou	عَرَض 男, 複 أَعْرَاض ʿarad̩, ʾaʿrād̩ アラド, アアラード	symptom スィンプトム
しょうじょう **賞状** shoujou	شَهَادَة 女 shahādat シャハーダ	certificate of merit サティフィケト オヴ メリト
じょうしょうする **上昇する** joushousuru	يَرْتَفِعُ, 完 اِرْتَفَعَ yartafiʿu, irtafaʿa ヤルタフィウ, イルタファア	rise, go up ライズ, ゴウ アプ
しょうじる **生じる**（事件などが） shoujiru	يَحْدُثُ, 完 حَدَثَ yaḥduthu, ḥadatha ヤフドゥス, ハダサ	happen, take place ハプン, テイク プレイス
（文明などが）	يَنْشَأُ, 完 نَشَأَ yanshaʾu, nashaʾa ヤンシャウ, ナシャア	rise ライズ
（状況などが）	يَنْتِجُ, 完 نَتَجَ yantiju, nataja ヤンティジュ, ナタジャ	happen ハプン
しょうしんする **昇進する** shoushinsuru	يَتَرَقَّى, 完 تَرَقَّى yataraqqā, taraqqā ヤタラッカー, タラッカー	(be) promoted (ビ) プロモウテド
しょうすう **小数** shousuu	عَدَد عُشْرِيّ 男 ʿadad ʿushrīy アダド ウシュリー	decimal デスィマル
しょうすう **少数** shousuu	أَقَلِّيَّة 女 ʾaqallīyat アカッリーヤ	minority ミノーリティ
じょうずな **上手な** jouzuna	مَاهِر māhir マーヒル	skillful スキルフル

日	アラビア	英
しようする **使用する** shiyousuru	يَسْتَخْدِمُ، [完] اِسْتَخْدَمَ yastakhdimu, istakhdama ヤスタフディム，イスタフダマ	use ユーズ
じょうせい **情勢** jousei	أَوْضَاع [複] ʾauḍāʿ アウダーウ	situation スィチュエイション
しょうせつ **小説**　(長編) shousetsu	رِوَايَة [女] riwāyat リワーヤ	novel ナヴェル
(短編)	قِصَّة قَصِيرَة [女] qiṣṣat qaṣīrat キッサ カスィーラ	short story ショート ストーリ
～家	رِوَائِيّ [男] riwāʾīy リワーイー	novelist ナヴェリスト
しょうぞう **肖像** shouzou	بُورْتْرِيه [男] būrtrīh ブールトリーフ	portrait ポートレイト
しょうたい **招待** shoutai	دَعْوَة [女] daʿwat ダアワ	invitation インヴィテイション
～する	يَدْعُو، [完] دَعَا yadʿū, daʿā ヤドウー，ダアー	invite インヴァイト
じょうたい **状態** joutai	حَالَة [女] ḥālat ハーラ	state, situation ステイト，スィチュエイション
しょうだくする **承諾する** shoudakusuru	يُوَافِقُ عَلَى، [完] وَافَقَ عَلَى yuwāfiqu ʿalā, wāfaqa ʿalā ユワーフィク アラー，ワーファカ アラー	consent, accept コンセント，アクセプト
しょうだん **商談** shoudan	مُفَاوَضَات تِجَارِيَّة [複] mufāwaḍāt tijārīyat ムファーワダート ティジャーリーヤ	business talk ビズネス トーク
じょうだん **冗談** joudan	مُزَاح [男] muzāḥ ムザーフ	joke, jest チョウク，チェスト

日	アラビア	英
しょうちする **承知する** （同意する） shouchisuru	**وَافَقَ عَلَى ,يُوَافِقُ عَلَى** 〔完〕 yuwāfiqu ʿalā, wāfaqa ʿalā ユワーフィク アラー, ワーファカ アラー	agree, consent アグリー, コンセント
（理解する）	**فَهِمَ ,يَفْهَمُ** 〔完〕 yafhamu, fahima ヤフハム, ファヒマ	understand アンダースタンド
しょうちょう **小腸** shouchou	**اَلْأَمْعَاءُ ٱلدَّقِيقُ** 複 al-ʾamʿāʾu al-daqīqu アル アムアーウッ ダキーク	small intestine スモール インテスティン
しょうちょう **象徴** shouchou	**رَمْزٌ** 男, 複 **رُمُوز** ramz, rumūz ラムズ, ルムーズ	symbol スィンボル
～する	**رَمَزَ ,يَرْمُزُ** 〔完〕 yarmuzu, ramaza ヤルムズ, ラマザ	symbolize スィンボライズ
しょうてん **焦点** shouten	**بُؤْرَة** 女, 複 **بُؤَر** buʾrat, buʾar ブウラ, ブアル	focus フォウカス
じょうとうの **上等の** joutouno	**جَيِّد** jaiyid ジャイイド	good, superior グド, スーピアリア
しょうどく **消毒** shoudoku	**تَطْهِير** 男 taṭhīr タトヒール	disinfection ディスインフェクション
～する	**طَهَّرَ ,يُطَهِّرُ** 〔完〕 yuṭahhiru, ṭahhara ユタッヒル, タッハラ	disinfect ディスインフェクト
～薬	**مُطَهِّر** 男 muṭahhir ムタッヒル	disinfectant ディスインフェクタント
しょうとつする **衝突する** shoutotsusuru	**تَصَادَمَ ,يَتَصَادَمُ** 〔完〕 yataṣādamu, taṣādama ヤタサーダム, タサーダマ	collide with コライド ウィズ
しょうにか **小児科** shounika	**طِبُّ أَطْفَالٍ** 男 ṭibbu ʾaṭfālin ティッブ アトファール	pediatrics ピーディアトリクス

日	アラビア	英
～医	طَبِيبُ أَطْفَالٍ 男 ṭabību ʾaṭfālin タビーブ アトファール	pediatrician ピーディアトリシャン
しょうにん 商人 shounin	تَاجِر 男, 複 تُجَّار tājir, tujjār タージル, トゥッジャール	merchant マーチャント
しょうにん 証人 shounin	شَاهِد 男, 複 شُهُود shāhid, shuhūd シャーヒド, シュフード	witness ウィトネス
しようにん 使用人 shiyounin	خَادِم 男 khādim ハーディム	employee インプロイイー
しょうにんする 承認する shouninsuru	يُوَافِقُ عَلَى, 完 وَافَقَ عَلَى yuwāfiqu ʿalā, wāfaqa ʿalā ユワーフィク アラー, ワーファカ アラー	approve アプルーヴ
じょうにんの 常任の jouninno	دَائِم dāʾim ダーイム	standing, regular スタンディング, レギュラ
じょうねつ 情熱 jounetsu	شَغَف 男 shaghaf シャガフ	passion パション
しょうねん 少年 shounen	وَلَد 男, 複 أَوْلَاد walad, ʾaulād ワラド, アウラード	boy ボイ
じょうば 乗馬 jouba	رُكُوبُ ٱلْخَيْلِ 男 rukūbu al-khaili ルクーブル ハイル	(horse) riding (ホース) ライディング
しょうはい 勝敗 (試合の結果) shouhai	نَتِيجَةُ ٱلْمُبَارَاةِ 女 natījatu al-mubārāti ナティージャトゥル ムバーラー	victory or defeat ヴィクトリ オ ディフィート
しょうばい 商売 shoubai	تِجَارَة 女 tijārat ティジャーラ	trade, business トレイド, ビズネス
じょうはつする 蒸発する jouhatsusuru	يَتَبَخَّرُ, 完 تَبَخَّرَ yatabakhkharu, tabakhkhara ヤタバッハル, タバッハラ	evaporate イヴァポレイト

日	アラビア	英
じょうはんしん **上半身** jouhanshin	جُزْءُ ٱلْعُلْوِيِّ مِنَ ٱلْجِسْمِ 男 juzʾu al-ʿulwīyi min al-jismi ジュズウル ウルウィー ミナル ジスム	upper half of body アパ ハフ オヴ バディ
しょうひ **消費** shouhi	اِسْتِهْلَاك 男 istihlāk イスティフラーク	consumption コンサンプション
～者	مُسْتَهْلِك 男 mustahlik ムスタフリク	consumer コンシューマ
～する	يَسْتَهْلِكُ, 〔完〕 اِسْتَهْلَكَ yastahliku, istahlaka ヤスタフリク，イスタフラカ	consume, spend コンシューム，スペンド
～税	ضَرِيبَةُ ٱلِٱسْتِهْلَاكِ 女 ḍarībatu al-istihlāki ダリーバトゥ リスティフラーク	consumption tax コンサンプション タクス
しょうひょう **商標** shouhyou	عَلَامَة تِجَارِيَّة 女 ʿalāmat tijārīyat アラーマ ティジャーリーヤ	trademark, brand トレイドマーク，ブランド
しょうひん **商品** shouhin	بِضَاعَة 女, 複 بَضَائِعُ 〔二段〕 biḍāʿat, baḍāʾiʿu ビダーア，バダーイウ	commodity, goods コマディティ，グヅ
しょうひん **賞品** shouhin	جَائِزَة 女, 複 جَوَائِزُ 〔二段〕 jāʾizat, jawāʾizu ジャーイザ，ジャワーイズ	prize プライズ
じょうひんな **上品な** jouhinna	أَنِيق ʾanīq アニーク	elegant, refined エリガント，リファインド
しょうぶ **勝負** （試合） shoubu	مُبَارَاة 女 mubārāt ムバーラー	game, match ゲイム，マチ
（競争）	مُنَافَسَة munāfasat ムナーファサ	race レイス
～する	يَتَنَافَسُ, 〔完〕 تَنَافَسَ yatanāfasu, tanāfasa ヤタナーファス，タナーファサ	contest, fight コンテスト，ファイト

し

日	アラビア	英
じょうぶな **丈夫な** joubuna	قَوِيّ qawīy カウィー	strong, robust ストロング，ロウバスト
しょうほう **商法** shouhou	قَانُون تِجَارِيّ 男 qānūn tijārīy カーヌーン ティジャーリー	commercial law, Ⓑcommercial code コマーシャル ロー，コマーシャル コウド
しょうぼう **消防** shoubou	إِطْفَاء 男 ʾiṭfāʾ イトファーウ	fire fighting ファイア ファイティング
～士	رَجُلُ إِطْفَاءٍ 男 rajlu ʾiṭfāʾin ラジュル イトファーウ	fire fighter ファイア ファイタ
～車	سَيَّارَةُ ٱلْإِطْفَاءِ 女 saiyāratu al-ʾiṭfāʾi サイヤーラトゥル イトファーウ	fire engine ファイア エンヂン
～署	مَرْكَزُ إِطْفَاءٍ 男 markazu ʾiṭfāʾin マルカズ イトファーウ	fire station ファイア ステイション
じょうほう **情報** jouhou	مَعْلُومَات 複 maʿlūmāt マアルーマート	information インフォメイション
じょうみゃく **静脈** joumyaku	وَرِيد 男, 複 أَوْرِدَة warīd, ʾauridat ワリード，アウリダ	vein ヴェイン
じょうむいん **乗務員** joumuin	طَاقِم 男 ṭāqim ターキム	crew member クルー メンバ
しょうめい **照明** shoumei	إِضَاءَة 女 ʾiḍāʾat イダーア	illumination イルーミネイション
しょうめい **証明** shoumei	إِثْبَات 男 ʾithbāt イスバート	proof, evidence プルーフ，エヴィデンス

し

日	アラビア	英
～書	بِطَاقَةُ ٱلْهُوِيَّةِ 女 biṭāqatu al-huwīyati ビターカトゥル フウィーヤ	certificate サティフィケト
～する	يُثْبِتُ, 〔完〕 أَثْبَتَ yuthbitu, ʾathbata ユスビトゥ，アスバタ	prove, verify プルーヴ，ヴェリファイ
しょうめん 正面 shoumen	وَاجِهَة 女 wājihat ワージハ	front フラント
じょうやく 条約 jouyaku	مُعَاهَدَة 女 muʿāhadat ムアーハダ	treaty, pact トリーティ，パクト
しょうゆ 醤油 shouyu	صَلْصَةُ ٱلصُّويَا 女 ṣalṣatu al-ṣūyā サルサトゥッ スーヤー	soy sauce ソイ ソース
しょうよ 賞与 shouyo	عِلَاوَة 女 ʿilāwat イラーワ	bonus ボウナス
しょうらい 将来 shourai	مُسْتَقْبَل 男 mustaqbal ムスタクバル	future フューチャ
しょうり 勝利 shouri	اِنْتِصَار 男, 複 اِنْتِصَارَات intiṣār, intiṣārāt インティサール，インティサーラート	victory ヴィクトリ
しょうりつ 勝率 shouritsu	نِسْبَةُ ٱلْفَوْزِ 女 nisbatu al-fauzi ニスバトゥル ファウズ	winning percentage ウィニング パセンティヂ
しょうりゃくする 省略する shouryakusuru	يَحْذِفُ, 〔完〕 حَذَفَ yaḥdhifu, ḥadhafa ヤフズィフ，ハザファ	omit, abridge オウミト，アブリヂ
じょうりゅう 蒸留 jouryuu	تَقْطِير 男 taqṭīr タクティール	distillation ディスティレイション
しょうりょうの 少量の shouryouno	قَلِيل, 複 قَلَائِلُ 〔二段〕 qalīl, qalāʾilu カリール，カラーイル	(a) little (ア) リトル

し

日	アラビア	英
しょうれいする **奨励する** shoureisuru	**يُشَجِّعُ**, [完] **شَجَّعَ** yushajjiʿu, shajjaʿa ユシャッジウ, シャッジャア	encourage インカーリヂ
じょうれん **常連** jouren	**زَبُون دَائِم** 男 zabūn dāʾim ザブーン ダーイム	regular レギュラ
しょー **ショー** shoo	**مَعْرِض** 男, 複 **مَعَارِضُ** [二段] maʿriḍ, maʿāriḍu マアリド, マアーリドゥ	show ショウ
じょおう **女王** joou	**مَلِكَة** 女 malikat マリカ	queen クウィーン
しょーういんどー **ショーウインドー** shoouindoo	**نَافِذَةُ عَرْضٍ** 女 nāfidhatu ʿarḍin ナーフィザ アルド	display window ディスプレイ ウィンドウ
しょーとぱんつ **ショートパンツ** shootopantsu	**سِرْوَال قَصِير** 男 sirwāl qaṣīr スィルワール カスィール	short pants, shorts ショート パンツ, ショーツ
しょーる **ショール** shooru	**شَال** 男, 複 **شَالَات** shāl, shālāt シャール, シャーラート	shawl ショール
しょか **初夏** shoka	**أَوَائِلُ ٱلصَّيْفِ** 複 ʾawāʾilu al-ṣaifi アワーイルッ サイフ	early summer アーリ サマ
じょがいする **除外する** jogaisuru	**يَسْتَثْنِي**, [完] **اِسْتَثْنَى** yastathnī, istathnā ヤスタスニー, イスタスナー	exclude, except イクスクルード, イクセプト
しょがくしゃ **初学者** shogakusha	**مُبْتَدِئ** 男 mubtadiʾ ムブタディウ	beginner ビギナ
しょき **初期** shoki	**أَوَائِلُ** 複 ʾawāʾilu アワーイル	initial stage イニシャル ステイヂ
しょき **書記** shoki	**سِكْرِتِير** 男 sikritīr シクリティール	clerk, secretary クラーク, セクレテリ

し

日	アラビア	英
しょきゅう **初級** shokyuu	**مُسْتَوَى اِبْتِدَائِيّ** 男 mustawā ibtidāʾīy ムスタワー イブティダーイー	beginners' class ビギナズ クラス
じょきょ **除去** jokyo	**إِزَالَة** 女 ʾizālat イザーラ	removal リムーヴァル
～する	**أَزَالَ، يُزِيلُ** 〔完〕 yuzīlu, ʾazāla ユズィール, アザーラ	remove, eliminate リムーヴ, イリミネイト
じょぎんぐ **ジョギング** jogingu	**هَرْوَلَة** 女 harwalat ハルワラ	jogging チャギング
しょく **職** shoku	**وَظِيفَة** 女 waẓīfat ワズィーファ	job, work, position チャブ, ワーク, ポズィション
しょくいん **職員** shokuin	**مُوَظَّف** 男 muwaẓẓaf ムワッザフ	staff スタフ
しょくぎょう **職業** shokugyou	**مِهْنَة** 女, 複 **مِهَن** mihnat, mihan ミフナ, ミハン	occupation アキュペイション
しょくご **食後** shokugo	**بَعْدَ ٱلْأَكْلِ** baʿda al-ʾakli バアダル アクル	after a meal アフタ ア ミール
しょくじ **食事** shokuji	**أَكْل** 男 ʾakl アクル	meal ミール
しょくぜん **食前** shokuzen	**قَبْلَ ٱلْأَكْلِ** qabla al-ʾakli カブラル アクル	before a meal ビフォァ ア ミール
しょくちゅうどく **食中毒** shokuchuudoku	**تَسَمُّم غِذَائِيّ** 男 tasammum ghidhāʾīy タサンムム ギザーイー	food poisoning フード ポイズニング
しょくどう **食堂** shokudou	**مَطْعَم** 男, 複 **مَطَاعِمُ** 〔二段〕 maṭʿam, maṭāʿimu マトアム, マターイム	restaurant レストラント

日	アラビア	英
～車	عَرَبَةُ ٱلْأَكْلِ 女 ʿarabatu al-ʾakli アラバトゥル アクル	dining car ダイニング カー
しょくどう 食道 shokudou	مَرِيء 男 marīʾ マリーウ	esophagus, gullet イサファガス，ガレット
しょくにん 職人 shokunin	حِرَفِيّ 男 ḥirafiy ヒラフィー	workman, artisan ワークマン，アーティザン
しょくば 職場 shokuba　(彼の)	مَكَان عَمَلِهِ 男 makān ʿamali-hi マカーン アマリ-ヒ	place of work プレイス オヴ ワーク
しょくひ 食費 shokuhi	مَصَارِيفُ ٱلْأَكْلِ 複 maṣārīfu al-ʾakli マサーリーフル アクル	food expenses フード イクスペンセズ
しょくひん 食品 shokuhin	غِذَاء 男 ghidhāʾ ギザーウ	food フード
～添加物	مُضَاف غِذَائِيّ 男 muḍāf ghidhāʾī ムダーフ ギザーイー	food additives フード アディティヴズ
しょくぶつ 植物 shokubutsu	نَبَات 男, 複 نَبَاتَات nabāt, nabātāt ナバート，ナバータート	plant, vegetation プラント，ヴェヂテイション
～園	حَدِيقَة نَبَاتِيَّة 女 ḥadīqat nabātīyat ハディーカ ナバーティーヤ	botanical garden ボタニカル ガードン
しょくみんち 植民地 shokuminchi	مُسْتَعْمَرَة 女 mustaʿmarat ムスタアマラ	colony カロニ
しょくむ 職務 shokumu	عَمَل 男, 複 أَعْمَال ʿamal, ʾaʿmāl アマル，アアマール	duty, work デューティ，ワーク

日	アラビア	英
しょくもつ **食物** shokumotsu	**غِذَاء** 男, 複 **أَغْذِيَة ;** **طَعَام** 男, 複 **أَطْعِمَة** ghidhāʾ, ʾaghdhiyat, ṭaʿām, ʾaṭʿimat ギザーウ, アグジヤ, タアーム, アトイマ	food フード
しょくようの **食用の** shokuyouno	**لِلأَكْلِ** li-lʾakli リール アクル	edible エディブル
しょくよく **食欲** shokuyoku	**شَهِيَّة** 女 shahīyat シャヒーヤ	appetite アペタイト
しょくりょう **食糧** shokuryou	**غِذَاء** 男, 複 **أَغْذِيَة ;** **طَعَام** 男, 複 **أَطْعِمَة** ghidhāʾ, ʾaghdhiyat, ṭaʿām, ʾaṭʿimat ギザーウ, アグジヤ, タアーム, アトイマ	food, provisions フード, プロヴィジョンズ
しょくりょうひんてん **食料品店** shokuryouhinten	**بَقَّال** 男 baqqāl バッカール	grocery, Ⓑgreen-grocer's グロウサリ, グリーングロウサズ
じょげん **助言** jogen	**نَصِيحَة** 女 naṣīḥat ナスィーハ	advice, counsel アドヴァイス, カウンスル
〜する	**يَنْصَحُ**, 〔完〕 **نَصَحَ** yanṣaḥu, naṣaḥa ヤンサフ, ナサハ	advise, counsel アドヴァイズ, カウンスル
しょざいち **所在地** shozaichi	**مَكَان** 男 makān マカーン	location ロウケイション
じょしゅ **助手** joshu	**مُسَاعِد** 男 musāʿid ムサーイド	assistant アスィスタント
しょじょ **処女** shojo	**عَذْرَاءُ** 女〔二段〕, 複 **عَذَارٍ**〔二段〕 ʿadhrāʾu, ʿadhārin アズラーウ, アザーリン	virgin, maiden ヴァージン, メイドン

し

日	アラビア	英
じょじょに **徐々に** jojoni	**تَدْرِيجِيًّا** tadrījīyan タドリージーヤン	gradually, slowly グラデュアリ，スロウリ
しょしんしゃ **初心者** shoshinsha	**مُبْتَدِئ** 男 mubtadiʾ ムブタディウ	beginner ビギナ
じょすう **序数** josuu	**عَدَد تَرْتِيبِيّ** 男 ʿadad tartībīy アダド タルティービー	ordinal オーディナル
じょせい **女性** josei	**اِمْرَأَة** 女, 複 **نِسَاء** imraʾat, nisāʾ イムラア，ニサーウ	woman, lady ウマン，レイディ
しょぞくする **所属する** shozokusuru	**يَنْتَمِي إِلَى**, 完 **اِنْتَمَى إِلَى** yantamī ʾilā, intamā ʾilā ヤンタミー イラー，インタマー イラー	belong to ビローング トゥ
しょち **処置** （治療） shochi	**عِلَاج** 男 ʿilāj イラージュ	treatment トリートメント
～する （治療する）	**يُعَالِجُ**, 完 **عَالَجَ** yuʿāliju, ʿālaja ユアーリジュ，アーラジャ	treat トリート
（措置・対策）	**إِجْرَاءَات** 複 ʾijrāʾāt イジュラーアート	disposition, measure ディスポズィション，メジャ
しょっき **食器** shokki	**أَدْوَاتُ مَائِدَةٍ** 複 ʾadwātu māʾidatin アドワート マーイダ	tableware テイブルウェア
～洗い機	**غَسَّالَةُ صُحُونٍ** 女 ghassālatu ṣaḥūnin ガッサーラ サフーン	dishwasher ディシュウォシャ
～棚	**خِزَانَة لِلأَطْبَاقِ** 女 khizānat li-al-ʾaṭbāqi ヒザーナ リール アトバーク	cupboard カバド
しょっく **ショック** shokku	**صَدْمَة** 女 ṣadmat サドマ	shock シャク

日	アラビア	英
しょっぱい **しょっぱい** shoppai	مَالِح māliḥ マーリフ	salty ソールティ
しょてん **書店** shoten	مَكْتَبَة 女 maktabat マクタバ	bookstore ブクストー
しょとうきょういく **初等教育** shotoukyouiku	اَلتَّعْلِيمُ ٱلِابْتِدائِيُّ 男 al-taʿlīmu al-ibtidāʾīyu アッ タアリーム リブティダーイー	elementary education エレメンタリ エヂュケイション
しょとく **所得** shotoku	دَخْل 男 dakhl ダフル	income インカム
～税	ضَرِيبَةُ ٱلدَّخْلِ 女 ḍarībatu al-dakhli ダリーバトゥッ ダフル	income tax インカム タクス
しょばつする **処罰する** shobatsusuru	يُعَاقِبُ, 〔完〕عَاقَبَ yuʿāqibu, ʿāqaba ユアーキブ, アーカバ	punish パニシュ
しょぶん **処分** shobun	تَخَلُّص مِنْ 男 takhalluṣ min タハッルス ミン	disposal ディスポウザル
～する	يَتَخَلَّصُ مِنْ, 〔完〕تَخَلَّصَ مِنْ yatakhallaṣu min, takhallaṣa min ヤタハッラス ミン, タハッラサ ミン	dispose of ディスポウズ オヴ
じょぶん **序文** jobun	مُقَدِّمَة 女 muqaddimat ムカッディマ	preface プレファス
しょほ **初歩** shoho	مَبادِئُ 複〔二段〕 mabādiʾu マバーディウ	rudiments ルーディメンツ
しょほうせん **処方箋** shohousen	وَصْفَة طِبِّيَّة 女 waṣfat ṭibbīyat ワスファ ティッビーヤ	prescription プリスクリプション

日	アラビア	英
しょみんてきな **庶民的な** shomintekina	**شَعْبِيّ** shaʿbīy シャアビー	popular パピュラ
しょめい **署名** shomei	**تَوْقِيع** 男 tauqīʿ タウキーウ	signature スィグナチャ
～する	**يُوَقِّعُ**, 〔完〕**وَقَّعَ** yuwaqqiʿu, waqqaʿa ユワッキウ, ワッカア	sign サイン
しょゆう **所有** shoyuu	**اِمْتِلَاك** 男 imtilāk イムティラーク	possession, ownership ポゼション, オウナシプ
～権	**مِلْكِيَّة** 女 milkīyat ミルキーヤ	ownership, title オウナシプ, タイトル
～者	**مَالِك** 男, 複 **مُلَّاك** mālik, mullāk マーリク, ムッラーク	owner, proprietor オウナ, プロプライアタ
～する	**يَمْلِكُ**, 〔完〕**مَلَكَ** yamliku, malaka ヤムリク, マラカ	have, possess, own ハヴ, ポゼス, オウン
じょゆう **女優** joyuu	**مُمَثِّلَة** 女 mumaththilat ムマッスィラ	actress アクトレス
じょりょく **助力** joryoku	**مُسَاعَدَة** 女 musāʿadat ムサーアダ	help, aid ヘルプ, エイド
しょるい **書類** shorui	**وَثَائِقُ** 複〔二段〕 wathāʾiq ワサーイク	documents, papers ダキュメンツ, ペイパズ
しょるだーばっぐ **ショルダーバッグ** shorudaabaggu	**حَقِيبَةُ كَتِفٍ** 女 ḥaqībatu katifin ハキーバ カティフ	shoulder bag ショウルダ バグ
じらい **地雷** jirai	**لَغَم** 男, 複 **أَلْغَام** lagham, ʾalghām ラガム, アルガーム	(land) mine (ランド) マイン

日	アラビア	英
しらが **白髪** shiraga	**شَيْب** 男 shaib シャイブ	gray hair グレイ ヘア
しらせ **知らせ**（告知・案内） shirase	**خَبَر** 男, **أَخْبَار** 複 khabar, ʾakhbār ハバル, アフバール	notice, information ノウティス, インフォメイション
しらせる **知らせる** shiraseru	**يُخْبِرُ**, 〔完〕**أَخْبَرَ** yukhbiru, ʾakhbara ユフビル, アフバラ	inform, tell, report インフォーム, テル, リポート
しらべる **調べる** shiraberu	**يَبْحَثُ**, 〔完〕**بَحَثَ** yabḥathu, baḥatha ヤブハス, バハサ	examine, check up イグザミン, チェク アプ
しらみ **虱** shirami	**قَمْل** 集, **قَمْلَة** 女 qaml, qamlat カムル, カムラ	louse ラウス
しり **尻** shiri	**مُؤَخِّرَة** 女 muʾakhkhirat ムアッヒラ	buttocks, behind バトクス, ビハインド
しりあ **シリア** shiria	**سُورِيَا** 女 sūriyā スーリヤー	Syria スィリア
しりあい **知り合い** shiriai	**مَعَارِفُ** 複〔二段〕 maʿārifu マアーリフ	acquaintance アクウェインタンス
しりあう **知り合う** shiriau	**يَتَعَارَفُ**, 〔完〕**تَعَارَفَ** yataʿārafu, taʿārafa ヤタアーラフ, タアーラファ	get to know ゲト トゥ ノウ
しりある **シリアル** （食べ物の） shiriaru	**حُبُوبُ ٱلْإِفْطَارِ** 複 ḥubūbu al-ʾifṭāri フブーブル イフタール	cereal スィアリアル
しりーず **シリーズ** shiriizu	**سِلْسِلَة** 女 silsilat スィルスィラ	series スィリーズ
しりこん **シリコン** （シリコンゴム） shirikon	**مَطَّاطُ ٱلسِّيلِيكُونِ** 男 maṭṭāṭu al-sīlīkūni マッタートゥッ スィーリークーン	silicon スィリコン

日	アラビア	英
じりつ **自立** jiritsu	**اِسْتِقْلَال** 男 istiqlāl イスティク**ラ**ール	independence インディ**ペ**ンデンス
〜する	**يَسْتَقِلُّ, [完] اِسْتَقَلَّ** yastaqillu, istaqalla ヤスタ**キ**ッル，イスタ**カ**ッラ	(become) independent (ビカム) インディ**ペ**ンデント
しりつの **私立の** shiritsuno	**خَاصّ** khāṣṣ **ハ**ーッス	private プ**ラ**イヴェト
しりゅう **支流** shiryuu	**رَافِد** 男, 複 **رَوَافِدُ** [二段] rāfid, rawāfidu **ラ**ーフィド，ラ**ワ**ーフィドゥ	tributary, branch ト**リ**ビュテリ，ブ**ラ**ンチ
しりょく **視力** shiryoku	**بَصَر** 男 baṣar **バ**サル	sight, vision **サ**イト，**ヴィ**ジョン
じりょく **磁力** jiryoku	**اَلْقُوَّةُ ٱلْمَغْنَاطِيسِيَّةُ** 女 al-qūwatu al-maghnāṭīsīyatu アル **ク**ーワトゥル マグナーティー**スィ**ーヤ	magnetism **マ**グネティズム
しる **知る**（学ぶ・覚える） shiru	**يَتَعَلَّمُ, [完] تَعَلَّمَ** yataʿallamu, taʿallama ヤタ**ア**ッラム，タ**ア**ッラマ	learn **ラ**ーン
（気づく）	**يُلَاحِظُ, [完] لَاحَظَ** yulāḥiẓu, lāḥaẓa ユ**ラ**ーヒズ，**ラ**ーハザ	(be) aware of (ビ) アウ**ェ**ア オヴ
（認識する・理解する）	**يَعْرِفُ, [完] عَرَفَ** yaʿrifu, ʿarafa **ヤ**アリフ，**ア**ラファ	know **ノ**ウ
しるく **シルク** shiruku	**حَرِير** 男, 複 **حَرَائِرُ** [二段] ḥarīr, ḥarāʾiru ハ**リ**ール，ハ**ラ**ーイル	silk **スィ**ルク
しるし **印** shirushi	**عَلَامَة** 女 ʿalāmat ア**ラ**ーマ	mark, sign **マ**ーク，**サ**イン
しるす **記す** shirusu	**يَكْتُبُ, [完] كَتَبَ** yaktubu, kataba **ヤ**クトゥブ，**カ**タバ	write down **ラ**イト **ダ**ウン

日	アラビア	英
しれい **司令** shirei	أَمْر 男, 複 أَوَامِرُ 〔二段〕 ʾamr, ʾawāmiru アムル, アワーミル	command コマンド
～官	قَائِد 男, 複 قَادَة qāʾid, qādat カーイド, カーダ	commander コマンダ
～塔　(チームの)	صَانِعُ ٱلْأَلْعَابِ 男 ṣāniʿu al-ʾalʿābi サーニウル アルアーブ	playmaker プレイメイカ
～部	قِيَادَة 女 qiyādat キヤーダ	headquarters ヘドクウォータズ
しれん **試練** shiren	مِحْنَة 女 miḥnat ミフナ	trial, ordeal トライアル, オーディール
じれんま **ジレンマ** jirenma	مُعْضِلَة 女 muʿḍilat ムウディラ	dilemma ディレマ
しろ **城** shiro	قَصْر 男, 複 قُصُور qaṣr, quṣūr カスル, クスール	castle キャスル
しろ **白** shiro	أَبْيَضُ ; بَيْضَاءُ 女〔二段〕 ʾabyaḍu, baiḍāʾu アブヤドゥ, バイダーウ	white (ホ)ワイト
しろっぷ **シロップ** shiroppu	شَرَاب 男, 複 أَشْرِبَة sharāb, ʾashribat シャラーブ, アシュリバ	syrup スィラプ
しろわいん **白ワイン** shirowain	نَبِيذ أَبْيَض 男 nabīdh ʾabyaḍ ナビーズ アブヤドゥ	white wine (ホ)ワイト ワイン
しわ **しわ**　(皮膚の) shiwa	تَجَاعِيدُ 複〔二段〕 tajāʿīdu タジャーイードゥ	wrinkles リンクルズ
(物の)	تَجَاعِيدُ 複〔二段〕 tajāʿīdu タジャーイードゥ	creases クリーセズ

日	アラビア	英
しわける **仕分ける** shiwakeru	يُصَنِّفُ, [完] صَنَّفَ yuṣannifu, ṣannafa ユサンニフ, サンナファ	classify, sort クラスィファイ, ソート
しんい **真意** shin-i	نِيَّة حَقِيقِيَّة 女 nīyat ḥaqīqīyat ニーヤ ハキーキーヤ	real intention リーアル インテンション
じんいてきな **人為的な** jin-itekina	اِصْطِنَاعِيّ iṣṭināʿīy イスティナーイー	artificial アーティフィシャル
しんか **進化** shinka	تَطَوُّر 男 taṭauwur タタウウル	evolution エヴォルーション
〜する	يَتَطَوَّرُ, [完] تَطَوَّرَ yataṭauwaru, taṭauwara ヤタタウワル, タタウワラ	evolve イヴァルヴ
しんがいする **侵害する** shingaisuru	يَنْتَهِكُ, [完] اِنْتَهَكَ yantahiku, intahaka ヤンタヒク, インタハカ	infringe インフリンヂ
じんかく **人格** jinkaku	شَخْصِيَّة 女 shakhṣīyat シャフスィーヤ	personality, individuality パーソナリティ, インディヴィヂュアリティ
しんがた **新型** shingata	نَمُوذَج جَدِيد 男 namūdhaj jadīd ナムーザジュ ジャディード	new model ニュー マドル
しんがっき **新学期** shingakki	فَصْل دِرَاسِيّ جَدِيد 男 faṣl dirāsīy jadīd ファスル ディラースィー ジャディード	new school term ニュー スクール ターム
しんがぽーる **シンガポール** shingapooru	سِنْغَافُورَة 女 singhāfūrat スィンガーフーラ	Singapore スィンガポー
しんかん **新刊** shinkan	كِتَاب جَدِيد 男 kitāb jadīd キターブ ジャディード	new publication ニュー パブリケイション

日	アラビア	英
しんきの **新規の** shinkino	**جَدِيد** jadīd ジャディード	new, fresh ニュー, フレシュ
しんきょう **心境** shinkyou	**حَالَة نَفْسِيَّة** 女 ḥālat nafsīyat ハーラ ナフスィーヤ	frame of mind フレイム オヴ マインド
しんきろう **蜃気楼** shinkirou	**سَرَاب** 男 sarāb サラーブ	mirage ミラージュ
しんきろく **新記録** shinkiroku	**رَقْم قِيَاسِيّ جَدِيد** 男 raqm qiyāsīy jadīd ラクム キヤースィー ジャディード	new record ニュー レコド
しんぐ **寝具** shingu	**فِرَاش** 男, **أَفْرِشَة** 複 firāsh, ʾafrishat フィラーシュ, アフリシャ	bedding ベディング
しんくう **真空** shinkuu	**فَرَاغ** 男 farāgh ファラーグ	vacuum ヴァキュアム
しんくたんく **シンクタンク** shinkutanku	**مُؤَسَّسَاتُ ٱلتَّفْكِيرِ** 複 muʾassasātu al-tafkīri ムアッササートゥッ タフキール	think tank スィンク タンク
しんぐるす **シングルス** shingurusu	**فَرْدِيّ** 男 fardīy ファルディー	singles スィングルズ
しんぐるるーむ **シングルルーム** shingururuumu	**غُرْفَة مُفْرَدَة** 女 ghurfat mufradat グルファ ムフラダ	single room スィングル ルーム
しんけい **神経** shinkei	**عَصَب** 男, **أَعْصَاب** 複 ʿaṣab, ʾaʿṣāb アサブ, アアサーブ	nerve ナーヴ
～痛	**أَلَم عَصَبِيّ** 男 ʾalam ʿaṣabīy アラム アサビー	neuralgia ニュアラルヂャ
しんげつ **新月** shingetsu	**هِلَال** 男 hilāl ヒラール	new moon ニュー ムーン

日	アラビア	英
しんげん **震源** shingen	**مَرْكَزُ ٱلزِّلْزَالِ** 男 markazu al-zilzāli マルカズッ ズィルザール	seismic center, hypocenter サイズミク センタ，ハイポセンタ
じんけん **人権** jinken	**حُقُوقُ ٱلْإِنْسَانِ** 複 ḥuqūqu al-ʾinsāni フクークル インサーン	human rights ヒューマン ライツ
しんけんな **真剣な** shinkenna	**جِدِّيّ** jiddīy ジッディー	serious, earnest スィアリアス，アーネスト
じんけんひ **人件費** jinkenhi	**تَكْلِفَةُ ٱلْعِمَالَةِ** 女 taklifatu al-ʿimālati タクリファトゥル イマーラ	personnel expenses パーソネル イクスペンセズ
しんこう **信仰** shinkou	**إِيمَان** 男 īmān イーマーン	faith, belief フェイス，ビリーフ
～する	**آمَنَ** 〔完〕**, يُؤْمِنُ** yuʾminu, ʾāmana ユアーミヌ，アーマナ	believe in ビリーヴ イン
しんごう **信号** shingou	**إِشَارَةُ ٱلْمُرُورِ** 女 ʾishāratu al-murūri イシャーラトゥル ムルール	signal スィグナル
じんこう **人口** jinkou	**عَدَدُ ٱلسُّكَّانِ** 男 ʿadadu al-sukkāni アダドッ スッカーン	population パピュレイション
じんこうえいせい **人工衛星** jinkoueisei	**قَمَر صِنَاعِيّ** 男 qamar ṣināʿīy カマル スィナーイー	artificial satellite アーティフィシャル サテライト
じんこうこきゅう **人工呼吸** jinkoukokyuu	**تَنَفُّس اصْطِنَاعِيّ** 男 tanaffus ṣṭināʿīy タナッフス スティナーイー	artificial respiration アーティフィシャル レスピレイション
じんこうてきな **人工的な** jinkoutekina	**صِنَاعِيّ** ṣināʿīy スィナーイー	artificial アーティフィシャル

日	アラビア	英
しんこきゅう **深呼吸** shinkokyuu	**تَنَفُّس عَمِيق** 男 tanaffus ʿamīq タナッフス アミーク	deep breathing ディープ ブリーズィング
しんこくな **深刻な** (危険な) shinkokuna	**خَطِير** khaṭīr ハティール	serious, grave スィアリアス, グレイヴ
しんこん **新婚** shinkon	**مُتَزَوِّج حَدِيثًا** 男 mutazauwij ḥadīthan ムタザッウィジュ ハディーサン	newlyweds ニューリウェヅ
しんさつ **診察** shinsatsu	**فَحْص طِبِّيّ** 男 faḥṣ ṭibbīy ファフス ティッビー	medical examination メディカル イグザミネイション
～室	**غُرْفَةُ ٱلْفَحْصِ** 女 ghurfatu al-faḥṣi グルファトゥル ファフス	consulting room コンサルティング ルーム
～する	**فَحَصَ, يَفْحَصُ** 〔完〕 yafḥaṣu, faḥaṣa ヤフハス, ファハサ	examine イグザミン
しんし **紳士** shinshi	**رَجْل نَبِيل** 男 rajl nabīl ラジュル ナビール	gentleman チェントルマン
しんじけーと **シンジケート** shinjikeeto	**نِقَابَة** 女 niqābat ニカーバ	syndicate スィンディケト
しんしつ **寝室** shinshitsu	**غُرْفَةُ ٱلنَّوْمِ** 女 ghurfatu al-naumi グルファトゥン ナウム	bedroom ベドルーム
しんじつ **真実** shinjitsu	**حَقِيقَة** 男, 複 **حَقَائِقُ** 〔二段〕 ḥaqīqat, ḥaqāʾiqu ハキーカ, ハカーイク	truth トルース
～の	**حَقِيقِيّ** ḥaqīqīy ハキーキー	true, real トルー, リーアル

日	アラビア	英
しんじゃ **信者** shinja	**مُؤْمِن** 男 muʾmin ムウミン	believer ビリーヴァ
じんじゃ **神社** jinja	**مَعْبَد لِدِيَانَةِ ٱلشِّينْتُو** 男 maʿbad li-diyānati al-shīntū マアバド リーディヤーナティッ シーントゥー	Shinto shrine シントウ シュライン
しんじゅ **真珠** shinju	**لُؤْلُؤ** 集, **لُؤْلُؤَة** 女 luʾluʾ, luʾluʾat ルウルウ, ルウルア	pearl パール
じんしゅ **人種** jinshu	**عُنْصُر** 男, 複 **عَنَاصِرُ** 〔二段〕 ʿunṣur, ʿanāṣiru ウンスル, アナーシル	race レイス
～差別	**عُنْصُرِيَّة** 女 ʿunṣurīyat ウンスリーヤ	racial discrimination レイシャル ディスクリミネイション
しんじょう **信条** shinjou	**عَقِيدَة** 女, 複 **عَقَائِدُ** 〔二段〕 ʿaqīdat, ʿaqāʾidu アキーダ, アカーイドゥ	belief, principle ビリーフ, プリンスィプル
しんしょくする **侵食する** shinshokusuru	**يَتَآكَلُ**, 〔完〕 **تَآكَلَ** yataʾākalu, taʾākala ヤタアーカル, タアーカラ	erode イロウド
しんじる **信じる** shinjiru	**يَعْتَقِدُ بِ**, 〔完〕 **اِعْتَقَدَ بِ** yaʿtaqidu bi, iʿtaqada bi ヤアタキドゥ ビ, イウタカダ ビ	believe ビリーヴ
しんすいする **浸水する** shinsuisuru	**يَنْغَمِرُ**, 〔完〕 **اِنْغَمَرَ** yanghamiru, inghamara ヤンガミル, インガマラ	(be) flooded (ビ) フラデド
じんせい **人生** jinsei	**حَيَاة** 女, 複 **حَيَوَات** ḥayāt, ḥayawāt ハヤー, ハヤワート	life ライフ
しんせいじ **新生児** shinseiji	**مَوْلُود جَدِيد** 男 maulūd jadīd マウルード ジャディード	newborn baby ニューボーン ベイビ

日	アラビア	英
しんせいする **申請する** shinseisuru	**يَتَقَدَّمُ بِطَلَبٍ إِلَى** ,〔完〕**تَقَدَّمَ بِطَلَبٍ إِلَى** yataqaddamu bi-ṭalabin ʾilā, taqaddama bi-ṭalabin ʾilā ヤタ**カ**ッダム ビー**タ**ラブ イラー，タ**カ**ッダマ ビー**タ**ラブ イラー	apply for アプ**ラ**イ フォ
しんせいな **神聖な** shinseina	**مُقَدَّس** muqaddas ム**カ**ッダス	holy, sacred **ホ**ウリ，**セ**イクレド
しんせさいざー **シンセサイザー** shinsesaizaa	**سِنْثِسَيْزَر** 男 sinthisaizar スインスィ**サ**イザル	synthesizer **スィ**ンセサイザ
しんせつな **親切な** shinsetsuna	**لَطِيف**, 複 **لُطَفَاءُ**〔二段〕 laṭīf, luṭafāʾu ラ**ティ**ーフ，ルタ**ファ**ーウ	kind **カ**インド
しんせんな **新鮮な**　（食べ物が） shinsenna	**طَازِج** ṭāzij **タ**ーズィジュ	fresh, new **フ**レシュ，**ニュー**
しんそう **真相** shinsou	**حَقِيقَة** 女, 複 **حَقَائِقُ**〔二段〕 ḥaqīqat, ḥaqāʾiqu ハ**キ**ーカ，ハ**カ**ーイク	truth ト**ル**ース
しんぞう **心臓** shinzou	**قَلْب** 男, 複 **قُلُوب** qalb, qulūb **カ**ルブ，ク**ル**ーブ	heart **ハ**ート
～病	**أَمْرَاضُ ٱلْقَلْبِ** 複 ʾamrāḍu al-qalbi アム**ラ**ードル **カ**ルブ	heart disease **ハ**ート ディ**ズィ**ーズ
～発作	**نَوْبَة قَلْبِيَّة** 女 naubat qalbīyat **ナ**ウバ カル**ビ**ーヤ	heart attack **ハ**ート ア**タ**ク
～麻痺	**قُصُورُ ٱلْقَلْبِ** 男 quṣūru al-qalbi ク**ス**ールル **カ**ルブ	heart failure **ハ**ート **フェ**イリャ
じんぞう **腎臓** jinzou	**كُلْيَة** 女, 複 **كُلًى** kulyat, kulan **ク**ルヤ，**ク**ラン	kidney **キ**ドニ

日	アラビア	英
しんぞく **親族** shinzoku	**نَسِيب** 男 nasīb ナスィーブ	relative レラティヴ
じんそくな **迅速な** jinsokuna	**مُسْتَعْجَل** mustaʿjal ムスタアジャル	rapid, prompt ラピド, プランプト
じんたい **人体** jintai	**جِسْمُ ٱلْإِنْسَانِ** 男 jismu al-ʾinsāni ジスムル インサーン	human body ヒューマン バディ
しんたいそう **新体操** shintaisou	**جُمْبَاز إِيقَاع** 男 jumbāz ʾīqāʿ ジュムバーズ イーカーウ	rhythmic gymnastics リズミク ヂムナスティクス
しんだん **診断** shindan	**تَشْخِيص** 男 tashkhīṣ タシュヒース	diagnosis ダイアグノウスィス
～書	**شَهَادَة طِبِّيَّة** 女 shahādat ṭibbīyat シャハーダ ティッビーヤ	medical certificate メディカル サティフィケト
しんちゅう **真鍮** shinchuu	**نُحَاس** 男 nuḥās ヌハース	brass ブラス
しんちょう **身長** shinchou	**طُول** 男 ṭūl トゥール	stature スタチャ
しんちょうな **慎重な** shinchouna	**حَذِر** ḥadhir ハズィル	cautious, prudent コーシャス, プルーデント
しんちんたいしゃ **新陳代謝** shinchintaisha	**أَيْض** 男 ʾaiḍ アイド	metabolism メタボリズム
じんつう **陣痛** jintsuu	**مَخَاض** 男 makhāḍ マハード	labor (pains) レイバ (ペインズ)

日	アラビア	英
しんてん **進展** shinten	تَقَدُّم 男 taqaddum タカッドゥム	development, progress ディヴェロプメント, プラグレス
～する	يَتَقَدَّمُ, 〔完〕تَقَدَّمَ yataqaddamu, taqaddama ヤタカッダム, タカッダマ	develop, progress ディヴェロプ, プラグレス
しんでん **神殿** shinden	مَعْبَد 男, 複 مَعَابِدُ 〔二段〕 maʿbad, maʿābidu マアバド, マアービドゥ	shrine シュライン
しんでんず **心電図** shindenzu	تَخْطِيطُ كَهْرَبَائِيَّةِ ٱلْقَلْبِ 男 takhṭīṭu kahrabāʾīyati al-qalbi タフティートゥ カフラバーイーヤティル カルブ	electrocardiogram イレクトロウカーディオグラム
しんど **震度** shindo	شِدَّةُ ٱلزِّلْزَالِ 女 shiddatu al-zilzāli シッダトゥル ズィルザール	seismic intensity サイズミク インテンスィティ
しんどう **振動** shindou	اِهْتِزَاز 男 ihtizāz イフティザーズ	vibration ヴァイブレイション
～する	يَهْتَزُّ, 〔完〕اِهْتَزَّ yahtazzu, ihtazza ヤフタッズ, イフタッザ	vibrate ヴァイブレイト
じんどう **人道** jindou	إِنْسَانِيَّة 女 ʾinsānīyat インサーニーヤ	humanity ヒューマニティ
～主義	إِنْسَانِيَّة 女 ʾinsānīyat インサーニーヤ	humanitarianism ヒューマニテアリアニズム
～的な	إِنْسَانِيّ ʾinsānīy インサーニー	humane ヒューメイン
しんどろーむ **シンドローム** shindoroomu	مُتَلَازِمَة 女 mutalāzimat ムタラーズィマ	syndrome スィンドロウム

日	アラビア	英
しんにゅう **侵入** shinnyuu	اِقْتِحَام 男 iqtiḥām イクティ**ハ**ーム	invasion イン**ヴェ**イジョン
〜する	اِقْتَحَمَ ,يَقْتَحِمُ 〔完〕 yaqtaḥimu, iqtaḥama **ヤ**クタヒム, **イ**クタハマ	invade イン**ヴェ**イド
しんにゅうせい **新入生** shinnyuusei	طَالِب جَدِيد 男 ṭālib jadīd **タ**ーリブ ジャ**ディ**ード	new student **ニュ**ー ステ**ュ**ーデント
しんにん **信任** shinnin	ثِقَة 女 thiqat **ス**ィカ	confidence **カ**ンフィデンス
〜投票	تَصْوِيت عَلَى مَنْحِ ٱلثِّقَةِ 男 taṣwīt ʿalā manḥi al-thiqati タス**ウィ**ート アラー **マ**ンヒッ **ス**ィカ	vote of confidence **ヴォ**ウト オヴ **カ**ンフィデンス
しんねん **新年** shinnen	سَنَة جَدِيدَة 女 sanat jadīdat **サ**ナ ジャ**ディ**ーダ	new year **ニュ**ー **イ**ヤ
しんぱい **心配** shinpai	قَلَق 男 qalaq **カ**ラク	anxiety, worry アング**ザ**イエティ, **ワ**ーリ
〜する	قَلِقَ ,يَقْلَقُ 〔完〕 yaqlaqu, qaliqa **ヤ**クラク, **カ**リカ	(be) anxious about (ビ) **ア**ンクシャス アバウト
しんばる **シンバル** shinbaru	صَنْج 男, 複 صُنُوج ṣanj, ṣunūj **サ**ンジュ, ス**ヌ**ージュ	cymbals **ス**ィンバルズ
しんぱん **審判** (人) shinpan	حَكَم 男, 複 حُكَّام ḥakam, ḥukkām **ハ**カム, フッ**カ**ーム	umpire, referee **ア**ンパイア, レフェ**リ**ー
しんぴょうせい **信憑性** shinpyousei	ثَبَات 男 thabāt サ**バ**ート	authenticity オーセン**ティ**スィティ
しんぷ **新婦** shinpu	عَرُوس 女, 複 عَرَائِسُ 〔二段〕 ʿarūs, ʿarāʾisu ア**ル**ース, ア**ラ**ーイス	bride ブ**ラ**イド

日	アラビア	英
しんぷ **神父** shinpu	**قَسّ** 男, 複 **قُسُوس** qass, qusūs カッス, クスース	father ファーザ
じんぶつ **人物** jinbutsu	**شَخْص** 男, 複 **أَشْخَاص** shakhṣ, ʾashkhāṣ シャフス, アシュハース	person パースン
(性格・人柄)	**شَخْصِيَّة** 女 shakhṣīyat シャフスィーヤ	character, personality キャラクタ, パーソナリティ
しんぶん **新聞** shinbun	**صَحِيفَة** 女, 複 **صُحُف**; **جَرِيدَة** 女, 複 **جَرَائِدُ** [二段] ṣaḥīfat, ṣuḥuf, jarīdat, jarāʾidu サヒーファ, スフフ, ジャリーダ, ジャラーイドゥ	newspaper, (the) press ニューズペイパ, (ザ) プレス
〜記者	**صُحُفِيّ** 男 ṣuḥufīy スフフィー	reporter, Ⓑpressman リポータ, プレスマン
〜社	**شَرِكَةُ نَشْرِ ٱلصُّحُفِ** 女 sharikatu nashri al-ṣuḥufi シャリカ ナシュリッ スフフ	newspaper publishing company ニューズペイパ パブリシング カンパニ
じんぶんかがく **人文科学** jinbunkagaku	**إِنْسَانِيَّات** 複 ʾinsānīyāt インサーニーヤート	humanities ヒューマニティズ
しんぽ **進歩** shinpo	**تَقَدُّم** 男 taqaddum タカッドゥム	progress, advance プラグレス, アドヴァンス
〜する	**يَتَقَدَّمُ**, [完] **تَقَدَّمَ** yataqaddamu, taqaddama ヤタカッダム, タカッダマ	make progress, advance メイク プラグレス, アドヴァンス
〜的な	**تَقَدُّمِيّ** taqaddumīy タカッドゥミー	advanced, progressive アドヴァンスト, プログレスィヴ
じんぼう **人望** jinbou	**شَعْبِيَّة** 女 shaʿbīyat シャアビーヤ	popularity パピュラリティ

日	アラビア	英
しんぽうしゃ **信奉者** shinpousha	**تَابِع** 男, 複 **أَتْبَاع** tābiʿ, ʾatbāʿ タービウ, アトバーウ	believer, follower ビリーヴァ, ファロウア
しんぼうする **辛抱する** shinbousuru	**يَتَحَمَّلُ**, 完 **تَحَمَّلَ** yataḥammalu, taḥammala ヤタハンマル, タハンマラ	endure, bear インデュア, ベア
しんぽじうむ **シンポジウム** shinpojiumu	**نَدْوَة** 女 nadwat ナドワ	symposium スィンポウズィアム
しんぼる **シンボル** shinboru	**رَمْز** 男, 複 **رُمُوز** ramz, rumūz ラムズ, ルムーズ	symbol スィンボル
じんましん **じんましん** jinmashin	**شَرًى** 男 sharan シャラン	nettle rash, hives ネトル ラシュ, ハイヴズ
しんみつな **親密な** shinmitsuna	**أَلِيف**, 複 **أَلَائِفُ** 二段 ʾalīf, ʾalāʾifu アリーフ, アラーイフ	close, intimate クロウス, インティメト
じんみゃく **人脈** jinmyaku	**شَبَكَةُ ٱلْعَلَاقَاتِ** 女 shabakatu al-ʿalāqāti シャバカトゥル アラーカート	connections コネクションズ
じんめい **人名** jinmei	**اِسْم** 男, 複 **أَسْمَاء** ism, ʾasmāʾ イスム, アスマーウ	name of a person ネイム オヴ ア パースン
じんもん **尋問** jinmon	**اِسْتِجْوَاب** 男 istijwāb イスティジュワーブ	interrogation インテロゲイション
しんや **深夜** shin-ya	**مُنْتَصَفُ ٱللَّيْلِ** 男 muntaṣafu al-layli ムンタサフッ ライル	midnight ミドナイト
しんやくせいしょ **新約聖書** shin-yakuseisho	**اَلْعَهْدُ ٱلْجَدِيدُ** 男 al-ʿahdu al-jadīdu アル アフドゥル ジャディード	New Testament ニュー テスタメント
しんゆう **親友** shin-yuu	**صَدِيق حَمِيم** 男 ṣadīq ḥamīm サディーク ハミーム	close friend クロウス フレンド

日	アラビア	英
しんよう **信用** shin-you	**ثِقَة** 女 thiqat スィカ	reliance, trust リライアンス, トラスト
～する	**وَثِقَ** [完] **,يَثِقُ** yathiqu, wathiqa ヤスィク, ワスィカ	trust, believe in トラスト, ビリーヴ イン
しんらいする **信頼する** shinraisuru	**اِئْتَمَنَ** [完] **,يَأْتَمِنُ** ya'taminu, i'tamana ヤアタミヌ, イウタマナ	trust, rely トラスト, リライ
しんらつな **辛辣な** shinratsuna	**لَاذِع** lādhiʿ ラーズィウ	biting バイティング
しんり **心理** shinri	**نَفْسِيَّة** 女 nafsīyat ナフスィーヤ	mental state メンタル ステイト
～学	**عِلْمُ ٱلنَّفْسِ** 男 ʿilmu al-nafsi イルムン ナフス	psychology サイカロヂ
～学者	**عَالِم نَفْسِيّ** 男 ʿālim nafsīy アーリム ナフスィー	psychologist サイカロヂスト
しんりゃく **侵略** shinryaku	**غَزْو** 男 ghazw ガズウ	invasion インヴェイジョン
～する	**غَزَا** [完] **,يَغْزُو** yaghzū, ghazā ヤグズー, ガザー	invade, raid インヴェイド, レイド
しんりょうじょ **診療所** shinryoujo	**عِيَادَة** 女 ʿiyādat イヤーダ	clinic クリニク
しんりん **森林** shinrin	**غَابَة** 女 ghābat ガーバ	forest, woods フォーレスト, ウヅ
しんるい **親類** shinrui	**قَرِيب** 男, 複 **أَقْرِبَاءُ** [二段] qarīb, 'aqribā'u カリーブ, アクリバーウ	relative レラティヴ

日	アラビア	英
じんるい **人類** jinrui	**بَشَرِيَّة** 女 basharīyat バシャリーヤ	mankind マンカインド
～学	**عِلْمُ ٱلْإِنْسَانِ** 男 ʿilmu al-ʾinsāni イルムル インサーン	anthropology アンスロパロヂ
しんろ **進路** shinro	**مَسَار** 男, 複 **مَسَارَات** masār, masārāt マサール, マサーラート	course, way コース, ウェイ
しんろう **新郎** shinrou	**عَرِيس** 男 ʿarīs アリース	bridegroom ブライドグルーム
しんわ **神話** shinwa	**أُسْطُورَة** 女, 複 **أَسَاطِيرُ** 二段 ʾusṭūrat, ʾasāṭīru ウストゥーラ, アサーティール	myth, mythology ミス, ミサロヂ

す, ス

日	アラビア	英
す **巣** su (蜘蛛の)	**نَسْجُ ٱلْعَنْكَبُوتِ** 男 nasju al-ʿankabūti ナスジュル アンカブート	cobweb カブウェブ
(鳥・昆虫の)	**عُشّ** 男, 複 **أَعْشَاش** ʿushsh, ʾaʿshāsh ウッシュ, アアシャーシュ	nest ネスト
(蜂の)	**خَلِيَّةُ ٱلنَّحْلِ** 女 khalīyatu al-naḥli ハリーヤトゥン ナフル	beehive ビーハイヴ
す **酢** su	**خَلّ** 男 khall ハッル	vinegar ヴィニガ
ず **図** zu	**رَسْم** 男, 複 **رُسُوم** rasm, rusūm ラスム, ルスーム	picture, figure ピクチャ, フィギャ
すいい **水位** suii	**مَنْسُوبُ ٱلْمِيَاهِ** 複 mansūb al-miyāhi マンスーブル ミヤーフ	water level ウォータ レヴル

日	アラビア	英
すいーとぴー **スイートピー** suiitopii	بِسِلَّةُ ٱلزُّهُورِ 女 bisillatu al-zuhūri ビスィッラトゥッ ズフール	sweet pea スウィート ピー
すいえい **水泳** suiei	سِبَاحَة 女 sibāḥat スィバーハ	swimming スウィミング
すいおん **水温** suion	دَرَجَةُ حَرَارَةِ ٱلْمَاءِ 女 darajatu ḥarārati al-māʾi ダラジャ ハラーラティル マーア	water temperature ウォータ テンパラチャ
すいか **西瓜** suika	بِطِّيخ 集, بِطِّيخَة 女 biṭṭīkh, biṭṭīkhat ビッティーフ, ビッティーハ	watermelon ウォータメロン
すいがい **水害** suigai	فَيَضَان 男, 複 فَيَضَانَات fayaḍān, fayaḍānāt ファヤダーン, ファヤダーナート	flood, flood disaster フラド, フラド ディザスタ
すいぎん **水銀** suigin	زِئْبَق 男 ziʾbaq ズィウバク	mercury マーキュリ
すいさいが **水彩画** suisaiga	رَسْم بِٱلْأَلْوَانِ ٱلْمَائِيَّةِ 男 rasm bi-al-ʾalwāni al-māʾiyati ラスム ビ-ル アルワーニル マーイーヤ	watercolor ウォータカラ
すいさんぎょう **水産業** suisangyou	صِنَاعَةُ صَيْدِ ٱلْأَسْمَاكِ 女 ṣināʿatu ṣaidi al-ʾasmāki スィナーア サイディル アスマーク	fisheries フィシャリズ
すいさんぶつ **水産物** suisanbutsu	مُنْتَجَات بَحْرِيَّة 複 muntajāt baḥrīyat ムンタジャート バフリーヤ	marine products マリーン プラダクツ
すいしつ **水質** suishitsu	جُودَةُ ٱلْمِيَاهِ 女 jūdatu al-miyāhi ジューダトゥル ミヤーフ	water quality ウォータ クワリティ
すいしゃ **水車** suisha	نَاعُورَة 女, 複 نَوَاعِيرُ [二段] nāʿūrat, nawāʿīru ナーウーラ, ナワーイール	water mill ウォータ ミル
すいじゃくする **衰弱する** suijakusuru	ضَعُفَ [完], يَضْعُفُ yaḍʿufu, ḍaʿufa ヤドウフ, ダウファ	grow weak グロウ ウィーク

す

日	アラビア	英
すいじゅん **水準** suijun	**مُسْتَوًى** 男, 複 **مُسْتَوَيَات** mustawan, mustawayāt ムスタワン, ムスタワヤート	level, standard レヴル, スタンダド
すいしょう **水晶** suishou	**بِلَّوْرَة** 女 billaurat ビッラウラ	crystal クリスタル
すいじょうき **水蒸気** suijouki	**بُخَار** 男, 複 **أَبْخِرَة** bukhār, ʾabkhirat ブハール, アブヒラ	steam スティーム
すいす **スイス** suisu	**اَلسُّوِيسْرَا** 女 al-suwīsrā アッ スウィースラー	Switzerland スウィツァランド
すいせい **水星** suisei	**عُطَارِدُ** 男〔二段〕 ʿuṭāridu ウターリドゥ	Mercury マーキュリ
すいせん **推薦** suisen	**تَوْصِيَة** 女 tauṣiyat タウスィヤ	recommendation レコメンデイション
～する	**يُوَصِّي**, 〔完〕 **وَصَّى** yuwaṣṣī, waṣṣā ユワッスィー, ワッサー	recommend レコメンド
すいせん **水仙** suisen	**نَرْجِس** 男 narjis ナルジス	narcissus, daffodil ナースィサス, ダフォディル
すいそ **水素** suiso	**هِيدْرُوجِين** 男 hīdrūjīn ヒードルージーン	hydrogen ハイドロヂェン
すいそう **水槽** suisou	**خَزَّانُ ٱلْمِيَاهِ** 男 khazzānu al-miyāhi ハザッーヌル ミヤーフ	water tank, cistern ウォータ タンク, スィスタン
（熱帯魚などの）	**حَوْضُ سَمَكٍ** 男 ḥauḍu samakin ハウド サマク	aquarium アクウェアリアム
すいぞう **膵臓** suizou	**بَنْكُرِيَاس** 男 bankuriyās バンクリヤース	pancreas パンクリアス

日	アラビア	英
すいそうがく **吹奏楽** suisougaku	مُوسِيقَى نُحَّاسِيَّة 女 mūsīqā nuḥḥāsīyat ムー**スィ**ーカー ヌッハー**スィ**ーヤ	wind music **ウィ**ンド **ミュ**ーズィク
すいそく **推測** suisoku	تَخْمِين 男 takhmīn タフ**ミ**ーン	guess, conjecture **ゲ**ス，コン**チェ**クチャ
～する	خَمَّنَ ,يُخَمِّنُ 〔完〕 yukhamminu, khammana ユ**ハ**ンミヌ，**ハ**ンマナ	guess, conjecture **ゲ**ス，コン**チェ**クチャ
すいぞくかん **水族館** suizokukan	حَدِيقَةُ أَسْمَاكٍ 女 ḥadīqatu ʾasmākin ハ**ディ**ーカ アス**マ**ーク	aquarium アク**ウェ**アリアム
すいたいする **衰退する** suitaisuru	اِنْحَطَّ ,يَنْحَطُّ 〔完〕 yanḥaṭṭu, inḥaṭṭa ヤン**ハ**ットゥ，イン**ハ**ッタ	decline ディク**ラ**イン
すいちょくな **垂直な** suichokuna	عَمُودِيّ ʿamūdīy ア**ム**ーディー	vertical **ヴァ**ーティカル
すいっち **スイッチ** (電気の) suicchi	مِفْتَاح كَهْرَبَائِيّ 男 miftāḥ kahrabāʾīy ミフ**タ**ーフ カフラ**バ**ーイー	switch ス**ウィ**チ
(電灯の)	مِفْتَاحُ ٱلنُّورِ 男 miftāḥu al-nūri ミフ**タ**ーフン **ヌ**ール	switch ス**ウィ**チ
(PC 等の)	زِرُّ تَشْغِيلٍ 男 zirru tashghīlin **ズィ**ッル タシュ**ギ**ール	switch ス**ウィ**チ
すいでん **水田** suiden	حُقُولُ ٱلْأَرُزِّ 複 ḥuqūlu al-ʾaruzzi フ**ク**ールル ア**ル**ッズ	rice paddy **ラ**イス **パ**ディ
すいとう **水筒** suitou	مَطَارَةُ ٱلْمَاءِ 女 maṭāratu al-māʾi マ**タ**ーラトゥル **マ**ーア	water bottle, canteen **ウォ**ータ **バ**トル，キャン**ティ**ーン

日	アラビア	英
すいどう **水道** suidou	**حَنَفِيَّة** 女 ḥanafīyat ハナ**フィ**ーヤ	water service **ウォ**ータ **サ**ーヴィス
ずいひつ **随筆** zuihitsu	**مَقَالَة** 女 maqālat マ**カ**ーラ	essay **エ**セイ
すいへいせん **水平線** suiheisen	**أُفْق** 男, 複 **آفَاق** ʾufq, ʾāfāq **ウ**フク, アー**ファ**ーク	horizon ホ**ラ**イズン
すいへいの **水平の** suiheino	**أُفُقِيّ** ʾufqīy **ウ**フキー	level, horizontal **レ**ヴル, ホーリ**ザ**ントル
すいみん **睡眠** suimin	**نَوْم** 男 naum **ナ**ウム	sleep ス**リ**ープ
〜薬	**مُنَوِّم** 男 munauwim ム**ナ**ッウィム	sleeping drug ス**リ**ーピング ド**ラ**グ
すいめん **水面** suimen	**سَطْحُ ٱلْمَاءِ** 男 saṭḥu al-māʾi **サ**トフル **マ**ーア	surface of the water **サ**ーフェス オヴ ザ **ウォ**ータ
すいようび **水曜日** suiyoubi	**يَوْمُ ٱلْأَرْبِعَاءِ** 男 yaumu al-ʾarbiʿāʾi **ヤ**ウムル アルビ**ア**ーウ	Wednesday **ウェ**ンズデイ
すいりしょうせつ **推理小説** suirishousetsu	**رِوَايَة بُولِيسِيَّة** 女 riwāyat būlīsīyat リ**ワ**ーヤ ブーリー**スィ**ーヤ	detective story ディ**テ**クティヴ ス**ト**ーリ
すいれん **睡蓮** suiren	**زَنْبَقُ ٱلْمَاءِ** 集 zanbaqu al-māʾi **ザ**ンバクル **マ**ーア	water lily **ウォ**タ **リ**リ
すう **吸う** (液体を) suu	**يَمْتَصُّ**, 完 **اِمْتَصَّ** yamtaṣṣu, imtaṣṣa ヤム**タ**ッス, イム**タ**ッサ	sip, suck **スィ**プ, **サ**ク
(煙草を)	**يُدَخِّنُ**, 完 **دَخَّنَ** yudakhkhinu, dakhkhana ユ**ダ**ッヒヌ, **ダ**ッハナ	smoke ス**モ**ウク

日	アラビア	英
(息を)	يَسْتَنْشِقُ, [完] اِسْتَنْشَقَ yastanshiqu, istanshaqa ヤスタンシク, イスタンシャカ	breathe in, inhale ブリーズ イン, インヘイル
すうぇーでん **スウェーデン** suweeden	اَلسُّوِيد 女 al-suwīd アッ スウィード	Sweden スウィードン
すうがく **数学** suugaku	رِيَاضِيَّات 複 riyāḍīyāt リヤーディーヤート	mathematics マセマティクス
すうこうな **崇高な** suukouna	جَلِيل jalīl ジャリール	sublime サブライム
すうじ **数字** suuji	رَقْم 男, 複 أَرْقَام raqm, ʾarqām ラクム, アルカーム	figure, numeral フィギャ, ニューメラル
ずうずうしい **図々しい** zuuzuushii	وَقِيح waqīḥ ワキーフ	impudent, audacious インピュデント, オーデイシャス
すーだん **スーダン** suudan	اَلسُّودَان 男 al-sūdān アッ スーダーン	Sudan スーダーン
すーつ **スーツ** suutsu	بَدْلَة 女 badlat バドラ	suit スート
すーつけーす **スーツケース** suutsukeesu	حَقِيبَةُ ٱلسَّفَرِ 女 ḥaqībatu al-safari ハキーバトゥッ サファル	suitcase スートケイス
すうにん **数人** suunin	بَعْضُ ٱلنَّاسِ 男 baʿḍu al-nāsi バアドン ナース	several people セヴラル ピープル
すうねん **数年** suunen	عِدَّةُ سَنَوَاتٍ 女 ʿiddatu sanawātin イッダ サナワート	several years セヴラル イアズ
すーぱーまーけっと **スーパーマーケット** suupaamaaketto	سُوبَرْمَارْكِت 男 sūbarmārkit スーバルマールキト	supermarket スーパマーケト

日	アラビア	英
すうはいする **崇拝する** suuhaisuru	عَبَدَ [完], يَعْبُدُ yaʿbudu, ʿabada **ヤ**アブドゥ, **ア**バダ	worship, adore **ワ**ーシプ, アド**ー**
すーぷ **スープ** suupu	شُرْبَة 女 shurbat **シュ**ルバ	soup **ス**ープ
すかーと **スカート** sukaato	تَنُّورَة 女 tannūrat タン**ヌ**ーラ	skirt ス**カ**ート
すかーふ **スカーフ**（首に巻く） sukaafu	وِشَاح 男, 複 وَشَائِحُ [二段] wishāḥ, washāʾiḥu ウィ**シャ**ーフ, ワ**シャ**ーイフ	scarf ス**カ**ーフ
ずがいこつ **頭蓋骨** zugaikotsu	جُمْجُمَة 女, 複 جَمَاجِمُ [二段] jumjumat, jamājimu **ジュ**ムジュマ, ジャ**マ**ージム	skull ス**カ**ル
すかいだいびんぐ **スカイダイビング** sukaidaibingu	قَفْز بِالْمِظَلَّاتِ 男 qafz bi-al-miẓallāti **カ**フズ ビール ミザッ**ラ**ート	skydiving ス**カ**イダイヴィング
すがお **素顔** sugao	وَجْه بِدُونِ تجميلٍ 男 wajh bi-dūni tajmīlin **ワ**ジュフ ビードゥーニ タジュ**ミ**ール	face without makeup **フェ**イス ウィザウト **メ**イカプ
すがすがしい **清々しい** sugasugashii	مُنْعِش munʿish **ム**ンイシュ	refreshing, fresh リフ**レ**シング, フ**レ**シュ
すがた **姿**（外観・容貌） sugata	مَظْهَر 男, 複 مَظَاهِرُ [二段] maẓhar, maẓāhiru **マ**ズハル, マ**ザ**ーヒル	figure, shape **フィ**ギャ, **シェ**イプ
ずかん **図鑑** zukan	مَوْسُوعَة مُصَوَّرَة 女 mausūʿat muṣauwarat マウ**ス**ーア ム**サ**ウワラ	illustrated book **イ**ラストレイテド **ブ**ク
すきー **スキー** sukii	تَزَحْلُق عَلَى ٱلثَّلْجِ 男 tazaḥluq ʿalā al-thalji タ**ザ**フルク アラッ **サ**ルジ	skiing, ski ス**キ**ーイング, ス**キ**ー

日	アラビア	英
すきとおった **透き通った** sukitootta	**شَفَّاف** shaffāf シャッ**ファ**ーフ	transparent, clear トランス**ペ**アレント，ク**リ**ア
すきな **好きな** sukina	**مُفَضَّل** mufaḍḍal ム**ファ**ッダル	favorite, Ⓑfavourite **フェ**イヴァリト，**フェ**イヴァリト
すきま **透き間** sukima	**فَجْوَة** 女 fajwat **ファ**ジュワ	opening, gap **オ**ウプニング，**ギャ**プ
すきむみるく **スキムミルク** (無脂肪乳) sukimumiruku	**حَلِيب خَالِي ٱلدَّسَمِ** 男 ḥalīb khālī al-dasami ハ**リ**ーブ **ハ**ーリッ **ダ**サム	skim milk ス**キ**ム ミルク
すきゃなー **スキャナー** sukyanaa	**مَاسِح ضَوْئِيّ** 男 māsiḥ ḍauʾīy **マ**ースィフ **ダ**ウイー	scanner ス**キャ**ナ
すきゃんだる **スキャンダル** sukyandaru	**فَضِيحَة** 女, 複 **فَضَائِحُ** 〔二段〕 faḍīḥat, faḍāʾiḥu ファ**ディ**ーハ，ファ**ダ**ーイフ	scandal ス**キャ**ンダル
すきゅーばだいびんぐ **スキューバダイビング** sukyuubadaibingu	**غَوْص** 男 ghauṣ **ガ**ウス	scuba diving ス**キュ**ーバ **ダ**イヴィング
すぎる **過ぎる** (更に先へ) sugiru	**يَمُرُّ,** 〔完〕 **مَرَّ** yamurru, marra ヤ**ム**ッル，**マ**ッラ	pass, go past **パ**ス，**ゴ**ウ **パ**スト
(時が)	**يَمُرُّ,** 〔完〕 **مَرَّ** yamurru, marra ヤ**ム**ッル，**マ**ッラ	pass, elapse **パ**ス，イ**ラ**プス
(程度を)	**تُفْرِطُ فِي,** 〔完〕 **أَفْرَطَ فِي** tufriṭu fī, ʾafraṭa fī **トゥ**フリトゥ フィー，**ア**フラタ フィー	go too far **ゴ**ウ **トゥ**ー **ファ**ー
すく **空く** (人が) suku	**يُصْبِحُ خَالِيًّا,** 〔完〕 **أَصْبَحَ خَالِيًّا** yuṣbiḥu khālīyan, ʾaṣbaḥa khālīyan **ユ**スビフ ハー**リ**ーヤン，**ア**スバハ ハー**リ**ーヤン	(become) less crowded (ビカム) **レ**ス ク**ラ**ウデド

日	アラビア	英
(手が)	يَفْرُغُ, [完] فَرَغَ yafrughu, faragha ヤフルグ, ファラガ	(be) free (ビ) フリー
(腹が)	يَجُوعُ, [完] جَاعَ yajūʿu, jāʿa ヤジューウ, ジャーア	feel hungry フィール ハングリ
すくう **掬う** sukuu	يَغْرِفُ, [完] غَرَفَ yaghrifu, gharafa ヤグリフ, ガラファ	scoop, ladle スクープ, レイドル
すくう **救う** sukuu	يُنْقِذُ, [完] أَنْقَذَ yunqidhu, ʾanqadha ユンキズ, アンカザ	rescue, save レスキュー, セイヴ
すくない **少ない** sukunai	قَلِيل, 複 قَلَائِلُ [二段] qalīl, qalāʾilu カリール, カラーイル	few, little フュー, リトル
すくなくとも **少なくとも** sukunakutomo	عَلَى ٱلْأَقَلِّ ʿalā al-ʾaqalli アラル アカッル	at least アト リースト
すぐに **直ぐに** suguni	فَوْرًا fauran ファウラン	at once, immediately アト ワンス, イミーディエトリ
すくらんぶるえっぐ **スクランブルエッグ** sukuranburueggu	بَيْض مَخْفُوق 男 baiḍ makhfūq バイド マフフーク	scrambled eggs スクランブルド エグズ
すくりーん **スクリーン** sukuriin	شَاشَة 女 shāshat シャーシャ	screen スクリーン
すぐれた **優れた** sugureta	مُمْتَاز mumtāz ムムターズ	excellent, fine エクセレント, ファイン
すぐれる **優れる** sugureru	يَمْتَازُ, [完] اِمْتَازَ yamtāzu, imtāza ヤムターズ, イムターザ	(be) better, (be) superior to (ビ) ベタ, (ビ) スピアリアトゥ

日	アラビア	英
ずけい **図形** zukei	شَكْل هَنْدَسِيّ 男 shakl handasīy シャクル ハンダスィー	figure, diagram フィギャ, ダイアグラム
すけーと **スケート** sukeeto	تَزَلُّج عَلَى ٱلْجَلِيدِ 男 tazalluj ʿalā al-jalīdi タザッルジュ アラル ジャリード	skating スケイティング
～靴	حِذَاءُ ٱلتَّزَلُّج عَلَى ٱلْجَلِيدِ 男 ḥidhāʾu al-tazalluji ʿalā al-jalīdi ヒザーウッ タザッルジュ アラル ジャリード	skates スケイツ
すけーる **スケール** (規模・大きさ) sukeeru	حَجْم 男, 複 أَحْجَام ḥajm, ʾaḥjām ハジュム, アフジャーム	scale スケイル
(尺度)	مِعْيَار 男, 複 مَعَايِيرُ〔二段〕 miʿyār, maʿāyīru ミウヤール, マアーイール	scale スケイル
すけじゅーる **スケジュール** sukejuuru	جَدْوَل زَمَنِيّ 男 jadwal zamanīy ジャドワル ザマニー	schedule スケヂュル
すけっち **スケッチ** sukecchi	رَسْم 男, 複 رُسُوم rasm, rusūm ラスム, ルスーム	sketch スケチ
すこあぼーど **スコアボード** sukoaboodo	لَوْحَةُ ٱلنَّتَائِج 女 lauḥat al-natāʾiji ラウハトゥン ナターイジュ	scoreboard スコーボード
すごい **すごい** sugoi	رَائِع rāʾiʿ ラーイウ	wonderful, great ワンダフル, グレイト
すこし **少し** sukoshi	قَلِيلًا qalīlan カリーラン	a few, a little ア フュー, ア リトル
すごす **過ごす** sugosu	قَضَى 〔完〕, يَقْضِي yaqḍī, qaḍā ヤクディー, カダー	pass, spend パス, スペンド

日	アラビア	英
すこっぷ **スコップ** sukoppu	**مِجْرَفَة** 女 mijrafat ミジュラファ	scoop, shovel スクープ, シャヴル
すさまじい **すさまじい** susamajii	**هَائِل** hāʾil ハーイル	dreadful, terrible ドレドフル, テリブル
すじ **筋** suji	**خَطّ** 男, 複 **خُطُوط** khaṭṭ, khuṭūṭ ハット, フトゥート	line ライン
(物事の道理)	**مَنْطِق** 男 manṭiq マンティク	reason, logic リーズン, ラヂク
(話のあらすじ)	**مَضْمُونُ ٱلرِّوَايَةِ** 男 maḍmūnu al-riwāyati マドムーヌッ リワーヤ	plot プラト
すじょう **素性** sujou	**عُنْصُر** 男, 複 **عَنَاصِرُ** 〔二段〕 ʿunṣur, ʿanāṣiru ウンスル, アナースィル	birth, origin バース, オーリヂン
すず **錫** suzu	**قَصْدِير** 男 qaṣdīr カスディール	tin ティン
すず **鈴** suzu	**جَرَس** 男, 複 **أَجْرَاس** jaras, ʾajrās ジャラス, アジュラース	bell ベル
すずしい **涼しい** suzushii	**رَطْب** raṭb ラトブ	cool クール
すすむ **進む** susumu	**يَتَقَدَّمُ**, 〔完〕 **تَقَدَّمَ** yataqaddamu, taqaddama ヤタカッダム, タカッダマ	go forward ゴウ フォーワド
(物事が)	**يَتَقَدَّمُ**, 〔完〕 **تَقَدَّمَ** yataqaddamu, taqaddama ヤタカッダム, タカッダマ	progress プラグレス
すずめ **雀** suzume	**عُصْفُور دَوْرِيّ** 男 ʿuṣfūr daurīy ウスフール ダウリー	sparrow スパロウ

日	アラビア	英
すすめる **勧める** susumeru	**يَنْصَحُ بِ, 〔完〕 نَصَحَ بِ** yanṣaḥu bi, naṣaḥa bi ヤンサフ ビ, ナサハ ビ	advise アドヴァイズ
すすめる **進める** susumeru	**يُقَدِّمُ, 〔完〕 قَدَّمَ** yuqaddimu, qaddama ユカッディム, カッダマ	advance, push on アドヴァンス, プシュ オン
すすめる **薦める** susumeru	**يَقْتَرِحُ, 〔完〕 اِقْتَرَحَ** yaqtariḥu, iqtaraḥa ヤクタリフ, イクタラハ	recommend レコメンド
すずらん **鈴蘭** suzuran	**زَنْبَقُ ٱلْوَادِي** 男 zanbaqu al-wādī ザンバクル ワーディー	lily of the valley リリ オヴ ザ ヴァリ
すそ **裾** suso	**طَرَف** 男 ṭaraf タラフ	skirt, train スカート, トレイン
すたー **スター** sutaa	**نَجْم** 男, 複 **نُجُوم** najm, nujūm ナジュム, ヌジューム	star スター
すたーと **スタート** sutaato	**بِدَايَة** 女 bidāyat ビダーヤ	start スタート
〜ライン	**خَطُّ ٱلْبِدَايَةِ** 男 khaṭṭu al-bidāyati ハットル ビダーヤ	starting line スターティング ライン
すたいる **スタイル** sutairu	**قَوَام** 男 qawām カワーム	figure フィギャ
(様式・やり方)	**أُسْلُوب** 男, 複 **أَسَالِيبُ** 〔二段〕 ʾuslūb, ʾasālību ウスルーブ, アサーリーブ	style スタイル
すたじあむ **スタジアム** sutajiamu	**إِسْتَاد** 男 ʾistād イスタード	stadium ステイディアム
すたじお **スタジオ** sutajio	**إِسْتُدِيُو** 男 ʾistudiyū イストゥディユー	studio ステューディオウ

日	アラビア	英
すたんぷ **スタンプ** sutanpu	خَتْم 男 khatm ハトム	stamp, postmark スタンプ, ポウストマーク
すちーむ **スチーム** suchiimu	بُخَار 男 bukhār ブハール	steam スティーム
ずつう **頭痛** zutsuu	صُدَاع 男 ṣudāʿ スダーウ	headache ヘデイク
すっかり **すっかり** sukkari	تَمَامًا tamāman タマーマン	all, entirely オール, インタイアリ
すづけ **酢漬け** suzuke	مُخَلَّل 男 mukhallal ムハッラル	pickling ピクリング
すっぱい **酸っぱい** suppai	حَامِض, 複 حَوَامِضُ〔二段〕 ḥāmiḍ, ḥawāmiḍu ハーミド, ハワーミドゥ	sour, acid サウア, アスィド
すてーじ **ステージ** suteeji	مَسْرَح 男, 複 مَسَارِحُ〔二段〕 masraḥ, masāriḥu マスラフ, マサーリフ	stage ステイヂ
すてきな **素敵な** sutekina	جَمِيل jamīl ジャミール	great, fine グレイト, ファイン
すてっぷ **ステップ** suteppu	خُطْوَة 女 khuṭwat フトワ	step ステプ
すでに **既に** sudeni	قَدْ qad カド	already オールレディ
すてる **捨てる** suteru	يَرْمِي, 〔完〕 رَمَى yarmī, ramā ヤルミー, ラマー	throw away, dump スロウ アウェイ, ダンプ
すてれお **ステレオ** sutereo	سُتِرِيو 男 sutirīw スティリーウ	stereo スティアリオウ

日	アラビア	英
すてんどぐらす **ステンドグラス** sutendogurasu	زُجَاج مُعَشَّق 男 zujāj muʿashshaq ズジャーズ ムアッシャク	stained glass ステインド グラス
すとーぶ **ストーブ** sutoobu	مِدْفَأَة 女, 複 مَدَافِئُ〔二段〕 midfaʾat, madāfiʾu ミドファア, マダーフィウ	heater, stove ヒータ, ストウヴ
すとーりー **ストーリー** sutoorii	قِصَّة 女, 複 قِصَص qiṣṣat, qiṣaṣ キッサ, キサス	story ストーリ
すとっきんぐ **ストッキング** sutokkingu	جَوْرَب نِسَائِيّ 男 jaurab nisāʾīy ジャウラブ ニサーイー	stockings スタキングズ
すとっく **ストック**（スキーの） sutokku	عَصَا ٱلتَّزَلُّجِ 女 ʿaṣā al-tazalluji アサッ タザッルジュ	ski pole スキー ポウル
すとっぷうぉっち **ストップウォッチ** sutoppuwocchi	سَاعَةُ ٱلتَّوْقِيفِ 女 sāʿatu al-tauqīfi サーアトゥッ タウキーフ	stopwatch スタプワチ
すとらいき **ストライキ** sutoraiki	إِضْرَاب 男 ʾiḍrāb イドラーブ	strike ストライク
すとれす **ストレス** sutoresu	ضَغْط نَفْسِيّ 男 ḍaghṭ nafsīy ダグト ナフスィー	stress ストレス
すとれっち **ストレッチ** sutorecchi	تَمَارِينُ ٱلْإِطَالَةِ 男 tamārīnu al-ʾiṭālati タマーリーヌル イターラ	stretch ストレチ
すとろー **ストロー** sutoroo	شَفَّاطَة 女 shaffāṭat シャッファータ	straw ストロー
すな **砂** suna	رَمْل 男, 複 رِمَال raml, rimāl ラムル, リマール	sand サンド
すなおな **素直な** sunaona	صَرِيح, 複 صُرَحَاءُ〔二段〕 ṣarīḥ, ṣurahāʾu サリーフ, スラハーウ	docile, obedient ダスィル, オビーディエント

日	アラビア	英
すなわち **すなわち** sunawachi	**أَيْ** ʾai アイ	namely, that is ネイムリ, ザト イズ
すにーかー **スニーカー** suniikaa	**حِذَاء رِيَاضِيّ** 男 ḥidhāʾ riyāḍīy ヒザーウ リヤーディー	sneakers, Ⓑtrainers スニーカズ, トレイナズ
すね **脛** sune	**سَاق** 女, 複 **سُوق** sāq, sūq サーク, スーク	shin シン
すねる **すねる** suneru	**يُبَوِّزُ**, 〔完〕 **بَوَّزَ** yubauwizu, bauwaza ユバッウィズ, バッワザ	sulk サルク
ずのう **頭脳** zunou	**دِمَاغ** 男, 複 **أَدْمِغَة** dimāgh, ʾadmighat ディマーグ, アドミガ	brains, head ブレインズ, ヘド
すのーぼーど **スノーボード** sunooboodo	**تَزَلُّج عَلَى ٱلثُّلُوجِ** 男 tazalluj ʿalā al-thulūji タザッルジュ アラッ スルージュ	snowboard スノウボード
すぱい **スパイ** supai	**جَاسُوس** 男, 複 **جَوَاسِيسُ** 〔二段〕 jāsūs, jawāsīsu ジャースース, ジャワースィース	spy, secret agent スパイ, スィークレト エイヂェント
すぱいす **スパイス** supaisu	**تَابَل** 男, 複 **تَوَابِلُ** 〔二段〕 tābal, tawābilu ターバル, タワービル	spice スパイス
すぱげってぃ **スパゲッティ** supagetti	**مَكَرُونَة** 女 makarūnat マカルーナ	spaghetti スパゲティ
すぱな **スパナ** supana	**مِفْتَاحُ ٱلْبُرَاغِيّ** 男 miftāḥu al-burāghīy ミフターフル ブラーギー	wrench, spanner レンチ, スパナ
すばやい **素早い** subayai	**سَرِيع** sarīʿ サリーウ	nimble, quick ニンブル, クウィク

日	アラビア	英
すばらしい **素晴らしい** subarashii	رَائِع rāʾiʿ ラーイウ	wonderful, splendid ワンダフル, スプレンディド
すぴーかー **スピーカー** (家電の) supiikaa	مُكَبِّرُ ٱلصَّوْتِ 男 mukabbiru al-ṣauti ムカッビルッ サウト	speaker スピーカ
すぴーち **スピーチ** supiichi	خِطَاب 男, 複 خِطَابَات khiṭāb, khiṭābāt ヒターブ, ヒターバート	speech スピーチ
すぴーど **スピード** supiido	سُرْعَة 女 surʿat スルア	speed スピード
ずひょう **図表** zuhyou	رَسْم بَيَانِيّ 男 rasm bayānīy ラスム バヤーニー	chart, diagram チャート, ダイアグラム
すぷーん **スプーン** supuun	مِلْعَقَة 女, 複 مَلَاعِقُ 〔二段〕 milʿaqat, malāʿiqu ミルアカ, マラーイク	spoon スプーン
すぷりんくらー **スプリンクラー** (灌漑用の) supurinkuraa	رَيّ بِٱلرَّشّ 男 raiy bi-al-rashshi ライイ ビーッ ラッシ	sprinkler スプリンクラ
すぷれー **スプレー** supuree	بَخَّاخ 男, 複 بَخَّاخَات bakhkhākh, bakhkhākhāt バッハーフ, バッハーハート	spray スプレイ
すぺいん **スペイン** supein	إِسْبَانِيَا 女 ʾisbāniyā イスバーニヤー	Spain スペイン
～語	اَللُّغَةُ ٱلْإِسْبَانِيَّةُ 女 al-lughatu al-ʾisbānīyatu アッ ルガトゥル イスバーニーヤ	Spanish スパニシュ
すぺーす **スペース** supeesu	مِسَاحَة 女 misāḥat ミサーハ	space スペイス
すべすべした **すべすべした** subesubeshita	نَاعِم nāʿim ナーイム	smooth, slippery スムーズ, スリパリ

日	アラビア	英
すべての **すべての** subeteno	**كُلّ** kull **ク**ッル	all, every, whole **オ**ール, **エ**ヴリ, **ホ**ウル
すべる **滑る** suberu	**يَنْزَلِقُ**, [完] **اِنْزَلَقَ** yanzaliqu, inzalaqa **ヤ**ンザリク, **イ**ンザラカ	slip, slide スリ**プ**, スラ**イ**ド
(床が)	**زَلِق** zaliq **ザ**リク	(be) slippery (ビ) スリ**パ**リ
(スケートで)	**يَتَزَحْلَقُ**, [完] **تَزَحْلَقَ** yatazaḥlaqu, tazaḥlaqa ヤタ**ザ**フラク, タ**ザ**フラカ	skate ス**ケ**イト
すぺる **スペル** superu	**هِجَاء** 男, 複 **أَهْجِيَة** hijāʾ, ʾahjiyat ヒ**ジャ**ーウ, **ア**フジヤ	spelling ス**ペ**リング
すぽーくすまん **スポークスマン** supookusuman	**مُحَدِّث** 男 muḥaddith ム**ハ**ッディス	spokesman ス**ポ**ウクスマン
すぽーつ **スポーツ** supootsu	**رِيَاضَة** 女 riyāḍat リ**ヤ**ーダ	sports ス**ポ**ーツ
ずぼん **ズボン** zubon	**بَنْطَلُون** 男, 複 **بَنْطَلُونَات** banṭalūn, banṭalūnāt バンタ**ル**ーン, バンタルー**ナ**ート	trousers ト**ラ**ウザズ
すぽんさー **スポンサー** suponsaa	**مُمَوِّل** 男 mumauwil ム**マ**ウウィル	sponsor ス**パ**ンサ
すぽんじ **スポンジ** suponji	**إِسْفَنْج** 男 ʾisfanj イス**ファ**ンジュ	sponge ス**パ**ンヂ
すまい **住まい** sumai	**سَكَن** 男 sakan **サ**カン	house **ハ**ウス
すみ **隅** sumi	**زَاوِيَة** 女, 複 **زَوَايَا** zāwiyat, zawāyā **ザ**ーウィヤ, ザ**ワ**ーヤー	nook, corner **ヌ**ク, **コ**ーナ

日	アラビア	英
すみ **炭** sumi	**فَحْم** 集, **فَحْمَة** 女 faḥm, faḥmat ファフム, ファフマ	charcoal チャーコウル
すみれ **菫** sumire	**بَنَفْسَج** 集 banafsaj バナフサジュ	violet ヴァイオレト
すむ **済む** sumu	**يَنْتَهِي**, 完 **اِنْتَهَى** yantahī, intahā ヤンタヒー, インタハー	(be) finished (ビ) フィニシュト
すむ **住む** sumu	**يَسْكُنُ**, 完 **سَكَنَ** yaskunu, sakana ヤスクヌ, サカナ	live リヴ
すむ **澄む** sumu	**يَصْفُو**, 完 **صَفَا** yaṣfū, ṣafā ヤスフー, サファー	(become) clear (ビカム) クリア
すもーくさーもん **スモークサーモン** sumookusaamon	**سَلْمُون مُدَخَّن** 男 salmūn mudakhkhan サルムーン ムダッハン	smoked salmon スモウクト サモン
すもっぐ **スモッグ** sumoggu	**ضَبَاب دُخَانِيّ** 男 ḍabāb dukhānīy ダバーブ ドゥハーニー	smog スマグ
すり **すり** suri	**نَشَّال** 男 nashshāl ナッシャール	pickpocket ピクパケト
すりおろす **擦り下ろす** suriorosu	**يَبْشُرُ**, 完 **بَشَرَ** yabshuru, bashara ヤブシュル, バシャラ	grind, grate グラインド, グレイト
すりきず **擦り傷** surikizu	**خَدْش** 男, 複 **أَخْدَاش** khadsh, ʾakhdāsh ハドシュ, アフダーシュ	abrasion アブレイジョン
すりきれる **擦り切れる** surikireru	**يَبْلَى**, 完 **بَلِيَ** yablā, baliya ヤブラー, バリヤ	wear out ウェア アウト
すりっと **スリット** suritto	**شَقّ** 男 shaqq シャック	slit スリト

日	アラビア	英
すりっぱ **スリッパ** surippa	**شِبْشِب** 男, 複 **شَبَاشِبُ**〔二段〕 shibshib, shabāshibu シブシブ, シャバーシブ	slippers スリパズ
すりっぷする **スリップする** surippusuru	**يَنْزَلِقُ**, 〔完〕 **اِنْزَلَقَ** yanzaliqu, inzalaqa ヤンザリク, インザラカ	slip, skid スリプ, スキド
すりむな **スリムな** surimuna	**نَحِيف**, 複 **نُحَفَاءُ**〔二段〕 naḥīf, nuḥafāʾu ナヒーフ, ヌハファーウ	slim スリム
すりらんか **スリランカ** suriranka	**سِيرِيلَانْكَا** 女 sīrīlānkā スィーリーラーンカー	Sri Lanka スリー ラーンカ
すりる **スリル** suriru	**إِثَارَة** 女 ʾithārat イサーラ	thrill スリル
する **する** suru	**يَفْعَلُ**, 〔完〕 **فَعَلَ** yafʿalu, faʿala ヤフアル, ファアラ	do, try, play ドゥー, トライ, プレイ
する **擦る** (こする) suru	**يَفْرُكُ**, 〔完〕 **فَرَكَ** yafruku, faraka ヤフルク, ファラカ	rub, chafe ラブ, チェイフ
するどい **鋭い** surudoi	**حَادّ** ḥādd ハーッド	sharp, pointed シャープ, ポインテド
ずれる **ずれる** (逸脱する) zureru	**يَنْحَرِفُ عَنْ**, 〔完〕 **اِنْحَرَفَ عَنْ** yanḥarifu ʿan, inḥarafa ʿan ヤンハリフ アン, インハラファ アン	deviate ディーヴィエイト
(移動する)	**يَنْحَرِفُ**, 〔完〕 **اِنْحَرَفَ** yanḥarifu, inḥarafa ヤンハリフ, インハラファ	shift, deviate シフト, ディーヴィエイト
すろーがん **スローガン** suroogan	**شِعَار** 男 shiʿār シアール	slogan, motto スロウガン, マトウ

日	アラビア	英
すろーぷ **スロープ** suroopu	اِنْحِدَار 男 inḥidār インヒダール	slope スロウプ
すろーもーしょん **スローモーション** suroomooshon	حَرَكَة بَطِيئَة 女 ḥarakat baṭīʾat ハラカ バティーア	slow motion スロウ モウション
すろっとましん **スロットマシン** surottomashin	مَاكِينَاتُ ٱلْقِمَارِ 複 mākīnātu al-qimāri マーキーナートゥル キマール	slot machine スラト マシーン
すろべにあ **スロベニア** surobenia	سُلُوفِينِيَا 女 sulūfīniyā スルーフィーニヤー	Slovenia スロウヴィーニア
すわる **座る** suwaru	يَجْلِسُ، 〔完〕 جَلَسَ yajlisu, jalasa ヤジュリス，ジャラサ	sit down, take a seat スィト ダウン，テイク ア スィート

せ，セ

日	アラビア	英
せ **背** se	طُول 男 ṭūl トゥール	height ハイト
せい **姓** sei	اِسْمُ ٱلْعَائِلَةِ 男 ismu al-ʿāʾilati イスムル アーイラ	family name, surname ファミリ ネイム，サーネイム
せい **性** sei	جِنْس 男 jins ジンス	sex セクス
せい **生** sei	حَيَاة 女 ḥayāt ハヤー	life, living ライフ，リヴィング
ぜい **税** zei	ضَرِيبَة 女，複 ضَرَائِبُ 〔二段〕 ḍarībat, ḍarāʾibu ダリーバ，ダラーイブ	tax タクス

日	アラビア	英
せいい **誠意** seii	إِخْلَاص 男 ʾikhlāṣ イフラース	sincerity スィンセリティ
せいいっぱい **精一杯** seiippai	بِكُلِّ جُهْدٍ bi-kulli juhdin ビークッリ ジュフド	as hard as possible アズ ハード アズ パスィブル
せいえん **声援** seien	تَشْجِيع 男 tashjīʿ タシュジーウ	cheering チアリング
～する	يُشَجِّعُ, 〔完〕 شَجَّعَ yushajjiʿu, shajjaʿa ユシャッジウ，シャッジャア	cheer チア
せいおう **西欧** seiou	أُورُوبَّا 女 ūrūbbā ウールーッバー	West Europe ウェスト ユアロプ
せいか **成果** seika	ثَمَرَة 女 thamarat サマラ	result, (the) fruits リザルト，(ザ) フルーツ
せいかい **政界** seikai	اَلْأَوْسَاطُ ٱلسِّيَاسِيَّةُ 複 al-awṣāṭu al-siyāsīyatu アル アウサートゥッ スィヤースィーヤ	political world ポリティカル ワールド
せいかい **正解** seikai	إِجَابَة صَحِيحَة 女 ʾijābat ṣaḥīḥat イジャーバ サヒーハ	correct answer コレクト アンサ
せいかく **性格** seikaku	شَخْصِيَّة 女 shakhṣīyat シャフスィーヤ	personality, nature パーソナリティ，ネイチャ
せいかくな **正確な** seikakuna	صَحِيح ṣaḥīḥ サヒーフ	exact, correct イグザクト，コレクト
せいかつ **生活** seikatsu	مَعِيشَة 女, 複 مَعَايِشُ 〔二段〕 maʿīshat, maʿāyishu マイーシャ，マアーイシュ	life, livelihood ライフ，ライヴリフド
～する	يَعِيشُ, 〔完〕 عَاشَ yaʿīshu, ʿāsha ヤイーシュ，アーシャ	live リヴ

せ

日	アラビア	英
ぜいかん **税関** zeikan	**جُمْرُك** 男, 複 **جَمَارِكُ** [二段] jumruk, jamāriku ジュムルク, ジャマーリク	customs, customs office カスタムズ, カスタムズ オーフィス
せいき **世紀** seiki	**قَرْن** 男, 複 **قُرُون** qarn, qurūn カルン, クルーン	century センチュリ
せいぎ **正義** seigi	**عَدَالَة** 女 ʿadālat アダーラ	justice チャスティス
せいきゅう **請求** seikyuu	**طَلَب** 男, 複 **طَلَبَات** ṭalab, ṭalabāt タラブ, タラバート	demand, claim ディマンド, クレイム
～書	**فَاتُورَة** 女, 複 **فَوَاتِيرُ** [二段] fātūrat, fawātīru ファートゥーラ, ファワーティール	bill, invoice ビル, インヴォイス
～する	**يَطْلُبُ**, 完 **طَلَبَ** yaṭlubu, ṭalaba ヤトルブ, タラバ	claim, demand クレイム, ディマンド
せいぎょ **制御** seigyo	**تَحَكُّم** 男 taḥakkum タハックム	control コントロウル
～する	**يَتَحَكَّمُ فِي**, 完 **تَحَكَّمَ فِي** yataḥakkamu fī, taḥakkama fī ヤタハッカム フィー, タハッカマ フィー	control コントロウル
せいきょく **政局** seikyoku	**وَضْع سِيَاسِيّ** 男 waḍʿ siyāsīy ワドウ スィヤースィー	political situation ポリティカル スィチュエイション
ぜいきん **税金** zeikin	**ضَرِيبَة** 女, 複 **ضَرَائِبُ** [二段] ḍarībat, ḍarāʾibu ダリーバ, ダラーイブ	tax タクス
せいくうけん **制空権** seikuuken	**تَفَوُّق جَوِّي** 男 tafauwuq jauwīy タファッウク ジャウウィー	air superiority エア スピアリオーリティ

日	アラビア	英
せいけい **生計** seikei	**مَعِيشَة** 女, 複 **مَعَايِشُ** [二段] maʿīshat, maʿāyishu マイ**ー**シャ, マア**ー**イシュ	living リヴィング
せいけいげか **整形外科** seikeigeka	**جِرَاحَةُ ٱلْعِظَامِ** 女 jirāḥatu al-ʿiẓāmi ジ**ラ**ーハトゥル イ**ザ**ーム	orthopedic surgery オーソ**ピ**ーディク **サ**ーヂャリ
せいけつな **清潔な** seiketsuna	**نَظِيف**, 複 **نُظَفَاءُ** [二段] naẓīf, nuẓafāʾu ナ**ズィ**ーフ, ヌザ**ファ**ーウ	clean, neat ク**リ**ーン, **ニ**ート
せいけん **政権** seiken	**حُكْم** 男, 複 **أَحْكَام** ḥukm, ʾaḥkām **フ**クム, アフ**カ**ーム	political power ポ**リ**ティカル **パ**ウア
せいげん **制限** seigen	**تَحْدِيد** 男, 複 **تَحْدِيدَات** taḥdīd, taḥdīdāt タフ**ディ**ード, タフディー**ダ**ート	restriction, limit リスト**リ**クション, **リ**ミト
～する	**يُحَدِّدُ**, 完 **حَدَّدَ** yuḥaddidu, ḥaddada ユ**ハ**ッディドゥ, **ハ**ッダダ	limit, restrict **リ**ミト, リスト**リ**クト
せいこう **成功** seikou	**نَجَاح** 男, 複 **نَجَاحَات** najāḥ, najāḥāt ナ**ジャ**ーフ, ナジャー**ハ**ート	success サク**セ**ス
～する	**يَنْجَحُ فِي**, 完 **نَجَحَ فِي** yanjaḥu fī, najaḥa fī **ヤ**ンジャフ フィー, **ナ**ジャハ フィー	succeed, succeed in サク**スィ**ード, サク**スィ**ード イン
せいざ **星座** seiza	**كَوْكَبَة** 女, 複 **كَوَاكِبُ** [二段] kaukabat, kawākibu **カ**ウカバ, カ**ワ**ーキブ	constellation カンステ**レ**イション
せいさい **制裁** seisai	**عُقُوبَة** 女 ʿuqūbat ウ**ク**ーバ	sanctions, punishment **サ**ンクションズ, **パ**ニシュメント
せいさく **制[製]作** seisaku	**إِنْتَاج** 男 ʾintāj イン**タ**ージュ	production, manufacture プロ**ダ**クション, マニュ**ファ**クチャ

日	アラビア	英
～する	أَنْتَجَ [完] ,يُنْتِجُ yuntiju, ʾantaja ユンティジュ，アンタジャ	make, produce メイク，プロデュース
せいさく **政策** seisaku	سِيَاسَة 女 siyāsat スィヤーサ	policy パリスィ
せいさん **生産** seisan	إِنْتَاج 男 ʾintāj インタージュ	production, manufacture プロダクション，マニュファクチャ
～する	أَنْتَجَ [完] ,يُنْتِجُ yuntiju, ʾantaja ユンティジュ，アンタジャ	produce, manufacture プロデュース，マニュファクチャ
せいし **生死** seishi	حَيَاة أَوْ مَوت ḥayāt ʾau maut ハヤー アウ マウト	life and death ライフ アンド デス
せいじ **政治** seiji	سِيَاسَة 女 siyāsat スィヤーサ	politics パリティクス
～家	سِيَاسِيّ 男 siyāsīy スィヤースィー	statesman, politician ステイツマン，パリティシャン
せいしきな **正式な** seishikina	رَسْمِيّ rasmīy ラスミー	formal, official フォーマル，オフィシャル
せいしする **静止する** seishisuru	تَوَقَّفَ [完] ,يَتَوَقَّفُ yatawaqqafu, tawaqqafa ヤタワッカフ，タワッカファ	rest, stand still レスト，スタンド スティル
せいしつ **性質** seishitsu	طَبِيعَة 女, 複 طَبَائِعُ [二段] ṭabīʿat, ṭabāʾiʿu タビーア，タバーイウ	nature, disposition ネイチャ，ディスポズィション
せいじつな **誠実な** seijitsuna	أَمِين, 複 أُمَنَاءُ [二段] ; صَادِق ʾamīn, ʾumanāʾu, ṣādiq アミーン，ウマナーウ，サーディク	sincere, honest スィンスィア，アネスト

せ

日	アラビア	英
せいじゃく **静寂** seijaku	**هُدُوء** 男 hudūʾ フ**ドゥ**ーウ	silence, stillness **サ**イレンス, ス**ティ**ルネス
せいしゅく **静粛** seishuku	**سُكُوت** 男 sukūt ス**ク**ート	silence **サ**イレンス
せいじゅくする **成熟する** seijukusuru	**يَنْضَجُ, [完] نَضِجَ** yanḍaju, naḍija **ヤ**ンダジュ, **ナ**ディジャ	ripen, mature **ラ**イプン, マ**チュ**ア
せいしょ **聖書** seisho	**اَلْكِتَاب اَلْمُقَدَّس** 男 al-kitāb al-muqaddas アル キ**タ**ーブル ム**カ**ッダス	Bible **バ**イブル
せいじょうな **正常な** seijouna	**سَلِيم, 複 سُلَمَاءُ** [二段] salīm, sulamāʾu サ**リ**ーム, スラ**マ**ーウ	normal **ノ**ーマル
(通常の)	**عَادِيّ** ʿādīy **ア**ーディー	normal **ノ**ーマル
せいしょうねん **青少年** seishounen	**شَبَاب** 男 shabāb シャ**バ**ーブ	younger generation **ヤ**ンガ チェネ**レ**イション
せいしょくしゃ **聖職者** seishokusha	**رِجَالُ ٱلدِّينِ** 男 rijālu al-dīni リ**ジャ**ールッ **ディ**ーン	clergy ク**ラ**ーヂ
せいしん **精神** seishin	**رُوح** 男, 複 **أَرْوَاح** rūḥ, ʾarwāḥ **ル**ーフ, アル**ワ**ーフ	spirit, mind ス**ピ**リト, **マ**インド
せいじん **成人** seijin	**بَالِغ** 男 bāligh **バ**ーリグ	adult, grown-up ア**ダ**ルト, グ**ロ**ウナプ
～する	**يَبْلُغُ, [完] بَلَغَ** yablughu, balagha **ヤ**ブルグ, **バ**ラガ	grow up グ**ロ**ウ **ア**プ
せいじん **聖人** seijin	**قِدِّيس** 男 qiddīs キッ**ディ**ース	saint **セ**イント

日	アラビア	英
せいしんか **精神科** seishinka	**قِسْمُ ٱلطِّبِّ ٱلنَّفْسِيِّ** 男 qismu al-ṭibbi al-nafsīyi キスムッ ティッビン ナフスィー	psychiatry サカイアトリ
〜医	**طَبِيب نَفْسِيّ** 男 ṭabīb nafsīy タビーブ ナフスィー	psychiatrist サカイアトリスト
せいず **製図** seizu	**رَسْم هَنْدَسِيّ** 男 rasm handasīy ラスム ハンダスィー	drafting, drawing ドラフティング，ドローイング
せいすう **整数** seisuu	**عَدَد صَحِيح** 男 ʿadad ṣaḥīḥ アダド サヒーフ	integer インティヂャ
せいせき **成績** seiseki	**نَتِيجَة** 女, 複 **نَتَائِجُ** [二段] natījat, natāʾiju ナティージャ，ナターイジュ	result, record リザルト，レコド
せいぜんと **整然と** seizento	**مُنَظَّمًا** munaẓẓaman ムナッザマン	orderly, regularly オーダリ，レギュラリ
せいぞう **製造** seizou	**تَصْنِيع** 男 taṣnīʿ タスニーウ	manufacture, production マニュファクチャ，プロダクション
せいそうけん **成層圏** seisouken	**طَبَقَةُ ٱلسِّتْرَاتُوسْفِيرِ** 女 ṭabaqatu al-sitrātūsfīri タバカトゥッ スィトラートゥースフィール	stratosphere ストラトスフィア
せいたいがく **生態学** seitaigaku	**عِلْمُ ٱلْبِيئَةِ** 男 ʿilmu al-bīʾati イルムル ビーア	ecology イーカロヂ
ぜいたく **贅沢** zeitaku	**تَرَف** 男 taraf タラフ	luxury ラクシャリ
〜な	**مُتْرَف** mutraf ムトラフ	luxurious ラグジュアリアス

日	アラビア	英
せいち **聖地** seichi	**مَكَان مُقَدَّس** 男 makān muqaddas マカーン ムカッダス	sacred ground セイクリド グラウンド
せいちょう **成長** seichou	**نُمُوّ** 男 numūw ヌムーウ	growth グロウス
～する	**يَنْمُو،** 〔完〕 **نَمَا** yanmū, namā ヤンムー, ナマー	grow グロウ
せいてん **晴天** seiten	**طَقْس مُشْمِس** ṭaqs mushmis タクス ムシュミス	fine weather ファイン ウェザ
せいでんき **静電気** seidenki	**كَهْرَبَاء سَاكِنَة** 男 kahrabāʾ sākinat カフラバーウ サーキナ	static electricity スタティク イレクトリスィティ
せいと **生徒** seito	**طَالِب** 男, 複 **طُلَّاب** ṭālib, ṭullāb ターリブ, トゥッラーブ	student, pupil ステューデント, ピューピル
せいど **制度** seido	**نِظَام** 男, 複 **أَنْظِمَة** niẓām, ʾanẓimat ニザーム, アンズィマ	system, institution スィステム, インスティテューション
せいとう **政党** seitou	**حِزْب سِيَاسِيّ** 男, 複 **أَحْزَاب سِيَاسِيَّة** ḥizb siyāsīy, ʾaḥzāb siyāsīyat ヒズブ スィヤースィー, アフザーブ スィヤースィーヤ	political party ポリティカル パーティ
せいとうな **正当な** (合法的な) seitouna	**شَرْعِيّ** sharʿīy シャルイー	just, proper, legal チャスト, プラパ, リーガル
(正しい・適切な)	**صَحِيح** ṣaḥīḥ サヒーフ	right ライト
せいとんする **整頓する** seitonsuru	**يُرَتِّبُ،** 〔完〕 **رَتَّبَ** yurattibu, rattaba ユラッティブ, ラッタバ	put in order プト イン オーダ

日	アラビア	英
せいなん **西南** seinan	**جَنُوب غَرْبِيّ** 男 janūb gharbīy ジャヌーブ ガルビー	southwest サウスウェスト
せいねん **青年** seinen	**شَابّ** 男, 複 **شَبَاب** shābb, shabāb シャーッブ，シャバーブ	young man, youth ヤング マン，ユース
せいねんがっぴ **生年月日** seinengappi	**تَارِيخُ ٱلْمِيلَادِ** 男 tārīkhu al-mīlādi ターリーフル ミーラード	date of birth デイト オヴ バース
せいのう **性能** seinou	**أَدَاء** 男 ʾadāʾ アダーウ	performance, capability パフォーマンス，ケイパビリティ
せいはんたい **正反対** seihantai	**اَلْعَكْس تَمَامًا** 男 al-ʿaks tamāman アル アクス タマーマン	exact opposite イグザクト アポズィト
せいびょう **性病** seibyou	**مَرَض مَنْقُول جِنْسِيًّا** 男 maraḍ manqūl jinsīyan マラド マンクール ジンスィーヤン	venereal disease ヴィニアリアル ディズィーズ
せいひん **製品** seihin	**مُنْتَج** 男, 複 **مُنْتَجَات** muntaj, muntajāt ムンタジュ，ムンタジャート	product プラダクト
せいふ **政府** seifu	**حُكُومَة** 女 ḥukūmat フクーマ	government ガヴァンメント
せいぶ **西部** seibu	**غَرْب** 男 gharb ガルブ	western part ウェスタン パート
せいふく **制服** seifuku	**زِيّ مُوَحَّد** 男 zīy muwaḥḥad ズィー ムワッハド	uniform ユーニフォーム
せいふくする **征服する** seifukusuru	**يَفْتَحُ**, 〔完〕 **فَتَحَ** yaftaḥu, fataḥa ヤフタフ，ファタハ	conquer カンカ
せいぶつ **生物** seibutsu	**كَائِن حَيّ** 男 kāʾin ḥaiy カーイン ハイイ	living thing, life リヴィング スィング，ライフ

日	アラビア	英
～学	عِلْمُ ٱلْأَحْيَاءِ 男 ʿilmu al-ʾaḥyāʾi イルムル アフヤーウ	biology バイアロヂ
せいぶつが 静物画 seibutsuga	طَبِيعَة صَامِتَة 女 ṭabīʿat ṣāmitat タビーア サーミタ	still life スティル ライフ
せいぶん 成分 seibun	مُكَوِّن 男, 複 مُكَوِّنَات mukauwin, mukauwināt ムカッウィン, ムカッウィナート	ingredient イングリーディエント
せいべつ 性別 seibetsu	جِنْس 男 jins ジンス	gender distinction チェンダ ディスティンクション
せいほうけい 正方形 seihoukei	مُرَبَّع 男 murabbaʿ ムラッバウ	square スクウェア
せいほく 西北 seihoku	شَمَال غَرْبِيّ 男 shamāl gharbīy シャマール ガルビー	northwest ノースウェスト
せいみつな 精密な seimitsuna	دَقِيق daqīq ダキーク	precise, minute プリサイス, マイニュート
ぜいむしょ 税務署 zeimusho	مَصْلَحَةُ ٱلضَّرَائِبِ 女 maṣlaḥatu al-ḍarāʾibi マスラハトゥッ ダラーイブ	tax office タクス オーフィス
せいめい 姓名 seimei	اِسْم كَامِل 男 ism kāmil イスム カーミル	(full) name (フル) ネイム
せいめい 生命 seimei	حَيَاة 女 ḥayāt ハヤー	life ライフ
～保険	تَأْمِين عَلَى ٱلْحَيَاةِ 男 taʾmīn ʿalā al-ḥayāti タアミーン アラル ハヤート	life insurance ライフ インシュアランス
せいめい 声明 seimei	بَيَان 男, 複 بَيَانَات bayān, bayānāt バヤーン, バヤーナート	declaration デクラレイション

日	アラビア	英
せいもん **正門** seimon	**بَوَّابَة رَئِيسِيَّة** 女 bauwābat raʾīsīyat バッ**ワ**ーバ ライー**スィ**ーヤ	front gate フ**ラ**ント **ゲ**イト
せいやく **制約** seiyaku	**تَقْيِيد** 男 taqyīd タク**イ**ード	restriction, limitation リスト**リ**クション, リミ**テイ**ション
せいやく **誓約** seiyaku	**عَهْد** 男 ʿahd **ア**フド	oath, pledge **オ**ウス, プ**レ**ヂ
せいよう **西洋** seiyou	**اَلْغَرْب** 男 al-gharb アル **ガ**ルブ	(the) West, (the) Occident (ザ) **ウェ**スト, (ズィ) **ア**クスィデント
せいり **整理** seiri	**تَرْتِيب** 男 tartīb タル**ティ**ーブ	arrangement ア**レ**インヂメント
～する	**يُرَتِّبُ**, 〔完〕**رَتَّبَ** yurattibu, rattaba ユ**ラ**ッティブ, **ラ**ッタバ	put in order, arrange **プ**ト イン **オ**ーダ, ア**レ**インヂ
せいり **生理** (月経) seiri	**دَوْرَة شَهْرِيَّة** 女 daurat shahrīyat **ダ**ウラ シャフ**リ**ーヤ	menstruation, period メンストル**エ**イション, **ピ**アリオド
～痛	**آلَامُ ٱلدَّوْرَةِ ٱلشَّهْرِيَّةِ** 複 ʾālāmu al-daurati al-shahrīyati アー**ラ**ームッ **ダ**ウラティッ シャフ**リ**ーヤ	menstrual pain **メ**ンストルアル **ペ**イン
～用品	**فُوَط صِحِّيَّة** 複 fuwaṭ ṣiḥḥīyat **フ**ワト スィッ**ヒ**ーヤ	sanitary napkin **サ**ニテリ **ナ**プキン
～学	**عِلْمُ وَظَائِفِ ٱلْأَعْضَاءِ** 男 ʿilmu waẓāʾifi al-ʾaʿḍāʾi **イ**ルム ワ**ザ**ーイフィル アア**ダ**ーウ	physiology フィズィ**ア**ロヂ
ぜいりし **税理士** zeirishi	**مُحَاسِب قَانُونِيّ** 男 muḥāsib qānūnīy ム**ハ**ーシブ カー**ヌ**ーニー	licensed tax accountant **ラ**イセンスト **タ**クス ア**カ**ウンタント

せ

日	アラビア	英
ぜいりつ **税率** zeiritsu	مُعَدَّلُ ٱلضَّرِيبَةِ 男 muʿaddalu al-ḍarībati ムアッダルッ ダリーバ	tax rates タクス レイツ
せいりょく **勢力** seiryoku	نُفُوذ 男 nufūdh ヌフーズ	influence, power インフルエンス，パウア
せいりょく **精力** seiryoku	نَشَاط 男, 複 أَنْشِطَة nashāṭ, ʾanshiṭat ナシャート，アンシタ	energy, vitality エナヂ，ヴァイタリティ
〜的な	نَشِيط, 複 نِشَاط nashīṭ, nishāṭ ナシート，ニシャート	energetic, vigorous エナヂェティク，ヴィゴラス
せいれき **西暦** seireki	اَلتَّقْوِيم ٱلْمِيلَادِيّ 男 al-taqwīm al-mīlādīy アッ タクウィームル ミーラーディー	Christian Era, AD クリスチャン イアラ，エイディー
せーたー **セーター** seetaa	سُتْرَة 女 sutrat ストラ	sweater, pullover, Ⓑjumper スウェタ，プロウヴァ，チャンパ
せーる **セール** seeru	تَخْفِيضَات 複 takhfīḍāt タフフィーダート	sale セイル
せーるすまん **セールスマン** seerusuman	بَائِع 男 bāʾiʿ バーイウ	salesman セイルズマン
せおう **背負う** seou	يَحْمِلُ عَلَى ظَهْرِهِ, 完 حَمَلَ عَلَى ظَهْرِهِ yaḥmilu ʿalā ẓahrihi, ḥamala ʿalā ẓahrihi ヤフミル アラー ザフリヒ，ハマラ アラー ザフリヒ	carry on one's back キャリ オン バク
せおよぎ **背泳ぎ** seoyogi	سِبَاحَةُ ٱلظَّهْرِ 女 sibāḥatu al-ẓahri スィバーハトゥッ ザフル	backstroke バクストロウク
せかい **世界** sekai	عَالَم 男, 複 عَوَالِمُ 〔二段〕 ʿālam, ʿawālimu アーラム，アワーリム	world ワールド

日	アラビア	英
～遺産	اَلتُّرَاث اَلْعَالَمِيّ 男 al-turāth al-ʿālamīy アットゥラースル アーラミー	World Heritage ワールド ヘリテヂ
～史	تَارِيخُ اَلْعَالَمِ 男 tārīkhu al-ʿālami ターリーフル アーラム	world history ワールド ヒストリ
～的な	عَالَمِيّ ʿālamīy アーラミー	worldwide ワールドワイド
せかす 急かす sekasu	اِسْتَعْجَلَ ,〔完〕يَسْتَعْجِلُ yastaʿjilu, istaʿjala ヤスタアジル，イスタアジャラ	expedite, hurry エクスペダイト，ハーリ
せき 咳 seki	سُعَال 男 suʿāl スアール	cough コーフ
～止め	دَوَاءُ اَلسُّعَالِ 男 dawāʾu al-suʿāli ダワーウッ スアール	cough remedy コーフ レメディ
せき 席 seki	مَقَاعِدُ 複 ,男 مَقْعَد〔二段〕 maqʿad, maqāʿidu マクアド，マカーイドゥ	seat スィート
せきがいせん 赤外線 sekigaisen	اَلْأَشِعَّة تَحْتَ اَلْحَمْرَاءِ 女 al-ʾashiʿʿat taḥta al-ḥamrāʾi アル アシッア タフタル ハムラーウ	infrared rays インフラレド レイズ
せきじゅうじ 赤十字 sekijuuji	اَلصَّلِيبُ اَلْأَحْمَرُ 男 al-ṣalību al-ʾaḥmaru アッ サリーブル アフマル	Red Cross レド クロース
せきずい 脊髄 sekizui	اَلْحَبْلُ اَلشَّوْكِيُّ 男 al-ḥablu al-shaukīyu アル ハブルッ シャウキー	spinal cord スパイナル コード
せきたん 石炭 sekitan	فَحْمَة 女 ,集 فَحْم faḥm, faḥmat ファフム，ファフマ	coal コウル
せきどう 赤道 sekidou	خَطُّ اَلِاسْتِوَاءِ 男 khaṭṭ al-istiwāʾi ハット リスティワーウ	equator イクウェイタ

日	アラビア	英
せきにん **責任** sekinin	مَسْؤُولِيَّة 女 masʾūlīyat マスウーリーヤ	responsibility リスパンスィビリティ
せきぶん **積分** sekibun	تَكَامُل 男 takāmul タカームル	integral calculus, integration インテグラル キャルキュラス, インテグレイション
せきゆ **石油** sekiyu	نَفْط 男 nafṭ ナフト	oil, petroleum オイル, ペトロウリアム
せきり **赤痢** sekiri	زُحَار 男 zuḥār ズハール	dysentery ディセンテアリ
せくはら **セクハラ** sekuhara	تَحَرُّش جِنْسِيّ 男 taḥarrush jinsīy タハッルシュ ジンスィー	sexual harassment セクシュアル ハラスメント
せけん **世間** seken	مُجْتَمَع 男 mujtamaʿ ムジュタマウ	society ソサイエティ
せだい **世代** sedai	جِيل 男, 複 أَجْيَال jīl, ʾajyāl ジール, アジュヤール	generation ヂェネレイション
せつ **説** (意見・見解) setsu	رَأْي 男, 複 آرَاء raʾy, ʾārāʾ ラアイ, アーラーウ	opinion オピニョン
(学説)	نَظَرِيَّة 女 naẓarīyat ナザリーヤ	theory スィオリ
ぜつえんする **絶縁する** zetsuensuru	يَقْطَعُ ٱلْعَلَاقَاتِ, 完 قَطَعَ ٱلْعَلَاقَاتِ yaqṭaʿu al-ʿalāqāti, qaṭaʿa al-ʿalāqāti ヤクタウル アラーカート, カタアル アラーカート	break off relations ブレイク オフ リレイションズ
(電気を)	يَعْزِلُ, 完 عَزَلَ yaʿzilu, ʿazala ヤアズィル, アザラ	insulate インシュレイト

日	アラビア	英
せっかい **石灰** sekkai	**جِير** 男 jīr ジール	lime ライム
せっかちな **せっかちな** sekkachina	**مُتَسَرِّع** mutasarriʿ ムタサッリウ	hasty, impetuous ヘイスティ，インペチュアス
せっきょうする **説教する** sekkyousuru	**يَعِظُ ,** 〔完〕 **وَعَظَ** yaʿiẓu, waʿaẓa ヤイズ，ワアザ	preach プリーチ
せっきょくせい **積極性** sekkyokusei	**إِيجَابِيَّة** 女 ījābīyat イージャービーヤ	positiveness, proactiveness パズィティヴネス，プロアクティヴネス
せっきょくてきな **積極的な** sekkyokutekina	**إِيجَابِيّ** ījābīy イージャービー	positive, active パズィティヴ，アクティヴ
せっきん **接近** sekkin	**اِقْتِرَاب** 男 iqtirāb イクティラーブ	approach アプロウチ
～する	**يَقْتَرِبُ مِنْ ,** 〔完〕 **اِقْتَرَبَ مِنْ** yaqtaribu min, iqtaraba min ヤクタリブ ミン，イクタラバ ミン	approach, draw near アプロウチ，ドロー ニア
せっくす **セックス** sekkusu	**جِمَاع** 男 jimāʿ ジマーウ	sex セクス
せっけい **設計** sekkei	**تَصْمِيم** 男, 複 **تَصْمِيمَات** taṣmīm, taṣmīmāt タスミーム，タスミーマート	plan, design プラン，ディザイン
～図	**رَسْم هَنْدَسِيّ** 男 rasm handasīy ラスム ハンダスィー	plan, blueprint プラン，ブループリント
～する	**يُصَمِّمُ ,** 〔完〕 **صَمَّمَ** yuṣammimu, ṣammama ユサンミム，サンママ	plan, design プラン，ディザイン

せ

日	アラビア	英
せっけん **石鹸** sekken	صَابُون 男 ṣābūn サーブーン	soap ソウプ
せっこう **石膏** sekkou	جِبْس 男 jibs ジブス	gypsum, plaster ヂプサム，プラスタ
ぜっこうする **絶交する** zekkousuru	يَقْطَعُ ٱلْعَلَاقَاتِ, 〔完〕 قَطَعَ ٱلْعَلَاقَاتِ yaqṭaʿu al-ʿalāqāti, qaṭaʿa al-ʿalāqāti ヤクタウル アラーカート，カタアル アラーカート	cut contact with カト カンタクト ウィズ
ぜっこうの **絶好の** zekkouno	سَانِح sāniḥ サーニフ	best, ideal ベスト，アイディーアル
ぜっさんする **絶賛する** zessansuru	يُشِيدُ, 〔完〕 أَشَادَ yushīdu, ʾashāda ユシードゥ，アシャーダ	extol イクストウル
せっしゅする **摂取する** sesshusuru	يَتَنَاوَلُ, 〔完〕 تَنَاوَلَ yatanāwalu, tanāwala ヤタナーワル，タナーワラ	take in テイク イン
せっしょく **接触** sesshoku	اِتِّصَال بِ 男, 複 اِتِّصَالَات بِ ittiṣāl bi, ittiṣālāt bi イッティサール ビ，イッティサーラート ビ	contact, touch カンタクト，タチ
〜する	يَتَّصِلُ بِ, 〔完〕 اِتَّصَلَ بِ yattaṣilu bi, ittaṣala bi ヤッタスィル ビ，イッタサラ ビ	touch, make contact with タチ，メイク カンタクト ウィズ
ぜっしょく **絶食** zesshoku	صَوْم 男 ṣaum サウム	fasting, fast ファスティング，ファスト
せつぞく **接続** setsuzoku	اِتِّصَال بِ 男, 複 اِتِّصَالَات بِ ittiṣāl bi, ittiṣālāt bi イッティサール ビ，イッティサーラート ビ	connection コネクション

日	アラビア	英
～詞	حَرْفُ ٱلْعَطْفِ 男 ḥarfu al-ʿaṭfi ハルフル アトフ	conjunction コンヂャンクション
～する	يَتَّصِلُ بِ, 〔完〕 اِتَّصَلَ بِ yattaṣilu bi, ittaṣala bi ヤッタスィル ビ, イッタサラ ビ	join, connect with ヂョイン, コネクト ウィズ
ぜったいの 絶対の zettaino	مُطْلَق muṭlaq ムトラク	absolute アブソリュート
せつだんする 切断する setsudansuru	يَقْطَعُ, 〔完〕 قَطَعَ yaqṭaʿu, qaṭaʿa ヤクタウ, カタア	cut off カト オーフ
せっちゃくざい 接着剤 secchakuzai	مَادَّة لَاصِقَة 女 māddat lāṣiqat マーッダ ラースィカ	adhesive アドヒースィヴ
せっちゅうあん 折衷案 secchuuan	حَلٌّ وَسَطٍ 男 ḥallu wasaṭin ハッル ワサト	compromise カンプロマイズ
ぜっちょう 絶頂 zecchou	ذُرْوَة 男, 複 ذُرًى dhurwat, dharan ズルワ, ザラン	summit, height サミト, ハイト
（全盛）	اِزْدِهَار 男 izdihār イズディハール	the height ザ ハイト
せってい 設定 settei	إِعْدَاد 男 ʾiʿdād イウダード	setting up セティング アプ
～する	يُعِدُّ, 〔完〕 أَعَدَّ yuʿiddu, ʾaʿadda ユイッドゥ, アアッダ	establish, set up イスタブリシュ, セト アプ
せっと セット（食器などの） setto	طَقْم 男, 複 أَطْقُم ṭaqm, ʾaṭqum タクム, アトクム	set セト
せっとくする 説得する settokusuru	يُقْنِعُ, 〔完〕 أَقْنَعَ yuqniʿu, ʾaqnaʿa ユクニウ, アクナア	persuade パスウェイド

日	アラビア	英
せつび **設備** setsubi	**تَجْهِيزَات** 複 tajhīzāt タジュヒー**ザ**ート	equipment イクウィプメント
～投資	**نَفَقَات رَأْسْمَالِيَّة** 複 nafaqāt raʾsmālīyat ナファ**カ**ート ラアスマー**リ**ーヤ	plant and equipment investment プ**ラ**ント アンド イク**ウィ**プメント イン**ヴェ**ストメント
ぜつぼう **絶望** zetsubou	**يَأْس** 男 yaʾs **ヤ**アス	despair ディス**ペ**ア
～する	**يَيْئَسُ**, 〔完〕**يَئِسَ** yaiʾasu, yaʾisa **ヤ**イアス, **ヤ**イサ	despair of ディス**ペ**ア オヴ
～的な	**يَائِس** yāʾis **ヤ**ーイス	desperate **デ**スパレト
せつめい **説明** setsumei	**شَرْح** 男, 複 **شُرُوح** sharḥ, shurūḥ **シャ**ルフ, シュ**ル**ーフ	explanation エクスプラ**ネ**イション
～書	**دَلِيلُ ٱلْمُسْتَخْدِمِ** 男 dalīlu al-mustakhdimi ダ**リ**ールル ムス**タ**フディム	explanatory note, instructions イクスプ**ラ**ナトーリ **ノ**ウト, インスト**ラ**クションズ
～する	**يَشْرَحُ**, 〔完〕**شَرَحَ** yashraḥu, sharaḥa **ヤ**シュラフ, **シャ**ラハ	explain イクスプ**レ**イン
ぜつめつ **絶滅** zetsumetsu	**اِنْقِرَاض** 男 inqirāḍ インキ**ラ**ード	extinction イクス**ティ**ンクション
～する	**يَنْقَرِضُ**, 〔完〕**اِنْقَرَضَ** yanqariḍu, inqaraḍa **ヤ**ンカリドゥ, **イ**ンカラダ	(become) extinct (ビカム) イクス**ティ**ンクト
せつやく **節約** setsuyaku	**تَوْفِير** 男 taufīr タウ**フィ**ール	economy, saving イ**カ**ノミ, **セ**イヴィング

日	アラビア	英
～する	يُوَفِّرُ, 〔完〕وَفَّرَ yuwaffiru, waffara ユワッフィル, ワッファラ	economize in, save イカノマイズ イン, セイヴ
せつりつする 設立する setsuritsusuru	يُؤَسِّسُ, 〔完〕أَسَّسَ yuʾassisu, ʾassasa ユアッスィス, アッササ	establish, found イスタブリシュ, ファウンド
せなか 背中 senaka	ظَهْر 男, 複 ظُهُور ẓahr, ẓuhūr ザフル, ズフール	back バク
せねがる セネガル senegaru	اَلسِّنِغَال 女 al-sinighāl アッ スィニガール	Senegal セニゴール
せのびする 背伸びする （つま先で立っている状態） senobisuru	عَلَى أَطْرَافِ ٱلْأَصَابِعِ ʿalā ʾaṭrāfi al-ʾaṣābiʿi アラー アトラーフィル アサービウ	stand on tiptoe スタンド オン ティプトウ
せぴあいろ セピア色 sepiairo	بُنِّيّ دَاكِن 男 bunnīy dākin ブンニー ダーキン	sepia スィーピア
せぼね 背骨 sebone	عَمُود فَقْرِيّ 男 ʿamūd faqrīy アムード ファクリー	backbone バクボウン
せまい 狭い semai	ضَيِّق ḍaiyiq ダイイク	narrow, small ナロウ, スモール
せめる 攻める semeru	يَهْجُمُ عَلَى, 〔完〕هَجَمَ عَلَى yahjumu ʿalā, hajama ʿalā ヤフジュム アラー, ハジャマ アラー	attack, assault アタク, アソールト
せめる 責める semeru	يَلُومُ, 〔完〕لَامَ yalūmu, lāma ヤルーム, ラーマ	blame, reproach ブレイム, リプロウチ
せめんと セメント semento	أَسْمَنْت 男 ʾasmanat アスマナト	cement セメント
ぜらちん ゼラチン zerachin	جِلَاتِين 男 jilātīn ジラーティーン	gelatin ヂェラティン

せ

日	アラビア	英
せらぴすと **セラピスト** serapisuto	**مُعَالِج** 男 muʿālij ムアーリジュ	therapist セラピスト
せらみっく **セラミック** seramikku	**سِيرَامِيك** 男 sīrāmīk シーラーミーク	ceramics セラミクス
ぜりー **ゼリー** zerii	**هُلَام** 男 hulām フラーム	jelly チェリ
せりふ **せりふ** serifu	**حِوَار** 男, 複 **حِوَارَات** ḥiwār, ḥiwārāt ヒワール, ヒワーラート	speech, dialogue スピーチ, ダイアローグ
せるふさーびす **セルフサービス** serufusaabisu	**خِدْمَة ذَاتِيَّة** 女 khidmat dhātīyat ヒドマ ザーティーヤ	self-service セルフサーヴィス
ぜろ **ゼロ** (0) zero	**صِفْر** 男 ṣifr スィフル	zero ズィアロウ
せろり **セロリ** serori	**كَرَفْس** 男 karafs カラフス	celery セラリ
せろん **世論** seron	**اَلرَّأْيُ ٱلْعَامُّ** 男 al-raʾyu al-ʿāmmu アッ ラアユル アーンム	public opinion パブリク オピニョン
せわ **世話** sewa	**رِعَايَة** 女 riʿāyat リアーヤ	care, aid ケア, エイド
〜する	**يَرْعَى**, 〔完〕 **رَعَى** yarʿā, raʿā ヤルアー, ラアー	take care of テイク ケア オヴ
せん **千** sen	**أَلْف** 男女, 複 **آلَاف** ʾalf, ʾālāf アルフ, アーラーフ	(a) thousand (ア) サウザンド
せん **栓** sen	**سِدَادَة** 女 sidādat スィダーダ	stopper, plug スタパ, プラグ

日	アラビア	英
せん **線** sen	**خُطُوط ,خَطّ** 男, 複 khaṭṭ, khuṭūṭ ハット, フトゥート	line ライン
ぜん **善** zen	**خَيْر** 男 khair ハイル	good, goodness グド, グドネス
ぜんあく **善悪** zen-aku	**اَلْخَيْر وَٱلشَّرّ** al-khair wa-al-sharr アル ハイル ワッシャッル	good and evil グド アンド イーヴィル
せんい **繊維** sen-i	**لِيف** 集, 複 **أَلْيَاف, لِيفَة** 女 līf, ʾalyāf, līfat リーフ, アルヤーフ, リーファ	fiber ファイバ
ぜんい **善意** zen-i	**نِيَّة حَسَنَة** 女 nīyat ḥasanat ニーヤ ハサナ	goodwill グドウィル
ぜんえい **前衛** zen-ei	**طَلِيعَة** 女 ṭalīʿat タリーア	vanguard, advance guard ヴァンガード, アドヴァンス ガード
ぜんかい **前回** zenkai	**اَلْمَرَّةُ ٱلسَّابِقَةُ** 女 al-marratu al-sābiqatu アル マッラトゥッ サービカ	last time ラスト タイム
せんかん **戦艦** senkan	**بَوَارِجُ ,بَارِجَة** 女, 複〔二段〕 bārijat, bawāriju バーリジャ, バワーリジュ	battleship バトルシプ
ぜんき **前期** zenki	**اَلْفَصْل ٱلْأَوَّل** 男 al-faṣl al-ʾauwal アル ファスルル アウワル	first term ファースト ターム
せんきょ **選挙** senkyo	**اِنْتِخَابَات** 複 intikhābāt インティハーバート	election イレクション
〜する	**اِنْتَخَبَ ,يَنْتَخِبُ** 〔完〕 yantakhibu, intakhaba ヤンタヒブ, インタハバ	elect イレクト

せ

日	アラビア	英
せんきょうし **宣教師** senkyoushi	مُبَشِّر 男 mubashshir ムバッシル	missionary ミショネリ
せんくしゃ **先駆者** senkusha	رَائِد 男, رُوَّاد 複 rāʾid, rūwād ラーイド, ルーワード	pioneer パイオニア
せんげつ **先月** sengetsu	اَلشَّهْرُ ٱلْمَاضِيُّ 男 al-shahru al-māḍīyu アッ シャフルル マーディー	last month ラスト マンス
せんげん **宣言** sengen	إِعْلَان 男, إِعْلَانَات 複 ʾiʿlān, ʾiʿlānāt イウラーン, イウラーナート	declaration デクラレイション
～する	يُعْلِنُ, أَعْلَنَ 〔完〕 yuʿlinu, ʾaʿlana ユウリヌ, アアラナ	declare, proclaim ディクレア, プロクレイム
せんご **戦後** sengo	بَعْدَ ٱلْحَرْبِ baʿda al-ḥarbi バアダル ハルブ	after the war アフタ ザ ウォー
せんこう **専攻** senkou	تَخَصُّص 男 takhaṣṣuṣ タハッスス	speciality スペシアリティ
～する	يَتَخَصَّصُ فِي, تَخَصَّصَ 〔完〕 فِي yatakhaṣṣaṣu fī, takhaṣṣaṣa fī ヤタハッサス フィー, タハッササ フィー	major in メイヂャ イン
ぜんこく **全国** zenkoku	جَمِيعُ أَنْحَاءِ ٱلْبِلَادِ jamīʿu ʾanḥāʾi al-bilādi ジャミーウ アンハーイル ビラード	whole country ホウル カントリ
～的な	عَلَى ٱلْمُسْتَوَى ٱلْوَطَنِيِّ ʿalā al-mustawā al-waṭanīyi アラル ムスタワル ワタニー	national ナショナル
せんこくする **宣告する** (罪を) senkokusuru	يَحْكُمُ, حَكَمَ 〔完〕 yaḥkumu, ḥakama ヤフクム, ハカマ	sentence センテンス

日	アラビア	英
せんさー センサー sensaa	جِهَازُ ٱسْتِشْعَارٍ 男 jihāzu istishʿārin ジハーズ スティシュアール	sensor センサ
せんさい 戦災 sensai	خَسَائِرُ ٱلْحَرْبِ 複 khasāʾiru al-ḥarbi ハサーイルル ハルブ	war damage ウォー ダミヂ
せんざい 洗剤 senzai	مُنَظِّف 男, 複 مُنَظِّفَات munaẓẓif, munaẓẓifāt ムナッズィフ，ムナッズィファート	detergent, cleanser ディタ―チェント，クレンザ
ぜんさい 前菜 zensai	مُقَبِّلَات 複 muqabbilāt ムカッビラート	hors d'oeuvre オー ダーヴル
せんさいな 繊細な sensaina	رَقِيق raqīq ラキーク	delicate デリケト
せんじつ 先日 senjitsu	مُنْذُ أَيَّامٍ 男 mundhu ʾaiyāmin ムンズ アイヤーム	(the) other day (ズィ) アザ デイ
ぜんじつ 前日 zenjitsu	اَلْيَوْمُ ٱلسَّابِقُ al-yaumu al-sābiqu アル ヤウムッ サービク	(the) day before (ザ) デイ ビフォー
せんしゃ 戦車 sensha	دَبَّابَة 女 dabbābat ダッバーバ	tank タンク
ぜんしゃ 前者 zensha	اَلْأَوَّلُ 男 al-ʾauwalu アル アッワル	former フォーマ
せんしゅ 選手 senshu	لَاعِب 男 lāʿib ラーイブ	athlete, player アスリート，プレイア
〜権	بُطُولَة 女 buṭūlat ブトゥーラ	championship チャンピオンシプ
せんしゅう 先週 senshuu	اَلْأُسْبُوعُ ٱلْمَاضِي 男 al-ʾusbūʿu al-māḍī アル ウスブーウル マーディー	last week ラスト ウィーク

日	アラビア	英
せんじゅうみん **先住民** senjuumin	سُكَّان أَصْلِيُّون 複 sukkān ʾaṣlīyūn スッ**カ**ーン アスリー**ユ**ーン	indigenous peoples, aborigines インディジェナス **ピ**ープルズ, アボ**リ**ジニーズ
せんしゅつ **選出** senshutsu	اِخْتِيَار 男 ikhtiyār イフティ**ヤ**ール	election イ**レ**クション
せんじゅつ **戦術** senjutsu	تَكْتِيك 男 taktīk タク**ティ**ーク	tactics **タ**クティクス
せんしゅつする **選出する** senshutsusuru	اِخْتَارَ 〔完〕, يَخْتَارُ yakhtāru, ikhtāra ヤフ**タ**ール, イフ**タ**ーラ	elect イ**レ**クト
ぜんじゅつの **前述の** zenjutsuno	مَذْكُور أَعْلَاهُ madhkūr ʾaʿlā-hu マズ**ク**ール **ア**アラーフ	above-mentioned ア**バ**ヴ**メ**ンションド
せんじょう **戦場** senjou	سَاحَةُ ٱلْمَعْرَكَةِ 女 sāḥatu al-maʿrakati **サ**ーハトゥル **マ**アラカ	battlefield **バ**トルフィールド
せんしょく **染色** senshoku	صَبْغ 男 ṣabgh **サ**ブグ	dyeing **ダ**イイング
〜体	كُرُومُوسُوم 男 kurūmūsūm クルームー**ス**ーム	chromosome ク**ロ**ウモソウム
ぜんしん **前進** zenshin	تَقَدُّم 男 taqaddum タ**カ**ッドゥム	progress, advance プ**ラ**グレス, アド**ヴァ**ンス
せんしんこく **先進国** senshinkoku	دَوْلَة مُتَقَدِّمَة 女, 複 دُوَل مُتَقَدِّمَة daulat mutaqaddimat, duwal mutaqaddimat **ダ**ウラ ムタ**カ**ッディマ, **ドゥ**ワル ムタ**カ**ッディマ	developed countries ディ**ヴェ**ロプト **カ**ントリズ
ぜんしんする **前進する** zenshinsuru	تَقَدَّمَ 〔完〕, يَتَقَدَّمُ yataqaddamu, taqaddama ヤタ**カ**ッダム, タ**カ**ッダマ	advance アド**ヴァ**ンス

日	アラビア	英
せんす **扇子** sensu	**مِرْوَحَة يَدَوِيَّة** 女 mirwaḥat yadawīyat ミルワハ ヤダウィーヤ	folding fan フォウルディング ファン
せんすいかん **潜水艦** sensuikan	**غَوَّاصَة** 女 ghauwāṣat ガッワーサ	submarine サブマリーン
せんせい **先生** sensei	**مُدَرِّس** 男 mudarris ムダッリス	teacher, instructor ティーチャ, インストラクタ
せんせい **専制** sensei	**اِسْتِبْدَاد** 男 istibdād イスティブダード	despotism, autocracy デスポティズム, オータクラスィ
ぜんせい **全盛** zensei	**اِزْدِهَار** 男 izdihār イズディハール	height of prosperity ハイト オヴ プラスペリティ
せんせいじゅつ **占星術** senseijutsu	**عِلْمُ تَنْجِيم** 男 ʿilmu tanjīmin イルム タンジーム	astrology アストラロヂ
せんせいする **宣誓する** senseisuru	**يُؤَدِّي ٱلْيَمِينَ,** 〔完〕 **أَدَّى ٱلْيَمِينَ** yuʾaddī al-yamīna, ʾaddā al-yamīna ユアッディル ヤミーナ, アッダル ヤミーナ	take an oath, swear テイク アン オウス, スウェア
せんせーしょなるな **センセーショナルな** senseeshonaruna	**مُثِير** muthīr ムスィール	sensational センセイショナル
せんせん **戦線** sensen	**جَبْهَة** 女 jabhat ジャブハ	front (line) フラント (ライン)
せんぜん **戦前** senzen	**قَبْلَ ٱلْحَرْبِ** qabla al-ḥarbi カブラル ハルブ	prewar プリーウォー
ぜんせん **前線** zensen	**جَبْهَة** 女 jabhat ジャブハ	weather front, front ウェザ フラント, フラント

日	アラビア	英
(軍事)	جَبْهَة 女 jabhat ジャブハ	front (line) フラント (ライン)
ぜんぜん **全然** zenzen	أَبَدًا ʾabadan アバダン	not at all ナト アト オール
せんせんしゅう **先々週** sensenshuu	اَلْأُسْبُوع قَبْلَ ٱلْمَاضِي 男 al-ʾusbūʿ qabla al-māḍī アル ウスブーウ カブラル マーディー	week before last ウィーク ビフォ ラスト
せんぞ **先祖** senzo	جَدّ, 複 أَجْدَاد jadd, ʾajdād ジャッド, アジュダード	ancestor アンセスタ
せんそう **戦争** sensou	حَرْب 女, 複 حُرُوب ḥarb, ḥurūb ハルブ, フルーブ	war, warfare ウォー, ウォーフェア
ぜんそうきょく **前奏曲** zensoukyoku	مُقَدِّمَة مُوسِيقِيَّة 女 muqaddimat mūsīqīyat ムカッディマ ムースィーキーヤ	overture, prelude オウヴァチャ, プレリュード
ぜんそく **喘息** zensoku	رَبْو 男 rabw ラブウ	asthma アズマ
ぜんたい **全体** zentai	كُلّ 男 kull クッル	whole, entirety ホウル, インタイアティ
せんたく **洗濯** sentaku	غَسْل 男 ghasl ガスル	wash, laundry ワシュ, ローンドリ
～機	غَسَّالَة 女 ghassālat ガッサーラ	washing machine ワシング マシーン
～する	يَغْسِلُ, 完 غَسَلَ yaghsilu, ghasala ヤグスィル, ガサラ	wash ワシュ
せんたく **選択** sentaku	اِخْتِيَار 男, 複 اِخْتِيَارَات ikhtiyār, ikhtiyārāt イフティヤール, イフティヤーラート	selection, choice セレクション, チョイス

せ

日	アラビア	英
せんたん **先端** sentan	أَطْرَاف 複 ,男 طَرَف ṭaraf, ʾaṭrāf **タ**ラフ，アトラーフ	point, tip **ポ**イント，**ティ**プ
せんちめーとる **センチメートル** senchimeetoru	سَنْتِمِتْر 男 santimitr サンティ**ミ**トル	centimeter, Ⓑcentimetre **セ**ンティミータ，**セ**ンティミータ
せんちめんたるな **センチメンタルな** senchimentaruna	عَاطِفِيّ ʿāṭifiy **ア**ーティフィー	sentimental センティ**メ**ンタル
せんちょう **船長** senchou	قَبَاطِنَة 複 ,男 قُبْطَان qubṭān, qabāṭinat クブ**タ**ーン，カ**バ**ーティナ	captain **キャ**プテン
ぜんちょう **前兆** zenchou	تَبَاشِيرُ 複〔二段〕; 男 فَأْل faʾl, tabāshīru **ファ**アル，タバー**シ**ール	omen, sign, symptom **オ**ウメン，**サ**イン，**スィ**ンプトム
ぜんてい **前提** zentei	شَرْط 男 sharṭ **シャ**ルト	premise プ**レ**ミス
せんでんする **宣伝する** sendensuru	أَعْلَنَ عَنْ 〔完〕 ,يُعْلِنُ عَنْ yuʿlinu ʿan, ʾaʿlana ʿan **ユ**ウリヌ アン，**ア**アラナ アン	advertise **ア**ドヴァタイズ
せんとうき **戦闘機** sentouki	طَائِرَة مُقَاتِلَة 女 ṭāʾirat muqātilat **タ**ーイラ ム**カ**ーティラ	fighter **ファ**イタ
せんどうする **扇動する** sendousuru	حَرَّضَ 〔完〕 ,يُحَرِّضُ yuḥarriḍu, ḥarraḍa ユ**ハ**ッリドゥ，**ハ**ッラダ	stir up, agitate ス**タ**ー **ア**プ，**ア**デテイト
せんにゅうかん **先入観** sennyuukan	حُكْم مُسَبَّق 男 ḥukm musabbaq **フ**クム ム**サ**ッバク	preconception プリーコン**セ**プション
ぜんにん **善人** zennin	شَخْص طَيِّب 男 shakhṣ ṭaiyib **シャ**フス **タ**イイブ	good man **グ**ド **マ**ン

日	アラビア	英
せんぬき **栓抜き** sennuki	**فَتَّاحَةُ ٱلزُّجَاجَاتِ** 女 fattāḥatu al-zujājāti ファッターハトゥッ ズジャージャート	corkscrew, bottle opener コークスクルー, バトル オウプナ
ぜんねん **前年** zennen	**اَلسَّنَةُ ٱلسَّابِقَةُ** 女 al-sanatu al-sābiqatu アッ サナトゥッ サービカ	previous year プリーヴィアス イヤ
せんのう **洗脳** sennou	**غَسِيلُ ٱلدِّمَاغِ** 男 ghasīlu al-dimāghi ガスィールッ ディマーグ	brainwash ブレインウォーシュ
せんばい **専売** (専売制) senbai	**اِحْتِكَارِيَّة** 女 iḥtikārīyat イフティカーリーヤ	monopoly モナポリ
ぜんはん **前半** zenhan	**اَلشَّوْطُ ٱلْأَوَّلُ** 男 al-shauṭu al-ʾauwalu アッ シャウトゥル アウワル	first half ファースト ハフ
ぜんぶ **全部** zenbu	**كُلّ** kull クッル	all, (the) whole オール, (ザ) ホウル
せんぷうき **扇風機** senpuuki	**مِرْوَحَة** 女 mirwaḥat ミルワハ	electric fan イレクトリク ファン
せんぷくする **潜伏する** senpukusuru	**يَخْتَبِئُ, اِخْتَبَأَ** [完] yakhtabiʾu, ikhtabaʾa ヤフタビウ, イフタバア	lie hidden ライ ヒドン
ぜんぶん **全文** zenbun	**جُمْلَة كَامِلَة** 女 jumlat kāmilat ジュムラ カーミラ	whole sentence ホウル センテンス
ぜんぽうの **前方の** zenpouno	**أَمَامِيّ** ʾamāmīy アマーミー	before, in front of ビフォー, イン フラント オヴ
せんめいな **鮮明な** senmeina	**وَاضِح** wāḍiḥ ワーディフ	clear クリア

せ

日	アラビア	英
せんめんじょ **洗面所** senmenjo	**غُرْفَةُ ٱلْحَمَّامِ** 女 ghurfatu al-ḥammāmi グルファトゥル ハンマーム	washroom, bathroom, Ⓑlavatory, toilet ワシュルーム，バスルーム，ラヴァトーリ，トイレト
せんめんだい **洗面台** senmendai	**حَوْضُ ٱلْغَسِيلِ** 男 ḥauḍu al-ghasīli ハウドゥル ガスィール	washbasin, Ⓑsink ワシュベイスン，スィンク
せんもん **専門** senmon	**تَخَصُّص** 男 takhaṣṣuṣ タハッスス	specialty スペシャルティ
～家	**مُتَخَصِّص** 男 ; **خَبِير** 男 mutakhaṣṣiṣ, khabīr ムタハッスィス，ハビール	specialist スペシャリスト
～学校	**مَدْرَسَة مُتَخَصِّصَة** 女 madrasat mutakhaṣṣiṣat マドラサ ムタハッスィサ	vocational school, Ⓑtechnical college ヴォケイショナル スクール，テクニカル コレヂ
～的な	**مُتَخَصِّص** mutakhaṣṣiṣ ムタハッスィス	professional, special プロフェショナル，スペシャル
せんやく **先約** sen-yaku	**مَوْعِد مُسَبَّق** 男 mauʿid musabbaq マウイド ムサッバク	previous engagement プリーヴィアス インゲイヂメント
せんゆう **占有** sen-yuu	**تَمَلُّك** 男 tamalluk タマッルク	possession, occupancy ポゼション，アキュパンスィ
～する	**يَمْلِكُ**, 〔完〕 **مَلَكَ** yamliku, malaka ヤムリク，マラカ	possess, occupy ポゼス，アキュパイ
ぜんりつせん **前立腺** zenritsusen	**بُرُوسْتَاتَا** 女 burūstātā ブルースターター	prostate プラステイト
せんりゃく **戦略** senryaku	**إِسْتِرَاتِيجِيَّة** 女 ʾistrātījīyat イストラーティージーヤ	strategy ストラテヂ

日	アラビア	英
せんりょう **占領** senryou	اِحْتِلَال 男 iḥtilāl イフティラール	occupation アキュペイション
〜する	يَحْتَلُّ, 完 اِحْتَلَّ yaḥtallu, iḥtalla ヤフタッル, イフタッラ	occupy, capture アキュパイ, キャプチャ
ぜんりょうな **善良な** zenryouna	طَيِّبُ ٱلْقَلْبِ ṭaiyibu al-qalbi タイイブル カルブ	good, virtuous グド, ヴァーチュアス
ぜんりょくで **全力で** zenryokude	بِكُلِّ قُوَّتِهِ bi-kulli qūwati-hi ビ-クッリ クーワティ-ヒ	all one's strength オール ストレングス
せんれい **洗礼** senrei	مَعْمُودِيَّة 女 maʿmūdīyat マアムーディーヤ	baptism バプティズム
ぜんれい **前例** zenrei	مِثَال سَابِق 男 mithāl sābiq ミサール サービク	precedent プレスィデント
せんれんされた **洗練された** senrensareta	مُهَذَّب muhadhdhab ムハッザブ	refined リファインド
せんれんする **洗練する** senrensuru	يُهَذِّبُ, 完 هَذَّبَ yuhadhdhibu, hadhdhaba ユハッズィブ, ハッザバ	refine リファイン
せんろ **線路** senro	خَطُّ سِكَّةِ حَدِيدٍ 男 khaṭṭu sikkati ḥadīdin ハットゥ スィッカ ハディード	railroad line, Ⓑrailway line レイルロウド ライン, レイルウェイ ライン

そ, ソ

日	アラビア	英
そあくな **粗悪な** soakuna	رَدِيء radīʾ ラディーウ	crude, poor クルード, プア

日	アラビア	英
ぞう **象** zou	**فِيل** 男, 複 **أَفْيَال** fīl, ʾafyāl フィール, アフヤール	elephant エレファント
ぞう **像** (イメージ) zou	**صُورَة** 女, 複 **صُوَر** ṣūrat, ṣuwar スーラ, スワル	image, figure, statue イミヂ, フィギャ, スタチュー
(彫像)	**تِمْثَال** 男, 複 **تَمَاثِيلُ** 〔二段〕 timthāl, tamāthīlu ティムサール, タマースィール	statue スタチュー
そうい **相違** soui	**اِخْتِلَاف** 男, 複 **اِخْتِلَافَات** ikhtilāf, ikhtilafāt イフティラーフ, イフティラーファート	difference, variation ディファレンス, ヴェアリエイション
ぞうお **憎悪** zouo	**حِقْد** 男, 複 **أَحْقَاد** ḥiqd, ʾaḥqād ヒクド, アフカード	hatred ヘイトレド
そうおん **騒音** souon	**ضَجَّة** 女 ḍajjat ダッジャ	noise ノイズ
ぞうか **増加** zouka	**اِزْدِيَاد** 男 izdiyād イズディヤード	increase インクリース
～する	**يَزْدَادُ**, 〔完〕 **اِزْدَادَ** yazdādu, izdāda ヤズダードゥ, イズダーダ	increase, augment インクリース, オーグメント
そうかい **総会** soukai	**جَمْعِيَّة عَامَّة** 女 jamʿīyat ʿāmmat ジャムイーヤ アーンマ	general meeting チェネラル ミーティング
そうがく **総額** sougaku	**تَكْلِفَة إِجْمَالِيَّة** 女 taklifat ʾijmālīyat タクリファ イジュマーリーヤ	total (amount) トウトル (アマウント)
そうがんきょう **双眼鏡** sougankyou	**مِنْظَار ثُنَائِيّ** 男 minẓār thunāʾīy ミンザール スナーイー	binoculars バイナキュラズ

日	アラビア	英
そうぎ **葬儀** sougi	**جِنَازَة** 女 jināzat ジナーザ	funeral フューネラル
そうきん **送金** soukin	**تَحْوِيلُ ٱلْأَمْوَالِ** 男 taḥwīlu al-ʾamwāli タフウィールル アムワール	remittance リミタンス
～する	**أَرْسَلَ** 完 **, يُرْسِلُ نُقُودًا نُقُودًا** yursilu nuqūdan, ʾarsala nuqūdan ユルスィル ヌクード，アルサラ ヌクード	send money センド マニ
ぞうきん **雑巾** zoukin	**خِرْقَة** 女**,** 複 **خِرَق** khirqat, khiraq ヒルカ，ヒラク	dustcloth, Ⓑduster ダストクロース，ダスタ
ぞうげ **象牙** zouge	**عَاج** 男 ʿāj アージュ	ivory アイヴォリ
そうけい **総計** soukei	**مَجْمُوع** 男 majmūʿ マジュムーウ	total amount トウトル アマウント
そうげん **草原** sougen	**أَرْض عُشْبِيَّة** 女 ʾarḍ ʿushbīyat アルド ウシュビーヤ	plain, prairie プレイン，プレアリ
そうこ **倉庫** souko	**مَخْزَن** 男**,** 複 **مَخَازِنُ** 〔二段〕 makhzan, makhāzinu マフザン，マハーズィン	warehouse ウェアハウス
そうこうきょり **走行距離** soukoukyori	**مَسَافَةُ ٱلسَّيْرِ** 女 masāfatu al-sairi マサーファトゥッ サイル	mileage マイリヂ
そうごうてきな **総合的な** sougoutekina	**شَامِل** shāmil シャーミル	synthetic, comprehensive スィンセティク，カンプリヘンスィヴ
そうごんな **荘厳な** sougonna	**مُهِيب** muhīb ムヒーブ	solemn サレム

日	アラビア	英
そうさ **捜査** sousa	تَحْقِيق 男 taḥqīq タフキーク	investigation, search インヴェスティゲイション, サーチ
～する	حَقَّقَ فِي 〔完〕 يُحَقِّقُ فِي, yuḥaqqiqu fī, ḥaqqaqa fī ユハッキク フィー, ハッカカ フィー	investigate インヴェスティゲイト
そうさ **操作** sousa	تَشْغِيل 男 tashghīl タシュギール	operation アペレイション
～する	شَغَّلَ 〔完〕 يُشَغِّلُ, yushaghghilu, shaghghala ユシャッギル, シャッガラ	operate アペレイト
そうさく **創作** sousaku	إِبْدَاع 男 ʾibdāʿ イブダーウ	creation クリエイション
～する	أَبْدَعَ 〔完〕 يُبْدِعُ, yubdiʿu, ʾabdaʿa ユブディウ, アブダア	create, compose クリエイト, コンポウズ
そうさくする **捜索する** sousakusuru	فَتَّشَ عَنْ 〔完〕 يُفَتِّشُ عَنْ, yufattishu ʿan, fattasha ʿan ユファッティシュ アン, ファッタシャ アン	search for サーチ フォ
そうじ **掃除** souji	تَنْظِيف 男 tanẓīf タンズィーフ	cleaning クリーニング
～機	مِكْنَسَة كَهْرَبَائِيَّة 女 miknasat kahrabāʾīyat ミクナサ カフラバーイーヤ	vacuum cleaner ヴァキュアム クリーナ
～する	نَظَّفَ 〔完〕 يُنَظِّفُ, yunaẓẓifu, naẓẓafa ユナッズィフ, ナッザファ	clean, sweep クリーン, スウィープ
そうしゃ **走者** sousha	عَدَّاء 男 ʿaddāʾ アッダーウ	runner ラナ

日	アラビア	英
そうじゅうする **操縦する** (乗り物や装置を) soujuusuru	قَادَ [完] ,يَقُودُ yaqūdu, qāda ヤクードゥ, カーダ	handle, operate ハンドル, アペレイト
(飛行機を)	قَادَ [完] ,يَقُودُ yaqūdu, qāda ヤクードゥ, カーダ	pilot パイロト
そうしょく **装飾** soushoku	زِينَة 女, 複 زِينَات zīnat, zīnāt ズィーナ, ズィーナート	decoration デコレイション
～する	زَيَّنَ [完] ,يُزَيِّنُ yuzaiyinu, zaiyana ユザイイヌ, ザイヤナ	adorn, ornament アドーン, オーナメント
そうしん **送信** soushin	إِرْسَال 男 ʾirsāl イルサール	transmission トランスミション
～する	أَرْسَلَ [完] ,يُرْسِلُ yursilu, ʾarsala ユルスィル, アルサラ	transmit トランスミト
ぞうぜい **増税** zouzei	زِيَادَةُ ٱلضَّرَائِبِ 女 ziyādatu al-ḍarāʾibi ズィヤーダトゥッ ダラーイブ	tax increase タクス インクリース
そうせつする **創設する** sousetsusuru	أَسَّسَ [完] ,يُؤَسِّسُ yuʾassisu, ʾassasa ユアッスィス, アッササ	found ファウンド
ぞうせん **造船** zousen	بِنَاءُ ٱلسُّفُنِ 男 bināʾu al-sufuni ビナーウッ スフン	shipbuilding シプビルディング
そうぞう **創造** souzou	خَلْق 男 khalq ハルク	creation クリエイション
～する	خَلَقَ [完] ,يَخْلُقُ yakhluqu, khalaqa ヤフルク, ハラカ	create クリエイト
～的な	خَلَّاق khallāq ハッラーク	creative, original クリエイティヴ, オリヂナル

日	アラビア	英
そうぞう **想像** souzou	تَصَوُّر 男, 複 تَصَوُّرَات taṣauwur, taṣauwurāt タサウウル，タサウウラート	imagination, fancy イマヂネイション，ファンスィ
～する	يَتَصَوَّرُ, 〔完〕 تَصَوَّرَ yataṣauwaru, taṣauwara ヤタサウワル，タサウワラ	imagine, fancy イマヂン，ファンスィ
そうぞうしい **騒々しい** souzoushii	مُزْعِج muzʿij ムズイジュ	noisy, loud ノイズィ，ラウド
そうぞく **相続** souzoku	وِرَاثَة 女 wirāthat ウィラーサ	inheritance, succession インヘリタンス，サクセション
～する	يَرِثُ, 〔完〕 وَرِثَ yarithu, waritha ヤリス，ワリサ	inherit, succeed インヘリト，サクスィード
～税	ضَرِيبَةُ ٱلْمِيرَاثِ ḍarībatu al-mīrāthi ダリーバトゥル ミーラース	inheritance tax インヘリタンス タクス
～人	وَرِيث 男, 複 وُرَثَاءُ〔二段〕 warīth, wurathāʾu ワリース，ウラサーウ	heir, heiress エア，エアレス
そうたいてきな **相対的な** soutaitekina	نِسْبِيّ nisbīy ニスビー	relative レラティヴ
そうだいな **壮大な** soudaina	رَائِع rāʾiʿ ラーイウ	magnificent, grand マグニフィセント，グランド
そうだん **相談** soudan	تَشَاوُر 男 tashāwur タシャーウル	consultation カンスルテイション
～する	يَتَشَاوَرُ مَعْ, 〔完〕 تَشَاوَرَ مَعْ yatashāwaru maʿ, tashāwara maʿ ヤタシャーワル マア，タシャーワラ マア	consult with コンサルト ウィズ

日	アラビア	英
そうち **装置** souchi	**جِهَاز** 男, 複 **أَجْهِزَة** jihāz, ʾajhizat ジ**ハ**ーズ, **ア**ジュヒザ	device, equipment ディ**ヴァ**イス, イク**ウィ**ップメント
そうちょう **早朝** souchou	**اَلصَّبَاحُ ٱلْبَاكِرُ** 男 al-ṣabāḥu al-bākiru アッ サ**バ**ーフル **バ**ーキル	early in the morning **ア**ーリ イン ザ **モ**ーニング
そうどう **騒動** soudou	**اِضْطِرَاب** 男, 複 **اِضْطِرَابَات** iḍṭirāb, iḍṭirābāt イドティ**ラ**ーブ, イドティラー**バ**ート	disturbance, confusion ディス**タ**ーバンス, コン**フュ**ージョン
そうとうする **相当する** soutousuru	**يُعَادِلُ**, 完 **عَادَلَ** yuʿādilu, ʿādala ユ**ア**ーディル, **ア**ーダラ	correspond to, (be) fit for コーレス**パ**ンド トゥ, (ビ) **フィ**ト フォ
そうとうな **相当な** soutouna	**لَا بَأْسَ بِهِ** lā baʾsa bi-hi ラー **バ**アサ ビ-ヒ	considerable, fair コン**スィ**ダラブル, **フェ**ア
そうにゅうする **挿入する** sounyuusuru	**يُدْخِلُ**, 完 **أَدْخَلَ** yudkhilu, ʾadkhala **ユ**ドヒル, **ア**ドハラ	insert イン**サ**ート
そうば **相場** souba	**سِعْرُ ٱلسُّوقِ** 男 siʿru al-sūqi **スィ**ウルッ **ス**ーク	market price **マ**ーケト プ**ラ**イス
(投機的取引)	**أَسْعَارُ ٱلْأَسْهَمِ** 複 ʾasʿāru al-ʾashami アス**ア**ールル **ア**スハム	speculation スペキュ**レ**イション
そうふする **送付する** soufusuru	**يُرْسِلُ**, 完 **أَرْسَلَ** yursilu, ʾarsala **ユ**ルスィル, **ア**ルサラ	send **セ**ンド
そうべつかい **送別会** soubetsukai	**حَفْلَةُ وَدَاع** 女 ḥaflatu wadāʿin **ハ**フラ ワ**ダ**ーア	farewell party **フェ**アウェル **パ**ーティ
そうめいな **聡明な** soumeina	**ذَكِيّ**, 複 **أَذْكِيَاءُ** 二段 dhakiy, ʾadhkiyāʾu **ザ**キー, アズキ**ヤ**ーウ	bright, intelligent ブ**ラ**イト, イン**テ**リヂェント

日	アラビア	英
ぞうよぜい **贈与税** zouyozei	ضَرِيبَةُ ٱلْهَدِيَّةِ 女 ḍarībat al-hadīyat ダリーバトゥル ハディーヤ	gift tax ギフト タクス
そうりだいじん **総理大臣** souridaijin	رَئِيسُ ٱلْوُزَرَاءِ 男 ra'īsu al-wuzarā'i ライースル ウザラーア	Prime Minister プライム ミニスタ
そうりつしゃ **創立者** souritsusha	مُؤَسِّس 男 mu'assis ムアッスィス	founder ファウンダ
そうりつする **創立する** souritsusuru	يُؤَسِّسُ, 〔完〕أَسَّسَ yu'assisu, 'assasa ユアッスィス, アッササ	found, establish ファウンド, イスタブリシュ
そうりょ **僧侶** souryo	رَاهِب 男, 複 رُهْبَان rāhib, ruhbān ラーヒブ, ルフバーン	monk, priest マンク, プリースト
そうりょう **送料** souryou	رُسُومُ ٱلشَّحْنِ 複 rusūmu al-shaḥni ルスームッ シャフン	postage, carriage ポウスティヂ, キャリヂ
そうりょうじ **総領事** souryouji	قُنْصُل عَامّ 男 qunṣul ʿāmm クンスル アームム	consul general カンスル ヂェネラル
ぞうわい **贈賄** zouwai	تَسْلِيمُ رَشْوَةٍ 男 taslīmu rashwatin タスリーム ラシュワ	bribery ブライバリ
そーす **ソース** soosu	صَلْصَة 女 ṣalṣat サルサ	sauce ソース
そーせーじ **ソーセージ** sooseeji	سُجُق 男 sujuq スジュク	sausage ソスィヂ
そくしする **即死する** sokushisuru	يَمُوتُ فِي لَحْظَةٍ, 〔完〕مَاتَ فِي لَحْظَةٍ yamūtu fī laḥẓatin, māta fī laḥẓatin ヤムートゥ フィー ラフザ, マータ フィー ラフザ	die instantly ダイ インスタントリ

日	アラビア	英
そくしん **促進** sokushin	**تَشْجِيع** 男 tashjīʿ タシュジーウ	promotion プロモウション
～する	**شَجَّعَ** 〔完〕, **يُشَجِّعُ** yushajjiʿu, shajjaʿa ユシャッジウ, シャッジャア	promote プロモウト
ぞくする **属する** zokusuru	**اِنْتَمَى إِلَى** 〔完〕, **يَنْتَمِي إِلَى** yantamī ʾilā, intamā ʾilā ヤンタミー イラー, インタマー イラー	belong to ビローング トゥ
そくたつ **速達** sokutatsu	**اَلْبَرِيد ٱلسَّرِيع** 男 al-barīd al-sarīʿ アル バリードッ サリーウ	express mail, special delivery イクスプレス メイル, スペシャル デリヴァリ
そくてい **測定** sokutei	**قِيَاس** 男 qiyās キヤース	measurement メジャメント
～する	**قَاسَ** 〔完〕, **يَقِيسُ** yaqīsu, qāsa ヤキース, カーサ	measure メジャ
そくど **速度** sokudo	**سُرْعَة** 女 surʿat スルア	speed, velocity スピード, ヴェラスィティ
～計	**عَدَّادُ ٱلسُّرْعَةِ** 女 ʿaddādu al-surʿati アッダードゥッ スルア	speedometer スピダメタ
～制限	**حَدُّ ٱلسُّرْعَةِ** 男 ḥaddu al-surʿati ハッドゥッ スルア	speed limit スピード リミト
そくばく **束縛** sokubaku	**قُيُود** 複 quyūd クユード	restraint, restriction リストレイント, リストリクション
～する	**قَيَّدَ** 〔完〕, **يُقَيِّدُ** yuqaiyidu, qaiyada ユカイイドゥ, カイヤダ	restrain, restrict リストレイン, リストリクト

日	アラビア	英
そくほう **速報** sokuhou	**خَبَر عَاجِل** 男 khabar ʿājil ハバル アージル	newsflash, breaking news ニューズフラシュ, ブレイキング ニューズ
そくめん **側面** sokumen	**جَانِب** 男, 複 **جَوَانِبُ** [二段] jānib, jawānibu ジャーニブ, ジャワーニブ	side サイド
そくりょう **測量** sokuryou	**مِسَاحَةُ ٱلْأَرْضِ** 女 misāḥatu al-ʾarḍi ミサーハトゥル アルド	measurement メジャメント
～する	**يَمْسَحُ ٱلْأَرْضَ,** [完] **مَسَحَ ٱلْأَرْضَ** yamsaḥu al-ʾarḍa, masaḥa al-ʾarḍa ヤムサフル アルダ, マサハル アルダ	measure, survey メジャ, サーヴェイ
そくりょく **速力** sokuryoku	**سُرْعَة** 女 surʿat スルア	speed, velocity スピード, ヴェラスィティ
そけっと **ソケット** soketto	**مِقْبَس** 男 miqbas ミクバス	socket サケト
そこ **底** (容器などの) soko	**قَاع** 男 qāʿ カーウ	bottom バトム
(靴の)	**نَعْلُ ٱلْحِذَاءِ** 男 naʿlu al-ḥidhāʾi ナアルル ヒザーア	sole ソウル
そこく **祖国** sokoku	**وَطَن** 男, 複 **أَوْطَان** waṭan, ʾauṭān ワタン, アウターン	motherland, fatherland マザランド, ファーザランド
そこぢから **底力** sokojikara	**قُوَّة كَامِنَة** 女 qūwat kāminat クーワ カーミナ	reserve strength リザーヴ ストレングス
そこなう **損なう** (健康などを) sokonau	**يَفْقِدُ,** [完] **فَقَدَ** yafqidu, faqada ヤフキドゥ, ファカダ	hurt, harm ハート, ハーム

日	アラビア	英
そざい **素材** (材料) sozai	**مَادَّة** 女, 複 **مَوَادُّ**〔二段〕 māddat, mawāddu マーッダ, マワーッドゥ	material マティアリアル
そしき **組織** soshiki	**تَنْظِيم** 男, 複 **تَنْظِيمَات** tanẓīm, tanẓīmāt タンズィーム, タンズィーマート	organization オーガニゼイション
そしする **阻止する** soshisuru	**يَمْنَعُ**, 〔完〕 **مَنَعَ** yamnaʿu, manaʿa ヤムナウ, マナア	hinder, obstruct ハインダ, オブストラクト
そしつ **素質** soshitsu	**مَوْهِبَة** 女, 複 **مَوَاهِبُ**〔二段〕 mauhibat, mawāhibu マウヒバ, マワーヒブ	aptitude, gift アプティテュード, ギフト
そして **そして** soshite	**وَ** wa ワ	and, then アンド, ゼン
そしょう **訴訟** soshou	**دَعْوَى قَضَائِيَّة** 女 daʿwā qaḍāʾīyat ダアワー カダーイーヤ	lawsuit, action ロースート, アクション
そせん **祖先** sosen	**أَجْدَاد** 複 ʾajdād アジュダード	ancestor アンセスタ
そそぐ **注ぐ** sosogu	**يَصُبُّ**, 〔完〕 **صَبَّ** yaṣubbu, ṣabba ヤスッブ, サッバ	pour ポー
そだつ **育つ** sodatsu	**يَنْشَأُ**, 〔完〕 **نَشَأَ** yanshaʾu, nashaʾa ヤンシャウ, ナシャア	grow グロウ
そだてる **育てる** sodateru	**يُرَبِّي**, 〔完〕 **رَبَّى** yurabbī, rabbā ユラッビー, ラッバー	bring up ブリング アプ
(動物を)	**يُرَبِّي**, 〔完〕 **رَبَّى** yurabbī, rabbā ユラッビー, ラッバー	rear, raise リア, レイズ
((畑で)植物を)	**يَزْرَعُ**, 〔完〕 **زَرَعَ** yazraʿu, zaraʿa ヤズラウ, ザラア	cultivate カルティヴェイト

日	アラビア	英
そち **措置** sochi	**إِجْرَاءَات** 複 ʾijrāʾāt イジュラーアート	measure, step メジャ, ステプ
そちら **そちら** sochira	**هُنَاكَ** hunāka フナーカ	that way, there ザト ウェイ, ゼア
そつぎょう **卒業** sotsugyou	**تَخَرُّج** 男 takharruj タハッルジュ	graduation グラヂュエイション
〜する	**يَتَخَرَّجُ**, 〔完〕 **تَخَرَّجَ** yatakharraju, takharraja ヤタハッラジュ, タハッラジャ	graduate from グラヂュエイト フラム
〜生	**مُتَخَرِّج** 男 mutakharrij ムタハッリジュ	graduate グラヂュエト
そっくす **ソックス** sokkusu	**جَوْرَب** 男, 複 **جَوَارِبُ** 〔二段〕 jaurab, jawāribu ジャウラブ, ジャワーリブ	socks サクス
そっちょくな **率直な** socchokuna	**صَرِيح**, 複 **صَرَائِحُ** 〔二段〕 ṣarīḥ, ṣarāʾiḥu サリーフ, サラーイフ	frank, outspoken フランク, アウトスポウクン
そっと **そっと** sotto	**بِهُدُوءٍ** bi-hudūʾin ビーフドゥーウ	quietly, softly クワイエトリ, ソーフトリ
ぞっとする **ぞっとする** zottosuru	**مُرْعِب** murʿib ムルイブ	shudder, shiver シャダ, シヴァ
そで **袖** sode	**كُمّ** 男, 複 **أَكْمَام** kumm, ʾakmām クンム, アクマーム	sleeve スリーヴ
そと **外** soto	**خَارِج** 男 khārij ハーリジュ	outside アウトサイド
そとの **外の** sotono	**خَارِج** khārij ハーリジュ	outdoor, external アウトドー, エクスターナル

そ

日	アラビア	英
そなえる **備える** （準備する） sonaeru	**اِسْتَعَدَّ ,يَسْتَعِدُّ** ［完］ yastaʿiddu, istaʿadda ヤスタイッドゥ，イスタアッダ	prepare oneself for プリペア フォ
（用意する）	**جَهَّزَ ,يُجَهِّزُ** ［完］ yujahhizu, jahhaza ユジャッヒズ，ジャッハザ	provide, equip プロヴァイド，イクウィプ
その **その** sono	**تِلْكَ ; ذٰلِكَ** dhālika, tilka ザーリカ，ティルカ	that ザト
そのうえ **その上** sonoue	**إِضَافَةً إِلَى ذٰلِك** ʾiḍāfatan ʾilā dhālika イダーファタン イラー ザーリカ	besides ビサイヅ
そのうち **その内** sonouchi	**قَرِيبًا** qarīban カリーバン	soon スーン
そのかわり **その代わり** sonokawari	**بَدَلًا مِنْ ذٰلِكَ** badalan min dhālika バダラン ミン ザーリカ	instead インステド
そのご **その後** sonogo	**بَعْدَ ذٰلِكَ** baʿda dhālika バアダ ザーリカ	after that アフタ ザト
そのころ **その頃** sonokoro	**فِي ذٰلِكَ ٱلْوَقْتِ** fī dhālika al-waqti フィー ザーリカル ワクト	about that time アバウト ザト タイム
そのた **その他** sonota	**إِلَى آخِرِهِ** ʾilā ʾākhiri-hi イラー アーヒリ-ヒ	et cetera, and so on イト セテラ，アンド ソウ オン
そのとき **その時** sonotoki	**عِنْدَئِذٍ** ʿindaʾidhin インダイズィン	then, at that time ゼン，アト ザト タイム
そば **そば** （近く） soba	**جَانِب** 男, 複 **جَوَانِبُ** ［二段］ jānib, jawānibu ジャーニブ，ジャワーニブ	side サイド
そばに **そばに** sobani	**بِجَانِبِ** bi-jānibi ビ-ジャーニブ	by, beside バイ，ビサイド

日	アラビア	英
そびえる そびえる sobieru	شَاهِق, 複 شَوَاهِقُ [二段] shāhiq, shawāhiqu シャーヒク，シャワーヒク	tower, rise タウア，ライズ
そふ 祖父 sofu	جَدّ 男, 複 أَجْدَاد jadd, ʾajdād ジャッド，アジュダード	grandfather グランドファーザ
そふぁー ソファー sofaa	كَنَبَة 女 kanabat カナバ	sofa ソウファ
そふとうぇあ ソフトウェア sofutowea	بَرْمَجِيَّة 女 barmajīyat バルマジーヤ	software ソーフトウェア
そぷらの ソプラノ sopurano	سُوبْرَانُو 男 sūbrānū スーブラーヌー	soprano ソプラーノウ
そぼ 祖母 sobo	جَدَّة 女 jaddat ジャッダ	grandmother グランドマザ
そぼくな 素朴な sobokuna	بَسِيط basīṭ バスィート	simple, artless スィンプル，アートレス
そまつな 粗末な somatsuna	بَسِيط basīṭ バスィート	coarse, humble コース，ハンブル
そまりあ ソマリア somaria	اَلصُّومَال al-ṣūmāl アッ スーマール	Somalia ソマーリア
そむく 背く somuku	يُخَالِفُ, 完 خَالَفَ yukhālifu, khālafa ユハーリフ，ハーラファ	disobey, betray ディスオベイ，ビトレイ
そめる 染める someru	يَصْبُغُ, 完 صَبَغَ yaṣbughu, ṣabagha ヤスブグ，サバガ	dye, color, Ⓑcolour ダイ，カラ，カラ
そよかぜ そよ風 soyokaze	نَسِيم 男, 複 نَسَائِمُ [二段] nasīm, nasāʾimu ナスィーム，ナサーイム	breeze ブリーズ

日	アラビア	英
そら **空** sora	**سَمَاوَات** 複, **سَمَاء** 女 samāʾ, samāwāt サマーウ, サマーワート	sky スカイ
そり **そり** sori	**زَلَّاجَة** 女 zallājat ザッラージャ	sled, sledge スレド, スレヂ
そる **剃る** soru	**حَلَقَ** 〔完〕, **يَحْلِقُ** yaḥliqu, ḥalaqa ヤフリク, ハラカ	shave シェイヴ
それ **それ** sore	**تِلْكَ** 女 ; **ذٰلِكَ** 男 dhālika, tilka ザーリカ, ティルカ	it, that イト, ザト
それから **それから** sorekara	**ثُمَّ** thumma スンマ	and, since then アンド, スィンス ゼン
それぞれの **それぞれの** sorezoreno	**كُلّ** kull クッル	respective, each リスペクティヴ, イーチ
それまで **それまで** soremade	**حَتَّى ذٰلِكَ ٱلْوَقْتِ** ḥattā dhālika al-waqti ハッター ザーリカル ワクト	till then ティル ゼン
それる **それる** soreru	**اِنْحَرَفَ عَنْ** 〔完〕, **يَنْحَرِفُ عَنْ** yanḥarifu ʿan, inḥarafa ʿan ヤンハリフ アン, インハラファ アン	deviate, veer off ディーヴィエイト, ヴィア オフ
そろばん **算盤** soroban	**مَعَادِيدُ** 〔二段〕 複, **مِعْدَاد** 男 miʿdād, maʿādīdu ミウダード, マアーディードゥ	abacus アバカス
そん **損** son	**خَسَائِرُ** 複, **خَسَارَة** 女 khasārat, khasāʾiru ハサーラ, ハサーイル	loss, disadvantage ロース, ディサドヴァンティヂ
〜をする	**خَسِرَ** 〔完〕, **يَخْسَرُ** yakhsaru, khasira ヤフサル, ハスィラ	lose, suffer a loss ルーズ, サファ ア ロース

日	アラビア	英
そんがい **損害** songai	**خَسَارَة** 女, 複 **خَسَائِرُ** 〔二段〕 khasārat, khasāʾiru ハサーラ, ハサーイル	damage, loss ダミヂ, ロース
そんけい **尊敬** sonkei	**اِحْتِرَام** 男, 複 **اِحْتِرَامَات** iḥtirām, iḥtirāmāt イフティラーム, イフティラーマート	respect リスペクト
～する	**يَحْتَرِمُ**, 〔完〕 **اِحْتَرَمَ** yaḥtarimu, iḥtarama ヤフタリム, イフタラマ	respect, esteem リスペクト, イスティーム
そんげん **尊厳** songen	**كَرَامَة** 女 karāmat カラーマ	dignity, prestige ディグニティ, プレスティージ
そんざい **存在** sonzai	**وُجُود** 男 wujūd ウジュード	existence イグズィステンス
～する	**يُوجَدُ**, 〔完〕 **وُجِدَ** yūjadu, wujida ユージャドゥ, ウジダ	exist, (be) existent イグズィスト, (ビ) イグズィステント
そんしつ **損失** sonshitsu	**خَسَارَة** 女, 複 **خَسَائِرُ** 〔二段〕 khasārat, khasāʾiru ハサーラ, ハサーイル	loss ロース
そんだいな **尊大な** sondaina	**مُتَكَبِّر** mutakabbir ムタカッビル	arrogant アロガント
そんちょう **尊重** sonchou	**اِحْتِرَام** 男, 複 **اِحْتِرَامَات** iḥtirām, iḥtirāmāt イフティラーム, イフティラーマート	respect, esteem リスペクト, イスティーム
～する	**يَحْتَرِمُ**, 〔完〕 **اِحْتَرَمَ** yaḥtarimu, iḥtarama ヤフタリム, イフタラマ	respect, esteem リスペクト, イスティーム
そんな **そんな** sonna	**مِثْلُ هٰذَا** 男 ; **مِثْلُ هٰذِهِ** 女 mithlu hādhā, mithlu hādhihi ミスル ハーザー, ミスル ハーズィヒ	such サチ

日	アラビア	英

た, タ

日	アラビア	英
た **田** ta	حَقْلُ ٱلْأَرُزِّ 男 ḥaqlu al-ʾaruzzi ハクルル アルッズ	rice field ライス フィールド
たーとるねっく **タートルネック** taatorunekku	يَاقَة عَالِيَة 女 yāqat ʿāliyat ヤーカ アーリヤ	turtleneck タートルネク
たい **タイ** tai	تَايْلَانْدُ 女 tāylāndu ターイラーンドゥ	Thailand タイランド
だい **台** (演説のための) dai	مِنَصَّة 女 minaṣṣat ミナッサ	stand, pedestal スタンド, ペデストル
(机)	طَاوِلَة 女 ṭāwilat ターウィラ	table テイブル
たいいく **体育** taiiku	تَرْبِيَّة رِيَاضِيَّة 女 tarbīyat riyāḍīyat タルビーヤ リヤーディーヤ	physical education フィズィカル エヂュケイション
だいいちの **第一の** daiichino	أُولَى 女 ; أَوَّلُ ʾauwalu, ʾūlā アウワル, ウーラー	first ファースト
たいいんする **退院する** taiinsuru	غَادَرَ, يُغَادِرُ ٱلْمُسْتَشْفَى ٱلْمُسْتَشْفَى yughādiru al-mustashfā, ghādara al-mustashfā ユガーディルル ムスタシュファー, ガーダラル ムスタシュファー	(be) discharged from hospital (ビ) ディスチャーヂド フラム ハスピトル
たいえきする **退役する** taiekisuru	تَقَاعَدَ 〔完〕, يَتَقَاعَدُ yataqāʿadu, taqāʿada ヤタカーアドゥ, タカーアダ	retire リタイア
だいえっと **ダイエット** daietto	حِمْيَة غِذَائِيَّة 女 ḥimyat ghidhāʾīyat ヒムヤ ギザーイーヤ	diet ダイエト

日	アラビア	英
たいおうする **対応する** (適合する) taiousuru	**تَوَافَقَ مَعَ ,يَتَوَافَقُ مَعَ** 〔完〕 yatawāfaqu maʿa, tawāfaqa maʿa ヤタ**ワ**ーファク マア，タ**ワ**ーファカ マア	correspond to コーレス**パ**ンド トゥ
だいおきしん **ダイオキシン** daiokishin	**دِيُوكْسِين** 男 diyūksīn ディユーク**スィ**ーン	dioxin ダイ**ア**クスィン
たいおん **体温** taion	**دَرَجَةُ حَرَارَةِ ٱلْجِسْمِ** 女 darajatu ḥarārati al-jismi **ダ**ラジャ ハ**ラ**ーラティル **ジ**スム	temperature **テ**ンペラチャ
〜計	**مِقْيَاسُ ٱلْحَرَارَةِ ٱلطِّبِّيِّ** 男 miqyāsu al-ḥarārati al-ṭibbīyi ミク**ヤ**ースル ハ**ラ**ーラティッ **ティ**ッビー	thermometer サ**マ**メタ
たいかく **体格** taikaku	**بُنْيَة جُسْمَانِيَّة** 女 bunyat jusmānīyat **ブ**ンヤ ジュスマー**ニ**ーヤ	physique, build フィ**ズィ**ーク，**ビ**ルド
だいがく **大学** daigaku	**جَامِعَة** 女 jāmiʿat **ジャ**ーミア	university, college ユーニ**ヴァ**ースィティ，**カ**レヂ
〜院	**اَلدِّرَاسَاتُ ٱلْعُلْيَا** 女 al-dirāsātu al-ʿulyā アッ ディラー**サ**ートゥル **ウ**ルヤー	graduate school グ**ラ**ヂュエト ス**ク**ール
〜生	**طَالِب جَامِعِيّ** 男 ṭālib jāmiʿīy **タ**ーリブ **ジャ**ーミイー	university student ユーニ**ヴァ**ースィティ ス**テュ**ーデント
たいがくする **退学する** taigakusuru	**تَرَكَ ,يَتْرُكُ ٱلْمَدْرَسَةَ** 〔完〕 **ٱلْمَدْرَسَةَ** yatruku al-madrasata, taraka al-madrasata **ヤ**トルクル **マ**ドラサ，**タ**ラカル **マ**ドラサ	leave school **リ**ーヴ ス**ク**ール
たいき **大気** taiki	**غِلَاف جَوِّيّ** 男 ghilāf jauwīy **ギ**ラーフ **ジャ**ウウィー	air, atmosphere **エ**ア，**ア**トモスフィア
〜汚染	**تَلَوُّثُ ٱلْهَوَاءِ** 男 talauwuthu al-hawāʾi タ**ラ**ウウスル ハ**ワ**ーア	air pollution **エ**ア ポ**リュ**ーション

日	アラビア	英
～圏	طَبَقَاتُ ٱلْغِلَافِ ٱلْجَوِّيِّ 男 ṭabaqātu al-ghilāfi al-jauwīyi タバカートゥル ギラーフル ジャウウィー	atmosphere アトモスフィア
だいきぼな 大規模な daikibona	وَاسِعُ ٱلنِّطَاقِ wāsiʿu al-niṭāqi ワースィウン ニターク	large-scale ラーヂスケイル
たいきゃくする 退却する taikyakusuru	تَرَاجَعَ 〔完〕 ,يَتَرَاجَعُ عَنْ عَنْ yatarājaʿu ʿan, tarājaʿa ʿan ヤタラージャウ アン，タラージャア アン	retreat from リトリート フラム
だいきん 代金 daikin	ثَمَن 男 thaman サマン	price プライス
たいぐう 待遇 taiguu	مُعَامَلَة 女 muʿāmalat ムアーマラ	treatment トリートメント
たいくつ 退屈 taikutsu	مَلَل 男 malal マラル	boredom ボーダム
～な	مُمِلّ mumill ムミッル	boring, tedious ボーリング，ティーディアス
たいけい 体形 taikei	شَكْلُ ٱلْجِسْمِ 男 shaklu al-jismi シャクルル ジスム	figure フィギャ
たいけい 体系 taikei	نِظَام 男, 複 أَنْظِمَة niẓām, ʾanẓimat ニザーム，アンズィマ	system スィステム
たいけん 体験 taiken	تَجْرِبَة 女, 複 تَجَارِبُ 〔二段〕 tajribat, tajāribu タジュリバ，タジャーリブ	experience イクスピアリアンス
たいこうする 対抗する　（競う） taikousuru	نَافَسَ 〔完〕 ,يُنَافِسُ yunāfisu, nāfasa ユナーフィス，ナーファサ	oppose, confront オポウズ，コンフラント

日	アラビア	英
(挑む)	تَحَدَّى ,يَتَحَدَّى 〔完〕 yataḥaddā, taḥaddā ヤタハッダー, タハッダー	challenge チャリンヂ
だいごの **第五の** daigono	خَامِس khāmis ハーミス	fifth フィフス
たいざいする **滞在する** taizaisuru	أَقَامَ ,يُقِيمُ 〔完〕 yuqīmu, ʾaqāma ユキーム, アカーマ	stay ステイ
たいさく **対策** taisaku	إِجْرَاءَات 複 ʾijrāʾāt イジュラーアート	measures メジャズ
だいさんの **第三の** daisanno	ثَالِث thālith サーリス	third サード
たいし **大使** taishi	سَفِير 男, 複 سُفَرَاءُ 〔二段〕 safīr, sufarāʾu サフィール, スファラーウ	ambassador アンバサダ
〜館	سِفَارَة 女 sifārat スィファーラ	embassy エンバスィ
だいじな **大事な** daijina	مُهِمّ muhimm ムヒンム	important, precious インポータント, プレシャス
だいじにする **大事にする** daijinisuru	اِهْتَمَّ بِ ,يَهْتَمُّ بِ 〔完〕 yahtammu bi, ihtamma bi ヤフタンム ビ, イフタンマ ビ	take care of テイク ケア オヴ
たいしゅう **大衆** taishuu	شَعْب 男 shaʿb シャアブ	general public チェネラル パブリク
たいじゅう **体重** taijuu	وَزْنُ اَلْجِسْمِ 男 waznu al-jismi ワズヌル ジスム	body weight バディ ウェイト
たいしょう **対照** taishou	مُقَارَنَة 女 muqāranat ムカーラナ	contrast, comparison カントラスト, コンパリスン

日	アラビア	英
～する	قَارَنَ 〔完〕 ,يُقَارِنُ yuqārinu, qārana ユカーリヌ，カーラナ	contrast, compare コントラスト，コンペア
たいしょう **対象**　（ターゲット） taishou	أَهْدَاف 複 ,هَدَف 男 hadaf, ʾahdāf ハダフ，アフダーフ	object アブヂェクト
（研究の）	مَوْضُوعَات 複 ,مَوْضُوع 男 mauḍūʿ, mauḍūʿāt マウドゥーウ，マウドゥーアート	research topic リサーチ タピク
だいしょう **代償** daishou	تَعْوِيضَات 複 ,تَعْوِيض 男 taʿwīḍ, taʿwīḍāt タアウィード，タアウィーダート	compensation カンペンセイション
たいじょうする **退場する** taijousuru	,يُطْرَدُ مِنَ ٱلْمَلْعَبِ 〔完〕 طُرِدَ مِنَ ٱلْمَلْعَبِ yuṭradu min al-malʿabi, ṭurida min al-malʿabi ユトラドゥ ミナル マルアブ，トゥリダ ミナル マルアブ	leave, exit リーヴ，エグズィト
たいしょく **退職** taishoku	تَقَاعُد 男 taqāʿud タカーウド	retirement リタイアメント
～する	تَقَاعَدَ 〔完〕 ,يَتَقَاعَدُ yataqāʿadu, taqāʿada ヤタカーアドゥ，タカーアダ	retire from リタイア フラム
だいじん **大臣** daijin	وُزَرَاءُ 〔二段〕 複 ,وَزِير 男 wazīr, wuzarāʾu ワズィール，ウザラーウ	minister ミニスタ
たいしんの **耐震の** taishinno	مُقَاوِم لِلزَلَازِلِ muqāwim li-al-zalāzili ムカーウィム リル ザラーズィル	earthquake-proof アースクウェイクプルーフ
だいず **大豆** daizu	فُولُ ٱلصُّويَا 男 fūlu al-ṣūyā フールッ スーヤー	soybean, Ⓑsoya-bean ソイビーン，ソヤビーン
たいすいの **耐水の** taisuino	ضِدَّ ٱلْمَاءِ ḍidda al-māʾi ディッダル マーイ	waterproof ウォータプルーフ

日	アラビア	英
たいすう **対数** taisuu	لُوغَارِيتْم 女 lūghārītm ルーガー**リ**ートム	logarithm **ロ**ガリズム
だいすう **代数** daisuu	اَلْجَبْر 男 al-jabr アル **ジャ**ブル	algebra **ア**ルヂブラ
たいせい **体制** taisei	نِظَام 男, 複 أَنْظِمَة niẓām, ʼanẓimat ニ**ザ**ーム，**ア**ンズィマ	organization オーガニ**ゼ**イション
たいせいよう **大西洋** taiseiyou	اَلْمُحِيطُ ٱلْأَطْلَسِيّ 男 al-muḥīṭu al-ʼaṭlasīy アル ム**ヒ**ートゥル **ア**トラスィー	Atlantic Ocean アト**ラ**ンティク **オ**ーシャン
たいせき **体積** taiseki	حَجْم 男 ḥajm **ハ**ジュム	volume **ヴァ**リュム
たいせつな **大切な** taisetsuna	مُهِمّ muhimm ム**ヒ**ンム	important, precious イン**ポ**ータント，プ**レ**シャス
たいそう **体操** （競技種目） taisou	جُمْبَاز 男 jumbāz ジュム**バ**ーズ	gymnastics ヂム**ナ**スティクス
だいたい **大体** （およそ） daitai	تَقْرِيبًا taqrīban タク**リ**ーバン	about ア**バ**ウト
だいたすう **大多数** daitasuu	أَغْلَبِيَّة 女 ʼaghlabīyat アグラ**ビ**ーヤ	large majority **ラ**ーヂ マ**ヂョ**ーリティ
たいだな **怠惰な** taidana	كَسْلَان، 複 كُسَالَى kaslān, kusālā カス**ラ**ーン，ク**サ**ーラー	lazy **レ**イズィ
たいだん **対談** taidan	حِوَار 男 ḥiwār ヒ**ワ**ール	talk **ト**ーク

た

日	アラビア	英
～する	يُجْرِي حِوَارًا مَعَ, [完] أَجْرَى حِوَارًا مَعَ yujrī ḥiwāran maʿa, ʾajrā ḥiwāran maʿa ユジュリー ヒワール マア，アジュラー ヒワール マア	have a talk with ハヴ ア トーク ウィズ
だいたんな **大胆な** daitanna	جَرِيء， 複 أَجْرِيَاءُ [二段] jarīʾ, ʾajriyāʾu ジャリーウ，アジュリヤーウ	bold, daring ボウルド，デアリング
たいちょう **体調** taichou	حَالَة صِحِّيَّة 女 ḥālat ṣiḥḥīyat ハーラ スィッヒーヤ	physical condition フィズィカル コンディション
だいちょう **大腸** daichou	اَلْأَمْعَاءُ ٱلْغَلِيظُ 複 al-ʾamʿāʾu al-ghalīẓu アル アムアーウル ガリーズ	large intestine ラーヂ インテスティン
たいてい **大抵** (大体)	غَالِبًا ghāliban ガーリバン	generally ヂェネラリ
(大部分)	مُعْظَم 男 muʿẓam ムウザム	almost オールモウスト
たいど **態度** (振る舞い) taido	سُلُوك 男 sulūk スルーク	attitude, manner アティテュード，マナ
(立場)	مَوْقِف 男 mauqif マウキフ	position ポズィション
たいとうの **対等の** taitouno	مُتَسَاوٍ [二段] mutasāwin ムタサーウィン	equal, even イークワル，イーヴン
～の人	نَظِير 男 naẓīr ナズィール	equal イークワル
だいどうみゃく **大動脈** daidoumyaku	شِرْيَان أَبْهَر 男 shiryān ʾabhara シルヤーン アブハラ	aorta エイオータ

た

日	アラビア	英
だいとうりょう **大統領** daitouryou	**رَئِيسُ ٱلْجُمْهُورِيَّةِ** 男 raʾīsu al-jumhūrīyati ライースル ジュムフーリーヤ	president プレズィデント
だいどころ **台所** daidokoro	**مَطْبَخ** 男, 複 **مَطَابِخُ**〔二段〕 maṭbakh, maṭābikhu マトバフ, マタービフ	kitchen キチン
だいとし **大都市** daitoshi	**مَدِينَة كَبِيرَة** 女 madīnat kabīrat マディーナ カビーラ	big city ビグ スィティ
たいとる **タイトル** taitoru	**عُنْوَان** 男, 複 **عَنَاوِينُ**〔二段〕 ʿunwān, ʿanāwīnu ウンワーン, アナーウィーン	title タイトル
だいなみっくな **ダイナミックな** dainamikkuna	**دِينَامِيكِيّ** dīnāmīkīy ディーナーミーキー	dynamic ダイナミク
だいにの **第二の** dainino	**ثَانٍ**〔二段〕; **ثَانِيَة** 女 thānin, thāniyat サーニン, サーニヤ	second セカンド
だいにんぐ **ダイニング** dainingu	**غُرْفَةُ ٱلطَّعَامِ** 女 ghurfatu al-ṭaʿāmi グルファトゥッ タアーム	dining room ダイニング ルーム
たいねつの **耐熱の** tainetsuno	**مُقَاوِم لِلْحَرَارَةِ** muqāwim li-al-ḥarārati ムカーウィム リール ハラーラ	heat resistant ヒート レズィスタント
だいばー **ダイバー** daibaa	**غَطَّاس** 男 ghaṭṭās ガッタース	diver ダイヴァ
たいばつ **体罰** taibatsu	**عِقَاب بَدَنِيّ** 男 ʿiqāb badanīy イカーブ バダニー	corporal punishment コーポラル パニシュメント
たいはん **大半** taihan	**مُعْظَم** 男 muʿẓam ムウザム	(the) greater part of (ザ) グレイタ パート オヴ
たいひ **堆肥** taihi	**سَمَاد عُضْوِيّ** 男 samād ʿuḍwīy サマード ウドウィー	compost カンポウスト

日	アラビア	英
だいひょう **代表** daihyou	**نَائِب** 男 nā'ib ナーイブ	representative レプリゼンタティヴ
〜する	**نَابَ عَنْ ,يَنُوبُ عَنْ** [完] yanūbu ʿan, nāba ʿan ヤヌーブ アン，ナーバ アン	represent レプリゼント
〜取締役	**رَئِيس تَنْفِيذِيّ** 男 ra'īs tanfīdhīy ライース タンフィーズィー	CEO, company president スィーイーオウ，カンパニ プレズィデント
だいびんぐ **ダイビング** daibingu	**غَطْس** 男 ghaṭs ガトス	diving ダイヴィング
たいふう **台風** taifuu	**تَيْفُون** 男 taifūn タイフーン	typhoon タイフーン
たいへいよう **太平洋** taiheiyou	**اَلْمُحِيطُ ٱلْهَادِئُ** 男 al-muḥīṭu al-hādi'u アル ムヒートゥル ハーディウ	Pacific Ocean パスィフィク オーシャン
たいへん **大変** taihen	**جِدًّا** jiddan ジッダン	very, extremely ヴェリ，イクストリームリ
だいべん **大便** daiben	**بِرَاز** 男 birāz ビラーズ	feces フィースィーズ
たいへんな **大変な**（すばらしい） taihenna	**رَائِع** rā'iʿ ラーイウ	wonderful, splendid ワンダフル，スプレンディド
（やっかいな）	**صَعْب** ṣaʿb サアブ	troublesome, hard トラブルサム，ハード
（重大な・深刻な）	**خَطِير** khaṭīr ハティール	serious, grave スィアリアス，グレイヴ

日	アラビア	英
たいほ **逮捕** taiho	اِعْتِقَال 男 iʿtiqāl イウティカール	arrest, capture アレスト, キャプチャ
～する	يَعْتَقِلُ, 〔完〕اِعْتَقَلَ yaʿtaqilu, iʿtaqala ヤアタキル, イウタカラ	arrest, capture アレスト, キャプチャ
たいほう **大砲** taihou	مِدْفَع 男, 複 مَدَافِعُ〔二段〕 midfaʿ, madāfiʿu ミドファウ, マダーフィウ	cannon キャノン
たいぼうの **待望の** taibouno	اَلَّذِي طَالَ ٱنْتِظَارُهُ alladhī ṭāla intiẓāru-hu アッラズィー ターラ ンティザール-フ	long-awaited ローングアウェティド
だいほん **台本** (映画や劇の) daihon	سِينَارِيُو 男 sīnāriyū スィーナーリユー	scenario, script スィネアリオウ, スクリプト
たいま **大麻** taima	حَشِيش 集 ḥashīsh ハシーシュ	marijuana マリワーナ
たいまー **タイマー** taimaa	مُؤَقِّت 男 muʾaqqit ムアッキト	timer タイマ
たいまんな **怠慢な** taimanna	مُهْمِل muhmil ムフミル	negligent ネグリヂェント
だいめい **題名** daimei	عُنْوَان 男, 複 عَنَاوِينُ〔二段〕 ʿunwān, ʿanāwīnu ウンワーン, アナーウィーン	title タイトル
だいめいし **代名詞** daimeishi	ضَمِير 男 ḍamīr ダミール	pronoun プロウナウン
たいや **タイヤ** taiya	إِطَار 男, 複 إِطَارَات ʾiṭār, ʾiṭārāt イタール, イターラート	tire タイア
だいや **ダイヤ** (列車の) daiya	مَوَاعِيدُ ٱلْقِطَارَاتِ 複 mawāʿīdu al-qiṭārāti マワーイードゥル キターラート	timetable タイムテイブル

日	アラビア	英
だいやもんど **ダイヤモンド** daiyamondo	**مَاس** 集 mās マース	diamond ダイアモンド
たいよう **太陽** taiyou	**اَلشَّمْس** 女 al-shams アッ シャムス	sun サン
だいよんの **第四の** daiyonno	**رَابِع** rābiʿ ラービウ	fourth フォース
たいらな **平らな** tairana	**مُسَطَّح** musaṭṭaḥ ムサッタフ	even, level, flat イーヴン, レヴェル, フラト
だいり **代理** dairi	**وَكِيل** 男 wakīl ワキール	representative, proxy レプリゼンタティヴ, プラクスィ
～店	**وَكَالَة** 女 wakālat ワカーラ	agency エイヂェンスィ
たいりく **大陸** tairiku	**قَارَّة** 女 qārrat カーッラ	continent カンティネント
だいりせき **大理石** dairiseki	**رُخَام** 男 rukhām ルハーム	marble マーブル
たいりつ **対立** tairitsu	**تَضَادّ** 男 taḍādd タダーッド	opposition アポズィション
～する	**تَضَادَّ، يَتَضَادُّ** 完 yataḍāddu, taḍādda ヤタダーッドゥ, タダーッダ	(be) opposed to (ビ) オポウズド トゥ
たいりょう **大量** tairyou	**كَمِّيَّة كَبِيرَة** 女 kammīyat kabīrat カンミーヤ カビーラ	mass, large quantities マス, ラーヂ クワンティティズ

た

日	アラビア	英
～生産	إِنْتَاج بِكَمِيَّاتٍ ضَخْمَةٍ 男 ʾintāj bi-kamīyātin ḍakhmatin インタージュ ビ-カミーヤート ダフマ	mass production マス プロダクション
たいる **タイル** tairu	بَلَاط 集, بَلَاطَة 女 balāṭ, balāṭat バラート，バラータ	tile タイル
たいわする **対話する** taiwasuru	يَتَحَاوَرُ, 完 تَحَاوَرَ yataḥāwaru, taḥāwara ヤタハーワル，タハーワラ	have a dialogue ハヴ ア ダイアローグ
たいわん **台湾** taiwan	تَايِوَان 女 tāyiwān ターイワーン	Taiwan タイワーン
だうんろーどする **ダウンロードする** daunroodosuru	يَقُومُ بِتَنْزِيلٍ, 完 قَامَ بِتَنْزِيلٍ yaqūmu bi-tanzīlin, qāma bi-tanzīlin ヤクーム ビ-タンズィール，カーマ ビ-タンズィール	download ダウンロウド
たえず **絶えず** taezu	بِٱسْتِمْرَارٍ bi-istimrārin ビ-スティムラール	always, all the time オールウェイズ，オール ザ タイム
たえる **耐える** (我慢する) taeru	يَتَحَمَّلُ, 完 تَحَمَّلَ yataḥammalu, taḥammala ヤタハンマル，タハンマラ	bear, stand ベア，スタンド
だえん **楕円** daen	شَكْل بَيْضَاوِيّ 男 shakl baiḍāwīy シャクル バイダーウィー	ellipse, oval イリプス，オウヴァル
たおす **倒す** (打ち倒す) taosu	يَهْزِمُ, 完 هَزَمَ yahzimu, hazama ヤフズィム，ハザマ	knock down ナク ダウン
(相手を負かす)	يَهْزِمُ, 完 هَزَمَ yahzimu, hazama ヤフズィム，ハザマ	defeat, beat ディフィート，ビート
(崩壊させる)	يُسْقِطُ, 完 أَسْقَطَ yusqiṭu, ʾasqaṭa ユスキトゥ，アスカタ	overthrow オウヴァスロウ

た

日	アラビア	英
たおる **タオル** taoru	فُوطَة 女, 複 فُوَط fūṭat, fuwaṭ フータ, フワト	towel タウエル
たおれる **倒れる** taoreru	يَقَعُ, 〔完〕 وَقَعَ yaqaʿu, waqaʿa ヤカウ, ワカア	fall, collapse フォール, コラプス
たか **鷹** taka	صُقُور 男, 複 صَقْر ṣuqūr, ṣaqr スクール, サクル	hawk ホーク
たかい **高い** takai	عَالٍ〔二段〕 ʿālin アーリン	high, tall ハイ, トール
(値段が)	غَالٍ〔二段〕 ghālin ガーリン	expensive イクスペンスィヴ
たがいに **互いに** tagaini	بَعْضُهُمْ بَعْضًا baʿḍu-hum baʿḍan バアドゥ-フム バアダン	mutually ミューチュアリ
たがいの **互いの** tagaino	مُتَبَادَل mutabādal ムタバーダル	mutual ミューチュアル
だがっき **打楽器** dagakki	آلَةُ ٱلْإِيقَاعِ 女 ʾālatu al-ʾīqāʿi アーラトゥル イーカーウ	percussion instrument パーカション インストルメント
たかまる **高まる** (上昇する) takamaru	يَزْدَادُ, 〔完〕 اِزْدَادَ yazdādu, izdāda ヤズダードゥ, イズダーダ	rise ライズ
(高ぶる)	يَتَحَمَّسُ, 〔完〕 تَحَمَّسَ yataḥammasu, taḥammasa ヤタハンマス, タハンマサ	(get) excited (ゲト) イクサイテド
たかめる **高める** takameru	يَرْفَعُ, 〔完〕 رَفَعَ yarfaʿu, rafaʿa ヤルファウ, ラファア	raise, increase レイズ, インクリース

日	アラビア	英
たがやす **耕す** tagayasu	حَرَثَ ,〔完〕 يَحْرِثُ yaḥrithu, ḥaratha ヤフリス, ハラサ	cultivate, plow カルティヴェイト, プラウ
たから **宝** takara	كَنْز 男, 複 كُنُوز kanz, kunūz カンズ, クヌーズ	treasure トレジャ
～くじ	يَانَصِيب 男 yānaṣīb ヤーナスィーブ	lottery ラタリ
たき **滝** taki	شَلَّال 男, 複 شَلَّالَات shallāl, shallālāt シャッラール, シャッラーラート	waterfall, falls ウォータフォール, フォールズ
だきょうする **妥協する** (譲歩する) dakyousuru	قَدَّمَ تَنَازُلًا ,〔完〕 يُقَدِّمُ تَنَازُلًا yuqaddimu tanāzulan, qaddama tanāzulan ユカッディム タナーズラン, カッダマ タナーズラン	compromise with カンプロマイズ ウィズ
たく **炊く** taku	طَبَخَ ,〔完〕 يَطْبُخُ yaṭbukhu, ṭabakha ヤトブフ, タバハ	cook, boil クク, ボイル
だく **抱く** daku	اِحْتَضَنَ ,〔完〕 يَحْتَضِنُ yaḥtaḍinu, iḥtaḍana ヤフタディヌ, イフタダナ	embrace インブレイス
たくさんの **沢山の** takusanno	كَثِير kathīr カスィール	many, much メニ, マチ
たくしー **タクシー** takushii	تَاكْسِيّ 男, 複 تَاكْسِيَّات tāksīy, tāksīyāt タークスィー, タークスィーヤート	cab, taxi キャブ, タクスィ
たくはい **宅配** takuhai	تَوْصِيل مَنْزِلِيّ 男 tauṣīl manzilīy タウスィール マンズィリー	door-to-door delivery ドータドー ディリヴァリ
たくましい **たくましい** takumashii	قَوِيّ, 複 أَقْوِيَاءُ〔二段〕 qawīy, ʾaqwiyāʾu カウィー, アクウィヤーウ	sturdy, stout スターディ, スタウト

日	アラビア	英
たくみな **巧みな** takumina	**مَاهِر** māhir マーヒル	skillful スキルフル
たくらむ **企む** (陰謀を) takuramu	**يَتَآمَرُ,** [完] **تَآمَرَ** yata'āmaru, ta'āmara ヤタアーマル，タアーマラ	scheme, plot スキーム，プラト
たくわえ **蓄え** takuwae	**مَخْزُون** 男 makhzūn マフズーン	store, reserve ストー，リザーヴ
(貯金)	**مُدَّخَرَات** 複 muddakharāt ムッダハラート	savings セイヴィングズ
たくわえる **蓄える** takuwaeru	**يَخْزُنُ,** [完] **خَزَنَ** yakhzunu, khazana ヤフズヌ，ハザナ	store, keep ストー，キープ
(貯金する)	**يَدَّخِرُ,** [完] **اِدَّخَرَ** yaddakhiru, iddakhara ヤッダヒル，イッダハラ	save セイヴ
だげき **打撃** dageki	**ضَرْب** 男 ḍarb ダルブ	blow, shock ブロウ，シャク
たこ **凧** tako	**طَائِرَة وَرَقِيَّة** 女 ṭā'irat waraqīyat ターイラ ワラキーヤ	kite カイト
たこ **蛸** tako	**أُخْطُبُوط** 男 ukhṭubūṭ ウフトゥブート	octopus アクトパス
たこくせきの **多国籍の** takokusekino	**مُتَعَدِّدُ ٱلْجِنْسِيَّاتِ** muta'addidu al-jinsīyāti ムタアッディドゥル ジンスィーヤート	multinational マルティナショナル
たさいな **多彩な** tasaina	**مُلَوَّن** mulauwan ムラウワン	colorful カラフル
たしか **確か** tashika	**رُبَّمَا** rubbamā ルッバマー	probably プラバブリ

日	アラビア	英
〜な	مُؤَكَّد muʾakkad ムアッカド	sure, certain シュア，サートン
〜に	بِالتَّأْكِيدِ bi-al-taʾkīdi ビッ-タアキード	certainly サートンリ
たしかめる **確かめる** tashikameru	يَتَأَكَّدُ مِنْ, 〔完〕 تَأَكَّدَ مِنْ yataʾakkadu min, taʾakkada min ヤタアッカドゥ ミン，タアッカダ ミン	make sure of メイク シュア オヴ
たしざん **足し算** tashizan	جَمْع 男 jamʿ ジャムウ	addition アディション
たす **足す** tasu	يَجْمَعُ, 〔完〕 جَمَعَ ; زَائِد yajmaʿu, jamaʿa, zāʾid ヤジュマウ，ジャマア，ザーイド	add アド
だす **出す** dasu　（中から）	يُخْرِجُ, 〔完〕 أَخْرَجَ yukhriju, ʾakhraja ユフリジュ，アフラジャ	take out テイク アウト
（露出する）	يَكْشِفُ عَنْ, 〔完〕 كَشَفَ عَنْ yakshifu ʿan, kashafa ʿan ヤクシフ アン，カシャファ アン	expose イクスポウズ
（提出する）	يُقَدِّمُ, 〔完〕 قَدَّمَ yuqaddimu, qaddama ユカッディム，カッダマ	hand in ハンド イン
（手紙などを）	يُرْسِلُ, 〔完〕 أَرْسَلَ yursilu, ʾarsala ユルスィル，アルサラ	mail, Ⓑpost メイル，ポウスト
（発行する）	يُصْدِرُ, 〔完〕 أَصْدَرَ yuṣdiru, ʾaṣdara ユスディル，アスダラ	publish パブリシュ
たすう **多数** tasuu	أَغْلَبِيَّة 女 ʾaghlabīyat アグラビーヤ	majority マヂョーリティ

日	アラビア	英
～決	قَرَار بِٱلْأَغْلَبِيَّةِ 男 qarār bi-al-ʾaghlabīyati カラール ビール アグラビーヤ	decision by majority ディスィジョン バイ マチョーリティ
～の	عَدَد كَبِير مِنْ 男 ʿadad kabīr min アダド カビール ミン	numerous, many ニューメラス, メニ
たすかる 助かる tasukaru	نَجَا مِنْ ,يَنْجُو مِنْ 〔完〕 yanjū min, najā min ヤンジュー ミン, ナジャー ミン	(be) rescued (ビ) レスキュード
たすける 助ける tasukeru	أَنْقَذَ ,يُنْقِذُ 〔完〕 yunqidhu, ʾanqadha ユンキズ, アンカザ	save セイヴ
(援助する)	سَاعَدَ ,يُسَاعِدُ 〔完〕 yusāʿidu, sāʿada ユサーイドゥ, サーアダ	help ヘルプ
たずねる 尋ねる tazuneru	سَأَلَ ,يَسْأَلُ 〔完〕 yasʾalu, saʾala ヤスアル, サアラ	ask アスク
たずねる 訪ねる tazuneru	زَارَ ,يَزُورُ 〔完〕 yazūru, zāra ヤズール, ザーラ	visit ヴィズィト
たたえる 称える tataeru	أَشَادَ ,يُشِيدُ 〔完〕 yushīdu, ʾashāda ユシードゥ, アシャーダ	praise プレイズ
たたかい 戦い (戦争・紛争) tatakai	حَرْب 女, 複 حُرُوب ḥarb, ḥurūb ハルブ, フルーブ	war ウォー
(戦闘)	مَعْرَكَة 女, 複 مَعَارِكُ〔二段〕 maʿrakat, maʿāriku マアラカ, マアーリク	battle バトル
(けんか・抗争)	قِتَال 男 qitāl キタール	fight ファイト

日	アラビア	英
たたかう **戦う** tatakau	**يُقَاتِلُ,** 〔完〕**قَاتَلَ** yuqātilu, qātala ユ**カ**ーティル, **カ**ータラ	fight **ファ**イト
たたく **叩く** tataku	**يَضْرِبُ,** 〔完〕**ضَرَبَ** yaḍribu, ḍaraba **ヤ**ドリブ, **ダ**ラバ	strike, hit, knock スト**ラ**イク, **ヒ**ト, **ナ**ク
ただし **但し** tadashi	**لٰكِنْ ; لٰكِنَّ** lākin, lākinna **ラ**ーキン, ラー**キ**ンナ	but, however **バ**ト, ハウ**エ**ヴァ
ただしい **正しい** tadashii	**صَحِيح** ṣaḥīḥ サ**ヒ**ーフ	right, correct **ラ**イト, コ**レ**クト
ただちに **直ちに** tadachini	**فَوْرًا** fauran **ファ**ウラン	at once アト **ワ**ンス
ただの **ただの** (普通の) tadano	**عَادِيّ** ʿādīy **ア**ーディー	ordinary **オ**ーディネリ
(無料の)	**مَجَّان** majjān マッ**ジ**ャーン	free, gratis フ**リ**ー, グ**ラ**ティス
たたむ **畳む** tatamu	**يَطْوِي,** 〔完〕**طَوَى** yaṭwī, ṭawā **ヤ**トウィー, **タ**ワー	fold **フォ**ウルド
たちあがる **立ち上がる** tachiagaru	**يَقِفُ,** 〔完〕**وَقَفَ** yaqifu, waqafa **ヤ**キフ, **ワ**カファ	stand up ス**タ**ンド **ア**プ
たちあげる **立ち上げる** (会社などを) tachiageru	**يُنْشِأُ,** 〔完〕**أَنْشَأَ** yunshiʾu, ʾanshaʾa **ユ**ンシウ, **ア**ンシャア	start up ス**タ**ート **ア**プ
たちいりきんし **立ち入り禁止** tachiirikinshi	**مَمْنُوعُ ٱلدُّخُولِ** 男 mamnūʿu al-dukhūli マムヌーウッ ドゥ**フ**ール	No Entry., Keep Out. **ノ**ウ **エ**ントリ, **キ**ープ **ア**ウト
たちさる **立ち去る** tachisaru	**يُغَادِرُ,** 〔完〕**غَادَرَ** yughādiru, ghādara ユ**ガ**ーディル, **ガ**ーダラ	leave **リ**ーヴ

た

日	アラビア	英
たちどまる **立ち止まる** tachidomaru	**تَوَقَّفَ** 〔完〕**, يَتَوَقَّفُ** yatawaqqafu, tawaqqafa ヤタ**ワ**ッカフ, タ**ワ**ッカファ	stop, halt ス**タ**プ, **ホ**ールト
たちば **立場** (境遇) tachiba	**مَوْقِف** 男 mauqif **マ**ウキフ	situation スィチュ**エ**イション
(見地・観点)	**وَجْهَةُ ٱلنَّظَرِ** 女 wajhatu al-naẓari **ワ**ジュハトゥン **ナ**ザル	standpoint ス**タ**ンドポイント
たつ **立つ** tatsu	**وَقَفَ** 〔完〕**, يَقِفُ** yaqifu, waqafa **ヤ**キフ, **ワ**カファ	stand, rise ス**タ**ンド, **ラ**イズ
たつ **経つ** tatsu	**مَرَّ** 〔完〕**, يَمُرُّ** yamurru, marra ヤ**ム**ッル, **マ**ッラ	pass, elapse **パ**ス, イ**ラ**プス
たつ **発つ** tatsu	**غَادَرَ** 〔完〕**, يُغَادِرُ** yughādiru, ghādara ユ**ガ**ーディル, **ガ**ーダラ	set out, depart **セ**ト **ア**ウト, ディ**パ**ート
たっきゅう **卓球** takkyuu	**تِنِسُ ٱلطَّاوِلَةِ** 男 tinisu al-ṭāwilati **ティ**ニスッ **タ**ーウィラ	table tennis **テ**イブル **テ**ニス
だっこする **抱っこする** dakkosuru	**حَمَلَ** 〔完〕**, يَحْمِلُ** yaḥmilu, ḥamala **ヤ**フミル, **ハ**マラ	carry **キャ**リ
たっしゃな **達者な** (健康な) tasshana	**صِحِّيّ** ṣiḥḥīy **スィ**ッヒー	healthy **ヘ**ルスィ
(上手な)	**مَاهِر** māhir **マ**ーヒル	skilled, proficient ス**キ**ルド, プロ**フィ**シェント
だっしゅする **ダッシュする** (速く走る) dasshusuru	**رَكَضَ بِسُرْعَةٍ** 〔完〕**, يَرْكُضُ بِسُرْعَةٍ** yarkuḍu bi-surʿatin, rakaḍa bi-surʿatin **ヤ**ルクドゥ ビ-**ス**ルア, **ラ**カダ ビ-**ス**ルア	dash **ダ**シュ

日	アラビア	英
(急ぐ)	يُسَارِعُ, [完] سَارَعَ yusāriʿu, sāraʿa ユサーリウ, サーラア	hurry ハーリ
だっしゅつする **脱出する** dasshutsusuru	يَخْرُجُ مِنْ, خَرَجَ مِنْ yakhruju min, kharaja min ヤフルジュ ミン, ハラジャ ミン	escape from イスケイプ フラム
たっする **達する** tassuru	يَصِلُ, [完] وَصَلَ yaṣilu, waṣala ヤスィル, ワサラ	reach, arrive at リーチ, アライヴ アト
だつぜい **脱税** datsuzei	تَهَرُّب ضَرِيبِيّ 男 taharrub ḍarībīy タハッルブ ダリービー	tax evasion タクス イヴェイジョン
～する	يَتَهَرَّبُ مِنَ ٱلضَّرَائِبِ, تَهَرَّبَ مِنَ ٱلضَّرَائِبِ [完] yataharrabu min al-ḍarāʾibi, taharraba min al-ḍarāʾibi ヤタハッラブ ミナッ ダラーイブ, タハッラバ ミナッ ダラーイブ	evade a tax イヴェイド ア タクス
たっせいする **達成する** tasseisuru	يُحَقِّقُ, [完] حَقَّقَ yuḥaqqiqu, ḥaqqaqa ユハッキク, ハッカカ	accomplish, achieve アカンプリシュ, アチーヴ
だっせんする **脱線する** dassensuru	يَنْحَرِفُ عَنِ ٱلْمَسَارِ, اِنْحَرَفَ عَنِ ٱلْمَسَارِ [完] yanḥarifu ʿan al-masāri, inḥarafa ʿan al-masāri ヤンハリフ アニル マサール, インハラファ アニル マサール	(be) derailed (ビ) ディレイルド
(話が)	يَخْرُجُ عَنِ ٱلْمَوْضُوعِ, خَرَجَ عَنِ ٱلْمَوْضُوعِ [完] yakhruju ʿan al-mauḍūʿi, kharaja ʿan al-mauḍūʿi ヤフルジュ アニル マウドゥーウ, ハラジャ アニル マウドゥーウ	digress from ダイグレス フラム
たった **たった** tatta	فَقَطْ faqaṭ ファカト	only, just オウンリ, ヂャスト

日	アラビア	英
だったいする **脱退する** dattaisuru	يُغَادِرُ, 〔完〕 غَادَرَ yughādiru, ghādara ユ**ガー**ディル, **ガー**ダラ	withdraw from ウィズド**ロー** フラム
たったいま **たった今** tattaima	اَلْآنَ al-ʾāna アル **アー**ナ	just now **チャ**スト **ナ**ウ
たつまき **竜巻** tatsumaki	إِعْصَار 男, 複 أَعَاصِيرُ 〔二段〕 ʾiʿṣār, ʾaʿāṣīru イウ**サー**ル, アアー**スィ**ール	tornado トー**ネ**イドウ
だつもう **脱毛** (除毛) datsumou	مُزِيلُ ٱلشَّعْرِ 男 muzīlu al-shaʿri ム**ズィ**ールッ **シャ**アル	hair removal, depilation ヘア リ**ム**ーヴァル, デピ**レ**イション
〜する (毛が抜け落ちる)	يُزِيلُ ٱلشَّعْرَ , 〔完〕 أَزَالَ ٱلشَّعْرَ yuzīlu al-shaʿra, ʾazāla al-shaʿra ユ**ズィ**ール **シャ**アル, ア**ザー**ラ **シャ**アル	lose one's hair **ル**ーズ **ヘ**ア
たて **縦** tate	طُول 男 ṭūl **ト**ゥール	length **レ**ングス
たて **盾** tate	دِرْع 男, 複 دُرُوع dirʿ, durūʿ **ディ**ルウ, ドゥ**ル**ーウ	shield **シ**ールド
たてもの **建物** tatemono	مَبْنًى 男, 複 مَبَانٍ 〔二段〕 mabnan, mabānin **マ**ブナン, マ**バー**ニン	building **ビ**ルディング
たてる **立てる** (柱・テントなどを) tateru	يَنْصُبُ, 〔完〕 نَصَبَ yanṣubu, naṣaba **ヤ**ンスブ, **ナ**サバ	stand, put up ス**タ**ンド, **プ**ト **ア**プ
(計画などを)	يَضَعُ, 〔完〕 وَضَعَ yaḍaʿu, waḍaʿa **ヤ**ダウ, **ワ**ダア	form, make **フォ**ーム, **メ**イク
たてる **建てる** (建築する) tateru	يَبْنِي, 〔完〕 بَنَى yabnī, banā **ヤ**ブニー, **バ**ナー	build, construct **ビ**ルド, コンスト**ラ**クト

日	アラビア	英
(設立する)	أَسَّسَ ,يُؤَسِّسُ 〔完〕 yuʾassisu, ʾassasa ユアッスィス, アッササ	establish, found イスタブリシュ, ファウンド
たどうし **他動詞** tadoushi	فِعْل مُتَعَدّ 男 fiʿl mutaʿadd フィウル ムタアッド	transitive verb トランスィティヴ ヴァーブ
だとうする **打倒する** datousuru	أَسْقَطَ ,يُسْقِطُ 〔完〕 yusqiṭu, ʾasqaṭa ユスキトゥ, アスカタ	defeat ディフィート
だとうな **妥当な** datouna	مُناسِب munāsib ムナースィブ	appropriate, proper アプロウプリエト, プラパ
たとえば **例えば** tatoeba	مَثَلًا mathalan マサラン	for example フォ イグザンプル
たとえる **例える** tatoeru	شَبَّهَ ,يُشَبِّهُ 〔完〕 yushabbihu, shabbaha ユシャッビフ, シャッバハ	compare to コンペア トゥ
たどる **たどる** tadoru	تَتَبَّعَ ,يَتَتَبَّعُ 〔完〕 yatatabbaʿu, tatabbaʿa ヤタタッバウ, タタッバア	follow, trace ファロウ, トレイス
たな **棚** tana	رَفّ 男, 複 رُفُوف raff, rufūf ラッフ, ルフーフ	shelf, rack シェルフ, ラク
たに **谷** tani	وَادٍ 男〔二段〕, 複 أَوْدِيَة wādin, ʾaudiyat ワーディン, アウディヤ	valley ヴァリ
だに **ダニ** dani	قُراد 集, 複 قِرْدَان qurād, qirdān クラード, キルダーン	tick ティク
たにん **他人** tanin	آخَرُون 複 ʾākharūna アーハルーナ	other people アザ ピープル
(知らない人)	شَخْص لَا يَعْرِفُهُ 男 shakhṣ lā yaʿrifu-hu シャフス ラー ヤアリフ-フ	stranger ストレインヂャ

た

日	アラビア	英
たね **種** tane	**حَبّ** 集, 複 **حُبُوب** ḥabb, ḥubūb ハッブ, フブーブ	seed スィード
たのしい **楽しい** tanoshii	**مُمْتِع** mumtiʿ ムムティウ	fun, enjoyable ファン, インヂョイアブル
たのしみ **楽しみ** tanoshimi	**مُتْعَة** 男, 複 **مُتَع** mutʿat, mutaʿ ムトア, ムタウ	pleasure, joy プレジャ, ヂョイ
たのしむ **楽しむ** tanoshimu	**يَسْتَمْتِعُ**, 〔完〕 **اِسْتَمْتَعَ** yastamtiʿu, istamtaʿa ヤスタムティウ, イスタムタア	enjoy インヂョイ
たのみ **頼み** tanomi	**طَلَب** 男 ṭalab タラブ	request, favor, Ⓑfavour リクウェスト, フェイヴァ, フェイヴァ
たのむ **頼む** tanomu	**يَطْلُبُ**, 〔完〕 **طَلَبَ** yaṭlubu, ṭalaba ヤトルブ, タラバ	ask, request アスク, リクウェスト
たのもしい **頼もしい** （信頼できる） tanomoshii	**مَوْثُوق بِهِ** mauthūq bi-hi マウスーク ビ-ヒ	reliable リライアブル
（有望な）	**وَاعِد** wāʿid ワーイド	promising プラミスィング
たば **束** taba	**بَاقَة** 女 bāqat バーカ	bundle, bunch バンドル, バンチ
たばこ **煙草** tabako	**سِيجَارَة** 女, 複 **سَجَائِرُ** 〔二段〕 sījārat, sajāʾiru スィージャーラ, サジャーイル	tobacco, cigarette トバコウ, スィガレト
たび **旅** tabi	**رِحْلَة** 女 riḥlat リフラ	travel, journey トラヴェル, ヂャーニ

日	アラビア	英
たびだつ **旅立つ** tabidatsu	يُسَافِرُ, [完] سَافَرَ yusāfiru, sāfara ユサーフィル，サーファラ	embark on a journey インバーク オン ア チャーニ
たびたび **度々** tabitabi	كَثِيرًا مَا kathīran mā カスィーラン マー	often オーフン
たぶー **タブー** tabuu	مُحَرَّمَات 複 muḥarramāt ムハッラマート	taboo タブー
たふな **タフな** (体などが) tafuna	قَوِيّ qawīy カウィー	tough, hardy タフ，ハーディ
(問題などが)	صَعْب ṣaʿb サアブ	difficult ディフィカルト
だぶるくりっくする **ダブルクリックする** daburukurikkusuru	يَنْقُرُ نَقْرًا مُزْدَوِجًا, [完] نَقَرَ نَقْرًا مُزْدَوِجًا yanquru naqran muzdawijan, naqara naqran muzdawijan ヤンクル ナクラン ムズダウィジャン，ナカラ ナクラン ムズダウィジャン	double-click ダブルクリク
たぶん **多分** tabun	رُبَّمَا rubbamā ルッバマー	perhaps, maybe パハプス，メイビ
たべもの **食べ物** tabemono	طَعَام 男, 複 أَطْعِمَة ṭaʿām, ʾaṭʿimat タアーム，アトイマ	food, provisions フード，プロヴィジョンズ
たべる **食べる** taberu	يَأْكُلُ, [完] أَكَلَ yaʾkulu, ʾakala ヤアクル，アカラ	eat イート
たほう **他方** tahou	مِنْ جِهَةٍ أُخْرَى min jihatin ukhrā ミン ジハ ウフラー	on the other hand オン ズィ アザ ハンド
たぼうな **多忙な** tabouna	مَشْغُول mashghūl マシュグール	busy ビズィ

日	アラビア	英
たま **球** tama	**كُرَة** 女 kurat クラ	ball, sphere ボール, スフィア
たま **弾** tama	**رَصَاص** 集, **رَصَاصَة** 女 raṣāṣ, raṣāṣat ラサース, ラサーサ	bullet, shell ブレト, シェル
たまご **卵** tamago	**بَيْض** 集, **بَيْضَة** 女 baiḍ, baiḍat バイド, バイダ	egg エグ
たましい **魂** tamashii	**رُوح** 男, 複 **أَرْوَاح** rūḥ, ʾarwāḥ ルーフ, アルワーフ	soul, spirit ソウル, スピリト
だます **騙す** damasu	**يَخْدَعُ**, 〔完〕**خَدَعَ** yakhdaʿu, khadaʿa ヤフダウ, ハダア	deceive, trick ディスィーヴ, トリク
だまって **黙って** (静かに) damatte	**بِصَمْتٍ** bi-ṣamtin ビ-サムト	silently サイレントリ
(無断で)	**بِدُونِ إِذْنٍ** bi-dūni ʾidhnin ビ-ドゥーニ イズン	without leave ウィザウト リーヴ
たまに **たまに** tamani	**أَحْيَانًا** ʾaḥyānan アフヤーナン	occasionally オケイジョナリ
たまねぎ **玉葱** tamanegi	**بَصَل** 集, **بَصَلَة** 女 baṣal, baṣalat バサル, バサラ	onion アニョン
たまる **溜まる** (積もる) tamaru	**يَتَرَاكَمُ**, 〔完〕**تَرَاكَمَ** yatarākamu, tarākama ヤタラーカム, タラーカマ	accumulate, gather アキューミュレイト, ギャザ
だまる **黙る** damaru	**يَسْكُتُ**, 〔完〕**سَكَتَ** yaskutu, sakata ヤスクトゥ, サカタ	(become) silent (ビカム) サイレント
だみー **ダミー** (人形) damii	**دُمْيَة** 女, 複 **دُمًى** dumyat, duman ドゥムヤ, ドゥマン	dummy ダミ

日	アラビア	英
～の (架空の・見せかけの)	وَهْمِيّ wahmīy ワフミー	imaginary イマヂネリ
だむ **ダム** damu	سَدّ 男, 複 سُدُود sadd, sudūd サッド, スドゥード	dam ダム
だめーじ **ダメージ** dameeji	ضَرَر 男, 複 أَضْرَار ḍarar, ʾaḍrār ダラル, アドラール	damage ダミヂ
ためす **試す** tamesu	يُجَرِّبُ, 〔完〕 جَرَّبَ yujarribu, jarraba ユジャッリブ, ジャッラバ	try, test トライ, テスト
ためになる **ためになる** tameninaru	يُفِيدُ, 〔完〕 أَفَادَ yufīdu, ʾafāda ユフィードゥ, アファーダ	good for, profitable グド フォ, プラフィタブル
ためらう **ためらう** tamerau	يَتَرَدَّدُ, 〔完〕 تَرَدَّدَ yataraddadu, taraddada ヤタラッダドゥ, タラッダダ	hesitate ヘズィテイト
ためる **貯める** tameru	يَدَّخِرُ, 〔完〕 اِدَّخَرَ yaddakhiru, iddakhara ヤッダヒル, イッダハラ	save, store セイヴ, ストー
たもつ **保つ** tamotsu	يَحْتَفِظُ, 〔完〕 اِحْتَفَظَ yaḥtafiẓu, iḥtafaẓa ヤフタフィズ, イフタファザ	keep キープ
たより **便り**　(手紙) tayori	رِسَالَة 女, 複 رَسَائِلُ 〔二段〕 risālat, rasāʾilu リサーラ, ラサーイル	letter レタ
(知らせ)	أَخْبَار 複 ʾakhbār アフバール	news ニューズ
たよる **頼る** tayoru	يَعْتَمِدُ عَلَى, 〔完〕 اِعْتَمَدَ عَلَى yaʿtamidu ʿalā, iʿtamada ʿalā ヤアタミドゥ アラー, イウタマダ アラー	rely on, depend on リライ オン, ディペンド オン

日	アラビア	英
だらくする **堕落する** darakusuru	**يَفْسُدُ,** 〔完〕**فَسَدَ** yafsudu, fasada ヤフスドゥ, ファサダ	degenerate into ディチェネレイト イントゥ
たらす **垂らす** (ぶら下げる) tarasu	**يُعَلِّقُ,** 〔完〕**عَلَّقَ** yuʿalliqu, ʿallaqa ユアッリク, アッラカ	hang down ハング ダウン
(…の上にこぼす)	**يَسْكُبُ عَلَى,** 〔完〕**سَكَبَ عَلَى** yaskubu ʿalā, sakaba ʿalā ヤスクブ アラー, サカバ アラー	drop, spill ドラプ, スピル
たりない **足りない** tarinai	**يَنْقُصُ,** 〔完〕**نَقَصَ** yanquṣu, naqaṣa ヤンクス, ナカサ	(be) short of (ビ) ショート オヴ
たりょうに **多量に** taryouni	**بِغَزَارَةٍ** bi-ghazāratin ビーガザーラ	abundantly アバンダントリ
たりる **足りる** tariru	**يَكْفِي,** 〔完〕**كَفَى** yakfī, kafā ヤクフィー, カファー	(be) enough (ビ) イナフ
だれ **誰** dare	**مَنْ** man マン	who フー
だれか **誰か** dareka	**أَحَد** 男 ʾaḥad アハド	someone, somebody サムワン, サムバディ
たれる **垂れる** (ぶら下がる) tareru	**يَتَدَلَّى,** 〔完〕**تَدَلَّى** yatadallā, tadallā ヤタダッラー, タダッラー	hang, drop ハング, ドラプ
(こぼれる)	**يَنْسَكِبُ,** 〔完〕**اِنْسَكَبَ** yansakibu, insakaba ヤンサキブ, インサカバ	drop, drip ドラプ, ドリプ
たわむれる **戯れる** (遊ぶ) tawamureru	**يَلْعَبُ,** 〔完〕**لَعِبَ** yalʿabu, laʿiba ヤルアブ, ライバ	play プレイ

た

日	アラビア	英
たん **痰** tan	بَلْغَم 男, 複 بَلَاغِمُ 〔二段〕 balgham, balāghimu バルガム, バラーギム	phlegm, sputum フレム, スピュータム
だん **段** dan	دَرَجَة 女 darajat ダラジャ	step, stair ステプ, ステア
だんあつする **弾圧する** dan-atsusuru	يَقْمَعُ, 〔完〕 قَمَعَ yaqmaʿu, qamaʿa ヤクマウ, カマア	suppress サプレス
たんい **単位**（基準となる量） tan-i	وَحْدَةُ قِيَاسٍ 女 waḥdatu qiyāsin ワフダトゥ キヤース	unit ユーニト
（履修単位）	سَاعَة مُعْتَمَدَة 女 sāʿat muʿtamadat サーア ムウタマダ	credit クレディト
たんいつの **単一の** tan-itsuno	مُوَحَّد muwaḥḥad ムワッハド	single, sole スィングル, ソウル
たんか **担架** tanka	نَقَّالَة 女 naqqālat ナッカーラ	stretcher ストレチャ
たんかー **タンカー** tankaa	نَاقِلَة 女 nāqilat ナーキラ	tanker タンカ
だんかい **段階** dankai	مَرْحَلَة 女, 複 مَرَاحِلُ 〔二段〕 marḥalat, marāḥilu マルハラ, マラーヒル	step, stage ステプ, ステイヂ
だんがい **断崖** dangai	جُرْف 男, 複 أَجْرَاف jurf, ʾajrāf ジュルフ, アジュラーフ	cliff クリフ
たんき **短期** tanki	مُدَّة قَصِيرَة 女 muddat qaṣīrat ムッダ カスィーラ	short term ショート ターム

日	アラビア	英
たんきな **短気な** tankina	سَرِيعُ ٱلْغَضَبِ sarīʿu al-ghaḍabi サリーウル ガダブ	short-tempered, quick-tempered ショートテンパド，クウィクテンパド
たんきゅうする **探究する** tankyuusuru	يَبْحَثُ فِي, 〔完〕بَحَثَ فِي yabḥathu fī, baḥatha fī ヤブハス フィー，バハサ フィー	study, investigate スタディ，インヴェスティゲイト
たんきょりきょうそう **短距離競走** tankyorikyousou	سِبَاقُ ٱلْمُسَافَاتِ ٱلْقَصِيرَةِ 男 sibāqu al-musāfāti al-qaṣīrati スィバークル ムサーファーティル カスィーラ	short-distance race ショートディスタンス レイス
だんけつする **団結する** danketsusuru	يَتَضَامَنُ, 〔完〕تَضَامَنَ yataḍāmanu, taḍāmana ヤタダーマヌ，タダーマナ	unite ユーナイト
たんけん **探検** tanken	اِسْتِكْشَاف 男 istikshāf イスティクシャーフ	exploration エクスプロレイション
～する	يَسْتَكْشِفُ, 〔完〕اِسْتَكْشَفَ yastakshifu, istakshafa ヤスタクシフ，イスタクシャファ	explore イクスプロー
だんげんする **断言する** dangensuru	يَجْزِمُ بِ, 〔完〕جَزَمَ بِ yajzimu bi, jazama bi ヤジュズィム ビ，ジャザマ ビ	assert, affirm アサート，アファーム
たんご **単語** tango	كَلِمَة 女 kalimat カリマ	word ワード
たんこう **炭坑** tankou	مَنْجَمُ ٱلْفَحْمِ 男 manjamu al-faḥmi マンジャムル ファフム	coal mine コウル マイン
だんさー **ダンサー** dansaa	رَاقِص 男 rāqiṣ ラーキス	dancer ダンサ
たんさん **炭酸** tansan	حَمْضُ ٱلْكَرْبُونِيكِ 男 ḥamḍu al-karbūnīki ハムドゥル カルブーニーク	carbonic acid カーバニク アスィド

日	アラビア	英
～ガス	غَازُ ٱلْكَرْبُونِ 男 ghāzu al-karbūni ガーズル カルブーン	carbonic acid gas カーバニク アスィド ギャス
～水	مَاءُ ٱلصُّودَا 男 māʾu al-ṣūdā マーウッ スーダー	soda water ソウダ ウォータ
たんしゅくする 短縮する tanshukusuru	قَصَّرَ, يُقَصِّرُ 〔完〕 yuqaṣṣiru, qaṣṣara ユカッスィル，カッサラ	shorten, reduce ショートン，リデュース
たんじゅんな 単純な tanjunna	بَسِيط basīṭ バスィート	plain, simple プレイン，スィンプル
たんしょ 短所 tansho	نُقْطَةُ ٱلضَّعْفِ 女 nuqṭatu al-ḍaʿfi ヌクタトゥッ ダアフ	shortcoming ショートカミング
たんじょう 誕生 tanjou	مِيلَاد 男 mīlād ミーラード	birth バース
～する	تَوَلَّدَ, يَتَوَلَّدُ 〔完〕 yatawalladu, tawallada ヤタワッラドゥ，タワッラダ	(be) born (ビ) ボーン
～日	عِيدُ مِيلَادٍ 男 ʿīdu mīlādin イードゥ ミーラード	birthday バースデイ
たんす 箪笥 tansu	دُولَاب 男, دَوَالِيبُ 複〔二段〕 dūlāb, dawālību ドゥーラーブ，ダワーリーブ	chest of drawers チェスト オヴ ドローズ
だんす ダンス dansu	رَقْص 男 raqṣ ラクス	dancing, dance ダンスィング，ダンス
たんすい 淡水 tansui	مَاء عَذْب 男 māʾ ʿadhb マーウ アズブ	fresh water フレシュ ウォータ
たんすう 単数 tansuu	مُفْرَد 男 mufrad ムフラド	singular スィンギュラ

た

日	アラビア	英
だんせい **男性** dansei	رَجُل 男, 複 رِجَال rajul, rijāl ラジュル, リジャール	male メイル
たんせき **胆石** tanseki	حَصَاة مَرَارِيَّة 女 ḥaṣāt marārīyat ハサー マラーリーヤ	gallstone ゴールストウン
たんそ **炭素** tanso	كَرْبُون 男 karbūn カルブーン	carbon カーボン
だんそう **断層** dansou	فَالِق 男, 複 فَوَالِقُ 〔二段〕 fāliq, fawāliqu ファーリク, ファワーリク	fault フォールト
だんたい **団体** dantai	جَمْعِيَّة 女 jamʿīyat ジャムイーヤ	group, organization グループ, オーガニゼイション
だんだん **だんだん** dandan	تَدْرِيجًا tadrījan タドリージャン	gradually グラヂュアリ
たんちょうな **単調な** tanchouna	رَتِيب ratīb ラティーブ	monotonous, dull モナトナス, ダル
たんてい **探偵** tantei	مُحَقِّق خَاصّ 男 muḥaqqiq khāṣṣ ムハッキク ハーッス	detective ディテクティヴ
たんどくの **単独の** tandokuno	فَرْدِيّ fardīy ファルディー	sole, individual ソウル, インディヴィヂュアル
たんなる **単なる** tannaru	مُجَرَّد mujarrad ムジャッラド	mere, simple ミア, スィンプル
たんに **単に** tanni	مُجَرَّدًا mujarradan ムジャッラダン	only, merely オウンリ, ミアリ

た

日	アラビア	英
だんねんする 断念する dannensuru	أَقْلَعَ عَنْ ,[完] يُقْلِعُ عَنْ yuqliʿu ʿan, ʾaqlaʿa ʿan ユクリウ アン, アクラア アン	give up, abandon ギヴ アプ, アバンドン
たんぱ 短波 tanpa	مَوْجَة قَصِيرَة 女 maujat qaṣīrat マウジャ カスィーラ	shortwave ショートウェイヴ
たんぱくしつ たんぱく質 tanpakushitsu	بُرُوتِين 男 burūtīn ブルーティーン	protein プロウティーン
たんぺん 短編 tanpen	قِصَّة قَصِيرَة 女 qiṣṣat qaṣīrat キッサ カスィーラ	short work ショート ワーク
だんぺん 断片 danpen	قِطْعَة 女, 複 قِطَع qiṭʿat, qiṭaʿ キトア, キタウ	fragment フラグメント
たんぼ 田んぼ tanbo	حَقْلُ ٱلْأَرُزِّ 男 ḥaqlu al-ʾaruzzi ハクルル アルッズ	rice field ライス フィールド
たんぽ 担保 tanpo	رَهْن 男 rahn ラフン	security, mortgage スィキュアリティ, モーギヂ
だんぼう 暖房 danbou	تَدْفِئَة 女 tadfiʾat タドフィア	heating ヒーティング
だんぼーる 段ボール danbooru	كَرْتُون 男, 複 كَرَاتِينُ [二段] kartūn, karātīnu カルトゥーン, カラーティーヌ	corrugated paper コーラゲイテド ペイパ
たんぽん タンポン tanpon	سِدَادَة قُطْنِيَّة 女 sidādat quṭnīyat スィダーダ クトニーヤ	tampon タンパン
だんめん 断面 danmen	مَقْطَع عَرَضِيّ 男 maqṭaʿ ʿaraḍīy マクタウ アラディー	cross section クロース セクション
だんらく 段落 danraku	فِقْرَة 女 fiqrat フィクラ	paragraph パラグラフ

日	アラビア	英
だんりょく **弾力** danryoku	مُرُونَة 女 murūnat ムルーナ	elasticity イラスティスィティ
だんろ **暖炉** danro	مِدْفَأَة 女 midfa'at ミドファア	fireplace ファイアプレイス
だんわ **談話** danwa	كَلَام 男 kalām カラーム	talk, conversation トーク，カンヴァセイション

ち，チ

日	アラビア	英
ち **血** chi	دَم 男， 複 دِمَاء dam, dimā' ダム，ディマーウ	blood ブラド
ちあのーぜ **チアノーゼ** chianooze	زُرْقَة 女 zurqat ズルカ	cyanosis サイアノウスィス
ちあん **治安** chian	أَمْن 男 'amn アムン	(public) peace, (public) order （パブリク）ピース，（パブリク）オーダ
ちい **地位** （階級・等級） chii	مَرْتَبَة 女 martabat マルタバ	rank ランク
（役職・立場）	مَنْصِب 男， 複 مَنَاصِبُ [二段] manṣib, manāṣibu マンスィブ，マナースィブ	position ポズィション
ちいき **地域** chiiki	مِنْطَقَة 女， 複 مَنَاطِقُ [二段] minṭaqat, manāṭiqu ミンタカ，マナーティク	region, zone リーヂョン，ゾウン
ちいさい **小さい** chiisai	صَغِير， 複 صِغَار ṣaghīr, ṣighār サギール，スィガール	small, little スモール，リトル

日	アラビア	英
(微細な)	دِقَاق ,دَقِيق 複 daqīq, diqāq ダキーク, ディカーク	minute, fine マイニュート, ファイン
(幼い)	صَغِيرُ ٱلسِّنِّ ṣaghīru al-sinn サギールッ スィンヌ	little, young リトル, ヤング
ちーず **チーズ** chiizu	جُبْنَة 女 jubnat ジュブナ	cheese チーズ
ちーむ **チーム** chiimu	فُرُوق 複 ,فَرِيق 男 farīq, furūq ファリーク, フルーク	team ティーム
～ワーク	عَمَل جَمَاعِيّ 男 ʿamal jamāʿīy アマル ジャマーイー	teamwork ティームワーク
ちえ **知恵** chie	حِكْمَة 女 ḥikmat ヒクマ	wisdom, intelligence ウィズダム, インテリヂェンス
ちぇーん **チェーン** cheen	سِلْسِلَة 女 silsilat スィルスィラ	chain チェイン
～店	سِلْسِلَةُ مَتَاجِرٍ 女 silsilatu matājirin スィルスィラ マタージル	chain store チェイン ストー
ちぇこ **チェコ** cheko	تِشِيك 女 tishīk チェーク	Czech チェク
ちぇっくする **チェックする** chekkusuru	فَحَصَ 完 ,يَفْحَصُ yafḥaṣu, faḥaṣa ヤフハス, ファハサ	check チェク
ちぇろ **チェロ** chero	تِشِيلُو 男 tishīlū チェールー	cello チェロウ

日	アラビア	英
ちぇんばろ **チェンバロ** chenbaro	**هَارْبُسْكُورْد** 男 hārbuskūrd ハールブスクールド	cembalo チェンバロウ
ちかい **近い** chikai	**قَرِيب** qarīb カリーブ	near, close to ニア, クロウス トゥ
ちかい **地階** chikai	**طَابِق سُفْلِيّ** 男 ṭābiq suflīy タービク スフリー	basement ベイスメント
ちがい **違い** chigai	**اِخْتِلَاف** 男, 複 **اِخْتِلَافَات** ikhtilāf, ikhtilāfāt イフティラーフ, イフティラーファート	difference ディファレンス
ちかう **誓う** chikau	**يُقْسِمُ**, 完 **أَقْسَمَ** yuqsimu, ʾaqsama ユクスィム, アクサマ	vow, swear ヴァウ, スウェア
ちがう **違う** chigau	**يَخْتَلِفُ عَنْ**, 完 **اِخْتَلَفَ عَنْ** yakhtalifu ʿan, ikhtalafa ʿan ヤフタリフ アン, イフタラファ アン	differ from ディファ フラム
ちかく **知覚** chikaku	**إِدْرَاك حِسِّيّ** 男 ʾidrāk ḥissīy イドラーク ヒッスィー	perception パセプション
ちがく **地学** chigaku	**عِلْمُ ٱلْأَرْضِ** 男 ʿilmu al-ʾarḍi イルムル アルド	physical geography フィズィカル ヂアグラフィ
ちかごろ **近頃** chikagoro	**فِي هٰذِهِ ٱلْأَيَّام** fī hādhihi al-ʾaiyāmi フィー ハーズィヒル アイヤーム	recently, these days リーセントリ, ズィーズ デイズ
ちかしつ **地下室** chikashitsu	**بَدْرُوم** 男, 複 **بَدْرُومَات** badrūm, badrūmāt バドルーム, バドルーマート	basement, cellar ベイスメント, セラ
ちかづく **近付く** chikazuku	**يَقْتَرِبُ مِنْ**, 完 **اِقْتَرَبَ مِنْ** yaqtaribu min, iqtaraba min ヤクタリブ ミン, イクタラバ ミン	approach アプロウチ

ち

日	アラビア	英
ちかてつ **地下鉄** chikatetsu	مِتْرُو 男 mitrū ミトルー	subway, Ⓑunderground, Tube サブウェイ, アンダグラウンド, テューブ
ちかの **地下の** chikano	تَحْتَ ٱلْأَرْضِ taḥta al-ʾarḍi タフタル アルド	underground, subterranean アンダグラウンド, サブタレイニアン
ちかみち **近道** chikamichi	طَرِيق مُخْتَصَر 男 ṭarīq mukhtaṣar タリーク ムフタサル	shortcut ショートカト
ちかよる **近寄る** chikayoru	يَقْتَرِبُ مِنْ, 〔完〕 اِقْتَرَبَ مِنْ yaqtaribu min, iqtaraba min ヤクタリブ ミン, イクタラバ ミン	approach アプロウチ
ちから **力** (権力・活力) chikara	قُوَّة 女 qūwat クーワ	power, energy パウア, エナヂ
(能力)	قُدْرَة 女 qudrat クドラ	ability, power アビリティ, パウア
ちきゅう **地球** chikyuu	كُرَة أَرْضِيَّة 女 kurat ʾarḍīyat クラ アルディーヤ	earth アース
〜儀	نَمُوذَجُ ٱلْكُرَةِ ٱلْأَرْضِيَّةِ 男 namūdhaju al-kurati al-ʾarḍīyati ナムーザジュル クラティル アルディーヤ	globe グロウブ
ちく **地区** chiku	حَيّ 男, 複 أَحْيَاء ḥaiy, ʾaḥyāʾ ハイイ, アフヤーウ	district, section ディストリクト, セクション
ちくさん **畜産** chikusan	تَرْبِيَةُ ٱلْمَاشِيَةِ 女 tarbīyatu al-māshiyati タルビーヤトゥル マーシヤ	stockbreeding スタクブリーディング
ちくせき **蓄積** chikuseki	تَخْزِين 男 takhzīn タフズィーン	accumulation アキューミュレイション

日	アラビア	英
ちくのうしょう **蓄膿症** chikunoushou	**دُبَيْلَة** 女 dubayalat **ドゥ**バヤラ	empyema エンピ**イ**ーマ
ちけい **地形** chikei	**تَضَارِيسُ** 複〔二段〕 taḍārīsu タダー**リ**ース	terrain, topography テ**レ**イン, ト**パ**グラフィ
ちけっと **チケット** chiketto	**تَذْكِرَة** 女, 複 **تَذَاكِرُ**〔二段〕 tadhkirat, tadhākiru **タ**ズキラ, タ**ザ**ーキル	ticket **ティ**ケト
ちこくする **遅刻する** chikokusuru	**يَتَأَخَّرُ**, 〔完〕 **تَأَخَّرَ** yataʾakhkharu, taʾakhkhara ヤタ**ア**ッハル, タ**ア**ッハラ	(be) late for (ビ) **レ**イト フォ
ちじ **知事** chiji	**عُمْدَة** 女, 複 **عُمَد** ʿumdat, ʿumad **ウ**ムダ, **ウ**マド	governor **ガ**ヴァナ
ちしき **知識** chishiki	**مَعْرِفَة** 女, 複 **مَعَارِفُ**〔二段〕 maʿrifat, maʿārifu **マ**アリファ, マ**ア**ーリフ	knowledge **ナ**リヂ
ちじょう **地上** chijou	**سَطْحُ ٱلْأَرْضِ** 男 saṭḥu al-ʾarḍi **サ**トフル **ア**ルド	ground グ**ラ**ウンド
ちじん **知人** chijin	**مَعْرِفَة** 女, 複 **مَعَارِفُ**〔二段〕 maʿrifat, maʿārifu **マ**アリファ, マ**ア**ーリフ	acquaintance アク**ウェ**インタンス
ちず **地図** chizu	**خَرِيطَة** 女, 複 **خَرَائِطُ**〔二段〕 kharīṭat, kharāʾiṭu ハ**リ**ータ, ハ**ラ**ーイトゥ	map, atlas **マ**プ, **ア**トラス
ちせい **知性** chisei	**عَقْل** 男, 複 **عُقُول** ʿaql, ʿuqūl **ア**クル, ウ**ク**ール	intellect, intelligence **イ**ンテレクト, イン**テ**リヂェンス
ちそう **地層** chisou	**طَبَقَة أَرْضِيَّة** 女 ṭabaqat ʾarḍīyat **タ**バカ アル**ディ**ーヤ	stratum, layer スト**レ**イタム, **レ**イア

日	アラビア	英
ちたい **地帯** chitai	**مِنْطَقَة** 女, 複 **مَنَاطِقُ** [二段] minṭaqat, manāṭiqu ミンタカ, マナーティク	zone, region ゾウン, リーヂョン
ちたん **チタン** chitan	**تِيتَانِيُّوم** 男 tītānīyūm ティーターニーユーム	titanium タイテイニアム
ちち **乳** (乳房) chichi	**ثَدْي** 男女, 複 **أَثْدَاء** thady, ʾathdāʾ サドイ, アスダーウ	breasts ブレスツ
(母乳)	**حَلِيبُ ٱلْأُمِّ** 男 ḥalību al-ʾummi ハリーブル ウンム	mother's milk マザズ ミルク
ちち **父** chichi	**أَب** 男, 複 **آبَاء** ʾab, ʾābāʾ アブ, アーバーウ	father ファーザ
ちぢむ **縮む** chijimu	**يَنْكَمِشُ**, [完] **اِنْكَمَشَ** yankamishu, inkamasha ヤンカミシュ, インカマシャ	shrink シュリンク
ちぢめる **縮める** (物などを短くする) chijimeru	**يُقَصِّرُ**, [完] **قَصَّرَ** yuqaṣṣiru, qaṣṣara ユカッスィル, カッサラ	shorten, abridge ショートン, アブリヂ
(期間などを短縮する)	**يَخْتَصِرُ**, [完] **اِخْتَصَرَ** yakhtaṣiru, ikhtaṣara ヤフタスィル, イフタサラ	reduce リデュース
ちちゅうかい **地中海** chichuukai	**بَحْر أَبْيَض مُتَوَسِّط** 男 baḥr ʾabyaḍ mutawassiṭ バフル アブヤド ムタワッスィト	Mediterranean メディタレイニアン
ちつじょ **秩序** chitsujo	**نِظَام** 男 niẓām ニザーム	order オーダ
ちっそ **窒素** chisso	**نِيتْرُوجِين** 男 nītrūjīn ニートルージーン	nitrogen ナイトロヂェン
ちっそくする **窒息する** chissokusuru	**يَخْتَنِقُ**, [完] **اِخْتَنَقَ** yakhtaniqu, ikhtanaqa ヤフタニク, イフタナカ	(be) suffocated (ビ) サフォケイテド

日	アラビア	英
ちてきな **知的な** chitekina	ذِهْنِيّ dhihnīy ズィフニー	intellectual インテレクチュアル
ちのう **知能** chinou	ذَكَاء 男 dhakāʾ ザカーウ	intellect, intelligence インテレクト, インテリヂェンス
ちぶさ **乳房** chibusa	ثَدْي 男女, 複 أَثْدَاء thady, ʾathdāʾ サドイ, アスダーウ	breasts ブレスツ
ちへいせん **地平線** chiheisen	أُفْق 男, 複 آفَاق ʾufq, ʾāfāq ウフク, アーファーク	horizon ホライズン
ちほう **地方** chihou (地域)	مِنْطَقَة 女, 複 مَنَاطِقُ 〔二段〕 minṭaqat, manāṭiqu ミンタカ, マナーティク	locality, (the) country ロウキャリティ, (ザ) カントリ
(田舎)	رِيف 男, 複 أَرْيَاف rīf, ʾaryāf リーフ, アルヤーフ	countryside カントリサイド
ちみつな **緻密な** chimitsuna	دَقِيق daqīq ダキーク	minute, fine マイニュート, ファイン
ちめい **地名** chimei	اِسْمُ مَكَانٍ 男 ismu makānin イスム マカーン	place-name プレイスネイム
ちめいど **知名度** chimeido	شَعْبِيَّة 女 shaʿbīyat シャアビーヤ	recognizability レカグナイザビリティ
ちゃ **茶** cha	شَاي 男 shāy シャーイ	tea ティー
ちゃーたーする **チャーターする** chaataasuru	يَسْتَأْجِرُ, 〔完〕 اِسْتَأْجَرَ yastaʾjiru, istaʾjara ヤスタアジル, イスタアジャラ	charter チャータ

日	アラビア	英
ちゃーみんぐな **チャーミングな** chaaminguna	**جَذَّاب** jadhdhāb ジャッザーブ	charming チャーミング
ちゃいろ **茶色** chairo	**بُنِّيّ** 男 bunnīy ブンニー	brown ブラウン
ちゃくじつな **着実な** chakujitsuna	**ثَابِت** thābit サービト	steady ステディ
ちゃくじつに **着実に** chakujitsuni	**بِثَبَاتٍ** bi-thabātin ビ-サバート	steadily ステディリ
ちゃくしょくする **着色する** chakushokusuru	**يُلَوِّنُ,** 〔完〕**لَوَّنَ** yulauwinu, lauwana ユラウウィヌ，ラウワナ	color, paint カラ，ペイント
ちゃくせきする **着席する** chakusekisuru	**يَجْلِسُ,** 〔完〕**جَلَسَ** yajlisu, jalasa ヤジュリス，ジャラサ	sit down スィト ダウン
ちゃくちゃくと **着々と** chakuchakuto	**بِثَبَاتٍ** bi-thabātin ビ-サバート	steadily ステディリ
ちゃくばらい **着払い** chakubarai	**اَلدَّفْع عِنْدَ ٱلِاسْتِلَامِ** 男 al-dafʿ ʿinda al-istilāmi アッ ダフウ インダ リスティラーム	collect on delivery コレクト オン ディリヴァリ
ちゃくようする **着用する** chakuyousuru	**يَلْبَسُ,** 〔完〕**لَبِسَ** yalbasu, labisa ヤルバス，ラビサ	wear ウェア
ちゃくりく **着陸** chakuriku	**هُبُوط** 男 hubūṭ フブート	landing ランディング
～する	**يَهْبُطُ,** 〔完〕**هَبَطَ** yahbuṭu, habaṭa ヤフブトゥ，ハバタ	land ランド
ちゃりてぃー **チャリティー** charitii	**خَيْرِيَّة** 女 khairīyat ハイリーヤ	charity チャリティ

ち

日	アラビア	英
ちゃれんじする **チャレンジする** charenjisuru	**تَحَدَّى** [完], **يَتَحَدَّى** yataḥaddā, taḥaddā ヤタハッダー, タハッダー	challenge チャレンヂ
ちゃんす **チャンス** chansu	**فُرْصَة** 女, 複 **فُرَص** furṣat, furaṣ フルサ, フラス	chance, opportunity チャンス, アパテューニティ
ちゃんと **ちゃんと** (きちんと) chanto	**بِعِنَايَةٍ** bi-ʿināyatin ビ-イナーヤ	neatly ニートリ
(正しく)	**بِشَكْلٍ صَحِيحٍ** bi-shaklin ṣaḥīḥin ビ-シャクル サヒーフ	properly プラパリ
ちゃんねる **チャンネル** channeru	**قَنَاة** 女, 複 **قَنَوَات** qanāt, qanawāt カナー, カナワート	channel チャネル
ちゃんぴおん **チャンピオン** chanpion	**بَطَل** 男, 複 **أَبْطَال** baṭal, ʾabṭāl バタル, アブタール	champion チャンピオン
ちゅうい **注意** (留意) chuui	**اِنْتِبَاه** 男 intibāh インティバーフ	attention アテンション
(警告)	**تَحْذِير** 男 taḥdhīr タフズィール	caution, warning コーション, ウォーニング
(忠告)	**نَصِيحَة** 女, 複 **نَصَائِحُ** [二段] naṣīḥat, naṣāʾiḥu ナスィーハ, ナサーイフ	advice アドヴァイス
～する (留意する)	**اِنْتَبَهَ** [完], **يَنْتَبِهُ** yantabihu, intabaha ヤンタビフ, インタバハ	pay attention to ペイ アテンション トゥ
(警告する)	**حَذَّرَ** [完], **يُحَذِّرُ** yuḥadhdhiru, ḥadhdhara ユハッズィル, ハッザラ	warn ウォーン
(忠告する)	**نَصَحَ** [完], **يَنْصَحُ** yanṣaḥu, naṣaḥa ヤンサフ, ナサハ	advise アドヴァイズ

日	アラビア	英
ちゅうおう **中央**　(真ん中) chuuou	**أَوَاسِطُ** 複〔二段〕 ʾawāsiṭu アワースィトゥ	center, Ⓑcentre センタ, センタ
(中心)	**مَرْكَز** 男 markaz マルカズ	center, Ⓑcentre センタ, センタ
ちゅうおうあめりか **中央アメリカ** chuuouamerika	**أَمْرِيكَا ٱلْوُسْطَى** 女 ʾamrīkā al-wusṭā アムリーカル ウスター	Central America セントラル アメリカ
ちゅうかい **仲介** chuukai	**وِسَاطَة** 女 wisāṭat ウィサータ	mediation ミーディエイション
～者	**وَسِيط** 男, 複 **وُسَطَاءُ**〔二段〕 wasīṭ, wusaṭāʾu ワスィート, ウサターウ	mediator ミーディエイタ
～する	**يَتَوَسَّطُ**, 〔完〕 **تَوَسَّطَ** yatawassaṭu, tawassaṭa ヤタワッサトゥ, タワッサタ	mediate between ミーディエイト ビトウィーン
ちゅうがく **中学** chuugaku	**مَدْرَسَة إِعْدَادِيَّة** 女 madrasat ʾiʿdādīyat マドラサ イウダーディーヤ	junior high school チューニア ハイ スクール
～生	**طَالِب فِي مَدْرَسَةٍ إِعْدَادِيَّةٍ** 男 ṭālib fī madrasatin ʾiʿdādīyatin ターリブ フィ マドラサ イウダーディーヤ	junior high school student チューニア ハイ スクール ステューデント
ちゅうかりょうり **中華料理** chuukaryouri	**أَكْل صِينِيّ** 男 ʾakl ṣīnīy アクル スィーニー	Chinese food チャイニーズ フード
ちゅうかん **中間** chuukan	**وَسْط** 男 wasṭ ワスト	middle ミドル
ちゅうきゅうの **中級の** chuukyuuno	**مُتَوَسِّط** mutawassiṭ ムタワッスィト	intermediate インタミーディエト

日	アラビア	英
ちゅうけい **中継** chuukei	**بَثّ مُبَاشِر** 男 baththmubāshir バッス ムバーシル	relay リーレイ
～する	**يُقَدِّمُ بَثًّا مُبَاشِرًا,** 〔完〕**قَدَّمَ بَثًّا مُبَاشِرًا** yuqaddimu baththan mubāshiran, qaddama baththan mubāshiran ユカッディム バッサン ムバーシラン, カッダマ バッサン ムバーシラン	relay リーレイ
～放送	**بَثّ مُبَاشِر** 男 baththmubāshir バッス ムバーシル	relay broadcast リーレイ ブロードキャスト
ちゅうこく **忠告** chuukoku	**نَصِيحَة** 女, 複 **نَصَائِحُ**〔二段〕 naṣīḥat, naṣāʾiḥu ナスィーハ, ナサーイフ	advice アドヴァイス
～する	**يَنْصَحُ,** 〔完〕**نَصَحَ** yanṣaḥu, naṣaḥa ヤンサフ, ナサハ	advise アドヴァイズ
ちゅうごく **中国** chuugoku	**اَلصِّين** 女 al-ṣīn アッ スィーン	China チャイナ
～語	**اَللُّغَةُ ٱلصِّينِيَّةُ** 女 al-lughatu al-ṣīnīyatu アッ ルガトゥッ スィーニーヤ	Chinese チャイニーズ
ちゅうこの **中古の** chuukono	**مُسْتَعْمَل** mustaʿmal ムスタアマル	used, secondhand ユーズド, セカンドハンド
ちゅうざい **駐在** chuuzai	**إِقَامَة** 女 ʾiqāmat イカーマ	residence レズィデンス
ちゅうさいする **仲裁する** chuusaisuru	**يَتَوَسَّطُ,** 〔完〕**تَوَسَّطَ** yatawassaṭu, tawassaṭa ヤタワッサトゥ, タワッサタ	arbitrate アービトレイト

日	アラビア	英
ちゅうし **中止** chuushi	**إِلْغَاء** 男 ʾilghāʾ イルガーウ	suspension, cancellation サスペンション，キャンセレイション
～する	**يُلْغِي,** 〔完〕 **أَلْغَى** yulghī, ʾalghā ユルギー，アルガー	stop, suspend スタプ，サスペンド
ちゅうじえん **中耳炎** chuujien	**اِلْتِهَابُ ٱلْأُذُنِ ٱلْوُسْطَى** 男 iltihābu al-ʾudhni al-wusṭā イルティハーブル ウズニル ウスター	otitis media オウタイティス ミーディア
ちゅうじつな **忠実な** chuujitsuna	**مُخْلِص لِ** mukhliṣ li ムフリス リ	faithful フェイスフル
ちゅうしゃ **注射** chuusha	**حُقْنَة** 女, 複 **حُقَن** ḥuqnat, ḥuqan フクナ，フカン	injection, shot インヂェクション，シャト
ちゅうしゃ **駐車** chuusha	**وُقُوفُ ٱلسَّيَّارَةِ** 男 wuqūfu al-saiyārati ウクーフッ サイヤーラ	parking パーキング
～禁止	**مَمْنُوعُ ٱلْوُقُوفِ** 男 mamnūʿu al-wuqūfi マムヌーウル ウクーフ	No Parking. ノウ パーキング
～場	**مَوْقِفُ ٱلسَّيَّارَاتِ** 男 mauqifu al-saiyārāti マウキフッ サイヤーラート	parking lot パーキング ラト
ちゅうしゃく **注釈** chuushaku	**مُلَاحَظَة** 女 mulāḥaẓat ムラーハザ	notes, annotation ノウツ，アノテイション
ちゅうじゅん **中旬** chuujun	**مُنْتَصَف** 男 muntaṣaf ムンタサフ	middle of ミドル オヴ
ちゅうしょう **抽象** chuushou	**تَجْرِيد** 男 tajrīd タジュリード	abstraction アブストラクション

日	アラビア	英
～画	رَسْم تَجْرِيدِيّ 男 rasm tajrīdīy ラスム タジュリーディー	abstract painting アブストラクト ペインティング
～的な	تَجْرِيدِيّ tajrīdīy タジュリーディー	abstract アブストラクト
ちゅうしょうきぎょう 中小企業 chuushoukigyou	شَرِكَات صَغِيرَة وَمُتَوَسِّطَة 複 sharikāt ṣaghīrat wa-mutawassiṭat シャリカート サギーラ ワームタワッスイタ	small and medium-sized business スモール アンド ミーディアムサイズド ビズネス
ちゅうしょうする 中傷する chuushousuru	يَفْتَرِي عَلَى, 〔完〕اِفْتَرَى عَلَى yaftarī ʿalā, iftarā ʿalā ヤフタリー アラー, イフタラー アラー	slander, speak ill of スランダ, スピーク イル オヴ
ちゅうしょく 昼食 chuushoku	غَدَاء 男 ghadāʾ ガダーウ	lunch ランチ
ちゅうしん 中心 chuushin	مَرْكَز 男 ; قَلْب 男 markaz, qalb マルカズ, カルブ	center, core, Ⓑcentre センタ, コー, センタ
ちゅうすいえん 虫垂炎 chuusuien	اِلْتِهَابُ ٱلزَّائِدَةِ ٱلدُّودِيَّةِ 男 iltihābu al-zāʾidati al-dūdīyati イルティハーブッ ザーイダティッ ドゥーディーヤ	appendicitis アペンディサイティス
ちゅうすう 中枢 chuusuu	مَرْكَز 男 markaz マルカズ	center, Ⓑcentre センタ, センタ
ちゅうせい 中世 chuusei	قُرُون وُسْطَى 複 qurūn wusṭā クルーン ウスター	Middle Ages ミドル エイヂズ
ちゅうせいし 中性子 chuuseishi	نِيُوتْرُون 男, 複 نِيُوتْرُونَات niyūtrūn, niyūtrūnāt ニユートルーン, ニユートルーナート	neutron ニュートラン

日	アラビア	英
ちゅうぜつ **中絶**(妊娠の) chuuzetsu	إِجْهَاض 男 ʾijhāḍ イジュ**ハ**ード	abortion ア**ボ**ーション
ちゅうせん **抽選** chuusen	قُرْعَة 女 qurʿat **ク**ルア	lottery **ラ**タリ
ちゅうたいする **中退する** chuutaisuru	تَرَكَ 〔完〕, يَتْرُكُ ٱلْمَدْرَسَةَ ٱلْمَدْرَسَةَ yatruku al-madrasata, taraka al-madrasata **ヤ**トルクル **マ**ドラサ, **タ**ラカル **マ**ドラサ	dropout, leave school ドロ**ラ**パウト, **リ**ーヴ ス**ク**ール
ちゅうだんする **中断する** chuudansuru	تَوَقَّفَ 〔完〕, يَتَوَقَّفُ عَنْ عَنْ yatawaqqafu ʿan, tawaqqafa ʿan ヤタ**ワ**ッカフ アン, タ**ワ**ッカファ アン	interrupt インタ**ラ**プト
ちゅうちょする **躊躇する** chuuchosuru	تَرَدَّدَ فِي 〔完〕, يَتَرَدَّدُ فِي yataraddadu fī, taraddada fī ヤタ**ラ**ッダドゥ フィー, タ**ラ**ッダダ フィー	hesitate **ヘ**ズィテイト
ちゅうとう **中東** chuutou	اَلشَّرْقُ ٱلْأَوْسَطُ 男 al-sharqu al-ʾausaṭu アッ **シャ**ルクル **ア**ウサトゥ	Middle East **ミ**ドル **イ**ースト
ちゅうとうきょういく **中等教育** chuutoukyouiku	تَعْلِيم ثَانَوِيّ 男 taʿlīm thānawīy タア**リ**ーム **サ**ーナウィー	secondary education **セ**カンデリ エデュ**ケ**イション
ちゅうどく **中毒** (食中毒) chuudoku	تَسَمُّم 男 tasammum タ**サ**ンムム	poisoning **ポ**イズニング
ちゅうとで **中途で** chuutode	فِي مُنْتَصَفِ ٱلطَّرِيقِ fī muntaṣafi al-ṭarīqi フィー **ム**ンタサフィッ タ**リ**ーク	halfway ハフ**ウェ**イ
ちゅうねん **中年** chuunen	مُنْتَصَفُ ٱلْعُمْرِ 男 muntaṣafu al-ʿumri **ム**ンタサフル **ウ**ムル	middle age **ミ**ドル **エ**イヂ

ち

日	アラビア	英
ちゅうもくする **注目する** chuumokusuru	**يَلْفِتُ ٱلنَّظَرَ إِلَى**, 〔完〕 **لَفَتَ ٱلنَّظَرَ إِلَى** yalfitu al-naẓara ʾilā, lafata al-naẓara ʾilā ヤルフィトゥン ナザラ イラー, ラファタン ナザラ イラー	take notice of, pay attention to テイク ノウティス オヴ, ペイ アテンション トゥ
ちゅうもん **注文** chuumon	**طَلَب** 男, 複 **طَلَبَات** ṭalab, ṭalabāt タラブ, タラバート	order オーダ
〜する	**يَطْلُبُ**, 〔完〕 **طَلَبَ** yaṭlubu, ṭalaba ヤトルブ, タラバ	order オーダ
ちゅうりつの **中立の** chuuritsuno	**مُحَايِد** muḥāyid ムハーイド	neutral ニュートラル
ちゅうりゅうかいきゅう **中流階級** chuuryuukaikyuu	**طَبَقَة مُتَوَسِّطَة** 女 ṭabaqat mutawassiṭat タバカ ムタワッスィタ	middle classes ミドル クラセズ
ちゅにじあ **チュニジア** chunijia	**تُونِسُ** 女〔二段〕 tūnisu トゥーニス	Tunisia テューニージャ
ちょう **腸** chou	**مَعْي** 男, 複 **أَمْعَاءُ**〔二段〕 maʿy, ʾamʿāʾu マアイ, アムアーウ	intestines インテスティンズ
ちょう **蝶** chou	**فَرَاش** 集, **فَرَاشَة** 女 farāsh, farāshat ファラーシュ, ファラーシャ	butterfly バタフライ
ちょういんする **調印する** chouinsuru	**يُوَقِّعُ عَلَى**, 〔完〕 **وَقَّعَ عَلَى** yuwaqqiʿu ʿalā, waqqaʿa ʿalā ユワッキウ アラー, ワッカア アラー	sign サイン
ちょうえつする **超越する** chouetsusuru	**يَتَجَاوَزُ**, 〔完〕 **تَجَاوَزَ** yatajāwazu, tajāwaza ヤタジャーワズ, タジャーワザ	transcend トランセンド

日	アラビア	英
ちょうおんぱ **超音波** chouonpa	اَلْمَوْجَات فَوْقَ ٱلصَّوْتِيَّةِ 複 al-maujāt fauqa al-ṣautīyati アル マウ**ジャ**ート ファウカッ サウ**ティ**ーヤ	ultrasound **ア**ルトラサウンド
ちょうかく **聴覚** choukaku	حَاسَّةُ ٱلسَّمْعِ 女 ḥāssatu al-samʿi **ハ**ーッサトゥッ **サ**ムイ	sense of hearing **セ**ンス オヴ **ヒ**アリング
ちょうかする **超過する** choukasuru	يَتَجَاوَزُ, 〔完〕 تَجَاوَزَ yatajāwazu, tajāwaza ヤタ**ジャ**ーワズ, タ**ジャ**ーワザ	exceed イク**スィ**ード
ちょうきの **長期の** choukino	طَوِيلُ ٱلْأَمَدِ ṭawīlu al-ʾamadi タ**ウィ**ールル **ア**マド	long term **ロ**ーング **タ**ーム
ちょうきょうする **調教する** choukyousuru	يُدَرِّبُ, 〔完〕 دَرَّبَ yudarribu, darraba ユ**ダ**ッリブ, **ダ**ッラバ	train, break in ト**レ**イン, ブ**レ**イク **イ**ン
ちょうきょり **長距離** choukyori	مَسَافَة طَوِيلَة 女 masāfat ṭawīlat マ**サ**ーファ タ**ウィ**ーラ	long distance **ロ**ーング **ディ**スタンス
ちょうこう **聴講** choukou	اِسْتِمَاع 男 istimāʿ イスティ**マ**ーウ	auditing **オ**ーディティング
〜生	مُسْتَمِع 男 mustamiʿ **ム**スタミウ	auditor **オ**ーディタ
ちょうごうする **調合する** chougousuru	يُحَضِّرُ, 〔完〕 حَضَّرَ yuḥaḍḍiru, ḥaḍḍara ユ**ハ**ッディル, **ハ**ッダラ	prepare, mix プリ**ペ**ア, **ミ**クス
ちょうこうそうびる **超高層ビル** choukousoubiru	نَاطِحَةُ السَّحَابِ 女 nāṭiḥatu al-saḥābi **ナ**ーティハトゥッ サ**ハ**ーブ	skyscraper ス**カ**イスクレイパ
ちょうこく **彫刻** choukoku	نَحْت 男 naḥt **ナ**フト	sculpture ス**カ**ルプチャ

日	アラビア	英
ちょうさする **調査する** chousasuru	حَقَّقَ فِي ,يُحَقِّقُ فِي 〔完〕 yuḥaqqiqu fī, ḥaqqaqa fī ユハッキク フィー，ハッカカ フィー	investigate, examine インヴェスティゲイト，イグザミン
ちょうし **調子**（具合・加減） choushi	حَالَة 女 ḥālat ハーラ	condition コンディション
（拍子）	نَغْمَة 女 naghmat ナグマ	time, rhythm タイム，リズム
ちょうしゅう **聴衆** choushuu	مُسْتَمِعُونَ 複 mustamiʿūna ムスタミウーナ	audience オーディエンス
ちょうしょ **長所** chousho	نِقَاطُ ٱلْقُوَّةِ 複 niqāṭu al-qūwati ニカートゥル クーワ	strong point, merit ストローング ポイント，メリト
ちょうじょ **長女** choujo	اَلِابْنَةُ ٱلْكُبْرَى 女 al-ibnatu al-kubrā ア リブナトゥル クブラー	oldest daughter オウルデスト ドータ
ちょうじょう **頂上** choujou	قِمَّة 女, 複 قِمَم qimmat, qimam キンマ，キマム	summit サミト
ちょうしょうする **嘲笑する** choushousuru	سَخِرَ مِنْ ,يَسْخَرُ مِنْ 〔完〕 yaskharu min, sakhira min ヤスハル ミン，サヒラ ミン	laugh at, ridicule ラフ アト，リディキュール
ちょうしょく **朝食** choushoku	فَطُور 男 faṭūr ファトゥール	breakfast ブレクファスト
ちょうせい **調整** chousei	تَرْتِيب 男 tartīb タルティーブ	adjust アヂャスト
ちょうせつ **調節** chousetsu	ضَبْط 男 ḍabṭ ダブト	regulation, control レギュレイション，コントロウル

ち

日	アラビア	英
～する	ضَبَطَ ‏〔完〕, يَضْبِطُ yaḍbiṭu, ḍabaṭa ヤドビトゥ，ダバタ	regulate, control レギュレイト，コントロウル
ちょうせん 挑戦 chousen	تَحَدٍّ 男〔二段〕 taḥaddin タハッディン	challenge チャレンヂ
～者	مُتَحَدٍّ 男〔二段〕 mutaḥaddin ムタハッディン	challenger チャレンヂャ
～する	تَحَدَّى ‏〔完〕, يَتَحَدَّى yataḥaddā, taḥaddā ヤタハッダー，タハッダー	challenge チャレンヂ
ちょうちふす 腸チフス chouchifusu	حُمَّى ٱلتِّيفُوئِيدِ 男 ḥummā al-tīfūʾīdi フンマッ ティーフーイード	typhoid タイフォイド
ちょうちょう 町長 chouchou	عُمْدَة 女, 複 عُمَد ʿumdat, ʿumad ウムダ，ウマド	mayor メイア
ちょうていする 調停する chouteisuru	تَوَسَّطَ ‏〔完〕, يَتَوَسَّطُ yatawassaṭu, tawassaṭa ヤタワッサトゥ，タワッサタ	arbitrate アービトレイト
ちょうてん 頂点 chouten	ذُرْوَة 女 dhurwat ズルワ	peak ピーク
ちょうど 丁度 choudo	بِٱلضَّبْطِ bi-al-ḍabṭi ビーッ ダブト	just, exactly チャスト，イグザクトリ
ちょうなん 長男 chounan	اَلِابْنُ ٱلْأَكْبَر 男 al-ibnu al-ʾakbar ア リブヌル アクバル	oldest son オウルデスト サン
ちょうふくする 重複する choufukusuru	تَكَرَّرَ ‏〔完〕, يَتَكَرَّرُ yatakarraru, takarrara ヤタカッラル，タカッララ	(be) repeated (ビ) リピーテド
ちょうへい 徴兵 chouhei	تَجْنِيد 男 tajnīd タジュニード	conscription, draft コンスクリプション，ドラフト

日	アラビア	英
ちょうへんしょうせつ **長編小説** chouhenshousetsu	**رِوَايَة طَوِيلَة** 女 riwāyat ṭawīlat リワーヤ タウィーラ	long novel ローング ナヴェル
ちょうほうけい **長方形** chouhoukei	**مُسْتَطِيل** 男 mustaṭīl ムスタティール	rectangle レクタングル
ちょうほうな **重宝な** chouhouna	**نَافِع** nāfiʿ ナーフィウ	handy, convenient ハンディ，コンヴィーニェント
ちょうみりょう **調味料** choumiryou	**تَابَل** 男, 複 **تَوَابِلُ** 〔二段〕 tābal, tawābilu ターバル，タワービル	seasoning スィーズニング
ちょうやく **跳躍** chouyaku	**قَفْز** 男 qafz カフズ	jump チャンプ
ちょうり **調理** chouri	**طَبْخ** 男 ṭabkh タブフ	cooking クキング
〜する	**يَطْبُخُ**, 〔完〕 **طَبَخَ** yaṭbukhu, ṭabakha ヤトブフ，タバハ	cook クク
ちょうりつ **調律** chouritsu	**دُوزَان** 男 dūzān ドゥーザーン	tuning テューニング
ちょうりゅう **潮流** chouryuu	**تَيَّار** 男 taiyār タイヤール	tide, tidal current タイド，タイドル カーレント
ちょうりょく **聴力** chouryoku	**سَمْع** 男 samʿ サムウ	listening ability リスニング アビリティ
ちょうれい **朝礼** chourei	**طَابُورُ ٱلصَّبَاحِ** 男 ṭābūru al-ṣabāḥi ターブールッ サバーフ	morning meeting モーニング ミーティング

日	アラビア	英
ちょうわする **調和する** chouwasuru	اِنْسَجَمَ مَعَ ,يَنْسَجِمُ مَعَ [完] yansajimu maʿa, insajama maʿa ヤンサジム マア, インサジャマ マア	(be) in harmony with (ビ) イン ハーモニ ウィズ
ちょきん **貯金** chokin	مُدَّخَرَات 複 muddakharāt ムッダハラート	savings, deposit セイヴィングズ, ディパズィト
〜する	اِدَّخَرَ ,يَدَّخِرُ [完] yaddakhiru, iddakhara ヤッダヒル, イッダハラ	save セイヴ
ちょくせつぜい **直接税** chokusetsuzei	ضَرِيبَة مُبَاشِرَة 女 ḍarībat mubāshirat ダリーバ ムバーシラ	direct tax ディレクト タクス
ちょくせつの **直接の** chokusetsuno	مُبَاشِر mubāshir ムバーシル	direct ディレクト
ちょくせん **直線** chokusen	خَطّ مُسْتَقِيم 男 khaṭṭ mustaqīm ハット ムスタキーム	straight line ストレイト ライン
ちょくちょう **直腸** chokuchou	مُسْتَقِيم 男 mustaqīm ムスタキーム	rectum レクタム
ちょくつうの **直通の** chokutsuuno	مُبَاشِر mubāshir ムバーシル	direct, nonstop ディレクト, ナンスタプ
ちょくばい **直売** chokubai	بَيْع مُبَاشِر 男 baiʿ mubāshir バイウ ムバーシル	direct sales ディレクト セイルズ
ちょくめんする **直面する** chokumensuru	وَاجَهَ ,يُوَاجِهُ [完] yuwājihu, wājaha ユワージフ, ワージャハ	face, confront フェイス, コンフラント
ちょくやく **直訳** chokuyaku	تَرْجَمَة حَرْفِيَّة 女 tarjamat ḥarfīyat タルジャマ ハルフィーヤ	literal translation リタラル トランスレイション

日	アラビア	英
ちょくりつの **直立の** chokuritsuno	**مُسْتَقِيم** mustaqīm ムスタキーム	vertical, erect ヴァーティカル, イレクト
ちょくりゅう **直流** chokuryuu	**تَيَّار مُسْتَمِرّ** 男 taiyār mustamirr タイヤール ムスタミッル	direct current, DC ディレクト カーレント, ディースィー
ちょこれーと **チョコレート** chokoreeto	**شُوكُولَاتَة** 女 shūkūlātat シュークーラータ	chocolate チャコレト
ちょさくけん **著作権** chosakuken	**حُقُوقُ ٱلطَّبْعِ وَٱلنَّشْرِ** 複 ḥuqūqu al-ṭabʿi wa-al-nashri フクークッ タブウ ワーンナシュル	copyright カピライト
ちょしゃ **著者** chosha	**مُؤَلِّف** 男 muʾallif ムアッリフ	author, writer オーサ, ライタ
ちょぞうする **貯蔵する** chozousuru	**يُخَزِّنُ, 〔完〕خَزَّنَ** yukhazzinu, khazzana ユハッズィヌ, ハッザナ	store, keep ストー, キープ
ちょちくする **貯蓄する** chochikusuru	**يَدَّخِرُ, 〔完〕اِدَّخَرَ** yaddakhiru, iddakhara ヤッダヒル, イッダハラ	save セイヴ
ちょっかく **直角** chokkaku	**زَاوِيَة قَائِمَة** 女 zāwiyat qāʾimat ザーウィヤ カーイマ	right angle ライト アングル
ちょっかん **直感** chokkan	**حَدْس** 男 ḥads ハドス	intuition インテュイション
～的な	**حَدْسِيّ** ḥadsīy ハドスィー	intuitive インテューイティヴ
ちょっけい **直径** chokkei	**قُطْرُ ٱلدَّائِرَةِ** 男 quṭru al-dāʾirati クトルッ ダーイラ	diameter ダイアメタ

日	アラビア	英
ちょっこうする **直行する** chokkousuru	**يَذْهَبُ مُبَاشِرَةً إِلَى,** [完] **ذَهَبَ مُبَاشِرَةً إِلَى** yadhhabu mubāshiratan ʾilā, dhahaba mubāshiratan ʾilā ヤズハブ ムバーシラ イラー，ザハバ ムバーシラ イラー	go direct ゴウ ディレクト
ちょっと **ちょっと** (少し) chotto	**قَلِيلًا** qalīlan カリーラン	a little ア リトル
(短い時間)	**لَحْظَةً** laḥẓatan ラフザタン	for a moment フォ ア モウメント
ちらかる **散らかる** chirakaru	**يَتَنَاثَرُ,** [完] **تَنَاثَرَ** yatanātharu, tanāthara ヤタナーサル，タナーサラ	(be) scattered (ビ) スキャタド
ちり **地理** chiri	**جُغْرَافِيَا** 女 jughrāfiyā ジュグラーフィヤー	geography ヂアグラフィ
ちり **チリ** chiri	**تِشِيلِي** 女 tishīlī チーリー	Chile チリ
ちりょう **治療** chiryou	**عِلَاج** 男 ʿilāj イラージュ	medical treatment メディカル トリートメント
～する	**يُعَالِجُ,** [完] **عَالَجَ** yuʿāliju, ʿālaja ユアーリジュ，アーラジャ	treat, cure トリート，キュア
ちんかする **沈下する** chinkasuru	**هُبُوط** 男 hubūṭ フブート	sink スィンク
ちんぎん **賃金** chingin	**أُجُور** 複 ʾujūr ウジュール	wages, pay ウェイヂズ，ペイ
ちんじょう **陳情** chinjou	**عَرِيضَة** 女, 複 **عَرَائِضُ** [二段] ʿarīḍat, ʿarāʾiḍu アリーダ，アラーイド	petition ピティション

ち

日	アラビア	英
ちんせいざい **鎮静剤** chinseizai	مُهَدِّئ 男 muhaddiʾ ムハッディウ	sedative セダティヴ
ちんたい **賃貸** chintai	إِيجَار 男, 複 إِيجَارَات ʾījār, ʾījārāt イージャール, イージャーラート	rent レント
ちんつうざい **鎮痛剤** chintsuuzai	مُسَكِّن لِلأَلَم 男 musakkin li-al-ʾalami ムサッキン リル アラム	analgesic アナルヂーズィク
ちんでんする **沈殿する** chindensuru	يَتَرَسَّبُ, 〔完〕تَرَسَّبَ yatarassabu, tarassaba ヤタラッサブ, タラッサバ	settle セトル
ちんぱんじー **チンパンジー** chinpanjii	شِيمْبَانْزِي 男 shīmbānzī シームバーンズィー	chimpanzee チンパンズィー
ちんぼつする **沈没する** chinbotsusuru	يَغْرَقُ, 〔完〕غَرِقَ yaghraqu, ghariqa ヤグラク, ガリカ	sink スィンク
ちんもく **沈黙** chinmoku	صَمْت 男 ṣamt サムト	silence サイレンス
ちんれつする **陳列する** chinretsusuru	يَعْرِضُ, 〔完〕عَرَضَ yaʿriḍu, ʿaraḍa ヤアリドゥ, アラダ	exhibit, display イグズィビト, ディスプレイ

つ, ツ

日	アラビア	英
ついか **追加** tsuika	إِضَافَة 女 ʾiḍāfat イダーファ	addition アディション
～する	يُضِيفُ, 〔完〕أَضَافَ yuḍīfu, ʾaḍāfa ユディーフ, アダーファ	add アド
ついきゅうする **追及する** tsuikyuusuru	يَسْتَقْصِي, 〔完〕اِسْتَقْصَى yastaqṣī, istaqṣā ヤスタクスィー, イスタクサー	cross-examine クロースイグザミン

日	アラビア	英
ついきゅうする **追求する** tsuikyuusuru	سَعَى إِلَى 〔完〕, يَسْعَى إِلَى yasʿā ʾilā, saʿā ʾilā **ヤ**スアー イラー, **サ**アー イラー	pursue, seek after パ**ス**ー, **スィ**ーク アフタ
ついきゅうする **追究する** tsuikyuusuru	اِسْتَقْصَى 〔完〕, يَسْتَقْصِي yastaqṣī, istaqṣā ヤス**タ**クスィー, イス**タ**クサー	investigate イン**ヴェ**スティゲイト
ついせきする **追跡する** tsuisekisuru	تَتَبَّعَ 〔完〕, يَتَتَبَّعُ yatatabbaʿu, tatabbaʿa ヤタ**タ**ッバウ, タ**タ**ッバア	pursue, chase パ**ス**ー, **チェ**イス
ついたち **一日** tsuitachi	اَلْأَوَّل مِنَ ٱلشَّهْرِ 男 al-ʾauwal min al-shahri アル **ア**ウワル ミナッ **シャ**フル	first day of the month **ファ**ースト **デ**イ オヴ ザ **マ**ンス
ついている **ついている** tsuiteiru	مَحْظُوظ maḥẓūẓ マフ**ズ**ーズ	(be) lucky (ビ) **ラ**キ
ついとつする **追突する** tsuitotsusuru	يَصْطَدِمُ بِٱلْجُزْءِ ٱلْخَلْفِيِّ, اِصْطَدَمَ بِٱلْجُزْءِ ٱلْخَلْفِيِّ 〔完〕 yaṣṭadimu bi-al-juzʾi al-khalfīyi, iṣṭadama bi-al-juzʾi al-khalfīyi **ヤ**スタディム ビール **ジュ**ズウル **ハ**ルフィー, **イ**スタダマ ビール **ジュ**ズウル **ハ**ルフィー	crash into the rear of **ク**ラシュ イントゥ ザ **リ**ア オヴ
ついに **ついに** tsuini	أَخِيرًا ʾakhīran ア**ヒ**ーラン	at last アト **ラ**スト
ついほうする **追放する** tsuihousuru	طَرَدَ 〔完〕, يَطْرُدُ yaṭrudu, ṭarada **ヤ**トルドゥ, **タ**ラダ	banish, expel **バ**ニシュ, イクス**ペ**ル
ついやす **費やす** tsuiyasu	أَنْفَقَ 〔完〕, يُنْفِقُ yunfiqu, ʾanfaqa **ユ**ンフィク, **ア**ンファカ	spend ス**ペ**ンド
ついらくする **墜落する** tsuirakusuru	سَقَطَ 〔完〕, يَسْقُطُ yasquṭu, saqaṭa **ヤ**スクトゥ, **サ**カタ	crash ク**ラ**シュ

つ

日	アラビア	英
ついんるーむ **ツインルーム** tsuinruumu	غُرْفَة مُزْدَوِجَة 女 ghurfat muzdawijat **グ**ルファ **ム**ズダウィジャ	twin room ト**ウィ**ン **ル**ーム
つうがくする **通学する** tsuugakusuru	يَذْهَبُ إِلَى ٱلْمَدْرَسَةِ, 完 ذَهَبَ إِلَى ٱلْمَدْرَسَةِ yadhhabu ʾilā al-madrasati, dhahaba ʾilā al-madrasati **ヤ**ズハブ イラル **マ**ドラサ，**ザ**ハバ イラル **マ**ドラサ	go to school **ゴ**ウ トゥ ス**ク**ール
つうかする **通過する** tsuukasuru	يَمُرُّ بِ, 完 مَرَّ بِ yamurru bi, marra bi ヤ**ム**ッル ビ，**マ**ッラ ビ	pass by **パ**ス **バ**イ
つうきんする **通勤する** tsuukinsuru	يَذْهَبُ إِلَى ٱلْعَمَلِ, 完 ذَهَبَ إِلَى ٱلْعَمَلِ yadhhabu ʾilā al-ʿamali, dhahaba ʾilā al-ʿamali **ヤ**ズハブ イラル **ア**マル，**ザ**ハバ イラル **ア**マル	commute to work コ**ミュ**ート トゥ **ワ**ーク
つうこうにん **通行人** tsuukounin	مَارّ 男 mārr **マ**ーッル	passer-by **パ**サバイ
つうじょうの **通常の** tsuujouno	عَادِيّ ʿādīy **ア**ーディー	usual, ordinary **ユ**ージュアル，**オ**ーディネリ
つうじる **通じる** (道などが) tsuujiru	يُؤَدِّي إِلَى, 完 أَدَّى إِلَى yuʾaddī ʾilā, ʾaddā ʾilā ユ**ア**ッディー イラー，**ア**ッダー イラー	go to, lead to **ゴ**ウ トゥ，**リ**ード トゥ
つうしん **通信** tsuushin	اِتِّصَالَات 複 ittiṣālāt イッティサー**ラ**ート	communication コミューニ**ケ**イション
つうち **通知** tsuuchi	إِخْبَار 男 ʾikhbār イフ**バ**ール	notice, notification **ノ**ウティス，ノウティフィ**ケ**イション
～する	يُخْبِرُ, 完 أَخْبَرَ yukhbiru, ʾakhbara **ユ**フビル，**ア**フバラ	inform, notify イン**フォ**ーム，**ノ**ウティファイ

日	アラビア	英
つうちょう **通帳** tsuuchou	دَفْتَرُ اِدِّخَارٍ 男 daftaru iddikhārin ダフタル イッディハール	passbook パスブク
つうやく **通訳** tsuuyaku	مُتَرْجِم 男 mutarjim ムタルジム	interpreter インタープリタ
〜する	يُتَرْجِمُ, 〔完〕 تَرْجَمَ yutarjimu, tarjama ユタルジム, タルジャマ	interpret インタープリト
つうれつな **痛烈な** tsuuretsuna	قَاسٍ 〔二段〕 qāsin カース	severe, bitter スィヴィア, ビタ
つうろ **通路** tsuuro	مَمَرّ 男, 複 مَمَرَّات mamarr, mamarrāt ママッル, ママッラート	passage, path パスィヂ, パス
つえ **杖** tsue	عَصَا ٱلْمَشْيِ 男 ʿaṣā al-mashyi アサル マシュイ	stick, cane スティク, ケイン
つかいかた **使い方** tsukaikata	كَيْفِيَّةُ ٱلِاسْتِخْدَامِ 女 kaifīyatu al-istikhdāmi カイフィーヤ リスティフダーム	how to use ハウ トゥ ユーズ
つかいこなす **使いこなす** tsukaikonasu	يُجِيدُ ٱلِاسْتِخْدَامَ, 〔完〕 أَجَادَ ٱلِاسْتِخْدَامَ yujīdu al-istikhdāma, ʾajāda al-istikhdāma ユジードゥ リスティフダーム, アジャーダ リスティフダーム	have a good command of ハヴ ア グド コマンド オヴ
つかう **使う** (使用する) tsukau	يَسْتَعْمِلُ, 〔完〕 اِسْتَعْمَلَ yastaʿmilu, istaʿmala ヤスタアミル, イスタアマラ	use, employ ユーズ, インプロイ
(費やす)	يُنْفِقُ, 〔完〕 أَنْفَقَ yunfiqu, ʾanfaqa ユンフィク, アンファカ	spend スペンド
つかえる **仕える** tsukaeru	يَخْدِمُ, 〔完〕 خَدَمَ yakhdimu, khadama ヤフディム, ハダマ	serve サーヴ

つ

日	アラビア	英
つかまえる **捕[捕]まえる** (つかむ) tsukamaeru	**يَقْبِضُ عَلَى, 〔完〕قَبَضَ عَلَى** yaqbiḍu ʿalā, qabaḍa ʿalā ヤクビドゥ アラー, カバダ アラー	catch キャチ
(逮捕する)	**يَقْبِضُ عَلَى, 〔完〕قَبَضَ عَلَى** yaqbiḍu ʿalā, qabaḍa ʿalā ヤクビドゥ アラー, カバダ アラー	arrest アレスト
(捕獲する)	**يَصْطَادُ, 〔完〕اِصْطَادَ** yaṣṭādu, iṣṭāda ヤスタードゥ, イスターダ	capture キャプチャ
つかまる **捕まる** (手で) tsukamaru	**يُمْسِكُ, 〔完〕أَمْسَكَ** yumsiku, ʾamsaka ユムスィク, アムサカ	grasp, hold on to グラスプ, ホウルド オン トゥ
つかむ **掴む** tsukamu	**يُمْسِكُ, 〔完〕أَمْسَكَ** yumsiku, ʾamsaka ユムスィク, アムサカ	seize, catch スィーズ, キャチ
つかれ **疲れ** tsukare	**تَعَب** 男 taʿab タアブ	fatigue ファティーグ
つかれる **疲れる** tsukareru	**يَتْعَبُ, 〔完〕تَعِبَ ; مُتْعَب** yatʿabu, taʿiba, mutʿab ヤトアブ, タイバ, ムトアブ	(be) tired (ビ) タイアド
つき **月** tsuki	**قَمَر** 男 qamar カマル	moon ムーン
(暦の)	**شَهْر** 男, 複 **شُهُور** shahr, shuhūr シャフル, シュフール	month マンス
つきあたり **突き当たり** tsukiatari	**نِهَايَة** 女 nihāyat ニハーヤ	end エンド
つきそう **付き添う** tsukisou	**يُرَافِقُ, 〔完〕رَافَقَ** yurāfiqu, rāfaqa ユラーフィク, ラーファカ	attend on, accompany アテンド オン, アカンパニ

日	アラビア	英
つぎたす **継ぎ足す** tsugitasu	**أَضَافَ إِلَى ,يُضِيفُ إِلَى** [完] yuḍīfu ʾilā, ʾaḍāfa ʾilā ユディーフ イラー, アダーファ イラー	add アド
つきづき **月々** tsukizuki	**كُلُّ شَهْرٍ** kullu shahrin クッル シャフル	every month エヴリ マンス
つぎつぎ **次々** tsugitsugi	**وَاحِد تِلْوَ ٱلْآخَرِ** wāḥid tilwa al-ʾākhari ワーヒド ティルワル アーハル	one after another ワン アフタ アナザ
つきなみな **月並みな** tsukinamina	**مُبْتَذَل** mubtadhal ムブタザル	common カモン
つぎに **次に** tsugini	**بِٱلتَّالِي** bi-al-tālī ビッ-ターリー	next, secondly ネクスト, セカンドリ
つぎの **次の** tsugino	**تَالٍ** [二段] tālin ターリン	next, following ネクスト, ファロウイング
つきひ **月日** tsukihi	**اَلْأَيَّام** [複] al-ʾaiyām アル アイヤーム	days, time デイズ, タイム
つきよ **月夜** tsukiyo	**لَيْلَة مُقْمِرَة** [女] lailat muqmirat ライラ ムクミラ	moonlit night ムーンリト ナイト
つきる **尽きる** tsukiru	**نَفِدَ ,يَنْفَدُ** [完] yanfadu, nafida ヤンファドゥ, ナフィダ	(be) exhausted (ビ)イグゾーステド
つく **付く** tsuku	**اِلْتَصَقَ بِ ,يَلْتَصِقُ بِ** [完] yaltaṣiqu bi, iltaṣaqa bi ヤルタスィク ビ, イルタサカ ビ	stick to, attach to スティク トゥ, アタチ トゥ
つく **突く** (刺す) tsuku	**طَعَنَ ,يَطْعُنُ** [完] yaṭʿunu, ṭaʿana ヤトウヌ, タアナ	thrust, pierce スラスト, ピアス

日	アラビア	英
着く (つく) tsuku	وَصَلَ إِلَى 〔完〕 ,يَصِلُ إِلَى yaṣilu ʾilā, waṣala ʾilā ヤスィル イラー, ワサラ イラー	arrive at アライヴ アト
(席に)	جَلَسَ 〔完〕 ,يَجْلِسُ yajlisu, jalasa ヤジュリス, ジャラサ	take one's seat テイク スィート
注ぐ (つぐ) tsugu	صَبَّ 〔完〕 ,يَصُبُّ yaṣubbu, ṣabba ヤスッブ, サッバ	pour ポー
机 (つくえ) tsukue	مَكْتَب 男, 複 مَكَاتِبُ 〔二段〕 maktab, makātibu マクタブ, マカーティブ	desk, bureau デスク, ビュアロウ
尽くす (つくす) tsukusu	كَرَّسَ 〔完〕 ,يُكَرِّسُ نَفْسَهُ لِ نَفْسَهُ لِ yukarrisu nafsa-hu li, karrasa nafsa-hu li ユカッリス ナフサーフ リ, カッラサ ナフサーフ リ	devote oneself ディヴォウト
償う (つぐなう) tsugunau	عَوَّضَ عَنْ 〔完〕 ,يُعَوِّضُ عَنْ yuʿauwiḍu ʿan, ʿauwaḍa ʿan ユアウウィドゥ アン, アウワダ アン	compensate カンペンセイト
作り方 (つくりかた) tsukurikata	كَيْفِيَّةُ صَنْعٍ 女 kaifīyatu ṣanʿin カイフィーヤ サンウ	how to make ハウ トゥ メイク
作り話 (つくりばなし) (フィクション) tsukuribanashi	خَيَال 男 khayāl ハヤール	made-up story メイダプ ストーリ
作る (つくる) tsukuru	صَنَعَ 〔完〕 ,يَصْنَعُ yaṣnaʿu, ṣanaʿa ヤスナウ, サナア	make メイク
(創作する)	خَلَقَ 〔完〕 ,يَخْلُقُ yakhluqu, khalaqa ヤフルク, ハラカ	create クリエイト
(形成する)	شَكَّلَ 〔完〕 ,يُشَكِّلُ yushakkilu, shakkala ユシャッキル, シャッカラ	form フォーム

日	アラビア	英
つくろう 繕う tsukurou	أَصْلَحَ ,يُصْلِحُ 〔完〕 yuṣliḥu, ʾaṣlaḥa ユスリフ, アスラハ	repair, mend リペア, メンド
つけあわせ 付け合わせ (サイドディッシュ) tsukeawase	طَبَق جَانِبِيّ 男 ṭabaq jānibīy タバク ジャーニビー	garnish ガーニシュ
つけくわえる 付け加える tsukekuwaeru	أَضَافَ إِلَى ,يُضِيفُ إِلَى 〔完〕 yuḍīfu ʾilā, ʾaḍāfa ʾilā ユディーフ イラー, アダーファ イラー	add アド
つけもの 漬物 tsukemono	مُخَلَّل 男, 複 مُخَلَّلَات mukhallal, mukhallalāt ムハッラル, ムハッララート	pickles ピクルズ
つける 付ける (バターなどを) tsukeru	وَضَعَ ,يَضَعُ 〔完〕 yaḍaʿu, waḍaʿa ヤダウ, ワダア	put, attach プト, アタチ
(固定する)	ثَبَّتَ ,يُثَبِّتُ 〔完〕 yuthabbitu, thabbata ユサッビトゥ, サッバタ	fix フィクス
つける 着ける (眼鏡などを) tsukeru	لَبِسَ ,يَلْبِسُ 〔完〕 yalbisu, labisa ヤルビス, ラビサ	put on, wear プト オン, ウェア
つける 点ける (火や明かりを) tsukeru	أَشْعَلَ ,يُشْعِلُ 〔完〕 yushʿilu, ʾashʿala ユシュアイル, アシュアラ	light, set fire ライト, セト ファイア
つげる 告げる tsugeru	بَلَّغَ ,يُبَلِّغُ 〔完〕 yuballighu, ballagha ユバッリグ, バッラガ	tell, inform テル, インフォーム
つごう 都合 tsugou	ظُرُوف 複 ẓurūf ズルーフ	convenience コンヴィーニェンス
～のよい	ظُرُوف مُنَاسِبَة 複 ẓurūf munāsibat ズルーフ ムナースィバ	convenient コンヴィーニェント

日	アラビア	英
つじつまがあう **辻褄が合う** tsujitsumagaau	**مَنْطِقِيّ** manṭiqīy マンティキー	(be) consistent with (ビ) コンスィステント ウィズ
つたえる **伝える** tsutaeru	**بَلَّغَ** 〔完〕 **,يُبَلِّغُ** yuballighu, ballagha ユバッリグ，バッラガ	tell, report テル，リポート
（伝授する）	**عَلَّمَ** 〔完〕 **,يُعَلِّمُ** yuʿallimu, ʿallama ユアッリム，アッラマ	teach, initiate ティーチ，イニシエイト
つたわる **伝わる** tsutawaru	**قَدِمَ** 〔完〕 **,يَقْدَمُ** yaqdamu, qadima ヤクダム，カディマ	(be) conveyed (ビ) コンヴェイド
（噂などが）	**اِنْتَشَرَ** 〔完〕 **,يَنْتَشِرُ** yantashiru, intashara ヤンタシル，インタシャラ	spread, pass スプレド，パス
（代々）	**مُتَوَارَث** mutawārath ムタワーラス	(be) handed down from (ビ) ハンデド ダウン フラム
つち **土** tsuchi	**تُرْبَة** 女, 複 **تُرَب** turbat, turab トゥルバ，トゥラブ	earth, soil アース，ソイル
つづき **続き** （残り） tsuzuki	**بَقِيَّة** 女 baqīyat バキーヤ	sequel, continuation スィークウェル，コンティニュエイション
（残った部分）	**تَكْمِلَة** 女 takmilat タクミラ	rest レスト
つつく **つつく** tsutsuku	**نَكَزَ** 〔完〕 **,يَنْكُزُ** yankuzu, nakaza ヤンクズ，ナカザ	poke at ポウク アト
つづく **続く** tsuzuku	**اِسْتَمَرَّ** 〔完〕 **,يَسْتَمِرُّ** yastamirru, istamarra ヤスタミッル，イスタマッラ	continue, last コンティニュー，ラスト

日	アラビア	英
(後に)	تَابَعَ [完] ,يُتَابِعُ yutābiʿu, tābaʿa ユタービウ, ターバア	follow, succeed to ファロウ, サクスィード トゥ
つづける 続ける tsuzukeru	وَاصَلَ [完] ,يُوَاصِلُ yuwāṣilu, wāṣala ユワースィル, ワーサラ	continue コンティニュー
つっこむ 突っ込む (ポケットなどに) tsukkomu	أَدْخَلَ [完] ,يُدْخِلُ yudkhilu, ʾadkhala ユドヒル, アドハラ	thrust スラスト
つつしむ 慎む (控える) tsutsushimu	اِمْتَنَعَ عَنْ [完] ,يَمْتَنِعُ عَنْ yamtaniʿu ʿan, imtanaʿa ʿan ヤムタニウ アン, イムタナア アン	refrain from リフレイン フラム
(気をつける)	حَذِرَ [完] ,يَحْذَرُ yaḥdharu, ḥadhira ヤフザル, ハズィラ	be careful ビ ケアフル
つつみ 包み tsutsumi	تَغْلِيف 男 taghlīf タグリーフ	parcel, package パースル, パキヂ
つつむ 包む tsutsumu	غَلَّفَ [完] ,يُغَلِّفُ yughallifu, ghallafa ユガッリフ, ガッラファ	wrap, envelop ラプ, インヴェロプ
つづり 綴り tsuzuri	هِجَاء 男 hijāʾ ヒジャーウ	spelling スペリング
つとめ 勤め tsutome	عَمَل 男 ʿamal アマル	business, work ビズネス, ワーク
つとめ 務め tsutome	وَاجِب 男 wājib ワージブ	duty, service デューティ, サーヴィス
つとめる 勤める tsutomeru	عَمِلَ [完] ,يَعْمَلُ yaʿmalu, ʿamila ヤアマル, アミラ	work ワーク
つとめる 務める tsutomeru	تَوَلَّى [完] ,يَتَوَلَّى yatawallā, tawallā ヤタワッラー, タワッラー	serve サーヴ

つ

日	アラビア	英
つながる **繋がる** tsunagaru	**اِرْتَبَطَ بِ** [完], **يَرْتَبِطُ بِ** yartabiṭu bi, irtabaṭa bi ヤルタビトゥ ビ, イルタバタ ビ	(be) connected with (ビ) コネクテド ウィズ
つなぐ **繋ぐ** tsunagu	**رَبَطَ بِ** [完], **يَرْبُطُ بِ** yarbuṭu bi, rabaṭa bi ヤルブトゥ ビ, ラバタ ビ	tie, connect タイ, コネクト
つなみ **津波** tsunami	**تُسُونَامِي** [男] tusūnāmī ツーナーミー	tsunami, tidal wave ツナーミ, タイドル ウェイヴ
つねに **常に** tsuneni	**دَائِمًا** dā'iman ダーイマン	always オールウェイズ
つねる **つねる** tsuneru	**قَرَصَ** [完], **يَقْرُصُ** yaqruṣu, qaraṣa ヤクルス, カラサ	pinch, nip ピンチ, ニプ
つの **角** tsuno	**قَرْن** [男], [複] **قُرُون** qarn, qurūn カルン, クルーン	horn ホーン
つば **唾** tsuba	**لُعَاب** [男] luʿāb ルアーブ	spittle, saliva スピトル, サライヴァ
つばき **椿** tsubaki	**كَامِيلِيَا** [女] kāmīliyā カーミーリヤー	camellia カミーリア
つばさ **翼** tsubasa	**جَنَاح** [男], [複] **أَجْنِحَة** janāḥ, 'ajniḥat ジャナーフ, アジュニハ	wing ウィング
つばめ **燕** tsubame	**سُنُونُو** [男] sunūnū スヌーヌー	swallow スワロウ
つぶ **粒** tsubu	**حَبَّة** [女], [複] **حُبُوب** ḥabbat, ḥubūb ハッバ, フブーブ	grain, drop グレイン, ドラプ
つぶす **潰す** tsubusu	**هَرَسَ** [完], **يَهْرُسُ** yahrusu, harasa ヤフルス, ハラサ	break, crush ブレイク, クラシュ

日	アラビア	英
(暇・時間を)	قَتَلَ [完], يَقْتُلُ ٱلْوَقْتَ ٱلْوَقْتَ yaqtulu al-waqta, qatala al-waqta ヤクトゥルル ワクト, カタラル ワクト	kill キル
つぶやく つぶやく tsubuyaku	تَمْتَمَ [完], يُتَمْتِمُ yutamtimu, tamtama ユタムティム, タムタマ	murmur マーマ
つぶれる 潰れる tsubureru	تَحَطَّمَ [完], يَتَحَطَّمُ yataḥaṭṭamu, taḥaṭṭama ヤタハッタム, タハッタマ	break, (be) crushed ブレイク, (ビ) クラシュト
(店などが)	أَفْلَسَ [完], يُفْلِسُ yuflisu, ʾaflasa ユフリス, アフラサ	go bankrupt ゴウ バンクラプト
つま 妻 tsuma	زَوْجَة 女 zaujat ザウジャ	wife ワイフ
つまさき 爪先 tsumasaki	أَطْرَافُ أَصَابِعِ ٱلْقَدَمِ 複 ʾaṭrāfu ʾaṣābiʿi al-qadami アトラーフ アサービイル カダム	tiptoe ティプトウ
つまずく つまずく tsumazuku	تَعَثَّرَ [完], يَتَعَثَّرُ yataʿaththaru, taʿaththara ヤタアッサル, タアッサラ	stumble スタンブル
つまみ つまみ tsumami	مِقْبَض 男, 複 مَقَابِضُ [二段] miqbaḍ, maqābiḍu ミクバド, マカービドゥ	knob ナブ
(酒の)	وَجْبَة خَفِيفَة 女 wajbat khafīfat ワジュバ ハフィーファ	finger food, snacks フィンガ フード, スナクス
つまらない つまらない tsumaranai	مُمِلّ mumill ムミッル	worthless, trivial ワースレス, トリヴィアル
つまり つまり tsumari	بِٱلِٱخْتِصَارِ bi-al-ikhtiṣāri ビーリフティサール	in short, that is to say イン ショート, ザト イズ トゥ セイ

日	アラビア	英
つまる **詰まる** tsumaru	**اِنْسَدَّ** 〔完〕, **يَنْسِدُّ** yansiddu, insadda ヤンスィッドゥ, インサッダ	(be) packed (ビ) パクト
つみ **罪** tsumi	**جَرِيمَة** 女, 複 **جَرَائِمُ** 〔二段〕 jarīmat, jarāʾimu ジャリーマ, ジャラーイム	criminal offense クリミナル オフェンス
つみかさねる **積み重ねる** tsumikasaneru	**تَكَدَّسَ** 〔完〕, **يَتَكَدَّسُ** yatakaddasu, takaddasa ヤタカッダス, タカッダサ	pile up パイル アプ
つみき **積み木** tsumiki	**لُعْبَةُ ٱلْمُكَعَّبَاتِ** 女 luʿbatu al-mukaʿʿabāti ルウバトゥル ムカッアバート	toy blocks トイ ブラクス
つむ **積む** tsumu	**كَدَّسَ** 〔完〕, **يُكَدِّسُ** yukaddisu, kaddasa ユカッディス, カッダサ	pile, lay パイル, レイ
(積載する)	**حَمَّلَ** 〔完〕, **يُحَمِّلُ** yuḥammilu, ḥammala ユハンミル, ハンマラ	load ロウド
つむ **摘む** tsumu	**قَطَفَ** 〔完〕, **يَقْطِفُ** yaqṭifu, qaṭafa ヤクティフ, カタファ	pick, pluck ピク, プラク
つめ **爪** tsume	**ظُفُرٌ** 男, 複 **أَظَافِرُ** 〔二段〕 ẓufur, ʾaẓāfiru ズフル, アザーフィル	nail ネイル
(動物の)	**مِخْلَب** 男, 複 **مَخَالِبُ** 〔二段〕 mikhlab, makhālibu ミフラブ, マハーリブ	claw クロー
〜切り	**قَلَّامَةُ أَظَافِرَ** 女 qallāmatu ʾaẓāfira カッラーマトゥ アザーフィラ	nail clipper ネイル クリパ
つめあわせ **詰め合わせ** tsumeawase	**مَجْمُوعَة مُتَنَوِّعَة مِنْ** 女; **تَشْكِيلَة** 女 majmūʿat mutanauwiʿat min, tashkīlat マジュムーア ムタナウウィア ミン, タシュキーラ	assortment アソートメント

日	アラビア	英
つめたい **冷たい** tsumetai	**بَارِد** bārid バーリド	cold, chilly コウルド，チリ
つめもの **詰め物** tsumemono	**حَشْو** 男 ḥashw ハシュウ	stuffing スタフィング
つめる **詰める** tsumeru	**يُدْخِلُ فِي**, 〔完〕**أَدْخَلَ فِي** yudkhilu fī, ʾadkhala fī ユドヒル フィー，アドハラ フィー	stuff, fill スタフ，フィル
つもる **積もる** tsumoru	**يَتَرَاكَمُ**, 〔完〕**تَرَاكَمَ** yatarākamu, tarākama ヤタラーカム，タラーカマ	accumulate アキューミュレイト
つや **艶** tsuya	**بَرِيق** 男 barīq バリーク	gloss, luster グロス，ラスタ
つゆ **梅雨** tsuyu	**مَوْسِمُ ٱلْأَمْطَارِ** 男 mausimu al-ʾamṭāri マウスィムル アムタール	rainy season レイニ スィーズン
つゆ **露** tsuyu	**نَدًى** 男 nadan ナダン	dew, dewdrop デュー，デュードラプ
つよい **強い** tsuyoi	**قَوِيّ** qawīy カウィー	strong, powerful ストローング，パウアフル
つよさ **強さ** tsuyosa	**قُوَّة** 女 qūwat クーワ	strength ストレングス
つよび **強火** tsuyobi	**نَار قَوِيَّة** 女 nār qawīyat ナール カウィーヤ	high flame ハイ フレイム
つらい **辛い** tsurai	**شَاقّ** shāqq シャーック	hard, painful ハード，ペインフル
つらなる **連なる** （拡がっている） tsuranaru	**يَمْتَدُّ**, 〔完〕**اِمْتَدَّ** yamtaddu, imtadda ヤムタッドゥ，イムタッダ	stretch, run ストレチ，ラン

日	アラビア	英
つらぬく **貫く** tsuranuku	**اِخْتَرَقَ** [完], **يَخْتَرِقُ** yakhtariqu, ikhtaraqa **ヤ**フタリク, **イ**フタラカ	pierce, penetrate **ピ**アス, **ペ**ネトレイト
つり **釣り** tsuri	**صَيْدُ ٱلسَّمَكِ** 男 ṣaid al-samaki サイドゥッ **サ**マク	fishing **フィ**シング
つりあう **釣り合う** tsuriau	**تَوَازَنَ** [完], **يَتَوَازَنُ** yatawāzanu, tawāzana ヤタ**ワー**ザヌ, タ**ワー**ザナ	balance, match **バ**ランス, **マ**チ
つる **釣る** tsuru	**اِصْطَادَ سَمَكًا** [完], **يَصْطَادُ سَمَكًا** yaṣṭādu samakan, iṣṭāda samakan ヤス**ター**ドゥ **サ**マク, イス**ター**ダ **サ**マク	fish **フィ**シュ
つる **鶴** tsuru	**كُرْكِيّ** 男, 複 **كَرَاكِيّ** kurkīy, karākīy **ク**ルキー, カ**ラー**キー	crane ク**レ**イン
つるす **吊るす** tsurusu	**عَلَّقَ** [完], **يُعَلِّقُ** yuʿalliqu, ʿallaqa ユ**ア**ッリク, **ア**ッラカ	hang, suspend **ハ**ング, サス**ペ**ンド
つれていく **連れて行く** tsureteiku	**أَخَذَ إِلَى** [完], **يَأْخُذُ إِلَى** yaʾkhudhu ʾilā, ʾakhadha ʾilā **ヤ**アフズ イラー, **ア**ハザ イラー	take, bring along **テ**イク, ブ**リ**ング ア**ロ**ング
つわり **つわり** tsuwari	**غَثَيَانُ ٱلصَّبَاحِ** 男 ghathayānu al-ṣabāḥi ガサ**ヤー**ヌッ サ**バー**フ	morning sickness **モー**ニング **スィ**クネス

て, テ

日	アラビア	英
て **手** te	**يَد** 女, 複 **أَيَادٍ** [二段] yad, ʾayādin **ヤ**ド, ア**ヤー**ディン	hand, arm **ハ**ンド, **アー**ム
(手段・方法)	**طَرِيقَة** 女, 複 **طُرُق** ṭarīqat, ṭuruq タ**リー**カ, **トゥ**ルク	way, means **ウェ**イ, **ミー**ンズ

日	アラビア	英
であう **出会う** deau	**اِلْتَقَى**〔完〕 **,يَلْتَقِي** yaltaqī, iltaqā ヤルタキー，イルタカー	meet, come across ミート，カム アクロス
てあて **手当て** teate	**عِلَاج**男 ʿilāj イラージュ	medical treatment メディカル トリートメント
ていあん **提案** teian	**اِقْتِرَاحَات** 複 **,اِقْتِرَاح**男 iqtirāḥ, iqtirāḥāt イクティラーフ，イクティラーハート	proposal プロポウザル
〜する	**اِقْتَرَحَ**〔完〕 **,يَقْتَرِحُ** yaqtariḥu, iqtaraḥa ヤクタリフ，イクタラハ	propose, suggest プロポウズ，サグチェスト
でぃーぶいでぃー **DVD** diivuidii	**قُرْص** ; **دِي فِي دِي**男 **اَلْفِيدِيُو اَلرَّقْمِيّ**男 dī fī dī, qurṣ al-fīdiyū al-raqmīy ディー ヴィー ディー，クルスル ビィーディユッ ラクミー	DVD ディーヴィーディー
てぃーしゃつ **ティーシャツ** tiishatsu	**تِيشِيرْت**男 tīshīrt ティーシールト	T-shirt ティーシャート
ていいん **定員** teiin	**عَدَد مُحَدَّد**男 ʿadad muḥaddad アダド ムハッダド	capacity カパスィティ
ていか **定価** teika	**سِعْر مُحَدَّد**男 siʿr muḥaddad スィウル ムハッダド	fixed price フィクスト プライス
ていかん **定款** teikan	**عَقْدُ تَأْسِيسِ شَرِكَةٍ**男 ʿaqdu taʾsīsi sharikatin アクドゥ タアスィースィ シャリカ	articles of association アーティクルズ オヴ アソウスィエイション
ていかんし **定冠詞** teikanshi	**أَدَاةُ ٱلتَّعْرِيفِ**女 ʾadātu al-taʿrīfi アダートゥッ タアリーフ	definite article デフィニト アーティクル
ていぎ **定義** teigi	**تَعْرِيف**男 taʿrīf タアリーフ	definition デフィニション

日	アラビア	英
ていきあつ **低気圧** teikiatsu	مُنْخَفَض جَوِّيّ 男 munkhafaḍ jauwīy ムンハファド ジャウウィー	low pressure, depression ロウ プレシャ, ディプレション
ていきけん **定期券** teikiken	اِشْتِرَاك 男 ishtirāk イシュティラーク	commutation ticket カミュテイション ティケト
ていきてきな **定期的な** teikitekina	دَوْرِيّ daurīy ダウリー	regular, periodic レギュラ, ピアリアディク
ていきょうする **提供する** teikyousuru	يُقَدِّمُ, 〔完〕قَدَّمَ yuqaddimu, qaddama ユカッディム, カッダマ	offer, supply オーファ, サプライ
ていきよきん **定期預金** teikiyokin	وَدِيعَة ثَابِتَة 女 wadīʿat thābitat ワディーア サービタ	deposit account ディパズィト アカウント
ていけいする **提携する** teikeisuru	يَتَعَاوَنُ مَعَ, 〔完〕تَعَاوَنَ مَعَ yataʿāwanu maʿa, taʿāwana maʿa ヤタアーワヌ マア, タアーワナ マア	cooperate with コウアペレイト ウィズ
ていけつあつ **低血圧** teiketsuatsu	اِنْخِفَاضُ ضَغْطِ الدَّمِ 男 inkhifāḍu ḍaghṭi al-dami インヒファード ダグティッ ダム	low blood pressure ロウ ブラド プレシャ
ていこう **抵抗** teikou	مُقَاوَمَة 女 muqāwamat ムカーワマ	resistance レズィスタンス
～する	يُقَاوِمُ, 〔完〕قَاوَمَ yuqāwimu, qāwama ユカーウィム, カーワマ	resist, oppose リズィスト, オポウズ
ていさい **体裁** teisai	مَظْهَر 男 maẓhar マズハル	appearance アピアランス
ていし **停止** teishi	تَوَقُّف 男 tawaqquf タワックフ	stop, suspension スタプ, サスペンション

日	アラビア	英
～する	تَوَقَّفَ ,يَتَوَقَّفُ 〔完〕 yatawaqqafu, tawaqqafa ヤタワッカフ，タワッカファ	stop, suspend スタプ，サスペンド
ていしゃする 停車する teishasuru	تَوَقَّفَ ,يَتَوَقَّفُ 〔完〕 yatawaqqafu, tawaqqafa ヤタワッカフ，タワッカファ	stop スタプ
ていしゅ 亭主 (夫) teishu	زَوْج 男, 複 أَزْوَاج zauj, ʾazwāj ザウジュ，アズワージュ	husband ハズバンド
ていしゅつする 提出する teishutsusuru	قَدَّمَ ,يُقَدِّمُ 〔完〕 yuqaddimu, qaddama ユカッディム，カッダマ	present, submit プリゼント，サブミト
ていしょうする 提唱する teishousuru	نَادَى ,يُنَادِي 〔完〕 yunādī, nādā ユナーディー，ナーダー	advocate, propose アドヴォケイト，プロポウズ
ていすう 定数 (定員) teisuu	عَدَد مُحَدَّد 男 ʿadad muḥaddad アダド ムハッダド	fixed number フィクスト ナンバ
(数学の)	ثَابِت 男 thābit サービト	constant カンスタント
でぃすかうんと ディスカウント disukaunto	تَخْفِيض 男 takhfīḍ タフフィード	discount ディスカウント
でぃすく ディスク disuku	قُرْص 男, 複 أَقْرَاص qurṣ, ʾaqrāṣ クルス，アクラース	disk ディスク
でぃすぷれい ディスプレイ disupurei	شَاشَة 女 shāshat シャーシャ	display ディスプレイ
ていせいする 訂正する teiseisuru	صَحَّحَ ,يُصَحِّحُ 〔完〕 yuṣaḥḥiḥu, ṣaḥḥaḥa ユサッヒフ，サッハハ	correct, revise コレクト，リヴァイズ

日	アラビア	英
ていせつ **定説** teisetsu	نَظَرِيَّة عَامَّة ؛ نَظَرِيَّة 女 مُحَدَّدَة 女 naẓarīyat ʿāmmat, naẓarīyat muḥaddadat ナザリーヤ アーンマ，ナザリーヤ ムハッダダ	established theory イスタブリシュト スィオリ
ていせん **停戦** teisen	وَقْفُ إِطْلَاقِ ٱلنَّارِ 男 waqfu ʾiṭlāqi al-nāri ワクフ イトラーキン ナール	cease-fire, truce スィースファイア，トルース
ていぞくな **低俗な** teizokuna	وَحْشِيّ waḥshīy ワフシー	vulgar, lowbrow ヴァルガ，ロウブラウ
ていそする **提訴する** teisosuru	يُقِيمُ دَعْوَى ، 完 أَقَامَ دَعْوَى yuqīmu daʿwā, ʾaqāma daʿwā ユキーム ダウワー，アカーマ ダウワー	file a suit ファイル ア スート
ていたいする **停滞する** teitaisuru	يَرْكُدُ، 完 رَكَدَ yarkudu, rakada ヤルクドゥ，ラカダ	stagnate スタグネイト
てぃっしゅ **ティッシュ** tisshu	مَنْدِيل وَرَقِيّ 男 mandīl waraqīy マンディール ワラキー	tissue ティシュー
ていでん **停電** teiden	اِنْقِطَاعُ ٱلْكَهْرَبَاءِ 男 inqiṭāʿu al-kahrabāʾi インキターウル カフラバーウ	power failure パウア フェイリュア
ていど **程度** teido	مَدًى 男 madan マダン	degree, grade ディグリー，グレイド
ていとう **抵当** teitou	رَهْن 男 rahn ラフン	mortgage モーギヂ
ていねいな **丁寧な** （礼儀正しい） teineina	مُهَذَّب muhadhdhab ムハッザブ	polite, courteous ポライト，カーティアス

日	アラビア	英
ていねいに **丁寧に** （礼儀正しく） teineini	**بِأَدَبٍ** bi-ʾadabin ビ-アダブ	politely, courteously ポライトリ，カーティアスリ
（注意深く）	**بِعِنَايَةٍ** bi-ʿināyatin ビ-イナーヤ	carefully ケアフリ
ていねん **定年** teinen	**سِنُّ ٱلتَّقَاعُدِ** 男 sinnu al-taqāʿudi スィンヌッ タカーウド	retirement age リタイアメント エイヂ
ていはくする **停泊する** teihakusuru	**يَرْسُو,** 〔完〕**رَسَا** yarsū, rasā ヤルスー，ラサー	anchor アンカ
ていぼう **堤防** teibou	**سَدّ** 男, 複 **سُدُود** sadd, sudūd サッド，スドゥード	bank, embankment バンク，インバンクメント
ていめいする **低迷する** teimeisuru	**رَاكِد** rākid ラーキド	(be) sluggish (ビ) スラギシュ
ていり **定理** teiri	**نَظَرِيَّة** 女 naẓarīyat ナザリーヤ	theorem スィオレム
てぃんぱにー **ティンパニー** tinpanii	**طَبْلَة** 女 ṭablat タブラ	timpani ティンパニ
でーた **データ** deeta	**مَعْلُومَات** 複 maʿlūmāt マアルーマート	data デイタ
～ベース	**قَاعِدَةُ ٱلْبَيَانَاتِ** 女 qāʿidatu al-bayānāti カーイダトゥル バヤーナート	database デイタベイス
てーぷ **テープ** teepu	**شَرِيط** 男, 複 **أَشْرِطَة** sharīṭ, ʾashriṭat シャリート，アシュリタ	tape テイプ
（粘着テープ）	**شَرِيط لَاصِق** 男 sharīṭ laṣiq シャリート ラースィク	adhesive tape アディースィヴ テイプ

て

日	アラビア	英
てーぶる **テーブル** teeburu	طَاوِلَة 女 ; مَائِدَة 女 ṭāwilat, māʾidat **タ**ーウィラ, **マ**ーイダ	table **テ**イブル
てーま **テーマ** teema	مَوْضُوع 男, 複 مَوْضُوعَات mauḍūʿ, mauḍūʿāt マウ**ドゥ**ーウ, マウドゥー**ア**ート	theme, subject **スィ**ーム, **サ**ブヂェクト
てがかり **手掛かり** (ヒント) tegakari	تَلْمِيح 男 talmīḥ タル**ミ**ーフ	clue, key **クル**ー, **キ**ー
(しるし・証拠)	دَلِيل 男, 複 أَدِلَّة dalīl, ʾadillat ダ**リ**ール, ア**ディ**ッラ	evidence **エ**ヴィデンス
てがきの **手書きの** tegakino	بِخَطِّ ٱلْيَدِ bi-khaṭṭi al-yadi ビ-**ハ**ッティル **ヤ**ド	handwritten **ハ**ンドリトン
でかける **出かける** dekakeru	يَخْرُجُ, 〔完〕 خَرَجَ yakhruju, kharaja **ヤ**フルジュ, **ハ**ラジャ	go out **ゴ**ウ **ア**ウト
てがみ **手紙** tegami	رِسَالَة 女, 複 رَسَائِلُ 〔二段〕 risālat, rasāʾilu リ**サ**ーラ, ラ**サ**ーイル	letter **レ**タ
てがら **手柄** (成果) tegara	ثَمَرَة 女 thamarat **サ**マラ	exploit, achievement イクスプ**ロ**イト, ア**チ**ーヴメント
(功績・業績)	إِنْجَاز 男, 複 إِنْجَازَات ʾinjāz, ʾinjāzāt インジ**ャ**ーズ, インジャー**ザ**ート	achievement ア**チ**ーヴメント
てがるな **手軽な** tegaruna	بَسِيط basīṭ バ**スィ**ート	easy, light **イ**ーズィ, **ラ**イト
てき **敵** teki	عَدُوّ 男, 複 أَعْدَاء ʿadūw, ʾaʿdāʾ ア**ドゥ**ーウ, アア**ダ**ーウ	enemy, opponent **エ**ネミ, オ**ポ**ウネント

日	アラビア	英
てきい **敵意** tekii	**عَدَاوَة** 女 ʿadāwat アダーワ	hostility ハスティリティ
てきおうする **適応する** tekiousuru	**يَتَكَيَّفُ**, 〔完〕**تَكَيَّفَ** yatakaiyafu, takaiyafa ヤタカイヤフ, タカイヤファ	adjust oneself to アヂャスト トゥ
てきかくな **的確な** tekikakuna	**مَضْبُوط** maḍbūṭ マドブート	precise, exact プリサイス, イグザクト
できごと **出来事** dekigoto	**حَدَث** 男, 複 **أَحْدَاث** ḥadath, ʾaḥdāth ハダス, アフダース	event, incident イヴェント, インスィデント
てきしゅつする **摘出する** (切除) tekishutsusuru	**يَسْتَأْصِلُ**, 〔完〕**اِسْتَأْصَلَ** yastaʾṣilu, istaʾṣala ヤスタアスィル, イスタアサラ	remove, extract リムーヴ, イクストラクト
(除去)	**يُزِيلُ**, 〔完〕**أَزَالَ** yuzīlu, ʾazāla ユズィール, アザーラ	remove リムーヴ
てきすと **テキスト** (勉強の) tekisuto	**كِتَاب دِرَاسِيّ** 男 kitāb dirāsīy キターブ ディラースィー	text テクスト
てきする **適する** tekisuru	**يُنَاسِبُ**, 〔完〕**نَاسَبَ** yunāsibu, nāsaba ユナースィブ, ナーサバ	fit, suit フィト, スート
てきせい **適性** tekisei	**كَفَاءَة** 女 kafāʾat カファーア	aptitude アプティテュード
てきせつな **適切な** tekisetsuna	**مُنَاسِب** munāsib ムナースィブ	proper, adequate プラパ, アディクワト
てきとうな **適当な** tekitouna	**مُنَاسِب** munāsib ムナースィブ	fit for, suitable for フィト フォ, スータブル フォ
てきどの **適度の** tekidono	**مُعْتَدِل** muʿtadil ムウタディル	moderate, temperate マダレト, テンパレト

て

日	アラビア	英
てきようする **適用する** tekiyousuru	يُطَبِّقُ عَلَى, 〔完〕 طَبَّقَ عَلَى yuṭabbiqu ʿalā, ṭabbaqa ʿalā ユ**タ**ッビク アラー, **タ**ッバカ アラー	apply アプ**ラ**イ
できる **出来る** (することができる) dekiru	يَسْتَطِيعُ, 〔完〕 اِسْتَطَاعَ yastaṭīʿu, istaṭāʿa ヤスタ**ティ**ーウ, イスタ**タ**ーア	can **キャ**ン
(可能である)	يُمْكِنُ, 〔完〕 أَمْكَنَ yumkinu, ʾamkana **ユ**ムキヌ, **ア**ムカナ	(be) possible (ビ) **パ**スィブル
(能力がある)	قَادِر عَلَى qādir ʿalā **カ**ーディル アラー	(be) able, (be) good (ビ) **エ**イブル, (ビ) **グ**ド
(生産する・産出する)	يُصْنَعُ, 〔完〕 صُنِعَ yuṣnaʿu, ṣuniʿa **ユ**スナウ, **ス**ニア	(be) produced (ビ) プロ**デュ**ースト
でぐち **出口** deguchi	مَخْرَج 男, 複 مَخَارِجُ 〔二段〕 makhraj, makhāriju **マ**フラジュ, マ**ハ**ーリジュ	exit **エ**グズィト
てくび **手首** tekubi	مِعْصَم 男, 複 مَعَاصِمُ 〔二段〕 miʿṣam, maʿāṣimu **ミ**ウサム, マ**ア**ースィム	wrist **リ**スト
てこ **てこ** teko	رَافِعَة 女 rāfiʿat **ラ**ーフィア	lever **レ**ヴァ
でこぼこな **凸凹な** dekobokona	وَعْر 男 waʿr **ワ**アル	uneven, bumpy ア**ニ**ーヴン, **バ**ンピ
てごろな **手頃な** (価格が) tegorona	مَعْقُول maʿqūl マア**ク**ール	handy, reasonable **ハ**ンディ, **リ**ーズナブル
(…に適した)	مُنَاسِب لِ munāsib li ム**ナ**ースィブ リ	suitable for **ス**ータブル
てごわい **手強い** (人が) tegowai	قَوِيّ qawīy **カ**ウィー	tough, formidable **タ**フ, **フォ**ーミダブル

日	アラビア	英
(問題が)	صَعْب ṣaʿb サアブ	difficult ディフィカルト
でざーと **デザート** dezaato	اَلطَّبَقُ ٱلْحُلْوُ 男 al-ṭabaqu al-ḥulwu アッ タバクル フルウ	dessert ディザート
でざいなー **デザイナー** dezainaa	مُصَمِّم 男 muṣammim ムサンミム	designer ディザイナ
でざいん **デザイン** dezain	تَصْمِيم 男 taṣmīm タスミーム	design ディザイン
てさぐりする **手探りする** tesagurisuru	يَتَلَمَّسُ, 〔完〕تَلَمَّسَ yatalammasu, talammasa ヤタランマス，タランマサ	grope グロウプ
てざわり **手触り** tezawari	مَلْمَس 男 malmas マルマス	touch, feel タチ，フィール
～が柔らかい	نَاعِمُ ٱلْمَلْمَسِ nāʿimu al-malmasi ナーイムル マルマス	soft ソーフト
でし **弟子** deshi	تِلْمِيذ 男, 複 تَلَامِيذُ〔二段〕 tilmīdh, talāmīdhu ティルミーズ，タラーミーズ	pupil, disciple ピューピル，ディサイプル
てしごと **手仕事** teshigoto	عَمَل يَدَوِيّ 男 ʿamal yadawīy アマル ヤダウィー	manual work マニュアル ワーク
でじたるの **デジタルの** dejitaruno	رَقْمِيّ raqmīy ラクミー	digital ディヂタル
てじな **手品** tejina	خُدْعَة سِحْرِيَّة 女 khudʿat siḥrīyat フドア スィフリーヤ	magic tricks マヂク トリクス

日	アラビア	英
でしゃばる 出しゃばる （首を突っ込む） deshabaru	يَحْشِرُ أَنْفَهُ فِي, 〔完〕 حَشَرَ أَنْفَهُ فِي yaḥshiru ʾanfa-hu fī, ḥashara ʾanfa-hu fī ヤフシル アンファーフ フィー，ハシャラ アンファーフ フィー	butt in バトイン
てじゅん 手順 tejun	خُطْوَات مُحَدَّدَة 複 khuṭwāt muḥaddadat フトワート ムハッダダ	order, process オーダ，プラセス
てすう 手数 tesuu	مَتَاعِبُ 複〔二段〕 matāʿibu マターイブ	trouble トラブル
〜料	عُمُولَة 女 ʿumūlat ウムーラ	commission コミション
ですく デスク desuku	مَكْتَب 男, 複 مَكَاتِبُ〔二段〕 maktab, makātibu マクタブ，マカーティブ	desk デスク
〜トップ	دِيسْك تُوب 男, حَاسُوب مَكْتَبِيّ 男 dīsk tūb, ḥāsūb maktabīy ディースク トゥーブ，ハースーブ マクタビー	desktop デスクタプ
〜ワーク	عَمَل مَكْتَبِيّ 男 ʿamal maktabīy アマル マクタビー	desk work デスク ワーク
てすと テスト tesuto	اِمْتِحَان 男, 複 اِمْتِحَانَات imtiḥān, imtiḥānāt イムティハーン，イムティハーナート	exam, test イグザム，テスト
てすり 手摺り tesuri	دَرَابَزِين 女 darābazīn ダラーバズィーン	handrail ハンドレイル
でたらめな でたらめな detaramena	هُرَاء hurāʾ フラーウ	irresponsible イリスパンスィブル

て

日	アラビア	英
てちがい **手違い** techigai	**خَطَأ** 男 khaṭaʾ ハタウ	mistake ミステイク
てつ **鉄** tetsu	**حَدِيد** 男, 複 **حَدَائِدُ** 〔二段〕 ḥadīd, ḥadāʾidu ハディード, ハダーイドゥ	iron アイアン
てっかいする **撤回する** tekkaisuru	**يَسْحَبُ**, 〔完〕**سَحَبَ** yasḥabu, saḥaba ヤスハブ, サハバ	withdraw ウィズドロー
てつがく **哲学** tetsugaku	**فَلْسَفَة** 女 falsafat ファルサファ	philosophy フィラソフィ
てづくりの **手作りの** tezukurino	**صِنَاعَة يَدَوِيَّة** 女 ṣināʿat yadawīyat スィナーア ヤダウィーヤ	handmade ハンドメイド
てっこつ **鉄骨** tekkotsu	**أَعْمِدَة مَعْدِنِيَّة** 複 ʾaʿmidat maʿdinīyat アアミダ マアディニーヤ	iron frame アイアン フレイム
てつだい **手伝い** tetsudai	**مُسَاعَدَة** 女 musāʿadat ムサーアダ	help ヘルプ
(人)	**مُسَاعِد** 男 musāʿid ムサーイド	helper, assistant ヘルパ, アスィスタント
てったいする **撤退する** tettaisuru	**يَنْسَحِبُ**, 〔完〕**اِنْسَحَبَ** yansaḥibu, insaḥaba ヤンサヒブ, インサハバ	withdraw, pull out ウィズドロー, プル アウト
てつだう **手伝う** tetsudau	**يُسَاعِدُ**, 〔完〕**سَاعَدَ** yusāʿidu, sāʿada ユサーイドゥ, サーアダ	help, assist ヘルプ, アスィスト
てつづき **手続き** tetsuzuki	**إِجْرَاءَات** 複 ʾijrāʾāt イジュラーアート	procedure プロスィーヂャ
てっていてきな **徹底的な** tetteitekina	**شَامِل** shāmil シャーミル	thorough, complete サロ, コンプリート

日	アラビア	英
てつどう 鉄道 tetsudou	سِكَّة حَدِيدِيَّة 女 sikkat ḥadīdīyat スィッカ ハディーディーヤ	railroad, Ⓑrailway レイルロウド, レイルウェイ
てっぱん 鉄板 teppan	صَفِيحَةُ حَدِيدٍ 女 ṣafīḥatu ḥadīdin サフィーハトゥ ハディード	iron plate アイアン プレイト
てつぼう 鉄棒 (体操の) tetsubou	عُقْلَة 女 ʿuqlat ウクラ	horizontal bar ホリザントル バー
てつや 徹夜 tetsuya	سَهَر 男 sahar サハル	staying up all night ステイング アプ オール ナイト
～する	سَهِرَ لَيْلَةً 完, يَسْهَرُ لَيْلَةً yasharu lailatan, sahira lailatan ヤスハル ライラタン, サヒラ ライラタン	stay up all night ステイ アプ オール ナイト
てなんと テナント tenanto	مُسْتَأْجِر 男 mustaʾjir ムスタアジル	tenant テナント
てにす テニス tenisu	تِنِس 男 tinis ティニス	tennis テニス
てにもつ 手荷物 tenimotsu	أَمْتِعَة يَدَوِيَّة 複 ʾamtiʿat yadawīyat アムティア ヤダウィーヤ	baggage, hand luggage バギヂ, ハンド ラギヂ
てのーる テノール tenooru	تِينُور 男 tīnūr ティーヌール	tenor テナ
てのひら 掌[手の平] tenohira	كَفّ 女, 複 كُفُوف kaff, kufūf カッフ, クフーフ	palm of the hand パーム オヴ ザ ハンド
でのみねーしょん デノミネーション denomineeshon	إِعَادَةُ تَقْيِيمِ ٱلْعُمْلَةِ 女 ʾiʿādatu taqyīmi al-ʿumlati イアーダトゥ タクイーミル ウムラ	redenomination リーディナミネイション

日	アラビア	英
でぱーと デパート depaato	مُجْمَع تِجَارِيّ 男 ; مُول 男 mujmaʿ tijārīy, mūl ムジュマウ ティジャーリー，ムール	department store ディパートメント ストー
てばなす 手放す tebanasu	يَتَخَلَّى عَنْ, 完 تَخَلَّى عَنْ yatakhallā ʿan, takhallā ʿan ヤタハッラー アン，タハッラー アン	dispose of ディスポウズ オヴ
でびゅー デビュー debyuu	اَلظُّهُورُ ٱلْأَوَّلُ 男 al-ẓuhūru al-ʾauwalu アッ ズフールル アウワル	debut デイビュー
てぶくろ 手袋 tebukuro	قُفَّاز 男, 複 قَفَافِيزُ 二段 quffāz, qafāfīzu クッファーズ，カファーフィーズ	gloves グラヴズ
でふれ デフレ defure	اِنْكِمَاش مَالِيّ 男 inkimāsh mālīy インキマーシュ マーリー	deflation ディフレイション
てほん 手本 tehon	مِثَال 男 mithāl ミサール	example, model イグザンプル，マドル
てま 手間 tema	وَقْت وَجُهْد 男 waqt wa-juhd ワクト ワージュフド	time and labor タイム アンド レイバ
でま デマ dema	شَائِعَة كَاذِبَة 女 shāʾiʿat kādhibat シャーイア カーズィバ	false rumor フォルス ルーマ
でまえ 出前 demae	خِدْمَةُ ٱلتَّوْصِيلِ 女 khidmatu al-tauṣīli ヒドマッ タウスィール	delivery service ディリヴァリ サーヴィス
でむかえる 出迎える demukaeru	يَسْتَقْبِلُ, 完 اِسْتَقْبَلَ yastaqbilu, istaqbala ヤスタクビル，イスタクバラ	go and welcome ゴウ アンド ウェルカム
でも デモ demo	مُظَاهَرَة 女 muẓāharat ムザーハラ	demonstration デモンストレイション
でもくらしー デモクラシー demokurashii	دِيمُقْرَاطِيَّة 女 dīmuqrāṭīyat ディームクラーティーヤ	democracy ディマクラスィ

日	アラビア	英
てら **寺** tera	مَعْبَد بُوذِيّ 男 maʿbad būdhīy マアバド ブーズィー	temple テンプル
てらす **照らす** terasu	يُضِيءُ, 〔完〕أَضَاءَ yuḍīʾu, ʾaḍāʾa ユディーウ, アダーア	light, illuminate ライト, イリューミネイト
でらっくすな **デラックスな** derakkusuna	فَاخِر fākhir ファーヒル	deluxe デルクス
でりけーとな **デリケートな** derikeetona	حَسَّاس ḥassās ハッサース	delicate デリケト
てりとりー **テリトリー** teritorii	مِنْطَقَة 女 minṭaqat ミンタカ	territory テリトーリ
でる **出る** (現れる) deru	يَظْهَرُ, 〔完〕ظَهَرَ yaẓharu, ẓahara ヤズハル, ザハラ	come out, appear カム アウト, アピア
(出て行く)	يَخْرُجُ, 〔完〕خَرَجَ yakhruju, kharaja ヤフルジュ, ハラジャ	go out ゴウ アウト
(出席する・参加する)	يَحْضُرُ, 〔完〕حَضَرَ yaḥḍuru, ḥaḍara ヤフドゥル, ハダラ	attend, join アテンド, ヂョイン
てれび **テレビ** terebi	تِلِيفِزِيُون 男 tilīfiziyūn ティリーフィズィユーン	television テレヴィジョン
～ゲーム	أَلْعَابُ الْفِيدِيُو 男 ʾalʿābu al-fīdiyū アルアーブル ビィーディユー	video game ヴィディオウ ゲイム
てれる **照れる** tereru	خَجِل khajil ハジル	(be) shy, (be) embarrassed (ビ) シャイ, (ビ) インバラスト
てれわーく **テレワーク** terewaaku	اَلْعَمَل عَنْ بُعْدٍ 男 al-ʿamal ʿan buʿdin アル アマル アン ブウド	telework, remote work テレワーク, リモート ワーク

日	アラビア	英
てろ **テロ** tero	إِرْهَاب 男 ʾirhāb イル**ハー**ブ	terrorism **テ**ラリズム
てろりすと **テロリスト** terorisuto	إِرْهَابِيّ 男 ʾirhābīy イル**ハー**ビー	terrorist **テ**ラリスト
てわたす **手渡す** tewatasu	يُسَلِّمُ, 〔完〕 سَلَّمَ yusallimu, sallama ユ**サ**ッリム，**サ**ッラマ	hand **ハ**ンド
てん **天** (空) ten	سَمَاء 男女 samāʾ サ**マー**ウ	sky ス**カ**イ
(天国・神)	جَنَّة 女 jannat **ジャ**ンナ	Heaven, God **ヘ**ヴン，**ガ**ド
てん **点** ten	نُقْطَة 女, 複 نِقَاط nuqṭat, niqāṭ **ヌ**クタ，ニ**カー**ト	dot, point **ダ**ト，**ポ**イント
(成績などの点数)	دَرَجَة 女 darajat **ダ**ラジャ	marks, score **マー**クス，ス**コー**
(スポーツの点数)	هَدَف 男 hadaf **ハ**ダフ	score, point ス**コー**，**ポ**イント
でんあつ **電圧** den-atsu	جُهْد كَهْرَبَائِيّ 男 juhd kahrabāʾīy **ジュ**フド カフラ**バー**イー	voltage **ヴォ**ウルティヂ
てんいん **店員** ten-in	بَائِع فِي ٱلْمَحَلِّ 男 bāʾiʿ fī al-maḥalli **バー**イウ フィル マ**ハ**ッル	clerk, salesclerk ク**ラー**ク，**セ**イルズクラーク
てんかい **展開** tenkai	تَطَوُّر 男 taṭauwur タ**タ**ウウル	development ディ**ヴェ**ロプメント
〜する	يَتَطَوَّرُ, 〔完〕 تَطَوَّرَ yataṭauwaru, taṭauwara ヤタ**タ**ウワル，タ**タ**ウワラ	develop ディ**ヴェ**ロプ

日	アラビア	英
てんかぶつ **添加物** tenkabutsu	مُضَافَات غِذَائِيَّة 複 muḍāfāt ghidhāʾīyat ムダーファート ギザーイーヤ	additive アディティヴ
てんき **天気** tenki	جَوّ 男 jauw ジャウウ	weather ウェザ
(晴天)	صَحْو 男 ṣaḥw サフウ	fine weather ファイン ウェザ
～予報	اَلنَّشْرَةُ ٱلْجَوِّيَّةُ 女 al-nashratu al-jauwīyatu アン ナシュラトゥル ジャウウィーヤ	weather forecast ウェザ フォーキャスト
でんき **伝記** denki	تَرْجَمَة 女, 複 تَرَاجِمُ 〔二段〕 tarjamat, tarājimu タルジャマ，タラージム	biography バイアグラフィ
でんき **電気** denki	كَهْرَبَاء 男 kahrabāʾ カフラバーウ	electricity イレクトリスィティ
(電灯)	ضَوْء 男, 複 أَضْوَاء ḍauʾ, ʾaḍwāʾ ダウウ，アドワーウ	electric light イレクトリク ライト
でんきゅう **電球** denkyuu	مِصْبَاح كَهْرَبَائِيّ 男 miṣbāḥ kahrabāʾīy ミスバーフ カフラバーイー	lightbulb ライトバルブ
てんけいてきな **典型的な** tenkeitekina	نَمُوذَجِيّ namūdhajīy ナムーザジー	typical, ideal ティピカル，アイディーアル
てんけんする **点検する** tenkensuru	فَحَصَ 〔完〕, يَفْحَصُ yafḥaṣu, faḥaṣa ヤフハス，ファハサ	inspect, check インスペクト，チェク
てんこう **天候** tenkou	حَالَةُ ٱلْجَوِّ 女 ḥālatu al-jauwi ハーラトゥル ジャウウ	weather ウェザ
でんこう **電光** denkou	بَرْق 男 barq バルク	flash of lightning フラシュ オヴ ライトニング

て

日	アラビア	英
てんごく **天国** tengoku	جَنَّة 女 jannat ジャンナ	heaven, paradise ヘヴン，パラダイス
でんごん **伝言** dengon	رِسَالَة 女, 複 رَسَائِلُ [二段] risālat, rasāʾilu リサーラ，ラサーイル	message メスィヂ
てんさい **天才** tensai	عَبْقَرِيّ 男 ʿabqarīy アブカリー	genius ヂーニアス
てんさい **天災** tensai	كَارِثَة طَبِيعِيَّة 女 kārithat ṭabīʿīyat カーリサ タビーイーヤ	calamity, disaster カラミティ，ディザスタ
てんさくする **添削する** tensakusuru	يُصَحِّحُ, [完] صَحَّحَ yuṣaḥḥiḥu, ṣaḥḥaḥa ユサッヒフ，サッハハ	correct コレクト
てんし **天使** tenshi	مَلَاك 男, 複 مَلَائِكَة malāk, malāʾikat マラーク，マラーイカ	angel エインヂェル
てんじ **展示** tenji	عَرْض 男 ʿarḍ アルド	exhibition エクスィビション
てんじ **点字** tenji	طَرِيقَة بَرَايِل 女 ṭarīqat barāyil タリーカ バラーイル	Braille ブレイル
でんし **電子** denshi	إِلِكْتْرُون 男, 複 إِلِكْتْرُونَات ʾiliktrūn, ʾiliktrūnāt イリクトルーン，イリクトルーナート	electron イレクトラン
～工学	إِلِكْتْرُونِيَّات 女 ʾiliktrūnīyāt イリクトルーニーヤート	electronics イレクトラニクス
～レンジ	فُرْن مَيْكْرُوِيف 男 furn maikruwīf フルン マイクルウェーブ	microwave oven マイクロウェイヴ アヴン
でんじしゃく **電磁石** denjishaku	مَغْنَاطِيس كَهْرَبِيّ 男 maghnāṭīs kahrabīy マグナーティース カフラビー	electromagnet イレクトロウマグネト

日	アラビア	英
でんしゃ **電車** densha	**قِطَار** 男, 複 **قِطَارَات** qiṭār, qiṭārāt キタール, キターラート	electric train イレクトリク トレイン
てんじょう **天井** tenjou	**سَقْف** 男, 複 **سُقُوف** saqf, suqūf サクフ, スクーフ	ceiling スィーリング
てんしょくする **転職する** tenshokusuru	**يُغَيِّرُ وَظِيفَتَهُ**, 〔完〕 **غَيَّرَ وَظِيفَتَهُ** yughaiyiru waẓīfata-hu, ghaiyara waẓīfata-hu ユガイイル ワズィーファタ-フ, ガイヤラ ワズィーファタ-フ	change one's occupation チェインヂ アキュペイション
てんすう **点数** （成績などの） tensuu	**دَرَجَة** 女 darajat ダラジャ	marks, score マークス, スコー
（スポーツの）	**هَدَف** 男 hadaf ハダフ	score, point スコー, ポイント
てんせいの **天性の** tenseino	**طَبِيعِيّ** ṭabīʿiy タビーイー	natural ナチュラル
でんせつ **伝説** densetsu	**أُسْطُورَة** 女, 複 **أَسَاطِيرُ**〔二段〕 usṭūrat, ʾasāṭīru ウストゥーラ, アサーティール	legend レヂェンド
てんせん **点線** tensen	**خَطّ مُنَقَّط** 男 khaṭṭ munaqqaṭ ハット ムナッカト	dotted line ダテド ライン
でんせん **伝染** densen	**عَدْوَى** 女 ʿadwā アドワー	contagion, infection コンテイヂョン, インフェクション
～する	**يَنْقُلُ ٱلْعَدْوَى**, 〔完〕 **نَقَلَ ٱلْعَدْوَى** yanqulu al-ʿadwā, naqala al-ʿadwā ヤンクルル アドワー, ナカラル アドワー	infect インフェクト

日	アラビア	英
～病	وَبَاء 男 wabāʾ ワバーウ	infectious disease インフェクシャス ディズィーズ
でんせん 電線 densen	سِلْك كَهْرَبَائِيّ 男 silk kahrabāʾīy スィルク カフラバーイー	electric wire イレクトリク ワイア
てんそう 転送 tensou	إِعَادَةُ تَوْجِيهٍ 男 ʾiʿādatu taujīhin イアーダ タウジーフ	forwarding フォーワディング
～する（手紙を）	يُعِيدُ تَوْجِيهَ ٱلرِّسَالَةِ إِلَى, 完 أَعَادَ تَوْجِيهَ ٱلرِّسَالَةِ إِلَى yuʿīdu taujīha al-risālatin ʾilā, ʾaʿāda taujīha al-risāliti ʾilā ユイードゥ タウジーハッ リサーラ イラー, アアーダ タウジーハッ リサーラ イラー	forward フォーワド
てんたい 天体 tentai	فَلَك 男 falak ファラク	heavenly body ヘヴンリ バディ
でんたく 電卓 dentaku	آلَة حَاسِبَة 女 ʾālat ḥāsibat アーラ ハースィバ	calculator キャルキュレイタ
でんたつする 伝達する dentatsusuru	يُبَلِّغُ, 完 بَلَّغَ yuballighu, ballagha ユバッリグ, バッラガ	communicate コミューニケイト
でんち 電池 denchi	بَطَّارِيَّة 女 baṭṭārīyat バッターリーヤ	battery, cell バタリ, セル
でんちゅう 電柱 denchuu	عَمُودُ كَهْرَبَاءٍ 男 ʿamūdu kahrabāʾin アムードゥ カフラバーウ	utility pole ユーティリティ ポウル
てんてき 点滴 tenteki	مُعَالَجَة وَرِيدِيَّة 女 muʿālajat warīdīyat ムアーラジャ ワリーディーヤ	intravenous drip イントラヴィーナス ドリプ

日	アラビア	英
てんと **テント** tento	خَيْمَة 女, 複 خِيَام khaimat, khiyām ハイマ, ヒヤーム	tent テント
でんとう **伝統** dentou	تَقَالِيدُ 複〔二段〕 taqālīdu タカーリードゥ	tradition トラディション
～の	تَقْلِيدِيّ taqlīdīy タクリーディー	traditional トラディショナル
でんどう **伝導** dendou	تَوْصِيل 男 tauṣīl タウスィール	conduction コンダクション
でんどう **伝道** dendou	تَبْشِير 男 tabshīr タブシール	missionary work ミショネリ ワーク
てんねんの **天然の** tennenno	طَبِيعِيّ ṭabīʿīy タビーイー	natural ナチュラル
てんのう **天皇** tennou	إِمْبِرَاطُورُ ٱلْيَابَانِ 男 ʾimbirāṭūru al-yābāni インビラートゥールル ヤーバーン	Emperor of Japan エンペラ オヴ ヂャパン
てんのうせい **天王星** tennousei	أُورَانُوس 男 ūrānūs ウーラーヌース	Uranus ユアラナス
でんぱ **電波** denpa	مَوْجَة كَهْرَبَائِيَّة 女 maujat kahrabāʾīyat マウジャ カフラバーイーヤ	electric wave イレクトリク ウェイヴ
でんぴょう **伝票** denpyou	فَاتُورَة 女 fātūrat ファートゥーラ	(sales) slip (セイルズ) スリプ
てんびんざ **天秤座** tenbinza	اَلْمِيزَان 男 al-mīzān アル ミーザーン	Scales, Libra スケイルズ, ライブラ
てんぷくする **転覆する** tenpukusuru	يَنْقَلِبُ, 〔完〕 اِنْقَلَبَ yanqalibu, inqalaba ヤンカリブ, インカラバ	turn over ターン オウヴァ

日	アラビア	英
てんぷする **添付する** tenpusuru	يُرْفِقُ, 〔完〕 أَرْفَقَ yurfiqu, ʾarfaqa ユルフィク, アルファカ	attach アタチ
てんぷふぁいる **添付ファイル** tenpufairu	مِلَفّ مُرْفَق 男, 複 مِلَفَّات مُرْفَقَة milaff murfaq, milaffāt murfaqat ミラッフ ムルファク, ミラッファート ムルファカ	attachment アタチメント
てんぼう **展望** (眺め) tenbou	مَنْظَر 男 manẓar マンザル	view, prospect ヴュー, プラスペクト
(予測)	تَوَقُّعَات 複 tawaqquʿāt タワックアート	forecast フォーキャスト
でんぽう **電報** denpou	بَرْقِيَّة 女 barqīyat バルキーヤ	telegram テレグラム
でんまーく **デンマーク** denmaaku	اَلدَّنْمَارْكُ 女 al-danmārku アッ ダンマールク	Denmark デンマーク
てんもんがく **天文学** tenmongaku	عِلْمُ ٱلْفَلَكِ 男 ʿilmu al-falaki イルムル ファラク	astronomy アストラノミ
てんもんだい **天文台** tenmondai	مَرْصَد 男, 複 مَرَاصِدُ 〔二段〕 marṣad, marāṣidu マルサド, マラースィド	astronomical observatory アストロナミカル オブザーヴァトリ
てんらくする **転落する** tenrakusuru	يَسْقُطُ, 〔完〕 سَقَطَ yasquṭu, saqaṭa ヤスクトゥ, サカタ	fall フォール
てんらんかい **展覧会** tenrankai	مَعْرِض 男, 複 مَعَارِضُ 〔二段〕 maʿriḍ, maʿāriḍu マアリド, マアーリド	exhibition エクスィビション
でんりゅう **電流** denryuu	تَيَّار كَهْرَبَائِيّ 男 taiyār kahrabāʾīy タイヤール カフラバーイー	electric current イレクトリク カーレント

日	アラビア	英
でんりょく **電力** denryoku	اَلطَّاقَةُ ٱلْكَهْرَبَائِيَّةُ 女 al-ṭāqatu al-kahrabāʾīyatu アッ**タ**ーカトゥル カフラバー**イ**ーヤ	electric power イ**レ**クトリク **パ**ウア
でんわ **電話** denwa	تِلِفُون 男 tilifūn ティリ**フ**ーン	telephone **テ**レフォウン
～する	يَتَّصِلُ, 完 اِتَّصَلَ yattaṣilu, ittaṣala **ヤ**ッタスィル, **イ**ッタサラ	call **コ**ール
～番号	رَقْمُ ٱلتِّلِيفُونِ 男 raqmu al-tilīfūn **ラ**クムッ ティリー**フ**ーン	telephone number **テ**レフォウン **ナ**ンバ
携帯～	مُوبَايِل 男 mūbāyil ムー**バ**ーイル	cell phone **セ**ル **フォ**ウン

と, ト

日	アラビア	英
と **戸** to	بَاب 男, 複 أَبْوَاب bāb, ʾabwāb **バ**ーブ, アブ**ワ**ーブ	door **ド**ー
とい **問い** toi	سُؤَال 男, 複 أَسْئِلَة suʾāl, ʾasʾilat ス**ア**ール, **ア**スイラ	question ク**ウェ**スチョン
といあわせる **問い合わせる** toiawaseru	يَسْتَفْسِرُ, 完 اِسْتَفْسَرَ yastafsiru, istafsara ヤス**タ**フスィル, イス**タ**フサラ	inquire インク**ワ**イア
どいつ **ドイツ** doitsu	أَلْمَانِيَا 女 ʾalmāniyā アル**マ**ーニヤー	Germany **ヂャ**ーマニ
～語	اَللُّغَةُ ٱلْأَلْمَانِيَّةُ 女 al-lughatu al-ʾalmānīyatu アッ **ル**ガトゥル アルマー**ニ**ーヤ	German **ヂャ**ーマン
といれ **トイレ** toire	دَوْرَةُ مِيَاهٍ 女; حَمَّام 男 dauratu miyāhin, ḥammām **ダ**ウラ ミ**ヤ**ーフ, ハン**マ**ーム	bathroom, toilet **バ**スルーム, **ト**イレト

日	アラビア	英
とれいっとぺーぱー **トイレットペーパー** toirettopeepaa	وَرَقُ ٱلْمِرْحَاضِ 集 waraqu al-mirḥāḍi ワラクル ミルハード	toilet paper トイレト ペイパ
とう **党** tou	حِزْب 男, 複 أَحْزَاب ḥizb, ʾaḥzāb ヒズブ, アフザーブ	(political) party (ポリティカル) パーティ
とう **塔** tou	بُرْج 男, 複 بُرُوج burj, burūj ブルジュ, ブルージュ	tower タウア
とう **等** tou　(賞)	جَائِزَة 女 jāʾizat ジャーイザ	prize プライズ
(等級)	دَرَجَة 女 darajat ダラジャ	grade, rank グレイド, ランク
どう **銅** dou	نُحَاس 男 nuḥās ヌハース	copper カパ
～メダル	مِيدَالِيَّة بُرُونْزِيَّة 女 mīdālīyat burūnzīyat ミーダーリーヤ ブルーンズィーヤ	bronze medal ブランズ メドル
とうあんようし **答案用紙** touan-youshi	وَرَقَةُ ٱلْإِجَابَةِ 女 waraqatu al-ʾijābati ワラカトゥル イジャーバ	(examination) paper (イグザミネイション) ペイパ
どうい **同意** doui	مُوَافَقَة 女 muwāfaqat ムワーファカ	agreement アグリーメント
～する	يُوَافِقُ, 完 وَافَقَ yuwāfiqu, wāfaqa ユワーフィク, ワーファカ	agree with, consent アグリー ウィズ, コンセント
とういつ **統一** touitsu	اِتِّحَاد 男 ittiḥād イッティハード	unity, unification ユーニティ, ユーニフィケイション
～する	يُوَحِّدُ, 完 وَحَّدَ yuwaḥḥidu, waḥḥada ユワッヒドゥ, ワッハダ	unite, unify ユーナイト, ユーニファイ

日	アラビア	英
どういつの **同一の** douitsuno	**نَفْس** nafs ナフス	identical アイデンティカル
どういんする **動員する** douinsuru	**يَحْشِدُ**, [完] **حَشَدَ** yaḥshidu, ḥashada ヤフシドゥ, ハシャダ	mobilize モウビライズ
とうおう **東欧** touou	**أُورُوبَّا ٱلشَّرْقِيَّة** 女 ʾūrūbbā al-sharqīyat ウールーッバッ シャルキーヤ	East Europe イースト ユアロプ
とうがらし **唐辛子** tougarashi	**فِلْفِل حَارّ** 集 filfil ḥārr フィルフィル ハーッル	red pepper レド ペパ
どうかんである **同感である** doukandearu	**يُوَافِقُ**, [完] **وَافَقَ** yuwāfiqu, wāfaqa ユワーフィク, ワーファカ	agree with アグリー ウィズ
とうき **冬期** touki	**فَصْلُ ٱلشِّتَاءِ** 男 faṣlu al-shitāʾi ファスルッ シターウ	wintertime ウィンタタイム
とうき **投機** touki	**مُضَارَبَات** 複 muḍārabāt ムダーラバート	speculation スペキュレイション
とうき **陶器** touki	**فَخَّار** 男 fakhkhār ファッハール	earthenware, ceramics アースンウェア, スィラミクス
とうぎ **討議** tougi	**مُنَاقَشَة** 女 munāqashat ムナーカシャ	discussion ディスカション
～する	**يُنَاقِشُ**, [完] **نَاقَشَ** yunāqishu, nāqasha ユナーキシュ, ナーカシャ	discuss ディスカス
どうき **動機** douki	**دَافِع** 男, 複 **دَوَافِعُ** [二段] dāfiʿ, dawāfiʿu ダーフィウ, ダワーフィウ	motive モウティヴ

日	アラビア	英
どうぎ **動議** dougi	اِقْتِرَاح 男 iqtirāḥ イクティ**ラ**ーフ	motion **モ**ウション
どうぎご **同義語** dougigo	مُرَادِف 男 murādif ム**ラ**ーディフ	synonym **ス**ィノニム
とうきゅう **等級** toukyuu	دَرَجَة 女 darajat **ダ**ラジャ	class, rank ク**ラ**ス, **ラ**ンク
とうぎゅう **闘牛** tougyuu	مُصَارَعَةُ ٱلثِّيرَانِ 女 muṣāraʿatu al-thīrāni ム**サ**ーラアトゥッ スィー**ラ**ーン	bullfight **ブ**ルファイト
～士	مُصَارِعُ ٱلثِّيرَانِ 男 muṣāriʿu al-thīrāni ム**サ**ーリウッ スィー**ラ**ーン	bullfighter, matador **ブ**ルファイタ, **マ**タド
どうきゅうせい **同級生** doukyuusei	زَمِيلُ ٱلصَّفِّ 男 zamīlu al-ṣaffi ザ**ミ**ールッ **サ**ッフ	classmate ク**ラ**スメイト
どうきょする **同居する** doukyosuru	يَسْكُنُ مَعَ, 〔完〕سَكَنَ مَعَ yaskunu maʿa, sakana maʿa **ヤ**スクヌ マア, **サ**カナ マア	live with **リ**ヴ ウィズ
どうぐ **道具** dougu	أَدَوَات 複 ʾadawāt アダ**ワ**ート	tool **ト**ゥール
とうけい **統計** toukei	إِحْصَائِيَّة 女 ʾiḥṣāʾīyat イフサー**イ**ーヤ	statistics スタ**ティ**スティクス
～学	عِلْمُ ٱلْإِحْصَاءِ 男 ʿilmu al-ʾiḥṣāʾi **イ**ルムル イフ**サ**ーウ	statistics スタ**ティ**スティクス
とうげい **陶芸** tougei	فَخَّار 男 fakhkhār ファッ**ハ**ール	ceramics スィ**ラ**ミクス
とうけつする **凍結する** touketsusuru	يُجَمِّدُ, 〔完〕جَمَّدَ yujammidu, jammada ユ**ジャ**ンミドゥ, **ジャ**ンマダ	freeze フ**リ**ーズ

と

日	アラビア	英
(賃金・物価を)	يُجَمِّدُ, 〔完〕جَمَّدَ yujammidu, jammada ユジャンミドゥ，ジャンマダ	freeze フリーズ
とうごう **統合** tougou	تَوْحِيد 男 tauḥīd タウヒード	unity, unification ユーニティ，ユーニフィケイション
〜する	يُوَحِّدُ, 〔完〕وَحَّدَ yuwaḥḥidu, waḥḥada ユワッヒドゥ，ワッハダ	unite, unify ユーナイト，ユーニファイ
どうこう **動向** doukou	اِتِّجَاهَات 複 ittijāhāt イッティジャーハート	trend, tendency トレンド，テンデンスィ
とうこうする **登校する** toukousuru	يَذْهَبُ إِلَى ٱلْمَدْرَسَةِ, 〔完〕ذَهَبَ إِلَى ٱلْمَدْرَسَةِ yadhhabu ʾilā al-madrasati, dhahaba ʾilā al-madrasati ヤズハブ イラル マドラサ，ザハバ イラル マドラサ	go to school ゴウ トゥ スクール
どうこうする **同行する** doukousuru	يُرَافِقُ, 〔完〕رَافَقَ yurāfiqu, rāfaqa ユラーフィク，ラーファカ	go together ゴウトゲザ
どうさ **動作** dousa	حَرَكَة 女 ḥarakat ハラカ	action アクション
どうさつりょく **洞察力** dousatsuryoku	بَصِيرَة 女 baṣīrat バスィーラ	insight インサイト
とうざよきん **当座預金** touzayokin	حِسَابُ ٱلْمُعَامَلَاتِ 男 ḥisābu al-muʿāmalāti ヒサーブル ムアーマラート	current deposit カーレント ディパズィト
どうさん **動産** dousan	مَنْقُولَات 複 manqūlāt マンクーラート	movables ムーヴァブルズ
とうさんする **倒産する** tousansuru	يُفْلِسُ, 〔完〕أَفْلَسَ yuflisu, ʾaflasa ユフリス，アフラサ	go bankrupt ゴウ バンクラプト

日	アラビア	英
とうし **投資** toushi	اِسْتِثْمَار 男 istithmār イスティスマール	investment インヴェストメント
～家	مُسْتَثْمِر 男 mustathmir ムスタスミル	investor インヴェスタ
～する	اِسْتَثْمَرَ 〔完〕, يَسْتَثْمِرُ yastathmiru, istathmara ヤスタスミル, イスタスマラ	invest インヴェスト
とうし **闘志** toushi	رُوح قِتَالِيَّة 女 rūḥ qitālīyat ルーフ キターリーヤ	fighting spirit ファイティング スピリト
とうじ **冬至** touji	اِنْقِلَاب شَتَوِيّ 男 inqilāb shatawīy インキラーブ シャタウィー	winter solstice ウィンタ サルスティス
とうじ **当時** touji	فِي ذٰلِكَ ٱلْوَقْتِ fī dhālika al-waqti フィー ザーリカル ワクト	at that time アト ザト タイム
どうし **動詞** doushi	فِعْل 男, 複 أَفْعَال fiʿl, ʾafʿāl フィウル, アフアール	verb ヴァーブ
どうじだいの **同時代の** doujidaino	مُعَاصِر muʿāṣir ムアースィル	contemporary コンテンポレリ
とうじつ **当日** toujitsu	اَلْيَوْمُ نَفْسُهُ 男 al-yaumu nafsu-hu アル ヤウム ナフスーフ	that day ザト デイ
どうしつの **同質の** doushitsuno	مُتَجَانِس mutajānis ムタジャーニス	homogeneous ホウモヂーニアス
どうして **どうして** (なぜ) doushite	لِمَاذَا limādhā リマーザー	why (ホ)ワイ
(どのように)	كَيْفَ kaifa カイファ	how ハウ

日	アラビア	英
どうしても **どうしても** (必ず) doushitemo	**بِأَيِّ حَالٍ مِنَ ٱلْأَحْوَالِ** bi-ʾaiyi ḥālin min al-ʾaḥwāli ビーアイイ **ハ**ール ミナル アフ**ワ**ール	by all means バイ **オ**ール **ミ**ーンズ
(全く(…ない))	**أَبَدًا** ʾabadan **ア**バダン	not at all ナタト **オ**ール
どうじに **同時に** doujini	**فِي نَفْسِ ٱلْوَقْتِ** fī nafsi al-waqti フィー **ナ**フスィル **ワ**クト	at the same time アト ザ **セ**イム **タ**イム
とうじの **当時の** toujino	**فِي ذٰلِكَ ٱلْوَقْتِ** fī dhālika al-waqti フィー **ザ**ーリカル **ワ**クト	of those days オヴ **ゾ**ウズ **デ**イズ
とうじょう **搭乗** toujou	**صُعُود** 男 ṣuʿūd ス**ウ**ード	boarding **ボ**ーディング
〜する	**يَصْعَدُ**, [完] **صَعِدَ** yaṣʿadu, ṣaʿida **ヤ**スアドゥ, **サ**イダ	board **ボ**ード
どうじょう **同情** doujou	**عَطْف عَلَى** 男 ʿaṭf ʿalā **ア**トフ アラー	sympathy **ス**ィンパスィ
〜する	**يَعْطِفُ عَلَى**, [完] **عَطَفَ عَلَى** yaʿṭifu ʿalā, ʿaṭafa ʿalā **ヤ**アティフ アラー, **ア**タファ アラー	sympathize with **ス**ィンパサイズ ウィズ
とうじょうする **登場する** toujousuru	**يَظْهَرُ**, [完] **ظَهَرَ** yaẓharu, ẓahara **ヤ**ズハル, **ザ**ハラ	enter, appear **エ**ンタ, アピア
とうしょする **投書する** toushosuru	**يَكْتُبُ رِسَالَةً إِلَى**, [完] **كَتَبَ رِسَالَةً إِلَى** yaktabu risālatan ʾilā, kataba risālatan ʾilā **ヤ**クタブ リ**サ**ーラ イラー, **カ**タバ リ**サ**ーラ イラー	write a letter to **ラ**イト ア **レ**タ トゥ

日	アラビア	英
どうせ **どうせ** (どのみち) douse	عَلَى كُلِّ حَالٍ ʿalā kulli ḥālin アラー クッリ ハール	anyway エニウェイ
(結局)	نِهَايَةً nihāyatan ニハーヤタン	after all アフタ オール
どうせい **同性** dousei	نَفْسُ ٱلْجِنْسِ 男 nafsu al-jinsi ナフスル ジンス	same sex セイム セクス
とうぜん **当然** touzen	بِٱلطَّبْعِ bi-al-ṭabʿi ビッ-タブイ	naturally ナチュラリ
～の	طَبِيعِيّ ṭabīʿīy タビーイー	natural, right ナチュラル, ライト
とうせんする **当選する** (懸賞に) tousensuru	يَفُوزُ بِ, 〔完〕فَازَ بِ yafūzu bi, fāza bi ヤフーズ ビ, ファーザ ビ	win the prize ウィン ザ プライズ
(選挙で)	يُنْتَخَبُ, 〔完〕أُنْتُخِبَ yuntakhabu, untukhiba ユンタハブ, ウントゥヒバ	(be) elected (ビ) イレクテド
どうぞ **どうぞ** douzo	تَفَضَّلْ tafaḍḍal タファッダル	please プリーズ
とうそう **闘争** tousou	صِرَاع 男 ṣirāʿ スィラーウ	fight, struggle ファイト, ストラグル
どうぞう **銅像** douzou	تِمْثَال بُرُونْزِيّ 男 timthāl burūnzīy ティムサール ブルーンズィー	bronze statue ブランズ スタチュー
どうそうせい **同窓生** dousousei	زَمِيلُ ٱلدِّرَاسَةِ 男 zamīlu al-dirāsati ザミールッ ディラーサ	alumni アラムナイ
とうだい **灯台** toudai	مَنَارَة 男, 複 مَنَائِرُ〔二段〕 manārat, manāʾiru マナーラ, マナーイル	lighthouse ライトハウス

日	アラビア	英
どうたい **胴体** doutai	**جِسْم** 男, 複 **أَجْسَام** jism, ʾajsām ジスム, アジュサーム	body, trunk バディ, トランク
とうち **統治** touchi	**حُكْم** 男 ḥukm フクム	rule, reign ルール, レイン
〜する	**يَحْكُمُ**, 〔完〕**حَكَمَ** yaḥkumu, ḥakama ヤフクム, ハカマ	govern ガヴァン
とうちゃく **到着** touchaku	**وُصُول** 男 wuṣūl ウスール	arrival アライヴァル
〜する	**يَصِلُ**, 〔完〕**وَصَلَ** yaṣilu, waṣala ヤスィル, ワサラ	arrive at アライヴ アト
とうちょうする **盗聴する** touchousuru	**يَتَنَصَّتُ عَلَى**, 〔完〕**تَنَصَّتَ عَلَى** yatanaṣṣatu ʿalā, tanaṣṣata ʿalā ヤタナッサトゥ アラー, タナッサタ アラー	wiretap, bug ワイアタプ, バグ
どうてん **同点** douten	**تَعَادُل** 男 taʿādul タアードゥル	tie, draw タイ, ドロー
とうとい **尊い** toutoi	**ثَمِين** thamīn サミーン	precious プレシャス
(身分の高い)	**نَبِيل** nabīl ナビール	noble ノウブル
とうとう **とうとう** toutou	**أَخِيرًا** ʾakhīran アヒーラン	at last アト ラスト
どうどうと **堂々と** doudouto	**بِثِقَةٍ** bi-thiqatin ビースィカ	with great dignity ウィズ グレイト ディグニティ

日	アラビア	英
どうとうの **同等の** doutouno	مُسَاوٍ〔二段〕 musāwin ムサーウィン	equal イークワル
(立場が)	نَظِير naẓīr ナズィール	equal イークワル
どうとく **道徳** doutoku	أَخْلَاق 複 ʾakhlāq アフラーク	morality モラリティ
～的な	أَخْلَاقِيّ ʾakhlāqīy アフラーキー	moral モーラル
とうなん **東南** tounan	جَنُوب شَرْقِيّ 男 janūb sharqīy ジャヌーブ シャルキー	southeast サウスウェスト
とうなん **盗難** tounan	سَرِقَة 女 sariqat サリカ	robbery ラバリ
とうなんあじあ **東南アジア** tounan-ajia	جَنُوب شَرْقِ آسِيَا 女 janūb sharqi ʾāsiyā ジャヌーブ シャルク アースィヤー	Southeast Asia サウスイースト エイジャ
どうにゅうする **導入する** dounyuusuru	يُدْخِلُ, 〔完〕أَدْخَلَ yudkhilu, ʾadkhala ユドヒル, アドハラ	introduce イントロデュース
とうにょうびょう **糖尿病** tounyoubyou	مَرَض سُكَّرِيّ 男 maraḍ sukkarīy マラド スッカリー	diabetes ダイアビーティーズ
どうねんぱいの **同年輩の** dounenpaino	نَفْسُ ٱلْعُمْرِ nafsu al-ʿumri ナフスル ウムル	of the same age オヴ ザ セイム エイヂ
どうはんする **同伴する** douhansuru	يُرَافِقُ, 〔完〕رَافَقَ yurāfiqu, rāfaqa ユラーフィク, ラーファカ	accompany アカンパニ
とうひ **逃避** touhi	هُرُوب 男 hurūb フルーブ	escape イスケイプ

日	アラビア	英
とうひょう **投票** touhyou	**تَصْوِيت** 男 taṣwīt タスウィート	voting ヴォウティング
～する	**يُصَوِّتُ, 〔完〕صَوَّتَ** yuṣauwitu, ṣauwata ユサウウィトゥ, サウワタ	vote for ヴォウト フォ
とうぶ **東部** toubu	**جُزْء شَرْقِيّ** 男 juzʾ sharqīy ジュズウ シャルキー	eastern part イースタン パート
どうふうする **同封する** doufuusuru	**يُرْفِقُ, 〔完〕أَرْفَقَ** yurfiqu, ʾarfaqa ユルフィク, アルファカ	enclose インクロウズ
どうぶつ **動物** doubutsu	**حَيَوَان** 男, 複 **حَيَوَانَات** ḥayawān, ḥayawānāt ハヤワーン, ハヤワーナート	animal アニマル
～園	**حَدِيقَةُ ٱلْحَيَوَانِ** 女 ḥadīqatu al-ḥayawāni ハディーカトゥル ハヤワーン	zoo ズー
とうぶん **糖分** toubun	**سُكَّر** 男 sukkar スッカル	sugar content シュガ コンテント
とうぼうする **逃亡する** toubousuru	**يَهْرُبُ, 〔完〕هَرَبَ** yahrubu, haraba ヤフルブ, ハラバ	escape from イスケイプ フラム
とうほく **東北** touhoku	**شَمَال شَرْقِيّ** 男 shamāl sharqīy シャマール シャルキー	northeast ノースイースト
どうみゃく **動脈** doumyaku	**شِرْيَان** 男, 複 **شَرَايِينُ** 〔二段〕 shiryān, sharāyīnu シルヤーン, シャラーイーヌ	artery アータリ
とうみん **冬眠** toumin	**سُبَات شَتَوِيّ** 男 subāt shtawīy スバート シャタウィー	hibernation ハイバネイション
どうめい **同盟** doumei	**تَحَالُف** 男 taḥāluf タハールフ	alliance アライアンス

日	アラビア	英
とうめいな **透明な** toumeina	**شَفَّاف** shaffāf シャッ**ファ**ーフ	transparent トランス**ペ**アレント
とうもろこし **玉蜀黍** toumorokoshi	**ذُرَة** 女 dhurat **ズ**ラ	corn, maize **コ**ーン, **メ**イズ
とうゆ **灯油** touyu	**كِيرُوسِين** 男 kīrūsīn キールー**スィ**ーン	kerosene, Ⓑparaffin **ケ**ロスィーン, **パ**ラフィン
とうよう **東洋** touyou	**اَلشَّرْق** 男 al-sharq アッ **シャ**ルク	(the) East, (the) Orient (ズィ) **イ**ースト, (ズィ) **オ**ーリエント
どうようする **動揺する** douyousuru	**يَحْتَارُ**, 〔完〕**اِحْتَارَ** yaḥtāru, iḥtāra ヤフ**タ**ール, イフ**タ**ーラ	(be) agitated (ビ) **ア**ヂテイテド
どうようの **同様の** douyouno	**مِثْل** 男 mithl **ミ**スル	similar, like **スィ**ミラ, **ラ**イク
どうり **道理** douri	**مَنْطِق** 男 manṭiq **マ**ンティク	reason **リ**ーズン
どうりょう **同僚** douryou	**زَمِيلُ ٱلْعَمَلِ** 男 zamīlu al-ʿamali ザ**ミ**ールル **ア**マル	colleague **カ**リーグ
どうりょく **動力** douryoku	**قُوَّة مُحَرِّكَة** 女 qūwat muḥarrikat **ク**ーワ ム**ハ**ッリカ	power, motive power **パ**ウア, **モ**ウティヴ **パ**ウア
どうろ **道路** douro	**طَرِيق** 男, 複 **طُرُق** ṭarīq, ṭuruq タ**リ**ーク, **トゥ**ルク	road **ロ**ウド
とうろくする **登録する** tourokusuru	**يُسَجِّلُ** 男, 複 **سَجَّلَ** yusajjilu, sajjala ユ**サ**ッジル, **サ**ッジャラ	register, enter in **レ**ヂスタ, **エ**ンタ イン

日	アラビア	英
とうろん **討論** touron	مُنَاقَشَة 女 munāqashat ムナーカシャ	discussion ディスカション
〜する	يُنَاقِشُ, 〔完〕نَاقَشَ yunāqishu, nāqasha ユナーキシュ, ナーカシャ	discuss ディスカス
どうわ **童話** douwa	قِصَّةُ أَطْفَالٍ 女 qiṣṣatu ʾaṭfālin キッサ アトファール	fairy tale フェアリ テイル
とうわくする **当惑する** touwakusuru	يَتَحَيَّرُ, 〔完〕تَحَيَّرَ yataḥaiyaru, taḥaiyara ヤタハイヤル, タハイヤラ	(be) embarrassed (ビ) インバラスト
とおい **遠い** tooi	بَعِيد baʿīd バイード	far, distant ファー, ディスタント
とおくに **遠くに** tookuni	بَعِيدًا baʿīdan バイーダン	far away ファー アウェイ
とおざかる **遠ざかる** toozakaru	يَبْتَعِدُ, 〔完〕اِبْتَعَدَ yabtaʿidu, ibtaʿada ヤブタイドゥ, イブタアダ	go away ゴウ アウェイ
とおざける **遠ざける** toozakeru	يُبْعِدُ, 〔完〕أَبْعَدَ yubʿidu, ʾabʿada ユブイドゥ, アブアダ	keep away キープ アウェイ
(引き離す)	يُبَاعِدُ, 〔完〕بَاعَدَ yubāʿidu, bāʿada ユバーイドゥ, バーアダ	separate セパレイト
とおす **通す** (人や乗り物を) toosu	يُمَرِّرُ, 〔完〕مَرَّرَ yumarriru, marrara ユマッリル, マッララ	let ...(pass) through レト (パス)スルー
(部屋に)	يُدْخِلُ فِي, 〔完〕أَدْخَلَ فِي yudkhilu fī, ʾadkhala fī ユドヒル フィー, アドハラ フィー	show in ショウ イン
とーすと **トースト** toosuto	خُبْز مُحَمَّص 集 ; تُوسْت 集 khubz muḥammaṣ, tūst フブズ ムハンマス, トゥースト	toast トウスト

日	アラビア	英
とーなめんと **トーナメント** toonamento	نِظَامُ خُرُوجِ ٱلْمَغْلُوبِ 男 niẓāmu khurūji al-maghlūbi ニザーム フルージュル マグルーブ	tournament トゥアナメント
どーぴんぐ **ドーピング** doopingu	مُنَشِّطَات 複 munashshiṭāt ムナッシタート	doping ドウピング
とおまわしに **遠回しに** toomawashini	بِشَكْلٍ غَيْرِ مُبَاشِرٍ bi-shakli ghairi mubāshirin ビ-シャクル ガイル ムバーシル	indirectly インディレクトリ
とおまわり **遠回り** toomawari	طَرِيقٌ غَيْرِ مُبَاشِرٍ 男女 ṭarīqu ghairi mubāshirin タリーク ガイル ムバーシル	detour ディートゥア
どーむ **ドーム** doomu	قُبَّة 男, 複 قِبَاب qubbat, qibāb クッバ, キバーブ	dome ドウム
とおり **通り** toori	شَارِع 男, 複 شَوَارِعُ〔二段〕 shāriʿ, shawāriʿu シャーリウ, シャワーリウ	road, street ロウド, ストリート
とおりすぎる **通り過ぎる** toorisugiru	يَمُرُّ بِ, 〔完〕 مَرَّ بِ yamurru bi, marra bi ヤムッル ビ, マッラ ビ	pass by パス バイ
とおりぬける **通り抜ける** toorinukeru	يَمُرُّ عَابِرًا , 〔完〕 مَرَّ عَابِرًا yamurru ʿābiran, marra ʿābiran ヤムッル アービラン, マッラ アービラン	go through, cut through ゴウ スルー, カト スルー
とおりみち **通り道**　（通路） toorimichi	مَمَرّ 男, 複 مَمَرَّات mamarr, mamarrāt ママッル, ママッラート	way to ウェイ トゥ
（横断歩道）	مَمَرُّ ٱلْمُشَاةِ 男 ; مَعْبَرُ ٱلْمُشَاةِ 男 mamarru al-mushāti, maʿbaru al-mushāti ママッルル ムシャート, マアバル ムシャート	crosswalk クロースウォーク

日	アラビア	英
とおる **通る** tooru	يَمُرُّ ,〔完〕مَرَّ yamurru, marra ヤムッル, マッラ	pass パス
とかい **都会** tokai	مَدِينَة 女, 複 مُدُن madīnat, mudun マディーナ, ムドゥン	city, town スィティ, タウン
とかげ **蜥蜴** tokage	سِحْلِيَّة 女, 複 سَحَالٍ〔二段〕 siḥlīyat, saḥālin スィフリーヤ, サハーリン	lizard リザド
とかす **梳かす** tokasu	يُمَشِّطُ ,〔完〕مَشَّطَ yumashshiṭu, mashshaṭa ユマッシトゥ, マッシャタ	comb コウム
とかす **溶かす** tokasu	يُذِيبُ ,〔完〕أَذَابَ yudhību, ʾadhāba ユズィーブ, アザーバ	melt, dissolve メルト, ディザルヴ
とがった **尖った** togatta	مُدَبَّب mudabbab ムダッバブ	pointed ポインテド
とがめる **とがめる** togameru	يَلُومُ ,〔完〕لَامَ yalūmu, lāma ヤルーム, ラーマ	blame ブレイム
とき **時** toki	وَقْت 男, 複 أَوْقَات waqt, ʾauqāt ワクト, アウカート	time, hour タイム, アウア
ときどき **時々** tokidoki	أَحْيَانًا ʾaḥyānan アフヤーナン	sometimes サムタイムズ
どきゅめんたりーの **ドキュメンタリーの** dokyumentariino	وَثَائِقِيّ wathāʾiqīy ワサーイキー	documentary ダキュメンタリ
どきょう **度胸** dokyou	شَجَاعَة 女 shajāʿat シャジャーア	courage, bravery カーリヂ, ブレイヴァリ
とぎれる **途切れる** togireru	يَنْقَطِعُ ,〔完〕اِنْقَطَعَ yanqaṭiʿu, inqaṭaʿa ヤンカティウ, インカタア	break, stop ブレイク, スタプ

日	アラビア	英
とく **解く** (ほどく) toku	**فَكَّ, يَفُكُّ** [完] yafukku, fakka ヤフック, ファッカ	untie, undo アンタイ, アンドゥー
(解答する)	**حَلَّ, يَحُلُّ** [完] yaḥullu, ḥalla ヤフッル, ハッラ	solve, answer サルヴ, アンサ
とく **得** (儲け) toku	**رِبْح** 男 ribḥ リブフ	profit, gains プラフィト, ゲインズ
(有利)	**رِبْح** 男 ribḥ リブフ	advantage, benefit アドヴァンティヂ, ベニフィト
とぐ **研ぐ** togu	**شَحَذَ, يَشْحَذُ** [完] yashḥadhu, shaḥadha ヤシュハズ, シャハザ	grind, whet グラインド, (ホ)ウェト
どく **退く** doku	**اِبْتَعَدَ عَنْ, يَبْتَعِدُ عَنْ** yabtaʿidu ʿan, ibtaʿada ʿan ヤブタイドゥ アン, イブタアダ アン	get out of the way ゲト アウト オヴ ザ ウェイ
どく **毒** doku	**سَمّ** 男, 複 **سُمُوم** samm, sumūm サンム, スムーム	poison ポイズン
とくい **得意** (得手) tokui	**إِجَادَة** 女 ʾijādat イジャーダ	forte, specialty フォート, スペシャルティ
〜先	**زَبُون دَائِم** 男 zabūn dāʾim ザブーン ダーイム	customer, patron カスタマ, ペイトロン
〜である	**أَجَادَ, يُجِيدُ** [完] yujīdu, ʾajāda ユジードゥ, アジャーダ	(be) good at (ビ) グド アト
とくいな **特異な** tokuina	**فَرِيد** farīd ファリード	peculiar ピキューリア
どくがす **毒ガス** dokugasu	**غَاز سَامّ** 男 ghāz sāmm ガーズ サーンム	poison gas ポイズン ギャス

日	アラビア	英
どくさい **独裁** dokusai	اِسْتِبْدَاد 男 ; دِكْتَاتُورِيَّة 女 istibdād, diktātūrīyat イスティブダード，ディクタートゥーリーヤ	dictatorship ディクテイタシプ
～者	مُسْتَبِدّ 男 ; دِكْتَاتُور 男 mustabidd, diktātūr ムスタビッド，ディクタートゥール	dictator ディクテイタ
どくじの **独自の** dokujino	فَرِيد farīd ファリード	original, unique オリヂナル，ユーニーク
どくしゃ **読者** dokusha	قَارِئ 男 qāriʾ カーリウ	reader リーダ
とくしゅう **特集** tokushuu	عَدَد خَاصّ 男 ʿadad khāṣṣ アダド ハーッス	feature articles フィーチャ アーティクルズ
とくしゅな **特殊な** tokushuna	خَاصّ khāṣṣ ハーッス	special, unique スペシャル，ユーニーク
どくしょ **読書** dokusho	قِرَاءَة 女 qirāʾat キラーア	reading リーディング
とくしょく **特色** tokushoku	مُمَيِّزَة 女 ; خَصِيصَة 女, 複 خَصَائِصُ [二段] mumaiyizat, khaṣīṣat, khaṣāʾiṣu ムマイイザ，ハスィーサ，ハサーイス	characteristic キャラクタリスティク
どくしんの **独身の** dokushinno	أَعْزَبُ [二段] ; غَيْر مُتَزَوِّج ʾaʿzabu, ghair mutazauwijin アアザブ，ガイル ムタザウウィジュ	unmarried, single アンマリド，スィングル
どくせんする **独占する** dokusensuru	يَحْتَكِرُ, [完] اِحْتَكَرَ yaḥtakiru, iḥtakara ヤフタキル，イフタカラ	monopolize モナポライズ
どくそうてきな **独創的な** dokusoutekina	اِبْتِكَارِيّ ; مُبْدِع ibtikārīy, mubdiʿ イブティカーリー，ムブディウ	original オリヂナル

日	アラビア	英
とくそくする 督促する tokusokusuru	حَثَّهُ عَلَى ,يَحُثُّهُ عَلَى [完] yaḥuththu-hu ʿalā, ḥaththa-hu ʿalā ヤフッス-フ アラー，ハッサ-フ アラー	press, urge プレス，アーヂ
とくちょう 特徴 tokuchou	مُمَيِّزَة 女 ; خَصِيصَة 女, خَصَائِصُ 複 [二段] mumaiyizat, khaṣīṣat, khaṣāʾiṣu ムマイイザ，ハスィーサ，ハサーイス	characteristic キャラクタリスティク
とくちょう 特長　（長所） tokuchou	نِقَاطُ ٱلْقُوَّةِ 複 niqāṭu al-qūwati ニカートゥル クーワ	merit, strong point メリト，ストローング ポイント
とくていの 特定の tokuteino	مُعَيَّن muʿaiyan ムアイヤン	specific, specified スピスィフィク，スペスィファイド
とくてん 得点 tokuten	هَدَف 男 hadaf ハダフ	score, points スコー，ポインツ
どくとくの 独特の dokutokuno	فَرِيد farīd ファリード	unique, peculiar ユーニーク，ピキューリア
とくに 特に tokuni	خَاصَّةً khāṣṣat ハーッサ	especially イスペシャリ
とくはいん 特派員 tokuhain	مُرَاسِل 男 murāsil ムラースィル	(special) correspondent （スペシャル）コレスパンデント
とくべつの 特別の tokubetsuno	خَاصّ khāṣṣ ハーッス	special, exceptional スペシャル，イクセプショナル
とくめい 匿名の tokumei	مَجْهُولُ ٱلِٱسْمِ majhūlu al-ismi マジュフール リスム	anonymity アノニミティ

日	アラビア	英
とくゆうの **特有の** tokuyuuno	مُمَيِّز mumaiyiz ムマイイズ	peculiar to ピキューリア トゥ
どくりつ **独立** dokuritsu	اِسْتِقْلَال 男 istiqlāl イスティクラール	independence インディペンデンス
〜の	اِسْتِقْلَالِيّ istiqllālīy イスティクラーリー	independent インディペンデント
どくりょくで **独力で** dokuryokude	بِنَفْسِهِ bi-nafsi-hi ビ-ナフスィ-ヒ	by oneself バイ
とげ **棘** toge	شَوْك 集, شَوْكَة 女 shauk, shaukat シャウク, シャウカ	thorn, prickle ソーン, プリクル
とけい **時計** tokei	سَاعَة 女 sāʿat サーア	watch, clock ワチ, クラク
とける **溶ける** tokeru	يُذِيبُ, 完 أَذَابَ yudhību, ʾadhāba ユズィーブ, アザーバ	melt, dissolve メルト, ディザルヴ
とける **解ける** (紐などが) tokeru	يَنْفَكُّ, 完 اِنْفَكَّ yanfakku, infakka ヤンファック, インファッカ	(get) loose (ゲト) ルース
(問題が)	يَحُلُّ, 完 حَلَّ yaḥullu, ḥalla ヤフッル, ハッラ	(be) solved (ビ) ソルヴド
とげる **遂げる** togeru	يُنْجِزُ, 完 أَنْجَزَ yunjizu, ʾanjaza ユンジズ, アンジャザ	accomplish, complete アカンプリシュ, コンプリート
どける **退ける** dokeru	يُزِيلُ, 完 أَزَالَ yuzīlu, ʾazāla ユズィール, アザーラ	remove リムーヴ

日	アラビア	英
どこ **どこ** doko	أَيْنَ ʾaina アイナ	where (ホ)ウェア
どこか **どこか** dokoka	مَكَان مَا makān mā マカーン マー	somewhere サム(ホ)ウェア
とこや **床屋** tokoya	حَلَّاق 男 ḥallāq ハッラーク	barbershop バーバシャプ
ところ **所** (場所) tokoro	مَكَان 男, 複 أَمَاكِنُ 〔二段〕 makān, ʾamākinu マカーン，アマーキン	place, spot プレイス，スパト
(部分)	جُزْء 男, 複 أَجْزَاء juzʾ, ʾajzāʾ ジュズ，アジュザーウ	part パート
ところどころ **所々** tokorodokoro	هُنَا وَهُنَاكَ hunā wa-hunāka フナー ワーフナーカ	here and there ヒア アンド ゼア
とざす **閉ざす** tozasu	يُغْلِقُ, 〔完〕 أَغْلَقَ yughliqu, ʾaghlaqa ユグリク，アグラカ	shut, close シャト，クロウズ
とざん **登山** tozan	تَسَلُّقُ اَلْجِبَالِ 男 tasalluqu al-jibāli タサッルクル ジバール	mountain climbing マウンテン クライミング
～家	مُتَسَلِّق 男 mutasalliq ムタサッリク	mountaineer マウンティニア
とし **都市** toshi	مَدِينَة 女, 複 مُدُن madīnat, mudun マディーナ，ムドゥン	city スィティ
とし **年** toshi	عَام 男, 複 أَعْوَام ; سَنَة 女, 複 سَنَوَات ʿām, ʾaʿwām, sanat, sanawāt アーム，アウワーム，サナ，サナワート	year イヤ

日	アラビア	英
(歳・年齢)	عُمْر 男 ʿumr ウムル	age, years エイヂ, イヤズ
～を取る	يَكْبَرُ فِي ٱلسِّنِّ, 〔完〕كَبِرَ فِي ٱلسِّنِّ yakbaru fī al-sinni, kabira fī al-sinni ヤクバル フィッ スィンヌ, カビラ フィッ スィンヌ	grow old グロウ オウルド
としうえの **年上の** toshiueno	أَكْبَرُ سِنًّا ʾakbaru sinnan アクバル スィンナン	older オウルダ
とじこめる **閉じ込める** tojikomeru	يَحْبِسُ, 〔完〕حَبَسَ yaḥbisu, ḥabasa ヤフビス, ハバサ	shut, confine シャト, コンファイン
とししたの **年下の** toshishitano	أَصْغَرُ سِنًّا ʾaṣgharu sinnan アスガル スィンナン	younger ヤンガ
どしゃ **土砂** dosha	رِمَال 複 rimāl リマール	earth and sand アース アンド サンド
～崩れ	اِنْهِيَار أَرْضِيّ 男 inhiyār ʾarḍīy インヒヤール アルディー	landslide ランドスライド
としょ **図書** tosho	كُتُب 複 kutub クトゥブ	books ブクス
～館	مَكْتَبَة 女 maktabat マクタバ	library ライブレリ
どじょう **土壌** dojou	تُرْبَة 女 turbat トゥルバ	soil ソイル
としより **年寄り** toshiyori	كِبَار ٱلسِّنِّ 複 kibār al-sinni キバールッ スィンヌ	elderly (people) エルダリ (ピープル)

日	アラビア	英
とじる **綴じる** (製本する) tojiru	**جَلَّدَ** [完] **يُجَلِّدُ,** yujallidu, jallada ユジャッリドゥ, ジャッラダ	bind, file バインド, ファイル
(ファイルする)	**وَضَعَ** [完] **يَضَعُ فِي مِلَفٍّ,** **فِي مِلَفٍّ** yaḍaʿu fī milaffin, waḍaʿa fī milaffin ヤダウ フィー ミラッフ, ワダア フィー ミラッフ	file ファイル
とじる **閉じる** tojiru	**أَغْلَقَ** [完] **يُغْلِقُ,** yughliqu, ʾaghlaqa ユグリク, アグラカ	shut, close シャト, クロウズ
としん **都心** toshin	**وَسَطُ ٱلْبَلَدِ** [男] wasaṭu al-baladi ワサトゥル バラド	city center, downtown スィティ センタ, ダウンタウン
どせい **土星** dosei	**اَلزُّحَل** [男] al-zuḥal アッ ズハル	Saturn サタン
とそう **塗装** tosou	**دِهَان** [男] dihān ディハーン	painting, coating ペインティング, コウティング
どだい **土台** dodai	**أَسَاس** [男], [複] **أُسُس** ʾasās, ʾusus アサース, ウスス	foundation, base ファウンデイション, ベイス
とだえる **途絶える** todaeru	**اِنْقَطَعَ** [完] **يَنْقَطِعُ,** yanqaṭiʿu, inqaṭaʿa ヤンカティウ, インカタア	stop, cease スタプ, スィース
とだな **戸棚** todana	**خِزَانَة** [女] **; دُولَاب** [男] khizānat, dūlāb ヒザーナ, ドゥーラーブ	cabinet, cupboard キャビネト, カバド
どたんば **土壇場** dotanba	**فِي ٱللَّحْظَةِ ٱلْأَخِيرَةِ** fī al-laḥẓati al-ʾakhīrati フィッ ラフザティル アヒーラ	(the) last moment (ザ) ラスト モウメント
とち **土地** tochi	**أَرْض** [女], [複] **أَرَاضٍ** [二段] ʾarḍ, ʾarāḍin アルド, アラーディン	land ランド

と

日	アラビア	英
とちゅうで 途中で tochuude	فِي طَرِيقِهِ إِلَى fī ṭarīqi-hi ʾilā フィー タリーキ-ヒ イラー	on one's way オン ウェイ
どちら どちら (どこ) dochira	أَيْنَ ʾaina アイナ	where (ホ)ウェア
(どれ)	أَيّ ʾaiy アイイ	which (ホ)ウィチ
とっか 特価 tokka	عَرْض خَاصّ 男 ʿarḍ khāṣṣ アルド ハーッス	special price スペシャル プライス
どっかいりょく 読解力 dokkairyoku	قُدْرَة عَلَى ٱلْقِرَاءَةِ 女 qudrat ʿalā al-qirāʾati クドラ アラル キラーア	reading ability リーディング アビリティ
とっきゅう 特急 tokkyuu	قِطَار سَرِيع خَاصّ 男 qiṭār sarīʿ khāṣṣ キタール サリーウ ハーッス	special express (train) スペシャル イクスプレス (トレイン)
とっきょ 特許 tokkyo	بَرَاءَةُ ٱخْتِرَاعٍ 女 barāʾatu ikhtirāʿin バラーアトゥ フティラーウ	patent パテント
とっくん 特訓 tokkun	تَدْرِيب مُكَثَّف 男 tadrīb mukaththaf タドリーブ ムカッサフ	special training スペシャル トレイニング
とっけん 特権 tokken	اِمْتِيَاز 男, 複 اِمْتِيَازَات imtiyāz, imtiyāzāt イムティヤーズ, イムティヤーザート	privilege プリヴィリヂ
どっしりした どっしりした dosshirishita	ثَقِيل thaqīl サキール	heavy, dignified ヘヴィ, ディグニファイド
とっしんする 突進する tosshinsuru	يَنْدَفِعُ, 完 اِنْدَفَعَ yandafiʿu, indafaʿa ヤンダフィウ, インダファア	rush at, dash at ラシュ アト, ダシュ アト

日	アラビア	英
とつぜん **突然** totsuzen	**فَجْأَةً** faj'atan ファジュアタン	suddenly サドンリ
とって **取っ手** totte	**مِقْبَض** 男, 複 **مَقَابِضُ** [二段] miqbaḍ, maqābiḍu ミクバド, マカービドゥ	handle, knob ハンドル, ナブ
どっと **ドット** dotto	**نُقْطَة** 女 nuqṭat ヌクタ	dot ダト
とつにゅうする **突入する** totsunyuusuru	**يَقْتَحِمُ**, [完] **اِقْتَحَمَ** yaqtaḥimu, iqtaḥama ヤクタヒム, イクタハマ	rush into ラシュ イントゥ
とっぱする **突破する** （ある地点を超える） toppasuru	**يَتَجَاوَزُ**, [完] **تَجَاوَزَ** yatajāwazu, tajāwaza ヤタジャーワズ, タジャーワザ	break through ブレイク スルー
とっぷ **トップ** （指導者） toppu	**رَئِيس** 男, 複 **رُؤَسَاءُ** [二段] ra'īs, ru'asā'u ライース, ルアサーウ	top タプ
（物の）	**قِمَّة** 女 qimmat キンマ	top タプ
（先頭）	**مُقَدِّمَة** 女 muqaddimat ムカッディマ	head, front ヘド, フラント
とても **とても** totemo	**جِدًّا** jiddan ジッダン	very ヴェリ
とどく **届く** （達する） todoku	**يَصِلُ**, [完] **وَصَلَ** yaṣilu, waṣala ヤスィル, ワサラ	reach リーチ
（到着する）	**يَصِلُ**, [完] **وَصَلَ** yaṣilu, waṣala ヤスィル, ワサラ	arrive at アライヴ アト
とどける **届ける** （送る） todokeru	**يُوْصِلُ**, [完] **أَوْصَلَ** yuwṣilu, 'auṣala ユウスィル, アウサラ	send, deliver センド, ディリヴァ

日	アラビア	英
(届け出る)	يُقَدِّمُ, 〔完〕قَدَّمَ yuqaddimu, qaddama ユカッディム，カッダマ	report to, notify リポート トゥ，ノウティファイ
とどこおる **滞る** todokooru	مُؤَجَّل muʾajjal ムアッジャル	(be) delayed (ビ) ディレイド
とどのう **整う** (準備される) totonou	يُعَدُّ, 〔完〕أُعِدَّ yuʿaddu, ʾuʿidda ユアッドゥ，ウイッダ	(be) ready (ビ) レディ
(整理される)	يَتَرَتَّبُ, 〔完〕تَرَتَّبَ yatarattabu, tarattaba ヤタラッタブ，タラッタバ	(be) in good order (ビ) イン グド オーダ
ととのえる **整える** (準備する) totonoeru	يُعِدُّ, 〔完〕أَعَدَّ yuʿiddu, ʾaʿadda ユイッドゥ，アアッダ	prepare プリペア
(整理する)	يُرَتِّبُ, 〔完〕رَتَّبَ yurattibu, rattaba ユラッティブ，ラッタバ	put in order プト イン オーダ
とどまる **止[留]まる** todomaru	يَظَلُّ, 〔完〕ظَلَّ yaẓallu, ẓalla ヤザッル，ザッラ	stay, remain ステイ，リメイン
どなー **ドナー** donaa	مُتَبَرِّع 男 mutabarriʿ ムタバッリウ	donor ドウナ
となり **隣** (隣人) tonari	جَار 男, 複 جِيرَان jār, jīrān ジャール，ジーラーン	next door ネクスト ドー
～の	مُجَاوِر mujāwir ムジャーウィル	next ネクスト
～に	بِجَانِبِ bi-jānibi ビ-ジャーニブ	next ネクスト
どなる **怒鳴る** donaru	يَصْرُخُ, 〔完〕صَرَخَ yaṣrukhu, ṣarakha ヤスルフ，サラハ	shout, yell シャウト，イエル

日	アラビア	英
とにかく **とにかく** tonikaku	عَلَى كُلِّ حَالٍ ʿalā kulli ḥālin アラー **ク**ッリ **ハ**ール	anyway **エ**ニウェイ
どの **どの** dono	أَيّ ʾaiy **ア**イイ	which (ホ)**ウィ**チ
とばく **賭博** tobaku	قِمَار 男 qimār キ**マ**ール	gambling **ギャ**ンブリング
とばす **飛ばす** tobasu	يُطِيرُ, 完 أَطَارَ yuṭīru, ʾaṭāra ユ**ティ**ール, ア**タ**ーラ	fly フ**ラ**イ
とびあがる **跳び上がる** tobiagaru	يَقْفِزُ, 完 قَفَزَ yaqfizu, qafaza **ヤ**クフィズ, **カ**ファザ	jump up, leap **チャ**ンプ **ア**プ, **リ**ープ
とびおりる **飛び降りる** tobioriru	يَقْفِزُ مِنْ, 完 قَفَزَ مِنْ yaqfizu min, qafaza min **ヤ**クフィズ ミン, **カ**ファザ ミン	jump down **チャ**ンプ **ダ**ウン
とびこえる **飛び越える** tobikoeru	يَقْفِزُ فَوْقَ, 完 قَفَزَ فَوْقَ yaqfizu fauqa, qafaza fauqa **ヤ**クフィズ ファウカ, **カ**ファザ ファウカ	jump over **チャ**ンプ **オ**ウヴァ
とびこむ **飛び込む** tobikomu	يَقْفِزُ فِي, 完 قَفَزَ فِي yaqfizu fī, qafaza fī **ヤ**クフィズ フィー, **カ**ファザ フィー	jump into, dive into **チャ**ンプ イントゥ, **ダ**イヴ イントゥ
とびだす **飛び出す** (ミサイルなどが) tobidasu	يَنْطَلِقُ, 完 اِنْطَلَقَ yanṭaliqu, inṭalaqa **ヤ**ンタリク, **イ**ンタラカ	fly out, jump out of フ**ラ**イ **ア**ウト, **チャ**ンプ **ア**ウト オヴ
(部屋などから)	يَخْرِجُ مُسْرِعًا, 完 خَرَجَ مُسْرِعًا yakhriju musriʿan, kharaja musriʿan **ヤ**フリジュ **ム**スリアン, **ハ**ラジャ **ム**スリアン	dash out **ダ**シュ **ア**ウト

日	アラビア	英
とびちる **飛び散る** tobichiru	**تَطَايَرَ** 〔完〕 **,يَتَطَايَرُ** yataṭāyaru, taṭāyara ヤタ**タ**ーヤル, タ**タ**ーヤラ	scatter ス**キャ**タ
とぴっく **トピック** topikku	**مَوَاضِيعُ** 〔二段〕 複 **,مَوْضُوع** 男 mauḍūʿ, mawāḍīʿu マウ**ドゥ**ーウ, マワー**ディ**ーウ	topic **タ**ピク
とびのる **飛び乗る** tobinoru	**قَفَزَ رَاكِبًا** 〔完〕 **,يَقْفِزُ رَاكِبًا** yaqfizu rākiban, qafaza rākiban **ヤ**クフィズ **ラ**ーキバン, **カ**ファザ **ラ**ーキバン	jump onto, hop **チャ**ンプ オントゥ, **ハ**プ
とびら **扉** tobira	**أَبْوَاب** 複 **,بَاب** 男 bāb, ʾabwāb **バ**ーブ, アブ**ワ**ーブ	door **ド**ー
とぶ **跳ぶ** tobu	**قَفَزَ** 〔完〕 **,يَقْفِزُ** yaqfizu, qafaza **ヤ**クフィズ, **カ**ファザ	jump, leap **チャ**ンプ, **リ**ープ
とぶ **飛ぶ** tobu	**طَارَ** 〔完〕 **,يَطِيرُ** yaṭīru, ṭāra ヤ**ティ**ール, **タ**ーラ	fly, soar フ**ラ**イ, **ソ**ー
どぶ **どぶ** dobu	**خَنَادِقُ** 〔二段〕 複 **,خَنْدَق** 男 khandaq, khanādiqu **ハ**ンダク, ハ**ナ**ーディク	ditch **ディ**チ
どぼくこうがく **土木工学** dobokukougaku	**هَنْدَسَة مَدَنِيَّة** 女 handasat madanīyat **ハ**ンダサ マダ**ニ**ーヤ	public works **パ**ブリク **ワ**ークス
とぼける **とぼける** tobokeru	**تَجَاهَلَ** 〔完〕 **,يَتَجَاهَلُ** yatajāhalu, tajāhala ヤタ**ジャ**ーハル, タ**ジャ**ーハラ	feign ignorance **フェ**イン **イ**グノランス
とほで **徒歩で** tohode	**عَلَى ٱلْأَقْدَامِ** ʿalā al-ʾaqdāmi アラル アク**ダ**ーム	on foot オン **フ**ト
とまと **トマト** tomato	**طَمَاطِمَة** 女 **,طَمَاطِم** 集 ṭamāṭim, ṭamāṭimat タ**マ**ーティム, タ**マ**ーティマ	tomato ト**メ**イトウ

日	アラビア	英
とまどう **戸惑う** tomadou	حَارَ فِي 〔完〕, يَحَارُ فِي yaḥāru fī, ḥāra fī ヤハール フィー，ハーラ フィー	(be) at a loss (ビ) アト ア ロース
とまる **止まる** tomaru	تَوَقَّفَ 〔完〕, يَتَوَقَّفُ yatawaqqafu, tawaqqafa ヤタワッカフ，タワッカファ	stop, halt スタプ，ホールト
とまる **泊まる** tomaru	نَزَلَ فِي 〔完〕, يَنْزِلُ فِي yanzilu fī, nazala fī ヤンズィル フィー，ナザラ フィー	stay at ステイ アト
とみ **富** tomi	ثَرْوَة 女 tharwat サルワ	wealth ウェルス
とむ **富む** tomu	غَنِيّ ghanīy ガニー	(become) rich (ビカム) リチ
とめる **止める**（停止させる） tomeru	وَقَّفَ 〔完〕, يُوَقِّفُ yuwaqqifu, waqqafa ユワッキフ，ワッカファ	stop スタプ
（スイッチを切る）	أَوْقَفَ 〔完〕, يُوْقِفُ yuwqifu, ʾauqafa ユウキフ，アウカファ	turn off ターン オーフ
（禁止する）	مَنَعَ مِنْ 〔完〕, يَمْنَعُ مِنْ yamnaʿu min, manaʿa min ヤムナウ ミン，マナア ミン	forbid, prohibit フォビド，プロヒビト
とめる **泊める** tomeru	أَبَاتَ 〔完〕, يُبِيتُ yubītu, ʾabāta ユビートゥ，アバータ	take in テイク イン
とめる **留める** tomeru	ثَبَّتَ 〔完〕, يُثَبِّتُ yuthabbitu, thabbata ユサッビトゥ，サッバタ	fasten, fix ファスン，フィクス
ともだち **友達** tomodachi	صَدِيق 男, 複 أَصْدِقَاءُ 〔二段〕 ṣadīq, ʾaṣdiqāʾu サディーク，アスディカーウ	friend フレンド
ともなう **伴う** tomonau	صَاحَبَ 〔完〕, يُصَاحِبُ yuṣāḥibu, ṣāḥaba ユサーヒブ，サーハバ	accompany, follow アカンパニ，ファロウ

日	アラビア	英
ともに **共に** (どちらも) tomoni	**كِلَا** 男 ; **كِلْتَا** 女 kilā, kiltā キラー, キルター	both ボウス
(一緒に)	**مَعَ** maʿa マア	with ウィズ
どようび **土曜日** doyoubi	**يَوْمُ ٱلسَّبْتِ** 男 yaumu al-sabti ヤウムッ サブト	Saturday サタデイ
とら **虎** tora	**نَمِر** 男, 複 **نُمُور** namir, numūr ナミル, ヌムール	tiger タイガ
とらいあんぐる **トライアングル** toraianguru	**مُثَلَّث** 男 muthallath ムサッラス	triangle トライアングル
どらいくりーにんぐ **ドライクリーニング** doraikuriiningu	**تَنْظِيف جَافّ** 男 tanẓīf jāff タンズィーフ ジャーッフ	dry cleaning ドライ クリーニング
どらいばー **ドライバー** (ねじ回し) doraibaa	**مِفَكّ** 男, 複 **مِفَكَّات** mifakk, mifakkāt ミファック, ミファッカート	screwdriver スクルードライヴァ
(運転手)	**سَائِق** 男 sāʾiq サーイク	driver ドライヴァ
どらいぶ **ドライブ** doraibu	**نُزْهَة بِٱلسَّيَّارَةِ** 女 nuzhat bi-al-saiyārati ヌズハ ビッ-サイヤーラ	drive ドライヴ
どらいやー **ドライヤー** doraiyaa	**مُجَفِّفُ ٱلشَّعْرِ** 男 mujaffifu al-shaʿri ムジャッフィフッ シャアル	dryer ドライア
とらっく **トラック** torakku	**شَاحِنَة** 女 shāḥinat シャーヒナ	truck, Ⓑlorry トラク, ローリ
(競走路の)	**مِضْمَار** 男 miḍmār ミドマール	track トラク

日	アラビア	英
とらぶる **トラブル** toraburu	**مُشْكِلَة** 女 mushkilat ムシュキラ	trouble トラブル
とらべらーずちぇっく **トラベラーズチェック** toraberaazuchekku	**شِيك سِيَاحِيّ** 男 shīk siyāḥīy シーク スィヤーヒー	traveler's check トラヴラズ チェク
どらま **ドラマ** dorama	**دُرَامَا** 女 durāmā ドゥラーマー	drama ドラーマ
どらむ **ドラム** doramu	**طَبْلَة** 女 ṭablat タブラ	drum ドラム
とらんく **トランク** toranku	**حَقِيبَةُ ٱلسَّفَرِ** 女 ḥaqībatu al-safari ハキーバトゥッ サファル	trunk, suitcase トランク, スートケイス
(車の)	**صُنْدُوقُ ٱلسَّيَّارَةِ** 男 ṣundūqu al-saiyārati スンドゥークッ サイヤーラ	trunk トランク
とらんくす **トランクス** torankusu	**شُورْتُ ٱلْمُلَاكِمِ** 男 shūrtu al-mulākimi シュールトゥル ムラーキム	trunks トランクス
とらんぷ **トランプ** toranpu	**أَوْرَاقُ ٱلْكُوتْشِينَةِ** 複 ʾaurāqu al-kūtshīnati アウラークル クートシーナ	cards カーヅ
とらんぺっと **トランペット** toranpetto	**بُوق** 男 būq ブーク	trumpet トランペト
とり **鳥** tori	**طَائِر** 男, 複 **طُيُور** ṭāʾir, ṭuyūr ターイル, トゥユール	bird バード
とりあえず **取りあえず** toriaezu	**بِصُورَةٍ مَبْدَئِيَّةٍ** bi-ṣūratin mabdaʾīyatin ビスーラ マブダイーヤ	for the time being フォ ザ タイム ビーイング
とりあつかう **取り扱う** toriatsukau	**يُعَامِلُ**, [完] **عَامَلَ** yuʿāmilu, ʿāmala ユアーミル, アーマラ	handle, treat ハンドル, トリート

日	アラビア	英
とりーとめんと **トリートメント** toriitomento	مُنْعِمُ ٱلشَّعْرِ 男 munʿimu al-shaʿri ムンイムッ シャアル	treatment トリートメント
とりえ **取り柄** torie	مَزِيَّة 女 mazīyat マズィーヤ	merit メリト
とりかえす **取り返す** torikaesu	اِسْتَرَدَّ ,يَسْتَرِدُّ 〔完〕 yastariddu, istaradda ヤスタリッドゥ, イスタラッダ	take back, recover テイク バク, リカヴァ
とりかえる **取り替える** torikaeru	اِسْتَبْدَلَ ,يَسْتَبْدِلُ 〔完〕 yastabdilu, istabdala ヤスタブディル, イスタブダラ	exchange, replace イクスチェインヂ, リプレイス
とりきめ **取り決め** torikime	مُوَافَقَة 女 muwāfaqat ムワーファカ	agreement アグリーメント
とりくむ **取り組む** torikumu	تَنَاوَلَ ,يَتَنَاوَلُ 〔完〕 yatanāwalu, tanāwala ヤタナーワル, タナーワラ	tackle, take on タクル, テイク オン
とりけす **取り消す** torikesu	أَلْغَى ,يَلْغِي 〔完〕 yalghī, ʾalghā ヤルギー, アルガー	cancel キャンセル
とりこ **虜**　(…に夢中な) toriko	مَشْغُوف بِ mashghūf bi マシュグーフ ビ	captive キャプティヴ
とりしまりやく **取締役** torishimariyaku	مُدِيرُ ٱلشَّرِكَةِ 男 mudīru al-sharikati ムディールッ シャリカ	director ディレクタ
とりしまる **取り締まる** torishimaru	رَاقَبَ ,يُرَاقِبُ 〔完〕 yurāqibu, rāqaba ユラーキブ, ラーカバ	control, regulate コントロウル, レギュレイト
とりだす **取り出す** toridasu	أَخْرَجَ ,يُخْرِجُ 〔完〕 yukhriju, ʾakhraja ユフリジュ, アフラジャ	take out テイク アウト
とりっく **トリック** torikku	خُدْعَة 女, 複 خُدَع khudʿat, khudaʿ フドア, フダウ	trick トリク

日	アラビア	英
とりつける **取り付ける** toritsukeru	**يُرَكِّبُ**, 〔完〕**رَكَّبَ** yurakkibu, rakkaba ユ**ラ**ッキブ, **ラ**ッカバ	install インス**ト**ール
とりにく **鶏肉** toriniku	**لَحْمُ دَجَاجٍ** 男 laḥmu dajājin **ラ**フム ダ**ジャ**ージュ	chicken **チ**キン
とりのぞく **取り除く** torinozoku	**يُزِيلُ**, 〔完〕**أَزَالَ** yuzīlu, ʾazāla ユ**ズィ**ール, ア**ザ**ーラ	remove リ**ム**ーヴ
とりひき **取り引き** torihiki	**مُعَامَلَات** 複 ; **تَعَامُل** 男 muʿāmalat, taʿāmul ムアーマ**ラ**ート, タ**ア**ームル	transactions トラン**サ**クションズ
とりまく **取り巻く** torimaku	**يُحِيطُ**, 〔完〕**أَحَاطَ** yuḥīṭu, ʾaḥāṭa ユ**ヒ**ートゥ, ア**ハ**ータ	surround サ**ラ**ウンド
とりもどす **取り戻す** torimodosu	**يَسْتَرِدُّ**, 〔完〕**اِسْتَرَدَّ** yastariddu, istaradda ヤスタ**リ**ッドゥ, イスタ**ラ**ッダ	take back, recover **テ**イク **バ**ク, リ**カ**ヴァ
とりやめる **取り止める** toriyameru	**يَلْغِي**, 〔完〕**أَلْغَى** yalghī, ʾalghā **ヤ**ルギー, **ア**ルガー	cancel, call off **キャ**ンセル, **コ**ール **オ**ーフ
とりゅふ **トリュフ** toryufu	**كَمْأَة** 複 kamʾat **カ**ムア	truffle **ト**ラフル
とりょう **塗料** toryou	**طِلَاء** 男 ṭilāʾ **ティ**ラーウ	paint **ペ**イント
どりょく **努力** doryoku	**جَهْد** 男 jahd **ジャ**フド	effort **エ**フォト
〜する	**يَجْتَهِدُ**, 〔完〕**اِجْتَهَدَ** yajtahidu, ijtahada **ヤ**ジュタヒドゥ, **イ**ジュタハダ	make an effort **メ**イク アン **エ**フォト
どりる **ドリル** （工具の） doriru	**مِثْقَب** 男, 複 **مَثَاقِبُ** 〔二段〕 mithqab, mathāqibu **ミ**スカブ, マ**サ**ーキブ	drill ドリル

と

日		アラビア	英
とりわける **取り分ける** toriwakeru		وَزَّعَ ,يُوَزِّعُ [完] yuwazziʿu, wazzaʿa ユワッズィウ, ワッザア	distribute, serve ディストリビュト, サーヴ
とる **取る** toru	(手にする)	أَخَذَ ,يَأْخُذُ [完] yaʾkhudhu, ʾakhadha ヤアフズ, アハザ	take, hold テイク, ホウルド
	(受け取る)	حَصَلَ عَلى ,يَحْصُلُ عَلى [完] yaḥṣulu ʿalā, ḥaṣala ʿalā ヤフスル アラー, ハサラ アラー	get, receive ゲト, リスィーヴ
	(除去する)	أَزَالَ ,يُزِيلُ [完] yuzīlu, ʾazāla ユズィール, アザーラ	take off, remove テイク オーフ, リムーヴ
	(盗む)	سَرَقَ ,يَسْرِقُ [完] yasriqu, saraqa ヤスリク, サラカ	steal, rob スティール, ラブ
とる **採る** toru	(採集する)	جَمَعَ ,يَجْمَعُ [完] yajmaʿu, jamaʿa ヤジュマウ, ジャマア	gather, pick ギャザ, ピク
	(採用する)	اِتَّخَذَ ,يَتَّخِذُ [完] yattakhidhu, ittakhadha ヤッタヒズ, イッタハザ	adopt, take アダプト, テイク
とる **捕る** toru	(獲物を)	صَادَ ,يَصِيدُ [完] yaṣīdu, ṣāda ヤスィードゥ, サーダ	catch, capture キャチ, キャプチャ
	(ボールを)	أَمْسَكَ بِ ,يُمْسِكُ بِ [完] yumsiku bi, ʾamsaka bi ユムスィク ビ, アムサカ ビ	catch キャチ
どる **ドル** doru		دُولَار [男], دُولَارَات [複] dūlār, dūlārāt ドゥーラール, ドゥーラーラート	dollar ダラ
とるこ **トルコ** toruko		تُرْكِيَا [女] turkiyā トゥルキヤー	Turkey ターキ

日	アラビア	英
どれ **どれ** dore	**أَيّ** ʾaiy アイイ	which (ホ)ウィチ
どれい **奴隷** dorei	**عَبْد** 男, 複 **عَبِيد** ʿabd, ʿabīd アブド, アビード	slave スレイヴ
とれーなー **トレーナー** toreenaa	**قَمِيص مِنَ ٱلنَّوْعِ ٱلثَّقِيلِ** 男 qamīṣ min al-nauʿi al-thaqīli カミース ミナン ナウイッ サキール	sweat shirt スウェト シャート
(運動の指導者)	**مُدَرِّب** 男 mudarrib ムダッリブ	trainer トレイナ
とれーにんぐ **トレーニング** toreeningu	**تَدْرِيب** 男 tadrīb タドリーブ	training トレイニング
とれーらー **トレーラー** toreeraa	**مَقْطُورَة** 女 maqṭūrat マクトゥーラ	trailer トレイラ
どれす **ドレス** doresu	**فُسْتَان** 男, 複 **فَسَاتِينُ** 〔二段〕 fustān, fasātīnu フスターン, ファサーティーン	dress ドレス
どれっしんぐ **ドレッシング** doresshingu	**صَلْصَةُ ٱلسَّلَطَةِ** 女 ṣalṣatu al-salaṭati サルサトゥッ サラタ	dressing ドレスィング
とれる **取れる** (ボタンなどが) toreru	**اِنْخَلَعَ** 〔完〕, **يَنْخَلِعُ** yankhaliʿu, inkhalaʿa ヤンハリウ, インハラア	come off カム オーフ
(熱・痛みなどが)	**زَالَ** 〔完〕, **يَزُولُ** yazūlu, zāla ヤズール, ザーラ	go away ゴウ アウェイ
どろ **泥** doro	**وَحْل** 男 ; **طِين** 男 waḥl, ṭīn ワフル, ティーン	mud マド
とろふぃー **トロフィー** torofii	**كَأْسُ ٱلْبُطُولَةِ** 男 kaʾsu al-buṭūlati カアスル ブトゥーラ	trophy トロウフィ

と

日	アラビア	英
どろぼう **泥棒** dorobou	لِصّ 男, 複 لُصُوص liṣṣ, luṣūṣ リッス, ルスース	thief, burglar スィーフ, バーグラ
とろりーばす **トロリーバス** tororiibasu	تُرُولِي بَاص 女 turūlī bāṣ トゥルーリー バース	trolley bus トラリ バス
とろんぼーん **トロンボーン** toronboon	تُرُومْبُون 男 turūmbūn トゥルーンブーン	trombone トランボウン
とん **トン** ton	طُنّ 男, 複 أَطْنَان ṭunn, ʾaṭnān トゥン, アトナーン	ton タン
とんでもない **とんでもない** tondemonai	غَيْر مَعْقُولٍ ghair maʿqūlin ガイル マアクール	awful, terrible オーフル, テリブル
(思いがけない)	غَيْر مُتَوَقَّعَةٍ ghair mutawaqqaʿatin ガイル ムタワッカア	surprising, shocking サプライズィング, シャキング
どんな **どんな** donna	أَيّ ʾaiy アイイ	what (ホ)ワト
どんなに **どんなに** donnani	مَهْمَا mahmā マフマー	however ハウエヴァ
とんねる **トンネル** tonneru	نَفَق 男, 複 أَنْفَاق nafaq, ʾanfāq ナファク, アンファーク	tunnel タネル
とんぼ **蜻蛉** tonbo	يَعْسُوب 男, 複 يَعَاسِيبُ [二段] yaʿsūb, yaʿāsību ヤアスーブ, ヤアースィーブ	dragonfly ドラゴンフライ
とんや **問屋** ton-ya	مَحَلّ لِبَيْعٍ بِالْجُمْلَةِ 男 maḥall li-baiʿin bi-al-jumlati マハルッル リーバイウ ビール ジュムラ	wholesale store ホウルセイル ストー
どんよくな **貪欲な** don-yokuna	طَمَّاع ṭammāʿ タンマーウ	greedy グリーディ

な，ナ

日	アラビア	英
な **名** na	**اِسْم** 男, 複 **أَسْمَاء** ism, ʾasmāʾ **イ**スム，アス**マ**ーウ	name **ネ**イム
ない **無い**（持っていない） nai	**لَا يَمْلِكُ**, 完 **لَمْ يَمْلِكْ**; **لَيْسَ عِنْدَهُ**, 完 **لَمْ يَكُنْ عِنْدَهُ** lā yamliku, lam yamlik, laisa ʿinda-hu, lam yakun ʿinda-hu ラー **ヤ**ムリク，ラム **ヤ**ムリク，**ラ**イサ インダ-フ，ラム **ヤ**クン インダ-フ	have no ... **ハ**ヴ **ノ**ウ
（存在しない）	**لَا يُوجَدُ**, 完 **لَمْ يُوجَدْ** lā yūjadu, lam yūjad ラー **ユ**ージャドゥ，ラム **ユ**ージャド	There is no ... **ゼ**ア イズ **ノ**ウ
ないか **内科** naika	**طِبّ بَاطِنِيّ** 男 ṭibb bāṭinīy **ティ**ッブ **バ**ーティニー	internal medicine イン**タ**ーナル **メ**ディスィン
〜医	**طَبِيب بَاطِنِيّ** 男 ṭabīb bāṭinīy タ**ビ**ーブ **バ**ーティニー	physician フィ**ズィ**シャン
ないかく **内閣** naikaku	**مَجْلِسُ ٱلْوُزَرَاءِ** 男 majlisu al-wuzarāʾi **マ**ジュリスル ウザ**ラ**ーウ	Cabinet, Ministry **キャ**ビネト，**ミ**ニストリ
ないこうてきな **内向的な** naikoutekina	**اِنْطِوَائِيّ** inṭiwāʾīy インティ**ワ**ーイー	introverted イントロ**ヴァ**ーテド
ないじぇりあ **ナイジェリア** naijeria	**نِيجِيرِيَا** 女 nījīriyā ニー**ジ**ーリヤー	Nigeria ナイ**ヂ**アリア
ないじゅ **内需** naiju	**طَلَب مَحَلِّيّ** 男 ṭalab maḥallī **タ**ラブ マ**ハ**ッリー	domestic demand ド**メ**スティク ディ**マ**ンド
ないしょ **内緒** naisho	**سِرّ** 男, 複 **أَسْرَار** sirr, ʾasrār **スィ**ッル，アス**ラ**ール	secret **スィ**ークレト

日	アラビア	英
ないしん **内心** naishin	دَخِيلَةُ نَفْسِهِ 男 dakhīlatu nafsihi ダヒーラトゥ ナフスィヒ	one's mind, one's heart マインド，ハート
ないせい **内政** naisei	شُؤُون دَاخِلِيَّة 複 shuʾūn dākhilīyat シュウーン ダーヒリーヤ	domestic affairs ドメスティク アフェアズ
ないせん **内戦** naisen	حَرْب أَهْلِيَّة 女 ḥarb ʾahlīyat ハルブ アフリーヤ	civil war スィヴィル ウォー
ないぞう **内臓** naizou	أَعْضَاءُ الْجِسْمِ 男 ʾaʿḍāʾu al-jismi アウダーウル ジスム	internal organs インターナル オーガンズ
ないたー **ナイター** naitaa	مُبَارَاةُ لَيْلٍ 女 mubārātu lailin ムバーラー ライル	night game ナイト ゲイム
ないてきな **内的な** naitekina	دَاخِلِيّ dākhilīy ダーヒリー	inner, internal イナ，インターナル
ないふ **ナイフ** naifu	سِكِّين 男女，複 سَكَاكِينُ〔二段〕 sikkīn, sakākīnu スィッキーン，サカーキーン	knife ナイフ
ないぶ **内部** naibu	دَاخِل 男 dākhil ダーヒル	inside, interior インサイド，インティアリア
ないふん **内紛** naifun	صِرَاع دَاخِلِيّ 男 ṣirāʿ dākhilīy スィラーウ ダーヒリー	internal trouble インターナル トラブル
ないめん **内面** naimen	دَاخِل 男 dākhil ダーヒル	inside インサイド
ないよう **内容** naiyou	مَضْمُون 男，複 مَضَامِينُ〔二段〕 maḍmūn, maḍāmīnu マドムーン，マダーミーン	contents, substance カンテンツ，サブスタンス
ないらん **内乱** nairan	فِتْنَة دَاخِلِيَّة 女 fitnat dākhilīyat フィトナ ダーヒリーヤ	civil war スィヴィル ウォー

な

日	アラビア	英
ないろん **ナイロン** nairon	نَايِلُونْ 男 nāyilūn ナーイルーン	nylon ナイラン
なえ **苗** nae	شَتْلَة 女 shatlat シャトラ	seedling スィードリング
なおさら **なおさら** naosara	أَكْثَرُ ʾaktharu アクサル	still more スティル モー
なおざりにする **なおざりにする** naozarinisuru	يُهْمِلُ, [完] أَهْمَلَ yuhmilu, ʾahmala ユフミル, アフマラ	neglect ニグレクト
なおす **治す** naosu	يُعَالِجُ, [完] عَالَجَ yuʿāliju, ʿālaja ユアーリジュ, アーラジャ	cure キュア
なおす **直す** (修正する) naosu	يُصَحِّحُ, [完] صَحَّحَ yuṣaḥḥiḥu, ṣaḥḥaḥa ユサッヒフ, サッハハ	correct, amend コレクト, アメンド
(修理する)	يُصْلِحُ, [完] أَصْلَحَ ; يُصَلِّحُ, [完] صَلَّحَ yuṣliḥu, ʾaṣlaḥa, yuṣalliḥu, ṣallaḥa ユスリフ, アスラハ, ユサッリフ, サッラハ	mend, repair メンド, リペア
なおる **治る** naoru	يُشْفَى, [完] شُفِيَ yushfā, shufiya ユシュファー, シュフィヤ	get well ゲト ウェル
なおる **直る** (修正される) naoru	يُصَحَّحُ, [完] صُحِّحَ yuṣaḥḥaḥu, ṣuḥḥiḥa ユサッハフ, スッヒハ	(be) corrected (ビ) コレクテド
(修理される)	يُصْلَحُ, [完] أُصْلِحَ yuṣlaḥu, ʾuṣliḥa ユスラフ, ウスリハ	(be) repaired (ビ) リペアド
なか **中** naka	دَاخِل 男 dākhil ダーヒル	inside インサイド

な

日	アラビア	英
なか **仲** naka	**عَلَاقَة** 女 ʿalāqat アラーカ	relations, relationship リレイションズ，リレイションシプ
ながい **長い** nagai	**طَوِيل** ṭawīl タウィール	long ローング
ながいきする **長生きする** nagaikisuru	**يَعِيشُ طَوِيلًا**, 〔完〕**عَاشَ طَوِيلًا** yaʿīshu ṭawīlan, ʿāsha ṭawīlan ヤイーシュ タウィーラン，アーシャ タウィーラン	live long リヴ ローング
なかがいにん **仲買人** nakagainin	**سِمْسَار** 男, **سَمَاسِيرُ**〔二段〕複 ; **وَسِيط** 男 simsār, samāsīru, wasīṭ スィムサール，サマースィール，ワスィート	broker プロウカ
ながぐつ **長靴** nagagutsu	**حِذَاءُ بِرَقَبَةٍ طَوِيلَةٍ** 男 ḥidhāʾu bi-raqabatin ṭawīlatin ヒザーウ ビ-ラカバ タウィーラ	boots ブーツ
ながさ **長さ** nagasa	**طُول** 男 ṭūl トゥール	length レングス
ながす **流す** （液体などを） nagasu	**يَسْكُبُ**, 〔完〕**سَكَبَ** yaskubu, sakaba ヤスクブ，サカバ	pour, drain ポー，ドレイン
ながそで **長袖** nagasode	**أَكْمَام طَوِيلَة** 複 ʾakmām ṭawīlat アクマーム タウィーラ	long sleeves ローング スリーヴズ
なかなおりする **仲直りする** nakanaorisuru	**يَتَصَالَحُ**, 〔完〕**تَصَالَحَ** yataṣālaḥu, taṣālaḥa ヤタサーラフ，タサーラハ	reconcile with レコンサイル ウィズ
なかに **中に** nakani	**فِي** fī フィー	in, within イン，ウィズィン

日	アラビア	英
なかにわ **中庭** nakaniwa	فِنَاء 男, 複 أَفْنِيَة finā', 'afniyat フィナーウ, アフニヤ	courtyard コートヤード
ながねん **長年** naganen	سَنَوَات عَدِيدَة 複 sanawāt ʿadīdat サナワート アディーダ	for years フォ イヤズ
なかば **半ば** nakaba	مُنْتَصَف 男 muntaṣaf ムンタサフ	halfway ハフウェイ
ながびく **長引く** nagabiku	يَطُولُ, 〔完〕 طَالَ yaṭūlu, ṭāla ヤトゥール, ターラ	(be) prolonged (ビ) プロローングド
なかま **仲間** nakama	زَمِيل 男, 複 زُمَلَاءُ 〔二段〕 zamīl, zumalā'u ザミール, ズマラーウ	comrade, companion カムラド, コンパニョン
なかみ **中身** nakami	مُحْتَوًى 男, 複 مُحْتَوَيَات muḥtawan, muḥtawayāt ムフタワン, ムフタワヤート	contents, substance カンテンツ, サブスタンス
ながめ **眺め** nagame	مَنْظَر 男, 複 مَنَاظِرُ 〔二段〕 manẓar, manāẓiru マンザル, マナーズィル	view, scene ヴュー, スィーン
ながめる **眺める** nagameru	يَنْظِرُ إِلَى, 〔完〕 نَظَرَ إِلَى yanẓiru 'ilā, naẓara 'ilā ヤンズィル イラー, ナザラ イラー	see, look at スィー, ルク アト
なかゆび **中指** nakayubi	اَلْوُسْطَى 女 al-wusṭā アル ウスター	middle finger ミドル フィンガ
ながれ **流れ** nagare	تَيَّار 男 taiyār タイヤール	stream, current ストリーム, カーレント
ながれぼし **流れ星** nagareboshi	شِهَاب 男, 複 شُهُب shihāb, shuhub シハーブ, シュフブ	shooting star シューティング スター
ながれる **流れる** nagareru	يَجْرِي, 〔完〕 جَرَى yajrī, jarā ヤジュリー, ジャラー	flow, run フロウ, ラン

な

日	アラビア	英
(時が)	يَمُرُّ, 〔完〕مَرَّ yamurru, marra ヤムッル，マッラ	pass パス
なきごえ **泣き声** nakigoe	صَوْتُ بُكَاءٍ 男 ṣautu bukāʾin サウト ブカーウ	cry クライ
なきむし **泣き虫** nakimushi	كَثِيرُ ٱلْبُكَاءِ kathīru al-bukāʾi カスィールル ブカーウ	crybaby クライベイビ
なく **泣く** naku	يَبْكِي, 〔完〕بَكَى yabkī, bakā ヤブキー，バカー	cry, weep クライ，ウィープ
なく **鳴く** naku (犬が)	يَنْبَحُ, 〔完〕نَبَحَ yanbaḥu, nabaḥa ヤンバフ，ナバハ	bark バーク
(猫が)	يَمُوءُ, 〔完〕مَاءَ yamūʾu, māʾa ヤムーウ，マーア	mew, meow, miaow ミュー，ミアウ，ミアウ
(小鳥が)	يَغْرَدُ, 〔完〕غَرِدَ yaghradu, gharida ヤグラドゥ，ガリダ	sing スィング
なぐさめる **慰める** nagusameru	يُعَزِّي, 〔完〕عَزَّى yuʿazzī, ʿazzā ユアッズィー，アッザー	console, comfort コンソウル，カムファト
なくす **無くす** nakusu	يَفْقِدُ, 〔完〕فَقَدَ yafqidu, faqada ヤフキドゥ，ファカダ	lose ルーズ
なくなる **無くなる** nakunaru	يَضِيعُ, 〔完〕ضَاعَ yaḍīʿu, ḍāʿa ヤディーウ，ダーア	(get) lost (ゲト) ロースト
(消失する)	يَضِيعُ, 〔完〕ضَاعَ yaḍīʿu, ḍāʿa ヤディーウ，ダーア	disappear ディサピア
(尽きる)	يَنْفَدُ, 〔完〕نَفِدَ yanfadu, nafida ヤンファドゥ，ナフィダ	run short ラン ショート

日	アラビア	英
なぐりあい **殴り合い** naguriai	**قِتَال** 男 qitāl キタール	fight ファイト
なぐる **殴る** naguru	**يَضْرِبُ, 〔完〕 ضَرَبَ** yaḍribu, ḍaraba ヤドリブ，ダラバ	strike, beat ストライク，ビート
なげかわしい **嘆かわしい** nagekawashii	**مُحْزِن** muḥzin ムフズィン	deplorable ディプローラブル
なげく **嘆く** nageku	**يَحْزَنُ, 〔完〕 حَزِنَ** yaḥzanu, ḥazina ヤフザヌ，ハズィナ	lament, grieve ラメント，グリーヴ
なげすてる **投げ捨てる** nagesuteru	**يَرْمِي, 〔完〕 رَمَى** yarmī, ramā ヤルミー，ラマー	throw away スロウ アウェイ
なげる **投げる** （飛ばす） nageru	**يَرْمِي, 〔完〕 رَمَى** yarmī, ramā ヤルミー，ラマー	throw, cast スロウ，キャスト
なごやかな **和やかな** nagoyakana	**وُدِّيّ** wuddīy ウッディー	peaceful, friendly ピースフル，フレンドリ
なごり **名残** nagori	**بَقَايَا** 複 ; **أَثَر** 男, **آثَار** 複 baqāyā, ʾathar, ʾāthār バカーヤー，アサル，アーサール	trace, vestige トレイス，ヴェスティヂ
なさけ **情け** （あわれみ） nasake	**شَفَقَة** 女 shafaqat シャファカ	pity ピティ
（思いやり）	**عَطْف** 男 ʿaṭf アトフ	sympathy スィンパスィ
（慈悲）	**رَحْمَة** 女 raḥmat ラフマ	mercy マースィ
なさけない **情けない** （哀れな） nasakenai	**بَائِس** bāʾis バーイス	miserable, lamentable ミザラブル，ラメンタブル

な

日	アラビア	英
(恥ずべき)	مُخْجِل mukhjil ムフジル	shameful シェイムフル
なし **梨** nashi	كُمَّثْرَى 集 kummathrā クンマスラー	pear ペア
なしとげる **成し遂げる** nashitogeru	يُنْجِزُ, 〔完〕 أَنْجَزَ yunjizu, ʾanjaza ユンジズ, アンジャザ	accomplish アカンプリシュ
なじむ **馴染む** (習慣・環境に) najimu	يَتَعَوَّدُ عَلَى, 〔完〕 تَعَوَّدَ عَلَى yataʿauwadu ʿalā, taʿauwada ʿalā ヤタアウワドゥ アラー, タアウワダ アラー	(become) attached to (ビカム) アタチト トゥ
なしょなりずむ **ナショナリズム** nashonarizumu	قَوْمِيَّة 女 qaumīyat カウミーヤ	nationalism ナショナリズム
(愛国主義)	وَطَنِيَّة 女 waṭanīyat ワタニーヤ	patriotism ペイトリオティズム
なじる **なじる** najiru	يُوَبِّخُ, 〔完〕 وَبَّخَ yuwabbikhu, wabbakha ユワッビフ, ワッバハ	rebuke, blame リビューク, ブレイム
なす **茄子** nasu	بَاذِنْجَان 集 bādhinjān バーズィンジャーン	eggplant, Ⓑaubergine エグプラント, オウバジーン
なぜ **何故** naze	لِمَاذَا limādhā リマーザー	why (ホ)ワイ
なぜなら **何故なら** nazenara	لِأَنَّ liʾanna リアンナ	because, for ビコズ, フォー
なぞ **謎** nazo	لُغْز 男, 複 أَلْغَاز lughz, ʾalghāz ルグズ, アルガーズ	riddle, mystery リドル, ミスタリ

日	アラビア	英
なだめる **なだめる** nadameru	**يُهَدِّئُ, [完] هَدَّأَ** yuhaddi'u, hadda'a ユハッディウ, ハッダウア	calm, soothe カーム, スーズ
なだらかな **なだらかな** (坂が) nadarakana	**سَهْل** sahl サフル	easy, gentle イーズィ, チェントル
なだれ **雪崩** nadare	**اِنْهِيَار جَلِيدِيّ** 男 inhiyār jalīdīy インヒヤール ジャリーディー	avalanche アヴァランチ
なつ **夏** natsu	**صَيْف** 男 ṣaif サイフ	summer サマ
なついんする **捺印する** natsuinsuru	**يَخْتِمُ, [完] خَتَمَ** yakhtimu, khatama ヤフティム, ハタマ	seal スィール
なつかしい **懐かしい** (郷愁) natsukashii	**حَنِين** ḥanīn ハニーン	longed for, nostalgic ローングド フォ, ノスタルジク
(愛しい)	**مَحْبُوب** maḥbūb マフブーブ	beloved ビラヴド
なつかしむ **懐かしむ** natsukashimu	**يَحِنُّ, [完] حَنَّ** yaḥinnu, ḥanna ヤヒンヌ, ハンナ	long for ローング フォ
なづける **名付ける** nazukeru	**يُسَمِّي, [完] سَمَّى** yusammī, sammā ユサンミー, サンマー	name, call ネイム, コール
なっつ **ナッツ** nattsu	**مُكَسَّرَات** 複 mukassarāt ムカッサラート	nut ナト
なっとくする **納得する** (承諾する) nattokusuru	**يَتَّفِقُ عَلَى, [完] اِتَّفَقَ عَلَى** yattafiqu ʿalā, ittafaqa ʿalā ヤッタフィク アラー, イッタファカ アラー	consent to カンセント トゥ

日	アラビア	英
(得心する)	اِقْتَنَعَ بِ ,يَقْتَنِعُ بِ 〔完〕 yaqtaniʿu bi, iqtanaʿa bi ヤクタニウ ビ, イクタナア ビ	(be) convinced (ビ) コンヴィンスト
なつめぐ **ナツメグ** natsumegu	جَوْزُ ٱلطِّيبِ 男 jauzu al-ṭībi ジャウズッ ティーブ	nutmeg ナトメグ
なでる **撫でる** naderu	رَبَّتَ عَلَى ,يُرَبِّتُ عَلَى 〔完〕 yurabbitu ʿalā, rabbata ʿalā ユラッビトゥ アラー, ラッバタ アラー	stroke, pat ストロウク, パト
など **など** nado	إِلى آخِرِهِ ʾilā ʾākhirihi イラー アーヒリヒ	and so on アンド ソウ オン
なとりうむ **ナトリウム** natoriumu	صُودِيُوم 男 ṣūdiyūm スーディユーム	sodium ソウディアム
なな **七** nana	سَبْعَة 男 ; سَبْع 女 sabʿat, sabʿ サブア, サブウ	seven セヴン
ななじゅう **七十** nanajuu	سَبْعُونَ 男女〔主格〕, سَبْعِينَ 男女〔属格・対格〕 sabʿūna, sabʿīna サブウーナ, サブイーナ	seventy セヴンティ
ななめの **斜めの** nanameno	مَائِل māʾil マーイル	slant, oblique スラント, オブリーク
なにか **何か** nanika	شَيْء مَا 男 shaiʾ mā シャイウ マー	something サムスィング
なのる **名乗る** (自己紹介する) nanoru	قَدَّمَ نَفْسَهُ ,يُقَدِّمُ نَفْسَهُ 〔完〕 yuqaddimu nafsa-hu, qaddama nafsa-hu ユカッディム ナフサ-フ, カッダマ ナフサ-フ	introduce oneself as イントロデュース アズ
なびげーたー **ナビゲーター** (テレビなどの進行役) nabigeetaa	مُقَدِّمُ ٱلْبَرْنَامَجِ 男 muqaddimu al-barnāmaji ムカッディムル バルナーマジュ	navigator ナヴィゲイタ

日	アラビア	英
なぷきん **ナプキン** (生理用品) napukin	**فُوطَة صِحِّيَّة** [女] fūṭat ṣiḥḥīyat **フ**ータ スィッ**ヒ**ーヤ	sanitary pad **サ**ニテリ **パ**ド
(テーブルナプキン)	**مَنْدِيلُ ٱلطَّاوِلَةِ** [男] mandīlu al-ṭāwilati マン**ディ**ールッ **タ**ーウィラ	napkin, Ⓑserviette **ナ**プキン, サーヴィ**エ**ト
なべ **鍋** nabe	**قِدْر** [男], [複] **قُدُور** qidr, qudūr **キ**ドル, クド**ゥ**ール	pan **パ**ン
なまあたたかい **生温かい**　(水が) namaatatakai	**فَاتِر** fātir **ファ**ーティル	lukewarm, tepid **ル**ーク**ウォ**ーム, **テ**ピド
なまいきな **生意気な** namaikina	**وَقِح** waqiḥ **ワ**キフ	insolent, saucy **イ**ンソレント, **ソ**ースィ
なまえ **名前** namae	**اِسْم** [男], [複] **أَسْمَاء** ism, ʾasmāʾ **イ**スム, アス**マ**ーウ	name **ネ**イム
なまぐさい **生臭い**　(魚の匂い) namagusai	**رَائِحَةُ ٱلسَّمَكِ** [女] rāʾiḥatu al-samaki **ラ**ーイハトゥ **サ**マク	fishy **フィ**シ
(嫌な匂い)	**رَائِحَة كَرِيهَة** [女] rāʾiḥat karīhat **ラ**ーイハ カ**リ**ーハ	disgusting smell ディス**ガ**スティング ス**メ**ル
なまけもの **怠け者** namakemono	**كَسْلَانُ** 〔二段〕 kaslānu カス**ラ**ーン	lazy person **レ**イズィ **パ**ースン
なまける **怠ける** namakeru	**يَتَكَاسَلُ**, 〔完〕 **تَكَاسَلَ** yatakāsalu, takāsala ヤタ**カ**ーサル, タ**カ**ーサラ	(be) idle (ビ) **ア**イドル
なまず **鯰** namazu	**سَمَكَةُ ٱلسِّلَّوْرِ** [男] samakatu al-sillauri **サ**マカトゥ スィッ**ラ**ウル	catfish **キャ**トフィシュ
なまぬるい **生ぬるい**　(水が) namanurui	**فَاتِر** fātir **ファ**ーティル	lukewarm **ル**ーク**ウォ**ーム

日	アラビア	英
なまの **生の** namano	**نِيء** nīʾ ニーウ	raw ロー
なまほうそう **生放送** namahousou	**بَثّ مُبَاشِر** 男 baththmubāshir バッス ムバーシル	live broadcast ライヴ ブロードキャスト
なまり **鉛** namari	**رَصَاص** 男 raṣāṣ ラサース	lead レド
なみ **波** nami	**مَوْج** 集, 複 **أَمْوَاج** mauj, ʾamwāj マウジュ，アムワージュ	wave ウェイヴ
なみだ **涙** namida	**دُمُوع** 複 dumūʿ ドゥムーウ	tears ティアズ
なみの **並の** namino	**عَادِيّ** ʿādīy アーディー	ordinary, common オーディネリ，カモン
なみはずれた **並外れた** namihazureta	**غَيْر عَادِيٍّ** ghair ʿādīyin ガイル アーディー	extraordinary イクストローディネリ
なめす **なめす** namesu	**يَدْبَغُ,** 〔完〕 **دَبَغَ** yadbaghu, dabagha ヤドバグ，ダバガ	tan タン
なめらかな **滑らかな** namerakana	**نَاعِم** nāʿim ナーイム	smooth スムーズ
なめる **舐める** nameru	**يَلْعَقُ,** 〔完〕 **لَعِقَ** yalʿaqu, laʿiqa ヤルアク，ライカ	lick, lap リク，ラプ
（あなどる）	**يَسْتَخِفُّ بِ,** 〔完〕 **اِسْتَخَفَّ بِ** yastakhiffu bi, istakhaffa bi ヤスタヒッフ ビ，イスタハッファ ビ	belittle ビリトル

日	アラビア	英
なやます **悩ます** nayamasu	**يُزْعِجُ, [完] أَزْعَجَ** yuzʿiju, ʾazʿaja ユズイジュ，アズアジャ	torment, worry トーメント，ワーリ
なやみ **悩み**（不安・心配） nayami	**قَلَق** [男] qalaq カラク	anxiety, worry アングザイエティ，ワーリ
（困ったこと）	**مُشْكِلَة** [男] mushkilat ムシュキラ	problem プラブレム
なやむ **悩む**（心配する） nayamu	**يَقْلَقُ عَلَى, [完] قَلِقَ عَلَى** yaqlaqu ʿalā, qaliqa ʿalā ヤクラク アラー，カリカ アラー	worry ワーリ
（苦しむ）	**يُعَانِي مِنْ, [完] عَانَى مِنْ** yuʿānī min, ʿānā min ユアーニー ミン，アーナー ミン	suffer, (be) troubled サファ，（ビ）トラブルド
ならう **習う** narau	**يَتَعَلَّمُ, [完] تَعَلَّمَ** yataʿallamu, taʿallama ヤタアッラム，タアッラマ	learn ラーン
ならす **慣らす** narasu	**يُعَوِّدُ عَلَى, [完] عَوَّدَ عَلَى** yuʿauwidu ʿalā, ʿauwada ʿalā ユアウウィドゥ アラー，アウワダ アラー	accustom アカスタム
ならす **鳴らす** narasu	**يَدُقُّ, [完] دَقَّ** yaduqqu, daqqa ヤドゥック，ダッカ	make ring, sound メイク リング，サウンド
ならぶ **並ぶ** narabu	**يَصْطَفُّ, [完] اِصْطَفَّ** yaṣṭaffu, iṣṭaffa ヤスタッフ，イスタッファ	line up ライン アプ
ならべる **並べる**（配列する） naraberu	**يُرَتِّبُ, [完] رَتَّبَ** yurattibu, rattaba ユラッティブ，ラッタバ	arrange アレインヂ
（列挙する）	**يُعَدِّدُ, [完] عَدَّدَ** yuʿaddidu, ʿaddada ユアッディドゥ，アッダダ	enumerate イニューメレイト
ならわし **習わし** narawashi	**عَادَات** [複] **; عُرْف** [男] ʿādāt, ʿurf アーダート，ウルフ	custom カスタム

日	アラビア	英
なりきん **成金** narikin	مُحْدَثُ نِعْمَةٍ 男 muḥdathu niʿmatin ムフダス ニアマ	nouveau riche ヌーヴォウ リーシュ
なりたち **成り立ち** （起源） naritachi	أَصْل 男 ʾaṣl アスル	origin オーリヂン
なる **成る** （結果として） naru	يُصْبِحُ, 〔完〕أَصْبَحَ yuṣbiḥu, ʾaṣbaḥa ユスビフ，アスバハ	become ビカム
なる **生る** （実が） naru	يُثْمِرُ, 〔完〕أَثْمَرَ yuthmiru, ʾathmara ユスミル，アスマラ	grow, bear グロウ，ベア
なる **鳴る** naru	يَدُقُّ, 〔完〕دَقَّ yaduqqu, daqqa ヤドゥック，ダッカ	sound, ring サウンド，リング
なるしすと **ナルシスト** narushisuto	نَرْجِسِيّ 男 narjisīy ナルジスィー	narcissist ナースィスィスト
なるべく **なるべく** narubeku	بِقَدْرِ الْمُسْتَطَاعِ bi-qadri al-mustaṭāʿi ビーカドリル ムスターウ	if possible イフ パスィブル
なるほど **なるほど** naruhodo	بِالْفِعْلِ bi-al-fiʿli ビル フィアル	indeed インディード
なれーしょん **ナレーション** nareeshon	سَرْد 男 sard サルド	narration ナレイション
なれーたー **ナレーター** nareetaa	رَاوٍ 男, 複 رُوَاة rāwin, ruwāt ラーウィン，ルワー	narrator ナレイタ
なれる **慣れる** nareru	يَعْتَادُ, 〔完〕اِعْتَادَ yaʿtādu, iʿtāda ヤアタードゥ，イウターダ	get used to ゲト ユースト トゥ
なわ **縄** nawa	حَبْل 男, 複 حِبَال ḥabl, ḥibāl ハブル，ヒバール	rope ロウプ

日	アラビア	英
～跳び	نَطُّ ٱلْحَبْلِ 男 naṭṭu al-ḥabli ナットル ハブル	jump rope チャンプ ロウプ
なんかいな 難解な nankaina	صَعْب جِدًا ṣaʿb jidan サアブ ジッダン	very difficult ヴェリ ディフィカルト
なんきょく 南極 nankyoku	اَلْقُطْبُ ٱلْجَنُوبِيُّ 男 al-quṭbu al-janūbīyu アル クトブル ジャヌービー	South Pole サウス ポウル
なんこう 軟膏 nankou	مَرْهَم 男 marham マルハム	ointment オイントメント
なんじ 何時 nanji	كَمِ ٱلسَّاعَةُ kam al-sāʿatu カミッ サーアトゥ	what time, when (ホ)ワト タイム, (ホ)ウェン
なんせい 南西 nansei	جَنُوب غَرْبِيّ 男 janūb gharbīy ジャヌーブ ガルビー	southwest サウスウェスト
なんせんす ナンセンス nansensu	كَلَام فَارِغ 男 kalām fārigh カラーム ファーリグ	nonsense ナンセンス
なんちょう 難聴 nanchou	ضَعْفُ ٱلسَّمْعِ 男 ḍaʿfu al-samʿi ダアフッ サムウ	hearing impairment ヒアリング インペアメント
なんとう 南東 nantou	جَنُوب شَرْقِيّ 男 janūb sharqīy ジャヌーブ シャルキー	southeast サウスイースト
なんばー ナンバー nanbaa	رَقْم 男, 複 أَرْقَام raqm, ʾarqām ラクム, アルカーム	number ナンバ
なんぱする 難破する nanpasuru	يَتَحَطَّمُ ٱلسَّفِينَةُ, 完 تَحَطَّمَتِ ٱلسَّفِينَةُ yataḥaṭṭamu al-safīnatu, taḥaṭṭamat al-safīnatu ヤタハッタムッ サフィーナ, タハッタマティッ サフィーナ	(be) wrecked (ビ) レクト

日	アラビア	英
なんびょう **難病** nanbyou	**أَمْرَاض مُسْتَعْصِيَة** 男 ʾamrāḍ mustaʿṣīyat アムラード ムスタアスィーヤ	serious disease, incurable disease スィアリアス ディズィーズ, インキュアラブル ディズィーズ
なんぴょうよう **南氷洋** nanpyouyou	**اَلْمُحِيطُ ٱلْجَنُوبِيُّ** 男 al-muḥīṭu al-janūbīyu アル ムヒートゥル ジャヌービー	Antarctic Ocean アンタクティク オーシャン
なんぶ **南部** nanbu	**مِنطَقَة جَنُوبِيَّة** 女 minṭaqat janūbīyat ミンタカ ジャヌービーヤ	southern part サザン パート
なんぼく **南北** nanboku	**اَلشَّمَال وَٱلْجَنُوب** 男 al-shamāl wa-al-janūb アッ シャマール ワール ジャヌーブ	north and south ノース アンド サウス
なんみん **難民** nanmin	**لَاجِئ** 男 lājiʾ ラージウ	refugees レフュヂーズ

に, ニ

日	アラビア	英
に **二** ni	**اِثْنَانِ** 男〔主格〕, **اِثْنَيْنِ** 男〔属格・対格〕; **اِثْنَتَانِ** 女〔主格〕, **اِثْنَتَيْنِ** 女〔属格・対格〕 ithnāni, ithnaini, ithnatāni, ithnataini イスナーニ, イスナイニ, イスナターニ, イスナタイニ	two トゥー
に **荷** ni	**شَحْنَة** 女 shaḥnat シャフナ	load ロウド
にあう **似合う** niau	**يُنَاسِبُ**, 〔完〕**نَاسَبَ** yunāsibu, nāsaba ユナースィブ, ナーサバ	look good with, suit ルク グド ウィズ, スート
にあげ **荷揚げ** (船の) niage	**إِفْرَاغُ حُمُولَةِ ٱلسَّفِينَةِ** 男 ʾifrāghu ḥumūlati al-safīnati イフラーグ フムーラティッ サフィーナ	unload アンロウド

日	アラビア	英
にーず **ニーズ** niizu	**اِحْتِيَاجَات** 複 iḥtiyājāt イフティヤー**ジャ**ート	necessity, needs ネ**セ**スィティ, **ニ**ーヅ
にえきらない **煮えきらない** (はっきりしない) niekiranai	**مُلْتَبِس** multabis **ム**ルタビス	vague **ヴェ**イグ
(決断しない)	**غَيْر حَاسِمٍ** ghair ḥāsimin ガイル **ハ**ースィム	irresolute イ**レ**ゾルート
にえる **煮える** nieru	**يَغْلِي**, [完] **غَلَى** yaghlī, ghalā **ヤ**グリー, **ガ**ラー	boil **ボ**イル
におい **匂[臭]い** nioi	**رَائِحَة** 女, 複 **رَوَائِح** [二段] rāʾiḥat, rawāʾiḥu **ラ**ーイハ, ラ**ワ**ーイフ	smell, odor ス**メ**ル, **オ**ウダ
におう **臭う** niou	**يَفُوحُ رَائِحَةٌ**, [完] **فَاحَتْ رَائِحَةٌ** yafūḥu rāʾiḥatun, fāḥat rāʾiḥatun ヤ**フ**ーフ **ラ**ーイハ, **ファ**ーハト **ラ**ーイハ	stink ス**ティ**ンク
にかい **二階** nikai	**اَلطَّابِقُ ٱلثَّانِي** 男 al-ṭābiqu al-thānī アッ **タ**ービクッ **サ**ーニー	second floor, Ⓑfirst floor **セ**カンド フ**ロ**ー, **ファ**ースト フロー
にがい **苦い** nigai	**مُرّ** murr **ム**ッル	bitter **ビ**タ
にがす **逃がす** nigasu	**يُهَرِّبُ**, [完] **هَرَّبَ** yuharribu, harraba ユ**ハ**ッリブ, **ハ**ッラバ	let go, set free **レ**ト **ゴ**ウ, **セ**ト フ**リ**ー
(取り逃がす)	**يُفَوِّتُ**, [完] **فَوَّتَ** yufauwitu, fauwata ユ**ファ**ウウィト, **ファ**ウワタ	let escape, miss **レ**ト エス**ケ**イプ, **ミ**ス
にがつ **二月** nigatsu	**فَبْرَايِر** 男 fabrāyir ファブ**ラ**ーイル	February **フェ**ブルエリ

日	アラビア	英
にがて 苦手（弱い点） nigate	نُقْطَةُ ضُعْفٍ 女 nuqṭatu ḍuʿfin ヌクタ ドゥアフ	weak point ウィーク ポイント
～である （得意ではない）	لَمْ يُجِدْ 〔完〕 ,لَا يُجِيدُ lā yujīdu, lam yujid ラー ユジードゥ，ラム ユジド	(be) weak in （ビ）ウィーク イン
にがにがしい 苦々しい niganigashii	كَرِيه karīh カリーフ	unpleasant アンプレザント
にがわらい 苦笑い nigawarai	;اِبْتِسَامَة مُصْطَنِعَة 女 اِبْتِسَامَة صَفْرَاء 女 ibtisāmat muṣṭaniʿat, ibtisāmat ṣafrāʾ イブティサーマ ムスタニア，イブティサーマ サフラーア	bitter smile ビタ スマイル
にきび にきび nikibi	حَبُّ ٱلشَّبَابِ 男 ḥabbu al-shabābi ハッブッ シャバーブ	pimple ピンプル
にぎやかな 賑やかな nigiyakana	حَيَوِيّ ḥayawīy ハヤウィー	lively ライヴリ
（込み合った）	مُزْدَحِم muzdaḥim ムズダヒム	crowded クラウデド
にぎる 握る nigiru	أَمْسَكَ 〔完〕 ,يُمْسِكُ yumsiku, ʾamsaka ユムスィク，アムサカ	grasp グラスプ
にぎわう 賑わう nigiwau	اِزْدَحَمَ بِ 〔完〕 ,يَزْدَحِمُ بِ yazdaḥimu bi, izdaḥama bi ヤズダヒム ビ，イズダハマ ビ	(be) crowded, (be) lively （ビ）クラウデド，（ビ）ライヴリ
にく 肉 niku	لُحُوم 複 ,لَحْم 男 laḥm, luḥūm ラフム，ルフーム	flesh, meat フレシュ，ミート
～屋	جَزَّارَة 女 jazzārat ジャッザーラ	butcher's ブチャズ

に

日	アラビア	英
にくい **憎い** nikui	بَغِيض baghīḍ バギード	hateful, detestable ヘイトフル, ディテスタブル
にくがん **肉眼** nikugan	اَلْعَيْنُ ٱلْمُجَرَّدَةُ 女 al-ʿainu al-mujarradatu アル アイヌル ムジャッラダ	naked eye ネイキド アイ
にくしみ **憎しみ** nikushimi	حِقْد 男 ḥiqd ヒクド	hatred ヘイトレド
にくしん **肉親** nikushin	أَقَارِب بِٱلْدَّمِ 複 ʾaqārib bi-al-dami アカーリブ ビッ ダム	blood relatives ブラド レラティヴズ
にくたい **肉体** nikutai	جِسْم 男, أَجْسَام 複 jism, ʾajsām ジスム, アジュサーム	body, (the) flesh バディ, (ザ) フレシュ
～労働	عَمَل جِسْمِيّ 男 ʿaml jismīy アマル ジスミー	physical labor フィズィカル レイバ
にくむ **憎む** nikumu	يَحْقِدُ عَلَى, 完 حَقَدَ عَلَى yaḥqadu ʿalā, ḥaqada ʿalā ヤフカドゥ アラー, ハカダ アラー	hate ヘイト
にげる **逃げる** nigeru	يَهْرُبُ, 完 هَرَبَ yahrubu, haraba ヤフルブ, ハラバ	run away, escape ラン アウェイ, イスケイプ
にごす **濁す** (液体を) nigosu	يُعَكِّرُ, 完 عَكَّرَ yuʿakkiru, ʿakkara ユアッキル, アッカラ	make unclear, make murky メイク アンクリア, メイク マーキ
(不明瞭にする)	يُغَمِّضُ, 完 غَمَّضَ yughammiḍu, ghammaḍa ユガンミドゥ, ガンマダ	make obscure メイク オブスキュア
にこやかな **にこやかな** nikoyakana	مُبْتَسِم mubtasim ムブタスィム	cheerful, smiling チアフル, スマイリング
にごる **濁る** nigoru	يَتَعَكَّرُ, 完 تَعَكَّرَ yataʿakkaru, taʿakkara ヤタアッカル, タアッカラ	(become) muddy (ビカム) マディ

日	アラビア	英
にさんかたんそ **二酸化炭素** nisankatanso	**ثَانِي أُكْسِيدِ ٱلْكَرْبُونِ** 男 thānī ʾuksīdi al-karbūni サーニー ウクスィーディル カルブーン	carbon dioxide カーボン ダイアクサイド
にし **西** nishi	**غَرْب** 男 gharb ガルブ	west ウェスト
にじ **虹** niji	**قَوْسُ قُزَحٍ** 男 qausu quzaḥin カウス クザフ	rainbow レインボウ
にしがわ **西側** nishigawa	**جَانِب غَرْبِيّ** 男 jānib gharbīy ジャーニブ ガルビー	west side ウェスト サイド
にしはんきゅう **西半球** nishihankyuu	**نِصْفُ ٱلْأَرْضِ ٱلْغَرْبِيُّ** 男 niṣfu al-ʾarḍi al-gharbīyu ニスフル アルディル ガルビー	Western Hemisphere ウェスタン ヘミスフィア
にじます **虹鱒** nijimasu	**تُرَاوْتُ قَوْسِ قُزَحٍ** 男 turāwtu qausi quzaḥin トゥラーウト カウスィ クザフ	rainbow trout レインボウ トラウト
にじむ **にじむ** （インクが） nijimu	**اِنْتَشَرَ** 〔完〕**, يَنْتَشِرُ ٱلْحِبْرُ ٱلْحِبْرُ** yantashiru al-ḥibru, intashara al-ḥibru ヤンタシルル ヒブル，インタシャラル ヒブル	blot, ooze ブラト，ウーズ
にじゅう **二十** nijuu	**عِشْرُونَ** 男女〔主格〕**, عِشْرِينَ** 男女〔属格・対格〕 ʿishrūna, ʿishrīna イシュルーナ，イシュリーナ	twenty トウェンティ
にじゅうの **二重の** nijuuno	**مُزْدَوِج** muzdawij ムズダウィジュ	double, dual ダブル，デュアル
にしん **鰊** nishin	**رِنْكَة** 女**; رِنْجَة** 女 rinjat, rinkat リンジャ，リンカ	herring ヘリング

日	アラビア	英
にす **ニス** nisu	وَرْنِيش 男 warnīsh ワルニーシュ	varnish ヴァーニシュ
にせい **二世** nisei	اَلثَّانِي al-thānī アッ サーニー	second generation セカンド ヂェネレイション
にせの **偽の** niseno	مُزَيَّف muzaiyaf ムザイヤフ	imitation イミテイション
にせもの **偽物** nisemono	تَزْيِيف 男；زَيْف 男, زُيُوف 複 tazyīf, zaif, zuyūf タズイーフ，ザイフ，ズユーフ	counterfeit カウンタフィト
（イミテーション）	تَقْلِيد 男 taqlīd タクリード	imitation イミテイション
にそう **尼僧** nisou	رَاهِبَة 女 rāhibat ラーヒバ	nun, sister ナン，スィスタ
にちじょうの **日常の** nichijouno	يَوْمِيّ yaumīy ヤウミー	daily デイリ
にちぼつ **日没** nichibotsu	غُرُوبُ ٱلشَّمْسِ 男 ghurūbu al-shamsi グルーブッ シャムス	sunset サンセト
にちや **日夜** nichiya	نَهَار وَلَيْل 男 nahār wa-lail ナハール ワ-ライル	night and day ナイト アンド デイ
にちようだいく **日曜大工** nichiyoudaiku	اِفْعَلْهَا بِنَفْسِك ifʿalhā bi-nafsik イフアルハー ビ-ナフスィク	do-it-yourself, DIY ドゥーイトユアセルフ，ディーアイワイ
にちようび **日曜日** nichiyoubi	يَوْمُ ٱلْأَحَدِ 男 yaumu al-ʾaḥadi ヤウムル アハド	Sunday サンデイ

日	アラビア	英
にちようひん **日用品** nichiyouhin	ضَرُورَاتُ ٱلْعَيْشِ 男 ḍarūrātu al-ʿaishi ダルー**ラ**ートゥル **ア**イシュ	daily necessities デイリ ネ**セ**スィティズ
にっか **日課** nikka	عَادَة يَوْمِيَّة 女 ʿādat yaumīyat **ア**ーダ ヤウ**ミ**ーヤ	daily work **デ**イリ **ワ**ーク
にっかん **日刊** nikkan	يَوْمِيّ yaumīy **ヤ**ウミー	daily **デ**イリ
にっき **日記** nikki	يَوْمِيَّات 複 yaumīyāt ヤウミー**ヤ**ート	diary **ダ**イアリ
にっきゅう **日給** nikkyuu	أَجْر يَوْمِيّ 男 ʾajr yaumīy **ア**ジュル **ヤ**ウミー	day's wage **デ**イズ **ウェ**イチ
にづくりする **荷造りする** nizukurisuru	يَحْزِمُ ٱلْأَمْتِعَةَ, 〔完〕 حَزَمَ ٱلْأَمْتِعَةَ yaḥzimu al-ʾamtiʿata, ḥazama al-ʾamtiʿata **ヤ**フズィムル **ア**ムティア，**ハ**ザマル **ア**ムティア	pack **パ**ク
にっける **ニッケル** nikkeru	نِيكْل 男 nīkl **ニ**ークル	nickel **ニ**クル
にっこう **日光** nikkou	أَشِعَّةُ ٱلشَّمْسِ 集 ʾashiʿʿatu al-shamsi **ア**シッアトゥ **シャ**ムス	sunlight, sunshine **サ**ンライト，**サ**ンシャイン
にっしゃびょう **日射病** nisshabyou	ضَرْبَةُ ٱلشَّمْسِ 男 ḍarbatu al-shamsi **ダ**ルバトゥ **シャ**ムス	sunstroke **サ**ンストロウク
にっしょく **日食** nisshoku	كُسُوفُ ٱلشَّمْسِ 男 kusūfu al-shamsi ク**ス**ーフッ **シャ**ムス	solar eclipse **ソ**ウラ イク**リ**プス
にっすう **日数** nissuu	عَدَدُ ٱلْأَيَّامِ 男 ʿadadu al-ʾaiyāmi **ア**ダドゥル アイ**ヤ**ーム	number of days **ナ**ンバ オヴ **デ**イズ

に

日	アラビア	英
にってい **日程** (旅行の) nittei	بَرْنَامَجُ رِحْلَةٍ 男 barnāmaju riḥlatin バルナーマジュ リフラ	schedule, itinerary スケヂュル, アイティナレリ
(日々の)	جَدْوَل يَوْمِيّ 男 jadwal yaumīy ジャドワル ヤウミー	schedule スケヂュル
にっとう **日当** nittou	أَجْر يَوْمِيّ 男 ʾajr yaumīy アジュル ヤウミー	daily allowance デイリ アラウアンス
にっとうえあ **ニットウエア** nittouea	تُرِيكُو 男 turīkū トゥリークゥー	knitwear ニトウェア
にとろぐりせりん **ニトログリセリン** nitoroguriserin	نِتْرُوغُلِيسِيرِين 男 nitrūghulīsīrīn ニトルーグリースィーリーン	nitroglycerine ナイトロウグリセリン
になう **担う** ninau	يَتَحَمَّلُ, 〔完〕تَحَمَّلَ yataḥammalu, taḥammala ヤタハンマル, タハンマラ	carry, bear キャリ, ベア
にばい **二倍** nibai	ضِعْف 男 ḍiʿf ディウフ	double ダブル
にばん **二番** niban	اَلثَّانِي 男 al-thānī アッ サーニー	second セカンド
にひるな **ニヒルな** nihiruna	عَدَمِيّ ʿadamīy アダミー	nihilistic ナイイリスティク
にぶい **鈍い** nibui	بَطِيء 男 baṭīʾ バティーウ	slow, thick スロウ, スィク
にぶんのいち **二分の一** nibunnoichi	نِصْف 男 niṣf ニスフ	(a) half (ア) ハフ
にほん **日本** nihon	اَلْيَابَان 女 al-yābān アル ヤーバーン	Japan ヂャパン

日	アラビア	英
～海	بَحْرُ ٱلْيَابَانِ 男 baḥru al-yābāni バフルル ヤーバーン	Sea of Japan スィー オヴ ヂャパン
～語	اَللُّغَة ٱلْيَابَانِيَّة 女 al-lughat al-yābānīyat アッ ルガル ヤーバーニーヤ	Japanese ヂャパニーズ
～人	يَابَانِيّ 男 yābānīy ヤーバーニー	Japanese ヂャパニーズ
～料理	أَكْل يَابَانِيّ 男 ʾakl yābānīyi アクル ヤーバーニー	Japanese cooking ヂャパニーズ クキング
にもつ 荷物 nimotsu	أَمْتِعَة 複 ʾamtiʿat アムティア	baggage, luggage バギヂ, ラギヂ
にゅういんする 入院する nyuuinsuru	يَدْخُلُ ٱلْمُسْتَشْفَى, 完 دَخَلَ ٱلْمُسْتَشْفَى yadkhulu al-mustashfā, dakhala al-mustashfā ヤドフルル ムスタシュファー, ダハラル ムスタシュファー	(be) admitted to hospital (ビ) アドミテド トゥ ハスピタル
にゅうか 入荷 nyuuka	وُصُول بَضَائِع 男 wuṣūlu baḍāʾiʿa ウスール バダーイウ	arrival of goods アライヴァル オヴ グヅ
にゅうかい 入会 nyuukai	اِنْضِمَام إِلَى 男 inḍimām ʾilā インディマーム イラー	admission アドミション
～する	يَنْضَمُّ إِلَى, 完 اِنْضَمَّ إِلَى yanḍammu ʾilā, inḍamma ʾilā ヤンダンム イラー, インダンマ イラー	join ヂョイン
にゅうがく 入学 nyuugaku	اِلْتِحَاق بِٱلْمَدْرَسَةِ 男 iltiḥāq bi-al-madrasati イルティハーク ビール マドラサ	entrance, enrollment エントランス, インロウルメント
～金	رُسُومُ ٱلتَّسْجِيلِ 男 rusūmu al-tasjīli ルスームッ タスジール	entrance fee エントランス フィー

日	アラビア	英
～する	يَلْتَحِقُ بِٱلْمَدْرَسَةِ, [完] اِلْتَحَقَ بِٱلْمَدْرَسَةِ yaltaḥiqu bi-al-madrasati, iltaḥaqa bi-al-madrasati ヤルタヒク ビール マドラサ, イルタハカ ビール マドラサ	get into a school ゲト イントゥ ア スクール
にゅうがん 乳癌 nyuugan	سَرَطَانُ ٱلثَّدْيِ 男 saraṭānu al-thadyi サルターヌッ サドイ	breast cancer ブレスト キャンサ
にゅうきん 入金 nyuukin	دَفْعَة 女 dafʿat ダフア	money received マニ リスィーヴド
にゅうこく 入国 nyuukoku	دُخُولُ دَوْلَةٍ 男 dukhūlu daulatin ドゥフール ダウラ	entry into a country エントリ イントゥ ア カントリ
～管理	رَقَابَة حُدُودِيَّة 女 raqābat ḥudūdīyat ラカーバ フドゥーディーヤ	immigration イミグレイション
にゅうさつ 入札 nyuusatsu	مُنَاقَصَة 女 munāqaṣat ムナーカサ	bid, tender ビド, テンダ
にゅうさんきん 乳酸菌 nyuusankin	حَمْضُ ٱللَّبَنِيكِ 男 ḥamḍu al-labanīki ハムドゥッ ラバニーク	lactic acid bacteria ラクティク アスィド バクティアリア
にゅうし 入試 nyuushi	اِمْتِحَانُ ٱلْقُبُولِ 男 imtiḥānu al-qubūli イムティハーヌル クブール	entrance examination エントランス イグザミネイション
にゅーじーらんど ニュージーランド nyuujiirando	نِيُوزِيلَانْدَا 女 niyūzīlāndā ニユーズィーラーンダー	New Zealand ニューズィーランド
にゅうしゃする 入社する nyuushasuru	يَلْتَحِقُ بِٱلشَّرِكَةِ, [完] اِلْتَحَقَ بِٱلشَّرِكَةِ yaltaḥiqu bi-al-sharikati, iltaḥaqa bi-al-sharikati ヤルタヒク ビーッ シャリカ, イルタハカ ビーッ シャリカ	join a company ヂョイン ア カンパニ

日	アラビア	英
にゅうしゅする **入手する** nyuushusuru	**حَصَلَ** 〔完〕 **,يَحْصُلُ عَلَى عَلَى** yaḥṣulu ʿalā, ḥaṣala ʿalā ヤフスル アラー，ハサラ アラー	get, acquire ゲト，アクワイア
にゅうじょう **入場** nyuujou	**دُخُول** 男 dukhūl ドゥフール	entrance エントランス
〜券	**تَذْكِرَةُ ٱلدُّخُولِ** 男 tadhkiratu al-dukhūli タズキラトゥッ ドゥフール	admission ticket アドミション ティケト
〜する	**دَخَلَ** 〔完〕 **,يَدْخُلُ** yadkhulu, dakhala ヤドフル，ダハラ	enter, get in エンタ，ゲト イン
〜料	**رَسْمُ ٱلدُّخُولِ** 男 rasmu al-dukhūli ラスムッ ドゥフール	admission fee アドミション フィー
にゅーす **ニュース** nyuusu	**أَخْبَار** 複 ʾakhbār アフバール	news ニューズ
〜キャスター	**مُذِيعُ أَخْبَارٍ** 男 mudhīʿu ʾakhbārin ムズィーウ アフバール	newscaster ニューズキャスタ
にゅうせいひん **乳製品** nyuuseihin	**مُنْتَجَاتُ ٱلْأَلْبَانِ** 男 muntajātu al-ʾalbāni ムンタジャートゥル アルバーン	dairy products デアリ プラダクツ
にゅうもんする **入門する** nyuumonsuru	**تَتَلْمَذَ** 〔完〕 **,يَتَتَلْمَذُ** yatatalmadhu, tatalmadha ヤタタルマズ，タタルマザ	become a pupil of ビカム ア ピューピル オヴ
にゅうよくする **入浴する** nyuuyokusuru	**اِسْتَحَمَّ** 〔完〕 **,يَسْتَحِمُّ** yastaḥimmu, istaḥamma ヤスタヒンム，イスタハンマ	take a bath テイク ア バス
にゅうりょく **入力** nyuuryoku	**إِدْخَال** 男 ʾidkhāl イドハール	input インプト

日	アラビア	英
〜する	أَدْخَلَ ,يُدْخِلُ 〔完〕 yudkhilu, ʾadkhala ユドヒル, アドハラ	input インプト
にょう 尿 nyou	بَوْل 男 baul バウル	urine ユアリン
にりゅう 二流 niryuu	اَلدَّرَجَةُ ٱلثَّانِيَةُ 女 al-darajatu al-thāniyatu アッ ダラジャトゥッ サーニヤ	second-class セカンドクラス
にる 似る niru	أَشْبَهَ ,يُشْبِهُ 〔完〕 yushbihu, ʾashbaha ユシュビフ, アシュバハ	resemble リゼンブル
にる 煮る niru	سَلَقَ ,يَسْلُقُ 〔完〕 yasluqu, salaqa ヤスルク, サラカ	boil, cook ボイル, クク
にわ 庭 niwa	حَدِيقَة 女, 複 حَدَائِقُ 〔二段〕 ḥadīqat, ḥadāʾiqu ハディーカ, ハダーイク	garden, yard ガードン, ヤード
にわかあめ にわか雨 niwakaame	مَطْرَة 女 maṭrat マトラ	rain shower レイン シャウア
にわとり 鶏 niwatori	دَجَاج 集, دَجَاجَة 女 dajāj, dajājat ダジャージュ, ダジャージャ	fowl, chicken ファウル, チキン
にんかする 認可する ninkasuru	أَذِنَ بِ ,يَأْذَنُ بِ 〔完〕 yaʾdhanu bi, ʾadhina bi ヤウザヌ ビ, アズィナ ビ	authorize オーソライズ
にんき 人気 ninki	شَعْبِيَّة 女 shaʿbīyat シャアビーヤ	popularity パピュラリティ
〜のある	مَحْبُوب maḥbūb マフブーブ	popular パピュラ
にんぎょう 人形 ningyou	دُمْيَة 女, 複 دُمًى dumyat, duman ドゥムヤ, ドゥマン	doll ダル

日	アラビア	英
にんげん 人間 ningen	إِنْسَان 男 ʾinsān インサーン	human being ヒューマン ビーイング
にんしき 認識 ninshiki	مَعْرِفَة 女 maʿrifat マリファ	recognition レコグニション
〜する	عَرَفَ 〔完〕, يَعْرِفُ yaʿrifu, ʿarafa ヤアリフ, アラファ	recognize レコグナイズ
にんじん 人参 ninjin	جَزَرَة 女, جَزَر 集 jazar, jazarat ジャザル, ジャザラ	carrot キャロト
にんしんする 妊娠する ninshinsuru	حَمَلَ 〔完〕, يَحْمِلُ yaḥmilu, ḥamala ヤフミル, ハマラ	conceive コンスィーヴ
にんずう 人数 ninzuu	عَدَدُ ٱلْأَفْرَادِ 男 ʿadadu al-ʾafrādi アダドゥル アフラード	(the) number (ザ) ナンバ
にんそう 人相 ninsou	مَلَامِحُ 複〔二段〕 malāmiḥu マラーミフ	physiognomy フィズィアグノミ
にんたい 忍耐 nintai	صَبْر 男 ṣabr サブル	patience ペイシェンス
にんにく にんにく ninniku	ثُومَة 女, ثُوم 集 thūm, thūmat スーム, スーマ	garlic ガーリク
にんぷ 妊婦 ninpu	حَامِل 女 ḥāmil ハーミル	pregnant woman プレグナント ウマン
にんむ 任務 ninmu	مُهِمَّة 女 muhimmat ムヒンマ	duty, office デューティ, オーフィス
にんめい 任命 ninmei	تَعْيِين 男 taʿyīn タアイーン	appointment アポイントメント

日	アラビア	英
～する	يُعَيِّنُ, 〔完〕 عَيَّنَ yuʿaiyinu, ʿaiyana ユアイイヌ, アイヤナ	appoint アポイント

ぬ, ヌ

日	アラビア	英
ぬいぐるみ 縫いぐるみ nuigurumi	لُعْبَة مَحْشُوَّة 女 luʿbat maḥshūwat ルウバ マフシューワ	stuffed toy スタフト トイ
ぬう 縫う nuu	يَخِيطُ, 〔完〕 خَاطَ yakhīṭu, khāṭa ヤヒートゥ, ハータ	sew, stitch ソウ, スティチ
ぬーどの ヌードの nuudono	عَارٍ〔二段〕 ʿārin アーリン	nude ヌード
ぬかるみ ぬかるみ nukarumi	وَحْل 男 waḥl ワフル	mud マド
ぬきんでる 抜きんでる nukinderu	مُتَفَوِّق mutafauwiq ムタファウウィク	surpass, excel サーパス, イクセル
ぬく 抜く　(引き抜く) nuku	يَخْلَعُ, 〔完〕 خَلَعَ yakhlaʿu, khalaʿa ヤフラウ, ハラア	pull out プル アウト
(取り除く)	يُزِيلُ, 〔完〕 أَزَالَ yuzīlu, ʾazāla ユズィール, アザーラ	remove リムーヴ
(追い抜く)	يَتَجَاوَزُ, 〔完〕 تَجَاوَزَ yatajāwazu, tajāwaza ヤタジャーワズ, タジャーワザ	outrun アウトラン
ぬぐ 脱ぐ nugu	يَخْلَعُ, 〔完〕 خَلَعَ yakhlaʿu, khalaʿa ヤフラウ, ハラア	take off テイク オーフ
ぬぐう 拭う nuguu	يَمْسَحُ, 〔完〕 مَسَحَ yamsaḥu, masaḥa ヤムサフ, マサハ	wipe ワイプ

日	アラビア	英
ぬける **抜ける** nukeru	**تَسَاقَطَ**, 〔完〕 **يَتَسَاقَطُ** yatasāqaṭu, tasāqaṭa ヤタサーカトゥ，タサーカタ	fall out フォール アウト
ぬし **主** nushi	**صَاحِب** 男 ṣāḥib サーヒブ	master, owner マスタ，オウナ
ぬすむ **盗む** （物などを） nusumu	**سَرَقَ**, 〔完〕 **يَسْرِقُ** yasriqu, saraqa ヤスリク，サラカ	steal, rob スティール，ラブ
（文章などを）	**اِنْتَحَلَ**, 〔完〕 **يَنْتَحِلُ** yantaḥilu, intaḥala ヤンタヒル，インタハラ	plagiarize プレイヂャライズ
ぬの **布** nuno	**قُمَاش** 男, 複 **أَقْمِشَة** qumāsh, ʾaqmishat クマーシュ，アクミシャ	cloth クロース
ぬま **沼** numa	**مُسْتَنْقَع** 男, 複 **مُسْتَنْقَعَات** mustanqaʿ, mustanqaʿāt ムスタンカア，ムスタンカアート	marsh, bog マーシュ，バグ
ぬらす **濡らす** nurasu	**بَلَّلَ**, 〔完〕 **يُبَلِّلُ** yuballilu, ballala ユバッリル，バッララ	wet, moisten ウェト，モイスン
ぬる **塗る** （色を） nuru	**دَهَنَ**, 〔完〕 **يَدْهُنُ** yadhunu, dahana ヤドフヌ，ダハナ	paint ペイント
（薬などを）	**دَهَنَ**, 〔完〕 **يَدْهُنُ** yadhunu, dahana ヤドフヌ，ダハナ	apply アプライ
ぬるい **ぬるい** nurui	**فَاتِر** fātir ファーティル	tepid, lukewarm テピド，ルークウォーム
ぬれる **濡れる** nureru	**اِبْتَلَّ**, 〔完〕 **يَبْتَلُّ** yabtallu, ibtalla ヤブタッル，イブタッラ	(get) wet (ゲト) ウェト

ぬ

日	アラビア	英

ね, ネ

日	アラビア	英
ね **根** ne	جُذُور 複 ,جِذْر 男 jidhr, judhūr ジズル, ジュズール	root ルート
ねあげする **値上げする** neagesuru	رَفَعَ 完 ,يَرْفَعُ ٱلْأَسْعَارَ ٱلْأَسْعَارَ yarfaʿu al-ʾasʿāra, rafaʿa al-ʾasʿāra ヤルファウル アスアーラ, ラファアル アスアーラ	raise prices レイズ プライセズ
ねうち **値打ち** neuchi	قِيَم 複 ,قِيمَة 女 qīmat, qiyam キーマ, キヤム	value, merit ヴァリュ, メリト
ねーむばりゅー **ネームバリュー** （確立された評判） neemubaryuu	سُمْعَة رَاسِخَة 女 sumʿat rāsikhat スムア ラースィハ	brand value ブランド ヴァリュ
ねおん **ネオン** neon	نِيُون 男 niyūn ニユーン	neon ニーアン
ねがい **願い** negai	أُمْنِيَّة 女 ʾumnīyat ウムニーヤ	wish, desire ウィシュ, ディザイア
ねがう **願う** negau	تَمَنَّى 完 ,يَتَمَنَّى yatamannā, tamannā ヤタマンナー, タマンナー	wish ウィシュ
ねかす **寝かす** （寝かしつける） nekasu	جَعَلَهُ يَنَامُ 完 ,يَجْعَلُهُ يَنَامُ yajʿalu-hu yanāmu, jaʿala-hu yanāmu ヤジュアルフ ヤナーム, ジャアラフ ヤナーム	put to bed プトトゥ ベド
ねぎ **葱** negi	بَصَل أَخْضَر 集 baṣal ʾakhḍar バサル アフダル	spring onion スプリング アニョン

日	アラビア	英
（リーキ）	كُرَّاث 男 kurrāth クッラース	leek リーク
ねぎる **値切る** negiru	يُسَاوِمُ, 完 سَاوَمَ yusāwimu, sāwama ユサーウィム，サーワマ	bargain バーゲン
ねくたい **ネクタイ** nekutai	رَبْطَةُ ٱلْعُنُقِ 女 rabṭatu al-ʿunuqi ラブタトゥル ウヌク	necktie, tie ネクタイ，タイ
ねこ **猫** neko	قِطّ 男 qiṭṭ キット	cat キャト
ねごとをいう **寝言を言う** negotowoiu	يَتَكَلَّمُ أَثْنَاءَ ٱلنَّوْمِ, 完 تَكَلَّمَ أَثْنَاءَ ٱلنَّوْمِ yatakallamu ʾathnāʾa al-naumi, takallama ʾathnāʾa al-naumi ヤタカッラム アスナーアン ナウム，タカッラマ アスナーアン ナウム	talk in one's sleep トーク イン スリープ
ねこむ **寝込む** （寝入る） nekomu	يَنَامُ نَوْمًا عَمِيقًا, 完 نَامَ نَوْمًا عَمِيقًا yanāmu nauman ʿamīqan, nāma nauman ʿamīqan ヤナーム ナウマン アミーカン，ナーマ ナウマン アミーカン	fall into a deep sleep フォール イントゥ ア ディープ スリープ
ねころぶ **寝転ぶ** nekorobu	يَسْتَلْقِي عَلَى, 完 اِسْتَلْقَى عَلَى yastalqī ʿalā, istalqā ʿalā ヤスタルキー アラー，イスタルカー アラー	lie down ライ ダウン
ねさがり **値下がり** nesagari	خَفْضُ ٱلسِّعْرِ 男 khafḍu al-siʿri ハフドゥッ スィアル	fall in price フォール イン プライス
ねさげ **値下げ** nesage	تَخْفِيضُ ٱلسِّعْرِ 男 takhfīḍu al-siʿri タフフィードゥッ スィアル	(price) reduction （プライス）リダクション

日	アラビア	英
～する	يُخَفِّضُ ٱلسِّعْرَ, 〔完〕خَفَّضَ ٱلسِّعْرَ yukhaffiḍu al-siʿra, khaffaḍa al-siʿra ユハッフィドゥッ スィアラ, ハッファダッ スィアラ	reduce prices リデュース プライセズ
ねじ **ねじ** neji	مِسْمَار لَوْلَبِيّ 男 mismār laulabīy ミスマール ラウラビー	screw スクルー
ねじる **捻じる** nejiru	يَلْوِي, 〔完〕لَوَى yalwī, lawā ヤルウィー, ラワー	twist, turn トウィスト, ターン
ねすごす **寝過ごす** （眠りに落ちている） nesugosu	يَسْتَغْرِقُ فِي ٱلنَّوْمِ, اِسْتَغْرَقَ فِي ٱلنَّوْمِ〔完〕 yastaghriqu fī al-naumi, istaghraqa fī al-naumi ヤスタグリク フィン ナウム, イスタグラカ フィン ナウム	oversleep オウヴァスリープ
ねずみ **鼠** nezumi	فَأْر 集, 複 فِئْرَان faʾr, fiʾrān ファアル, フィウラーン	rat, mouse ラト, マウス
ねたむ **嫉む** netamu	يَحْسُدُ عَلَى, 〔完〕حَسَدَ عَلَى yaḥsudu ʿalā, ḥasada ʿalā ヤフスドゥ アラー, ハサダ アラー	(be) jealous of, envy (ビ) チェラス オヴ, エンヴィ
ねだん **値段** nedan	سِعْر 男, 複 أَسْعَار siʿr, ʾasʿār スィアル, アスアール	price プライス
ねつ **熱** netsu	حَرَارَة 女 ḥarārat ハラーラ	heat, fever ヒート, フィーヴァ
（発熱）	حُمَّى 女 ḥummā フンマー	fever フィーヴァ

日	アラビア	英
ねつい 熱意 netsui	حَمَاس 男 ḥamās ハマース	zeal, eagerness ズィール, イーガネス
ねつききゅう 熱気球 netsukikyuu	بَالُون 男, 複 بَالُونَات ; مُنْطَاد 男, 複 مَنَاطِيدُ〔二段〕 bālūn, bālūnāt, munṭād, manāṭīdu バールーン, バールーナート, ムンタード, マナーティードゥ	hot-air balloon ハテア バルーン
ねっきょうてきな 熱狂的な nekkyoutekina	مُتَحَمِّس mutaḥammis ムタハンミス	fanatical, enthusiastic ファナティカル, インスューズィアスティク
ねっくれす ネックレス nekkuresu	عِقْد 男, 複 عُقُود ʿiqd, ʿuqūd イクド, ウクード	necklace ネクリス
ねっしんな 熱心な nesshinna	مُتَحَمِّس mutaḥammis ムタハンミス	eager, ardent イーガ, アーデント
ねっする 熱する nessuru	يُسَخِّنُ, 〔完〕 سَخَّنَ yusakhkhinu, sakhkhana ユサッヒヌ, サッハナ	heat ヒート
ねったい 熱帯 nettai	اَلْمِنْطَقَةُ الِاسْتِوَائِيَّةُ 女 al-minṭaqatu al-istiwāʾīyatu アル ミンタカトゥ リスティワーイーヤ	tropics, Torrid Zone トラピクス, トーリド ゾウン
～の	اِسْتِوَائِيّ istiwāʾīy イスティワーイー	tropical トラピカル
ねっちゅうする 熱中する necchuusuru	يُشْغَفُ بِ, 〔完〕 شُغِفَ بِ yushghafu bi, shughifa bi ユシュガフ ビ, シュギファ ビ	(be) absorbed in (ビ) アブソーブド イン
ねっと ネット netto	إِنْتَرْنِت 男 ʾintarnit インタルニト	net ネト
ねっとう 熱湯 nettou	مَاء مَغْلِيّ 男 māʾ maghlīy マーウ マグリー	boiling water ボイリング ウォータ

日	アラビア	英
ねっとわーく **ネットワーク** nettowaaku	شَبَكَة 女 shabakat シャバカ	network ネトワーク
情報～	شَبَكَةُ ٱلْمَعْلُومَاتِ 男 shabakatu al-maʿlūmāti シャバカトゥル マアルーマート	information network インフォメイション ネトワーク
ねつびょう **熱病** netsubyou	حُمَّى 女 ḥummā フンマー	fever フィーヴァ
ねづよい **根強い** nezuyoi	رَاسِخ rāsikh ラースィフ	deep-rooted ディープルーテド
ねつれつな **熱烈な** netsuretsuna	مُتَحَمِّس mutaḥammis ムタハンミス	passionate, ardent パショネト，アーデント
ねぱーる **ネパール** nepaaru	نِيبَال 女 nībāl ニーバール	Nepal ネパール
ねばねばの **ねばねばの** nebanebano	لَزِج lazij ラズィジュ	sticky スティキ
ねばり **粘り** nebari	لُزُوجَة 女 luzūjat ルズージャ	stickiness スティキネス
ねばりづよい **粘り強い** （我慢強い） nebarizuyoi	صَبُور ṣabūr サブール	tenacious, persistent ティネイシャス，パスィステント
（頑固な）	عَنِيد ʿanīd アニード	stubborn スタボン
ねばる **粘る**　（べとつく） nebaru	يَلْزَجُ, [完] لَزِجَ yalzaju, lazija ヤルザジュ，ラズィジャ	(be) sticky （ビ）スティキ

日	アラビア	英
ねびき **値引き** nebiki	تَخْفِيض 〔男〕 takhfīḍ タフフィード	discount ディスカウント
～する	يُخَفِّضُ ٱلسِّعْرَ, 〔完〕 خَفَّضَ ٱلسِّعْرَ yukhaffiḍu al-siʿra, khaffaḍa al-siʿra ユハッフィドゥッ スィアラ，ハッファダッ スィアラ	discount ディスカウント
ねぶそく **寝不足** nebusoku	قِلَّةُ ٱلنَّوْمِ 〔男〕 qillatu al-naumi キッラトゥン ナウム	want of sleep ワント オヴ スリープ
ねふだ **値札** nefuda	بِطَاقَةُ ٱلسِّعْرِ 〔女〕 biṭāqatu al-siʿri ビターカトゥッ スィアル	price tag プライス タグ
ねぼうする **寝坊する** （遅く起きる） nebousuru	يَسْتَيْقِظُ مُتَأَخِّرًا, 〔完〕 اِسْتَيْقَظَ مُتَأَخِّرًا yastaiqiẓu mutaʾakhkhiran, istaiqaẓa mutaʾakhkhiran ヤスタイキズ ムタアッヒラン，イスタイカザ ムタアッヒラン	get up late ゲト アプ レイト
ねぼける **寝ぼける** nebokeru	لَا يَسْتَيْقِظُ تَمَامًا مِنَ النَّوْمِ, 〔完〕 لَمْ يَسْتَيْقِظْ تَمَامًا مِنَ النَّوْمِ lā yastaiqiẓu tamāman min al-naumi, lam yastaiqiẓ tamāman min al-naumi ラー ヤスタイキズ タマーマン ミナッ ナウム，ラム ヤスタイキズ タマーマン ミナッ ナウム	(be) half asleep (ビ) ハフ アスリープ
ねむい **眠い** nemui	نَعْسَانُ 〔二段〕 naʿsānu ナサーン	(be) sleepy (ビ) スリーピ
ねむけ **眠気** nemuke	نُعَاس 〔男〕 nuʿās ヌアース	drowsiness ドラウズィネス

日	アラビア	英
ねむる **眠る** nemuru	**نَامَ** [完] **,يَنَامُ** yanāmu, nāma ヤナーム, ナーマ	sleep スリープ
ねらい **狙い** nerai	**أَهْدَاف** [複] **,هَدَف** [男] hadaf, ʾahdāf ハダフ, アフダーフ	aim エイム
ねらう **狙う** nerau	**هَدَفَ إِلَى** [完] **,يَهْدُفُ إِلَى** yahdufu ʾilā, hadafa ʾilā ヤフドゥフ イラー, ハダファ イラー	aim at エイム アト
ねる **寝る** (横になる) neru	**اِضْطَجَعَ** [完] **,يَضْطَجِعُ** yaḍṭajiʿu, iḍṭajaʿa ヤドタジウ, イドタジャア	lie down ライ ダウン
(寝床に入る)	**,يَذْهَبُ إِلَى ٱلْفِرَاشِ** **ذَهَبَ إِلَى ٱلْفِرَاشِ** [完] yadhhabu ʾilā al-firāshi, dhahaba ʾilā al-firāshi ヤズハブ イラル フィラーシュ, ザハバ イラル フィラーシュ	go to bed ゴウ トゥ ベド
(就寝する)	**نَامَ** [完] **,يَنَامُ** yanāmu, nāma ヤナーム, ナーマ	sleep スリープ
ねる **練る** (こねる) neru	**عَجَنَ** [完] **,يَعْجِنُ** yaʿjinu, ʿajana ヤアジヌ, アジャナ	knead ニード
(構想などを)	**فَكَّرَ فِي** [完] **,يُفَكِّرُ فِي** yufakkiru fī, fakkara fī ユファッキル フィー, ファッカラ フィー	polish パリシュ
ねん **年** nen	**,سَنَة** [女] **;أَعْوَام** [複] **,عَام** [男] **سَنَوَات** [複] ʿām, ʾaʿwām, sanat, sanawāt アーム, アアワーム, サナ, サナワート	year イヤ
ねんいりな **念入りな** nen-irina	**بِعِنَايَةٍ فَائِقَةٍ** bi-ʿināyatin fāʾiqatin ビーイナーヤ ファーイカ	careful, deliberate ケアフル, ディリバレト

日	アラビア	英
ねんがっぴ **年月日** (日付) nengappi	**تَارِيخ** 男 tārīkh ターリーフ	date デイト
ねんかん **年鑑** nenkan	**كِتَاب سَنَوِيّ** 男 ; **حَوْلِيَّة** 女 kitāb sanawīy, ḥaulīyat キターブ サナウィー，ハウリーヤ	almanac, annual オールマナク，アニュアル
ねんかんの **年間の** nenkanno	**سَنَوِيّ** sanawīy サナウィー	annual, yearly アニュアル，イヤリ
ねんきん **年金** nenkin	**مَعَاش** 男 maʿāsh マアーシュ	pension, annuity ペンション，アニュイティ
ねんげつ **年月** (時) nengetsu	**وَقْت** 男 waqt ワクト	time, years タイム，イヤズ
(期間)	**فَتْرَة** 男 fatrat ファトラ	period ピアリオド
ねんざ **捻挫** nenza	**اِلْتِوَاء** 男 iltiwāʾ イルティワーウ	sprain スプレイン
ねんしゅう **年収** nenshuu	**دَخْل سَنَوِيّ** 男 dakhl sanawīy ダフル サナウィー	annual income アニュアル インカム
ねんじゅう **年中** nenjuu	**طُولَ ٱلْعَامِ ; طُولَ ٱلسَّنَةِ** ṭūla al-ʿāmi, ṭūla al-sanati トゥーラル アーム，トゥーラッ サナ	all year オール イヤ
ねんしょう **燃焼** nenshou	**اِشْتِعَال** 男 ishtiʿāl イシュティアール	combustion コンバスチョン
ねんすう **年数** nensuu	**سَنَوَات** 複 sanawāt サナワート	years イヤズ
ねんだい **年代** nendai	**عَصْر** 男, **عُصُور** 複 ʿaṣr, ʿuṣūr アスル，ウスール	age, era エイヂ，イアラ

日	アラビア	英
ねんちょうの **年長の** nenchouno	كَبِيرُ ٱلسِّنِّ kabīru al-sinni カビールッ スィンヌ	senior スィーニア
ねんど **粘土** nendo	صَلْصَال 男 ṣalṣāl サルサール	clay クレイ
ねんぱいの **年配の** nenpaino	كَبِيرُ ٱلسِّنِّ kabīru al-sinni カビールッ スィンヌ	elderly, middle-aged エルダリ, ミドルエイヂド
ねんぴょう **年表** nenpyou	خَطّ زَمَنِيّ 男 khaṭṭ zamanīy ハット ザマニー	chronological table クラノラヂカル テイブル
ねんぽう **年俸** nenpou	رَاتِب سَنَوِيّ 男 rātib sanawīy ラーティブ サナウィー	annual salary アニュアル サラリ
ねんまつ **年末** nenmatsu	نِهَايَةُ ٱلْعَامِ 女 nihāyatu al-ʿāmi ニハーヤトゥル アーム	end of the year エンド オヴ ザ イヤ
ねんりょう **燃料** nenryou	وَقُود 男 waqūd ワクード	fuel フュエル
ねんりん **年輪** nenrin	حَلَقَاتُ ٱلشَّجَرَةِ 複 ḥalaqātu al-shajarati ハラカートゥッ シャジャラ	annual growth ring アニュアル グロウス リング
ねんれい **年齢** nenrei	عُمْر 男 ʿumr ウムル	age エイヂ

の, ノ

日	アラビア	英
のう **脳** nou	دِمَاغ 男, 複 أَدْمِغَة dimāgh, ʾadmighat ディマーグ, アドミガ	brain ブレイン
のうえん **農園** nouen	مَزْرَعَة 女, 複 مَزَارِعُ [二段] mazraʿat, mazāriʿu マズラア, マザーリウ	farm, plantation ファーム, プランテイション

日	アラビア	英
のうか **農家** nouka	مُزَارِع 男 muzāriʿ ムザーリウ	farmhouse ファームハウス
のうがく **農学** nougaku	عِلْمُ ٱلْإِنْتَاجِ ٱلنَّبَاتِيّ 男 ʿilmu al-ʾintāji al-nabātīy イルムル インタージン ナバーティー	(science of) agriculture (サイエンス オヴ) アグリカルチャ
のうき **納期**　(支払いの) nouki	مَوْعِد نِهَائِيّ لِلدَّفْع 男 mauʿid nihāʾīy li-al-dafʿi マウイド ニハーイー リッ ダフウ	date of payment デイト オヴ ペイメント
(品物の)	مَوْعِدُ ٱلتَّسْلِيم 男 mauʿidu al-taslīmi マウイドゥッ タスリーム	delivery date デリヴァリ デイト
のうぎょう **農業** nougyou	زِرَاعَة 女 zirāʿat ズィラーア	agriculture アグリカルチャ
のうぐ **農具** nougu	أَدَاةُ ٱلزِّرَاعَةِ 女 ʾadātu al-zirāʿati アダートゥッ ズィラーア	farming tool ファーミング トゥール
のうこうそく **脳梗塞** noukousoku	اِحْتِشَاء دِمَاغِيَّة 女 iḥtishāʾ dimāghīyat イフティシャーウ ディマーギーヤ	cerebral infarction セレブラル インファークション
のうさんぶつ **農産物** nousanbutsu	مَحَاصِيل زِرَاعِيَّة 複 maḥāṣīl zirāʿīyat マハースィール ズィラーイーヤ	farm products, farm produce ファーム プラダクツ, ファーム プラデュース
のうしゅっけつ **脳出血** noushukketsu	نَزِيفُ ٱلدِّمَاغِ 男 nazīfu al-dimāghi ナズィーフッ ディマーグ	cerebral hemorrhage セレブラル ヘモリヂ
のうじょう **農場** noujou	مَزْرَعَة 女, 複 مَزَارِعُ [二段] mazraʿat, mazāriʿu マズラア, マザーリウ	farm ファーム
のうしんとう **脳震盪** noushintou	اِرْتِجَاجُ ٱلْمُخِّ 男 irtijāju al-mukhkhi イルティジャージュル ムッフ	concussion of brain コンカション オヴ ブレイン

日	アラビア	英
のうぜい **納税** nouzei	دَفْعُ ٱلضَّرَائِبِ 男 dafʿu al-ḍarāʾibi **ダ**フウッ ダ**ラ**ーイブ	payment of taxes **ペ**イメント オヴ **タ**クセズ
のうそっちゅう **脳卒中** nousocchuu	سَكْتَة دِمَاغِيَّة 女 saktat dimāghīyat **サ**クタ ディマー**ギ**ーヤ	stroke, apoplexy スト**ロ**ウク, **ア**ポプレクスィ
のうそん **農村** nouson	قَرْيَة زِرَاعِيَّة 女 qaryat zirāʿīyat **カ**ルヤ ズィラー**イ**ーヤ	farm village **ファ**ーム **ヴィ**リヂ
のうたん **濃淡** noutan	تَظْلِيل 男 taẓlīl タズ**リ**ール	shading **シェ**イディング
のうち **農地** nouchi	أَرْض زِرَاعِيَّة 女 ʾarḍ zirāʿīyat **ア**ルド ズィラー**イ**ーヤ	farmland, agricultural land **ファ**ームランド, アグリ**カ**ルチュラル **ラ**ンド
のうど **濃度** noudo	كَثَافَة 女 kathāfat カ**サ**ーファ	density **デ**ンスィティ
のうどうたい **能動態** noudoutai	مَبْنِيّ لِلْمَعْلُوم 男 mabnīy li-al-maʿlūmi **マ**ブニー リール マア**ル**ーム	active voice **ア**クティヴ **ヴォ**イス
のうどうてきな **能動的な** noudoutekina	إِيجَابِيّ ʾījābīy イー**ジャ**ービー	active **ア**クティヴ
のうにゅうする **納入する** nounyuusuru	يُسَدِّدُ, 完 سَدَّدَ yusaddidu, saddada ユ**サ**ッディドゥ, **サ**ッダダ	pay, supply **ペ**イ, サプ**ラ**イ
(物を)	يُسَلِّمُ, 完 سَلَّمَ yusallimu, sallama ユ**サ**ッリム, **サ**ッラマ	deliver ディ**リ**ヴァ
のうはう **ノウハウ** nouhau	كَيْفِيَّة 女 kaifīyat カイ**フィ**ーヤ	know-how **ノ**ウハウ

の

日	アラビア	英
のうひんする **納品する** nouhinsuru	يُسَلِّمُ, [完] سَلَّمَ yusallimu, sallama ユ**サ**ッリム，**サ**ッラマ	deliver goods ディ**リ**ヴァ **グ**ヅ
のうみん **農民** noumin	فَلَّاح 男 fallāḥ ファッ**ラ**ーフ	farmer, peasant **ファ**ーマ，**ペ**ザント
のうむ **濃霧** noumu	ضَبَاب كَثِيف 男 ḍabāb kathīf ダ**バ**ーブ カ**スィ**ーフ	dense fog **デ**ンス **フォ**ーグ
のうやく **農薬** nouyaku	مَبِيدَات زِرَاعِيَّة 複 mabīdāt zirāʿīyat マビー**ダ**ート ズィラー**イ**ーヤ	agricultural chemicals アグリ**カ**ルチュラル **ケ**ミカルズ
のうりつ **能率** nouritsu	فَاعِلِيَّة 女 fāʿilīyat ファーイ**リ**ーヤ	efficiency イ**フィ**シエンスィ
〜的な	فَعَّال faʿʿāl ファッ**ア**ール	efficient イ**フィ**シェント
のうりょく **能力** nouryoku	قُدْرَة 女 qudrat **ク**ドラ	ability, capacity ア**ビ**リティ，カ**パ**スィティ
のーすりーぶの **ノースリーブの** noosuriibuno	بِلَا أَكْمَام bi-lā ʾakmāmi ビーラー アク**マ**ーム	sleeveless ス**リ**ーヴレス
のーと **ノート** nooto	دَفْتَر 男, 複 دَفَاتِرُ [二段] ; كُرَّاسَة 女 daftar, dafātiru, kurrāsat **ダ**フタル，ダ**ファ**ーティル，クッ**ラ**ーサ	notebook **ノ**ウトブク
〜パソコン	حَاسُوب مَحْمُول 男 ; لَابْتُوب 男 ḥāsūb maḥmūl, lābtūb ハー**ス**ーブ マフ**ム**ール，ラーブ**トゥ**ーブ	laptop, notebook computer **ラ**プタプ，**ノ**ウトブク コン**ピュ**ータ
のがす **逃す**　（逃がす） nogasu	يُهَرِّبُ, [完] هَرَّبَ yuharribu, harraba ユ**ハ**ッリブ，**ハ**ッラバ	let go, set free **レ**ト **ゴ**ウ，**セ**ト フ**リ**ー

日	アラビア	英
（捕らえ損なう）	يَفُوتُهُ, 〔完〕 فَاتَهُ yafūtu-hu, fāta-hu ヤフートゥーフ, ファーターフ	fail to catch フェイル トゥ キャチ
（チャンスを逃す）	تَفُوتُهُ فُرْصَةٌ, 〔完〕 فَاتَتْهُ فُرْصَةٌ tafūtu-hu furṣatun, fātat-hu furṣatun タフートゥーフ フルサ, ファータトーフ フルサ	miss a chance ミス ア チャンス
のがれる **逃れる** （脱出する・離れる） nogareru	يَتَهَرَّبُ مِنْ, 〔完〕 تَهَرَّبَ مِنْ yataharrabu min, taharraba min ヤタハッラブ ミン, タハッラバ ミン	escape イスケイプ
（避ける）	يُفْلِتُ مِنْ, 〔完〕 أَفْلَتَ مِنْ yuflitu min, ʾaflata min ユフリトゥ ミン, アフラタ ミン	avoid アヴォイド
のこぎり **鋸** nokogiri	مِنْشَار 男, 複 مَنَاشِيرُ 〔二段〕 minshār, manāshīru ミンシャール, マナーシール	saw ソー
のこす **残す** （置いてゆく） nokosu	يَتْرُكُ, 〔完〕 تَرَكَ yatruku, taraka ヤトルク, タラカ	leave behind, save リーヴ ビハインド, セイヴ
のこり **残り** nokori	بَقِيَّة 女 baqīyat バキーヤ	rest, remnants レスト, レムナンツ
のこる **残る** nokoru	يَبْقِي, 〔完〕 بَقِيَ yabqī, baqiya ヤブキー, バキヤ	stay, remain ステイ, リメイン
のずる **ノズル** nozuru	مِنْفَث 男, 複 مَنَافِثُ 〔二段〕 minfath, manāfithu ミンファス, マナーフィス	nozzle ナズル
のせる **乗せる** noseru	يُرَكِّبُ, 〔完〕 رَكَّبَ yurakkibu, rakkaba ユラッキブ, ラッカバ	give a lift, pick up ギヴ ア リフト, ピク アプ
のせる **載せる** （置く） noseru	يَضَعُ, 〔完〕 وَضَعَ yaḍaʿu, waḍaʿa ヤダウ, ワダア	put, set プト, セト

の

日	アラビア	英
(積む)	حَمَّلَ 〔完〕 ,يُحَمِّلُ yuḥammilu, ḥammala ユハンミル，ハンマラ	load on ロウド オン
(記載する)	نَشَرَ 〔完〕 ,يَنْشُرُ yanshuru, nashara ヤンシュル，ナシャラ	record, publish リコード，パブリシュ
のぞく **除く** nozoku　(取り去る)	أَزَالَ 〔完〕 ,يُزِيلُ yuzīlu, ʾazāla ユズィール，アザーラ	remove リムーヴ
(除外する)	اِسْتَثْنَى 〔完〕 ,يَسْتَثْنِي yastathnī, istathnā ヤスタスニー，イスタスナー	exclude, omit イクスクルード，オウミト
…は除いて	مَا عَدَا mā ʿadā マー アダー	except イクセプト
のぞく **覗く** nozoku	تَلَصَّصَ 〔完〕 ,يَتَلَصَّصُ yatalaṣṣaṣu, talaṣṣaṣa ヤタラッサス，タラッササ	peep ピープ
のぞみ **望み** nozomi　(願望)	أُمْنِيَّة 女 ʾumnīyat ウムニーヤ	wish, desire ウィシュ，ディザイア
(期待)	أَمَل 男, 複 آمَال ʾamal, ʾāmāl アマル，アーマール	hope, expectation ホウプ，エクスペクテイション
(見込み・可能性)	إِمْكَانِيَّة 女 ʾimkānīyat イムカーニーヤ	prospect, chance プラスペクト，チャンス
のぞむ **望む** nozomu　(願う)	تَمَنَّى 〔完〕 ,يَتَمَنَّى; يَرْجُو, رَجَا 〔完〕 yatamannā, tamannā, yarjū, rajā ヤタマンナー，タマンナー，ヤルジュー，ラジャー	want, wish ワント，ウィシュ
(期待する)	أَمَلَ 〔完〕 ,يَأْمَلُ yaʾmalu, ʾamala ヤアマル，アマラ	hope, expect ホウプ，イクスペクト

日	アラビア	英
のちに **後に** nochini	بَعْدَ baʿda バアダ	afterward, later アフタワド, レイタ
のちほど **後ほど** nochihodo	فِيمَا بَعْدُ fī-mā baʿdu フィーマー バアドゥ	later レイタ
のっくあうと **ノックアウト** nokkuauto	ضَرْبَة قَاضِيَة 女 ḍarbat qāḍīyat ダルバ カーディーヤ	knockout ナカウト
のっとる **乗っ取る**（会社を） nottoru	يَسْتَوْلِي عَلَى، 完 اِسْتَوْلَى عَلَى yastaulī ʿalā, istaulā ʿalā ヤスタウリー アラー, イスタウラー アラー	take over テイク オウヴァ
（飛行機を）	يَخْتَطِفُ، 完 اِخْتَطَفَ yakhtaṭifu, ikhtaṭafa ヤフタティフ, イフタタファ	hijack ハイヂャク
のど **喉** nodo	حَلْق 男 ḥalq ハルク	throat スロウト
のどかな **のどかな** nodokana	هَادِئ hādiʾ ハーディウ	peaceful, quiet ピースフル, クワイエト
ののしる **罵る** nonoshiru	يَشْتِمُ، 完 شَتَمَ yashtimu, shatama ヤシュティム, シャタマ	insult, curse インサルト, カース
のばす **伸ばす** （長くする・延長する） nobasu	يَمُدُّ، 完 مَدَّ ; يُطَوِّلُ، 完 طَوَّلَ yamuddu, madda, yuṭauwilu, ṭauwala ヤムッドゥ, マッダ, ユタウウィル, タウワラ	lengthen, stretch レングスン, ストレチ
（まっすぐにする）	يَسْتَقِيمُ، 完 اِسْتَقَامَ yastaqīmu, istaqāma ヤスタキーム, イスタカーマ	straighten ストレイトン

日	アラビア	英
(成長させる)	يُنَمِّي, 〔完〕 نَمَّى yunammī, nammā ユナンミー，ナンマー	develop ディヴェロプ
のばす **延ばす** (延長する) nobasu	يَمُدُّ, 〔完〕 مَدَّ yamuddu, madda ヤムッドゥ，マッダ	lengthen, extend レングスン，イクステンド
(延期する)	يُؤَجِّلُ, 〔完〕 أَجَّلَ yu'ajjilu, 'ajjala ユアッジル，アッジャラ	put off, delay プト オーフ，ディレイ
のはら **野原** nohara	حَقْل 男, 複 حُقُول ḥaql, ḥuqūl ハクル，フクール	fields フィールヅ
のびのびと **伸び伸びと** (リラックスして) nobinobito	بِطَرِيقَةٍ مُرِيحَةٍ bi-ṭarīqatin murīḥatin ビータリーカ ムリーハ	free and easy フリー アンド イーズィ
のびる **伸びる** (延長する) nobiru	يَمْتَدُّ, 〔完〕 اِمْتَدَّ ; يَطُولُ, 〔完〕 طَالَ yamtaddu, imtadda, yaṭūlu, ṭāla ヤムタッドゥ，イムタッダ，ヤトゥール，ターラ	extend, stretch イクステンド，ストレチ
(成長する)	يَتَحَسَّنُ, 〔完〕 تَحَسَّنَ yataḥassanu, taḥassana ヤタハッサヌ，タハッサナ	develop, grow ディヴェロプ，グロウ
のびる **延びる** (延期される) nobiru	يَتَأَجَّلُ, 〔完〕 تَأَجَّلَ yata'ajjalu, ta'ajjala ヤタアッジャル，タアッジャラ	(be) put off, (be) postponed (ビ) プト オーフ，(ビ) ポウストポウンド
(延長される)	يَمْتَدُّ, 〔完〕 اِمْتَدَّ yamtaddu, imtadda ヤムタッドゥ，イムタッダ	(be) prolonged (ビ) プロローングド
のべ **延べ** nobe	مَجْمُوع 男 majmū' マジュムーウ	total トウタル

日	アラビア	英
のべる **述べる** noberu	**يَقُولُ, [完] قَالَ ; يَذْكُرُ, [完] ذَكَرَ** yaqūlu, qāla, yadhkuru, dhakara ヤクール, カーラ, ヤズクル, ザカラ	tell, state テル, ステイト
のぼせる **のぼせる** (夢中になる) noboseru	**مَجْنُون بِ ; يُحِبُّ بِجُنُونٍ, [完] أَحَبَّ بِجُنُونٍ** majnūn bi, yuḥibbu bi-junūnin, ʾaḥabba bi-junūnin マジュヌーン ビ, ユヒッブ ビ-ジュヌーン, アハッバ ビ-ジュヌーン	(be) crazy about (ビ) クレイズィ アバウト
のぼり **上り** nobori	**صَاعِد** ṣāʿid サーイド	rise, ascent ライズ, アセント
のぼる **上る** (人や物が) noboru	**يَصْعَدُ, [完] صَعِدَ** yaṣʿadu, ṣaʿida ヤスアドゥ, サイダ	go up ゴウ アプ
(ある数量に)	**يَبْلُغُ, [完] بَلَغَ** yablughu, balagha ヤブルグ, バラガ	amount to, reach アマウント トゥ, リーチ
のぼる **昇る** (太陽が) noboru	**يُشْرِقُ, [完] أَشْرَقَ** yushriqu, ʾashraqa ユシュリク, アシュラカ	rise ライズ
(月が)	**يَطْلُعُ, [完] طَلَعَ** yaṭluʿu, ṭalaʿa ヤトルウ, タラア	ascend アセンド
(ある地位に)	**يَرْتَقِي, [完] اِرْتَقَى** yartaqī, irtaqā ヤルタキー, イルタカー	(be) promoted (ビ) プロモウテド
のぼる **登る** noboru	**يَتَسَلَّقُ, [完] تَسَلَّقَ** yatasallaqu, tasallaqa ヤタサッラク, タサッラカ	climb クライム
のみ **蚤** nomi	**بُرْغُوث** 男, 複 **بَرَاغِيثُ** [二段] burghūth, barāghīthu ブルグース, バラーギース	flea フリー

日	アラビア	英
のみぐすり **飲み薬** nomigusuri	دَوَاء 男, 複 أَدْوِيَة dawāʾ, ʾadwiyat ダワーウ, アドウィヤ	oral medication オーラル メディケイション
のみこむ **飲み込む** nomikomu	يَبْتَلِعُ, 〔完〕اِبْتَلَعَ yabtaliʿu, ibtalaʿa ヤブタリウ, イブタラア	swallow スワロウ
のみねーとする **ノミネートする** nomineetosuru	يَتَرَشَّحُ, 〔完〕تَرَشَّحَ yatarashshaḥu, tarashshaḥa ヤタラッシャフ, タラッシャハ	nominate ナミネイト
のみほす **飲み干す** nomihosu	يَشْرَبُ كُلَّهُ, 〔完〕شَرِبَ كُلَّهُ yashrabu kullahu, shariba kullahu ヤシュラブ クッラフ, シャリバ クッラフ	gulp down ガルプ ダウン
のみもの **飲み物** nomimono	مَشْرُوب 男, 複 مَشْرُوبَات mashrūb, mashrūbāt マシュルーブ, マシュルーバート	drink, beverage ドリンク, ベヴァリヂ
のみや **飲み屋** nomiya	حَانَة 女 ḥānat ハーナ	tavern, bar タヴァン, バー
のむ **飲む** nomu	يَشْرَبُ, 〔完〕شَرِبَ yashrabu, shariba ヤシュラブ, シャリバ	drink, take ドリンク, テイク
のり **糊** nori	صَمْغ 男 ṣamgh サムグ	paste, starch ペイスト, スターチ
のりおくれる **乗り遅れる** noriokureru	يَفُوتُهُ, 〔完〕فَاتَهُ yafūtu-hu, fāta-hu ヤフートゥーフ, ファーターフ	miss ミス
のりかえ **乗り換え** norikae	تَغْيِير 男 taghyīr タグイール	change, transfer チェインヂ, トランスファ
のりかえる **乗り換える** norikaeru	يُغَيِّرُ, 〔完〕غَيَّرَ yughaiyiru, ghaiyara ユガイイル, ガイヤラ	change チェインヂ

日	アラビア	英
のりくみいん **乗組員** norikumiin	**طَاقِم** 男 ṭāqim ターキム	crew クルー
のりば **乗り場** noriba	**مَوْقِف** 男 ; **مَحَطَّة** 女 mauqif, maḥaṭṭat マウキフ，マハッタ	stop, platform スタプ，プラトフォーム
のりもの **乗り物** norimono	**مَرْكَبَة** 女 markabat マルカバ	vehicle ヴィークル
のる **乗る** (上に) noru	**يَصْعَدُ**, 〔完〕**صَعِدَ** yaṣʿadu, ṣaʿida ヤスアドゥ，サイダ	get on ゲト オン
(乗り物に)	**يَرْكَبُ**, 〔完〕**رَكِبَ** yarkabu, rakiba ヤルカブ，ラキバ	ride, take ライド，テイク
のる **載る** noru	**يُنْشَرُ**, 〔完〕**نُشِرَ** yunsharu, nushira ユンシャル，ヌシラ	appear アピア
のるうぇー **ノルウェー** noruwee	**اَلنُّرْوِيج** 女 al-nurwīj アン ヌルウィージュ	Norway ノーウェイ
のるま **ノルマ** noruma	**وَاجِب** 男 wājib ワージブ	quota クウォウタ
のんあるこーるの **ノンアルコールの** non-arukooruno	**غَير كُحُولِيّ** ghair kuḥūlīyin ガイル クフーリー	non-alcoholic ナンアルコホーリク
のんふぃくしょん **ノンフィクション** nonfikushon	**غَيْر خِيَالِيّ** ghair khiyālīyin ガイル ヒヤーリー	nonfiction ナンフィクション

は, ハ

日	アラビア	英
は **歯** ha	**أَسْنَان** 複, **سِنّ** 女 sinn, ʾasnān スィン, アスナーン	tooth トゥース
は **刃** ha	**حُدُود** 複, **حَدّ** 男 ḥadd, ḥudūd ハッド, フドゥード	edge, blade エヂ, ブレイド
は **葉** ha	**أَوْرَاقُ** 複, **وَرَقُ ٱلشَّجَرِ** 男 **ٱلشَّجَرِ** waraqu al-shajari, ʾaurāqu al-shajari ワラクッ シャジャル, アウラークッ シャジャル	leaf, blade リーフ, ブレイド
ばー **バー** (酒場) baa	**بَار** 男 **;** **حَانَة** 女 ḥānat, bār ハーナ, バール	bar, tavern バー, タヴァン
ばあい **場合** baai	**حَالَة** 女 ḥālat ハーラ	case, occasion ケイス, オケイジョン
…の～に	**فِي حَالَةٍ** fī ḥālatin フィー ハーラ	in the case of イン ザ ケイス オヴ
はあくする **把握する** haakusuru	**يُدْرِكُ,** **فَهِمَ** [完] **;** **يَفْهَمُ,** **أَدْرَكَ** [完] yafhamu, fahima, yudriku, ʾadraka ヤフハム, ファヒマ, ユドリク, アドラカ	grasp, comprehend グラスプ, カンプリヘンド
ばーげん **バーゲン** baagen	**أُوكَازِيُون** 男 ʾūkāziyūn ウーカーズィユーン	sale, bargain セイル, バーゲン

は

日	アラビア	英
ばーじょん **バージョン** baajon	**طِرَاز** 男, 複 **طِرَازَات** 男; **نَمَط**, 複 **أَنْمَاط** ṭirāz, ṭirāzāt, namaṭ, ʾanmāṭ ティラーズ, ティラーザート, ナマト, アンマート	version ヴァージョン
ばーたーとりひき **バーター取り引き** **(物々交換)** baataatorihiki	**مُقَايَضَة** 女 muqāyaḍat ムカーヤダ	barter バータ
ばーちゃるな **バーチャルな** baacharuna	**اِفْتِرَاضِيّ** iftirāḍīy イフティラーディー	virtual ヴァーチュアル
はーと **ハート** haato	**قَلْب** 男, 複 **قُلُوب** qalb, qulūb カルブ, クルーブ	heart ハート
ぱーと **パート** paato	**دَوَام جُزْئِيّ** 男 dawām juzʾīy ダワーム ジュズイー	part-time パートタイム
～タイマー	**مُوَظَّف بِدَوَامٍ جُزْئِيٍّ** 男 muwaẓẓaf bi-dawāmin juzʾīyin ムワッザフ ビーダワーム ジュズイー	part-timer パートタイマ
はーどうぇあ **ハードウェア** haadowea	**عَتَادُ ٱلْحَاسُوبِ** 男 ʿatādu al-ḥāsūbi アタードゥル ハースーブ	hardware ハードウェア
はーどでぃすく **ハードディスク** haadodisuku	**قُرْصُ صُلْبٍ** 男 qurṣu ṣulbin クルス スルブ	hard disk ハード ディスク
ぱーとなー **パートナー** paatonaa	**شَرِيك** 男, 複 **شُرَكَاءُ** 〔二段〕 sharīk, shurakāʾu シャリーク, シュラカーウ	partner パートナ
はーどる **ハードル** haadoru	**حَاجِز** 男, 複 **حَوَاجِزُ** 〔二段〕 ḥājiz, ḥawājizu ハージズ, ハワージズ	hurdle ハードル
～競走	**سِبَاقُ ٱلْحَوَاجِزِ** 男 sibāqu al-ḥawājizi スィバークル ハワージズ	hurdle race ハードル レイス

日	アラビア	英
はーぶ **ハーブ** haabu	**عُشْب** 男, 複 **أَعْشَاب** ʿushb, ʾaʿshāb ウシュブ, アアシャーブ	herb アーブ
ばーべきゅー **バーベキュー** baabekyuu	**بَارْبِكِيُو** 女 bārbikiyū バービキユー	barbecue バービキュー
ばーぼん **バーボン** baabon	**بَرْبُون** 女 barbūn バルブーン	bourbon バーボン
ぱーま **パーマ** paama	**تَمْوِيجُ ٱلشَّعْرِ** 男 tamwīju al-shaʿri タムウィージュッ シャアル	permanent パーマネント
はーもにか **ハーモニカ** haamonika	**هُرْمُونِيكَا** 女 hurmūnīkā フルムーニーカー	harmonica ハーマニカ
ばーれーん **バーレーン** baareen	**اَلْبَحْرَيْن** 女 al-baḥrain アル バフライン	Bahrain バーレイン
はい **灰** hai	**رَمَاد** 男, 複 **أَرْمِدَة** ramād, ʾarmidat ラマード, アルミダ	ash アシュ
はい **肺** hai	**رِئَة** 女 riʾat リア	lung ラング
はい **胚** hai	**جَنِين** 男, 複 **أَجِنَّة** janīn, ʾajinnat ジャニーン, アジンナ	embryo エンブリオウ
ばい **倍** bai	**ضِعْف** 男, 複 **أَضْعَاف** ḍiʿf, ʾaḍʿāf ディウフ, アドアーフ	twice, double トワイス, ダブル
ぱい **パイ** pai	**فَطِيرَة** 女, 複 **فَطَائِرُ** [二段] faṭīrat, faṭāʾiru ファティーラ, ファターイル	pie, tart パイ, タート
ばいあすろん **バイアスロン** baiasuron	**اَلْبَيَاثْلُون** 女 al-bayāthulūn アル バヤースルーン	biathlon バイアスロン

日	アラビア	英
はいいろの **灰色の** haiirono	رَمَادِيّ ramādīy ラマーディー	gray, Ⓑgrey グレイ, グレイ
はいえい **背泳** haiei	سِبَاحَةُ ٱلظَّهْرِ 女 sibāḥatu al-ẓahri スィバーハトゥッ ザフル	backstroke バクストロウク
はいえん **肺炎** haien	اِلْتِهَاب رِئَوِيّ 男 iltihāb riʾawīy イルティハーブ リアウィー	pneumonia ニュモウニア
ばいおてくのろじー **バイオテクノロジー** baiotekunoroji	اَلتَّقْنِيَّةُ ٱلْحَيَوِيَّةُ 女 al-taqnīyatu al-ḥayawīyatu アッ タクニーヤトゥル ハヤウィーヤ	biotechnology バイオウテクナロディ
ぱいおにあ **パイオニア** paionia	رَائِد 男, 複 رُوَّاد rāʾid, ruwwād ラーイド, ルッワード	pioneer パイオニア
ばいおりん **バイオリン** baiorin	كَمَان 男 kamān カマーン	violin ヴァイオリン
はいかつりょう **肺活量** haikatsuryou	سَعَةُ ٱلرِّئَةِ 女 saʿatu al-riʾati サアトゥッ リア	lung capacity ラング カパスィティ
はいがん **肺癌** haigan	سَرَطَانُ ٱلرِّئَةِ 男 saraṭānu al-riʾati サラターヌッ リア	lung cancer ラング キャンサ
はいきがす **排気ガス** haikigasu	غَاز عَادِم 男 ghāz ʿādim ガーズ アーディム	exhaust gas イグゾースト ギャス
はいきぶつ **廃棄物** haikibutsu	مُخَلَّفَات 複 mukhallafāt ムハッラファート	waste ウェイスト
はいきょ **廃虚** haikyo	اَلْمَبْنِي ٱلْمَهْجُور 男 al-mabnī al-mahjūr アル マブニル マフジュール	ruins ルーインズ
ばいきん **ばい菌** baikin	جُرْثُوم 男, 複 جَرَاثِيمُ〔二段〕 jurthūm, jarāthīmu ジュルスーム, ジャラースィーム	bacteria, germ バクティアリア, ヂャーム

は

日	アラビア	英
ばいく **バイク** baiku	دَرَّاجَة نَارِيَّة 女 darrājat nārīyat ダッラージャ ナーリーヤ	motorbike モウタバイク
はいぐうしゃ **配偶者** haiguusha	زَوْج 男, 複 أَزْوَاج zauj, ʾazwāj ザウジュ, アズワージュ	spouse スパウズ
はいけい **背景** （出来事の） haikei	خَلْفِيَّة 女 khalfīyat ハルフィーヤ	background バクグラウンド
（物語の）	خَلْفِيَّة 女 khalfīyat ハルフィーヤ	setting セティング
はいけっかく **肺結核** haikekkaku	سُلّ رِئَوِيّ 男 sull riʾawīy スッル リアウィー	tuberculosis テュバーキュロウスィス
はいけつしょう **敗血症** haiketsushou	تَعَفُّنُ ٱلدَّمِ 男 taʿaffunu al-dami タアッフヌッ ダム	septicemia セプティスィーミア
はいご **背後** haigo	خَلْف 男 khalf ハルフ	back, rear バク, リア
はいざら **灰皿** haizara	مِنْفَضَة 女, 複 مَنَافِضُ〔二段〕 minfaḍat, manāfiḍu ミンファダ, マナーフィドゥ	ashtray アシュトレイ
はいしする **廃止する** haishisuru	يُلْغِي, 〔完〕 أَلْغَى yulghī, ʾalghā ユルギー, アルガー	abolish, repeal アバリシュ, リピール
はいしゃ **歯医者** haisha	طَبِيبُ أَسْنَانٍ 男 ṭabību ʾasnānin タビーブ アスナーン	dentist デンティスト
はいじゃっく **ハイジャック** haijakku	اِخْتِطَاف 男 ikhtiṭāf イフティターフ	hijack ハイヂャク
〜する	يَخْتَطِفُ, 〔完〕 اِخْتَطَفَ yakhtaṭifu, ikhtaṭafa ヤフタティフ, イフタタファ	hijack ハイヂャク

日	アラビア	英
ばいしゅうする **買収する** baishuusuru	**يَشْتَرِي, اِشْتَرَى** 〔完〕 yashtarī, ishtarā **ヤ**シュタリー, **イ**シュタラー	purchase, bribe **パ**ーチェス, ブ**ラ**イブ
ばいしゅん **売春** baishun	**دَعَارَة** 女 daʿārat ダ**ア**ーラ	prostitution プラスティ**テュ**ーション
ばいしょう **賠償** baishou	**تَعْوِيضَات** 複 taʿwīḍāt タアウィー**ダ**ート	reparation, compensation レパ**レ**イション, カンペン**セ**イション
～する	**يُعَوِّضُ, عَوَّضَ** 〔完〕 yuʿauwiḍu, ʿauwaḍa ユ**ア**ウウィドゥ, **ア**ウワダ	compensate **カ**ンペンセイト
はいすい **排水** haisui	**تَصْرِيفُ ٱلْمِيَاهِ** 男 taṣrīfu al-miyāhi タス**リ**ーフル ミ**ヤ**ーフ	drainage ド**レ**イニヂ
はいせつ **排泄** haisetsu	**إِخْرَاج** 男 ʾikhrāj イフ**ラ**ージュ	excretion イクスク**リ**ーション
はいせん **敗戦** haisen	**هَزِيمَة** 女, 複 **هَزَائِمُ** 〔二段〕 hazīmat, hazāʾimu ハ**ズィ**ーマ, ハ**ザ**ーイム	defeat ディ**フィ**ート
はいた **歯痛** haita	**أَلَمُ ٱلْأَسْنَانِ** 男 ʾalamu al-ʾasnāni **ア**ラムル アス**ナ**ーン	toothache **トゥ**ーセイク
ばいたい **媒体**（仲介・媒介） baitai	**وَسِيط** 男, 複 **وُسَطَاءُ** 〔二段〕 wasīṭ, wusaṭāʾu ワ**スィ**ート, ウサ**タ**ーウ	medium **ミ**ーディアム
はいたつ **配達** haitatsu	**تَوْصِيل مَنْزِلِي** 男 tauṣīl manzilīy タウ**スィ**ール **マ**ンズィリー	delivery ディ**リ**ヴァリ
～する	**يُوَصِّلُ, وَصَّلَ** 〔完〕 yuwaṣṣilu, waṣṣala ユ**ワ**ッスィル, **ワ**ッサラ	deliver ディ**リ**ヴァ

は

日	アラビア	英
ばいたりてぃー **バイタリティー** baitaritii	حَيَوِيَّة 女 ḥayawīyat ハヤウィーヤ	vitality ヴァイタリティ
はいてく **ハイテク** haiteku	تَقْنِيَّة عَالِيَّة 女 taqnīyat ʿālīyat タクニーヤ アーリーヤ	high tech ハイ テク
ばいてん **売店** baiten	كُشْك 女, 複 أَكْشَاك kushk, ʾakshāk クシュク, アクシャーク	stall, stand ストール, スタンド
はいとう **配当** haitou	تَوْزِيعُ ٱلْأَرْبَاحِ 男 tauzīʿu al-ʾarbāḥi タウズィーウル アルバーフ	dividend ディヴィデンド
ぱいなっぷる **パイナップル** painappuru	أَنَانَاس 男 ʾanānās アナーナース	pineapple パイナプル
ばいばい **売買** baibai	شِرَاء وَبَيْع 男 shirāʾ wa-baiʿ シラーウ ワ-バイウ	dealing ディーリング
はいひーる **ハイヒール** haihiiru	حِذَاءُ ذُو كَعْبٍ عَالٍ 男 ḥidhāʾu dhū kaʿbin ʿālin ヒザーウ ズー カアブ アーリン	high heels ハイ ヒールズ
はいふ **配布** haifu	تَوْزِيع 男 tauzīʿ タウズィーウ	distribution ディストリビューション
～する	يُوَزِّعُ, 〔完〕 وَزَّعَ yuwazziʿu, wazzaʿa ユワッズィウ, ワッザア	distribute ディストリビュト
ぱいぷ **パイプ** (管) paipu	أُنْبُوب 男, 複 أَنَابِيبُ 〔二段〕 ʾunbūb, ʾanābību ウンブーブ, アナービーブ	pipe パイプ
(煙草の)	غَلْيُون 男, 複 غَلَايِينُ 〔二段〕 ghalyūn, ghalāyīnu ガルユーン, ガラーイーン	pipe パイプ
ぱいぷおるがん **パイプオルガン** paipuorugan	أُرْغُن 男 ʾurghun ウルグン	pipe organ パイプ オーガン

日	アラビア	英
はいふん **ハイフン** haifun	**وَاصِلَة** 女 wāṣilat ワースィラ	hyphen ハイフン
はいぼく **敗北** haiboku	**هَزِيمَة** 女 ; **اِنْهِزَام** 男 hazīmat, inhizām ハズィーマ, インヒザーム	defeat ディフィート
はいゆう **俳優** haiyuu	**مُمَثِّل** 男 mumaththil ムマッスィル	actor, actress アクタ, アクトレス
はいる **入る** (中へ行く) hairu	**يَدْخُلُ**, 完 **دَخَلَ** yadkhulu, dakhala ヤドフル, ダハラ	enter, go in エンタ, ゴウ イン
(加入する)	**يَنْضَمُّ إِلَى**, 完 **اِنْضَمَّ إِلَى** yanḍammu ʾilā, inḍamma ʾilā ヤンダンム イラー, インダンマ イラー	join ヂョイン
(収容できる)	**يَتَّسِعُ لِ**, 完 **اِتَّسَعَ لِ** yattasiʿu li, ittasaʿa li ヤッタスィウ リ, イッタサア リ	accommodate, hold アカモデイト, ホウルド
はいれつ **配列** hairetsu	**تَرْتِيب** 男 tartīb タルティーブ	arrangement アレインヂメント
ぱいろっと **パイロット** pairotto	**طَيَّار** 男 ṭaiyār タイヤール	pilot パイロト
はう **這う** hau	**يَزْحَفُ**, 完 **زَحَفَ** yazḥafu, zaḥafa ヤズハフ, ザハファ	crawl, creep クロール, クリープ
はえ **蝿** hae	**ذُبَاب** 集, 複 **ذِبَّان**, **ذُبَابَة** 女 dhubāb, dhibbān, dhubābat ズバーブ, ズィッバーン, ズバーバ	fly フライ
はえる **生える** haeru	**يَنْمُو**, 完 **نَمَا** yanmū, namā ヤンムー, ナマー	grow, come out グロウ, カム アウト
はか **墓** haka	**مَقْبَر** 男, 複 **مَقَابِرُ** 二段 maqbar, maqābiru マクバル, マカービル	grave, tomb グレイヴ, トゥーム

日	アラビア	英
ばか **馬鹿** baka	أَحْمَقُ 男〔二段〕; غَبِيّ 男 ʾaḥmaqu, ghabīy アフマク, ガビー	idiot イディオト
～な	أَحْمَقُ〔二段〕; غَبِيّ ʾaḥmaqu, ghabīy アフマク, ガビー	foolish フーリシュ
はかいする **破壊する** hakaisuru	يُهَدِّمُ, 〔完〕هَدَّمَ; يُدَمِّرُ, 〔完〕دَمَّرَ yuhaddimu, haddama, yudammiru, dammara ユハッディム, ハッダマ, ユダンミル, ダンマラ	destroy ディストロイ
はがき **葉書** hagaki	بِطَاقَة بَرِيدِيَّة 女 ṭāqat barīdīyat ビターカ バリーディーヤ	postcard ポウストカード
はがす **剥がす** (除去する) hagasu	يُزِيلُ, 〔完〕أَزَالَ yuzīlu, ʾazāla ユズィール, アザーラ	tear, peel テア, ピール
はかせ **博士** hakase	دُكْتُور 男, 複 دَكَاتِرَة duktūr, dakātirat ドゥクトゥール, ダカーティラ	doctor ダクタ
はかどる **捗る** hakadoru	يَتَقَدَّمُ, 〔完〕تَقَدَّمَ yataqaddamu, taqaddama ヤタカッダム, タカッダマ	make progress メイク プラグレス
はかない **はかない** hakanai	عَابِر; زَائِل ʿābir, zāʾil アービル, ザーイル	transient, vain トランシェント, ヴェイン
ばかばかしい **馬鹿馬鹿しい** bakabakashii	سَخِيف sakhīf サヒーフ	ridiculous, absurd リディキュラス, アブサード
はかり **秤** hakari	مِيزَان 男, 複 مَوَازِينُ〔二段〕 mīzān, mawāzīnu ミーザーン, マワーズィーン	balance, scales バランス, スケイルズ
はかる **計る** (重さを) hakaru	يَزِنُ, 〔完〕وَزَنَ yazinu, wazana ヤズィヌ, ワザナ	measure, weigh メジャ, ウェイ

日	アラビア	英
(長さ・温度を)	قَاسَ ,يَقِيسُ 完 yaqīsu, qāsa ヤキース，カーサ	measure メジャ
はかる 図る hakaru	خَطَّطَ ,يُخَطِّطُ 完 yukhaṭṭiṭu, khaṭṭaṭa ユハッティトゥ，ハッタタ	plan, attempt プラン，アテンプト
(試みる)	حَاوَلَ ,يُحَاوِلُ 完 yuḥāwilu, ḥāwala ユハーウィル，ハーワラ	attempt アテンプト
はき 破棄 (判決の) haki	إِلْغَاء 男 ʾilghāʾ イルガーウ	reversal リヴァーサル
(約束の)	إِلْغَاء 男 ʾilghāʾ イルガーウ	cancellation, annulment キャンセレイション，アナルメント
～する	أَلْغَى ,يُلْغِي 完 yulghī, ʾalghā ユルギー，アルガー	cancel キャンセル
はきけ 吐き気 hakike	غَثَيَان 男 ghathayān ガサヤーン	nausea ノーズィア
ぱきすたん パキスタン pakisutan	بَاكِسْتَان 女 bākistān バーキスターン	Pakistan パキスタン
はきゅうする 波及する hakyuusuru	اِنْتَشَرَ ,يَنْتَشِرُ 完 yantashiru, intashara ヤンタシル，インタシャラ	spread, influence スプレド，インフルエンス
はきょく 破局 hakyoku	اِنْفِصَال 男 infiṣāl インフィサール	catastrophe カタストロフィ
はく 吐く haku	تَقَيَّأَ ,يَتَقَيَّأُ 完 yataqaiyaʾu, taqaiyaʾa ヤタカイヤウ，タカイヤア	vomit ヴァミト

日	アラビア	英
（唾を）	يَبْصُقُ, 〔完〕بَصَقَ yabṣaqu, baṣaqa ヤブサク, バサカ	spit スピト
はく 掃く haku	يَكْنُسُ, 〔完〕كَنَسَ yaknusu, kanasa ヤクヌス, カナサ	sweep, clean スウィープ, クリーン
はく 履く haku	يَرْتَدِي, 〔完〕اِرْتَدَى yartadī, irtadā ヤルタディー, イルタダー	put on, wear プト オン, ウェア
はぐ 剥ぐ hagu	يَسْلَخُ, 〔完〕سَلَخَ yaslakhu, salakha ヤスラフ, サラハ	peel, skin ピール, スキン
ばぐ バグ bagu	خَطَأٌ 男 khaṭa’ ハタウ	bug バグ
はくがいする 迫害する hakugaisuru	يَضْطَهِدُ, 〔完〕اِضْطَهَدَ yaḍṭahidu, iḍṭahada ヤドタヒドゥ, イドタハダ	persecute パースィキュート
はぐき 歯茎 haguki	لِثَة 女 lithat リサ	gums ガムズ
ばくげき 爆撃 bakugeki	قَصْف 男 qaṣf カスフ	bombing バミング
～機	قَاذِفَة 女 qādhifat カーズィファ	bomber バマ
～する	يَقْصِفُ, 〔完〕قَصَفَ yaqṣifu, qaṣafa ヤクスィフ, カサファ	bomb バム
はくし 白紙 hakushi	وَرَقَة بَيْضَاء 女 waraqat baiḍā’ ワラカ バイダーウ	blank paper ブランク ペイパ
はくしかてい 博士課程 hakushikatei	دِرَاسَةُ ٱلدُّكْتُورَاةِ 女 dirāsatu al-duktūrāti ディラーサトゥッ ドゥクトゥーラー	doctor's course ダクタズ コース

日	アラビア	英
はくしごう **博士号** hakushigou	**دَرَجَةُ ٱلدُّكْتُوراةِ** 女 darajatu al-duktūrāti ダラジャトゥッ ドゥクトゥーラー	doctorate, Ph.D. ダクタレト，ピーエイチディー
はくしゅする **拍手する** hakushusuru	**يُصَفِّقُ,** 〔完〕**صَفَّقَ** yuṣaffiqu, ṣaffaqa ユサッフィク，サッファカ	clap one's hands クラプ ハンヅ
はくしょ **白書** hakusho	**تَقْرِير** 男 taqrīr タクリール	white book (ホ)ワイト ブク
はくじょうする **白状する** hakujousuru	**يَعْتَرِفُ,** 〔完〕**اِعْتَرَفَ** yaʿtarifu, iʿtarafa ヤアタリフ，イウタラファ	confess コンフェス
はくじょうな **薄情な** hakujouna	**بِلَا قَلْبٍ** bi-lā qalbin ビ-ラー カルブ	coldhearted コウルドハーテド
ばくだいな **莫大な** bakudaina	**ضَخْم** ḍakhm ダフム	vast, immense ヴァスト，イメンス
ばくだん **爆弾** bakudan	**قُنْبُلَة** 女, 複 **قَنَابِلُ** 〔二段〕 qunbulat, qanābilu クンブラ，カナービル	bomb バム
ばくてりあ **バクテリア** bakuteria	**جُرْثُوم** 男 jurthūm ジュルスーム	bacterium バクティアリアム
ばくはする **爆破する** bakuhasuru	**يَنْسِفُ,** 〔完〕**نَسَفَ** yansifu, nasafa ヤンスィフ，ナサファ	blow up, blast ブロウ アプ，ブラスト
ばくはつ **爆発** bakuhatsu	**اِنْفِجَار** 男 infijār インフィジャール	explosion イクスプロウジョン
～する	**يَنْفَجِرُ,** 〔完〕**اِنْفَجَرَ** yanfajiru, infajara ヤンファジル，インファジャラ	explode イクスプロウド
はくぶつかん **博物館** hakubutsukan	**مَتْحَف** 男, 複 **مَتَاحِفُ** 〔二段〕 matḥaf, matāḥifu マトハフ，マターヒフ	museum ミューズィアム

は

日	アラビア	英
はくらんかい **博覧会** hakurankai	مَعْرِض 男, 複 مَعَارِضُ [二段] maʿriḍ, maʿāriḍu マアリド, マアーリドゥ	exposition エクスポズィション
はけ **刷毛** hake	فُرْشَاة 女, 複 فُرَش furshāt, furash フルシャー, フラシュ	brush ブラシュ
はげしい **激しい** hageshii	عَنِيف ؛ شَدِيد ʿanīf, shadīd アニーフ, シャディード	violent, intense ヴァイオレント, インテンス
ばけつ **バケツ** baketsu	دَلْو 女, 複 دِلَاء dalw, dilāʾ ダルウ, ディラーウ	pail, bucket ペイル, バケト
はげます **励ます** hagemasu	يُشَجِّعُ, 完 شَجَّعَ yushajjiʿu, shajjaʿa ユシャッジウ, シャッジャア	encourage インカーリヂ
はげむ **励む** hagemu	يَجْتَهِدُ, 完 اِجْتَهَدَ yajtahidu, ijtahada ヤジュタヒドゥ, イジュタハダ	strive, work hard ストライヴ, ワーク ハード
はげる **剥げる** (表面の物が) hageru	يَتَقَشَّرُ, 完 تَقَشَّرَ yataqashsharu, taqashshara ヤタカッシャル, タカッシャラ	peel off ピール オーフ
(褪せる)	يَبْهَتُ, 完 بَهِتَ yabhatu, bahita ヤブハトゥ, バヒタ	fade フェイド
はけんする **派遣する** hakensuru	يُرْسِلُ, 完 أَرْسَلَ yursilu, ʾarsala ユルスィル, アルサラ	send, dispatch センド, ディスパチ
はこ **箱** hako	صُنْدُوق 男, 複 صَنَادِيقُ [二段] ṣundūq, ṣanādīqu スンドゥーク, サナーディーク	box, case バクス, ケイス
はこぶ **運ぶ** hakobu	يَحْمِلُ, 完 حَمَلَ yaḥmilu, ḥamala ヤフミル, ハマラ	carry キャリ
ばざー **バザー** bazaa	سُوقُ ٱلسِّلَعِ ٱلْمُسْتَعْمَلَةِ 男 sūqu al-silʿi al-mustaʿmalati スークッ スィルイル ムスタアマラ	charity bazaar チャリティ バザー

日	アラビア	英
はさみ **鋏** hasami	مِقَصّ 男, 複 مَقَاصُّ〔二段〕 miqaṣṣ, maqāṣṣu ミカッス，マカーッス	scissors スィザズ
はさん **破産** hasan	إِفْلَاس 男 ʾiflās イフラース	bankruptcy バンクラプツィ
はし **橋** hashi	كُبْرِيّ 男; جِسْر 男, 複 جُسُور kubrīy, jisr, jusūr クブリー，ジスル，ジュスール	bridge ブリヂ
はし **端** hashi	حَافَّة 女 ḥāffat ハーッファ	edge, corner エヂ，コーナ
（かど）	رُكْن 男, 複 أَرْكَان rukn, ʾarkān ルクン，アルカーン	corner コーナ
（先端・末端）	طَرَف 男, 複 أَطْرَاف ṭaraf, ʾaṭrāf タラフ，アトラーフ	end, tip エンド，ティプ
はし **箸** hashi	أَعْوَادُ ٱلْأَكْلِ 複 ʾaʿwādu al-ʾakli アウワードゥル アクル	chopsticks チャプスティクス
はじ **恥** haji	خَجَل 男 khajal ハジャル	shame, humiliation シェイム，ヒューミリエイション
はしか **はしか** hashika	حَصْبَة 女 ḥaṣbat ハスバ	measles ミーズルズ
はしご **梯子** hashigo	سُلَّم 男, 複 سَلَالِمُ〔二段〕 sullam, salālimu スッラム，サラーリム	ladder ラダ
はじまる **始まる** hajimaru	يَبْدَأُ, 〔完〕 بَدَأَ yabdaʾu, badaʾa ヤブダウ，バダア	begin, start ビギン，スタート

日	アラビア	英
はじめ **初め** hajime	**بِدَايَة** 女 bidāyat ビダーヤ	beginning, start ビギニング, スタート
はじめて **初めて** hajimete	**لِأَوَّلِ مَرَّةٍ** li-ʾauwali marratin リ-アウワル マッラ	for the first time フォ ザ ファースト タイム
はじめての **初めての** hajimeteno	**أَوَّل** ʾauwal アウワル	first ファースト
はじめる **始める** hajimeru	**يَبْدَأُ**, [完] **بَدَأَ** yabdaʾu, badaʾa ヤブダウ, バダア	begin, start, open ビギン, スタート, オウプン
ぱじゃま **パジャマ** pajama	**لِبَاسُ نَوْمٍ** 男 ; **بِيجَامَا** 女 libāsu naumin, bījāmā リバース ナウム, ビージャーマー	pajamas, Ⓑpyjamas パヂャーマズ, パヂャーマズ
ばしょ **場所** basho	**مَكَان** 男, 複 **أَمَاكِنُ** [二段] makān, ʾamākinu マカーン, アマーキン	place, site プレイス, サイト
はしょうふう **破傷風** hashoufuu	**تِيتَانُوس** 男 tītānūs ティーターヌース	tetanus テタナス
はしら **柱** hashira	**عَمُود** 男, 複 **أَعْمِدَة** ʿamūd, ʾaʿmidat アムード, アウミダ	pillar, post ピラ, ポウスト
はしりたかとび **走り高跳び** hashiritakatobi	**اَلْوَثْبُ ٱلْعَالِي** 男 al-wathbu al-ʿālī アル ワスブル アーリー	high jump ハイ チャンプ
はしりはばとび **走り幅跳び** hashirihabatobi	**اَلْوَثْبُ ٱلطَّوِيلُ** 男 al-wathbu al-ṭawīlu アル ワスブッ タウィール	long jump, broad jump ローング チャンプ, ブロード チャンプ
はしる **走る** hashiru	**يَرْكُضُ**, [完] **رَكَضَ** ; **يَجْرِي**, [完] **جَرَى** yarkuḍu, rakaḍa, yajrī, jarā ヤルクドゥ, ラカダ, ヤジュリー, ジャラー	run, dash ラン, ダシュ

日	アラビア	英
はじる **恥じる** hajiru	خَجِلَ ,〔完〕 يَخْجَلُ yakhjalu, khajila ヤフジャル，ハジラ	(be) ashamed (ビ) アシェイムド
はす **蓮** hasu	لُوتُس 男 lūtus ルートゥス	lotus ロウタス
ばす **バス** basu	حَافِلَة 女 ; أُوتُوبِيس 男, أُوتُوبِيسَات 複 ḥāfilat, ʾūtūbīs, ʾūtūbīsāt ハーフィラ，ウートゥービース，ウートゥービーサート	bus, coach バス，コウチ
～停	مَوْقِفُ حَافِلَاتٍ 男 ; مَحَطَّةُ حَافِلَاتٍ 女 mauqifu ḥāfilātin, maḥaṭṭatu ḥāfilātin マウキフ ハーフィラート，マハッタトゥ ハーフィラート	bus stop バス スタプ
ぱす **パス**　(ボールの) pasu	تَمْرِيرَة 女 tamrīrat タムリーラ	pass パス
～する (ボールを)	مَرَّرَ ,〔完〕 يُمَرِّرُ yumarriru, marrara ユマッリル，マッララ	pass パス
はずかしい **恥ずかしい** hazukashii	خَجْلَانُ 〔二段〕 khajlānu ハジュラーン	(be) ashamed (ビ) アシェイムド
(不道徳な)	فَاضِح fāḍiḥ ファーディフ	shameful シェイムフル
はすきーな **ハスキーな** hasukiina	أَجَشُّ ʾajashshu アジャッシュ	husky ハスキ
ばすけっとぼーる **バスケットボール** basukettobooru	كُرَةُ ٱلسَّلَةِ 女 kuratu al-salati クラトゥッ サラ	basketball バスケトボール

は

日	アラビア	英
はずす **外す** hazusu	يَخْلَعُ, 〔完〕خَلَعَ yakhlaʿu, khalaʿa ヤフラウ, ハラア	take off, remove テイク オーフ, リムーヴ
(ボタンを)	يَفُكُّ, 〔完〕فَكَّ yafukku, fakka ヤフック, ファッカ	unbutton アンバトン
(くじなどを)	لَا يَرْبَحُ, 〔完〕لَمْ يَرْبَحْ lā yarbaḥu, lam yarbaḥ ラー ヤルバフ, ラム ヤルバフ	losing ticket, losing number ルーズィング ティケト, ルーズィング ナンバ
ぱすた **パスタ** pasuta	مَعْكَرُونَة 女 maʿkarūnat マアカルーナ	pasta パースタ
ばすと **バスト** basuto	ثَدْي 男女 thady サドイ	bust バスト
ぱすぽーと **パスポート** pasupooto	جَوَازُ سَفَرٍ 男 jawāzu safrin ジャワーズ サフル	passport パスポート
ぱずる **パズル** pazuru	أُحْجِيَّة 女, 複 أَحَاجِيّ ; لُغْز 男, 複 أَلْغَاز ʼuḥjīyat, ʼaḥājīy, lughz, ʼalghāz ウフジーヤ, アハージー, ルグズ, アルガーズ	puzzle パズル
はずれ **外れ** (町の) hazure	أَطْرَاف 複 ʼaṭrāf アトラーフ	suburbs サバーブズ
はずれる **外れる** (取れる) hazureru	يَنْفَكُّ, 〔完〕اِنْفَكَّ yanfakku, infakka ヤンファック, インファッカ	come off カム オーフ
(関節などが)	يَنْخَلِعُ, 〔完〕اِنْخَلَعَ yankhaliʿu, inkhalaʿa ヤンハリウ, インハラア	dislocate ディスロケイト
(当たらない)	لَا يُصِيبُ, 〔完〕لَمْ يُصِبْ lā yuṣību, lam yuṣib ラー ユスィーブ, ラム ユスィブ	miss, fail ミス, フェイル

日	アラビア	英
ぱすわーど **パスワード** pasuwaado	كَلِمَةُ ٱلْمُرُورِ ; كَلِمَةُ 女 ٱلسِّرِّ 女 kalimatu al-murūri, kalimatu al-sirri **カ**リマトゥル ム**ル**ール, **カ**リマトゥッ **スイ**ッル	password **パ**スワード
はせい **派生** hasei	اِشْتِقَاق 男 ishtiqāq イシュティ**カ**ーク	derivation デリ**ヴェ**イション
〜する	يَشْتَقُّ, 〔完〕 اِشْتَقَّ yashtaqqu, ishtaqqa ヤシュ**タ**ック, イシュ**タ**ッカ	derive from ディ**ラ**イヴ フラム
ぱせり **パセリ** paseri	بَقْدُونِس 男 baqdūnis バク**ドゥ**ーニス	parsley **パ**ースリ
ぱそこん **パソコン** pasokon	حَاسُوب 男 ; كُمْبِيُوتَر 男 ḥāsūb, kumbiyūtar ハー**ス**ーブ, クムビ**ユ**ータル	personal computer, PC **パ**ーソナル コン**ピュ**ータ, **ピ**ー**スィ**ー
はそんする **破損する** hasonsuru	يَتْلَفُ, 〔完〕 تَلِفَ yatlafu, talifa **ヤ**トラフ, **タ**リファ	(be) damaged (ビ) **ダ**ミヂド
はた **旗** hata	عَلَم 男, 複 أَعْلَام ʿalam, ʾaʿlām **ア**ラム, アウ**ラ**ーム	flag, banner フ**ラ**グ, **バ**ナ
はだ **肌** hada	بَشَرَة 女 basharat **バ**シャラ	skin ス**キ**ン
ばたー **バター** bataa	زُبْد 男 zubd **ズ**ブド	butter **バ**タ
はだか **裸** hadaka	عُرْي 男 ʿury **ウ**ルイ	nakedness **ネ**イキドネス
〜の	عَارٍ ʿārin **ア**ーリン	naked **ネ**イキド

日	アラビア	英
はたけ **畑** hatake	حَقْل 男, 複 حُقُول ḥaql, ḥuqūl ハクル, フクール	field, farm フィールド, ファーム
はだしで **裸足で** hadashide	حَافِيًا ḥāfiyan ハーフィヤン	barefoot ベアフト
はたす **果たす** hatasu (実行する)	يُؤَدِّي, 〔完〕أَدَّى yuʾaddī, ʾaddā ユアッディー, アッダー	realize, carry out リーアライズ, キャリ アウト
(達成する)	يُحَقِّقُ, 〔完〕حَقَّقَ yuḥaqqiqu, ḥaqqaqa ユハッキク, ハッカカ	achieve アチーヴ
はたらき **働き** hataraki	عَمَل 男 ʿamal アマル	work, labor, Ⓑlabour ワーク, レイバ, レイバ
(活動)	نَشَاط 男 nashāṭ ナシャート	action, activity アクション, アクティヴィティ
(機能)	وَظِيفَة 女 waẓīfat ワズィーファ	function ファンクション
(功績)	إِنْجَاز 男, 複 إِنْجَازَات ʾinjāz, ʾinjāzāt インジャーズ, インジャーザート	achievement アチーヴメント
はたらく **働く** hataraku	يَعْمَلُ, 〔完〕عَمِلَ ; يَشْتَغِلُ, 〔完〕اِشْتَغَلَ yaʿmalu, ʿamila, yashtaghilu, ishtaghala ヤアマル, アミラ, ヤシュタギル, イシュタガラ	work ワーク
(作用する)	يُؤَثِّرُ, 〔完〕أَثَّرَ yuʾaththiru, ʾaththara ユアッスィル, アッサラ	act on アクト オン
はち **八** hachi	ثَمَانِيَة 男 ; ثَمَانٍ 女〔二段〕 thamāniyat, thamānin サマーニヤ, サマーニン	eight エイト

日	アラビア	英
はち **鉢** (植木鉢) hachi	**أَصِيص** 男, 複 **أُصُص** ʾaṣīṣ, ʾuṣuṣ アスィース, ウスス	bowl, pot ボウル, パト
はち **蜂** (蜜蜂) hachi	**نَحْل** 集, **نَحْلَة** 女 naḥl, naḥlat ナフル, ナフラ	bee ビー
～の巣	**خَلِيَّةُ ٱلنَّحْلِ** 女 khalīyatu al-naḥli ハリーヤトゥン ナフル	beehive, honeycomb ビーハイヴ, ハニコウム
ばち **罰** bachi	**عِقَاب** 男 ʿiqāb イカーブ	punishment, penalty パニシュメント, ペナルティ
はちがつ **八月** hachigatsu	**أَغُسْطُس** 男 ʾaghusṭus アグストゥス	August オーガスト
ばちかん **バチカン** bachikan	**اَلْفَاتِيكَان** 女 al-fātīkān アル ファーティーカーン	Vatican ヴァティカン
はちじゅう **八十** hachijuu	**ثَمَانُونَ** 男女〔主格〕, **ثَمَانِينَ** 男女〔属格・対格〕 thamānūna, thamānīna サマーヌーナ, サマーニーナ	eighty エイティ
はちみつ **蜂蜜** hachimitsu	**عَسَل** 男, 複 **عُسُول** ʿasal, ʿusūl アサル, ウスール	honey ハニ
はちゅうるい **爬虫類** hachuurui	**زَوَاحِفُ** 複〔二段〕 zawāḥifu ザワーヒフ	reptiles レプティルズ
はちょう **波長** hachou	**طُول مَوْجِيّ** 男 ṭūl maujī トゥール マウジー	wavelength ウェイヴレングス
ばつ **罰** batsu	**عِقَاب** 男 ; **عُقُوبَة** 女 ʿiqāb, ʿuqūbat イカーブ, ウクーバ	punishment, penalty パニシュメント, ペナルティ

日	アラビア	英
はついく **発育** hatsuiku	**نُمُوّ** 男 numūw ヌムーウ	growth グロウス
～する	**يَنْمُو**, 完 **نَمَا** yanmū, namā ヤンムー，ナマー	grow グロウ
はつおん **発音** hatsuon	**نُطْق** 男 nuṭq ヌトク	pronunciation プロナンスィエイション
はつが **発芽** hatsuga	**إِنْتَاش** 男 ʾintāsh インターシュ	germination チャーミネイション
はっかー **ハッカー** hakkaa	**هَاكَر** 男 hākar ハーカル	hacker ハカ
はっきする **発揮する** hakkisuru	**يُظْهِرُ**, 完 **أَظْهَرَ** yuẓhiru, ʾaẓhara ユズヒル，アズハラ	display, show ディスプレイ，ショウ
はっきり **はっきり** hakkiri	**بِوُضُوح** bi-wuḍūḥin ビ-ウドゥーフ	clearly クリアリ
～する	**وَاضِح** wāḍiḥ ワーディフ	(become) clear (ビカム) クリア
ばっきん **罰金** bakkin	**غَرَامَة** 女 gharāmat ガラーマ	fine ファイン
ばっく **バック** bakku (後部)	**وَرَاء** 男 ; **خَلْف** 男 warāʾ, khalf ワラーア，ハルフ	back, rear バク，リア
(背景)	**خَلْفِيَّة** 女 khalfīyat ハルフィーヤ	background バクグラウンド
(後援)	**دَعْم** 男 daʿm ダウム	backing, support バキング，サポート

日	アラビア	英
～アップ	دَعْم 男 daʿm ダウム	backup バカプ
ばっぐ **バッグ** baggu	حَقِيبَة 女, 複 حَقَائِبُ〔二段〕; شَنْطَة 女, 複 شُنَط ḥaqībat, ḥaqāʾibu, shanṭat, shunaṭ ハキーバ, ハカーイブ, シャンタ, シュナト	bag バグ
ぱっく **パック** （品物の） pakku	طَرْد 男 ṭard タルド	packaging パケヂング
（美容法の）	قِنَاع لِتَنْظِيفِ ٱلْبَشَرَةِ 男 qināʿ li-tanẓīfi al-basharati キナーウ リ-タンズィーフィル バシャラ	pack パク
（アイスホッケーの）	قُرْصُ ٱلْهُوكِي 男 qurṣu al-hūkī クルスル フーキー	puck パク
はっくつ **発掘** hakkutsu	حَفْرِيَّات 複 ḥafrīyāt ハフリーヤート	excavation エクスカヴェイション
～する	يُجْرِي حَفْرِيَّاتٍ, 〔完〕أَجْرَى حَفْرِيَّاتٍ yujrī ḥafrīyātin, ʾajrā ḥafrīyātin ユジュリー ハフリーヤート, アジュラー ハフリーヤート	excavate エクスカヴェイト
ばつぐんの **抜群の** batsugunno	مُمْتَاز mumtāz ムムターズ	outstanding アウトスタンディング
はっけっきゅう **白血球** hakkekkyuu	خَلَايَا ٱلدَّمِ ٱلْبَيْضَاءِ 複 khalāyā al-dami al-baiḍāʾi ハラーヤッ ダミル バイダーウ	white blood cell (ホ)ワイト ブラド セル
はっけつびょう **白血病** hakketsubyou	سَرَطَانُ ٱلدَّمِ 男 saraṭānu al-dami サラターヌッ ダム	leukemia ルーキーミア

日	アラビア	英
はっけん **発見** hakken	اِكْتِشَاف 男 iktishāf イクティ**シャ**ーフ	discovery ディス**カ**ヴァリ
～する	اِكْتَشَفَ ,يَكْتَشِفُ 〔完〕 yaktashifu, iktashafa **ヤ**クタシフ, **イ**クタシャファ	discover, find out ディス**カ**ヴァ, **ファ**インド **ア**ウト
はつげんする **発言する** (話す) hatsugensuru	تَكَلَّمَ ,يَتَكَلَّمُ 〔完〕 yatakallamu, takallama ヤタ**カ**ッラム, タ**カ**ッラマ	speak ス**ピ**ーク
(コメントする)	عَلَّقَ عَلَى ,يُعَلِّقُ عَلَى 〔完〕 yuʿalliqu ʿalā, ʿallaqa ʿalā ユ**ア**ッリク アラー, **ア**ッラカ アラー	comment on **カ**メント オン
はつこい **初恋** hatsukoi	اَلْحُبُّ ٱلْأَوَّلُ 男 al-ḥubbu al-ʾauwalu アル **フ**ッブル **ア**ウワル	first love **ファ**ースト **ラ**ヴ
はっこうする **発行する** hakkousuru	أَصْدَرَ ,يُصْدِرُ 〔完〕 yuṣdiru, ʾaṣdara **ユ**スディル, **ア**スダラ	publish, issue **パ**ブリシュ, **イ**シュー
ばっじ **バッジ** bajji	شَارَة 女 shārat **シャ**ーラ	badge **バ**チ
はっしゃ **発射** hassha	إِطْلَاق 男 ʾiṭlāq イト**ラ**ーク	firing **ファ**イアリング
～する	أَطْلَقَ ,يُطْلِقُ 〔完〕 yuṭliqu, ʾaṭlaqa **ユ**トリク, **ア**トラカ	fire, shoot **ファ**イア, **シュ**ート
はっしゃ **発車** hassha	مُغَادَرَة 女 mughādarat ム**ガ**ーダラ	departure ディ**パ**ーチャ
～する	غَادَرَ ,يُغَادِرُ 〔完〕 yughādiru, ghādara ユ**ガ**ーディル, **ガ**ーダラ	depart ディ**パ**ート
はっしんする **発信する** (広める) hasshinsuru	أَذَاعَ ,يُذِيعُ 〔完〕 yudhīʿu, ʾadhāʿa ユ**ズィ**ーウ, ア**ザ**ーア	transmit トランス**ミ**ト

日	アラビア	英
(送る)	يُرْسِلُ, 〔完〕 أَرْسَلَ yursilu, ʾarsala ユルスィル, アルサラ	send センド
ばっすい **抜粋** bassui	مُقْتَطَف 男, 複 مُقْتَطَفَات muqtaṭaf, muqtaṭafāt ムクタタフ, ムクタタファート	extract, excerpt エクストラクト, エクサープト
～する	يَقْتَطِفُ, 〔完〕 اِقْتَطَفَ yaqtaṭifu, iqtaṭafa ヤクタティフ, イクタタファ	extract イクストラクト
ばっする **罰する** bassuru	يُعَاقِبُ, 〔完〕 عَاقَبَ yuʿāqibu, ʿāqaba ユアーキブ, アーカバ	punish パニシュ
はっせい **発生** (虫などが) hassei	ظُهُور 男 ẓuhūr ズフール	outbreak, birth アウトブレイク, バース
～する (事件などが)	يَحْدِثُ, 〔完〕 حَدَثَ yaḥdithu, ḥadatha ヤフディス, ハダサ	occur オカー
はっそう **発送** hassou	إِرْسَال 男 ʾirsāl イルサール	sending out センディング アウト
～する	يُرْسِلُ, 〔完〕 أَرْسَلَ yursilu, ʾarsala ユルスィル, アルサラ	send out センド アウト
ばった **バッタ** batta	جُنْدُب 男, 複 جَنَادِبُ 〔二段〕 jundub, janādibu ジュンドゥブ, ジャナーディブ	grasshopper グラスハパ
はったつ **発達** hattatsu	تَطَوُّر 男, 複 تَطَوُّرَات taṭauwur, taṭauwurāt タタウウル, タタウウラート	development ディヴェロプメント
～する	يَتَطَوَّرُ, 〔完〕 تَطَوَّرَ yataṭauwaru, taṭauwara ヤタタウワル, タタウワラ	develop, advance ディヴェロプ, アドヴァンス
はっちゅう **発注** hacchuu	طَلَبِيَّة 女 ṭalabīyat タラビーヤ	order オーダ

は

日	アラビア	英
～する	يَطْلُبُ, 〔完〕طَلَبَ yaṭlubu, ṭalaba ヤトルブ, タラバ	order オーダ
はってん **発展** hatten	تَطَوُّر 男, 複 تَطَوُّرَات taṭauwur, taṭauwurāt タタウウル, タタウウラート	development ディヴェロプメント
～する	يَتَطَوَّرُ, 〔完〕تَطَوَّرَ yataṭauwaru, taṭauwara ヤタタウワル, タタウワラ	develop, expand ディヴェロプ, イクスパンド
はつでんしょ **発電所** hatsudensho	مَحَطَّةُ تَوْلِيدِ كَهْرَبَاءٍ 女 maḥaṭṭatu taulīdi kahrabāʾin マハッタ タウリード カフラバーウ	power plant パウア プラント
はつでんする **発電する** hatsudensuru	يُوَلِّدُ ٱلْكَهْرَبَاءَ, 〔完〕وَلَّدَ ٱلْكَهْرَبَاءَ yuwallidu al-kahrabāʾa, wallada al-kahrabāʾa ユワッリドゥル カフラバーウ, ワッラダル カフラバーウ	generate electricity チェナレイト イレクトリスィティ
はっぱ **発破** happa	نَسْف 男 nasf ナスフ	explosive blast イクスプロウスィヴ ブラスト
はつばい **発売** hatsubai	إِصْدَار 男, 複 إِصْدَارَات ʾiṣdār, ʾiṣdārāt イスダール, イスダーラート	sale セイル
～する	يُصْدِرُ, 〔完〕أَصْدَرَ yuṣdiru, ʾaṣdara ユスディル, アスダラ	put on sale プト オン セイル
はっぴょう **発表** happyou	إِعْلَان 男 ʾiʿlan イウラーン	announcement アナウンスメント
(説明)	عَرْض تَقْدِيمِيّ 男 ʿarḍ taqdīmīy アルド タクディーミー	presentation プリーゼンテイション
～する	يُعْلِنُ, 〔完〕أَعْلَنَ yuʿlinu, ʾaʿlana ユウリヌ, アアラナ	announce アナウンス

日	アラビア	英
(説明する)	يُقَدِّمُ عَرْضًا تَقْدِيمِيًّا, [完] قَدَّمَ عَرْضًا تَقْدِيمِيًّا yuqaddimu ʿarḍan taqdīmīyan, qaddama ʿarḍan taqdīmīyan ユカッディム アルダン タクディーミーヤン, カッダマ アルダン タクディーミーヤン	present プリゼント
はつびょうする **発病する** hatsubyousuru	يَظْهَرُ ٱلْمَرَضُ, [完] ظَهَرَ ٱلْمَرَضُ yaẓharu al-maraḍu, ẓahara al-maraḍu ヤズハルル マラドゥ, ザハラル マラドゥ	fall ill フォール イル
はっぽうせいの **発泡性の** happouseino	فَوَّار fauwār ファウワール	sparkling スパークリング
はつめい **発明** hatsumei	اِخْتِرَاع [男], [複] اِخْتِرَاعَات ikhtirāʿ, ikhtirāʿāt イフティラーウ, イフティラーアート	invention インヴェンション
〜する	يَخْتَرِعُ, [完] اِخْتَرَعَ yakhtariʿu, ikhtaraʿa ヤフタリウ, イフタラア	invent, devise インヴェント, ディヴァイズ
はてしない **果てしない** hateshinai	بِلَا نِهَايَةٍ bi-lā nihāyatin ビ-ラー ニハーヤ	endless エンドレス
はでな **派手な** hadena	مُبَهْرَج ; صَارِخ mubahraj, ṣārikh ムバフラジュ, サーリフ	showy, garish ショウイ, ゲアリシュ
はと **鳩** hato	حَمَام [集], حَمَامَة [女] ḥamām, ḥamāmat ハマーム, ハマーマ	pigeon, dove ピヂョン, ダヴ
ばとうする **罵倒する** batousuru	يَشْتِمُ, [完] شَتَمَ yashtimu, shatama ヤシュティム, シャタマ	denounce, vilify ディナウンス, ヴィリファイ
ぱとかー **パトカー** patokaa	سَيَّارَةُ شُرْطَةٍ [女] saiyāratu shurṭatin サイヤーラ シュルタ	squad car, patrol car スクワド カー, パトロウル カー

は

日	アラビア	英
ばどみんとん **バドミントン** badominton	اَلرِّيشَةُ ٱلطَّائِرَةُ 女 al-rīshatu al-ṭāʾiratu アッ**リー**シャトゥッ**ター**イラ	badminton **バ**ドミントン
ぱとろーる **パトロール** patorooru	دَوْرِيَّة 女 daurīyat ダウ**リー**ヤ	patrol パト**ロ**ウル
はな **花** hana	زَهْرٌ 集, أَزْهَار 複, زَهْرَة 女 zahr, ʾazhār, zahrat **ザ**フル, アズ**ハー**ル, **ザ**フラ	flower フ**ラ**ウア
はな **鼻** hana	أَنْف 男, آنَاف 複 ʾanf, ʾānāf **ア**ンフ, アー**ナー**フ	nose **ノ**ウズ
はなし **話** hanashi	حَدِيث 男 ḥadīth ハ**ディー**ス	talk, conversation **ト**ーク, カンヴァ**セ**イション
(物語)	حِكَايَة 女; رِوَايَة 女 ḥikāyat, riwāyat ヒ**カー**ヤ, リ**ワー**ヤ	story ス**ト**ーリ
はなしあい **話し合い** hanashiai	مُنَاقَشَة 女 munāqashat ム**ナー**カシャ	talk, discussion **ト**ーク, ディス**カ**ション
はなしあう **話し合う** hanashiau	يُنَاقِشُ, 〔完〕 نَاقَشَ yunāqishu, nāqasha ユ**ナー**キシュ, **ナー**カシャ	talk with, discuss with **ト**ーク ウィズ, ディス**カ**ス ウィズ
はなす **放す** hanasu	يُطْلِقُ, 〔完〕 أَطْلَقَ yuṭliqu, ʾaṭlaqa **ユ**トリク, **ア**トラカ	free, release フ**リー**, リ**リー**ス
はなす **離す** hanasu	يَتْرُكُ, 〔完〕 تَرَكَ yatruku, taraka **ヤ**トルク, **タ**ラカ	separate, detach **セ**パレイト, ディ**タ**チ
(遠ざける)	يُبْعِدُ, 〔完〕 أَبْعَدَ yubʿidu, ʾabʿada **ユ**ブイドゥ, **ア**ブアダ	move away **ム**ーヴ ア**ウェ**イ

日	アラビア	英
はなす **話す** hanasu	يَتَكَلَّمُ, ［完］ تَكَلَّمَ yatakallamu, takallama ヤタカッラム，タカッラマ	speak, talk スピーク，トーク
はなぢ **鼻血** hanaji	رُعَاف ［男］ ruʿāf ルアーフ	nosebleed ノウズブリード
ばなな **バナナ** banana	مَوْز ［集］, مَوْزَة ［女］ mauz, mauzat マウズ，マウザ	banana バナナ
はなび **花火** hanabi	أَلْعَاب نَارِيَّة ［複］ ʾalʿāb nārīyat アルアーブ ナーリーヤ	fireworks ファイアワークス
はなみず **鼻水** hanamizu	مُخَاط ［男］ mukhāṭ ムハート	snot, mucus スナト，ミューカス
はなむこ **花婿** hanamuko	عَرِيس ［男］ ʿarīs アリース	bridegroom ブライドグルーム
はなやかな **華やかな** hanayakana	بَهِيّ bahiya バヒヤ	gorgeous, bright ゴーヂャス，ブライト
はなよめ **花嫁** hanayome	عَرُوس ［女］, ［複］ عَرَائِسُ ［二段］ ʿarūs, ʿarāʾisu アルース，アラーイス	bride ブライド
はなれる **離れる**　（去る） hanareru	يُغَادِرُ, ［完］ غَادَرَ yughādiru, ghādara ユガーディル，ガーダラ	leave, go away from リーヴ，ゴウ アウェイ フラム
（遠ざかる）	يَبْتَعِدُ عَنْ, ［完］ اِبْتَعَدَ عَنْ yabtaʿidu ʿan, ibtaʿada ʿan ヤブタイドゥ アン，イブタアダ アン	leave リーヴ
はにかむ **はにかむ** hanikamu	بِخَجَلٍ bi-khajalin ビ-ハジャル	(be) shy, (be) bashful (ビ) シャイ，(ビ) バシュフル

日	アラビア	英
ぱにっく **パニック** (不安・怖れ) panikku	فَزَع 男 ; هَلَع 男 halaʿ, fazaʿ ハラウ, ファザウ	panic パニク
(困惑)	حَيْرَة 女 ḥairat ハイラ	confusion コンフュージョン
はね **羽** (羽毛) hane	رِيشَة 女 , رِيش 集 rīsh, rīshat リーシュ, リーシャ	feather, plume フェザ, プルーム
(翼)	أَجْنِحَة 複 , جَنَاح 男 janāḥ, ʾajniḥat ジャナーフ, アジュニハ	wing ウィング
ばね **ばね** bane	نَابِض 男 nābiḍ ナービド	spring スプリング
はねむーん **ハネムーン** hanemuun	شَهْرُ ٱلْعَسَلِ 男 shahru al-ʿasali シャフルル アサル	honeymoon ハニムーン
はねる **跳ねる** (飛び上がる) haneru	قَفَزَ 完 , يَقْفِزُ yaqfizu, qafaza ヤクフィズ, カファザ	leap, jump リープ, チャンプ
はは **母** haha	أُمَّهَات 複 , أُمّ 女 ʾumm, ʾummahāt ウンム, ウンマハート	mother マザ
~方	مِنْ نَاحِيَةِ ٱلْأُمِّ min nāḥiyati al-ʾummi ミン ナーヒヤティル ウンム	mother's side マザズ サイド
はば **幅** haba	عَرْض 男 ʿarḍ アルド	width, breadth ウィドス, ブレドス
はばたく **羽ばたく** habataku	رَفْرَفَ 完 , يُرَفْرِفُ yurafrifu, rafrafa ユラフリフ, ラフラファ	flutter, flap フラタ, フラプ

日	アラビア	英
はばとび **幅跳び** habatobi	اَلْقَفْزُ ٱلطَّوِيلُ 男 al-qafzu al-ṭawīlu アル **カ**フズッ タ**ウィ**ール	broad jump, long jump ブ**ロ**ード **チャ**ンプ, **ロ**ーング **チャ**ンプ
はばひろい **幅広い** habahiroi	عَرِيض ; وَاسِع wāsiʿ, ʿarīḍ **ワ**ースィウ, ア**リ**ード	wide, broad **ワ**イド, ブ**ロ**ード
はばむ **阻む** habamu	مَنَعَهُ مِنْ 完, يَمْنَعُهُ مِنْ yamnaʿu-hu min, manaʿa-hu min **ヤ**ムナウ-フ ミン, **マ**ナア-フ ミン	prevent from, block プリ**ヴェ**ント フラム, ブ**ラ**ク
ぱぷあにゅーぎにあ **パプアニューギニア** papuanyuuginia	بَابُوَا غِينِيَا ٱلْجَدِيدَة 女 bābuwā ghīniyā al-jadīdat **バ**ーブワー **ギ**ーニヤール ジャ**ディ**ーダ	Papua New Guinea **パ**ピュア **ニュ**ー **ギ**ニア
ぱふぉーまんす **パフォーマンス** pafoomansu	أَدَاء 男, 複 أَدَاءَات ʾadāʾ, ʾadāʾāt ア**ダ**ーウ, アダー**ア**ート	performance パ**フォ**ーマンス
はぶく **省く** (省略する) habuku	حَذَفَ 完, يَحْذِفُ ; اِخْتَصَرَ 完, يَخْتَصِرُ yaḥdhifu, ḥadhafa, yakhtaṣiru, ikhtaṣara **ヤ**フズィフ, **ハ**ザファ, **ヤ**フタスィル, **イ**フタサラ	omit, exclude オウ**ミ**ト, イクスク**ル**ード
(削減する)	خَفَّضَ 完, يُخَفِّضُ yukhaffiḍu, khaffaḍa ユ**ハ**ッフィドゥ, **ハ**ッファダ	save, reduce **セ**イヴ, リ**デュ**ース
はぷにんぐ **ハプニング** hapuningu	حَدَث غَيْر مُتَوَقَّع 男 ḥadath ghair mutawaqqaʿin **ハ**ダス ガイル ムタ**ワ**ッカウ	happening, unexpected event **ハ**プニング, アニクス**ペ**クテド イ**ヴェ**ント
はぶらし **歯ブラシ** haburashi	فُرْشَاةُ أَسْنَانٍ 女 furshātu ʾasnānin フル**シャ**ートゥ アス**ナ**ーン	toothbrush **トゥ**ースブラシュ
はまき **葉巻** hamaki	سِيجَار 男 sījār スィー**ジャ**ール	cigar スィ**ガ**ー

日	アラビア	英
はまべ **浜辺** hamabe	**شَاطِئ** 男, 複 **شَوَاطِئُ** 〔二段〕 shāṭiʾ, shawāṭiʾu シャーティウ, シャワーティウ	beach, seashore ビーチ, スィーショー
はまる **はまる** (一致) hamaru	**يَتَوَافَقُ**, 〔完〕 **تَوَافَقَ** yatawāfaqu, tawāfaqa ヤタワーファク, タワーファカ	fit into フィト イントゥ
はみがき **歯磨き** hamigaki	**تَنْظِيفُ ٱلْأَسْنَانِ** 男 tanẓīfu al-ʾasnāni タンズィーフル アスナーン	toothpaste トゥースペイスト
はめる **はめる** (内側に入れる) hameru	**يَضَعُهُ فِي**, 〔完〕 **وَضَعَهُ فِي** yaḍaʿu-hu fī, waḍaʿa-hu fī ヤダウーフ フィー, ワダアーフ フィー	put in, set プト イン, セト
(固定する)	**يُثَبِّتُ**, 〔完〕 **ثَبَّتَ** yuthabbitu, thabbata ユサッビトゥ, サッバタ	fix フィクス
(はめ込む)	**يُرَكِّبُ**, 〔完〕 **رَكَّبَ** yurakkibu, rakkaba ユラッキブ, ラッカバ	insert, embed インサート, インベド
(着用する)	**يَرْتَدِي**, 〔完〕 **اِرْتَدَى** yartadī, irtadā ヤルタディー, イルタダー	wear, put on ウェア, プト オン
ばめん **場面** bamen	**مَشْهَد** 男, 複 **مَشَاهِدُ** 〔二段〕 mashhad, mashāhidu マシュハド, マシャーヒドゥ	scene スィーン
はもの **刃物** (ナイフ) hamono	**سِكِّين** 男女, 複 **سَكَاكِينُ** 〔二段〕 sikkīn, sakākīnu スィッキーン, サカーキーン	edged tool エヂド トゥール
はもんする **破門する** hamonsuru	**يَحْرِمُ**, 〔完〕 **حَرَمَ** yaḥrimu, ḥarama ヤフリム, ハラマ	expel イクスペル
はやい **早い** hayai	**مُبَكِّر** mubakkir ムバッキル	early アーリ
はやい **速い** hayai	**سَرِيع** sarīʿ サリーウ	quick, fast クウィク, ファスト

日	アラビア	英
はやく **早く** hayaku	مُبَكِّرًا mubakkiran ムバッキラン	early, soon アーリ，スーン
はやく **速く** hayaku	سَرِيعًا sarīʿan サリーアン	quickly, fast クウィクリ，ファスト
はやし **林** hayashi	غَابَة 女 ghābat ガーバ	forest, woods フォリスト，ウヅ
はやす **生やす** (髭を) hayasu	يُطْلِقُ, 〔完〕أَطْلَقَ yuṭliqu, ʾaṭlaqa ユトリク，アトラカ	grow, cultivate グロウ，カルティヴェイト
(植物を育てる)	يَزْرَعُ, 〔完〕زَرَعَ yazraʿu, zaraʿa ヤズラウ，ザラア	grow グロウ
はやめに **早めに** hayameni	مُبَكِّرًا mubakkiran ムバッキラン	early, in advance アーリ，イン アドヴァンス
はやる **流行る** (流行する) hayaru	مُنْتَشِر ; مَحْبُوب muntashir, maḥbūb ムンタシル，マフブーブ	(be) in fashion, (be) popular (ビ) イン ファション，(ビ) パピュラ
(病気などが)	يَنْتَشِرُ, 〔完〕اِنْتَشَرَ yantashiru, intashara ヤンタシル，インタシャラ	(be) prevalent (ビ) プレヴァレント
はら **腹** (胃) hara	مَعِدَة 女 maʿidat マイダ	stomach スタマク
(腸)	مَعْي 男, 複 أَمْعَاءُ〔二段〕 maʿy, ʾamʿāʾu マアイ，アムアーウ	bowels バウエルズ
(腹部)	بَطْن 男女, 複 بُطُون baṭn, buṭūn バトン，ブトゥーン	belly ベリ

日	アラビア	英
ばら **バラ** bara	**وَرْد**集, **وُرُود** 複, **وَرْدَة**女 ward, wurūd, wardat ワルド, ウルード, ワルダ	rose ロウズ
はらう **払う** harau	**يَدْفَعُ**, 〔完〕**دَفَعَ** yadfaʿu, dafaʿa ヤドファウ, ダファア	pay ペイ
ぱらぐあい **パラグアイ** paraguai	**بَارَاغُوَاي**女 bārāghwāy バーラーグワーイ	Paraguay パラグワイ
はらす **晴らす** (疑いなどを) harasu	**يُبَدِّدُ**, 〔完〕**بَدَّدَ** yubaddidu, baddada ユバッディドゥ, バッダダ	dispel ディスペル
(恨みを)	**يَشْفِي غَلِيلَهُ**, 〔完〕**شَفَى غَلِيلَهُ** yashfī ghalīla-hu, shafā ghalīla-hu ヤシュフィー ガリーラ-フ, シャファー ガリーラ-フ	avenge oneself アヴェンヂ
(憂さを)	**يُنَفِّسُ عَنْ**, 〔完〕**نَفَّسَ عَنْ** yunaffisu ʿan, naffasa ʿan ユナッフィス アン, ナッファサ アン	forget one's troubles フォゲト トラブルズ
ばらす **ばらす** (分解する) barasu	**يَفُكُّ**, 〔完〕**فَكَّ** yafukku, fakka ヤフック, ファッカ	take to pieces テイク トゥ ピーセズ
(暴露する)	**يَكْشِفُ**, 〔完〕**كَشَفَ** yakshifu, kashafa ヤクシフ, カシャファ	disclose, expose ディスクロウズ, イクスポウズ
ぱらふぃん **パラフィン** parafin	**بَرَافِين**男 barāfīn バラーフィーン	paraffin パラフィン
ばらんす **バランス** baransu	**تَوَازُن**男 tawāzun タワーズン	balance バランス
はり **針** hari	**إِبْرَة**女, **إِبَر** 複 ʾibrat, ʾibar イブラ, イバル	needle ニードル

は

日	アラビア	英
ばりえーしょん **バリエーション** barieeshon	**اِخْتِلَاف** 男 ikhtilāf イフティラーフ	variation ヴェアリエイション
はりがね **針金** harigane	**سِلْك** 男, 複 **أَسْلَاك** silk, ʾaslāk スィルク, アスラーク	wire ワイア
はりがみ **貼り紙** harigami	**مُلْصَق** 男, 複 **مُلْصَقَات** mulṣaq, mulṣaqāt ムルサク, ムルサカート	bill, poster ビル, ポウスタ
ばりき **馬力** bariki	**قُوَّةُ حِصَانٍ** 女 qūwatu ḥiṣānin クーワ ヒサーン	horsepower ホースパウア
はりきる **張り切る** harikiru	**بِحَمَاسٍ** bi-ḥamāsin ビ-ハマース	(be) vigorous (ビ) ヴィゴラス
ばりとん **バリトン** bariton	**بَارِيتُون** 男 bārītūn バーリートゥーン	baritone バリトウン
はる **春** haru	**رَبِيع** 男 rabīʿ ラビーウ	spring スプリング
はる **張る** (伸ばす) haru	**يَمُدُّ**, 〔完〕 **مَدَّ** yamuddu, madda ヤムッドゥ, マッダ	stretch, extend ストレチ, イクステンド
はる **貼る** haru	**يُلْصِقُ**, 〔完〕 **أَلْصَقَ** yulṣiqu, ʾalṣaqa ユルスィク, アルサカ	stick, put on スティク, プト オン
はるかな **遥かな** harukana	**بَعِيد** baʿīd バイード	distant, far-off ディスタント, ファーロフ
はるかに **遥かに** (遠くに) harukani	**بَعِيد** baʿīd バイード	far, far away ファー, ファー アウェイ
ばるぶ **バルブ** barubu	**صِمَام** 男, 複 **صِمَامَات** ṣimām, ṣimāmāt スィマーム, スィマーマート	valve ヴァルヴ

日	アラビア	英
ぱるぷ **パルプ** parupu	لُبُّ ٱلْوَرَقِ 男 lubbu al-waraqi ルッブル ワラク	pulp パルプ
はれ **晴れ** hare	صَحْو 男 ṣaḥw サフウ	fine weather ファイン ウェザ
ばれえ **バレエ** baree	بَالِيه 女 bālīh バーリーフ	ballet バレイ
ぱれーど **パレード** pareedo	مَسِيرَة 女 ; اِسْتِعْرَاض 男, 複 اِسْتِعْرَاضَات masīrat, istiʿrāḍ, istiʿrāḍāt マスィーラ, イスティウラード, イスティウラーダート	parade パレイド
ばれーぼーる **バレーボール** bareebooru	اَلْكُرَةُ ٱلطَّائِرَةُ 女 al-kuratu al-ṭāʾiratu アル クラトゥッ ターイラ	volleyball ヴァリボール
ぱれすちな **パレスチナ** paresuchina	فِلَسْطِين 女 filasṭīn フィラスティーン	Palestine パレスタイン
はれつする **破裂する** haretsusuru	يَنْفَجِرُ, 〔完〕 اِنْفَجَرَ yanfajiru, infajara ヤンファジル, インファジャラ	explode, burst イクスプロウド, バースト
ぱれっと **パレット** paretto	لَوْحَةُ ٱلْأَلْوَانِ 女 lauḥatu al-ʾalwāni ラウハトゥル アルワーン	palette パレト
ばれりーな **バレリーナ** bareriina	رَاقِصَةُ ٱلْبَالِيهِ 女 rāqiṣatu al-bālīhi ラーキサトゥル バーリーフ	ballerina バレリーナ
はれる **晴れる** (空が) hareru	يَصْحُو, 〔完〕 صَحَا yaṣḥū, ṣaḥā ヤスフー, サハー	clear up クリア アプ
はれる **腫れる** hareru	يَتَوَرَّمُ, 〔完〕 تَوَرَّمَ yatawarramu, tawarrama ヤタワッラム, タワッラマ	(become) swollen (ビカム) スウォウルン

日	アラビア	英
ぱろでぃー **パロディー** parodii	**مُحَاكَاة سَاخِرَة** 女 muḥākāt sākhirat ムハーカー サーヒラ	parody パロディ
ばろめーたー **バロメーター** baromeetaa	**بَارُومِتْر** 男 bārūmitr バールーミトル	barometer バラミタ
はわい **ハワイ** hawai	**هَاوَاي** 女 hāwāy ハーワーイ	Hawaii ハワイイー
はん **判** han	**خَتْم** 男, 複 **أَخْتَام** khatm, ʾakhtām ハトム, アフターム	(personal) seal, seal, stamp (パーソナル) スィール, スィール, スタンプ
ばん **晩** ban	**لَيْل** 男 lail ライル	evening, night イーヴニング, ナイト
ぱん **パン** pan	**خُبْز** 集, 複 **أَخْبَاز** khubz, ʾakhbāz フブズ, アフバーズ	bread ブレド
～屋	**مَخْبَز** 男, 複 **مَخَابِزُ** [二段] makhbaz, makhābizu マフバズ, マハービズ	bakery ベイカリ
はんい **範囲** han-i	**مَدًى** 男 madan マダン	limit, sphere リミト, スフィア
(領域)	**نِطَاق** 男 ; **مَجَال** 男 niṭāq, majāl ニターク, マジャール	field フィールド
(境界)	**حَدّ** 男, 複 **حُدُود** ḥadd, ḥudūd ハッド, フドゥード	border ボーダ
はんいご **反意語** han-igo	**كَلِمَة مُضَادَّة** 女 kalimat muḍāddat カリマ ムダーッダ	antonym アントニム

は

日	アラビア	英
はんえい **繁栄** han-ei	اِزْدِهَار 男 izdihār イズディハール	prosperity プラスペリティ
～する	اِزْدَهَرَ 〔完〕, يَزْدَهِرُ yazdahiru, izdahara ヤズダヒル, イズダハラ	(be) prosperous (ビ) プラスペラス
はんがー **ハンガー** hangaa	شَمَّاعَةُ ٱلْمَلَابِسِ 女 shammāʿatu al-malābisi シャンマーアトゥル マラービス	(coat) hanger (コウト) ハンガ
はんかがい **繁華街** hankagai	وَسَطُ ٱلْبَلَدِ 男; مَرْكَزُ ٱلْمَدِينَةِ 男 wasaṭu al-baladi, markazu al-madīnati ワサトゥル バラド, マルカズル マディーナ	busy street ビズィ ストリート
はんがく **半額** hangaku	نِصْفُ ٱلسِّعْرِ 男 niṣfu al-siʿri ニスフッ スィウル	half price ハーフ プライス
はんかち **ハンカチ** hankachi	مَنْدِيل 男, 複 مَنَادِيلُ 〔二段〕 mandīl, manādīlu マンディール, マナーディール	handkerchief ハンカチフ
はんがりー **ハンガリー** hangarii	هُنْغَارِيَا 女; اَلْمَجَر 女 hunghāriyā, al-majar フンガーリヤー, アル マジャル	Hungary ハンガリ
はんかん **反感** hankan	كَرَاهِيَّة 女 karāhīyat カラーヒーヤ	antipathy アンティパスィ
はんぎゃくする **反逆する** hangyakusuru	تَمَرَّدَ 〔完〕, يَتَمَرَّدُ yatamarradu, tamarrada ヤタマッラドゥ, タマッラダ	rebel リベル
はんきょう **反響** hankyou	رَدُّ ٱلْفِعْلِ 男 raddu al-fiʿli ラッドゥル フィウル	echo エコウ
ぱんく **パンク** panku	ثَقْبُ ٱلْإِطَارِ 男 thaqbu al-ʾiṭāri サクブル イタール	puncture, flat tire パンクチャ, フラト タイア

日	アラビア	英
ばんぐみ **番組** bangumi	**بَرْنَامَج** 男, 複 **بَرَامِجُ** [二段] barnāmaj, barāmiju バルナーマジュ, バラーミジュ	program, Ⓑprogramme プロウグラム, プロウグラム
ばんぐらでしゅ **バングラデシュ** banguradeshu	**بَنْغْلَادِيش** 女 banghulādīsh バングラーディーシュ	Bangladesh バングラデシュ
はんぐりーな **ハングリーな** hanguriina	**اَلَّذِي لَا يَشْبَعُ** alladhī lā yashbaʿu アッラズィー ラー ヤシュバウ	hungry ハングリ
はんけい **半径** hankei	**نِصْفُ قُطْرٍ** 男 niṣfu quṭrin ニスフ クトル	radius レイディアス
はんげき **反撃** hangeki	**هُجُوم مُضَادّ** 男 hujūm muḍādd フジューム ムダーッド	counterattack カウンタラタク
～する	**يَشُنُّ هُجُومًا مُعَاكِسًا** , [完] **شَنَّ هُجُومًا مُعَاكِسًا** yashunnu hujūman muʿākisan, shanna hujūman muʿākisan ヤシュンヌ フジューマン ムアーキサン, シャンナ フジューマン ムアーキサン	strike back ストライク バク
はんけつ **判決** hanketsu	**حُكْم** 男, 複 **أَحْكَام** ḥukm, ʾaḥkām フクム, アフカーム	judgment チャヂメント
はんげつ **半月** hangetsu	**نِصْفُ ٱلْقَمَرِ** 男 niṣfu al-qamari ニスフル カマル	half-moon ハフムーン
ばんごう **番号** bangou	**رَقْم** 男, 複 **أَرْقَام** raqm, ʾarqām ラクム, アルカーム	number ナンバ
はんこうする **反抗する** hankousuru	**يُقَاوِمُ**, [完] **قَاوَمَ**; **يَتَمَرَّدُ**, [完] **تَمَرَّدَ** yuqāwimu, qāwama, yatamarradu, tamarrada ユカーウィム, カーワマ, ヤタマッラドゥ, タマッラダ	resist, oppose リズィスト, オポウズ

日	アラビア	英
はんざい **犯罪** hanzai	**جَرِيمَة** 男, 複 **جَرَائِمُ**〔二段〕 jarīmat, jarāʾimu ジャリーマ，ジャラーイム	crime クライム
～者	**مُجْرِم** 男 mujrim ムジュリム	criminal クリミナル
はんさむな **ハンサムな** hansamuna	**وَسِيم** wasīm ワスィーム	handsome ハンサム
はんさよう **反作用** hansayou	**رَدُّ ٱلْفِعْلِ** 男 raddu al-fiʿli ラッドル フィウル	reaction リアクション
はんじ **判事** hanji	**قَاضٍ** 男〔二段〕, 複 **قُضَاة** qāḍin, quḍāt カーディン，クダー	judge ヂャヂ
はんしゃ **反射** hansha	**اِنْعِكَاس** 男 inʿikās インイカース	reflection, reflex リフレクション，リーフレクス
～する	**يَنْعَكِسُ**, 〔完〕**اِنْعَكَسَ** yanʿakisu, inʿakasa ヤンアキス，インアカサ	reflect リフレクト
はんじゅくたまご **半熟卵** hanjukutamago	**بَيْضُ نِصْفِ مَسْلُوقٍ** 男 baiḍu niṣfi maslūqin バイド ニスフ マスルーク	soft-boiled egg ソフトボイルド エグ
はんしょく **繁殖** hanshoku	**تَكَاثُر** 男 takāthur タカースル	propagation プラパゲイション
～する	**يَتَكَاثَرُ**, 〔完〕**تَكَاثَرَ** yatakātharu, takāthara ヤタカーサル，タカーサラ	propagate プラパゲイト
はんすと **ハンスト** hansuto	**إِضْرَاب عَنِ ٱلطَّعَامِ** 男 ʾiḍrāb ʿan al-ṭaʿāmi イドラーブ アニッ タアーム	hunger strike ハンガ ストライク
はんする **反する** hansuru	**يُخَالِفُ**, 〔完〕**خَالَفَ** yukhālifu, khālafa ユハーリフ，ハーラファ	(be) contrary to (ビ) カントレリ トゥ

日	アラビア	英
はんせいする **反省する** hanseisuru	**يُحَاسِبُ نَفْسَهُ, [完] حَاسَبَ نَفْسَهُ** yuḥāsibu nafsa-hu, ḥāsaba nafsa-hu ユ**ハ**ースィブ **ナ**フサーフ, **ハ**ーサバ **ナ**フサーフ	reflect on one's actions リフ**レ**クト オン **ア**クションズ
ばんそう **伴奏** bansou	**مُصَاحَبَة** 女 muṣāḥabat ム**サ**ーハバ	accompaniment ア**カ**ンパニメント
～する	**يُصَاحِبُ, [完] صَاحَبَ** yuṣāḥibu, ṣāḥaba ユ**サ**ーヒブ, **サ**ーハバ	accompany ア**カ**ンパニ
ばんそうこう **絆創膏** bansoukou	**ضِمَادَة لَاصِقَة** 女 ḍimādat lāṣiqat ディ**マ**ーダ **ラ**ースィカ	adhesive bandage アド**ヒ**ースィヴ **バ**ンディヂ
はんそく **反則** (スポーツなどの) hansoku	**مُخَالَفَة** 女 mukhālafat ム**ハ**ーラファ	foul **ファ**ウル
はんそで **半袖** hansode	**أَكْمَام قَصِيرَة** 複 ʾakmām qaṣīrat アク**マ**ーム カ**スィ**ーラ	short sleeves **ショ**ート ス**リ**ーヴズ
～の	**قَصِيرُ ٱلْأَكْمَامِ** qaṣīru al-ʾakmāmi カ**スィ**ールル アク**マ**ーム	short sleeve **ショ**ート ス**リ**ーヴ
はんたー **ハンター** hantaa	**صَيَّاد** 男 ṣaiyād サイ**ヤ**ード	hunter **ハ**ンタ
はんたい **反対** (逆の関係) hantai	**عَكْس** 男 ʿaks **ア**クス	(the) opposite, (the) contrary (ズィ) **ア**ポズィト, (ザ) **カ**ントレリ
(抵抗・異議)	**مُعَارَضَة** 女 **; اِعْتِرَاض** 男 muʿāraḍat, iʿtirāḍ ム**ア**ーラダ, イウティ**ラ**ード	opposition, objection アポ**ズィ**ション, オブ**チェ**クション
～に (その逆に)	**بِٱلْعَكْسِ** bi-al-ʿaksi ビール **ア**クス	conversely, contrary コン**ヴァ**ースリ, **カ**ントレリ

は

日	アラビア	英
～の	ضِدَّ ḍidda ディッダ	against アゲンスト
～側	اَلْجَانِب ٱلْمُعَاكِس 男 al-jānib al-muʿākis アル ジャーニブル ムアーキス	opposite side, other side アポズィト サイド, アザ サイド
～する	يُعَارِضُ, 完 عَارَضَ yuʿāriḍu, ʿāraḍa ユアーリドゥ, アーラダ	oppose, object to オポウズ, オブヂェクト トゥ
はんだん 判断 handan	حُكْم 男 ḥukm フクム	judgment ヂャヂメント
～する	يَحْكُمُ, 完 حَكَمَ yaḥkumu, ḥakama ヤフクム, ハカマ	judge ヂャヂ
はんちゅう 範疇 hanchuu	فِئَة 女 fiʾat フィア	category キャティゴーリ
ぱんつ パンツ (下着の) pantsu	سِرْوَال تَحْتِيّ 男, 複 سَرَاوِيل تَحْتِيَّة sirwāl taḥtīy, sarāwīl taḥtīyat スィルワール タフティー, サラーウィール タフティーヤ	briefs, underwear ブリーフス, アンダウェア
(洋服の)	بَنْطَلُون 男, 複 بَنْطَلُونَات banṭalūn, banṭalūnāt バンタルーン, バンタルーナート	pants, trousers パンツ, トラウザズ
はんてい 判定 hantei	حُكْم 男, 複 أَحْكَام ḥukm, ʾaḥkām フクム, アフカーム	judgment, decision ヂャヂメント, ディスィジョン
ぱんてぃー パンティー pantii	سِرْوَال تَحْتِيّ 男, 複 سَرَاوِيل تَحْتِيَّة sirwāl taḥtīy, sarāwīl taḥtīyat スィルワール タフティー, サラーウィール タフティーヤ	panties パンティズ

日	アラビア	英
～ストッキング	جَوْرَب نِسَائِيّ 男 jaurab nisāʾīy ジャウラブ ニサーイー	pantyhose, tights パンティホウズ, タイツ
はんでぃきゃっぷ ハンディキャップ handikyappu	عَائِق 男 ʿāʾiq アーイク	handicap ハンディキャプ
はんていする 判定する hanteisuru	يَحْكُمُ, 〔完〕حَكَمَ yaḥkumu, ḥakama ヤフクム, ハカマ	judge ヂャヂ
はんてん 斑点 hanten	بُقْعَة 女, 複 بُقَع buqʿat, buqaʿ ブクア, ブカウ	spot, speck スパト, スペク
(体の発疹)	طَفْح جِلْدِيّ 男 ṭafḥ jildīy タフフ ジルディー	rash ラシュ
ばんど バンド bando	فِرْقَة مُوسِيقِيَّة 女 firqat mūsīqīyat フィルカ ムースィーキーヤ	band バンド
はんとう 半島 hantou	شِبْهُ جَزِيرَةٍ 男 shibhu jazīratin シブフ ジャズィーラ	peninsula ペニンシュラ
はんどうたい 半導体 handoutai	شِبْهُ مُوَصِّلٍ 男 shibhu muwaṣṣilin シブフ ムワッスィル	semiconductor セミコンダクタ
はんどばっぐ ハンドバッグ handobaggu	حَقِيبَةُ يَدٍ 女 ḥaqībatu yadin ハキーバ ヤド	handbag, purse ハンドバグ, パース
はんどぶっく ハンドブック handobukku	كُتَيِّب 男, 複 كُتَيِّبَات ; دَلِيل مَرْجِعِيّ 男 kutaiyib, kutaiyibāt, dalīl marjiʿīyi クタイイブ, クタイイバート, ダリール マルジイー	handbook ハンドブク
はんどる ハンドル (自動車の) handoru	مِقْوَد 男 ; عَجَلَةُ الْقِيَادَةِ 女 miqwad, ʿajalatu al-qiyādati ミクワド, アジャラトゥル キヤーダ	steering wheel スティアリング (ホ)ウィール

日	アラビア	英
はんにち **半日** hannichi	نِصْفُ يَوْمٍ 男 niṣfu yaumin ニスフ ヤウム	half a day ハフ ア デイ
はんにん **犯人** hannin	مُجْرِم 男 mujrim ムジュリム	offender, criminal オフェンダ, クリミナル
はんのう **反応** hannou	رَدُّ ٱلْفِعْلِ 男 raddu al-fiʿli ラッドゥル フィウル	reaction, response リアクション, リスパンス
～する	تَفَاعَلَ مَعَ 〔完〕, يَتَفَاعَلُ مَعَ yatafāʿalu maʿa, tafāʿala maʿa ヤタファーアル マア, タファーアラ マア	react to, respond to リアクト トゥ, リスパンド トゥ
ばんぱー **バンパー** banpaa	مِصَدّ 男, 複 مِصَدَّات miṣadd, miṣaddāt ミサッド, ミサッダート	bumper バンパ
はんばーがー **ハンバーガー** hanbaagaa	هَامْبُرْغَر 女 hāmburghar ハーンブルガー	hamburger ハンバーガ
はんばい **販売** hanbai	بَيْع 男 baiʿ バイウ	sale セイル
～する	بَاعَ 〔完〕, يَبِيعُ yabīʿu, bāʿa ヤビーウ, バーア	sell, deal in セル, ディール イン
ばんぱく **万博** banpaku	مَعْرِض عَالَمِيّ 男 maʿriḍ ʿālamīy マアリド アーラミー	Expo エクスポウ
はんぱつする **反発する** hanpatsusuru	تَمَرَّدَ 〔完〕, يَتَمَرَّدُ yatamarradu, tamarrada ヤタマッラドゥ, タマッラダ	repulse, repel リパルス, リペル
はんぷくする **反復する** hanpukusuru	كَرَّرَ 〔完〕, يُكَرِّرُ yukarriru, karrara ユカッリル, カッララ	repeat リピート
ぱんふれっと **パンフレット** panfuretto	كُتَيِّب 男 kutaiyib クタイイブ	pamphlet, brochure パンフレト, ブロウシュア

は

日	アラビア	英
はんぶん **半分** hanbun	**نِصْف** 男 niṣf ニスフ	half ハフ
はんまー **ハンマー** hanmaa	**مِطْرَقَة** 女, 複 **مَطَارِقُ** 〔二段〕 miṭraqat, maṭāriqu ミトラカ, マターリク	hammer ハマ
～投げ	**رَمْيُ ٱلْمِطْرَقَةِ** 男 ramyu al-miṭraqati ラムユル ミトラカ	hammer throw ハマ スロウ
はんらん **反乱** hanran	**تَمَرُّد** 男 tamarrud タマッルド	revolt リヴォウルト
はんらんする **氾濫する** hanransuru	**يَفِيضُ**, 〔完〕 **فَاضَ** yafīḍu, fāḍa ヤフィードゥ, ファーダ	flood, overflow フラド, オウヴァフロウ
はんれい **凡例** （辞書等の使い方） hanrei	**مَنْهَجِيَّة** 女 manhajīyat マンハジーヤ	explanatory notes イクスプラナトーリ ノウツ
はんろん **反論** hanron	**دَحْض** 男 daḥḍ ダフド	refutation レフュテイション
～する	**يَدْحَضُ**, 〔完〕 **دَحَضَ** yadḥaḍu, daḥaḍa ヤドハドゥ, ダハダ	argue against アーギュー アゲンスト

ひ, ヒ

日	アラビア	英
ひ **火** hi	**نَار** 女, 複 **نِيرَان** nār, nīrān ナール, ニーラーン	fire ファイア
ひ **日**　（太陽・日光） hi	**ضَوْءُ ٱلشَّمْسِ** 男 ḍauʾu al-shamsi ダウウッ シャムス	sun, sunlight サン, サンライト
（日にち）	**يَوْم** 男, 複 **أَيَّام** yaum, ʾaiyām ヤウム, アイヤーム	day, date デイ, デイト

日	アラビア	英
び **美** bi	جَمَال 男 jamāl ジャマール	beauty ビューティ
ひあい **悲哀** hiai	حُزْن 男, أَحْزَان 複 ḥuzn, ʾaḥzān フズン, アフザーン	sadness サドネス
ぴあす **ピアス** piasu	قُرْط 男, أَقْرَاط 複 qurṭ, ʾaqrāṭ クルト, アクラート	(pierced) earrings (ピアスト) イアリングズ
ぴあにすと **ピアニスト** pianisuto	عَازِفُ ٱلْبِيَانُو 男 ʿāzifu al-biyānū アーズィフル ビヤーヌー	pianist ピアニスト
ぴあの **ピアノ** piano	بِيَانُو 男 biyānū ビヤーヌー	piano ピアーノウ
ひありんぐ **ヒアリング** hiaringu	مَهَارَةُ ٱلِاسْتِمَاعِ 女 mahāratu al-istimāʿi マハーラトゥ リスティマーウ	listening comprehension リスニング カンプリヘンション
(公聴会)	جَلْسَة عَلَنِيَّة 女 jalsat ʿalanīyat ジャルサ アラニーヤ	public hearing パブリク ヒアリング
ひいきする **ひいきする** hiikisuru	يَتَحَيَّزُ إِلَى, 〔完〕 تَحَيَّزَ إِلَى yataḥaiyazu ʾilā, taḥaiyaza ʾilā ヤタハイヤズ イラー, タハイヤザ イラー	favor, patronage フェイヴァ, パトラニヂ
ぴーく **ピーク** piiku	ذُرْوَة 女 dhurwat ズルワ	peak ピーク
びいしき **美意識** biishiki	اَلْوَعْيُ ٱلْجَمَالِيُّ 男 al-waʿyu al-jamālīyu アル ワアユル ジャマーリー	sense of beauty, esthetic sense センス オヴ ビューティ, エスセティク センス
びーず **ビーズ** biizu	خَرَز 集, خَرَزَة 女 kharaz, kharazat ハラズ, ハラザ	beads ビーヅ

日	アラビア	英
ひーたー **ヒーター** hiitaa	مِدْفَأَة 女, 複 مَدَافِئُ 〔二段〕 midfa'at, madāfi'u ミドファア, マダーフィウ	heater ヒータ
ぴーなつ **ピーナツ** piinatsu	فُول سُودَانِيّ 集 fūl sūdānīy フール スーダーニー	peanut ピーナト
びーふ **ビーフ** biifu	لَحْمُ ٱلْبَقَرِ 集 laḥmu al-baqari ラフムル バカル	beef ビーフ
ぴーまん **ピーマン** piiman	فُلْفُل أَخْضَر 集 fulful 'akhḍar フルフル アフダル	green pepper, bell pepper グリーン ペパ, ベル ペパ
びーる **ビール** biiru	بِيرَة 女 bīrat ビーラ	beer ビア
ひーろー **ヒーロー** hiiroo	بَطَل 男, 複 أَبْطَال baṭal, 'abṭāl バタル, アブタール	hero ヒアロウ
ひえる **冷える** hieru	يَبْرُدُ, 〔完〕 بَرَدَ yabrudu, barada ヤブルドゥ, バラダ	(get) cold (ゲト) コウルド
びえん **鼻炎** bien	اِلْتِهَابُ ٱلْأَنْفِ 男 iltihābu al-'anfi イルティハーブル アンフ	nasal inflammation ネイザル インフラメイション
びおら **ビオラ** biora	اَلْفِيُولَا 男 al-fiyūlā アル フィユーラー	viola ヴァイオラ
ひがい **被害** higai	خَسَارَة 女, 複 خَسَائِرُ 〔二段〕 khasārat, khasā'iru ハサーラ, ハサーイル	damage ダミヂ
～者 (犠牲者)	ضَحِيَّة 女, 複 ضَحَايَا ḍaḥīyat, ḍaḥāyā ダヒーヤ, ダハーヤー	victim ヴィクティム
(負傷者)	مُصَاب 男 muṣāb ムサーブ	the injured ズィ インヂャド

ひ

日	アラビア	英
(被災者)	مُصاب 男 muṣāb ムサーブ	disaster victim ディザスタ ヴィクティム
ひかえ **控え** (覚書) hikae	مُذَكِّرَة 女 mudhakkirat ムザッキラ	note ノウト
(写し)	نُسْخَة 女, 複 نُسَخ nuskhat, nusakh ヌスハ, ヌサフ	copy, duplicate カピ, デュープリケト
～の (予備の)	اِحْتِيَاطِيّ iḥtiyāṭīy イフティヤーティー	reserve リザーヴ
ひかえめな **控えめな** (性格が) hikaemena	مُتَوَاضِع mutawāḍiʿ ムタワーディウ	moderate, unassuming マダレト, アナスューミング
(手頃な)	مُعْتَدِل muʿtadil ムウタディル	moderate マダレト
ひかえる **控える** (自制する) hikaeru	يَمْتَنِعُ عَنْ, 完 اِمْتَنَعَ عَنْ yamtaniʿu ʿan, imtanaʿa ʿan ヤムタニウ アン, イムタナア アン	refrain from リフレイン フラム
(書き留める)	يُدَوِّنُ, 完 دَوَّنَ yudauwinu, dauwana ユダウウィヌ, ダウワナ	write down ライト ダウン
(待機する)	يَنْتَظِرُ, 完 اِنْتَظَرَ yantaẓiru, intaẓara ヤンタズィル, インタザラ	wait ウェイト
ひかく **比較** hikaku	مُقَارَنَة 女 muqāranat ムカーラナ	comparison コンパリスン
～する	يُقَارِنُ بِ, 完 قَارَنَ بِ yuqārinu bi, qārana bi ユカーリヌ ビ, カーラナ ビ	compare コンペア
ひかげ **日陰** hikage	ظِلّ 男, 複 ظِلَال ẓill, ẓilāl ズィッル, ズィラール	shade シェイド

ひ

日	アラビア	英
ひがさ **日傘** higasa	**مِظَلَّة شَمْسِيَّة** 女 miẓallat shamsīyat ミザッラ シャムスィーヤ	sunshade, parasol サンシェイド, パラソル
ひがし **東** higashi	**شَرْق** 男 sharq シャルク	east イースト
ひがしがわ **東側** higashigawa	**اَلْجَانِبُ ٱلشَّرْقِيُّ** 男 al-jānibu al-sharqīyu アル ジャーニブッ シャルキー	east side イースト サイド
ひがしはんきゅう **東半球** higashihankyuu	**نِصْفُ ٱلْأَرْضِ ٱلشَّرْقِيُّ** 男 niṣfu al-ʾarḍi al-sharqīyu ニスフル アルディッ シャルキー	Eastern Hemisphere イースタン ヘミスフィア
ひかり **光** hikari	**نُور** 男, 複 **أَنْوَار** 男; **ضَوْء**, **أَضْوَاء** 複 nūr, ʾanwār, ḍauʾ, ʾaḍwāʾ ヌール, アンワール, ダウウ, アドワーウ	light, ray ライト, レイ
ひかる **光る** hikaru	**يَلْمَعُ**, 〔完〕 **لَمَعَ** yalmaʿu, lamaʿa ヤルマウ, ラマア	shine, flash シャイン, フラシュ
ひかれる **引かれる** hikareru	**يَنْجَذِبُ**, 〔完〕 **اِنْجَذَبَ** yanjadhibu, injadhaba ヤンジャズィブ, インジャザバ	(be) charmed with (ビ) チャームド ウィズ
ひかんする **悲観する** hikansuru	**يَتَشَاءَمُ مِنْ**, 〔完〕 **تَشَاءَمَ مِنْ** yatashāʾamu min, tashāʾama min ヤタシャーアム ミン, タシャーアマ ミン	(be) pessimistic about (ビ) ペスィミスティク アバウト
ひかんてきな **悲観的な** hikantekina	**تَشَاؤُمِيّ** tashāʾumīy タシャーウミー	pessimistic ペスィミスティク
ひきあげる **引き上げる** (高くする) hikiageru	**يَرْفَعُ**, 〔完〕 **رَفَعَ** yarfaʿu, rafaʿa ヤルファウ, ラファア	raise レイズ
(上げる)	**يَرْفَعُ**, 〔完〕 **رَفَعَ** yarfaʿu, rafaʿa ヤルファウ, ラファア	pull up プル アプ

日	アラビア	英
ひきいる **率いる** hikiiru	يَقُودُ, 〔完〕قَادَ yaqūdu, qāda ヤクードゥ, カーダ	lead, conduct リード, コンダクト
ひきうける **引き受ける** (受け入れる) hikiukeru	يَقْبَلُ, 〔完〕قَبِلَ yaqbalu, qabila ヤクバル, カビラ	accept アクセプト
(担当する)	يَتَوَلَّى, 〔完〕تَوَلَّى yatawallā, tawallā ヤタワッラー, タワッラー	undertake アンダテイク
ひきおこす **引き起こす** (生じさせる) hikiokosu	يُسَبِّبُ, 〔完〕سَبَّبَ yusabbibu, sabbaba ユサッビブ, サッババ	cause コーズ
ひきかえ **引き換え** hikikae	تَبَادُل 男 tabādul タバードゥル	exchange イクスチェインヂ
ひきかえす **引き返す** hikikaesu	يَعُودُ, 〔完〕عَادَ yaʿūdu, ʿāda ヤウードゥ, アーダ	return, turn back リターン, ターン バク
ひきがね **引き金** hikigane	زِنَاد 男, 複 أَزْنِدَة zinād, ʾaznidat ズィナード, アズニダ	trigger トリガ
ひきさく **引き裂く** hikisaku	يُمَزِّقُ, 〔完〕مَزَّقَ yumazziqu, mazzaqa ユマッズィク, マッザカ	tear up テア アプ
ひきさげる **引き下げる** (下げる) hikisageru	يُخَفِّضُ, 〔完〕خَفَّضَ yukhaffiḍu, khaffaḍa ユハッフィドゥ, ハッファダ	pull down プル ダウン
(減らす)	يُخَفِّضُ, 〔完〕خَفَّضَ yukhaffiḍu, khaffaḍa ユハッフィドゥ, ハッファダ	reduce リデュース
ひきざん **引き算** hikizan	اَلطَّرْح 男 al-ṭarḥ アッ タルフ	subtraction サブトラクション
ひきしお **引き潮** hikishio	جَزْر 男 jazr ジャズル	ebb tide エブ タイド

日	アラビア	英
ひきずる **引きずる** hikizuru	**يَجُرُّ, 〔完〕 جَرَّ** yajurru, jarra ヤジュッル，ジャッラ	trail, drag トレイル，ドラグ
ひきだし **引き出し** （家具の） hikidashi	**دُرْج** [男], [複] **أَدْرَاج** durj, ʾadrāj ドゥルジュ，アドラージュ	drawer ドローア
（預金の）	**سَحْب** [男] saḥb サフブ	withdrawal ウィズドローアル
ひきだす **引き出す** （預金を） hikidasu	**يَسْحَبُ, 〔完〕 سَحَبَ** yasḥabu, saḥaba ヤスハブ，サハバ	withdraw ウィズドロー
ひきつぐ **引き継ぐ** （人から） hikitsugu	**يَتَسَلَّمُ, 〔完〕 تَسَلَّمَ** yatasallamu, tasallama ヤタサッラム，タサッラマ	succeed, take over サクスィード，テイク オウヴァ
（人に）	**يُسَلِّمُ, 〔完〕 سَلَّمَ** yusallimu, sallama ユサッリム，サッラマ	hand over ハンド オウヴァ
ひきにく **挽き肉** hikiniku	**لَحْم مَفْرُوم** [男] laḥm mafrūm ラフム マフルーム	ground meat, minced meat グラウンド ミート，ミンスト ミート
ひきぬく **引き抜く** hikinuku	**يَقْتَلِعُ, 〔完〕 اِقْتَلَعَ** yaqtaliʿu, iqtalaʿa ヤクタリウ，イクタラア	pull out プル アウト
ひきのばす **引き伸ばす** （拡大する） hikinobasu	**يُكَبِّرُ, 〔完〕 كَبَّرَ** yukabbiru, kabbara ユカッビル，カッバラ	enlarge インラーヂ
（長くする）	**يُمَدِّدُ, 〔完〕 مَدَّدَ** yumaddidu, maddada ユマッディドゥ，マッダダ	stretch ストレチ
ひきわけ **引き分け** hikiwake	**تَعَادُل** [男] taʿādul タアードゥル	draw, tie ドロー，タイ

日	アラビア	英
ひきわたす **引き渡す** hikiwatasu	**يُسَلِّمُ**, 〔完〕**سَلَّمَ** yusallimu, sallama ユサッリム, サッラマ	hand over, deliver ハンド オウヴァ, ディリヴァ
ひく **引く** hiku　（引っ張る）	**يَسْحَبُ**, 〔完〕**سَحَبَ** ; **يَشُدُّ**, 〔完〕**شَدَّ** yasḥabu, saḥaba, yashuddu, shadda ヤスハブ, サハバ, ヤシュッドゥ, シャッダ	pull, draw プル, ドロー
（差し引く）	**يَخْصِمُ**, 〔完〕**خَصَمَ** ; **يَطْرَحُ**, 〔完〕**طَرَحَ** yakhṣimu, khaṣama, yaṭraḥu, ṭaraḥa ヤフスィム, ハサマ, ヤトラフ, タラハ	deduct ディダクト
（参照する）	**يُرَاجِعُ**, 〔完〕**رَاجَعَ** yurājiʿu, rājaʿa ユラージウ, ラージャア	consult コンサルト
ひく **轢く** hiku	**يَصْدِمُ**, 〔完〕**صَدَمَ** yaṣdimu, ṣadama ヤスディム, サダマ	run over, hit ラン オウヴァ, ヒト
ひく **弾く** hiku	**يَعْزِفُ**, 〔完〕**عَزَفَ** yaʿzifu, ʿazafa ヤアズィフ, アザファ	play プレイ
ひくい **低い** hikui　（位置が）	**مُنْخَفِض** munkhafiḍ ムンハフィド	low ロウ
（背が）	**قَصِير** qaṣīr カスィール	short ショート
ひくつな **卑屈な** hikutsuna	**ذَلِيل** dhalīl ザリール	servile サーヴァル
びくびくする **びくびくする** bikubikusuru	**يَخَافُ مِنْ**, 〔完〕**خَافَ مِنْ** yakhāfu min, khāfa min ヤハーフ ミン, ハーファ ミン	(be) scared of (ビ) スケアド オヴ

日	アラビア	英
ぴくるす **ピクルス** pikurusu	**مُخَلَّل** 男, 複 **مُخَلَّلات** mukhallal, mukhallalāt ムハッラル, ムハッララート	pickles ピクルズ
ひぐれ **日暮れ** higure	**غَسَق** 男 ghasaq ガサク	evening, dusk イーヴニング, ダスク
ひげ **ひげ** (口の) hige	**شَارِب** 男, 複 **شَوَارِبُ** 〔二段〕 shārib, shawāribu シャーリブ, シャワーリブ	mustache マスタシュ
(頬の)	**شَعْرُ ٱللِّحْيَةِ** 集 shaʿru al-liḥīyati シャアルッ リヒーヤ	side whiskers サイド (ホ)ウィスカズ
(顎の)	**ذَقْن** 男, 複 **ذُقُون** dhaqn, dhuqūn ザクン, ズクーン	beard ビアド
ひげき **悲劇** higeki	**مَأْسَاة** 女, 複 **مَآسٍ** 〔二段〕 maʾsāt, maʾāsin マアサー, マアースィン	tragedy トラヂェディ
ひけつ **秘訣** hiketsu	**سِرّ** 男, 複 **أَسْرَار** sirr, ʾasrār スィッル, アスラール	secret スィークレト
ひけつする **否決する** hiketsusuru	**يَرْفِضُ**, 〔完〕 **رَفَضَ** yarfiḍu, rafaḍa ヤルフィドゥ, ラファダ	reject リヂェクト
ひご **庇護** higo	**حِمَايَة** 女 ḥimāyat ヒマーヤ	protection プロテクション
～する	**يَحْمِي**, 〔完〕 **حَمَى** yaḥmī, ḥamā ヤフミー, ハマー	protect プロテクト
ひこう **飛行** hikou	**طَيَرَان** 男 ṭayarān タヤラーン	flight フライト
～機	**طَائِرَة** 女 ṭāʾirat ターイラ	airplane, plane エアプレイン, プレイン

日	アラビア	英
ひこうしきの **非公式の** hikoushikino	**غَيْر رَسْمِيٍّ** ghair rasmīyin ガイル **ラ**スミー	unofficial, informal アナ**フィ**シャル, イン**フォ**ーマル
ひごうほうの **非合法の** higouhouno	**غَيْر شَرْعِيٍّ** ghair sharʿīyin ガイル **シャ**ルイー	illegal イ**リ**ーガル
ひこく **被告** hikoku	**مُتَّهَم** 男 muttaham **ム**ッタハム	defendant, (the) accused ディ**フェ**ンダント, (ズィ) ア**キュ**ーズド
ひこようしゃ **被雇用者** hikoyousha	**مُوَظَّف** 男 muwaẓẓaf ム**ワ**ッザフ	employee インプ**ロ**イイー
ひごろ **日頃** higoro	**عَادَةً** ʿādatan **ア**ーダタン	usually, always **ユ**ージュアリ, **オ**ールウェイズ
ひざ **膝** hiza	**رُكْبَة** 女 rukbat **ル**クバ	knee, lap **ニ**ー, **ラ**プ
びざ **ビザ** biza	**تَأْشِيرَة** 女 taʾshīrat タア**シ**ーラ	visa **ヴィ**ーザ
ひさいしゃ **被災者** hisaisha	**مُصَاب** 男 muṣāb ム**サ**ーブ	victim, sufferer **ヴィ**クティム, **サ**ファラ
ひさし **庇** (帽子の) hisashi	**حَافَة** 女 ḥāfat **ハ**ーファ	visor **ヴァ**イザ
ひざし **日差し** hizashi	**ضَوْءُ ٱلشَّمْسِ** 男 ḍauʾu al-shamsi **ダ**ウウッ **シャ**ムス	sunlight **サ**ンライト
ひさしぶりに **久し振りに** hisashiburini	**مُنْذُ فِتْرَةٍ طَوِيلَةٍ** mundhu fitratin ṭawīlatin ムンズ **フィ**トラ タ**ウィ**ーラ	after a long time アフタ ア **ロ**ーング **タ**イム

ひ

日	アラビア	英
ひざまずく **ひざまずく** hizamazuku	رَكَعَ ,يَرْكَعُ [完] yarkaʿu, rakaʿa ヤルカウ, ラカア	kneel down ニール ダウン
ひさんな **悲惨な** hisanna	بَائِس bāʾis バーイス	miserable, wretched ミゼラブル, レチェド
ひじ **肘** hiji	مِرْفَق 男 mirfaq ミルファク	elbow エルボウ
ひしがた **菱形** hishigata	شَكْل مُعَيَّن 男 shakl muʿaiyan シャクル ムアイヤン	rhombus, diamond shape, lozenge ランバス, ダイアモンド シェイプ, ラズィンヂ
びじねす **ビジネス** bijinesu	أَعْمَال 複 ; تِجَارَة 女 ʾaʿmāl, tijārat アアマール, ティジャーラ	business ビズネス
～マン	رِجَالُ ٱلْأَعْمَالِ 複 rijālu al-ʾaʿmāli リジャールル アアマール	businessman ビズネスマン
ひじゅう **比重** hijuu	وَزْن نَوْعِيّ 男 wazn nauʿīy ワズン ナウイー	specific gravity スピスィフィク グラヴィティ
びじゅつ **美術** bijutsu	فُنُون جَمِيلَة 複 funūn jamīlat フヌーン ジャミーラ	art, fine arts アート, ファイン アーツ
～館	مَتْحَف فَنِّيّ 男 matḥaf fannīy マトハフ ファンニー	art museum アート ミューズィアム
ひじゅんする **批准する** hijunsuru	أَبْرَمَ ,يُبْرِمُ [完] yubrimu, ʾabrama ユブリム, アブラマ	ratify ラティファイ
ひしょ **秘書** hisho	سِكْرِتِير 男 sikritīr スィクリティール	secretary セクレテリ

日	アラビア	英
ひじょう **非常** （非常事態） hijou	**طَوَارِئُ** 複〔二段〕 ṭawāriʾu タワーリウ	emergency イマーヂェンスィ
ひじょうかいだん **非常階段** hijoukaidan	**سُلَّمُ ٱلْهُرُوبِ** 男 sullamu al-hurūbi スッラムル フルーブ	emergency staircase イマーヂェンスィ ステアケイス
ひじょうぐち **非常口** hijouguchi	**مَخْرَجُ ٱلطَّوَارِئِ** 男 makhraju al-ṭawāriʾi マフラジュッ タワーリウ	emergency exit イマーヂェンスィ エグズィト
ひじょうしきな **非常識な** hijoushikina	**غَيْر مَعْقُولٍ** ghair maʿqūlin ガイル マアクール	absurd, unreasonable アブサード, アンリーズナブル
ひじょうな **非常な** hijouna	**غَيْر عَادِيٍّ** ghair ʿādīyin ガイル アーディー	unusual アニュージュアル
ひじょうな **非情な** hijouna	**بِلَا قَلْبٍ** bi-lā qalbin ビ-ラー カルブ	heartless ハートレス
ひじょうに **非常に** hijouni	**جِدًّا** jiddan ジッダン	very, unusually ヴェリ, アニュージュアリ
ひしょち **避暑地** hishochi	**مَصِيف** 男, 複 **مَصَايِفُ**〔二段〕 maṣīf, maṣāyifu マスィーフ, マサーイフ	summer resort サマ リゾート
びじん(の) **美人(の)** bijin (no)	**جَمِيل** jamīl ジャミール	beauty ビューティ
ひすてりっくな **ヒステリックな** hisuterikkuna	**هِسْتِيرِيّ** histīrīy ヒスティーリー	hysterical ヒステリカル
ぴすとる **ピストル** pisutoru	**مُسَدَّس** 男 musaddas ムサッダス	pistol ピストル

日	アラビア	英
ぴすとん **ピストン** pisuton	مِكْبَس 男, 複 مَكَابِسُ 〔二段〕; بِسْتُم mikbas, makābisu, bistum ミクバス, マカービス, ビストゥム	piston ピストン
びせいぶつ **微生物** biseibutsu	مِيكْرُوب 男 mīkrūb ミークルーブ	microbe, microorganism マイクロウブ, マイクロウオーガニズム
ひそ **砒素** hiso	زِرْنِيخ 男 zirnīkh ズィルニーフ	arsenic アースニク
ひぞう **脾臓** hizou	طِحَال 男 ṭiḥāl ティハール	spleen スプリーン
ひそかな **密かな** hisokana	سِرِّيّ sirrīy スィッリー	secret, private スィークレト, プライヴェト
ひだ **ひだ** hida	طَيَّة 女 ṭaiyat タイヤ	fold フォウルド
ひたい **額** hitai	جَبْهَة 女 ; جَبِين 女, 複 جُبُن jabhat, jabīn, jubun ジャブハ, ジャビーン, ジュブン	forehead フォーリド
ひたす **浸す** hitasu	يَنْقَعُ, 〔完〕 نَقَعَ yanqaʿu, naqaʿa ヤンカウ, ナカア	soak in, dip in ソウク イン, ディプ イン
びたみん **ビタミン** bitamin	فِيتَامِين 男, 複 فِيتَامِينَات fītāmīn, fītāmīnāt フィーターミーン, フィーターミーナート	vitamin ヴァイタミン
ひだり **左** hidari	يَسَار 男 ; يُسْرَى 女 ; شِمَال 男 yasār, yusrā, shimāl ヤサール, ユスラー, シマール	left レフト
ひだりがわ **左側** hidarigawa	اَلْجَانِبُ الْأَيْسَرُ 男 al-jānibu al-ʾaisaru アル ジャーニブル アイサル	left side レフト サイド

日	アラビア	英
～に	عَلَى ٱلْيَسَارِ ʿalā al-yasāri アラル ヤサール	on the left side オン ザ レフト サイド
ひつうな **悲痛な** hitsuuna	فَاجِع ; مُحْزِن fājiʿ, muḥzin ファージウ，ムフズィン	grievous, sorrowful グリーヴァス，サロウフル
ひっかかる **引っ掛かる** （人の罠に） hikkakaru	وَقَعَ فِي 〔完〕 ,يَقَعُ فِي فَخِّهِ فَخِّهِ yaqaʿu fī fakhkhi-hi, waqaʿa fī fakhkhi-hi ヤカウ フィー ファッヒ-ヒ，ワカア フィー ファッヒ-ヒ	get caught in ゲト コート イン
（物にくっつく）	عَلِقَ بِ 〔完〕 ,يَعْلَقُ بِ yaʿlaqu bi, ʿaliqa bi ヤアラク ビ，アリカ ビ	be caught in ビ コート イン
ひっかく **引っ掻く** hikkaku	خَدَشَ 〔完〕 ,يَخْدِشُ yakhdishu, khadasha ヤフディシュ，ハダシャ	scratch スクラチ
ひっかける **引っ掛ける** hikkakeru	عَلَّقَ عَلَى 〔完〕 ,يُعَلِّقُ عَلَى yuʿalliqu ʿalā, ʿallaqa ʿalā ユアッリク アラー，アッラカ アラー	hang ハング
（人を罠に）	أَوْقَعَ 〔完〕 ,يُوْقِعُ فِي ٱلْفَخِّ فِي ٱلْفَخِّ yuwqiʿu fī al-fakhkhi, ʾauqaʿa fī al-fakhkhi ユウキウ フィル ファッフ，アウカア フィル ファッフ	trick トリク
（人をだます）	خَدَعَهُ 〔完〕 ,يَخْدَعُهُ yakhdaʿu-hu, khadaʿa-hu ヤフダウ-フ，ハダア-フ	cheat チート
（水を）	رَشَّ 〔完〕 ,يَرُشُّ yarushshu, rashsha ヤルッシュ，ラッシャ	splash water スプラシュ ウォータ
ひっきしけん **筆記試験** hikkishiken	اِمْتِحَان بِٱلْكِتَابِ 〔男〕 imtiḥān bi-al-kitābi イムティハーン ビール キターブ	written examination リトン イグザミネイション

日	アラビア	英
ひっくりかえす **ひっくり返す** hikkurikaesu	**قَلَبَ** 〔完〕, **يَقْلِبُ** yaqlibu, qalaba **ヤ**クリブ, **カ**ラバ	knock over, overturn **ナ**ク **オ**ウヴァ, オウヴァ**タ**ーン
ひっくりかえる **ひっくり返る** **(倒れる)** hikkurikaeru	**وَقَعَ** 〔完〕, **يَقَعُ** yaqaʿu, waqaʿa **ヤ**カウ, **ワ**カア	fall over **フォ**ール **オ**ウヴァ
(さかさまになる)	**اِنْقَلَبَ** 〔完〕, **يَنْقَلِبُ** yanqalibu, inqalaba **ヤ**ンカリブ, **イ**ンカラバ	flip over, overturn フ**リ**プ **オ**ウヴァ, オウヴァ**タ**ーン
びっくりする **びっくりする** bikkurisuru	**اِنْدَهَشَ** 〔完〕, **يَنْدَهِشُ** yandahishu, indahasha **ヤ**ンダヒシュ, **イ**ンダハシャ	(be) surprised (ビ) サプ**ラ**イズド
ひづけ **日付** hizuke	**تَارِيخ** 男, 複 **تَوَارِيخُ** 〔二段〕 tārīkh, tawārīkhu ター**リ**ーフ, タワー**リ**ーフ	date **デ**イト
ひっこす **引っ越す** hikkosu	**اِنْتَقَلَ** 〔完〕, **يَنْتَقِلُ** yantaqilu, intaqala **ヤ**ンタキル, **イ**ンタカラ	move, remove **ム**ーヴ, リ**ム**ーヴ
ひっこめる **引っ込める** hikkomeru	**سَحَبَ** 〔完〕, **يَسْحَبُ** yasḥabu, saḥaba **ヤ**スハブ, **サ**ハバ	take back **テ**イク **バ**ク
ぴっころ **ピッコロ** pikkoro	**فُلُوت صَغِير** 男 fulūt ṣaghīr フ**ル**ート サ**ギ**ール	piccolo **ピ**コロウ
ひつじ **羊** hitsuji	**خَرُوف** 男, 複 **خِرْفَان**; **غَنَم** 集, 複 **أَغْنَام** kharūf, khirfān, ghanam, ʾaghnām ハ**ル**ーフ, ヒルファ**ー**ン, **ガ**ナム, アグ**ナ**ーム	sheep **シ**ープ
ひっしの **必死の** hisshino	**بِاسْتِمَاتَةٍ** bi-istimātatin ビ-スティ**マ**ータ	desperate **デ**スパレト
ひっしゅうの **必修の** hisshuuno	**إِجْبَارِيّ** ; **إِلْزَامِيّ** ʾijbārīy, ʾilzāmīy イジュ**バ**ーリー, イル**ザ**ーミー	compulsory コン**パ**ルソリ

日	アラビア	英
ひつじゅひん **必需品** hitsujuhin	ضَرُورِيَّات 複 ḍarūrīyāt ダルーリー**ヤ**ート	necessities ネ**セ**スィティズ
ひっすの **必須の** hissuno	لَا غِنًى عَنْهُ ; ضَرُورِيّ ḍarūrīy, lā ghinan ʿan-hu ダ**ル**ーリー, ラー **ギ**ナン アンーフ	indispensable インディス**ペ**ンサブル
ひったくる **ひったくる** hittakuru	خَطَفَ 〔完〕, يَخْطَفُ yakhṭafu, khaṭafa **ヤ**フタフ, **ハ**タファ	snatch ス**ナ**チ
ぴっちゃー **ピッチャー** (水差し) picchaa	إِبْرِيق 男, 複 أَبَارِيقُ〔二段〕 ʾibrīq, ʾabārīqu イブ**リ**ーク, アバー**リ**ーク	pitcher, Ⓑjug **ピ**チャ, **チャ**グ
(投手)	اَلرَّامِي 男 al-rāmī アッ **ラ**ーミー	pitcher **ピ**チャ
ひってきする **匹敵する** hittekisuru	بِمَثَابَةٍ bi-mathābatin ビ-マ**サ**ーバ	(be) equal to (ビ) **イ**ークワル トゥ
ひっとする **ヒットする** (売れ筋の) hittosuru	رَائِج rāʾij **ラ**ーイジュ	hit, success **ヒ**ト, サク**セ**ス
ひっぱく **逼迫** (時間の) hippaku	ضِيقُ ٱلْوَقْتِ 男 ḍīqu al-waqti **ディ**ークル **ワ**クト	time crunch **タ**イム ク**ラ**ンチ
～する (財政が)	صُعُوبَات مَالِيَّة 男 ṣuʿūbāt mālīyat スウー**バ**ート マー**リ**ーヤ	(be) under financial difficulties (ビ) アンダ フィ**ナ**ンシャル **ディ**フィカルティズ
ひっぱる **引っ張る** hipparu	شَدَّ 〔完〕, يَشُدُّ yashuddu, shadda ヤ**シュ**ッドゥ, **シャ**ッダ	stretch スト**レ**チ
ひつよう **必要** hitsuyou	ضَرُورَة 女 ḍarūrat ダ**ル**ーラ	necessity, need ネ**セ**スィティ, **ニ**ード

日	アラビア	英
～な	ضَرُورِيّ ḍarūrīy ダルーリー	necessary ネセセリ
ひていする 否定する hiteisuru	يَنْفِي، 〔完〕 نَفَى ; يُنْكِرُ، 〔完〕 أَنْكَرَ yanfī, nafā, yunkiru, ʾankara ヤンフィー, ナファー, ユンキル, アンカラ	deny ディナイ
びでお ビデオ bideo	فِيدِيُو 男 fīdiyū フィーディユー	video ヴィディオウ
びてきな 美的な bitekina	جَمَالِيّ jamālīy ジャマーリー	esthetic エスセティク
ひでり 日照り hideri	جَفَاف 男 jafāf ジャファーフ	drought ドラウト
ひでんの 秘伝の hidenno	سِرِّيّ sirrīy スィッリー	secret スィークレト
ひと 人　(1 人の人間) hito	شَخْص 男، 複 أَشْخَاص shakhṣ, ʾashkhāṣ シャフス, アシュハース	person, one パースン, ワン
(人類)	بَشَرِيَّة 女 ; إِنْسَان 男 basharīyat, ʾinsān バシャリーヤ, インサーン	mankind マンカインド
(他人)	شَخْص آخَر 男 ; آخَرُونَ 複 shakhṣ ʾākhar, ʾākharūna シャフス アーハル, アーハルーナ	others, other people アザズ, アザ ピープル
ひどい ひどい hidoi	قَاسٍ 〔二段〕 ; فَظِيع qāsin, faẓīʿ カースィン, ファズィーウ	cruel, terrible クルエル, テリブル
ひとがら 人柄 hitogara	شَخْصِيَّة 女 shakhṣīyat シャフスィーヤ	character キャラクタ

ひ

日	アラビア	英
ひときれ **一切れ** hitokire	**قِطْعَة** 女, 複 **قِطَع** qiṭʿat, qiṭaʿ キトア, キタウ	(a) piece (of) (ア) ピース (オヴ)
びとく **美徳** bitoku	**فَضِيلَة** 女, 複 **فَضَائِلُ** [二段] faḍīlat, faḍāʾilu ファディーラ, ファダーイル	virtue ヴァーチュー
ひとくち **一口** hitokuchi	**لُقْمَة وَاحِدَة** 女 luqmat wāḥidat ルクマ ワーヒダ	(a) mouthful (ア) マウスフル
ひとごみ **人混み** hitogomi	**زَحْمَة** 女 zaḥmat ザフマ	crowd クラウド
ひとさしゆび **人さし指** hitosashiyubi	**سَبَّابَة** 女 sabbābat サッバーバ	index finger, Ⓑforefinger インデクス フィンガ, フォーフィンガ
ひとしい **等しい** hitoshii	**يُسَاوِي**, [完] **سَاوَى ; بِمَثَابَةٍ** yusāwī, sāwā, bi-mathābatin ユサーウィー, サーワー, ビ-マサーバ	(be) equal to (ビ) イークワル トゥ
ひとじち **人質** hitojichi	**رَهِينَة** 女, 複 **رَهَائِنُ** [二段] rahīnat, rahāʾinu ラヒーナ, ラハーイン	hostage ハスティヂ
ひとだかり **人だかり** hitodakari	**زَحْمَة** 女 zaḥmat ザフマ	crowd クラウド
ひとで **人手** (働き手) hitode	**اَلْأَيْدِي ٱلْعَامِلَة** 女 al-ʾaidī al-ʿāmilat アル アイディル アーミラ	hand ハンド
ひとどおりのおおい **人通りの多い** (混雑している) hitodoorinoooi	**مُزْدَحِم** muzdaḥim ムズダヒム	busy, crowded ビズィ, クラウデド
ひとなつこい **人なつこい** (動物が) hitonatsukoi	**أَلِيف** ʾalīf アリーフ	friendly, amiable フレンドリ, エイミアブル

ひ

日	アラビア	英
(人が)	وَدُود wadūd ワドゥード	friendly, affable フレンドリ, アファブル
ひとなみの **人並みの** hitonamino	عَادِيّ ; مُتَوَسِّط ʿādīy, mutawassiṭ アーディー, ムタワッスィト	ordinary, average オーディネリ, アヴァリヂ
ひとびと **人々** hitobito	نَاس 男 ; شَعْب 男, شُعُوب 複 nās, shaʿb, shuʿūb ナース, シャアブ, シュウーブ	people, men ピープル, メン
ひとまえで **人前で** hitomaede	أَمَامَ ٱلْآخَرِينَ ʾamāma al-ʾākharīna アマーマル アーハリーナ	in public イン パブリク
ひとみ **瞳** hitomi	عَيْن 男, عُيُون 複 ʿain, ʿuyūn アイン, ウユーン	pupil ピューピル
ひとみしりする **人見知りする** hitomishirisuru	خَجِل khajil ハジル	(be) shy, (be) wary of strangers (ビ) シャイ, (ビ) ウェアリ オヴ ストレインヂャズ
ひとめで **一目で** hitomede	مِنْ أَوَّلِ نَظْرَةٍ min ʾauwali naẓratin ミン アウワリ ナズラ	at a glance アト ア グランス
(すぐに)	فَوْرًا fauran ファウラン	at once アト ワンス
ひとやすみ **一休み** hitoyasumi	اِسْتِرَاحَة 女 istirāḥat イスティラーハ	rest, break レスト, ブレイク
ひとりごとをいう **独り言を言う** hitorigotowoiu	يُكَلِّمُ نَفْسَهُ, كَلَّمَ نَفْسَهُ 完 yukallimu nafsa-hu, kallama nafsa-hu ユカッリム ナフサーフ, カッラマ ナフサーフ	talk to oneself トーク トゥ
ひとりっこ **一人っ子** hitorikko	طِفْل وَاحِد 男 ṭifl wāḥid ティフル ワーヒド	only child オウンリ チャイルド

日	アラビア	英
ひとりで **一人で** hitoride	**وَحْدَهُ ; بِمُفْرَدِهِ** bi-mufradi-hi, waḥda-hu ビームフラディ-ヒ, ワフダ-フ	alone, by oneself アロウン, バイ
ひとりぼっちで **独りぼっちで** hitoribocchide	**بِوَحِيد** bi-waḥīdin ビ-ワヒード	alone アロウン
ひとりよがり **独り善がり** (傲慢な) hitoriyogari	**مُتَعَجْرِف** mutaʿajrif ムタアジュリフ	self-satisfaction セルフサティスファクション
ひな **雛** hina	**فَرْخ** 男, 複 **أَفْرَاخ** farkh, ʾafrākh ファルフ, アフラーフ	chick チク
ひなんする **避難する** hinansuru	**يَلْجَأُ إِلَى**, 完 **لَجَأَ إِلَى** yaljaʾu ʾilā, lajaʾa ʾilā ヤルジャウ イラー, ラジャア イラー	take refuge テイク レフューヂ
ひなんする **非難する** hinansuru	**يَلُومُ**, 完 **لَامَ** yalūmu, lāma ヤルーム, ラーマ	blame, accuse ブレイム, アキューズ
びにーる **ビニール** biniiru	**فِينِيل** 男 fīnīl フィーニール	vinyl ヴァイニル
〜袋	**كِيس بُلَاسْتِيك** 男 kīs bulāstīk キース ブラースティーク	plastic bag プラスティク バグ
〜ハウス	**دَفِيئَة** 女 dafīʾat ダフィーア	(PVC) greenhouse (ピーヴィースィー) グリーンハウス
ひにく **皮肉** hiniku	**سُخْرِيَّة** 女 sukhrīyat スフリーヤ	sarcasm, irony サーキャズム, アイアロニ
〜な	**سَاخِر** sākhir サーヒル	sarcastic, ironic サーキャスティク, アイラニク
ひにょうき **泌尿器** hinyouki	**جِهَاز بُولِيّ** 男 jihāz būlīy ジハーズ ブーリー	urinary organs ユアリネリ オーガンズ

ひ

日	アラビア	英
ひにん **避妊** hinin	**مَنْعُ ٱلْحَمْلِ** 男 manʿu al-ḥamli マンウル ハムル	contraception カントラセプション
ひにんする **否認する** hininsuru	**يُنْكِرُ, ** [完] **أَنْكَرَ** yunkiru, ʾankara ユンキル, アンカラ	deny ディナイ
びねつ **微熱** binetsu	**حُمَّى خَفِيفَة** 女 ḥummā khafīfat フンマー ハフィーファ	slight fever スライト フィーヴァ
ひねる **捻る** hineru	**يَلْوِي, ** [完] **لَوَى** yalwī, lawā ヤルウィー, ラワー	twist, twirl トウィスト, トワール
(体の部位を)	**يَلْتَوِي, ** [完] **اِلْتَوَى** yaltawī, iltawā ヤルタウィー, イルタワー	twist トウィスト
ひのいり **日の入り** hinoiri	**غُرُوبُ ٱلشَّمْسِ** 男 ghurūbu al-shamsi グルーブッ シャムス	sunset サンセト
ひので **日の出** hinode	**شُرُوقُ ٱلشَّمْسِ** 男 shurūqu al-shamsi シュルークッ シャムス	sunrise サンライズ
ひばな **火花** hibana	**شَرَار** 集, **شَرَارَة** 女 sharār, sharārat シャラール, シャラーラ	spark スパーク
ひばり **雲雀** hibari	**قُبَّرَة** 女 qubbarat クッバラ	lark ラーク
ひはん **批判** hihan	**نَقْد** 男 naqd ナクド	criticism クリティスィズム
〜する	**يَنْتَقِدُ, ** [完] **اِنْتَقَدَ** yantaqidu, intaqada ヤンタキドゥ, インタカダ	criticize クリティサイズ
ひばん **非番** hiban	**يَوْمُ ٱلْعُطْلَةِ** 男 yaumu al-ʿuṭlati ヤウムル ウトラ	off duty オーフ デューティ

日	アラビア	英
ひび **ひび**（細かい割れ目） hibi	**صَدْع** 男 ; **شَرْخ** 男, **شُرُوخ** 複 ṣadʿ, sharkh, shurūkh サドウ, シャルフ, シュルーフ	crack クラク
（皮膚のひび割れ）	**شَرْخ** 男, 複 **شُرُوخ** sharkh, shurūkh シャルフ, シュルーフ	chap, crack チャプ, クラク
ひびき **響き** hibiki	**صَدًى** 男, 複 **أَصْدَاء** ṣadan, ʾaṣdāʾ サダン, アスダーウ	sound サウンド
ひびく **響く** hibiku	**يُدَوِّي**, 〔完〕**دَوَّى** yudauwī, dauwā ユダウウィー, ダウワー	sound, resound サウンド, リザウンド
ひひょう **批評** hihyou	**نَقْد** 男 naqd ナクド	criticism, review クリティスィズム, リヴュー
～する	**يَنْتَقِدُ**, 〔完〕**اِنْتَقَدَ** yantaqidu, intaqada ヤンタキドゥ, インタカダ	criticise, review クリティサイズ, リヴュー
ひふ **皮膚** hifu	**بَشَرَة** 女 ; **جِلْد** 男, 複 **جُلُود** basharat, jild, julūd バシャラ, ジルド, ジュルード	skin スキン
～科	**طِبُّ ٱلْجِلْدِ** 男 ṭibbu al-jildi ティッブル ジルド	dermatology デーマタロヂ
ひぼうする **誹謗する** hibousuru	**يَفْتَرِي عَلَى**, 〔完〕**اِفْتَرَى عَلَى** yaftarī ʿalā, iftarā ʿalā ヤフタリー アラー, イフタラー アラー	slander スランダ
ひま **暇** hima	**وَقْتُ فَرَاغٍ** 男 waqtu farāghin ワクト ファラーグ	leisure, spare time リージャ, スペア タイム
～な	**غَيْر مَشْغُولٍ** ghair mashghūlin ガイル マシュグール	free, not busy フリー, ナト ビズィ

日	アラビア	英
ひまん **肥満** himan	سِمْنَة 女 simnat スィムナ	obesity オウビースィティ
ひみつ **秘密** himitsu	سِرّ 男, 複 أَسْرَار sirr, ʾasrār スィッル, アスラール	secret スィークレト
～の	سِرِّيّ sirrīy スィッリー	secret スィークレト
ひめい **悲鳴** himei	صَرْخَة 女 ṣarkhat サルハ	scream, shriek スクリーム, シュリーク
～を上げる	يَصْرُخُ, 完 صَرَخَ yaṣrukhu, ṣarakha ヤスルフ, サラハ	scream, shriek スクリーム, シュリーク
ひも **紐** himo	حَبْل 男, 複 حِبَال ḥabl, ḥibāl ハブル, ヒバール	string, cord ストリング, コード
ひやかす **冷やかす** hiyakasu	يَسْخَرُ مِنْ, 完 سَخِرَ مِنْ yaskharu min, sakhira min ヤスハル ミン, サヒラ ミン	banter, tease バンタ, ティーズ
ひゃく **百** hyaku	مِئَة 男女 miʾat ミア	hundred ハンドレド
ひゃくまん **百万** hyakuman	مِلْيُون 男, 複 مَلَايِين milyūn, malāyīn ミルユーン, マラーイーン	million ミリョン
びゃくや **白夜** byakuya	شَمْسُ مُنْتَصِفِ ٱللَّيْلِ 女 shamsu muntaṣifi al-laili シャムス ムンタスィフィッ ライル	midnight sun ミドナイト サン
ひやす **冷やす** hiyasu	يُبَرِّدُ, 完 بَرَّدَ yubarridu, barrada ユバッリドゥ, バッラダ	cool, ice クール, アイス
ひゃっかじてん **百科事典** hyakkajiten	مَوْسُوعَة 女 mausūʿat マウスーア	encyclopedia インサイクロウピーディア

日	アラビア	英
ひゆ **比喩** hiyu	تَشْبِيه 男 tashbīh タシュビーフ	figure of speech フィギャ オヴ スピーチ
(暗喩)	اِسْتِعَارَة 女 istiʿārat イスティアーラ	metaphor メタフォー
～的な	تَشْبِيهِي tashbīhī タシュビーヒー	figurative フィギュラティヴ
ひゅーず **ヒューズ** hyuuzu	مِصْهَر 男, 複 مِصْهَرَات miṣhar, miṣharāt ミスハル, ミスハラート	fuse フューズ
ひゅーまにずむ **ヒューマニズム** hyuumanizumu	إِنْسَانِيَّة 女 ʾinsānīyat インサーニーヤ	humanism ヒューマニズム
びゅっふぇ **ビュッフェ** byuffe	بُوفِيه 女 ; مَقْصَف 男 būfīh, maqṣaf ビューフェー, マクサフ	buffet ブフェイ
ひょう **票** hyou	صَوْت 男, 複 أَصْوَات ṣaut, ʾaṣwāt サウト, アスワート	vote ヴォウト
ひょう **表** hyou	جَدْوَل 男, 複 جَدَاوِل ; قَائِمَة 女, 複 قَوَائِمُ [二段] jadwal, jadāwil, qāʾimat, qawāʾimu ジャドワル, ジャダーウィル, カーイマ, カワーイム	table, diagram テイブル, ダイアグラム
ひょう **雹** hyou	بَرَد 集, بَرَدَة 女 barad, baradat バラド, バラダ	hail ヘイル
ひよう **費用** hiyou	تَكَالِيفُ 複 [二段] ; نَفَقَات 複 takālīfu, nafaqāt タカーリーフ, ナファカート	cost コスト
びょう **秒** byou	ثَانِيَة 女, 複 ثَوَانٍ [二段] thāniyat, thawānin サーニヤ, サワーニン	second セコンド

日	アラビア	英
びよう **美容** biyou	**تَجْمِيل** 男 tajmīl タジュミール	beauty treatment ビューティ トリートメント
～院	**صَالُونَاتُ ٱلتَّجْمِيلِ** 複 ṣālūnātu al-tajmīli サールーナートゥッ タジュミール	beauty salon, hair salon ビューティ サラン, ヘア サラン
びょういん **病院** byouin	**مُسْتَشْفًى** 男, 複 **مُسْتَشْفَيَات** mustashfan, mustashfayāt ムスタシュファン, ムスタシュファヤート	hospital ハスピトル
ひょうか **評価** hyouka	**تَقْدِير** 男 taqdīr タクディール	assessment, estimation アセスメント, エスティメイション
～する	**يُقَدِّرُ**, 〔完〕 **قَدَّرَ** yuqaddiru, qaddara ユカッディル, カッダラ	estimate, evaluate エスティメイト, イヴァリュエイト
ひょうが **氷河** hyouga	**نَهْر جَلِيدِيّ** 男 nahr jalīdīy ナフル ジャリーディー	glacier グレイシャ
びょうき **病気** byouki	**مَرَض** 男, 複 **أَمْرَاض** maraḍ, ʾamrāḍ マラド, アムラード	illness, disease イルネス, ディズィーズ
～になる	**يُصَابُ بِمَرَضٍ**, 〔完〕 **أُصِيبَ بِمَرَضٍ** yuṣābu bi-maraḍin, ʾuṣība bi-maraḍin ユサーブ ビーマラド, ウスィーバ ビーマラド	get ill, get sick ゲト イル, ゲト スィク
ひょうけつ **表決** hyouketsu	**تَصْوِيت** 男 taṣwīt タスウィート	vote ヴォウト
ひょうげん **表現** hyougen	**تَعْبِير** 男, 複 **تَعْبِيرَات** taʿbīr, taʿbīrāt タアビール, タアビーラート	expression イクスプレション
～する	**يُعَبِّرُ عَنْ**, 〔完〕 **عَبَّرَ عَنْ** yuʿabbiru ʿan, ʿabbara ʿan ユアッビル アン, アッバラ アン	express イクスプレス

日	アラビア	英
ひょうご 標語 hyougo	شِعَار 男 shiʿār シアール	slogan スロウガン
ひょうざん 氷山 hyouzan	جَبَل جَلِيدِيّ 男 jabal jalīdīy ジャバル ジャリーディー	iceberg アイスバーグ
ひょうし 表紙 hyoushi	غِلَاف 男, 複 أَغْلِفَة ghilāf, ʾaghlifat ギラーフ, アグリファ	cover カヴァ
ひょうしき 標識 hyoushiki	عَلَامَة 女 ʿalāmat アラーマ	sign, mark サイン, マーク
びょうしゃ 描写 byousha	وَصْف 男 waṣf ワスフ	description ディスクリプション
〜する	يَصِفُ, 完 وَصَفَ yaṣifu, waṣafa ヤスィフ, ワサファ	describe ディスクライブ
ひょうじゅん 標準 hyoujun	مُسْتَوًى 男, 複 مُسْتَوَيَات mustawan, mustawayāt ムスタワン, ムスタワヤート	standard スタンダド
(平均)	مُعَدَّل طَبِيعِيّ 男 muʿaddal ṭabīʿīy ムアッダル タビーイー	average アヴェリヂ
〜語	اَللُّغَةُ ٱلْقِيَاسِيَّةُ 女 al-lughatu al-qiyāsīyatu アッ ルガトゥル キヤースィーヤ	standard language スタンダド ラングウィヂ
〜的な	نَمُوذَجِيّ ; عَادِيّ namūdhajīy, ʿādīy ナムーザジー, アーディー	standard, normal スタンダド, ノーマル
ひょうじょう 表情 hyoujou	تَعَابِيرُ ٱلْوَجْهِ 男 taʿābīru al-wajhi タアービールル ワジュフ	(facial) expression (フェイシャル) イクスプレション
びょうじょう 病状 byoujou	حَالَة مَرَضِيَّة 女 ḥālat maraḍīyat ハーラ マラディーヤ	condition コンディション

ひ

日	アラビア	英
ひょうてき **標的** hyouteki	**هَدَف** 男, 複 **أَهْدَاف** hadaf, ʾahdāf ハダフ, アフダーフ	target ターゲト
びょうてきな **病的な** byoutekina	**مَرِيض** marīḍ マリード	morbid, sick モービド, スィク
ひょうてん **氷点** hyouten	**نُقْطَةُ ٱلتَّجَمُّدِ** 女 nuqṭatu al-tajammudi ヌクタトゥッ タジャンムド	freezing point フリーズィング ポイント
びょうどう **平等** byoudou	**مُسَاوَاة** 女 musāwāt ムサーワー	equality イクワリティ
〜の	**مُسَاوٍ** 〔二段〕 musāwin ムサーウィン	equal イークワル
びょうにん **病人** byounin	**مَرِيض** 男, 複 **مَرْضَى** marīḍ, marḍā マリード, マルダー	sick person, patient スィク パースン, ペイシェント
ひょうはく **漂白** hyouhaku	**تَبْيِيض** 男 tabyīḍ タブイード	bleaching ブリーチング
〜剤	**تَبْيِيض** 男 tabyīḍ タブイード	bleach, bleaching agent ブリーチ, ブリーチング エイヂェント
〜する	**يُبَيِّضُ**, 〔完〕 **بَيَّضَ** yubaiyiḍu, baiyaḍa ユバイイドゥ, バイヤダ	bleach ブリーチ
ひょうばん **評判** hyouban	**سُمْعَة** 女 sumʿat スムア	reputation レピュテイション
ひょうほん **標本** hyouhon	**عَيِّنَة** 女 ; **نَمُوذَج** 男, 複 **نَمَاذِجُ** 〔二段〕 ʿaiyinat, namūdhaj, namādhiju アイイナ, ナムーザジュ, ナマーズィジュ	specimen, sample スペスィメン, サンプル

日	アラビア	英
ひょうめい **表明** hyoumei	إِعْلَان 男, 複 إِعْلَانَات ʾiʿlān, ʾiʿlānāt イウラーン，イウラナート	manifestation マニフェステイション
〜する	يُعْلِنُ, 〔完〕 أَعْلَنَ yuʿlinu, ʾaʿlana ユウリヌ，アアラナ	manifest マニフェスト
ひょうめん **表面** hyoumen	سَطْح 男, 複 سُطُوح saṭḥ, suṭūḥ サトフ，ストゥーフ	surface サーフェス
〜張力	اَلتَّوَتُّر اَلسَّطْحِيّ 男 al-tawattur al-saṭḥīy アッ タワットゥルゥッ サトヒー	surface tension サーフィス テンション
びょうりがく **病理学** byourigaku	عِلْمُ اَلْأَمْرَاضِ 男 ʿilmu al-ʾamrāḍi イルムル アムラード	pathology パサロヂ
ひょうりゅうする **漂流する** hyouryuusuru	يَنْجَرِفُ, 〔完〕 اِنْجَرَفَ yanjarifu, injarafa ヤンジャリフ，インジャラファ	drift ドリフト
ひょうろん **評論** hyouron	نَقْد 男 naqd ナクド	critique, review クリティーク，リヴュー
〜家	نَاقِد 男 nāqid ナーキド	critic, reviewer クリティク，リヴューア
ひよくな **肥沃な** hiyokuna	خَصِب khaṣib ハスィブ	fertile ファートル
ひよけ **日除け** hiyoke	مِظَلَّة 女 miẓallat ミザッラ	sunshade サンシェイド
ひよこ **ひよこ** hiyoko	فَرْخ 男, 複 أَفْرَاخ farkh, ʾafrākh ファルフ，アフラーフ	chick チク
ひらおよぎ **平泳ぎ** hiraoyogi	سِبَاحَةُ اَلصَّدْرِ 女 sibāḥatu al-ṣadri スィバーハトゥッ サドル	breaststroke ブレストストロウク

ひ

日	アラビア	英
ひらく **開く** (開ける) hiraku	يَفْتَحُ, [完] فَتَحَ yaftaḥu, fataḥa **ヤ**フタフ, **ファ**タハ	open **オ**ウプン
(開始する)	يَفْتَحُ, [完] فَتَحَ yaftaḥu, fataḥa **ヤ**フタフ, **ファ**タハ	open, start **オ**ウプン, ス**タ**ート
ぴらみっど **ピラミッド** piramiddo	هَرَم 男, 複 أَهْرَامَات haram, ʾahrāmāt **ハ**ラム, アフラー**マ**ート	pyramid **ピ**ラミド
ひらめく **閃く** (考えが浮かぶ) hirameku	تَخْطِرُ لَهُ فِكْرَةٌ, [完] خَطَرَتْ لَهُ فِكْرَةٌ takhṭiru la-hu fikratun, khaṭarat la-hu fikratun **タ**フティル ラーフ **フィ**クラ, **ハ**タラト ラーフ **フィ**クラ	flash, gleam フ**ラ**シュ, グ**リ**ーム
ひりつ **比率** hiritsu	نِسْبَة 女 nisbat **ニ**スバ	ratio **レ**イショウ
びりやーど **ビリヤード** biriyaado	بِلْيَارْدُو 男 bilyārdū ビル**ヤ**ールドゥー	billiards **ビ**リアヅ
ひりょう **肥料** hiryou	سَمَاد 男, 複 أَسْمِدَة samād, ʾasmidat サ**マ**ード, **ア**スミダ	fertilizer, manure **ファ**ーティライザ, マ**ニュ**ア
ひる **昼** hiru	نَهَار 男 nahār ナ**ハ**ール	noon **ヌ**ーン
(正午)	ظُهْر 男 ẓuhr **ズ**フル	noon **ヌ**ーン
ぴる **ピル** piru	حُبُوبُ مَنْعِ ٱلْحَمْلِ 複 ḥubūbu manʿi al-ḥamli フ**ブ**ーブ **マ**ンイル **ハ**ムル	pill, oral contraceptive **ピ**ル, **オ**ーラル カントラ**セ**プティヴ
ひるがえる **翻る** hirugaeru	يُرَفْرِفُ, [完] رَفْرَفَ yurafrifu, rafrafa ユ**ラ**フリフ, **ラ**フラファ	flutter フ**ラ**タ

ひ

日	アラビア	英
ひるごはん **昼御飯** hirugohan	**غَدَاء** 男 ghadāʾ ガダーウ	lunch ランチ
びるでぃんぐ **ビルディング** birudingu	**مَبْنًى** 男, 複 **مَبَانٍ** [二段] ; **عِمَارَة** 女 mabnan, mabānin, ʿimārat マブナン, マバーニン, イマーラ	building ビルディング
ひるね **昼寝** hirune	**قَيْلُولَة** 女 qailūlat カイルーラ	afternoon nap アフタヌーン ナプ
ひるま **昼間** hiruma	**نَهَار** 男 nahār ナハール	daytime デイタイム
ひるやすみ **昼休み** hiruyasumi	**اِسْتِرَاحَةُ ٱلْغَدَاءِ** 女 istirāḥatu al-ghadāʾi イスティラーハトゥル ガダーウ	lunch break, noon recess ランチ ブレイク, ヌーン リセス
ひれいする **比例する** hireisuru	**يَتَنَاسَبُ مَعَ**, [完] **تَنَاسَبَ مَعَ** yatanāsabu maʿa, tanāsaba maʿa ヤタナーサブ マア, タナーサバ マア	(be) in proportion to (ビ) イン プロポーション トゥ
ひれつな **卑劣な** hiretsuna	**خَسِيس** khasīs ハスィース	despicable, sneaky デスピカブル, スニーキ
ひれにく **ヒレ肉** hireniku	**فِيلِيَّة** 女 fīlīyat フィーリーヤ	fillet フィレイ
ひろい **広い** hiroi	**وَاسِع** wāsiʿ ワースィウ	wide, broad ワイド, ブロード
ひろいん **ヒロイン** hiroin	**بَطَلَة** 女 baṭalat バタラ	heroine ヘロウイン

ひ

日	アラビア	英
ひろう **拾う** hirou	**اِلْتَقَطَ** 〔完〕 **,يَلْتَقِطُ** yaltaqiṭu, iltaqaṭa ヤルタキトゥ, イルタカタ	pick up ピク アプ
ひろうえん **披露宴** hirouen	**حَفْلَةُ زِفَافٍ** 女 ḥaflatu zifāfin ハフラ ズィファーフ	wedding banquet ウェディング バンクウェト
ひろがる **広がる** (広くなる) hirogaru	**اِتَّسَعَ** 〔完〕 **,يَتَّسِعُ** yattasiʿu, ittasaʿa ヤッタスィウ, イッタサア	extend, expand イクステンド, イクスパンド
(伸びる)	**اِمْتَدَّ** 〔完〕 **,يَمْتَدُّ** yamtaddu, imtadda ヤムタッドゥ, イムタッダ	extend, reach イクステンド, リーチ
(広まる)	**اِنْتَشَرَ** 〔完〕 **,يَنْتَشِرُ** yantashiru, intashara ヤンタシル, インタシャラ	spread スプレド
ひろげる **広げる** (広くする) hirogeru	**وَسَّعَ** 〔完〕 **,يُوَسِّعُ** yuwassiʿu, wassaʿa ユワッスィウ, ワッサア	extend, enlarge イクステンド, インラーヂ
(翼・生地などを)	**فَرَدَ** 〔完〕 **,يَفْرِدُ** yafridu, farada ヤフリドゥ, ファラダ	spread スプレド
(畳まれた物などを)	**بَسَطَ** 〔完〕 **,يَبْسُطُ** yabsuṭu, basaṭa ヤブストゥ, バサタ	unfold アンフォウルド
ひろさ **広さ** hirosa	**وَسَع** 男 wasaʿ ワサウ	width ウィドス
(面積)	**مِسَاحَة** 女 misāḥat ミサーハ	size, area サイズ, エアリア
ひろば **広場** hiroba	**مَيَادِينُ** 〔二段〕 複 **,مِيدَان** 男 mīdān, mayādīnu ミーダーン, マヤーディーン	open space, plaza オウプン スペイス, プラーザ
ひろま **広間** hiroma	**قَاعَة** 女 qāʿat カーア	hall, saloon ホール, サルーン

日	アラビア	英
ひろまる **広まる** hiromaru	**اِنْتَشَرَ ,〔完〕 يَنْتَشِرُ** yantashiru, intashara ヤンタシル，インタシャラ	spread, (be) propagated スプレド，(ビ) プラパゲイテド
ひろめる **広める** hiromeru	**نَشَرَ ,〔完〕 يَنْشِرُ** yanshiru, nashara ヤンシル，ナシャラ	spread, propagate スプレド，プラパゲイト
ひん **品** hin	**أَنَاقَة** 女 ʾanāqat アナーカ	elegance エリガンス
びん **便** （飛行機の） bin	**رِحْلَة** 女 riḥlat リフラ	flight フライト
びん **瓶** bin	**زُجَاجَة** 女 zujājat ズジャージャ	bottle バトル
ぴん **ピン** pin	**دَبُّوس** 男, 複 **دَبَابِيسُ**〔二段〕 dabbūs, dabābīsu ダッブース，ダバービース	pin ピン
（ヘアピン）	**دَبُّوسُ ٱلشَّعْرِ** 男 dabbūsu al-shaʿri ダッブースッ シャアル	hair pin ヘア ピン
ひんい **品位** hin-i	**كَرَامَة** 女 karāmat カラーマ	dignity ディグニティ
びんかんな **敏感な** binkanna	**حَسَّاس** ḥassās ハッサース	sensitive, susceptible センスィティヴ，サセプティブル
ぴんく **ピンク** pinku	**لَوْن وَرْدِيّ** 男 laun wardīy ラウン ワルディー	pink ピンク
～の	**وَرْدِيّ** wardīy ワルディー	pink ピンク

ひ

日	アラビア	英
ひんけつ **貧血** hinketsu	**فَقْرُ ٱلدَّمِ** 男 faqru al-dami ファクルッ ダム	anemia アニーミア
ひんこん **貧困** hinkon	**فَقْر** 男 faqr ファクル	poverty パヴァティ
ひんし **品詞** hinshi	**أَقْسَامُ ٱلْكَلِمَةِ** 複 ʾaqsāmu al-kalimati アクサームル カリマ	part of speech パート オヴ スピーチ
ひんしつ **品質** hinshitsu	**جُودَة** 女 jūdat ジューダ	quality クワリティ
ひんじゃくな **貧弱な** hinjakuna	**ضَعِيف** ḍaʿīf ダイーフ	poor, meager, feeble プア, ミーガ, フィーブル
ひんしゅ **品種** hinshu	**صِنْف** 男, 複 **أَصْنَاف** ṣinf, ʾaṣnāf スィンフ, アスナーフ	variety, breed ヴァライエティ, ブリード
ぴんち **ピンチ** pinchi	**مَأْزِق** 男 maʾziq マアズィク	pinch, dire situation ピンチ, ダイア スィチュエイション
(試練)	**مِحْنَة** 女 miḥnat ミフナ	ordeal オーディール
(苦境)	**مَصَاعِبُ** 複 [二段] maṣāʿibu マサーイブ	difficult situation ディフィカルト スィチュエイション
ひんと **ヒント** hinto	**تَلْمِيح** 男 talmīḥ タルミーフ	hint ヒント
ぴんと **ピント** pinto	**بُؤْرَة** 女, 複 **بُؤَر** buʾurat, buʾar ブウラ, ブアル	focus フォウカス

日	アラビア	英
ひんぱんな **頻繁な** hinpanna	**مُتَكَرِّر** mutakarrir ムタ**カ**ッリル	frequent フリークウェント
ひんぱんに **頻繁に** hinpanni	**تَكْرَارًا ; كَثِيرًا** kathīran, takrāran カ**スィ**ーラン，タク**ラ**ーラン	frequently フリークウェントリ
びんぼう **貧乏** binbou	**فَقْر** 男 faqr **ファ**クル	poverty **パ**ヴァティ
～な	**فَقِير** faqīr ファ**キ**ール	poor **プ**ア

ふ, フ

日	アラビア	英
ぶ **部** (部数) bu	**نُسْخَة** 女, 複 **نُسَخ** nuskhat, nusakh **ヌ**スハ，**ヌ**サフ	copy **カ**ピ
(部署)	**قِسْم** 男, 複 **أَقْسَام** qism, ʾaqsām **キ**スム，アク**サ**ーム	section **セ**クション
ぶあい **歩合** (割合) buai	**نِسْبَة** 女 nisbat **ニ**スバ	rate, percentage **レ**イト，パ**セ**ンティヂ
ぶあいそうな **無愛想な** buaisouna	**غَيْر وِدِّيٍّ** ghair widdīyin ガイル **ウィ**ッディー	unsociable アン**ソ**ウシャブル
ふぁいる **ファイル** fairu	**مِلَفّ** 男, 複 **مِلَفَّات** milaff, milaffāt ミ**ラ**ッフ，ミラッ**ファ**ート	file **ファ**イル
ふぁいんだー **ファインダー** faindaa	**مُحَدِّدُ ٱلْمَنْظَرِ** 男 muḥaddidu al-manẓari ム**ハ**ッディドゥル **マ**ンザル	viewfinder **ヴュ**ーファインダ
ふぁうる **ファウル** fauru	**مُخَالَفَة** 女 mukhālafat ム**ハ**ーラファ	foul **ファ**ウル

日	アラビア	英
ふぁしずむ **ファシズム** fashizumu	فَاشِيَّة 女 fāshīyat ファーシーヤ	fascism ファシズム
ふぁすとふーど **ファストフード** fasutofuudo	اَلْوَجَبَات اَلسَّرِيعَة 複 al-wajabāt al-sarīʿat アル ワジャバートゥッ サリーア	fast food ファスト フード
ふぁすなー **ファスナー** fasunaa	سُحَّاب 男 ; سَسْتَة 女 suḥḥāb, sastat スッハーブ, サスタ	fastener, zipper ファスナ, ズィパ
ぶあつい **分厚い** buatsui	سَمِيك samīk サミーク	thick スィク
ふぁっくす **ファックス** fakkusu	فَاكْس 男 fāks ファークス	fax ファクス
ふぁっしょん **ファッション** fasshon	أَزْيَاء 複 ʾazyāʾ アズヤーウ	fashion ファション
ふぁん **ファン** fan	مُشَجِّع 男 ; مُعْجَب 男 mushajjiʿ, muʿjab ムシャッジウ, ムウジャブ	fan ファン
ふあん **不安** fuan	قَلَق 男 qalaq カラク	uneasiness アニーズィネス
～な	قَلِق qaliq カリク	uneasy, anxious アニーズィ, アンクシャス
ふあんていな **不安定な** fuanteina	غَيْر مُسْتَقِرٍّ ghair mustaqirrin ガイル ムスタキッル	unstable アンステイブル
ふぁんでーしょん **ファンデーション** (化粧品) fandeeshon	كُرِيمُ أَسَاسٍ 男 kurīmu ʾasāsin クリーム アサース	foundation ファウンデイション
(団体)	مُؤَسَّسَة 女 muʾassasat ムアッササ	foundation ファウンデイション

日	アラビア	英
ふぃーと **フィート** fiito	قَدَم 女, 複 أَقْدَام qadam, ʾaqdām カダム, アクダーム	feet フィート
ふぃーりんぐ **フィーリング** (感情) fiiringu	شُعُور 男 shuʿūr シュウール	feeling フィーリング
(直感)	حَدْس 男 ḥads ハドス	instinct, intuition インスティンクト, イントゥイション
ふぃーるど **フィールド** (グランド) fiirudo	مَلْعَب 男, 複 مَلَاعِبُ〔二段〕 malʿab, malāʿibu マルアブ, マラーイブ	field フィールド
(分野)	مَجَال 男, 複 مَجَالَات majāl, majālāt マジャール, マジャーラート	field フィールド
(地面)	أَرْضُ ٱلْوَاقِعِ 女 ʾarḍu al-wāqiʿi アルドゥル ワーキウ	field フィールド
～ワーク	اَلْبَحْثُ ٱلْمِيدَانِيُّ 男 al-baḥthu al-mīdānīyu アル バフスル ミーダーニー	fieldwork フィールドワーク
ふぃぎゅあすけーと **フィギュアスケート** figyuasukeeto	تَزَلُّج فَنِّيّ عَلَى ٱلْجَلِيدِ 男 tazallaj fannīy ʿalā al-jalīdi タザッラジュ ファンニー アラル ジャリード	figure skating フィギャ スケイティング
ふぃくしょん **フィクション** fikushon	خِيَال 男 ; رِوَايَة 女 khiyāl, riwāyat ヒヤール, リワーヤ	fiction フィクション
ふいっち **不一致** fuicchi	خِلَاف 男 ; تَعَارُض 女 khilāf, taʿāruḍ ヒラーフ, タアールド	disagreement ディサグリーメント
ふぃっとねすくらぶ **フィットネスクラブ** fittonesukurabu	صَالَة رِيَاضِيَّة 女 ; جِيم 女 ṣālat riyāḍīyat, jīm サーラ リヤーディーヤ, ジーム	fitness center フィトネス センタ
ふいの **不意の** fuino	مُفَاجِئ mufājiʾ ムファージウ	sudden, unexpected サドン, アニクスペクテド

日	アラビア	英
ふぃりぴん **フィリピン** firipin	اَلْفِلِبِين 女 al-filibīn アル フィリビーン	Philippines フィリピーンズ
ふぃるたー **フィルター** firutaa	مِصْفَاة 女; فِلْتَر 女 miṣfāt, filtar ミスファー, フィルタル	filter フィルタ
ふぃるむ **フィルム** firumu	فِيلْم 男, 複 أَفْلَام fīlm, ʾaflām フィールム, アフラーム	film フィルム
ふぃんらんど **フィンランド** finrando	فِنْلَنْدَا 女 finlandā フィンランダー	Finland フィンランド
ふうあつ **風圧** fuuatsu	قُوَّةُ ٱلرِّيَاحِ 女 qūwatu al-riyāḥi クーワトゥッ リヤーフ	wind pressure ウィンド プレシャ
ぶーけ **ブーケ** buuke	بَاقَةُ زُهُورٍ 女 bāqatu zuhūrin バーカ ズフール	bouquet ブーケイ
ふうけい **風景** fuukei	مَنْظَر طَبِيعِيّ 男 manẓar ṭabīʿīy マンザル タビーイー	scenery スィーナリ
～画	رَسْمُ مَنْظَرٍ طَبِيعِيٍّ 男 rasmu manẓarin ṭabīʿīyin ラスム マンザル タビーイー	landscape ランドスケイプ
ふうさする **封鎖する** fuusasuru	يُغْلِقُ, 〔完〕 أَغْلَقَ yughliqu, ʾaghlaqa ユグリク, アグラカ	blockade ブラケイド
ふうし **風刺** fuushi	هِجَاء 男 hijāʾ ヒジャーウ	satire サタイア
ふうしゃ **風車** fuusha	طَاحُونَة هَوَائِيَّة 女 ṭāḥūnat hawāʾīyat ターフーナ ハワーイーヤ	windmill ウィンドミル
ふうしゅう **風習** fuushuu	عَادَات 複 ʿādāt アーダート	customs カスタムズ

日	アラビア	英
ふうしん **風疹** fuushin	اَلْحَصْبَةُ ٱلْأَلْمَانِيَّةُ 女 al-ḥaṣbatu al-ʾalmānīyatu アル **ハ**スバトゥル アルマー**ニ**ーヤ	rubella **ル**ーベラ
ふうせん **風船** fuusen	بَالُون 男, 複 بَالُونَات bālūn, bālūnāt バー**ル**ーン，バールー**ナ**ート	balloon バ**ル**ーン
ふうそく **風速** fuusoku	سُرْعَةُ ٱلرِّيَاحِ 女 surʿatu al-riyāḥi **ス**ルアトゥッ リ**ヤ**ーフ	wind velocity **ウィ**ンド ヴェ**ラ**スィティ
ふうぞく **風俗** fuuzoku	عَادَات 複 ʿādāt アー**ダ**ート	manners, customs **マ**ナズ，**カ**スタムズ
ふうちょう **風潮** (方向) fuuchou	اِتِّجَاه 男 ittijāh イッティ**ジャ**ーフ	trend ト**レ**ンド
(潮流)	تَيَّار 男 taiyār タイ**ヤ**ール	current, trend **カ**レント，ト**レ**ンド
社会的〜	اَلْمُنَاخُ ٱلِاجْتِمَاعِيّ 男 al-munākhu al-ijtimāʿīy アル ム**ナ**ーフ リジュティ**マ**ーイー	social climate **ソ**ウシャル ク**ラ**イメト
ぶーつ **ブーツ** buutsu	حِذَاءُ بِرَقَبَةٍ طَوِيلَةٍ 男 ḥidhāʾu bi-raqabatin ṭawīlatin ヒ**ザ**ーウ ビ**ラ**カバ タ**ウィ**ーラ	boots **ブ**ーツ
ふうど **風土** fuudo	مُنَاخ 男 munākh ム**ナ**ーフ	climate ク**ラ**イメト
ふうとう **封筒** fuutou	ظَرْف 男, 複 ظُرُوف ẓarf, ẓurūf **ザ**ルフ，ズ**ル**ーフ	envelope **エ**ンヴェロウプ
ふうふ **夫婦** fuufu	زَوْجَانِ 男 zaujāni ザウ**ジャ**ーニ	married couple, spouses **マ**リド **カ**プル，ス**パ**ウセズ

日	アラビア	英
ふうみ **風味** fuumi	مَذاق 男 madhāq マザーク	flavor, taste, Ⓑflavour フレイヴァ, テイスト, フレイヴァ
ふうりょく **風力** fuuryoku	قُوَّةُ ٱلرِّيَاحِ 女 qūwatu al-riyāḥi クーワトゥッ リヤーフ	wind power ウィンド パウア
ぷーる **プール** puuru	مَسْبَح 男 masbaḥ マスバフ	swimming pool スウィミング プール
ふうん **不運** fuun	سُوءُ ٱلْحَظِّ 男 sūʾu al-ḥaẓẓi スーウル ハッズ	unluckiness アンラキネス
～な	سَيِّئُ ٱلْحَظِّ saiyiʾu al-ḥaẓẓi サイイウル ハッズ	unlucky アンラキ
ふえ **笛** fue	صَفَّارَة 女 ṣaffārat サッファーラ	whistle (ホ)ウィスル
(フルート)	فُلُوت 男 fulūt フルート	flute フルート
ふぇーんげんしょう **フェーン現象** feengenshou	رِيَاحُ ٱلْفِين 複 riyāḥu al-fīn リヤーフル フェーン	foehn phenomenon フェイン フィナメノン
ふぇすてぃばる **フェスティバル** fesutibaru	مَهْرَجَان 男, 複 مَهْرَجَانَات mahrajān, mahrajānāt マフラジャーン, マフラジャーナート	festival フェスティヴァル
ふぇみにすと **フェミニスト** feminisuto	نِسْوِيَّة 女 niswīyat ニスウィーヤ	feminist フェミニスト
ふぇみにずむ **フェミニズム** feminizumu	نِسْوِيَّة 女 niswīyat ニスウィーヤ	feminism フェミニズム

日	アラビア	英
ふぇりー **フェリー** ferii	مَعْدِيَة 女 ; عَبّارَة 女 maʿdiyat, ʿabbārat マアディヤ，アッバーラ	ferry フェリ
ふえる **増える** fueru	يَزْدَادُ, 〔完〕 اِزْدَادَ yazdādu, izdāda ヤズダードゥ，イズダーダ	increase インクリース
ふぇんしんぐ **フェンシング** fenshingu	مُبارَزَة 女 mubārazat ムバーラザ	fencing フェンスィング
ふぇんす **フェンス** fensu	سِيَاج 男, 複 سِيَاجَات siyāj, siyājāt スィヤージュ，スィヤージャート	fence フェンス
ぶえんりょな **無遠慮な** buenryona	وَقِح ; فَظّ waqiḥ, faẓẓ ワキフ，ファッズ	blunt, impudent ブラント，インピュデント
ふぉーく **フォーク** fooku	شَوْكَة 女 shaukat シャウカ	fork フォーク
ふぉーまっと **フォーマット** foomatto	صِيغَة 女 ṣīghat スィーガ	format フォーマト
ふぉーむ **フォーム** (入力の) foomu	اِسْتِمارَة 女 istimārat イスティマーラ	form フォーム
ふぉーらむ **フォーラム** (団体) fooramu	مُنْتَدًى 男 muntadan ムンタダン	forum フォーラム
(ネットの掲示板)	مُنْتَدًى 男 muntadan ムンタダン	forum フォーラム
ふぉるだ **フォルダ** foruda	مُجَلَّد 男, 複 مُجَلَّدَات mujallad, mujalladāt ムジャッラド，ムジャッラダート	folder, directory フォウルダ，ディレクタリ
ふか **孵化** fuka	فَقِسُ ٱلْبَيْضِ 男 faqisu al-baiḍi ファキスル バイダ	incubation インキュベイション

日	アラビア	英
ふかい **深い** fukai	**عَمِيق** ʿamīq アミーク	deep, profound ディープ，プロファウンド
ふかいな **不快な** fukaina	**مُزْعِج** muzʿij ムズイジュ	unpleasant アンプレザント
ふかかいな **不可解な** fukakaina	**غَامِض** ghāmiḍ ガーミド	incomprehensible インカンプリヘンスィブル
ふかけつな **不可欠な** fukaketsuna	**لَا غِنًى عَنْهُ** lā ghinan ʿan-hu ラー ギナン アン-フ	indispensable インディスペンサブル
ふかさ **深さ** fukasa	**عَمْق** 男, 複 **أَعْمَاق** ʿamq, ʾaʿmāq アムク，アアマーク	depth デプス
ふかのうな **不可能な** fukanouna	**مُسْتَحِيل** mustaḥīl ムスタヒール	impossible インパスィブル
ふかんぜんな **不完全な** fukanzenna	**غَيْر كَامِلٍ** ghair kāmilin ガイル カーミル	imperfect インパーフィクト
ぶき **武器** buki	**سِلَاح** 男, 複 **أَسْلِحَة** silāḥ, ʾasliḥat スィラーフ，アスリハ	arms, weapon アームズ，ウェポン
ふきかえ **吹き替え** fukikae	**دَبْلَجَة** 女 dablajat ダブラジャ	dubbing, dubbing audio ダビング，ダビング オーディオウ
ふきげんな **不機嫌な** fukigenna	**فِي مِزَاجٍ سَيِّءٍ** fī mizājin saiyiʾin フィー ミザージュ サイイウ	bad-tempered バドテンパド
(怒っている)	**غَاضِب** ghāḍib ガーディブ	angry, upset アングリ，アプセト

ふ

日	アラビア	英
ふきそくな **不規則な** fukisokuna	غَيْر مُنَظَّمٍ ghair munaẓẓamin ガイル ム**ナ**ッザム	irregular イ**レ**ギュラ
(普通ではない)	غَيْر عَادِيٍّ ghair ʿādīyin ガイル **ア**ーディー	not usual ナト **ユ**ージュアル
ふきだす **噴き出す** fukidasu	يَتَدَفَّقُ, 〔完〕تَدَفَّقَ yatadaffaqu, tadaffaqa ヤタ**ダ**ッファク, タ**ダ**ッファカ	spout ス**パ**ウト
(笑い出す)	يَنْفَجِرُ ضَاحِكًا, 〔完〕اِنْفَجَرَ ضَاحِكًا yanfajiru ḍāḥikan, infajara ḍāḥikan **ヤ**ンファジル **ダ**ーヒカン, **イ**ンファジャラ **ダ**ーヒカン	burst out laughing **バ**ースト アウト **ラ**フィング
ふきつな **不吉な** fukitsuna	مَشْؤُوم mashʾūm マシュ**ウ**ーム	ominous **ア**ミナス
ふきでもの **吹き出物** fukidemono	بَثْر 集, 複 بُثُور bathr, buthūr **バ**スル, ブ**ス**ール	pimple **ピ**ンプル
ぶきみな **不気味な** bukimina	زَاحِف ; مُرْعِب zāḥif, murʿib **ザ**ーヒフ, **ム**ルイブ	weird, uncanny **ウィ**アド, アン**キャ**ニ
ふきゅうする **普及する** fukyuusuru	يَنْتَشِرُ, 〔完〕اِنْتَشَرَ yantashiru, intashara **ヤ**ンタシル, **イ**ンタシャラ	spread, diffuse スプ**レ**ド, ディ**フ**ューズ
ふきょう **不況** fukyou	اَلرُّكُودُ ٱلِاقْتِصَادِيُّ 男 al-rukūdu al-iqtiṣādīyu アッ ル**ク**ードゥ リクティ**サ**ーディー	recession, slump リ**セ**ション, ス**ラ**ンプ
ふきん **付近** fukin	بِٱلْقُرْبِ مِنْ bi-al-qurbi min ビール **ク**ルブ ミン	neighborhood **ネ**イバフド
ふきんこう **不均衡** fukinkou	اِخْتِلَال تَوَازُنٍ 男 ikhtilālu tawāzunin イフティ**ラ**ール タ**ワ**ーズン	imbalance イン**バ**ランス

ふ

日	アラビア	英
ふく 吹く　（風が） fuku	يَهُبُّ, [完] هَبَّ yahubbu, habba ヤフッブ, ハッバ	blow ブロウ
ふく 拭く fuku	يَمْسَحُ, [完] مَسَحَ yamsaḥu, masaḥa ヤムサフ, マサハ	wipe ワイプ
ふく 服 fuku	مَلَابِسُ [複] [二段]; ثَوْب [男], ثِيَاب [複] malābisu, thaub, thiyāb マラービス, サウブ, スィヤーブ	clothes クロウズ
ふくえきする 服役する fukuekisuru	يَقْضِي فِي ٱلسِّجْنِ, قَضَى فِي ٱلسِّجْنِ [完] yaqḍī fī al-sijni, qaḍā fī al-sijni ヤクディー フィッ スィジュン, カダー フィッ スィジュン	serve one's term サーヴ ターム
ふくげんする 復元する fukugensuru	يَسْتَعِيدُ, [完] اِسْتَعَادَ yastaʿīdu, istaʿāda ヤスタイードゥ, イスタアーダ	restore, reconstruct リストー, リーコンストラクト
ふくごう 複合 fukugou	مُجَمَّع [男] mujammaʿ ムジャンマウ	complex カンプレクス
ふくざつな 複雑な fukuzatsuna	مُعَقَّد muʿaqqad ムアッカド	complicated カンプリケイテド
ふくさよう 副作用 fukusayou	أَعْرَاض جَانِبِيَّة [複] ʾaʿrāḍ jānibīyat アアラード ジャーニビーヤ	side effect サイド イフェクト
ふくさんぶつ 副産物 fukusanbutsu	مُنْتَجَات ثَانَوِيَّة [複] muntajāt thānawīyat ムンタジャート サーナウィーヤ	by-product バイプロダクト
ふくし 副詞 fukushi	ظَرْف [男] ẓarf ザルフ	adverb アドヴァーブ
ふくし 福祉 fukushi	رِعَايَة [女] riʿāyat リアーヤ	welfare ウェルフェア

日	アラビア	英
社会〜	اَلرِّعَايَةُ ٱلِاجْتِمَاعِيَّةُ 女 al-riʿāyatu al-ijtimāʿīyatu アッ リアーヤトゥ リジュティマーイーヤ	social welfare ソウシャル ウェルフェア
ふくしゅう **復讐** fukushuu	اِنْتِقَام 男 intiqām インティカーム	revenge リヴェンヂ
〜する	يَنْتَقِمُ مِنْ, 〔完〕 اِنْتَقَمَ مِنْ yantaqimu min, intaqama min ヤンタキム ミン，インタカマ ミン	revenge on リヴェンヂ オン
ふくしゅう **復習** fukushuu	مُرَاجَعَة 女 murājaʿat ムラージャア	review リヴュー
〜する	يُرَاجِعُ, 〔完〕 رَاجَعَ yurājiʿu, rājaʿa ユラージウ，ラージャア	review リヴュー
ふくじゅうする **服従する** fukujuusuru	يُطِيعُ, 〔完〕 أَطَاعَ yuṭīʿu, ʾaṭāʿa ユティーウ，アターア	obey, submit to オベイ，サブミト トゥ
ふくすう **複数** fukusuu	جَمْع 男 jamʿ ジャムウ	plural プルアラル
ふくせい **複製** (コピー) fukusei	نَسْخ 男 ; اِسْتِنْسَاخ 男 naskh, istinsākh ナスフ，イスティンサーフ	reproduction リープロダクション
(クローニング)	اِسْتِنْسَاخ 男 istinsākh イスティンサーフ	cloning クロウニング
ふくそう **服装** fukusou	ثَوْب 男, ثِيَاب 複 ; مَلَابِسُ 複〔二段〕 malābisu, thaub, thiyāb マラービス，サウブ，スィヤーブ	dress, clothes ドレス，クロウズ
ふくだい **副題** fukudai	عُنْوَان فَرْعِيّ 男 ʿunwān farʿīy ウンワーン ファルイー	subtitle サブタイトル

日	アラビア	英
ふくつう **腹痛** fukutsuu	مَغْص 男 ; أَلَمُ ٱلْمِعْدَةِ 男 maghṣ, ʾalamu al-miʿdati マグス, アラムル ミウダ	stomachache スタマケイク
ふくまく **腹膜** fukumaku	صِفَاق 男 ṣifāq スィファーク	peritoneum ペリトニーアム
～炎	اِلْتِهَابُ ٱلصِّفَاقِ 男 iltihābu al-ṣifāqi イルティハーブッ スィファーク	peritonitis ペリトナイティス
ふくむ **含む** fukumu	يَحْتَوِي، 〔完〕 اِحْتَوَى ; يَتَضَمَّنُ، 〔完〕 تَضَمَّنَ yaḥtawī, iḥtawā, yataḍammanu, taḍammana ヤフタウィー, イフタワー, ヤタダンマヌ, タダンマナ	contain, include コンテイン, インクルード
ふくらはぎ **ふくらはぎ** fukurahagi	عَضَلَةُ ٱلسَّاقِ 女 ʿaḍalatu al-sāqi アダラトゥッ サーク	calf キャフ
ふくらます **膨らます** fukuramasu	يَنْفُخُ، 〔完〕 نَفَخَ yanfukhu, nafakha ヤンフフ, ナファハ	swell, expand スウェル, イクスパンド
ふくらむ **膨らむ** fukuramu	يَنْتَفِخُ، 〔完〕 اِنْتَفَخَ yantafikhu, intafakha ヤンタフィフ, インタファハ	swell, (get) big スウェル, (ゲト) ビグ
ふくれる **膨れる** fukureru	يَنْتَفِخُ، 〔完〕 اِنْتَفَخَ yantafikhu, intafakha ヤンタフィフ, インタファハ	swell スウェル
ふくろ **袋** fukuro	كِيس 男، 複 أَكْيَاس kīs, ʾakyās キース, アクヤース	bag, sack バグ, サク
ふくろう **梟** fukurou	بُومَة 女 būmat ブーマ	owl アウル
ふけいき **不景気** fukeiki	اَلرُّكُودُ ٱلِاقْتِصَادِيُّ 男 al-rukūdu al-iqtiṣādīyu アッ ルクードゥッ リクティサーディー	depression ディプレション

ふ

日	アラビア	英
ふけつな 不潔な fuketsuna	قَذِر qadhir カズィル	unclean, dirty アンクリーン，ダーティ
ふこう 不幸 fukou	تَعَاسَة 女 taʿāsat タアーサ	unhappiness, misfortune アンハピネス，ミスフォーチュン
～な	تَعِيس taʿīs タイース	unhappy アンハピ
ふごう 符号 fugou	عَلَامَة 女 ʿalāmat アラーマ	sign サイン
ふごうかく 不合格 fugoukaku	رُسُوب 男؛ فَشَل فِي الِامْتِحَانِ 男 rusūb, fashal fī al-imtiḥāni ルスーブ，ファシャル フィ リムティハーン	failure フェイリャ
ふこうへいな 不公平な fukouheina	غَيْر مُنْصِفٍ؛ غَيْر عَادِلٍ ghair munṣifin, ghair ʿādilin ガイル ムンスィフ，ガイル アーディル	unfair, partial アンフェア，パーシャル
ふごうりな 不合理な fugourina	غَيْر مَعْقُولٍ ghair maʿqūlin ガイル マアクール	unreasonable アンリーズナブル
ふざい 不在 fuzai	غِيَاب 男 ghiyāb ギヤーブ	absence アブセンス
～の	غَائِب؛ غَيْر مَوْجُودٍ ghāʾib, ghair maujūdin ガーイブ，ガイル マウジュード	absence アブセンス
ふさく 不作 fusaku	حَصَاد سَيِّء 男 ḥaṣād saiyiʾ ハサード サイウ	bad harvest バド ハーヴェスト
ふさぐ 塞ぐ（占める） fusagu	اِحْتَلَّ 完, يَحْتَلُّ yaḥtallu, iḥtalla ヤフタッル，イフタッラ	occupy アキュパイ

ふ

日	アラビア	英
(閉める・遮断する)	يُغْلِقُ, [完] أَغْلَقَ ; يَسُدُّ, [完] سَدَّ yughliqu, ʾaghlaqa, yasuddu, sadda ユグリク, アグラカ, ヤスッドゥ, サッダ	close, block クロウズ, ブラク
ふざける ふざける fuzakeru	يَمْزَحُ, [完] مَزَحَ yamzaḥu, mazaḥa ヤムザフ, マザハ	joke, jest チョウク, チェスト
ぶさほうな 不作法な busahouna	قَلِيلُ ٱلْأَدَبِ ; غَيْر مُهَذَّبٍ ghair muhadhdhabin, qalīlu al-ʾadabin ガイル ムハッザブ, カリールルル アダブ	ill mannered, rude イル マナド, ルード
ふさわしい ふさわしい fusawashii	مُنَاسِب لِ munāsib li ムナースィブ リ	suitable, becoming スータブル, ビカミング
ふし 節 (関節) fushi	مَفْصِل 男 mafṣil マフスィル	joint, knuckle チョイント, ナクル
ふじ 藤 fuji	اَلْوِسْتَارِيَّة 女 al-wistārīyat アル ウィスターリーヤ	wisteria ウィスティアリア
ふしぎな 不思議な fushigina	غَامِض ; غَرِيب gharīb, ghāmiḍ ガリーブ, ガーミド	mysterious, strange ミスティアリアス, ストレインヂ
ふしぜんな 不自然な fushizenna	غَيْر طَبِيعِيّ ghair ṭabīʿīyin ガイル タビーイー	unnatural アンナチュラル
ふしちょう 不死鳥 fushichou	طَائِرُ ٱلْفِينِيق 男 ṭāʾiru al-fīnīq ターイルル フィーニーク	phoenix フィーニクス
ぶじに 無事に bujini	بِسَلَامٍ bi-salāmin ビーサラーム	safely, without incident セイフリ, ウィザウト インスィデント
ふじみの 不死身の fujimino	خَالِد khālid ハーリド	immortal イモータル

ふ

日	アラビア	英
ふじゆうな **不自由な**（不便な） fujiyuuna	**غَيْر مُرِيحٍ** ghair murīḥin ガイル ム**リ**ーフ	inconvenient インコン**ヴィ**ーニエント
（ハンディキャップがある）	**مُعَوَّق** muʿauwaq ム**ア**ウワク	handicapped **ハ**ンディキャプト
ふじゅうぶんな **不十分な** fujuubunna	**غَيْر كَافٍ** ghair kāfin ガイル **カ**ーフ	insufficient インサ**フィ**シェント
ぶしょ **部署** busho	**قِسْم** 男, 複 **أَقْسَام** qism, ʾaqsām **キ**スム, アク**サ**ーム	post **ポ**ウスト
ふしょう **負傷** fushou	**جُرْح** 男, 複 **جُرُوح** jurḥ, jurūḥ **ジュ**ルフ, ジュ**ル**ーフ	wound **ウ**ーンド
〜**者**	**جَرِيح** 男, 複 **جَرْحَى**; **مُصَاب** 男 jarīḥ, jarḥā, muṣāb ジャ**リ**ーフ, **ジャ**ルハー, ム**サ**ーブ	injured person **イ**ンヂャド **パ**ースン
〜**する**	**يُصَابُ بِجُرُوحٍ**, 完 **أُصِيبَ** **بِجُرُوحٍ** yuṣābu bi-jurūḥin, ʾuṣība bi-jurūḥin ユ**サ**ーブ ビ-ジュ**ル**ーフ, ウ**スィ**ーバ ビ-ジュ**ル**ーフ	(be) injured (ビ) **イ**ンヂャド
ぶしょうな **不精な** bushouna	**كَسْلَانُ** 〔二段〕 kaslānu カス**ラ**ーヌ	lazy **レ**イズィ
ふしょく **腐食** fushoku	**تَآكُل** 男 taʾākul タ**ア**ークル	corrosion カ**ロ**ウジョン
ぶじょく **侮辱** bujoku	**شَتِيمَة** 女, 複 **شَتَائِمُ** 〔二段〕 shatīmat, shatāʾimu シャ**ティ**ーマ, シャ**タ**ーイム	insult **イ**ンサルト

日	アラビア	英
～する	يَشْتِمُ, 〔完〕 شَتَمَ yashtimu, shatama ヤシュティム, シャタマ	insult インサルト
ふしん **不信** fushin	اِرْتِيَاب 男 irtiyāb イルティヤーブ	distrust ディストラスト
ふしんせつな **不親切な** fushinsetsuna	غَيْر لَطِيفٍ ghair laṭīfin ガイル ラティーフ	unkind アンカインド
ふせい **不正** fusei	ظُلْم 男 ẓulm ズルム	injustice インヂャスティス
～な	ظَالِم ẓālim ザーリム	unjust, foul アンヂャスト, ファウル
ふせいかくな **不正確な** fuseikakuna	غَيْر دَقِيقٍ ghair daqīqin ガイル ダキーク	inaccurate イナキュレト
ぶそう **武装** busou	تَسَلُّح 男 tasalluḥ タサッルフ	armaments アーマメンツ
～する	يَتَسَلَّحُ, 〔完〕 تَسَلَّحَ yatasallaḥu, tasallaḥa ヤタサッラフ, タサッラハ	arm アーム
ふそく **不足** fusoku	نَقْص 男; قِلَّة 女 naqṣ, qillat ナクス, キッラ	want, lack ワント, ラク
～する	يَنْقُصُ, 〔完〕 نَقَصَ yanquṣu, naqaṣa ヤンクス, ナカサ	(be) short of, lack (ビ) ショート オヴ, ラク
ふそくの **不測の** fusokuno	غَيْر مُتَوَقَّعٍ ghair mutawaqqaʿin ガイル ムタワッカウ	unforeseen アンフォースィーン
ふぞくの **付属の** fuzokuno	مُلْحَق mulḥaq ムルハク	attached アタチト

日	アラビア	英
ふた **蓋** futa	**غِطَاء** [男], [複] **أَغْطِيَة** ghiṭāʾ, ʾaghṭiyat ギターウ, アグティヤ	lid リド
ぶた **豚** buta	**خِنْزِير** [男], [複] **خَنَازِيرُ** [二段] khinzīr, khanāzīru ヒンズィール, ハナーズィール	pig ピグ
ぶたい **舞台** butai	**مَسْرَح** [男], [複] **مَسَارِحُ** [二段] masraḥ, masāriḥu マスラフ, マサーリフ	stage ステイヂ
ふたご **双子** futago	**تَوْأَم** [男], [複] **تَوَائِمُ** [二段] tauʾam, tawāʾimu タウアム, タワーイム	twins トウィンズ
〜**座**	**اَلْجَوْزَاء** [男] al-jauzāʾ アル ジャウザーウ	Twins, Gemini トウィンズ, ヂェミナイ
ふたしかな **不確かな** futashikana	**غَيْر مُؤَكَّدٍ** ghair muʾakkadin ガイル ムアッカド	uncertain アンサートン
ふたたび **再び** futatabi	**مَرَّةً أُخْرَى ; مَرَّةً ثَانِيَةً** marratan ʾukhrā, marratan thāniyatan マッラ ウフラー, マッラ サーニヤ	again, once more アゲイン, ワンス モー
ぶたにく **豚肉** butaniku	**لَحْمُ الْخِنْزِيرِ** [集] laḥmu al-khinzīri ラフムル ヒンズィール	pork ポーク
ふたん **負担** futan	**عِبْء** [男], [複] **أَعْبَاء** ʿibʾ, ʾaʿbāʾ イブウ, アアバーウ	burden バードン
〜**する**	**يَتَحَمَّلُ**, [完] **تَحَمَّلَ** yataḥammalu, taḥammala ヤタハンマル, タハンマラ	bear, share ベア, シェア
ふだんの **普段の** fudanno	**عَادِيّ ; اِعْتِيَادِيّ** ʿādīy, iʿtiyādīy アーディー, イウティヤーディー	usual ユージュアル

日	アラビア	英
ふだんは 普段は fudanwa	عَادَةً ʿādatan アーダタン	usually ユージュアリ
ふち 縁 fuchi	حَافَّة 女 ḥāffat ハーッファ	edge, brink エヂ, ブリンク
ふちゅういな 不注意な fuchuuina	مُهْمِل muhmil ムフミル	careless ケアレス
ふつうの 普通の futsuuno	عَادِيّ ; اِعْتِيَادِيّ ʿādīy, iʿtiyādīy アーディー, イウティヤーディー	usual, general ユージュアル, チェネラル
ふつうは 普通は futsuuwa	عَادَةً ʿādatan アーダタン	usually ユージュアリ
ふつうよきん 普通預金 futsuuyokin	وَدِيعَة 女 wadīʿat ワディーア	ordinary deposit オーディネリ ディパズィト
ぶっか 物価 bukka	أَسْعَارُ ٱلسِّلَعِ 複 ʾasʿāru al-silaʿi アスアールッ スィラウ	prices プライセズ
ふっかつ 復活 fukkatsu	إِحْيَاء 男 ʾiḥyāʾ イフヤーウ	revival, comeback リヴァイヴァル, カムバク
〜祭	عِيدُ ٱلْقِيَامَةِ 男 ʿīdu al-qiyāmati イードゥル キヤーマ	Easter イースタ
〜させる	يُحْيِي, 〔完〕 أَحْيَا yuḥyī, ʾaḥyā ユフイー, アフヤー	revive リヴァイヴ
ぶつかる ぶつかる butsukaru	يَصْطَدِمُ بِ, 〔完〕 اِصْطَدَمَ بِ yaṣṭadimu bi, iṣṭadama bi ヤスタディム ビ, イスタダマ ビ	hit, collide ヒト, コライド

日	アラビア	英
ぶっきょう **仏教** bukkyou	**اَلْبُوذِيَّة** 女 al-būdhīyat アル ブー**ズィ**ーヤ	Buddhism **ブ**ディズム
～徒	**بُوذِيّ** 男 būdhīy **ブ**ーズィー	Buddhist **ブ**ディスト
ぶつける **ぶつける** （衝突する） butsukeru	**يَصْطَدِمُ بِ, اِصْطَدَمَ** 〔完〕 **بِ** yaṣṭadimu bi, iṣṭadama bi **ヤ**スタディム ビ，**イ**スタダマ ビ	bump against **バ**ンプ アゲンスト
ふっこう **復興** fukkou	**إِحْيَاء** 男 ʾiḥyāʾ イフ**ヤ**ーウ	reconstruction, revival リーコンストラ**ク**ション，リ**ヴァ**イヴァル
～させる	**يُحْيِي, أَحْيَا** 〔完〕 yuḥyī, ʾaḥyā **ユ**フイー，**ア**フヤー	reconstruct, revive リーコンスト**ラ**クト，リ**ヴァ**イヴ
ふつごうな **不都合な** futsugouna	**غَيْر مُلَائِم لِ** ghair mulāʾimin li **ガ**イル ム**ラ**ーイム リ	inconvenient インコン**ヴィ**ーニェント
ぶっしつ **物質** busshitsu	**مَادَّة** 女, 複 **مَوَادُّ** māddat, mawāddu **マ**ーッダ，マ**ワ**ーッドゥ	matter, substance **マ**タ，**サ**ブスタンス
ふっそ **弗素** fusso	**فِلُور** 男 filūr フィ**ル**ール	fluorine フ**ル**オリーン
ぶつぞう **仏像** butsuzou	**تِمْثَال بُوذِيّ** 男 timthāl būdhīy ティム**サ**ール **ブ**ーズィー	Buddhist image **ブ**ディスト **イ**ミヂ
ぶったい **物体** （物） buttai	**شَيْء** 男, 複 **أَشْيَاءُ** 〔二段〕 shaiʾ, ʾashyāʾu **シャ**イウ，アシュ**ヤ**ーウ	object, thing **ア**ブヂェクト，**ス**ィング
ふっとうする **沸騰する** futtousuru	**يَغْلِي, غَلَى** 〔完〕 yaghlī, ghalā **ヤ**グリー，**ガ**ラー	boil **ボ**イル

ふ

日	アラビア	英
ぶつり **物理** butsuri	**فِيزِيَاء** 女 fīziyāʾ フィーズィ**ヤ**ーウ	physics **フィ**ズィクス
〜学者	**فِيزِيَائِيّ** 男 fīziyāʾīy フィーズィ**ヤ**ーイー	physicist **フィ**ズィスィスト
ふていかんし **不定冠詞** futeikanshi	**أَدَاةُ ٱلنَّكِرَةِ** 女 ʾadātu al-nakirati ア**ダ**ートゥン **ナ**キラ	indefinite article イン**デ**フィニト **ア**ーティクル
ふていし **不定詞** futeishi	**صِيغَةُ ٱلْمَصْدَرِ** 女 ṣīghatu al-maṣdari **スィ**ーガトゥル **マ**スダル	infinitive イン**フィ**ニティヴ
ふてきとうな **不適当な** futekitouna	**غَيْر مُلَائِم** ghair mulāʾimin ガイル ム**ラ**ーイム	unsuitable アン**ス**ータブル
ふと **ふと** futo	**فَجْأَةً** fajʾatan **ファ**ジュアタン	suddenly, by chance **サ**ドンリ，バイ **チャ**ンス
ふとい **太い**　(直径や幅が) futoi	**غَلِيظ ; سَمِيك** ghalīẓ, samīk ガ**リ**ーズ，サ**ミ**ーク	big, thick **ビ**グ，**スィ**ク
(声が)	**عَمِيق** ʿamīq ア**ミ**ーク	deep **ディ**ープ
ぶどう **葡萄** budou	**عِنَب** 集, 複 **أَعْنَاب** ʿinab, ʾaʿnāb **イ**ナブ，アア**ナ**ーブ	grapes グ**レ**イプス
ふどうさん **不動産** fudousan	**عَقَار** 男, 複 **عَقَارَات** ʿaqār, ʿaqārāt ア**カ**ール，アカー**ラ**ート	real estate [property], immovables **リ**ーアル イス**テ**イト[プ**ラ**パティ]，イ**ム**ーヴァブルズ
ふとうな **不当な** futouna	**ظَالِم ; غَيْر عَادِلٍ** ẓālim, ghair ʿādilin **ザ**ーリム，ガイル **ア**ーディル	unjust アン**チャ**スト

日	アラビア	英
ふとさ **太さ** futosa	**سُمْك** 男 sumk スムク	thickness スィクネス
ふとじ **太字** futoji	**خَطّ عَرِيض** 男 khaṭṭ ʿarīḍ ハット アリード	bold type ボウルド タイプ
ふともも **太腿** futomomo	**فَخِذ** 女 fakhidh ファヒズ	thigh サイ
ふとる **太る** futoru	**يَزِيدُ وَزْنُهُ**, 完 **زَادَ وَزْنُهُ** yazīdu waznu-hu, zāda waznu-hu ヤズィードゥ ワズヌフ, ザーダ ワズヌフ	grow fat グロウ ファト
ふとん **布団** futon	**فِرَاش** 男, 複 **فُرُش** firāsh, furush フィラーシュ, フルシュ	bedding, futon ベディング, フートーン
ふなよい **船酔い** funayoi	**دُوَارُ ٱلْبَحْرِ** 男 duwāru al-baḥri ドゥワールル バフル	seasickness スィースィクネス
ふにんしょう **不妊症** funinshou	**عَقْم** 男 ʿaqm アクム	sterility ステリリティ
ふね **船[舟]** fune	**سَفِينَة** 女, 複 **سُفُن** safīnat, sufun サフィーナ, スフン	boat, ship ボウト, シプ
ふはい **腐敗** fuhai	**فَسَاد** 男 fasād ファサード	putrefaction ピュートレファクション
ぶひん **部品** buhin	**أَجْزَاء** 複 ʾajzāʾ アジュザーウ	part, component パート, コンポウネント
ふぶき **吹雪** fubuki	**عَاصِفَة ثَلْجِيَّة** 女 ʿāṣifat thaljīyat アースィファ サルジーヤ	snowstorm スノウストーム

日	アラビア	英
ぶぶん **部分** bubun	جُزْء 男, 複 أَجْزَاء juzʾ, ʾajzāʾ ジュズウ，アジュザーウ	part, portion パート，ポーション
ふへい **不平** fuhei	شَكْوَى 女 ; اِسْتِيَاء 男 shakwā, istiyāʾ シャクワー，イスティヤーウ	dissatisfaction ディスサティスファクション
ぶべつ **侮蔑** bubetsu	اِحْتِقَار 男 iḥtiqār イフティカール	contempt コンテンプト
ふへんてきな **普遍的な** (一般的な) fuhentekina	عُمُومِيّ ʿumūmī ウムーミー	universal ユーニヴァーサル
ふべんな **不便な** fubenna	غَيْر مُرِيح ghair murīḥin ガイル ムリーフ	inconvenient インコンヴィーニエント
ふほうな **不法な** fuhouna	غَيْر شَرْعِيٍّ ghair sharʿīyin ガイル シャルイー	unlawful アンローフル
ふまん **不満** fuman	شَكْوَى 女 ; اِسْتِيَاء 男 shakwā, istiyāʾ シャクワー，イスティヤーウ	discontent ディスコンテント
～な	مُسْتَاء مِنْ mustāʾ min ムスターウ ミン	discontented ディスコンテンテド
ふみんしょう **不眠症** fuminshou	أَرَق 男 ʾaraq アラク	insomnia インサムニア
ふむ **踏む** fumu	يَدُوسُ, 〔完〕 دَاسَ yadūsu, dāsa ヤドゥース，ダーサ	step, tread ステプ，トレド
ふめいな **不明な** fumeina	مَجْهُول ; غَيْر مَعْرُوفٍ majhūl, ghair maʿrūfin マジュフール，ガイル マアルーフ	unknown アンノウン
ふめいよ **不名誉** fumeiyo	خِزْي 男 khizy ヒズイ	dishonor ディスアナ

日	アラビア	英
～な	مُخْزٍ〔二段〕 mukhzin ムフズィン	dishonorable ディサナラブル
ふめいりょうな **不明瞭な** fumeiryouna	غَيْر وَاضِحٍ ;غَامِض ghāmiḍ, ghair wāḍiḥin ガーミド，ガイル ワーディフ	obscure, unclear オブスキュア，アンクリア
ふもうな **不毛な** fumouna	عَقِيم ʿaqīm アキーム	sterile ステリル
ふもと **麓** fumoto	سَفْح 男 safḥ サフフ	foot フト
ぶもん **部門** bumon	قِطَاع 男, 複 قِطَاعَات qiṭāʿ, qiṭāʿāt キターウ，キターアート	section セクション
ふやす **増やす** fuyasu	يُزَيِّدُ, 〔完〕زَيَّدَ yuzaiyidu, zaiyada ユザイイドゥ，ザイヤダ	increase インクリース
ふゆ **冬** fuyu	شِتَاء 男 shitāʾ シターウ	winter ウィンタ
ふゆかいな **不愉快な** fuyukaina	مُزْعِج muzʿij ムズイジュ	disagreeable ディサグリーアブル
ぶよう **舞踊** buyou	رَقْص 男 raqṣ ラクス	dance ダンス
ふようする **扶養する** fuyousuru	يُعِيلُ, 〔完〕أَعَالَ yuʿīlu, ʾaʿāla ユイール，アアーラ	support サポート
ふような **不用な** fuyouna	غَيْر ضَرُورِيٍّ ghair ḍarūrīyin ガイル ダルーリー	unnecessary アンネセセリ
ふらい **フライ** furai	مَقْلِيّ maqlīy マクリー	fry, fried フライ，フライド

ふ

日	アラビア	英
ふらいと **フライト** furaito	**رِحْلَةُ طَيْرَانٍ** 女 riḥlatu ṭairānin リフラ タイラーン	flight フライト
ぷらいど **プライド** puraido	**فَخْر** 男 **; اِعْتِزَاز** 男 fakhr, iʿtizāz ファフル, イウティザーズ	pride プライド
ふらいどぽてと **フライドポテト** furaidopoteto	**بَطَاطَا مَقْلِيَّة** 女 **; بَطَاطِس مَقْلِيَّة** 複 baṭāṭā maqlīyat, baṭāṭis maqlīyat バターター マクリーヤ, バターティス マクリーヤ	French fries, Ⓑchips フレンチ フライズ, チプス
ぷらいばしー **プライバシー** puraibashii	**خُصُوصِيَّة** 女 khuṣūṣīyat フスースィーヤ	privacy プライヴァスィ
ふらいぱん **フライパン** furaipan	**مِقْلَاة** 女, 複 **مَقَالٍ** 〔二段〕 miqlāt, maqālin ミクラー, マカーリン	frying pan, skillet フライイング パン, スキレト
ぷらいべーとな **プライベートな** puraibeetona	**خُصُوصِيّ** khuṣūṣīy フスースィー	private プライヴェト
ぶらいんど **ブラインド** buraindo	**سَتَائِر مَعْدِنِيَّة** 複 satāʾir maʿdinīyat サターイル マアディニーヤ	blind ブラインド
ぶらうす **ブラウス** burausu	**بُلُوزَة** 女 bulūzat ブルーザ	blouse ブラウス
ぷらぐ **プラグ** puragu	**قَابِس** 男 qābis カービス	plug プラグ
ぶらさがる **ぶら下がる** burasagaru	**يَتَعَلَّقُ بِ,** 〔完〕 **تَعَلَّقَ بِ** yataʿallaqu bi, taʿallaqa bi ヤタアッラク ビ, タアッラカ ビ	hang, dangle ハング, ダングル
ぶらさげる **ぶら下げる** burasageru	**يُعَلِّقُ بِ,** 〔完〕 **عَلَّقَ بِ** yuʿalliqu bi, ʿallaqa bi ユアッリク ビ, アッラカ ビ	hang, suspend ハング, サスペンド

ふ

日	アラビア	英
ぶらし **ブラシ** burashi	فُرْشَاة 女, 複 فُرَش furshāt, furash フルシャー, フラシュ	brush ブラシュ
ぶらじゃー **ブラジャー** burajaa	حَمَّالَةُ ٱلصَّدْرِ 女 ḥammālatu al-ṣadri ハンマーラトゥッ サドル	brassiere, bra ブラズィア, ブラー
ぶらじる **ブラジル** burajiru	اَلْبَرَازِيل 男 al-barāzīl アル バラーズィール	Brazil ブラズィル
ぷらす **プラス** (記号) purasu	زَائِد 男 zāʾid ザーイド	plus プラス
ぷらすちっく **プラスチック** purasuchikku	بُلَاسْتِيك 男 bulāstīk ブラースティーク	plastic プラスティク
ふらすとれーしょん **フラストレーション** furasutoreeshon	إِحْبَاط 男 ʾiḥbāṭ イフバート	frustration フラストレイション
ぷらちな **プラチナ** purachina	بُلَاتِين 男 bulātīn ブラーティーン	platinum プラティナム
ぶらっくりすと **ブラックリスト** burakkurisuto	قَائِمَة سَوْدَاء 女 qāʾimat saudāʾ カーイマ サウダーウ	blacklist ブラクリスト
ふらっしゅ **フラッシュ** furasshu	فُلَاش 男 fulāsh フラーシュ	(camera) flash (キャメラ) フラシュ
ぷらねたりうむ **プラネタリウム** puranetariumu	قُبَّة سَمَاوِيَّة 女 qubbat samāwīyat クッバ サマーウィーヤ	planetarium プラニテアリアム
ぶらぶらする **ぶらぶらする** (さまよう) buraburasuru	يَتَجَوَّلُ, 〔完〕 تَجَوَّلَ yatajauwalu, tajauwala ヤタジャウワル, タジャウワラ	wander ワンダ
ふらめんこ **フラメンコ** furamenko	فُلَامِنْكُو 男 fulāminkū フラーミンクー	flamenco フラメンコウ

ふ

日	アラビア	英
ぷらん **プラン** puran	خُطَّة 女, 複 خُطَط ; بَرْنَامَج 男, 複 بَرَامِجُ khuṭṭat, khuṭaṭ, barnāmaj, barāmiju フッタ, フタト, バルナーマジュ, バラーミジュ	plan プラン
ぶらんく **ブランク** buranku	فَرَاغ 男 farāgh ファラーグ	blank ブランク
ぶらんこ **ぶらんこ** buranko	أُرْجُوحَة 女, 複 أَرَاجِيحُ〔二段〕 ʾurjūḥat, ʾarājīḥu ウルジューハ, アラージーフ	swing, trapeze スウィング, トラピーズ
ふらんす **フランス** furansu	فَرَنْسَا 女 faransā ファランサー	France フランス
～語	اَللُّغَةُ ٱلْفَرَنْسِيَّةُ 女 al-lughatu al-faransīyatu アッ ルガトゥル ファランスィーヤ	French フレンチ
～の	فَرَنْسِيّ faransīy ファランスィー	French フレンチ
～料理	أَكْل فَرَنْسِيّ 男 ʾakl faransīy アクル ファランスィー	French food フレンチ フード
ふらんちゃいず **フランチャイズ** furanchaizu	فُرَنْشَايِز 男 furanshāyiz フランシャーイズ	franchise フランチャイズ
ぶらんでー **ブランデー** burandee	بُرَانْدِي 男 burāndī ブラーンディー	brandy ブランディ
ふり **不利** furi	سَيِّئَة 女 saiyiʾat サイイア	disadvantage ディサドヴァンティヂ
ぷりーつ **プリーツ** puriitsu	طَيَّة 女 ṭaiyat タイヤ	pleat プリート

日	アラビア	英
ふりーの **フリーの** furiino	**حُرّ** ḥurr フッル	free フリー
ぶりーふ **ブリーフ** buriifu	**سِرْوَال دَاخِلِيّ** 男 sirwāl dākhilīy スィルワール ダーヒリー	briefs ブリーフス
ふりえき **不利益** furieki	**خَسَارَة** 女 khasārat ハサーラ	disadvantage ディサドヴァンティヂ
ふりかえる **振り返る** furikaeru	**يَلْتَفِتُ إِلَى ٱلْوَرَاءِ, اِلْتَفَتَ إِلَى ٱلْوَرَاءِ** 〔完〕 yaltafitu ʾilā al-warāʾi, iltafata ʾilā al-warāʾi ヤルタフィトゥ イラル ワラーウ，イルタファタ イラル ワラーウ	look back ルク バク
(過去を)	**يَسْتَعِيدُ, اِسْتَعَادَ** 〔完〕 yastaʿīdu, istaʿāda ヤスタイードゥ，イスタアーダ	look back ルク バク
ふりこ **振り子** furiko	**نَوَّاس** 男 ; **رَقَّاص** 男 nauwās, raqqāṣ ナウワース，ラッカース	pendulum ペンヂュラム
ふりこむ **振り込む** furikomu	**يُحَوِّلُ, حَوَّلَ** 〔完〕 yuḥauwilu, ḥauwala ユハウウィル，ハウワラ	transfer money トランスファー マニ
ぷりずむ **プリズム** purizumu	**مَنْشُور** 男 manshūr マンシュール	prism プリズム
ふりむく **振り向く** furimuku	**يَلْتَفِتُ إِلَى , اِلْتَفَتَ إِلَى** 〔完〕 yaltafitu ʾilā, iltafata ʾilā ヤルタフィトゥ イラー，イルタファタ イラー	turn to, look back ターン トゥ，ルク バク
ぶりょく **武力** (軍事力)	**اَلْقُوَّةُ ٱلْعَسْكَرِيَّةُ** 女 al-qūwatu al-ʿaskarīyatu アル クーワトゥル アスカリーヤ	military power ミリテリ パウア
buryoku		
ふりる **フリル** furiru	**كَشْكَش** 男 kashkash カシュカシュ	frill フリル

ふ

日	アラビア	英
ふりん **不倫** furin	**اَلْخِيَانَةُ ٱلزَّوْجِيَّةُ** 女 al-khiyānatu al-zaujīyatu アル ヒヤーナトゥッ ザウジーヤ	adultery アダルタリ
ぷりん **プリン** purin	**كُرِيم كَرَامِيل** 男女 kurīm karāmīl クリーム カラーミール	(custard) pudding, Ⓑmilk pudding (カスタド) プディング, ミルク プディング
ぷりんす **プリンス** purinsu	**أَمِير** 男, 複 **أُمَرَاءُ**〔二段〕; **بُرِنْس** 男 ʾamīr, ʾumarāʾu, burins アミール, ウマラーウ, ブリンス	prince プリンス
ぷりんせす **プリンセス** purinsesu	**أَمِيرَة** 女 ʾamīrat アミーラ	princess プリンセス
ぷりんたー **プリンター** purintaa	**طَابِعَة** 女 ṭābiʿat タービア	printer プリンタ
ふる **降る** furu	**يَسْقُطُ**, 〔完〕**سَقَطَ** yasquṭu, saqaṭa ヤスクトゥ, サカタ	fall フォール
ふる **振る** furu	**يَهُزُّ**, 〔完〕**هَزَّ** yahuzzu, hazza ヤフッズ, ハッザ	shake, wave シェイク, ウェイヴ
ふるい **古い** furui	**قَدِيم** qadīm カディーム	old, ancient オウルド, エインシェント
ぶるー **ブルー** buruu	**لَوْن أَزْرَق** 男 laun ʾazraq ラウン アズラク	blue ブルー
～の	**أَزْرَقُ**〔二段〕; **زَرْقَاءُ**〔二段〕女 ʾazraqu, zarqāʾu アズラク, ザルカーウ	blue ブルー
ふるーつ **フルーツ** furuutsu	**فَاكِهَة** 女, 複 **فَوَاكِهُ**〔二段〕 fākihat, fawākihu ファーキハ, ファワーキフ	fruit フルート

日	アラビア	英
ふるーと **フルート** furuuto	**فُلُوت** 男 fulūt フルート	flute フルート
ぶるーべりー **ブルーベリー** buruuberii	**تُوت أَزْرَق** 男 tūt ʾazraq トゥート アズラク	blueberry ブルーベリ
ふるえる **震える** furueru	**اِرْتَجَفَ** [完] **,يَرْتَجِفُ** yartajifu, irtajafa ヤルタジフ，イルタジャファ	tremble, shiver トレンブル，シヴァ
ぶるがりあ **ブルガリア** burugaria	**بُلْغَارِيَا** 女 bulghāriyā ブルガーリヤー	Bulgaria バルゲアリア
ふるさと **故郷** furusato	**أَوْطَان** 複 **,وَطَن** 男 waṭan, ʾauṭān ワタン，アウターン	home town, home ホウム タウン，ホウム
ぶるどーざー **ブルドーザー** burudoozaa	**جَرَّافَة** 女 jarrāfat ジャッラーファ	bulldozer ブルドウザ
ぷるとにうむ **プルトニウム** purutoniumu	**بُلُوتُونِيُوم** 男 bulūtūniyūm ブルートゥーニユーム	plutonium プルートウニアム
ふるほん **古本** furuhon	**كِتَاب مُسْتَعْمَل** 男 kitāb mustaʿmal キターブ ムスタアマル	used book ユーズド ブク
ふるまう **振る舞う** furumau	**تَصَرَّفَ** [完] **,يَتَصَرَّفُ** yataṣarrafu, taṣarrafa ヤタサッラフ，タサッラファ	behave ビヘイヴ
ぶれいな **無礼な** bureina	**غَيْر مُهَذَّبٍ** ghair muhadhdhabin ガイル ムハッザブ	impolite, rude インポライト，ルード
ぷれー **プレー** puree	**أَلْعَاب** 複 **,لَعْب** 男 laʿb, ʾalʿāb ラアブ，アルアーブ	play プレイ
〜オフ	**اَلْمُبَارَاةُ ٱلْفَاصِلَةُ** 女 al-mubārātu al-fāṣilatu アル ムバーラートゥル ファースィラ	play-off プレイオフ

日	アラビア	英
ぶれーき **ブレーキ** bureeki	**فَرْمَلَة** 女, 複 **فَرَامِلُ** [二段] farmalat, farāmilu ファルマラ, ファラーミル	brake ブレイク
〜をかける	**يُفَرْمِلُ**, 〔完〕**فَرْمَلَ** yufarmilu, farmala ユファルミル, ファルマラ	put on the brake, hit the brakes プト オン ザ ブレイク, ヒト ザ ブレイクス
ふれーむ **フレーム** fureemu	**إِطَار** 男, 複 **إِطَارَات** ʾiṭār, ʾiṭārāt イタール, イターラート	frame フレイム
ぷれーやー **プレーヤー** pureeyaa	**لَاعِب** 男 lāʿib ラーイブ	player プレイア
ぷれす **プレス** （押すこと） puresu	**يَضْغَطُ**, 〔完〕**ضَغَطَ** yaḍghaṭu, ḍaghaṭa ヤドガトゥ, ダガタ	press プレス
（報道機関）	**وَسَائِلُ ٱلْإِعْلَامِ** 複 wasāʾilu al-ʾiʿlāmi ワサーイルル イウラーム	(the) press (ザ) プレス
ぶれすれっと **ブレスレット** buresuretto	**سِوَار** 男, 複 **أَسَاوِرُ** [二段] siwār, ʾasāwiru スィワール, アサーウィル	bracelet ブレイスレト
ぷれぜんてーしょん **プレゼンテーション** purezenteeshon	**عَرْض تَقْدِيمِيّ** 男 ʿarḍ taqdīmīy アルド タクディーミー	presentation プリーゼンテイション
ぷれぜんと **プレゼント** purezento	**هَدِيَّة** 女, 複 **هَدَايَا** hadīyat, hadāyā ハディーヤ, ハダーヤー	present プレズント
〜する	**يُقَدِّمُ لَهُ هَدِيَّةً**, 〔完〕**قَدَّمَ لَهُ هَدِيَّةً** yuqaddimu la-hu hadīyatan, qaddama la-hu hadīyatan ユカッディム ラーフ ハディーヤ, カッダマ ラーフ ハディーヤ	present プリゼント
ふれっくすたいむ **フレックスタイム** furekkusutaimu	**سَاعَاتُ ٱلْعَمَلِ ٱلْمَرِنَةِ** 複 sāʿātu al-ʿamali al-marinati サーアートゥル アマリル マリナ	flextime, flexitime フレクスタイム, フレクスィタイム

日	アラビア	英
ぷれっしゃー **プレッシャー** puresshaa	**ضَغْط** 男, 複 **ضُغُوط** ḍaghṭ, ḍughūṭ ダグト, ドゥグート	pressure プレシャ
ふれる **触れる** (言及する) fureru	**يَلْمُسُ**, 〔完〕 **لَمَسَ** yalmusu, lamasa ヤルムス, ラマサ	mention メンション
(触る)	**يُشِيرُ إِلَى**, 〔完〕 **أَشَارَ إِلَى** yushīru ʾilā, ʾashāra ʾilā ユシール イラー, アシャーラ イラー	touch タチ
ふろ **風呂** furo	**حَمَّام** 男 ḥammām ハンマーム	bath バス
ふろあ **フロア** furoa	**طَابِق** 男, 複 **طَوَابِقُ** 〔二段〕 ṭābiq, ṭawābiqu タービク, タワービク	floor フロー
ぶろーかー **ブローカー** burookaa	**سِمْسَار** 男 simsār スィムサール	broker ブロウカ
ぶろーち **ブローチ** buroochi	**بُرُوش** 男 burūsh ブルーシュ	brooch ブロウチ
ふろく **付録** furoku	**مُلْحَق** 男, 複 **مَلَاحِقُ** 〔二段〕 mulḥaq, malāḥiqu ムルハク, マラーヒク	supplement, appendix サプリメント, アペンディクス
ぷろぐらまー **プログラマー** puroguramaa	**مُبَرْمِج** 男 mubarmij ムバルミジュ	programmer プロウグラマ
ぷろぐらみんぐ **プログラミング** puroguramingu	**بَرْمَجَة** 男 barmajat バルマジャ	programming プロウグラミング
ぷろぐらむ **プログラム** puroguramu	**بَرْنَامَج** 男, 複 **بَرَامِجُ** 〔二段〕 barnāmaj, barāmiju バルナーマジュ, バラーミジュ	program, Ⓑprogramme プロウグラム, プロウグラム
ぷろじぇくと **プロジェクト** purojekuto	**مَشْرُوع** 男, 複 **مَشْرُوعَات** mashrūʿ, mashrūʿāt マシュルーウ, マシュルーアート	project プラヂェクト

ふ

日	アラビア	英
ぷろっこりー **ブロッコリー** burokkorii	بُرُوكُلِي 男 burūkulī ブ**ル**ークリー	broccoli ブ**ラ**コリ
ぷろてすたんと **プロテスタント** purotesutanto	بُرُوتِسْتَانْتِيَّة 女 burūtistāntīyat ブルーティスターン**ティ**ーヤ	Protestant プ**ラ**テスタント
ぷろでゅーさー **プロデューサー** purodyuusaa	مُنْتِج 男 muntij **ム**ンティジュ	producer プロ**デュ**ーサ
ぷろの **プロの** purono	مُحْتَرِف muḥtarif **ム**フタリフ	professional プロ**フェ**ショナル
ぷろばいだー **プロバイダー** purobaidaa	مُزَوِّدُ خِدْمَةِ ٱلْإِنْتَرْنِت 男 muzauwidu khidmati al-ʾintarnit ム**ザ**ウウィド **ヒ**ドマティル イン**タ**ルニト	provider プロ**ヴァ**イダ
ぷろぽーしょん **プロポーション** puropooshon	قَوَام 男 qawām カ**ワ**ーム	proportion プロ**ポ**ーション
ぷろぽーずする **プロポーズする** (彼女に) puropoozusuru	طَلَبَ يَدَهَا 〔完〕, يَطْلُبُ يَدَهَا yaṭlubu yada-hā, ṭalaba yada-hā **ヤ**トルブ **ヤ**ダ-ハー, **タ**ラバ **ヤ**ダ-ハー	propose marriage to プロ**ポ**ウズ **マ**リヂ トゥ
ぷろもーしょん **プロモーション** puromooshon	تَرْوِيج 男 tarwīj タル**ウィ**ージュ	promotion プロ**モ**ウション
ぷろれす **プロレス** puroresu	مُصَارَعَةُ ٱلْمُحْتَرِفِين 女 muṣāraʿatu al-muḥtarifīna ム**サ**ーラアトゥル ムフタリ**フィ**ーナ	professional wrestling プロ**フェ**ショナル **レ**スリング
ぷろろーぐ **プロローグ** puroroogu	مُقَدِّمَة 女 muqaddimat ム**カ**ッディマ	prologue プ**ロ**ウログ
ぷろんず **ブロンズ** buronzu	بُرُونْز 男 burūnz ブ**ル**ーンズ	bronze ブ**ラ**ンズ

日	アラビア	英
ふろんと **フロント** furonto	**مَكْتَبُ ٱلِاسْتِقْبَالِ** [男] maktabu al-istiqbāli マクタブ リスティクバール	front desk, Ⓑreception desk フラント デスク, リセプション デスク
ぶろんど **ブロンド** burondo	**شَقَر** [男] shaqar シャカル	blonde ブランド
ふろんとがらす **フロントガラス** furontogarasu	**زُجَاج أَمَامِيّ** [男] zujāj ʾamāmīy ズジャージュ アマーミー	windshield, Ⓑwindscreen ウィンドシールド, ウィンドスクリーン
ふわ **不和** fuwa	**خِلَاف** [男] khilāf ヒラーフ	discord ディスコード
ふん **分** fun	**دَقِيقَة** [女], [複] **دَقَائِقُ** [二段] daqīqat, daqāʾiqu ダキーカ, ダカーイク	minute ミヌト
ふん **糞** fun	**رَوْث** [集], [複] **أَرْوَاث** rauth, ʾarwāth ラウス, アルワース	feces, excrement フィースィーズ, エクスクレメント
ぶん **文** bun	**جُمْلَة** [女], [複] **جُمَل** jumlat, jumal ジュムラ, ジュマル	sentence センテンス
ふんいき **雰囲気** fun-iki	**جَوّ** [男] jauw ジャウウ	atmosphere アトモスフィア
ふんか **噴火** funka	**اِنْفِجَار بَرْكَانِيّ** [男] infijār barkānīy インフィジャール バルカーニー	eruption イラプション
～する	**يَنْفَجِرُ ٱلْبُرْكَانُ**, [完] **اِنْفَجَرَ ٱلْبُرْكَانُ** yanfajiru al-burkānu, infajara al-burkānu ヤンファジルル ブルカーヌ, インファジャラル ブルカーヌ	erupt イラプト

日	アラビア	英
ぶんか **文化** bunka	ثَقَافَة 女 thaqāfat サカーファ	culture カルチャ
〜的な	ثَقَافِيّ thaqāfīy サカーフィー	cultural カルチャラル
ぶんかいする **分解する** bunkaisuru	يَفُكُّ, 〔完〕 فَكَّ yafukku, fakka ヤフック，ファッカ	resolve into, decompose リザルヴ イントゥ，ディーコンポウズ
ふんがいする **憤慨する** fungaisuru	يَغْضَبُ, 〔完〕 غَضِبَ yaghḍabu, ghaḍiba ヤグダブ，ガディバ	(be) indignant at (ビ) インディグナント アト
ぶんがく **文学** bungaku	أَدَب 男, 複 آدَاب ʾadab, ʾādāb アダブ，アーダーブ	literature リテラチャ
〜の	أَدَبِيّ ʾadabīy アダビー	literary リタレリ
ぶんかつ **分割** bunkatsu	تَقْسِيم 男 taqsīm タクスィーム	division ディヴィジョン
〜する	يُقَسِّمُ, 〔完〕 قَسَّمَ yuqassimu, qassama ユカッスィム，カッサマ	divide ディヴァイド
〜払い	دَفْعُ ٱلْأَقْسَاطِ 男 ; سَدَادُ ٱلْأَقْسَاطِ 男 dafʿu al-ʾaqsāṭi, sadādu al-ʾaqsāṭi ダフウル アクサート，サダードゥル アクサート	installment plan インストールメント プラン
ぶんぎょう **分業** bungyou	تَقْسِيمُ ٱلْعَمَلِ 男 taqsīmu al-ʿamali タクスィームル アマル	division of labor ディヴィジョン オヴ レイバ
ぶんげい **文芸** bungei	أَدَب 男, 複 آدَاب ʾadab, ʾādāb アダブ，アーダーブ	arts and literature アーツ アンド リテラチャ

日	アラビア	英
ふんさいする **粉砕する** funsaisuru	**يُكَسِّرُ**, 〔完〕**كَسَّرَ** yukassiru, kassara ユ**カ**ッスィル, **カ**ッサラ	smash, crush ス**マ**シュ, ク**ラ**シュ
ぶんし **分子** (物質の) bunshi	**جُزَيْء** 男, 複 **جُزَيْئَات** juzaiʾ, juzaiʾāt **ジュ**ザイウ, ジュザイ**ア**ート	molecule **マ**レキュール
(分数の)	**بَسْط** 男 basṭ **バ**スト	numerator ニューマ**レ**イタ
ふんしつする **紛失する** funshitsusuru	**يَفْقِدُ**, 〔完〕**فَقَدَ** yafqidu, faqada **ヤ**フキドゥ, **ファ**カダ	lose **ル**ーズ
ぶんしょ **文書** bunsho	**وَثِيقَة** 女, 複 **وَثَائِقُ**〔二段〕 wathīqat, wathāʾiqu ワ**スィ**ーカ, ワ**サ**ーイク	document **ダ**キュメント
ぶんしょう **文章** bunshou	**جُمْلَة** 女, 複 **جُمَل** jumlat, jumal **ジュ**ムラ, **ジュ**マル	sentence **セ**ンテンス
ふんすい **噴水** funsui	**نَافُورَة** 女, 複 **نَوَافِيرُ**〔二段〕 nāfūrat, nawāfīru ナー**フ**ーラ, ナワー**フィ**ール	fountain **ファ**ウンテン
ぶんすう **分数** bunsuu	**كَسْر** 男 kasr **カ**スル	fraction フ**ラ**クション
ぶんせき **分析** bunseki	**تَحْلِيل** 男 taḥlīl タフ**リ**ール	analysis ア**ナ**リスィス
〜する	**يُحَلِّلُ**, 〔完〕**حَلَّلَ** yuḥallilu, ḥallala ユ**ハ**ッリル, **ハ**ッララ	analyze **ア**ナライズ
ふんそう **紛争** funsou	**صِرَاع** 男, 複 **صِرَاعَات** ṣirāʿ, ṣirāʿāt スィ**ラ**ーウ, スィラー**ア**ート	conflict, dispute **カ**ンフリクト, ディス**ピュ**ート
ぶんたい **文体** buntai	**أُسْلُوب كِتَابِيّ** 男 ʾuslūb kitābīy ウス**ル**ーブ キ**タ**ービー	(literary) style (**リ**タレリ) ス**タ**イル

ふ

日	アラビア	英
ぶんどき **分度器** bundoki	**مِنْقَلَة** 女 minqalat ミンカラ	protractor プロトラクタ
ぶんぱい **分配** bunpai	**تَوْزِيع** 男 tauzīʿ タウズィーウ	distribution ディストリビューション
～する	**يُوَزِّعُ, وَزَّعَ** 〔完〕 yuwazziʿu, wazzaʿa ユワッズィウ, ワッザア	distribute ディストリビュト
ぶんぴつ **分泌** bunpitsu	**إِفْرَاز** 男, 複 **إِفْرَازَات** ʾifrāz, ʾifrāzāt イフラーズ, イフラーザート	secretion スィクリーション
ぶんべん **分娩** bunben	**وِلَادَة** 女 wilādat ウィラーダ	childbirth チャイルドバース
～する	**يَلِدُ, وَلَدَ** 〔完〕 yalidu, walada ヤリドゥ, ワラダ	(be) delivered of (ビ) ディリヴァド オヴ
ぶんぼ **分母** bunbo	**مَقَام** 男 maqām マカーム	denominator ディナミネイタ
ぶんぽう **文法** bunpou	**قَوَاعِدُ** 複〔二段〕; **نَحْو** 男 qawāʿidu, naḥw カワーイドゥ, ナフウ	grammar グラマ
ぶんぼうぐ **文房具** bunbougu	**أَدَوَات مَكْتَبِيَّة** 複 ʾadawāt maktabīyat アダワート マクタビーヤ	stationery ステイショネリ
ふんまつ **粉末** funmatsu	**مَسْحُوق** 男, 複 **مَسَاحِيقُ**〔二段〕 masḥūq, masāḥīqu マスフーク, マサーヒーク	powder パウダ
ぶんめい **文明** bunmei	**حَضَارَة** 女 ḥaḍārat ハダーラ	civilization スィヴィリゼイション
ぶんや **分野** bun-ya	**مَجَال** 男, 複 **مَجَالَات** majāl, majālat マジャール, マジャーラート	field, line フィールド, ライン

日	アラビア	英
ぶんり **分離** bunri	**اِنْفِصَال** 男 infiṣāl インフィ**サー**ル	separation セパ**レ**イション
〜する	**يَفْصِلُ**, 〔完〕**فَصَلَ ; يُفَرِّقُ**, 〔完〕**فَرَّقَ** yafṣilu, faṣala, yufarriqu, farraqa **ヤ**フスィル, **ファ**サラ, ユ**ファ**ッリク, **ファ**ッラカ	separate **セ**パレイト
ぶんりょう **分量** bunryou	**كَمِّيَّة** 女 kammīyat カンミーヤ	quantity ク**ワ**ンティティ
ぶんるい **分類** bunrui	**تَصْنِيف** 男 taṣnīf タス**ニ**ーフ	classification クラスィフィ**ケ**イション
〜する	**يُصَنِّفُ**, 〔完〕**صَنَّفَ** yuṣannifu, ṣannafa ユ**サ**ンニフ, **サ**ンナファ	classify into ク**ラ**スィファイ イントゥ
ぶんれつ **分裂** bunretsu	**اِنْشِقَاق** 男 inshiqāq インシ**カ**ーク	split, division スプ**リ**ト, ディ**ヴィ**ジョン
〜する	**يَنْشَقُّ**, 〔完〕**اِنْشَقَّ** yanshaqqu, inshaqqa ヤン**シャ**ック, イン**シャ**ッカ	split into スプ**リ**ト イントゥ

へ, ヘ

日	アラビア	英
へ **屁** he	**ضَرْطَة** 女 ḍarṭat **ダ**ルタ	fart **ファ**ート
へあ **ヘア** hea	**شَعْر** 集 shaʿr **シャ**アル	hair **ヘ**ア
〜スタイル	**تَسْرِيحَةُ ٱلشَّعْرِ** 女 tasrīḥatu al-shaʿri タス**リ**ーハトゥッ **シャ**アル	hairstyle **ヘ**アスタイル

日	アラビア	英
～ブラシ	فُرْشَاةُ ٱلشَّعْرِ 女 furshātu al-shaʿri フルシャートゥッ シャアル	hairbrush ヘアブラシュ
ぺあ ペア pea	زَوْج 男 zauj ザウジュ	pair ペア
へい 塀 hei	سُور 男, 複 أَسْوَار sūr, ʾaswār スール, アスワール	wall, fence ウォール, フェンス
へいえき 兵役 heieki	اَلْخِدْمَةُ ٱلْعَسْكَرِيَّةُ 女 al-khidmatu al-ʿaskarīyatu アル ヒドマトゥル アスカリーヤ	military service ミリテリ サーヴィス
へいおんな 平穏な heionna	هَادِئ hādiʾ ハーディウ	calm カーム
へいかい 閉会 heikai	اِخْتِتَام 男 ikhtitām イフティターム	closure クロウジャ
～する	يُخْتَتَمُ, 〔完〕 أُخْتُتِمَ yukhtatamu, ukhtutima ユフタタム, ウフトゥティマ	close クロウズ
へいがい 弊害 heigai	تَأْثِير ضَارّ 男 taʾthīr ḍārr タアスィール ダーッル	bad effect, negative effect バド イフェクト, ネガティヴ イフェクト
へいき 兵器 heiki	سِلَاح 男, 複 أَسْلِحَة silāḥ, ʾasliḥat スィラーフ, アスリハ	arms, weapons アームズ, ウェポンズ
へいきん 平均 heikin	مُعَدَّل 男 muʿaddal ムアッダル	average アヴァリヂ
～台	عَارِضَةُ ٱلتَّوَازُنِ 女 ʿāriḍatu al-tawāzuni アーリダトゥッ タワーズン	balance beam バランス ビーム

日	アラビア	英
へいこう **平衡** heikou	تَوَازُن 男 tawāzun タワーズン	equilibrium イークウィリブリアム
へいこうしている **平行している** heikoushiteiru	تَوَازَى 〔完〕, يَتَوَازَى yatawāzā, tawāzā ヤタワーザー, タワーザー	parallel to パラレル トゥ
へいこうしへんけい **平行四辺形** heikoushihenkei	مُتَوَازِي ٱلْأَضْلَاعِ 男 mutawāzī al-ʾaḍlāʿi ムタワーズィル アドラーウ	parallelogram パラレラグラム
へいごうする **併合する** heigousuru	ضَمَّ 〔完〕, يَضُمُّ yaḍummu, ḍamma ヤドゥンム, ダンマ	absorb アブソーブ
へいこうせん **平行線** heikousen	خُطُوط مُتَوَازِيَّة 複 khuṭūṭ mutawāzīyat フトゥート ムタワーズィーヤ	parallel lines パラレル ラインズ
へいこうぼう **平行棒** heikoubou	مُتَوَازِيَانِ 男 双 mutawāziyāni ムタワーズィヤーニ	parallel bars パラレル バーズ
へいこうゆにゅう **並行輸入** heikouyunyuu	اِسْتِيرَاد مُوَازِي 男 istīrād muwāzī イスティーラード ムワーズィー	parallel import パラレル インポート
へいさ **閉鎖** heisa	إِغْلَاق 男 ʾighlāq イグラーク	shutdown, closure シャトダウン, クロウジャ
～する	أَغْلَقَ 〔完〕, يُغْلِقُ yughliqu, ʾaghlaqa ユグリク, アグラカ	shut down, close シャト ダウン, クロウズ
へいし **兵士** heishi	جُنْدِيّ 男, 複 جُنُود jundīy, junūd ジュンディー, ジュヌード	soldier ソウルヂャ
へいじょうの **平常の** heijouno	عَادِيّ ʿādīy アーディー	normal ノーマル
へいち **平地** heichi	سَهْل 男 sahl サフル	flat ground フラト グラウンド

日	アラビア	英
へいてん **閉店** heiten	**إِغْلَاق** 男 ʾighlāq イグラーク	closing クロウズィング
～する	**يُغْلِقُ**, 〔完〕 **أَغْلَقَ** yughliqu, ʾaghlaqa ユグリク, アグラカ	close クロウズ
へいねつ **平熱** heinetsu	**دَرَجَةُ حَرَارَةِ ٱلطَّبِيعِيَّةِ** 女 darajatu ḥarārati al-ṭabīʿīyati ダラジャ ハラーラティッ タビーイーヤ	normal temperature ノーマル テンパラチャ
へいねん **平年** heinen	**سَنَة عَادِيَّة** 女 sanat ʿādīyat サナ アーディーヤ	ordinary year オーディネリ イヤ
へいほう **平方** heihou		
～キロメートル	**كِيلُو مِتْر مُرَبَّع** 男 kīlū mitr murabbaʿ キールー ミトル ムラッバウ	square kilometer スクウェア キラミタ
～メートル	**مِتْر مُرَبَّع** 男 mitr murabbaʿ ミトル ムラッバウ	square meter スクウェア ミータ
へいぼんな **平凡な** heibonna	**عَادِيّ** ʿādīy アーディー	common, ordinary カモン, オーディネリ
へいや **平野** heiya	**سَهْل** 男 sahl サフル	plain プレイン
へいわ **平和** heiwa	**سَلَام** 男 salām サラーム	peace ピース
～な	**سِلْمِيّ** silmīy スィルミー	peaceful ピースフル
べーこん **ベーコン** beekon	**لَحْمُ ٱلْخِنْزِيرِ ٱلْمُقَدَّدِ** 男 laḥmu al-khinzīri al-muqaddadi ラフムル ヒンズィーリル ムカッダド	bacon ベイコン

日	アラビア	英
べーじゅ **ベージュ** beeju	**اَللَّوْنُ ٱلْبِيجِ** 男 al-launu al-bīji アッ ラウヌル ビージュ	beige ベイジュ
～の	**بِيج** bīj ビージュ	beige ベイジュ
べーす **ベース**（基礎・土台） beesu	**أَسَاس** 男, 複 **أَسَاسَات** ʾasās, ʾasāsāt アサース, アサーサート	base ベイス
ぺーす **ペース** peesu	**سُرْعَة** 女 surʿat スルア	pace ペイス
へきが **壁画** hekiga	**جِدَارِيَّة** 女 jidārīyat ジダーリーヤ	mural ミュアラル
へきち **僻地** hekichi	**مِنْطَقَة نَائِيَة** 女 minṭaqat nāʾiyat ミンタカ ナーイヤ	remote place リモウト プレイス
へくたーる **ヘクタール** hekutaaru	**هِكْتَار** 男, 複 **هِكْتَارَات** hiktār, hiktārāt ヒクタール, ヒクターラート	hectare ヘクテア
べすと **ベスト**（チョッキ） besuto	**صُدْرَة** 女, 複 **صُدَر** ṣudrat, ṣudar スドラ, スダル	vest, Ⓑwaistcoat ヴェスト, ウェイストコウト
～セラー	**اَلْأَكْثَر مَبِيعًا** 男 al-ʾakthar mabīʿan アル アクサル マビーアン	best seller ベスト セラ
～の（最上の）	**اَلْأَفْضَل** al-ʾafḍal アル アフダル	best ベスト
へそ **へそ** heso	**سُرَّة** 女 surrat スッラ	navel ネイヴェル
へだたり **隔たり**（距離） hedatari	**مَسَافَة** 女 masāfat マサーファ	distance ディスタンス

日	アラビア	英
(差異)	خِلَاف 男 khilāf ヒラーフ	difference ディファレンス
へたな **下手な** hetana	ضَعِيف ḍaʿīf ダイーフ	clumsy, poor クラムズィ, プア
ぺだる **ペダル** pedaru	دَوَّاسَة 女 dauwāsat ダウワーサ	pedal ペドル
べっそう **別荘** bessou	فِيلَا 男, 複 فِيلَات fīlā, fīlāt フィーラー, フィーラート	villa ヴィラ
べっど **ベッド** beddo	سَرِير 男, 複 أَسِرَّة sarīr, ʾasirrat サリール, アスィッラ	bed ベド
ぺっと **ペット** petto	حَيَوَان أَلِيف 男 ḥayawān ʾalīf ハヤワーン アリーフ	pet ペト
へっどほん **ヘッドホン** heddohon	سَمَّاعَةُ رَأْسٍ 女 sammāʿatu raʾsin サンマーア ラアス	headphone ヘドフォウン
へっどらいと **ヘッドライト** heddoraito	مِصْبَاح أَمَامِيّ 男 miṣbāḥ ʾamāmīy ミスバーフ アマーミー	headlight ヘドライト
べつに **別に** (取り立てて) betsuni	خَاصَّةً khāṣṣatan ハーッサタン	in particular イン パティキュラ
(別々に)	كُلّ عَلَى حِدَةٍ kull ʿalā ḥidatin クッル アラー ヒダ	apart アパート
べつの **別の** betsuno	آخَرُ ; أُخْرَى 女 ʾākharu, ʾukhrā アーハル, ウフラー	different, another ディファレント, アナザ
べつべつの **別々の** betsubetsuno	مُنْفَصِل munfaṣil ムンファスィル	separate, respective セパレイト, リスペクティヴ

へ

日	アラビア	英
へつらう **へつらう** hetsurau	يَتَمَلَّقُ, [完] تَمَلَّقَ yatamallaqu, tamallaqa ヤタマッラク, タマッラカ	flatter フラタ
べてらんの **ベテランの** beteranno	مُتَمَرِّس mutamarris ムタマッリス	veteran, expert ヴェテラン, エクスパート
べとなむ **ベトナム** betonamu	فِيتْنَام [女] fītnām フィートナーム	Vietnam ヴィエトナーム
ぺなるてぃー **ペナルティー** penarutii	جَزَاء [男]; عُقُوبَة [女] jazāʾ, ʿuqūbat ジャザーウ, ウクーバ	penalty ペナルティ
～キック	ضَرْبَةُ جَزَاءٍ [女] ḍarbatu jazāʾin ダルバ ジャザーウ	penalty kick ペナルティ キク
ぺにす **ペニス** penisu	قَضِيب [男] qaḍīb カディーブ	penis ピーニス
ぺぱーみんと **ペパーミント** pepaaminto	نَعْنَاع [男] naʿnāʿ ナアナーウ	peppermint ペパミント
へび **蛇** hebi	ثُعْبَان [男], [複] ثَعَابِينُ [二段] thuʿbān, thaʿābīnu スウバーン, サアービーン	snake, serpent スネイク, サーペント
へや **部屋** heya	غُرْفَة [女], [複] غُرَف ghurfat, ghuraf グルファ, グラフ	room ルーム
へらす **減らす** herasu	يُخَفِّضُ, [完] خَفَّضَ yukhaffiḍu, khaffaḍa ユハッフィドゥ, ハッファダ	decrease, reduce ディクリース, リデュース
べらんだ **ベランダ** beranda	شُرْفَة [女]; بَلْكُون [男], [複] بَلْكُونَات shurfat, balkūn, balkūnāt シュルファ, バルクーン, バルクーナート	veranda ヴェランダ

日	アラビア	英
へり 縁 heri	حَافَة 女 ḥāfat ハーファ	edge, border エヂ, ボーダ
へりうむ ヘリウム heriumu	هِيلِيُوم 男 hīliyūm ヒーリユーム	helium ヒーリアム
へりこぷたー ヘリコプター herikoputaa	هَلِيكُوبْتَر 男 ; مِرْوَحِيَّة 女 halīkūbtar, mirwaḥīyat ハリークーブタル, ミルワヒーヤ	helicopter ヘリカプタ
へりぽーと ヘリポート heripooto	مَهْبِط هِلِيكُوبْتَر 男 mahbiṭ hilīkūbtar マフビト ヒリークーブタル	heliport ヘリポート
へる 経る heru	يَمُرُّ, 〔完〕 مَرَّ yamurru, marra ヤムッル, マッラ	pass, go by パス, ゴウ バイ
へる 減る heru	يَنْخَفِضُ, 〔完〕 اِنْخَفَضَ ; يَقِلُّ, 〔完〕 قَلَّ yankhafiḍu, inkhafaḍa, yaqillu, qalla ヤンハフィドゥ, インハファダ, ヤキッル, カッラ	decrease, diminish ディクリース, ディミニシュ
べる ベル beru	جَرَس 男, 複 أَجْرَاس jaras, ʾajrās ジャラス, アジュラース	bell ベル
ぺるー ペルー peruu	بِيرُو 女 bīrū ビールー	Peru ペルー
べるぎー ベルギー berugii	بَلْجِيكَا 女 baljīkā バルジーカー	Belgium ベルヂャム
へるつ ヘルツ herutsu	هِرْتْز 男 hirtz ヒルトズ	hertz ハーツ
べると ベルト beruto	حِزَام 男, 複 أَحْزِمَة ḥizām, ʾaḥzimat ヒザーム, アフズィマ	belt ベルト

日	アラビア	英
～コンベアー	سَيْر نَاقِل 男 sair nāqil サイル ナーキル	belt conveyor ベルト カンヴェイア
へるにあ ヘルニア herunia	فِتَاق 男 fitāq フィターク	hernia ハーニア
へるめっと ヘルメット herumetto	خُوذَة 女 khūdhat フーザ	helmet ヘルメト
へろいん ヘロイン heroin	هِيرْوِين 男 hīrwīn ヒールウィーン	heroin ヘロウイン
へん 辺 (図形の) hen	ضِلْع 男, 複 أَضْلَاع ḍilʿ, ʾaḍlāʿ ディルウ, アドラーウ	side サイド
(辺り)	مِنْطَقَة 女 minṭaqat ミンタカ	neighborhood ネイバフド
べん 便 (大便) ben	بِرَاز 男 birāz ビラーズ	excrement, feces エクスクレメント, フィースィーズ
べん 弁 ben	صِمَام 男, 複 صِمَامَات ṣimām, ṣimāmāt スィマーム, スィマーマート	valve ヴァルヴ
ぺん ペン pen	قَلَم 男, 複 أَقْلَام qalam, ʾaqlām カラム, アクラーム	pen ペン
へんあつき 変圧器 hen-atsuki	مُحَوِّل 男 muḥauwil ムハウウィル	transformer トランスフォーマ
へんか 変化 henka	تَحْوِيل 男, 複 تَحْوِيلَات; تَغْيِير 男, 複 تَغْيِيرَات taḥwīl, taḥwīlāt, taghyīr, taghyīrāt タフウィール, タフウィーラート, タグイール, タグイーラート	change チェインヂ

日	アラビア	英
べんかい **弁解** benkai	**عُذْر**男, 複 **أَعْذَار** ʿudhr, ʾaʿdhār ウズル, アアザール	excuse イクスキュース
へんかく **変革** henkaku	**إِصْلَاح**男 ʾiṣlāḥ イスラーフ	reform, change リフォーム, チェインヂ
～する	**يُصْلِحُ**, 〔完〕**أَصْلَحَ** yuṣliḥu, ʾaṣlaḥa ユスリフ, アスラハ	reform, change リフォーム, チェインヂ
へんかする **変化する** henkasuru	**يَتَغَيَّرُ**, 〔完〕**تَغَيَّرَ** yataghaiyaru, taghaiyara ヤタガイヤル, タガイヤラ	change チェインヂ
へんかんする **返還する** henkansuru	**يُعِيدُ**, 〔完〕**أَعَادَ** yuʿīdu, ʾaʿāda ユイードゥ, アアーダ	return リターン
ぺんき **ペンキ** penki	**طِلَاء**男 ṭilāʾ ティラーウ	paint ペイント
へんきゃく **返却** henkyaku	**إِعَادَة**女 ʾiʿādat イアーダ	return リターン
～する	**يُعِيدُ**, 〔完〕**أَعَادَ** yuʿīdu, ʾaʿāda ユイードゥ, アアーダ	return リターン
べんきょう **勉強** benkyou	**دِرَاسَة**女 dirāsat ディラーサ	study, work スタディ, ワーク
～する	**يَدْرُسُ**, 〔完〕**دَرَسَ** yadrusu, darasa ヤドルス, ダラサ	study, work スタディ, ワーク
ぺんぎん **ペンギン** pengin	**بِطْرِيق**男, 複 **بَطَارِيقُ**〔二段〕 biṭrīq, baṭārīqu ビトリーク, バターリーク	penguin ペングウィン
へんけん **偏見** henken	**تَحَامُل**男 ; **اِنْحِيَاز**男 taḥāmul, inḥiyāz タハームル, インヒヤーズ	prejudice, bias プレヂュディス, バイアス

日	アラビア	英
べんご **弁護** bengo	دِفَاع عَنْ 男 difāʿ ʿan ディファーウ アン	defense, advocacy ディフェンス, アドヴォカスィ
～士	مُحَامٍ 男〔二段〕 muḥāmin ムハーミン	lawyer, counsel ローヤ, カウンセル
～する	يُدَافِعُ عَنْ, 〔完〕 دَافَعَ عَنْ yudāfiʿu ʿan, dāfaʿa ʿan ユダーフィウ アン, ダーファア アン	plead, defend プリード, ディフェンド
へんこう **変更** henkou	تَحْوِيل 男, 複 تَحْوِيلَات ; تَغْيِير 男, 複 تَغْيِيرَات taḥwīl, taḥwīlāt, taghyīr, taghyīrāt タフウィール, タフウィーラート, タグイール, タグイーラート	change, alteration チェインヂ, オールタレイション
～する	يُحَوِّلُ, 〔完〕 حَوَّلَ ; يُغَيِّرُ, 〔完〕 غَيَّرَ yuḥauwilu, ḥauwala, yughaiyiru, ghaiyara ユハウウィル, ハウワラ, ユガイイル, ガイヤラ	change, alter チェインヂ, オールタ
へんさい **返済** （返金） hensai	رَدّ 男, 複 رُدُود radd, rudūd ラッド, ルドゥード	repayment リペイメント
へんさん **編纂** hensan	تَأْلِيف 男 taʾlīf タアリーフ	compilation カンピレイション
～する	يُؤَلِّفُ, 〔完〕 أَلَّفَ yuʾallifu, ʾallafa ユアッリフ, アッラファ	compile, edit コンパイル, エディト
へんじ **返事** henji	رَدّ 男, 複 رُدُود radd, rudūd ラッド, ルドゥード	reply, answer リプライ, アンサ

日	アラビア	英
～をする	يَرُدُّ, ［完］رَدَّ ; يُجِيبُ, ［完］أَجَابَ yaruddu, radda, yujību, ʾajāba ヤルッドゥ，ラッダ，ユジーブ，アジャーバ	answer, reply アンサ，リプライ
へんしゅう 編集 henshuu	تَحْرِير ［男］ taḥrīr タフリール	editing エディティング
～者	مُحَرِّر ［男］ muḥarrir ムハッリル	editor エディタ
～する	يُحَرِّرُ, ［完］حَرَّرَ yuḥarriru, ḥarrara ユハッリル，ハッララ	edit エディト
べんしょうする 弁償する benshousuru	يُعَوِّضُ, ［完］عَوَّضَ yuʿauwiḍu, ʿauwaḍa ユアウウィドゥ，アウワダ	compensate, reimburse カンペンセイト，リーインバース
へんしょくする 変色する henshokusuru	يَتَغَيَّرُ ٱللَّوْنُ, ［完］تَغَيَّرَ ٱللَّوْنُ yataghaiyaru al-launu, taghaiyara al-launu ヤタガイヤルッ ラウヌ，タガイヤラッ ラウヌ	discolor ディスカラ
へんじん 変人 henjin	غَرِيبُ ٱلْأَطْوَارِ ［男］ gharību al-ʾaṭwāri ガリーブル アトワール	eccentric person イクセントリク パースン
へんずつう 偏頭痛 henzutsuu	صُدَاع نِصْفِيّ ［男］ ṣudāʿ niṣfīy スダーウ ニスフィー	migraine マイグレイン
へんせい 編成 hensei	تَشْكِيل ［男］; تَنْظِيم ［男］ tashkīl, tanẓīm タシュキール，タンズィーム	formation フォーメイション
～する	يُشَكِّلُ, ［完］شَكَّلَ ; يُنَظِّمُ, ［完］نَظَّمَ yushakkilu, shakkala, yunaẓẓimu, naẓẓama ユシャッキル，シャッカラ，ユナッズィム，ナッザマ	form, organize, Ⓑorganise フォーム，オーガナイズ，オーガナイズ

日	アラビア	英
へんそうする **変装する** hensousuru	**تَنَكَّرَ ,[完] يَتَنَكَّرُ** yatanakkaru, tanakkara ヤタナッカル, タナッカラ	disguise oneself as ディスガイズ アズ
ぺんだんと **ペンダント** pendanto	**قِلَادَة** 女, 複 **قَلَائِدُ** [二段] qilādat, qalāʾidu キラーダ, カラーイドゥ	pendant ペンダント
べんち **ベンチ** benchi	**مَقْعَد** 男, 複 **مَقَاعِدُ** [二段] maqʿad, maqāʿidu マクアド, マカーイドゥ	bench ベンチ
ぺんち **ペンチ** penchi	**كَمَّاشَة** 女 kammāshat カンマーシャ	pliers プライアズ
へんどう **変動** (物価などの) hendou	**تَقَلُّب** 男, 複 **تَقَلُّبَات**; **تَغَيُّر** 男, 複 **تَغَيُّرَات** taqallub, taqallubāt, taghaiyur, taghaiyurāt タカッルブ, タカッルバート, タガイユル, タガイユラート	fluctuations フラクチュエイションズ
(物事の)	**تَغَيُّر** 男, 複 **تَغَيُّرَات** taghaiyur, taghaiyurāt タガイユル, タガイユラート	change チェインヂ
べんとう **弁当** bentou	**لَانْش بُوكس** 男 lānsh būks ラーンチ ブークス	lunch, box lunch ランチ, バクス ランチ
へんとうせん **扁桃腺** hentousen	**اَللَّوْزَتَانِ** 女 双 al-lauzatāni アッ ラウザターニ	tonsils タンスィルズ
へんな **変な** henna	**غَرِيب** gharīb ガリーブ	strange, peculiar ストレインヂ, ピキューリア
ぺんねーむ **ペンネーム** penneemu	**اِسْم مُسْتَعَار** 男 ism mustaʿār イスム ムスタアール	pen name ペン ネイム
べんぴ **便秘** benpi	**إِمْسَاك** 男 ʾimsāk イムサーク	constipation カンスティペイション

日	アラビア	英
へんぴな **辺鄙な** henpina	**نَاءٍ** [二段] nāʾin ナーイン	remote リモウト
へんぴん **返品** henpin	**إِرْجَاع** 男 ʾirjāʿ イルジャーウ	returned goods リターンド グヅ
〜する	**يُرْجِعُ, أَرْجَعَ** [完] yurjiʿu, ʾarjaʿa ユルジウ, アルジャア	return リターン
べんりな **便利な** (快適な) benrina	**مُرِيح** murīḥ ムリーフ	convenient コンヴィーニエント
(適切な)	**مُنَاسِب** munāsib ムナースィブ	adequate アディクウェト
(有益な)	**مُفِيد** mufīd ムフィード	useful ユースフル
べんろん **弁論** (議論) benron	**مُنَاقَشَة** 女 munāqashat ムナーカシャ	discussion, debate ディスカション, ディベイト
(演説)	**خِطَاب** 男 khiṭāb ヒターブ	speech スピーチ

ほ, ホ

日	アラビア	英
ほ **帆** ho	**شِرَاع** 男, 複 **أَشْرِعَة** shirāʿ, ʾashriʿat シラーウ, アシュリア	sail セイル
ほ **穂** ho	**سُنْبُلَة** 女 sunbulat スンブラ	ear イア
ほあん **保安** hoan	**أَمْن** 男 ʾamn アムン	security スィキュアリティ

日	アラビア	英
ほいくしょ **保育所** hoikusho	**دَارُ ٱلْحِضَانَةِ** 男 dāru al-ḥiḍānati ダールル ヒダーナ	daycare center, day nursery デイケア センタ, デイ ナーサリ
ぼいこっと **ボイコット** boikotto	**مُقَاطَعَة** 女 muqāṭaʿat ムカータア	boycott ボイカト
～する	**يُقَاطِعُ, ［完］ قَاطَعَ** yuqāṭiʿu, qāṭaʿa ユカーティウ, カータア	boycott ボイカト
ほいっする **ホイッスル** hoissuru	**صَفَّارَة** 女 ṣaffārat サッファーラ	whistle (ホ)ウィスル
ぼいらー **ボイラー** boiraa	**مِرْجَل** 男 mirjal ミルジャル	boiler ボイラ
(給湯器)	**سَخَّانُ مِيَاهٍ** 男 sakhkhānu miyāhin サッハーン ミヤーフ	water heater ウォータ ヒータ
ぼいん **母音** boin	**حَرْف مُتَحَرِّك** 男 ḥarf mutaḥarrik ハルフ ムタハッリク	vowel ヴァウエル
ぽいんと **ポイント** pointo	**نُقْطَة** 女, 複 **نِقَاط** nuqṭat, niqāṭ ヌクタ, ニカート	point ポイント
ほう **法** (方法) hou	**طَرِيقَة** 女 ; **أُسْلُوب** 男 ṭarīqat, ʾuslūb タリーカ, ウスルーブ	method, way メソド, ウェイ
(法律・規則)	**قَانُون** 男, 複 **قَوَانِينُ** ［二段］ qānūn, qawānīnu カーヌーン, カワーニーン	law, regulation ロー, レギュレイション
ぼう **棒** bou	**عَصًا** 女, 複 **عِصِيّ** ʿaṣan, ʿiṣīy アサン, イスィー	stick, rod スティク, ラド

日	アラビア	英
ほうあん **法案** houan	مَشْرُوعُ قَانُونٍ 男 mashrūʿu qānūnin マシュルーウ カーヌーン	bill ビル
ほうい **方位** houi	جِهَة 女 ; اِتِّجَاه 男, 複 اِتِّجَاهَات jihat, ittijāh, ittijāhāt ジハ, イッティジャーフ, イッティジャーハート	direction ディレクション
ぼうえい **防衛** bouei	دِفَاع 男 difāʿ ディファーウ	defense, Ⓑdefence ディフェンス, ディフェンス
〜する	يُدَافِعُ عَنْ, 〔完〕 دَافَعَ عَنْ yudāfiʿu ʿan, dāfaʿa ʿan ユダーフィウ アン, ダーファア アン	defend ディフェンド
ほうえいする **放映する** houeisuru	يَبُثُّ, 〔完〕 بَثَّ yabuththu, baththa ヤブッス, バッサ	telecast テレキャスト
ぼうえき **貿易** boueki	تِجَارَة 女 tijārat ティジャーラ	trade, commerce トレイド, カマス
ぼうえんきょう **望遠鏡** bouenkyou	تِلِسْكُوب 男, 複 تِلِسْكُوبَات tiliskūb, tiliskūbāt ティリスクーブ, ティリスクーバート	telescope テレスコウプ
ぼうえんれんず **望遠レンズ** bouenrenzu	عَدَسَة مُقَرِّبَة 女 ʿadasat muqarribat アダサ ムカッリバ	telephoto lens テレフォウトウ レンズ
ほうおう **法王** houou	اَلْبَابَا 男 al-bābā アル バーバー	Pope ポウプ
ほうか **放火** houka	إِحْرَاق 男 ʾiḥrāq イフラーク	incendiary fire インセンディエリ ファイア
ぼうか **防火** bouka	مُقَاوَمَة لِلْحَرِيقِ 女 muqāwamat li-al-ḥarīqi ムカーワマ リール ハリーク	fire prevention ファイア プリヴェンション

日	アラビア	英
ぼうがい **妨害** bougai	عَرْقَلَة 女, 複 عَرَاقِيلُ [二段] ʿarqalat, ʿarāqīlu アルカラ, アラーキール	obstruction オブストラクション
～する	عَرْقَلَ [完] يُعَرْقِلُ, yuʿarqilu, ʿarqala ユアルキル, アルカラ	disturb, hinder ディスターブ, ハインダ
ほうかいする **崩壊する** houkaisuru	اِنْهَارَ [完] يَنْهَارُ, yanhāru, inhāra ヤンハール, インハーラ	collapse カラプス
ほうがく **方角** hougaku	جِهَة 女 ; اِتِّجَاه 男, اِتِّجَاهَات 複 jihat, ittijāh, ittijāhāt ジハ, イッティジャーフ, イッティジャーハート	direction ディレクション
ほうがんなげ **砲丸投げ** hougannage	رَمْيُ اَلْجُلَّةِ 男 ramyu al-jullati ラムユル ジュッラ	shot put シャト プト
ほうき **箒** houki	مِكْنَسَة 女, 複 مَكَانِسُ [二段] miknasat, makānisu ミクナサ, マカーニス	broom ブルム
ぼうぎょ **防御** bougyo	دِفَاع 男 difāʿ ディファーウ	defense, Ⓑdefence ディフェンス, ディフェンス
～する	دَافَعَ عَنْ [完] يُدَافِعُ عَنْ, yudāfiʿu ʿan, dāfaʿa ʿan ユダーフィウ アン, ダーファア アン	defend, protect ディフェンド, プロテクト
ぼうくん **暴君** boukun	طَاغِيَة 男 ; مُسْتَبِدّ 男 ṭāghiyat, mustabidd ターギヤ, ムスタビッド	tyrant タイアラント
ほうげん **方言** hougen	لَهْجَة 女 lahjat ラフジャ	dialect ダイアレクト
ぼうけん **冒険** bouken	مُغَامَرَة 女 mughāmarat ムガーマラ	adventure アドヴェンチャ

日	アラビア	英
～する	غَامَرَ〔完〕, يُغَامِرُ yughāmiru, ghāmara ユガーミル，ガーマラ	take a risk, run a risk テイク ア リスク，ラン ア リスク
ぼうげん **暴言** bougen	شَتِيمَة 女, شَتَائِمُ 複〔二段〕 shatīmat, shatāʾimu シャティーマ，シャターイム	abusive words アビュースィヴ ワーヅ
ほうけんせい **封建制** houkensei	إِقْطَاعِيَّة 女 ʾiqṭāʿiyat イクターイーヤ	feudalism フュードリズム
ほうけんてきな **封建的な** houkentekina	إِقْطَاعِيّ ʾiqṭāʿīy イクターイー	feudal フュードル
ほうこう **方向** houkou	جِهَة 女；اِتِّجَاه 男, اِتِّجَاهَات 複 jihat, ittijāh, ittijāhāt ジハ，イッティジャーフ，イッティジャーハート	direction ディレクション
ぼうこう **暴行** boukou	اِعْتِدَاء 男 iʿtidāʾ イウティダーウ	violence, outrage ヴァイオレンス，アウトレイヂ
（強姦）	اِغْتِصَاب 男 ightiṣāb イグティサーブ	rape レイプ
ほうこく **報告** houkoku	تَقْرِير 男 taqrīr タクリール	report リポート
～する	أَخْبَرَ〔完〕, يُخْبِرُ yukhbiru, ʾakhbara ユフビル，アフバラ	report, inform リポート，インフォーム
ほうさく **豊作** housaku	حَصَاد وَفِير 男 ḥaṣād wafīr ハサード ワフィール	good harvest グド ハーヴェスト
ぼうし **帽子** boushi	قُبَّعَة 女 qubbaʿat クッバア	hat, cap ハト，キャプ

日	アラビア	英
ほうしき **方式** houshiki	طَرِيقَة 女 ; أُسْلُوب 男 ṭarīqat, ʾuslūb タリーカ，ウスルーブ	form, method フォーム，メソド
ほうしする **奉仕する** houshisuru	يَخْدِمُ, 〔完〕 خَدَمَ yakhdimu, khadama ヤフディム，ハダマ	serve サーヴ
ほうしゃせん **放射線** houshasen	إِشْعَاع 男 ʾishʿāʿ イシュアーウ	radiation レイディエイション
ほうしゃのう **放射能** houshanou	نَشَاط إِشْعَاعِيّ 男 nashāṭ ʾishʿāʿīy ナシャート イシュアーイー	radioactivity レイディオウアクティヴィティ
ほうしゅう **報酬** houshuu	مُكَافَأَة 女 mukāfaʾat ムカーファア	remuneration リミューナレイション
ほうしん **方針** houshin	سِيَاسَة 女 siyāsat スィヤーサ	course, policy コース，パリスィ
ほうじん **法人** houjin	اَلشَّخْصِيَّةُ ٱلِاعْتِبَارِيَّةُ 女 al-shakhṣīyatu al-iʿtibārīyatu アッ シャフスィーヤトゥ リウティバーリーヤ	juridical person デュアリディカル パースン
ぼうすいの **防水の** bousuino	مُقَاوِم لِلْمَاءِ 男 muqāwim li-al-māʾi ムカーウィム リール マーウ	waterproof ウォータプルーフ
ほうせき **宝石** houseki	جَوْهَرَة 女 jauharat ジャウハラ	jewel デューエル
ほうそう **包装** housou	تَغْلِيف 男 taghlīf タグリーフ	wrapping ラピング
ほうそう **放送** housou	إِذَاعَة 女 ʾidhāʿat イザーア	broadcast ブロードキャスト

日	アラビア	英
～局	مَحَطَّةُ ٱلْإِذَاعَةِ 女 maḥaṭṭatu al-ʾidhāʿati マハッタトゥル イザーア	broadcasting station ブロードキャスティング ステイション
ほうそく 法則 housoku	قَانُون 男 qānūn カーヌーン	law, rule ロー, ルール
ほうたい 包帯 houtai	ضِمَاد 男 ḍimād ディマード	bandage バンディヂ
ぼうたかとび 棒高跳び boutakatobi	اَلْقَفْز بِٱلزَّانَةِ 男 al-qafz bi-al-zānati アル カフズ ビーッ ザーナ	pole vault ポウル ヴォールト
ほうちする 放置する houchisuru	يَتْرُكُ, 完 تَرَكَ yatruku, taraka ヤトルク, タラカ	leave alone, neglect リーヴ アロウン, ニグレクト
ぼうちゅうざい 防虫剤 bouchuuzai	طَارِدُ ٱلْحَشَرَاتِ 男 ṭāridu al-ḥasharāti ターリドゥル ハシャラート	mothball モースボール
ほうちょう 包丁 houchou	سِكِّينُ مَطْبَخٍ 男女 sikkīnu maṭbakhin スィッキーン マトバフ	kitchen knife キチン ナイフ
ぼうちょうする 膨張する bouchousuru	يَتَضَخَّمُ, 完 تَضَخَّمَ yataḍakhkhamu, taḍakhkhama ヤタダッハム, タダッハマ	expand, swell イクスパンド, スウェル
ほうてい 法廷 houtei	قَاعَةُ ٱلْمَحْكَمَةِ 女 qāʿatu al-maḥkamati カーアトゥル マフカマ	court コート
ほうていしき 方程式 houteishiki	مُعَادَلَة 女 muʿādalat ムアーダラ	equation イクウェイション
ほうてきな 法的な houtekina	قَانُونِيّ qānūnīy カーヌーニー	legal リーガル

日	アラビア	英
ほうどう 報道 houdou	أَخْبَار 複 ʾakhbār アフバール	news, report ニューズ，リポート
～する	يُخْبِرُ, 〔完〕 أَخْبَرَ yukhbiru, ʾakhbara ユフビル，アフバラ	report, inform リポート，インフォーム
ぼうどう 暴動 boudou	شَغَب 男 shaghab シャガブ	riot ライオト
ぼうはん 防犯 bouhan	مَنْعُ ٱلْجَرِيمَةِ 男 manʿu al-jarīmati マンウル ジャリーマ	crime prevention クライム プリヴェンション
ほうび 褒美 houbi	مُكَافَأَة 女 mukāfaʾat ムカーファア	reward リウォード
ぼうふう 暴風 boufuu	عَاصِفَة 女 ʿāṣifat アースィファ	storm, gale ストーム，ゲイル
～雨	عَاصِفَة 女 ʿāṣifat アースィファ	storm, rainstorm ストーム，レインストーム
ほうふくする 報復する houfukusuru	يَنْتَقِمُ مِنْ, 〔完〕 اِنْتَقَمَ مِنْ yantaqimu min, intaqama min ヤンタキム ミン，インタカマ ミン	retaliate リタリエイト
ほうふな 豊富な houfuna	وَافِر wāfir ワーフィル	rich in, abundant in リチ イン，アバンダント イン
ほうほう 方法 houhou	طَرِيقَة 女 ; أُسْلُوب 男 ṭarīqat, ʾuslūb タリーカ，ウスルーブ	way, method ウェイ，メソド
ぼうめい 亡命 boumei	مَنْفًى 男 manfan マンファン	political asylum ポリティカル アサイラム

日	アラビア	英
ほうめん **方面** (方向) houmen	**نَاحِيَة** 女, 複 **نَوَاحٍ** 〔二段〕 nāḥiyat, nawāḥin ナーヒヤ, ナワーヒン	direction ディレクション
(局面・側面)	**نَاحِيَة** 女, 複 **نَوَاحٍ** 〔二段〕 nāḥiyat, nawāḥin ナーヒヤ, ナワーヒン	aspect アスペクト
ほうもん **訪問** houmon	**زِيَارَة** 女 ziyārat ズィヤーラ	visit, call ヴィズィト, コール
～する	**يَزُورُ, زَارَ** 〔完〕 yazūru, zāra ヤズール, ザーラ	visit ヴィズィト
ぼうらく **暴落** bouraku	**اِنْهِيَار** 男 inhiyār インヒヤール	heavy fall, nose-dive ヘヴィ フォール, ノウズダイヴ
～する	**يَنْهَارُ, اِنْهَارَ** 〔完〕 yanhāru, inhāra ヤンハール, インハーラ	fall heavily, nose-dive フォール ヘヴィリ, ノウズダイヴ
ほうりつ **法律** houritsu	**قَانُون** 男, 複 **قَوَانِينُ** 〔二段〕 qānūn, qawānīnu カーヌーン, カワーニーン	law ロー
ほうりなげる **放り投げる** hourinageru	**يَرْمِي, رَمَى** 〔完〕 yarmī, ramā ヤルミー, ラマー	throw, toss スロウ, トス
ぼうりゃく **謀略** bouryaku	**مُؤَامَرَة** 女 muʾāmarat ムアーマラ	plot プラト
ぼうりょく **暴力** bouryoku	**عُنْف** 男 ʿunf ウンフ	violence ヴァイオレンス
～団	**عِصَابَة** 女 ʿiṣābat イサーバ	gang, crime syndicate ギャング, クライム スィンディカト

日	アラビア	英
ぼうりんぐ **ボウリング** bouringu	بُولِينْج 男 būlīnj ブーリーンジュ	bowling ボウリング
ほうる **放る** houru	يَرْمِي, 〔完〕 رَمَى yarmī, ramā ヤルミー, ラマー	throw, toss スロウ, トス
ぼうる **ボウル** bouru	سُلْطَانِيَّة 女 sulṭānīyat スルターニーヤ	bowl ボウル
ほうれんそう **ホウレンソウ** hourensou	سَبَانِخ 男 sabānikh サバーニフ	spinach スピニチ
ほうろう **放浪** hourou	تَجَوُّل 男 tajauwul タジャウウル	wandering ワンダリング
ほえる **吠える** hoeru	يَنْبَحُ, 〔完〕 نَبَحَ yanbaḥu, nabaḥa ヤンバフ, ナバハ	bark バーク
ほお **頬** hoo	خَدّ 男 khadd ハッド	cheek チーク
ぽーかー **ポーカー** pookaa	بُوكَرْ 男 būkar ブーカル	poker ポウカ
ほーす **ホース** hoosu	خُرْطُوم 男, 複 خَرَاطِيمُ 〔二段〕 khurṭūm, kharāṭīmu フルトゥーム, ハラーティーム	hose ホウズ
ぼーと **ボート** booto	قَارِب 男, 複 قَوَارِبُ 〔二段〕 qārib, qawāribu カーリブ, カワーリブ	boat ボウト
ぼーなす **ボーナス** boonasu	عِلَاوَة 女 ʿilāwat イラーワ	bonus ボウナス
ほおぼね **頬骨** hoobone	عَظْمُ ٱلْخَدِّ 男 ʿaẓmu al-khaddi アズムル ハッディ	cheekbones チークボウンズ

ほ

日	アラビア	英
ほーむ **ホーム** (家) hoomu	مَنْزِل 男 manzil マンズィル	home ホウム
(プラットホーム)	رَصِيف 男, 複 أَرْصِفَة raṣīf, ʾarṣifat ラスィーフ, アルスィファ	platform プラトフォーム
～ページ	صَفْحَة رَئِيسِيَّة 女 ṣafḥat raʾīsīyat サフハ ライースィーヤ	home page ホウム ペイヂ
ぽーらんど **ポーランド** poorando	بُولَنْدَا 女 būlandā ブーランダー	Poland ポウランド
ほーる **ホール** (広間) hooru	صَالَة 女; قَاعَة 女 ṣālat, qāʿat サーラ, カーア	hall ホール
ぼーる **ボール** booru	كُرَة 女 kurat クラ	ball ボール
ぼーるがみ **ボール紙** boorugami	كَارْتُون 男, 複 كَارْتُونَات kārtūn, kārtūnāt カールトゥーン, カールトゥーナート	cardboard カードボード
ほかくする **捕獲する** hokakusuru	يَصْطَادُ, 完 اِصْطَادَ yaṣṭādu, iṣṭāda ヤスタードゥ, イスターダ	capture キャプチャ
ほかの **他の** hokano	آخَرُ ; أُخْرَى 女 ʾākharu, ʾukhrā アーハル, ウフラー	another, other アナザ, アザ
ほかんする **保管する** hokansuru	يَحْفَظُ, 完 حَفِظَ yaḥfaẓu, ḥafiẓa ヤフファズ, ハフィザ	keep, store キープ, ストー
ぼき **簿記** boki	مَسْكُ ٱلدَّفَاتِرِ 男 masku al-dafātiri マスクッ ダファーティル	bookkeeping ブクキーピング
ほくおう **北欧** hokuou	أُورُوبَّا ٱلشَّمَالِيَّة 女 ʾūrūbbā al-shamālīyat ウールーッバッ シャマーリーヤ	Northern Europe ノーザン ユアロプ

日	アラビア	英
ぼくさー **ボクサー** bokusaa	مُلَاكِم 男 mulākim ムラーキム	boxer バクサ
ぼくし **牧師** bokushi	قِسِّيس 男 qissīs キッスィース	pastor, parson パスタ，パースン
ぼくじょう **牧場** bokujou	مَرْعًى 男, 複 مَرَاعٍ marʿan, marāʿin マルアン，マラーイン	pasture, ranch パスチャ，ランチ
ぼくしんぐ **ボクシング** bokushingu	مُلَاكَمَة 女 mulākamat ムラーカマ	boxing バクスィング
ほくせい **北西** hokusei	شَمَال غَرْبِيّ 男 shamāl gharbīy シャマール ガルビー	northwest ノースウェスト
ぼくそう **牧草** bokusou	مَرْعًى 男 marʿan マルアン	grass グラス
ほくとう **北東** hokutou	شَمَال شَرْقِيّ 男 shamāl sharqīy シャマール シャルキー	northeast ノースイースト
ほくぶ **北部** hokubu	اَلْجُزْءُ ٱلشَّمَالِيُّ 男 al-juzʾu al-shamālīyu アル ジュズウッ シャマーリー	northern part ノーザン パート
ほくろ **ほくろ** hokuro	شَامَة 女 shāmat シャーマ	mole モウル
ほけつ **補欠** hoketsu	اَللَّاعِب اَلِاحْتِيَاطِيّ 男 al-lāʿib al-iḥtiyāṭīy アッ ラーイブ リフティヤーティー	substitute サブスティテュート
ぽけっと **ポケット** poketto	جَيْب 男, 複 جُيُوب jaib, juyūb ジャイブ，ジュユーブ	pocket パケト
ほけん **保険** hoken	تَأْمِين 男, 複 تَأْمِينَات taʾmīn, taʾmīnāt タアミーン，タアミーナート	insurance インシュアランス

日	アラビア	英
〜会社	شَرِكَةُ ٱلتَّأْمِينِ 女 sharikatu al-taʾmīni シャリカトゥッ タアミーン	insurance company インシュアランス カンパニ
ほこうしゃ **歩行者** hokousha	مَارّ 男 mārr マーッル	pedestrian, walker ペデストリアン, ウォーカ
ぼこく **母国** bokoku	وَطَن 男, 複 أَوْطَان waṭan, ʾauṭān ワタン, アウターン	mother country マザ カントリ
ほごする **保護する** hogosuru	يَحْمِي, 〔完〕 حَمَى yaḥmī, ḥamā ヤフミー, ハマー	protect プロテクト
ほこり **誇り** hokori	فَخْر 男 fakhr ファフル	pride プライド
ほこる **誇る** hokoru	يَفْتَخِرُ, 〔完〕 اِفْتَخَرَ yaftakhiru, iftakhara ヤフタヒル, イフタハラ	(be) proud of (ビ) プラウド オヴ
ほし **星** hoshi	نَجْم 男, 複 نُجُوم najm, nujūm ナジュム, ヌジューム	star スター
〜占い	تَنْجِيم 男 tanjīm タンジーム	horoscope ホロスコウプ
ほしい **欲しい** hoshii	يُرِيدُ, 〔完〕 أَرَادَ yurīdu, ʾarāda ユリードゥ, アラーダ	want, wish for ワント, ウィシュ フォ
ほしゃく **保釈** hoshaku	إِفْرَاج بِكَفَالَةٍ 男 ʾifrāj bi-kafālatin イフラージュ ビ-カファーラ	bail ベイル
〜金	كَفَالَة 女 kafālat カファーラ	bail ベイル
ほしゅ **保守** hoshu	مُحَافَظَة 女 muḥāfaẓat ムハーファザ	conservatism コンサーヴァティズム

ほ

日	アラビア	英
～的な	مُحَافِظ muḥāfiẓ ムハーフィズ	conservative コンサーヴァティヴ
ほじょ 補助 hojo	مُسَاعَدَة 女 musāʿadat ムサーアダ	assistance アスィスタンス
～する	يُسَاعِدُ, 〔完〕سَاعَدَ yusāʿidu, sāʿada ユサーイドゥ，サーアダ	assist アスィスト
ほしょう 保証 hoshou	ضَمَان 男 ḍamān ダマーン	guarantee ギャランティー
～する	يَضْمَنُ, 〔完〕ضَمِنَ yaḍmanu, ḍamina ヤドマヌ，ダミナ	guarantee, assure ギャランティー，アシュア
～人	كَفِيل 男 kafīl カフィール	guarantor, surety ギャラントー，シュアティ
ぽすたー ポスター posutaa	مُلْصَق 男, 複 مُلْصَقَات mulṣaq, mulṣaqāt ムルサク，ムルサカート	poster ポウスタ
ぽすと ポスト posuto	صُنْدُوقُ ٱلْبَرِيدِ 男 ṣundūqu al-barīdi スンドゥークル バリード	mailbox, letter box メイルバクス，レタ バクス
ぼせい 母性 bosei	أُمُومَة 女 ʾumūmat ウムーマ	motherhood マザフド
ほそい 細い hosoi	رَفِيع rafīʿ ラフィーウ	thin, slim スィン，スリム
ほそく 補足 hosoku	إِضَافَة 女 ʾiḍāfat イダーファ	supplement サプリメント
ほぞん 保存 hozon	حِفْظ 男 ḥifẓ ヒフズ	preservation プレザヴェイション

日	アラビア	英
(データなどの)	حِفْظ 男 ḥifẓ ヒフズ	saving セイヴィング
～する	يَحْفَظُ, 完 حَفِظَ yaḥfaẓu, ḥafiẓa ヤフファズ，ハフィザ	preserve, keep プリザーヴ，キープ
(データなどを)	يَحْفَظُ, 完 حَفِظَ yaḥfaẓu, ḥafiẓa ヤフファズ，ハフィザ	save セイヴ
ほたてがい 帆立貝 hotategai	أَسْقُلُوب 男 ʾasqulūb アスクループ	scallop スカロプ
ほたる 蛍 hotaru	يَرَاعَة 女 yarāʿat ヤラーア	firefly ファイアフライ
ぼたん ボタン botan	زِرّ 男, 複 أَزْرَار zirr, ʾazrār ズィッル，アズラール	button バトン
ぼち 墓地 bochi	مَقْبَر 男, 複 مَقَابِرُ 二段 maqbar, maqābiru マクバル，マカービル	graveyard グレイヴヤード
ほっきょく 北極 hokkyoku	اَلْقُطْبُ ٱلشَّمَالِيُّ 男 al-quṭbu al-shamālīyu アル クトブッ シャマーリー	North Pole ノース ポウル
～圏	اَلدَّائِرَةُ ٱلْقُطْبِيَّةُ ٱلشَّمَالِيَّةُ 女 al-dāʾiratu al-quṭbīyatu al-shamālīyatu アッ ダーイラトゥル クトビーヤトゥッ シャマーリーヤ	Arctic Circle アークティク サークル
～星	نَجْمُ ٱلْقُطْبِ 男 najmu al-quṭbi ナジュムル クトブ	Pole Star ポウル スター
ほっけー ホッケー hokkee	هُوكِي 男 hūkī フーキー	hockey ハキ

日	アラビア	英
ほっさ **発作** hossa	**نَوْبَة**女 naubat ナウバ	fit, attack フィト, アタク
ぼっしゅうする **没収する** bosshuusuru	**يُصَادِرُ**, 〔完〕**صَادَرَ** yuṣādiru, ṣādara ユサーディル, サーダラ	confiscate カンフィスケイト
ぽっと **ポット** potto	**إِبْرِيق**男, 複 **أَبَارِيقُ**〔二段〕 ʾibrīq, ʾabārīqu イブリーク, アバーリーク	pot, teapot パト, ティーパト
ほっとどっぐ **ホットドッグ** hottodoggu	**هُوت دُوج**男 ; **شَطِيرَةُ ٱلنَّقَانِقِ**女 hūt dūj, shaṭīratu al-naqāniqi フート ドゥーグ, シャティーラトゥン ナカーニク	hot dog ハト ドグ
ほっとらいん **ホットライン** hottorain	**خَطٌّ سَاخِن** 男 khaṭṭ sākhin ハット サーヒン	hotline ハトライン
ぼつらくする **没落する** botsurakusuru	**يَنْهَارُ**, 〔完〕**اِنْهَارَ** yanhāru, inhāra ヤンハール, インハーラ	(be) ruined (ビ) ルーインド
ぼでぃーがーど **ボディーガード** bodiigaado	**حَارِس شَخْصِيّ** 男 ḥāris shakhṣīy ハーリス シャフスィー	bodyguard バディガード
ぽてとちっぷ **ポテトチップ** potetochippu	**شِبْس**女 shibs シブス	chips, Ⓑcrisps チプス, クリスプス
ほてる **ホテル** hoteru	**فُنْدُق**男, 複 **فَنَادِقُ**〔二段〕 funduq, fanādiqu フンドゥク, ファナーディク	hotel ホウテル
ほどう **舗道** hodou	**رَصِيف**男, 複 **أَرْصِفَة** raṣīf, ʾarṣifat ラスィーフ, アルスィファ	paved road ペイヴド ロウド
ほどう **歩道** hodou	**رَصِيف**男, 複 **أَرْصِفَة** raṣīf, ʾarṣifat ラスィーフ, アルスィファ	sidewalk, Ⓑpavement サイドウォーク, ペイヴメント

ほ

日	アラビア	英
～橋	جِسْرُ ٱلْمُشَاةِ 男 jisru al-mushātin ジスルル ムシャー	footbridge フトブリヂ
ほどく 解く hodoku	يَفُكُّ, 〔完〕فَكَّ yafukku, fakka ヤフック，ファッカ	untie, unfasten アンタイ，アンファスン
ほとけ 仏 hotoke	بُوذَا 男 būdhā ブーザー	Buddha ブダ
ぼとる ボトル botoru	زُجَاجَة 女 zujājat ズジャージャ	bottle バトル
ほとんど ほとんど hotondo	مُعْظَم 男 muʿẓam ムウザム	almost, nearly オールモウスト，ニアリ
ぼにゅう 母乳 bonyuu	حَلِيبُ ٱلْأُمِّ 男 ḥalību al-ʾummi ハリーブル ウンム	mother's milk マザズ ミルク
ほにゅうどうぶつ 哺乳動物 honyuudoubutsu	ثَدْيِيَّات 複 thadyīyāt サドイーヤート	mammal ママル
ほね 骨 hone	عَظْم 男, 複 أَعْظُم ʿaẓm, ʾaʿẓum アズム，アアズム	bone ボウン
～組み	إِطَار 男, 複 إِطَارَات; هَيْكَل, 複 هَيَاكِلُ 〔二段〕 ʾiṭār, ʾiṭārāt, haikal, hayākilu イタール，イターラート，ハイカル，ハヤーキル	frame, structure フレイム，ストラクチャ
ほのお 炎 honoo	لَهَب 男 lahab ラハブ	flame フレイム
ほのめかす ほのめかす honomekasu	يُلَمِّحُ, 〔完〕لَمَّحَ yulammiḥu, lammaḥa ユランミフ，ランマハ	hint, suggest ヒント，サグヂェスト

日	アラビア	英
ほほえむ **微笑む** hohoemu	**يَبْتَسِمُ, 〔完〕اِبْتَسَمَ** yabtasimu, ibtasama ヤブ**タ**スィム, **イ**ブタサマ	smile at スマイル アト
ほめる **褒める** homeru	**يَمْدَحُ, 〔完〕مَدَحَ** yamdaḥu, madaḥa **ヤ**ムダフ, **マ**ダハ	praise プ**レ**イズ
ぼやく **ぼやく** boyaku	**يَشْتَكِي, 〔完〕اِشْتَكَى** yashtakī, ishtakā **ヤ**シュタキー, **イ**シュタカー	complain コンプ**レ**イン
ほらあな **洞穴** horaana	**كَهْف 男, 複 كُهُوف** kahf, kuhūf **カ**フフ, ク**フ**ーフ	cave **ケ**イヴ
ぼらんてぃあ **ボランティア** borantia	**مُتَطَوِّع 男** mutaṭauwiʿ ムタ**タ**ウウィウ	volunteer ヴァラン**ティ**ア
ぽりーぷ **ポリープ** poriipu	**وَرَم 男 ; اَلْبُولِيب 女** waram, al-būlīb **ワ**ラム, アル ブー**リ**ーブ	polyp **パ**リプ
ぽりえすてる **ポリエステル** poriesuteru	**بُولِيسْتِر 男** būlīstir ブー**リ**ースティル	polyester **パ**リエスタ
ぽりえちれん **ポリエチレン** poriechiren	**اَلْبُولِي إِثِيلِين 男** al-būlī ʾithīlīn アル **ブ**ーリー イスィー**リ**ーン	polythene, polyethylene **パ**リスィーン, パリ**エ**スィリーン
ぽりしー **ポリシー** porishii	**سِيَاسَة 女** siyāsat スィ**ヤ**ーサ	policy **パ**リスィ
ぽりぶくろ **ポリ袋** poribukuro	**كِيس 男 ; كِيس نَايْلُون** **بُلَاسْتِيك 男** kīs nāylūn, kīs bulāstīk **キ**ース ナーイ**ル**ーン, **キ**ース ブラス**ティ**ーク	plastic bag プ**ラ**スティク **バ**グ
ぼりゅーむ **ボリューム** (音) boryuumu	**صَوْت 男** ṣaut **サ**ウト	volume **ヴァ**リュム

日	アラビア	英
(規模)	حَجْم 男 ḥajm ハジュム	volume ヴァリュム
(量)	كَمِّيَّة 女 kammīyat カンミーヤ	amount アマウント
ほりょ **捕虜** horyo	أَسِير 男, 複 أَسْرَى ʾasīr, ʾasrā アスィール, アスラー	prisoner プリズナ
ほる **掘る** horu	يَحْفِرُ, 〔完〕 حَفَرَ yaḥfiru, ḥafara ヤフフィル, ハファラ	dig, excavate ディグ, エクスカヴェイト
ほる **彫る** horu	يَنْحِتُ, 〔完〕 نَحَتَ yanḥitu, naḥata ヤンヒトゥ, ナハタ	carve, engrave カーヴ, イングレイヴ
ぼると **ボルト** (電圧の単位) boruto	فُولْت 男 fūlt フールト	volt ヴォウルト
ぽるとがる **ポルトガル** porutogaru	اَلْبُرْتُغَالُ 男 al-burtughālu アル ブルトゥガール	Portugal ポーチュガル
～語	اَللُّغَةُ ٱلْبُرْتُغَالِيَّةُ 女 al-lughatu al-burtughālīyatu アッ ルガトゥル ブルトゥガーリーヤ	Portuguese ポーチュギーズ
ぽるの **ポルノ** poruno	إِبَاحِيَّة 女 ʾibāḥīyat イバーヒーヤ	pornography ポーナグラフィ
ほるもん **ホルモン** horumon	هُرْمُون 男 hurmūn フルムーン	hormone ホーモウン
ほれる **惚れる** (彼女に) horeru	يَقَعُ فِي حُبِّهَا, 〔完〕 وَقَعَ فِي حُبِّهَا yaqaʿu fī ḥubbi-hā, waqaʿa fī ḥubbi-hā ヤカウ フィー フッビ-ハー, ワカア フィー フッビ-ハー	fall in love with フォール イン ラヴ ウィズ

日	アラビア	英
ほろびる 滅びる horobiru	يَهْلِكُ, 〔完〕هَلَكَ yahliku, halaka ヤフリク，ハラカ	fall, perish フォール，ペリシュ
ぼろぼろの ぼろぼろの boroborono	رَثّ raththa ラッス	ragged ラギド
ほん 本 hon	كِتَاب 男, 複 كُتُب kitāb, kutub キターブ，クトゥブ	book ブク
～屋	مَكْتَبَة 女 maktabat マクタバ	bookstore ブクストー
ぼん 盆 bon	صِينِيَّة 女 ṣīnīyat スィーニーヤ	tray トレイ
ほんかん 本館 honkan	اَلْمَبْنِي اَلرَّئِيسِيّ 男 al-mabnī al-ra'īsīy アル マブニッ ライースィー	main building メイン ビルディング
ほんきで 本気で honkide	بِجِدِّيَّةٍ bi-jiddīyatin ビージッディーヤ	seriously, earnestly スィアリアスリ，アーネストリ
ほんきの 本気の honkino	جِدِّيّ jiddīy ジッディー	serious スィアリアス
ほんこん 香港 honkon	هُونْغ كُونْغ 女 hūngh kūngh フーング クーング	Hong Kong ハング カング
ほんしつ 本質 honshitsu	جَوْهَر 男 jauhar ジャウハル	essence エセンス
～的な	جَوْهَرِيّ jauharīy ジャウハリー	essential イセンシャル
ほんしん 本心 honshin	نِيَّة حَقِيقِيَّة 女 nīyat ḥaqīqīyat ニーヤ ハキーキーヤ	real intention リーアル インテンション

日	アラビア	英
ほんだな **本棚** hondana	رَفُّ ٱلْكُتُبِ 男 raffu al-kutbi ラッフル クトブ	bookshelf ブクシェルフ
ほんてん **本店** honten	اَلْفَرْعُ ٱلرَّئِيسِيُّ 男 al-farʿu al-raʾīsīyu アル ファルウッ ライースィー	main branch メイン ブランチ
ぽんど **ポンド** pondo	جُنَيْه 男, 複 جُنَيْهَات junaih, junaihāt ジュナイフ, ジュナイハート	pound パウンド
ほんとう **本当** hontou	حَقِيقَة 女 ḥaqīqat ハキーカ	truth トルース
ほんとうに **本当に** hontouni	حَقًّا ḥaqqan ハッカン	truly, really トルーリ, リーアリ
ほんとうの **本当の** hontouno	حَقِيقِيّ ḥaqīqīy ハキーキー	true, real トルー, リーアル
ほんにん **本人** honnin	نَفْسُهُ 男 nafsu-hu ナフスーフ	person in question パースン イン クウェスチョン
ほんね **本音** honne	نِيَّة حَقِيقِيَّة 女 nīyat ḥaqīqīyat ニーヤ ハキーキーヤ	true mind トルー マインド
ほんのう **本能** honnou	غَرِيزَة 女 gharīzat ガリーザ	instinct インスティンクト
～的な	غَرِيزِيّ gharīzīy ガリーズィー	instinctive インスティンクティヴ
ほんぶ **本部** honbu	اَلْمَكْتَبُ ٱلرَّئِيسِيُّ 男 al-maktabu al-raʾīsīyu アル マクタブッ ライースィー	head office, headquarters ヘド オーフィス, ヘドクウォータズ

日	アラビア	英
ぽんぷ **ポンプ** ponpu	**مِضَخَّة** 女 miḍakhkhat ミダッハ	pump パンプ
ぼんべ **ボンベ** bonbe	**أُسْطُوَانَة** 女 ʾusṭuwānat ウストゥワーナ	cylinder スィリンダ
ほんものの **本物の** honmonono	**حَقِيقِيّ** ḥaqīqīy ハキーキー	genuine チェニュイン
ほんやく **翻訳** hon-yaku	**تَرْجَمَة** 女, 複 **تَرَاجِمُ** [二段] tarjamat, tarājimu タルジャマ, タラージム	translation トランスレイション
～家	**مُتَرْجِم** 男 mutarjim ムタルジム	translator トランスレイタ
～する	**تَرْجَمَ** [完] **يُتَرْجِمُ** , yutarjimu, tarjama ユタルジム, タルジャマ	translate トランスレイト
ぼんやりした **ぼんやりした** （ぼやけた） bon-yarishita	**غَيْر وَاضِح** ghair wāḍikhin ガイル ワーディフ	dim, vague ディム, ヴェイグ

ほ

日	アラビア	英

ま，マ

日	アラビア	英
ま **間** (空間) ma	مِسَاحَة فَارِغَة 女 misāfat fārighat ミサーファ ファーリガ	space スペイス
(時間)	وَقْت 男, 複 أَوْقَات waqt, ʾauqāt ワクト，アウカート	time, interval タイム，インタヴァル
まーがりん **マーガリン** maagarin	سَمْن نَبَاتِيّ 男 ; مَرْغَرِين 男 samn nabātīy, margharīn サムン ナバーティー，マルガリーン	margarine マーヂャリン
まーく **マーク** maaku	عَلَامَة 女 ʿalāmat アラーマ	mark マーク
まーけっと **マーケット** maaketto	سُوق 女, 複 أَسْوَاق sūq, ʾaswāq スーク，アスワーク	market マーケト
まーじん **マージン** (手数料) maajin	عُمُولَة 女 ʿumūlat ウムーラ	margin マーヂン
まーまれーど **マーマレード** maamareedo	مُرَبَّى ٱلْبُرْتُقَالِ 男 murabbā al-burtuqāli ムラッバル ブルトゥカール	marmalade マーマレイド
まい **毎** mai	كُلّ 男 kull クッル	every, each エヴリ，イーチ
まいあさ **毎朝** maiasa	كُلُّ صَبَاحٍ 男 kullu ṣabāḥin クッル サバーフ	every morning エヴリ モーニング
まいく **マイク** maiku	مُكَبِّرُ ٱلصَّوْتِ 男 mukabbiru al-ṣauti ムカッビルッ サウト	microphone マイクロフォウン
まいくろばす **マイクロバス** maikurobasu	مِيكْرُوبَاص 男 mīkrūbāṣ ミークルーバース	minibus ミニバス

ま

日	アラビア	英
まいご **迷子** maigo	طِفْل تَائِه 男 ṭifl tāʾih ティフル ターイフ	stray child ストレイ チャイルド
〜になる	تَاهَ 完, يَتِيهُ yatīhu, tāha ヤティーフ, ターハ	get lost at ゲト ロースト アト
まいしゅう **毎週** maishuu	كُلُّ أُسْبُوعٍ 男 kullu ʾusbūʿin クッル ウスブーウ	every week エヴリ ウィーク
まいそうする **埋葬する** maisousuru	دَفَنَ 完, يَدْفِنُ yadfinu, dafana ヤドフィヌ, ダファナ	bury ベリ
まいつき **毎月** maitsuki	كُلُّ شَهْرٍ 男 kullu shahrin クッル シャフル	every month エヴリ マンス
まいなーな **マイナーな** (よく知られていない) mainaana	غَيْر مَعْرُوفٍ ; غَيْر مَشْهُورٍ ghair maʿrūfin, ghair mashhūrin ガイル マアルーフ, ガイル マシュフール	minor マイナ
まいなすの **マイナスの** (足りない) mainasuno	نَاقِص nāqiṣ ナーキス	minus マイナス
(0 以下)	تَحْتَ ٱلصِّفْرِ taḥta al-ṣifri タフタッ スィフル	sub-zero temperature サブズィアロウ テンプラチャ
まいる **マイル** mairu	مِيل 男, 複 أَمْيَال mīl, ʾamyāl ミール, アムヤール	mile マイル
まう **舞う** mau	رَقَصَ 完, يَرْقُصُ yarquṣu, raqaṣa ヤルクス, ラカサ	dance ダンス
まうえに **真上に** (その真上に) maueni	فَوْقَهُ بِٱلظَّبْطِ fauqa-hu bi-al-ẓabṭi ファウカーフ ビッ ザブト	directly above ディレクトリ アバヴ

日	アラビア	英
まうす **マウス** mausu	**فَأْرَة** ㊛ **; مَاوُس** ㊚ fa'rat, māwus ファアラ，マーウス	mouse マウス
〜パッド	**مَاوُس بَاد** ㊚ māwus bād マーウス バード	mouse pad マウス パド
まうんてんばいく **マウンテンバイク** mauntenbaiku	**دَرَّاجَة جَبَلِيَّة** ㊛ darrājat jabalīyat ダッラージャ ジャバリーヤ	mountain bike マウンテン バイク
まえ **前** （空間的に） mae	**مُقَدِّمَة** ㊛ muqaddimat ムカッディマ	front フラント
（時間的に）	**سَابِقَة** ㊛ sābiqat サービカ	before ビフォー
まえがき **前書き** maegaki	**مُقَدَّمَة** ㊛ muqaddamat ムカッダマ	preface プレフェス
まえがみ **前髪** maegami	**شَعْرُ ٱلنَّاصِيَّةِ** ㊔ shaʿru al-nāṣīyati シャアルン ナースィーヤ	bangs, forelock, Ⓑfringe バングズ，フォーラク，フリンヂ
まえきん **前金**（手付金・担保） maekin	**وَدِيعَة** ㊛ **; رَهْن** ㊚ wadīʿat, rahn ワディーア，ラフン	advance アドヴァンス
まえに **前に** （かつて） maeni	**مِنْ قَبْلُ** min qablu ミン カブル	before, ago ビフォー，アゴウ
まえの **前の** （前方の） maeno	**مُقَدَّم** muqaddam ムカッダム	front フラント
（以前の）	**سَابِق** sābiq サービク	former フォーマ

日	アラビア	英
まえば **前歯** maeba	**أَسْنَان أَمَامِيَّة** 複 ʾasnān ʾamāmīyat アスナーン アマーミーヤ	front teeth フラント ティース
まえばらい **前払い** maebarai	**اَلدَّفْعُ ٱلْمُقَدَّمُ** 男 al-dafʿu al-muqaddamu アッ ダフウル ムカッダム	advance payment アドヴァンス ペイメント
まえむきの **前向きの** maemukino	**إِيجَابِيّ** ʾījābīy イージャービー	positive パズィティヴ
まえもって **前もって** maemotte	**مُقَدَّمًا** muqaddaman ムカッダマン	beforehand ビフォーハンド
まかせる **任せる** （彼に…を） makaseru	**يَعْهَدُ إِلَيهِ بِ,** 完 **عَهِدَ إِلَيهِ بِ;** **يُكَلِّفُهُ بِ,** 完 **كَلَّفَهُ بِ** yaʿhadu ʾilai-hi bi, ʿahida ʾilai-hi bi, yukallifu-hu bi, kallafa-hu bi ヤアハドゥ イライ-ヒ ビ，アヒダ イライ-ヒ ビ，ユカッリフ-フ ビ，カッラファ-フ ビ	leave, entrust リーヴ，イントラスト
まがりかど **曲がり角** magarikado	**مُنْعَطَف** 男 munʿaṭaf ムンアタフ	corner コーナ
まがる **曲がる** magaru	**يَلْتَوِي,** 完 **اِلْتَوَى** yaltawī, iltawā ヤルタウィー，イルタワー	bend, curve ベンド，カーヴ
（腰などが）	**يَنْحَنِي,** 完 **اِنْحَنَى** yanḥanī, inḥanā ヤンハニー，インハナー	bend ベンド
（道を）	**يَنْعَطِفُ,** 完 **اِنْعَطَفَ** yanʿaṭifu, inʿaṭafa ヤンアティフ，インアタファ	turn ターン
まかろに **マカロニ** makaroni	**مَكَرُونِي** 女 **; مَكَرُونَة** 女 makarūnī, makarūnat マカルーニー，マカルーナ	macaroni マカロウニ

日	アラビア	英
まき **薪** maki	أَحْطَاب 複 ,حَطَب 男 ḥaṭab, ʾaḥṭāb ハタブ, アフターブ	firewood ファイアウド
まきじゃく **巻き尺** makijaku	شَرِيطُ قِيَاسٍ 男 sharīṭu qiyāsin シャリートゥ キヤース	tape measure テイプ メジャ
まぎらわしい **紛らわしい** magirawashii	مُضَلِّل muḍallil ムダッリル	misleading, confusing ミスリーディング, コンフューズィング
(はっきりしない)	غَيْر وَاضِحٍ ghair wāḍiḥin ガイル ワーディフ	vague ヴェイグ
まく **幕** maku	سُتُر 複 ,سِتَار 男 sitār, sutur スィタール, ストゥル	curtain カートン
(芝居の一段落)	فُصُول 複 ,فَصْل 男 faṣl, fuṣūl ファスル, フスール	act アクト
まく **蒔く** (種を) maku	بَذَرَ 完 ,يَبْذُرُ yabdhuru, badhara ヤブズル, バザラ	sow ソウ
まく **巻く** maku	لَفَّ 完 ,يَلُفُّ yaluffu, laffa ヤルッフ, ラッファ	roll, wrap ロウル, ラプ
まく **撒く** maku	رَشَّ 完 ,يَرُشُّ yarushshu, rashsha ヤルッシュ, ラッシャ	sprinkle, scatter スプリンクル, スキャタ
まぐにちゅーど **マグニチュード** magunichuudo	حَجَمُ ٱلزِّلْزَالِ 男 ḥajamu al-zilzāli ハジャムッ ズィルザール	magnitude マグニテュード
まぐねしうむ **マグネシウム** maguneshiumu	مَغْنِيسِيُوم 男 maghnīsiyūm マグニースィユーム	magnesium マグニーズィアム

日	アラビア	英
まぐま **マグマ** maguma	**صُهَارَة** 女 ṣuhārat スハーラ	magma マグマ
まくら **枕** makura	**وِسَادَة** 女, 複 **وَسَائِدُ** [二段] wisādat, wasāʾidu ウィサーダ, ワサーイドゥ	pillow ピロウ
まくる **まくる** makuru	**يُشَمِّرُ**, [完] **شَمَّرَ** yushammiru, shammara ユシャンミル, シャンマラ	roll up ロウル アプ
まぐれ **まぐれ** magure	**صُدْفَة** 男 ṣudfat スドファ	fluke フルーク
まぐろ **鮪** maguro	**تُونَة** 女 tūnat トゥーナ	tuna テューナ
まけ **負け** make	**هَزِيمَة** 女 hazīmat ハズィーマ	defeat ディフィート
まけどにあ **マケドニア** makedonia	**مَقْدُونِيَا** 女 maqdūniyā マクドゥーニヤー	Macedonia マセドウニア
まける **負ける** makeru	**يَنْهَزِمُ**, [完] **اِنْهَزَمَ** yanhazimu, inhazama ヤンハズィム, インハザマ	(be) defeated, lose (ビ) ディフィーテド, ルーズ
(値段を)	**يُخَفِّضُ**, [完] **خَفَّضَ** yukhaffiḍu, khaffaḍa ユハッフィドゥ, ハッファダ	reduce リデュース
まげる **曲げる** mageru	**يَلْوِي**, [完] **لَوَى** yalwī, lawā ヤルウィー, ラワー	bend ベンド
まご **孫** mago	**حَفِيد** 男, 複 **أَحْفَاد** ḥafīd, ʾaḥfād ハフィード, アフファード	grandchild グランドチャイルド
まごころ **真心** magokoro	**إِخْلَاص** 男 ʾikhlāṣ イフラース	sincerity スィンセリティ

日	アラビア	英
まこと **誠** (真実) makoto	**حَقِيقَة** ḥaqīqat ハキーカ	truth トルース
(真心)	**إِخْلَاص** 男 ʾikhlāṣ イフラース	sincerity スィンセリティ
まさつ **摩擦** masatsu	**اِحْتِكَاك** 男 iḥtikāk イフティカーク	friction フリクション
まさに **正に** masani	**بِٱلضَّبْطِ** bi-al-ḍabṭi ビッ ダブト	just, exactly チャスト，イグザクトリ
まさる **勝る** masaru	**يَتَفَوَّقُ عَلَى**, 〔完〕**تَفَوَّقَ عَلَى** yatafauwaqu ʿalā, tafauwaqa ʿalā ヤタファウワク アラー，タファウワカ アラー	(be) superior to (ビ) スピアリア トゥ
まじっく **マジック** majikku	**خُدْعَة سِحْرِيَّة** 女 khudʿat siḥrīyat フドア スィフリーヤ	magic マヂク
まじない **まじない** (魔法) majinai	**سِحْر** 男 siḥr スィフル	charm, spell チャーム，スペル
まじめな **真面目な** (真剣な) majimena	**جَادّ** jādd ジャーッド	serious スィアリアス
(勤勉な)	**مُجْتَهِد** mujtahid ムジュタヒド	industrious インダストリアス
まじょ **魔女** majo	**سَاحِرَة** 女 sāḥirat サーヒラ	witch ウィチ
まじる **混[交]じる** majiru	**يَخْتَلِطُ بِ**, 〔完〕**اِخْتَلَطَ بِ** yakhtaliṭu bi, ikhtalaṭa bi ヤフタリトゥ ビ，イフタラタ ビ	(be) mixed with (ビ) ミクスト ウィズ

日	アラビア	英
まじわる **交わる** majiwaru	**يَتَقَاطَعُ,** 〔完〕 **تَقَاطَعَ** yataqāṭaʿu, taqāṭaʿa ヤタカータウ, タカータア	cross, intersect クロース, インタセクト
ます **増す** masu	**يَزْدَادُ,** 〔完〕 **اِزْدَادَ** yazdādu, izdāda ヤズダードゥ, イズダーダ	increase インクリース
ます **鱒** masu	**اَلتُّرَوْتَة** 女 al-turautat アットゥラウタ	trout トラウト
ますい **麻酔** masui	**تَخْدِير** 男 takhdīr タフディール	anesthesia アニススィージャ
まずい **まずい** (味が) mazui	**غَيْر لَذِيذٍ** ghair ladhīdhin ガイル ラズィーズ	not good ナト グド
(よくない)	**سَيِّء** saiyiʾ サイイウ	not good ナト グド
(出来が悪い)	**سَيِّء** saiyiʾ サイイウ	poor プア
(得策でない)	**سَيِّء** saiyiʾ サイイウ	unwise アンワイズ
ますから **マスカラ** masukara	**مُسْكَرَة** 女 muskarat ムスカラ	mascara マスキャラ
ますく **マスク** masuku	**قِنَاع** 男, 複 **أَقْنِعَة** qināʿ, ʾaqniʿat キナーウ, アクニア	mask マスク
(医療用の)	**كِمَام** 男 kimām キマーム	mask マスク
ますこみ **マスコミ** masukomi	**وَسَائِلُ ٱلْإِعْلَامِ** 複 wasāʾilu al-ʾiʿlāmi ワサーイルル イウラーム	mass media マス ミーディア

日	アラビア	英
(記者)	صُحُفِيّ 男 ṣuḥufīy スフフィー	journalist チャーナリスト
まずしい **貧しい** mazushii	فَقِير, 複 فُقَرَاءُ〈二段〉 faqīr, fuqarāʾu ファキール, フカラーウ	poor プア
ますたーど **マスタード** masutaado	خَرْدَل 集 ; مُسْطَرْدَة 女 khardal, musṭardat ハルダル, ムスタルダ	mustard マスタド
ますます **ますます** masumasu	أَكْثَرَ فَأَكْثَرَ ʾakthara fa-ʾakthara アクサラ ファーアクサラ	more and more モー アンド モー
ますめでぃあ **マスメディア** masumedia	وَسَائِلُ ٱلْإِعْلَامِ 複 wasāʾilu al-ʾiʿlāmi ワサーイルル イウラーム	mass media マス ミーディア
(記者)	صُحُفِيّ 男 ṣuḥufīy スフフィー	journalist チャーナリスト
まぜる **混[交]ぜる** mazeru	يَخْلِطُ, 〔完〕 خَلَطَ yakhliṭu, khalaṭa ヤフリトゥ, ハラタ	mix, blend ミクス, ブレンド
また **又** (再び) mata	مَرَّةً أُخْرَى ; مَرَّةً ثَانِيَةً marratan ʾukhrā, marratan thāniyatan マッラタン ウフラー, マッラタン サーニヤタン	again アゲイン
(その上)	بِٱلْإِضَافَةِ إِلَى ذٰلِكَ ; عِلَاوَةً عَلَى ذٰلِكَ bi-al-ʾiḍāfati ʾilā dhālika, ʿilāwatan ʿalā dhālika ビール イダーファ イラー ザーリカ, イラーワタン アラー ザーリカ	moreover, besides モーロウヴァ, ビサイヅ
まだ **未だ** mada	لَا يَزَالُ, 〔完〕 مَا زَالَ lā yazālu, mā zāla ラー ヤザール, マー ザーラ	yet, still イエト, スティル

ま

日	アラビア	英
(まだ…していない)	لَمْ ... بَعْدُ lam ... baʿdu ラム … バアドゥ	moreover, besides モーロウヴァ，ビサイヅ
またがる **跨がる** matagaru	يَمْتَطِي, 〔完〕 اِمْتَطَى yamtaṭī, imtaṭā ヤムタティー，イムタター	straddle, mount ストラドル，マウント
またせる **待たせる** mataseru	يَجْعَلُهُ يَنْتَظِرُ, 〔完〕 جَعَلَهُ يَنْتَظِرُ yajʿalu-hu yantaẓiru, jaʿala-hu yantaẓiru ヤジュアルーフ ヤンタズィル，ジャアラーフ ヤンタズィル	keep waiting キープ ウェイティング
またたく **瞬く** matataku	يَلْمَعُ, 〔完〕 لَمَعَ yalmaʿu, lamaʿa ヤルマウ，ラマア	wink, blink ウィンク，ブリンク
または **又は** matawa	أَوْ ; أَمْ ʾau, ʾam アウ，アム	or オー
まだらの **斑の** madarano	مُبَقَّع mubaqqaʿ ムバッカア	spoted スパッティド
まち **町［街］** machi	مَدِينَة 女, 複 مُدُن madīnat, mudun マディーナ，ムドゥン	town, city タウン，スィティ
まちあいしつ **待合室** machiaishitsu	غُرْفَةُ ٱلِانْتِظَارِ 女 ghurfatu al-intiẓāri グルファトゥ リンティザール	waiting room ウェイティング ルーム
まちあわせる **待ち合わせる** machiawaseru	يَتَوَاعَدُ, 〔完〕 تَوَاعَدَ ; يُحَدِّدُ مَوْعِدًا, 〔完〕 حَدَّدَ مَوْعِدًا yatawāʿadu, tawāʿada, yuḥaddidu mauʿidan, ḥaddada mauʿidan ヤタワーアドゥ，タワーアダ，ユハッディド マウイダン，ハッダダ マウイダン	arrange to meet, rendezvous with アレインヂ トゥ ミート，ラーンデイヴ ウィズ
まちがい **間違い** machigai	خَطَأ 男, 複 أَخْطَاء khaṭaʾ, ʾakhṭāʾ ハタウ，アフターウ	mistake, error ミステイク，エラ

日	アラビア	英
(過失)	أَخْطَاء 複, 男 خَطَأ khaṭa', 'akhṭā' ハタウ, アフターウ	fault, slip フォルト, スリプ
まちがえる **間違える** (誤る) machigaeru	أَخْطَأَ 完, يُخْطِئُ yukhṭi'u, 'akhṭa'a ユフティウ, アフタア	make a mistake メイク ア ミステイク
(取り違える)	أَخْطَأَ بَيْنَ 完, يُخْطِئُ بَيْنَ yukhṭi'u baina, 'akhṭa'a baina ユフティウ バイナ, アフタア バイナ	mistake for ミステイク フォ
まちどおしい **待ち遠しい** machidooshii	تَطَلَّعَ إِلَى 完, يَتَطَلَّعُ إِلَى yataṭalla'u 'ilā, taṭalla'a 'ilā ヤタタッラウ イラー, タタッラア イラー	(be) looking forward to (ビ) ルキング フォーワドトゥ
(待ちきれない)	لَا يَسْتَطِيعُ ٱلِٱنْتِظَارَ لِ, 完 لَا ٱسْتَطَاعَ ٱلِٱنْتِظَارَ لِ lā yastaṭī'u al-intiẓāra li, lā istaṭā'a al-intiẓāra li ラー ヤスタティーウ リンティザール リ, ラー スタターア リンティザール リ	(be) wating impatiently for (ビ) ウェイティング インペイシェントリ フォ
まつ **待つ** matsu	اِنْتَظَرَ 完, يَنْتَظِرُ yantaẓiru, intaẓara ヤンタズィル, インタザラ	wait ウェイト
まっかな **真っ赤な** makkana	أَحْمَرُ قَانٍ 'aḥmaru qānin アフマル カーン	bright red ブライト レド
まっき **末期** makki	اِنْتِهَاء 男 intihā' インティハーウ	end, last stage エンド, ラスト ステイヂ
まっくらな **真っ暗な** makkurana	مُظْلِم تَمَامًا muẓlim tamāman ムズリム タマーマン	pitch-dark ピチダーク
まっくろな **真っ黒な** makkurona	أَسْوَد غَامِق 'aswad ghāmiq アスワド ガーミク	deep-black ディープブラク
まつげ **まつげ** matsuge	رُمُوش 複, 男 رِمْش rimsh, rumūsh リムシュ, ルムーシュ	eyelashes アイラシェズ

日	アラビア	英
まっさーじ **マッサージ** massaaji	**تَدْلِيك** 男 ; **مَسَاج** 男 tadlīk, masāj タドリーク，マサージュ	massage マサージ
～する	**يُدَلِّكُ**, 〔完〕**دَلَّكَ** yudalliku, dallaka ユダッリク，ダッラカ	massage マサージ
まっさおな **真っ青な** massaona	**شَدِيدُ ٱلزُّرْقَةِ ; أَزْرَق غَامِق** ʾazraq ghāmiq, shadīdu al-zurqati アズラク ガーミク，シャディードゥッ ズルカ	deep blue ディープ ブルー
（顔色が）	**شَاحِب** shāḥib シャーヒブ	pale ペイル
まっさきに **真っ先に** massakini	**أَوَّلًا** ʾauwalan アウワラン	first of all ファースト オヴ オール
まっしゅるーむ **マッシュルーム** masshuruumu	**فُطْر أَبْيَض** 男 fuṭr ʾabyaḍ フトル アブヤド	mushroom マシュルーム
まっしろな **真っ白な** masshirona	**أَبْيَض نَاصِع** ʾabyaḍ nāṣiʿ アブヤド ナースィウ	pure white ピュア (ホ)ワイト
まっすぐな **まっすぐな** massuguna	**مُسْتَقِيم** mustaqīm ムスタキーム	straight ストレイト
まっすぐに **まっすぐに** massuguni	**عَلَى طُولٍ** ʿalā ṭūlin アラー トゥール	straight ストレイト
まったく **全く** （完全に） mattaku	**تَمَامًا** tamāman タマーマン	completely, entirely コンプリートリ，インタイアリ
（全然(ない)）	**أَبَدًا** ʾabadan アバダン	at all アト オール

ま

日	アラビア	英
(本当に)	حَقًّا ḥaqqan ハッカン	really, truly リーアリ, トルーリ
まったん **末端** mattan	طَرَف 男, 複 أَطْرَاف ṭaraf, ʾaṭrāf タラフ, アトラーフ	end, tip エンド, ティプ
まっち **マッチ** macchi	كِبْرِيت 男 kibrīt キブリート	match マチ
(試合)	مُبَارَاة 女 mubārāt ムバーラー	match, bout マチ, バウト
まっと **マット** matto	حَصِيرَة 女, 複 حَصَائِرُ [二段] ḥaṣīrat, ḥaṣāʾiru ハスィーラ, ハサーイル	mat マト
まつばづえ **松葉杖** matsubazue	عُكَّاز 男, 複 عَكَاكِيزُ [二段] ʿukkāz, ʿakākīzu ウッカーズ, アカーキーズ	crutches クラチズ
まつり **祭り** matsuri	مَهْرَجَان 男, 複 مَهْرَجَانَات mahrajān, mahrajānāt マフラジャーン, マフラジャーナート	festival フェスティヴァル
まと **的** mato	هَدَف 男, 複 أَهْدَاف hadaf, ʾahdāf ハダフ, アフダーフ	mark, target マーク, ターゲト
まど **窓** mado	شُبَّاك 男, 複 شَبَابِيكُ [二段] shubbāk, shabābīku シュッバーク, シャバービーク	window ウィンドウ
～口	شُبَّاك 男, 複 شَبَابِيكُ [二段] shubbāk, shabābīku シュッバーク, シャバービーク	window ウィンドウ
まとまる **まとまる** (集まる) matomaru	يَجْتَمِعُ, [完] اِجْتَمَعَ yajtamiʿu, ijtamaʿa ヤジュタミウ, イジュタマア	(be) collected (ビ) コレクテド
(解決・結末がつく)	يَنْحَلُّ, [完] اِنْحَلَّ yanḥallu, inḥalla ヤンハッル, インハッラ	(be) solved (ビ) ソルヴド

日	アラビア	英
まとめ **まとめ** matome	**تَلْخِيص** 男 talkhīṣ タル**ヒ**ース	summary **サ**マリ
まとめる **まとめる** matomeru	**يُجَمِّعُ, 〔完〕 جَمَّعَ** yujammiʿu, jammaʿa ユ**ジャ**ンミウ, **ジャ**ンマア	collect, get together コ**レ**クト, **ゲ**ト トゲザ
(整える)	**يُرَتِّبُ, 〔完〕 رَتَّبَ** yurattibu, rattaba ユ**ラ**ッティブ, **ラ**ッタバ	adjust, arrange ア**チャ**スト, ア**レ**インヂ
(解決する)	**يَحْسِمُ, 〔完〕 حَسَمَ** yaḥsimu, ḥasama **ヤ**フスィム, **ハ**サマ	settle **セ**トル
まどり **間取り** madori	**تَصْمِيمُ ٱلْمَنْزِلِ** 男 taṣmīmu al-manzili タス**ミ**ームル **マ**ンズィル	layout of a house **レ**イアウト オヴ ア **ハ**ウス
まなー **マナー** manaa	**آدَابُ ٱلسُّلُوكِ** 複 ʾādābu al-sulūki アー**ダ**ーブッ ス**ル**ーク	manners **マ**ナズ
まないた **まな板** manaita	**لَوْحُ تَقْطِيعٍ** 男 lauḥu taqṭīʿin **ラ**ウフ タク**ティ**ーウ	cutting board **カ**ティング **ボ**ード
まなざし **眼差し** manazashi	**نَظْرَة** 女 naẓrat **ナ**ズラ	look **ル**ク
まなつ **真夏** manatsu	**مُنْتَصَفُ ٱلصَّيْفِ** 男 muntaṣafu al-ṣaifi **ム**ンタサフッ **サ**イフ	midsummer **ミ**ドサマ
まなぶ **学ぶ** manabu	**يَدْرُسُ, 〔完〕 دَرَسَ** yadrusu, darasa **ヤ**ドルス, **ダ**ラサ	learn, study **ラ**ーン, ス**タ**ディ
まにあ **マニア** mania	**مَهْوُوس** 男 mahwūs マフ**ウ**ース	maniac **メ**イニアク
まにあう **間に合う** maniau	**يَلْحَقُ بِ, 〔完〕 لَحِقَ بِ** yalḥaqu bi, laḥiqa bi **ヤ**ルハク ビ, **ラ**ヒカ ビ	(be) in time for (ビ) イン **タ**イム フォ

日	アラビア	英
(必要を満たす)	يَكْفِي, [完] كَفَى yakfī, kafā ヤクフィー, カファー	answer, (be) enough アンサ, (ビ) イナフ
まにきゅあ **マニキュア** manikyua	طِلَاءُ ٱلْأَظَافِرِ 男 ṭilāʾu al-ʾaẓāfiri ティラーウル アザーフィル	manicure マニキュア
まにゅある **マニュアル** manyuaru	دَلِيلُ ٱلْمُسْتَخْدِمِ 男 dalīlu al-mustakhdimi ダリールル ムスタフディム	manual マニュアル
まぬがれる **免れる** manugareru	يَنْجُو مِنْ, [完] نَجَا مِنْ yanjū min, najā min ヤンジュー ミン, ナジャー ミン	avoid, evade アヴォイド, イヴェイド
まぬけな **間抜けな** manukena	أَحْمَقُ [二段] ʾaḥmaqu アフマク	stupid, silly ステューピド, スィリ
まねーじゃー **マネージャー** (経営者・管理者) maneejaa	مُدِير 男 mudīr ムディール	manager マニヂャ
(エージェント)	وَكِيل 男, 複 وُكَلَاءُ [二段] wakīl, wukalāʾu ワキール, ウカラーウ	agent エイヂェント
まねく **招く** maneku	يَدْعُو, [完] دَعَا yadʿū, daʿā ヤドウー, ダアー	invite インヴァイト
(引き起こす)	يُؤَدِّي إِلَى, [完] أَدَّى إِلَى yuʾaddī ʾilā, ʾaddā ʾilā ユアッディー イラー, アッダー イラー	cause コーズ
まねする **真似する** manesuru	يُقَلِّدُ, [完] قَلَّدَ yuqallidu, qallada ユカッリドゥ, カッラダ	imitate, mimic イミテイト, ミミク
まひ **麻痺** mahi	شَلَل 男 shalal シャラル	paralysis パラリスィス
～する	يَشَلُّ, [完] شَلَّ yashallu, shalla ヤシャッル, シャッラ	(be) paralyzed (ビ) パラライズド

ま

日	アラビア	英
まひる **真昼** mahiru	**مُنْتَصَفُ ٱلنَّهَارِ** 男 muntaṣafu al-nahāri ムンタサフン ナハール	midday, noon ミドデイ，ヌーン
まふぃあ **マフィア** mafia	**مَافِيَا** 女 māfiyā マーフィヤー	Mafia マーフィア
まぶしい **眩しい** mabushii	**بَاهِر** bāhir バーヒル	glaring, dazzling グレアリング，ダズリング
まぶた **瞼** mabuta	**جَفْن** 男, 複 **جُفُون** jafn, jufūn ジャフン，ジュフーン	eyelid アイリド
まふゆ **真冬** mafuyu	**مُنْتَصَفُ ٱلشِّتَاءِ** 男 muntaṣafu al-shitāʾi ムンタサフッ シターウ	midwinter ミドウィンタ
まふらー **マフラー** （首の）	**شَال** 男, 複 **شِيلَان** shāl, shīlān シャール，シーラーン	muffler マフラ
（車の）	**كَاتِمُ صَوْتٍ** 男 kātimu ṣautin カーティム サウト	silencer サイレンサ
まほう **魔法** mahou	**سِحْر** 男 siḥr スィフル	magic マヂク
まぼろし **幻** maboroshi	**وَهْم** 男 wahm ワフム	phantom ファントム
まみず **真水** mamizu	**مَاء عَذْب** 男 māʾ ʿadhb マーウ アズブ	fresh water フレシュ ウォータ
まめ **豆** mame	**فُول** 集, **فُولَة** 女 fūl, fūlat フール，フーラ	bean ビーン
まもなく **間もなく** mamonaku	**بَعْدَ قَلِيلٍ** baʿda qalīlin バアダ カリール	soon スーン

日	アラビア	英
まもり **守り** mamori	دِفَاع 男 difāʿ ディ**ファ**ーウ	defense, Ⓑdefence ディ**フェ**ンス, ディ**フェ**ンス
まもる **守る** mamoru	يَحْمِي, 〔完〕 حَمَى ; يُدَافِعُ عَنْ, 〔完〕 دَافَعَ عَنْ yaḥmī, ḥamā, yudāfiʿu ʿan, dāfaʿa ʿan **ヤ**フミー, **ハ**マー, ユ**ダ**ーフィウ アン, **ダ**ーファア アン	defend, protect ディ**フェ**ンド, プロ**テ**クト
まやく **麻薬** mayaku	مُخَدِّر 男, 複 مُخَدِّرَات mukhaddir, mukhaddirāt ム**ハ**ッディル, ムハッディ**ラ**ート	narcotic, drug ナー**カ**ティク, ド**ラ**グ
まゆ **眉** mayu	حَاجِب 女, 複 حَوَاجِبُ 〔二段〕 ḥājib, ḥawājibu **ハ**ージブ, ハ**ワ**ージブ	eyebrow **ア**イブラウ
～墨	قَلَمُ ٱلْحَوَاجِبِ 男 qalamu al-ḥawājibi **カ**ラムル ハ**ワ**ージブ	eyebrow pencil **ア**イブラウ **ペ**ンスル
まよう **迷う**（気持ちなどが） mayou	يَتَحَيَّرُ, 〔完〕 تَحَيَّرَ yataḥaiyaru, taḥaiyara ヤタ**ハ**イヤル, タ**ハ**イヤラ	hesitate, dither **ヘ**ズィテイト, **ディ**ザ
（道に）	يَضِلُّ, 〔完〕 ضَلَّ yaḍillu, ḍalla ヤ**ディ**ッル, **ダ**ッラ	(be) lost, lose one's way (ビ) **ロ**ースト, **ル**ーズ **ウェ**イ
まよなか **真夜中** mayonaka	مُنْتَصَفُ ٱللَّيْلِ 男 muntaṣafu al-laili **ム**ンタサフッ **ラ**イル	midnight **ミ**ドナイト
まらそん **マラソン** marason	مَارَاثُونْ 男 mārāthūn マーラー**ス**ーン	marathon **マ**ラソン
まらりあ **マラリア** mararia	مَلَارِيَا 女 malāriyā マ**ラ**ーリヤー	malaria マ**レ**アリア
まりふぁな **マリファナ** marifana	حَشِيش 集 ḥashīsh ハ**シ**ーシュ	marijuana マリ**ワ**ーナ

日	アラビア	英
まる **丸** maru	دَائِرَة 女, 複 دَوَائِرُ〔二段〕 dāʾirat, dawāʾiru ダーイラ, ダワーイル	circle サークル
まるい **円[丸]い** marui	دَائِرِيّ dāʾirīy ダーイリー	round, circular ラウンド, サーキュラ
まるで **まるで** marude	كَمَا لَوْ kamā lau カマー ラウ	completely, quite コンプリートリ, クワイト
まるまるとした **丸々とした** marumarutoshita	سَمِين samīn サミーン	plump プランプ
まれーしあ **マレーシア** mareeshia	مَالَيْزِيَا 女 mālaiziyā マーライズィヤー	Malaysia マレイジャ
まれな **稀な** marena	نَادِر nādir ナーディル	rare レア
まれに **稀に** mareni	نَادِرًا nādiran ナーディラン	rarely, seldom レアリ, セルドム
まろにえ **マロニエ** maronie	كَسْتَنَاءُ ٱلْحِصَانِ 男 kastanāʾu al-ḥiṣāni カスタナーウル ヒサーン	horse chestnut ホース チェスナト
まわす **回す** mawasu	يُدِيرُ, 〔完〕 أَدَارَ yudīru, ʾadāra ユディール, アダーラ	turn, spin ターン, スピン
まわり **周り** (周囲) mawari	دَائِرَة 女 ; مُحِيط 男 dāʾirat, muḥīṭ ダーイラ, ムヒート	circumference, perimeter サカムファレンス, ペリマタ
(付近)	جِوَار 男 jiwār ジワール	neighborhood ネイバフド
まわる **回る** mawaru	يَدُورُ, 〔完〕 دَارَ yadūru, dāra ヤドゥール, ダーラ	turn around, spin ターン アラウンド, スピン

日	アラビア	英
まん **万** man	**عَشَرَةُ آلَافٍ** ʿasharatu ʾālāfin アシャラ アーラーフ	ten thousand テン サウザンド
まんいち **万一** man-ichi	**لَوْ** lau ラウ	by any chance バイ エニ チャンス
まんいんである **満員である** man-indearu	**مُمْتَلِئ** mumtaliʾ ムムタリウ	(be) full (ビ) フル
まんえんする **蔓延する** man-ensuru	**يَنْتَشِرُ**, 〔完〕**اِنْتَشَرَ** yantashiru, intashara ヤンタシル, インタシャラ	spread スプレド
まんき **満期** manki	**تَارِيخُ ٱلِاسْتِحْقَاقِ** 男 tārīkhu al-istiḥqāqi ターリーフ リスティフカーク	expiration エクスピレイション
～になる	**تَنْتَهِي مُدَّةُ ٱلْعَقْدِ**, 〔完〕**اِنْتَهَتْ مُدَّةُ ٱلْعَقْدِ** tantahī muddatu al-ʿaqdi, intahat muddatu al-ʿaqdi タンタヒー ムッダトゥル アクド, インタハト ムッダトゥル アクド	expire イクスパイア
まんきつする **満喫する** mankitsusuru	**يَسْتَمْتِعُ بِ**, 〔完〕**اِسْتَمْتَعَ بِ** yastamtiʿu bi, istamtaʿa bi ヤスタムティウ ビ, イスタムタア ビ	enjoy fully インヂョイ フリ
まんげつ **満月** mangetsu	**بَدْر** 男 badr バドル	full moon フル ムーン
まんごー **マンゴー** mangoo	**مَانْجُو** 男 mānjū マーンジュー	mango マンゴウ
まんじょういっちで **満場一致で** manjouicchide	**بِٱلْإِجْمَاعِ** bi-al-ʾijmāʿi ビール イジュマーウ	unanimously ユーナニマスリ

日	アラビア	英
まんせいの **慢性の** manseino	**مُزْمِن** muzmin ムズミン	chronic クラニク
まんぞく **満足** manzoku	**قَنَاعَة** 女 qanāʿat カナーア	satisfaction サティスファクション
～する	**يَقْتَنِعُ**, 〔完〕 **اِقْتَنَعَ** yaqtaniʿu, iqtanaʿa ヤクタニウ，イクタナア	(be) satisfied with (ビ) サティスファイド ウィズ
まんちょう **満潮** manchou	**اَلْمَدُّ ٱلْعَالِي** 男 al-maddu al-ʿālī アル マッドゥル アーリー	high tide ハイ タイド
まんてん **満点** manten	**عَلَامَات كَامِلَة** 複 ʿalāmāt kāmilat アラーマート カーミラ	perfect mark パーフェクト マーク
まんどりん **マンドリン** mandorin	**مَنْدُولِين** 女 mandūlīn マンドゥーリーン	mandolin マンドリン
まんなか **真ん中** mannaka	**مُنْتَصَف** 男 ; **وَسْط** 男 muntaṣaf, wasṭ ムンタサフ，ワスト	center of センタ オヴ
まんねんひつ **万年筆** mannenhitsu	**قَلَمُ حِبْرٍ** 男 qalamu ḥibrin カラム ヒブル	fountain pen ファウンティン ペン
まんびきする **万引きする** manbikisuru	**يَسْرِقُ**, 〔完〕 **سَرَقَ** yasriqu, saraqa ヤスリク，サラカ	shoplift シャプリフト
まんぷくする **満腹する** manpukusuru	**شَبْعَانُ** 〔二段〕 shabʿānu シャブアーン	have eaten enough ハヴ イートン イナフ
まんほーる **マンホール** manhooru	**بَالُوعَة** 女 ; **بَلَّاعَة** 女 bālūʿat, ballāʿat バールーア，バッラーア	manhole マンホウル
まんもす **マンモス** manmosu	**مَامُوث** 男 māmūth マームース	mammoth マモス

日	アラビア	英

み, ミ

日	アラビア	英
み **実** mi	**ثَمَر** 集, **ثِمَار** 複, **ثَمَرَة** 女 thamar, thimār, thamarat サマル, スィマール, サマラ	fruit, nut フルート, ナト
み **身** mi	**جِسْم** 男 jism ジスム	body バディ
みあげる **見上げる** miageru	**نَظَرَ** 〔完〕**إِلَى ٱلْأَعْلَى**, **يَنْظِرُ إِلَى ٱلْأَعْلَى** yanẓiru ʾilā al-ʾaʿlā, naẓara ʾilā al-ʾaʿlā ヤンズィル イラル アウラー, ナザラ イラル アウラー	look up at ルク アプ アト
みあわせる **見合わせる** (延期する) miawaseru	**أَجَّلَ** 〔完〕, **يُؤَجِّلُ** yuʾajjilu, ʾajjala ユアッジル, アッジャラ	postpone ポウストポウン
みーてぃんぐ **ミーティング** miitingu	**اِجْتِمَاع** 男, 複 **اِجْتِمَاعَات** ijtimāʿ, ijtimāʿāt イジュティマーウ, イジュティマーアート	meeting ミーティング
みいら **ミイラ** miira	**مُومِيَاء** 男, 複 **مُومِيَاءَات** mūmiyāʾ, mūmiyāʾāt ムーミヤーウ, ムーミヤーアート	mummy マミ
みうち **身内** miuchi	**أَقَارِبُ** 複〔二段〕 ʾaqāribu アカーリブ	relatives レラティヴズ
みえる **見える** mieru	**رَأَى** 〔完〕, **يَرَى** yarā, raʾā ヤラー, ラアー	see, (be) seen スィー, (ビ) スィーン
(見受けられる)	**بَدَا** 〔完〕, **يَبْدُو** yabdū, badā ヤブドゥー, バダー	look, seem ルク, スィーム
みおくる **見送る** miokuru	**وَدَّعَ** 〔完〕, **يُوَدِّعُ** yuwaddiʿu, waddaʿa ユワッディウ, ワッダア	see off, see スィー オーフ, スィー

日	アラビア	英
みおとす **見落とす** miotosu	**يُغْفِلُ, 〔完〕أَغْفَلَ** yughfilu, ʾaghfala ユグフィル, アグファラ	overlook, miss オウヴァルク, ミス
みおろす **見下ろす** miorosu	**يُطِلُّ عَلَى, 〔完〕أَطَلَّ عَلَى** yuṭillu ʿalā, ʾaṭalla ʿalā ユティッル アラー, アタッラ アラー	look down ルク ダウン
みかいけつの **未解決の** mikaiketsuno	**غَيْر مَحْلُولٍ** ghair maḥlūlin ガイル マフルール	unsolved アンサルヴド
みかいの **未開の** mikaino	**غَيْر مُتَحَضِّرٍ** ghair mutaḥaḍḍirin ガイル ムタハッディル	primitive, uncivilized プリミティヴ, アンスィヴィライズド
みかえり **見返り** mikaeri	**مُقَابِل 男 ; مُكَافَأَة 女** muqābil, mukāfaʾat ムカービル, ムカーファア	rewards リウォーヅ
みかく **味覚** mikaku	**ذَوْق 男** dhauq ザウク	palate, sense of taste パレト, センス オヴ テイスト
みがく **磨く** migaku	**يُلَمِّعُ, 〔完〕لَمَّعَ** yulammiʿu, lammaʿa ユランミウ, ランマア	polish, brush パリシュ, ブラシュ
(歯を)	**يُنَظِّفُ, 〔完〕نَظَّفَ** yunaẓẓifu, naẓẓafa ユナッズィフ, ナッザファ	brush one's teeth ブラッシュ ティース
(技能を)	**يَصْقُلُ, 〔完〕صَقَلَ** yaṣqulu, ṣaqala ヤスクル, サカラ	improve, train インプルーヴ, トレイン
(研磨する)	**يَصْقُلُ, 〔完〕صَقَلَ** yaṣqulu, ṣaqala ヤスクル, サカラ	grind グラインド
みかけ **見かけ** mikake	**مَظْهَر 男** maẓhar マズハル	appearance アピアランス

日	アラビア	英
みかた **味方** (友人) mikata	**أَصْدِقَاءُ** 複, **صَدِيق** 男 〔二段〕 ṣadīq, ʾaṣdiqāʾu サディーク, アスディカーウ	friend, ally フレンド, アライ
～の (同盟の)	**حَلِيف** ḥalīf ハリーフ	confederate コンフェデレト
((彼の)側に)	**فِي صَفِّهِ** fī ṣaffi-hi フィー サッフィ-ヒ	be on one's side ビ オン サイド
みかづき **三日月** mikazuki	**هِلَال** 男 hilāl ヒラール	crescent moon クレセント ムーン
みかん **蜜柑** mikan	**يُوسُف أَفَنْدِيّ** 男 yūsuf ʾafandīy ユースフ アファンディー	mandarin マンダリン
みかんせいの **未完成の** mikanseino	**غَيْر مُكْتَمِلٍ** ghair muktamalin ガイル ムクタマル	unfinished, incom-plete アンフィニシュト, インコンプリート
みき **幹** miki	**أَجْذَاع** 複, **جِذْع** 男 jidhʿ, ʾajdhāʿ ジズウ, アジュザーウ	tree trunk, trunk トリー トランク, トランク
みぎ **右** migi	**يَمِين** 女 yamīn ヤミーン	right ライト
～側	**اَلْجَانِبُ الْأَيْمَنُ** 男 al-jānibu al-ʾaimanu アル ジャーニブル アイマン	right side ライト サイド
みぎうで **右腕** migiude	**ذِرَاع يُمْنَى** 女 dhirāʿ yumnā ズィラーウ ユムナー	right arm ライト アーム
みきさー **ミキサー** mikisaa	**خَلَّاط** 男 khallāṭ ハッラート	mixer, blender ミクサ, ブレンダ

み

日	アラビア	英
みぐるしい **見苦しい** (下品な) migurushii	قَبِيح qabīḥ カビーフ	indecent インディーセント
みごとな **見事な** migotona	جَمِيل ; رَائِع rāʾiʿ, jamīl ラーイウ，ジャミール	beautiful, fine ビューティフル，ファイン
みこみ **見込み** (可能性) mikomi	اِحْتِمَال 男 ; إِمْكَان 男 ʾimkān, iḥtimāl イムカーン，イフティマール	possibility パスィビリティ
(期待)	تَوَقُّعَات 男 tawaqquʿāt タワックアート	prospect プラスペクト
みこんの **未婚の** mikonno	أَعْزَبُ ［二段］; غَيْر مُتَزَوِّج ghair mutazauwijin, ʾaʿzabu ガイル ムタザウウィジ，アアザブ	unmarried, single アンマリド，スィングル
みさ **ミサ** misa	قُدَّاس 男 quddās クッダース	mass マス
みさいる **ミサイル** misairu	صَارُوخ 男, 複 صَوَارِيخُ ［二段］ ṣārūkh, ṣawārīkhu サールーフ，サワーリーフ	missile ミスィル
みさき **岬** misaki	رَأْس 男, 複 رُؤُوس raʾs, ruʾūs ラアス，ルウース	cape ケイプ
みじかい **短い** mijikai	قَصِير qaṣīr カスィール	short, brief ショート，ブリーフ
みじめな **惨めな** mijimena	بَائِس bāʾis バーイス	miserable, wretched ミゼラブル，レチド
みじゅくな **未熟な** mijukuna	غَيْر نَاضِج ghair nāḍijin ガイル ナーディジュ	unripe アンライプ
(発達していない)	غَيْر نَاضِج ghair nāḍijin ガイル ナーディジュ	immature イマテュア

み

日	アラビア	英
みしらぬ **見知らぬ** mishiranu	**غَرِيب ; غَيْر مَعْرُوفٍ** gharīb, ghair maʿrūfin ガリーブ, ガイル マアルーフ	strange, unfamiliar ストレインヂ, アンファミリア
みしん **ミシン** mishin	**آلَةُ ٱلْخِيَاطَةِ** 女 ʾālatu al-khiyāṭati アーラトゥル ヒヤータ	sewing machine ソウイング マシーン
みす **ミス** (誤り) misu	**خَطَأً** 男, 複 **أَخْطَاء** khaṭaʾ, ʾakhṭāʾ ハタウ, アフターウ	mistake ミステイク
みず **水** mizu	**مَاء** 男, 複 **مِيَاه** māʾ, miyāh マーウ, ミヤーフ	water ウォータ
(水道の)	**مَاءُ ٱلْحَنَفِيَّةِ** 男 māʾu al-ḥanafīyati マーウル ハナフィーヤ	tap water タプ ウォータ
(発泡性でない)	**مَاء** 男, 複 **مِيَاه** māʾ, miyāh マーウ, ミヤーフ	still water スティル ウォータ
(発泡性の)	**مَاءُ ٱلصُّودَا** 男 māʾu al-ṣūdā マーウッ スーダー	sparkling water, carbonated water スパークリング ウォータ, カーボネイテド ウォータ
みすい **未遂** (試み) misui	**مُحَاوَلَة** 女 muḥāwalat ムハーワラ	attempt アテンプト
みずいろ **水色** mizuiro	**أَزْرَق فَاتِح** 男 ʾazraq fātiḥ アズラク ファーティフ	light blue ライト ブルー
みずうみ **湖** mizuumi	**بُحَيْرَة** 女 buḥairat ブハイラ	lake レイク
みずがめざ **水瓶座** mizugameza	**اَلدَّلْو** 女 al-dalw アッ ダルウ	Water Bearer, Aquarius ウォータ ベアラ, アクウェアリアス

日	アラビア	英
みずから 自ら (自分) mizukara	نَفْس 女 nafs ナフス	oneself ワンセルフ
(自分で)	بِنَفْسِ bi-nafsi ビ-ナフス	by oneself バイ ワンセルフ
みずぎ 水着 mizugi	مَلَابِسُ ٱلسِّبَاحَةِ 複 malābisu al-sibāḥati マラービスッ スィバーハ	swimsuit スウィムスート
みずさし 水差し mizusashi	إِبْرِيق 男, 複 أَبَارِيقُ 〔二段〕 ʾibrīq, ʾabārīqu イブリーク, アバーリーク	pitcher, water jug, Ⓑjug ピチャ, ウォータ チャグ, チャグ
みずしらずの 見ず知らずの mizushirazuno	اَلَّذِي لَا يَعْرِفُهُ alladhī lā yaʿrifu-hu アッラズィー ラー ヤアリフ-フ	strange ストレインヂ
～人	اَلشَّخْصُ ٱلَّذِي لَا يَعْرِفُهُ 男 al-shakhṣu alladhī lā yaʿrifuhu アッ シャフスッ ラズィー ラー ヤアリフフ	a complete stranger ア コンプリート ストレインヂャ
みずたまもようの 水玉模様の mizutamamoyouno	مُنَقَّط munaqqaṭ ムナッカト	polka-dotted ポウルカダッティド
みすてる 見捨てる misuteru	يَتْرُكُ, 〔完〕 تَرَكَ yatruku, taraka ヤトルク, タラカ	abandon アバンドン
みずぶくれ 水膨れ mizubukure	نَفْطَة 女 ; بَثْرَة 女 nafṭat, bathrat ナフタ, バスラ	blister ブリスタ
みずぼうそう 水ぼうそう mizubousou	جُدْرِيُّ ٱلْمَاءِ 男 judrīyu al-māʾi ジュドリーユル マーア	chicken pox チキン パクス
みすぼらしい みすぼらしい misuborashii	رَثّ rathth ラッス	shabby シャビ

み

日	アラビア	英
みずみずしい **瑞々しい** mizumizushii	**طَازِج** ṭāzij ターズィジュ	fresh フレシュ
みずむし **水虫** mizumushi	**سَعَفَةُ ٱلْقَدَمِ** 女 ; **قَدَمُ ٱلرِّيَاضِيِّ** 女 saʿafatu al-qadami, qadamu al-riyāḍīyi サアファトゥル カダム, カダムッ リヤーディー	athlete's foot アスリーツ フト
みせ **店** mise	**مَحَلّ** 男, 複 **مَحَلَّات** 男 ; **دُكَّان**, 複 **دَكَاكِينُ** 〔二段〕 maḥall, maḥallāt, dukkān, dakākīnu マハッル, マハッラート, ドゥッカーン, ダカーキーン	store, shop ストー, シャプ
みせいねん **未成年** miseinen	**قَاصِر** 男 qāṣir カースィル	minor, person under age マイナ, パースン アンダ エイヂ
みせかけの **見せかけの** misekakeno	**ظَاهِرِيّ** ẓāhirīy ザーヒリー	feigned, pretend フェインド, プリテンド
みせびらき **店開き** misebiraki	**فَتْحُ ٱلْمَحَلِّ** 男 fatḥu al-maḥalli ファトフル マハッル	opening オウプニング
みせもの **見せ物** misemono	**عَرْض** 男 ʿarḍ アルド	show ショウ
(航空ショー)	**عَرْض جَوِّيّ** 男 ʿarḍ jauwīy アルド ジャウウィー	air show エア ショウ
みせる **見せる** miseru	**يُرِي**, 〔完〕 **أَرَى** yurī, ʾarā ユリー, アラー	show, display ショウ, ディスプレイ
みぞ **溝** mizo	**خَنْدَق** 男, 複 **خَنَادِقُ** 〔二段〕 khandaq, khanādiqu ハンダク, ハナーディク	ditch, gutter ディチ, ガタ

日	アラビア	英
(隔たり)	فَجْوَة 女 fajwat ファジュワ	gap ギャプ
みぞれ 霙 mizore	مَطَر ثَلْجِيّ 男 maṭar thaljīy マタル サルジー	sleet スリート
みだし 見出し midashi	عُنْوَان 男, 複 عَنَاوِينُ〔二段〕 ʿunwān, ʿanāwīnu ウンワーン, アナーウィーン	headline, heading ヘドライン, ヘディング
みたす 満たす mitasu	يَمْلَأُ, 〔完〕مَلَأَ yamlaʾu, malaʾa ヤムラウ, マラア	fill フィル
みだす 乱す midasu	يُشَوِّشُ, 〔完〕شَوَّشَ yushauwishu, shauwasha ユシャウウィシュ, シャウワシャ	throw into disorder スロウ イントゥ ディスオーダ
みち 道 michi	طَرِيق 男女, 複 طُرُق ṭarīq, ṭuruq タリーク, トゥルク	way, road ウェイ, ロウド
(通り)	شَارِع 男, 複 شَوَارِعُ〔二段〕 shāriʿ, shawāriʿu シャーリウ, シャワーリウ	street ストリート
みちじゅん 道順 michijun	طَرِيق 男女 ṭarīq タリーク	route, course ルート, コース
みちのり 道のり (距離) michinori	مَسَافَة 女 masāfat マサーファ	distance ディスタンス
(…へ至る道)	طَرِيقُ ٱلْوُصُولِ إِلَى 男 ṭarīqu al-wuṣūli ʾilā タリークル ウスール イラー	the way to ザ ウェイ トゥ
みちびく 導く michibiku	يُرْشِدُ, 〔完〕أَرْشَدَ ; يَهْدِي, 〔完〕هَدَى yurshidu, ʾarshada, yahdī, hadā ユルシドゥ, アルシャダ, ヤフディー, ハダー	lead, guide リード, ガイド

日	アラビア	英
みちる **満ちる** （物が） michiru	**اِمْتَلَأَ بِ** 〔完〕, **يَمْتَلِئُ بِ** yamtaliʾu bi, imtalaʾa bi **ヤ**ムタリウ ビ, **イ**ムタラア ビ	(be) filled with (ビ) **フィ**ルド ウィズ
みつける **見つける** mitsukeru	**وَجَدَ** 〔完〕, **يَجِدُ** yajidu, wajada **ヤ**ジドゥ, **ワ**ジャダ	find, discover **ファ**インド, ディス**カ**ヴァ
みっこう **密航** （不法移民） mikkou	**اَلْهِجْرَة غَير اَلشَّرْعِيَّة** 男 al-hijrat ghair al-sharʿīyati アル **ヒ**ジュラ ガイルッ シャル**イ**ーヤ	smuggling ス**マ**グリング
みっしつ **密室** （秘密の部屋） misshitsu	**غُرْفَة سِرِّيَّة** 女 ghurfat sirrīyat **グ**ルファ スィッ**リ**ーヤ	secret room **スィ**ークレト **ル**ーム
（閉じられた部屋）	**غُرْفَة مُغْلَقَة** 女 ghurfat mughlaqat **グ**ルファ **ム**グラカ	locked room **ラ**クト **ル**ーム
みっせつな **密接な** （強く結びついた） missetsuna	**وَثِيق** wathīq ワ**スィ**ーク	close, intimate ク**ロ**ウス, **イ**ンティメト
（親密な）	**حَمِيم** ḥamīm ハ**ミ**ーム	close, intimate ク**ロ**ウス, **イ**ンティメト
みつど **密度** mitsudo	**كَثَافَة** 女 kathāfat カ**サ**ーファ	density **デ**ンスィティ
みつにゅうこく **密入国** mitsunyuukoku	**دُخُولُ اَلدَّوْلَةِ بِصُورَةٍ غَيْرِ شَرْعِيَّةٍ** 男 dukhūlu al-daulati bi-ṣūratin ghairi sharʿīyatin ドゥ**フ**ールッ **ダ**ウラ ビ**ス**ーラ ガイリ シャル**イ**ーヤ	illegal entry into a country イ**リ**ーガル **エ**ントリ イントゥ ア **カ**ントリ
みつばい **密売** mitsubai	**تَهْرِيب** 男 tahrīb タフ**リ**ーブ	illicit sale イ**リ**スィト **セ**イル
みつばち **蜜蜂** mitsubachi	**نَحْل** 集 naḥl **ナ**フル	bee **ビ**ー

み

日	アラビア	英
みつめる **見つめる** mitsumeru	**يُحَدِّقُ بِ,** 〔完〕 **حَدَّقَ بِ** yuḥaddiqu bi, ḥaddaqa bi ユハッディクビ, ハッダカビ	gaze at ゲイズ アト
みつもり **見積もり** mitsumori	**تَقْدِير** 男 taqdīr タクディール	estimate エスティメト
みつもる **見積もる** mitsumoru	**يُقَدِّرُ,** 〔完〕 **قَدَّرَ** yuqaddiru, qaddara ユカッディル, カッダラ	estimate エスティメイト
みつやく **密約** mitsuyaku	**اِتِّفَاق سِرِّيّ** 男 ittifāq sirrīy イッティファーク スィッリー	secret understanding スィークレト アンダスタンディング
みつゆ **密輸** mitsuyu	**تَهْرِيب** 男 tahrīb タフリーブ	smuggling スマグリング
みつりょう **密漁[猟]** mitsuryou	**اَلصَّيْد غَيْر اَلشَّرْعِيّ** 男 al-ṣaid ghair al-sharʿīyi アッ サイド ガイルッ シャルイー	poaching ポウチング
みていの **未定の** miteino	**لَمْ يَتِمْ تَحْدِيدُ.. بَعْدُ** lam yatim taḥdīdu ...baʿdu ラム ヤティム タフディードゥ … バアドゥ	undecided アンディサイデド
みとうの **未踏の** mitouno	**غَيْر مُسْتَكْشَفٍ** ghair mustakshafin ガイル ムスタクシャフ	unexplored アニクスプロード
みとおし **見通し** (展望) mitooshi	**آفَاق** 複 ʾāfāq アーファーク	unbroken view, panoramic view アンブロウクン ヴュー, パノラミク ヴュー
(見込み)	**تَوَقُّعَات** 複 tawaqquʿāt タワックアート	prospect プラスペクト
みとめる **認める** (受け入れる) mitomeru	**يَعْتَرِفُ بِ,** 〔完〕 **اِعْتَرَفَ بِ** yaʿtarifu bi, iʿtarafa bi ヤアタリフ ビ, イウタラファ ビ	accept, acknowledge アクセプト, アクナリヂ

日	アラビア	英
(認識する)	لَاحَظَ 〔完〕, يُلَاحِظُ yulāḥiẓu, lāḥaẓa ユラーヒズ, ラーハザ	recognize レコグナイズ
みどりいろの **緑色の** midoriirono	أَخْضَرُ ; خَضْرَاءُ 女 ʾakhḍaru, khaḍrāʾu アフダル, ハドラーウ	green グリーン
みな **皆** mina	كُلّ 男 kull クッル	all オール
みなおす **見直す** (再検討する) minaosu	أَعَادَ 〔完〕 ٱلنَّظَرَ فِي, يُعِيدُ ٱلنَّظَرَ فِي yuʿīdu al-naẓara fī, ʾaʿāda al-naẓara fī ユイードゥン ナザラ フィー, アアーダン ナザラ フィー	reexamine リーイグザミン
みなす **見なす** minasu	اِعْتَبَرَ 〔完〕, يَعْتَبِرُ yaʿtabiru, iʿtabara ヤアタビル, イウタバラ	think of as スィンク オヴ アズ
みなと **港** minato	مِينَاء 女, 複 مَوَانٍ 〔二段〕 mīnāʾ, mawānin ミーナーウ, マワーニン	harbor, port ハーバ, ポート
みなみ **南** minami	جَنُوب 男 janūb ジャヌーブ	south サウス
みなみあふりか **南アフリカ** minamiafurika	جَنُوب أَفْرِيقِيَا 男 janūb ʾafrīqīy ジャヌーブ アフリーキーヤー	South Africa サウス アフリカ
みなみあめりか **南アメリカ** minamiamerika	أَمْرِيكَا ٱلْجَنُوبِيَّة 女 ʾamrīkā al-janūbīyat アムリーカル ジャヌービーヤ	South America サウス アメリカ
みなみがわ **南側** minamigawa	اَلْجَانِبُ ٱلْجَنُوبِيُّ 男 al-jānibu al-janūbīyu アル ジャーニブル ジャヌービー	south side サウス サイド
みなみじゅうじせい **南十字星** minamijuujisei	اَلصَّلِيبُ ٱلْجَنُوبِيُّ 男 al-ṣalību al-janūbīyu アッ サリーブル ジャヌービー	Southern Cross サザン クロース

日	アラビア	英
みなみはんきゅう **南半球** minamihankyuu	**نِصْفُ ٱلْكُرَةِ ٱلْجَنُوبِيُّ** 男 niṣfu al-kurati al-janūbīyu **ニ**スフル **ク**ラティル ジャ**ヌ**ービー	Southern Hemisphere **サ**ザン **ヘ**ミスフィア
みなもと **源** minamoto	**مَصْدَر** 男, 複 **مَصَادِرُ** 〔二段〕 maṣdar, maṣādiru **マ**スダル, マ**サ**ーディル	source **ソ**ース
みならい **見習い** minarai	**تَلْمَذَة** 女 talmadhat **タ**ルマザ	apprenticeship アプ**レ**ンティスシプ
（人）	**تِلْمِيذ** 男, 複 **تَلَامِيذُ** 〔二段〕 tilmīdh, talāmīdhu ティル**ミ**ーズ, タラー**ミ**ーズ	apprentice アプ**レ**ンティス
〜期間	**مَرْحَلَةُ ٱلتَّلْمَذَةِ** 女 marḥalatu al-talmadhati **マ**ルハラトゥッ **タ**ルマザ	probationary period プロウ**ベ**イショナリ **ピ**アリオド
みなり **身なり** （服装） minari	**مَلَابِسُ** 複 malābisu マ**ラ**ービス	dress, appearance ド**レ**ス, ア**ピ**アランス
みなれた **見慣れた** minareta	**مَأْلُوف** maʾlūf マア**ル**ーフ	familiar, accustomed ファ**ミ**リア, ア**カ**スタムド
みにくい **見にくい** minikui	**مِنَ ٱلصَّعْبِ أَنْ يَرَى** min al-ṣaʿbi ʾan yarā ミナッ **サ**アブ アン **ヤ**ラー	hard to see **ハ**ード トゥ **スィ**ー
みにくい **醜い** minikui	**قَبِيح** qabīḥ カ**ビ**ーフ	ugly **ア**グリ
みにちゅあ **ミニチュア** minichua	**نَمُوذَج مُصَغَّر** 男 namūdhaj muṣaghghar ナ**ム**ーザジュ ム**サ**ッガル	miniature **ミ**ニアチャ
みぬく **見抜く** （気が付く） minuku	**يَفْطَنُ إِلَى**, 〔完〕 **فَطِنَ إِلَى** yafṭanu ʾilā, faṭina ʾilā **ヤ**フタヌ イラー, **ファ**ティナ イラー	see through **スィ**ー ス**ル**ー

み

日	アラビア	英
みねらる **ミネラル** mineraru	مَعْدِن 男 maʿdin マアディン	mineral ミナラル
〜ウォーター	مِيَاه مَعْدِنِيَّة 複 miyāh maʿdinīyat ミヤーフ マアディニーヤ	mineral water ミナラル ウォータ
みのがす **見逃す** (見落とす) minogasu	يُغْفِلُ, 〔完〕أَغْفَلَ yughfilu, ʾaghfala ユグフィル, アグファラ	overlook オウヴァルク
(黙認する)	يَتَغَاضَى عَنْ, 〔完〕تَغَاضَى عَنْ yataghāḍā ʿan, taghāḍā ʿan ヤタガーダー アン, タガーダー アン	connive at, quietly condone コナイヴ アト, クワイエトリ コンドウン
みのしろきん **身代金** minoshirokin	فِدْيَة 女 fidyat フィドヤ	ransom ランソム
みのる **実る** (熟する) minoru	يَنْضَجُ, 〔完〕نَضِجَ yanḍaju, naḍija ヤンダジュ, ナディジャ	ripen ライプン
(実がなる)	يُثْمِرُ, 〔完〕أَثْمَرَ yuthmiru, ʾathmara ユスミル, アスマラ	bear fruit ベア フルート
(成果が上がる)	يُثْمِرُ, 〔完〕أَثْمَرَ yuthmiru, ʾathmara ユスミル, アスマラ	bear fruit ベア フルート
みはらし **見晴らし** miharashi	مَنْظَر 男 manẓar マンザル	unbroken view, panoramic view アンブロウクン ヴュー, パノラミク ヴュー
みはる **見張る** miharu	يُرَاقِبُ, 〔完〕رَاقَبَ ; يَحْرُسُ, 〔完〕حَرَسَ yurāqibu, rāqaba, yaḥrusu, ḥarasa ユラーキブ, ラーカバ, ヤフルス, ハラサ	keep under observation キープ アンダ アブザヴェイション

日	アラビア	英
みぶり **身振り** miburi	**إِيمَاءَة** ʾīmāʾat イーマーア	gesture チェスチャ
みぶん **身分** mibun	**مَكَانَةٌ اَجْتِمَاعِيَّةٌ** 女 makānatun ijtimāʿīyatun マカーナトゥニ ジュティマーイーヤ	social status ソウシャル ステイタス
～証明書	**بِطَاقَةُ هُوِيَّةٍ** 女 biṭāqatu huwīyatin ビターカトゥ フウィーヤ	identity card アイデンティティ カード
みぼうじん **未亡人** miboujin	**أَرْمَلَة** 女, 複 **أَرَامِلُ** 〔二段〕 ʾarmalat, ʾarāmilu アルマラ, アラーミル	widow ウィドウ
みほん **見本** mihon	**عَيِّنَة** 女 ; **نَمُوذَج** 男 ʿaiyinat, namūdhaj アイイナ, ナムーザジュ	sample, specimen サンプル, スペスィメン
みまもる **見守る** mimamoru	**يُرَاقِبُ**, 〔完〕 **رَاقَبَ** yurāqibu, rāqaba ユラーキブ, ラーカバ	keep one's eyes on キープ アイズ オン
みまわす **見回す** mimawasu	**يَنْظُرُ حَوْلَهُ**, 〔完〕 **نَظَرَ حَوْلَهُ** yanẓuru ḥaula-hu, naẓara ḥaula-hu ヤンザル ハウラーフ, ナザラ ハウラーフ	look about ルク アバウト
みまん **未満** miman	**أَقَلُّ مِنْ** ʾaqallu min アカッル ミン	under, less than アンダ, レス ザン
みみ **耳** mimi	**أُذْن** 女 ʾudhun ウズン	ear イア
みみかき **耳掻き** mimikaki	**خِلَال أُذْنِيّ** khilāl ʾudhniy ヒラール ウズニー	earpick イアピク
みみず **蚯蚓** mimizu	**دُودَةُ اَلْأَرْضِ** 女 dūdatu al-ʾarḍi ドゥーダトゥル アルド	earthworm アースワーム

日	アラビア	英
みめい **未明** mimei	قَبْلَ ٱلْفَجْرِ qabla al-fajri カブラル **ファ**ジュル	before daybreak ビフォ **デ**イブレイク
みもと **身元** mimoto	هُوِيَّة 女 huwīyat フ**ウィ**ーヤ	identity アイ**デ**ンティティ
みゃく **脈** myaku	نَبْض 男 nabḍ **ナ**ブド	pulse **パ**ルス
みやげ **土産** miyage	هَدِيَّة 女 hadīyat ハ**ディ**ーヤ	souvenir スーヴ**ニ**ア
みやこ **都** miyako	عَاصِمَة 女, 複 عَوَاصِمُ 〔二段〕 ʿāṣimat, ʿawāṣimu **ア**ースィマ, ア**ワ**ースィム	capital (city) **キャ**ピトル (**スィ**ティ)
みゃんまー **ミャンマー** myanmaa	مِيَانْمَار 女 miyānmār ミヤーン**マ**ール	Myanmar **ミャ**ンマ
みゅーじかる **ミュージカル** myuujikaru	مَسْرَحِيَّة مُوسِيقِيَّة 女 masraḥīyat mūsīqīyat マスラ**ヒ**ーヤ ムースィー**キ**ーヤ	musical **ミュ**ーズィカル
みゅーじしゃん **ミュージシャン** myuujishan	مُوسِيقِيّ 男 mūsīqīy ム**ースィ**ーキー	musician ミュー**ズィ**シャン
みょうじ **名字** myouji	اِسْمُ عَائِلَةٍ 男 ismu ʿāʾilatin **イ**スム **ア**ーイラ	family name, surname **ファ**ミリ **ネ**イム, **サ**ーネイム
みょうな **妙な** myouna	غَرِيب gharīb ガ**リ**ーブ	strange スト**レ**インヂ
みらい **未来** mirai	مُسْتَقْبَل 男 mustaqbal ムス**タ**クバル	future **フュ**ーチャ
みりぐらむ **ミリグラム** miriguramu	مِيلِيغْرَام 男 mīlīghurām ミーリーグ**ラ**ーム	milligram, Ⓑmilligramme **ミ**リグラム, **ミ**リグラム

日	アラビア	英
みりめーとる **ミリメートル** mirimeetoru	**مِلِّيمِتْر** 男 millīmitr ミッリーミトル	millimeter, Ⓑmillimetre ミリミータ, ミリミータ
みりょうする **魅了する** miryousuru	**يَجْتَذِبُ, 〔完〕اِجْتَذَبَ** yajtadhibu, ijtadhaba ヤジュタズィブ, イジュタザバ	fascinate ファスィネイト
みりょく **魅力** miryoku	**جَاذِبِيَّة** 女 jādhibīyat ジャーズィビーヤ	charm チャーム
〜的な	**جَذَّاب** jadhdhāb ジャッザーブ	charming チャーミング
みる **見る** miru	**يَرَى, 〔完〕رَأَى ; يَنْظُرُ إِلَى, 〔完〕نَظَرَ إِلَى** yarā, raʾā, yanẓiru ʾilā, naẓara ʾilā ヤラー, ラアー, ヤンズィル イラー, ナザラ イラー	see, look at スィー, ルク アト
(テレビなどを)	**يُشَاهِدُ, 〔完〕شَاهَدَ** yushāhidu, shāhada ユシャーヒドゥ, シャーハダ	watch ワチ
みるく **ミルク** miruku	**حَلِيب** 男 ḥalīb ハリーブ	milk ミルク
みわける **見分ける** miwakeru	**يُمَيِّزُ, 〔完〕مَيَّزَ** yumaiyizu, maiyaza ユマイイズ, マイヤザ	distinguish from ディスティングウィシュ フラム
みんえい **民営** min-ei	**اَلْإِدَارَةُ ٱلْخَاصَّةُ** 女 al-ʾidāratu al-khāṣṣatu アル イダーラトゥル ハーッサ	private management プライヴェト マニヂメント
みんかんの **民間の** minkanno	**مَدَنِيّ** madanīy マダニー	private, civil プライヴェト, スィヴィル
みんく **ミンク** minku	**مِنْك** 男 mink ミンク	mink ミンク

日	アラビア	英
(毛皮)	فَرْوُ ٱلْمِنْكِ 集 farwu al-minki ファルウル ミンク	mink ミンク
みんじそしょう **民事訴訟** minjisoshou	دَعْوَى مَدَنِيَّة 女 daʿwā madanīyat ダアワー マダニーヤ	civil action (lawsuit) スィヴィル アクション (ロースート)
みんしゅう **民衆** minshuu	شَعْب 男 shaʿb シャアブ	people, populace ピープル, パピュラス
みんしゅか **民主化** minshuka	اَلدَّمْقُرَطَة 女 al-damquraṭat アッ ダムクラタ	democratization ディマクラティゼイション
みんしゅしゅぎ **民主主義** minshushugi	دِمُقْرَاطِيَّة 女 dimuqrāṭīyat ディムクラーティーヤ	democracy ディマクラスィ
みんぞく **民族** minzoku	قَوْم 集 qaum カウム	race, nation レイス, ネイション
みんと **ミント** minto	نَعْنَاع 男 naʿnāʿ ナアナーウ	mint ミント
みんぽう **民法** minpou	قَانُون مَدَنِيّ 男 qānūn madanīy カーヌーン マダニー	civil law スィヴィル ロー
みんわ **民話** minwa	قِصَّة فُلْكُلُورِيَّة 女 ; قِصَّة شَعْبِيَّة 女 qiṣṣat fulkulūrīyat, qiṣṣat shaʿbīyat キッサ フルクルーリーヤ, キッサ シャアビーヤ	folk tale フォウク テイル

む, ム

日	アラビア	英
む **無** mu	عَدَم 男 ʿadam アダム	nothing ナスィング

日	アラビア	英
むいしきに **無意識に** muishikini	بِلَا وَعْيٍ bi-lā waʿyin ビーラー **ワ**アイ	unconsciously アン**カ**ンシャスリ
むいちもんの **無一文の** muichimonno	بِلَا نُقُودٍ bi-lā nuqūdin ビーラー ヌ**ク**ード	penniless **ペ**ニレス
むいみな **無意味な** muimina	بِلَا مَعْنًى bi-lā maʿnā ビーラー **マ**アナー	meaningless **ミ**ーニングレス
むーるがい **ムール貝** muurugai	بَلَحُ ٱلْبَحْرِ 男 balaḥu al-baḥri **バ**ラフル **バ**フル	mussel **マ**サル
むえきな **無益な** muekina	بِلَا فَائِدَةٍ ; غَيْر مُفِيدٍ ghair mufīdin, bi-lā fāʾidatin ガイル ム**フィ**ード，ビーラー **ファ**ーイダ	futile **フュ**ートル
むかいあう **向かい合う** mukaiau	تَوَاجَهَ 〔完〕 ,يَتَوَاجَهُ yatawājahu, tawājaha ヤタ**ワ**ージャフ，タ**ワ**ージャハ	face **フェ**イス
むかいがわ **向かい側** mukaigawa	جِهَة مُقَابِلَة 男 jihat muqābilat **ジ**ハ ム**カ**ービラ	opposite side **ア**ポズィト **サ**イド
むがいな **無害な** mugaina	غَيْر مُؤْذٍ ghair muʾdhin ガイル **ム**ウズ	harmless **ハ**ームレス
むかう **向かう**　(進む) mukau	اِتَّجَهَ إِلَى 〔完〕 ,يَتَّجِهُ إِلَى yattajihu ʾilā, ittajaha ʾilā **ヤ**ッタジフ イラー，**イ**ッタジャハ イラー	go to, leave for **ゴ**ウ トゥ，**リ**ーヴ フォ
(面する)	وَاجَهَ 〔完〕 ,يُوَاجِهُ yuwājihu, wājaha ユ**ワ**ージフ，**ワ**ージャハ	face, look on **フェ**イス，**ル**ク オン
むかえる **迎える** mukaeru	اِسْتَقْبَلَ 〔完〕 ,يَسْتَقْبِلُ yastaqbilu, istaqbala ヤス**タ**クビル，イス**タ**クバラ	meet, welcome **ミ**ート，**ウェ**ルカム
むかし **昔**　(ずっと前) mukashi	زَمَان 男 zamān ザ**マ**ーン	long ago **ロ**ーング ア**ゴ**ウ

日	アラビア	英
(古い時代)	اَلْأَيَّامُ ٱلْخَوَالِي 複 al-ʾaiyāmu al-khawālī アル アイヤームル ハワーリー	old times オウルド タイムズ
(過去)	اَلْمَاضِي 男 al-māḍī アル マーディー	the past ザ パスト
むかつく **むかつく** (腹が立つ) mukatsuku	مُزْعِج muzʿij ムズイジュ	(get) disgusted (ゲト) ディスガステド
むかで **百足** mukade	أُمّ أَرْبَعَة وَأَرْبَعِين 女 ʾummu ʾarbaʿat wa-ʾarbaʿīna ウンム アルバア ワ-アルバイーナ	centipede センティピード
むかんけいな **無関係な** mukankeina	غَيْر ذِي صِلَةٍ بِ ghair dhī ṣilatin bi ガイル ズィー スィラ ビ	irrelevant イレレヴァント
(無関係である)	لَا عَلَاقَةَ لَهُ بِ lā ʿalāqata la-hu bi ラー アラーカ ラ-フ ビ	have nothing to do with ハブ ナッスィング トゥ ドゥー ウィズ
むかんしん **無関心** mukanshin	لَا مُبَالَاة 女 lā mubālāt ラー ムバーラー	indifference インディファレンス
～な	غَيْر مُبَالٍ بِ ghair mubālin bi ガイル ムバール ビ	indifferent インディファレント
むき **向き** muki	اِتِّجَاه 男 ittijāh イッティジャーフ	direction ディレクション
むぎ **麦** (小麦) mugi	قَمْح 男 qamḥ カムフ	wheat (ホ)ウィート
(大麦)	شَعِير 集 shaʿīr シャイール	barley バーリ

む

日	アラビア	英
むきげんの **無期限の** mukigenno	**غَير مُحَدَّدٍ** ghair muḥaddadin ガイル ムハッダド	indefinite インデフィニト
むきだしの **剥き出しの** mukidashino	**مَكْشُوف** makshūf マクシューフ	bare, naked ベア, ネイキド
むきちょうえき **無期懲役** mukichoueki	**سِجْن مُؤَبَّد** 〔男〕 sijn muʾabbad スィジュン ムアッバド	life imprisonment ライフ インプリズンメント
むきりょくな **無気力な** mukiryokuna	**خَامِل** khāmil ハーミル	inactive, lazy イナクティヴ, レイズィ
むきんの **無菌の** mukinno	**خَالٍ مِنَ ٱلْجَرَاثِيمِ** khālin min al-jarāthīmi ハーリン ミナル ジャラースィーム	germ-free チャームフリー
むく **向く** (適する) muku	**مُنَاسِب ; يُنَاسِبُ,** 〔完〕 **نَاسَبَ** munāsib, yunāsibu, nāsaba ムナースィブ, ユナースィブ, ナーサバ	suit スート
(面する)	**يُوَاجِهُ,** 〔完〕 **وَاجَهَ** yuwājihu, wājaha ユワージフ, ワージャハ	turn to face ターン トゥ フェイス
むく **剥く** muku	**يُقَشِّرُ,** 〔完〕 **قَشَّرَ** yuqashshiru, qashshara ユカッシル, カッシャラ	peel, pare ピール, ペア
むくいる **報いる** mukuiru	**يُكَافِئُ,** 〔完〕 **كَافَأَ** yukāfiʾu, kāfaʾa ユカーフィウ, カーファア	repay, reward リペイ, リウォード
むくちな **無口な** mukuchina	**قَلِيلُ ٱلْكَلَامِ** qalīlu al-kalāmi カリールル カラーム	taciturn, silent タスィターン, サイレント
むけいの **無形の** mukeino	**غَير مَلْمُوسٍ** ghair malmūsin ガイル マルムース	intangible インタンヂブル
むける **向ける** mukeru	**يُوَجِّهُ,** 〔完〕 **وَجَّهَ** yuwajjihu, wajjaha ユワッジフ, ワッジャハ	turn to, direct to ターン トゥ, ディレクト トゥ

日	アラビア	英
むげんの **無限の** mugenno	بِلَا نِهَايَةٍ bi-lā nihāyatin ビ-ラー ニハーヤ	infinite インフィニト
むこう **向こう** (反対側) mukou	جِهَة مُقَابِلَة 男 jihat muqābilat ジハ ムカービラ	opposite side アポズィト サイド
むこう **無効** mukou	بُطْلَان 男 buṭlān ブトラーン	invalidity インヴァリディティ
～の	بَاطِل bāṭil バーティル	invalid インヴァリド
むこうみずな **向こう見ずな** mukoumizuna	مُتَهَوِّر mutahauwir ムタハウウィル	reckless レクレス
むこくせきの **無国籍の** mukokusekino	عَدِيمُ ٱلْجِنْسِيَّةِ ʿadīmu al-jinsīyati アディームル ジンスィーヤ	stateless ステイトレス
むごん **無言** mugon	صَمْت 男 ṣamt サムト	silence, mum サイレンス, マム
むざい **無罪** muzai	بَرَاءَة 女 barāʾat バラーア	innocence イノセンス
むし **虫** mushi	حَشَرَة 女 ḥasharat ハシャラ	insect インセクト
(みみずの類)	دُودَة 女 dūdat ドゥーダ	worm ワーム
むしあつい **蒸し暑い** mushiatsui	حَارّ وَرَطْب ḥārr wa-raṭb ハーッル ワ-ラトブ	hot and humid ハト アンド ヒューミド
むしする **無視する** mushisuru	يَتَجَاهَلُ, [完] تَجَاهَلَ yatajāhalu, tajāhala ヤタジャーハル, タジャーハラ	ignore イグノー

日	アラビア	英
むした **蒸した** mushita	**اَلْمَطْهُوّ عَلَى ٱلْبُخَارِ** al-maṭhūw ʿalā al-bukhāri アル マト**フ**ーウ アラル ブ**ハ**ール	steamed ス**ティ**ームド
むじつ **無実** mujitsu	**بَرَاءَة** 女 barāʾat バ**ラ**ーア	innocence **イ**ノセンス
〜の	**بَرِيء** barīʾ バ**リ**ーウ	innocent **イ**ノセント
むしば **虫歯** mushiba	**أَسْنَان فَاسِدَة** 複 ; **تَسَوُّسُ ٱلْأَسْنَانِ** 男 ʾasnān fāsidat, tasauwusu al-ʾasnāni アス**ナ**ーン **ファ**ースィダ，タ**サ**ッウスル アス**ナ**ーン	cavity, tooth decay **キャ**ヴィティ，**トゥ**ース ディ**ケ**イ
むしめがね **虫眼鏡** mushimegane	**عَدَسَة مُكَبِّرَة** 女 ʿadasat mukabbirat **ア**ダサ ム**カ**ッビラ	magnifying glass **マ**グニファイイング **グ**ラス
むじゃきな **無邪気な** mujakina	**بَرِيء** barīʾ バ**リ**ーウ	innocent **イ**ノセント
むじゅん **矛盾** mujun	**تَنَاقُض** 男 tanāquḍ タ**ナ**ークド	contradiction カントラ**ディ**クション
〜する	**تَنَاقَضَ** 〔完〕, **يَتَنَاقَضُ** yatanāqaḍu, tanāqaḍa ヤタ**ナ**ーカドゥ，タ**ナ**ーカダ	(be) inconsistent with (ビ) インコン**スィ**ステント ウィズ
むじょうけんの **無条件の** mujoukenno	**غَيْر مَشْرُوطٍ** ghair mashrūṭin ガイル マシュ**ル**ート	unconditional アンコン**ディ**ショナル
むじょうな **無情な** mujouna	**عَدِيمُ ٱلرَّحْمَةِ** ʿadīmu al-raḥmati ア**ディ**ームッ **ラ**フマ	heartless, cold **ハ**ートレス，**コ**ウルド
むしょうの **無償の** mushouno	**مَجَّانِيّ** majjānīy マッ**ジャ**ーニー	gratis, voluntary グ**ラ**ティス，**ヴァ**ランテリ

日	アラビア	英
むしょくの **無職の** mushokuno	بَطَّال ; عَاطِل ʿāṭil, baṭṭāl アーティル，バッタール	without occupation ウィザウト アキュペイション
むしょくの **無色の** mushokuno	عَدِيمُ ٱللَّوْنِ ʿadīmu al-launi アディームッ ラウヌ	colorless, Ⓑcolourless カラレス，カラレス
むしる **むしる** mushiru	نَتَفَ〔完〕, يَنْتِفُ yantifu, natafa ヤンティフ，ナタファ	pluck, pick プラク，ピク
むしろ **むしろ** mushiro	بَلْ bal バル	rather than ラザ ザン
むしんけいな **無神経な** （関心のない） mushinkeina	غَيْر مُبَالٍ بِ ghair mubālin bi ガイル ムバール ビ	insensitive インセンスィティヴ
むじんぞうの **無尽蔵の** mujinzouno	اَلَّذِي لَا يَنْضُبُ alladhī lā yanḍubu アッラズィー ラー ヤンドゥブ	inexhaustible イニグゾースティブル
むじんとう **無人島** mujintou	جَزِيرَة غَيْر مَأْهُولَةٍ 女 jazīrat ghair maʾhūlatin ジャズィーラ ガイル マアフーラ	uninhabited island, desert island アニンハビテド アイランド，デザト アイランド
むしんろん **無神論** mushinron	إِلْحَاد 男 ʾilḥād イルハード	atheism エイスィイズム
むす **蒸す** musu	يَطْهَى عَلَى ٱلْبُخَارِ, طَهَى عَلَى ٱلْبُخَارِ〔完〕 yaṭhā ʿalā al-bukhāri, ṭahā ʿalā al-bukhāri ヤトハー アラル ブハール，タハー アラル ブハール	steam スティーム
むすうの **無数の** musuuno	لَا يُعَدُّ lā yuʿaddu ラー ユアッドゥ	innumerable イニューマラブル
むずかしい **難しい** muzukashii	صَعْب ṣaʿb サアブ	difficult, hard ディフィカルト，ハード

日	アラビア	英
むすこ **息子** musuko	اِبْن 男, 複 أَبْنَاء ; وَلَد 男, 複 أَوْلَاد ibn, ʾabnāʾ, walad, ʾaulād イブン, アブナーウ, ワラド, アウラード	son サン
むすびつく **結び付く** (一緒になる) musubitsuku	يَرْتَبِطُ, 〔完〕 اِرْتَبَطَ yartabiṭu, irtabaṭa ヤルタビトゥ, イルタバタ	(be) tied up with, bond together (ビ) タイド アプ ウィズ, バンド トゲザ
(関連する)	يَتَّصِلُ بِ, 〔完〕 اِتَّصَلَ بِ ; يَرْتَبِطُ بِ, 〔完〕 اِرْتَبَطَ بِ yattaṣilu bi, ittaṣala bi, yartabiṭu bi, irtabaṭa bi ヤッタスィル ビ, イッタサラ ビ, ヤルタビトゥ ビ, イルタバタ ビ	link, (be) related to リンク, (ビ) リレイテド トゥ
(結果になる)	يُؤَدِّي إِلَى, 〔完〕 أَدَّى إِلَى yuʾaddī ʾilā, ʾaddā ʾilā ユアッディー イラー, アッダー イラー	result in リザルト イン
むすびめ **結び目** musubime	عُقْدَة 女 ʿuqdat ウクダ	knot ナト
むすぶ **結ぶ** musubu	يَرْبِطُ, 〔完〕 رَبَطَ yarbiṭu, rabaṭa ヤルビトゥ, ラバタ	tie, bind タイ, バインド
(つなぐ)	يَرْبِطُ بِ, 〔完〕 رَبَطَ بِ yarbiṭu bi, rabaṭa bi ヤルビトゥ ビ, ラバタ ビ	link with リンク ウィズ
(締結する)	يَعْقِدُ, 〔完〕 عَقَدَ yaʿqidu, ʿaqada ヤアキドゥ, アカダ	make, conclude メイク, コンクルード
むすめ **娘** musume	اِبْنَة 女 ; بِنْت 女, 複 بَنَات ibnat, bint, banāt イブナ, ビント, バナート	daughter ドータ
むせいげんの **無制限の** museigenno	غَيْر مَحْدُودٍ ghair maḥdūdin ガイル マフドゥード	free, unrestricted フリー, アンリストリクテド

日	アラビア	英
むせきにんな **無責任な** musekininna	**غَيْر مَسْؤُولٍ** ghair masʾūlin ガイル マス**ウ**ール	irresponsible イリス**パ**ンスィブル
むせん **無線** musen	**لَاسِلْكِيّ** 男 lāsilkīy **ラ**ースィルキー	wireless **ワ**イアレス
むだ **無駄** （時間の浪費） muda	**ضِيَاعُ ٱلْوَقْتِ** 男 ḍiyāʿu al-waqti ディ**ヤ**ーウル **ワ**クト	a waste of time ア **ウェ**イスト オブ タイム
（浪費）	**هَدْر** 男 hadr **ハ**ドル	waste **ウェ**イスト
～な	**غَيْر مُفِيدٍ ; بِلَا فَائِدَةٍ** ghair mufīdin, bi-lā fāʾidatin ガイル ム**フィ**ード，ビ-ラー **ファ**ーイダ	useless, futile **ユ**ースレス，**フュ**ートル
むだんで **無断で** （許可なく） mudande	**بِدُونِ إِذْنٍ** bi-dūni ʾidhnin ビ-**ドゥ**ーニ **イ**ズン	without notice ウィザウト **ノ**ウティス
（事前に知らせることなく）	**بِدُونِ إِخْطَارٍ مُسَبَّقٍ** bi-dūni ʾikhṭārin musabbaqin ビ-**ドゥ**ーニ イフ**タ**ール ム**サ**ッバク	without an advanced notice ウィザウト アン アド**ヴァ**ンスト **ノ**ウティス
むちな **無知な** muchina	**جَاهِل** jāhil **ジャ**ーヒル	ignorant **イ**グノラント
むちゃな **無茶な** muchana	**غَيْر مَعْقُولٍ** ghair maʿqūlin ガイル マア**ク**ール	unreasonable アン**リ**ーズナブル
むちゅうである **夢中である** muchuudearu	**مَجْنُون بِ** majnūn bi マジュ**ヌ**ーン ビ	(be) absorbed in (ビ) アブ**ソ**ーブド イン
（専念している）	**مُنْهَمِك فِي** munhamik fī **ム**ンハミク フィー	(be) absorbed in (ビ) アブ**ソ**ーブド イン

日	アラビア	英
むとんちゃくな **無頓着な** mutonchakuna	غَيْر مُبَالٍ بِ ghair mubālin bi ガイル ム**バ**ール ビ	indifferent インディファレント
むね **胸** mune	صَدْر 男 ṣadr **サ**ドル	breast, chest **ブ**レスト, **チェ**スト
むねやけ **胸焼け** muneyake	حَرْقَةُ ٱلْفُؤَادِ 女 ḥarqatu al-fuʾādi **ハ**ルカトゥル フ**ア**ード	heartburn **ハ**ートバーン
むのうな **無能な** munouna	غَيْر قَادِرٍ ghair qādirin ガイル **カ**ーディル	incompetent イン**カ**ンピテント
むほうな **無法な** muhouna	غَيْر شَرْعِيّ ghair sharʿīyin ガイル **シャ**ルイー	unjust, unlawful アン**チャ**スト, アン**ロ**ーフル
むぼうな **無謀な** mubouna	مُتَهَوِّر mutahauwir ムタ**ハ**ウウィル	reckless **レ**クレス
むほん **謀反** muhon	تَمَرُّد 男 tamarrud タ**マ**ッルド	rebellion リ**ベ**リオン
むめいの **無名の** mumeino	مَجْهُول majhūl マジュ**フ**ール	nameless, unknown **ネ**イムレス, アン**ノ**ウン
(有名ではない)	غَيْر مَشْهُورٍ ghair mashhūrin ガイル マシュ**フ**ール	unknown アン**ノ**ウン
むら **村** mura	قَرْيَة 女, 複 قُرًى qaryat, quran **カ**ルヤ, **ク**ラン	village **ヴィ**リヂ
むらがる **群がる** muragaru	يَحْتَشِدُ, 〔完〕 اِحْتَشَدَ yaḥtashidu, iḥtashada **ヤ**フタシドゥ, **イ**フタシャダ	gather, flock **ギャ**ザ, フ**ラ**ク
むらさきいろ **紫色** murasakiiro	أُرْجُوَانِيّ ʾurjuwānīy ウルジュ**ワ**ーニー	purple, violet **パ**ープル, **ヴァ**イオレト

日	アラビア	英
むりな **無理な** murina	**غَيْر مَعْقُولٍ ; مُسْتَحِيل** mustaḥīl, ghair maʿqūlin ムスタ**ヒ**ール，ガイル マア**ク**ール	impossible イン**パ**スィブル
むりょうの **無料の** muryouno	**مَجَّان** majjān マッ**ジャ**ーン	free フ**リ**ー
むりょくな **無力な** muryokuna	**عَاجِز, عَوَاجِزُ** 複〈二段〉 ʿājiz, ʿawājizu **ア**ージズ，ア**ワ**ージズ	powerless **パ**ウアレス
むれ **群れ** mure	**حَشْد** 男 **; مَجْمُوعَة** 女 ḥashd, majmūʿat **ハ**シュド，マジュ**ム**ーア	group, crowd グ**ル**ープ，ク**ラ**ウド

め，メ

日	アラビア	英
め **目** me	**عَيْن** 女**,** 複 **عُيُون** ʿain, ʿuyūn **ア**イン，ウ**ユ**ーン	eye **ア**イ
め **芽** me	**بُرْعُم** 男**,** 複 **بَرَاعِمُ**〔二段〕 burʿum, barāʿimu **ブ**ルウム，バ**ラ**ーイム	sprout, bud スプ**ラ**ウト，**バ**ド
めあて **目当て** meate	**غَرَض** 男**,** 複 **أَغْرَاض** gharaḍ, ʾaghrāḍ **ガ**ラド，アグ**ラ**ード	aim, objective **エ**イム，オブ**チェ**クティヴ
めい **姪** （兄弟の娘） mei	**بِنْتُ ٱلْأَخِ** 女 bintu al-ʾakhi **ビ**ントゥル **ア**フ	niece **ニ**ース
（姉妹の娘）	**بِنْتُ ٱلْأُخْتِ** 女 bintu al-ʾukhti **ビ**ントゥル **ウ**フト	niece **ニ**ース
めいあん **名案** meian	**فِكْرَة جَيِّدَة** 女 fikrat jaiyidat **フィ**クラ **ジャ**イイダ	good idea **グ**ド アイ**ディ**ーア
めいおうせい **冥王星** meiousei	**بُلُوتُو** 男 bulūtū ブ**ル**ートゥー	Pluto プ**ル**ートウ

日	アラビア	英
めいかいな 明快な meikaina	وَاضِح wāḍiḥ ワーディフ	clear, lucid クリア, ルースィド
めいかくな 明確な meikakuna	وَاضِح wāḍiḥ ワーディフ	clear, accurate クリア, アキュレト
めいぎ 名義 meigi	اِسْم 男 ism イスム	name ネイム
めいさい 明細 meisai (詳細)	تَفَاصِيلُ 男〔二段〕 tafāṣīlu タファースィール	details ディーテイルズ
〜書	بَيَان تَفْصِيلِيّ 男 bayān tafṣīlīy バヤーン タフスィーリー	detailed statement ディーテイルド ステイトメント
めいさく 名作 meisaku	رَوَائِعُ 複〔二段〕 rawāʾiʿu ラワーイウ	masterpiece マスタピース
(文学の)	رَوَائِعُ ٱلْأَدَبِ 複 rawāʾiʿu al-ʾadabi ラワーイウル アダブ	masterpiece マスタピース
めいし 名刺 meishi	بِطَاقَة شَخْصِيَّة 女 biṭāqat shakhṣīyat ビターカ シャフスィーヤ	business card ビズネス カード
めいし 名詞 meishi	اِسْم 男 ism イスム	noun ナウン
めいしょ 名所 meisho	مَعَالِمُ 複〔二段〕 maʿālimu マアーリム	noted place, notable sights ノウテド プレイス, ノウタブル サイツ
めいしん 迷信 meishin	خُرَافَة 女 khurāfat フラーファ	superstition スーパスティション

め

日	アラビア	英
めいじん **名人** meijin	خَبِير 男, 複 خُبَرَاءُ〔二段〕 khabīr, khubarāʾu ハビール，フバラーウ	master, expert マスタ，エクスパート
めいせい **名声** meisei	شُهْرَة 女 shuhrat シュフラ	fame, reputation フェイム，レピュテイション
めいそう **瞑想** meisou	تَأَمُّل 男 taʾammul タアンムル	meditation メディテイション
めいちゅうする **命中する** meichuusuru	يُصِيبُ, 〔完〕 أَصَابَ yuṣību, ʾaṣāba ユスィーブ，アサーバ	hit ヒト
めいはくな **明白な** meihakuna	وَاضِح wāḍiḥ ワーディフ	clear, evident クリア，エヴィデント
めいぼ **名簿** meibo	قَائِمَة بِأَسْمَاءٍ 女 qāʾimat bi-ʾasmāʾin カーイマ ビ-アスマーウ	list of names リスト オヴ ネイムズ
めいめい **銘々** meimei	كُلّ 男 kull クッル	each, everyone イーチ，エヴリワン
めいよ **名誉** meiyo	شَرَف 男 sharaf シャラフ	honor, Ⓑhonour アナ，アナ
～棄損	تَشْهِير 男 tashhīr タシュヒール	libel, slander ライベル，スランダ
めいりょうな **明瞭な** meiryouna	وَاضِح wāḍiḥ ワーディフ	clear, plain クリア，プレイン
めいれい **命令** meirei	أَمْر 男, 複 أَوَامِرُ〔二段〕 ʾamr, ʾawāmiru アムル，アワーミル	order, command オーダ，コマンド
～する	يَأْمُرُ, 〔完〕 أَمَرَ yaʾmuru, ʾamara ヤアムル，アマラ	order オーダ

日	アラビア	英
めいろ **迷路** meiro	**مُتاهَة** [女] mutāhat ムターハ	maze, labyrinth メイズ, ラビリンス
めいわく **迷惑** meiwaku	**إِزْعَاج** [男] ; **مَتَاعِبُ** [男] ʾizʿāj, matāʿibu イズアージュ, マターイブ	trouble, nuisance トラブル, ニュースンス
めーかー **メーカー** meekaa	**شَرِكَة مُنْتِجَة** [女] sharikat muntijat シャリカ ムンティジャ	maker, manufacturer メイカ, マニュファクチャラ
めーたー **メーター** meetaa	**عَدَّاد** [女] ʿaddād アッダード	meter ミータ
めーとる **メートル** meetoru	**مِتْر** [男], **أَمْتَار** [複] mitr, ʾamtār ミトル, アムタール	meter, Ⓑmetre ミータ, ミータ
めかくし **目隠し** mekakushi	**عِصَابَةُ ٱلْعَيْنَيْنِ** [女] ʿiṣābatu al-ʿainaini イサーバトゥル アイナイニ	blindfold ブラインドフォウルド
めかた **目方** mekata	**وَزْن** [男] wazn ワズン	weight ウェイト
めかにずむ **メカニズム** mekanizumu	**آلِيَّة** [女] ʾālīyat アーリーヤ	mechanism メカニズム
めがね **眼鏡** megane	**نَظَّارَة** [女] naẓẓārat ナッザーラ	glasses グラスィズ
めがへるつ **メガヘルツ** megaherutsu	**مِيغَاهِرْتْز** [男] mīghāhirtuz ミーガーヒルトズ	megahertz メガハーツ
めがみ **女神** megami	**إِلَاهَة** [女] ʾilāhat イラーハ	goddess ガデス
めきしこ **メキシコ** mekishiko	**اَلْمَكْسِيك** [女] al-maksīk アル マクスィーク	Mexico メクスィコウ

め

日	アラビア	英
めきめき **めきめき** mekimeki	بِشَكْلٍ مَلْحُوظٍ bi-shaklin malḥūẓin ビーシャクル マルフーズ	rapidly, markedly ラピドリ, マーケドリ
めぐすり **目薬** megusuri	قَطْرَةُ ٱلْعَيْنِ 〔女〕 qaṭratu al-ʿaini カトラトゥル アイン	eye drops アイ ドラプス
めぐみ **恵み** (恩恵) megumi	نِعْمَة 〔女〕 niʿmat ニウマ	favor, Ⓑfavour フェイヴァ, フェイヴァ
(天恵)	بَرَكَة 〔女〕 barakat バラカ	blessing ブレスィング
めぐらす **巡らす** (囲む) megurasu	يُحِيطُ, 〔完〕 أَحَاطَ yuḥīṭu, ʾaḥāṭa ユヒートゥ, アハータ	surround サラウンド
(案出する)	يُفَكِّرُ فِي, 〔完〕 فَكَّرَ فِي yufakkiru fī, fakkara fī ユファッキル フィー, ファッカラ フィー	work out, devise ワーク アウト, ディヴァイズ
(回顧する)	يَسْتَعِيدُ, 〔完〕 اِسْتَعَادَ yastaʿīdu, istaʿāda ヤスタイードゥ, イスタアーダ	look back on, think about ルク バク オン, スィンク アバウト
めくる **めくる** (ページを) mekuru	يَتَصَفَّحُ, 〔完〕 تَصَفَّحَ yataṣaffaḥu, taṣaffaḥa ヤタサッファフ, タサッファハ	turn over, flip ターン オウヴァ, フリプ
めぐる **巡る** (周囲を回る) meguru	يَتَجَوَّلُ, 〔完〕 تَجَوَّلَ yatajauwalu, tajauwala ヤタジャウワル, タジャウワラ	go around ゴウ アラウンド
(巡回する)	يَتَجَوَّلُ, 〔完〕 تَجَوَّلَ yatajauwalu, tajauwala ヤタジャウワル, タジャウワラ	travel around トラヴル アラウンド
(関連する)	يَتَعَلَّقُ بِ, 〔完〕 تَعَلَّقَ بِ yataʿallaqu bi, taʿallaqa bi ヤタアッラク ビ, タアッラカ ビ	concern コンサーン

日	アラビア	英
めざす **目指す** mezasu	**يَهْدُفُ إِلَى**, 〔完〕**هَدَفَ إِلَى** yahdufu ʾilā, hadafa ʾilā ヤフドゥフ イラー, ハダファ イラー	aim at エイム アト
めざましい **目覚ましい** mezamashii	**مَلْحُوظ** malḥūẓ マルフーズ	remarkable リマーカブル
めざましどけい **目覚まし時計** mezamashidokei	**مُنَبِّه** 男 munabbih ムナッビフ	alarm clock アラーム クラク
めざめる **目覚める** mezameru	**يَسْتَيْقِظُ**, 〔完〕**اِسْتَيْقَظَ** yastaiqiẓu, istaiqaẓa ヤスタイキズ, イスタイカザ	awake アウェイク
めしべ **雌しべ** meshibe	**مِدَقَّةُ ٱلزُّهْرَةِ** 女 midaqqatu al-zuhrati ミダッカトゥッ ズフラ	pistil ピスティル
めじるし **目印** mejirushi	**عَلَامَة** 女 ʿalāmat アラーマ	sign, mark サイン, マーク
めす **雌** mesu	**أُنْثَى** 女 ʾunthā ウンサー	female フィーメイル
めずらしい **珍しい** mezurashii	**نَادِر** nādir ナーディル	unusual, rare アニュージュアル, レア
めだつ **目立つ** (注意をひく) medatsu	**يَلْفِتُ ٱلنَّظَرَ** yalfitu al-naẓara ヤルフィトゥン ナザラ	(be) conspicuous (ビ) コンスピキュアス
めだま **目玉** medama	**مُقْلَةُ ٱلْعَيْنِ** 女 muqlatu al-ʿaini ムクラトゥル アイン	eyeball アイボール
～焼き	**بَيْضُ عُيُونٍ** 男 baiḍu ʿuyūnin バイドゥ ウユーン	sunny-side-up, fried egg サニーサイドアプ, フライド エグ

め

日	アラビア	英
めだる **メダル** medaru	مِيدَالِيَّة 女 mīdālīyat ミーダーリーヤ	medal メドル
めちゃくちゃな **めちゃくちゃな** mechakuchana	غَيْر مَعْقُولٍ ghair maʿqūlin ガイル マアクール	absurd アブサード
めっか **メッカ** mekka	مَكَّة 女 makkat マッカ	Mecca メカ
めっき **鍍金** mekki	طَلْي 男 ṭaly タルイ	plating プレイティング
めっせーじ **メッセージ** messeeji	رِسَالَة 女, 複 رَسَائِلُ〔二段〕 risālat, rasāʾilu リサーラ, ラサーイル	message メスィヂ
めったに **滅多に** mettani	نَادِرًا مَا nādiran mā ナーディラン マー	seldom, rarely セルドム, レアリ
めつぼうする **滅亡する** metsubousuru	يَنْحَطُّ, 完 اِنْحَطَّ yanḥaṭṭu, inḥaṭṭa ヤンハットゥ, インハッタ	go to ruin ゴウ トゥ ルーイン
めでぃあ **メディア** media	وَسَائِلُ ٱلْإِعْلَامِ 複 wasāʾilu al-ʾiʿlāmi ワサーイルル イウラーム	media ミーディア
めでたい **めでたい** （幸せな） medetai	سَعِيد saʿīd サイード	happy, celebratory ハピ, セレブレイトリ
めにゅー **メニュー** menyuu	قَائِمَة 女 qāʾimat カーイマ	menu メニュー
めのう **瑪瑙** menou	عَقِيق يَمَانِيّ 集 ʿaqīq yamānīy アキーク ヤマーニー	agate アガト
めばえる **芽生える** mebaeru	يَتَبَرْعَمُ, 完 تَبَرْعَمَ yatabarʿamu, tabarʿama ヤタバルアム, タバルアマ	sprout スプラウト

め

日	アラビア	英
（兆す）	يَنْشَأُ, [完] نَشَأَ yanshaʾu, nashaʾa ヤンシャウ，ナシャア	arise アライズ
めまい **目まい** memai	دَوْخَة 女 daukhat ダウハ	dizziness, vertigo ディズィネス，ヴァーティゴウ
めも **メモ** memo	مُذَكِّرَة 女 mudhakkirat ムザッキラ	memo メモウ
めもりー **メモリー** memorii	ذَاكِرَة 女 dhākirat ザーキラ	memory メモリ
めやす **目安**　（基準） meyasu	مِعْيَار 男 miʿyār ミウヤール	yardstick, standard ヤードスティク，スタンダド
めりーごーらうんど **メリーゴーラウンド** meriigooraundo	دَوَّامَةُ ٱلْخَيْلِ 女 dauwāmatu al-khaili ダウワーマトゥル ハイル	merry-go-round, carousel, Ⓑroundabout メリゴウラウンド，キャルセル，ラウンダバウト
めりっと **メリット** meritto	مِيزَة 女 mīzat ミーザ	merit メリト
めろでぃー **メロディー** merodii	نَغْم 男 ; لَحْن 男 naghm, laḥn ナグム，ラフン	melody メロディ
めろん **メロン** meron	شَمَّام 集 shammām シャンマーム	melon メロン
めん **綿** men	قُطْن 男 quṭn クトン	cotton カトン
めん **面**　（マスク・仮面） men	قِنَاع 男, 複 أَقْنِعَة qināʿ, ʾaqniʿat キナーウ，アクニア	mask マスク

め

日	アラビア	英
(側面)	جَانِب 男, 複 جَوَانِبُ〔二段〕; نَاحِيَة 女, 複 نَوَاحٍ〔二段〕 jānib, jawānibu, nāḥiyat, nawāḥin ジャーニブ, ジャワーニブ, ナーヒヤ, ナワーヒン	aspect, side アスペクト, サイド
(表面)	سَطْح 男, 複 سُطُوح saṭḥ, suṭūḥ サトフ, ストゥーフ	face, surface フェイス, サーフェス
めんえき **免疫** men-eki	مَنَاعَة 女 manāʿat マナーア	immunity イミューニティ
めんかい **面会** menkai	مُقَابَلَة 女 muqābalat ムカーバラ	interview インタヴュー
めんきょ **免許** menkyo	رُخْصَة 女, 複 رُخَص rukhṣat, rukhaṣ ルフサ, ルハス	license ライセンス
〜証	رُخْصَة 女, 複 رُخَص rukhṣat, rukhaṣ ルフサ, ルハス	license ライセンス
めんじょう **免状** menjou	شَهَادَة 女 shahādat シャハーダ	diploma, license ディプロウマ, ライセンス
めんしょくする **免職する** menshokusuru	يَطْرُدُ, 〔完〕 طَرَدَ yaṭrudu, ṭarada ヤトルドゥ, タラダ	dismiss ディスミス
めんじょする **免除する** menjosuru	يُعْفِي, 〔完〕 أَعْفَى yuʿfī, ʾaʿfā ユウフィー, アアファー	exempt イグゼンプト
めんする **面する** mensuru	يُوَاجِهُ, 〔完〕 وَاجَهَ yuwājihu, wājaha ユワージフ, ワージャハ	face on, look out on to フェイス オン, ルク アウト オン トゥ
めんぜい **免税** menzei	إِعْفَاء ضَرِيبِيّ 男 ʾiʿfāʾ ḍarībīy イウファーウ ダリービー	tax exemption タクス イグゼンプション

め

日	アラビア	英
～店	اَلسُّوق اَلْحُرَّة 女 al-sūq al-ḥurrat アッ スークル フッラ	duty-free shop デューティフリー シャプ
～品	اَلْبَضَائِع اَلْمُعْفَاة مِنَ اَلْجَمَارِكِ 複 al-baḍā'i' al-mu'fāt mina al-jamāriki アル バダーイウル ムウファー ミナル ジャマーリク	tax-free articles タクスフリー アーティクルズ
めんせき 面積 menseki	مِسَاحَة 女 misāḥat ミサーハ	area エアリア
めんせつ 面接 mensetsu	مُقَابَلَة 女 muqābalat ムカーバラ	interview インタヴュー
～試験	اِمْتِحَان شَفَوِيّ 男 imtiḥān shafawīy イムティハーン シャファウィー	personal interview パーソナル インタヴュー
めんてなんす メンテナンス mentenansu	صِيَانَة 女 ṣiyānat スィヤーナ	maintenance メインテナンス
めんどうな 面倒な mendouna	مُزْعِج muz'ij ムズイジュ	troublesome, difficult トラブルサム，ディフィカルト
めんどり 雌鶏 mendori	دَجَاج 集, دَجَاجَة 女 dajāj, dajājat ダジャージュ，ダジャージャ	hen ヘン
めんばー メンバー menbaa	عُضْو 男, أَعْضَاء 複 'uḍw, 'a'ḍā' ウドウ，アアダーウ	member メンバ
めんぼう 綿棒 menbou	مَسْحَة قُطْنِيَّة 女 masḥat quṭnīyat マスハ クトニーヤ	cotton swab カトン スワブ
めんみつな 綿密な menmitsuna	مُفَصَّل mufaṣṣal ムファッサル	meticulous メティキュラス

め

日	アラビア	英
めんもく **面目** menmoku	**كَرَامَة** 女 karāmat カラーマ	honor, credit アナ, クレディト
めんるい **麺類** menrui	**مَكَرُونة صِينِيَّة** 女 makarūnat ṣīnīyat マカルーナ スィーニーヤ	noodles ヌードルズ

も, モ

日	アラビア	英
もう **もう** (すでに) mou	**قَدْ** qad カド	already オールレディ
(すでに出発した)	**قَدْ غَادَرَ** qad ghādara カド ガーダラ	have already left ハヴ オールレディ レフト
(間もなく)	**حَالًا** ḥālan ハーラン	soon スーン
もうかる **儲かる** moukaru	**مُرْبِح** murbiḥ ムルビフ	(be) profitable (ビ) プラフィタブル
もうけ **儲け** mouke	**رِبْح** 男, 複 **أَرْبَاح** ribḥ, ʾarbāḥ リブフ, アルバーフ	profit, gains プラフィト, ゲインズ
もうける **儲ける** moukeru	**يَكْسِبُ**, 〔完〕**كَسَبَ** yaksibu, kasaba ヤクスィブ, カサバ	make a profit, gain メイク ア プラフィト, ゲイン
もうしあわせ **申し合わせ** moushiawase	**اِتِّفَاق** 男, 複 **اِتِّفَاقَات** ittifāq, ittifāqāt イッティファーク, イッティファーカート	agreement アグリーメント
もうしこみ **申し込み** (加入などの手続き) moushikomi	**طَلَب** 男, 複 **طَلَبَات** ṭalab, ṭalabāt タラブ, タラバート	application, subscription アプリケイション, サブスクリプション

も

日	アラビア	英
（要請・依頼）	طَلَب 男, 複 طَلَبَات ṭalab, ṭalabāt タラブ，タラバート	request リクウェスト
もうしこむ 申し込む （加入する・応募する） moushikomu	تَقَدَّمَ 〔完〕, يَتَقَدَّمُ بِطَلَبٍ بِطَلَبٍ yataqaddamu bi-ṭalabin, taqaddama bi-ṭalabin ヤタカッダム ビ-タラブ，タカッダマ ビ-タラブ	apply for, subscribe アプライ フォ，サブスクライブ
（依頼する）	تَقَدَّمَ 〔完〕, يَتَقَدَّمُ بِطَلَبٍ بِطَلَبٍ yataqaddamu bi-ṭalabin, taqaddama bi-ṭalabin ヤタカッダム ビ-タラブ，タカッダマ ビ-タラブ	request, ask for リクウェスト，アスク フォ
もうすぐ もうすぐ mousugu	قَرِيبًا qarīban カリーバン	soon スーン
もうすこし もう少し mousukoshi	قَلِيلًا qalīlan カリーラン	some more, a little more サム モー，ア リトル モー
もうそう 妄想 mousou	خَيَال 男 khayāl ハヤール	delusion ディルージョン
もうちょう 盲腸 mouchou	زَائِدَة دُودِيَّة 女 zā'idat dūdīyat ザーイダ ドゥーディーヤ	appendix アペンディクス
もうどうけん 盲導犬 moudouken	كَلْبُ مُرَافَقَةِ ٱلْمَكْفُوفِينَ kalbu murāfaqati al-makfūfīna カルブ ムラーファカティル マクフーフィーナ	seeing-eye dog, guide dog スィーイングアイ ドーグ，ガイド ドーグ
もうどく 猛毒 moudoku	سَمّ قَاتِل 男 samm qātil サンム カーティル	deadly poison デドリ ポイズン
もうふ 毛布 moufu	بَطَّانِيَّة 女 baṭṭānīyat バッターニーヤ	blanket ブランケト

日	アラビア	英
もうもくの **盲目の** moumokuno	**أَعْمَى** ʾaʿmā **ア**アマー	blind ブ**ラ**インド
もうれつな **猛烈な** mouretsuna	**عَنِيف** ʿanīf ア**ニ**ーフ	violent, furious **ヴァ**イオレント，**フュ**アリアス
もえる **燃える** moeru	**يَحْتَرِق، ［完］ اِحْتَرَق** yaḥtariqu, iḥtaraqa **ヤ**フタリク，**イ**フタラカ	burn, blaze **バ**ーン，ブ**レ**イズ
もーたー **モーター** mootaa	**مُحَرِّك** 男 muḥarrik ム**ハ**ッリク	motor **モ**ウタ
～ボート	**قَارِب بُخَارِيّ** qārib bukhārīy **カ**ーリブ ブ**ハ**ーリー	motorboat **モ**ウタボウト
もくげきする **目撃する** mokugekisuru	**يُشَاهِدُ، ［完］ شَاهَدَ** yushāhidu, shāhada ユ**シャ**ーヒドゥ，**シャ**ーハダ	see, witness **スィ**ー，**ウィ**トネス
もくざい **木材** mokuzai	**خَشَب** 集，複 **أَخْشَاب** khashab, ʾakhshāb **ハ**シャブ，アフ**シャ**ーブ	wood, lumber **ウ**ド，**ラ**ンバ
もくじ **目次** mokuji	**فِهْرِس** 男，複 **فَهَارِسُ** ［二段］ fihris, fahārisu **フィ**フリス，ファ**ハ**ーリス	(table of) contents (**テ**イブル オヴ) **カ**ンテンツ
もくせい **木星** mokusei	**اَلْمُشْتَرِي** 男 al-mushtarī アル **ム**シュタリー	Jupiter **デュ**ピタ
もくぞうの **木造の** mokuzouno	**خَشَبِيّ** khashabīy **ハ**シャビー	wooden **ウ**ドン
もくちょう **木彫** mokuchou	**حَفْر عَلَى خَشَبٍ** 男 ḥafr ʿalā khashabin **ハ**フル アラー **ハ**シャブ	wood carving **ウ**ド **カ**ーヴィング
もくてき **目的** mokuteki	**هَدَف** 男，複 **أَهْدَاف** hadaf, ʾahdāf **ハ**ダフ，アフ**ダ**ーフ	purpose **パ**ーパス

日	アラビア	英
～地	اَلْمَكَانُ ٱلْمَقْصُودُ 男 al-makānu al-maqṣūdu アル マカーヌル マクスード	destination デスティネイション
もくにんする 黙認する mokuninsuru	يَتَغَاضَى عَنْ, 〔完〕 تَغَاضَى عَنْ yataghāḍā ʿan, taghāḍā ʿan ヤタガーダー アン, タガーダー アン	give a tacit consent ギヴ ア タスィト コンセント
もくひけん 黙秘権 mokuhiken	حَقُّ ٱلصَّمْتِ 男 ḥaqqu al-ṣamti ハックッ サムト	(the) right to remain silent (ザ) ライト トゥ リメイン サイレント
もくひょう 目標 mokuhyou	هَدَف 男, 複 أَهْدَاف hadaf, ʾahdāf ハダフ, アフダーフ	mark, target マーク, ターゲト
もくもくと 黙々と mokumokuto	فِي صَمْتٍ fī ṣamtin フィー サムト	silently サイレントリ
もくようび 木曜日 mokuyoubi	يَوْمُ ٱلْخَمِيسِ 男 yaumu al-khamīsi ヤウムル ハミース	Thursday サーズデイ
もぐる 潜る moguru	يَغْطِسُ, 〔完〕 غَطَسَ yaghṭisu, ghaṭasa ヤグティス, ガタサ	dive into ダイヴ イントゥ
もくろく 目録 mokuroku	فِهْرِس 男, 複 فَهَارِسُ 〔二段〕 fihris, fahārisu フィフリス, ファハーリス	list, catalog, Ⓑcatalogue リスト, キャタローグ, キャタローグ
もけい 模型 mokei	نَمُوذَج مُصَغَّر 男 namūdhaj muṣaghghar ナムーザジュ ムサッガル	model マドル
もざいく モザイク mozaiku	فُسَيْفِسَاءُ 男 fusaifisāʾu フサイフィサーウ	mosaic モウゼイイク
もし もし moshi	إِذَا ʾidhā イザー	if イフ

も

日	アラビア	英
(実現性が低い)	لَوْ lau ラウ	if イフ
もじ **文字** moji	حَرْف 男, 複 حُرُوف ḥarf, ḥurūf ハルフ, フルーフ	letter, character レタ, キャラクタ
もしゃ **模写** mosha	نَسْخ 男 naskh ナスフ	copy カピ
もぞう **模造** mozou	تَقْلِيد 男 taqlīd タクリード	imitation イミテイション
もたらす **もたらす** motarasu	يَأْتِي بِ, 完 أَتَى بِ yaʾtī bi, ʾatā bi ヤアティー ビ, アター ビ	bring ブリング
もたれる **もたれる** motareru	يَسْتَنِدُ إِلَى, 完 اِسْتَنَدَ إِلَى yastanidu ʾilā, istanada ʾilā ヤスタニドゥ イラー, イスタナダ イラー	lean on, lean against リーン オン, リーン アゲンスト
もだんな **モダンな** modanna	عَصْرِيّ ʿaṣrīy アスリー	modern マダン
もちあげる **持ち上げる** mochiageru	يَرْفَعُ, 完 رَفَعَ yarfaʿu, rafaʿa ヤルファウ, ラファア	lift, raise リフト, レイズ
もちいる **用いる** mochiiru	يَسْتَخْدِمُ, 完 اِسْتَخْدَمَ yastakhdimu, istakhdama ヤスタフディム, イスタフダマ	use ユーズ
もちかえる **持ち帰る** mochikaeru	يَأْخُذُ..إِلَى ٱلْبَيْتِ, 完 أَخَذَ... إِلَى ٱلْبَيْتِ yaʾkhudhu...ʾilā al-bayiti, ʾakhadha...ʾilā al-bayiti ヤアフズ ... イラル バイト, アハザ ... イラル バイト	bring home ブリング ホウム
もちこたえる **持ちこたえる** mochikotaeru	يَتَحَمَّلُ, 完 تَحَمَّلَ yataḥammalu, taḥammala ヤタハンマル, タハンマラ	hold on, endure ホウルド オン, インデュア

日	アラビア	英
もちこむ **持ち込む** mochikomu	**حَمَلَ فِي** [完] **,يَحْمِلُ فِي** yaḥmilu fī, ḥamala fī ヤフミル フィー, ハマラ フィー	carry in キャリ イン
もちにげする **持ち逃げする** mochinigesuru	**هَرَبَ بِ** [完] **,يَهْرُبُ بِ** yahrubu bi, haraba bi ヤフルブ ビ, ハラバ ビ	go away with ゴウ アウェイ ウィズ
もちぬし **持ち主** mochinushi	**أَصْحَاب** 複 **,صَاحِب** 男 ṣāḥib, ʾaṣḥāb サーヒブ, アスハーブ	owner, proprietor オウナ, プラプライアタ
もちはこぶ **持ち運ぶ** mochihakobu	**حَمَلَ** [完] **,يَحْمِلُ** yaḥmilu, ḥamala ヤフミル, ハマラ	carry キャリ
もちもの **持ち物** (所持品) mochimono	**أَمْتِعَة** 複 ʾamtiʿat アムティア	belongings ビローンギングズ
もちろん **もちろん** mochiron	**طَبْعًا** ṭabʿan タブアン	of course オフ コース
もつ **持つ** (携帯している) motsu	**مَعَهُ** maʿa-hu マアーフ	have ハヴ
(所有している)	**مَلَكَ** [完] **,يَمْلِكُ ; عِنْدَهُ** ʿinda-hu, yamliku, malaka インダーフ, ヤムリク, マラカ	have, possess ハヴ, ポゼス
もっかんがっき **木管楽器** mokkangakki	**آلَاتُ ٱلنَّفْخِ ٱلْخَشَبِيَّة** 複 ʾālātu al-nafkhi al-khashabīyat アーラートン ナフヒル ハシャビーヤ	woodwind instrument ウドウィンド インストルメント
もっきん **木琴** mokkin	**زِيلُوفُون** 男 zīlūfūn ズィールーフーン	xylophone ザイロフォウン
もっていく **持って行く** motteiku	**أَخَذَ مَعَهُ** [完] **,يَأْخُذُ مَعَهُ** yaʾkhudhu maʿa-hu, ʾakhadha maʿa-hu ヤアフズ マアーフ, アハザ マアーフ	take, carry テイク, キャリ

日	アラビア	英
もってくる **持って来る** mottekuru	**أَحْضَرَ**〔完〕, **يُحْضِرُ** yuḥḍiru, ʾaḥḍara **ユ**フディル, **ア**フダラ	bring, fetch ブ**リ**ング, **フェ**チ
もっと **もっと** motto	**أَكْثَرُ** ʾaktharu **ア**クサル	more **モ**ー
もっとー **モットー** mottoo	**شِعَار** 男 shiʿār シ**ア**ール	motto **マ**トウ
もっとも **最も** mottomo	**اَلْأَكْثَرُ** al-ʾaktharu アル **ア**クサル	most **モ**ウスト
もっともな **もっともな** mottomona	**مَعْقُول** maʿqūl マア**ク**ール	reasonable, natural **リ**ーズナブル, **ナ**チュラル
もっぱら **専ら** moppara	**غَالِبًا مَا** ghāliban mā **ガ**ーリバン マー	chiefly, mainly **チ**ーフリ, **メ**インリ
もつれる **もつれる**（髪・糸が） motsureru	**تَشَابَكَ**〔完〕, **يَتَشَابَكُ** yatashābaku, tashābaka ヤタ**シャ**ーバク, タ**シャ**ーバカ	(be) tangled (ビ) **タ**ングルド
（混乱する）	**تَعَقَّدَ**〔完〕, **يَتَعَقَّدُ** yataʿaqqadu, taʿaqqada ヤタ**ア**ッカドゥ, タ**ア**ッカダ	(be) complicated (ビ) **カ**ムプリケイティド
もてなす **もてなす** motenasu	**أَكْرَمَ**〔完〕, **يُكْرِمُ** yukrimu, ʾakrama **ユ**クリム, **ア**クラマ	entertain エンタ**テ**イン
もでむ **モデム** modemu	**مُودِمْ** 男 mūdim **ム**ーディム	modem **モ**ウデム
もでる **モデル** moderu	**مُودِيل** 男 ; **طِرَاز** 男 mūdīl, ṭirāz ムー**ディ**ール, ティ**ラ**ーズ	model **マ**ドル
もと **本[基・元]**（基礎） moto	**أَسَاس** 男 ʾasās ア**サ**ース	foundation ファウン**デ**イション

日	アラビア	英
(起源)	أَصْل 男 ʾaṣl アスル	origin オーリヂン
もどす 戻す (元へ返す) modosu	أَعَادَ 完 ,يُعِيدُ yuʿīdu, ʾaʿāda ユイードゥ，アアーダ	return リターン
もとづく 基づく motozuku	اِسْتَنَدَ إِلَى 完 ,يَسْتَنِدُ إِلَى yastanidu ʾilā, istanada ʾilā ヤスタニドゥ イラー，イスタナダ イラー	come from カム フラム
(根拠とする)	عَلَى أَسَاسِ ʿalā ʾasāsi アラー アサース	(be) based on (ビ) ベイスト オン
(〜によれば)	طِبْقًا لِ ṭibqan li ティブカン リ	according to アコーディング トゥ
もとめる 求める (捜す) motomeru	بَحَثَ عَنْ 完 ,يَبْحَثُ عَنْ yabḥathu ʿan, baḥatha ʿan ヤブハス アン，バハサ アン	look for ルク フォ
(要求する)	طَلَبَ 完 ,يَطْلُبُ yaṭlubu, ṭalaba ヤトルブ，タラバ	ask, demand アスク，ディマンド
(欲する)	أَرَادَ 完 ,يُرِيدُ yurīdu, ʾarāda ユリードゥ，アラーダ	want ワント
もともと 元々 (元来) motomoto	أَصْلًا ʾaṣlan アスラン	originally オリヂナリ
もどる 戻る (引き返す) modoru	يَرْجِعُ, 完 عَادَ ; 完 ,يَعُودُ رَجَعَ 完 yaʿūdu, ʿāda, yarjiʿu, rajaʿa ヤウードゥ，アーダ，ヤルジウ，ラジャア	turn back ターン バク
(元に返る)	عَادَ 完 ,يَعُودُ yaʿūdu, ʿāda ヤウードゥ，アーダ	return, come back リターン，カム バク

も

日	アラビア	英
もなこ **モナコ** monako	مُونَاكُو 女 mūnākū ムーナークー	Monaco マナコウ
もの **物** mono	شَيْء 男, 複 أَشْيَاءُ shaiʾ, ʾashyāʾu シャイウ，アシュヤーウ	thing, object スィング，アブヂェクト
ものおき **物置** monooki	مَخْزَن 男, 複 مَخَازِنُ 〔二段〕 makhzan, makhāzinu マフザン，マハーズィン	storeroom ストールーム
ものおと **物音** monooto	صَوْت 男 ṣaut サウト	noise, sound ノイズ，サウンド
ものがたり **物語** monogatari	حِكَايَة 女 ḥikāyat ヒカーヤ	story ストーリ
ものくろの **モノクロの** monokurono	أُحَادِيُّ ٱللَّوْنِ ʾuḥādīyu al-launi ウハーディーユッ ラウヌ	monochrome, black-and-white マノクロウム，ブラク アンド (ホ)ワイト
ものごと **物事** monogoto	أُمُور 複 ʾumūr ウムール	things スィングズ
ものずきな **物好きな** monozukina	فُضُولِيّ fuḍūlīy フドゥーリー	curious キュアリアス
ものすごい **物凄い** monosugoi	عَجِيب ʿajīb アジーブ	wonderful, great ワンダフル，グレイト
(恐ろしい)	هَائِل hāʾil ハーイル	terrible, horrible テリブル，ホリブル
ものたりない **物足りない** monotarinai	غَيْر مُرْضٍ ghair murḍin ガイル ムルド	unsatisfactory アンサティスファクトリ

日	アラビア	英
ものまね **物真似** monomane	تَقْلِيد 男 taqlīd タクリード	impersonation インパーソネイション
ものれーる **モノレール** monoreeru	مُونُورِيل 男 mūnūrīl ムーヌーリール	monorail マノレイル
ものろーぐ **モノローグ** monoroogu	مُونُولُوج 男 mūnūlūj ムーヌールージュ	monologue マノローグ
ものわかりのよい **物分かりのよい** monowakarinoyoi	سَرِيعُ اَلْفَهْمِ sarīʿu al-fahmi サリーウル ファフム	sensible, understanding センスィブル, アンダスタンディング
もばいるの **モバイルの** mobairuno	مَحْمُول maḥmūl マフムール	mobile モウビル
もはん **模範** mohan	مِثَال 男 ; نَمُوذَج 男 mithāl, namūdhaj ミサール, ナムーザジュ	example, model イグザンプル, マドル
もほう **模倣** mohou	تَقْلِيد 男 taqlīd タクリード	imitation イミテイション
～する	قَلَّدَ 完, يُقَلِّدُ yuqallidu, qallada ユカッリドゥ, カッラダ	imitate イミテイト
もみのき **樅の木** mominoki	شُوح 男 shūḥ シューフ	fir tree ファー トリー
もむ **揉む** (肩などを) momu	دَلَّكَ 完, يُدَلِّكُ yudalliku, dallaka ユダッリク, ダッラカ	massage マサージ
もめごと **揉め事** momegoto	مُشْكِلَة 女 ; خِلَاف 男 mushkilat, khilāf ムシュキラ, ヒラーフ	quarrel, dispute クウォレル, ディスピュート
もも **腿** momo	فَخِذ 女, 複 أَفْخَاذ fakhidh, ʾafkhādh ファヒズ, アフハーズ	thigh サイ

も

日	アラビア	英
もも **桃** momo	**خَوْخ** 集, **خَوْخَة** 女 khaukh, khaukhat ハウフ, ハウハ	peach ピーチ
もや **靄** moya	**ضَبَاب خَفِيف** 男 ḍabāb khafīf ダバーブ ハフィーフ	haze, mist ヘイズ, ミスト
もやし **もやし** moyashi	**بَرَاعِمُ ٱلْفُولِ** 複 barāʿimu al-fūli バラーイムル フール	bean sprout ビーン スプラウト
もやす **燃やす** moyasu	**يُحْرِقُ**, 完 **أَحْرَقَ** yuḥriqu, ʾaḥraqa ユフリク, アフラカ	burn バーン
もよう **模様** moyou	**زَخْرَفَة** zakhrafat ザフラファ	pattern, design パタン, ディザイン
もよおす **催す** moyoosu	**يُقِيمُ**, 完 **أَقَامَ** yuqīmu, ʾaqāma ユキーム, アカーマ	hold, give ホウルド, ギヴ
もよりの **最寄りの** moyorino	**أَقْرَبُ** ʾaqrabu アクラブ	nearest ニアレスト
もらう **貰う** morau	**يَتَلَقَّى**, 完 **تَلَقَّى** yatalaqqā, talaqqā ヤタラッカー, タラッカー	get, receive ゲト, リスィーヴ
もらす **漏らす** morasu	**يُسَرِّبُ**, 完 **سَرَّبَ** yusarribu, sarraba ユサッリブ, サッラバ	leak リーク
(秘密を)	**يُسَرِّبُ**, 完 **سَرَّبَ** yusarribu, sarraba ユサッリブ, サッラバ	let out, leak レト アウト, リーク
もらる **モラル** moraru	**أَخْلَاق** 複 ʾakhlāq アフラーク	morals モラルズ
もり **森** mori	**غَابَة** 女 ghābat ガーバ	woods, forest ウヅ, フォレスト

日	アラビア	英
もる **盛る** moru	**يُكَوِّمُ، ‏[完] كَوَّمَ** yukauwimu, kauwama ユカウウィム, カウワマ	pile up パイル アプ
もるひね **モルヒネ** moruhine	**مُورْفِين** 男 mūrufīn ムールフィーン	morphine モーフィーン
もれる **漏れる** moreru	**يَتَسَرَّبُ، ‏[完] تَسَرَّبَ** yatasarrabu, tasarraba ヤタサッラブ, タサッラバ	leak, come through リーク, カム スルー
(秘密が)	**يَتَسَرَّبُ، ‏[完] تَسَرَّبَ** yatasarrabu, tasarraba ヤタサッラブ, タサッラバ	leak out リーク アウト
もろい **もろい** moroi	**ضَعِيف** ḍaʿīf ダイーフ	fragile, brittle フラヂル, ブリトル
もろっこ **モロッコ** morokko	**اَلْمَغْرِب** 男 al-maghrib アル マグリブ	Morocco モラコウ
もん **門** mon	**بَاب** 男, 複 **أَبْوَاب** bāb, ʾabwāb バーブ, アブワーブ	gate ゲイト
もんく **文句** monku	**شَكْوَى** 女 shakwā シャクワー	complaint コンプレイント
～を言う	**يَشْتَكِي، ‏[完] اِشْتَكَى** yashtakī, ishtakā ヤシュタキー, イシュタカー	complain コンプレイン
もんごる **モンゴル** mongoru	**مُنْغُولِيَا** 女 munghūliyā ムングーリヤー	Mongolia マンゴウリア
もんだい **問題** mondai	**مُشْكِلَة** 女 ; **قَضِيَّة** 女 mushkilat, qaḍīyat ムシュキラ, カディーヤ	question, problem クウェスチョン, プラブレム

や, ヤ

日	アラビア	英
や 矢 ya	سِهَام 男, 複 سَهْم sahm, sihām サフム, スィハーム	arrow アロウ
やーど ヤード yaado	يَارْدَة 女 yārdat ヤールダ	yard ヤード
やおちょう 八百長 yaochou	تَزْوِيرُ ; غِشّ فِي ٱللَّعِبِ 男 نَتِيجَةِ ٱلْمُبَارَاةِ 男 ghishsh fī al-laʿibi, tazwīru natījati al-mubārāti ギッシュ フィッ ライブ, タズウィール ナティージャティル ムバーラー	fixed game フィクスト ゲイム
やおや 八百屋 yaoya	دُكَّانُ ٱلْخُضَرِ 男 dukkānu al-khuḍari ドゥッカーヌル フダル	vegetable store, Ⓑgreengrocer's (shop) ヴェヂタブル ストー, グリーングロウサズ (シャプ)
やがいで 野外で yagaide	فِي ٱلْخَارِجِ fī al-khāriji フィル ハーリジ	outdoor, open-air アウトドー, オウプンエア
やがて やがて yagate	بَعْدَ قَلِيلٍ ; عَمَّا قَرِيبٍ ʿammā qarībin, baʿda qalīlin アンマー カリーブ, バアダ カリール	soon スーン
やかましい やかましい yakamashii	ضَوْضَاء ; مُزْعِج muzʿij, ḍauḍāʾ ムズイジュ, ダウダーウ	noisy, clamorous ノイズィ, クラモラス
やかん 夜間 yakan	لَيْلِيّ lailīy ライリー	night (time) ナイト (タイム)
やかん 薬缶 yakan	غَلَّايَة 女 ghallāyat ガッラーヤ	kettle ケトル

日	アラビア	英
やぎ 山羊 yagi	مَاعِز 男, 複 مَعِيز māʿiz, maʿīz マーイズ, マイーズ	goat ゴウト
～座	اَلْجَدْي 男 al-jady アル ジャドイ	Goat, Capricorn ゴウト, キャプリコーン
やきにく 焼き肉 yakiniku	لَحْم مَشْوِيّ 男 laḥm mashwīy ラフム マシュウィー	roast meat ロウスト ミート
やきもちをやく 焼き餅を焼く yakimochiwoyaku	يَشْعُرُ بِالْغَيْرَةِ, 〔完〕 شَعَرَ بِالْغَيْرَةِ yashʿuru bi-al-ghairati, shaʿara bi-al-ghairati ヤシュウル ビール ガイラ, シャアラ ビール ガイラ	(be) jealous of (ビ) チェラス オヴ
やきゅう 野球 yakyuu	كُرَةُ الْقَاعِدَةِ 女 ; بِيسْبُول 女 kuratu al-qāʿidati, bīsbūl クラトゥル カーイダ, ビースブール	baseball ベイスボール
やきん 夜勤 yakin	وَرْدِيَّة لَيْلِيَّة 女 wardīyat lailīyat ワルディーヤ ライリーヤ	night duty ナイト デューティ
やく 焼く (燃やす) yaku	يُحْرِقُ, 〔完〕 أَحْرَقَ yuḥriqu, ʾaḥraqa ユフリク, アフラカ	burn バーン
(肉・魚などを)	يَشْوِي, 〔完〕 شَوَى yashwī, shawā ヤシュウィー, シャワー	roast, broil, grill ロウスト, ブロイル, グリル
(パンなどを)	يَخْبِزُ, 〔完〕 خَبَزَ yakhbizu, khabaza ヤフビズ, ハバザ	bake ベイク
(日光で肌を)	يَعْمَلُ تَانْ, 〔完〕 عَمِلَ تَانْ yaʿmalu tān, ʿamila tān ヤアマル ターン, アミラ ターン	get tanned ゲト タンド
やく 役 (地位) yaku	وَظِيفَة 女, 複 وَظَائِفُ 〔二段〕 waẓīfat, waẓāʾifu ワズィーファ, ワザーイフ	post, position ポウスト, ポズィション

日	アラビア	英
(任務)	دَوْر 男, 複 أَدْوَار daur, ʾadwār ダウル, アドワール	duty, service デューティ, サーヴィス
(配役)	دَوْر 男, 複 أَدْوَار daur, ʾadwār ダウル, アドワール	part, role パート, ロウル
やく 約 yaku	تَقْرِيبًا; حَوَالَيْ taqrīban, ḥawālai タクリーバン, ハワーライ	about アバウト
やく 訳 yaku	تَرْجَمَة 女 tarjamat タルジャマ	reason, cause リーズン, コーズ
やくいん 役員 yakuin	مَسْؤُول رَفِيعُ ٱلْمُسْتَوَى 男; مَسْؤُول تَنْفِيذِيّ 男 masʾūlu rafīʿu al-mustawā, masʾūl tanfīzīy マスウール ラフィーウル ムスタワー, マスウール タンフィーズィー	officer, official オーフィサ, オフィシャル
やくがく 薬学 yakugaku	صَيْدَلَة 女 ṣaidalat サイダラ	pharmacy ファーマスィ
やくご 訳語 yakugo	تَرْجَمَة 女 tarjamat タルジャマ	translation トランスレイション
やくざ やくざ yakuza	اَلْمَافِيَا ٱلْيَابَانِيَّة 女 al-māfiyā al-yābānīyat アル マーフィヤル ヤーバーニーヤ	gangster ギャングスタ
やくざいし 薬剤師 yakuzaishi	صَيْدَلِيّ 男 ṣaidalīy サイダリー	pharmacist, druggist, Ⓑchemist ファーマスィスト, ドラギスト, ケミスト
やくしゃ 役者 yakusha	مُمَثِّل 男 mumaththil ムマッスィル	actor, actress アクタ, アクトレス
やくしょ 役所 yakusho	مَكْتَب حُكُومِيّ 男 maktab ḥukūmīy マクタブ フクーミー	public office パブリク オーフィス

日	アラビア	英
やくしんする **躍進する** yakushinsuru	**يُحَقِّقُ تَقَدُّمًا**, 〔完〕 **حَقَّقَ تَقَدُّمًا** yuḥaqqiqu taqadduman, ḥaqqaqa taqadduman ユハッキク タカッドゥマン，ハッカカ タカッドゥマン	make progress メイク プラグレス
やくす **訳す** yakusu	**يُتَرْجِمُ**, 〔完〕 **تَرْجَمَ** yutarjimu, tarjama ユタルジム，タルジャマ	translate トランスレイト
やくそう **薬草** yakusou	**نَبَاتَات طِبِّيَّة** 複 nabātāt ṭibbīyat ナバータート ティッビーヤ	medicinal herb メディスィナル アーブ
やくそく **約束** yakusoku	**مَوْعِد** 男, 複 **مَوَاعِدُ** 〔二段〕 mauʿid, mawāʿidu マウイド，マワーイドゥ	promise プラミス
〜する	**يَعِدُ**, 〔完〕 **وَعَدَ** yaʿidu, waʿada ヤイドゥ，ワアダ	promise プラミス
やくだつ **役立つ** yakudatsu	**مُفِيد** mufīd ムフィード	(be) useful (ビ) ユースフル
やくひん **薬品** yakuhin	**دَوَاء** 男, 複 **أَدْوِيَة** dawāʾ, ʾadwiyat ダワーウ，アドウィヤ	medicine, drugs メディスィン，ドラグズ
やくわり **役割** yakuwari	**دَوْر** 男, 複 **أَدْوَار** daur, ʾadwār ダウル，アドワール	part, role パート，ロウル
やけい **夜景** yakei	**مَنْظَر لَيْلِيّ** 男 manẓar lailīy マンザル ライリー	night view ナイト ヴュー
やけど **火傷** yakedo	**حُرُوق** 複 ḥurūq フルーク	burn バーン

や

日	アラビア	英
〜する	يُصَابُ بِحُرُوقٍ, 〔完〕أُصِيبَ بِحُرُوقٍ yuṣābu bi-ḥurūqin, ʾuṣība bi-ḥurūqin ユサーブ ビ-フルーク, ウスィーバ ビ-フルーク	burn, (get) burned バーン, (ゲト) バーンド
やける **焼ける** yakeru	يَحْتَرِقُ, 〔完〕اِحْتَرَقَ yaḥtariqu, iḥtaraqa ヤフタリク, イフタラカ	burn バーン
(日焼け)	حُرْقَةُ ٱلشَّمْسِ 女 ḥurqatu al-shams フルカトゥッ シャムス	sunburn サンバーン
やこうせいの **夜行性の** yakouseino	لَيْلِيّ lailīy ライリー	nocturnal ナクターナル
やこうとりょう **夜光塗料** yakoutoryou	طِلَاء مُضِيء 男 ṭilāʾ muḍīʾ ティラーウ ムディーウ	luminous paint ルーミナス ペイント
やさい **野菜** yasai	خُضَار 男 ; خَضْرَاوَات 複 khuḍār, khaḍrāwāt フダール, ハドラーワート	vegetables ヴェヂタブルズ
やさしい **易しい** yasashii	سَهْل sahl サフル	easy, plain イーズィ, プレイン
やさしい **優しい** yasashii	لَطِيف, 複 لُطَفَاءُ〔二段〕 laṭīf, luṭafāʾu ラティーフ, ルタファーウ	gentle, kind チェントル, カインド
やし **椰子** (ナツメヤシ) yashi	نَخْل 集, نَخْلَة 女 nakhl, nakhlat ナフル, ナフラ	date palm デイト パーム
(乾燥させたナツメヤシの実)	تَمْر 集 tamr タムル	date デイト
やしなう **養う** yashinau	يُعِيلُ, 〔完〕أَعَالَ yuʿīlu, ʾaʿāla ユイール, アアーラ	support, keep サポート, キープ

や

日	アラビア	英
(育てる)	يُرَبِّي, [完] رَبَّى yurabbī, rabbā ユラッビー, ラッバー	raise, bring up レイズ, ブリング アプ
やじる **野次る** yajiru	يَصِيحُ سَاخِرًا مُسْتَهْجِنًا, [完] صَاحَ سَاخِرًا مُسْتَهْجِنًا yaṣīḥu sākhiran mustahjinan, ṣāḥa sākhiran mustahjinan ヤスィーフ サーヒラン ムスタフジナン, サーハ サーヒラン ムスタフジナン	hoot, jeer フート, ヂア
やじるし **矢印** yajirushi	عَلَامَةُ سَهْمٍ 女 ʿalāmatu sahmin アラーマトゥ サフム	arrow アロウ
やしん **野心** yashin	طُمُوح 男, 複 طُمُوحَات ṭumūḥ, ṭumūḥāt トゥムーフ, トゥムーハート	ambition アンビション
〜的な	طَمُوح ṭamūḥ タムーフ	ambitious アンビシャス
やすい **安い** yasui	رَخِيص rakhīṣ ラヒース	cheap, inexpensive チープ, イニクスペンスィヴ
やすうり **安売り** (セール) yasuuri	أُوكَازِيُون 男 ; تَنْزِيلَات 複 ʾūkāziyūn, tanzīlāt ウーカーズィユーン, タンズィーラート	discount, bargain sale ディスカウント, バーゲン セイル
やすっぽい **安っぽい** yasuppoi	حَقِير ḥaqīr ハキール	cheap, flashy チープ, フラシ
やすみ **休み** (休憩) yasumi	اِسْتِرَاحَة 女 istirāḥat イスティラーハ	rest レスト
(休日)	عُطْلَة 女 ; إِجَازَة 女 ʿuṭlat, ʾijāzat ウトラ, イジャーザ	holiday, vacation ハリデイ, ヴェイケイション
やすむ **休む** (休息する) yasumu	يَسْتَرِيحُ, [完] اِسْتَرَاحَ yastarīḥu, istarāḥa ヤスタリーフ, イスタラーハ	rest レスト

日	アラビア	英
(欠席する)	تَغَيَّبَ عَنْ ,يَتَغَيَّبُ عَنْ [完] yataghaiyabu ʿan, taghaiyaba ʿan ヤタガイヤブ アン, タガイヤバ アン	(be) absent from (ビ) アブセント フラム
やすらぎ **安らぎ** yasuragi	اِرْتِيَاح 男 irtiyāḥ イルティヤーフ	peace, tranquility ピース, トランクウィリティ
やすり **やすり** yasuri	مِبْرَد 男, 複 مَبَارِدُ [二段] mibrad, mabāridu ミブラド, マバーリドゥ	file ファイル
やせいの **野生の** yaseino	بَرِّيّ barrīy バッリー	wild ワイルド
やせた **痩せた** (体が) yaseta	نَحِيف naḥīf ナヒーフ	thin, slim スィン, スリム
(土地が)	قَاحِل qāḥil カーヒル	poor, barren プア, バレン
やせる **痩せる** yaseru	نَحُفَ ,يَنْحُفُ [完] yanḥufu, naḥufa ヤンフフ, ナフファ	(become) thin, lose weight (ビカム) スィン, ルーズ ウェイト
やそう **野草** yasou	أَعْشَاب بَرِّيَّة 複 ; حَشَائِش بَرِّيَّة 複 ʾaʿshāb barrīyat, ḥashāʾish barrīyat アアシャーブ バッリーヤ, ハシャーイシュ バッリーヤ	wild grass ワイルド グラス
やたい **屋台** yatai	عَرَبِيَّة 女 ʿarabīyat アラビーヤ	stall, stand ストール, スタンド
(ファラフェルの)	عَرَبِيَّةُ فَلَافِلَ 女 ʿarabīyatu falāfila アラビーヤ ファラーフィル	stall, stand ストール, スタンド

日	アラビア	英
やちょう **野鳥** yachou	**طُيُور بَرِّيَّة** 複 ṭuyūr barrīyat トゥユール バッリーヤ	wild bird ワイルド バード
やちん **家賃** yachin	**إِيجَارُ مَنْزِلٍ** 男 ʾījāru manzilin イージャール マンズィル	rent レント
(アパートの)	**إِيجَارُ شَقَّةٍ** 男 ʾījāru shaqqatin イージャール シャッカ	rent レント
やっかいな **厄介な** yakkaina	**صَعْب ; مُزْعِج** ṣaʿb, muzʿij サアブ, ムズイジュ	troublesome, annoying トラブルサム, アノイイング
やっきょく **薬局** yakkyoku	**صَيْدَلِيَّة** 女 ṣaidalīyat サイダリーヤ	pharmacy, drug-store, Ⓑchemist ファーマスィ, ドラグストー, ケミスト
やっと **やっと** (ようやく) yatto	**فِي ٱلنِّهَايَةِ ; أَخِيرًا** fī al-nihāyati, ʾakhīran フィン ニハーヤ, アヒーラン	at last アト ラスト
(辛うじて)	**بِٱلْكَادِ** bi-al-kādi ビール カード	barely ベアリ
やつれる **やつれる** yatsureru	**نَحُفَ** 完 **,يَنْحُفُ** yanḥufu, naḥufa ヤンフフ, ナフファ	(be) worn out (ビ) ウォーン アウト
やといぬし **雇い主** yatoinushi	**صَاحِبُ ٱلْعَمَلِ** 男 ṣāḥibu al-ʿamali サーヒブル アマル	employer インプロイア
やとう **雇う** yatou	**وَظَّفَ** 完 **,يُوَظِّفُ** yuwaẓẓifu, waẓẓafa ユワッズィフ, ワッザファ	employ インプロイ
やとう **野党** yatou	**حِزْبُ ٱلْمُعَارَضَةِ** 男 ḥizbu al-muʿāraḍati ヒズブル ムアーラダ	opposition party アポズィション パーティ

や

日	アラビア	英
やなぎ **柳** yanagi	**صَفْصَاف** 集 ṣafṣāf サフ**サ**ーフ	willow **ウィ**ロウ
やぬし **家主** yanushi	**صَاحِبُ ٱلْبَيْتِ** 男 ṣāḥibu al-baiti **サ**ーヒブル **バ**イトゥ	owner of a house **オ**ウナ オヴ ア **ハ**ウス
やね **屋根** yane	**سَقْف** 男 saqf **サ**クフ	roof **ル**ーフ
やばんな **野蛮な** yabanna	**وَحْشِيّ** waḥshīy **ワ**フシー	barbarous, savage **バ**ーバラス, **サ**ヴィヂ
やぶる **破る** yaburu	**يُمَزِّقُ**, 完 **مَزَّقَ** yumazziqu, mazzaqa ユ**マ**ッズィク, **マ**ッザカ	tear **テ**ア
やぶれる **破れる** yabureru	**يَتَمَزَّقُ**, 完 **تَمَزَّقَ** yatamazzaqu, tamazzaqa ヤタ**マ**ッザク, タ**マ**ッザカ	(be) torn (ビ) **ト**ーン
やぶれる **敗れる** yabureru	**يَنْهَزِمُ**, 完 **اِنْهَزَمَ** ; **يَخْسَرُ**, 完 **خَسِرَ** yanhazimu, inhazama, yakhsaru, khasira **ヤ**ンハズィム, **イ**ンハザマ, **ヤ**フサル, **ハ**スィラ	(be) beaten, (be) defeated (ビ) **ビ**ートン, (ビ) ディ**フィ**ーテド
やぼう **野望** yabou	**طُمُوح** 男 ; **طَمَع** 男 ṭumūḥ, ṭamaʿ トゥ**ム**ーフ, **タ**マウ	ambition アン**ビ**ション
やま **山** yama	**جَبَل** 男, 複 **جِبَال** jabal, jibāl **ジャ**バル, ジ**バ**ール	mountain **マ**ウンテン
～火事	**حَرَائِقُ ٱلْغَابَاتِ** 複 ḥarāʾiqu al-ghābāti ハ**ラ**ーイクル ガー**バ**ートゥ	forest fire **フォ**レスト **ファ**イア
やみ **闇** yami	**ظَلَام** 男 ẓalām ザ**ラ**ーム	darkness **ダ**ークネス

日	アラビア	英
やみくもに **闇雲に** yamikumoni	**عَشْوَائِيًّا** ʿashwāʾīyan アシュワーイーヤン	at random, rashly アトランダム, ラシュリ
やむ **止む** yamu	**يَتَوَقَّفُ**, [完] **تَوَقَّفَ** yatawaqqafu, tawaqqafa ヤタワッカフ, タワッカファ	stop, (be) over スタプ, (ビ) オウヴァ
やめる **止める** （習慣・予定などを） yameru	**يُقْلِعُ عَنْ**, [完] **أَقْلَعَ عَنْ** yuqliʿu ʿan, ʾaqlaʿa ʿan ユクリウ アン, アクラア アン	quite, end クワイト, エンド
（現在の行為を）	**يَتَوَقَّفُ عَنْ**, [完] **تَوَقَّفَ عَنْ** yatawaqqafu ʿan, tawaqqafa ʿan ヤタワッカフ アン, タワッカファ アン	stop スタプ
やめる **辞める**　（引退する） yameru	**يَتَقَاعَدُ**, [完] **تَقَاعَدَ** yataqāʿadu, taqāʿada ヤタカーアドゥ, タカーアダ	retire リタイア
（辞職する）	**يَسْتَقِيلُ**, [完] **اِسْتَقَالَ** yastaqīlu, istaqāla ヤスタキール, イスタカーラ	resign, quit リザイン, クウィト
やもり **ヤモリ** yamori	**بُرْص** 男, 複 **أَبَارِصُ** [二段] burṣ, ʾabāriṣu ブルス, アバーリス	gecko ゲコウ
やりとげる **やり遂げる** yaritogeru	**يُنْجِزُ**, [完] **أَنْجَزَ**; **يُتِمُّ**, [完] **أَتَمَّ** yunjizu, ʾanjaza, yutimmu, ʾatamma ユンジズ, アンジャザ, ユティンム, アタンマ	accomplish アカンプリシュ
やる **やる** yaru	**يَفْعَلُ**, [完] **فَعَلَ** yafʿalu, faʿala ヤフアル, ファアラ	do ドゥー
（与える）	**يُعْطِي**, [完] **أَعْطَى** yuʿṭī, ʾaʿṭā ユウティー, アアター	give ギヴ

や

日	アラビア	英
やわらかい 柔[軟]らかい yawarakai	لَيِّن ; نَاعِم nāʿim, laiyin ナーイム, ライイン	soft, tender ソーフト, テンダ
やわらぐ 和らぐ　(弱まる) yawaragu	خَفَّ [完] يَخِفُّ, yakhiffu, khaffa ヤヒッフ, ハッファ	lessen レスン
(静まる)	هَدَأَ [完] يَهْدَأُ, yahdaʾu, hadaʾa ヤフダウ, ハダア	calm down カーム ダウン
やわらげる 和らげる (楽にする) yawarageru	خَفَّفَ [完] يُخَفِّفُ, yukhaffifu, khaffafa ユハッフィフ, ハッファファ	allay, ease アレイ, イーズ
(静める)	هَدَّأَ [完] يُهَدِّئُ, yuhaddiʾu, haddaʾa ユハッディウ, ハッダア	soothe, calm スーズ, カーム
やんちゃな やんちゃな (子供が) yanchana	شَقِيّ, 複 أَشْقِيَاءُ [二段] shaqīy, ʾashqiyāʾu シャキー, アシュキヤーウ	naughty, mischievous ノーティ, ミスチヴァス

ゆ, ユ

日	アラビア	英
ゆ 湯 yu	مَاء سَاخِن 男 māʾ sākhin マーア サーヒン	hot water ハト ウォータ
ゆいいつの 唯一の yuiitsuno	وَحِيد waḥīd ワヒード	only, unique オウンリ, ユーニーク
ゆいごん 遺言 yuigon	وَصِيَّة 女, 複 وَصَايَا waṣīyat, waṣāyā ワスィーヤ, ワサーヤー	will, testament ウィル, テスタメント
ゆうい 優位 yuui	تَفَوُّق 男 tafauwuq タファウウク	predominance, superiority プリダミナンス, スピアリオーリティ

日	アラビア	英
ゆういぎな **有意義な** yuuigina	**مُفِيد ; مُثْمِر** muthmir, mufīd **ム**スミル, ム**フィ**ード	significant スィグ**ニ**フィカント
ゆううつな **憂鬱な** yuuutsuna	**كَئِيب** ka'īb カ**イ**ーブ	melancholy, gloomy **メ**ランカリ, グ**ル**ーミ
ゆうえきな **有益な** yuuekina	**مُفِيد** mufīd ム**フィ**ード	useful, beneficial **ユ**ースフル, ベニ**フィ**シャル
ゆうえつかん **優越感** yuuetsukan	**عُقْدَةُ ٱسْتِعْلَاءٍ** 女 ʿuqdatu istiʿlā'in **ウ**クダトゥ スティウ**ラ**ーウ	sense of superiority **セ**ンス オヴ スピアリ**オ**ーリティ
ゆうえんち **遊園地** yuuenchi	**مَدِينَة ; مَدِينَةُ ٱلْمَلَاهِي** 女 **تَرْفِيهِيَّة** 女 madīnatu al-malāhī, madīnat tarfīhīyat マ**ディ**ーナトゥル マ**ラ**ーヒー, マ**ディ**ーナ タルフィー**ヒ**ーヤ	amusement park アミ**ュ**ーズメント **パ**ーク
ゆうかい **誘拐**　(子どもの) yuukai	**اِخْتِطَاف** 男 ikhtiṭāf イフティ**タ**ーフ	kidnapping **キ**ドナピング
(拉致)	**اِخْتِطَاف** 男 ikhtiṭāf イフティ**タ**ーフ	abduction アブ**ダ**クション
ゆうがいな **有害な** yuugaina	**ضَارّ** ḍārr **ダ**ーッル	bad, harmful **バ**ド, **ハ**ームフル
ゆうかしょうけん **有価証券** yuukashouken	**أَوْرَاق مَالِيَّة** 複 'aurāq mālīyat アウ**ラ**ーク マー**リ**ーヤ	valuable securities **ヴァ**リュアブル スィ**キュ**アリティズ
ゆうがた **夕方** yuugata	**مَسَاء** 男 masā' マ**サ**ーウ	evening **イ**ーヴニング
ゆうがな **優雅な** yuugana	**أَنِيق** 'anīq ア**ニ**ーク	graceful, elegant グ**レ**イスフル, **エ**リガント

日	アラビア	英
ゆうかんな **勇敢な** yuukanna	**شُجَاع** shujāʿ シュジャーウ	brave, courageous ブレイヴ, カレイヂャス
ゆうき **勇気** yuuki	**شَجَاعَة** 女 shajāʿat シャジャーア	courage, bravery カーリヂ, ブレイヴァリ
ゆうきゅうきゅうか **有給休暇** yuukyuukyuuka	**إِجَازَةُ مَدْفُوعَةِ ٱلْأَجْرِ** 女 ʾijāzatu madfūʿati al-ʾajri イジャーザトゥ マドフーアティル アジュル	paid vacation, Ⓑpaid holiday ペイド ヴェイケイション, ペイド ホリデイ
ゆうぐうする **優遇する** yuuguusuru	**يُفَضِّلُ, ‎** 〔完〕**فَضَّلَ** yufaḍḍilu, faḍḍala ユファッディル, ファッダラ	treat warmly トリート ウォームリ
ゆうけんしゃ **有権者** yuukensha	**مُنْتَخِب** 男 muntakhib ムンタヒブ	electorate イレクトレト
ゆうこう **有効** yuukou	**صَلَاحِيَّة** 男 ṣalāḥīyat サラーヒーヤ	validity ヴァリディティ
ゆうこうかんけい **友好関係** yuukoukankei	**عَلَاقَات وُدِّيَّة مَعَ** 複 ʿalāqāt uddīyat maʿa アラーカート ウッディーヤ マア	friendly relations with フレンドリ リレイションズ ウィズ
ゆうこうこく **友好国** yuukoukoku	**دَوْلَةُ صَدِيقَةٍ** 女, 複 **دُوَلُ صَدِيقَةٍ** daulatu ṣadīqatin, duwalu ṣadīqatin ダウラ サディーカ, ドゥワル サディーカ	friendly nation フレンドリ ネイション
ゆうごうする **融合する** yuugousuru	**يَنْدَمِجُ, ‎** 〔完〕**اِنْدَمَجَ** yandamiju, indamaja ヤンダミジュ, インダマジャ	fuse フューズ
ゆうこうな **有効な** yuukouna	**صَالِح** ṣāliḥ サーリフ	valid, effective ヴァリド, イフェクティヴ
ゆーざー **ユーザー** yuuzaa	**مُسْتَخْدِم** 男 mustakhdim ムスタフディム	user ユーザ

日	アラビア	英
～名	اِسْمُ ٱلْمُسْتَخْدِمِ 男 ismu al-mustakhdimi イスムル ムスタフディム	user name ユーザ ネイム
ゆうざい **有罪** yuuzai	إِدَانَة 女 ʾidānat イダーナ	guilt ギルト
～の	مُذْنِب mudhnib ムズニブ	guilty ギルティ
ゆうし **融資** yuushi	تَمْوِيل 男 tamwīl タムウィール	financing, loan フィナンスィング, ロウン
～する	يُمَوِّلُ, 完 مَوَّلَ yumauwilu, mauwala ユマウウィル, マウワラ	finance フィナンス
ゆうしゅうな **優秀な** yuushuuna	مُمْتَاز mumtāz ムムターズ	excellent エクセレント
(突出した)	مُتَفَوِّق mutafauwaq ムタファウワク	superior スピアリア
ゆうしょう **優勝** yuushou	فَوْز 男; اَلْمَرْكَزُ ٱلْأَوَّلُ 男 fauz, al-markazu al-ʾauwalu ファウズ, アル マルカズル アウワル	championship チャンピオンシプ
～する	يَفُوزُ بِٱلْمَرْكَزِ ٱلْأَوَّلِ, 完 فَازَ بِٱلْمَرْكَزِ ٱلْأَوَّلِ yafūzu bi-al-markazi al-ʾauwali, fāza bi-al-markazi al-ʾauwali ヤフーズ ビール マルカズィル アウワル, ファーザ ビール マルカズィル アウワル	win a championship ウィン ア チャンピオンシプ
ゆうじょう **友情** yuujou	صَدَاقَة 女 ṣadāqat サダーカ	friendship フレンドシプ

日	アラビア	英
ゆうしょく **夕食** yuushoku	**عَشَاء** 男 ʿashāʾ アシャーウ	supper, dinner サパ, ディナ
ゆうじん **友人** yuujin	**صَدِيق** 男, 複 **أَصْدِقَاءُ**〔二段〕 ṣadīq, ʾaṣdiqāʾu サディーク, アスディカーウ	friend フレンド
ゆうせいな **優勢な** yuuseina	**مُتَفَوِّق ; مُتَقَدِّم** mutafauwiq, mutaqaddim ムタファウウィク, ムタカッディム	superior, predominant スピアリア, プリダミナント
ゆうせん **優先** yuusen	**اَلْأَوْلَوِيَّة** 女 al-ʾaulawīyat アル アウラウィーヤ	priority プライオーリティ
～する	**يُعْطِي ٱلْأَوْلَوِيَّةَ لِ,** 〔完〕 **أَعْطَى ٱلْأَوْلَوِيَّةَ لِ** yuʿṭī al-ʾaulawīyata li, ʾaʿṭā al-ʾaulawīyata li ユウティル アウラウィーヤ リ, アアタル アウラウィーヤ リ	give priority ギヴ プライオーリティ
ゆうそうする **郵送する** yuusousuru	**يُرْسِلُ رِسَالَةً,** 〔完〕 **أَرْسَلَ رِسَالَةً** yursilu risālatan, ʾarsala risālatan ユルスィル リサーラ, アルサラ リサーラ	send by mail センド バイ メイル
ゆーたーん **ユーターン** yuutaan	**دَوْرَان لِلْخَلْفِ** daurān li-al-khalfi ダウラーン リール ハルフ	U-turn ユーターン
～する	**يَدُورُ لِلْخَلْفِ,** 〔完〕 **دَارَ لِلْخَلْفِ** yadūru li-al-khalfi, dāra li-al-khalfi ヤドゥール リール ハルフ, ダーラ リール ハルフ	make a U-turn メイク ア ユーターン
ゆうたいけん **優待券** yuutaiken	**قَسِيمَة** 女, 複 **قَسَائِمُ**〔二段〕 qasīmat, qasāʾimu カスィーマ, カサーイム	complimentary ticket カンプリメンタリ ティケト

日	アラビア	英
ゆうだいな **雄大な** yuudaina	**رَائِع** rāʾiʿ ラーイウ	grand, magnificent グランド，マグニフィセント
ゆうどうする **誘導する** yuudousuru	**يُرْشِدُ,** [完] **أَرْشَدَ** yurshidu, ʾarshada ユルシドゥ，アルシャダ	lead リード
ゆうどくな **有毒な** yuudokuna	**سَامّ** sāmm サームム	poisonous ポイズナス
ゆーとぴあ **ユートピア** yuutopia	**يُوتُوبِيَّا** 女 **; مَدِينَة فَاضِلَة** 女 yūtūbīyā, madīnat fāḍilat ユートゥービーヤー，マディーナ ファーディラ	Utopia ユートウピア
ゆうのうな **有能な** yuunouna	**قَادِر** qādir カーディル	able, capable エイブル，ケイパブル
ゆうはつする **誘発する** yuuhatsusuru	**يُثِيرُ,** [完] **أَثَارَ ; يُؤَدِّي إِلَى,** [完] **أَدَّى إِلَى** yuthīru, ʾathāra, yuʾaddī ʾilā, ʾaddā ʾilā ユスィール，アサーラ，ユアッディー イラー，アッダー イラー	cause コーズ
ゆうひ **夕日** yuuhi	**غُرُوبُ ٱلشَّمْسِ** 男 ghurūbu al-shamsi グルーブッ シャムス	setting sun セティング サン
ゆうびん **郵便** yuubin	**بَرِيد** 男 barīd バリード	mail, Ⓑmail, post メイル，メイル，ポウスト
～為替	**حَوَالَة بَرِيدِيَّة** 女 ḥawālat barīdīyat ハワーラ バリーディーヤ	money order マニ オーダ
～局	**مَكْتَبُ ٱلْبَرِيدِ** 男 maktabu al-barīdi マクタブル バリード	post office ポウスト オーフィス
～番号	**رَمْز بَرِيدِيّ** 男 ramz barīdīy ラムズ バリーディー	zip code, postal code, Ⓑpostcode ズィプ コウド，ポウストル コウド，ポウストコウド

ゆ

日	アラビア	英
ゆうふくな **裕福な** yuufukuna	غَنِيّ, أَغْنِيَاءُ 複[二段] ghanīy, ʾaghniyāʾu ガニー, アグニヤーウ	rich, wealthy リチ, ウェルスィ
ゆうべ **夕べ** yuube	لَيْلَةَ أَمْسِ lailata ʾamsi ライラ アムスィ	last night ラスト ナイト
ゆうべんな **雄弁な** yuubenna	بَلِيغ balīgh バリーグ	eloquent エロクウェント
ゆうぼうな **有望な** yuubouna	وَاعِد wāʿid ワーイド	promising, hopeful プラミスィング, ホウプフル
ゆうぼくみん **遊牧民** yuubokumin	بَدْو 男 ; رَحَّال 男 badw, raḥḥāl バドウ, ラッハール	nomad ノウマド
ゆうめいな **有名な** yuumeina	مَشْهُور mashhūr マシュフール	famous, well-known フェイマス, ウェルノウン
ゆーもあ **ユーモア** yuumoa	فُكَاهَة 女 fukāhat フカーハ	humor ヒューマ
ゆーもらすな **ユーモラスな** yuumorasuna	فُكَاهِيّ fukāhīy フカーヒー	humorous ヒューマラス
ゆうやけ **夕焼け** yuuyake	شَفَقُ غُرُوبِ ٱلشَّمْسِ 男 shafaqu ghurūbi al-shamsi シャファク グルービッ シャムス	sunset, Ⓑevening glow サンセト, イーヴニング グロウ
ゆうやみ **夕闇** yuuyami	غَسَقُ ٱللَّيْلِ 男 ghasaqu al-laili ガサクッ ライル	dusk, twilight ダスク, トワイライト
ゆうよ **猶予** (延期) yuuyo	تَأْجِيل 男 taʾjīl タアジール	delay, grace ディレイ, グレイス

日	アラビア	英
ゆうりな **有利な**　(有益な) yuurina	**صَالِح ; مُفِيد** ṣāliḥ, mufīd サーリフ，ムフィード	advantageous アドヴァンテイヂャス
ゆうりょうの **有料の** yuuryouno	**بِرُسُوم** bi-rusūmin ビ-ルスーム	fee-based フィーベイスト
ゆうりょくな **有力な** (影響力のある) yuuryokuna	**مُؤَثِّر** muʾaththir ムアッスィル	strong, powerful ストローング，パウアフル
(信頼できる)	**مَوْثُوق** mauthūq マウスーク	reliable リライアブル
ゆうれい **幽霊** yuurei	**شَبَح** 男, 複 **أَشْبَاح** shabaḥ, ʾashbāḥ シャバフ，アシュバーフ	ghost ゴウスト
ゆーろ **ユーロ** yuuro	**يُورُو** 女 yūrū ユールー	Euro ユアロ
ゆうわく **誘惑** yuuwaku	**إِغْرَاء** ʾighrāʾ イグラーウ	temptation テンプテイション
～する	**يُغْرِي**, [完] **أَغْرَى** yughrī, ʾaghrā ユグリー，アグラー	tempt, seduce テンプト，スィデュース
ゆか **床** yuka	**أَرْضِيَّة** 女 ʾarḍīyat アルディーヤ	floor フロー
ゆかいな **愉快な** yukaina	**مُمْتِع** mumtiʿ ムムティウ	pleasant, cheerful プレザント，チアフル
ゆき **雪** yuki	**ثَلْج** 男, 複 **ثُلُوج** thalj, thulūj サルジュ，スルージュ	snow スノウ
ゆくえふめいの **行方不明の** yukuefumeino	**مَفْقُود** mafqūd マフクード	missing ミスィング

日	アラビア	英
ゆげ **湯気** yuge	بُخَار 男 bukhār ブハール	steam, vapor スティーム，ヴェイパ
ゆけつ **輸血** yuketsu	نَقْلُ ٱلدَّمِ 男 naqlu al-dami ナクルッ ダム	blood transfusion ブラド トランスフュージョン
ゆさぶる **揺さぶる** （揺り動かす） yusaburu	يَهُزُّ, 〔完〕 هَزَّ yahuzzu, hazza ヤフッズ，ハッザ	shake シェイク
（心を）	يُحَرِّكُ, 〔完〕 حَرَّكَ yuḥarriku, ḥarraka ユハッリク，ハッラカ	move ムーヴ
ゆしゅつ **輸出** yushutsu	تَصْدِير 男 taṣdīr タスディール	export エクスポート
〜する	يُصَدِّرُ, 〔完〕 صَدَّرَ yuṣaddiru, ṣaddara ユサッディル，サッダラ	export イクスポート
ゆすぐ **ゆすぐ**　（皿などを） yusugu	يَشْطُفُ, 〔完〕 شَطَفَ yashṭufu, shaṭafa ヤシュトゥフ，シャタファ	wash ワシュ
（口を）	يُمَضْمِضُ, 〔完〕 مَضْمَضَ yumaḍmiḍu, maḍmaḍa ユマドミドゥ，マドマダ	rinse リンス
ゆすり **強請** yusuri	اِبْتِزَاز 男 ibtizāz イブティザーズ	blackmail ブラクメイル
ゆする **強請る** yusuru	يَبْتَزُّ, 〔完〕 اِبْتَزَّ yabtazzu, ibtazza ヤブタッズ，イブタッザ	extort, blackmail イクストート，ブラクメイル
ゆずる **譲る**　（引き渡す） yuzuru	يُعْطِي, 〔完〕 أَعْطَى yuʿṭī, ʾaʿṭā ユウティー，アアター	hand over, give ハンド オウヴァ，ギヴ
（譲歩する）	يَتَنَازَلُ عَنْ, 〔完〕 تَنَازَلَ عَنْ yatanāzalu ʿan, tanāzala ʿan ヤタナーザル アン，タナーザラ アン	concede to コンスィード トゥ

日	アラビア	英
(売る)	بَاعَ 〔完〕 ,يَبِيعُ yabīʿu, bāʿa ヤビーウ, バーア	sell セル
ゆそうする **輸送する** yusousuru	نَقَلَ 〔完〕 ,يَنْقُلُ yanqulu, naqala ヤンクル, ナカラ	transport, carry トランスポート, キャリ
ゆたかな **豊かな** yutakana	غَنِيّ ghanīy ガニー	abundant, rich アバンダント, リチ
ゆだねる **委ねる** yudaneru	عَهَدَ إِلَيْهِ بِ 〔完〕 ,يَعْهَدُ إِلَيْهِ بِ yaʿhadu ʾilai-hi bi, ʿahada ʾilai-hi bi ヤアハドゥ イライ-ヒ ビ, アハダ イライ-ヒ ビ	entrust with イントラスト ウィズ
ゆだやきょう **ユダヤ教** yudayakyou	يَهُودِيَّة 女 yahūdīyat ヤフーディーヤ	Judaism チューダイズム
ゆだやじん **ユダヤ人** yudayajin	يَهُودِيّ 男 yahūdīy ヤフーディー	Jew チュー
ゆだん **油断** yudan	إِهْمَال 男 ʾihmāl イフマール	carelessness ケアレスネス
～して	بِإِهْمَالٍ bi-ʾihmālin ビ-イフマール	carelessly ケアレスリ
ゆちゃく **癒着** yuchaku	تَوَاطُؤ 男 tawāṭuʾ タワートゥ	collusion コルージョン
～する (結託する)	تَوَاطَأَ 〔完〕 ,يَتَوَاطَأُ yatawāṭaʾu, tawāṭaʾa ヤタワータウ, タワータア	adhere アドヒア
ゆっくり **ゆっくり** yukkuri	بِبُطْءٍ bi-buṭʾin ビ-ブトゥ	slowly スロウリ

ゆ

日	アラビア	英
ゆでたまご **茹で卵** yudetamago	بَيْضَة مَسْلُوقَة 女 baiḍat maslūqat バイダ マスルーカ	boiled egg ボイルド エグ
ゆでる **茹でる** yuderu	يَسْلُقُ, 〔完〕سَلَقَ yasluqu, salaqa ヤスルク, サラカ	boil ボイル
ゆでん **油田** yuden	حَقْلُ نَفْطٍ 男, 複 حُقُولُ نَفْطٍ ḥaqulu nafṭin, ḥuqūlu nafṭin ハクル ナフト, フクール ナフト	oil field オイル フィールド
ゆにゅう **輸入** yunyuu	اِسْتِيرَاد 男 istīrād イスティーラード	import インポート
～する	يَسْتَوْرِدُ, 〔完〕اِسْتَوْرَدَ yastauridu, istaurada ヤスタウリドゥ, イスタウラダ	import, introduce インポート, イントロデュース
ゆび **指** (手の) yubi	إِصْبَعُ ٱلْيَدِ 男女, 複 أَصَابِعُ ٱلْيَدِ ʾiṣbaʿu al-yadi, ʾaṣābiʿu al-yadi イスバウル ヤド, アサービウル ヤド	finger フィンガ
(足の)	إِصْبَعُ ٱلْقَدَمِ 男女, 複 أَصَابِعُ ٱلْقَدَمِ ʾiṣbaʿu al-qadami, ʾaṣābiʿu al-qadami イスバウル カダム, アサービウル カダム	toe トウ
ゆびわ **指輪** yubiwa	خَاتَم 男, 複 خَوَاتِمُ 〔二段〕 khātam, khawātimu ハータム, ハワーティム	ring リング
ゆみ **弓** yumi	قَوْس 男女, 複 أَقْوَاس qaus, ʾaqwās カウス, アクワース	bow バウ
ゆめ **夢** yume	حُلْم 男 ḥulm フルム	dream ドリーム

日	アラビア	英
ゆらい **由来** (起源) yurai	**أَصْل** 男 ʼaṣl アスル	origin オーリヂン
(派生)	**مُشْتَقّ مِنْ** 男 mushtaqq min ムシュタック ミン	derivation デリヴェイション
ゆり **百合** yuri	**زَنْبَق** 集, 複 **زَنَابِقُ** 〔二段〕 zanbaq, zanābiqu ザンバク，ザナービク	lily リリ
ゆりかご **揺り籠** yurikago	**مَهْد** 男, 複 **مُهُود** mahd, muhūd マフド，ムフード	cradle クレイドル
ゆるい **緩い** (厳しくない) yurui	**سَهْل** sahl サフル	lenient リーニエント
ゆるがす **揺るがす** yurugasu	**يَهُزُّ**, 〔完〕 **هَزَّ** yahuzzu, hazza ヤフッズ，ハッザ	shake, swing シェイク，スウィング
ゆるし **許し** (許可) yurushi	**إِذْن** 男 ʼidhn イズン	permission パミション
ゆるす **許す** (許可する) yurusu	**يَسْمَحُ**, 〔完〕 **سَمَحَ** yasmaḥu, samaḥa ヤスマフ，サマハ	allow, permit アラウ，パミト
(容赦する)	**يُسَامِحُ**, 〔完〕 **سَامَحَ** yusāmiḥu, sāmaḥa ユサーミフ，サーマハ	forgive, pardon フォギヴ，パードン
ゆるむ **緩む** (ほどけてしまう) yurumu	**يَنْفَكُّ**, 〔完〕 **اِنْفَكَّ** yanfakku, infakka ヤンファック，インファッカ	loosen ルースン
ゆるめる **緩める** (ほどく) yurumeru	**يَفُكُّ**, 〔完〕 **فَكَّ** yafukku, fakka ヤフック，ファッカ	loosen, unfasten ルースン，アンファスン

日	アラビア	英
(速度を遅くする)	يُخَفِّضُ ٱلسُّرْعَةَ, [完] خَفَّضَ ٱلسُّرْعَةَ yukhaffiḍu al-surʿata, khaffaḍa al-surʿata ユハッフィドゥッ スルア, ハッファダ スルア	slow down スロウ ダウン
ゆれ **揺れ** yure	اِهْتِزَاز 男, 複 اِهْتِزَازَات ihtizāz, ihtizāzāt イフティザーズ, イフティザーザート	vibration, tremor ヴァイブレイション, トレマ
ゆれる **揺れる** yureru	يَهْتَزُّ, [完] اِهْتَزَّ yahtazzu, ihtazza ヤフタッズ, イフタッザ	shake, sway シェイク, スウェイ

よ, ヨ

日	アラビア	英
よ **世** yo	اَلدُّنْيَا 女 al-dunyā アッ ドゥンヤー	world, life ワールド, ライフ
よあけ **夜明け** yoake	فَجْر 男 fajr ファジュル	dawn, daybreak ドーン, デイブレイク
よい **酔い** yoi	سُكْر 男 sukr スクル	drunkenness ドランクンネス
(車の)	دُوَارُ ٱلْبَرِّ 男 duwāru al-barri ドゥワールル バッル	carsickness カースィクネス
(船の)	دُوَارُ ٱلْبَحْرِ 男 duwāru al-baḥri ドゥワールル バフル	seasickness スィースィクネス
(飛行機の)	دُوَارُ ٱلْجَوِّ 男 duwāru al-jauwi ドゥワールル ジャウウ	airsickness エアスィクネス
(乗り物の)	دَاءُ ٱلْحَرَكَةِ 男 dāʾu al-ḥarakati ダーウル ハラカ	motion sickness モウション スィクネス

日	アラビア	英
よい **良[善]い** yoi	**جَيِّد ; حَسَن** ḥasan, jaiyid ハサン, ジャイイド	good グド
よう **用** you	**مُهِمَّة** 女 **; مَأْمُورِيَّة** 女 ma'mūrīyat, muhimmat マアムーリーヤ, ムヒンマ	business, task ビズネス, タスク
ようい **用意** youi	**إِعْدَاد** 男 **; تَحْضِير** 男 taḥḍīr, 'i'dād タフディール, イウダード	preparations プレパレイションズ
～する	**يُعِدُّ, أَعَدَّ** 〔完〕 **; يُحَضِّرُ, حَضَّرَ** 〔完〕 yuḥaḍḍiru, ḥaḍḍara, yu'iddu, 'a'adda ユハッディル, ハッダラ, ユイッドゥ, アアッダ	prepare プリペア
よういな **容易な** youina	**سَهْل** sahl サフル	easy, simple イーズィ, スィンプル
よういん **要因** youin	**عَامِل** 男, 複 **عَوَامِلُ** 〔二段〕 'āmil, 'awāmilu アーミル, アワーミル	factor ファクタ
ようがん **溶岩** yougan	**حُمَم** 男 ḥumam フマム	lava ラーヴァ
ようき **容器** youki	**وِعَاء** 男, 複 **أَوْعِيَة** wi'ā', 'au'iyat ウィアーア, アウイヤ	receptacle リセプタクル
ようぎ **容疑** yougi	**تُهْمَة** 女 tuhmat トゥフマ	suspicion サスピション
～者	**مُتَّهَم** 男 muttaham ムッタハム	suspect サスペクト
ようきな **陽気な** youkina	**مَرِح** mariḥ マリフ	cheerful, lively チアフル, ライヴリ

日	アラビア	英
ようきゅう **要求** youkyuu	طَلَب 男 ṭalab タラブ	demand, request ディマンド，リクウェスト
〜する	يَطْلُبُ, 〔完〕طَلَبَ yaṭlubu, ṭalaba ヤトルブ，タラバ	demand, require ディマンド，リクワイア
ようぐ **用具** yougu	أَدَاة 女, 複 أَدَوَات ʾadāt, ʾadawāt アダー，アダワート	tools トゥールズ
ようご **用語** （語彙） yougo	كَلِمَات 複 kalimāt カリマート	vocabulary ヴォウキャビュレリ
（専門用語）	اِصْطِلَاحَات 複 iṣṭilāḥāt イスティラーハート	term, terminology ターム，ターミナロヂ
ようさい **要塞** yousai	قَلْعَة 女, 複 قِلَاع qalʿat, qilāʿ カルア，キラーウ	fortress フォートレス
ようし **用紙** （申し込みなどの） youshi	اِسْتِمَارَة 女 istimārat イスティマーラ	form フォーム
ようし **養子** youshi	طِفْل بِٱلتَّبَنِّي 男 ṭifl bi-al-tabannī ティフル ビッ-タバンニー	adopted child アダプテド チャイルド
ようじ **幼児** youji	طِفْل 男, 複 أَطْفَال ṭifl, ʾaṭfāl ティフル，アトファール	baby, child ベイビ，チャイルド
ようじ **用事** youji	مَأْمُورِيَّة 女 ; مُهِمَّة 女 maʾmūrīyat, muhimmat マアムーリーヤ，ムヒンマ	errand, task エランド，タスク
ようしき **様式** youshiki	أُسْلُوب 男, 複 أَسَالِيبُ 〔二段〕 ʾuslūb, ʾasālību ウスルーブ，アサーリーブ	mode, style モウド，スタイル
ようじょ **養女** youjo	اِبْنَة بِٱلتَّبَنِّي 女 ibnat bi-al-tabannī イブナ ビッ-タバンニー	adopted daughter アダプテド ドータ

日	アラビア	英
ようしょく **養殖** (育てること) youshoku	تَرْبِيَة 女 tarbiyat タルビヤ	cultivation カルティヴェイション
〜する	يُرَبِّي, 〔完〕رَبَّى yurabbī, rabbā ユラッビー, ラッバー	cultivate, raise カルティヴェイト, レイズ
ようじん **用心** youjin	اِنْتِبَاه 男 intibāh インティバーフ	attention アテンション
〜する	يَحْذَرُ, 〔完〕حَذِرَ yaḥdharu, ḥadhira ヤフザル, ハズィラ	(be) careful of, (be) careful about (ビ) ケアフル オヴ, (ビ) ケアフル アバウト
ようじん **要人** youjin	شَخْصِيَّة هَامَّة 女 shakhṣīyat hāmmat シャフスィーヤ ハーンマ	important person インポータント パースン
ようす **様子** (外見) yousu	مَظْهَر 男 maẓhar マズハル	appearance アピアランス
(状態)	حَالَة 女 ḥālat ハーラ	state of affairs ステイト オヴ アフェアズ
(態度)	سُلُوك 男 sulūk スルーク	attitude アティテュード
ようせい **要請** yousei	طَلَب 男 ṭalab タラブ	demand, request ディマンド, リクウェスト
〜する	يَطْلُبُ, 〔完〕طَلَبَ yaṭlubu, ṭalaba ヤトルブ, タラバ	demand ディマンド
ようせき **容積** youseki	سَعَة 女 saʿat サア	capacity, volume カパスィティ, ヴァリュム

よ

日	アラビア	英
ようそ **要素** youso	**عَامِل** 男, 複 **عَوَامِلُ** [二段] ʿāmil, ʿawāmilu アーミル, アワーミル	element, factor エレメント, ファクタ
ようだい **容体** youdai	**حَالَة** 女 ḥālat ハーラ	condition コンディション
ようちえん **幼稚園** youchien	**رَوْضَةُ ٱلْأَطْفَالِ** 女 rauḍatu al-ʾaṭfāli ラウダトゥル アトファール	kindergarten キンダガートン
ようちな **幼稚な** youchina	**طُفُولِيّ** ṭufūlīy トゥフーリー	childish チャイルディシュ
ようちゅう **幼虫** youchuu	**يَرَقَة** 女 yaraqat ヤラカ	larva ラーヴァ
ようつう **腰痛** youtsuu	**آلَامُ ٱلظَّهْرِ** 複 ʾālāmu al-ẓahri アーラームッ ザフル	lumbago, lower back pain ランベイゴウ, ロウア バク ペイン
ようてん **要点** youten	**نُقْطَة مُهِمَّة** 女 nuqṭat muhimmat ヌクタ ムヒンマ	main point, gist メイン ポイント, ヂスト
ようねん **幼年** younen	**طُفُولِيَّة** 女 ṭufūlīyat トゥフーリーヤ	early childhood アーリ チャイルドフド
ようび **曜日** youbi	**يَوم مِنْ أَيَّامِ ٱلْأُسْبُوعِ** 男 yaum min ʾaiyāmi al-ʾusbūʿi ヤウム ミン アイヤームル ウスブーウ	day of the week デイ オヴ ザ ウィーク
ようふ **養父** (養子縁組による父) youfu	**وَالِد بِٱلتَّبَنِّي** 男 wālid bi-al-tabannī ワーリド ビッ-タバンニー	foster father フォスタ ファーザ
ようふく **洋服** youfuku	**مَلَابِسُ** 複 [二段] malābisu マラービス	clothes, dress クロウズ, ドレス

日	アラビア	英
ようぶん **養分**　(栄養素) youbun	**اَلْعَنَاصِر اَلْغَذَائِيَّة** 複 al-ʿanāṣir al-ghadhāʾīyat アル アナースィルル ガザーイーヤ	nourishment ナーリシュメント
(栄養)	**تَغْذِيَّة** 女 taghdhīyat タグズィーヤ	nutrition ニュートリション
ようぼ **養母** (養子縁組による母) youbo	**وَالِدَة بِٱلتَّبَنِّي** 女 wālidat bi-al-tabannī ワーリダ ビッ-タバンニー	foster mother フォスタ マザ
ようぼう **容貌** youbou	**مَلَامِحُ** 複〔二段〕 malāmiḥu マラーミフ	looks ルクス
ようもう **羊毛** youmou	**صُوف** 男 ṣūf スーフ	wool ウル
ようやく **ようやく** youyaku	**أَخِيرًا** ʾakhīran アヒーラン	at last アト ラスト
ようやくする **要約する** youyakusuru	**يُلَخِّصُ**, 〔完〕 **لَخَّصَ** yulakhkhiṣu, lakhkhaṣa ユラッヒス, ラッハサ	summarize サマライズ
ようれい **用例** yourei	**مِثَال** 男, 複 **أَمْثِلَة** mithāl, ʾamthilat ミサール, アムスィラ	example イグザンプル
よーぐると **ヨーグルト** yooguruto	**زَبَادِيّ** 男 zabādīy ザバーディー	yogurt ヨウガト
よーろっぱ **ヨーロッパ** yooroppa	**أُورُوبَّا** 女 ūrūbbā ウールッバー	Europe ユアロプ
よか **余暇** yoka	**وَقْتُ اَلْفَرَاغ** 男 waqtu al-farāghi ワクトゥル ファラーグ	leisure リージャ
よが **ヨガ** yoga	**يُوغَا** 女 yūghā ユーガー	yoga ヨウガ

日	アラビア	英
よきする **予期する** yokisuru	يَتَوَقَّعُ، تَوَقَّعَ [完] yatawaqqaʿu, tawaqqaʿa ヤタワッカウ, タワッカア	anticipate アンティスィペイト
よきん **預金** yokin	وَدِيعَة مَالِيَّة [女] wadīʿat mālīyat ワディーア マーリーヤ	savings, deposit セイヴィングズ, ディパズィト
～する	يَدَعُ ٱلْمَالَ فِي ٱلْبَنْكِ، وَدَعَ ٱلْمَالَ فِي ٱلْبَنْكِ [完] yadaʿu al-māla fī al-banki, wadaʿa al-māla fī al-banki ヤダウル マーラ フィル バンク, ワダア マーラ フィル バンク	deposit money in ディパズィト マニ イン
よく **欲** yoku	رَغْبَة [女]؛ طَمَع [男] raghbat, ṭamaʿ ラグバ, タマウ	desire ディザイア
よく **良く** (うまく) yoku	جَيِّدًا jaiyidan ジャイイダン	well ウェル
(しばしば)	كَثِيرًا مَا kathīran mā カスィーラン マー	often, frequently オーフン, フリークウェントリ
(十分に)	كِفَايَةً kifāyatan キファーヤタン	fully, sufficiently フリ, サフィシェントリ
よくあさ **翌朝** yokuasa	اَلصَّبَاح ٱلتَّالِي [男] al-ṣabāḥ al-tālī アッ サバーフッ ターリー	next morning ネクスト モーニング
よくあつする **抑圧する** (抑えつける) yokuatsusuru	يَقْمَعُ، قَمَعَ [完] yaqmaʿu, qamaʿa ヤクマウ, カマア	suppress サプレス
(虐げる)	يَظْلِمُ، ظَلَمَ [完] yaẓlimu, ẓalama ヤズリム, ザラマ	oppress オプレス

日	アラビア	英
よくげつ **翌月** (来月) yokugetsu	**اَلشَّهْرُ ;اَلشَّهْرُ ٱلْمُقْبِلُ** 男 **ٱلْقَادِمُ** 男 al-shahru al-muqbilu, al-shahru al-qādimu アッ シャフルル ムクビル, アッ シャフルル カーディム	next month ネクスト マンス
(その次の月)	**اَلشَّهْرُ ٱلتَّالِي** 男 al-shahru al-tālī アッ シャフルッ ターリー	the next month ザ ネクスト マンス
よくしつ **浴室** yokushitsu	**حَمَّام** 男 ḥammām ハンマーム	bathroom バスルム
よくじつ **翌日** (明日) yokujitsu	**غَدًا** ghadan ガダン	next day ネクスト デイ
(その次の日)	**اَلْيَوْمُ ٱلتَّالِي** 男 al-yaumu al-tālī アル ヤウムッ ターリー	the next day ザ ネクスト デイ
よくせいする **抑制する** yokuseisuru	**سَيْطَرَ** 〔完〕 **يُسَيْطِرُ عَلَى, عَلَى** yusaiṭiru ʿalā, saiṭara ʿalā ユサイティル アラー, サイタラ アラー	control, restrain コントロウル, リストレイン
よくそう **浴槽** yokusou	**حَوْضُ ٱسْتِحْمَامٍ** 男 ḥauḍu istiḥmāmin ハウドゥ スティフマーム	bathtub バスタブ
よくねん **翌年** (来年) yokunen	**اَلسَّنَةُ ;اَلسَّنَةُ ٱلْمُقْبِلَةُ** 女 **ٱلْقَادِمَةُ** 女 al-sanatu al-muqbilatu, al-sanatu al-qādimatu アッ サナトゥル ムクビラ, アッ サナトゥル カーディマ	next year ネクスト イヤ
(その次の年)	**اَلسَّنَةُ ٱلتَّالِيَةُ** 女 al-sanatu al-tāliyatu アッ サナトゥッ ターリヤ	the next year ザ ネクスト イヤ

日	アラビア	英
よくばりな **欲張りな** yokubarina	**طَمَّاع** ṭammāʿ タン**マ**ーウ	greedy グ**リ**ーディ
よくぼう **欲望** yokubou	**رَغْبَة** 女 **; طَمَع** 男 raghbat, ṭamaʿ **ラ**グバ, **タ**マウ	desire, ambition ディ**ザ**イア, アン**ビ**ション
よくよう **抑揚** yokuyou	**تَنْغِيم** 男 tanghīm タン**ギ**ーム	intonation イントゥ**ネ**イション
よけいな **余計な** (不必要な) yokeina	**غَيْر ضَرُورِيّ** ghair ḍarūrīy ガイル ダ**ル**ーリー	unnecessary アン**ネ**スィセリ
(余分な)	**زَائِد** zāʾid **ザ**ーイド	excessive, surplus イク**セ**スィヴ, **サ**ープラス
よける **避[除]ける** yokeru	**يَتَفَادَى**, 〔完〕**تَفَادَى ;** **يَتَجَنَّبُ**, 〔完〕**تَجَنَّبَ** yatafādā, tafādā, yatajannabu, tajannaba ヤタ**ファ**ーダー, タ**ファ**ーダー, ヤタ**ジャ**ンナブ, タ**ジャ**ンナバ	avoid ア**ヴォ**イド
よけんする **予見する** yokensuru	**يَتَكَهَّنُ**, 〔完〕**تَكَهَّنَ** yatakahhanu, takahhana ヤタ**カ**ッハヌ, タ**カ**ッハナ	foresee フォー**スィ**ー
よこ **横** (側面) yoko	**جَانِب** 男, 複 **جَوَانِبُ** 〔二段〕 jānib, jawānibu **ジャ**ーニブ, ジャ**ワ**ーニブ	side **サ**イド
(幅)	**عَرْض** 男 ʿarḍ **ア**ルド	width **ウィ**ドス
よこう **予行** yokou	**تَمْرِين مَا قَبْلَ ٱلْعَرْضِ** 男 tamrīn mā qabla al-ʿarḍi タム**リ**ーン マー カブラル **ア**ルド	rehearsal リ**ハ**ーサル
よこぎる **横切る** yokogiru	**يَعْبُرُ**, 〔完〕**عَبَرَ** yaʿburu, ʿabara **ヤ**アブル, **ア**バラ	cross, cut across ク**ロ**ース, **カ**ト アク**ロ**ース

よ

日	アラビア	英
よこく **予告** yokoku	**إِعْلَان** 男 ʾiʿlān イウラーン	advance notice アドヴァンス ノウティス
(映画の)	**إِعْلَان رَسْمِيّ لِلْفِيلْمِ** 男 ʾiʿlān rasmīy li-al-fīlmi イウラーン ラスミー リール フィールム	movie trailer ムーヴィトレイラ
よごす **汚す** yogosu	**يُوَسِّخ,** 完 **وَسَّخ ; يُلَطِّخ,** 完 **لَطَّخ** yuwassikhu, wassakha, yulaṭṭikhu, laṭṭakha ユワッスィフ, ワッサハ, ユラッティフ, ラッタハ	soil, stain ソイル, ステイン
よこたわる **横たわる** yokotawaru	**يَسْتَلْقِي,** 完 **اِسْتَلْقَى** yastalqī, istalqā ヤスタルキー, イスタルカー	lie down, stretch out ライ ダウン, ストレチ アウト
よごれ **汚れ** yogore	**بُقْعَة** 女, 複 **بُقَع** buqʿat, buqaʿ ブクア, ブカウ	dirt, stain ダート, ステイン
よごれる **汚れる** yogoreru	**يَتَّسِخ,** 完 **اِتَّسَخ** yattasikhu, ittasakha ヤッタスィフ, イッタサハ	(become) dirty (ビカム) ダーティ
よさん **予算** yosan	**مِيزَانِيَّة** 女 mīzānīyat ミーザーニーヤ	budget バヂェト
よしん **余震** yoshin	**هَزَّة اِرْتِدَادِيَّة** 女 hazzat irtidādīyat ハッザトゥ ルティダーディーヤ	aftershock アフタショク
よせん **予選** yosen	**اَلدَّوْرُ اَلتَّمْهِيدِيُّ** 男 ; **تَصْفِيَات** 男 al-dauru al-tamhīdīyu, taṣfiyāt アッ ダウルッ タムヒーディー, タスフィヤート	preliminary contest プリリミネリ カンテスト
よそ **余所** yoso	**مَكَان آخَر** 男 makān ʾākhar マカーン アーハル	another place アナザ プレイス

よ

日	アラビア	英
よそう **予想** yosou	**تَوَقُّع** 男, 複 **تَوَقُّعَات** tawaqquʿ, tawaqquʿāt タ**ワ**ックウ, タワック**ア**ート	expectation エクスペク**テ**イション
～する	**تَوَقَّعَ** 〔完〕, **يَتَوَقَّعُ** yatawaqqaʿu, tawaqqaʿa ヤタ**ワ**ッカウ, タ**ワ**ッカア	expect, anticipate イクス**ペ**クト, アン**ティ**スィペイト
よそおう **装う** yosoou	**تَظَاهَرَ** 〔完〕, **يَتَظَاهَرُ** yataẓāharu, taẓāhara ヤタ**ザ**ーハル, タ**ザ**ーハラ	pretend プリ**テ**ンド
よそく **予測** yosoku	**تَوَقُّع** 男, 複 **تَوَقُّعَات** tawaqquʿ, tawaqquʿāt タ**ワ**ックウ, タワック**ア**ート	prediction プリ**ディ**クション
～する	**تَوَقَّعَ** 〔完〕, **يَتَوَقَّعُ** yatawaqqaʿu, tawaqqaʿa ヤタ**ワ**ッカウ, タ**ワ**ッカア	forecast **フォ**ーキャスト
よそもの **余所者** yosomono	**غَرِيب** 男 gharīb ガ**リ**ーブ	stranger スト**レ**インヂャ
よそよそしい **よそよそしい** yosoyososhii	**بَارِدًا** bāridan **バ**ーリダン	cold, distant **コ**ウルド, **ディ**スタント
よだれ **よだれ** yodare	**لُعَاب** 男 luʿāb ル**ア**ーブ	slaver, drool ス**ラ**ヴァ, ド**ル**ール
～を垂らす	**سَالَ لُعَابُهُ** 〔完〕, **يَسِيلُ لُعَابُهُ** yasīlu luʿābu-hu, sāla luʿābu-hu ヤ**スィ**ール ル**ア**ーブ-フ, **サ**ーラ ル**ア**ーブ-フ	slaver, drool ス**ラ**ヴァ, ド**ル**ール
よつかど **四つ角** yotsukado	**تَقَاطُع** 男 taqāṭuʿ タ**カ**ートゥウ	crossroads, Ⓑcrossing ク**ロ**ースロウヅ, ク**ロ**ースィング
よっきゅう **欲求** yokkyuu	**رَغْبَة** 女 raghbat **ラ**グバ	desire ディ**ザ**イア

日	アラビア	英
よっぱらい **酔っ払い** yopparai	**سَكْرَانُ** 男〔二段〕 sakrānu サクラーン	drunk ドランク
よっぱらう **酔っ払う** yopparau	**يَسْكَرُ,** 〔完〕**سَكِرَ** yaskaru, sakira ヤスカル，サキラ	get drunk ゲトドランク
よてい **予定**　（個々の） yotei	**خُطَّة** 女 khuṭṭat フッタ	plan プラン
（全体的な）	**بَرْنَامَج** 男 barnāmaj バルナーマジュ	schedule スケヂュル
よとう **与党** yotou	**حِزْب حَاكِم** 男 ḥizb ḥākim ヒズブ ハーキム	party in power パーティ イン パウア
よどむ **よどむ** yodomu	**يَرْكُدُ,** 〔完〕**رَكَدَ** yarkudu, rakada ヤルクドゥ，ラカダ	(be) stagnant (ビ) スタグナント
よなかに **夜中に** yonakani	**فِي مُنْتَصَفِ ٱللَّيْلَةِ** fī muntaṣafi al-lailati フィー ムンタサフィッ ライラ	at midnight アト ミドナイト
よのなか **世の中** yononaka	**اَلدُّنْيَا** 女 al-dunyā アッドゥンヤー	world, society ワールド，ソサイエティ
よはく **余白** yohaku	**هَامِش** 男, 複 **هَوَامِشُ**〔二段〕 hāmish, hawāmishu ハーミシュ，ハワーミシュ	page margins ペイヂ マーヂンズ
よび **予備** yobi	**اِحْتِيَاط** 男 iḥtiyāṭ イフティヤート	reserve, spare リザーヴ，スペア
～の	**اِحْتِيَاطِيّ** iḥtiyāṭīy イフティヤーティー	reserve, spare リザーヴ，スペア
よびかける **呼び掛ける** yobikakeru	**يُنَادِي,** 〔完〕**نَادَى** yunādī, nādā ユナーディー，ナーダー	call out, address コール アウト，アドレス

日	アラビア	英
よびりん **呼び鈴** yobirin	جَرَس 男 jaras ジャラス	ring, bell リング, ベル
よぶ **呼ぶ** (招く) yobu	دَعَا إِلَى ,[完] يَدْعُو إِلَى yadʿū ʾilā, daʿā ʾilā ヤドウー イラー, ダアー イラー	invite to インヴァイト トゥ
(称する)	دَعَاهُ ,[完] يَدْعُوهُ yadʿū-hu, daʿā-hu ヤドウーフ, ダアーフ	call, name コール, ネイム
(声で呼ぶ)	نَادَى ,[完] يُنَادِي yunādī, nādā ユナーディー, ナーダー	call コール
よぶんな **余分な** yobunna	زَائِد zāʾid ザーイド	extra, surplus エクストラ, サープラス
よほう **予報** yohou	تَوَقُّعَات 複 tawaqquʿāt タワックアート	forecast フォーキャスト
よぼう **予防** yobou	وِقَايَة مِنْ 女 wiqāyat min ウィカーヤ ミン	prevention プリヴェンション
〜する	وَقَى مِنْ ,[完] يَقِي مِنْ yaqī min, waqā min ヤキー ミン, ワカー ミン	prevent from プリヴェント フラム
〜注射	تَطْعِيم 男 taṭʿīm タトイーム	preventive injection プリヴェンティヴ インヂェクション
よみがえる **よみがえる** yomigaeru	اِنْبَعَثَ ,[完] يَنْبَعِثُ yanbaʿithu, inbaʿatha ヤンバイス, インバアサ	revive リヴァイヴ
よむ **読む** yomu	قَرَأَ ,[完] يَقْرَأُ yaqraʾu, qaraʾa ヤクラウ, カラア	read リード

日	アラビア	英
よめ **嫁** yome	**زَوْجَة** 女 zaujat ザウジャ	wife ワイフ
(新婦)	**عَرُوسَة** 女 ʿarūsat アルーサ	bride ブライド
(息子の妻)	**زَوْجَةُ ٱلِابْنِ** 女 zaujatu al-ibni ザウジャトゥ リブン	daughter-in-law ドータリンロー
よやく **予約** yoyaku	**حَجْز** 男 ḥajz ハジュズ	reservation, Ⓑbooking レザヴェイション, ブキング
～する	**يَحْجُزُ,** [完] **حَجَزَ** yaḥjuzu, ḥajaza ヤフジュズ, ハジャザ	reserve, Ⓑbook リザーヴ, ブク
よりかかる **寄りかかる** yorikakaru	**يَعْتَمِدُ عَلَى,** [完] **اِعْتَمَدَ عَلَى** yaʿtamidu ʿalā, iʿtamada ʿalā ヤアタミドゥ アラー, イウタマダ アラー	lean against リーン アゲンスト
よる **因[依]る** (原因となる) yoru	**بِسَبَبِ** bi-sababi ビ-サバブ	(be) due to (ビ) デュートゥ
(根拠となる)	**عَلَى أَسَاسِ** ʿalā ʾasāsi アラー アサース	(be) based on (ビ) ベイスト オン
よる **寄る** yoru (接近する)	**يَقْتَرِبُ مِنْ,** [完] **اِقْتَرَبَ مِنْ** yaqtaribu min, iqtaraba min ヤクタリブ ミン, イクタラバ ミン	approach アプロウチ
(立ち寄る)	**يَمُرُّ بِ, مَرَّ بِ** yamurru bi, marra bi ヤムッル ビ, マッラ ビ	call at, call on コール アト, コール オン

日	アラビア	英
(脇へ動く)	يَنْتَحِي جَانِبًا, 〔完〕 اِنْتَحَى جَانِبًا yantaḥī jāniban, intaḥā jāniban ヤンタヒー ジャーニバン, インタハー ジャーニバン	step aside ステプ アサイド
よる 夜 yoru	لَيْلَة 女 lailat ライラ	night ナイト
よるだん ヨルダン yorudan	اَلْأُرْدُنّ 男 al-ʾurdunn アル ウルドゥン	Jordan チョーダン
よろい 鎧 yoroi	دِرْع 男, 複 دُرُوع dirʿ, durūʿ ディルウ, ドゥルーウ	armor, Ⓑarmour アーマ, アーマ
よろこばす 喜ばす yorokobasu	يُفْرِحُ, 〔完〕 أَفْرَحَ yufriḥu, ʾafraḥa ユフリフ, アフラハ	please, delight プリーズ, ディライト
(幸せにする)	يُسْعِدُ, 〔完〕 أَسْعَدَ yusʿidu, ʾasʿada ユスイドゥ, アスアダ	make one happy メイク ハピ
よろこび 喜び yorokobi	سُرُور 男 surūr スルール	joy, delight チョイ, ディライト
よろこぶ 喜ぶ yorokobu	يَفْرَحُ, 〔完〕 فَرِحَ yafraḥu, fariḥa ヤフラフ, ファリハ	(be) glad, (be) pleased (ビ) グラド, (ビ) プリーズド
よろめく よろめく yoromeku	يَعْثُرُ, 〔完〕 عَثَرَ yaʿthuru, ʿathara ヤアスル, アサラ	stagger スタガ
よろん 世論 yoron	اَلرَّأْيُ ٱلْعَامُّ 男 al-raʾyu al-ʿāmmu アッ ラアユル アーンム	public opinion パブリク オピニョン
よわい 弱い yowai	ضَعِيف, 複 ضُعَفَاءُ 〔二段〕 ḍaʿīf, ḍuʿafāʾu ダイーフ, ドゥアファーウ	weak ウィーク

よ

日	アラビア	英
(気が)	جَبَان, ⊛ جُبَنَاءُ〔二段〕 jabān, jubanāʾu ジャバーン, ジュバナーウ	timid ティミド
(光などが)	خَفِيف khafīf ハフィーフ	feeble, faint フィーブル, フェイント
よわさ 弱さ yowasa	ضَعْف 男 ḍaʿf ダアフ	weakness ウィークネス
よわまる 弱まる yowamaru	يَضْعُفُ, 〔完〕ضَعُفَ yaḍʿufu, ḍaʿufa ヤドウフ, ダウファ	weaken ウィークン
(光などが)	يَخِفُّ, 〔完〕خَفَّ yakhiffu, khaffa ヤヒッフ, ハッファ	fade フェイド
よわみ 弱み yowami	نُقْطَةُ ضَعْفٍ 女 nuqṭatu ḍaʿfin ヌクタ ダアフ	weak point ウィーク ポイント
よわむし 弱虫 yowamushi	جَبَان, ⊛ جُبَنَاءُ〔二段〕 jabān, jubanāʾu ジャバーン, ジュバナーウ	coward カウアド
よわる 弱る yowaru	يَضْعُفُ, 〔完〕ضَعُفَ yaḍʿufu, ḍaʿufa ヤドウフ, ダウファ	grow weak グロウ ウィーク
(困る)	يَنْزَعِجُ مِنْ, 〔完〕اِنْزَعَجَ مِنْ yanzaʿiju min, inzaʿaja min ヤンザイジュ ミン, インザアジャ ミン	(be) worried (ビ) ワーリド
よん 四 yon	أَرْبَعَة 男 ; أَرْبَع 女 ʾarbaʿat, ʾarbaʿ アルバア, アルバウ	four フォー
よんじゅう 四十 yonjuu	أَرْبَعُونَ 男女〔主格〕, أَرْبَعِينَ 男女〔属格・対格〕 ʾarbaʿūna, ʾarbaʿīna アルバウーナ, アルバイーナ	forty フォーティ

ら, ラ

日	アラビア	英
らいう **雷雨** raiu	عَاصِفَة رَعْدِيَّة 女 ʿāṣifat raʿdīyat アースィファ ラアディーヤ	thunderstorm サンダストーム
らいおん **ライオン** raion	أَسَد 男, 複 أُسُود ʾasad, ʾusūd アサド, ウスード	lion ライオン
らいげつ **来月** raigetsu	اَلشَّهْرُ اَلْمُقْبِلُ 男 ; اَلشَّهْرُ اَلْقَادِمُ 男 al-shahru al-muqbilu, al-shahru al-qādimu アッ シャフルル ムクビル, アッ シャフルル カーディム	next month ネクスト マンス
らいしゅう **来週** raishuu	اَلْأُسْبُوعُ اَلْمُقْبِلُ 男 ; اَلْأُسْبُوعُ اَلْقَادِمُ 男 al-ʾusbūʿu al-muqbilu, al-ʾusbūʿu al-qādimu アル ウスブーウル ムクビル, アル ウスブーウル カーディム	next week ネクスト ウィーク
らいせ **来世** raise	اَلْآخِرَة 女 al-ʾākhirat アル アーヒラ	afterlife, next life アフタライフ, ネクスト ライフ
らいせんす **ライセンス** raisensu	رُخْصَة 女, 複 رُخَص rukhṣat, rukhaṣ ルフサ, ルハス	license ライセンス
らいたー **ライター** raitaa	وَلَّاعَة 女 wallāʿat ワッラーア	lighter ライタ
らいと **ライト** raito	مِصْبَاح 男, 複 مَصَابِيحُ [二段] miṣbāḥ, maṣābīḥu ミスバーフ, マサービーフ	light ライト

日	アラビア	英
らいにちする **来日する** rainichisuru	**جَاءَ** 〔完〕**,يَجِيءُ ٱلْيَابَانَ** **,يَزُورُ ٱلْيَابَانَ ; ٱلْيَابَانَ** 〔完〕**زَارَ ٱلْيَابَانَ** yajīʾu al-yābāna, jāʾa al-yābāna, yazūru al-yābāna, zāra al-yābāna ヤジーウル ヤーバーナ, ジャーアル ヤーバーナ, ヤズールル ヤーバーナ, ザーラル ヤーバーナ	come to Japan カム トゥ ジャパン
らいねん **来年** rainen	**اَلسَّنَةُ ; اَلسَّنَةُ ٱلْمُقْبِلَةُ** 女 **ٱلْقَادِمَةُ** 女 al-sanatu al-muqbilatu, al-sanatu al-qādimatu アッ サナトゥル ムクビラ, アッ サナトゥル カーディマ	next year ネクスト イア
らいばる **ライバル** raibaru	**مُنَافِس** 男 munāfis ムナーフィス	rival ライヴァル
らいひん **来賓** raihin	**ضَيْف** 男, 複 **ضُيُوف** ḍaif, ḍuyūf ダイフ, ドゥユーフ	guest ゲスト
らいぶ **ライブ** raibu	**عَرْض حَيّ** 男 ʿarḍ ḥaiy アルド ハイイ	live performance ライヴ パフォーマンス
らいふすたいる **ライフスタイル** raifusutairu	**أُسْلُوبُ ; نَمَطُ ٱلْحَيَاةِ** 男 **ٱلْحَيَاةِ** 男 namaṭu al-ḥayāti, ʾuslūbu al-ḥayāti ナマトル ハヤート, ウスルーブル ハヤート	lifestyle ライフスタイル
らいふる **ライフル** raifuru	**بُنْدُقِيَّة** 女, 複 **بَنَادِق**〔二段〕 bunduqīyat, banādiqu ブンドゥキーヤ, バナーディク	rifle ライフル
らいめい **雷鳴** raimei	**رَعْد** 男 raʿd ラアド	thunder サンダ

日	アラビア	英
らいらっく **ライラック** rairakku	لَيْلَك 男 lailak ライラク	lilac ライラク
らおす **ラオス** raosu	لَاوُس 女 lāwus ラーウス	Laos ラウス
らくえん **楽園** rakuen	جَنَّة 女 jannat ジャンナ	paradise パラダイス
らくがき **落書き** (壁の) rakugaki	اَلْكِتَابَة عَلَى ٱلْجُدْرَانِ 女 al-kitābat ʿalā al-judrāni アル キターバ アラル ジュドラーン	scribble, graffiti スクリブル, グラフィーティ
らくさつする **落札する** rakusatsusuru	يَعْقِدُ مُنَاقَصَةً نَاجِحَةً, 完 عَقَدَ مُنَاقَصَةً نَاجِحَةً yaʿqidu munāqaṣatan nājiḥatan, ʿaqada munāqaṣatan nājiḥatan ヤアキドゥ ムナーカサ ナージハ, アカダ ムナーカサ ナージハ	make a successful bid メイク ア サクセスフル ビド
らくせんする **落選する** (選挙に) rakusensuru	يُهْزَمُ, 完 هُزِمَ yuhzamu, huzima ユフザム, フズィマ	(be) defeated in (ビ) ディフィーテド イン
(出品が)	يُرْفَضُ, 完 رُفِضَ yurfaḍu, rufiḍa ユルファドゥ, ルフィダ	(be) rejected (ビ) リヂェクティド
らくだ **駱駝** rakuda	جَمَل 男, 複 جِمَال jamal, jimāl ジャマル, ジマール	camel キャメル
らくだいする **落第する** rakudaisuru	يَرْسُبُ, 完 رَسَبَ yarsubu, rasaba ヤルスブ, ラサバ	fail フェイル
らくてんてきな **楽天的な** rakutentekina	مُتَفَائِل mutafāʾil ムタファーイル	optimistic アプティミスティク

日	アラビア	英
らくな **楽な** rakuna	**مُرِيح** murīḥ ムリーフ	comfortable カンフォタブル
(容易な)	**سَهْل** sahl サフル	easy イーズィ
らくのう **酪農** rakunou	**مَزَارِعُ ٱلْأَلْبَانِ** 複 mazāriʿu al-ʾalbāni マザーリウル アルバーン	dairy (farm) デアリ (ファーム)
～家	**مُزَارِعُ ٱلْأَلْبَانِ** 男 muzāriʿu al-ʾalbāni ムザーリウル アルバーン	dairy farmer デアリ ファーマ
らぐびー **ラグビー** ragubii	**اَلرَّغْبِي** 男 al-raghbī アッ ラグビー	rugby ラグビ
らくようじゅ **落葉樹** rakuyouju	**شَجَرَة نَفْضِيَّة** 女 shajarat nafḍīyat シャジャラ ナフディーヤ	deciduous tree ディスィデュアス トリー
5 らくらい **落雷** rakurai	**صَاعِقَة** 女, 複 **صَوَاعِقُ** [二段] ṣāʿiqat, ṣawāʿiqu サーイカ, サワーイク	thunderbolt サンダボウルト
らけっと **ラケット** raketto	**مِضْرَب** 男, 複 **مَضَارِبُ** [二段] miḍrab, maḍāribu ミドラブ, マダーリブ	racket ラケト
らじうむ **ラジウム** rajiumu	**رَادِيُوم** 男 rādiyūm ラーディユーム	radium レイディアム
らじえーたー **ラジエーター** rajieetaa	**اَلرَّادِيَاتُور** 男 ; **مِشْعَاع** 男 al-rādiyātūr, mishʿāʿ アッ ラーディヤートゥール, ミシュアーウ	radiator レイディエイタ
らじお **ラジオ** rajio	**رَادِيُو** 男 rādiyū ラーディユー	radio レイディオウ

日	アラビア	英
らずべりー **ラズベリー** razuberii	تُوتُ ٱلْعُلَّيْقِ 男 tūtu al-ʿullaiqi トゥートル ウッライク	raspberry ラズベリ
らせん **螺旋** rasen	حَلْزُون 男 ḥalzūn ハルズーン	spiral スパイアラル
らちする **拉致する** rachisuru	يَخْتَطِفُ, [完] اِخْتَطَفَ yakhtaṭifu, ikhtaṭafa ヤフタティフ, イフタタファ	kidnap, abduct キドナプ, アブダクト
らっかー **ラッカー** rakkaa	وَرْنِيش 男 ; طِلَاءُ ٱللَّكِ 男 warnīsh, ṭilāʾu al-laki ワルニーシュ, ティラーウッ ラク	lacquer ラカ
らっかする **落下する** rakkasuru	يَسْقُطُ, [完] سَقَطَ yasquṭu, saqaṭa ヤスクトゥ, サカタ	drop, fall ドラプ, フォール
らっかんする **楽観する** rakkansuru	يَتَفَاءَلُ, [完] تَفَاءَلَ yatafāʾalu, tafāʾala ヤタファーアル, タファーアラ	(be) optimistic about (ビ) アプティミスティク アバウト
らっかんてきな **楽観的な** rakkantekina	مُتَفَائِل mutafāʾil ムタファーイル	optimistic アプティミスティク
らっきーな **ラッキーな** rakkiina	مَحْظُوظ maḥẓūẓ マフズーズ	lucky ラキ
らっこ **ラッコ** rakko	قُضَاعَةُ ٱلْبَحْرِ 女 quḍāʿatu al-baḥri クダーアトゥル バフル	sea otter スィー アタ
らっしゅあわー **ラッシュアワー** rasshuawaa	سَاعَةُ ٱلذُّرْوَةِ 女 sāʿatu al-dhurwati サーアトゥ ズルワ	rush hour ラッシュ アウア
らっぷ **ラップ** （音楽の） rappu	اَلرَّاب 男 al-rāb アッ ラーブ	rap music ラプ ミューズィク

日	アラビア	英
(食品用の)	غِطَاء مَطَّاط لِلطَّعَامِ 男; غِطَاءُ بُلَاسْتِيك لِحِفْظِ ٱلطَّعَامِ 男 ghiṭā' maṭṭāṭ li-al-ṭa'āmi, ghiṭā'u bulāstīk li-ḥifẓi al-ṭa'āmi ギターウ マッタート リッ タアーム, ギターウ ブラスティーク リ ヒフジッ タアーム	wrap, Ⓑclingfilm ラプ, クリングフィルム
らつわんの **辣腕の** ratsuwanno	مُقْتَدِر muqtadir ムクタディル	shrewd, able シュルード, エイブル
らでぃっしゅ **ラディッシュ** radisshu	فُجْل 集 fujl フジュル	radish ラディシュ
らてんご **ラテン語** ratengo	اَللُّغَةُ ٱللَّاتِينِيَّةُ 女 al-lughatu al-lātīnīyatu アッ ルガトゥッ ラーティーニーヤ	Latin ラティン
らてんの **ラテンの** ratenno	لَاتِينِيّ lātīnīy ラーティーニー	Latin ラティン
らぶれたー **ラブレター** raburetaa	رِسَالَةُ حُبٍّ 女 risālatu ḥubbin リサーラ フッブ	love letter ラヴ レタ
らべる **ラベル** raberu	لَصِيقَة 女 laṣīqat ラスィーカ	label レイベル
らべんだー **ラベンダー** rabendaa	زَهْرَةُ ٱلْخُزَامَى 女 zahratu al-khuzāmā ザフラトゥル フザーマー	lavender ラヴェンダ
らむ **ラム** (ラム酒) ramu	رُوْم 男 ruwm ルウム	rum ラム
(子羊の肉)	لَحْمُ ٱلضَّأْنِ 男 laḥmu al-ḍa'ni ラフムッ ダアヌ	lamb ラム

ら

日	アラビア	英
らん **欄** ran	**عَمُود** 男, 複 **أَعْمِدَة**; **رُكْن** 男, 複 **أَرْكَان** ʿamūd, ʾaʿmidat, rukn, ʾarkān アムード, アアミダ, ルクン, アルカーン	column カラム
らん **蘭** ran	**زَهْرَةُ ٱلْأُورْكِيدِ** 女 zahratu al-ʾwūrkīdi ザフラトゥル ウールキード	orchid オーキド
らんおう **卵黄** ran-ou	**صَفَارُ ٱلْبَيْضِ** 男 ṣafāru al-baiḍi サファールル バイド	yolk ヨウク
らんがい **欄外** rangai	**هَامِش** 男, 複 **هَوَامِشُ** 〔二段〕 hāmish, hawāmishu ハーミシュ, ハワーミシュ	margin マーヂン
らんく **ランク** ranku	**مَرْتَبَة** 女, 複 **مَرَاتِبُ** 〔二段〕; **دَرَجَة** 女 martabat, marātibu, darajat マルタバ, マラーティブ, ダラジャ	rank ランク
らんざつな **乱雑な** ranzatsuna	**غَيْر مُرَتَّبٍ** ghair murattabin ガイル ムラッタブ	disorderly ディスオーダリ
らんし **乱視** ranshi	**اَلْأَسْتِجْمَاتِيزْم** 男; **اَللَّانُقْطِيَّة** 女 al-ʾastijmātīzm, al-lānuqṭīyat アル アスティジュマーティーズム, アッラーヌクティーヤ	astigmatism, distorted vision アスティグマティズム, ディストーテド ヴィジョン
らんそう **卵巣** ransou	**مَبِيض** 男 mabīḍ マビード	ovary オウヴァリ
らんとう **乱闘** rantou	**مَعْرَكَة** 女, 複 **مَعارِكُ** 〔二段〕 maʿrakat, maʿāriku マアラカ, マアーリク	fray, brawl フレイ, ブロール
らんなー **ランナー** rannaa	**عَدَّاء** 男 ʿaddāʾ アッダーウ	runner ラナ

日	アラビア	英
らんにんぐ **ランニング** ranningu	**هَرْوَلَة** 女 harwalat ハルワラ	running ラニング
らんぱく **卵白** ranpaku	**بَيَاضُ ٱلْبَيْضِ** 男 bayāḍu al-baiḍi バヤードル バイド	egg white, albumen エグ（ホ）ワイト, アルビューメン
らんぷ **ランプ** ranpu	**مِصْبَاح** 男, 複 **مَصَابِيحُ** 〔二段〕 miṣbāḥ, maṣābīḥu ミスバーフ, マサービーフ	lamp ランプ
らんぼうする **乱暴する** ranbousuru	**يُعَنِّفُ بِ**, 〔完〕 **عَنَّفَ بِ** yuʿannifu bi, ʿannafa bi ユアンニフ ビ, アンナファ ビ	inflict violence インフリクト ヴァイオレンス
らんぼうな **乱暴な** ranbouna	**عَنِيف** ʿanīf アニーフ	violent, rough ヴァイオレント, ラフ
らんようする **乱用する** ran-yousuru	**يُسِيئُ ٱلِاسْتِخْدَامَ لِ**, 〔完〕 **أَسَاءَ ٱلِاسْتِخْدَامَ لِ** yusīʾu al-istikhdāma li, ʾasāʾa al-istikhdāma li ユスィーウ リスティフダーム リ, アサーア リスティフダーム リ	misuse, abuse ミスユーズ, アビューズ

り

り, リ

日	アラビア	英
りあるたいむの **リアルタイムの** riarutaimuno	**فَوْرِيّ ; آنِيّ** fauriy, ʾāniy ファウリー, アーニー	in real time イン リーアル タイム
りあるな **リアルな** （写実的な） riaruna	**وَاقِعِيّ** wāqiʿiy ワーキイー	real リーアル
（真実の）	**حَقِيقِيّ** ḥaqīqiy ハキーキー	real リーアル
りーぐ **リーグ** riigu	**اَلدَّوْرِيّ** 男 al-dauriy アッ ダウリー	league リーグ

日	アラビア	英
～戦	مُبَارَيَاتُ ٱلدَّوْرِيِّ 複 mubārayātu al-daurīyi ムバーラヤートゥッ ダウリー	league series リーグ スィアリーズ
りーだー **リーダー** riidaa	زَعِيم 男, 複 زُعَمَاءُ〔二段〕 zaʿīm, zuʿamāʾu ザイーム, ズアマーウ	leader リーダ
～シップ	قِيَادَة 女 qiyādat キヤーダ	leadership リーダシプ
りーどする **リードする** (導く) riidosuru	يُرْشِدُ, 〔完〕 أَرْشَدَ yurshidu, ʾarshada ユルシドゥ, アルシャダ	lead リード
(先行する)	يَسْبِقُ, 〔完〕 سَبَقَ yasbiqu, sabaqa ヤスビク, サバカ	precede プリスィード
りえき **利益** rieki	رِبْح 男, 複 أَرْبَاح ribḥ, ʾarbāḥ リブフ, アルバーフ	profit, return プラフィト, リターン
りか **理科** rika	عِلْمُ ٱلطَّبِيعِيَّاتِ 男 ʿilmu al-ṭabīʿīyāti イルムッ タビーイーヤート	science サイエンス
りかい **理解** rikai	فَهْم 男 fahm ファフム	comprehension カンプリヘンション
～する	يَفْهَمُ, 〔完〕 فَهِمَ yafhamu, fahima ヤフハム, ファヒマ	understand アンダスタンド
りがい **利害** rigai	مَصْلَحَة 女, 複 مَصَالِحُ〔二段〕 maṣlaḥat, maṣāliḥu マスラハ, マサーリフ	interests インタレスツ
りきせつする **力説する** rikisetsusuru	يُؤَكِّدُ, 〔完〕 أَكَّدَ yuʾakkidu, ʾakkada ユアッキドゥ, アッカダ	emphasize エンファサイズ
りきゅーる **リキュール** rikyuuru	لِيكُور 男 līkūr リークール	liqueur リカー

日	アラビア	英
りきりょう **力量** rikiryou	**قُدْرَة** 女 qudrat クドラ	ability アビリティ
りく **陸** riku	**أَرْض** 女 ; **بَرّ** 男 barr, ʾarḍ バッル, アルド	land ランド
りくえすと **リクエスト** rikuesuto	**طَلَب** 男 ṭalab タラブ	request リクウェスト
りくぐん **陸軍** rikugun	**قُوَّات بَرِّيَّة** 複 qūwāt barrīyat クーワート バッリーヤ	army アーミ
りくじょうきょうぎ **陸上競技** rikujoukyougi	**أَلْعَابُ ٱلْقُوَى** 複 ʾalʿābu al-quwā アルアーブル クワー	athletics アスレティクス
りくつ **理屈** rikutsu	**مَنْطِق** 男 manṭiq マンティク	reason, logic リーズン, ラヂク
りけん **利権** riken	**اِمْتِيَاز** 男, **اِمْتِيَازَات** 複 imtiyāz, imtiyāzāt イムティヤーズ, イムティヤーザート	rights, concessions ライツ, コンセションズ
りこうな **利口な** rikouna	**ذَكِيّ**, **أَذْكِيَاءُ** 複 〔二段〕 dhakīy, ʾadhkiyāʾu ザキー, アズキヤーウ	clever, bright クレヴァ, ブライト
りこーる **リコール** (欠陥商品の回収) rikooru	**اِسْتِدْعَاءُ ٱلسِّلْعَةِ** 男 istidʿāʾu al-silʿati イスティドアーウッ スィルア	recall リコール
(公職者の解職)	**طَلَبُ ٱلِٱسْتِقَالَةِ** 男 ṭalabu al-istiqālati タラブ リスティカーラ	recall リコール
りこしゅぎ **利己主義** rikoshugi	**أَنَانِيَّة** 女 ʾanānīyat アナーニーヤ	egoism イーゴウイズム
りこてきな **利己的な** rikotekina	**أَنَانِيّ** ʾanānīy アナーニー	egoistic イーゴウイスティク

日	アラビア	英
りこん 離婚 rikon	طَلَاق 男 ṭalāq タラーク	divorce ディヴォース
りさいくる リサイクル risaikuru	إِعَادَةُ ٱلتَّدْوِيرِ 女 ʾiʿādatu al-tadwīri イアーダトゥ タドウィール	recycling リーサイクリング
りさいたる リサイタル risaitaru	حَفْلَة مُوسِيقِيَّة 女 ḥaflat mūsīqīyat ハフラ ムースィーキーヤ	recital リサイトル
りざや 利鞘 rizaya	رِبْح 男, 複 أَرْبَاح ribḥ, ʾarbāḥ リブフ, アルバーフ	profit margin, margin プラフィト マーヂン, マーヂン
りさんする 離散する risansuru	يَتَشَتَّتُ, 完 تَشَتَّتَ yatashattatu, tashattata ヤタシャッタトゥ, タシャッタタ	(be) scattered (ビ) スキャタド
りし 利子 rishi	فَائِدَة 女 fāʾidat ファーイダ	interest インタレスト
りじ 理事 riji	مُدِير 男 mudīr ムディール	director, manager ディレクタ, マニヂャ
りじゅん 利潤 rijun	رِبْح 男, 複 أَرْبَاح ribḥ, ʾarbāḥ リブフ, アルバーフ	profit, gain プラフィト, ゲイン
りしょく 利殖 rishoku	مُضَارَبَات 複 muḍārabāt ムダーラバート	moneymaking マニメイキング
りす 栗鼠 risu	سِنْجَاب 男 sinjāb スィンジャーブ	squirrel スクワーレル
りすく リスク risuku	خَطَر 男, 複 أَخْطَار khaṭar, ʾakhṭār ハタル, アフタール	risk リスク

り

日	アラビア	英
りすと **リスト** risuto	قَائِمَة 女 qāʾimat カーイマ	list リスト
りずむ **リズム** rizumu	إِيقَاع 男 ʾīqāʿ イーカーウ	rhythm リズム
りせい **理性** risei	عَقْل 男 ʿaql アクル	reason, sense リーズン，センス
～的な	عَقْلِيّ ʿaqlīy アクリー	rational ラショナル
りそう **理想** risou	مُثُل أَعْلَى 複 muthul ʾaʿlā ムスル アアラー	ideal アイディーアル
～主義	مِثَالِيَّة 女 mithālīyat ミサーリーヤ	idealism アイディーアリズム
～的な	مِثَالِيّ mithālīy ミサーリー	ideal アイディーアル
りそく **利息** risoku	فَائِدَة 女 fāʾidat ファーイダ	interest インタレスト
りちうむ **リチウム** richiumu	لِيثْيُوم 男 līthiyūm リースィユーム	lithium リスィアム
りちぎな **律儀な** richigina	مُخْلِص mukhliṣ ムフリス	honest アネスト
りちてきな **理知的な** richitekina	عَقْلِيّ ʿaqlīy アクリー	intellectual インテレクチュアル
りつ **率** （割合） ritsu	نِسْبَة 女 nisbat ニスバ	rate レイト

日	アラビア	英
(百分率)	نِسْبَة مِئَوِيَّة 女 nisbat miʾawīyat ニスバ ミアウィーヤ	percentage パセンティヂ
りっきょう **陸橋** rikkyou	كُبْرِيّ 男 kubrīy クブリー	viaduct ヴァイアダクト
りっこうほしゃ **立候補者** rikkouhosha	مُرَشَّح 男 murashshaḥ ムラッシャフ	candidate キャンディデイト
りっこうほする **立候補する** rikkouhosuru	يَتَرَشَّحُ لِ, 〔完〕 تَرَشَّحَ لِ yatarashshaḥu li, tarashshaḥa li ヤタラッシャフ リ, タラッシャハ リ	run for office ラン フォ オーフィス
りっしょうする **立証する** risshousuru	يُبَرْهِنُ عَلَى, 〔完〕 بَرْهَنَ عَلَى yubarhinu ʿalā, barhana ʿalā ユバルヒヌ アラー, バルハナ アラー	prove プルーヴ
りったい **立体** rittai	شَكْلُ ثُلَاثِيِّ ٱلْأَبْعَادِ 男 shaklu thulāthīyi al-ʾabʿādi シャクル スラースィーユル アブアード	solid サリド
〜的な	ثُلَاثِيُّ ٱلْأَبْعَادِ thulāthīyu al-ʾabʿādi スラースィーユル アブアード	three-dimensional スリーディメンショナル
りっとる **リットル** rittoru	لِتْر 男, 複 لِتْرَات litr, litrāt リトル, リトラート	liter, Ⓑlitre リータ, リータ
りっぱな **立派な** rippana	رَائِع rāʾiʿ ラーイウ	excellent, splendid エクセレント, スプレンディド
(尊敬されている)	مُحْتَرَم muḥtaram ムフタラム	respected リスペクティド
りっぷくりーむ **リップクリーム** rippukuriimu	زُبْدَةُ شِفَاهٍ 女; بَلْسَم zubdatu shifātin, balsam ズブダ シファー, バルサム	lip cream リプ クリーム

日	アラビア	英
りっぽう **立方** rippou	**مُكَعَّب** 男 mukaʿʿab ムカッアブ	cube キューブ
～センチ	**سَنْتِيمِتْر مُكَعَّب** 男, **سَنْتِيمِتْرَات مُكَعَّبَة** 複 santīmitr mukaʿʿab, santīmitrāt mukaʿʿabat サンティーミトル ムカッアブ, サンティーミトラート ムカッアバ	cubic centimeter キュービク センティミータ
～体	**مُكَعَّب** 男 mukaʿʿab ムカッアブ	cube キューブ
～メートル	**مِتْر مُكَعَّب** 男, **أَمْتَار مُكَعَّبَة** 複 mitr mukaʿʿab, ʾamtār mukaʿʿabat ミトル ムカッアブ, アムタール ムカッアバ	cubic meter キュービク ミータ
りっぽう **立法** rippou	**تَشْرِيع** 男 tashrīʿ タシュリーウ	legislation レヂスレイション
～権	**سُلْطَة تَشْرِيعِيَّة** 女 sulṭat tashrīʿiyat スルタ タシュリーイーヤ	legislative power レヂスレイティヴ パウア
りてん **利点** riten	**مِيزَة** 女 mīzat ミーザ	advantage アドヴァンティヂ
りとう **離島** ritou	**جَزِيرَة بَعِيدَة** 女 jazīrat baʿīdat ジャズィーラ バイーダ	isolated island アイソレイテド アイランド
りとぐらふ **リトグラフ** ritogurafu	**طِبَاعَة حَجَرِيَّة** 女 ṭibāʿat ḥajarīyat ティバーア ハジャリーヤ	lithograph リソグラフ
りにゅうしょく **離乳食** rinyuushoku	**طَعَامُ ٱلطِّفْلِ ٱلرَّضِيعِ** 男 ṭaʿāmu al-ṭifli al-raḍīʿi タアームッ ティフルッ ラディーウ	baby food ベイビ フード

日	アラビア	英
りねん **理念** rinen	فِكْرَة 女 fikrat フィクラ	philosophy, principles フィラソフィ, プリンスィプルズ
りはーさる **リハーサル** rihaasaru	بُرُوفَة 女 burūfat ブルーファ	rehearsal リハーサル
りはつ **理髪** rihatsu	حِلَاقَةُ شَعْرٍ 女 ḥilāqatu shaʿrin ヒラーカ シャアル	haircut ヘアカト
～店	مَحَلُّ ٱلْحِلَاقَةِ 男 maḥallu al-ḥilāqati マハッルル ヒラーカ	barbershop, Ⓑbarber バーバシャプ, バーバ
りはびり **リハビリ** rihabiri	إِعَادَةُ تَأْهِيلٍ 女 ʾiʿādatu taʾhīlin イアーダ タアヒール	rehabilitation リハビリテイション
りはんする **離反する** rihansuru	يَنْشَقُّ عَنْ, 〔完〕 اِنْشَقَّ عَنْ yanshaqqu ʿan, inshaqqa ʿan ヤンシャック アン, インシャッカ アン	(be) estranged from (ビ) イストレインヂド フラム
りびあ **リビア** ribia	لِيبِيَا 女 lībiyā リービヤー	Libya リビア
りひてんしゅたいん **リヒテンシュタイン** rihitenshutain	لِيخِتِنْشْتَايْن 女 līkhitinshtāin リーヒティンシュターイン	Liechtenstein リクテンスタイン
りふぉーむする **リフォームする** rifoomusuru	يُجَدِّدُ, 〔完〕 جَدَّدَ yujaddidu, jaddada ユジャッディドゥ, ジャッダダ	remodel リーマドル
りふじんな **理不尽な** rifujinna	غَيْر مَعْقُولٍ ghair maʿqūlin ガイル マアクール	unreasonable アンリーズナブル
りふと **リフト**（スキー場の） rifuto	مِصْعَدُ ٱلتَّزَلُّجِ 男 miṣʿadu al-tazalluji ミスアドゥッ タザッルジュ	chair lift チェア リフト

日	アラビア	英
りべーと **リベート** （手数料） ribeeto	عُمُولَة 男 ʿumūlat ウムーラ	rebate リーベイト
（割引）	خَصْم 男 khaṣm ハスム	rebate リーベイト
りべつする **離別する** ribetsusuru	تَفَرَّقَ 〔完〕, يَتَفَرَّقُ yatafarraqu, tafarraqa ヤタファッラク, タファッラカ	separate セパレイト
りべらるな **リベラルな** riberaruna	حُرّ, أَحْرَار 複 ḥurr, ʾaḥrār フッル, アフラール	liberal リベラル
りぽーと **リポート** ripooto	خَبَر 男, أَخْبَار 複 khabar, ʾakhbār ハバル, アフバール	report リポート
りぼん **リボン** ribon	شَرِيط 男, شَرَائِطُ 複 〔二段〕 sharīṭ, sharāʾiṭu シャリート, シャラーイトゥ	ribbon リボン
りまわり **利回り** rimawari	مُعَدَّلُ ٱلْعَائِدِ 男 muʿaddalu al-ʿāʾidi ムアッダルル アーイド	yield, rate of return イールド, レイト オヴ リターン
りむじん **リムジン** rimujin	لِيمُوزِين 女 līmūzīn リームーズィーン	limousine リムズィーン
りもこん **リモコン** rimokon	اَلتَّحَكُّم عَنْ بُعْدٍ 男 al-taḥakkum ʿan buʿdin アッ タハックム アン ブウド	remote control リモウト コントロウル
りゃくご **略語** ryakugo	اِخْتِصَار 男, اِخْتِصَارَات 複 ikhtiṣār, ikhtiṣārāt イフティサール, イフティサーラート	abbreviation アブリヴィエイション
りゃくしきの **略式の** ryakushikino	غَير رَسْمِيٍّ ghair rasmīyin ガイル ラスミー	informal インフォーマル
りゃくす **略す** （簡単にする） ryakusu	اِخْتَصَرَ 〔完〕, يَخْتَصِرُ yakhtaṣiru, ikhtaṣara ヤフタスィル, イフタサラ	abridge, abbreviate アブリヂ, アブリーヴィエイト

日	アラビア	英
(省く)	حَذَفَ [完] ,يَحْذِفُ yaḥdhifu, ḥadhafa ヤフズィフ, ハザファ	omit オウミト
りゃくだつする 略奪する ryakudatsusuru	نَهَبَ [完] ,يَنْهَبُ yanhabu, nahaba ヤンハブ, ナハバ	plunder, pillage プランダ, ピリヂ
りゆう 理由 riyuu	أَسْبَاب [複] ,[男] سَبَب sabab, ʾasbāb サバブ, アスバーブ	reason, cause リーズン, コーズ
りゅういき 流域 ryuuiki	حَوْضُ نَهْرٍ [男] ḥauḍu nahrin ハウド ナフル	valley, basin ヴァリ, ベイスン
りゅうがく 留学 ryuugaku	اَلدِّرَاسَة فِي ٱلْخَارِجِ [女] al-dirāsat fī al-khāriji アッ ディラーサ フィル ハーリジュ	studying abroad スタディング アブロード
～生	طَالِب أَجْنَبِيّ [男] ṭālib ʾajnabīy ターリブ アジュナビー	foreign student フォリン ステューデント
りゅうこう 流行 ryuukou	مُوضَة [女] mūḍat ムーダ	fashion, vogue ファション, ヴォウグ
(病気や思想などの)	اِنْتِشَار [男] intishār インティシャール	prevalence プレヴァレンス
～する (病気や思想などが)	اِنْتَشَرَ [完] ,يَنْتَشِرُ yantashiru, intashara ヤンタシル, インタシャラ	prevail プリヴェイル
りゅうざん 流産 ryuuzan	إِجْهَاض طَبِيعِيّ [男] ʾijhāḍ ṭabīʿīy イジュハード タビーイー	miscarriage ミスキャリヂ
りゅうし 粒子 ryuushi	جُسَيْمَات [複] ,[男] جُسَيْم jusaim, jusaimāt ジュサイム, ジュサイマート	particle パーティクル
りゅうしゅつする 流出する ryuushutsusuru	تَسَرَّبَ [完] ,يَتَسَرَّبُ yatasarrabu, tasarraba ヤタサッラブ, タサッラバ	flow out フロウ アウト

り

日	アラビア	英
りゅうせい **隆盛** ryuusei	**اِزْدِهَار** 男 izdihār イズディ**ハ**ール	prosperity プラス**ペ**リティ
りゅうせんけい **流線型** ryuusenkei	**شَكْلٌ اِنْسِيَابِيٌّ** 男 shaklun insiyābīy **シャ**クルニン スィ**ヤ**ービー	streamline スト**リ**ームライン
りゅうちょうに **流暢に** ryuuchouni	**بِطَلَاقَةٍ** bi-ṭalāqatin ビータ**ラ**ーカ	fluently フ**ル**エントリ
りゅうつう **流通** ryuutsuu	**رَوَاج** 男 rawāj ラ**ワ**ージュ	distribution ディストリ**ビュ**ーション
〜する	**يَرُوجُ**, 〔完〕**رَاجَ** yarūju, rāja ヤ**ル**ージュ, **ラ**ージャ	circulate **サ**ーキュレイト
りゅうどうする **流動する** （液体が流れる） ryuudousuru	**يَسِيلُ**, 〔完〕**سَالَ** yasīlu, sāla ヤ**スィ**ール, **サ**ーラ	flow フ**ロ**ウ
（情勢が不透明のまま）	**لَا يَزَالُ غَيْرَ وَاضِحٍ**, 〔完〕**لَمْ يَزَلْ غَيْرَ وَاضِحٍ** lā yazālu ghaira wāḍiḥin, lam yazal ghaira wāḍiḥin ラー ヤ**ザ**ール ガイル **ワ**ーディフ, ラム **ヤ**ザル ガイル **ワ**ーディフ	(be) fluid (ビ) フ**ル**ーイド
りゅうどうてきな **流動的な** （はっきりとしない） ryuudoutekina	**غَيْر وَاضِحٍ** ghair wāḍiḥin ガイル **ワ**ーディフ	fluid フ**ル**ーイド
りゅうにゅうする **流入する** ryuunyuusuru	**يَتَدَفَّقُ فِي**, 〔完〕**تَدَفَّقَ فِي** yatadaffaqu fī, tadaffaqa fī ヤタ**ダ**ッファク フィー, タ**ダ**ッファカ フィー	flow in フロウ **イ**ン
りゅうは **流派** ryuuha	**مَذْهَب** 男, 複 **مَذَاهِبُ**〔二段〕 madhhab, madhāhibu **マ**ズハブ, マ**ザ**ーヒブ	school ス**ク**ール
りゅっくさっく **リュックサック** ryukkusakku	**حَقِيبَةُ ظَهْرٍ** 女 ḥaqībatu ẓahrin ハ**キ**ーバ **ザ**フル	backpack, ruck-sack **バ**クパク, **ラ**クサク

日	アラビア	英
りょう **漁** ryou	**صَيْدُ ٱلْأَسْمَاكِ** 男 ṣaidu al-ʾasmāki サイドゥル アスマーク	fishing フィシング
りょう **寮** ryou (学生の)	**اَلْمَدِينَةُ ٱلْجَامِعِيَّةُ** **بَيْتُ ٱلطَّلَبَةِ** 男 **; لِلطَّالِبَاتِ** 女 al-madīnatu al-jāmiʿīyatu li al-ṭālibāti, baitu al-ṭalabati アル マディーナトゥル ジャーミイーヤ リッターリバート, バイトゥッ タラバ	dormitory, Ⓑhall of residence ドーミトーリ, ホール オヴ レズィデンス
(会社の)	**سَكَنُ مُوَظَّفِينَ** 男 sakanu muwaẓẓafīna サカン ムワッザフィーナ	company's dormitory カンパニズ ドーミトーリ
りょう **猟** ryou	**اِصْطِيَاد** 男 iṣṭiyād イスティヤード	hunting, shooting ハンティング, シューティング
りょう **量** ryou	**كَمِّيَّة** 女 kammīyat カンミーヤ	quantity クワンティティ
りよう **利用** riyou (活用)	**اِسْتِفَادَة** 女 istifādat イスティファーダ	usage ユースィヂ
(使用)	**اِسْتِخْدَام** 男 istikhdām イスティフダーム	use ユース
りょういき **領域** ryouiki	**نِطَاق** 男 niṭāq ニターク	domain ドウメイン
(領分)	**مَجَال** 男, 複 **مَجَالَات** majāl, majālat マジャール, マジャーラート	field フィールド
りょうかいする **了解する** ryoukaisuru (承認)	**يُوَافِقُ عَلَى**, 完 **وَافَقَ عَلَى** yuwāfiqu ʿalā, wāfaqa ʿalā ユワーフィク アラー, ワーファカ アラー	understand, acknowledge アンダスタンド, アクナリヂ
(同意している)	**مُوَافِق** muwāfiq ムワーフィク	agree アグリー

日	アラビア	英
りょうがえ **両替** ryougae	**صَرْف** 男 ṣarf サルフ	exchange イクスチェインヂ
〜する	**يَصْرِفُ, صَرَفَ** [完] yaṣrifu, ṣarafa ヤスリフ, サラファ	change, exchange into チェインヂ, イクスチェインヂ イントゥ
(崩す)	**يُفَكِّكُ, فَكَّكَ** [完] yufakkiku, fakkaka ユファッキク, ファッカカ	change, break チェインヂ, ブレイク
りょうがわ **両側** ryougawa	**جَانِبَانِ** 男 双 jānibāni ジャーニバーニ	both sides オン ボウス サイヅ
〜に (道の両側に)	**عَلَى جَانِبَيِ ٱلطَّرِيقِ** ʿalā jānibayi al-ṭarīqi アラー ジャーニバイッ タリーク	on both sides of the street オン ボウス サイヅ オヴ ザ ストリート
りょうきん **料金** ryoukin	**أُجْرَة** 女 ʾujrat ウジュラ	charge, fee チャーヂ, フィー
りょうくう **領空** ryoukuu	**مَجَال جَوِّيّ** 男 majāl jawwīy マジャール ジャウウィー	(territorial) airspace (テリトーリアル) エアスペイス
りょうし **漁師** ryoushi	**صَيَّادُ ٱلسَّمَكِ** 男 ṣaiyādu al-samaki サイヤードゥッ サマク	fisherman フィシャマン
りょうし **猟師** ryoushi	**صَيَّاد** 男 ṣaiyād サイヤード	hunter ハンタ
りょうじ **領事** ryouji	**قُنْصُل** 男, 複 **قَنَاصِلُ** [二段] qunṣul, qanāṣilu クンスル, カナースィル	consul カンスル
〜館	**قُنْصُلِيَّة** 女 qunṣulīyat クンスリーヤ	consulate カンスレト

り

日	アラビア	英
りようし **理容師** riyoushi	**حَلَّاق** 男 ḥallāq ハッラーク	hairdresser ヘアドレサ
りょうしき **良識** ryoushiki	**حِسّ سَلِيم** 男 ; **آدَاب** 複〔二段〕 ḥiss salīm, ʾādāb ヒッス サリーム, アーダーブ	good sense グド センス
りょうじゅう **猟銃** ryoujuu	**بُنْدُقِيَّةُ صَيْدٍ** 女 bunduqīyatu ṣaidin ブンドゥキーヤ サイド	hunting gun ハンティング ガン
りょうしゅうしょう **領収証** ryoushuushou	**فَاتُورَة** 女 fātūrat ファートゥーラ	receipt リスィート
りょうしょうする **了承する** ryoushousuru	**يُوَافِقُ عَلَى**, 〔完〕 **وَافَقَ عَلَى** yuwāfiqu ʿalā, wāfaqa ʿalā ユワーフィク アラー, ワーファカ アラー	consent コンセント
りょうしん **両親** ryoushin	**وَالِدَانِ** 男 双 wālidāni ワーリダーニ	parents ペアレンツ
りょうしん **良心** ryoushin	**ضَمِير** 男, 複 **ضَمَائِرُ**〔二段〕 ḍamīr, ḍamāʾiru ダミール, ダマーイル	conscience カンシェンス
りようする **利用する** (活用) riyousuru	**يَسْتَفِيدُ**, 〔完〕 **اِسْتَفَادَ** yastafīdu, istafāda ヤスタフィードゥ, イスタファーダ	use, utilize ユーズ, ユーティライズ
(使用)	**يَسْتَخْدِمُ**, 〔完〕 **اِسْتَخْدَمَ** yastakhdimu, istakhdama ヤスタフディム, イスタフダマ	use ユーズ
りょうせいの **良性の** ryouseino	**سَلِيم** salīm サリーム	benign ビナイン
りょうせいるい **両生類** ryouseirui	**بَرْمَائِيّ** 男 barmāʾīy バルマーイー	amphibian アンフィビアン
りょうて **両手** ryoute	**يَدَانِ** 女 双 yadāni ヤダーニ	both hands ボウス ハンヅ

日	アラビア	英
りょうど **領土** ryoudo	**أَرْض** 女 'arḍ アルド	territory テリトーリ
りょうほう **両方** ryouhou	**كِلَا** 男双 ; **كِلْتَا** 女双 kilā, kiltā キラー, キルター	both ボウス
りょうめん **両面** ryoumen	**وَجْهَانِ** 男双 wajhāni ワジュハーニ	both sides, two sides ボウス サイヅ, トゥー サイヅ
りょうようする **療養する** ryouyousuru	**يَقْضِي فِتْرَةَ نِقَاهَةٍ,** [完] **قَضَى فِتْرَةَ نِقَاهَةٍ** yaqḍī fitrata niqāhatin, qaḍā fitrata niqāhatin ヤクディー フィトラ ニカーハ, カダー フィトラ ニカーハ	recuperate リキューパレイト
りょうり **料理** ryouri	**طَبْخ** 男 ṭabkh タブフ	cooking クキング
～する	**يَطْبُخُ,** [完] **طَبَخَ** yaṭbukhu, ṭabakha ヤトブフ, タバハ	cook クク
りょうりつ **両立** (勉強とスポーツの両立) ryouritsu	**تَنْظِيمُ ٱلْوَقْتِ بَيْنَ ٱلدِّرَاسَةِ وَٱلرِّيَاضَةِ** 男 tanẓīmu al-waqti baina al-dirāsati wa-al-riyāḍati タンズィームル ワクト バイナッ ディラーサワッ リヤーダ	keep a balance between キープ ア バランス ビトウィーン
～する	**يُنَظِّمُ وَقْتَهُ بَيْنَ ... وَ,** [完] **نَظَّمَ وَقْتَهُ بَيْنَ ... وَ** yunaẓẓimu waqta-hu baina...wa, naẓẓama waqta-hu baina...wa ユナッズィム ワクターフ バイナ…ワ, ナッザマ ワクターフ バイナ…ワ	(be) compatible with (ビ) コンパティブル ウィズ
りょかく **旅客** ryokaku	**رَاكِب** 男, 複 **رُكَّاب** rākib, rukkāb ラーキブ, ルッカーブ	passenger パセンヂャ

り

日	アラビア	英
～機	طَائِرَةُ رُكَّابٍ 女 ṭāʾiratu rukkābin ターイラ ルッカーブ	passenger plane パセンヂャ プレイン
りょくちゃ 緑茶 ryokucha	شَاي أَخْضَر 男 shāy ʾakhḍar シャーイ アフダル	green tea グリーン ティー
りょけん 旅券 ryoken	جَوَازُ سَفَرٍ 男 jawāzu safarin ジャワーズ サファル	passport パスポート
りょこう 旅行 ryokou	سَفَر 男, 複 أَسْفَار safar, ʾasfār サファル，アスファール	travel, trip トラヴェル，トリプ
～する	سَافَرَ 完, يُسَافِرُ yusāfiru, sāfara ユサーフィル，サーファラ	travel トラヴェル
～代理店	وَكَالَةُ ٱلسَّفَرِ 女 wakālatu al-safari ワカーラトゥ サファル	travel agency トラヴェル エイヂェンスィ
りょひ 旅費 ryohi	تَكَالِيفُ ٱلسَّفَرِ 複 takālīfu al-safari タカーリーフッ サファル	travel expenses トラヴェル イクスペンセズ
りらっくすする リラックスする rirakkususuru	اِرْتَاحَ 完, يَرْتَاحُ yartāḥu, irtāḥa ヤルターフ，イルターハ	relax リラクス
りりくする 離陸する ririkusuru	أَقْلَعَ 完, يُقْلِعُ yuqliʿu, ʾaqlaʿa ユクリウ，アクラア	take off テイク オーフ
りりつ 利率 riritsu	نِسْبَةُ فَائِدَةٍ 女 nisbatu fāʾidatin ニスバ ファーイダ	interest rate インタレスト レイト
りれー リレー riree	سِبَاقُ تَتَابُعٍ 男 sibāqu tatābuʿin スィバーク タターブウ	relay リーレイ

日	アラビア	英
りれきしょ **履歴書** rirekisho	**سِيرَة ذَاتِيَّة** 女 sīrat dhātīyat スィーラ ザーティーヤ	curriculum vitae, CV カリキュラム ヴィータイ, スィーヴィー
りろん **理論** riron	**نَظَرِيَّة** 女 naẓarīyat ナザリーヤ	theory スィオリ
〜的な	**نَظَرِيّ** naẓarīy ナザリー	theoretical スィオレティカル
りんぎょう **林業** ringyou	**زِرَاعَةُ ٱلْغَابَاتِ** 女 zirāʿatu al-ghābāti ズィラーアトゥル ガーバート	forestry フォレストリ
りんく **リンク** rinku	**رَابِط** 男, 複 **رَوَابِطُ** [二段] rābiṭ, rawābiṭu ラービト, ラワービト	link リンク
〜する	**اِرْتَبَطَ بِ** [完], **يَرْتَبِطُ بِ** yartabiṭu bi, irtabaṭa bi ヤルタビトゥ ビ, イルタバタ ビ	link リンク
りんご **林檎** ringo	**تُفَّاحَة** 女, **تُفَّاح** 集 tuffāḥ, tuffāḥat トゥッファーフ, トゥッファーハ	apple アプル
りんごく **隣国** ringoku	**دَوْلَة مُجَاوِرَة** 女 daulat mujāwirat ダウラ ムジャーウィラ	neighboring country ネイバリング カントリ
りんじの **臨時の** rinjino	**مُوَقَّت** muwaqqat ムワッカト	temporary, special テンポレリ, スペシャル
りんじん **隣人** rinjin	**جَار** 男, 複 **جِيرَان** jār, jīrān ジャール, ジーラーン	neighbor ネイバ
りんす **リンス** rinsu	**بَلْسَمُ ٱلشَّعْرِ** 男 balsamu al-shaʿri バルサムッ シャアル	rinse リンス

り

日	アラビア	英
りんぱ **リンパ** rinpa	**لِمْف** 男 limf リムフ	lymph リンフ
〜腺	**اَلْغُدَّةُ ٱللِّيمْفَاوِيَّةُ** 女 al-ghuddatu al-līmfāwīyatu アル グッダトゥッ リームファーウィーヤ	lymph gland リンフ グランド
りんり **倫理** rinri	**أَخْلَاق** 複 **; آدَاب** 複 ʾakhlāq, ʾādāb アフラーク, アーダーブ	ethics エスィクス
〜的な	**أَخْلَاقِيّ** ʾakhlāqīy アフラーキー	ethical, moral エスィカル, モーラル

る, ル

日	アラビア	英
るい **類** （種類） rui	**نَوْع** 男 nauʿ ナウウ	kind, sort カインド, ソート
るいご **類語** ruigo	**مُرَادِف** 男 murādif ムラーディフ	synonym スィノニム
るいじ **類似** ruiji	**تَشَابُه** 男 tashābuh タシャーブフ	resemblance リゼンブランス
〜する	**يَتَشَابَهُ,** 〔完〕 **تَشَابَهَ** yatashābahu, tashābaha ヤタシャーバフ, タシャーバハ	resemble リゼンブル
るいすいする **類推する** ruisuisuru	**يَقِيسُ,** 〔完〕 **قَاسَ** yaqīsu, qāsa ヤキース, カーサ	reason through analogy リーズン スルー アナロヂ
るいせきする **累積する** ruisekisuru	**يَتَرَاكَمُ,** 〔完〕 **تَرَاكَمَ** yatarākamu, tarākama ヤタラーカム, タラーカマ	accumulate アキューミュレイト
るーずな **ルーズな** （怠惰な） ruuzuna	**مُهْمِل** muhmil ムフミル	loose ルース

日	アラビア	英
るーつ **ルーツ** （起源） ruutsu	أَصْل 男 ʾaṣl アスル	roots ルーツ
るーと **ルート** （道筋） ruuto	طَرِيق 男 ; مَسَار 男 ṭarīq, masār タリーク，マサール	route, channel ルート，チャネル
（平方根）	جِذْر تَرْبِيعِيّ 男 jidhr tarbīʿīy ジズル タルビーイー	root ルート
るーまにあ **ルーマニア** ruumania	رُومَانِيَا 女 rūmāniyā ルーマーニヤー	Romania ロウメイニア
るーむめいと **ルームメイト** ruumumeito	رَفِيقُ ٱلْحُجْرَةِ 男 rafīqu al-ḥujrati ラフィークル フジュラ	roommate ルームメイト
るーる **ルール** ruuru	قَاعِدَة 女, 複 قَوَاعِدُ〔二段〕 qāʿidat, qawāʿidu カーイダ，カワーイドゥ	rule ルール
るーれっと **ルーレット** ruuretto	رُولِيت 女 rūlīt ルーリート	roulette ルーレト
るくせんぶるく **ルクセンブルク** rukusenburuku	لُوكْسِمْبُورْغ 女 lūksimbūrgh ルークスィンブールグ	Luxembourg ラクセンバーグ
るす **留守** （彼の不在中） rusu	فِي غِيَابِهِ fī ghiyābi-hi フィー ギヤービ-ヒ	absence アブセンス
（場所にいない）	غَيْر مَوْجُودٍ ghair maujūdin ガイル マウジュード	isn't in ... イズント イン
るねっさんす **ルネッサンス** runessansu	عَصْرُ ٱلنَّهْضَةِ 男 ʿaṣru al-nahḍati アスルン ナフダ	Renaissance ルネサーンス
るびー **ルビー** rubii	يَاقُوت أَحْمَر 集 yāqūt ʾaḥmar ヤークート アフマル	ruby ルービ

る

れ, レ

日		アラビア	英
れい 例 rei		مِثَال 男, 複 أَمْثِلَة mithāl, ʾamthilat ミサール, アムスィラ	example イグザンプル
れい 礼 rei	(あいさつ)	تَحِيَّة 女 taḥīyat タヒーヤ	bow, salutation バウ, サリュテイション
	(感謝)	شُكْر 男 shukr シュクル	thanks サンクス
	(礼儀)	آدَاب 複 ʾādāb アーダーブ	etiquette, manners エティケト, マナズ
れいあうと レイアウト reiauto		تَصْمِيم 男 taṣmīm タスミーム	layout レイアウト
れいえん 霊園 reien		مَقْبَرَة 女, 複 مَقَابِرُ〔二段〕 maqbarat, maqābiru マクバラ, マカービル	cemetery セミテリ
れいか 零下 reika		تَحْتَ ٱلصِّفْرِ taḥta al-ṣifri タフタッ スィフル	below zero ビロウ ズィアロウ
れいがい 例外 reigai		اِسْتِثْنَاء 男 istithnāʾ イスティスナーウ	exception イクセプション
れいかん 霊感 reikan		إِلْهَام 男 ʾilhām イルハーム	inspiration インスピレイション
れいき 冷気 reiki		هَوَاء بَارِد 男 hawāʾ bārid ハワーウ バーリド	chill, cold チル, コウルド
れいぎ 礼儀 reigi		آدَاب 複 ʾādāb アーダーブ	etiquette, manners エティケト, マナズ

日	アラビア	英
れいきゃくする **冷却する** reikyakusuru	يُبَرِّدُ, 〔完〕بَرَّدَ yubarridu, barrada ユバッリドゥ, バッラダ	cool クール
れいきゅうしゃ **霊柩車** reikyuusha	سَيَّارَةُ نَقْلِ ٱلْمَوْتَى 女 saiyāratu naqli al-mautā サイヤーラトゥ ナクリル マウター	hearse ハース
れいこくな **冷酷な** reikokuna	قَاسٍ〔二段〕; قَاسِيَة 女 qāsin, qāsiyat カースィン, カースィヤ	cruel クルーエル
れいじょう **令状** reijou	مَحْضَر 男; مُذَكِّرَة 女 mudhakkirat, maḥḍar ムザッキラ, マフダル	warrant ウォラント
(逮捕令状)	مُذَكِّرَةُ ٱعْتِقَالٍ 女 mudhakkiratu iʿtiqālin ムザッキラトゥ ウティカール	arrest warrant アレスト ウォラント
れいじょう **礼状** reijou	شَهَادَةُ شُكْرٍ وَتَقْدِيرٍ 女 shahādatu shakrin wa-taqdīrin シャハーダ シャクル ワ-タクディール	thank-you letter サンキュー レタ
れいせいな **冷静な** reiseina	هَادِئ hādiʾ ハーディウ	calm, cool カーム, クール
れいせん **冷戦** reisen	اَلْحَرْبُ ٱلْبَارِدَةُ 女 al-ḥarbu al-bāridatu アル ハルブル バーリダ	cold war コウルド ウォー
れいぞうこ **冷蔵庫** reizouko	ثَلَّاجَة 女 thallājat サッラージャ	refrigerator リフリヂャレイタ
れいたんな **冷淡な** reitanna	بَارِد bārid バーリド	cold, indifferent コウルド, インディファレント
れいだんぼう **冷暖房** reidanbou	تَكْيِيفُ ٱلْهَوَاءِ 男 takyīfu al-hawāʾi タクイーフル ハワーウ	air conditioning エア コンディショニング
れいとう **冷凍** reitou	تَجْمِيد 男 tajmīd タジュミード	freezing フリーズィング

れ

日	アラビア	英
～庫	مُجَمِّد 男 mujammid ムジャッミド	freezer フリーザ
～食品	أَطْعِمَة مُجَمَّدَة 複 ʾaṭʿimat mujammadat アトイマ ムジャンマダ	frozen foods フロウズン フーヅ
～する	يُجَمِّدُ, 完 جَمَّدَ yujammidu, jammada ユジャンミドゥ, ジャンマダ	freeze フリーズ
れいはい 礼拝 reihai	صَلَاة 女, 複 صَلَوَات ṣalāt, ṣalawāt サラート, サラワート	worship, service ワーシプ, サーヴィス
～堂	مُصَلًّى 男 muṣallā ムサッラン	chapel チャペル
れいふく 礼服 reifuku	مَلَابِس رَسْمِيَّة 複 malābis rasmīyat マラービス ラスミーヤ	full dress フルドレス
れいぼう 冷房 reibou	تَكْيِيف 男 takyīf タクイーフ	air conditioning エア コンディショニング
れいんこーと レインコート reinkooto	مِعْطَفُ ٱلْمَطَرِ 男 miʿṭafu al-maṭari ミウタフル マタル	raincoat, Ⓑmackintosh レインコウト, マキントシュ
れーざー レーザー reezaa	لِيزَر 男 līzar リーザル	laser レイザ
れーす レース (競走) reesu	سِبَاق 男, 複 سِبَاقَات sibāq, sibāqāt スィバーク, スィバーカート	race レイス
(編物)	دَانْتِيل 女 dāntīl ダーンティール	lace レイス
れーずん レーズン reezun	زَبِيب 集 zabīb ザビーブ	raisin レイズン

日	アラビア	英
れーだー **レーダー** reedaa	**رَادَار** 女 rādār ラーダール	radar レイダー
れーと **レート** reeto	**مُعَدَّل** 男 muʿaddal ムアッダル	rate レイト
れーる **レール** reeru	**سِكَّةُ ٱلْحَدِيدِ** 女 sikkatu al-ḥadīdi スィッカトゥル ハディード	rail レイル
れきし **歴史** rekishi	**تَارِيخ** 男, 複 **تَوَارِيخُ** [二段] tārīkh, tawārīkhu ターリーフ, タワーリーフ	history ヒストリ
れぎゅらーの **レギュラーの** regyuraano	**مُنْتَظِم ; دَائِم** muntaẓim, dāʾim ムンタズィム, ダーイム	regular レギュラ
れくりえーしょん **レクリエーション** (娯楽) rekurieeshon	**تَرْفِيه** 男 tarfīh タルフィーフ	recreation レクリエイション
れこーでぃんぐ **レコーディング** rekoodingu	**تَسْجِيل** 男 tasjīl タスジール	recording リコーディング
れこーど **レコード** (音盤) rekoodo	**أُسْطُوَانَة** 女 ʾusṭuwānat ウストゥワーナ	record レコード
(記録)	**قِيَاس** 男 qiyās キヤース	record レコード
れじ **レジ** reji	**كَاشِير** 男 kāshīr カーシール	cash register キャシュ レヂスタ
れしーと **レシート** reshiito	**فَاتُورَة** 女 ; **إِيصَال** 男 fātūrat, ʾīṣāl ファートゥーラ, イーサール	receipt リスィート
れじすたんす **レジスタンス** rejisutansu	**مُقَاوَمَة** 女 muqāwamat ムカーワマ	resistance レズィスタンス

日	アラビア	英
れしぴ **レシピ** reshipi	**وَصْفَة** 女 waṣfat ワスファ	recipe レスィピ
れじゃー **レジャー** （旅行） rejaa	**اِسْتِجْمَام** 男 istijmām イスティジュマーム	leisure リージャ
（娯楽）	**تَرْفِيه** 男 tarfīh タルフィーフ	entertaiment エンタテインメント
れじゅめ **レジュメ** （概要・要約） rejume	**مُلَخَّص** 男 ; **مُوجَز** 男 mulakhkhaṣ, mūjaz ムラッハス，ムージャズ	résumé, summary レズュメイ，サマリ
れすとらん **レストラン** resutoran	**مَطْعَم** 男, 複 **مَطَاعِمُ** [二段] maṭʿam, maṭāʿimu マトアム，マターイム	restaurant レストラント
れすりんぐ **レスリング** resuringu	**مُصَارَعَة** 女 muṣāraʿat ムサーラア	wrestling レスリング
れせぷしょん **レセプション** resepushon	**اِسْتِقْبَال** 男 istiqbāl イスティクバール	reception リセプション
れたす **レタス** retasu	**خَسّ** 男 khass ハッス	lettuce レタス
れつ **列** retsu	**صَفّ** 男, 複 **صُفُوف** ṣaff, ṣufūf サッフ，スフーフ	line, row, queue ライン，ロウ，キュー
れつあくな **劣悪な** retsuakuna	**سَيِّئ** saiyiʾ サイイウ	inferior, poor インフィアリア，プア
れっかーしゃ **レッカー車** rekkaasha	**شَاحِنَةُ ٱلْجَرِّ** 女 shāḥinatu al-jarri シャーヒナトゥル ジャッル	wrecker, tow truck レカ，トウ トラク
れっきょする **列挙する** rekkyosuru	**عَدَّدَ** [完], **يُعَدِّدُ** yuʿaddidu, ʿaddada ユアッディドゥ，アッダダ	enumerate イニューメレイト

日	アラビア	英
れっしゃ **列車** ressha	قِطَار 男, 複 قِطَارَات qiṭār, qiṭārāt キタール, キターラート	train トレイン
れっすん **レッスン** ressun	دَرْس 男, 複 دُرُوس dars, durūs ダルス, ドゥルース	lesson レスン
れっせきする **列席する** ressekisuru	يَحْضُرُ, 〔完〕 حَضَرَ yaḥḍuru, ḥaḍara ヤフドゥル, ハダラ	attend アテンド
れっとう **列島** rettou	أَرْخَبِيل 男 ʾarkhabīl アルハビール	islands アイランヅ
れとりっく **レトリック** (比喩) retorikku	تَشْبِيه 男 tashbīh タシュビーフ	rhetoric レトリク
(表現)	تَعْبِير 男 taʿbīr タアビール	expression イクスプレション
れとろな **レトロな** (昔の) retorona	عَتِيق ʿatīq アティーク	retro レトロウ
(伝統的な)	تَقْلِيدِيّ taqlīdīy タクリーディー	traditional トラディショナル
ればー **レバー** (肝臓) rebaa	كِبْد 男女 kibd キブド	liver リヴァ
(取っ手)	مِقْبَض 男 miqbaḍ ミクバド	lever レヴァ
ればーとりー **レパートリー** (種類) repaatorii	أَنْوَاع 複 ʾanwāʿ アンワーウ	repertoire, repertory レパトワー, レパトーリ
ればのん **レバノン** rebanon	لُبْنَان 男 lubnān ルブナーン	Lebanon レバナン

れ

日	アラビア	英
れふぇりー **レフェリー** referii	**حَكَم** 男, 複 **حُكَّام** ḥakam, ḥukkām ハカム, フッカーム	referee レファリー
れべる **レベル** reberu	**مُسْتَوًى** 男, 複 **مُسْتَوَيَات** mustawan, mustawayāt ムスタワン, ムスタワヤート	level レヴェル
れぽーたー **レポーター** (特派員) repootaa	**مُرَاسِل** 男 murāsil ムラースィル	reporter リポータ
(アナウンサー)	**مُذِيع** 男 mudhīʿ ムズィーウ	news caster ニューズ キャスタ
(ジャーナリスト)	**صُحُفِيّ** 男 ṣuḥufīy スフフィー	journalist チャーナリスト
れぽーと **レポート** repooto	**تَقْرِير** 男, 複 **تَقَارِيرُ** 〔二段〕 taqrīr, taqārīru タクリール, タカーリール	report リポート
れもん **レモン** remon	**لَيْمُون** 集, **لَيْمُونَة** 女 laimūn, laimūnat ライムーン, ライムーナ	lemon レモン
れんあい **恋愛** ren-ai	**حُبّ** 男 ḥubb フッブ	love ラヴ
～結婚	**زَوَاج عَنْ حُبٍّ** 男 zawāj ʿan ḥubbin ザワージュ アン フッブ	love match ラヴ マチ
れんが **煉瓦** renga	**طُوب** 集 ; **طَابُوق** 集 ṭūb, ṭābūq トゥーブ, ターブーク	brick ブリク
れんきゅう **連休** renkyuu	**عُطْلَة مُتَتَالِيَّة** 女 ʿuṭlat mutatālīyat ウトラ ムタターリーヤ	consecutive holidays コンセキュティヴ ハリデイズ

日	アラビア	英
れんけい **連携** renkei	**تَعَاوُن** 男 ta‘āwun タアーウン	cooperation, tie-up コウアパレイション, タイアプ
れんけつ **連結** renketsu	**اِتِّصَال** 男 ittiṣāl イッティサール	connection コネクション
～する	**يَتَّصِلُ,** 〔完〕 **اِتَّصَلَ** yattaṣilu, ittaṣala ヤッタスィル, イッタサラ	connect コネクト
れんごう **連合** rengou	**اِتِّحَاد** 男, 複 **اِتِّحَادَات** ittiḥād, ittiḥādāt イッティハード, イッティハーダート	union ユーニョン
れんさいの **連載の** rensaino	**مُسَلْسَل** musalsal ムサルサル	serial スィアリアル
れんさはんのう **連鎖反応** rensahannou	**تَفَاعُل تَسَلْسُلِيّ** 男 tafā‘ul tasalsulīy タファーウル タサルスリー	chain reaction チェイン リアクション
れんじ **レンジ** renji	**فُرْن مَيْكْرُوِيف** 男 furn maikruwīf フルン マイクルウィーフ	cooking range, cooker クキング レインヂ, クカ
れんじつ **連日** renjitsu	**كُلَّ يَوْمٍ** kulla yaumin クッラ ヤウム	every day エヴリ デイ
れんしゅう **練習** renshuu	**تَدْرِيب** 男, 複 **تَدْرِيبَات** tadrīb, tadrībāt タドリーブ, タドリーバート	practice, exercise プラクティス, エクササイズ
～する	**يُدَرِّبُ,** 〔完〕 **دَرَّبَ** yudarribu, darraba ユダッリブ, ダッラバ	practice, train プラクティス, トレイン
れんず **レンズ** renzu	**عَدَسَة** 男, 複 **عَدَسَات** ‘adasat, ‘adasāt アダサ, アダサート	lens レンズ
れんそうする **連想する** (思い出す) rensousuru	**يَتَذَكَّرُ,** 〔完〕 **تَذَكَّرَ** yatadhakkaru, tadhakkara ヤタザッカル, タザッカラ	associate with アソウシエイト ウィズ

日	アラビア	英
れんぞく **連続** renzoku	**سِلْسِلَة** 女 silsilat スィルスィラ	continuation コンティニュエイション
～する	**مُتَتَابِع** mutatābiʿ ムタタービウ	continue コンティニュー
れんたい **連帯** rentai	**تَضَامُن** 男 taḍāmun タダームン	solidarity サリダリティ
～保証人	**ضَامِن** 男 ; **كَفِيل** 男 ḍāmin, kafīl ダーミン，カフィール	cosigner コウサイナ
れんたかー **レンタカー** rentakaa	**تَأْجِيرُ سَيَّارَةٍ** 男 taʾjīru saiyāratin タアジール サイヤーラ	rental car, rent-a-car レンタル カー，レンタカー
れんたる **レンタル** rentaru	**تَأْجِير** 男 taʾjīr タアジール	rental レンタル
れんとげん **レントゲン** rentogen	**أَشِعَّة سِينِيَّة** 複 ʾashiʿʿat sīnīyat アシッア スィーニーヤ	X-rays エクスレイズ
～技師	**فَنِّيُّ ٱلْأَشِعَّةِ** 男 fannīyu al-ʾashiʿʿati ファンニーユル アシッア	radiographer レイディオウグラファ
れんぽう **連邦** renpou	**اِتِّحَاد** 男 ittiḥād イッティハード	federation フェデレイション
れんめい **連盟** renmei	**جَامِعَة** 女 jāmiʿat ジャーミア	league リーグ
れんらく **連絡** renraku	**اِتِّصَال** 男 ittiṣāl イッティサール	liaison, contact リエイゾーン，カンタクト
～する	**يَتَّصِلُ بِ**, 完 **اِتَّصَلَ بِ** yattaṣilu bi, ittaṣala bi ヤッタスィル ビ，イッタサラ ビ	connect with コネクト ウィズ

れ

日	アラビア	英
れんりつ **連立** renritsu	**اِئْتِلَاف** 男 ʾiʾtilāf イウティラーフ	coalition コウアリション
～政権	**حُكُومَةُ ٱلِائْتِلَافِ** 女 ḥukūmatu al-iʾtilāf フクーマトゥ リウティラーフ	coalition government コウアリション ガヴァンメント

ろ, ロ

日	アラビア	英
ろう **蝋** rou	**شَمْع** 集 shamʿ シャムウ	wax ワクス
ろうあ(の) **聾唖(の)** roua (no)	**صَمّ وَبَكَم** ṣamm wa-bakam サンム ワ-バカム	deaf-mute デフミュート
～者	**شَخْص أَصَمّ وَأَبْكَم** 男 shakhṣ ʾaṣamm wa-ʾabkam シャフス アサンム ワ-アブカム	deaf and speech-impaired, Ⓑdeaf-mute デフ アンド スピーチインペアド, デフミュート
ろうか **廊下** rouka	**مَمَرّ** 男, 複 **مَمَرَّات** ; **رِوَاق**, 複 **أَرْوِقَة** mamarr, mamarrāt, riwāq, ʾarwiqat ママッル, ママッラート, リワーク, アルウィカ	corridor, hallway コリダ, ホールウェイ
ろうか **老化** rouka	**شَيْخُوخَة** 女 shaikhūkhat シャイフーハ	aging, growing old エイヂング, グロウイング オウルド
ろうがん **老眼** rougan	**طُولُ ٱلنَّظَرِ ٱلشَّيْخُوخِيِّ** 男 ṭūlu al-naẓari al-shaikhūkhīyi トゥールン ナザルッ シャイフーヒー	presbyopia プレズビオウピア
ろうご **老後** rougo	**شَيْخُوخَة** 女 shaikhūkhat シャイフーハ	old age オウルド エイヂ

日	アラビア	英
ろうし **労使** roushi	**رَئِيس وَمَرْؤُوس** 男 raʾīs wa-marʾūs ライース ワーマルウース	labor and management レイバ アンド マニヂメント
ろうじん **老人** roujin	**عَجُوز** 男女, 複 **عَجَائِزُ** [二段] ʿajūz, ʿajāʾizu アジューズ, アジャーイズ	older people オウルダ ピープル
ろうすい **老衰** rousui	**شَيْخُوخَة** 女 shaikhūkhat シャイフーハ	senility スィニリティ
ろうそく **蝋燭** rousoku	**شَمْعَة** 女, 複 **شُمُوع** shamʿat, shumūʿ シャムア, シュムーウ	candle キャンドル
ろうどう **労働** roudou	**عَمَل** 男 ʿamal アマル	labor, work, Ⓑlabour レイバ, ワーク, レイバ
〜組合	**نِقَابَةُ ٱلْعُمَّالِ** 女 niqābatu al-ʿummāli ニカーバトゥル ウンマール	labor union レイバ ユーニョン
〜災害	**حَوَادِثُ عَمَلٍ** 複 ḥawādithu ʿamalin ハワーディス アマル	labor accident レイバ アクスィデント
〜時間	**سَاعَاتُ ٱلْعَمَلِ** 複 sāʿātu al-ʿamali サーアートゥル アマル	working hours ワーキング アウアズ
〜者	**عَامِل** 男, 複 **عُمَّال** ʿāmil, ʿummāl アーミル, ウンマール	laborer, worker レイバラ, ワーカ
〜力	**اَلْقُوَى ٱلْعَامِلَة** 複 al-quwā al-ʿāmilat アル クワル アーミラ	manpower マンパウア
ろうどく **朗読** roudoku	**قِرَاءَة** 女 qirāʾat キラーア	reading リーディング
ろうねん **老年** rounen	**شَيْخُوخَة** 女 shaikhūkhat シャイフーハ	old age オウルド エイヂ

日	アラビア	英
ろうりょく **労力**　（労働力） rouryoku	**اَلْقُوَى ٱلْعَامِلَة** 複 al-quwā al-ʿāmilat アル **ク**ワル **ア**ーミラ	manpower, labour **マ**ンパウア, **レ**イバ
（骨折り）	**جَهْد** 男, 複 **جُهُود** jahd, juhūd **ジャ**フド, ジュ**フ**ード	pains, effort **ペ**インズ, **エ**フアト
ろうれい **老齢** rourei	**شَيْخُوخَة** 女 shaikhūkhat シャイ**フ**ーハ	old age **オ**ウルド **エ**イヂ
ろーしょん **ローション** （保湿のための化粧品） rooshon	**كُرِيم مُرَطِّب** 男 kurīm muraṭṭab ク**リ**ーム ム**ラ**ッタブ	lotion **ロ**ウション
ろーてーしょん **ローテーション** rooteeshon	**تَنَاوُب** 男 tanāwub タ**ナ**ーウブ	rotation ロウ**テ**イション
ろーぷ **ロープ** roopu	**حَبْل** 男, 複 **حُبُول** ḥabl, ḥubūl **ハ**ブル, フ**ブ**ール	rope **ロ**ウプ
ろーぷうえい **ロープウエイ** roopuuei	**قِطَار مُعَلَّق** 男 qiṭār muʿalliq キ**タ**ール ム**ア**ッリク	ropeway **ロ**ウプウェイ
ろーん **ローン** roon	**قَرْض** 男, 複 **قُرُوض** qarḍ, qurūḍ **カ**ルド, ク**ル**ード	loan **ロ**ウン
ろかする **濾過する** rokasuru	**يُرَشِّحُ**, 〔完〕 **رَشَّحَ** yurashshiḥu, rashshaḥa ユ**ラ**ッシフ, **ラ**ッシャハ	filter **フィ**ルタ
ろく **六** roku	**سِتَّة** 男 ; **سِتّ** 女 sittat, sitt **スィ**ッタ, **スィ**ット	six **スィ**クス
ろくおんする **録音する** rokuonsuru	**يُسَجِّلُ**, 〔完〕 **سَجَّلَ** yusajjilu, sajjala ユ**サ**ッジル, **サ**ッジャラ	record, tape リ**コ**ード, **テ**イプ
ろくがする **録画する** rokugasuru	**يُسَجِّلُ**, 〔完〕 **سَجَّلَ** yusajjilu, sajjala ユ**サ**ッジル, **サ**ッジャラ	record on リ**コ**ード オン

日	アラビア	英
ろくがつ **六月** rokugatsu	يُونِيُو 男 yūniyū ユーニユー	June ジューン
ろくじゅう **六十** rokujuu	سِتُّونَ 男女〔主格〕, سِتِّينَ 男女〔属格・対格〕 sittūna, sittīna スィットゥーナ, スィッティーナ	sixty スィクスティ
ろくまく **肋膜** rokumaku	غِشَاءُ ٱلْجَنْبِ 男 ghishāʾu al-janbi ギシャーウル ジャンブ	pleura プルーラ
ろくろ **轆轤** rokuro	عَجَلَةُ ٱلْفَخَّارِ 女 ʿajalatu al-fakhkhāri アジャラトゥル ファッハール	potter's wheel パタズ（ホ）ウィール
ろけーしょん **ロケーション** rokeeshon	مَوْقِع 男 mauqiʿ マウキウ	location ロウケイション
ろけっと **ロケット** roketto	صَارُوخ 男, 複 صَوَارِيخُ〔二段〕 ṣārūkh, ṣawārīkhu サールーフ, サワーリーフ	rocket ラケト
ろこつな **露骨な** rokotsuna	صَرِيح ṣarīḥ サリーフ	plain, blunt プレイン, ブラント
ろじ **路地** roji	زُقَاق 男, 複 أَزِقَّة zuqāq, ʾaziqqat ズカーク, アズィッカ	alley, lane アリ, レイン
ろしあ **ロシア** roshia	رُوسِيَا 女 rūsiyā ルースィヤー	Russia ラシャ
～語	اَللُّغَةُ ٱلرُّوسِيَّةُ 女 al-lughatu al-rūsīyatu アッ ルガトゥッ ルースィーヤ	Russian ラシャン
ろす **ロス** rosu	إِضَاعَة 女 ʾiḍāʿat イダーア	loss ロース

日	アラビア	英
～タイム	وَقْت إِضَافِيّ 男 waqt ʾiḍāfiy ワクト イダーフィー	injury time, loss of time インヂュリ タイム，ロース オヴ タイム
ろせん **路線** rosen	خَطّ 男, 複 خُطُوط khaṭṭ, khuṭūṭ ハット，フトゥート	route, line ルート，ライン
～図	خَرِيطَةُ ٱلْمَحَطَّاتِ 女 kharīṭatu al-maḥaṭṭāti ハリータトゥル マハッタート	route map ルート マプ
ろっかー **ロッカー** rokkaa	خِزَانَة 女 khizānat ヒザーナ	locker ラカ
ろっくくらいみんぐ **ロッククライミング** rokkukuraimingu	تَسَلُّقُ ٱلْجِبَالِ 男 tasalluqu al-jibāli タサッルクル ジバール	rock-climbing ラククライミング
ろっくんろーる **ロックンロール** rokkunrooru	رُوك آنْد رُول 女; مُوسِيقَى ٱلرُّوك 女 rūk ʾānd rūl, mūsīqā al-rūk ルーク アーンド ルール，ムースィーカッ ルーク	rock 'n' roll ラクンロウル
ろっこつ **肋骨** rokkotsu	ضِلْع 男, 複 ضُلُوع ḍilʿ, ḍulūʿ ディルウ，ドゥルーウ	rib リブ
ろてん **露店** roten	كُشْك 男, 複 أَكْشَاك kushk, ʾakshāk クシュク，アクシャーク	stall, booth ストール，ブース
ろびー **ロビー** robii	رَدْهَة 女 radhat ラドハ	lobby ラビ
ろぶすたー **ロブスター** robusutaa	جَرَادُ ٱلْبَحْرِ 集 jarādu al-baḥri ジャラードゥル バフル	lobster ラブスタ
ろぼっと **ロボット** robotto	رُوبُوت 男 rūbūt ルーブート	robot ロウボト

ろ

日	アラビア	英
ろまんしゅぎ **ロマン主義** romanshugi	رُومَانْسِيَّة 女 rūmānsīyat ルーマーンスィーヤ	romanticism ロウマンティスイズム
ろまんちすと **ロマンチスト** romanchisuto	رُومَانْسِيّ 男 rūmānsīy ルーマーンスィー	romanticist ロウマンティスィスト
ろめんでんしゃ **路面電車** romendensha	تُرَام 男, 複 تُرَامَات turām, turāmāt トゥラーム, トゥラーマート	streetcar, trolley, Ⓑtram ストリートカー, トラリ, トラム
ろんぎ **論議** rongi	جِدَال 男 jidāl ジダール	discussion, argument ディスカション, アーギュメント
～する	يُنَاقِشُ, 完 نَاقَشَ yunāqishu, nāqasha ユナーキシュ, ナーカシャ	discuss, argue ディスカス, アーギュー
ろんきょ **論拠** ronkyo	أَسَاسُ ٱلْفِكْرَةِ 男 ʾasāsu al-fikrat アサースル フィクラ	basis of an argument ベイスィス オヴ アン アーギュメント
ろんぐせらー **ロングセラー** ronguseraa	أَفْضَل بائِع لِمُدَّة طَوِيلَة 男 ʾafḍal bāʾiʿ li muddatin ṭawīlatin アフダル バーイウ リ ムッダ タウィーラ	longtime seller ローングタイム セラ
ろんじる **論じる** ronjiru	يُنَاقِشُ, 完 نَاقَشَ yunāqishu, nāqasha ユナーキシュ, ナーカシャ	discuss, argue ディスカス, アーギュー
ろんそう **論争** ronsou	جِدَال 男 jidāl ジダール	dispute, controversy ディスピュート, カントロヴァースィ
～する	يُجَادِلُ, 完 جَادَلَ yujādilu, jādala ユジャーディル, ジャーダラ	argue, dispute アーギュー, ディスピュート
ろんてん **論点** ronten	مَوْضُوعَة 女 mauḍūʿat マウドゥーア	point at issue ポイント アト イシュー

ろ

日	アラビア	英
ろんぶん **論文** ronbun	**مَقَالَة** 女 maqālat マ**カ**ーラ	essay, thesis **エ**セイ, **スィ**ースィス
(博士の)	**رِسَالَةُ دُكْتُورَاةٍ** 女 risālatu duktūrātin リ**サ**ーラ ドゥクトゥー**ラ**ー	doctoral dissertation **ダ**クトラル ディサー**テ**イション
ろんり **論理** ronri	**مَنْطِق** 男 manṭiq **マ**ンティク	logic **ラ**ヂク
～的な	**مَنْطِقِيّ** manṭiqīy **マ**ンティキー	logical **ラ**ヂカル

わ，ワ

日	アラビア	英
わ 輪 wa	حَلَقَة 女 ḥalaqat ハラカ	ring, loop リング，ループ
わ 和 (総和) wa	مَجْمُوع 男 majmūᶜ マジュムーウ	sum サム
(調和)	اِنْسِجَام 男 insijām インスィジャーム	harmony ハーモニ
わーるどかっぷ ワールドカップ waarudokappu	كَأْسُ ٱلْعَالَمِ 女 kaʾsu al-ᶜālami カアスル アーラム	World Cup ワールド カプ
わいしゃつ ワイシャツ waishatsu	قَمِيص 男, 複 قُمْصَان qamīṣ, qumṣān カミース，クムサーン	(dress) shirt (ドレス) シャート
わいせつな わいせつな waisetsuna	فَاضِح fāḍiḥ ファーディフ	obscene, indecent オブスィーン，インディーセント
わいぱー ワイパー (床用の) waipaa	مَسَّاحَة 女 massāḥat マッサーハ	wipers ワイパズ
(ガラス用の)	مَسَّاحَةُ ٱلزُّجَاجِ 男 massāḥatu al-zujāji マッサーハトゥ ズジャージ	window wiper ウィンドウ ワイパ
(車の)	مَسَّاحَةُ زُجَاجِ ٱلسَّيَّارَةِ 男 massāḥatu zujāji al-saiyārati マッサーハトゥ ズジャージッ サイヤーラ	windshield wipers ウィンドシールド ワイパズ
わいやー ワイヤー waiyaa	سِلْك 男, 複 أَسْلَاك silk, ʾaslāk スィルク，アスラーク	wire ワイア
わいろ 賄賂 wairo	رَشْوَة 女, 複 رِشًا rashwat, rishan ラシュワ，リシャン	bribery, bribe ブライバリ，ブライブ

日	アラビア	英
わいん **ワイン** wain	**نَبِيذ** 男 nabīdh ナビーズ	wine ワイン
～グラス	**كَأْسُ نَبِيذٍ** 男 kaʾsu nabīdhin カアス ナビーズ	wineglass ワイングラス
～リスト	**قَائِمَةُ ٱلنَّبِيذِ** 男 qāʾimatu al-nabīdhi カーイマトゥン ナビーズ	wine list ワイン リスト
わおん **和音** waon	**تَنَاغُم** 男 tanāghum タナーグム	chord コード
わかい **若い** wakai	**صَغِيرُ ٱلسِّنِّ** ṣaghīru al-sinni サギールッ スィンヌ	young ヤング
わかいする **和解する** wakaisuru	**يُصَالِحُ,** 〔完〕 **صَالَحَ** yuṣāliḥu, ṣālaḥa ユサーリフ, サーラハ	(be) reconciled with (ビ) レコンサイルド ウィズ
わかさ **若さ** wakasa	**شَبَاب** 男 shabāb シャバーブ	youth ユース
わかす **沸かす** wakasu	**يُغَلِّي,** 〔完〕 **غَلَّى** yughallī, ghallā ユガッリー, ガッラー	boil ボイル
わがままな **わがままな** wagamamana	**أَنَانِيّ** ʾanānīy アナーニー	selfish, wilful セルフィシュ, ウィルフル
わかもの **若者** wakamono	**شَابّ** 男, 複 **شَبَاب** shābb, shabāb シャーッブ, シャバーブ	youth ユース
わからずやの **分からず屋の** (頑固な) wakarazuyano	**عَنِيد** ʿanīd アニード	blockhead ブラクヘド

日	アラビア	英
わかりにくい **分かりにくい** wakarinikui	**صَعْبُ ; مِنَ ٱلصَّعْبِ فَهْم ٱلْفَهْمِ** mina al-ṣaʿbi fahm, ṣaʿbu al-fahmi ミナッ **サ**アブ **ファ**フム，**サ**アブル **ファ**フム	hard to understand **ハ**ード トゥ アンダス**タ**ンド
わかりやすい **分かりやすい** wakariyasui	**سَهْلُ ; مِنَ ٱلسَّهْلِ فَهْم ٱلْفَهْمِ** mina al-sahli fahm, sahlu al-fahmi ミナッ **サ**フル **ファ**フム，**サ**フルル **ファ**フム	easy to understand, simple **イ**ーズィー トゥ アンダス**タ**ンド，**スィ**ンプル
わかる **分かる** （理解する） wakaru	**يَفْهَمُ**，［完］**فَهِمَ** yafhamu, fahima **ヤ**フハム，**ファ**ヒマ	understand, see アンダス**タ**ンド，**スィ**ー
（知る）	**يَعْرِفُ**，［完］**عَرَفَ** yaʿrifu, ʿarafa **ヤ**アリフ，**ア**ラファ	know **ノ**ウ
わかれ **別れ** wakare	**وَدَاع** 男 wadāʿ ワ**ダ**ーウ	parting, farewell **パ**ーティング，フェア**ウェ**ル
わかれる **分かれる** （区分される） wakareru	**يَنْقَسِمُ**，［完］**اِنْقَسَمَ** yanqasimu, inqasama **ヤ**ンカスィム，**イ**ンカサマ	(be) divided into （ビ）ディ**ヴァ**イデド イントゥ
（分岐する）	**يَتَفَرَّعُ**，［完］**تَفَرَّعَ** yatafarraʿu, tafarraʿa ヤタ**ファ**ッラウ，タ**ファ**ッラア	branch off from ブ**ラ**ンチ **オ**ーフ フラム
わかれる **別れる** wakareru	**يَفْتَرِقُ**，［完］**اِفْتَرَقَ** yaftariqu, iftaraqa **ヤ**フタリク，**イ**フタラカ	part from **パ**ート フラム
わかわかしい **若々しい** wakawakashii	**يَافِع** yāfiʿ **ヤ**ーフィウ	youthful **ユ**ースフル
（活発）	**نَشِيط** nashīṭ ナ**シ**ート	active **ア**クティヴ

わ

日	アラビア	英
わき **脇** waki	جَانِب 男 jānib ジャーニブ	side サイド
わきのした **脇の下** wakinoshita	إِبْط 男, 複 آبَاط ʾibṭ, ʾābāṭ イブト, アーバート	armpit アームピト
わきばら **脇腹** wakibara	جَانِب 男 jānib ジャーニブ	side サイド
わきみち **脇道** wakimichi	شَارِع جَانِبِيّ 男 shāriʿ jānibīy シャーリウ ジャーニビー	side street サイド ストリート
わきやく **脇役** wakiyaku	دَوْر مُسَاعِد 男 daur musāʿid ダウル ムサーイド	supporting role, minor role サポーティング ロウル, マイナ ロウル
わく **湧く** (水などが) waku	يَنْبُعُ, 〔完〕 نَبَعَ yanbuʿu, nabaʿa ヤンブウ, ナバア	gush, flow ガシュ, フロウ
わく **沸く** (湯が) waku	يَغْلِي, 〔完〕 غَلَى yaghlī, ghalā ヤグリー, ガラー	boil ボイル
わく **枠** (囲み) waku	إِطَار 男, 複 أُطُر ʾiṭār, ʾuṭur イタール, ウトゥル	frame, rim フレイム, リム
(範囲)	مَدًى 男 madan マダン	range, extent レインヂ, イクステント
わくせい **惑星** wakusei	كَوْكَب 男, 複 كَوَاكِبُ 〔二段〕 kaukab, kawākibu カウカブ, カワーキブ	planet プラネト
わくちん **ワクチン** wakuchin	لَقَاح 男, 複 لَقَاحَات laqāḥ, laqāḥāt ラカーフ, ラカーハート	vaccine ヴァクスィーン

日	アラビア	英
わけ **訳** wake	**أَسْبَاب** 複, **سَبَب** 男 sabab, ʾasbāb サバブ, アスバーブ	reason, cause リーズン, コーズ
わけまえ **分け前** wakemae	**نُصُب** 複, **نَصِيب** 男 naṣīb, nuṣub ナスィーブ, ヌスブ	share, cut シェア, カト
わける **分ける** (区別する) wakeru	**صَنَّفَ** 〔完〕, **يُصَنِّفُ** yuṣannifu, ṣannafa ユサンニフ, サンナファ	classify クラスィファイ
(分割する)	**قَسَّمَ** 〔完〕, **يُقَسِّمُ** yuqassimu, qassama ユカッスィム, カッサマ	divide, part ディヴァイド, パート
(分配する)	**وَزَّعَ** 〔完〕, **يُوَزِّعُ** yuwazziʿu, wazzaʿa ユワッズィウ, ワッザア	distribute, share ディストリビュト, シェア
(分離する)	**فَصَلَ** 〔完〕, **يَفْصِلُ** yafṣilu, faṣala ヤフスィル, ファサラ	separate, part セパレイト, パート
わごむ **輪ゴム** wagomu	**رِبَاط مَطَّاطِيّ** 男 ribāṭ maṭṭāṭīy リバート マッターティー	rubber band ラバ バンド
わざ **技** (技術) waza	**فَنّ** 男 fann ファンン	technique, art テクニーク, アート
(技能)	**مَهَارَة** 女 mahārat マハーラ	skill スキル
わざと **わざと** wazato	**عَمْدًا** ʿamdan アムダン	on purpose, intentionally オン パーパス, インテンショナリ
わざわい **災い** wazawai	**مُصِيبَة** 女 muṣībat ムスィーバ	misfortune ミスフォーチュン

日	アラビア	英
わし 鷲 washi	نُسُور 複, نَسْر 男 nasr, nusūr ナスル, ヌスール	eagle イーグル
わしょく 和食 washoku	أَكْل يَابَانِيّ 男 ʾakl yābānīyi アクル ヤーバーニー	Japanese food チャパニーズ フード
わずかな 僅かな wazukana	قَلِيل ; ضَئِيل ḍaʾīl, qalīl ダイール, カリール	a few, a little ア フュー, ア リトル
わずらわしい 煩わしい wazurawashii	مُزْعِج muzʿij ムズイジュ	troublesome トラブルサム
わすれっぽい 忘れっぽい wasureppoi	كَثِيرُ ٱلنِّسْيَانِ kathīru al-nisyāni カスィールン ニスヤーン	forgetful フォゲトフル
わすれもの 忘れ物 wasuremono	شَيْء مَفْقُود 男 shaiʾ mafqūd シャイウ マフクード	thing left behind スィング レフト ビハインド
わすれる 忘れる wasureru	نَسِيَ 〔完〕, يَنْسَى yansā, nasiya ヤンサー, ナスィヤ	forget フォゲト
わた 綿 wata	قُطْن 男 quṭn クトン	cotton カトン
わだい 話題 wadai	مَوْضُوعَات 複, مَوْضُوع 男 mauḍūʿ, mauḍūʿāt マウドゥーウ, マウドゥーアート	topic タピク
わだかまり わだかまり wadakamari	مَشَاعِرُ ٱلسُّخْطِ 複 mashāʿiru al-sukhuṭi マシャーイルッ スフト	bad feelings バド フィーリングズ
わたし 私 watashi	أَنَا 男女 ʾanā アナー	I アイ
〜の	ي ī イー	my マイ

わ

日	アラビア	英
わたしたち **私たち** watashitachi	**نَحْنُ** 男女 naḥnu ナフヌ	we ウィー
〜の	**نَا** nā ナー	our アウア
わたす **渡す** watasu	**يُسَلِّمُ إِلَى،** 〔完〕 **سَلَّمَ إِلَى** yusallimu ʾilā, sallama ʾilā ユサッリム イラー，サッラマ イラー	hand ハンド
(引き渡す)	**يُسَلِّمُ إِلَى،** 〔完〕 **سَلَّمَ إِلَى** yusallimu ʾilā, sallama ʾilā ユサッリム イラー，サッラマ イラー	hand over, surrender ハンド オウヴァ，サレンダ
わたる **渡る** wataru	**يَعْبُرُ،** 〔完〕 **عَبَرَ** yaʿburu, ʿabara ヤアブル，アバラ	cross, go over クロース，ゴウ オウヴァ
わっくす **ワックス** wakkusu	**شَمْع** 集 shamʿ シャムウ	wax ワクス
わっと **ワット** watto	**وَات** 男 wāt ワート	watt ワト
わな **罠** wana	**فَخّ** 男，複 **فِخَاخ** fakhkh, fikhākh ファッフ，フィハーフ	trap トラプ
わに **鰐** wani	**تِمْسَاح** 男，複 **تَمَاسِيحُ** 〔二段〕 timsāḥ, tamāsīḥu ティムサーフ，タマースィーフ	crocodile, alligator クラカダイル，アリゲイタ
わびる **詫びる** wabiru	**يَعْتَذِرُ،** 〔完〕 **اِعْتَذَرَ** yaʿtadhiru, iʿtadhara ヤアタズィル，イウタザラ	apologize to アパロヂャイズ トゥ
わふうの **和風の** wafuuno	**نَمَط يَابَانِيّ** namṭ yābānīy ナムト ヤーバーニー	Japanese ヂャパニーズ
わへいこうしょう **和平交渉** waheikoushou	**مُفَاوَضَاتُ ٱلسَّلَامِ** 複 mufāwaḍātu al-salāmi ムファーワダートゥッ サラーム	peace negotiation ピース ニゴウシエイション

日	アラビア	英
わめく **わめく** wameku	**صَرَخَ** 〔完〕 **,يَصْرُخُ** yaṣrukhu, ṣarakha ヤスルフ, サラハ	shout, cry out シャウト, クライ アウト
わやく **和訳** wayaku	**تَرْجَمَة يَابَانِيَّة** 女 tarjamat yābānīyat タルジャマ ヤーバーニーヤ	Japanese translation ヂャパニーズ トランスレイション
わらい **笑い** warai	**ضَحِك** 男 ḍaḥik ダヒク	laugh, laughter ラフ, ラフタ
～話	**قِصَّة مُضْحِكَة** 女 qiṣṣat muḍḥikat キッサ ムドヒカ	funny story ファニ ストーリ
わらう **笑う** warau	**ضَحِكَ** 〔完〕 **,يَضْحَكُ** yaḍḥaku, ḍaḥika ヤドハク, ダヒカ	laugh ラフ
わらわせる **笑わせる** warawaseru	**أَضْحَكَ** 〔完〕 **,يُضْحِكُ** yuḍḥiku, ʾaḍḥaka ユドヒク, アドハカ	make laugh メイク ラフ
(ばかげた)	**مُضْحِك** muḍḥik ムドヒク	ridiculous, absurd リディキュラス, アブサード
わりあい **割合** wariai	**نِسْبَة** 女 **; مُعَدَّل** 男 muʿaddal, nisbat ムアッダル, ニスバ	rate, ratio レイト, レイシオウ
わりあて **割り当て** wariate	**تَخْصِيص** 男 takhṣīṣ タフスィース	assignment, allotment アサインメント, アラトメント
わりあてる **割り当てる** wariateru	**خَصَّصَ** 〔完〕 **,يُخَصِّصُ** yukhaṣṣiṣu, khaṣṣaṣa ユハッスィス, ハッササ	assign, allot アサイン, アラト
わりかんにする **割り勘にする** warikannisuru	**تَقْسِيمُ ٱلْفَاتُورَةِ** 男 taqsīmu al-fāturati タクスィームル ファートゥーラ	split the bill スプリト ザ ビル

日	アラビア	英
わりこむ **割り込む** warikomu	قَطَعَ 〔完〕 ,يَقْطَعُ yaqṭaʿu, qaṭaʿa ヤクタウ，カタア	cut in カト イン
わりざん **割り算** warizan	قِسْمَة 女 qismat キスマ	division ディヴィジョン
わりびき **割り引き** waribiki	خَصْم 男 ; تَخْفِيض 男 takhfīḍ, khaṣm タフフィード，ハスム	discount ディスカウント
わりびく **割り引く** waribiku	خَفَّضَ 〔完〕 ,يُخَفِّضُ yukhaffiḍu, khaffaḍa ユハッフィドゥ，ハッファダ	discount, reduce ディスカウント，リデュース
わりまし **割り増し** （追加料金） warimashi	رُسُوم إِضَافِيَّة 複 rusūm ʾiḍāfīyat ルスーム イダーフィーヤ	additional charges アディショナル チャーヂズ
わる **割る** （壊れる・ひびが入る） waru	كَسَرَ 〔完〕 ,يَكْسِرُ yaksiru, kasara ヤクスィル，カサラ	break, crack ブレイク，クラク
（分割する）	قَسَمَ 〔完〕 ,يَقْسِمُ yaqsimu, qasama ヤクスィム，カサマ	divide into ディヴァイド イントゥ
（裂く）	شَقَّ 〔完〕 ,يَشُقُّ yashuqqu, shaqqa ヤシュック，シャッカ	split, chop スプリト，チャプ
（切る）	قَطَعَ 〔完〕 ,يَقْطَعُ yaqṭaʿu, qaṭaʿa ヤクタウ，カタア	cut カト
わるい **悪い** warui	سَيِّئ saiyiʾ サイイウ	bad, wrong バド，ロング
わるくち **悪口** warukuchi	شَتَائِمُ 〔二段〕 複 ,شَتِيمَة 女 shatīmat, shatāʾimu シャティーマ，シャターイム	(verbal) abuse （ヴァーバル）アビュース
わるつ **ワルツ** warutsu	فَالْس 男 fāls ファールス	waltz ウォールツ

日	アラビア	英
わるもの **悪者** warumono	شَخْص سِيِّء 男 shakhṣ sīyiʾ シャフス スィーイウ	bad guy, villain バド ガイ，ヴィレン
われめ **割れ目** wareme	شَقّ 男, 複 شُقُوق shaqq, shuqūq シャック，シュクーク	crack, split クラク，スプリト
われる **割れる** （壊れる） wareru	يَنْكَسِرُ, 〔完〕 اِنْكَسَرَ yankasiru, inkasara ヤンカスィル，インカサラ	break ブレイク
（裂ける）	يَنْشَقُّ, 〔完〕 اِنْشَقَّ yanshaqqu, inshaqqa ヤンシャック，インシャッカ	crack, split クラク，スプリト
われわれ **我々** wareware	نَحْنُ 男女 naḥnu ナフヌ	we, ourselves ウィー，アウアセルヴズ
わん **椀** wan	زَبْدِيَّة 女 zabdīyat ザブディーヤ	bowl ボウル
わん **湾** wan	خَلِيج 男 khalīj ハリージュ	bay, gulf ベイ，ガルフ
わんがん **湾岸** wangan	سَاحِل 男, 複 سَوَاحِلُ 〔二段〕 sāḥil, sawāḥilu サーヒル，サワーヒル	coast コウスト
わんきょくする **湾曲する** wankyokusuru	يَتَقَوَّسُ, 〔完〕 تَقَوَّسَ yataqauwasu, taqauwasa ヤタカウワス，タカウワサ	curve, bend カーヴ，ベンド
わんぱくな **腕白な** wanpakuna	شَقِيّ, 複 أَشْقِيَاءُ 〔二段〕 shaqīy, ʾashqiyāʾu シャキー，アシュキヤーウ	naughty ノーティ
わんぴーす **ワンピース** wanpiisu	فُسْتَان 男, 複 فَسَاتِينُ 〔二段〕 fustān, fasātīnu フスターン，ファサーティーン	dress ドレス
わんりょく **腕力** wanryoku	قُوَّة بَدَنِيَّة 女 qūwat badanīyat クーワ バダニーヤ	physical strength フィズィカル ストレングス

わ

付　録

◉ 会話

◉ 分野別単語集

◉ 日本語の五十音・ローマ字の表記とアラビア文字

会話

あいさつ

●おはようございます.

صَبَاحُ ٱلْخَيْرِ / (返答) صَبَاحُ ٱلنُّورِ

ṣabāḥu al-khairi / ṣabāḥu al-nūri

サバーフル ハイル / サバーフン ヌール

Good morning.

●こんにちは.

اَلسَّلَامُ عَلَيْكُمْ / (返答) وَعَلَيْكُمُ ٱلسَّلَامُ

al-salāmu ʿalai-kum / wa-ʿalai-kum al-salāmu

アッ サラーム アライ-クム / ワ-アライ-クムッ サラーム

Good afternoon.

●こんばんは.

مَسَاءُ ٱلْخَيْرِ / (返答) مَسَاءُ ٱلنُّورِ

masāʾu al-khairi / masāʾu al-nūri

マサーウル ハイル / マサーウン ヌール

Good evening.

●おやすみなさい.

تُصْبِحْ عَلَى خَيْرٍ / (返答) وَأَنْتَ مِنْ أَهْلِهِ

tuṣbiḥ ʿalā khairin / wa-ʾanta min ʾahli-hi

トゥスビフ アラー ハイル / ワ-アンタ ミン アフリ-ヒ

Good night.

●お元気ですか.

كَيْفَ حَالُكَ؟

kaifa ḥālu-ka

カイファ ハール-カ

How are you?

●はい, 元気です. あなたは？

نَعَمْ، أَنَا بِخَيْرٍ وَأَنْتَ؟

naʿam ʾanā bi-khairin wa-ʾanta

ナアム, アナー ビ-ハイル ワ-アンタ

I'm fine. And you?

●はじめまして.

أَهْلًا وَسَهْلًا

ʾahlan wa-sahlan

アフラン ワ-サフラン

How do you do? / Nice to meet you.

●お目にかかれてうれしいです.

أَنَا مَسْرُورٌ بِلِقَائِكَ

ʾanā masrūrun bi-liqāʾi-ka

アナー マスルール ビ-リカーイ-カ

Nice to see you.

●さようなら.

مَعَ ٱلسَّلَامَةِ

maʿa ʼal-salāmati
マアッ サラーマ
Good-bye. / See you.

●また近いうちに.

أَرَاكَ قَرِيبًا

ʼarā-ka qarīban
アラー-カ カリーバン
See you soon.

●ご主人によろしくお伝えください.

سَلِّمِي عَلَى زَوْجِكِ

sallimī ʿalā zauji-ki
サッリミー アラー ザウジ-キ
My regards to your husband.

●奥さんによろしくお伝えください.

سَلِّمْ عَلَى زَوْجَتِكَ

sallim ʿalā zaujati-ka
サッリム アラー ザウジャティ-カ
My regards to your wife.

●ご家族によろしくお伝えください.

سَلِّمْ عَلَى عَائِلَتِكَ

sallim ʿalā ʿāʾilati-ka
サッリム アラー アーイラティ-カ
My regards to your family.

●(あなたの)お名前は何ですか?

مَا ٱسْمُكَ؟

mā ismu-ka
マ-スム-カ
What is your name? / May I have your name?

●どこにお住まいですか?

أَيْنَ تَسْكُنُ؟

ʼaina taskunu
アイナ タスクヌ
Where do you live?

食事

●お腹がすきました.

أَنَا جَوْعَانُ

ʾanā jauʿānu

アナー ジャウアーン

I'm hungry.

●のどが乾きました.

أَنَا عَطْشَانُ

ʾanā ʿaṭshānu

アナー アトシャーン

I'm thirsty.

●禁煙席をお願いします.

طَاوِلَة لِغَيْرِ ٱلْمُدَخِّنِينَ مِنْ فَضْلِك

ṭāwilat li-ghairi al-mudakhkhinīna min faḍli-ka

ターウィラ リーガイリル ムダッヒニーナ ミン ファドリーカ

Nonsmoking please.

●お水をいただけますか.

أُرِيدُ كُوبَ مَاءٍ مِنْ فَضْلِك

'urīdu kūba māʾin min faḍli-ka

ウリードゥ クーバ マーイ ミン ファドリーカ

I'd like a glass of water.

●持ち帰ります.

سَآخُذُ هٰذَا مَعِي

sa-ʾākhudhu hādhā maʿī

サーアーフズ ハーザー マイー

I'd like this to go.

●アルコールはだめなんです.

لَا يُمْكِنُ شُرْبُ ٱلْكُحُولِ

lā yumkinu shurbu al-kuḥūli

ラー ユムキヌ シュルブル クフール

I don't drink.

●いただきます.

بِٱسْمِ ٱللهِ

bi-ismi Allāhi

ビースミッラーフ

May I begin to eat?

●お勘定をお願いします.

اَلْحِسَابُ مِنْ فَضْلِك

al-ḥisābu min faḍli-ka

アル ヒサーブ ミン ファドリーカ

Check, please.

●これは何ですか.

مَا هٰذَا؟

mā hādhā

マー ハーザー

What is this?

●現金でお願いします.

اَلدَّفْعُ نَقْدًا

al-dafʿu naqdan

アッ ダフウ ナクダン

Cash please.

●アレルギーが出るんです.

عِنْدِي حَسَّاسِيَّةٌ

ʿindī ḥassāsīyatun

インディー ハッサースィーヤ

I'll have an allergic reaction.

●お腹が一杯です.

أَنَا شَبْعَانُ

ʾanā shabʿānu

アナー シャブアーン

I'm full.

●たいへんおいしかったです，ごちそうさま.

كَانَ ٱلْأَكْلُ لَذِيذًا جِدًّا، شُكْرًا

kāna al-ʾaklu ladhīdhan jiddan, shukran

カーナル アクル ラズィーザン ジッダン, シュクラン

The meal was delicious, thank you.

買い物

●いらっしゃいませ.

أَيُّ خِدْمَةٍ

ʾaiyu khidmatin

アイユ ヒドマ

May I help you?

●文房具はどこで売っていますか.

أَيْنَ قِسْمُ ٱلْأَدْوَاتِ ٱلْمَكْتَبِيَّةِ؟

ʾaina qismu al-ʾadwāti al-maktabīyati

アイナ キスムル アドワーティル マクタビーヤ

Where do you sell stationery?

●ジーンズを探しています.

أَبْحَثُ عَنِ ٱلْجِينْزِ

ʾabḥathu ʿan al-jīnzi

アブハス アニル ジーンズ

I'm looking for jeans.

●3階にあります.

هُوَ مَوْجُود فِي ٱلطَّابِقِ ٱلثَّالِثِ

huwa maujūd fī al-ṭābiqi al-thālithi

フワ マウジュード フィッ タービキッ サーリス

That's on the 3rd floor.

●地下2階にあります.

هُوَ مَوْجُود فِي ٱلطَّابِقِ ٱلثَّانِي تَحْتَ ٱلْأَرْضِ

huwa maujūd fī al-ṭābiqi al-thānī taḥta al-ʾarḍi

フワ マウジュード フィッ タービキッ サーニー タフタル アルド

That's on the 2nd floor below.

●あれを見せてください.

أَرِنِي ذٰلِكَ مِنْ فَضْلِكَ

ʾari-nī dhālika min faḍli-ka

アリーニー ザーリカ ミン ファドリーカ

Please show me that one.

●イヤリングを見せてください.

أَرِنِي ٱلْقُرْطَ مِنْ فَضْلِكَ

ʾari-nī al-qurṭa min faḍli-ka

アリーニー ル クルタ ミン ファドリーカ

Please show me these earrings.

●サイズはいくつですか.

مَا ٱلْمَقَاسُ ٱلَّذِي تُرِيدُ؟

mā al-maqāsu alladhī turīdu

マール マカースッ ラズィー トゥリードゥ

What size do you take? / What size do you want?

●サイズは S です.

مَقَاسِي صَغِيرٌ

maqāsī ṣaghīrun

マカースィー サギール

I wear a small.

●これをください.

أُرِيدُ هٰذَا مِنْ فَضْلِكَ

ʼurīdu hādhā min faḍli-ka

ウリードゥ ハーザー ミン ファドリーカ

I'll take this, please.

●サイズは M です.

مَقَاسِي مُتَوَسِّطٌ

maqāsī mutawassiṭun

マカースィー ムタワッスィト

I wear a medium.

●いくらですか.

بِكَمْ؟

bi-kam

ビーカム

How much? / How much is it?

●サイズは L です.

مَقَاسِي كَبِيرٌ

maqāsī kabīrun

マカースィー カビール

I wear a large.

●まけてもらえますか.

مُمْكِن تُخَفِّضُ ٱلسِّعْرَ؟

mumkin tukhaffiḍu al-siʿra

ムムキン トゥハッフィドゥッ スィウル

Can you give me a discount?

トラブル・緊急事態

●警察はどこですか.

أَيْنَ مَرْكَزُ ٱلشُّرْطَةِ ؟

ʾaina markazu al-shurṭati

アイナ マルカズッ シュルタ

Where is the police station?

●日本大使館はどこですか.

أَيْنَ سِفَارَةُ ٱلْيَابَانِ؟

ʾaina sifāratu al-yābāni

アイナ スィファーラトゥル ヤーバーン

Where is the Japanese embassy?

●道に迷いました.

ضَلَلْتُ طَرِيقِي

ḍalalʿtu ṭarīqī

ダラルトゥ タリーキー

I think I got lost.

●助けて！

اَلنَّجْدَة !

al-najdat

アン ナジュダ

Help!

●パスポートをなくしました.

فَقَدْتُ جَوَازَ ٱلسَّفَرِ

faqadtu jawāza al-safari

ファカドトゥ ジャワーザッ サファル

I've lost my passport.

●どろぼう！

حَرَامِي !

ḥarāmī

ハラーミー

Thief!

●財布をすられました.

سُرِقَتْ مَحْفَظَتِي

suriqat maḥfaẓatī

スリカト マフファザティー

My wallet has been stolen.

●お医者さんを呼んで！

اِسْتَدْعِ ٱلطَّبِيبَ !

istadʾi al-ṭabība

イスタドイッ タビーブ

Call a doctor!

●救急車を！

اَلْإِسْعَاف !

al-ʾisʿāfa

アル イスアーファ

Get an ambulance!

●日本語の通訳をお願いします.

أُرِيدُ مُتَرْجِمًا لِلُّغَةِ ٱلْيَابَانِيَّةِ مِنْ فَضْلِك

'urīdu mutarjiman li-al-lughati al-yābānīyati min faḍli-ka

ウリードゥ ムタルジマン リッ ルガティル ヤーバーニーヤ ミン ファドリ-カ

Please translate from Japanese.

分野別単語集

家　بَيْت [男] bait バイト；مَنْزِل [男] manzil マンズィル

門　بَاب [男] bāb バーブ，[複] أَبْوَاب ʾabwāb アブワーブ [英]gate

玄関　مَدْخَل [男] madkhal マドハル，[複]〔二段〕مَدَاخِلُ madākhilu マダーヒル [英]entrance

ドア　بَاب [男] bāb バーブ，[複] أَبْوَاب ʾabwāb アブワーブ [英]door

縁側　شُرْفَة [女] shurfat シュルファ；بَلْكُون [男] balkūn バルクーン，[複] بَلْكُونَات balkūnāt バルクーナート [英]veranda

庭　حَدِيقَة [女] ḥadīqat ハディーカ，[複] حَدَائِقُ〔二段〕ḥadāʾiqu ハダーイク [英]garden, yard

部屋　غُرْفَة [女] ghurfat グルファ，[複] غُرَف ghuraf グラフ [英]room

和室　غُرْفَة عَلَى ٱلطِّرَازِ ٱلْيَابَانِيِّ [女] ghurfat ʿalā al-ṭirāzi al-yābānīyi グルファ アラッ ティラーズィル ヤーバーニー [英]Japanese-style room

洋室　غُرْفَة عَلَى ٱلطِّرَازِ ٱلْغَرْبِيِّ [女] ghurfat ʿalā al-ṭirāzi al-gharbīyi グルファ アラッ ティラーズィル ガルビー [英]Western-style room

リビングルーム　غُرْفَةُ ٱلْجُلُوسِ [女] ghurfatu al-julūsi グルファトゥル ジュルース [英]living room

ダイニング　غُرْفَةُ ٱلطَّعَامِ [女] ghurfatu al-ṭaʿāmi グルファトゥッ タアーム [英]dining room

書斎　غُرْفَةُ ٱلْمَكْتَبِ [女] ghurfatu al-maktabi グルファトゥル マクタブ [英]study

寝室　غُرْفَةُ ٱلنَّوْمِ [女] ghurfatu al-naumi グルファトゥン ナウム [英]bedroom

浴室　حَمَّام [男] ḥammām ハンマーム [英]bathroom

トイレ　دَوْرَةُ مِيَاهٍ [女] dauratu miyāhin ダウラ ミヤーフ；حَمَّام [男] ḥammām ハンマーム [英]bathroom

キッチン　مَطْبَخ [男] maṭbakh マトバフ，[複] مَطَابِخُ〔二段〕maṭābikhu マター

ビフ ㊥kitchen

物置 مَخْزَن 男 makhzan マフザン, 複 مَخَازِنُ〔二段〕 makhāzinu マハーズィヌ ㊥storeroom

屋根 سَقْف 男 saqf サクフ ㊥roof

窓 شُبَّاك 男 shubbāk シュッバーク, 複 شَبَابِيكُ〔二段〕 shabābīku シャバービーク ㊥window

車庫 كَرَاج 男 karāj カラージュ, 複 كَرَاجَات karājāt カラージャート ㊥garage

塀 سُور 男 sūr スール, 複 أَسْوَار ʾaswār アスワール ㊥wall, fence

インターホン إِنْتَرْكُوم 男 intarkūm インタルクーム ㊥interphone

衣服 مَلَابِس 複 malābis マラービス

スーツ بَدْلَة 女 badlat バドラ ㊥suit

ズボン بَنْطَلُون 男 banṭalūn バンタルーン, 複 بَنْطَلُونَات banṭalūnāt バンタルーナート ㊥trousers

スカート تَنُّورَة 女 tannūrat タンヌーラ ㊥skirt

ミニスカート تَنُّورَة قَصِيرَة 女 tannūrat qaṣīrat タンヌーラ カスィーラ ㊥mini

ワンピース فُسْتَان 男 fustān フスターン, 複 فَسَاتِينُ〔二段〕 fasātīnu ファサーティーヌ ㊥dress, one-piece

シャツ قَمِيص 男 qamīṣ カミース, 複 قُمْصَان qumṣān クムサーン ㊥shirt

ポロシャツ قَمِيص بُولُو 男 qamīṣ būlū カミース ブールー ㊥polo shirt

Tシャツ تِيشِيرْت 男 tīshīrt ティーシールト ㊥T-shirt

セーター سُتْرَة 女 sutrat ストラ ㊥sweater, pullover

タートルネック يَاقَة عَالِيَة 女 yāqat ʿāliyat ヤーカ アーリヤ ㊥turtleneck

ベスト صُدْرَة 女 ṣudrat スドラ, 複 صُدَر ṣudar スダル ㊥vest

ブラウス بُلُوزَة 女 bulūzat ブルーザ ㊥blouse

着物 كِيمُونُو 男 kīmūnū キームーヌー ㊥kimono

コート مِعْطَف 男 miʿṭaf ミウタフ, 複 مَعَاطِفُ〔二段〕 maʿāṭifu マアーティフ

㊥coat

ジャケット جَاكِت 男 jākit ジャーキト, 複 جَاكِتَات jākitāt ジャーキタート ㊥jacket

レインコート مِعْطَفُ ٱلْمَطَرِ 男 miʿṭafu al-maṭari ミウタフル マタル ㊥raincoat

長袖 أَكْمَام طَوِيلَة 複 ʾakmām ṭawīlat アクマーム タウィーラ ㊥long sleeves

半袖 أَكْمَام قَصِيرَة 複 ʾakmām qaṣīrat アクマーム カスィーラ ㊥short sleeves

ノースリーブの بِلَا أَكْمَامِ bi-lā ʾakmāmi ビーラー アクマーム ㊥sleeveless

ベルト حِزَام 男 ḥizām ヒザーム, 複 أَحْزِمَة ʾaḥzimat アフズィマ ㊥belt

ネクタイ رَبْطَةُ ٱلْعُنُقِ 女 rabṭatu al-ʿunuqi ラブタトル ウヌク ㊥necktie, tie

マフラー شَال 男 shāl シャール, 複 شِيلَان shīlān シーラーン ㊥muffler

スカーフ وِشَاح 男 wishāḥ ウィシャーフ, 複 وَشَائِحُ〔二段〕 washāʾiḥu ワシャーイフ ㊥scarf

手袋 قُفَّاز 男 quffāz クッファーズ, 複 قَفَافِيزُ〔二段〕 qafāfīzu カファーフィーズ ㊥gloves

靴 حِذَاء 男 ḥidhāʾ ヒザーウ, 複 أَحْذِيَة ʾaḥdhiyat アフズィヤ ㊥shoes, boots

靴下 جَوْرَب 男 jaurab ジャウラブ, 複 جَوَارِبُ〔二段〕 jawāribu ジャワーリブ ㊥socks, stockings

家族 عَائِلَة 女 ʿāʾilat アーイラ

父 أَب 男 ʾab アブ, 複 آبَاء ʾābāʾ アーバーウ ㊥father

母 أُمّ 女 ʾumm ウンム, 複 أُمَّهَات ʾummahāt ウンマハート ㊥mother

兄 أَخ كَبِير 男 ʾakh kabīr アフ カビール, 複 إِخْوَة كِبَار ʾikhwat kibār イフワ キバール ㊥elder brother

姉 أُخْت كَبِيرَة 女 ʾukht kabīrat ウフト カビーラ, 複 أَخَوَات كَبِيرَات ʾakhawāt kabīrāt アハワート カビーラート 英elder sister

弟 أَخ صَغِير 男 ʾakh ṣaghīr アフ サギール, 複 إِخْوَة صِغَار ʾikhwat ṣighār イフワ スィガール 英(younger) brother

妹 أُخْت صَغِيرَة 女 ʾukht ṣaghīrat ウフト サギーラ, 複 أَخَوَات صَغِيرَات ʾakhawāt ṣaghīrāt アハワート サギーラート 英(younger) sister

夫 زَوْج 男 zauj ザウジュ, 複 أَزْوَاج ʾazwāj アズワージュ 英husband

妻 زَوْجَة 女 zaujat ザウジャ 英wife

息子 اِبْن 男 ibn イブン, 複 أَبْنَاء ʾabnāʾ アブナーウ；وَلَد 男 walad ワラド, 複 أَوْلَاد ʾaulād アウラード 英son

娘 اِبْنَة 女 ibnat イブナ；بِنْت 女 bint ビント, 複 بَنَات banāt バナート 英daughter

祖父 جَدّ 男 jadd ジャッド, 複 أَجْدَاد ʾajdād アジュダード 英grandfather

祖母 جَدَّة 女 jaddat ジャッダ 英grandmother

叔[伯]父 عَمّ 男 ʿamm アンム, 複 أَعْمَام ʾaʿmām アアマーム；خَال 男 khāl ハール, 複 أَخْوَال ʾakhwāl アフワール 英uncle

叔[伯]母 عَمَّة 女 ʿammat アンマ；خَالَة 女 khālat ハーラ 英aunt

いとこ اِبْنُ ٱلْعَمِّ 男 ibnu al-ʿammi イブヌル アンム；اِبْنَةُ ٱلْعَمِّ 女 ibnatu al-ʿammi イブナトゥル アンム；اِبْنُ ٱلْخَالِ 男 ibnu al-khāli イブヌル ハール；اِبْنَةُ ٱلْخَالِ 女 ibnatu al-ʿkhāli イブナトゥル ハール 英cousin

甥 اِبْنُ ٱلْأَخِ 男 ibnu al-ʾakhi イブヌル アフ, 複 أَبْنَاءُ ٱلْأَخِ ʾabnāʾu al-ʾakhi アブナーウル アフ；اِبْنُ ٱلْأُخْتِ 男 ibnu al-ʾukhti イブヌル ウフト, 複 أَبْنَاءُ ٱلْأُخْتِ ʾabnāʾu al-ʾukhti アブナーウル ウフト 英nephew

姪 بِنْتُ ٱلْأَخِ 女 bintu al-ʾakhi ビントゥル アフ；بِنْتُ ٱلْأُخْتِ 女 bintu al-ʾukhti ビントゥル ウフト 英niece

曽祖父 أَبُو ٱلْجَدِّ 男 ʾabū al-jaddi アブル ジャッド 英great-grandfather

曽祖母 أُمُّ ٱلْجَدَّةِ 女 ʾummu al-jaddati ウンムル ジャッダ 英great-grandmother

孫 حَفِيد 男 ḥafīd ハフィード, 複 أَحْفَاد ʾaḥfād アフファード 英grandchild

曽孫 اِبْنُ ٱلْحَفِيدِ 男 ibnu al-ḥafīdi イブヌル ハフィード 英great-grandchild

養父 وَالِد بِٱلتَّبَنِّي 男 wālid bi-al-tabannī ワーリド ビッタバンニー 英foster father

養母 وَالِدَة بِٱلتَّبَنِّي 女 wālidat bi-al-tabannī ワーリダ ビッタバンニー 英foster mother

舅 حَم 男 ḥam ハム, 複 أَحْمَاء ʾaḥmāʾ アフマーウ 英father-in-law

姑 حَمَاة 女 ḥamāt ハマート 英mother-in-law

義兄 زَوْجُ أُخْتٍ 男 zauju ʾukhtin ザウジュ ウフト 英brother-in-law

義姉 زَوْجَةُ أَخٍ 女 zaujatu ʾakhin ザウジャトゥ アフ 英sister-in-law

義弟 زَوْجُ أُخْتٍ 男 zauju ʾukhtin ザウジュ ウフト 英brother-in-law

義妹 زَوْجَةُ أَخٍ 女 zaujatu ʾakhin ザウジャトゥ アフ 英sister-in-law

親 وَالِدَانِ 男双 wālidāni ワーリダーニ 英parent

両親 وَالِدَانِ 男双 wālidāni ワーリダーニ 英parents

兄弟 أَخ 男 ʾakh アフ, 複 إِخْوَة ʾikhwat イフワ 英brothers

姉妹 أُخْت 女 ʾukht ウフト, 複 أَخَوَات ʾakhawāt アハワート 英sisters

夫婦 زَوْجَانِ 男 zaujāni ザウジャーニ 英couple

子供 طِفْل 男 ṭifl ティフル, 複 أَطْفَال ʾaṭfāl アトファール 英child

養子 طِفْل بِٱلتَّبَنِّي 男 ṭifl bi-al-tabannī ティフル ビッタバンニー 英adopted child

養女 اِبْنَة بِٱلتَّبَنِّي 女 ibnat bi-al-tabannī イブナ ビッタバンニー 英adopted daughter

末っ子 اَلِابْنُ ٱلْأَصْغَرُ 男 al-ibn al-ʾaṣghar アリブヌル アスガル 英youngest child

長男 اَلِابْنُ ٱلْأَكْبَر 男 al-ibnu al-ʾakbar アリブヌル アクバル 英oldest son

長女 اَلِابْنَةُ ٱلْكُبْرَى 女 al-ibnatu al-kubrā アリブナトゥル クブラー 英oldest daughter

親戚 قَرِيب 男 qarīb カリーブ, 複 أَقَارِبُ〔二段〕 ʾaqāribu アカーリブ 英relative

先祖 جَدّ jadd ジャッド, 複 أَجْدَاد ʾajdād アジュダード 英ancestor

母方 مِنْ نَاحِيَةِ ٱلْأُمِّ min nāḥiyati al-ʾummi ミン ナーヒヤティル ウンム 英 mother's side

体 جِسْم 男 jism ジスム

頭 رَأْس 男 raʾs ラアス, 複 رُؤُوس ruʾūs ルウース 英head

肩 كَتِف 女 katif カティフ, 複 أَكْتَاف ʾaktāf アクターフ 英shoulder

首 عُنُق 男 ʿunuq ウヌク, 複 أَعْنَاق ʾaʿnāq アアナーク 英neck

胸 صَدْر 男 ṣadr サドル 英breast, chest

腹 مَعِدَة 女 maʿidat マイダ ; بَطْن 男女 baṭn バトン, 複 بُطُون buṭūn ブトゥーン 英belly

背中 ظَهْر 男 ẓahr ザフル, 複 ظُهُور ẓuhūr ズフール 英back

手 يَد 女 yad ヤド, 複 أَيَادٍ〔二段〕 ʾayādin アヤーディン 英hand

手首 مِعْصَم 男 miʿṣam ミウサム, 複 مَعَاصِمُ〔二段〕 maʿāṣimu マアースィム 英wrist

掌 كَفّ 女 kaff カッフ, 複 كُفُوف kufūf クフーフ 英palm of the hand

肘 مِرْفَق 男 mirfaq ミルファク 英elbow

腰 خَصْر khaṣr ハスル, 複 خُصُور khuṣūr フスール 英waist

足 قَدَم 女 qadam カダム, 複 أَقْدَام ʾaqdām アクダーム 英foot

膝 رُكْبَة 女 rukbat ルクバ 英knee, lap

股 فَخِذ 女 fakhidh ファヒズ ; فَخِذ 女 fakhidh ファヒズ, 複 أَفْخَاذ ʾafkhādh アフハーズ 英thigh

ふくらはぎ عَضَلَةُ ٱلسَّاقِ 女 ʿaḍalatu al-sāqi アダラトゥッ サーク 英calf

足首 كَاحِل 男 kāḥil カーヒル, 複 كَوَاحِلُ〔二段〕 kawāḥilu カワーヒル 英 ankle

髪 شَعْر 集 shaʿr シャアル, شَعْرَة 女 shaʿrat シャアラ, 複 شُعُور shuʿūr シュウール 英hair

顔 وَجْه 男 wajh ワジュフ, 複 وُجُوه wujūh ウジューフ 英face

分野別単語集

眉 حَاجِب 女 ḥājib ハージブ, 複 حَوَاجِبُ〔二段〕 ḥawājibu ハワージブ 英 eyebrow

まつげ رِمْش 男 rimsh リムシュ, 複 رُمُوش rumūsh ルムーシュ 英 eyelashes

目 عَيْن 女 ʿain アイン, 複 عُيُون ʿuyūn ウユーン 英 eye

耳 أُذُن 女 ʾudhun ウズン 英 ear

鼻 أَنْف 男 ʾanf アンフ, 複 آنَاف ʾānāf アーナーフ 英 nose

口 فَم 男 fam ファム, 複 أَفْوَاه ʾafwāh アフワーフ 英 mouth

歯 سِنّ 女 sinn スィン, 複 أَسْنَان ʾasnān アスナーン 英 tooth

木 أَشْجَار 複 ʾashjār アシュジャール

根 جِذْر 男 jidhr ジズル, 複 جُذُور judhūr ジュズール 英 root

幹 جِذْع 男 jidhʿ ジズウ, 複 أَجْذَاع ʾajdhāʿ アジュザーウ 英 trunk

枝 غُصْن 男 ghuṣn グスン, 複 أَغْصَان ʾaghṣān アグサーン 英 branch, bough

芽 بُرْعُم 男 burʿum ブルウム, 複 بَرَاعِمُ〔二段〕 barāʿimu バラーイム 英 bud

葉 وَرَقُ ٱلشَّجَرِ 男 waraqu al-shajari ワラクッ シャジャル, 複 أَوْرَاقُ ٱلشَّجَرِ ʾaurāqu al-shajari アウラークッ シャジャル 英 leaf, blade

実 ثَمَر 集 thamar サマル, ثَمَرَة 女 thamarat サマラ, 複 ثِمَار thimār スィマール 英 fruit, nut

種子 حَبّ 集 ḥabb ハッブ, 複 حُبُوب ḥubūb フブーブ 英 seed

松 صَنَوْبَر 男 ṣanaubar サナウバル 英 pine

杉 أَرْز 集 arz アルズ 英 Japanese cedar

柳 صَفْصَاف 集 ṣafṣāf サフサーフ 英 willow

竹 خَيْزُرَان 男 khaizurān ハイズラーン, 複 خَيَازِرُ〔二段〕 khayāziru ハヤーズィル 英 bamboo

白樺 بَتُولَا 女 batūlā バトゥーラー 英 white birch

イチョウ جُنْكَة 女 junkat ジュンカ 英 ginkgo

栗の木 كَسْتَنَاء 男 kastanāʾ カスタナーウ 英chestnut tree

桜 شَجَرَةُ ٱلْكَرَزِ 女 shajaratu al-karazi シャジャラトゥル カラズ 英cherry tree

アカシヤ سَنْط 男 sanṭ サント 英acacia

椿 كَامِيلِيَا 女 kāmīliyā カーミーリヤー 英camellia

梅 بَرْقُوق 集 barqūq バルクーク, بَرْقُوقَة 女 barqūqat バルクーカ 英plum tree

椰子 نَخْل 集 nakhl ナフル, نَخْلَة 女 nakhlat ナフラ 英palm

気象 حَالَةُ ٱلْجَوِّ 女 ḥālatu al-jauwi ハーラトゥル ジャウウ

晴れ صَحْو 男 ṣaḥw サフウ 英fine weather

快晴 صَحْو 男 ṣaḥw サフウ ; سَمَاء صَافِيَة 女 samāʾ ṣāfiyat サマーウ サーフィヤ 英fine weather

曇り جَوّ غَائِم 男 jauw ghāʾim ジャウウ ガーイム 英cloudy weather

雨 مَطَر 男 maṭar マタル, 複 أَمْطَار ʾamṭār アムタール 英rain

小雨 مَطَر خَفِيف 男 maṭar khafīf マタル ハフィーフ 英light rain

雪 ثَلْج 男 thalj サルジュ, 複 ثُلُوج thulūj スルージュ 英snow

みぞれ مَطَر ثَلْجِيّ 男 maṭar thaljīy マタル サルジー 英sleet

霧 ضَبَاب 男 ḍabāb ダバーブ 英fog, mist

雷 رَعْد 男 raʿd ラアド, 複 رُعُود ruʿūd ルウード 英thunder

雷雨 عَاصِفَة رَعْدِيَّة 女 ʿāṣifat raʿdīyat アースィファ ラアディーヤ 英thunderstorm

台風 تَيْفُون 男 taifūn タイフーン 英typhoon

気温 دَرَجَةُ ٱلْحَرَارَةِ 女 darajatu al-ḥarārati ダラジャトゥル ハラーラ 英temperature

湿度 رُطُوبَة 女 ruṭūbat ルトゥーバ 英humidity

風力 قُوَّةُ ٱلرِّيَاحِ 女 qūwatu al-riyāḥi クーワトゥッ リヤーフ 英force of the wind

気圧 اَلضَّغْطُ ٱلْجَوِّيُّ 男 al-ḍaghṭu al-jauwīyu アッ ダグトゥル ジャウウィー

㊥atmospheric pressure

高気圧 اَلضَّغْطُ ٱلْجَوِّيُّ ٱلْمُرْتَفِعُ 男 al-ḍaghṭu al-jauwīyu al-murtafiʿu アッ ダグトゥル ジャウウィーユル ムルタフィウ ㊥high atmospheric pressure

低気圧 مُنْخَفَض جَوِّيّ 男 munkhafaḍ jauwīy ムンハファド ジャウウィー ㊥low pressure, depression

自然災害 كَارِثَة طَبِيعِيَّة 女 kārithat ṭabīʿīyat カーリサ タビーイーヤ

豪雨 مَطَر غَزِير 男 maṭar ghazīr マタル ガズィール, 複 أَمْطَار غَزِيرَة ʾamṭār ghazīrat アムタール ガズィーラ ㊥heavy rain

雪崩 اِنْهِيَار جَلِيدِيّ 男 inhiyār jalīdīy インヒヤール ジャリーディー ㊥avalanche

土砂崩れ اِنْهِيَار أَرْضِيّ 男 inhiyār ʾarḍīy インヒヤール アルディー ㊥landslide

(河川の)氾濫 فَيَضَان 男 fayaḍān ファヤダーン, 複 فَيَضَانَات fayaḍānāt ファヤダーナート ㊥flood

山火事 حَرَائِقُ ٱلْغَابَاتِ 複 ḥarāʾiqu al-ghābāti ハラーイクル ガーバートゥ ㊥forest fire

竜巻 إِعْصَار 男 ʾiʿṣār イウサール, 複 أَعَاصِيرُ〔二段〕 ʾaʿāṣīru アアースィール ㊥tornado

地震 زِلْزَال 男 zilzāl ズィルザール, 複 زَلَازِلُ〔二段〕 zalāzilu ザラーズィル ㊥earthquake

津波 تُسُونَامِي 男 tusūnāmī ツーナーミー ㊥tsunami

果物 فَوَاكِهُ 複〔二段〕 fawākihu ファワーキフ

アンズ مِشْمِش 集 mishmish ミシュミシュ, مِشْمِشَة 女 mishmishat ミシュミシャ ㊥apricot

イチゴ فَرَاوُلَة 女 farāwulat ファラーウラ ㊥strawberry

オレンジ بُرْتُقَال 集 burtuqāl ブルトゥカール, بُرْتُقَالَة 女 burtuqālat ブル

トゥカーラ ㊮orange

キウイ كِيوِي 男 kīwī キーウィー ㊮kiwi

グレープフルーツ لَيْمُون هِنْدِيّ 男 laymūn hindīy ライムーン ヒンディー ㊮ grapefruit

サクランボ كَرَز 集 karaz カラズ, كَرَزَة 女 karazat カラザ ㊮cherry

スイカ بِطِّيخ 集 biṭṭīkh ビッティーフ, بِطِّيخَة 女 biṭṭīkhat ビッティーハ ㊮ watermelon

ナシ كُمَّثْرَى 集 kummathrā クンマスラー ㊮pear

カキ دِيُوسْبِيرُوس 男 diyūsbīrūs ディユースビールース ㊮persimmon

パイナップル أَنَانَاس 男 ʾanānās アナーナース ㊮pineapple

バナナ مَوْز 集 mauz マウズ, مَوْزَة 女 mauzat マウザ ㊮banana

パパイヤ بابايا 女 bābāyā バーバーヤー ㊮papaya

ブドウ عِنَب 集 ʿinab イナブ, 複 أَعْنَاب ʾaʿnāb アアナーブ ㊮grape

プラム بَرْقُوق 集 barqūq バルクーク ㊮plum

マンゴー مَانْجُو 男 mānjū マーンジュー ㊮mango

ミカン يُوسُف أَفَنْدِيّ 男 yūsuf ʾafandīy ユースフ アファンディー ㊮mandarin

メロン شَمَّام 集 shammām シャンマーム ㊮melon

モモ خَوْخ 集 khaukh ハウフ, خَوْخَة 女 khaukhat ハウハ ㊮peach

リンゴ تُفَّاح 集 tuffāḥ トゥッファーフ, تُفَّاحَة 女 tuffāḥat トゥッファーハ ㊮ apple

レモン لَيْمُون 集 laimūn ライムーン, لَيْمُونَة 女 laimūnat ライムーナ ㊮ lemon

ナツメ عُنَّابٌ 集 ʿunnābun ウンナーブン ㊮jujube

イチジク تِين 集 tīn ティーン, تِينَة 女 tīnat ティーナ ㊮fig

化粧品 مُسْتَحْضَرَاتُ ٱلتَّجْمِيلِ 複 muṣtaḥḍarātu al-tajmīli ムスタフダラートゥッ タジュミール

口紅 رُوج 男 rūj ルージュ 英rouge, lipstick

アイシャドー ظِلُّ ٱلْعَيْنِ 男 ẓillu al-ʿaini ズィッルル アイン 英eye shadow

マスカラ مُسْكَرَة 女 muskarat ムスカラ 英mascara

リップクリーム زُبْدَةُ شِفَاةٍ 女 zubdatu shifātin ズブダ シファー ; بَلْسَم balsam バルサム 英lip cream

リップグロス مُلَمِّعُ ٱلشِّفَةِ 男 mulammaʿu al-shifati ムランマウッ シファ 英lip gloss

コールドクリーム اَلْكُرِيمُ ٱلْبَارِدُ 男 al-kurīmu al-bāridu アル クリームル バーリドゥ 英cold cream

ファンデーション كُرِيم أَسَاسٍ 男 kurīm ʾasās クリーム アサース 英foundation

パック قِنَاع لِتَنْظِيفِ ٱلْبَشَرَةِ 男 qināʿ li-tanẓīfi al-basharati キナーウ リ-タンズィーフィル バシャラ 英pack

日焼け止めクリーム كُرِيمُ حَاجِبُ أَشِعَّةِ ٱلشَّمْسِ 男 kurīmu ḥājibu ʾashiʿʿati al-shamsi クリーム ハージブ アシッアティッ シャムスィ 英sunscreen

シャンプー شَامْبُو 男 shāmbū シャームブー 英shampoo

リンス بَلْسَمُ ٱلشَّعْرِ 男 balsamu al-shaʿri バルサムッ シャアル 英rinse

トリートメント مُنْعِمُ ٱلشَّعْرِ 男 munʿimu al-shaʿri ムンイムッ シャアル 英treatment

石鹸 صَابُون 男 ṣābūn サーブーン 英soap

魚介 أَسْمَاك 複 ʾasmāk アスマーク

タイ دَنِيسُ ٱلْبَحْرِ 男 danīsu al-baḥri ダニースル バフル 英sea bream

イワシ سَرْدِين 集 sardīn サルディーン 英sardine

サケ سَلْمُون 男 salmūn サルムーン 英salmon

サバ إِسْقُمْرِيّ 男 ʾisqumrīy イスクムリー 英mackerel

マグロ تُونَة 女 tūnat トゥーナ 英tuna

ウナギ ثُعْبَانُ ٱلْمَاءِ 男 thaʿbānu al-māʾi サアバーヌル マーウ 英eel

タコ أُخْطُبُوط 男 ʾukhṭubūṭ ウフトゥブート 英octopus

イカ حَبَّار 男 ḥabbār ハッバール 英cuttlefish, squid

エビ جَمْبَرِيّ 男 jambarīy ジャムバリー 英shrimp, prawn

イセエビ جَرَادُ ٱلْبَحْرِ 男 jarādu al-baḥri ジャラードゥル バフル 英lobster

カニ سَرَطَان 男 saraṭān サラターン 英crab

ハマグリ حَلَزُون صَدَفِيّ 男 ḥalazūn ṣadafīy ハラズーン サダフィー 英clam

アサリ حَلَزُون صَدَفِيّ 男 ḥalazūn ṣadafīy ハラズーン サダフィー 英clam

ウニ قُنْفُذُ ٱلْبَحْرِ 男 qunfudhu al-baḥri クンフズル バフル 英sea urchin

カキ مَحَار 集 maḥār マハール, مَحَارَة 女 maḥārat マハーラ 英oyster

職業 مِهْنَة 女 mihnat ミフナ

医師 طَبِيب 男 ṭabīb タビーブ, 複 أَطِبَّاءُ〔二段〕 ʾaṭibbāʾu アティッバーウ；دُكْتُور 男 duktūr ドゥクトゥール, 複 دَكَاتِرَة dakātirat ダカーティラ 英doctor

イラストレーター رَسَّام تَوْضِيحِيّ 男 rassām tauḍīḥīy ラッサーム タウディーヒー 英illustrator

運転手 سَائِق 男 sāʾiq サーイク 英driver

エンジニア مُهَنْدِس 男 muhandis ムハンディス 英engineer

音楽家 مُوسِيقِيّ 男 mūsīqīy ムースィーキー 英musician

会社員 مُوَظَّف 男 muwaẓẓaf ムワッザフ 英office worker

画家 رَسَّام 男 rassām ラッサーム 英painter

写真家 مُصَوِّر 男 muṣauwir ムサッウィル 英photographer

看護師 مُمَرِّض 男 mumarriḍ ムマッリド 英nurse

客室乗務員 مُضِيفَة 女 muḍīfat ムディーファ 英Cabin Crew

教員 مُدَرِّس 男 mudarris ムダッリス 英teacher

警察官 شُرْطِيّ 男 shurṭīy シュルティー 英police officer

芸術家 فَنَّان 男 fannān ファンナーン 英artist

建築家 مُهَنْدِس مِعْمَارِيّ 男 muhandis miʿmārīy ムハンディス ミアマーリー 英architect

工員 عَامِلُ ٱلْمَصْنَعِ 男 ʿāmilu al-maṣnaʿi アーミルル マスナウ 英factory worker

公務員 مُوَظَّف حُكُومِيّ 男 muwaẓẓaf ḥukūmīy ムワッザフ フクーミー 英public worker

裁判官 قَاضٍ 男〔二段〕 qāḍin カーディン 英judge

作家 كَاتِب 男 kātib カーティブ, 複 كُتَّاب kuttāb クッターブ 英writer, author

商人 تَاجِر 男 tājir タージル, 複 تُجَّار tujjār トゥッジャール 英merchant

消防士 رَجُلُ إِطْفَاءٍ 男 rajlu ʾiṭfāʾin ラジュル イトファーウ 英fire fighter

職人 حِرَفِيّ 男 ḥirafīy ヒラフィー 英workman, artisan

新聞記者 صُحُفِيّ 男 ṣuḥufīy スフフィー 英pressman, reporter

政治家 سِيَاسِيّ 男 siyāsīy スィヤースィー 英statesman, politician

セールスマン بَائِع 男 bāʾiʿ バーイウ 英salesman

設計士 مُصَمِّم 男 muṣammim ムサンミム 英designer

船員 مَلَّاح 男 mallāḥ マッラーフ 英crew, seaman

通訳 مُتَرْجِم 男 mutarjim ムタルジム 英interpreter

デザイナー مُصَمِّم 男 muṣammim ムサンミム 英designer

店員 بَائِع فِي ٱلْمَحَلِّ 男 bāʾiʿ fī al-maḥalli バーイウ フィル マハッル 英clerk

農業（従事者） فَلَّاح 男 fallāḥ ファッラーフ 英farmer

判事 قَاضٍ 男〔二段〕 qāḍin カーディン, 複 قُضَاة quḍāt クダー 英judge

秘書 سِكْرِتِير 男 sikritīr スィクリティール 英secretary

美容師 كُوَافِير 男 kuwāfīr クワーフィール 英beautician

弁護士 مُحَامٍ 男〔二段〕 muḥāmin ムハーミン 英lawyer, barrister

編集者 مُحَرِّر 男 muḥarrir ムハッリル 英editor

薬剤師 صَيْدَلِيّ 男 ṣaidalīy サイダリー 英pharmacist, druggist

漁師　صَيَّادُ ٱلسَّمَكِ 男 ṣaiyādu al-samaki サイヤードゥッ サマク 英fisherman

人体　جِسْمُ ٱلْإِنْسَانِ 男 jismu al-ʾinsāni ジスムル インサーン

脳　دِمَاغ 男 dimāgh ディマーグ，複 أَدْمِغَة ʾadmighat アドミガ 英brain

骨　عَظْم 男 ʿaẓm アズム，複 أَعْظُم ʾaʿẓum アアズム 英bone

筋肉　عَضَلَة 女 ʿaḍalat アダラ 英muscle

血管　أَوْعِيَة دَمَوِيَّة 複 ʾauʿiyat damawīyat アウイヤ ダマウィーヤ 英blood vessel

神経　عَصَب 男 ʿaṣab アサブ，複 أَعْصَاب ʾaʿṣāb アアサーブ 英nerve

気管支　شُعَب هَوَائِيَّة 複 shuʿab hawāʾīyat シュアブ ハワーイーヤ 英bronchus

食道　مَرِيء 男 marīʾ マリーウ 英gullet

肺　رِئَة 女 riʾat リア 英lung

心臓　قَلْب 男 qalb カルブ，複 قُلُوب qulūb クルーブ 英heart

胃　مَعِدَة 女 maʿidat マイダ，複 مِعَد miʿad ミアド 英stomach

大腸　اَلْأَمْعَاءُ ٱلْغَلِيظُ 複 al-ʾamʿāʾu al-ghalīẓu アル アムアーウル ガリーズ 英large intestine

小腸　اَلْأَمْعَاءُ ٱلدَّقِيقُ 複 al-ʾamʿāʾu al-daqīqu アル アムアーウッ ダキーク 英small intestine

十二指腸　اَلِاثْنَى عَشَر 男 al-ʾithnā ʿashar アリスナー アシャル 英duodenum

盲腸　زَائِدَة دُودِيَّة 女 zāʾidat dūdīyat ザーイダ ドゥーディーヤ 英cecum

肝臓　كَبِد 男 kabid カビド，複 أَكْبَاد ʾakbād アクバード 英liver

膵臓　بَنْكُرِيَاس 男 bankuriyās バンクリヤース 英pancreas

腎臓　كُلْيَة 女 kulyat クルヤ，複 كُلًى kulan クラン 英kidney

数字　أَرْقَام 複 ʾarqām アルカーム

0　صِفْر 男 ṣifr スィフル　英zero

1　وَاحِد 男 wāḥid ワーヒド；وَاحِدَة 女 wāḥidat ワーヒダ　英one

（序数）　اَلْأَوَّل 男 al-ʾauwal アル アウワル；اَلْأُولَى 女 al-ʾūlā アル ウーラー　英first

2　اِثْنَانِ 男〔主格〕 ithnāni イスナーニ，اِثْنَيْنِ 男〔属格・対格〕 ithnaini イスナイニ；اِثْنَتَانِ 女〔主格〕 ithnatāni イスナターニ，اِثْنَتَيْنِ 女〔属格・対格〕 ithnataini イスナタイニ　英two

（序数）　اَلثَّانِي 男 al-thānī アッ サーニー；اَلثَّانِيَة 女 al-thānīyat アッ サーニヤ　英second

3　ثَلَاثَة 男 thalāthat サラーサ；ثَلَاث 女 thalāth サラース　英three

（序数）　اَلثَّالِث 男 al-thālith アッ サーリス；اَلثَّالِثَة 女 al-thālithat アッ サーリサ　英third

4　أَرْبَعَة 男 ʾarbaʿat アルバア；أَرْبَع 女 ʾarbaʿ アルバウ　英four

（序数）　اَلرَّابِع 男 al-rābiʿ アッ ラービウ；اَلرَّابِعَة 女 al-rābiʿat アッ ラービア　英fourth

5　خَمْسَة 男 khamsat ハムサ；خَمْس 女 khams ハムス　英five

（序数）　اَلْخَامِس 男 al-khāmis アル ハーミス；اَلْخَامِسَة 女 al-khāmisat アル ハーミサ　英fifth

6　سِتَّة 男 sittat スィッタ；سِتّ 女 sitt スィット　英six

（序数）　اَلسَّادِس 男 al-sādis アッ サーディス；اَلسَّادِسَة 女 al-sādisat アッ サーディサ　英sixth

7　سَبْعَة 男 sabʿat サブア；سَبْع 女 sabʿ サブウ　英seven

（序数）　اَلسَّابِع 男 al-sābiʿ アッ サービウ；اَلسَّابِعَة 女 al-sābiʿat アッ サービア　英seventh

8　ثَمَانِيَة 男 thamāniyat サマーニヤ；ثَمَانٍ〔二段〕女 thamānin サマーニン　英eight

（序数）　اَلثَّامِن 男 al-thāmin アッ サーミン；اَلثَّامِنَة 女 al-thāminat アッ

サーミナ ㊖eighth

9 تِسْعَة 男 tisʿat ティスア；تِسْع 女 tisʿ ティスウ ㊖nine

（序数） اَلتَّاسِع 男 al-tāsiʿ アッ タースィウ；اَلتَّاسِعَة 女 al-tāsiʿat アッ ター スィア ㊖ninth

10 عَشَرَة 男 ʿasharat アシャラ；عَشْر 女 ʿashr アシュル ㊖ten

（序数） اَلْعَاشِر 男 al-ʿāshir アル アーシル；اَلْعَاشِرَة 女 al-ʿāshirat アル アー シラ ㊖tenth

11 أَحَدَ عَشَرَ 男 ʾaḥada ʿashara アハダ アシャラ；إِحْدَى عَشْرَةَ 女 ʾiḥdā ʿashrata イフダー アシュラ ㊖eleven

（序数） اَلْحَادِيَ عَشَرَ 男 al-ḥādiya ʿashara アル ハーディヤ アシャラ； اَلْحَادِيَةَ عَشْرَةَ 女 al-ḥādiyata ʿashrata アル ハーディヤタ アシュラ ㊖elev-enth

12 اِثْنَا عَشَرَ 男〔主格〕 ithnā ʿashara イスナー アシャラ, اِثْنَيْ عَشَرَ 男〔属格・対格〕 ithnai ʿashara イスナイ アシャラ；اِثْنَتَا عَشْرَةَ 女〔主格〕 ithnatā ʿashrata イスナター アシュラ, اِثْنَتَيْ عَشْرَةَ 女〔属格・対格〕 ithnatai ʿashrata イスナタイ アシュラ ㊖twelve

（序数） اَلثَّانِيَ عَشَرَ 男 al-thāniya ʿashara アッ サーニヤ アシャラ；اَلثَّانِيَةَ عَشْرَةَ 女 al-thāniyata ʿashrata アッ サーニヤタ アシュラ ㊖twelfth

13 ثَلَاثَةَ عَشَرَ 男 thalāthata ʿashara サラーサタ アシャラ；ثَلَاثَ عَشْرَةَ 女 thalātha ʿashrata サラーサ アシュラ ㊖thirteen

（序数） اَلثَّالِثَ عَشَرَ 男 al-thālitha ʿashara アッ サーリサ アシャラ； اَلثَّالِثَةَ عَشْرَةَ 女 al-thālithata ʿashrata アッ サーリサタ アシュラ ㊖thir-teenth

14 أَرْبَعَةَ عَشَرَ 男 ʾarbaʿata ʿashara アルバアタ アシャラ；أَرْبَعَ عَشْرَةَ 女 ʾarbaʿa ʿashrata アルバア アシュラ ㊖fourteen

（序数） اَلرَّابِعَ عَشَرَ 男 al-rābiʿa ʿashara アッ ラービア アシャラ；اَلرَّابِعَةَ عَشْرَةَ 女 al-rābiʿata ʿashrata アッ ラービアタ アシュラ ㊖fourteenth

15 خَمْسَةَ عَشَرَ 男 khamsata ʿashara ハムサタ アシャラ；خَمْسَ عَشْرَةَ 女 khamsa ʿashrata ハムサ アシュラ ㊖fifteen

（序数） اَلْخَامِسَ عَشَرَ 男 al-khāmisa ʿashara アル ハーミサ アシャラ；اَلْخَامِسَةَ عَشْرَةَ 女 al-khāmisata ʿashrata アル ハーミサタ アシュラ 英 fifteenth

16 سِتَّةَ عَشَرَ 男 sittata ʿashara スィッタ アシャラ；سِتَّ عَشْرَةَ 女 sitta ʿashrata スィッタタ アシュラ 英sixteen

（序数） اَلسَّادِسَ عَشَرَ 男 al-sādisa ʿashara アッ サーディサ アシャラ；اَلسَّادِسَةَ عَشْرَةَ 女 al-sādisata ʿashrata アッ サーディサタ アシュラ 英sixteenth

17 سَبْعَةَ عَشَرَ 男 sabʿata ʿashara サブアタ アシャラ；سَبْعَ عَشْرَةَ 女 sabʿa ʿashrata サブア アシュラ 英seventeen

（序数） اَلسَّابِعَ عَشَرَ 男 al-sābiʿa ʿashara アッ サービア アシャラ；اَلسَّابِعَةَ عَشْرَةَ 女 al-sābiʿata ʿashrata アッ サービアタ アシュラタ 英seventeenth

18 ثَمَانِيَةَ عَشَرَ 男 thamāniyata ʿashara サマーニーヤタ アシャラ；ثَمَانِيَ عَشْرَةَ 女 thamāniya ʿashrata サマーニヤ アシュラ 英eighteen

（序数） اَلثَّامِنَ عَشَرَ 男 al-thāmina ʿashara アッ サーミナ アシャラ；اَلثَّامِنَةَ عَشْرَةَ 女 al-thāminata ʿashrata アッ サーミナタ アシュラ 英eighteenth

19 تِسْعَةَ عَشَرَ 男 tisʿata ʿashara ティスアタ アシャラ；تِسْعَ عَشْرَةَ 女 tisʿa ʿashrata ティスア アシュラ 英nineteen

（序数） اَلتَّاسِعَ عَشَرَ 男 al-tāsiʿa ʿashara アッ タースィア アシャラ；اَلتَّاسِعَةَ عَشْرَةَ 女 al-tāsiʿata ʿashrata アッ タースィアタ アシュラ 英nineteenth

20 عِشْرُونَ 男女〔主格〕 ʿishrūna イシュルーナ，عِشْرِينَ 男女〔属格・対格〕 ʿishrīna イシュリーナ 英twenty

21 وَاحِد وَعِشْرُونَ 男 wāḥid wa-ʿishrūna ワーヒド ワ-イシュルーナ；وَاحِدَة وَعِشْرُونَ 女 wāḥidat wa-ʿishrūna ワーヒダ ワ-イシュルーナ 英 twenty-one

30 ثَلَاثُونَ 男女〔主格〕 thalāthūna サラースーナ，ثَلَاثِينَ 男女〔属格・対格〕

thalāthīna サラースィーナ 英thirty

40 أَرْبَعُونَ 男女〔主格〕 ʾarbaʿūna アルバウーナ, أَرْبَعِينَ 男女〔属格・対格〕 ʾarbaʿīna アルバイーナ 英forty

50 خَمْسُونَ 男女〔主格〕 khamsūna ハムスーナ, خَمْسِينَ 男女〔属格・対格〕 khamsīna ハムスィーナ 英fifty

60 سِتُّونَ 男女〔主格〕 sittūna スィットゥーナ, سِتِّينَ 男女〔属格・対格〕 sittīna スィッティーナ 英sixty

70 سَبْعُونَ 男女〔主格〕 sabʿūna サブウーナ, سَبْعِينَ 男女〔属格・対格〕 sabʿīna サブイーナ 英seventy

80 ثَمَانُونَ 男女〔主格〕 thamānūna サマーヌーナ, ثَمَانِينَ 男女〔属格・対格〕 thamānīna サマーニーナ 英eighty

90 تِسْعُونَ 男女〔主格〕 tisʿūna ティスウーナ ; تِسْعِينَ 男女〔属格・対格〕 tisʿīna ティスイーナ 英ninety

100 مِئَة 男女 miʾat ミア 英a hundred

1,000 أَلْف 男女 ʾalf アルフ, 複 آلَاف ʾālāf アーラーフ 英a thousand

10,000 عَشَرَةُ آلَافٍ 男女 ʿasharatu ʾālāfin アシャラトゥ アーラーフ 英ten thousand

100,000 مِئَةُ أَلْفٍ 男女 miʾatu alfin ミアトゥ アルフ 英one hundred thousand

1,000,000 مِلْيُون 男女 milyūn ミルユーン, 複 مَلَايِينُ malāyīnu マラーイーン 英one million

10,000,000 عَشْرَةُ مَلَايِينَ 男女 ʿashrat miliyūn アシュラ ミリユーン 英ten million

100,000,000 مِائَةُ مِلْيُونٍ 男女 miʾatu milyūnin ミア ミルユーン 英one hundred million

2倍 ضِعْف 男 ḍiʿf ディウフ 英double

3倍 ثَلَاثَةُ أَضْعَافٍ 男 thalāthatu ʾaḍʿāfin サラーサ アドアーフ 英triple

1/2 نِصْف niṣf ニスフ 英a half

2/3 ثُلْثَان thalthān サルサーン 英two thirds

分野別単語集

2 4/5 اِثْنَيْنِ وَ أَرْبَعَةُ أَخْمَاسٍ ithnaini wa ʾarbaʿatu ʾakhmāsin イスナイニ ワ アルバアトゥ アフマース 英two and four fifths

0.1 وَاحِدُ مِنْ عَشَرَةٍ wāḥidu min ʿasharatin ワーヒドゥ ミン アシャラ 英 point one

スポーツ رِيَاضَة 女 riyāḍat リヤーダ

柔道 جُودُو 男 jūdū ジュードゥー 英*judo*

体操 جُمْبَاز 男 jumbāz ジュムバーズ 英gymnastics

新体操 جُمْبَاز إِيقَاع 男 jumbāz ʾīqāʿ ジュムバーズ イーカーウ 英rhythmic gymnastics

バレーボール اَلْكُرَةُ ٱلطَّائِرَةُ 女 al-kuratu al-ṭāʾiratu アル クラトゥッ ターイラ 英volleyball

バスケットボール كُرَةُ ٱلسَّلَةِ 女 kuratu al-salati クラトゥッ サラ 英basketball

ハンドボール كُرَةُ ٱلْيَدِ 女 kuratu al-yadi クラトゥル ヤド 英handball

卓球 تِنِسُ ٱلطَّاوِلَةِ 男 tinisu al-ṭāwilati ティニスッ ターウィラ 英table tennis

バドミントン اَلرِّيشَةُ ٱلطَّائِرَةُ 女 al-rīshatu al-ṭāʾiratu アッ リーシャトゥッ ターイラ 英badminton

水泳 سِبَاحَة 女 sibāḥat スィバーハ 英swimming

水球 كُرَةُ ٱلْمَاءِ 女 kuratu al-māʾi クラトゥル マーウ 英water polo

クロール سِبَاحَةُ ٱلزَّحْفِ 女 sibāḥatu al-zaḥfi スィバーハトゥッ ザフフ 英 crawl

平泳ぎ سِبَاحَةُ ٱلصَّدْرِ 女 sibāḥatu al-ṣadri スィバーハトゥッ サドル 英 breaststroke

背泳ぎ سِبَاحَةُ ٱلظَّهْرِ 女 sibāḥatu al-ẓahri スィバーハトゥッ ザフル 英backstroke

バタフライ سِبَاحَةُ ٱلْفَرَاشَةِ 女 sibāḥatu farāshati スィバーハトゥル ファラーシャ 英butterfly stroke

テニス تِنِس 男 tinis ティニス 英tennis

スケート تَزَلُّج عَلَى ٱلْجَلِيدِ 男 tazalluj ʿalā al-jalīdi タザッルジュ アラル ジャリード 英skating

ラグビー اَلرَّغْبِي 男 al-raghbī アッ ラグビー 英rugby

アメリカンフットボール كُرَةُ ٱلْقَدَمِ ٱلْأَمْرِيكِيَّةِ 女 kuratu al-qadami al-ʾamrīkīyati クラトゥル カダミル アムリーキーヤ 英(American) football

野球 كُرَةُ ٱلْقَاعِدَةِ 女 kuratu al-qāʿidati クラトゥル カーイダ ; بِيسْبُول 女 bīsbūl ビースブール 英baseball

サッカー كُرَةُ ٱلْقَدَمِ 女 kuratu al-qadami クラトゥル カダム 英soccer, football

ゴルフ اَلْغُولْف 男 al-ghūlf アルグールフ 英golf

スキー تَزَحْلُق عَلَى ٱلثَّلْجِ 男 tazaḥluq ʿalā al-thalji タザフルク アラッ サルジ 英skiing, ski

マラソン مَارَاثُون 男 mārāthūn マーラースーン 英marathon

陸上競技 أَلْعَابُ ٱلْقُوَى 複 ʾalʿābu al-quwā アルアーブル クワー 英athletic sports

ハンマー投げ رَمْيُ ٱلْمِطْرَقَةِ 男 ramyu al-miṭraqati ラムユル ミトラカ 英hammer throw

槍投げ رَمْيُ ٱلرُّمْحِ 男 ramyu al-rumḥi ラムユッ ルムフ 英javelin throw

幅跳び اَلْقَفْزُ ٱلطَّوِيلُ 男 al-qafzu al-ṭawīlu アル カフズッ タウィール 英broad jump

走り高跳び اَلْوَثْبُ ٱلْعَالِي 男 al-wathbu al-ʿālī アル ワスブル アーリー 英high jump

走り幅跳び اَلْوَثْبُ ٱلطَّوِيلُ 男 al-wathbu al-ṭawīlu アル ワスブッ タウィール 英long jump

棒高跳び اَلْقَفْز بِٱلزَّانَةِ 男 al-qafz bi-al-zānati アル カフズ ビーッ ザーナ 英pole vault

ウエイトリフティング رَفْعُ ٱلْأَثْقَالِ 男 rafʿu al-ʾathqāli ラフウル アスカール 英weightlifting

分野別単語集

レスリング مُصَارَعَة 女 muṣāraʿat ムサーラア 英wrestling

アーチェリー اَلرِّمَايَة بِٱلسِّهَامِ 男 al-rimāyat bi-al-sihāmi アッ リマーヤ ビ-ッ スィハーム 英archery

ボクシング مُلَاكَمَة 女 mulākamat ムラーカマ 英boxing

フェンシング مُبَارَزَة 女 mubārazat ムバーラザ 英fencing

電気製品 أَدَوَاتُ اَلْكَهْرَبَاءِ 複 ʾadawātu al-kahrabāʾi アダワートゥル カフラバーウ

冷房 تَكْيِيف 男 takyīf タクイーフ 英air conditioner

扇風機 مِرْوَحَة 女 mirwaḥat ミルワハ 英electric fan

暖房 تَدْفِئَة 女 tadfiʾat タドフィア 英heater

ストーブ مِدْفَأَة 女 midfaʾat ミドファア, 複 مَدَافِئُ madāfiʾu マダーフィウ 英heater, stove

掃除機 مِكْنَسَة كَهْرَبَائِيَّة 女 miknasat kahrabāʾīyat ミクナサ カフラバーイーヤ 英vacuum cleaner

洗濯機 غَسَّالَة 女 ghassālat ガッサーラ 英washing machine

乾燥機 مُجَفِّف 男 mujaffif ムジャッフィフ 英dryer

ドライヤー مُجَفِّفُ ٱلشَّعْرِ 男 mujaffifu al-shaʿri ムジャッフィフッ シャアル 英dryer

照明 إِضَاءَة 女 ʾiḍāʾat イダーア 英lighting

冷蔵庫 ثَلَّاجَة 女 thallājat サッラージャ 英refrigerator

冷凍庫 مُجَمِّد 男 mujammid ムジャッミド 英freezer

電子レンジ فُرْن مَيْكْرُوِيف 男 furn maikruwīf フルン マイクルウェーブ 英microwave oven

テレビ تِلِيفِزِيُون 男 tilīfiziyūn ティリーフィズィユーン 英television

パソコン حَاسُوب 男 ḥāsūb ハースーブ ; كُمْبِيُوتَر 男 kumbiyūtar クムピユータル 英personal computer

プリンター طَابِعَة 女 ṭābiʿat ターピア 英printer

ファックス فَاكْس 男 fāks ファークス 英fax

コピー機　آلَةُ ٱلنَّسْخِ 女 ʾālatu al-naskhi アーラトゥン ナスフ 英copier

動物　حَيَوَانَات 複 ḥayawānāt ハヤワーナート

ライオン　أَسَد 男 ʾasad アサド，複 أُسُود ʾusūd ウスード 英lion

トラ　نَمِر 男 namir ナミル，複 نُمُور numūr ヌムール 英tiger

キリン　زَرَافَة 女 zarāfat ザラーファ，複 زَرَافَى zarāfā ザラーファー 英giraffe

ゾウ　فِيل 男 fīl フィール，複 أَفْيَال ʾafyāl アフヤール 英elephant

シカ　أَيِّل 男 ʾaiyil アイイル，複 أَيَائِلُ〔二段〕 ʾayāʾilu アヤーイル 英deer

ブタ　خِنْزِير 男 khinzīr ヒンズィール，複 خَنَازِيرُ〔二段〕 khanāzīru ハナーズィール 英pig

ウシ　ثَوْر 男 thaur サウル，複 ثِيرَان thīrān スィーラーン 英cattle

ウマ　خَيْل 集 khail ハイル，複 خُيُول khuyūl フユール 英horse

ヒツジ　خَرُوف 男 kharūf ハルーフ，複 خِرْفَان khirfān ヒルファーン；غَنَم 集 ghanam ガナム，複 أَغْنَام ʾaghnām アグナーム 英sheep

ヤギ　مَاعِز 男 māʿiz マーイズ，複 مَعِيز maʿīz マイーズ 英goat

クマ　دُبّ 男 dubb ドゥッブ，複 أَدْبَاب ʾadbāb アドバーブ 英bear

ラクダ　جَمَل 男 jamal ジャマル，複 جِمَال jimāl ジマール 英camel

カバ　فَرَسُ ٱلْبَحْرِ 男 farasu al-baḥri ファラスル バフル 英hippopotamus

パンダ　بَانْدَا 男 bāndā バーンダー 英panda

コアラ　كُوَالَا 男 kuwālā クワーラー 英koala

カンガルー　كَنْغَر 男 kanghar カンガル 英kangaroo

リス　سِنْجَاب 男 sinjāb スィンジャーブ 英squirrel

サル　قِرْد 男 qird キルド，複 قُرُود qurūd クルード 英monkey, ape

ゴリラ　غُورِيلَا 男 ghūrīlā グーリーラー 英gorilla

オオカミ　ذِئْب 男 dhiʾb ズィウブ，複 ذِئَاب dhiʾāb ズィアーブ 英wolf

タヌキ　رَاكُون 男 rākūn ラークーン 英raccoon dog

キツネ　ثَعْلَب 男 thaʿlab サアラブ，複 ثَعَالِبُ〔二段〕 thaʿālibu サアーリブ 英

fox

ウサギ أَرْنَب 男 ʾarnab アルナブ, 複 أَرَانِبُ〔二段〕 ʾarānibu アラーニブ 英 rabbit

ネズミ فَأْر 集 faʾr ファアル, 複 فِئْرَان fiʾrān フィウラーン 英rat, mouse

イヌ كَلْب 男 kalb カルブ, 複 كِلَاب kilāb キラーブ 英dog

ネコ قِطّ 男 qiṭṭ キット 英cat

クジラ حُوت 男 ḥūt フート, 複 حِيتَان ḥītān ヒーターン 英whale

アザラシ عَجْلُ ٱلْبَحْرِ 集 ʿajlu al-baḥri アジュルル バフル 英seal

イルカ دُلْفِين 男 dulfīn ドルフィーン, 複 دَلَافِينُ〔二段〕 dalāfīnu ダラーフィーン 英dolphin

鳥 طُيُور 複 ṭuyūr トゥユール

鳥 طَائِر 男 ṭāʾir ターイル, 複 طُيُور ṭuyūr トゥユール 英bird

ニワトリ دَجَاج 集 dajāj ダジャージュ, دَجَاجَة 女 dajājat ダジャージャ 英 fowl, chicken

シチメンチョウ دِيك رُومِيّ 男 dīk rūmīy ディーク ルーミー 英turkey

アヒル بَطّ 集 baṭṭ バット, بَطَّة 女 baṭṭat バッタ 英(domestic) duck

ハクチョウ بَجَعَة 女 bajaʿat バジャア 英swan

ツル كُرْكِيّ 男 kurkīy クルキー, 複 كَرَاكِيّ karākīy カラーキー 英crane

タカ صُقُور 男 ṣuqūr スクール, 複 صَقْر ṣaqr サクル 英hawk

ワシ نَسْر 男 nasr ナスル, 複 نُسُور nusūr ヌスール 英eagle

キツツキ نَقَّار 男 naqqār ナッカール 英woodpecker

ツバメ سُنُونُو 男 sunūnū スヌーヌー 英swallow

カッコウ وَقْوَاقُ 男 waqwāqu ワクワーク 英cuckoo

ハト حَمَام 集 ḥamām ハマーム, حَمَامَة 女 ḥamāmat ハマーマ 英pigeon, dove

カモメ نَوْرَس 男 nauras ナウラス 英sea gull

ヒバリ قُبَّرَة 女 qubbarat クッバラ 英lark

カラス غُلَاب 男 ghulāb グラーブ, 複 غِرْبَان ghirbān ギルバーン 英crow

フクロウ بُومَة 女 būmat ブーマ 英owl

ペンギン بِطْرِيق 男 biṭrīq ビトリーク, 複 بَطَارِيقُ 〔二段〕 baṭārīqu バターリーク 英penguin

度量衡 مِقْيَاس 男 miqyās ミクヤース

●距離

ミリメートル مِلِّيمِتْر 男 millīmitr ミッリーミトル 英millimeter, Ⓑmillimetre

センチメートル سَنْتِمِتْر 男 santimitr サンティミトル 英centimeter, Ⓑcentimetre

メートル مِتْر 男 mitr ミトル, 複 أَمْتَار ʾamtār アムタール 英meter, Ⓑmetre

キロメートル كِيلُومِتْر 男 kīlūmitr キールーミトル 英kilometer, Ⓑkilometre

ヤード يَارْدَة 女 yārdat ヤールダ 英yard

マイル مِيل 男 mīl ミール, 複 أَمْيَال ʾamyāl アムヤール 英mile

●面積

平方メートル مِتْر مُرَبَّع 男 mitr murabbaʿ ミトル ムラッバウ 英square meter, Ⓑsquare metre

平方キロメートル كِيلُو مِتْر مُرَبَّع 男 kīlū mitr murabbaʿ キールー ミトル ムラッバウ 英square kilometer, Ⓑsquare kilometre

アール آر 男 ʾār アール 英are

ヘクタール هِكْتَار 男 hiktār ヒクタール, 複 هِكْتَارَات hiktārāt ヒクターラート 英hectare

エーカー أَكْر ʾakr アクル 英acre

●重さ

グラム غُرَام 男 ghurām グラーム 英gram, Ⓑgramme

ミリグラム مِيلِيغُرَام 男 mīlīghurām ミーリーグラーム 英milligram, Ⓑmilligramme

キログラム كِيلُوجُرَام 男 kīlūjurām キールージュラーム 英kilogram, Ⓑkilogramme

オンス أُونْصَة 女 ʾūnṣat ウーンサ 英ounce

ポンド جُنَيْه 男 junaih ジュナイフ, 複 جُنَيْهَات junaihāt ジュナイハート 英pound

トン طُنّ 男 ṭunn トゥン, 複 أَطْنَان ʾaṭnān アトナーン 英ton

●体積

立方センチメートル سَنْتِيمِتْر مُكَعَّب 男 santīmitr mukaʿʿab サンティーミトル ムカッアブ, 複 سَنْتِيمِتْرَات مُكَعَّبَة santīmitrāt mukaʿʿabat サンティーミトラート ムカッアバ 英cubic centimeter, Ⓑcubic centimetre

リットル لِتْر 男 litr リトル, 複 لِتْرَات litrāt リトラート 英liter

立方メートル مِتْر مُكَعَّب 男 mitr mukaʿʿab ミトル ムカッアブ, 複 أَمْتَار مُكَعَّبَة ʾamtār mukaʿʿabat アムタール ムカッアバ 英cubic meter, Ⓑcubic metre

●速度

キロメートル كِيلُومِتْر 男 kīlūmitr キールーミトル 英kilometer, Ⓑkilometre

マイル مِيل 男 mīl ミール, 複 أَمْيَال ʾamyāl アムヤール 英mile

ノット عُقْدَة 女 ʿuqdat ウクダ 英knot

●温度

摂氏 دَرَجَةُ حَرَارَةٍ مِئَوِيَّةٍ darajatu ḥarāratin miʾawīyatin ダラジャトゥ ハラーラ ミアウィーヤ 英Celsius

華氏 دَرَجَةُ حَرَارَةٍ فَهْرِنْهَايْت darajatu ḥarāratin fahrinhāyt ダラジャトゥ ハラーラ ファフリンハーイト 英Fahrenheit

肉 لَحْم 男 laḥm ラフム

牛肉 لَحْم بَقَرِي 男 laḥm baqarīy ラフム バカリー 英beef

子牛の肉 لَحْمُ ٱلْعِجْلِ 男 laḥmu al-ʿijli ラフムル イジュル 英veal

豚肉 لَحْمُ ٱلْخِنْزِيرِ 男 laḥmu al-khinzīri ラフムル ヒンズィール 英pork

鶏肉 لَحْمُ دَجَاجٍ 男 laḥmu dajājin ラフム ダジャージュ 英chicken

鶏のもも肉 فَخِذُ ٱلدَّجَاجِ 女 fakhidhu al-dajāji ファヒズッ ダジャージ, 複 اَفْخَاذُ ٱلدَّجَاجِ afkhādhu al-dajāji アフハーズッ ダジャージ 英leg

鴨肉 لَحْمُ بَطٍّ 男 laḥmu baṭṭati ラフム バッタ 英duck

子羊の肉 لَحْمُ حَمَلٍ 男 laḥmu ḥamalin ラフム ハマル 英lamb

挽き肉 لَحْم مَفْرُوم 男 laḥm mafrūm ラフム マフルーム 英ground meat

赤身 لَحْم أَحْمَر 男 laḥm ʾaḥmar ラフム アフマル 英lean

ロース سِيرْلُوِين 男 sīrlūyin スィールルーイン 英sirloin

リブロース ضِلْع 男 ḍilʿ ディルウ 英loin

ヒレ肉 فِيلِيَّة 女 fīlīyat フィーリーヤ 英fillet

サーロイン سِيرْلُوِين 男 sīrlūyin スィールルーイン 英sirloin

タン لِسَان 男 lisān リサーン, 複 أَلْسِنَة ʾalsinat アルスィナ 英tongue

レバー كَبِد 男女 kibd キブド 英liver

ハム فَخِذُ خِنْزِيرٍ 女 fakhidhu khinzīrin ファヒズ ヒンズィール 英ham

薫製 مُدَخَّن 男 mudakhkhan ムダッハン 英smoked

ソーセージ سُجُق 男 sujuq スジュク 英sausage

ベーコン لَحْمُ ٱلْخِنْزِيرِ ٱلْمُقَدَّدِ 男 laḥmu al-khinzīri al-muqaddadi ラフムル ヒンズィーリル ムカッダド 英bacon

飲み物 مَشْرُوبَات 複 mashrūbāt マシュルーバート

水 مَاء 男 māʾ マーウ, 複 مِيَاه miyāh ミヤーフ；（水道の）مَاءُ ٱلْحَنَفِيَّةِ 男 māʾu al-ḥanafīyati マーウル ハナフィーヤ；（発泡性の）مَاءُ ٱلصُّودَا 男 māʾu al-ṣūdā マーウッ スーダー 英water

ミネラルウォーター مِيَاه مَعْدِنِيَّة 複 miyāh maʿdinīyat ミヤーフ マアディニーヤ 英mineral water

炭酸水 مَاءُ ٱلصُّودَا 男 māʾu al-ṣūdā マーウッ スーダー 英soda water

赤ワイン نَبِيذ أَحْمَر 男 nabīdh ʾaḥmar ナビーズ アフマル 英red wine

白ワイン نَبِيذ أَبْيَض 男 nabīdh ʾabyaḍ ナビーズ アブヤド 英white wine

ビール بِيرَة 女 bīrat ビーラ 英beer

ウイスキー وِيسْكِي 男 wīskī ウィースキー 英whiskey

シャンパン شَامْبَانِيَا 男 shāmbāniyā シャームバーニヤー 英champagne

日本酒 سَاكِي 男 sākī サーキー 英sake

アルコール كُحُول 男 kuḥūl クフール 英alcohol

カクテル كُوكْتِيل 男 kūktīl クークティール 英cocktail

コーラ كُولَا 男 kūlā クーラー 英Coke

ジュース عَصِير 男 ʿaṣīr アスィール 英juice

レモネード شَرَابُ ٱللَّيْمُونِ 男 sharābu al-laimūni シャラーブッ ライムーン 英lemonade

ミルク حَلِيب 男 ḥalīb ハリーブ 英milk

コーヒー قَهْوَة 女 qahwat カフワ, 複 قَهَاوَى qahāwā カハーワー 英coffee

カフェオレ قَهْوَة بِٱللَّبَنِ 女 qahwat bi-al-labanin カフワ ビッ ラバン ; قَهْوَة بِٱلْحَلِيبِ 女 qahwat bi-al-ḥalībi カフワ ビール ハリーブ 英cafe au lait

アイスコーヒー قَهْوَة مُثَلَّجَة 女 qahwat muthallajat カフワ ムサッラジャ 英iced coffee

紅茶 شَاي 男 shāy シャーイ 英tea

ミルクティー شَاي بِلَبَنٍ 男 shāy bi-labanin シャーイ ビ-ラバン ; شَاي بِٱلْحَلِيبِ 男 shāy bi-al-ḥalībi シャーイ ビール ハリーブ 英tea with milk

レモンティー شَاي بِلَيْمُونٍ 男 shāy bi-laimūnin シャーイ ビ-ライムーン 英tea with lemon

アイスティー شَاي مُثَلَّجَة 男 shāy muthallajat シャーイ ムサッラジャ 英iced tea

緑茶 شَاي أَخْضَر 男 shāy ʾakhḍar シャーイ アフダル 英green tea

ココア كَاكَاوْ 男 kākāw カーカーウ 英hot chocolate

花 أَزْهَار 複 ʾazhār アズハール

アジサイ هِدْرَانَج 男 hidrānaj ヒドラーナジュ 英hydrangea

アヤメ سَوْسَن 男 sausan サウサン 英flag, iris

カーネーション قَرَنْفُل 男 qaranful カランフル 英carnation

ガーベラ جَرْبَارَة 女 jarbārat ジャルバーラ 英gerbera

キク أُقْحُوَان 男 ʾuqḥuwān ウクフワーン 英chrysanthemum

桜 أَزْهَارُ ٱلْكَرَزِ 複 ʾazhāru al-karazi アズハールル カラズ 英cherry blossoms

スイートピー بِسِلَّةُ ٱلزُّهُورِ 女 bisillatu al-zuhūri ビスィッラトゥッ ズフール 英sweet pea

スイセン نَرْجِس 男 narjis ナルジス 英narcissus

スイレン زَنْبَقُ ٱلْمَاءِ 集 zanbaqu al-māʾi ザンバクル マーア 英water lily

スミレ بَنَفْسَج 集 banafsaj バナフサジュ 英violet

チューリップ تُيُولِيب 男 tuyūlīb トゥユーリーブ 英tulip

ツバキ كَامِيلِيَا 女 kāmīliyā カーミーリヤー 英camellia

バラ وَرْد 集 ward ワルド, وَرْدَة 女 wardat ワルダ, 複 وُرُود wurūd ウルード 英rose

ヒマワリ عَبَّادُ ٱلشَّمْسِ 男 ʿabbādu al-shamsi アッバードゥッ シャムス 英sunflower

ボタン فَاوَانِيَّا 男 fāwānīyā ファーワーニーヤー 英peony

ユリ زَنْبَق 集 zanbaq ザンバク, 複 زَنَابِقُ〔二段〕 zanābiqu ザナービク 英lily

ラン زَهْرَةُ ٱلْأُورْكِيدِ 女 zahratu al-ʾwūrkīdi ザフラトゥル ウールキード 英orchid

病院 مُسْتَشْفًى 男 mustashfan ムスタシュファン

救急病院 مُسْتَشْفَى ٱلطَّوَارِئِ 男 mustashfā al-ṭawāriʾi ムスタシュファッタワーリウ 英emergency hospital

医師 طَبِيب 男 ṭabīb タビーブ, 複 أَطِبَّاءُ〔二段〕 ʾaṭibbāʾu アティッバーウ ; دُكْتُور 男 duktūr ドゥクトゥール, 複 دَكَاتِرَة dakātirat ダカーティラ 英

doctor

看護師 مُمَرِّض 男 mumarriḍ ムマッリド 英nurse

薬剤師 صَيْدَلِيّ 男 ṣaidalīy サイダリー 英pharmacist, druggist

患者 مَرِيض 男 marīḍ マリード, 複 مَرْضَى marḍā マルダー 英patient

診察室 غُرْفَةُ ٱلْفَحْصِ 女 ghurfatu al-faḥṣi グルファトゥル ファフス 英consulting room

手術室 غُرْفَةُ ٱلْعَمَلِيَّاتِ 女 ghurfatu al-ʿamalīyāti グルファトゥル アマリーヤート 英operating room

病室 غُرْفَة فِي ٱلْمُسْتَشْفَى 女 ghurfat fī al-mustashfā グルファ フィル ムスタシュファー, 複 غُرَف فِي ٱلْمُسْتَشْفَى ghuraf fī al-mustashfā グラフ フィル ムスタシュファー ; غُرْفَةُ ٱلْمَرِيضِ 女 ghurfatu al-marīḍi グルファトゥル マリード 英sickroom, ward

薬局 صَيْدَلِيَّة 女 ṣaidalīyat サイダリーヤ 英pharmacy

レントゲン أَشِعَّة سِينِيَّة 複 ʾashiʿʿat sīnīyat アシッア スィーニーヤ 英X rays

眼科 طِبُّ ٱلْعُيُونِ 男 ṭibbu al-ʿuyūni ティッブル ウユーン 英ophthalmology

形成外科 اَلتَّجْمِيل 男 al-tajmīl アッタジュミール 英plastic surgery

外科 قِسْمُ ٱلْجِرَاحَةِ 男 qismu al-jirāḥati キスムル ジラーハ 英surgery

産婦人科 قِسْمُ ٱلنِّسَائِيَّةِ وَٱلتَّوْلِيدِ 男 qismu al-nisāʾīyati wa-al-taulīdi キスムン ニサーイーヤ ワッ タウリード 英obstetrics and gynecology

歯科 طِبُّ ٱلْأَسْنَانِ 男 ṭibbu al-ʾasnāni ティッブル アスナーン 英dental surgery

口腔外科 جَرَاحَةُ ٱلْفَمِّ jarāḥatu al-fammi ジャラーハトゥル ファンム 英oral and maxillofacial surgery

耳鼻咽喉科 قِسْمُ ٱلْأَنْفِ وَٱلْأُذْنِ وَٱلْحَنجَرَةِ 男 qismu al-ʾanfi wa-al-ʾudhni wa-al-ḥanjarati キスムル アンフ ワル ウズン ワル ハンジャラ 英otorhinolaryngology

小児科 طِبُّ أَطْفَالٍ 男 ṭibbu ʾaṭfālin ティッブ アトファール 英pediatrics

整形外科 جِرَاحَةُ ٱلْعِظَامِ 女 jirāḥatu al-ʿiẓāmi ジラーハトゥル イザーム 英orthopedics

内科 طِبّ بَاطِنِيّ 男 ṭibb bāṭinīy ティッブ バーティニー 英internal medicine

泌尿器科 اَلْمَسَالِكُ اَلْبُولِيَّةُ 複 al-masāliku al-būlīyatu アル マサーリクル ブーリーヤ 英urology

病気 مَرَض 男 maraḍ マラド

インフルエンザ إِنْفْلُونْزَا 女 ʾinfuluwanzā インフルワンザー 英influenza

赤痢 زُحَار 男 zuḥār ズハール 英dysentery

コレラ كُولِيرَا 女 kūlīrā クーリーラー 英cholera

マラリア مَلَارِيَا 女 malāriyā マラーリヤー 英malaria

結核 سُلّ 男 sull スッル 英tuberculosis

エイズ اَلْإِيدَز 男 al-ʾīdaz アル エーズ 英AIDS

アルツハイマー病 مَرَضُ أَلْزُهَايْمَر 男 maraḍu ʾalzuhāimar マラドゥ アル ズハーイマル 英Alzheimer's disease

麻疹 حَصْبَة 女 ḥaṣbat ハスバ 英measles

風邪 بَرْد 男 bard バルド；زُكَام 男 zukām ズカーム 英cold

おたふく風邪 نُكَاف 男 nukāf ヌカーフ 英mumps

新型コロナウイルス فِيرُوس كُورُونَا اَلْمُسْتَجِدّ 男 fīrūs kūrūnā al-mustajidd フィールース クールーナル ムスタジッド 英new coronavirus

癌 سَرَطَان 男 saraṭān サラターン 英cancer

頭痛 صُدَاع 男 ṣudāʿ スダーウ 英headache

食中毒 تَسَمُّم غِذَائِيّ 男 tasammum ghidhāʾīy タサンムム ギザーイー 英food poisoning

盲腸炎 اِلْتِهَابُ اَلزَّائِدَةِ اَلدُّودِيَّةِ 男 iltihābu al-zāʾidati al-dūdīyati イルティハーブッ ザーイダティッ ドゥーディーヤ 英appendicitis

腹痛 مَغْص 男 maghṣ マグス；أَلَمُ اَلْمِعْدَةِ 男 ʾalamu al-miʿdati アラムル ミウダ 英stomachache

ストレス ضَغْط نَفْسِيّ 男 ḍaghṭ nafsīy ダグト ナフスィー 英stress

虫歯 أَسْنَان فَاسِدَة 複 ʾasnān fāsidat アスナーン ファースィダ；تَسَوُّس

ٱلْأَسْنَانِ 男 tasauwusu al-ʾasnāni タサッウスル アスナーン 英decayed tooth

捻挫 اِلْتِوَاء 男 iltiwāʾ イルティワーウ 英sprain

骨折 كَسْرُ ٱلْعِظَامِ 男 kasru al-ʿiẓāmi カスルル イザーム 英fracture

打撲 كَدْمَة 女 kadmat カドマ 英bruise

店 مَحَلّ 男 maḥall マハッル；دُكَّان dukkān ドゥッカーン

八百屋 دُكَّانُ ٱلْخُضَرِ 男 dukkānu al-khuḍari ドゥッカーヌル フダル 英vegetable store

花屋 مَحَلُّ ٱلزُّهُورِ 男 maḥallu al-zuhūri マハッルッ ズフール 英flower shop

魚屋 سَمَّاك 男 sammāk サンマーク；مَحَلُّ ٱلسَّمَكِ 男 maḥallu al-samaki マハッルッ サマク 英fish shop

肉屋 جَزَّارَة 女 jazzārat ジャッザーラ 英meat shop

酒屋 مَحَلُّ ٱلْخُمُورِ 男 maḥallu al-khumūri マハッルル フムール 英liquor store

パン屋 مَخْبَز 男 makhbaz マフバズ, 複 مَخَابِزُ〔二段〕 makhābizu マハービズ 英bakery

薬局 صَيْدَلِيَّة 女 ṣaidalīyat サイダリーヤ 英pharmacy, drugstore

文房具店 مَحَلُّ ٱلْأَدْوَاتِ ٱلْمَكْتَبِيَّةِ 男 maḥallu al-ʾadwāti al-maktabīyati マハッルル アドワーティル マクタビーヤ 英stationery store

靴屋 حَذَّاء 男 ḥadhdhāʾ ハッザーウ 英shoe store

本屋 مَكْتَبَة 女 maktabat マクタバ 英bookstore

雑貨屋 بَقَّالَة 女 baqqālat バッカーラ 英variety store

時計屋 مَحَلُّ ٱلسَّاعَاتِ 男 maḥallu al-sāʿāti マハッルッ サーアート 英watch store

理髪店 مَحَلُّ ٱلْحِلَاقَةِ 男 maḥallu al-ḥilāqati マハッルル ヒラーカ 英barbershop

クリーニング店 مَغْسَلَة 女 maghsalat マグサラ 英laundry

不動産屋 سِمْسَارُ عَقَّارَاتٍ 男 simsāru ʿaqqārātin シムサール アッカーラート 英real estate agent

家具屋 مَتْجَرُ أَثَاثٍ 男 matjaru ʾathāthin マトジャル アサース 英furniture store

キオスク كُشْك 男 kushk クシュク, 複 أَشْكَاك ʾashkāk アシュカーク 英kiosk

スーパーマーケット سُوبَرْمَارْكِتْ 男 sūbarmārkit スーバルマールキト 英supermarket

デパート مُجْمَع تِجَارِيّ 男 mujmaʿ tijārīy ムジュマウ ティジャーリー；مُول 男 mūl ムール 英department store

コンビニ بَقَّالَة 女 baqqālat バッカーラ 英convenience store

野菜 خَضْرَاوَات 複 khaḍrāwāt ハドラーワート

キュウリ خِيَار 集 khiyār ヒヤール, خِيَارَة 女 khiyārat ヒヤーラ 英cucumber

ナス بَاذِنْجَان 集 bādhinjān バーズィンジャーン 英eggplant, aubergine

ニンジン جَزَر 集 jazar ジャザル, جَزَرَة 女 jazarat ジャザラ 英carrot

ダイコン فُجْل 集 fujl フジュル 英radish

ジャガイモ بَطَاطِس 男 baṭāṭis バターティス 英potato

カボチャ قَرْعُ ٱلْعَسَلِ 男 qarʿu al-ʿasali カルウル アサル 英pumpkin

ホウレンソウ سَبَانِخ 男 sabānikh サバーニフ 英spinach

ネギ بَصَل أَخْضَر 集 baṣal ʾakhḍar バサル アフダル, كُرَّاث 男 kurrāth クッラース 英spring onion, leek

タマネギ بَصَل 集 baṣal バサル, بَصَلَة 女 baṣalat バサラ 英onion

サヤインゲン فَاصُولِيَا 女 fāṣūliyā ファースゥーリヤー 英green bean

ニンニク ثُوم 集 thūm スーム, ثُومَة 女 thūmat スーマ 英garlic

トマト طَمَاطِم 集 ṭamāṭim タマーティム, طَمَاطِمَة 女 ṭamāṭimat タマーティマ 英tomato

分野別単語集

ピーマン فُلْفُل أَخْضَر 集 fulful ʾakhḍar フルフル アフダル 英green pepper

キャベツ كُرُنْب 男 kurunb クルンブ 英cabbage

レタス خَسّ 男 khass ハッス 英lettuce

アスパラガス هِلْيَوْن 男 hilyaun ヒルヤウン 英asparagus

カリフラワー قَرْنَبِيط 男 qarnabīṭ カルナビート 英cauliflower

ブロッコリー بَرُوكُلِي 男 barūkulī バルークリー 英broccoli

セロリ كَرَفْس 男 karafs カラフス 英celery

パセリ بَقْدُونِس 男 baqdūnis バクドゥーニス 英parsley

グリーンピース بِسِلَّة 女 bisillat ビスィッラ 英pea

トウモロコシ ذُرَة 女 dhurat ズラ 英corn

キノコ فُطْر 集 fuṭr フトル 英mushroom

モヤシ بَرَاعِمُ ٱلْفُولِ 複 barāʿimu al-fūli バラーイムル フール 英bean sprout

カブ لِفْت 男 lift リフト 英turnip

タケノコ بَتِيلَةُ خَيْزُرَانٍ 複 batīlatu khaizurānin バティーラトゥ ハイズラーン：بَرَاعِمُ ٱلْخَيْزُرَانِ 複 barāʿimu al-khaizurāni バラーイムル ハイズラーン 英bamboo shoot

アラブ料理 أَكَلَات عَرَبِيَّة 複 ʾakalāt ʿarabīyat アカラート アラビーヤ

ホンモス（ひよこ豆のペースト） حُمُّص 男 ḥummuṣ フンムス 英ground chick-peas with sesame oil

コシャリ（米飯・パスタ・豆を混ぜたものにトマトソースとフライドオニオン） كُشَرِي 男 kusharī クシャリー 英koshari

タッブーラ（パセリのサラダ） تَبُّولَة 女 tabbūlat タッブーラ 英salad made of parsley

ファラフェル（ひよこ豆のコロッケ） فَلَافِلُ 女 falāfilu ファラーフィル 英croquettes of ground broad beans

ターメイヤ（そら豆のコロッケ） طَعْمِيَّة 女 ṭaʿmīyat タアミーヤ 英croquettes

of broad beans

ショルバ・ムルヒーヤ (モロヘイヤのスープ) شُورْبَةُ مُلُوخِيَّةٍ 女 shūrbatu mulūkhīyatin シュールバトゥ ムルーヒーヤ 英mulukhiyah soup

ショルバ・アダス (レンズ豆のスープ) شُورْبَّةُ عَدَسٍ 女 shūrbbatu ʿadasin シュールバトゥ アダス 英lentil soup

シシカバブ شِيشِ كَبَاب 女 shīshi kabāb シーシ カバーブ 英shish kebab

シャワルマ (薄切りにした羊・鶏・牛肉の串刺し) شَاوَرْمَا 女 shāwarmā シャーワルマー 英 shawarma

マハシー (挽き肉や米·野菜などをブドウの葉で包んで蒸し上げたもの) مَحْشِيّ 男 maḥshīy マフシー 英a dish filled with rice, chopped meat

ドルマ (野菜に米と挽き肉を詰めた料理) دُولُمَة 女 dūlumat ドゥールマ 英 dolma

クスクス (砕いた小麦を蒸した料理) كُسْكُس 男 kuskus クスクス 英couscous

タジン (肉や野菜の蒸し鍋料理) طَاجِن 男 ṭājin タージン 英tagine

マンサフ (米飯と肉のヨーグルト煮) مَنْسَف 男 mansaf マンサフ 英mansaf

カブサ (肉のせスパイス入り炊き込みご飯) كَبْسَة 女 kabsat カブサ 英kabsa

バクラワ (ナッツ入り焼き菓子) بَقْلَاوَة 女 baqlāwat バクラーワ 英sweet pastry with almonds or pistachios

クナーフェ[クナーファ] (小麦粉の焼き菓子) كُنَافَة 女 kunāfat クナーファ 英baked cake of vermicelli

マハーラビーヤ (バラの香りのミルクプティング) مُهَلَّبِيَّة 女 muhallabīyat ムハッラビーヤ 英blancmange of rice flour, milk and sugar

マアムール (セモリナ小麦を使用したアラビアの伝統的な焼き菓子) مَعْمُول 男 maʿmūl マアムール 英sweet pastry of steamed semolina grains

デーツ (ナツメヤシの実) تَمْر 集 tamr タムル 英dates

カルカデ (ハイビスカスティー) شَاي كَرْكَدِيَّة 男 shāy karkadīyat シャーイ カルカディー 英hibiscus tea

分野別単語集

アラブ・イスラム文化 اَلثَّقَافَةُ ٱلْعَرَبِيَّةُ ٱلْإِسْلَامِيَّةُ

al-thaqāfatu al-ʿarabīyatu al-ʾislāmīyatu
アッ サカーファトゥル アラビーヤトゥル イスラミーヤ

イスラム اَلْإِسْلَام 男 al-ʾislām アル イスラーム 英Islam

唯一神アッラー，神 اَلله 男 allah アッラーフ 英Allāh, The God

クルアーン[コーラン] اَلْقُرْآن 男 al-qurʾān アル クルアーン 英Al-qur'an

預言者ムハンマド اَلرَّسُولُ مُحَمَّدٌ 男 al-rasūlu muḥammadun アッラスール ムハンマド 英Prophet Muhammad

イスラム教徒 مُسْلِم 男 muslim ムスリム；مُسْلِمَة 女 muslimat ムスリマ 英Muslim

シーア派 اَلشِّيعَة al-shīʿat アッ シーア 英the Shiah

スンナ派 اَلسُّنَّة al-sunnat アッ スンナ 英the Sunni

モスク（イスラム教の礼拝所） مَسْجِد 男 masjid マスジド 英mosque

ミナレット（モスクに付随する尖塔） مِئْذَنَة 女 miʾdhanat ミウザナ 英minaret

ムサッラー（簡易礼拝所） اَلْمُصَلَّى 男 al-muṣallā ムサッラー 英musalla, simple prayer's room

ハディース（預言者ムハンマドの言行に関する伝承） حَدِيث نَبَوِيّ 男 ḥadīth nabawīy ハディース ナバウィー 英Hadith

ヒジュラ暦（イスラム暦） اَلتَّقْوِيمُ ٱلْهِجْرِيُّ 男 al-taqwīmu al-hijrīyu アッ タクウィームル ヒジュリー 英Islamic calendar

アザーン（一日5回の礼拝告知） أَذَان 男 ʾadhān アザーン 英azan

キブラ（メッカのカアバ神殿の方角） قِبْلَة 女 qiblat キブラ 英direction to Mecca

メッカ مَكَّة 女 makkat マッカ 英Mecca

カアバ神殿 اَلْكَعْبَة 女 al-kaʿbat アル カアバ 英Kaaba Temple

断食月 رَمَضَانُ 男 ramaḍānu ラマダーン 英Ramadan

断食 صِيَام 男 ṣiyām シヤーム 英fasting

イフタール（断食後の初めての食事） إِفْطَار 男 ʾifṭār イフタール 英break-fasting meal

イード（イスラームの祭日） **عِيد**男 ʿīd イード 英Islamic festival

喜捨 **زَكَاة**女 zakāt ザカート 英almsgiving

イスラム法 **اَلشَّرِيعَةُ ٱلْإِسْلَامِيَّةُ**女 al-sharīʿatu al-ʾislāmīyatu アッ シャリーアトゥル イスラーミーヤ 英Islamic law

ハラール **حَلَال**男 ḥalāl ハラール 英forbidden

ハラーム **حَرَام**男 ḥarām ハラーム 英prohibited

ガラビーヤ（伝統的な長衣） **جَلَّابِيَّة**女 jallābīyat ジャッラービーヤ 英Jellabiya, Arabic clothes

クーフィーヤ（男性がかぶる頭巾） **كُوفِيَّة** kūfīyat クーフィーヤ 英keffiyeh, Arabic Men's scarf

ヒジャーブ（女性が頭髪を覆うベール） **حِجَاب**男 ḥijāb ヒジャーブ 英hijab

水タバコ **شِيشَة**女 shīshat シーシャ 英water pipe

ベドウィン **بَدَوِيّ**男 badawīy バダウィー 英Bedouin

オアシス **وَاحَة**女 wāḥat ワーハ 英oasis

ワーディー（涸れ川・涸れ谷） **اَلْوَادِي** al-wādī アル ワーディー 英wadi, a dried-up river

■日本語の五十音・ローマ字の表記とアラビア文字

あ a آ	い i إي	う u أو	え e إي	お o أو
か ka كا	き ki كي	く ku كو	け ke كي	こ ko كو
さ sa سا	し shi شي	す su سو	せ se سي	そ so سو
た ta تا	ち chi تشي	つ tsu تسو	て te تي	と to تو
な na نا	に ni ني	ぬ nu نو	ね ne ني	の no نو
は ha ها	ひ hi هي	ふ fu فو	へ he هي	ほ ho هو
ま ma ما	み mi مي	む mu مو	め me مي	も mo مو
や ya يا		ゆ yu يو		よ yo يو
ら ra را	り ri ري	る ru رو	れ re ري	ろ ro رو
わ wa وا	を wo أو	ん n,n- ن		

■アラビア文字で表記した例

関心(かんしん) kanshin（كَانْشِين）[n+子音]

恋愛(れんあい) ren-ai（رِينْآي）[n+母音/y音]

切符(きっぷ) kippu（كِيبُّو）

妹(いもうと) imouto（إِيمُوتُو）　大きい(おおきい) ookii（أُوكِي）

・イ段とエ段，ウ段とオ段は同一表記となる。
・アラビア語には p 音がないので，パ行はバ行と同一表記となる。

が ga غا	ぎ gi غي	ぐ gu غو	げ ge غي	ご go غو	
ざ za زا	じ ji جي	ず zu زو	ぜ ze زي	ぞ zo زو	
だ da دا	ぢ ji جي	づ zu زو	で de دي	ど do دو	
ば ba با	び bi بي	ぶ bu بو	べ be بي	ぼ bo بو	
ぱ pa با	ぴ pi بي	ぷ pu بو	ぺ pe بي	ぽ po بو	
きゃ kya كيا	きゅ kyu كيو	きょ kyo كيو	ぎゃ gya غيا	ぎゅ gyu غيو	ぎょ gyo غيو
しゃ sha شا	しゅ shu شو	しょ sho شو	じゃ ja جا	じゅ ju جو	じょ jo جو
ちゃ cha تشا	ちゅ chu تشو	ちょ cho تشو			
にゃ nya نيا	にゅ nyu نيو	にょ nyo نيو			
ひゃ hya هيا	ひゅ hyu هيو	ひょ hyo هيو	びゃ bya بيا	びゅ byu بيو	びょ byo بيو
みゃ mya ميا	みゅ my ميو	みょ myo ميو	ぴゃ pya بيا	ぴゅ pyu بيو	ぴょ pyo بيو
りゃ rya ريا	りゅ ryu ريو	りょ ryo ريو			

2020 年 8 月 10 日　　初版発行

デイリー 日本語・アラビア語・英語 辞典

2020 年 8 月 10 日　　第 1 刷発行

監　修　長沢 栄治（ながさわ・えいじ）
編　者　平 寛多朗（たいら・かんたろう）
　　　　茂木 明石（もてき・あかし）
　　　　三省堂編修所
発行者　株式会社三省堂　代表者 北口克彦
印刷者　三省堂印刷株式会社
発行所　株式会社三省堂
　　　　〒 101-8371
　　　　東京都千代田区神田三崎町二丁目 22 番 14 号
　　　　電話　編集　(03) 3230-9411
　　　　　　　営業　(03) 3230-9412
　　　　https://www.sanseido.co.jp/

落丁本・乱丁本はお取り替えいたします。

ISBN978－4－385－12294－6

〈デイリー日アラビア英・960pp.〉

■母音記号と補助記号

短母音						無母音	
ファトハ		カスラ		ダンマ		スクーン	
◌َ		◌ِ		◌ُ		◌ْ	
a	ba	i	bi	u	bu	—	b
اَ	بَ	يِ	بِ	وُ	بُ	母音なし	بْ

＊アラビア語の母音には，短母音(a, i, u)，長母音(ā, ī, ū)，二重母音(ai, au)の8つがある。

長母音					
ファトハ＋アリフ		カスラ＋ヤー		ダンマ＋ワーウ	
◌َا		◌ِي		◌ُو	
ʾā	bā	ʾī	bī	ʾū	bū
آ	بَا	إِي	بِي	أُو	بُو

＊ā は，アリフの文字を重複させずに，(ـٓ) を上に付ける。

二重母音			
◌َيْ		◌َوْ	
ʾai	bai	ʾau	bau
أَيْ	بَيْ	أَوْ	بَوْ

シャッダ（重子音）		
◌ّ		
bba	bbi	bbu
بَّ	بِّ	بُّ

タンウィーン（名詞の語末の -n）		
◌ٌ	◌ٍ	◌ً
bun	bin	ban, tan
بٌ	بٍ	بًا, ةً

＊主格(-un)
属格(-in)
対格(-an)

＊ター・マルブータの対格にはアリフを書かない。

その他の記号		
マッダ	ワスラ	短剣アリフ
آ	ٱ	◌ٰ
ʾā	—	dhālika
آ	ٱ	ذٰلِكَ

＊マッダとワスラは，アリフの上のみに付けられる。

＊マッダがアリフの上に付くと ʾā と発音される。(أ) に長母音のアリフ (ا) が付いた形である。

＊ワスラがアリフの上に付くと，アリフは発音されない。

＊短剣アリフは，一部の語のみに用いられ ā を表す。